남성 판타지

Männerphantasien

남성 판타지

클라우스 테벨라이트
Klaus Theweleit

김정은 옮김

Männer
phantasien

글항아리

일러두기

- 번역은 독일어 판본을 저본으로 삼았다. 다만 일부 참고문헌을 볼 때 영문판을 참조했다.
- 원서에서 이탤릭체로 강조한 것은 고딕체로, 고딕체로 강조한 것은 볼드체로 표시했다.
- 원서의 주석은 본문 각주와 미주로 구분되어 있는데, 설명 미주일 경우 일부를 본문으로 옮겨왔다.
- 저자의 주석이 매우 상세해 옮긴이 주는 되도록 달지 않았다. 서너 군데 들어간 것에는 '옮긴이'라고 표시했다.
- 인용문을 번역할 때 한국어판이 있으면 참조하고 출처를 밝혀두었다. 다만 일부 수정하기도 했다.

힌덴부르크 댐 너머, 사진상으로 안 보이는 곳에는 질트섬과 슐레스비히홀슈타인 내륙 사이를 왕복 운행하는 기차가 있다.

올해 이른 봄 어머니의 사진첩에서 엽서를 한 장 발견했다. 밀물 가득한 댐 위를 기차가 질주하고 있었다. 어머니는 뇌졸중으로 쓰러져 의식이 없으셨고, 돌아오지 못할 길을 떠나고 계셨다. 누군가 죽으면 우리는 남겨진 사진첩을 들여다본다. 그리고 주인 잃은 사진들에서 목소리를 듣는다.

캐테 미누트. 어머니의 처녀 적 이름이다. 재단사의 열한 번째 아이였다. 크란츠에서 태어나셨다. 소련 점령 이전 독일령 쾨니히스베르크 사람들이 발트해를 구경하러 오던 곳이었다. 1901년에 태어나 1977년에 돌아가셨다. 박사학위 논문으로 시작된 이 책의 탈고를 보셨더라면 기뻐하셨을 것이다. 예전엔 백 살까지 살고 싶다고 하셨지만 마지막 몇 년간은 점점 말씀이 적어지셨다.

엽서가 갈피에 꽂혀 있던 사진첩에는 직계 가족의 사진이 가득했다. 어린 시절 나의 첫 영웅이었던 파울 폰 힌덴부르크. 철도 공무원이셨던 아버지의 책상 위에는 그의 사진이 걸려 있었다. 사진 위에 찍힌 복사본 서명을 나는 한동안 진본인 줄로만 알았다. 독일 제국의 육군 참모총장 파울 폰 힌덴부르크가 친히 서명한 사진을 우리 아버지에게 주었다니. 마음에 들었다. 힌덴부르크는 스스로가 댐 그 자체였다. 바이마르 "공화국"의 붉은 파도를 막아내며 독일 제국과 나치의 제3제국을 이어낸 군사력의 댐이었다. 힌덴부르크 말고도 비스마르크와 프리드리히 대왕의 사진이 걸려 있었다. 한때는 그 사람, 총통의 사진도 걸려 있었을 것이다.

1955년이었다. 아버지는 나와 여동생 헬가에게 힌덴부르크 댐을 자랑스럽게 보여주셨다. 당신 것처럼 보여주신 것이 아니었다. 마치 당신 자신이 **철도**가 된 양. 우리를 태운 기차, 그리고 기차를 떠받치는 댐 전체를 통틀은 철도라도 된 양. 나는 열세 살이었다. 내 기억으로 아버지와 함께 바닷가에 간 적은 그때가 유일했다. 질트에서 아버지는 바다에 들어가지 않으셨다. 파도가 정신 사납다고 하셨다. 당신은 이런 것은 "친숙하지 않아서 싫다"고 하셨다.

아버지는 동프로이센 농장주의 혼외자로 태어나 친척 아주머니 손에 길러졌다. 그런 까닭에 번듯한 가정을 몹시도 중시하셨다. 그러나 무엇보다 가장 중요했던 것은 철도 공무원이었다. 당신 말마따나 한 인간이기 전에 몸과 마음을 다한 철도 공무원이셨다. 아버지는 좋은 사람이었다. 그리고 무척 훌륭한 파시스트였다. 자식들 잘되라는 좋은 마음으로 평소에 매타작을 혹독하고도 넉넉하게 베풀곤 하셨다. 나는 훗날에 이르러서야 그것이 파시즘 교육의 첫걸음이라는 것을 깨달았다. 어머니는 양가적이었다. 맞아 싸다고 여기시면서도 어쨌든 달래셨다. 그것이 파시즘 교육의 두 번째 단계였다.

아버지는 정직한 공무원이셨다. 도펠코프나 스카트 따위의 카드놀이까지도 곧이곧대로 하셨다. 어머니는 내 기분을 맞춰주려고 슬쩍 져주시곤 했다. 그러면 아버지는 갑자기 실망한 공무원의 표정을 하고는 자리를 뜨셨다. 직속 상사조차 제대로 알아주지 않았지만 평생을 바친 봉사! 아버지는 술을 핑계 삼아 세월을 보냈고 독일 역사의 저편으로 사라졌다. 브루노 테벨라이트. 1901~1966.

우리 형제들은 누구도 철도 공무원이 되길 바라지 않았다. 형님들 셋 중에서 막내 형이 어쩌다가 철도 공무원이 되었다. 낙농업을 배우기는 했지만 직업적으로 "미래가 없었"고 현재도 없었기 때문이다. 그러나 몸과 마음을 다하는 철도 공무원은 아니었다.

나의 형님들과 누님은 장차 세워질 제국을 위해 태어났지만 제국은 끝내 오지 않았다. 라인홀트, 지크프리트, 브륀힐트, 군터. 니벨룽 서사시의 주인공들이다. 1929년에서 1935년 사이에 태어났다. 뒤늦게 태어난 아우들에겐 패배의 이름이 주어졌다. 클라우스와 헬가. 1942년, 그리고 1944년. 스탈린그라드의 아이들이었다.

스탈린그라드로부터 엘비스가 오고 영화가 왔다. 스크린과 스피커를 통해 미국 문화가 물을 건너 쏟아져 들어왔다.

사진상으로 안 보이던 댐 건너편에는 모니카 쿠발레가 내륙에 도착하고 있었다. 18년 동안 살았던 섬을 떠나서 도시에 들어섰다. 내가 이끌렸던 대학이 있는 도시, 킬이었다. 항구에 배가 모여들듯 우리는 서로를 만났다.

앨프리드 히치콕 감독은 살바도르 달리와 협업해「망각의 여로Spellbound」의 꿈 장면을 만들었다. 꿈은 날카롭고 뾰족하고 단단하게 일상세계를 꿰뚫는다. 기차는 단단히 뿌리내린 산맥의 풍경을 꿰뚫고 질주한다. 역동화된 공간이 또 다른 공간을 관통하며 움직인다. 철도와 영화는 분명히 동일한 뿌리를 지녔다. 그러나 프로이트는 아쉽게도 철도에만 천착했다. 무의식이 얼마나 끈질기게 자아와 관련된 온갖 표상을 수집하는지에만 관심을 기울였다. 여주인공 아이리스 핸더슨은 자신의 이니셜이 새겨진 핸드백과 머플러를 지니고 다닌다. 마치 그래야만 자신의 정체성이 지켜진다고 믿기라도 하듯 말이다…….

과연 개연성이 있냐면서 굳이 치사하게 말꼬리를 잡는 사람들이 있다면, 이 영화에 대한 내 견해가 그저 환상이라며 무시한다면, 나로서는 물론 할 말이 없다.

프리다 그라페
영화「사라진 여인The Lady Vanishes」에 대해서
1971년 12월호『필름크리티크
Filmkritik』

지미: 숱한 죽음의 고통을 겪었으면 진실을 깨닫고 직시해야지요. 나라 전체가 새롭게 태어나야 해요. 난 정치인은 아니지만, 내 눈에 뻔히 보이는 상식을 말하는 겁니다.

그런데 군중은 정반대를 외치고 있어요. 대체 누가 **정말로** 환상 속에 살고 있나요? 망할 놈의 군중이에요. 군중. 진짜로 따져봅시다. 누가 옳고 누가 그른가요? 누가 다수인지가 중요한 게 아니라 옳고 그름을 따져야지요. 내 말은 이겁니다. 누군가는 행동에 나서야 해요. 다들 손 놓고 구경만 하다가 누구 한 명 쓰러지면 다들 달려들어 비난만 한다고요.

지미 헨드릭스
1969년 3월『서커스』인터뷰

아내 모니카에게서 상담 클리닉 이야기를 듣다보면 학계의 파시즘 이론이 참으로 시시하게 느껴진다. 비판할 필요도 없을 정도로 하찮을 지경이다. 이해와 행동을 규정하는 뚜렷한 관습이 있어서 감정과 표현 역시 명확했더라면, 이 모든 이론적·계몽적 훈계는 불필요했을 것이다. 아이들은 뭔가 "별나거나" 무뎌진 언동 때문에 클리닉에 끌려온다. 그들이 겪는 총체적 장애의 삶은 차마 말로 표현이 안 된다. 무력하게 저항하는 그들의 몸은 고통을 생생하게 드러내고 있다. 그들을 짓누르는 질병은 마치 압도적인 총체처럼 느껴진다. 그러나 개별적인 병자들은 "부서져" 있다. 그럼에도 아이들과의 접촉은 일어난다. 불꽃이 튀고 벼락이 때리는 진정한 접촉 말이다. 가까이에서 생겨나지만 멀리까지 도달하여 힘을 떨치는, 가깝지만 집어삼키기 않고 멀지만 매정하지 않은, 조심하라는 말이 다정하게 들리고 정신 차리라는 말이 격려가 되는 소통이다. 고통의 현실성이 마침내 감각으로 다가온다. 자신의 현재 상태를 바꾸고자 한다. 그럼에도 이들은 막다른 골목과 이중 구속에 갇혀 있다. 많은 사람은 짐짓 걱정하는 듯 호들갑을 떨지만 정작 실상을 모른다. 당장 파시즘과 투쟁하자고 촉구하지만 비非파시스트의 경험에는 둔감하다. 그래서 입에 발린 뻔한 소리를 한다. "상황이 우려스럽군요." 상투적인 표현만 남고 직접 느낀 감정은 없다.

모니카는 독창적인 독법으로 끊임없이 나를 일깨웠다. 내가 기껏 인용하고 다듬고 고쳐 쓰고 완성해서 글을 넘겨주면 아내는 내 예상과 소망을 가뿐히 벗어나는 반응을 보여주곤 했다. 내가 무심결에 읽어넘긴 텍스트에 그녀는 예민하게 반응했다. 내가 의미심장하다고 생각하는 부분을 콕 짚어 "별로"라고 단언하기도 했다. 내 나름대로는 빼어나게 이론화했던 부분을 포기하도록 만들기도 했다. 그 바람에 나는 별로라는 말이 참으로 별로다.

　경험이 풍부한 아동 임상심리학자*인 모니카와 마르그레트 베르거가 큰 도움을 주었다. 임상 경험이 없는 내가 정신분석학적 시각을 폭넓게 적용하여 파시스트 유형학을 과감하게 재구성할 수 있었던 것은 이들의 든든한 지원 덕이었다. 내 연구 자료는 환자의 자기보고서다. 군인 남성들은 자기보고서라는 형식에 대한 자각 없이 자신들의 경험을 이야기했고 자신들이 저지른 테러를 서술했다. 2권에서 내가 시도한 자아구조론과 미처-다-태어나지-못한-자아 이론은 마르그레트 베르거의 격려와 학문적 식견에 큰 빚을 졌다.

　내 우편함에는 녹음테이프가 든 서류봉투가 가끔 배달되었다. 에어하르트 루카스는 특유의 성품대로 따뜻하고 정중하게, 그러나 마음에 들지 않는 부분에 대해서는 날카롭게 내 원고에 대한 생각을 들려주었다. 나는 원고 한 뭉치를 완성할 때마다 그가 사는 올덴부르크로 보냈다. 이 책은 그의 저서 『1920년 3월 혁명 *Märzrevolution 1920*』의 「백색 테러」라는 챕터로부터 시작되었다. 내 글의 분량이 늘고 연구가 확대되면서 그는 나를 격려하고 이끌어주었다. 그는 더할 나위 없는 최고의 독자이자 비평가이며 조력자였다. 에어하르트에게 이 책을 바친다. 그가 없었더라면 이 책은 불가능했을 것이다.**

---

*　아동 환자들의 일부는 성인 파시스트와 많은 유사성을 보여준다. 이후에 자세히 논하겠다.

**　재혼 후 에어하르트 부제만 루카스로 개명한 에어하르트 루카스는 1993년 56세의 나이로 세상을 떠났다. 아직도 믿을 수가 없다.

부디 언젠가 모든 사람이
권력에 짜증을 내게 되기를.

—블라도 크리스틀, 『초단편 영화들Sekundenfilmen』

1권

제1장   남자와 여자

제2장 홍수, 육체, 역사

육체 내부의 물질 상태

격랑

여자를 멀리하기 위한 갑옷

이성 관계의 결여를 억지로 유지하기 위한 몇몇 방법

육체 경계의 오염 상태

2권

제3장 **군중과 적들**

제1장

남자와 여자

일곱 쌍의 부부

젊었던 해군 대위 시절에 장가를 들었다. 북해 함대 소속이었던 터라 내 생각에는 아마도 빌헬름스하펜에 배치될 것 같았다. 함부르크 분인 장인어른이 뤼스트링겐 외곽에 아담한 집을 지어준다고 하셔서 나는 무척이나 기뻤다.[1]

신랑이 "우리"가 아니라 "나"를 말했다. 에어하르트 대위는 에어하르트 해병여단의 지휘관이었으며, 바이마르 공화국 초반의 자유군단 중 가장 악명 높았던 인물이다. 그가 독자에게 털어놓는 혼인의 장점이란 혼수로 취득한 작은 집이다. 아내에 대해서는 한마디도 없다. 심지어 이름조차 언급하지 않는다. 장인어른은 아마 재력이 있는 듯하다. 이름 모를 신부보다는 빌헬름스하펜과의 관계가 더 중요한 듯하다.

곧 이어지는 문장에서 에어하르트는 동료들이 신혼집을 "대궐" 같다고 평가했다고 전한다. 여전히 결혼생활 이야기는 없다. 예상했던 바와 달리 그는 업무가 과중한 킬로 배치되었다.

저녁에 집에 돌아오면 두툼한 서류 가방을 열고 책상 앞에 앉았다. 저녁을 먹은 후 12시나 1시까지 일했다. 아내는 이 시절을 떠올릴 때면 종종 불평을 했다. "신랑 뒷모습만 보고 살았어요."[2]

신혼 시절 이야기는 이게 전부다.

그럼에도 처자식은 아름다운 킬에서 좋은 삶을 누렸다. 어엿한 독일의 해군 도시지만 늘 안개가 끼어 있는 빌헬름스하펜보다는 화창하고 개방적이고 행복한 곳이다.[3]

처자식을 길게 언급한 것은 회고록 전체에서 이 대목이 처음이자 유일하다. 킬의 날씨가 좋으니 처자식은 더 바랄 것이 없다는 식이다. 킬은 아름다운 도시다. 빌헬름스하펜은 늘 안개만 끼어 있으나 어엿한 독일 해군 도시다. 처자식을 유일하게 언급한 대목에서조차 대위의 관심은 빌헬름스하펜에 쏠려 있다. 에어하르트 대위는 군 복무 중에 아내가 생기고 아이들이 태어났다는 것을 숨기지 않는다. 그럼에도 이름은 여전히 언급되지 않는다.

자서전에는 여자 한 명이 더 등장한다. 호헨로에 공주다. 카프 폭동의 주동자로 수배를 당한 그에게 뮌헨에 은신처를 마련해주었다. 그는 우연이었다고 둘러댔다. 그 탓에 공주는 반년 동안 징역살이를 했다. 그는 "피신자를 몹시도 의리 있게 지켜주었다"[4]면서 그녀를 칭송했다. 그러나 훗날 그녀와 재혼했다는 사실은 말하지 않았다.[5]

첫째 아내가 그의 삶에서 사라졌다는 사실 역시 언급하지 않았다.

자유군단 지휘관이었던 게르하르트 로스바흐 중위는 아내가 문짝에 도배된 벽지를 싫어한 덕에 자신이 목숨을 구했다고 말했다. 아내가 벽걸이 태피스트리를 걸어 문을 가렸기 때문에 게슈타포가 로스바흐의 서재를 못 보고 지나쳤던 것이다. 서재 안에는 돌격대 참모장 에른스트 룀과 주고받은 편지와 문서들이 숨겨져 있었다. 은닉이 발각되었더라면 로스바흐는 살아남지 못했을 것이다. 1934년 6월과 7월에 벌어진 돌격대 숙청 과정에서 수많은 나치 유명 인사들이 살해됐지만 로스바흐는 간신히 목숨을 건졌다. 당시에는 억울하게도 룀 쿠데타로 명명되었던 이 사건의 배후에는 물론 상층 군부 세력이 있었다.[6] 어쨌든 아내 덕을 인정하는 듯 로스바흐는 아내를 언급하긴 했다. 그래도 감옥신세를 면

하지는 못했다.

출소해서 집에 왔더니 아내는 심한 신경쇠약에 걸려 있었다. 오래 못 버티고 곧 죽었다.[7]

여전히 이름은 없다. 다시 언급되지도 않는다. 두 페이지 지나서 이런 대목이 등장한다.

두 번째 아내는 하인리히 게오르크 실러 극단의 여배우였다. 신혼여행 덕에 출세도 했다.

해외여행을 갔다는 말을 출세라고 표현했다. 로스바흐는 마치 큰 목적을 달성해준 부차적 요소라는 말투로 새 아내를 소개한다. 아내의 이름은 여전히 없다. 그 대신 다른 이름이 도드라진다. 바로 하인리히 게오르크라는 남성이다. 무명의 여배우에게 얼마간 무게를 실어주기라도 한다는 어감이다. 로스바흐의 파란만장한 회고담에서 아내의 모습은 한 번 더 반짝 등장한다. 아이를 품에 안고 미국 수용소로 면회를 온 것이다. 1945년 로스바흐는 미군에게 억류된 신세가 되었고, 자신은 1923년부터 진작에 히틀러한테 맞섰다고 강변했다. 물론 1923년 11월 9일 뮌헨 반란 미수에 가담하긴 했지만. 로스바흐는 설득에 성공했다. 배후에서 "애국애족 운동völkischen Bewegung"을 이끌면서 히틀러에 반대했다는 논리였다. 아내는 면회를 끝내 허가받지 못했다. 로스바흐는 먼발치에서 그녀를 언뜻 봤을 뿐이다.[8]

1919년 초반부터 마르틴 니묄러 해군 대위는 킬 장교 그룹의 일원이었다. 그룹의 핵심 인물 중에는 폰 뢰벤펠트라는 사람이 있었다. 니묄러가 존경했던 사람이자 훗날 자유군단의 지휘관이 된 인물이다. 니묄러는 소속된 해군 여단에 복귀하기를 거부했다. 에베르트-샤이데만 혁명정부에 충성 서약을 함으로써 황제를 배반하는 짓을 차마 할 수 없었기 때문이다.[9]

그는 결혼이 이른 편이었다. 결혼하게 된 사연을 이렇게 소개한다.

나의 오랜 친구이자 동급생이던 헤르만 브레머의 맏누이가 당시 베를린에서 공부하고 있었다. 둘 다 베를린에 아는 사람이 적었다. 그래서 우리는 자연스럽게 한가한 일요일 오후면 자주 만나게 되었다. 배를 빌려서 반제 호수와 하펠 강변에서 시간을 보내곤 했다. 1917년 초여름의 햇살과 온기! 어린 시절 스스럼없던 사이를 되살려 발전시켜서 우리는 편지를 주고받는 관계가 되었고, 이듬해에는 약혼까지 하게 되었다.[10]

"나의 죽마고우이자 동급생이었던 헤르만 브레머의 맏누이"라는 이름으로 장차 신부가 될 여자를 소개한다. 이어지는 과정은 그저 "자연스럽게" 되었다며 얼버무린다. "베를린에 아는 사람이 적었"기 때문이다. "어린 시절 스스럼없는 사이를 되살"린 것이 아내로 맞이하기에 충분한 사유가 된다. "햇살과 온기"를 거론한 것을 보면 육체적인 관계도 분명히 짐작된다. 하지만 "온기"는 초여름에서 비롯되는 것이지 "맏누이"에게서 나오는 것은 아닌 듯하다.

이듬해 니묄러는 잠시 전쟁에서 물러나 한숨 돌린다.

그래서 오래전부터 벼르던 일을 드디어 해냈다. 7월 18일에 빈에 들렀다가 베를린으로 발길을 향했다. 예전 해군 제독 참모부에 다시 줄을 대려

는 것은 아니었다. 나의 신부에게서 찬동의 말을 듣고 나 역시 찬동의 말을 해주기 위해서였다.[11]

빈에 들렀다가 베를린에 갔지만 해군 제독 참모부에는 안 갔다. 거창하게 군불을 때더니 결국은 최고로 무미건조한 단어로 결론짓는다. "찬동의 말을 주고받는다." 여전히 이름은 안 나오지만 날짜는 명시되었다. 1918년 7월 18일. 꿈이 아니라 생시였다고 증명할 작정이라는 듯.

베를린에서 24시간을 보낸 후, 엘버펠트로 가서 부모님과 장인 장모를 모시고 우리의 약혼을 축하하는 잔치를 열었다. 당시에도 우린 알았다. 미래는 완전히 불확실하며, 장래는 더 참담해질 것임을. 그러나 전쟁을 겪으면서 우리가 깨달은 것이 있다. 시간이 지날수록 더 또렷하고 생생하게 되새겨지는 교훈이다. 인생은 알 수도 없고 예측할 수도 없는 것이

오늘은 천상의 잔칫날.

다. 오직 신념을 갖고 도전해야 할 뿐이다.[12]

미래를 "불확실하고 참담하다"고 표현했다. 니묄러가 회고록을 집필하던 시점에서 돌이켜보자면 독일의 패전과 그 결과를 뜻하는 게 분명하다. 그러나 무의식적으로는 결혼의 미래 역시 불확실하다고 느낀 듯, 이런 표현은 회고록에 처음 등장한다. 니묄러는 결혼을 "신념을 갖고 도전"할 일이라고 묘사한다. 인생에 아내가 등장한다는 것은 곧 예측성이 사라지는 것을 뜻한다. 아내에 대해 무엇을 "안다"고 해서 인생을 "알겠다"고 할 수 있겠는가?

니묄러는 자유군단에 입대하지 않았다. 해군에서 제대해 농업을 배우기 시작했고 아내와는 주말 부부 생활을 했다. 일요일에만 함께 지냈다.

일요일은 언제나 특별했다. 아침에는 카펠른에 있는 교회당에 가서 예배에 참석했다. 우리 어머니가 세례를 받고 견진성사를 받았으며 혼인식을 올린 곳이다. 때로는 가벨린으로 산책을 가기도 했다. 우리 아버지 고향에서 한 시간 거리에 있는 마을이다. 아버지의 큰누님인 요한나 고모님께서 샤베르크 농장의 살림을 꾸리며 살고 계신 곳이었다. 조부님께서 때 이르게 세상을 떠나시기 전까지 오르간을 연주하셨던 작은 교회당이 있는 곳이기도 하다. 오후에는 독서를 하고 음악을 연주하면서 집에서 시간을 보냈다. 저녁에는 친척과 지인들을 만나는 것을 원칙으로 삼았다. 우리는 종종 농장의 미래에 대해서 이야기를 나누었다. 아니면 정치적 상황의 변동에 대해 우려하곤 했다. 1919년 초여름에는 그게 당연한 일이었다.[13]

오직 본인과 본가 가족들만 이야기에 등장한다. 뭔가 내면적 감시자의 압박이 작동한 듯한 인상을 주는 글이다. 성생활을 할 여유가 거의 없었다고 누군가에게 애써 변명하려는 것 같지 않은가? 밤시간도 무척이나 짧았다고 한다. 니뮐러는 새벽 5시 30분에 기상해 7킬로미터 거리를 걸어서 일터로 복귀해야만 했다.

가톨릭 상인 집안 출신인 루돌프 회스는 1917년 가출을 감행했다. 전쟁판에 끼어들고 싶어서 안달이 났기 때문이다. 고작 16세의 나이였다. 전쟁이 끝나고 집에 돌아와보니 부모님은 돌아가시고 안 계셨다. 그 덕에 장차 성직자가 되겠다는 서약을 깰 수 있었다. 그러나 서약 준수가 상속의 조건이었기 때문에 유산을 잃고 만다. 삼촌이 눈에 불을 켜고 상속 조건 충족을 감시했다. 회스는 동유럽으로 갔다. 로스바흐 자유군단에 소속되어 발트해 연안을 불법 침략했다. 그는 1923년

까지 자유군단 무리와 함께 이른바 비밀 재판이라 불리던 암살을 저질러 5년 징역형을 선고받았다. 훗날 그는 아우슈비츠 강제수용소의 소장이 된다.[14] 1928년 출소한 후에 농업을 배우겠다면서 "아르타마넨 분트 Artamanenbund"라는 향토 청년 단체에 가입했다.

처음 며칠 만에 미래의 아내를 만나게 되었다. 그녀가 몸 바친 이상은 나와 동일했다. 그녀는 오빠와 함께 아르타마넨으로 향하는 길을 찾았다. 우리가 천생연분임을 나는 첫눈에 알아봤다. 마치 어린 시절부터 함께 살기라도 한 듯 우리는 순식간에 조화성 있게 서로를 믿고 이해했다. 우리 인생관은 모든 면에서 동일했다. 우리는 서로를 완성해주는 사이였다. 나는 완벽한 여성을 만났다. 긴 세월 외로움 속에서 갈구해온 여자였다. 우리 내면의 조화성은 우리가 함께한 수많은 나날을 거쳐 오늘날까지도 변함없다. 일상의 모든 우여곡절, 행운과 불운, 외부의 온갖 상황에도 끄떡없었다. 하지만 아내가 늘 슬퍼한 것도 있다. 내가 가장 깊은 속마음을 혼자만 간직하고 아내에게조차 못 보여준다는 사실이었다.[15]

뜬구름 잡는 세레나데가 이처럼 길게 이어진다. 마치 실제 아내에 대한 구체적인 언급을 피하고 싶어하는 듯한 충동이 느껴진다. 이른바 "조화성"이 그 무엇에도 끄떡없다면, "행운과 불운"에도 변함없다면, 그 무엇에도 바뀌지 않는다면, 그것은 상상 속에서나 존재하는 허구일 뿐이다. 허구 속에 존재하는 것이 "합일성"인 듯하다. "조화성"과 "천생연분" "우리의 인생관은 모든 면에서 동일"했으며 "우리는 서로를 완성해주는 사이"였다. 회스와 아내가 하나의 생명체라는 환상에 이름을 붙여주려는 일종의 시도처럼 느껴진다. 아내는 여전히 이름이 없다.

이름조차 없는 "완벽한 여성"을 "긴 세월 외로움 속에서 갈구"했다고 한다. 이 여성상은 다른 곳에서 비롯된 게 분명하다. 회스를 감싸준 "그 여자", 즉 어머니다. 회스는 다른 글에서 어머니를 "고향"이라고 일컬은 바 있다.

실제 아내는 인용문의 마지막 문장에서 멀찍이 언급될 뿐이다. 회스의 "가장 깊은 속마음"은 숨겨야 할 뿐 "못 보여준다"고 했다. 그래서 아내는 "늘 슬퍼"해야만 했다.

합일성에 대한 찬양은 어쩐지 여성과의 특정한 관계만을 염두에 두고 있는 듯하다. 이상적인 아내상에는 뭔가 다른 것이 은밀하게 섞여 숨어 있다.* 니묄러의 경우가 그랬듯 여성의 옆을 오라비가 지키고 있다는 것이 의미심장하게 눈길을 끈다. 남자 형제가 곁을 지켜주는 누이들은 특별히 보장된 신붓감이다. 오라비와 뱃놀이를 가고 청년 단체에 참석하는 아가씨들이라면 숫처녀임이 분명하기 때문이다.

회스는 아내가 "오빠와 함께" 길을 "찾았다"고 강조한다. 행여 남자 경험이 있는 여자, 즉 "걸레"라고 오해받을까봐 미리 방어하는 듯하다. 숫처녀에게 무슨 말씀을! 그 점이 중요하다.

에른스트 폰 잘로몬의 첫사랑이자 유일했던 사랑은 이러했다.

나는 사랑에 빠졌다. 죽음을 갈망하는 깊고도 깊은 골짜기에 빠졌다. 동시에 삶을 향한 갈망으로 이글대는 태양 아래에 내던져졌다. 그녀의 눈짓 하나만으로 나는 나 자신도 집도 국가도 세상도 허공에 날려버릴 각오가 되어 있었다. 나는 성냥갑 크기의 소책자 『프라하로 향하는 모차르트』를 샀다. 그리고 그녀를 위해 쓴 시를 빼곡히 적어넣은 12페이지를 동봉하여 포장했다. 나는 곧 대가족을 부양할 의무가 생길 것이라 예상

---

* 이후 뉘른베르크 전범 재판에서 회스는 미국인 법정 심리학자 길버트에게 아내와 "소원한" 관계였다고 진술했다. 또한 두 사람 다 성교에 대한 "욕망이 드물었다"고 말했다. (Gustave M. Gilbert, *Nürnberger Tagebuch*, p. 251 f.)

했다. 그래서 수당을 더 벌기 위해서 초과근무를 결심했다. 얼마나 고생을 했는지 말도 못 할 지경이다. 아침마다 깔끔하게 면도한 내 모습에 직장 동료들도 놀랐다. 첫 초과근무 수당으로 금목걸이를 사서 그녀에게 선물했다. 그리고 멋진 새 양복을 맞춰서 차려입었다. 그녀는 10년 후에 내 아내가 되었다.[16]

그녀조차 이름이 없다. 잘로몬은 아내와의 사랑 이야기를 매듭지은 후 본론으로 돌아간다. 발터 라테나우 외무장관을 죽인 암살범 중 한 명인 케른과의 기형적인 우정 이야기에 열을 올린다. 잘로몬도 암살 모의에 가담했기 때문에 5년형을 선고받았다. 감옥에서 케른과의 우정은 잊어버린 모양인지 출소 직후 그녀의 집으로 찾아갔다.

문을 열더니 깜짝 놀랐다. 그러더니 잠자코 나를 안으로 잡아끌었다. 곧 차를 한 잔 대접해줬다. […]
그녀의 눈길이 내게 닿았다. 나는 마음이 약해지지 않으려고 안간힘을 썼다.[17]

그녀에 대해서는 이게 전부다. 그날 저녁에는 형님과 외출을 했다. 형님이 미리 연락도 없이 그녀의 집에 불쑥 찾아왔던 것이다. 형제는 둘이서만 카페에 갔다.

그녀를 향한 "사랑"은 폭력적인 이미지로 묘사된다. "죽음을 갈망하는 깊고도 깊은 골짜기"가 활짝 열렸고 그는 "삶을 향한 갈망으로 이글대는 태양 아래에 내던져졌다". 그로부터 모든 것을 "허공에 날려버릴" 충동이 이어졌다. 남들을 파괴하고 자신을 파멸시킬 위험이 이 "사랑"에서 시작되었다는 것이다.

"그녀"에 대한 생각은 제자리에서 맴도는 듯 보이지만 결국 다른 무

언가를 의미하고 있는 듯하다. 그가 감옥에서 나오며 들었다는 생각을
자세히 관찰해보면 그 정체가 좀더 확실해진다.

무척이나 기이한 것은 여자들이었다. 내가 감옥에서 꿈꾸던 여자들과는
너무 달랐다. 그녀들의 얼굴은 밋밋하고 따분하고 벌거벗은 듯했다. 감
흥 없이 길쭉하게 뻗은 다리처럼 단조로웠다. 오직 한 가지, 반들반들한
실크 스타킹의 무릎 부분에 접힌 주름만이 혹독했던 감방의 고통을 연상
시킬 만큼 생생하게 다가왔다.[18]

오직 하나의 페티시적 대상, 즉 실크 스타킹 무릎 부분의 주름만이 그
를 흥분시켰는데 쾌락적인 방식은 아니었다. 오히려 "고통"을 연상시
켰다고 했다. 묘하게도 "벌거벗은" 느낌은 "따분"했고, "길쭉한" 다리는
"단조로웠다"고 느꼈다. 이들 속성은 통상 성적 자극과 연관된 개념인
데도 말이다.

나는 마흔을 바라보는 나이의 노총각이었다. 내게 잘 어울릴 제값 나가
는 아가씨들도 꽤 있었다. 그러나 내 마음 깊은 곳에는 오래전부터 간직
해온 소년 시절의 순정이 희망을 품고 살아 있었다. 경제적 부담은 더 이
상 문제가 아니었다. 하지만 아버지와 심각한 갈등이 여전히 걸림돌이
되었다. 그래서 아가씨를 집안에 데려올 수가 없었다.[19]

파울 폰 레토-포어베크 보병대장이 회고록에서 처음으로 "여자" 문
제를 고백한 대목이다. 첫 시도가 아마 힘겨웠던지 연이은 8페이지를
내리 군대 이야기만 잔뜩 늘어놓다가 다시 이야기를 이어간다.

개인적으로는 삶에서 실망도 많이 겪었다. 아버지와 화해한 후, 나는 중위 시절부터 마음 깊이 연모하던 아가씨에게 청혼을 하고 싶었다. 하지만 나는 일부러 그녀에게서 완전히 거리를 두었다. 그녀에게 온전한 자유를 허락하기 위해서였다. 뒤늦게 그녀가 시집갔다는 소식을 듣고서 나는 마음이 무너져 내렸다. 또 다른 여자에게 구애했지만 소용없었다. 마음에 둔 다른 남자가 있다고 했다. 혹독한 군 복무에도 불구하고 나는 때때로 마음이 진실로 찢어졌다.[20]

아버지와의 "심각한 갈등"이 무엇이었는지 그리고 어떻게 해결되었는지 그는 설명하지 않는다. 과연 무슨 사연으로 "때때로 마음이 진실로 찢어졌"던 것인지는 언급하지 않는다. "때때로" "진실로"라는 수식어를 "찢어졌다" 앞에 놓은 것을 보면 어쨌든 "상심"을 강조하려는 듯하다. 그러나 해당 여성들이 누구였는지는 언급하지 않는다. 마치 괜한 소리가 너무 길었다는 듯 이야기를 그쯤에서 멈춰버린다.

그러면서도 레토는 꽤나 할 말이 많다. 예를 들어 군 복무의 혹독함은 표면적인 핑계로 활용하는 듯하다. 또한 20년간 "마음 깊이 연모"했던 그녀에게서 일부러 거리를 두고 멀어지려는 핑계로 쓴다. "그녀에게 온전한 자유를 허락"한다지만 실상은 반대다. 그가 염두에 둔 건 절대로 그녀가 아니다. 오히려 나에게 "온전한 자유를 허락"하겠다고 반대로 말해야 옳다. 그는 다른 여자에게로 도망친 것이 아니라 내면화된 여성으로부터 도망치고 있다.

빌헬름스하펜에서 한 여자를 알게 되었다. 첫눈에 강렬한 이끌림을 느꼈다. 그러나 유부녀였다. 해결할 수 없는 고민이었다. 그러나 모든 것은 놀랍도록 잘 진행되었다.[21]

알쏭달쏭한 이 말은 60페이지 후에 풀린다. 챕터의 제목은 이렇다.
「결혼: 국가방위군 시절과 카프 폭동」. 상황은 이랬다.

한 가지 사실을 알게 되었다. 예전에 우정을 나눴다가 연락이 끊긴 여자
가 있었다. 알고 보니 벌써 몇 년 전에 이혼한 상태였다. 게다가 곤궁했던
전쟁통에 베를린에서 지내던 나의 연로하신 부모님을 기특하게도 꾸준
히 보살펴드렸던 모양이다. 나를 잊지 않았던 것이다. 당시 내 나이 마흔
아홉. 노총각 시대를 청산할 때가 되었다고 생각했다. 그 시점이 3월 2일
이었다. 3월 6일에는 콜베르크에서 힌덴부르크 육군 참모총장께 보고드
릴 일정이 있었기에 발트 지역 투입이 임박했다고 생각했다. 결혼할 시
간이 촉박했다. 플렌스부르크에 있는 예비 신부한테 박력 있게 전보를
보내 베를린에 있는 우리 부모님 댁으로 당장 오길 기대하겠다고 통보했
다. 1915년 동아프리카 작전 시 전쟁 물자를 보조선으로 조달해준 바 있
던 크리스티안센 대위가 당시 그녀 옆에 있었다. 그녀는 놀라서 얼떨떨
한 듯 대위에게 전보를 보여줬다고 한다. 대위는 감동하여 그녀의 손에
입을 맞추었다. […]
나는 부모님께 찾아가서 결혼하겠다는 의사를 밝혔다. 예비 신부는 3월
4일 베를린에 도착한다고 전보로 알려왔고, 나는 3월 5일로 결혼식 날짜
를 정했다. 행여 베를린에 오지 않을까봐 나는 결혼하려는 속셈을 일부
러 감췄다. […]
3월 4일 저녁 베를린 중앙역에 도착한 그녀를 맞이했다. 나는 3월 5일
11시에 그녀와 결혼할 작정이라고 선언했다. 그녀는 말문이 막힌 듯하
다가 곧 앙칼지게 거절했다.[22]

레토 대장과 결혼하려면 시부모님 봉양을 반드시 거쳐야 하는 모양이
다. 자신의 부모님을 "기특하게도" 보살폈기 때문에 대장은 그녀를 아내

로 삼을 결심을 한다. 그는 즉시 이렇게 단정한다. "나를 잊지 않았던 것이다." 그가 보낸 전보는 베를린이 아니라 베를린에 있는 우리 부모님 댁으로 오길 "기대하겠다"는 것이다. 아예 명령조다. 한편 레토는 부모님에게 여자와의 결혼 의사를 보고한다. 그녀는 누구일까? 청년 시절의 첫사랑? 혹은 빌헬름스하펜의 유부녀? 결혼식은 물론 거행되었다. 교회에서는 아니었다. 대장이 교회에 못 가면 교회가 대장에게 와야 한다.

결혼식은 예정대로 3월 5일에 진행되었다. 11시에 아버지의 침대맡에서 식을 올렸다. 아버지는 1870년형 철십자 1급 훈장을 달고 계셨고 어머니는 휠체어에 앉아 그 곁을 지켰다.[23]

살벌하기 짝이 없는 프로이센식 혼인의 희생자는 아내다. 남편은 20년 전 "마음 깊이 연모"하던 아가씨와 동일한 방식으로 아내를 대한다. 남편의 관심이 특별히 아내에게 쏠리지는 않는다. 오히려 발트해 연안의 전투가 그를 간절히 부른다.*

아내는 이제 이상과 신화에 맞춰 삶을 살아가야만 한다. 이름 모를 신부는 이제 "아프리카너" 레토–포어베크 대장 사모님이 되었다. 동아프리카의 전쟁 영웅, 패배한 전쟁에서 무패로 돌아온 장군. 그녀와 함께 언급된 이름이 하나 있다. "감동하여" 손에 입을 맞췄다는 크리스티안센 대위다. 어쨌거나 크리스티안센 대위는 레토 대장과 전쟁 중 인연을 맺은 명예로운 사나이다. 숙녀가 나쁜 사교생활에 빠지지 않도록 곁을 지켜주기만 하는 신사다.

---

* "동아프리카 전쟁 영웅이었던 그는 위대한 군인 정신을 보여주었다. 결혼식 이튿날에 바로 힌덴부르크 참모총장께서 계신 콜베르크로 한걸음에 달려갔다. 그는 곧 자유군단 지도부에 임관했다."(Oberst Reinhard, *Die Wehen der Republik*, p. 101.)

이후로도 아내의 이름은 소개되지 않는다. 레토가 다른 사안에 대해서는 이름과 날짜를 줄줄 읊어댄다는 점을 보면 참으로 이례적이다. 그는 인맥이 무척 넓었고 대다수의 이름을 반드시 언급했다. 아프리카에서 귀국했을 때 공식 환영식에서 꽃다발을 건네준 소녀마저 실명을 기록했다. 로테 헤크셔 양.

날짜 역시 그렇다. 크리스티안센 대위, 1915년. 플렌스부르크로 전보를 친 날짜, 3월 2일. 힌덴부르크 참모총장, 3월 6일. 결혼식 날짜와 시간, 3월 5일 11시. 베를린 중앙역에서 신붓감을 맞이한 때, 3월 4일 저녁. 그녀에게 선언한 결혼식 시점, 3월 5일 11시. 1870년형 철십자 1급 훈장.

마치 작전 지휘와도 같은 인상을 준다. 삶을 계획하고 꼼꼼하게 점검하여, 마치 습격하듯 해치운다. 간결하고 정확한 상황 보고. 훌륭하군! 최상급일세! 그러나 아내는 이름도 없고 날짜도 없고 역사에도 남지 않는다.

그녀에게 초혼에서 얻은 딸과 아들 쌍둥이가 있었다는 사실은 20페이지 후에 어쩌다가 잠깐 언급된다. 첫 친아들이 태어나자 레토는 이런 문장을 쓴다. "⋯⋯내 쪽 아들 뤼디거의 세례식에서."[24] 그나마 아들은 굳이 자기 아들이라고 강조하는 성의를 보였다. 딸이 태어났을 때에는 "가족"에 "1923년 11월에 (⋯) 딸 하나가 증가"[25]했다고 썼다.

그러다가 아내가 죽는다. 레토는 장문의 추도사를 쓴다. 죽음 이후에야 말문이 터졌다. 회고록에서 아내에 대한 분량이 가장 많은 대목이다. 자못 처절한 추도의 글이다.

나는 아내의 죽음을 진정 받아들일 수가 없었다. 안사람은 밝고 명랑하고 따뜻한 여자였다. 어느 누구라도 못 본 척 지나치질 않는 성미였다. 그녀를 만난 거의 모든 이가 호감을 느꼈으며 그녀에게서 햇살처럼 뿜어나오는 따뜻함을 느꼈다. 아내는 사교생활을 무척 사랑했다. 독일 식민 제국의 사교회에서, 그녀가 즐겼던 브레멘 겨울정원에서 열린 수많은 차담회에서, 고급 카슈타트 백화점 그리고 아내가 이용하던 수많은 업체의 종업원들에게도 그녀는 상냥했다. 그래서 그녀는 설령 원치 않았어도 너무 자연스럽게 사람들의 관심을 받았다. 바터네베르스토르프에 살 때도 마찬가지였다. 아내는 많은 동부 피란민을 응접실에 초대해서 커피와 케이크를 친절하게 대접했다. […] 우리 부부는 함부르크에서 노후를 보내려고 새 아파트를 장만했다. 아내는 특유의 개성과 빼어난 취향을 한껏 발휘하여 집 안을 장식했다. 역시 괴테의 초상화로 명성을 얻은 화가 티슈바인의 후손다웠다. 그녀가 우릴 떠났을 때는 평소와 똑같아서 살아생전 같았다. 언제라도 그녀가 문을 열고 들어올 것만 같았다.[26]

"사교생활을 무척 사랑했다" 외에는 없다. 나머지는 그녀가 고급스러웠다는 내용의 반복이다. 남편으로서는 기분이 좋다. 사교계에서 남편도 덩달아서 높은 대접을 받으니까. 아내는 "빼어난 취향"을 지녔다. 하지만 조상에게서 물려받았으니 부분적으로만 아내 개인의 덕이다. 괴테와 티슈바인이라는 남자들 이름을 끌어다가 죽은 아내를 수식했다. 로스바흐가 두 번째 아내를 칭찬하려고 실러와 하인리히 게오르크를 끌어온 것과 똑같다.

레토와 아내 사이에는 실체적인 관계가 전혀 없어 보인다. 아내가 죽은 후에야 비로소 장황하게 칭찬하는 걸 보면 더욱 심증이 간다. 아내만 이렇게 대하는 것이 아니다. 그의 친아들 두 명 역시 전사한 후에야 넉넉한 칭찬을 듣는다. 이렇다보니 레토가 한 문장 이상을 할애해서 친인척을 길게 칭찬하면 독자는 어쩐지 마음이 불안하다. 혹시 죽은 게 아닌가 싶어서. 그리고 정말로 그렇다.

이 추도문에서는 어쩐지 억압된 공격성이 강력하게 느껴진다. 마치 죽기를 바랐다는 듯한 소망이다. "그녀가 우릴 떠났을 때는 평소와 똑같아서 살아생전 같았다." 아내의 죽음에도 불구하고 별 차이가 없다고 읽힐 수 있는 문장이다.

추도문을 길게 쓰는 의무를 다하고 나면 레토는 대개 사냥 이야기를 한다. 모든 사건 후에는 언제나 사냥 이야기가 나오곤 한다. 회고록에서 독자가 확실히 얻을 수 있는 정보는 레토가 언제 어디서 무엇을 쏘았는지다.

———

농부의 아들로 태어난 해군 대위 만프레트 폰 킬링거는 1933년에는 작센의 주총리까지 되었다. 그는 부활절 축일에 남몰래 미래의 아내를 점찍었다. 그는 회고록에서 자신을 "바다도깨비Klabautermann" 혹은 "페터"라고 일컫는다.

승선 전에 그는 린덴호프에서 부활절 휴가를 보냈다. 많은 것이 바뀌었다. 집에는 한 명의 누이만 남아 있었다. 다른 누이 한 명은 교사가 되어 상경했다. 또 누이 두 명은 시집을 갔다. 아직 집에 남아 있던 누이가 명절 동안 친구 게르트루트를 집에 초대했다. 몇 년 전 페터는 에르츠산맥에 있는 게르트루트 부모님 소유의 별장에서 며칠을 보낸 적이 있다.
예전에도 게르트루트가 마음에 들었다.
그런데 세상에, 이렇게나 예쁜 아가씨로 자라다니! 예전에는 내 눈이 멀었나 왜 몰라봤을까?
페터의 마음에 쏙 들었다. 그녀는 똑똑하고 조신했다. 성격이 야무지고 흠 없이 예쁘장했다. 드세지 않았지만 그렇다고 호락호락하지도 않았다. 어정쩡한 게 없는 아가씨였다. 옳다 싶으면 절대로 타협하지 않았다. 도리에 맞으면 맞고 아니면 아닌 거다. 일단 판단이 서면 그에 따라 살았고 그 잣대로 사람들을 쟀다.

바로 이 여자가 내 여자다. 페터는 생각했다. 군인의 아내가 될 용맹을 지녔구나.

하지만 아직은 때가 되질 않았다.[27]

아가씨는 타협 없이 둘 중 하나로 현실을 나눈다. "도리"에 맞거나 혹은 안 맞거나. 드세게 우기지 않지만 호락호락 양보하지도 않는다. 이제는 절호의 기회를 노려서 고백만 하면 된다. 드디어 기회가 온다.

훈련 일정이 갑자기 중단되었다. 페터에게는 부대 복귀까지 며칠의 여유가 생겼다. 이제 뭘 하면 좋을까?

왜 그랬는지는 모른다. 자신의 마음을 빼앗아간 아가씨를 다시 보고 싶어서 못 견딜 것만 같았다.

그는 망설임 없이 아가씨의 부모님 댁에 통보를 하고 바로 출발했다. 아름다운 에르츠산맥의 따뜻한 초여름 날씨를 즐기며 게르트루트와 며칠간 행복하게 지냈다.

그러던 어느 날 아침 게르트루트의 오빠가 베를린으로부터 소식을 전해 왔다. 자신과 동료 의사들에게 동원 명령이 떨어졌다고 했다. 간밤에 황제가 총동원령을 공식 선포했다는 것이다.

듣던 중 반가운 소식이다. 바다도깨비가 하마터면 전쟁을 놓칠 뻔했다.

바다도깨비는 게르트루트와 작별 인사를 나눴다.

"이젠 어쩔래?"

그녀가 그의 눈을 그윽하게 들여다봤다.

그는 그녀의 머리를 두 손으로 감싸쥐고 입술에 키스했다.

"어쩌긴 뭘요?" 그녀가 말했다. "바다도깨비가 전쟁 마치고 무사히 돌아오면 결혼해야죠.”

페터는 인장 반지를 손가락에서 빼 그녀에게 건네주었다.

“혹시 못 돌아오면 이걸 보며 날 기억해줘.” 그녀는 눈물 한 방울 안 흘리고 눈썹 하나 까딱 안 했다. 그럼에도 그는 그녀의 내면적 투쟁을 느낄 수 있었다.

페터는 이토록 용맹한 독일인 아내를 얻게 되어 기뻤다.[28]

그녀에 비하면 그 자신은 별로 용맹하지 않았던 듯하다. 마지막 순간까지 머뭇거리다가 간신히 “그녀에게 마음을 연다”. 그는 전쟁보다 사랑 고백을 더 두려워하는 듯하다. 그러나 혹시라도 살아 돌아오지 못할까봐 마지막에 용기를 짜낸다.

이야기는 이후로도 계속된다.

어뢰정이 정밀 정비를 위해 조선소로 보내진 사이에 바다도깨비는 휴가를 나오기로 결심했다. 얼마나 더 오래 기다려야 하는 걸까? 전쟁이 얼마나 더 계속될까? 알 도리가 없었다.

새색시 게르트루트는 모든 것을 양해해주었다. 며칠 후 두 사람은 절차를 다 끝내고 결혼했다.

두 사람이 사랑에 빠졌던 바로 그곳 에르츠산맥에서 선명한 행복에 빠져 몇 주를 보냈다.

그리고 페터는 자대 복귀했다. 새댁은 친정에 계속 머물러야 했다. 어뢰정이 허구한 날 들락거리는 곳은 젊은 여자가 살 데가 못 된다. 게르트루트도 이해했다.[29]

그래도 게르트루트는 결혼 날짜를 사전에 통보받고 양해까지 할 수 있었다. 그러나 그는 그녀를 편할 대로 대한다. 훈련 일정이 중단되거나 어뢰정이 조선소로 보내져 시간이 날 때 다녀간다. 방문하고 싶으면 그녀가 아니라 그녀의 부모님께 허락을 구한다. 그는 뭐든 "망설임 없이" 속도감 있게 해치운다. 아내에게 오는 시간은 그가 결정한다.

그러나 부부가 되자마자 왜 불신할까? 타협 없는 성품의 아내와 "선명한 행복에 빠져 몇 주를" 보냈으면서 말이다. 남편이 바다에서 영국 놈들과 싸우는 동안 아내 혼자 항구도시에서 살면 안 되는 이유는 뭘까?

게르트루트는 친정에 머문다. 그편이 안전하다. "게르트루트도 이해했다."(!!) "어뢰정이 허구한 날 들락거리는 곳……", 어헛, 절대 안 될 말씀.

곧 전쟁은 끝났다. 그러나……

"난 맹세했다고요, 아버지. 그런데 싸워보지도 못하고 어뢰정을 적에게 갖다 바쳤고 싸워보지도 못하고 깃발을 내려야 했어요. 나라를 이 꼴로 만든 자들에게 복수하겠다고 맹세했어요. 사악한 놈들이 독일을 다스리게 둘 순 없어요."

대화가 끊긴 채로 긴 침묵이 흘렀다. 모두 게르트루트가 말문을 열어주길 바라는 듯했다. 그녀가 입을 열었다. "당신 뜻이 어떤지 잘 알겠어요. 도처에서 스파르타쿠스 연맹에 맞서고 있는 자유군단 생각에 피가 끓겠지요. 남들 같으면 이렇게 말렸겠지요. 잠자코 계세요. 위험한 일은 남들에게 떠넘겨요. 전 안 그래요. 정반대지요. 난 여기 린덴호프에 남아서 할 일을 하겠어요. 하지만 농사를 아무리 잘 지어도 볼셰비키가 죄다 불 지른다면 무슨 소용인가요? 헛수고죠. 상황이 엄중해요. 이제는 군인들이 다시 한번 도리를 다해줘야죠. 정치권력을 차지하고 싶다면 이 악물고 독일을 구해내고 국민을 붉은 홍수로부터 지켜야죠. 나중에 생길 일은 나중에 생각하면 돼요. 밖에서 할 일을 다 마치면 집으로 오세요. 여긴 우리가 알아서 해요."

페터는 일어서서 아내에게 입을 맞췄다.

"용맹한 발언이구나." 아버지가 말했다. "내 생각도 같다. 네 생각에 영향을 줄까봐 말은 아꼈다만. 옳다. 군인이 떨쳐 일어날 시기다."[30]

페터는 다시 출전하게 되어 기쁜 나머지 모두가 보는 앞에서 아내에게 입을 맞췄다. 아내도 농장에서 좀더 자유를 누릴 생각에 기쁜 모양이다. 부부는 따로 또 같이 붉은 홍수에 맞서 싸우고 있다. 남편은 군인의 도리를 다하고 아내는 근로의 도리를 다한다.

킬링거는 에어하르트 해군 여단의 공격대 지휘관이 되었다. 1920년 5월 해군 여단이 해체된 후, 그는 극우 지하조직에 가담해 1923년 11월 9일까지 활동했다. 히틀러의 뮌헨 폭동이 실패로 끝나자 킬링거의 정치 생명은 조기에 끝나버렸다.

바다도깨비는 귀가하여 농장을 맡았다. 둘째 딸 레나테가 태어나서 언니 브리기테와 함께했다.[31]

셋째 아이의 출산이 있었지만 아내에 대한 언급은 없다.

아기 페터가 린덴호프에서 첫 세상 구경을 했다.
독일은 정치적 투쟁으로 소용돌이치고 있었지만 아기는 한없이 천진했다.[32]

아내 게르트루트는 천진할 수만은 없었던지, 이야기 말미에 이런 대목이 있다.

그때로 되돌아간다면, 당신이 만약 다른 길을 선택했다면 난 시집을 안 왔을 거예요. 우리 독일 여자들은 졸장부를 못 견뎌요. 여자들은 사나이

헤르만 에어하르트

게르하르트 로스바흐

루돌프 회스, **1946년** 체포 당시

에른스트 폰 잘로몬, 로볼트 출판사 시절

마르틴 니묄러 해군 대위

파울 폰 레토-포어베크 보병대장

만프레트 폰 킬링거

를 바라지 소인배는 싫어한다고요.[33]

영락없는 남자의 글투다.[34]

　지금까지 자유군단 남성 일곱 명의 결혼을 남편의 관점에서 전체적으로 살펴봤다.

　에어하르트, 로스바흐, 킬링거, 잘로몬의 경우에는 아내가 언급된 내용 거의 전체를 여기에 인용했다. 회스는 안사람을 자주 언급하는 편이긴 하지만 대개 짧은 인용 수준에 그친다. 레토-포어베크와 니묄러도 아내 이야기를 자주 하나 주로 결혼 이후의 내용에 한정된다. 아내들은 대개 부차적인 인물이다. 레토의 경우처럼 아내는 신분을 상징해주거나 자녀를 낳아주는 사람이다. 혹은 니묄러의 아내처럼 남편을 뒷바라지하며 지켜보는 인물이다.

역사적 맥락과 관련 사료

이 남자들은 누구이며 훗날 어떻게 되었을까?

　에어하르트와 로스바흐는 자유군단을 직접 지휘하던 이들이다. 레토-포어베크는 함부르크와 메클렌부르크에서 상급 국가방위군 장군으로서 휘하의 자유군단을 지휘했다. 에어하르트, 로스바흐, 레토는 모두 카프 폭동을 주도한 인물이다. 에베르트 대통령과 바우어 총리의 정부가 자유군단을 해산하겠다고 위협했다는 것을 직접적인 구실로 삼았다.

　레토-포어베크, 에어하르트, 로스바흐, 킬링거, 니묄러는 제1차 세계대전 이전에 승진한 "선배" 장교들이었다. 제1차 세계대전 중에 승진하며 성장했던 후배 장교들과 달리 이들은 전형적인 프로이센 왕국의 장교 양성 과정을 거쳤다. 따라서 기본적으로 군주주의자였으며 국가방위군의 "공화주의적" 풍토를 극도로 불신했다.

잘로몬이 사관학교를 끝마친 시점에 전쟁은 이미 끝났고 무공을 세울 기회도 놓쳤다. 자유군단은 그에게 사나이답게 총을 쥐어볼 기회를 제공했다.

회스는 젊은 하사관이었다. 배우는 게 싫어서 학교에서 군대로 도망쳤다. 그에게는 군대가 "배운 도둑질"이었다. 전쟁통에 비록 쥐꼬리만 한 힘이었으나 권력의 맛을 짜릿하게 봤다. 그러니 군대 말고는 갈 곳이 없었다.

그러므로 고참 장교 한 명(장군), 중간 계급의 젊은 장교 네 명(해군 대위 세 명과 대위 한 명), 사관생도 한 명, 그리고 부사관. 이상이 일곱 남편의 군대 계급이다.

출신 성분은 다음과 같다. 헤르만 에어하르트, 바덴 지방의 목회자 집안. 루돌프 회스, 바덴 지방의 상인 집안. 마르틴 니묄러, 베스트팔렌 지방의 목회자 집안. 게르하르트 로스바흐, 포메른 지방의 국영지 임대 농장주. 파울 폰 레토-포어베크, 엘베강 동부의 보수적 토지 귀족. 에른스트 폰 잘로몬, 프로이센의 군인 가문.

자유군단 지도층의 전반적인 분위기는 이상의 일곱 명이 잘 대변해주고 있다. 군인 집안, 지주 집안, 목회자 및 식자층이 자유군단 백색 군대의 대다수를 이루고 있었다. 또한 중소 자영업자 및 공직자의 자식도 많았다. 위 일곱 명에는 포함되지 않지만 소농민의 자식도 자유군단에는 꽤 많았다.[1] 자유군단에서 비교적 소수파이긴 하지만, 프로이센 사관학교 출신의 장교들은 황제에 대한 충성과 늠름한 기상을 갖추고 있는 이들이었다. 레토, 로스바흐, 잘로몬, 킬링거 등이 그러하다.

자유군단이 해산되자 국가주의 지하조직과 비밀결사집단은 오히려 촘촘하게 연결되며 확산되었다. 베르사유조약이 독일 육군의 규모를 10만 명으로 제한한 후, 이들은 이른바 "흑색 국가방위군"의 핵심으로 세력화하였다. 우리의 일곱 남자는 무엇을 했을까?

로스바흐는 메클렌부르크, 포메른, 슐레지엔 지역에서 우파 근로자 연합 운동을 조직한 주요 인물이었다.[2] 자유군단 병사들은 이러한 조직에 소속되어 1920년 5월의 전쟁 없는 끔찍하게 따분한 세월을 견뎌냈다. 농사를 짓거나 산지기를 하는 등 허드렛일로 버텨냈다. 자유군단 지휘관이었던 페터 폰 하이데브레크 대위도 목재 회사를 차려서 예전의 휘하 병사들을 직원으로 고용했다.[3]

자유군단의 무기는 반납되지 않았다. 자유군단 시대 소설은 무기 은닉을 밀고당할지도 모른다는 끊임없는 공포로 얼룩져 있다. 심야의 어둠을 틈타 황급히 무기를 운반하는 이야기, 무기 탈취, 무기 거래 및 밀수 등이 흔한 소재로 등장한다.[4]

이들은 무기를 기름 먹인 종이로 싸서 매립했다가 필요할 때면 땅에서 파내어 쓰곤 했다. 1921년 오버슐레지엔과 폴란드의 격돌, 1923년 프랑스군에 점령된 루르 지방의 전투, 이후 돌격대 난동 등에서 모두 그렇게 했다.

루돌프 회스도 그러한 근로자 연합 소속이었다. 훗날 그는 아르타마넨에 가입했으며 거기서 하인리히 힘러와 친분을 쌓는다. 그 인연으로 결국은 강제수용소 소장이 된다. 아르타마넨은 향토 조합이다. "독일 영토의 순수성"을 위해서 이론 및 실천적 투쟁에 헌신한다. 회스의 말에 따르면, 이들은 엘베강 동부 지역 농장에서 폴란드인 계절 노동자들을 몰아낼 목적으로 수확철에 조직적으로 "노력봉사"를 무급으로 제공했다.

니묄러는 낙향하여 농업을 배웠다. 바이마르 공화국에 경악한 많은 장교가 이런 식으로 새로운 삶을 찾아 도피했다. 니묄러는 이런 형태의

"근로자 연합"에는 가담하지 않았다. 시간만 때우려던 것이 아니라 정말로 농부가 되려 했다. 그러나 그는 공화국 현실에 너무 어두웠다. 농업 교육이 끝나갈 무렵에는 극심한 인플레이션 탓에 꽤나 거액이었던 장교 연금으로도 미리 점찍어둔 농장을 사기엔 턱없이 부족하다는 것을 알고 깜짝 놀랐다.[5]

이러한 "향토 인재"들이 나중에 돌격대와 친위대로 대거 흘러들어갔다. 또 다른 자유군단의 후계 조직은 바로 "조직 영사Organisation Consul", 즉 약자로 OC였다. 우두머리는 에어하르트 대위였고, 주요 업무는 정치적 암살이었다. 수익이 충분하지 않았기에 조직원들은 부수입을 얻어야 했다. 조직 자금을 횡령하기도 하고, 에어하르트가 설립한 은행을 통해 불투명한 자금 거래를 하기도 했다. 자유군단 소설과 회고록에서 이런 활동은 거의 언급되지 않는다. 몇몇은 바이마르 공화국의 재판 기록에 등장하고, 좀더 많은 활동은 에밀 율리우스 굼벨의 저서에 등장한다. 굼벨은 베를린 출신의 교수이며 당시의 수많은 백색 테러를 열정적으로 추적하여 기록했다.[6] 목숨에 위협이 되는 작업이었을 텐데도 굼벨은 살아남을 수 있었다. 아마 국가주의 지하조직의 입장에서는 저명인사가 자신들의 무자비한 행각을 꼼꼼하게 기록하여 홍보하는 것을 오히려 즐겼기 때문으로 보인다.

OC는 에어하르트 해군 여단을 직접 계승한 조직으로 추정된다. 이들이 마티아스 에르츠베르거 재무장관과 발터 라테나우 외무장관을 암살했다. 라테나우 암살을 저지른 케른과 피셔는 에어하르트 해군 여단의 장교였다. 에르츠베르거 암살을 저지른 슐츠와 틸레센 역시 마찬가지였다.[7] 에른스트 폰 잘로몬도 한때 해군 여단에 몸을 담았다. 발터 라테나우 암살의 공범죄로 5년형을 선고받았다. 만프레트 킬링거는 일국의 외무장관을 암살하라는 명령을 내리고도[8] 아무런 처벌을 받지 않았다. 우리가 앞서 봤듯 1923년에는 태연하게 귀농까지 했다.

식민 시대 산림관을 지낸 게오르크 에셔리히는 국가방위군의 조직 체계를 본받아서 지역 하부 조직을 거느린 전국적인 무장 조직을 창설했다. 이는 에셔리히 조직Organisation Escherich의 준말 "오르게시Orgesch"라고 불렸으며 온갖 전국적 음모의 집결지 역할을 했다.[9] 그러나 머지않아 수많은 이념과 분파가 경쟁적으로 난립하면서 각자 자기네가 먼저 공화국을 전복하고 권력을 차지하겠다며 내부 투쟁을 벌였다. 여기에 마르틴 니묄러도 섞여 있었다.[10]

일곱 남편 중에는 이른바 "비밀 재판 암살"에 연루된 사람들도 있었다. "비밀 재판"은 1923년 바이마르 공화국의 신문지상에 오르내린 잔혹한 범죄였다. 자유군단의 일원, 국가주의 지하조직원, 혹은 우파 근로자 연합원 등이 제멋대로 자치 법정을 만들어 배신자로 의심되는 동료나 무기를 빼돌린 사람을 재판하고 처단했다. 말이 좋아 "재판"이지 사실은 재판도 아니었다. "혐의자"로 지목되면 우두머리의 명령 혹은 구성원들의 합의만으로 곧장 살해당했다. 개인적인 원한 탓에 "재판"이 이용되는 사례도 드물지 않았다.[11] 외부의 적이 없거나 혹은 부족한 상황에 처하면 이들 무장 남성 동맹은 스스로 "제 살 물어뜯기"를 시작하곤 했다.

루돌프 회스는 비밀 재판 암살에 가담했다가 1923년에서 1928년까지 징역살이를 했다. 잘로몬은 "배신자"를 패 죽이려다가 중간에 너무 힘들어서 그냥 살려서 놔줬다고 했다.[12] 이들이 "비밀 재판"에 어떤 태도로 임했는지를 보여주는 인용문이 있다. 아르놀트 브로넨은 로스바흐와 함께 자동차를 타고 장소를 물색하곤 했다.

울창한 너도밤나무 숲이 둘러쳐진 가운데 물 깊은 늪이 있었다.

높은 곳에서 내려다보면 오데르 계곡 옆으로 교회의 첨탑이 보였다. 구불구불한 길은 오르막과 내리막을 번갈아가면서 산으로 치달았다. 뒷좌석에는 부관이 말없이 앉아 있었다. 그 옆에는 내 친구가 앉아서 눈에 불을 켜고 사방을 세심하게 검토했다. 언제라도 즉시 비밀 재판에 쓸 수 있도록 말이다. 그런 친구였다. 준비성이 철저했다. 그는 그날 방문한 장소에 최상급 점수를 매겼다.[13]

비밀 재판 암살 사건이 언론에 공식 보도되기 시작한 것은 군사 폭동의 위협이 소강되었다고 판단되던 시점이었다. 바이마르 공화국 정부는 국가주의 우파의 "고질적 군국주의자"들을 적당히 묵인하면서 좌파의 위협으로부터 "공화국을 보호"하는 용도로 이용했다. 이제 정부는 복수를 두려워하지 않고도 이들을 과감하게 비난하고 공식적으로 규탄할 수 있게 되었다. 비밀 재판 암살은 최적의 핑계로 작용했다. 사회민주당SPD 정권은 스스로 험한 일을 떠맡을 필요 없이 이들 "백색 테러리스트"를 앞세워 1920년대 노동자 폭동을 진압할 수 있었다. 연이은 비밀 재판 사건은 이들 "수구 세력"이 자기네끼리 배신하고 도둑질하고 서로 잡아 죽인다는 사실을 만천하에 드러냈다. 거기에 사법부도 한몫 거들었다. 심지어 몇몇 중요한 판결도 내려졌다. 거의 모든 자유군단 군인이 노동자들과 정치인, 독일 독립사회민주당USP, 독일공산당KPD 등의 좌파 정당 대표들을 살해한 혐의로 재판을 받았다. 그러나 대체로 무죄 방면되거나 솜방망이 처벌만 받았다.[14] 어쨌거나 조국을 수호하고 정부에 헌신하려다가 열정이 지나쳐서 그렇게 된 거니까. 물론 정부 최정점에 에베르트가 있어서 탈이기는 했지만.

어쨌든 공화국 언론은 비밀 재판 암살을 기사화하고 심지어 연재소설의 소재[15]로 삼기도 하면서 백색 테러를 극복하려고 시도했다. 그러나 10년 이후를 생각해보면 이들의 노력은 "국가주의 지하조직" 남성들에게 맞서기에 턱없이 부족했던 듯하다.

1923년 11월 9일은 뮌헨 폭동이 실패로 끝난 날이다. 히틀러와 그의 지지자들이 뮌헨 시가지의 용장기념관 펠트헤른할레Feldherrnhalle를 향해 행진하다가 진압당한 날로 독일 역사에 기록되었다. 호프브로이켈러에서 시작되었기 때문에 흔히 맥주홀 폭동이라고도 불린다.[16] 곧 독일에 닥쳐올 "제3제국"을 "건설"하려는 첫 시도가 좌절된 순간이었다. "전쟁 터에서는 백전불패"했으나 현실에서 좌절한 군인들이 "모든 것을 끈적하게 삼켜버리는 더러운 부르주아의 삶"[17] 속으로 "침몰"하길 거부하고 떨쳐 일어난 사건이었다.

1923년 11월 9일, 로스바흐와 킬링거도 뮌헨에서 히틀러와 함께했다. 에어하르트 대위는 베를린으로 행진하려고 바이에른주 경계에 부대를 대기시켜두고 있었다. 그러나 바이에른주 총리이자 폭동 동조자였던 구스타프 폰 카르가 마지막 순간 망설이는 바람에 에어하르트의 병력은 진격하지 못했다. 아마 국가방위군의 압력 때문이었을 것이다.*

제1차 세계대전의 영웅 에른스트 루덴도르프가 참가한 행진대에 발포가 가해졌다. 그리하여 "구국 운동"은 첫 사망자 16명과 숭배 상징물을 획득했다. 희생자의 피에 젖은 스와스티카 깃발이 "피의 깃발"의 지위로 승격된 것이다. 1920년대 내내 돌격대 야간 행사에는 피의 깃발에 엄숙하게 손을 대는 의식이 반드시 포함되었다.

우리의 일곱 남자가 참여했던 전투를 열거해보자. 레토-포어베크와 에어하르트는 1904년에서 1907년 사이에 서남아프리카의 헤레로족 멸절 작전에 참여했다. 오늘날 정식 지명은 나미비아지만 서독 언론은 지금까지도 "독일령 서남아프리카"라고 부른다. 레토는 청나라에서 의화단 운동을 진압했으며, 훗날 함부르크와 메클렌부르크에서 노동자 반란

---

* 카르는 이 "배신 행위" 때문에 11년 후 목숨을 잃어야만 했다. 1934년 이른바 장검의 밤 숙청 과정에서 총살당한다. (이하를 참고. Charles Bloch, *Die SA und die Krise des NS-Regimes 1934*, Frankfurt a. M. 1970, p. 103.)

을 진압했다. 에어하르트는 베를린, 브라운슈바이크, 뮌헨. 로스바흐는 발트해 연안, 베를린, 메클렌부르크, 루르 지방, 오버슐레지엔. 킬링거는 베를린, 브라운슈바이크, 뮌헨, 오버슐레지엔. 잘로몬은 발트해 연안, 베를린, 뮌헨, 함부르크, 오버슐레지엔. 회스는 발트해 연안, 뮌헨, 오버슐레지엔에서 노동자 반란의 진압에 참여했다. 심지어 니묄러 역시 이와 유사한 활동에 참여한 듯 보인다. 1920년 3월 그는 뮌스터 우파 학생회를 이끌고 루르 지방 노동자들을 진압했다.

자유군단의 적은 다음과 같다. 발트해 연안에서는 러시아의 붉은 군대와 맞섰다. 그다음에는 라트비아 및 에스토니아 공화국군과 맞섰다. 오버슐레지엔에서는 폴란드 공산주의자 및 민족주의자와 싸웠다. 독일 영토 안에서는 혁명을 꾀하는 프롤레타리아 계급과 그 연대 세력을 때려잡았다.

일곱 남자는 제1차 세계대전 이후 독일 사회에서 자유군단과 여러 후계 조직을 오가면서 유사한 활동을 광범위하게 펼쳤던 것으로 보인다. 모두 비슷한 출신 배경을 지녔으며 특유의 지치지 않는 "집념"을 드러냈다. 훗날 나치는 이들을 "제3제국 최초의 군인들"이라고 영예롭게 미화하여 프로파간다로 삼았다. 이들은 다각도로 활동했다. 알프레트 존-레텔이 주목한 것은 악명 높은 "파업 깨기 전문 기구"였으며 또한 민방위 기구였던 "기술 구호 활동단Technischen Nothilfe"이었다. "발트해 연안 공략과 함께 기술 구호 활동은 나치즘의 핵심 세포라고 볼 수 있다."[18] 두 영역의 분리가 그리 엄격한 것은 분명 아니었다. 자유군단과 관련된 기록에서는 자유군단이 1919년에서 1921년 사이에 "파업 깨기" 역할을 수행했다는 증언이 다수 발견된다.[19]

자서전, 소설, 체험담. 세 가지를 통해 자유군단 군인들과 그들의 행적을 알아보고자 한다. 앞으로는 이들을 "군인 남성"이라 부르겠다. 행적의 핵심은 바로 "백색 테러"였다. 이를 소재로 삼은 소설들은 공통적으로 특정 시기를 배경으로 한다. 1918년 11월 9일에서 1923년 11월 9일까지 5년간의 시간이다. 독일 혁명은 패배했다. 그리고 훗날 크게 승리하게 될 파시즘의 주춧돌이 놓였다. 물론 표면적으로는 1924년 공화국이 승리를 거두어 안정을 누리는 듯했다.

인용할 자료는 크게 세 가지 정도다. 우선, 1923년에 이르기까지 작성된 텍스트다. 실제 전투에서 프로파간다 기능을 수행하도록 쓰인 글이다.

1924년에서 1928년 사이에 "국가주의"는 사그러들고 자유군단 문학도 줄어들었다. 바이마르 공화국이 안정기로 접어들자 관심 역시 떨어진 듯하다. 1928년부터는 새로운 붐이 일어난다. 왕년의 투사들이 대거 복귀했기 때문이다. 감옥에서 출소하기도 했고 망명지에서 돌아오기도 했고 따분한 생업을 때려치우고 돌아오기도 했다. 그래서 자유군단 문학도 복귀했다. 독일공산당KDP도 세력이 강해졌다. 볼셰비키에 대한 공포가 눈앞에 가시화되자 자유군단 문학의 필요성도 새롭게 높아졌다. 경제 위기도 심해졌다. 국내 정치의 결정적 도구가 된 총기류에 대한 관심이 높아졌다. 무장 남성 연대의 보호 활동 역시 증가했다. 이전에는 정당 정치 전반에 대한 혐오가 만연했지만 1923년을 기점으로 나치당에 대한 환호는 점점 더 강해졌다. 또한 "국가주의 진영" 내부에서 지배권 장악을 위한 투쟁도 점점 더 격화되고 있었다. 이러한 상황은 1933년까지 지속되었다.

1933년 이후 세 번째 붐이 일어난다. "구국 운동"을 영웅적으로 묘사한 소설이 유행한다. 이 무렵 자유군단 소설에는 새로운 유형의 주인공이 등장한다. 이미 1920년대부터 뚜렷한 목적의식을 갖고 국가사회주의 정치에 헌신해온 군인이다. 영웅소설의 주인공으로 떠오른 신종 정치 군인은 정치 따위는 모르는 것이 자부심의 원천이던 이전의 강직한 군인상과는 상반되었다. 1933년을 기점으로 소설의 인기가 자서전을 압도하기 시작한다. 권력을 장악한 파시스트들이 유포하던 공식적인 내러티브와 충돌해서는 안 되므로, 소설 내용에는 날조가 무척 흔했을 것이다. 많은 사실은 고의로 누락되었을 것이다. 높으신 분들의 심기를 거스르지 않으려고 말이다. 물론 자유군단 입장에서는 속이 뒤틀렸을 것이다.

그러나 이 연구에서 사실 합치 여부를 따지는 것은 그리 중요하지 않다. 논의에 꼭 필요할 때만 자세히 점검하겠다.

1918년에서 1923년 사이에 벌어진 독일 혁명 과정을 이해하려면 에른스트 윙거, 프란츠 샤우베커 등의 전쟁소설을 빼놓을 수 없다. 무기와 전투가 없는 삶을 상상조차 할 수 없는 당대 남성성의 구조를 이해하는 데 무척 유용한 자료다.

1945년 종전 이후에 쓰인 몇몇 회고록은 별도로 다루어야 할 자료다. 대개는 진실을 은폐하거나 혹은 정당화할 목적으로 쓰였다. 로스바흐의 경우가 그러했다. 그는 1950년 무렵 회고록을 다듬고 고쳐서 출판했는데, 자신은 절대 나치가 아니었으며 늘 히틀러에게 열심히 맞섰다는 등의 내용이 포함되어 있다. 이런 자료도 역시 문제가 되는 한에서만 점검하도록 한다.

"백색 테러"를 구성하는 본질에는 군인 남성의 언어가 들어 있다는 것이 나의 문제의식이다. 군인 남성들의 언어가 어떤 식으로 "발화"되고 어떤 "의미"를 지녔는지[20]에 그치는 문제의식이 아니다. 내가 집요하게 탐구하려는 것은 그들의 언어가 어떻게 작동하는가다. 군인 남성이 외부 환경과 어떤 관계를 맺도록 언어가 작동하고 있는지, 혹은 언어가 작동하는 육체적 장소가 어디인지를 묻는 것이다.

인간이 스스로의 육체와 맺는 관계, 그리고 타인의 육체와 맺는 관계가 확장 발전된 것이 바로 인간 육체와 외부 객관 세계가 맺는 관계다. 외부 세계와 맺는 관계가 다시 언어적인 방식이 되어 육체로 하여금 스스로를 말하고 대상물에 대해 말하고 대상물과 맺는 관계를 말하도록 만든다. 그렇다면 "파시즘적 언어"는 어떤 식으로 관계들을 말할까? 왜 그렇게 말할까? 이것이 내가 던지는 질문이다.

나는 일종의 예단을 갖고서 군인 남성이 여자와 어떤 관계를 맺는지를 탐구하고자 마음먹진 않았다. 이론적 근거에서 도출된 것도 아니고 차후에 이론화한 것도 아니다. 오직 텍스트를 읽음으로써 나온 결과다. 여성이 언급된 부분에서 발견되는 특이함이 있었다. 특히 주의를 끈 것은 기묘하게도 양면적인 정서였다. 이들 텍스트는 강렬한 관심과 냉정한 무관심, 공격성과 숭배, 증오, 공포, 소외와 욕망 사이에서 갈팡질팡했다. 의미의 다차원성은 몹시 흥미로워서 나의 탐구를 촉발했다.

앞으로도 직접 얻은 통찰에 기반해서 연구를 진행할 것이며, 직접 발견한 근거로만 논의를 정당화할 것이다. 이 책을 쓰면서 느낀 것이 있다. 일부 자료는 기존 파시즘 연구의 틀로는 잘 설명해낼 수가 없다.[21] 자료를 연구에 거꾸로 끼워맞출 수는 없다. 오히려 연구 방법론의 필수적 구성 요소로 삼아야만 한다. 각각의 연구 자료는 일반적인 해석에 우선해야만 한다.

1923년 11월 9일은 독일의 국가주의적 / 국민주의적 / 군사주의적 구국운동에 절취선이 그어진 날이다. 세력은 와해되어 감옥으로 민간으로 혹은 외국으로 뿔뿔이 흩어졌다. 잘로몬과 회스는 감옥에 갇혔다. 히틀러가 지내던 란츠베르크 감옥보다 더 열악했던 듯하다. 히틀러는 개인 비서 루돌프 회스와 함께 수감되어 불을 뿜듯 격노의 말을 구술했고, 이

는 훗날 『나의 투쟁』에 기록되었다. 히틀러는 단 한 단어도 직접 저술하지 않았다.[22] 이에 대해서는 나중에 추가 서술을 하겠다.

로스바흐는 잠깐 감옥에 다녀온 후 예술계에 뛰어들어 노래패를 창단했다. 정치 연설에 대한 관심이 줄어들던 시대에 진정한 독일적 본질을 바로 세우려는 노력의 하나였다. 순회공연은 상당한 성공을 거두었다. 해외 초청 공연도 다녔다.

킬링거는 게르트루트가 살림을 꾸리던 농장으로 돌아갔다. 그녀의 이름은 예외적으로 직접 언급된다. 유일한 예외 사례다.

니묄러는 뮌스터에서 신학 공부를 시작한다.

레토는 아프리카에서의 모험을 들려주는 강연회를 다녔고 회고록을 집필했다. 또한 은행과 백화점 등 여기저기에 출판 홍보 행사를 다녔다.

에어하르트는 휘하 여단을 지하조직화하여 명맥을 유지하고자 노력했고 그럭저럭 성공했다.

"구국 운동"은 일단 해체되었다. 5개월간 구치소에 수감됐다가 조건부 보석 석방 후에 룀은 "선발대Frontbann"를 조직했다. 1925년에는 돌격대 지휘권을 다시 맡기를 거부했다. 경쟁관계에 있는 소그룹들 사이를 "계속 오락가락"하는 것이 내키지 않았고, 히틀러의 의중도 불분명했기 때문이다. 한동안 "민간인 신분"으로 외유를 떠나 1928년에는 볼리비아에서 장교가 되었다. 단시간에 육군 참모부에까지 올랐다. 이 점에서 그는 중국에서 장제스의 참모부를 이끌었던 예비역 국방군 장군 한스 폰 제크트와 마찬가지로, 훗날 CIA 전신 OSS의 교관 및 고문관들의 선구자 격이었다.

뮌헨 폭동에 가담했던 괴링도 "망명"을 떠났다. 처음에는 오스트리아, 그 후에는 스웨덴으로 떠났다. 그 와중에 평생의 동반자가 된 "마약"에 손을 댔다.[23]

심각한 패배처럼 보였다. 그러나 1920년대 후반에는 거의 모두가 작전 현장으로 돌아온다.

그에 비해 무장 노동계급은 1923년에 최종적으로 패배한다. 독일공산당은 무장투쟁 없이 권력을 쟁취하기로 결정하지만 1933년에 변변히 맞서보지도 못하고 나치당에 항복하고 만다.

우리의 일곱 남자는 1933년 이후 어떻게 되었을까? 두 명은 고위급 나치가 되었다. 킬링거는 돌격대 지휘관이 되었다가 나중에 작센주 총리가 되었다. 회스는 다양한 수용소에서 근무하다가 아우슈비츠 수용소장이 되었다. 로스바흐와 에어하르트는 권력투쟁에서 줄을 잘못 섰다. 로스바흐는 직위에서 배제되어 한직에 머물렀다. 에어하르트는 1934년 6월 30일 장검의 밤 직전에 위험을 제보받아 간신히 스위스로 피신했다.[24]

잘로몬은 로볼트 출판사에서 작가이자 편집자로 변신했다. 『독일 자유군단 전사의 책*Das Buch vom deutschen Freikorpskämpfer*』이라는 전후 연대기 전집을 펴내면서 바벨스베르크, 가이젤가슈타이크 등의 영화 촬영소에서 세월을 보냈다. 그가 보기에 나치는 너무 멍청했다. 차라리 "마법 세계가 중립국"인 셈이었다.[25]

레토는 퇴역 장성 연금을 받으며 나치를 심정적으로만 지지했다.

마르틴 니묄러는 어떻게 됐을까? 그는 해군 대위로 퇴역한 후 목사가 되었는데 군인 남성 중에서도 예외적이다. 겉으로 드러난 사실만 보면 그는 루돌프 회스가 수용소 지휘관으로 있던 작센하우젠 소재의 수용소에 죄수로 수감되어 있었던 것으로 보인다. 오늘날의 니묄러를 평가하자면 공화주의자이자 민주주의자로 보인다. 해명되어야 할 흥미로운 의문점이 있다. 어째서 니묄러 같은 인물이 전혀 다른 길을 가게 된 것일까? 1918년에는 공공연하게 바이마르 공화국을 혐오했으며, 무자비하기로 악명 높았던 해군 여단을 이끌던 뢰벤펠트 해군 대위와 가까운 사이였다. 또한 그의 해군 여단에 합류하려고 작정했었다. 그랬던 그가 왜 돌격대에 들어가질 않고 신학교에 입학했을까? 게다가 왜 종교적 자유

를 위하여 나치에 맞서는 교단을 선택했을까? 니묄러는 국가방위군 입대 요청을 거절했다.[26]

과연 그는 왜 나치의 거물급이 되지 않은 것일까? 만약 이 질문에 대한 해답이 진정으로 가능하다면, "제3제국의 최초 군인들"의 특성이 무엇이었는지를 명확하게 보여줄 수 있을 것이다.

회고록 전통

그 시절 남자들에게는 공적인 회고록에 사적인 아내 이야기를 되도록 삼가는 게 미덕이었던 듯하다. 내 초고를 읽어준 거의 모든 지인이 그 시절 작가들은 다 그랬던 것 같다는 인상을 받았다. 그렇다면 당대 문화적 관점에서 인정해야만 할까? 지당한 말씀이다. 모든 것을 문자 그대로 해석해서는 안 될 것이다. 회고록 저자들은 흔히 자신을 정당화한다. 동료들 앞에서, 자기 자신 앞에서, 혹은 공론장 앞에서, 작품 앞에서 혹은 역사 앞에서 변명한다. 그들이 아내보다 도시 묘사에 더 열을 올린다는 것이 대단한 의미는 아닐 테다. 성애에 대한 언급이 드물거나 거의 없다고 해서 이 남성들이 여자에게 전적으로 무심했다는 뜻은 아니다. 그냥 글쓰는 방식이 그랬을 뿐이다. 남자는 자기 안사람에 대한 감정을 사사로이 떠들지 않는다. 보병대장에게 시집오려면 시부모님을 봉양해야 하는 것이다. 당대 문화사가 그랬을 뿐 자유군단에 국한된 것만은 아니다.

아마 겉보기와 달리 테러 역시 "자유군단 특유"의 것이거나 "파시스트 특유"의 것이 아닐 수 있다. 당대 남성들이 아내에게 "짐짓 내외하는" 태도는 일종의 관행이다. 그러나 우호적인 태도는 분명히 아니다. 여성 고유의 삶에 대한 배려는 철저히 결여되어 있다.

다른 말로 표현해보자. 이제껏 알려진 관행은 테러를 금기시하지 않는다. 테러는 당연히 만연했다. 얼마나 심한지가 문제일 뿐이다. "명백한 테러"와 "다소간의 관행" 사이에서 경계가 애매하게 오락가락하므로 사안마다 점검이 필요한 것이다.

그렇다면 "파시스트" 남성과 "비파시스트" 남성 사이에는 정말로 경계가 있을까? 확고한 신념을 지닌 나치 당원이거나 공작원이라면 "파시스트"라고 볼 수 있을까? 나머지 사람들은 "부화뇌동"했거나 "기회주의적"이었거나 "마지못해" 따랐을까? 아니면 일부 페미니스트가 주장하듯 자본주의적 가부장제 조건하에서 정상적인 남성 유형은 파시스트인 것일까?[1]

그러므로 파시즘이라는 개념의 경계가 어디인가를 물어야 한다. 이는 내 연구의 기저에 깔린 근본적인 문제의식이다.

회고록 전통에 대해서 한 가지만 더 짚어보려 한다. 독일의 애국 청소년 국토순례단 "반더포겔Wandervogel" 운동을 창시한 한스 블뤼어는 절대로 우직한 인습론자가 아니었다. 오히려 그 반대다. 블뤼어는 독일령 아프리카 식민주의자였던 카를 페터스의 자서전을 읽고 이렇게 평했다.

무척 흥미로운 책이지만 나는 1장을 읽고서 바로 눈치챘다. 이 사람도 나와 똑같은 고민에 처해 있었구나. 책에는 사적인 내용이 가득하다. 쓸데없이 자세하다. 이렇게 사적인 내용인 넘치는 와중에도 여자 이야기는 절대 없다. 심지어 어머니 이야기조차 괴상할 정도로 최소한이다. …… 우리는 죄다 지칠 줄 모르는 정복자, 조직가, 활동가, 여자에는 젬병인 정치가였다. 늘 남자끼리 부대끼고 사나이 무리에만 익숙해서 다른 삶은 모르는 사람들이다. 끝없이 의형제를 맺었다가 의절하길 반복하는 사람들이다.[2]

블뤼어가 이렇게 잘 아는 데에는 이유가 있다. 당시 남성 연대의 공공연한 프로파간다 선동가였기 때문이다. 오직 남성과 남성 사이의 에로스만이 남성 연대에 걸맞은 형태의 육체적 자랑이라고 주장했다. 그는 "동성애"라는 용어 자체가 사이비 의학 개념이라면서 배척했다. 여성의 배제는 그에게 있어서 매우 중요했다. 그래야만 "문화적 수준"이 달성된다. 이를 일컬어 "사나이 무리"라고 한다.

이른바 "사나이 무리"가 자본주의적 현실에서 필수적인 일부분인지, 혹은 파시즘적 현실의 산물로 봐야 할지는 앞으로도 끊임없이 논쟁되고 탐구되어야 한다.

헤어짐

군인들 중에서 기혼남은 소수였다. 대개의 하급 장교는 아가씨를 떠나 조국의 부름에 응했다. "앳된 아가씨들에게 바짓가랑이를 붙잡힐 수는 없었다. 우리의 참여가 꼭 필요하지는 않았지만 어쨌든 우리는 영웅적으로 떠났다." 에어하르트 해군 여단의 연락장교였던 루돌프 만의 말이다.[1] 뼛속까지 철저한 군인이라면 모름지기 모든 것을 내팽개치고 "전우들"이 모인 자리로 달려가야 한다.

장병들은 각양각색의 외양을 정신력으로 극복했다. 어떤 남자는 연미복에 노란 구두, 밀짚모자를 쓰고 있었다. 약혼식 잔치에서 입었던 옷차림 그대로 입대한 장병이었다.[2]

브로넨이 로스바흐 위인전에서 전하는 1921년 여름 오버슐레지엔의 "국경수비군"의 상황이다. 마지막 "진짜" 전투는 1920년 3월과 4월 루르 지방에서 있었고, 곧이어 자유군단은 해산되었다. 전투는 간신히 이겼다. 그러나 약혼녀는 떠났다.

튀델 웰러가 지은 자유군단 소설의 주인공 페터 묀케만은 사랑에 빠진다. "꿈속 공주님"만 같던 아가씨 역시 그를 사랑했다. 그러나 그는 주저없이 입대했다.

허름한 숙소에서 잠을 청할 때면 그는 어둠 속에서 공주님 생각을 했다. 유혹이 스멀스멀 기어올랐다. 집에 가고 싶었다. 그녀를 만나서 사랑을 나누고 싶었다. 소중하고 고통스럽게 3분간 그녀를 생각하다가 그는 "안 돼!" 하고 외쳤다. 그는 억지로 자유군단과 소령님을 생각했다.[3]

그는 생각을 억눌렀다. 여자 생각을 밀어내고 군대 생각으로 머리를 채웠다.

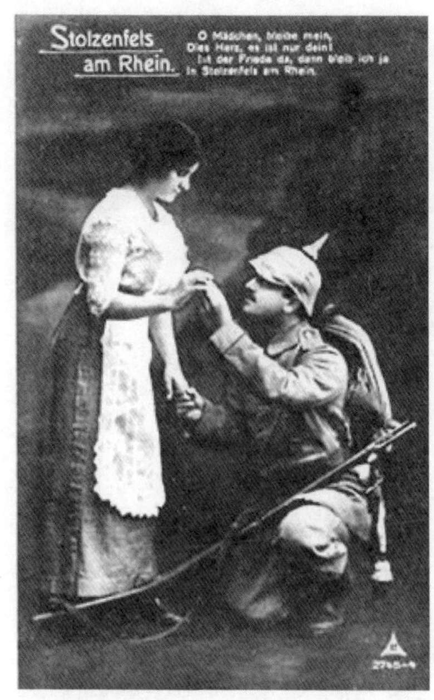

왕년의 젊은 돌격대원,

운명은 정해졌네,

처를 떠나고 자식을 두고서,

지체 없이 떠야만 했다네……4

그들은 기꺼이 헤어졌다. 남자는 기뻤다.

전쟁 때 나는 함부르크에서 이론적인 일만 했기 때문에 전쟁을 제대로 맛보지 못했다. 그래서 망설임 없이 처자식을 떨쳐버리고 볼셰비키에게 복수하려고 떠났다.5

해군 소령 폰 슈타이내커 남작은 결단을 선언하고 붉은 군대와 싸우

기 위해 발트해 연안으로 떠났다. 이제껏 못 누렸던 재미를 마음껏 누리려는 것이다. "볼셰비키에게 복수"하면 여자가 줄 수 없는 쾌락을 맛볼 수 있을 것이다. 그러므로 "망설임 없이" 떠났다.

신부들

만약 신부가, 약혼녀가, 혹은 "공주님"이 기다려주지 않고 딴 남자에게 간다면?

그녀를 누가 나무라겠는가? 여자는 새파랗게 젊고 앞길이 창창한데, 남자는 조국 타령만 하고 있으니![1]

자유군단 지휘관이었던 베르톨트 대위의 말이다. 여자 마음을 누가 이렇게 잘 알아줄까? 바로 드빙거의 소설 『절반의 길*Auf halbem Wege*』에 나오는 기병 대위 트룩스 백작이다. 그녀는 "앞날이 창창"하다. 그 앞날 속에 백작이 없을 뿐이다.

페터 묀케만도 결국 상심했다. "전후" 독일에서 5년간 자원병으로 싸운 후 그는 "공주님"께 청혼했다. 그녀는 그의 품에 안기는 대신 눈물을 터뜨렸다. 딴 남자가 있었던 것이다. 그는 사업가였다……. "그녀는 깨달았다. 천국을 잃었다는 것을."[2] 남자의 사랑이라는 천국. 지난 5년 동안 그녀를 만져보지도 못한 남자. 조국의 원수에게 총알을 날리려고 품에 권총을 품어야 했던 남자. 그럼에도 그녀를 끝내 못 떠난 남자. 장차 이루어질 위대한 독일의 미래를 기다리는 페터 묀케만의 모습으로 소설은 끝난다.

연정과 애국심은 반대말이다.

베르톨트 대위는 자유군단 중에서도 저명한 "구국의 영웅"이었다. 그는 전투기 조종사로 명성을 얻었으며 수차례 격추당하고 중상도 입었다. 참모본부로 오라는 제안을 뿌리치고 최전선의 용감한 사나이로 남았다. 전쟁 말기에는 최고의 명예 훈장 "푸르 르 메리트*Pour le Mérite*"와 완전히 부서져서 못쓰게 된 팔을 얻었다. 베르톨트는 언제나 다 낫지도 않은 몸으로 병상에서 벌떡 일어나 최전방으로 나가곤 했다. 전후에도 그는 몸을 아끼지 않았다. 발트해 연안에서 붉은 군대에 맞서는 전투가 벌어진다는 소식을 듣고서 곧장 자유군단을 조직했다. 바로 "강철 여단 베르톨트"였다. 불구의 팔은 지휘에 전혀 지장이 되지 않았다. 그러나 그에게도 따뜻한 심장은 있었다. "트룩스 백작"은 이렇게 전한다.

전쟁 전에 그에게는 약혼녀가 있었다. 아는 사람은 드물었지만 나는 알았다. 그는 승전하기 전에는 결혼을 서두르기 싫어서 미루고 있었다. 패

베르톨트는 격추에도 불구하고 부상을 피했다.

전하고 나자 그는 약속을 저버릴 수가 없었다. 그래서 약혼녀에게 부탁했다. 혁명에서 자기 역할을 다할 때까지만 좀더 기다려달라고 말이다.[3]

핑계 한번 거창하다. 두 사람이 함께하지 못할 이유를 억지로 찾아낸 듯한 인상이다. 약혼녀를 따돌리려는 마음 때문에 베르톨트는 기어코 전쟁터로 돌아가려는 듯하다.

조국을 위해 목숨을 바치는 것에 무의식적으로 강렬한 의미를 부여하고 집념을 바치는 남자들에게 그깟 기다리는 것도 못 해주는 여자는 쓸모가 없다. 결국 고통은 그의 몫이다. 그가 미뤘다. 그가 약속을 저버릴 수 없었다. 그가 부탁했다. 그는 이렇게도 고통을 받는데 그녀는 고작 시집이나 오겠다고 안달이다. 인생 목표가 고작 시집와서 사모님 되는 것이다.

그녀는 특정 이미지에 부합할 때만 베르톨트의 천사 같은 약혼녀가 된다. 그러므로 험담은 삼간다. 하지만 그녀가 일단 주체적 삶을 시작하면 마법처럼 이야기에서 사라져버린다. 그녀 이야기는 없어진다. 그녀는 애초에 허구였다. 절대 직접 등장하지 않는다. 그녀는 언제나 언급 대상일 뿐이다. 토르 고테의 "실화록" 『베르톨트 동지*Kamerad Berthold*』 256쪽을 보면 약혼녀의 존재에 대한 의미심장한 구절이 나온다. 소설에는 없는 내용이다.

그는 15분가량 고개를 숙이고 일했다. 그러다가 젊은 아가씨의 사진을 눈앞에 떠올리고 몸을 다시 뒤로 기댔다. 몇 주째 계속 떠올랐다. 아무리 애써도 떨쳐낼 수가 없었다. 여자라니…… 동지들이 알면 나를 얼마나 비웃을까? 이미 날 떠난 여자에게 이렇게까지 속을 끓이다니!

그녀 역시 이름이 없다.

그는 사진만 계속 응시했다. 눈빛이 그를 향해 반짝이는 듯해서 묘한 행복을 느꼈다. 자신이 변신하는 모습에 그는 기뻤다. 그녀가 곁에 없다면 세상은 공허했다. 설령 생각 속에서만 함께하더라도.[4]

생각 속에서만 그리고 이미지 속에서만 그 자신의 변신이 일어났다. 베르톨트는 예전 그대로 투사였다. 몸이 더 망가지고 죽음에 더 가까워질수록 정신은 "또렷해졌다". 팔의 상태는 더 나빠졌고 발트해 연안의 패배는 임박했다. 이 대목에 등장하는 약혼녀는 특정 유형의 허구적 여성상에 가까워 보인다. 죽음을 앞둔 베르톨트에게 여성상을 연결 지어서 "강철의 베르톨트" 신화를 완성해주는 것이다. 동료들의 기억 속에 영원히 남는 것이다.

군인이라면 모름지기 한 사람의 애인이자 남편이기 전에 독일을 승전으로 이끌고 공화국을 꺾어야 한다고 여기는 베르톨트의 생각이 무척이나 흥미롭다. 우선 독일이 어엿한 "국가"로 우뚝 서야만 비로소 군

인이 "조국에만 몸 바치지 않고서" 다른 일에 "쏟아낼" 정신이 생긴다고
여긴다. 개인의 성생활을 "조국"과 "국가"라는 개념과 단단하게 연결 지
어서 상상하고 있다. 남성의 육체라는 개념, 그리고 남성이 여성을 육체
적으로 사랑할 가능성이라는 개념이 독일과 직결되어 있는 것이다. 독
일이 나라 구실을 못 하는데 군인이 약혼녀에게 남자구실을 하면 안 된
다.[5] 사나이의 우뚝한 자존심은 독일의 나라 구실과 연관되어 있지, 여
성과의 실제 연애와는 무관하다.

1933년 "구국 운동"이 승리한 후 드빙거는 자유군단 투사들에게 바
치는 찬양의 시를 수천 페이지 썼다. 그 자신도 발트해 연안에서 복무했
던 드빙거는 애인 없는 투사라는 모티프를 흥미롭게 풀어낸다.

"사랑을 해본 적 없으십니까?" 베르너가 불쑥 물었다. 트룩스는 몸을 움
츠리면서 기가 죽었다. "없기는……." 겨우 입을 떼었다. "여자가…… 약
혼녀는 죽었어." 잠시 침묵하다가 다시 말을 이었다. "다시 사랑을 하고
싶긴 해. 하지만 새 삶을 기다리고 연분을 만나고 하는 게 가끔은 암담하
게 느껴져. 이제는 나도 나이가 들었는지 만사가 피곤해……."[6]

사돈 남 말 하듯 "불쑥" 질문을 던진 베르너 대위 역시 똑같은 고민을
품고 있었다.

"베르너 대위, 궁금해서 묻겠네." 참모부가 모여 있는 자리였다.
"렉토의 편지를 읽고 의문이 들었는데, 자네 혹시 경험이……?"
"무슨 경험 말씀이십니까?" 베르너가 무심코 반문했다. 그는 늘 그렇듯
이 꼼꼼하게 서류 뭉치를 한 장씩 접어가면서 정돈하고 있었다.
"헐떡거리고 입도 맞추고 사랑해봤어?" 킬만이 웃으면서 캐물었다.
"아닙니다." 베르너가 사실 관계만 말했다.

"그러면 그렇지." 킬만이 말을 뱉으며 볼터 쪽으로 걸어갔다.[7]

킬만은 주변 장교 모두에게 묻는다. 하나같이 미혼이고 여자 경험이 없다. 지휘관 자신도 남 말 할 처지가 못 된다.

"그걸 꼭 물어봐야 알아? 딱 보면 사람됨을 모르겠어? 저 친구는 여자라는 게 있는지도 모르는 사람이야. 평생 여자는 거들떠도 안 봤어. 심지어 생도 시절에도. 군대에는 오래된 속담이 있지. 일단 검은 깃발에 맹세하면 자기 몸은 자기 것이 아니야! 우리 모두가 그래야만 지당한 거야. 최소한 원칙이 그래." 그의 말투가 살짝 가라앉았다. "괜히 자유군단 군인들이 다 숫총각이겠어? 숫총각이 많으니까 우리 군대가 이만큼이나 규모를 유지하지. 내 말 믿어!"[8]

진짜 사나이라면 그깟 여자가 없다고 아쉬워하지 않는 법이다. 약혼녀가 죽고 여자가 떠난 남자들에게 드빙거가 내비치는 "동정심"은 특히나 역겹다. 은근히 기쁜 속마음을 애써 감추고 소설 속에서 여자의 존재를 몰아내는 구실로 삼는다. 그는 "지당하다"는 듯 "그녀를 누가 나무라겠는가"라며 이해심을 발휘하지만 사실은 여자를 경멸하고 있다. 살 만한 가치가 있는 진짜 "삶"은 오로지 베르톨트와 부하들만이 살고 있다. "혹시 경험이……?"라는 질문에 베르너가 "사실 관계"를 부인한 것은 바로 "사실"로서의 여성에 대한 부인이다. 그는 "오래된" 속담처럼 "여자라는 게 있는지도" 모르는 군인이다. 드빙거는 짐짓 시시한 농담을 하는 척하면서 여성의 존재성을 부정한다.*

여성 부정은 자연스러운 것이며 또한 바람직하다. 드빙거는 천연덕스럽게 작중인물의 입을 빌려 "살짝 가라앉은 투"로 중얼거린다. "괜히 자유군단 군인들이 다들 숫총각이겠어? 숫총각이 많으니까 우리 군대가

이만큼이나 규모를 유지하지. 내 말 믿어!” 여기서 “내 말 믿어!”는 명령이다. 군대에 들어오려면 여자를 버리고 오라. 우리 군대에 있는 남자들에게 여자는 필요 없다.

드빙거는 작중 여자들을 죽이거나 치워버려서 아내 지위를 얻지 못하게 만든다. 남편에게 “속하지” 못하게 만든다.

그러나 여성 등장인물을 “살해”하는 과업은 작가가 하지 않는다. 작중 세계관에서 사악한 무리의 역할을 하는 세력이 살해 과업을 떠맡는다. 바로 빨갱이들이다.[**]

드빙거는 자신의 구조에서 쓸모 없어진 여자들을 죽여서 이념적으로 이용한다.

“한때 내겐 아름다운 앳된 아내가 있었어…… 내가 최전방에서 복무하는 동안 그녀는 빨갱이 군대의 손에 맞아 죽었지. 아내의 복수는 이미 했지만 앞으로도 복수를 계속할 거야. 빨갱이 수천 명을 아내를 따라 무덤 속으로 보낼 거야. 고대 제왕들이 했던 관습 그대로!”[9]

“아름다운 앳된 아내”는 살인 의지의 핑계로 기능한다. 용맹한 남편은 아내가 살아 있을 때에는 오히려 관심이 없었다. 그의 쾌락이 어디

---

[*] 1933년 이후 드빙거는 파시스트 국가의 이해를 옹호하는 작품을 썼다. 그가 그려낸 남성형은 국내적으로는 계급투쟁 세력에게 테러를 감행하는 남성이자 국제적으로는 필수 불가결한 전쟁을 이끄는 남성이다. 여기에 인용된 많은 저자와 마찬가지로 드빙거 역시 이러한 모티프를 일부러 등장인물의 입을 통해 드러낸다.

[**] 이는 부르주아 성장소설 장르 전통의 조악한 결과물이며 나중에는 삼류 소설의 공식으로 굳어졌다. 작가가 의도한 이념적 구조 속에서 효용 가치를 다한 등장인물이 폭풍우, 재해, 사고, 빨갱이 등의 원인으로 갑자기 죽어 없어진다. 이러한 소설의 공식은 꽤나 강제로 작동되는 편이다. 작가의 의도를 충분히 표현한 후 가치가 없어진 인물은 조용히 퇴장하는 법이 없고 반드시 죽어 없어진다.

에서 오는지는 분명하다. 바로 살인이다. "아름다운 앳된 아내"에게서
는 얻을 수 없었던 복수의 쾌감이다. 그러나 그가 상상하는 복수의 모양
새는 어쩐지 자가당착적이다. 아내에게 남자들을 보낸다는 말을 속 편
하게 하고 있다. 죽은 아내의 뒤를 따르도록 "빨갱이들"을 죽여서 무덤에
보낸다는 것이다. 혹시 그가 생각하는 복수는 아내를 향한 것일까? 글
의 진짜 의미는 이런 것이 아닐까?

나에게는 아름다운 앳된 아내가 있었다. 나는 최전방에서 고생하는데
아내는 딴 놈들과 놀아났다. 나는 이미 복수했고 앞으로도 계속 복수할
것이다. 내게 아내는 죽은 사람이다. 앞으로도 마음껏 놀아나라지. 샛서
방은 내가 장만해준다. 죽여서. 수천 명을 죽여서 아내의 침대로 보내련
다. 침대를 피로 빨갛게 물들이련다. 그것이 나의 쾌락이다. 살육 속에
황홀경이 있다. 독수공방하는 마누라는 따분하다.

이런 식으로 텍스트를 읽으려는 시도는 자칫 지나친 억측이며 주어
진 내용의 과잉 해석이라는 비판도 가능하다. 과연 정말로 그런지 결국
명백해질 것이다. 인용문의 마지막 대목은 내 해석을 뒷받침해준다. "고
대 제왕들"에게는 수천 명을 죽여서 아내에게 보내는 관습이 없었다. 오
히려 소유물과 처첩을 순장하는 것이 관습이었다.

탈현실화

장면 전환. 전후 시대. 남자와 여자가 강연장에 있다.

강의 시간에 그녀의 옆자리에 앉는다. 그녀는 수줍은 표정으로 원시 게
르만족은 도나우강 하류에서 시작되었을지도 모른다는 강의 내용을 열
심히 노트에 적고 있다. 나는 이미 알고 있는 내용이다. 그녀의 숨결이 약

간 빨라지고 몸에서는 온기가 퍼져나온다. 나는 그녀의 머리카락에 배어 있는 상큼한 향기를 들이마신다. 그녀가 무심히 내려놓은 손이 나와 닿을락 말락 할 정도로 가깝다. 길고 가느다란 손가락이 하늘에서 방금 내린 눈처럼 새하얗다.[1]

남자의 시선이 닿은 여자는 차갑고 생명 없는 그 무엇으로 변신한다. 남자의 이름은 미하엘이다. 제1차 세계대전 이후 괴벨스가 쓴 동명 소설의 주인공이다. 그의 시선이 닿은 곳은 헤르타 홀크의 손이었다. 이런 소설 속 여자들이 흔히 그렇듯 그녀는 이야기가 진행될수록 개성이 없어진다.

여성과의 관계는 융해되어서 남성의 새로운 태세로 변신한다. 정치적 입장, 올바른 행보에 대한 깨달음 등으로 승화한다. 이런 식으로 여자는 흐릿하게 사라지고 남자의 윤곽이 뚜렷해진다. 파시즘 문학은 종종 이런 식으로 진행된다. 원자재가 "변신"을 거쳐 진정한 남자로 완성되는 과정에는 언제나 성적으로 순결한 여성의 융해적 육체가 있다.

전쟁터에서 돌아온 군인들에게 여성은 탈현실적으로 보인다. 레토-포어베크는 아프리카에서 귀환하는 길에 이탈리아 기지에 들른다. 박물관에 관람을 하러 갔다.

로마에서 충격을 받았다. 전쟁의 신 마르스가 쉬고 있는 모습을 조각한 석상을 봤다. 그는 칼과 방패를 옆에 세워둔 채 근엄한 미소를 짓고 있다. 큐피드는 짓궂은 표정으로 그의 무릎을 쓰다듬는다. 서남아프리카에서 트렌치 대령에게 들은 말이 있다. 수년의 세월을 전장과 식민지에서 보낸 후 백인 여자들을 다시 보면 감개무량하다고 했다. 전쟁의 신 마르스와 사랑의 여신 비너스가 불륜을 맺었다는 신화는 심리학적으로 정확한 통찰이다.[2]

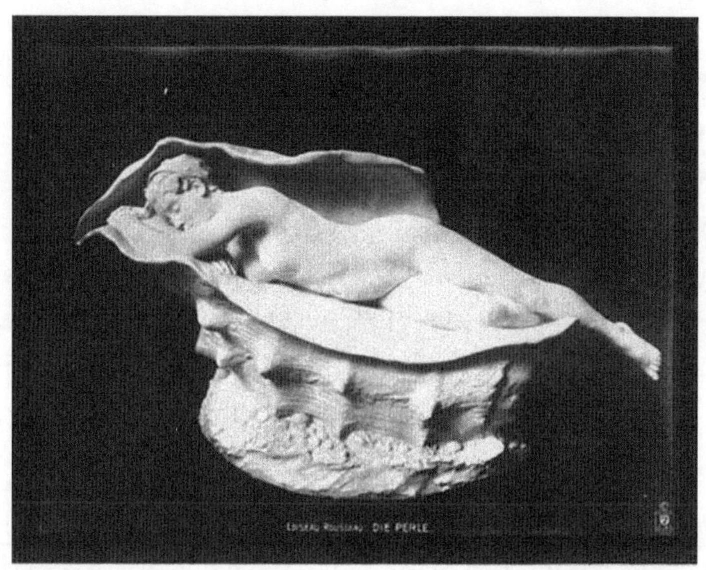

레토-포어베크 대장의 딸이 증언한 바에 따르면 이 사진은 늘 부모님의 침실 벽에 걸려 있었다.

　빌헬름 시대 고급장교의 현란한 문화비평 호들갑은 일단 그렇다 치자. 레토가 박물관에서 평이한 조각상 하나를 봐놓고서 곧바로 트렌치 대령에게서 들었던 "백인 여자"를 떠올린다는 점이 특이하다. 게다가 "쉬고 있는 마르스"였으니 남자 조각상이다. "심리학적으로 정확한 통찰"을 운운하며 비너스와 마르스의 불륜을 언급했으나, 조각상에는 비너스가 없었다. 어린 소년의 모습인 큐피드가 무릎을 쓰다듬고 있었다.
　참호전으로 지친 최전방 군인들의 가장 큰 소원은 여자의 품에 안기는 것이 아니라 수많은 여성 군중의 환호를 받으면서 귀향하는 것이었다. 그러나 그는 실망했다.

　브레멘 여단은 전쟁터를 떠나서 귀환했다. 다들 "명예로운 입성"을 기다리며 기대에 부풀었다. 그러나 꽃다발과 새하얀 옷차림의 아가씨들

72

대신 그들을 맞이한 것은 기관총 경계였다. 깜짝 놀란 그들은 무장해제 당했다.[3]

새하얀 옷차림의 아가씨들. 레토의 대리석 조각상. 그리고 괴벨의 흰 눈 같은 여자 손.

<u>손대지 말 것!</u>

여자와 성적 접촉이 일어날 가능성이 있을 때마다 작가들은 온 힘을 다해 아무 일 없었다고 변명한다. 1919년 5월 뮌헨에서는 바이에른 평의회 공화국 유혈 진압 후 군인 숙소가 마땅찮았다.

나는 사치를 즐기지 않는 사람이다. 그래서 레오폴트 거리에 사는 유복하고 사랑스러운 과부의 유혹을 굳건하게 물리쳤다. 그녀는 사소한 걸 캐물으면서 나를 서재로 끌어들이더니 예쁜 눈짓을 던졌다.[1]

결국 루돌프 만은 "남작의 집"에서 홑이불을 덮고 춥게 잤다. 난방과 여자는 "사치"다. 더구나 "사랑스러운" 진짜 "과부"라면 말이다. 훗날 그는 과거를 회고하면서 여성들의 모습을 생생하게 떠올렸다. "세상에, 그 많은 여자라니!" "동화에 나올 법한 저택"에서 여자들과 술, 시가를 즐긴다면……"[2]
여자에 대해 언급한 의미심장한 대목이 하나 더 있다.

그 외에도 우리는 뮌헨 사람들의 환대를 감사히 즐기는 법을 배웠다. 진솔하고도 다정하신 국민이었다. 특히 여성 국민께서는 우리를 아낌없이

호강시켜주셨다.[3]

"여성 국민"의 "환대를 감사히 즐기"고 재빨리 빠져나왔다. 승리를 축하하는 커피와 케이크를 얼른 먹어치웠다는 소리를 이렇게 했다.

바람에 시달린 강둑에서 우리는 많은 이야기를 나누곤 했다. …… 처음에는 이런저런 얘기를 하다가 결국 끝에 가서는 전쟁과 혁명에 대해 비밀스럽게 속삭이게 되곤 했다. 그러면 그녀는 고개를 절레절레하면서 이런다. "참 나, 추워 죽겠어요. 이만 집에 가요." 겨우 이런 아가씨를 데리고 입 아프게 떠들었나 싶어서 나는 짜증이 났다. 이번만이 아니라 매번 그랬다.[4]

"바람에 시달린 강둑"이라는 생생한 묘사로 글을 시작하더니 여자는 그냥 "아가씨"다. 그는 여성의 유혹에 특유의 방식으로 방어한다. 바로 "전쟁과 혁명"을 "비밀스럽게 속삭이"는 것이다.

"이번만이 아니라 매번 그랬다"고 했다. 이런 상황은 텍스트에서 다양한 방식으로 등장한다. 사랑 대상물Liebesobjekt로서의 여성을 향하는 정서Affekt는 종종 폭력적 이미지와 짝을 이룬다.

길 건너편을 지나는 아가씨에게 나는 시선을 박아넣었다. 마치 권총을 발사하듯 날쌔고도 긴급하게 쏜다. 아가씨가 억지로 웃어주면 나는 만족감을 느꼈다.*[5]

윙거는 심지어 말장난까지 친다. 권총 발사와 아가씨의 억지웃음을 마치 자연스럽기라도 한 듯이 서로 짝지었다.

에른스트 윙거는 복무 중에 휴가를 내 브뤼셀에 놀러 갔다가 거리에서 여자에게 말을 걸었다. 최전방에서 복무하고 있는 남편을 둔 유부녀였다. 그녀는 아파트로 그를 초대했다.

전쟁으로부터 훔쳐낸 망각의 한 시간이었다. 나는 그녀의 남편이었다. 전쟁의 불구덩이에서 도망쳐 나와 그녀와 손을 맞잡고 평화롭게 벽난로 앞에 앉았다. 내일, 그래 내일이면 내 머리통은 불꽃 속에서 박살날 수도 있다. 될 대로 되라지.
우리는 현관문 앞에서 헤어졌다. 축축한 바람이 문간으로 휘몰아치는 가운데 그녀가 프랑스어로 말했다. "Je ne t'oublierai pas." 당신을 잊지 않을게요. 진담처럼 들렸다. 나는 다리를 건너 시내로 돌아왔다. 양손을 외투 주머니에 찌르고 고개는 푹 숙인 채. 걸음마다 군화의 박차가 달그락거렸다.[6]

그 후 그는 동료 군인과 마주친다. 두 사람은 함께 술집에 간다. 아까와는 딴판으로 두 사람은 스스럼없이 담백하게 서로 어울리다가 밤에는 즉흥적으로 함께 숙박한다. 베르톨트 브레히트의 표현이 연상된다. "두 사람 사이에서 사랑이 터져나왔다."[7] 작별 장면을 보자. 그녀의 따뜻한 숨결에 맞서기라도 하듯 그는 "축축한 바람이 문간으로 휘몰아"치는 것을 느낀다. 동행하던 아가씨의 몸짓보다는 "바람에 시달린 강둑"에 더 신경을 쓰던 잘로몬이 연상된다. 윙거는 "망각의 한 시간"을 전쟁으로부터 훔쳐냈다. 물론 큰 절도는 아니었다. 따뜻한 몸을 지닌 여자와

---

* "편안하고 달콤한 꿈을 꾸었다네 / 내 사랑 그녀와 도살장의 꿈." 이는 스위스군 식량 보급부대의 군가다. 도살장 군가. (Bächtold, *Aus Leben und Sprache des Schweizer Soldaten*, Basel 1916, p. 39.)

하룻밤의 삶을 누렸을 뿐이니까. 그
렇다면 여자와 무엇을 했을까? 그
는 손을 맞잡았다는 말로 남녀 관
계를 허구적으로 묘사함으로써 그
녀의 관능성을 박탈한다. 마치 사춘
기 아이들처럼 방어하듯 손만 잡음
으로써 몸을 지켜낸다. 속으로는 여
자가 욕망에 부응해줄까봐 혹은 자
신의 욕망이 튀어나올까봐 몹시 두
렵다. 그래서 오히려 오누이의 몸짓
처럼 손에 손을 맞잡는다. 근친상간
금기의 힘에 기대려는 것이다.

　"나는 그녀의 남편이었다"라는
표현은 인상적이지만 무력하다. 중간 과정은 건너뛰고 공간은 비성애화
된다. 그리고 성애화된 전쟁의 짧은 서사시가 펼쳐진다. "내일, 그래 내
일이면 내 머리통은 불꽃 속에서 박살날 수도 있다." 마지막 장면에는
약간 절제된 폭력 이미지가 나온다. "걸음마다 군화의 박차가 달그락거
렸다." 차갑고 위협적인 소리가 피 묻은 감촉으로 다가온다.

　윙거는 원래 목석이 아니다. 그가 공들여 묘사하는 전쟁 광경을 보면
최전방의 "불구덩이"는 거대한 관능의 폭발처럼 그려진다. 브뤼셀에서
만난 노동계급 여성의 아파트에서 그는 "불구덩이"에서 잠시 벗어났다.
여자와 함께 가만히 있는 것이 그에게는 잠시나마 위협적인 관능의 상
상력에서 해방되는 경험이다. 다행히 계급 층차가 두 사람 사이에서 탈
성애적으로 작용했다. 그 시절 국가방위군 혹은 자유군단 병사가 흔히
그랬듯 윙거 역시 매음녀가 아닌 노동계급 여자는 절대로 가까이하지
않았다. 성적 접촉은 절대 없다. 심지어 이 여자에게는 남편이 있다. 최

전방 병사라고 한다. 차라리 그를 쏠지언정 뒤통수를 칠 순 없다. 윙거
는 그에게 동정을 느낀다.

그의 모습이 눈에 선했다. 무식한 프랑스 털보겠지. 나처럼 전쟁에 시달
리고 있을 그에게 형제애를 느꼈다. 서로 알아보지도 못한 채 곧 전쟁터
에서 맞서게 될지도 모른다. 오직 총알만이 우리 두개골을 뚫으며 노래
하겠지.[8]

윙거와 부재하는 남편 사이에는 어떤 소통이 있다. 그의 아내는 벌써
"잊혔다".
토르 고테의 주인공 베르톨트 대위도 조용하고 기쁜 시간을 나누자
는 프랑스 아가씨의 제안을 이와 유사하게 거절한다.

루돌프 베르톨트는 어스름 속에 서 있다. 마지막 장미꽃 향기가 맴돈다.
문이 삐걱 열린다. 모든 게 흡족하신가요? 필요한 건 없으신가요? 말이
부드럽게 살랑살랑 귓전을 적신다.
아가씨가 그에게 다가섰다. 그는 창가에 기대어 방 안 어스름 속에 아른
거리는 그녀의 맵시를 봤다. 그녀의 눈에서 적의는 느껴지지 않았다.
나무 창틀을 두 손으로 움켜쥔 채 그는 서 있다.
마지막 여름밤이다. 잃어버린 청춘의 마지막 밤, 내던져버릴 젊음! 모든
것을 다 잊고만 싶었다. 그의 얼굴을 다른 얼굴에 맞대고 싶었다……
장미 향기가 더 진하게 정원에서 방으로 밀려들었다. 전선이 멀리서 갉
아들어온다. 포성이 점점 더 또렷하고 가까워진다.
아가씨가 거기 있다. 무엇인가에 눌리듯 머리를 숙였다. 베르톨트는 그
녀 얼굴 너머를 먼 시선으로 꿰뚫었다. 그는 나무 창틀을 양손에 움켜쥔
채로 느꼈다. 이 어린 계집은 저녁마다 묻는구나. 내가 무엇을 원하는지.

조용한 목소리로 묻고서 언제나 그렇듯이 물러가겠지……

쉰 목소리로 그는 대답했다. "고마워요. 다 괜찮습니다."

아가씨는 깊이 숨을 들이마셨다. 두 사람을 떼어놓은 거리는 고작 한 발짝에 지나지 않는다. 언제든 한 발짝 다가올 것 같다. 그녀는 간신히 손을 치켜들더니 조용히 말했다. "편안한 밤 보내세요!" 방을 빠져나갔다.

베르톨트는 미동도 없이 서 있었다.

폭격 편대가 적을 향해 묵직하게 으르렁댔다.

"운명을 피할 수는 없다. 운명은 이루어진다."

그는 혼잣말로 중얼거렸다.[9]

이 글은 최소한 세 가지 면에서 윙거의 글과 매우 흡사하다. 첫째, 베르톨트는 "그녀의 눈에서 적의는 느껴지지 않았다"고 한다. 보통은 적의가 많은 것이 정상이라는 뜻으로 들린다. 윙거는 노동계급 여자와 작별하면서 "진담처럼 들렸다"고 판단한다. 뭔가 눈치가 묘하다. 마치 평소라면 여자들이 거짓말하는 게 당연하다는 말 같다. 둘째, 잠재적인 성적 접근으로부터의 도피는 곧바로 폭력적 이미지를 불러일으킨다. "폭격 편대가 적을 향해 묵직하게 으르렁댔다." 셋째, 윙거는 "망각의 한 시간"을 말했다. 베르톨트는 "모든 것을 다 잊고만 싶었다". 여자와 육체적으로 맺는 사랑은 망각과 연관된다. 여자는 망각의 목적을 달성해주는 수단일 뿐이다.

이들이 기대하는 황홀경의 출처는 포옹이 아니라 폭발이다. 으르렁대는 폭격 편대, 불꽃 속에 박살나는 머리통. 간신히 여자에게서 벗어난 직후 베르톨트는 최전방의 환청을 들으며 깨닫는다. "운명을 피할 수는 없다." 그가 열망하는 마주침은 침대가 아니라 최전방에 있다.

작가는 연애의 실상과는 동떨어진 글솜씨를 보여준다. 이 장면을 관능적으로 묘사하려 애쓰지만 실패하고 있다. 때로는 우스꽝스럽다. "말

"빌헬름은 촛불을 쳐들고 야간 전투를 지켜봤다. 남들이 승전하는 모습을 구경했다."
1914년 프랑스 엽서

이 부드럽게 살랑살랑 귓전을 적신다." 때로는 청승맞다. "잃어버린 청춘의 마지막 밤, 내던져버릴 젊음!" 혹은 베낀 듯이 상투적이다. "마지막 장미꽃의 향기가 맴돈다." 게다가 아가씨는 독일 소설에 나오지만 프랑스 사람이다. 인사말을 했어도 불어로 했어야 그럴듯하다.

여성 육체를 표현할 때 어떤 방식을 쓰는지 살펴보자. "그는 나무 창틀을 양손에 움켜쥔 채로 느꼈다. 이 어린 계집은……." 생각한 게 아니라 느꼈다고 했다. 행여 가까이 올까봐 방어하기 위해서 베르톨트는 여성의 몸을 생명이 없는 물체로 바꿔친다. 양손으로 물체를 "움켜쥔"다는 것은 통상 두려워한다는 뜻이다. 통제력을 잃을까봐, 기절해서 넘어질까봐, 혹은 자제력을 잃고 공격하게 될까봐. 아니면 몸에 손을 대는 순간 후려치게 될까봐 두려운 것일까?

환영

에리히 발라의 소설 『우리는 의용대였다』의 주인공 한스 로덴홀름 대위
는 럼주를 한 컵 들이켜고서 잠들었다가 여자를 가까이하게 되었다.

컵을 완전히 비운 후 그는 머리를 숙여 팔에 기댔다. 이상한 일이 벌어졌
다. 이게 꿈일까, 생시일까? 그는 알 수가 없었다.

부드러운 손이 그의 머리카락을 위로하듯 매만졌다. 조용한 목소리가 그
의 귀를 쓰다듬었다. "그렇게 슬퍼 말아요, 큰오라버니. 모든 게 다시 괜
찮아질 거예요. 제가 여기 있잖아요. 오라버니를 사랑하잖아요. 모든 걸
다 드릴게요. 이젠 슬퍼할 필요가 없어요."

부드럽고 따스한 팔이 그의 목을 감싸안았다. 그는 비몽사몽간에도 정수
리에 닿는 키스와도 같은 숨결을 생생하게 느꼈다. 그는 자신을 감싸주
는 위안의 기쁨을 두 팔 벌려 끌어안고 싶은 욕망을 느꼈다. 그러나 그는
몸을 일으킬 수가 없었다. 손가락 하나도 까딱할 수 없었다. 가뜩이나 지
친 몸에 놀라움이 겹친 탓이었다.

"내 곁에 있어줘요." 목소리가 계속 말했다. 뻣뻣하게 굳은 그의 몸이 풀
리기 시작했다. 고개를 살짝 들었다가, 촛불에 너무 눈이 부셔서 머리를
다시 숙였다. 다시 눈을 뜨고 봤더니 잠시나마 뚜렷한 형체가 보였다. 꿈
일 수가 없었다. 어둠 속에 반쯤 열린 문틈으로 하숙집 딸이 서 있는 것
이 보였다. 그를 향한 끝없는 사랑과 슬픔이 그녀의 눈에 가득 담겼다. 그
녀는 아쉬운 듯 손을 흔들어 작별 인사를 한 후 조용히 문을 닫았다.

그는 이상한 경험에 대해 곰곰이 생각해봤다. 그 외중에 홀츠가 와서 그
를 깨웠다.[1]

홀츠는 남자다. "그의 무조건적 사실성과 실용적 명징성은 전염성이

있었다." 로덴홀름은 확신을 회복했다. "제정신을 되찾으니 정말 다행"
이라고 말한다.

잘 있거라, 사랑스러운 동화 나라의 사랑스러운 꿈. 남자들이 남자들을
부른다. 나라에 무기가 난무할 때에는 남자들이 옳다.[2]

로덴홀름이 환영 중에 분명히 봤다고 확신하는 것은 방을 떠나는 그
녀의 모습이다. 게다가 그는 그녀에게 "큰오라버니"다. 넘어선 안 될 문
턱을 진작 넘어버렸다. 그러나 누이 같은 여자에게 그는 강하게 이끌린
다. 너무 강한 욕망이라서 허깨비처럼 표현해야만 했다.
프란츠 샤우베커의 『국가의 새벽*Aufbruch der Nation*』에 나오는 주인공 알
브레히트는 좀처럼 거절 못 할 밤손님을 맞는다.

그날 밤 그는 부담스럽고 힘겨운 경험을 했다. 방구석에서 슬그머니 튀
어나와 문을 잠그더니 이튿날 아침까지 그와 단둘이 머물렀다.[3]

정체는 무희였다. 아는 사이는 아니다. 어디서 봤는지 몰라도 낯익은
여자였다. 그녀는 줄곧 노래를 불렀다. "달님이여, 어느 천국에서 도망
을 오셨나요……." 갑자기 그와 그녀의 눈이 마주쳤다. 그녀 역시 그를
알아봤다.

소리 없이 뜨겁게 달아오른 미소만 지었다. 사랑, 승리, 색욕, 약속 등이
뒤섞인 마비시킬 듯한 미소였다. 그녀는 나직하게 웃기 시작했다. 노래
할 때 목청처럼 목구멍 깊은 곳에서 떨려나오는 소리였다. 축제의 시작
을 알리는 작은 종소리 같았다.
그는 더 이상 자제하지 못하고 그녀를 바짝 끌어당겼다. 여자는 그의 것

이었다. 절대 못 보내준다. 그녀는 저항하는 기색이 조금도 없었다. 가뿐하게 미끄러지듯 그녀는 그에게 몸을 붙였다. …… 당연한 일이다. 그녀는 그의 것이다. 어딜 가겠는가.

그들은 나란히 누웠다. 그녀가 팔을 쳐들자 드레스가 스르르 떨어졌다. 드레스 아래는 알몸이었다. 마치 돌연 쏟아붓는 소나기를 맞은 듯, 잔잔한 수면을 돌풍이 휩쓸고 지나가듯 그는 충격을 받았다. 그는 말문이 막혔다. 거친 숨결이 피를 들끓게 했다. 마치 총상 입은 폐에서 솟아나는 피처럼 공기 방울이 부글부글 터지고 거품이 치솟는다. 폐에 총을 맞으면 사람은 혈색을 잃고 소리조차 못 내고 드러눕는다. 숨을 쉴 때마다 피는 끝도 없이 거품을 부글부글 뿜으며 넘치는데 마치 도르래가 오르내리며 달그락거리듯 한다. 숨을 쉬는 것이 납덩이처럼 버거워진다.[4]

여자의 나체 때문에 남자의 피가 들끓는다더니, 무언가에 홀린 듯 폐 총상 이야기를 시작해서 멈추지를 못한다. 어쨌든 정신을 차리고 다시 사랑에 집중해서 여자에게 신경 쓴다.

그녀의 흰 살결에 방이 흰해지는 듯했다. 보슬비를 맞은 보리수나무와 엘더베리 향기가 풍기는 듯한 창백하고 보드라운 빛이었다. 나뭇잎에 빗방울이 떨어지는 소리처럼 부드러운 목소리가 속삭였다. 꿀벌들이 나뭇잎 사이를 윙윙거리며 꿀을 따고 꽃가루를 모은다. 멀리 최전방에서 끊임없이 소음이 울린다. 멈추지 않는 연발 사격 소리, 엄청난 양의 총탄과 폭약이 연기와 굉음을 내뿜으며 우리에게 퍼붓는다. 모든 것이 붕괴한다. 속삭임이 계속된다. 손과 눈이 움직인다. 신음하며 더듬댄다. 그러다가 죽어 자빠져서 미동도 없다. 아직 숨이 붙어 있는 자들은 비명을 지른다. "괜찮아요, 괜찮아." 그녀가 귓전에 대고 한숨을 쉰다. "내 옆에만 있어줘요, 내 옆에만……"

그녀는 스스로 말해놓고 제풀에 겁을 먹었다. 숨결이 거칠어졌다…… 그녀가 너무 말이 많았나? 혹시 그의 심기를 거슬렀나? 그는 대답이 없다. 말도 없고 움직임도 없다. 그녀는 냉큼 고개를 쳐들고 그의 얼굴을 살폈다. 그를 보고 싶었다. 그의 얼굴을 보고 싶었다. 그녀의 눈길이 닿기 전 그는 부드럽지만 단호하게 그녀를 밀쳐낸다. 부드러운 폭력이었다. 달콤하고 섬뜩한 칼을 찔러넣는 듯했다. 항의하고 싶어도 할 수가 없다. 그녀는 가벼운 현기증을 느끼면서 보랏빛 마비 상태로 빠져들었다. 주변이 점점 더 빠르게 도는 것만 같았다. 뭐라도 붙들고 싶었다. 그러나 마치 매끄러운 유리로 된 움직이는 벽을 잡으려고 헛수고하듯 손에 잡히는 것이 없었다. 그러나 어지러운 움직임이 그녀를 이끈다. 뭔가를 붙잡을 필요가 없다. 길게 내쉬는 한숨과 함께 그녀는 기꺼이 떨어져 내린다. 빙글빙글 소용돌이의 한가운데로 미끄러져 들어갔다. 어느 순간 그가 그녀를 잡아 끌어올린다.

그는 막강한 무언가를 느꼈다. 마치 경련과도 같았다. 육체와 영혼의 불꽃같은 본질이었다. 마치 불타는 포환이 빗발쳐 내려오는 참호 속에 있는 듯했다. 모든 것이 부서져 내린다. 그의 몸이 공중으로 솟구친다. 이글거리는 폭발. 그의 심장에 뿌려졌던 불길 같은 씨앗. 폭발하는 별빛.[5]

샤우베커의 텍스트에는 욕망 충족 방식이 좀더 분명하게 드러나 있다. 그는 사랑 대상물로서의 여성에게 도달하기 직전에 언제나 간신히 탈출한다. 그리고 정서의 방향을 비틀어서 다른 것을 상상한다.

이런 방식으로 세 번을 탈출했지만 결국은 패턴을 깬다. 첫 번째 도피는 총상 입은 폐를 상상하며 성공했다. 두 번째는 **죽어 자빠진 모습**이었다. 세 번째는 "달콤하고 섬뜩한 칼"이었다. 그러나 곧 그와 그녀는 서로를 찾아낸다. 그 결과 두 사람은 "빙글빙글 소용돌이"와 "이글거리는 폭발" 속에서 녹아 없어진다. 그들에게 일어난 일은 "마치 불타는 포환이 빗발쳐 내려오는 참호 속에 있는 듯했다".

이는 오르가슴을 표현하는 메타포가 아니다. 통과가 아닌 종말이다. 긴장-이완이 아니라 긴장-폭발이다. 종말을 향한 두려움과 갈망이 샤우베커의 환영 속에서 아슬아슬한 균형을 이룬다. 종말을 향한 욕망이 압도적일 때도 있는 듯하다. 다른 작가들의 텍스트에서는 종종 불안이 압도적이다.

인용 텍스트의 등장인물들은 혹시 여자와의 합일이 가져올 자기 융해를 불안해하는 것이 아닐까? 그래서 갈망하던 대상물을 앞에 두고 욕망 충족에서 도망치는 것이 아닐까? 그래서 기어코 폭력적 상상물로 변환시키는 것이 아닐까?

게다가 샤우베커의 텍스트에는 사랑 대상물의 특성을 짐작하게 하는 힌트가 있다. 그는 여성에 대한 불안과 색욕을 동시에 느끼는 욕망 구조를 지니고 있다. 게다가 판타지의 대상은 판타지 주체와 명확하게 구별되지 않는다. "그녀는 그의 것이다." 그녀는 그의 일부라는 뜻이다. 그녀는 "내 옆에만 있어줘요, 내 옆에만"이라고 말해놓고서 금세 겁을 먹는다. 너무 말이 많았나 후회한다. 그녀는 그에게 금지된 사람일까? 그가 잘 알지만 알아서는 안 되는 그 누군가일까? 그런데 그는 어찌된 일인지 그녀와 함께 방에 갇혔다고 말한다. 그녀는 "부담스럽고 힘겨운 경험"이다. "방구석에서 슬그머니 튀어나"왔다. 밖에서 들어온 것이 아니다. "문을 잠그더니 이튿날 아침까지 그와 단둘이 머물렀다."

어쩐지 공생관계가 연상된다. 남자가 여자를 가두면서 생겨난 관계지만 동시에 어떤 이유에서인지 남자가 평생 자유롭게 풀려날 수 없게 된 관계처럼 느껴진다. 아내의 이름이 없는 이유가 바로 이러한 환영과 모종의 연관이 있기 때문일까? 그래서 아내는 구체적이고 주체적인 삶을 살면 안 되는 걸까?[6]

오점 지우기

레토-포어베크 대장은 한때 바람둥이라는 소문이 났지만 당하고만 있진 않았다. 그래서 아프리카로 항해를 떠나 부하 병사들에게로 갔다.

스웨덴의 빌헬름 왕자 일행과 함께 승선해 케냐에 사자 사냥을 갔다. 옆 테이블에는 덴마크 여성 카린 디네센이 있었다. 커피 농장을 소유했으며 케냐의 남작 작위를 가진 스웨덴인 약혼남 블릭센 피네케와 동행 중이었다. 목적지 몸바사에 도착하면 결혼식을 올릴 예정이라고 했다. 우리는 서로 친해졌다. 아덴까지 그녀를 수행할 소말리 흑인 시종 파라에게 말 탄 남자의 초상화를 맡겨두었다. 결혼식 때 여주인님께 선물로 드리라고 해뒀다. 그림에는 시 한 수가 적혀 있다.

지상낙원은
말 등에 올라탔네,
몸의 건강에 있고
아낙의 젖가슴에 있지!

영리하고도 교양 수준이 높은 여성이었다. 나중에는 사자까지 몇 마리 쏘았다. 우리는 전쟁 직전까지 연락을 주고받았다.[1]

다시 한번 주의를 끄는 것이 있다. 관련 인물의 이름과 출신을 기록하는 레토의 태도가 어찌나 열성적이고 철저한지 거의 우스꽝스러울 지경이라는 점이다. 심지어 "소말리 흑인 시종 파라"까지 열심히 적는다. 이름 없는 레토의 아내에 비하면 공식적으로 성명이 다 기록되는 영광을 누리는 셈이다. 이렇게까지 번거로움을 감수하는 이유는 두 가지다. 첫째, 여성은 좋은 가문 출신이다. 그러니 행여 의심의 여지가 있다면 봉쇄해야 한다. 게다가 여성은 곧 결혼할 몸이다. 둘째, 이 여성은 여자라기보다 주인이다. "사자까지 몇 마리 쏘았다"는 것으로 다시 한번 증명된다. 명백히 남성적인 취미다. 레토가 힘주어 강조하는 것은 그녀의 "교양 수준이 높"다는 것이다. 교양 수준 높고 총을 쏘고 전투하는 것은 남성적 범주의 감정과 연관된다. 하지만 이 이야기를 하는 이유는 따로 있다. 결혼 후 카렌 블릭센이 된 카린 디네센은 자전적 소설 『아웃 오브 아프리카』를 쓴다. 책을 읽은 레토는 "내가 언급된 부분이 있다"면서 자신이 선물한 시가 잘못 인용되었다고 지적한다.

그녀는 이렇게 썼다.

지상낙원은
말 등에 달렸고
몸의 건강은
아낙의 젖가슴에 달렸다네

레토는 말한다.

잘못된 인용이 너무 거슬렸다. 안 되겠다 싶어서 그녀에게 다시 연락하게 되었다. "독일어 실력"이 녹슬었냐고 농담하면서 우리는 다정하게 웃었다.[2]

행여 자신의 지인이 그 책을 읽을까봐, 행여 성적인 의도로 오해하며 읽을까봐, 행여 예전에 타국에서 행실이 나빴다는 욕을 먹을까봐 레토는 가만있을 수가 없었다. 그래서 덴마크 여인에게 재차 확언을 받으려는 것이다. 덴마크 여자의 녹슨 독일어 실력이 "거슬린다"고 말이다. 마치 창피스러운 사소한 실수인 듯 표현했다. 단순한 신중함이나 도덕성을 넘어서는 모종의 의도가 읽힌다. 이는 위협을 제거하려는 행동이다.

에어하르트 대위는 해군 시절의 일화를 털어놓는다. 평소 도덕군자 행세를 하던 항법 장교의 정체를 폭로했다는 것이다. 어느 날 밤 야간 항해를 하고 있었다. 해군 용어로는 "달밤에 새 사냥을 나갔다"고 한다. 다른 배가 있어서 들여다봤더니 "도덕군자께서 글쎄 스웨덴 아가씨랑 있지 뭔가. 그날부터 망신살이 뻗쳤다". 그는 이렇게 덧붙인다. "누구는 고생스럽게 새 사냥을 하는데 누구는 팔자 좋게 다른 사냥을 한다."3 에어하르트가 풀어놓는 이야기는 팔자 좋은 누구를 향한 복수인 셈이다.

에어하르트는 고등학생 시절 사진에 관심이 많았다. 암실을 차려놓고 여학생들을 데려와 자랑하곤 했다. 어느 날 선생님이 수업 시간에 농담 삼아 에어하르트를 나무랐다. 여학생들과 암실 출입만 하더니 단어 암기력이 떨어진 모양이라고 말했다. 고등학생 헤르만 에어하르트는 교사를 한 대 후려쳤고 그 일로 퇴학당했다. 엄격한 목사였던 아버지는 이번 일로는 아들 편을 들었다.4 선생님의 비난이 터무니없이 끔찍하다는 이유였다.

남 보기에 번듯한 체면이 중요한 것은 레토도 마찬가지다. 플렌스부르크의 처남 부부를 방문했을 때다. 쉰 살 가까운 나이에 명성도 높았던 그에게 터무니없는 일이 벌어졌다. "흰옷을 차려입은 소녀들"이 줄지어 늘어선 곳에 팻말이 붙어 있었다. "레토 - 포어베크와 짝짓기 단돈 20페니." 그는 충격에 빠졌다. 환영사는 한마디도 귀에 들어오지 않았고 그저 행사가 끝나기만을 기다렸다. 나중에 처남댁의 변명을 듣고 마음을 놓았다. 팻말을 쓴 사람은 레토의 의붓딸이었다. 의붓딸은 새아빠를 잘 따랐고 그래서 숫토끼에게 레토 - 포어베크라는 이름을 붙였다. 토끼 치는 사람들에게 20페니를 받고 좋은 품종의 숫토끼와 교미를 시켜주고 있었다. 벌이는 꽤 좋았다.

보병대장은 자신의 정력이 시장 바닥에 헐값으로 팔려나갈 수도 있다는 상상에 경악했다. "내 평생에 그렇게까지 뒤틀린 경험은 없었다."[5]

드빙거는 "파인할스"라는 작중인물을 만들었다. 그는 여자만 밝히는 단점이 있는 남자다. 파인할스는 정식 군인이 아니다. 군마를 관리하는 일을 거들고 허드렛일을 한다. 그중에서도 제일 잘하는 것은 빨갱이 잡는 프락치 노릇이다. 늘 여자 꽁무니를 따라다니지만 늘 퇴짜를 맞는다.

그는 터벅터벅 마구간을 향했다. 그러나 알록달록한 치맛자락이 펄럭이는 광경에 홀려서 옆길로 새 양계 농장으로 갔다. 동료들은 그가 신나서 깍깍대는 소리를 들었다.[6]

드빙거는 그를 철없는 아이처럼 묘사했다. 알록달록한 치맛자락을 보고 "깍깍대는" 녀석이다. 끝없이 말썽을 부려서 동료들 사이에 싸움을 낸다. 어느 날 밤 그는 잠이 안 왔다.

"아마 그 친구랑 금발 여자랑……" 학생이 말을 하던 중이었다.
"금발녀가 뭐, 이 애송이야!" 파인할스가 화를 벌컥 냈다. "얼마나 멍청한 여자인지 알고나 하는 소리야?" "옳거니!" 팔렌이 드디어 성공했다. "파인할스가 딱 걸렸다. 제대로 낚았네."[7]

그 뒤 이야기를 요약하면 이렇

"프리지아 소녀들"이 클랑크스뷜에서 힌덴부르크 장군을 맞이하다.

다. 여자와 노닥거리다가 걸리는 사람은 총 뺏기고 총 맞고 피를 흘린다.*

자서전에서 "페터"를 자칭하는 만프레트 폰 킬링거는 어릴 때 인디언 카우보이 놀이를 하다가 학교 친구의 누이동생 엘제를 붙잡아서 비밀 동굴로 데려갔던 일화를 썼다.

그들은 낙엽을 깔고 앉았다. 페터가 말했다.

"넌 이제부터 도적의 아내야. 도적은 숙녀를 살살 다뤄. 여자는 도적에게 오면 호강을 하지. 금붙이와 보석을 훔치면 여자들에게 선물로 주거든."

페터는 여자애들을 생각해본 적이 없었다. 여자에게 알랑대는 학교 친구들이 늘 못마땅했다. 이제 엘제와 단둘이 동굴에 있어보니까 그 친구들이 이해되기 시작했다. 엘제는 진짜 염병할 예쁜 여자애였다. 그는 키스를 해주고 싶었다.

"있잖아, 엘제." 그가 말했다. "넌 도적의 아내야. 내 거야. 나는 두목이거든. 이제 혼인 계약을 맺어야 해. 넌 나한테 키스해야 돼."

엘제는 처음에는 거절하다가 나중에는 동의한다. 페터가 겨울에 스케이트를 함께 타겠다고 약속했기 때문이다.

페터는 입구 쪽을 살폈다. 혹시 다른 인디언이 몰래 들어와서 엿보는 것은 아닌지 걱정되었다. 하지만 안심이다.

그는 엘제의 금발 머리를 부여잡고 키스를 했다. 엘제는 잠자코 있었다.

---

* 드빙거의 소설 『마지막 기수*Die letzten Reiter*』와 『절반의 길*Auf halbem Wege*』에 나오는 마구간 소년만이 예외다. 그는 "금발녀"와 사귄다. 파인할스가 "멍청한 여자"라고 욕한 여자와 동일인이다. 소년은 나중에 농부가 된다. 여느 사람들과 달리 군인은 아니었다. 농부에게는 당연히 아낙이 필요하다. (*Auf halbem Wege*, p. 552.)

페터가 말했다. "자, 아무도 알아서는 안 돼. 우리 사이의 비밀이야. 이제 널 나무에 묶고 다른 애들을 부를게. 잘 들어. 너는 나를 절대 안 좋아했어. 난 너한테 사형 선고를 내릴 거야."

"진짜가 아니라 놀이인 것 맞지?" 엘제가 겁내면서 물었다.

"당연하지."

그는 낡은 빨랫줄을 가져왔다. 엘제는 나무 앞에 섰다. 페터는 그녀가 꼼짝 못 하도록 줄로 동여맸다. 그다음 전사의 포효를 내질러서 다른 인디언들을 불렀다. 엘제가 나무에 묶여 있는 것을 보고 친구들은 적잖이 놀랐다.

인디언 추장은 추상같이 엄하게 호령했다.

"나를 모욕한 여자다. '피 묻은 손'이 보낸 첩자다.

처형장에서 죽이자."[8]

성적 흔적은 지워져야 한다. 엘제는 키스를 허락한 죄로 복수를 당해야 한다. 킬링거는 엘제가 겁을 냈다는 사실을 강조해서 기록해둔다. 그의 서술에는 세 겹의 안전 장치가 있다. 첫째, 목격자가 절대로 없도록 한다. 둘째, 엘제는 잠자코 있었다. 즉, 그녀가 그를 유혹하지 않았다. 셋째, 수동화를 한층 더 강화한다. 즉 그녀를 나무에 묶어서 "꼼짝 못 하게" 만든다.

실화라서 의미를 갖는 이야기가 아니다. 킬링거가 자신의 회고록에서 언급했다는 점이 의미심장하다. 작센의 주총리까지 지낸 사람이 엘제가 처형당한 놀이를 흐뭇하게 전한다. 억지로 떠밀려서 키스를 당했는데 피해자가 오히려 처벌받았다. 여자가 잘못했다. 남자를 홀렸기 때문이다. 최소한 남자는 동료들 앞에서 체면을 되찾아야만 한다. 여자는 순백의 순결을 지켜야 한다. 혹은 대리석상, 환영, 밤허깨비, 공주님이다. 그렇지 않은 여자들은 죄다 남자들에게는 위협이므로 엄격한 군율 등으

로 물리쳐야만 한다. 훗날 자유군단 지휘관이 된 『하이데브레크 대위는
1918년 벨기에를 거쳐 퇴각하던 부하들의 품행을 큰 자랑으로 여겼다.

우리 부대의 품행은 단연 빼어났다. 내 명령에 따라 반듯한 대열을 유지
하면서 행진했다. 무자비한 복수의 군단, 운명의 수호자가 대로를 행진
한다. 숙녀의 침실이건 창녀의 유혹이건 짓밟힐까 두려워서 감히 우리에
게 범접하지 못했다. 우리 부대는 시청 앞 광장까지 프로이센 제식 행진
을 시전했다. 어수선한 군중 속에서 우리는 돌처럼 굳건한 부동자세로
우뚝 섰다.[9]

대로변 여성에게 행여 유혹당할까봐 하이데브레크의 부대는 철통같
이 방어하면서 행진한다. 점령 지역 벨기에의 여성들이 패배한 점령군
을 두 팔 벌려 환영하고 얼싸안아줄 리 만무한데도 말이다. 대체 하이데
브레크는 무엇에 맞서 방어를 할까? "숙녀의 침실"은 사실무근이다. 그
렇다면 "창녀"일까? 설마. 그는 반대 방향의 욕망에 맞서 방어하는 것이
다. 즉, 군인들이 여성에게 범접하고 싶은 욕망이다. 이제 전쟁에서 싸
울 필요가 없다. 금욕을 실천할 이유도 사라졌다. 그럼에도 정서는 오히
려 적반하장으로 파괴욕을 보이는 행동으로 나타난다. 모두 "짓밟힐까
봐" 군부대를 두려워한다고 했다. "모두"는 여자들이다. 패전을 불러온
사악한 무리다. 이들 때문에 전쟁에서 패했다. "무자비한 복수의 군단"
"운명의 수호자"는 여자들에게 맞서서 무릎을 굽히지 않고 꼿꼿하게 걷
는 프로이센 방식으로 행진한다. "돌처럼 굳건한" 것은 융해를 거부하
는 남근이다. 여성적으로 어수선한 군중을 언제든 찌르기 위해서 딱딱
함을 유지한다. 그러므로 "감히 범접"해서는 안 된다. 기꺼이 "짓밟"아
줄 것이기 때문이다.
성애적 여성은 또 다른 전쟁터다. 샤우베커의 『국가의 새벽』에 등장

하는 병사 아버호프는 이 가차 없는 전쟁에서 패배한다. 그는 병영 내 빵을 훔쳐다가 예쁜 프랑스 여자에게 준다.

> ……꽃잎, 곱슬머리, 반짝이는 눈빛으로 쌓은 방어벽. 베르됭 성채가 따로 없다. 정복하고 싶어서 미치게 만드는, 그 새하얗고도 매끄럽고도 현기증 일으키는……[10]

아버도프 병사는 끝내 탈영해 성채로 투항하고 나쁜 최후를 맞이한다.

방어 방식

이제까지의 장면들에는 늘 반복해서 등장하는 방어 방식이 있다. 여자를 향하는 정서는 늘 같은 방식으로 방어된다.

"여성에게 향하는" 움직임은 돌연 중단되고 폭력적 행동과 연관된 이미지나 생각이 소환된다. 그러므로 "여성"을 상상하면 언제나 "폭력"의 상상이 뒤따른다. 다음이 좋은 예다.

> 그녀와 손을 맞잡고 평화롭게 벽난로 앞에 앉았다. 내일, 그래 내일이면 내 머리통은 불꽃 속에서 박살날 수도 있다.[1]

동료 남자들을 생각하면 갑자기 여자 생각이 사라지고 압박감을 느낀다.

아가씨의 사진이 몇 주째 계속 떠올랐다. 아무리 노력해도 떨쳐낼 수가

없었다. 여자라니…… 동지들이 알면 나를 얼마나 비웃을까?

남자는 마치 "죽은 듯"한 수동성으로 상황에 끌려간다.

그는 자신을 감싸주는 위안의 기쁨을 두 팔 벌려 끌어안고 싶은 욕망을 느꼈다. 그러나 그는 몸을 일으킬 수가 없었다. 손가락 하나도 까딱할 수 없었다. 가뜩이나 지친 몸에 놀라움이 겹친 탓이었다.

개념, 상징, 태도, 입장 등을 동원해서 남자와 여자 사이를 가로막아 떨어뜨려놓는다.

저 친구는 여자라는 게 있는지도 모르는 사람이야. 일단 검은 깃발에 맹세하면 자기 몸은 자기 것이 아니야!

여성을 탈성애화해서 사랑 못 할 대상으로 둔갑시킨다.

수년의 세월을 전장과 식민지에서 보낸 후 백인 여자들을 다시 보면 감개무량하다고 했다. ……조각한 석상을 보고…… 충격을 받았다.

남성의 몸도 때로는 비생명화된다. "나는 진작에 죽은 몸"이라는 노래 가사가 있다. 한스 하인츠 에베르스의 『독일 밤의 기수*Reiter in deutscher Nacht*』의 주인공 게르하르트 숄츠의 귓전에 맴도는 구절이다. 그의 어머니가 불러준 노래였다.[2]

모든 유부녀에게는 남성 보증인이 곁에 있다. 그녀가 성적으로 조신하며 출신이 믿을 만하다고 보장한다.

오라비가 보증해준 여성은 세 명이었다. 여성의 오라비가 장래 남편과 친구 사이라면 금상첨화다.

두 명의 여성은 심성이 착하다고 아버지가 장담해주었다.

그 외에도 많은 여성이 실러, 프리드리히, 게오르크, 하인리히 등의 남성 이름과 함께 언급되면서 장식되었다. 또한 괴테 초상화를 그린 티슈바인을 조상으로 두었다. 그리고 전쟁의 와중에 기사도를 발휘해주었던 크리스티안센 대위도 있었다.

병사들이 사랑한 것

그렇다고 이들 문학에 성애가 완전히 없었던 것은 아니다. 물론 성적 묘사가 드물기는 했지만 없진 않았다. 드빙거의 제자 헬비히에게는 사랑의 대상이 있었다.

그는 손가락 끝으로 조심스럽게 가슴팍의 살갗을 문질렀다. 살가죽 밑에 숨어 있는 정맥에서 고요하게 두근거리는 순혈의 맥박을 경이로운 마음으로 느꼈다.[1]

그의 사랑은 "부드러운 입술"과 "탄탄한 몸집"을 지녔다.

자유군단 동료 코사레프는 러시아인 이민자인데 볼셰비키를 열렬하게 미워하는 사람이다. 그는 사랑에게 입맞출 때면 "쪽 소리"를 내면서 했다.

그는 연신 입술에서 쪽쪽 소리를 냈다. 마치 사랑에게서 숨결을 빨아마시고 자기 숨결을 대신 넣어주는 듯한 소리였다.[2]

또 다른 군인의 사랑 이야기다.

"몸이 정말 따뜻하다!" 그는 감탄하며 말했다. "생명력이 넘쳐. 숨도 힘차게 잘 쉬네…… 너에 비한다면 모든 것이 숨도 없고 온기도 없는 것처럼 느껴질 정도야. 네 힘찬 숨결을 느끼는 이 순간이 계속되었으면 좋겠다."[3]

"정맥"이나 "순혈"이라는 단어에 민감한 독자라면 벌써 눈치챘겠지만, 병사들이 사랑하는 대상은 세 경우 모두 말이다. 장교의 말을 사랑했다.

근방에 참모 경비대의 말들이 있었다. 그중에는 참모들이 직접 타는 말도 있었다. 트룩스의 애마 프시케는 다리가 길고 목덜미가 늘씬했다. 섬세한 피부는 마치 잘 손질한 벨벳과도 같았다. 귀를 앞으로 세우면서 그를 바라보고 있었다. 세상에 이런 말이 있다니! 그는 감탄했다. 말이 주인과 정말로 닮았구나! 주인처럼 훤칠하고 고귀하고 차분하고…… 하지만 주인과 함께 모진 전쟁을 이겨냈구나. 끔찍한 늪을 헤쳐야만 했고 지붕을 덮은 이엉의 짚만 먹으면서 며칠이고 견뎌냈구나. 우리 못난 인간들은 진작에 죽어 쓰러지는데 이 고귀한 순종은 꿋꿋하게 제 길을 간다. 사람처럼 말을 할 수 있었더라도 아마 불평은 안 했을 것이다!

헬비히는 홀린 듯 반해버렸다. 주머니를 뒤져서 빵 조각을 찾아내 암갈색 프시케의 마구간에 다가섰다. 그의 마음속에서 질투 같은 것이 샘솟았다. 그는 암말의 탄탄한 몸집에 다가섰다. 암말의 부드러운 입술이 그의 손에 얹힌 빵을 가져갔다. 그는 손가락 끝으로 조심스럽게 가슴팍의 살갗을 문질렀다. 살가죽 밑에 숨어 있는 정맥에서 고요하게 두근거리는 순혈의 맥박을 경이로운 마음으로 느꼈다.[4]

"다리가 길고" "목덜미가 늘씬"하고, "섬세한 피부"는 "잘 손질한 벨벳" 같고, "고귀"한 존재다. 온갖 전투를 다 이겨낸 군인들의 회고록이나 소설에서도 이 정도 찬사를 한 몸에 받는 여자는 절대 없다. 어떤 사람이 여자에게 "홀린 듯 반해"서 욕망을 품고 접근했다면, 아마 동료들에게 지탄받아 사형 선고라도 받았을 것이다. 작중인물이 이런다면 작가가 다음 전투에서 죽여 없앴을 것이다.

그러나 이건 괜찮다. 헬비히가 말에 대해 쏟아내는 말은 또한 다른 남자에게 하는 말이기도 하다. 그가 쏟아내는 성적인 찬양은 "말이 주인과 정말로 닮았"기 때문에 주인에게도 적용된다. "훤칠하고 고귀하고 차분한" 사람은 말의 기수인 트룩스 백작이다. 그가 바로 은밀한 숭배의 대상이다. 드빙거는 이러한 속마음을 숨기려는 시도조차 하지 않는다. 덧붙이자면 그 말은 수컷이었다고 한다. 코사레프는 그 말에게 경례를 한 바 있다.[5] 참군인은 여자에게는 절대 경례하지 않는다.

쉬어가기: "동성애"라는 문제, 그리고 향후 연구 원칙

이것이 동성애일까? 그럴듯하게 들리지만 과연 실리가 있는 접근일까? 동성애 중에서도 은폐적 형태의 동성애는 상당량의 적체된 추동력을 갖고 있으므로 공격성을 방전시킨다. 그래서 많은 저술가는 억압된 동성애가 군인 남성이 지닌 공격 욕구의 본질적 구성 요소라고 생각한다. 빌헬름 라이히는 이렇게 썼다.

전쟁의 시대에는 흥미로운 사실을 관찰할 수 있다. 이성애 성향이 강하거나 혹은 성적으로 완전히 승화된 사람들은 대개 전쟁에 반대했다. 하지만 여성을 변기 취급하는 난폭한 깡패들은 대개 은폐적이거나 노골적인 동성애자였다.[1]

프로이트 역시 이성애와 동성애를 대조적으로 생각했다.

동성애는 목적 달성이 금지되지 않은 성 충동의 형태를 취하고 있을 때에도 집단적 유대*와 훨씬 더 조화를 이루는 것처럼 보인다. 이 주목할 만한 사실을 해명하면 우리는 좀더 앞으로 나아갈 수 있을 것이다.[2]

프로이트는 이를 "사실"이라면서도 설명하지 못한다. 뒷받침할 증거도 제시하지 않는다. 과연 사실이라고 볼 수는 있을까?

---

* 프로이트가 말하는 "집단적 유대Massenbindungen"는 군대와 교회 같은 위계적 인위 집단을 만들어내는 조직 원리다. 인용된 문장에서 집단은 군대를 가리킨다. 프로이트는 집단 개념을 다소 부정적 의미로 다룬다. 엘리아스 카네티의 군중 개념과 비교해볼 만하다. (Elias Canetti, *Masse und Macht*, München 1973. Zur Kritik des Freudschen Verfahrens im 2. Band, 『군중과 권력』, 강두식·박병덕 옮김, 바다출판사, 2010.)

이러한 가설에서 출발해 논증하거나 혹은 반박할 수 있으려면, 적어도 어느 정도 확립된 일반적인 이해가 선결되어야 한다. 우선 동성애를 어떻게 이해할 것인가? 사회적 행동, 애정 관계 및 활동 취향, 성욕 해소의 가능성, 욕망 및 비욕망의 형식, 의사소통의 구조성, 사고와 감정 및 행동의 종류 등이 과연 어때야만 동성애자 혹은 잠재적 동성애자라고 부를 수 있을까? 이 같은 일반적인 이해를 찾아내는 것은 어려운 일이다.

또한 자본주의 가부장제 사회의 다양한 문화 형식 중에서 어느 정도를 잠재적 혹은 일반적 동성애의 대안적 제도로 인정, 허용 혹은 강요받는지도 단언할 수 없다. 동성애라는 개념은 너무 광범하다. 게다가 방어적으로 형성되어 있다. 심지어 정신분석가 자신조차 편견에서 자유롭지 못하다.* 동성애 개념은 정작 동성애의 실상과는 별 상관이 없을 수도 있다. 일련의 편견, 거짓된 이미지, 개인적 방어기제 등이 합쳐져서 논쟁적이지만 다른 한편 안전한 결론을 도출해낸다. 즉, 동성애는 언제나 타자라는 것이다. 낯선 자들이다. 심지어 적이다. 나와는 완전히 다른 자들이다. 그래서 터프 가이 따위의 개념으로 싸잡을 수가 있다. 테오도어 T. 아도르노가 한마디의 잠언으로 표현한 바 있다. "전체주의와 동성애는 같은 부류다."[3] 아도르노 철학의 가치관에서 보자면 이 문장은 전체주의라는 질병이 가져오는 철저한 멸절을 의미하는 듯하다. 그의 비판은 무척 흥미롭다. 아도르노가 보기에 터프 가이는 "여성스러움"을 혐오하기 때문에 과장되게 남성 결사체 행세를 한다. 그러나 "결국에는" 터프 가이 자신들이야말로 "진짜로 여성"스럽다. 그러므로 남자들끼리 누가 "진짜 남자"인지를 두고 싸우는 것일까? 여성스럽다는 것이 그렇

---

* 　이하의 논쟁을 참고하길 바란다. R. Reiche und H. Stierlin über Charles Socarides, "Der offen Homosexuelle", *Psyche* 26, 1972. 2권.

베르톨트 브레히트와 오스카 마리아 그라프, 뉴욕에서

게도 수치스러울까?

베르톨트 브레히트가 1942년 5월 27일에 쓴 일기를 보자.

어느 오후에 리온 포이히트방거와 아름다운 정원에 앉아서 이야기를 나눴다. 그가 전하는 바로는 요즘 군대에서 호르몬 주사를 놓아준다는 것이다. 동성애자의 흔적을 싸악 지워주는 주사라고 했다. 물론 몇 달에 한 번씩 새로 맞아야 한다. 이제 동성애자에게 군대는 재미없는 곳이 된 모양이다.[4]

자원입대하는 사람들에게도 동성애자는 적으로 느껴지는 모양이다. 군대는 동성애자를 좋아한다더니 이상한 일이다. 브레히트 자신은 어떻게 생각할까? 그는 늘 언행이 조심스러웠다. 주변 사람이나 함께 사는

존 웨인, 「말 달려라, 카우보이Ride'em, Cowboy」

사람들의 기분을 배려하려고 자기감정을 자제한다. 그는 정원에 앉아서 리온 포이히트방거와 더불어 예술과 정치의 난제를 즐겨 토론하곤 했다. 그리고 일기장에 "진짜 친구"라고 굳이 강조해서 썼다.[5] 포이히트방거의 친구 브레히트라는 억압 장치는 꽤나 쓸 만하다. 그래서 한 방으로 동성애를 "싸악" 치워버릴 가능성을 반박 없이 받아들일 수 있었다.

한 가지는 확실하다. 동성애에 대한 반감에는 어느 정도 과장된 남성성이 들어 있다. 이들은 과장적으로 자신하면서 장담한다. 스스로 뿌듯해하며 만족한다. 본인들만이 우월하고 남성다운 특성을 보유하고 있다. 저 끔찍하고 변태적인 색욕은 주사로 치료하면 그만이다. 남자라면 진실된 글을 쓰는 어려움에 대해 지적·실용적 대화를 나눠야 한다. 혹은 촌철살인의 명언 한마디가 주는 쾌감을 즐겨야 한다.

앞서 인용한 두 명의 저술가는 서로 경쟁 상대이면서 다른 한편 당대의 불의에 맞서 함께 싸웠던 이들이다. 깨어 있는 지성인이었던 이들조차 동성애 문제에 대해서는 편견에서 자유롭지 못했다.

잠재적 동성애라는 개념을 특정 행동 양식을 설명하는 데 쓰는 것은 되도록 자제하고 싶다. 나는 임상 현장으로부터 괴리된 정신분석학적 문학 및 이론 적용의 관행을 따르지 않을 것이다. 이들은 겉으로만 그럴싸한 정신분석적 개념을 프로이트학파의 맥락과 역사를 무시한 채 끌어온다. 구체적인 병증과 어떤 관계가 있는지 고려하지 않고, 또한 프로이트 이론 전반에서 어떤 기능을 수행하는지 고려하지 않는다. 개념을 이런 식으로 쓰면 독단적 추상성에 빠지기 쉽다.

정신분석학을 과학 이론의 틀로 이해하려는 알프레트 로렌처에게서도, 혹은 이념 비판적 틀로 이해하려는 미하엘 슈나이더에게서도 이런 경향이 뚜렷이 발견된다. 이들은 해당 현상을 최대한 정확하게 "개념화"하려고 노력을 기울인다. 원칙적으로 프로이트의 개별 개념을 비판하면서도 프로이트의 전체적 틀은 벗어나지 못한다.

이렇게 만들어낸 개념들은 독자에게 현란하게 보일지도 모른다. 특히 정신분석학적 지식은 있지만 현장 경험이 없어서 입증할 수 없는 독자를 현혹시키기에 딱 좋다. 이러한 이론은 현실의 모습과는 거의 상관이 없다. 현실과 무관한 추상성일 뿐이다. 이러한 시도는 현장 지식은 없으면서 정신분석학을 이론적 무기로 쓰고자 무비판적으로 적용하는 젊은 학생들에게서 흔히 볼 수 있다. 철학자 프로이트를 위해 임상 의사 프로이트를 희생시키려는 수많은 시도가 바로 이러한 사례다.[6]

마치 반사 반응을 하듯 구체성에서 도망치는 일이 과하게 유행하고 있다. 사회 현실의 모순을 의식 속에 떠올리기도 전에 서둘러 외면하는 것이 현재의 정신분석학적 지식의 핵심이다. 자유 연상법과 세부 분석에 집착하는 방법론은 그래서 해악이 많다. 너무 성급한 개념화는 현실 인식의 열쇠가 아니라 오히려 자물쇠로 기능할 수도 있다.

나는 정신분석적 이론으로 내 판단을 뒷받침하는 것을 최대한 자제할 것이다. 오히려 군인 남성들의 글 자체를 분석해 개별 텍스트와 최대한 밀착된 판단을 내릴 것이다. 파시스트 텍스트에 정신분석학 이론 체계를 적용하는 것이 아니라 심리적 과정에 주목하려 한다. 군인 남성이 어떤 종류의 대상관계를 지녔는지, 혹은 그들의 정서가 어떤 종류였고 어떤 강도를 지녔는지,[7] 혹은 이미 부분적으로 검토한 바 있지만 이들 남성이 어떠한 전형적 방어기제를 지녔는지 등을 탐구할 것이다.

이렇게 함으로써 내 나름의 관점을 발전시킬 가능성이 더 커졌으면 한다. 미리 마련되어 있는 이론을 손쉽게 차곡차곡 적용하는 것이 아니다. 독자에게는 맥락이 생소할 정신분석학 이론 체계의 번잡한 개념을 끊임없이 쏟아붓지 않을 것이다. 여기서 다룰 자료들은 그 자체로 구체적 의미를 갖도록 사용할 것이다. 파시즘과 그 전조 현상들은 엄격하게 금기시된 주제이므로 평균의 독일인들은 안타깝게도 잘 알지 못한다. 이 책은 "보편적" 해석을 제공하려는 것이 아니다. 독자는 비판 능력을 발휘하여 해석의 빈틈을 메워주길 바란다. 모든 것을 다 아는 척하는 저자에게 방해받지 않았으면 한다. 독자 스스로의 필요, 감정, 사고를 펼쳐주길 바란다.

병사들이 사랑한 것(……계속)

사랑 대상물로서의 여성에 대한 방어기제를 자세히 살펴봤다. 그렇다면 궁금해진다. 과연 군인 남성들은 여성 말고 무엇을 사랑했을까? 이들이 관계를 쌓을 수 있는 사랑 대상물이 과연 있을까?

일곱 남편 중 한 명의 글을 인용하며 시작해보자. 루돌프 회스는 어린 시절 동물을 사랑했다. 특히 조랑말 한스를 가장 사랑했다. 회스에게는 누이가 둘 있었지만 그는 이름을 밝히지 않았다. "누이들은 언제나 낯설기만 했다." 그가 일곱 살 되던 해에 조랑말은 시골에 둔 채 온 가족이 도시로 이사 갔다.

너무 슬프게도 마구간도 없고 동물도 없었다. 어린 내가 몇 주 동안이나 동물들과 숲이 그리워서 향수병을 앓았다고 우리 어머니는 자주 말씀하셨다. 나의 지나친 동물 사랑을 고쳐보려고 부모님은 온갖 노력을 다하셨지만 소용없었다. 나는 동물 그림이 있는 책을 찾아서 구석에 숨어 들어가곤 했다. 언제나 동물 친구들을 그리워했다.[1]

아우슈비츠 수용소장으로 재직하던 시절 그는 이렇게 썼다.

심란한 일을 겪으면 나는 집에 곧장 가서 가족을 볼 엄두가 안 났다. 그래서 말에 훌쩍 올라타고서 끔찍한 광경을 떨쳐버리려고 내달리곤 했다. 밤이면 종종 마구간에 갔다. 내 사랑에게서 위안을 얻곤 했다.[2]

만프레트 폰 킬링거는 『내란의 희로애락 _Ernstes und Heiteres aus dem Putschleben_』이라는 저서에 이렇게 썼다.

이 책을 쓰면서 나의 "작은 호랑이" 생각이 자주 났다. 과연 누구일까? 나를 사랑해주었던 하나의 생명체다. 어쩔 수 없이 작별을 고하던 나를 커다란 눈망울로 이유를 묻듯 쳐다봤다. 양손으로 머리를 부여잡고 콧등에 입을 맞춰준 후 나는 울었다. 그 눈물을 부끄러워하지 않는다. 말 많은 인간보다는 작은 호랑이가 훨씬 더 좋았다.[3]

마르틴 니묄러는 여자와의 연애를 묘사할 때면 낯간지러운 말을 가능한 한 피한다. 그러다가 훗날 목사로 부임한 교구에 대해서는 넘치는 사랑을 표현한다. "나의 첫사랑을 바친다!"[4]

에어하르트 대위는 이렇게 말했다.

아주 어릴 때부터 나는 발사되는 모든 것을 사랑했다. 나의 첫 권총은 비록 변변찮았지만 용돈을 모아서 산 물건이었다. 바일에서 뢰라흐까지 걸어서 학교 다니던 시절 한 푼 두 푼 모아서 샀다.[5]

에른스트 폰 잘로몬의 글이다.

나는 꺾이지 않는 사람을 좋아한다. 바로 남자다. 어떤 문제에도 굴하지 않는 사람. 자신을 굳게 믿고 강인하며 차분한 사람.[6]

로스바흐는 사랑 타령은 안 한다. 레토도 마찬가지다. 그러나 "최고의 즐거움"[7]은 사냥이라고 생각한다. 에어하르트는 심지어 "열정"이라고 표현했다.

다른 사례들을 살펴보자.

나의 고향 마을을 얼마나 사랑했던지……[8]
(루돌프 베르톨트의 일기)
라이프치히를 사랑한다면 라이프치히 의용대에 자원 입대하라.[9] (1919년 광고 문구)

킬링거는 "내 고향의 가자미 맛과 혈족들에게 두 배의 사랑을 바친

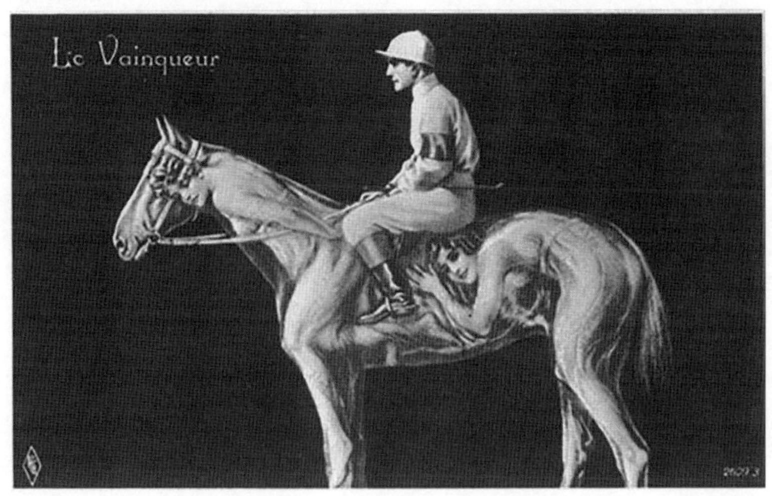

다"고 썼다.[10] 부하들과 부대 역시 사랑의 대상이다.

용감한 제38향토방위 보병 여단에 나의 깊은 사랑과 자부심을 보낸
다.[11](크라제만)

폰 플로토 대위는 부하들을 사랑했고 부하들도 그를 사랑했다.[12](잘로몬)

전쟁이 끝난 지 3년이 지났지만 여단은 예전과 다름없이 훌륭했다. 그래
서 나는 부하들을 사랑했다. 세상이 그들을 매도해도 나는 암탉이 병아
리들을 보호하듯 그들을 감싼다.[13](프란츠 폰 에프)

비스마르크는 1866년 아내에게 보낸 편지에 "입 맞춰주고 싶은 우리
병사들"이란 말을 썼다. 이 끔찍한 전쟁 중에 그들의 가치는 더욱 빛난
다.[14](골츠)

에프와 골츠는 장군이었다. 에프는 바이에른 자유군단을 이끌었다.
1919년 5월 뮌헨 평의회 공화국을 격파했고, 1920년 루르 지방에서

3월 혁명을 진압했다. 골츠는 이른바 "발트해 작전"에서 독일군의 총사령관이었다. 크라제만은 매르커 자유군단의 공보 장교였다.

난 부하들 없이는 못 산다…… 자유군단이 없으면 못 산다…… 나는 배운 도둑질이 이거다. 나는 아내도 없고 자식도 없는 몸이다. 오직 부하들뿐이다…… 이 험한 세상에서 군용 코트 안 입고 어떻게 살겠는가? 이 세상에서 너희 없이 어떻게 살겠는가?[15]
(드빙거의 자유군단 지휘관 만스펠트)

군대와 헤어지는 것은 마치 연인 간의 결별처럼 묘사된다. 심지어 자살을 암시하기도 한다. "남성 청년만이 유일한 설렘과 열정"[16]이었던 이들은 어떤 대가를 치르더라도 반드시 군인이 되려 했다고 윙거는 말한다.

지휘관이 부하들을 사랑했던 만큼 부하들도 상관을 사랑했다.

그는 전사로서 진심을 다하여 상관인 랑스도르프를 사랑했다.[17](드빙거 소설의 등장인물 도나트. 가장 잔혹하고 직업 군인다운 전형적인 전사)

지도자에 대한 이런 형태의 강렬한 유대감은 거의 모든 작품에 단골로 등장한다.

전투와 사랑도 자주 나온다.

갈망하던 사랑의 밤을 앞두었을 때보다 훨씬 더 뜨겁게 피와 뇌와 핏줄이 들끓는다…… 불의 세례! 남자다움이 공기를 꽉 채우고 있어서 숨을 쉴 때마다 까닭 모르는 눈물이 절로 흘렀다. 오, 사나이의 심장이여. 벅차오르는구나! [18] (윙거)

이유가 대체 뭘까?

우리를 이끄는 것은 독일 국민과 조국에 대한 사랑이다.[19] (에어하르트 대위) 가엾은 국민에 대한 뜨거운 사랑![20] (루돌프 만) 버림받은 독일 국민 (…) 우리는 그들에게 한없이 뜨겁고 겸허한 사랑을 바친다.[21] (하인츠 샤우베커) 우리에게 남은 것은 독일에 대한 신념, 불운한 국민에 대한 사랑이었다.[22] (만켄) 오직 애국심.[23] (회스)

전후 독일 사회의 수많은 활동은 이러했다. 반혁명 투쟁은 언제나 "사랑"이라는 말과 연관되었다.
또 이런 것도 있다. 1914년 9월 13일 저녁 루돌프 베르톨트의 일기는 이렇게 되어 있다.

로스바흐와 하우엔슈타인

한 시간 전 나는 2급 철십자 훈장을 받았다. 우리 군단에서 이런 훌륭한 영광을 누린 것은 폰 뷜로 각하를 제외하고는 내가 처음이다…… 철십자에 키스했다.[24]

뜻밖에 폰 뷜로 사령관 각하와 동일한 영광을 누리게 되어 키스를 바쳤다. 영원한 유대관계가 만들어진 것이다.

이제껏 살펴본 바에 따르면 군인 남성들의 "사랑"은,

- 독일 국민, 조국
- 고향의 가자미, 고향 마을, 고장
- "군용 코트"(군복)
- 다른 남성들(동료, 상관, 부하들)
- 부대, 교구, 혈족과 고향 동지들
- 무기, 사냥, 전투
- 동물(특히 말)

동물을 제외하고 이 목록에 실린 모든 것은 앞서 등장했다. 사랑 대상물로서의 여성에게 맞서 방어할 때 동원된 것들이다.[25]

이들 남성은 이 모든 것을 "사랑"한다고 강변함으로써 여성과의 대상관계로부터 자신을 보호하려는 것이다.

유일하게 인간적인 사랑 대상물은 남성들로 보인다. 특히 남성으로 구성된 조직이다.* 그러므로 일종의 동성애적 리비도가 작동하는 듯하다고 결론지을 수도 있겠다. 단언하지는 않겠다. 대상관계를 명확히 단

---

*   유일하게 니묄러의 "교구"는 남성 특유의 것이 아니다. 니묄러는 예외적이다.

언하는 것은 일반적으로 힘든 일이기 때문이다.** 이제껏 살펴본 자료에
서는 우세해 보이는 입장이지만 앞으로도 좀더 중심적으로 고찰해볼 필
요를 느낀다.

군인 남성들은 여성적인 모든 것에 맞서 방어하려 할 때 반드시 이유
를 댄다. 곧바로 전투 경험을 들먹인다.

"여자들이 뭘 알겠어? 우리가 죽어라 고생하는 동안 아무것도 안 했는
데."[26]

토르 고테의 주인공 베르톨트 대위의 말이다. 무도회에서 춤추는 부
하들을 구경하면서 한 말이다.

"우리 군인들은 전투를 해본 사람들만 인정하는 버릇이 있거든. 그래서
마음속으로 여자들에게 거리감을 느끼게 돼. 물론 겉으로는 여자 없이
못 살지만."[27]

이 설명은 조심스럽게 받아들여야 한다. 군인 남성들의 여성 방어 방
식은 전쟁을 거치면서 강화되었지만 전쟁 때문에 생성된 것이 아니다.
이러한 태도의 기원은 전쟁 전 빌헬름 시대에서 찾을 수 있다.

드빙거가 전하는 일화에서도 이런 사례가 잘 드러난다. 여성에게 반

**   정신분석학에서는 충동이 목표로 삼는 사람을 "대상"이라고 명명한다. "대상관계
Objektbeziehung"라는 개념어의 뜻은 장 라플랑슈와 장 베르트랑 퐁탈리스가 공저한
Wörterbuch der Psychoanalyse(『정신분석 사전』, 임진수 옮김, 열린책들, 2024)을 참
고하길 바란다. 개념의 연원, 개념이 프로이트 사상 및 주요 후계자들의 사상에서 수
행하는 기능 등을 자세히 소개했다. 내가 비판하는 개념들, 특히 나중에 다룰 "투사
Projektion", 혹은 내가 특히 중요하게 다룰 개념 등에 대해서는 차차 언급한다.

대하고 여성을 소외시키는 모든 것은 프로이센과 개념적으로 연관되어 있다. 1920년 3월과 4월에 자유군단을 지휘해 루르 지방 노동자 반란을 진압했던 폰 바터 장군의 말을 살펴보자.

> 한 예를 들자면, 그는 구두닦이 당번병에게 아내의 신발은 닦지 말라고 명령한다. 이유는 이러했다.
> "국가가 내게 배정해준 병력이다. 그가 나 말고 다른 사람을 위해 일한다면 국가 자산을 횡령하는 셈이 된다!"
> "아이구 맙소사!" 볼터가 외쳤다.
> "프로이센 정신이지!" 트룩스가 황홀한 듯 말했다.[28]

아내는 "국가"와 아무 상관이 없다. 국가 공무원은 일종의 노예다. 그런데 노예 역시 남자다. 그러므로 장군에게는 아내보다 국가가 더 가깝다.

아내는 식민지 원주민과 똑같은 계급에 속한 듯한 존재다. 아무리 높은 사모님이라도 백인 구두닦이만 못하다.

공격자로서의 여성

여성은 어딘가 위협적이다. 여성 이미지는 종종 불길함과 연관되어 나타난다. 에른스트 윙거의 『내적 경험으로서의 전투*Der Kampf als inneres Erlebnis*』에서 여성이 처음으로 언급된 것은 다음과 같다.

> 불타버린 부유한 농장을 머뭇거리면서 에워쌌다. 그곳에서 잘 살다가 졸지에 목숨을 잃은 유령이 갑자기 나타날까봐 두려웠다. (…) 지하실의 암

혹 속에 무엇이 숨어 있을까? 헝클어진 머리카락의 여자 시체가 시꺼먼 지하수에 둥둥 떠 있을까?[1]

그 순간 여자 시체를 떠올릴 만한 전후 사정은 없었다. 오직 스스로의 판타지가 엄습한 결과다.

여성은 해악으로 그려진다. 프리드리히 빌헬름 하인츠[2]는 1921년 안나베르크에서 폴란드군을 물리쳤다. 그는 에어하르트 여단 소속이었으며 OC의 일원이었다. 오버슐레지엔 "자위군" 조직을 이끌었으며 1923년 루르 지방에서는 프랑스군에 맞서 사보타주 그룹을 이끌었다. 1933년 이후에는 제국 문학 위원회의 회장직을 맡았다. 그는 폴란드군의 패배를 여자 때문이라고 단정했다. 물론 그는 적군을 직접 본 적도 없었다.

2만 명의 병력이 대도시 앞에 자리를 잡고 있으니 당연히 술독에 빠져서 정신 못 차리고 계집질에 정신 팔렸다.[3]

보기슬라프 폰 젤초프도 마찬가지였다. 그는 전쟁 중에는 해군 대위로 복무했고 전후에는 마르부르크에서 우익 학도 군단을 이끌었다. 튀링겐에서 15명의 노동자를 체포해 살해한 일로 악명을 떨치기도 했다. 멕시코에서 해군 장교로 복무하던 시절 참관했던 투우 경기를 이렇게 설명했다.

그런데 놀랄 일이 벌어졌다. 제4막에서 여자들이 경기에 나온 것이다. 젊고 아름다운 아마존 여자들이 춤추듯 가뿐하게 경기장에 들어섰다…… 황소마저 아름다움에 압도된 듯 잠시 멈칫했다. 황소가 여자 냄새를 맡았다…… 보기 좋은 광경은 아니었다. 훌륭한 짐승에게는 가혹

한 처사였다. 싸움이라면 몰라
도 구경거리로 만들다니 몹쓸
노릇이다. 소가 딱했다.

마지막에는 여자들 중 하나가
황소의 털을 화약으로 태웠다.

황소는 완강하게 고개를 쳐들
었다. 대체 누구의 짓인가! 얼
마나 비열한 짓인지 황소도 느
낀 듯했다…… 은빛 아마존 여
자가 모래 위로 달아났다. 그러
나 모욕당한 황소가 더 날쌨다.
여자가 도망칠 수 있을까? 숨
막히는 정적. 황소가 뿔로 여자

를 들이받았다. 그리고 여자를 공중으로 던져올렸다. 핏덩어리가 흥건하
게 흘러넘쳤다. 은색과 청색 옷을 입은 채 그녀는 모래 위에 쓰러졌다.

그때 남자가 등장해서 황소를 처단했다.

우리는 입을 꾹 다문 채로 승선했다.
"짐승들 같으니." 누군가가 말했다.
사람들이 짐승이라는 뜻이었다.
"너무 불쌍해."
"황소가?"
"아니, 사람들이. 평생 구경꾼 말고는 해본 게 없잖아.

차라리 황소가 부럽지.

비록 단명했지만 마음껏 살다가 한순간 영웅처럼 산화하다니 얼마나 멋진 일이야?"[4]

아름다움에 압도되었던 황소는 "여자 냄새를 맡았다". 그리고 "비열한 짓"을 당하고 "모욕당했다". 젤초프는 창으로 무장한 여자들이 등장하자 황소에게 동정심을 느끼고 격노한다. 여자가 "핏덩어리가 흥건"해져서 "춤추듯 가뿐하게" 움직일 수 없게 된 것을 노골적으로 기뻐한다. 그는 긴박감을 조성하듯 말한다. "여자가 도망칠 수 있을까? 숨 막히는 정적." 악녀가 최후를 맞이하길 바라는 심정이 고조된다. 황소는 "영웅처럼 산화"했다고 극찬하면서 말이다. 젤초프는 황소를 희생자인 양 그려내며 동일시한다. 그러면서 여성이 잔인하게 살해된 것을 속으로 기뻐한다.

위협적이고 불안하고 음란하고 공격적인 여성은 대체로 두 가지 유형에 해당된다.

그러나 우리의 최전방 전투부대에는 늘 창녀들이 따라붙었다. 우리가 가로수 사이로 총격전을 벌일 때면 창녀들은 프리드리히 거리 여기저기서 손짓을 해댔다. 그녀들은 말 못 할 야릇한 분위기를 풍기면서 우리에게 몸을 던졌다. 적들이 여전히 시야에 있는 상황에서 잠시 건물 뒤에 몸을 숨기고 쉬면서 전투의 긴장감을 풀지도 못하고 있는 우리에게 말이다. 그녀들이 속삭이며 은근히 유혹하는 것을 못 견디겠다는 게 아니다. 아예 고삐 풀린 듯 툭 터놓고서 우리 몸을 주물럭댔다. 우리는 기관총을 난사하느라 아직도 경련하고 있는데 말이다.[5]

"창녀" 유형은 "고삐 풀린 듯 툭 터놓고서" 기관총을 난사하느라 힘들어 성행위 따위는 안중에도 없는 군인들에게 막무가내로 달려든다. 또 다른 유형은 에른스트 폰 잘로몬이 묘사한 바 있는 "파란 무리blauen Zeug" 다. 이들은 떼 지어 달려든다. 함부르크에서 베르톨트 자유군단에 맞서 반전 반군 시위를 벌인 사람들이 이에 해당된다.

여편네들이 주먹 쥐고 흔들면서 우리에게 떽떽거렸다. 돌멩이가 날아들 었다. 냄비와 잡동사니를 집어던졌다…… 파란 옷 여편네들은 얼룩진 치 마에 젖은 앞치마를 덧입었다. 주름진 얼굴은 벌겋게 달아올랐고 머리카 락은 헝클어졌다. 나뭇가지, 돌멩이, 호스, 접시 등을 우리에게 마구 던졌 다. 침을 뱉고 욕하고 고함쳤다…… 여편네들이 그중 최악이다. 남자들 은 주먹질을 하는데 여편네들은 침 뱉고 욕한다. 도저히 참기 힘들어 어 쩔 수 없이 못생긴 아구창에 주먹을 꽂아주게 되는 거다.[6]

잘로몬의 폭력성을 일깨운 사람들은 바로 노동계급 여성이다. "함보 른의 천한 년들이 부리는 더러운 술수에 넘어간" 군인 남성은 참 불쌍 하다. "아무것도 남지 않도록 작살나기 때문이다."[7] "창녀"나 "노동계급 여편네"나 구별하기 힘들다. 군인 남성들의 세계관에서 "함보른의 천한 년들"은 죄다 똑같다.

드빙거의 스파이 파인할스는 노동자들이 장악한 루르 지방에 염탐을 다녀와서 이렇게 보고한다.

제일 사나운 것은 물론 여편네들이에요. 지금 와서 돌이켜보니 베르톨트 여단의 말이 다 옳았어요! 우리보다 훨씬 더 기세등등한 사람이 많아요.[8]

베르톨트 여단은 성난 여자 수백 명이 마구 할퀴었다고 말했다.[9]

토르 고테의 "실화 소설"에는 베르톨트 여단이 전하는 여자들 이야기가 더 자세히 나온다.

여편네들이 달려들어 침 뱉고 할퀴고 깨물었다…… 여편네들은 꽥꽥대며 그의 팔을 비틀어서 관절이 빠질 듯한 극도의 통증을 주었다. 체인 목걸이도 잡아 뜯었고 가슴팍과 등도 쿡쿡 찔렀다. 몸통을 발로 찼다. "우리 국민을 구하라!" 그의 마지막 신음이었다. 여편네들은 그의 몸에서 너덜너덜해진 옷가지를 벗겨냈다. 총성이 울렸다…….[10]

베르톨트 여단이 착용하던 "작은 팔찌"가 그날 저녁 "매춘부의 팔뚝"에서 유독 "반짝이며" 빛나고 있었다고 괴테는 실화를 증명하겠다는 듯이 기록한다.[11]
한스 최베를라인의 소설 『양심의 명령Befehl des Gewissens』에 나오는 독일의 모범 부부 한스와 베르타 크라프트는 "창녀"가 "프롤레타리아 여성"과 동일하다고 주장한다.

반쯤 자란 아이들의 조숙한 얼굴과 게슴츠레한 눈빛을 보면 이들의 근본이 짐작된다. 되바라진 녀석이 지나가는 행인에게 큰소리로 허세를 부린다. "땅바닥이 아직은 호되게 차갑잖아요!" 행인들 듣는데 부끄러운 줄도 모르고 못된 녀석이 웃어젖힌다. "침대 안은 얼마나 아늑할까! 그냥 그렇다고요!" 녀석이 계속 되바라진 소리를 한다. "어른들만 신경 꺼주면 재미 볼 텐데!" 한스와 베르타는 놀라워서 서로를 쳐다봤다. "프롤레타리아가 이 지경이라니." 한스가 말했다. 베르타는 역겨운 꼴을 봤다는 듯 몸서리를 치며 대답했다. "저런 것들이 자라서 보란 듯이 기둥서방과 몸 파는 계집이 되겠지요."[12]

군인 남성들도 프롤레타리아와 접할 때면 종종 "역겨운 꼴"에 고생을 했다. 베를린에서 무기 색출을 위해 실행한 가택수색의 광경을 잘로몬은 이렇게 전한다.

두 여자는 각각 아이를 옆에 끼고 침대에 누워 있었다. 우리가 들어서자 한 명이 새된 소리로 헐떡이면서 깔깔 웃었고 사람들이 문간에 모여들기 시작했다. 병장이 가까이 다가서자 여자는 재빨리 담요와 셔츠를 걷어올렸다. 펄럭이며 바람이 일어서 우리의 맨살 뺨에 닿았다. 우린 주춤 물러섰다. 모두 깔깔 웃어댔다. 큰 소리로 웃어대면서 허벅지를 쳐댔다. 못 견디겠다는 듯 마음껏 웃었다. 아이들까지 웃었다.[13]

델마르 소령도 매음굴을 "점령 작전" 하던 중 비슷한 일을 겪었다. 격렬한 전투가 벌어지던 두 전선 사이의 공업 지대에 위치한 곳이었다.

빨간 머리 계집 한 명만이 벌거벗고 내 앞을 막아섰다. 못된 표정으로 날 비웃고 있었다. 탱탱한 젖가슴이 위아래로 출렁거렸다. 젖꽃판은 큼직하고 갈색이었다. 그 꼴이 역겨웠다. 내 생각을 눈치챘던 모양인지 갑자기 휙 돌아섰다. 시뻘건 사탄이 낄낄 웃으며 엉덩이를 손으로 철썩 치면서 보여주었다.[14]

프롤레타리아 여성을 끔찍한 괴물로 묘사했다. "어쩔 수 없이 못생긴 아구창에 주먹을 꽂아주게 되는" 존재다. 그러나 실제 상황에 처했을 여성들의 진짜 행동과는 거리가 멀어 보인다. 더구나 이들 여성은 대개 가혹한 대접을 받았다. 오히려 허구적으로 구성된 판타지에 가까울 가능성이 높다. 욕하고 고함치고 침 뱉고 할퀴고 방귀 뀌고 깨물고 달려들고 쥐어뜯고 문란하고 헝클어지고 벌겋고 상스럽다. 몸을 함부로 굴리고 벌거벗은 허벅지를 철썩 쳐댄다. 웃지 않고는 못 배기겠다는 듯 군인들을 비웃는다.[15] 프롤레타리아 여성을 괴물과 동일시하는 것은 군인 남성의 은밀한 필요성 때문이다.

이는 델마르의 글에서 전형적으로 확인할 수 있다.

"혐오는 순전히 프롤레타리아다운 감정이다!"
"이 공포스러운 진리 말고 다른 이유가 있을 수는 없다. 전투 첫 주부터 전쟁터 뉴스에는 고의로 신체를 훼손당한 부상자 소식이 많았다. 죄다 하나같이 공업 지대 부녀자와 처녀들의 소행이었는데 서슴없는 잔인성을 보였다. 농촌에서 그런 일은 극도로 드물었다. 자연적 필요 때문에 냉혹해진 여자의 마음이 고삐 풀린 복수 본능과 만나자 이러한 악행이 초래된 것이다."[16]

고의로 신체를 훼손한 것은 "하나같이 부녀자와 처녀들의 소행"임이 확실하다고 장담하고 있다. 델마르의 말이 사실일 리 없다는 것은 확실하다. 프롤레타리아 여성은 "자연적 필요 때문에 냉혹해진 여자의 마음"을 지녔기 때문에 고의로 남성을 "신체 훼손"하고 싶어한다는 주장이다.

라트비아 같은 농촌 지역에서 전투를 수행해보면 "라트비아 현지의 노동 인구 여편네들"[17]이 한술 더 떠서 학살에 앞장선다는 주장도 있다.(하르트만)

"자연적 필요" 때문에 냉혹해진 여자는 성적으로도 문란하게 군다는 것이 델마르의 의견이다.

부르주아 사회와는 전혀 딴판으로 이들은 처녀성의 가치를 모른다. 겸허의 도덕적 기반이 완전히 망가졌다는 증거다.[18]

프롤레타리아 여성은 수치심이 없다. 고테 작품의 주인공 베르톨트도 동의한다. 그는 노동계급 출신의 동료였던 유프가 사망했다는 소식을 전하러 고향에 있는 그의 아내에게 찾아간다.

비좁고 삭막한 골목으로 접어들었다. 대문간에는 아무도 없었다. 여자는 서신을 전해주는 사람의 손에서 겁내듯 황급하게 엽서를 낚아챘다. 마치 숨기라도 하듯 대문을 쾅 닫았다……
그는 낯설고 가파른 계단을 오르기 시작했다. 1층, 2층.
드디어 타일 문패가 걸린 현관문에 도착했다. 그들은 이름을 확인하려고 성냥불을 켰다. 어쩐지 긴장되었다.
이름을 읽으려고 몸을 굽히려던 참인데 유리창 너머에서 남자 목소리가 들렸다.
내가 여기서 뭐 하는 짓이람? 그는 생각했다. 삐걱거리는 계단을 내려와 다시 길로 나섰다.[19]

프롤레타리아 여성은 바로 창녀다. 프롤레타리아 남성 "유프"는 비상시에는 동료가 될 수 있다. 군대에 들어와 남성 결사체의 쓸모 있는 일원이 된다면 말이다.*[20] 어두컴컴한 빈민굴에서 우글거리는 여자들의 위협적인 어둠의 그림자만 털어내면 된다. 그 여자들이 위협적인 이유는 바로 순결한 처녀가 아니기 때문이다. 국가주의 우익 청년들은 성 경험이 있으리라 짐작되는 여성에게 특별히 심한 공포를 느꼈다. 그들의 공포는 "공산주의적"이라는 단어와 종종 연관되었다. 델마르는 이렇게 썼다.

---

* "밤에는 짐승 같은 피의 난교가 벌어졌다. 날이 밝아 낮이 되면 '반혁명적 승냥이 떼'에게 맞선다면서 공산 혁명 파업을 했다." 프리드리히 빌헬름 하인츠가 1919년 3월 3일과 4일에 쓴 일기의 한 구절이다. 남자는 낮이고 여자는 밤이다.

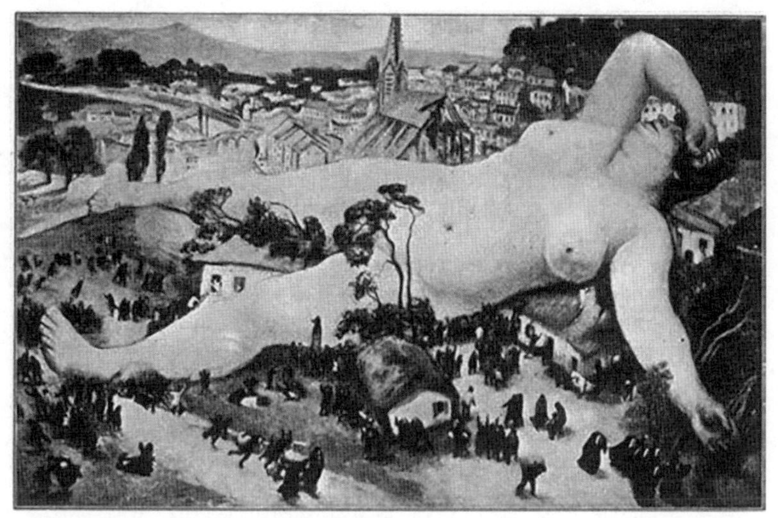

제4공화국의 육체가 교회로 향하는 길을 막고 대신 자기 몸에 올라타라고 유혹한다.

공산주의 이념 의식화의 첫걸음은 여자에게는 언제나 성적 충동으로 나타난다.[21]

자유군단 소설 『고요와 질서*Ruhe und Ordnung*』를 썼지만 훗날 독일공산당에 가입했던 에른스트 오트발트도 비슷한 이야기를 했다. 그는 이렇게 회고했다.

색싯집, 술집, 범죄, 공산주의자는 모두 한 패거리고 뒤범벅이라서 불가분인 개념들이다.[22]

"모두 한 패거리고 뒤범벅이라서 불가분"인 존재는 한스 최베를라인이 뚜렷하게 형상화했다. 뮌헨의 바이에른 평의회 공화국의 배후 실력자 카트야는 난교 파티를 열었다.

드디어 프롤레타리아도 마음껏 누릴 때가 되었다. 삶이 이렇게 즐거울 수 있을지는 꿈에도 몰랐다. 동방 러시아의 여체 속에 악마가 깃들어 있는 저 카트야를 보라. 몸매와 몸집 모두가 도발적이기만 하다. 모두에게 웃어주고 모두와 키스를 한다. 훤히 비치는 비단 이파리 한 장으로 앞을 가렸고 뒤는 벌거숭이였다. 다른 계집들도 마찬가지였다! 매음굴보다 훨씬 더 좋았다. 게다가 공짜!…… 평의회 공화국의 새로운 사회에 적응하려면 새로 배울 것이 많았다…… 자유 연애 만세! 이리 와, 카트야! 그녀는 깔깔 웃고 몸을 꿈틀대면서 그의 손길을 받아들였다. 남자는 씩 웃으면서 불을 껐다…….[23]

불을 껐다기보다는 죽였다는 게 적절한 표현일 듯하다. 최베를라인은 묘사를 멈춘다. 난잡한 짓은 어둠 속에 감춘다. 구체화에 대한 공포가 압도적이었던 모양이다. 불이 안 꺼졌더라면 과연 그 짓을 자세히 썼을까? 비록 자세히는 안 썼지만 "자유 연애" 혹은 "공산주의"와 어울리는 행위가 아니었을까?

"프롤레타리아 여성 / 공산주의자"라는 판타지적 괴물은 성적인 이미지로 그려진다. 그러나 역겨움이 너무 큰 나머지 저자는 묘사를 하다가 말아버린다.

군인 남성들에게 "프롤레타리아 여성"은 너무 끔찍해서 감히 이름조차 언급 못 하는 존재다.

어떤 공포인지도 불분명하다.

한 가지는 확실하다. 군인 남성들은 과연 진짜 위협적인지 추적하려는 시도조차 하지 않는다. 그들은 이미 정체를 알고 있다. 바로 공산주의 계집들이다.

명명 과정에는 큰 의미가 있다. 파시즘이 만들어낸 모든 주요 개념이 그러하듯 기저에는 치환Verschiebung이라는 심리가 깔려 있다. 파시즘의 언어는 일종의 암호와도 같아서 "암호 해독"에 맞서 보호하려는 진짜 뜻은 어이없을 정도로 멍청하다. 부르주아 지식 계층과 1920년대 독일 공산당 지식인들이 파시즘의 멍청한 소리를 진지하게 상대하지 않은 것은 치명적인 실수였다. 부르주아 지성인들은 파시즘의 횡설수설을 깔보면서 방치했다. 공산주의자들은 스탈린 목판화를 후벼 파는 목각 장인 같은 자세로 발끈하면서 확 밀쳐둘 뿐이었다.

성애적 남성 – 여성 관계 – 난폭하고 냉혹한 여성 – 남성에 대한 위협 – 저열성과 비속함 – 창녀 – 프롤레타리아 여성 – 공산주의

총잡이 빨갱이 년, 거세하는 여자

강인한 군인 남성들에게 그토록 큰 공포를 유발하는 프롤레타리아 여성의 판타지는 이상한 특징을 지니고 있다. 아래에 인용할 드빙거의 소설에 잘 드러난다. 내용상 이데올로기적 활용도가 높아 소설 속에 꼭 필요했던 죽음 이야기다. 드빙거의 소설 속 트룩스 백작은 저무는 시대의 마지막 기사와도 같은 인물이다. 자유군단의 시대가 끝나갈 무렵 그는 국가방위군에 합류하지 않기로 결정한다. 특히 베르너 대위의 강한 권유가 있었음에도 결심을 굳힌다. 베르너 대위는 드빙거 소설의 이념적 주인공이다. 이미 1919년부터 선견지명으로 나치가 1933년 이후 어떤 정치적 입장에서 과거를 재조명할지 예측하고 올바른 행동을 하고 있던 사람이다. 그는 군인의 정치 개입을 주장했다. 군인이 "국민이 나아갈 길"을 승리로 이끌어야 한다는 것이다. 그런데 트룩스는 동참을 거부했다. 이제 구국 운동에는 쓸모없는 사람이 된 것이다. 멋지게 퇴장하는 것만이 구국 운동을 돕는 길이다. 트룩스는 생각을 정리할 겸 말을 타고

나갔다가 한 무리의 노동자들에게 붙잡혀 죽음을 맞는다.

　무리 중에 섞여 있는 여자를 보고 트룩스는 이채롭다고 생각했다. 얼굴이 빨갛게 달아오른 공장 노동자 여자였다. "검을 버려라!" 패거리 우두머리가 외쳤다. "어림없는 소리!" 트룩스가 맞받아쳤다…… "쏴서 거꾸러뜨리자!" 누군가가 나직하게 내뱉었다……
"안 돼!" 계집이 외쳤다. "살려두는 게 좋겠어. 인물이 훤하거든."

　트룩스는 먼저 왼팔 그리고 오른팔에 총을 맞았다. 검을 떨어뜨렸다가 다른 손으로 바꿔 쥐었지만 끝까지 놓치지 않았다. 마침내 그는 애마 "프시케"의 시체 위에 쓰러졌다.

　"아주 팔자가 늘어지셨네!" 계집이 윽박질렀다. "저놈 보게, 우릴 비웃잖아?"…… 트룩스가 점잖게 말했다. "내가 너희한테 뭘 어쨌다고 이러느냐?"

"잘난 양반이셔!" 계집이 고함을 질렀다. "외눈깔에 유리창* 달고 다니는 귀하신 몸인가봐?"

"그게 잘못의 전부인가?" 트룩스가 어이없다는 듯 반문했다.

계집은 그에게 대답 대신 침을 뱉었다. 거리가 멀어서 닿지는 않았다.

계집은 앞치마 아래에서 권총을 뽑더니 경사면 경계까지 다가와서 그의 하복부에 총부리를 겨눴다. "송장이 말도 많네!" 거친 입술 사이로 내뱉듯 뇌까렸다.

계집이 총을 쏘았다.

그의 머리가 점점 무거워졌다. 서서히 아래로 숙여졌다. 그렇다. 프시케의 몸 위로. 그녀의 부드러운 털 위로. 포근한 느낌이었다. 팔에 망치로 내려치는 듯한 고통이 느껴졌다. 하복부 깊숙한 곳이 마치 칼로 에는 듯 아팠다.

그는 죽었다. 나약함을 드러내지 않고 의연하게 죽었다…… 계집이 달려들어 그의 얼굴을 구두 굽으로 짓밟았다. 눈두덩에 끼운 외알 안경을 짓밟았다. 빌어먹을 귀족의 상징![1]

동지의 시신을 되찾은 베르너 대위는 이렇게 추측한다. "아마 계집의 손에 희생당하신 듯하다. 우리 시대가, 우리 세기가 이 지경이 되었구나……."[2]

살인 이야기 구성의 핵심 요점은 바로 "계집"이 남자를 거세했다는 것이다. 또한 그녀는 창녀라고 암시되어 있다. 여섯 명의 남자와 동행한

---

* 단안경.

홍일점이었다. 뚜렷한 증거다.[3] 그녀가 거세에 사용한 무기는 처음에는 시야에 없었다. 갑자기 앞치마 아래에서 권총을 뽑아들었다. 원래부터 앞치마 속에 뭔가 숨기고 있었다. 남근일까?

상층 부르주아 성향의 신문 『쾰니셴 차이퉁_Kölnische Zeitung_』의 보도는 이러한 모티프를 더 뚜렷하게 묘사해 보여준다. 1920년 3월 5일 루르 지방 노동자 반란 진압 당시 국가방위군에 편입되어 싸우던 자유군단 군인들의 실태를 취재한 기사다. 이들은 베젤 요새에 진을 치고 노동자 반란군의 점령 위협에 맞서던 중이었다. 군인들은 후퇴와 도주, 죽음의 불안이 가득한 밤을 보내고 있었다. 기자는 부상자들이 여기저기 누워 있는 베젤의 농장을 방문했다.

기마병 둘이 외양간 짚 더미에서 고통에 몸부림치고 있었다. 몸집 작은 중기병이 어린아이처럼 눈물을 글썽였다. 함보른과 디스라켄에서 봤던 참상의 충격을 떨쳐내지 못했다. 모두 환상 속에 어른거리는 잘린 목, 귀, 코의 잔상에 시달리고 있었다. 희생된 소녀의 모습이 어른거렸다. 공산주의 스파르타쿠스 연맹의 계집이 비루먹은 말을 타고 머리카락을 펄럭이며 양손에 쌍권총을 쥔 채 쳐들어오는 모습을 떠올리며 몸서리쳤다. 빨갱이가 베젤을 점령했다. 주변의 모든 농가도 그들에게 넘어갔다. 오직 베젤 성채만이 아직까지는 안전한 영역이었다. 그들은 성채에 갇힌 채 스파르타쿠스 연맹에게 학살당할 운명을 기다리고 있었다.[4]

이 기사문은 특히 주목할 가치가 있다. 판타지의 산물을 노골적으로 보여주기 때문이다. 비루먹은 말을 탄 스파르타쿠스 연맹의 계집은 실제로는 존재하지 않았다. 그럼에도 군인 남성들에게 무장한 여성상은 죽음에 대한 불안의 원천이었던 것이다.

양손에 쥔 쌍권총은 명백히 권총 이상의 의미를 지녔다. 바로 위협적인 남근의 판타지인 것이다. "스파르타쿠스 계집"의 모습에서도 증명된다. 머리카락을 펄럭이며 비루먹은 말을 타고 권총으로 무장했다. 성적인 정력을 끔찍스럽게 과시하는 모습이다. 여성 성기의 정력이 아니라 남근적 정력을 판타지로 그려내며 두려워하고 있다.

그녀가 하는 일은 거세다. 목, 코, 귀. 그녀는 모든 돌출된 것을 자른다. 황소를 창으로 위협한 여성을 젤초프가 그렇게까지 혐오한 까닭은 이런 시각에서 보면 명백하다.

나치 역사가 프리드리히 빌헬름 폰 외르첸은 1919년 3월 12일 『보시셴 차이퉁Vossischen Zeitung』의 기사를 인용해 자유군단의 이야기를 전한다. 기자가 백색 여단의 구역 지휘관을 인터뷰했다. 이름은 밝혀지지 않았으나 계급은 대위다. 그는 이런 소리를 했다.

최근에 치마 속에 수류탄을 숨기고 있던 여자를 잡았습니다. 저는 여자를 총살할 수가 없었습니다. 왜냐면 여자가 남편이 두려워서 벌인 일이라……5

그는 여기서 말을 멈춘다. 그의 어조에는 무장한 여성에 대한 공포가 가득하다. 무기의 위치가 "치마 속"이라고 지목하고 있고 "남편이 두려워서"라며 성적 맥락을 부여했다. 그런데 총살 이야기는 완전히 적반하장의 거짓말이다. 수많은 여성이 치마 속에 무기를 숨겼다는 이유로 자유군단 군인의 손에 처형당해야 했다.6

군인 남성들은 특정한 여성 유형을 남근과 연결 지어 생각하는 듯하다. 바로 "프롤레타리아 창녀"다. 그녀가 지닌 남근은 거세 도구이기 때문에 두렵기만 하다. 군인 남성들은 "공산주의"가 자신의 음경을 직접 공격한다고 여겼다.

이는 너무 흔한 경험담이라서 거의 표준처럼 굳어졌다. 발트해 연안

「전쟁」, 앙리 루소

의 전투를 배경으로 무장한 빨갱이 여군이 남자를 사냥한다는 소문이 들불처럼 번져나갔다. 토르 고테는 이렇게 썼다.

> ……여기 이 친구처럼 머리에 총 맞고 죽는 것은 그나마 괜찮은 거야. 짐승만도 못한 적에게 사로잡히는 게 그야말로 최악이지. 좋다고 쳐웃는 총잡이 빨갱이 년Flintenweiber에게 생포되면 쓰라리고 고통스럽게 서서히 죽게 되거든.[7]

> 죽은 다음에도 비명을 질렀지. 얼음장처럼 식어도 영원히 비명을 지르겠지. 강철 부대의 열두 병사는 잔인한 습격을 당했다. 모두 끔찍한 부상을 입고 허리와 허벅지 사이에서 검붉은 피를 철철 흘렸다. 짐승 같은 적은 무방비 상태의 부상자를 마음껏 욕보였다……[8]

그러한 여성을 묘사한 짧은 삽화가 드빙거의 소설에 등장한다.

몇 살 위로 보이는 계집애가 라이치 옆에 앉아 있었다. 흔히 말하는 총잡이 빨갱이 년이다. 작은 눈을 둘러싼 눈두덩이가 검게 그늘졌다.

흐트러진 몸집으로 탁자에 퍼질러 앉았다. 중무장하듯 반지를 잔뜩 끼운 손가락으로 권총을 만지작거린다. 위원장 동무가 그녀의 이름을 마리야라고 친근하게 불러준다.[9]

권총을 지닌 것도 모자라 더 남근적인 장식을 갖췄다. 바로 중무장하듯 반지를 잔뜩 끼운 손가락이다. 뮌헨의 러시아 여자이자 공산 혁명가 "카트야"가 그랬듯 총잡이 빨갱이 년에게도 전형적인 이름이 있다. 바로 "마리야"다.

아내들에겐 이름이 없고 구체적인 현실성도 주어지지 않는다. 아내는 허구성을 통해 비로소 기능을 얻는다. 남편은 마음 내키는 대로 타자, 명명 불가능 존재, 혹은 금지된 여성을 허구적 아내에게 연결하거나 혹은 은폐할 수 있게 된다.

이름 없음은 곧 남근 없음을 보장해주는 듯하다. 총잡이 빨갱이 년은 거세적 남근을 지닌 계집이다. 그녀에게 이름이 있다는 것은 곧 이름 그 자체가 공격적인 성적 특성임을 의미한다. 바로 남근 속성으로 작동하는 것이다.

무희, 서커스 여기수, 여급, 여종업원, 하녀, 창녀는 성을 떼고 이름으로만 불린다. 그래서 총잡이 빨갱이 년도 이름만 있다. 이름만 있는 여자는 모두가 공유한다. 스타건 하녀건 간에 결국 창녀와 똑같다. 그녀들은 보통 하류 사회에서 나온다. 근본과 신분이 번듯할 리 없다.

이 모든 이유로 그녀는 남성들이 마음껏 농락하는 대상이다. 한편으로는 자유롭고 막강하며 위험한 대상이다. 특히 정치적 "질서"가 붕괴되는 시대에는 더 그렇다.

그녀에게 이름이 붙었다는 것은 일종의 확인 도장을 찍는 것과도 같

다. 소설이나 회고록에 등장하는 어떤 여성에게 이름은 있지만 오라버
니의 보증, 뼈대 있는 가문의 성씨, 누이나 친구의 소개가 없다면 예외
없이 "창녀"라고 봐도 좋다. 혹은 모종의 이유로 주인공 남성의 아내 자
격에 못 미치는 여자다.[10] 아내의 이름을 숨기는 것은 그래서 강력한 술
책인 셈이다.

최베를라인의 카트야도 산탄총을 들고 다닌다. 뮌헨의 붉은 군대의
참모부 회의 광경이다.

남자들이 하품을 하면서 지도를 에워싸고 서서 회의를 하고 있었다. 카
트야는 너저분한 실크 가운을 걸친 꼴로 한가운데 끼어들어서 열을 냈
다. "자기야, 우리 여성 부대는 어떻게 할까? 우리도 수류탄이랑 무기 줘.
혁명 하고 싶단 말이야. 피의 복수! 이 카트야가 비겁한 개자식들에게 혁
명의 맛을 보여줄 거야!" 발톱으로 할퀴듯 손가락을 굽히고서 마치 피를

맛본 호랑이 같은 표정을 지었다. "다들 겁에 질려서 덜덜 떨고 비명을 지르겠지. 천천히 아주 천천히 피 흘리며 죽게 만들어야지. 죄다 기관총으로 쏴서 찢어발기고 다이너마이트로 가루를 만들어야지."[11]

카트야의 말을 주의 깊게 들어보자. 여성의 복수 심리를 모두 거세 욕구 개념만으로 설명해낼 수는 없다. "찢어발기고 다이너마이트로 가루를" 만든다는 말은 다른 뜻을 담고 있다. 이는 우익 남성을 철저하게 박멸하겠다는 목표를 드러냈다. 살해 방법에 초점을 두고 보면 거세 욕구가 설명되지 않는다. 여기에는 뭔가 의미심장한 구석이 있다.

나치 프로파간다는 "총잡이 빨갱이 년"의 이미지에 일종의 확증성을 부여하려고 했다. 1935년 에리히 베렌트가 펴낸 『국가사회주의의 구호 모음집Parolebuch des Nationalsozialismus』에는 이런 대목이 있다.

잘 알려진 사실이지만 붉은 진영에는 총잡이 빨갱이 계집들이 버티고 있다. 자기편 병력이 후퇴하는 것을 막기 위해서다. 후퇴를 못 막아내면 아군이라도 등 뒤에서 쏴 죽인다. 총잡이 빨갱이 계집들은 오직 볼셰비즘만이 도달할 수 있는 경지의 끔찍한 분노로 가득한 존재다. 아무리 붉은 군대 병사라도 고통받는 무고한 사람을 보면 마음이 움직인다. 그런데 이 계집들은 짐승이라서 인간적 감정이 흔적조차 없다.[12]

제일 지독한 공산주의자를 뺨치는 게 여자 공산주의자다. 드빙거는 "마리야"에게 이런 선언을 하도록 한다. "나는 자연을 복종시켜. 내 앞에서는 물이 산으로 흘러 올라가."[13]

그녀는 자연재해다. 괴물이다. 프롤레타리아 여성 / 무기를 든 창녀 / 여자 공산주의자의 섹슈얼리티는 남성을 거세하고 찢어발긴다. 그녀가 가진 무시무시한 권력의 원천은 상상적 남근이다.

이런 맥락에서 보면 메르커 장군이 휘하의 자유군단 부하들에게 했던 말이 이해된다.

로자 룩셈부르크는 암컷 악마다…… 로자 룩셈부르크는 독일 제국을 오늘 당장 무너뜨리더라도 처벌받지 않을 것이다. 제국 내에 그녀에게 맞설 자는 그 누구도 없다.[14]

프리드리히 에케하르트의 『격동 세대 *Sturmgeschlecht*』에도 총잡이 빨갱이 년이 나온다. 프롤레타리아 출신이고 악녀이며 창녀다. 그러나 그녀는 뭔가 다르다. 1919년 베를린에서 시가전이 한창인데 한 여자가 창문 너머로 고함치며 도움을 청했다.

세상에나, 아름다운 계집이었다. 겁에 질리니 더 예뻤다. 바르템베르크는 이상한 친숙함을 느꼈다. 갑자기 기억이 떠올랐다. 어떤 이미지에 사로잡혔다. 바르템베르크가 어릴 적 할머니 댁에서 봤던 목판화! 가보로 전해지는 커다란 성경 속 그림들이었다. 영락없었다. 구약성경에 나오는 그 여자들의 모습이었다. 루스, 에스더, 그리고 그녀. 세례자 요한의 머리를 요구한 그녀, 살로메. 어린 계집은 마치 살로메처럼 위층 창틀을 통해 머리를 내밀고 벌거벗은 팔을 내뻗었다. 얇고 반짝이는 리본을 이마와 머리카락에 묶었다.
"조심해, 한스!" 바르템베르크는 외쳤다. 공포에 목구멍이 죄어왔다. 이유는 그 자신도 몰랐다.
앞으로 생길 일과 그 결과가 눈에 보이는 듯했다. 어두운, 그리고 피할 수 없는 운명.

그 운명은 매복이었다. 12명 중 11명의 부대원이 희생되었다. 생존자

는 바르템베르크가 유일했다. 왼팔에 총을 맞고 죽은 전우를 어깨에 둘러 멘 채 자대로 돌아오던 길에 그는 구약성경의 악녀를 또다시 만난다. 소설 결말에서 그는 전사한 전우의 누이 엘리자베트 브람베데와 결혼한다.

살로메, 루스, 에스더. 그녀가 계단참에서 그를 굽어본다. 꽉 끼는 치마를 여며서 입고 왼손은 허리에 얹고 오른손에는 권총을 들었다. 계집은 울부짖으면서 어디 올라와보라며 유혹했다……[15]

아름다운 유대인 계집. 바로 "남근을 갖춘 여자"일까? "남근을 갖춘

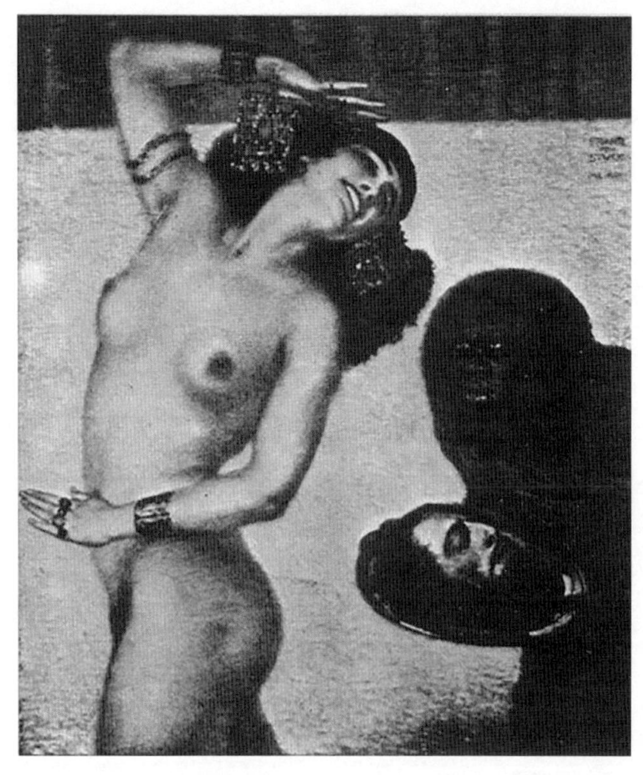

여자"가 발현된 또 다른 형태가 "총잡이 빨갱이 년"이라고 생각한다면 문제는 복잡해진다. 헝가리의 정신분석학자 게자 로하임은 마녀가 "남근을 갖춘 여자"의 가장 일반적인 형태라고 설명한다. 성애적 여성, 오르가슴을 아는 여성에 대해 느끼는 불안을 표현한 방어적 구성물이라는 것이다.[16] 엘리아스 카네티에 따르면 마녀의 "진짜 죄악"은 "악마와의 성적 결합"에 있다.[17]

발터 벤야민은 파시즘이 "심지어 이번 세기에도" 나타날 수 있다는 것이 놀랍다는 말을 대놓고 조롱한 적이 있다. 브레히트도 한마디 거들었다. "파시즘이 안 나타났던 세기가 있기라도 했다는 듯 호들갑이다."[18]

나는 성스러운 민주주의다 / 함께 즐길 애인을 기다린다.

마녀에서 유혹적인 유대 계집에 이르는 직계 라인을 그릴 수 있을까? 관능적 여성의 박해는 계속되는 현실이었다. 이는 단순히 경제적 이유에서 파생된 것이 아니다. 오히려 남성 지배적 유럽에서 사회적 성별 관계가 특정하게 조직된 결과가 아니었을까? 과연 어느 정도의 "파시즘적" 현실이 남녀 관계의 조직 변화를 가져왔는지, 혹은 이것이 가능하거나 필연적이었는지, 특정한 남녀 관계성 혹은 무관계성이 낳은 "결과물"로서의 테러가 과연 얼마나 심했는지 등을 이해하는 문제는 제2장에서 더 자세히 다루도록 한다. 성애적 여성은 살아 숨 쉬는 변태적 자연이다. 파시즘의 뒤틀린 인종관과 대단히 가까운 개념이다.

성애적 여성 – 냉혹한 여성 – 저속한 여성 – 창녀 / 프롤레타리아 여성 / 유대인 계집(마녀?) – 공격하는 여성 – 남근 / 무기를 갖춘 여성 – 거세하는 / 찢어발기는 여성 – 피투성이 엉망진창 – 공산주의

붉은 간호부

"붉은 간호부"라는 형상은 자유군단 남성의 눈에는 총잡이 빨갱이 년의 판타지가 눈앞에 현신한 존재로 보였다. 이 여자들은 붉은 군대가 싸우던 루르 지방 도처에서 나타났다. 노동자들이 국가방위군에 맞서고 보안경찰과 싸우던 최전방에도 여성들이 넘쳐났다.

에어하르트 루카스는 "1914년 이전 여성 해방 운동은 노동운동 의식화의 핵심적인 목표가 아니었다"[1]고 강조한다. 붉은 군대의 전투에는 남자들뿐만 아니라 많은 부녀자 노동자와 소녀 여공이 참여했다. 사회민주주의 정치 풍토에서 대개의 노동자는 여성을 집행위원회 등의 정치단체 대표로 선출하는 것을 꺼렸다. 그래서 더 놀라운 일이었다.

여공들은 스스로 정치활동에 적극 참여해 남자들과 함께했다. 애인, 약혼남, 남편과 함께 전투에도 참여했으며 심지어 완전히 자주적으로 투쟁할 때도 많았다.

제1차 세계대전이 여성의 독립성을 증진한 측면도 있다. 남편이 없는 동안 일터에 나가서 가정의 생계를 꾸려야만 했기 때문이다. 에어하르트 루카스의 설명이다.

프랑스 혁명의 성과(자유-평등-우애)

독일 전역에서는 도시마다 소란이 끊이질 않았다. 식료품 배급을 받으려고 줄을 선 여성들이 경찰과 마찰을 빚었다. 여성들은 스스로 시위를 조직해 식료품 배급량 부족과 저임금 등에 격렬히 항의했다.

그러나 전후 독일 사회의 노동운동 조직들은 새로 강화된 여성의 공적 활동을 제대로 인정하거나 지지하지 못했다. 루카스에 따르면 심지어 노동계 집행위원회가 정권을 차지한 후에도 "남성과 동일 노동에도 불구하고 여성의 임금이 적은 것을 당연시했다". 최전방에서 여성들이 함께 싸웠음에도 불구하고 동등한 전투원으로서 당당하게 나서지 못한 것은 아마 그런 이유였을 것이다.

그녀들은 필수적인 간호 교육을 받았는지 여부와 상관없이 스스로를 간호부라고 칭했다. 나름의 정당화 논리가 필요했던 것이다.

그러므로 전투 수행과 부상자 처치가 혼재된 상황이 아마 자유군단 남성들에게 생소하게 다가왔을 "프롤레타리아 여자"의 모습에 해당될 것이다. 자유군단은 간호부 역할을 위장술로 생각했고 "위장 해제" 작업을 펼쳤다.

뮌스터의 언론 담당관은 베젤에 주둔한 슐츠 자유군단 참모부로부터 아래와 같이 제보받았다.

붉은 군대의 정신적·도덕적 타락을 특징적으로 보여주는 것은 바로 이른바 "적십자 간호부"의 동원이다. 의료 지원을 핑계로 모집된 이들은 죄다 매춘녀다. 특히 오버하우젠 출신이 많다.[2]

1920년 3월 27일 연락장교 미텔베르거가 제국 국방성에 정식 보고한 내용은 이렇다.

매음굴 윤락녀들이 동원되어 적십자 간호부로 복무하고 있습니다.[3]

그의 주장은 오버하우젠 아인트라호트 거리에서 실제로 집행된 철거 조치에 근거하고 있다. 이는 오버하우젠시 외곽에 위치한 유명한 윤락가였는데 반군 노동자 조직인 오버하우젠 집행위원회의 결정으로 철거되었다. 매춘녀를 도시에서 밀어내려는 목적의 반매춘 정책이었다. 국방성은 이것을 왜곡하여 반대 상황의 증거라고 매도하고 있다. 즉, 붉은 군대가 매춘부들에게 혜택을 주려고 "복무"시키고 있다는 주장이다. 심지어 의료 지원 인력이 오로지 매춘부로만 모집되었다고 한다. 그러므로 붉은 간호부는 군인들이 즐기는 매춘부였을 게 분명하다고 확신하는 것이다.

"간호부"를 "위장 해제"시키는 두 번째 단계는 바로 그녀들이 갖고 있지도 않은 무기를 발각하는 것이다. 1920년 4월 1일 군사 지역 사령부 소식지에는 이런 대목이 있다. "적십자 간호부의 일부는 카라비너 소총으로 무장하고 있었다."[4] 소식지가 전하는 뉴스는 절대로 루르 지방의 실제 상황에는 부합하지 않았다. 그 시점에 군대는 루르 지방에서 완전히 퇴각한 상태였다. 군사 지역 사령부 소식지는 첩보 보고서, 뜬소문, 아군이 적군에 대해 상상했던 내용, 루르 지방 외부에서 발행된 신문 등을 조합해서 만들어낸 정보였다. 따라서 정보의 신뢰성이 불안정하다. 카라비너 소총 역시 이러한 출처에서 흘러나온 허구물일 것이다. 이 여자들은 분명히 매춘부이며 무기를 지녔을 것이 뻔하다고 억측하고 있다.*

그녀들에게는 또한 남자가 있었다. 여자가 "무장"을 했다고 해서 갑자기 사랑까지 내팽개치는 것은 아니다. 군인들은 복잡한 감정을 느꼈다. 역겨움을 느낌과 동시에 질투도 느꼈다. 어느 군대 소식지는 이렇게 전한다.

붉은 군대의 가장 외곽 초소는 다베르크에 있었다. 서쪽에서 도시로 쳐들어오는 적의 모든 역사적 전략 요충지는 바로 거기였다…… 그 너머로 온통 질펀한 난장판이 벌어져 있었다. 빨갱이 반군은 "세계 곳곳에 혁

---

* "이러한 소식지는 정작 부대에는 잘 전달되지 않았다. 그보다는 오히려 민간인에게 방향을 제시하고 그들을 계몽하는 수단이었다. 소식지를 빠르게 배포하는 것이 연락사무소의 역할이었다." 이하 메모를 참고하라. *Nachrichtenblatt des Wehrkreiskommandos* VI, 1920년 3월 28일자. 모든 소식지에는 붉은 군대의 끔찍한 만행이 반드시 보도되었다. 반란 진압 후에는 모든 뉴스가 허위 조작으로 밝혀졌다.

명을 전파"한다더니 과연 난잡하게 놀아났다. 그 질펀한 곳곳에서도 가장 역겨운 몸뚱이는 빨갱이 "간호부"다. 건강한 날에도 열을 올리며 병사들에게 보살핌을 베풀었다. 병사들의 핏줄에 봄날이 밀고 들어간 모양이다. 들판이고 숲이고 가리지 않고 그 짓이었다.[5]

여성의 성적 활동에 맞서는 군인들의 방어기제가 너무 강한 나머지, 남성의 성적 결정권은 여성의 영향에서조차 자유롭다고 억지를 부리는 지경에 이른다. "병사의 핏줄"에 밀고 들어간 것은 여성의 "보살핌"이 아니라 "봄날"이다.

"빨갱이"가 차마 말로 못 옮길 "그 짓"을 들판과 숲에서 한다. 거의 짐승에 가깝다. 그는 높은 곳에 호젓하게 앉아 저들의 짝짓기를 흥분 없이 바라본다. 그리고 총을 쏜다. 이런 관점이 그 자신의 섹슈얼리티를 표현해준다. 부정적으로 표현했지만 한편 강한 정서로 묘사된 봄날은 그가 자신의 섹슈얼리티를 어떻게 경험하는지를 잘 보여준다. 바로 발작이다. 그는 빨갱이들의 짝짓기를 자연에 제압당해서 벌어지는 일이며 자신과는 상관없는 일인 양 경험한다. 자연에 희생당하면 사람은 짐승이 된다. "핏줄" 탓이다. 그는 남자들의 입장을 이해하는 것 같다. 봄날 때문에 어쩔 수 없었을 테니까. 하지만 억제하기는커녕 발작에 굴복해서 간호부들의 "가장 역겨운 몸뚱이"와 놀아나다니. 군인은 그 순간에 방아쇠를 당긴다.

남자들이 부상당하지 않았음에도 여자들은 너무 친절하게 그들에게 "보살핌"을 베풀었다. 그게 제일 마음에 안 든다. 그래서 그녀들이 창녀라는 거다. 남자와 여자 사이에 벌어지는 자발적인 성애적 관계가 바로 음행이다. 남자가 근무 중인지 짐승이 되었는지를 불문하고, 혹은 아픈지 부상당했는지도 아랑곳하지 않고 놀아난다.

그러니까 벌을 받아도 싸다.

울타리 뒤에서 그렇고 그런 여자가 애인과 살포시 껴안고 죽어 있었다. 여자 분수에 맞는 일을 하느라 바쁘던 와중에 갑자기 수류탄이 날아든 모양이었다.[6]

자유군단 지휘관 슐츠 소령은 사랑의 현장을 파괴해놓고서 무척이나 기쁜 모양이다. 남자와 여자의 성애적 관계는 수류탄 덕에 본모습을 드러냈다. 겉모습을 뜯어내고 보면 결국 남는 것은 피투성이 엉망진창이다. 그 꼴에 소령은 몹시 흡족하다. 피투성이로 엉망이 된 시체 두 구가 "살포시 껴안고" 있었다고 표현할 수 있는 사람은 흔하지 않다.

사랑과 파괴를 함께 연결지어 이해하는 사람이 또 있다. 로더문트 대위는 붉은 군대의 여성들에 대해서 이렇게 전한다.

그들과 함께 행진하는 계집들이 있었다. 붉은 두건을 쓰고 붉은 완장을 찼는데 흰 십자 표식이 있었다. 자비로운 선행을 베풀려고 온 계집들은 아닌 것이 분명했다.[7]

아무렴! 무자비하게 사랑을 베풀었겠지. 군인들이 보기에 최전방의 노동자 아낙과 소녀들이 하고 있는 "여자 분수에 맞는 일"이란 뻔하다. 군인 남성들이 만들어낸 이런 이미지는 자유군단 참모부의 공식 언론 발표나 혹은 국방성 소식지의 "보도"보다 훨씬 더 전에도 있었다. 남자를 거세하는 무장한 여자가 있다는 믿음이 재확인되었을 뿐이다.

그럼에도 군부 최고위층이 공식적으로 언급했다는 점은 루르 지방의 여성에게 맞서기 위해 진격하는 군인 남성들의 태도에 아주 큰 영향을 주었다. 드디어 "보도"가 나왔으므로 흑백을 가릴 수 있게 된 것이다. 끔찍한 참상이 정말로 존재한다고 확인된 셈이니 실제로 싸워야 할 대상이 명확해진 것이다.

피해자는 자신의 이야기를 할 수 없다. 그래서 살인자가 도리어 자신에게 누명을 씌워도 변명할 길이 없다. 1929년 한스 슈바르츠 판 베르크는 "붉은 간호부"에게 새로운 특성을 변형하여 덧붙인다.

풀려난 계집들이 광장 한복판에서 남들 다 보는데 옷을 갈아입더니 붉은 간호부가 되었다. 여자들의 기술 때문에 노동자 군대의 군기가 더 떨어졌다.[8]

"풀려난"이라는 말은 감옥에서 풀려났다는 뜻이다. 9년의 세월이 지난 후 파시스트는 붉은 군대의 남성들을 계집들에게 당한 존재처럼 보게 되었다. 같은 남자 입장에서 붉은 군대에게 오히려 동정을 느끼기도 한다. 나치 출신 역사가인 폰 외르첸은 이렇게 말한다. "특히 수없이 많은 계집과 매춘부가 간호부로 위장하고 최전방 부대의 뒤를 막고 있기 때문에 전투는 완전히 불가능한 상황이었다."[9] 안됐다는 어조다.

이러나저러나 모두 여자 탓이다. 공산주의가 패퇴한 것도 여자 탓이다. 카프 폭동의 실패도 여자 탓이다. 해군 장교 슈말릭스의 설명에 따르면 국민에게 호소하는 격문을 타자기로 작성하는 중책을 카프 양과 젊은 숙녀에게 맡긴 것이 실책이었다.[10] 그러니 폭동이 실패하지 않을 도리가 없다.

쥐텐 성채: 신화가 살아 있는 곳

붉은 간호부의 본질을 보여줄 장소가 있다. 구체적인 동시에 신화적인 대조의 공간이다. 바로 쥐텐 성채다. 한스 슈바르츠 판 베르크는 이런 이야기를 전한다.

할테른 근방의 쥐텐 성채는 엉망이었다. 할리우드 감독이 상상력을 발휘해 볼셰비키 규탄 영화를 찍으려는데 소박한 독일의 시골을 배경으로 고른다면 이런 모습이었을 것이다. 성채 곳곳을 수류탄과 몽둥이로 파괴했다. 문틀과 벽장을 뜯어냈다. 예배당 제단을 폐허로 만들었다. 미사 예복, 성배, 십자가도 30년 전쟁 때처럼 엉망으로 만들었다. 식량 저장고를 여물통과 구정물 통으로 만들었다. 하인들의 숙소도 가만 두질 않았다. 연못에 수류탄을 터뜨려서 붕어들이 배를 뒤집은 채 죽었다. 간호부 40명은 옷장과 이불장을 헤집어놓았다. 그들은 홀딱 벗고 제일 좋은 옷을 골라 걸친다면서 거울 앞에서 요란을 떨었다. "간호부" 한 명이 하녀들 앞에서 선동질을 했다. "처자들! 오늘부터 너희는 종년들이 아니야! 양갓집 규수가 되자!" 그날 저녁 규수들의 브로치, 시계, 목걸이가 죄다 사라졌다.[1]

판 베르크는 교회에서 생겼을 법한 일을 공들여 묘사한다. 그는 직접적인 목격자가 아니다. 그보다 앞선 시기인 1920년 4월과 5월 쥐텐 성채를 방문했던 슈나이더 대위도 직접 목격하지는 못했다. 노동자 반군이 진압된 직후였고 군사 법정의 총살형 집행 소리가 울리던 와중이었다. 슈나이더는 이를 주제로 『베를린 일보』에 연재 기사를 쓰고 있었다. 이후에 『뷔르셰 차이퉁』에 루르 지방 취재 기사를 실었다. 슈나이더는 상당히 악의적인 논평을 더한다.

간호부로 변복한 매춘부들이었다. 하나같이 도둑질하고 강도 짓 하고 때려 부쉈다. 부엌과 지하실을 헤집고 다녔다…… 밤새 들락날락거리면서 문짝을 부수고 선반을 쪼갰다. 벌거벗은 계집들이 옷장 앞에 서서 백작 부인의 옷가지를 걸쳐보며 소란을 떨었다. 현관과 객실에 100명이 넘는 무리가 드러누웠다. 그중 40명가량은 "간호부"였다. 사내와 계집들이 죄다 엉망으로 취해 있었다.[2]

비교해보자. 교회당, 미사 예복, 십자가, 경내 공간과 연못에 던져진 수류탄, 브로치, 시계, 목걸이 등을 자세히 묘사한 것은 판 베르크의 글이었다. 마치 스스로의 파괴욕을 글쓰기로 풀어내려는 듯 자세하다. 두 가지 "보도문"은 동일한 상황을 그리고 있으며 두 저자 모두 목격자가 아니다. 그럼에도 글쓰기 방식에서 각자의 특징을 보여준다.

붉은 간호부에 대한 비난은 언뜻 봐도 거의 다 날조된 내용임을 금방 알 수 있는 글이다. 그럼에도 텍스트는 동일한 방향으로 향하고 있으며 비슷하게 은밀한 패턴을 따르고 있다. 그런 면에서 두 텍스트는 동일하다.

두 사람 다 마치 그 자리에 있었다는 듯 글을 쓰고 있다. 게다가 묘사된 행위를 작가 자신이 하고 있는 듯한 시점으로 썼다. "문틀과 벽장을 뜯어냈다." 작가는 거리감 없이 행위 한가운데에 처해 있다. 작가는 전하고 있지 않다. 작가의 정서는 행위에 동참하고 있다. 글을 쓰는 행위 자체가 공격성을 방출하는 과정으로 느껴진다. 텍스트의 내용은 간호부들을 비난하는 것이지만, 텍스트가 표현하는 정서는 정반대로 파괴를 애호하고 있다. 이들은 또한 빨갱이들이 했을 법한 행위를 서술한답시고 자신들이 했던 일을 쓰고 있다. 성채에 주둔하던 국가방위군 혹은 자유군단 군인들이 했던 일이다. 우리가 읽은 글은 "날조"가 아니었다. 주어와 날짜만 바꾼 실화였다.*

정신분석학적 지식이 있는 독자라면 다들 앞서 인용된 텍스트를 읽는 순간 "투사Projektionen"라는 말이 머릿속에 반짝하고 떠올랐을 것이다. 분명히 투사 기제가 작동하고 있다. 쥐텐 성채에서 수류탄으로 망가진 연못을 바라보는 판 베르크가 고전적인 사례일 것이다. 1920년 3월 쥐텐 성채는 붉은 군대의 17개 사령부 중 하나에 점령되어 있었다.** 국가방위군 및 자유군단과 중대한 전투를 앞둔 상황의 무장 노동자들이 붉은 군대 사령부의 군율을 무시하고 가뜩이나 부족한 수류탄을 연못에 던져넣었다는 말은 언어도단이다.

그런데 한편 자유군단 문학에는 이런 방법의 낚시가 자유군단 군인들 사이에서 유행했다며 다소 유감스럽다는 어조로 언급하는 내용이 있다.

아아강은 우리에게 먹을 물고기를 주었다. 금지됐지만 자주 사용되던 방법은 바로 수류탄을 물에 던져서 물고기를 잡는 것이었다. 이런 낚시법은 바람직하지 못하지만 뿌리뽑기 힘든 관행이었다.[폰 슈타인애케르프 남작][3]

하지만 이들의 글쓰기 과정에서 작동하는 심리가 과연 투사라는 방어기제뿐인지 의구심이 든다. 투사는 스스로의 욕망 혹은 행위를 부정해 다른 사람에게 미루는 것을 의미한다.

판 베르크와 슈나이더가 수많은 주둔지 가운데 왜 하필 쥐텐 성채를

---

* 국가방위군 사령부 소식지의 거의 모든 글에서 이런 현상이 나타난다.
** 이러한 종류의 건물 중에는 유일한 사례였다. 다른 점령지는 학교, 숙박업소 등이었다. 이하를 참고하라. Lucas, *Märzrevolution* Bd. 2, pp. 70 – 74.

"볼셰비키 규탄 영화"의 배경으로 골랐을지 생각해보면 약간 다른 결론에 이르게 된다. 분명 성채가 관심의 초점이다. 성채 안의 "빨갱이". 이게 왜 문제일까? 자유군단이 성채에 진을 치는 것은 괜찮다. 독일 제국 체제를 옹호하는 사람들이니까 정당한 행위다. 그러나 "성채 안의 빨갱이"는 신성모독이자 변태 행각이다. 사회 전복과 동의어다.

꿈속에서 "성채"의 이미지나 관념은 종종 자궁과 연관된다. 내가 보기에 "성채"는 "어머니" "귀부인" "순수하고 높으신 여성"[4]이란 뜻을 함축한다. 이러한 곳에서 붉은 간호부/창녀들이 난잡하게 놀아났다는 사실에 판 베르크와 슈나이더가 분노하는 것이다. 이들 텍스트가 쥐텐 성채를 통해 그려내는 것은 두 가지 상반되는 여성관의 충돌이다. 표면적으로 전하려는 것은 1920년 루르 지방 노동자 반란의 상황이다. 그러나 이면에 은폐되어 있는 것은 "프롤레타리아 창녀들과 천한 사내들이 고귀한 자궁을 더럽혔다"는 비난이다.

최소한 두 가지 현실이 동시에 서술되고 있다. 양자는 기생충과 숙주의 관계다. 직접 드러내놓고 표현하지 않는 상상된 현실은 기생충이다. 표면적으로 전하려는 상황은 숙주다. 기생충이 숙주에 너무 강하게 중첩되어서 숙주가 사라질 지경이다. 쥐텐 성채의 붉은 군대와 붉은 간호부에게는 일단 명칭이 주어진다. 그러나 그들의 실상은 잡아먹혀버린다. 작가의 상상력에 먹이 노릇을 하는 것이다. 상상된 현실을 살려두기 위해서 지각된 현실이 말살된다. 모종의 상상을 특정한 패턴에 맞도록 환원하려는 작가들의 강박증은 투사 개념만으로는 충분히 설명될 수 없다.

한 가지 명심할 것은 모든 글쓰기가 언제나 저자를 드러낸다는 사실이다. 여기서는 저자를 이해하려는 목적으로 텍스트를 읽고 이해하려 한다. 한편 이들 텍스트 역시 다양한 방식으로 "외부" 현실을 담고 있다는 점도 잊어서는 안 된다. 앞서 인용문에 등장하는 여성과의 관계는 정신분석학적 의미의 대상관계의 성격과 전혀 무관하다. 마찬가지로 군인 남성의 언행도 언급된 대상의 실상을 담고 있다고 볼 수 없다.

대상물 혹은 구성물이 상상 속에 기생충처럼 단단하게 "자리 잡는 다". 그리고 큰 의미를 생산한다. 이들은 너무 생생하고 너무 역사적이 다. 게다가 몹시 극단적인 정서를 담고 있다. "여자들" "총잡이 빨갱이 년" "공산주의" "난봉질" "거세" "성채" "수류탄" "백작 부인" 등은 커다 란 정서적 극단성을 만들어낸다. 이것이 결정적인 특징이다. 이 덕분에 삶에 생동성이 생겨난다.

그들은 떼 지어 궁정 안을 휘젓고 다녔다. 백작 부인의 침대에 총잡이 빨 갱이 계집이 드러눕고, 남작 부인의 로코코 양식 연회장에 변을 보고, 베 네치아산 거울을 사격 과녁으로 쓰고, 도서관 고서적을 벽난로 땔감으로 썼다![5]

드빙거가 "발트해 연안"의 성채를 점령했던 "빨갱이들" 이야기를 하 고 있다. "쥐텐 성채"가 아님에도 묘사는 똑같다. 이런 글도 있다.

9월, 야콥슈타트: 크로이츠베르크 성을 방문했다. 완전히 노략질당한 모 습이었다. 복도에는 똥이 가득했다. 벽에는 쌍욕으로 낙서를 해놓았다. 아마 외국 언론에 볼셰비키의 명물로 보여주고 싶었던 모양이다. 코르 프 가문의 지하 납골당도 약탈당했다. 관에서 꺼낸 시체를 함부로 내던 졌다.[6]

발트해 지역 장교였던 사람이 시체가 공중에 날아가고 바닥에 내던 져진 모습을 직접 본 듯 글을 썼다. 복도에 똥이 있고 납골당은 약탈당 했다. 기묘한 파괴욕이 엿보이는 서술이다. "귀부인"의 내부가 이 꼴이

된 것을 즐기는 듯하다.

군인 남성의 언어에 등장하는 모든 대상물/구성물Objekt/Kontellation은 어쩐지 허구적이다. 이들은 역사적 사태를 혼수상태처럼 경험하고 서술한다. 단 잘 통제되고 선택된 혼수상태다. 군인 남성들의 감정과 언어는 소수의 의미심장한 대상물/구성물에 집중된다. 그리고 거기에 판타지가 뒤덮인다.

이러한 과정은 심리적 안전 장치 혹은 방어기제처럼 보이기도 한다. 개별 사태는 다양하고 현실은 모순으로 가득한 법이다. 그러나 군인 남성들은 현실을 너무 협소하고 너무 뻔하게 그려낸다. 이들의 "선택"에는 강박적 분위기가 풍긴다.

기생충/숙주 관계를 사용하면 외부 현실의 지각을 회피하면서도 특정한 패턴에 맞추어 둔갑시킬 수 있다. 마치 안전 잠금장치가 작동하듯 재깍 현실을 왜곡하는 것이다. 이들은 "내적" "외적" 현실을 지각할 때 다양한 충동이 솟아나면 위협과 혼란에 휩싸인다. 그럴 때면 미리 마련된 특정 패턴의 현실이 자동으로 활성화된다.

군인 남성의 판타지와 정서가 "꽂히는" 곳은 역사 – 사회 – 정치 공간이다. 하지만 이 공간으로 가려는 충동은 진정한 지지에서 비롯된 것이 아니라 회피 행동에서 비롯된다. 이들은 거대 정치에 탐닉한다. 언제나 대의에 몰두한다. 조국의 운명을 논한다. 니벨룽 서사시가 일상다반사보다 더 가깝다. 인종과 인류의 운명에 골몰한다는 것은 한편 작고 가까운 미시사를 부정한다는 뜻이다. 이들은 거대하고 공적이며 사회적인 것을 추구한답시고 사적이며 개별적이고 고유한 것을 도외시한다.

그렇기 때문에 객관 – 주관의 이원법이 여기에 적용되지 않는 것은 당연하다. 이들의 판타지는 "객관적"이라고 명명될 수 없다. 동시에 "주관적"이라고 볼 여지도 적다. 이들의 판타지는 분명 집단적 성격을 지녔고 모형적이다. 거의 동일한 형태로 공유된다. 이들의 판타지는 반개인적이며 반주관적이다. 판타지의 언어는 객관에 관심이 없으며 주관도 무시한다. 마치 허구적 작가, 그것도 단일한 허구적 작가가 쓴 듯한 글을 보여준다. 여기서 작동하는 것은 일종의 공정工程이다. 현실을 왜곡하고 둔갑시키는 파시즘적 공정이다. 작가는 공식에 맞도록 글을 쓴다. 그러므로 "심령적" 글이건 "경제적" 글이건 간에 이들의 글은 "객관적"인 현실을 표현했다는 허울을 뒤집어쓴다. 나는 주관-객관을 나누는 쓸모없는 이분법에서 벗어나려고 한다. 그러므로 주객관 이원론에 기반한 공산주의 관점에서 파시즘을 비판하는 빌헬름 라이히류의 이론과는 거리를 둔다.

일반적인 기본 전제와 모순되는 듯한 두 가지를 언급할 필요가 있다. 첫째, 현실 왜곡의 방어 판타지/패턴은 계급 특유의 것이 아닌 듯하다는 점이다. 예를 들어 "관능적 여성"에 대한 남성들의 콤플렉스 등 방어 행동은 빌헬름 시대/파시즘 시대 장교들에게서만 특유하게 발견되는 것이 아니었다. 미하엘 로어바서는 동일한 콤플렉스가 다소 완화된 형태로 1920년대 프롤레타리아 대중 소설에 존재했다고 밝힌 바 있다.[7] 군인 남성의 글을 읽고서 콤플렉스의 존재를 완전히 부정할 남자는 거의 없다. 남자라면 누구나 자신의 행동 혹은 판타지 속에서 이러한 경향성과 유사한 면을 발견할 수 있다. 자신을 예외라고 여기는 남자는 시험 삼아 현재 혹은 과거의 연인에게 물어보길 바란다.

삶을 특정한 남성성으로 조직하는 방식, 즉 "가부장제"가 어떻게 파시즘을 통해 존속되었을까? 파시즘이 자본가를, 특히 중공업 자본가를 육성하고 존속시켰다는 사실에는 반박의 여지가 없다. 나 역시 이를 자세히 논할 마음은 없다. 그러나 이 콤플렉스를 설명하기에는 충분한 듯 보인다.[8] 그럼에도 경제적 결정론을 비판의 골자로 삼는 것은 전체주의적이다.[9]

둘째, 무의식과 억압에 대한 문제다. 인용된 텍스트에서 "공산주의"라는 개념은 사회적 생산의 집합적 조직 방식이라는 뜻으로 쓰이지 않는다. 남근으로 무장한 관능적 여성에게 거세당할 불안을 뜻한다. 이 불안은 너무 공공연하고 노골적이어서 무의식적 투사라거나 무의식적 불안이라고 볼 수 없다는 것이 내 의견이다. 오히려 반대다. 이들 군인 남성은 전통적인 정신분석학에서는 무의식으로 숨겨야 마땅할 판타지를 절대 숨기려들지 않는다. 기를 쓰고 반드시 떠벌린다. "거세 불안"은 의식적이다. 공산주의 총잡이 빨갱이 계집도 마찬가지로 의식적이다. 따라서 결론적으로 군인 남성들에게는 억압 기제가 전무하거나 거의 없었다. 이들은 집단적으로 정신증적/변태적 심리 구조를 지닌 사람들이 아니었다.[10] 정신적 표상 수준에서 꿈 분석 기법으로 언어를 분석했는데도 아무것도 발견한 게 없다면, 정말로 억압이 존재하고 욕망/공포가 숨겨져 있을 곳에서 아무것도 발견한 게 없다면 어떻겠는가? 무의식이 작동하지 않고 있다는 뜻일 것이다.

참으로 놀라운 일이다. 주어진 텍스트를 그 자체로 읽어보면 필연적으로 결론에 도달한다. 주관적-객관적 요소, 의식적-무의식적 생각과 행동, 프롤레타리아-부르주아, 공산주의-파시즘 등의 상반된 개념쌍은 텍스트 이해에 전혀 도움이 되지 않는다.

이 책의 집필에 착수했을 때 나 역시 그러한 설명 방식으로 시작했다. 방법론을 고수했더라면 텍스트가 안 보일 뻔했다. 파시스트 본인들은 정작 파시즘에 대해 별로 질문하지 않았다. 반면 파시즘을 간파했으나 제압하지 못한 이들은 질문이 너무 많아서 탈이었다.

프로이트는 의사들에게 "환자들의 주장이 과장된 것이라고 무시하는 경향"이 있다고 말한 적이 있다. 그리고 이렇게 말한다. "나는 역시 환자들이 의사들보다 진실에 더 가까운 견해를 가지고 있다고 생각한다. 즉 환자들은 어렴풋하게 진실을 알고 있으나 의사들은 요점을 간과하는 실수를 할 수 있다는 것이다."[11]

안타깝게도 의사가 환자의 말을 간과하듯, 대부분의 파시즘 전문가는 파시스트를 간과하고 있다.

쥐텐 성채의 백작 부인, 순백의 간호부

"거세하는 여성"에게 부여되는 속성은 전반적으로 부정적이다. 그녀의 사악함은 끝을 모른다. 그런데 그녀 자신은 어딘가 달라지고 "더 나은" 사람이 되기를 원하는 듯하다. 판 베르크가 말하는 "규수"가 되려는 것이다. 슈나이더의 글에서 간호부들은 백작 부인의 옷가지를 걸쳐보며 거울 앞에서 소란을 떨었다. 드빙거 소설의 총잡이 빨갱이 계집 마리야는 "백작 부인의 레이스 드레스"를 입고 성채를 노략질한 후 말을 타고 질주한다.[1] 최베를라인의 카트야도 모피 코트를 걸치거나 혹은 "훤히 비치는 비단 이파리" 한 장을 입고 있다.

"계집들"은 고귀하고 아름답고 부유해지고 싶어한다. 그녀들은 되는 대로 귀부인의 겉모습만 흉내 낸다. 근본을 뒤집어서 사회를 뒤집으려는 것이다. 그러나 어설픈 흉내에 그치기에 구경거리로 전락하고 만다. 진짜 남자들의 눈은 속일 수가 없다. 부정적인 여자들이 흉내 내려고 설칠수록 드러나는 것은 정말로 긍정적인 여자들의 존재다. 바로 쥐텐 성채의 백작 부인이다.

우리가 잔해 속을 헤매고 있을 때, 어떤 충복이 와서 성채의 귀족들이 겪어야 했던 고난의 나날을 전해주었다. 백작은 천신만고 끝에 간신히 목숨을 구하셨다고 했다. 백작 부인께서는 짐승 같은 무리가 날뛰는 가운데 용기 있게 버텨내면서 최대한 구할 수 있는 것들을 구하셨다. 위엄을 갖추시고 용기를 잃지 않으셨다. 다른 사람들이 부인을 본받아 힘을 냈다.[2]

새로운 형태의 여성관이다. 바로 영웅적 어머니다. 진정한 백작 부인이시며 천한 창녀들에 비해 훨씬 더 우월하신 분이다. 이런 순수한 어머니 상은 거세하는 여성과 극단적인 대조를 이룬다. 그녀가 위험에 처하면 모두가 동정심을 느낀다. 실제로 그녀는 큰 피해를 입진 않았다. 며칠 동안 꼴 보기 싫었던 "짐승 같은" 노동자 무리를 견뎠을 뿐이다. 자유군단에게 붙잡힌 붉은 간호부들은 "위엄을 갖추시고" 남들에게 본보기가 되어줄 가능성 자체가 없었다. 자세한 내용은 곧 다룰 것이다.

장한 어머니 상으로 그려진 또 한 명의 여성은 에센 교외의 슈토펜베르크에 거주하던 의사 사모님이다. 1920년 3월 18일 보안경찰 20여 명이 저택에 터를 잡고 무장 노동자군과 대치했다. 결국 전투는 노동자군의 승리로 끝났지만 의사 부부는 다치지 않고 살아남았다.[3] 수많은 보도문은 노동자들이 저택으로 밀고 들어오는 바람에 사모님이 거의 죽을 뻔했다고 전한다. 로더문트는 이렇게 전한다.

의사 사모님은 저택에서 발각되어 벽에 세워졌다. 그들은 사모님께 침을 뱉고 정신적인 고통으로 몰아넣었다. 그들은 쏴버리겠다면서 끝없이 그분을 힘들게 했다.[4]

이 여성도 "정신적 고통" 외에 다른 일은 겪지 않았다. 아마 슈나이더와 로더문트 같은 작가들이 그녀들이 겪었을 법한 상황, 혹은 겪었다면 좋겠을 상황을 지어낸 듯하다. 드빙거는 슈토펜베르크의 의사 저택에서 벌어진 전투를 더 자세히 전한다.

의사는 고개만 끄덕였다. 이제야 프린츠와 자기 아내가 눈에 들어온다. 창백한 안색의 젊은 귀부인이다. 자신과 마찬가지로 쉴 새 없이 부상자에게 붕대를 감고 있었다. 그들은 힘을 합쳐서 부상자를 모두 지하실로 옮겼다. 사모님이 있는 이불을 다 가져다 돌바닥에 깔아놓았다. 부상자들을 그 위에 나란히 눕혔다.

함께 갇혀 있던 보안경찰 프린츠가 협상을 위해 저택을 나섰다. "의사는 그의 손을 꼭 잡아주었다. 사모님은 그의 손을 끌어다 가슴팍에 품었다. 프린츠는 무거운 발걸음을 떼었다……." 의사 사모님은 분명히 아이-어머니 관계에서 어머니 역할을 수행하고 있다.
끝내 저택은 점령되었다.

두 놈이 남편과 아내를 떼어놓았다. 사모님은 부상자를 넘어 지하실 벽에 떠밀려 부딪혔다…… 젊은 귀부인은 갑자기 실신하여 쓰러졌다. 아마 그 바람에 목숨을 구할 수 있었던 듯하다.[5]

사태의 설명 방식에 흥미로운 단서가 가득하다. 여자는 무엇을 했을까? 붕대를 감고 부상자를 옮기고 바닥에 이불을 깔았다. 비상 야전병원을 차린 것이다. 즉 간호부다! 그녀가 누굴 돌봤을까? 자기편 병사들이다. 게다가 결혼한 몸이기 때문에 창녀가 아니다. 남편이 현장에 함께 있기 때문에 오해받을 여지조차 없다. 그녀는 남편과 함께 부모님 같은 역할을 떠맡는다. 병원에서 아프고 다친 사람들을 어머니처럼 돌본다.
전반적으로 그녀는 우익 간호부의 판타지적 화신이다. 게다가 그녀 자신도 피해자가 될 뻔했다. 작가가 말했듯 그녀의 목숨도 "아마" 위협을 당했기 때문이다.
드빙거의 발트해 소설에 등장하는 게르하르트 빌무트 소위는 그러한 여성의 완벽한 현신을 만난다. 빌무트는 부상을 입고 포로가 된다. 붉은 군대의 라트비아인이 그를 어두운 지하 감옥에 던져넣었다. 그는 까무러쳤다 깨어나면서 사경을 헤맨다.

세 번째로 깨어났을 때는 환영이 아닌 진짜 여자가 옆에 있었다. 그의 머리를 무릎에 얹고 그의 눈을 굽어보고 피 흘리는 입을 살폈다. 놀랍도록 아름다운 얼굴이었다. 안색은 핏기 없이 희디희었다. "고문을 당하셨어요?" 그 얼굴에서 부드러운 목소리가 흘러나왔다.

어깨를 조금 움직이면서 피딱지가 말라붙은 입을 열려고 안간힘을 썼다. "아직은……" 간신히 속삭였다. 그녀의 차갑고 갸녀린 손이 그의 이마를 쓰다듬었다. "전부 하소연하세요." 그녀가 말했다.

빌무트는 속을 털어놓았다.

"곧 죽게 되실 거예요." 그녀가 마침내 말했다.

"그렇지요." 그는 차분하게 대답했다. 너무 차분한 나머지 언제나 쾌활했던 자신이 낯설게 느껴질 정도였다. "늘 믿기지는 않았지만 예감하긴 했지요." 그는 말했다. "하지만 이렇게 다가올 줄은…… 예전에는 미처……" 차마 그 말을 입 밖에 못 내면서 그는 말을 계속했다.*

"예전에는 미처……" 이런 일을 겪게 될 줄 몰랐다? 겪어야 할 줄 몰랐다? 첫 번째라면 예측 못 했던 상황이라는 뜻이다. 두 번째라면 예측했던 두려움을 말하는 것이다. 드빙거는 아마 두 가지 가능성 모두를 보여주려 했던 듯하다. 그녀는 과연 사랑일까, 죽음일까?

빌무트는 "핏기 없이 희디흰" 얼굴에서 "흘러나오는" 부드러운 목소리가 환영은 아닌지 묻는다. 목소리에는 독특하게 "허공에 뜬 듯한 음향"이 있다. 드빙거는 두 번이나 의문을 던진다. 혹시 그녀가 어떤……?

---

* "토템 동물이 집 근처에 나타나는 것은 종종 죽음의 전조로 여겨진다. 토템이 친척을 데려가려고 왔다는 뜻이다." 프로이트는 여기에 각주를 달았다. "귀족 혈통을 지닌 순백의 여자도 그렇다." Freud, *Totem und Tabu*(『종교의 기원』, 이윤기 옮김, 열린책들, 2020), in *GW IX*, p. 128; 창백한 안색과 죽음에 대한 언급은 동일한 책 p.28을 참고하라.

대체 왜……?

말줄임표를 남발한다.

"안 돼요." 그녀가 나직하게 말했다.

"거절하고 싶겠지요!" 그는 신음했다. "그건 이해하지만……"

"당신이 애원한다고 내가 들어주겠어요?" 허공에 뜬 듯한 음향으로 그녀가 그의 말문을 가로막았다.

빌무트는 자살할 수단을 원한다. 하지만 작가는 사랑의 여지를 여전히 남겨두고 싶어한다.

그는 다시 몸을 눕히면서 피딱지가 앉은 입술을 깨물었다. "그렇다면 혹시 전에도……?" 그는 눈을 감은 채 물었다.

"내일 아침 일찍이요." 그녀가 차분하게 말했다. "라트비아 여자가 몽골인에게 나를 내줬어요. 하지만 몽골인이 그럴 시간이 없다고 해서 모면했지요." 그녀가 그의 눈길을 피하면서 말했다. 아름다운 입술도 거의 움직이질 않았다.[6]

라트비아 여자는 우리가 잘 아는 "총잡이 빨갱이 년" 마리야와 같은 부류다. 심지어 성적 능욕을 강제하고 관리하는 일을 맡고 있다. "몽골인"은 거절한 모양이다. 잠시 후에 이어질 내용에 따르면 그는 양손에 권총을 들고 감옥에 들이닥치나 어쩐 일인지 쏘지는 않았다. 빌무트는 환영을 보고 기운을 차려서 죽지는 않았다. "몽골인"은 그에게 권총을 준다. 마리야가 두려웠기 때문이다. 그녀는 실크 드레스를 질질 끌면서 뱀처럼 미끄러져 지하 감옥 계단을 내려온다. 알고 보니 "백인"이었던 "몽골인"은 그녀가 근접하자 양팔에 차례로 총을 쏜다.[7] 때마침 독일인 동지들이 도착하고 상황은 정리된다. 여기서도 어머니 상은 심각한 위협에서 아슬아슬하게 벗어나고 절개를 지킨다.

지하 감옥으로 돌아가보자. 구조의 손길은 멀고 환영은 아직 육화되지 않았다. 그녀는 누구일까? 일단은 어머니다. 드빙거는 빌무트가 "소년 같은 손"을 지녔다고 누차 강조한다. 그녀는 말을 잠시 멈추고 "그의 이마를 쓰다듬기 시작했다. 가운데에서 양옆 가장자리로 어루만져서 잠을 재웠다". 아이를 무릎에 앉힌 어머니의 손길이다.

이 순간 그들은 동반 자살을 도모한다.

놀랍게도 대번에 빌무트는 그녀의 목을 졸라주겠다고 동의한다. 하지만 그녀는 그가 힘들어할까봐 염려하면서 거절한다.

그들은 오래 말이 없었다. 서로를 가만히 응시했다. 그녀는 그를 내려다봤고, 그는 그녀를 올려다봤다. 그녀의 손이 어찌나 따뜻했던지 그는 행복해졌다. 전에는 싸늘했는데! 그의 가슴속 깊은 곳에서 뭔가 이글거리는 것이 치밀어올라 목이 메어왔다. 그의 눈으로 뜨거운 흐름이 몰려들었다. "이런 곳에서 당신을 만나게 되다니." 그는 하릴없이 말해버렸다. 그다음 어떻게 말을 이을지 몰랐다. "난 아직 젊은데……"
곧 뜨거운 기운으로 그의 눈이 부풀었다. 눈꺼풀에 잠깐 멈칫하는가 싶더니 드디어 걷잡을 수 없이 얼굴 위로 뿜어져나왔다. 어떤 흐느낌도 그의 젊은 육체를 흔들지 못했다. 어떤 경련도 눈물의 흐름을 막지 못했다. 평화와 정화를 가져다주는 거대한 물결이었다.

"뜨거운 기운"이 폭발하듯 "부풀었"다지만 정액 방출은 아니다. 스스로의 경계가 무너져서 눈물이 터져나왔다. 그리하여 어머니의 자궁으로 복귀하게 된 것이다.

그는 이마를 짚은 그녀의 손을 잡아서 자신의 눈물을 씻었다. 마치 어린 아이와도 같은 몸짓이었다.

"이름이 뭐야?" 그녀가 갑자기 친근하게 물었다.

"게르하르트 빌무트 소위." 꿈결처럼 그가 대답했다.

"자기는 이름이 뭐야?" 그가 되물었다.

"잔드라 페르모어 백작 부인." 그녀가 가만히 대답했다. 새로 흐르는 그의 눈물을 문질러 닦아준다. 눈물이 펑펑 쏟아지기 시작했다.

"울지 마⋯⋯." 속삭였다. "그만 울어⋯⋯."[8]

지하 감옥에서 구출된 후 모든 것은 지워졌다.

잔드라 페르모어 백작 부인과 소위는 그 후로는 서로를 만지지 못했다. 헤어진 것은 아니다. 그녀가 부대와 함께했기 때문이다.

"부대에 간호부가 필요하실 거예요. 난 3년 동안 현장에서 환자를 돌본 경험이 있어요."[9]

어머니, 간호부, 백작 부인이 한 사람이다. "좋은" 여성의 성스러운 삼위일체인 셈이다. 그녀는 절대 창녀가 아니다. 절대 거세하지 않으며 남자를 지켜준다. 그녀에게는 남근이 없다. 더 나아가 성별조차 없다. 그녀의 몸은 "흰 앞치마로 완전히 가려져 있다. 그녀의 창백한 얼굴은 새하얀 간호부 모자로 단정하게 각 잡혀 있다." 그녀의 매력은 빌무트에게만 통한 것이 아니다.

2중대의 죽어가는 병사가 그녀 앞에 눕혀졌을 때, 그는 갈라지는 목소리로 어머니를 부르짖으면서 울었다. 그녀의 스쳐가는 미소를 잠깐 봤다는 학생도 있었다.[10]

그녀의 얼굴은 대개 엄숙하다. 고귀한 아름다움을 지녔다. 아들 같은 군인이 죽어갈 때나 되어야 살짝 웃어주는 죽음의 어머니 같은 존재다.

영웅적인 어머니 상, 쥐텐 성채의 백작 부인, 슈토펜베르크의 의사 사모님, 페르모어 백작 부인 등은 모두 "좋은" 여성의 판타지에 해당된다. 어머니로서의 여성은 아들뻘 군인들에게서 고통을 덜어주거나 그들을 보호해주는 역할을 한다. 그녀는 빨갱이들에게 능욕이나 살해를 당할 위협에 처하더라도 언제나 아슬아슬하게 모면한다. 그녀가 행여 누군가와 연애를 하고 있더라도 공공연하게 언급되지는 않는다. 슬하에 친자식은 없다.

그렇다면 의문이 든다. 그녀의 남편은 어떤 사람인가?

쥐텐 성채의 백작 부인에게는 남편이 있다. 베스터홀트 백작이다. 슈나이더 대위가 『베를린 일보』에 "기사"를 쓰던 1920년 5월 2일에 백작은 총을 맞고 사망했다. 범인은 공산주의자 선원으로 추정되었다. 프로파간다 효과는 엄청났다. 슈나이더는 이렇게 쓴다.

> 살인 피해자의 아내에게 지역 주민들의 동정심이 집중되고 있다. 다들 기억하겠지만 백작 부인은 지난번 붉은 군대가 쥐텐 성채를 "방문"했을 때 미친 군중의 극심한 광분을 견뎌내는 곤욕을 치렀던 분이다.[11]

남편의 죽음은 백작 부인의 희생자 지위를 강화했다. 또한 백작 부인은 슈나이더 대위가 보도문을 통해 달성하려는 목적에 매우 유용한 존재가 되었다. 신문 기사는 독자들에게 의지할 곳 없는 그녀의 보호자가 되어주자고 촉구하고 있다. 다시 말해, 빨갱이를 살해하는 것만이 어머니의 원통함을 풀어주고 은혜에 보답하는 길이라는 게 글의 골자다. 그녀의 명예를 회복하고 보호자의 빈자리를 다시 채워야 한다. 적어도 판타지로는 그렇다. 물론 살해는 너무 현실적이다. 군사 법정에서 붉은 군

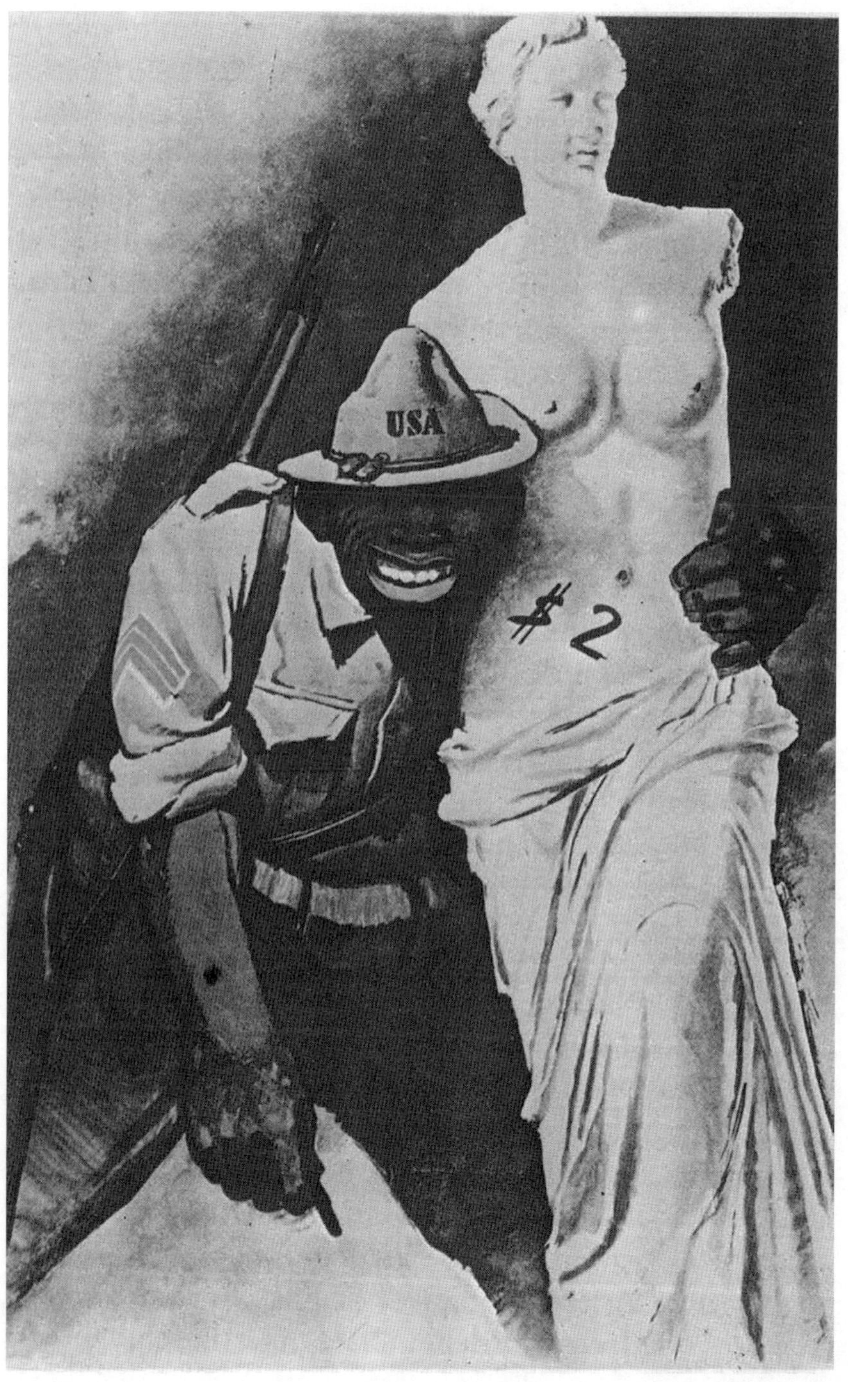
USA
$2

대가 살인했다는 소문은 훌륭한 표면적 평계로 기능했다.

이와 모순되는 듯한 또 다른 소문도 있다. 베스터홀트 백작 살인 사건의 정황을 자세히 살펴보면 국가방위군이 범인으로 의심된다는 의견도 있었다. 그러나 의혹 제기는 곧 제압되고 매장되었다. 1920년 5월에 "우파"가 백작을 살인했다면 모든 국가 기관에 악재가 되었을 것이다. 노동자 반란에 맞서려는 선동도 신빙성을 잃었을 것이다.

사실 우익의 범행이었다는 것은 1925년에 우연히 밝혀졌다. 하인리히 토이버는 1926년 6월호『사회주의 정치 경제*Sozialistische Politik und Wirtschaft*』에 글을 게재했다. 그에 따르면 진상은 이러하다. 1920년 5월 2일 국가방위군 소속의 게오르크 레네가 장전된 카라비너 소총을 휴대하고 보르켄베르겐의 숲을 헤매고 있었다. 이곳은 쥐텐 성채가 있는 할테른 근방이었다. 그는 녹색 옷을 입고 있던 베스터홀트 백작과 마주쳤다. 백작은 레네가 밀렵꾼일 것이라고 의심했다. 레네는 자신의 성명은 밝히지 않으면서도 귀족 나리에게 소속 부대에 신고하지 말아달라고 애원했다. 베스터홀트는 부대에 알려야겠으니 앞장서라고 재촉했다. 백작은 부주의하게도 레네보다 앞서 길을 갔고 5, 6분 후 뒤에서 목 부근에 쏜 총을 맞고 죽었다. 레네는 이튿날이 되어서야 자기가 쏜 사람의 신분을 알게 되었다. 빨갱이에게 살인 누명이 씌워진 것이 그에게는 다행스러웠을 것이다.

1925년 8월 레네는 국가방위군에서 제대했고 올덴부르크의 인쇄공이 되었다. 그는 범행을 떠벌리다가 체포되었으나 혐의를 부인했다. 하지만 감방 동료에게 진실을 털어놓았다. 동료의 정체는 염탐하던 경찰 끄나풀이었다.

1925년 12월 2일에 레네는 사형을 구형받는다. 그리고 1926년 3월 25일 제국법원 제3형사법정에서 사형 선고를 확정받는다.[12] 베스터홀트 백작의 죽음은 "쥐텐 성채의 백작 부인" 신화 창조에 결정적이었다.

빨갱이의 손에 남편이 희생된 덕에 "순백의 귀부인"이 성립된 것이다. 그러니 당연히 범인 수색도 붉은 군대에 집중되었다. 군부와 사법부가 스스로 지어낸 현실에 맞춰 폭주하다가 자기편이 진범이라는 증거가 나오면 바로 수사가 잠잠해지는 대표적인 사례라고 볼 수 있다. 바로 사건에 대해 관심을 잃고 "비현실적"이라고 치부한다. 1925년에는 상황이 달랐다. 우파 몇 명이 기소된다고 해서 "공화국"의 안정에 위협이 되지는 않았다.

두 번째, 백작 부인 잔드라 페르모어를 살펴보자. 그녀에게도 남편이 있었다. 남편의 죽음으로 그녀는 만질 수 없는 존재가 되었다. 죽은 남편에 대한 절개 때문에 그녀는 빌무트 소위의 구애를 거절한다.

"남편을 여읜 지 일주일쯤 됐을 때 당신을 처음 만났어요. 그이는 내 눈앞에서 볼셰비키의 손에 죽었지요. 겨우 신혼 석 달째였지만 나는 이루 말할 수 없을 만큼 그이를 사랑했어요.

……그이가 석 달 동안 내게 베풀어준 사랑에 보답하는 길은 단 하나밖에 없어요. 내 삶이 끝나는 날까지 그이를 위해 살겠어요. 내 생각은 그이의 곁에 있어요…… 내 손도, 내 몸도, 내 입술도 그이의 것이에요…… 그가 세상에서 사라졌고 내 영지도 사라졌어요. 나 역시 사라져야지요…… 나는 행복해서는 안 돼요. 빌무트. 그이를 생각하면 그럴 수 없지요…… 당신을 도와드릴 수도 없어요. 저는 이미 죽은 몸이거든요. 텅 비어 있는 껍데기일 뿐이지요. 그 누구도 생명을 불어넣을 수 없어요……."[13]

남편과 사별한 여주인공에게 더 이상 사랑이란 없다. 심지어 어느 누구도 그녀를 사랑하지 않는다. 빌무트 소위는 몇 페이지 뒤에서 총을 맞고 죽는다. "용기를 원하다"라는 뜻의 빌무트Willmut라는 이름에 걸맞게 전투에서 만용을 부리며 자신을 내던지다가 이마에 총을 맞고 전사

한다.[14]

세 번째 여성, 슈토펜베르크의 의사 사모님은 원칙에 어긋나는 듯 보인다. 남편이 살아 있고 함께 현장에서 일하고 있다. 그러나 뭔가 이상하다. 드빙거는 의사를 노동자 세력에게 동조하는 사람으로 그렸다. 보안경찰이 저택에 진을 치고 대치할 때 의사는 마지못해 도왔을 뿐이다.[15] 일종의 흠결이 있는 인물이다. 드빙거의 상상력을 통해 흠결은 더 의미심장하게 강화된다.

한편 닥터 콘드링이라는 인물이 있다. 그는 슈토펜베르크 탄광의 사업장 지정 보건의다. 노동자 동조 세력과는 거리가 먼 사람이었다. 보안경찰은 그의 저택을 탄약 저장고로 사용했고, 전화선을 개통해 에센의 작전통제센터와 연락을 주고받았다. 좌파 의사가 있다고? 어림도 없는 소리.[16]

남편을 좌파로 그리고 아내의 고뇌하는 모습을 강조함으로써 드빙거는 부부 사이의 갈등의 골을 깊게 만든다. 독자들은 사모님이 남편을 잘못 만났다고 생각하게 된다. 그녀는 보호해주고 싶은 대상이다. "붉은 테러"에 위협받으면서도 홀로 버텨내는 외로운 영웅 같은 존재다. 그렇기에 그녀는 연모의 대상이 될 수 없다. 작가로서는 일석이조의 효과를 거둘 수 있다. "빨갱이"는 역시 비인간적이다. 동조하는 사람에게조차 저렇게 가혹하다니.

사모님에게는 "백작 부인"다운 면모가 없거나 부족해 보인다. 가면 같은 "창백한 안색" 정도로는 귀족적이기에는 터무니없이 부족하다. 그러나 보안경찰의 이름이 왕자라는 뜻의 "프린츠"라는 점에서 자극적인 감성이 느껴진다. 좌파 의사의 사모님보다는 보안경찰 편에서 왕자의 "공주"였더라면 더 좋았을 텐데. 헤어지기 전에 사모님은 "왕자"의 손을 끌어다 가슴팍에 품어준다. 이는 다른 해석과 조화를 잘 이룬다. 의사 부부는 부상당한 보안경찰에게는 여전히 "부모님"처럼 그려진다. 단, 변형된 요소가 있다. 부모님은 그대로지만 어머니가 살짝 우월해진다. 아버지는 흠결이 있다. 다행히 아들은 반듯하게 컸다.

"좋은" 여성상을 대표하는 세 여성의 남편들은 죽었거나 흠결이 있다. 죽은 남편들은 빨갱이 손에 죽었다. 흠결 있는 남편은 본인이 빨갱이다. 세 여성은 모두 홀몸이다. 그 덕에 영웅적 어머니 상이 완성된다. 바로 "순백의 귀부인 간호부"다. 그녀는 강인하다. 그러면서도 외적에게서 지켜내야 할 대상이다. 적의 적도 그녀의 보호자를 자처하려고 기회를 노리고 있기 때문이다. "기사도"를 지키면서 적절하게 내외하지 않으면 죽은 남편이 벌떡 되살아날 수도 있다.

성애적 / 무성애적 어머니 – 아들 관계의 픽션은 비관능화를 통해 이루어진다. 어머니 상은 비생명화되고 아들은 부상당한 것으로 그려진다. 그리하여 근친상간적 판타지의 역겨움이 거세된다. 그녀는 천사 같은 존재이고 그는 부상당했다. 즉 거세되었다. 둘 다 무성별이며 무력한 존재다.

아들의 역할을 자세히 고찰해보면 폭발적 진실이 드러난다. 가족 구조에서 아버지를 밀어낸 것은 빨갱이가 아니라 바로 아들 자신이기 때문이다. 마치 꿈처럼 부친 살해 충동이 달성되었다. 아버지는 죽거나 적에 의해 살해당한다. 부친 살해로 얻고 싶었던 사랑 대상물인 어머니는 그 자리에 남아 있지만 수중에 넣을 수 없는 존재다. 아들은 아버지의 빈자리를 채울 수 없었다. 어머니와 아들에게는 수절의 길이 시작된다. 온갖 금지와 고통으로 가득한 길이다. 때로는 죽음에 이르는 길이다.

부친 살해는 우선 어머니에게 영향을 끼친다. 삶에서 남편이 사라져버리고 빈자리는 다시 채워지지 않는다. 어머니를 향한 은폐된 공격성처럼 느껴진다. 이제 그녀는 세속적 만족감을 누릴 수 없다. 대리석 같은 얼굴로 천상계 드높은 곳에 앉아서 죽은 듯이 살아야 한다. 대체 왜 아들은 어머니에게 복수를 하려는 걸까? 어머니와 아들 관계는 마치 백색 간호부와 부상병의 관계처럼 무해해 보일지라도 이면에는 어머니를 향한 은폐된 공격성이 위장되어 있다. 어머니에게 어떤 죄가 있을까? 성적인 혹은 다른 종류의 죄일까? 아들이 보기에는 그것 때문에 벌을 받아야만 하는 것일까?

여성이 겁탈의 위협에 처했다가 늘 아슬아슬하게 모면한다는 설정에서도 어쩐지 공격성이 느껴진다. 짐승은 언제나 한 걸음 더 나아갈 위험이 있는 법이다. 잔드라 페르모어도 위험했다. 성채에 가해지는 노략질도 위협이 상존하도록 유지하는 기능을 한다.

어머니들

군인 남성들의 글에서 생모가 어떻게 묘사되는지를 살펴보는 것이 좋을 듯하다. 두 가지 정도의 관점이 발견된다. 우선은 어린아이의 입장에서 본 어머니다. 몇 가지 예를 살펴보자. 에른스트 룀의 글이다.

우리 어머니는 세상에서 제일 좋은 아내이자 어머니다. 나는 어머니가 제일 사랑한 막내아들이었다. 더는 할 말이 없다.[1]

과연 더 언급하지 않았다.
페터 폰 하이데브레크의 글이다.

우리 삼남매는 한없는 사랑으로 어머니에게 매달리곤 했다. 오늘날까지도 우리는 어머니의 관심을 맨 먼저 차지하려고 쓸데없이 서로 경쟁하곤 한다. 어머니는 우리에게 예수님의 삶에 대해 이야기하셨고 동화를 들려주셨고 전래 동요를 불러주셨다. 어린 시절의 제일 아름다웠던 기억이

다. 내가 어머니에게 가진 유일한 불만은 겨울철에 외투 챙겨 입으라고
한 잔소리였다.[2]

레토-포어베크의 글이다.

우리 시골 마을 사람들은 우리 어머니를 천사처럼 착하신 분이라고 했
다. 언제나 삶에 착실하셨다…… 영특하셨고 믿음이 깊으셨다. 돌아가시
는 순간까지 깊은 신앙심을 유지하셨다.[3]

루돌프 회스는 종전 후 고향에 돌아왔다.

그제야 나는 진정으로 어머니를 잃었다는 것을 실감했다. 나는 고향을
잃었다. 버림받고 혼자 남겨진 기분으로 난 우두커니 서 있었다.[4]

헤르만 에어하르트의 어머니는 엄격한 아버지로부터 그를 감싸주시
곤 했다.

어느 겨울밤에 나는 네 시간 동안이나 눈밭에서 벌을 섰다. 어머니가 이
만하면 됐다면서 벌을 거두어주셨다.[5]

이런 적도 있다.

어머니가 말리셨다. "녀석이 충분히 혼나고 겁먹었어요. 그러니 늦도록
잠도 못 자고 도망을 갔던 거잖아요. 지금은 일단 재워요. 푹 자고 날이
밝으면 정신 차리겠지요. 멍청한 짓을 했다고 뉘우칠 거예요."[6]

만프레트 폰 킬링거는 밤에 폭음하고 다니다가 사관학교에서 퇴학당
했다. 집에 돌아왔을 때 겪은 일이다.

어머니는 아들의 머리를 껴안고 입을 맞추셨다. 이미 마음속으로 용서하
셨던 것이다. 아버지에게서 전후 사정을 듣기도 전이었다. 어머니는 아
들을 잘 알기 때문에 못된 짓은 안 했다는 것을 아셨다.[7]

확실한 이미지가 있다. 어머니는 보호하신다. 어머니는 천사다. 어머
니는 고향이고 사랑을 준다. 하이데브레크와 레토가 강조하듯 신앙심이
깊으신 것은 두말할 나위 없다. 예를 들어 막시밀리안 델마르는 이렇게
찬양한다.

영원한 광명의 빛이 제단의 성모님 모습을 비춘다. 따뜻하셨던 내 어머
니가 생각났다. 성모님을 나직이 불렀다. 사랑이여, 사랑이여! 어머니만
이 가엾은 자들을 치유하고 구하실 수 있습니다. 신이 없는 이 시대에 기
계 악마를 막아주소서.[8]

두 번째 관점은 성인이 된 아들이 "어머니들"에 대해 이야기할 때 주
로 두드러진다. 자신의 어머니를 말하는 것이 아니라는 의미에서 따옴
표를 쳐서 표기했다.
마르틴 니묄러의 글이다.

1919년 신년의 종소리가 울리던 순간 장모님은 열린 창문 앞에서 밖을
내다보고 계셨다. 부퍼탈 계곡을 굽어보며 소리 없이 눈물을 흘리셨다.
남달리 강인한 여인이었던 탓에 유독 사랑하셨던 장남의 죽음 앞에서도
마음을 다잡으셨다. 그러나 조국의 치욕과 곤경을 목격하자 마음이 완전

히 무너지셨던 것이다. "이보게, 마르틴. 우리 독일이 과연 예전처럼 바뀔 수 있을까?" 난 대답했다. 심지어 오늘 이 순간까지도 믿을 수 없을 정도로 확신하며 대답했다. 다른 계획은 상상조차 할 수 없었다. "반드시 달라질 거라고 굳게 믿습니다, 장모님!"[9]

레토 - 포어베크는 친구의 어머니에 대해 이렇게 썼다.

연로한 친구 어머니로부터 나는 배웠다. 아들이 죽었다는 하늘이 무너지는 소식에도 노모는 흔들리지 않으셨다. 어머님은 산증인이셨다. 세상에 못 견딜 고통은 없는 법이다!
모범적인 프로이센 방식의 인생관이다.[10]

속담에 "눈물 말고 행동이 목숨을 늘린다"는 말이 있다. 폰 데어 골츠 장군은 발트해 지역의 한 여성에게 경의를 표한다.

아직 앳된 아이들과 함께 과부는 살해당한 남편의 관짝 앞에서 눈물 한 방울 흘리지 않고 서 있었다. "독일 사람은 안 웁니다." 그녀의 대답이었다.[11]

한스 하인츠 에베르스의 『독일 밤의 기수』의 주인공 파울 숄츠 중위의 어머니도 심한 마음고생을 했다.

나쁜 소식에도 불구하고 어머니는 꿋꿋하셨다. 전쟁이 아들 넷을 잡아먹었지만 어머니는 버텨내셨다. 그러나 어머니는 어이없는 일에 무너지고 말았다. 로트링겐 지방에 프랑스인이 우글거리기 시작했고 사회도 타락하기 시작한 것이다.[12]

남편을 중용했던 사회가 타락했다. 남편의 실직에 무너진 것일까? 아니면 "로트링겐" 때문이었을까? 아들 넷이 죽어도 이겨냈던 어머니다.

군인 남성들은 자신의 어머니를 이 정도로까지 찬양하지는 않는다. 영웅 어머니를 둔 불운한 아들이 되고 싶지는 않은 것이다. 언제나 이런 식이다. "내가 아는 동료가 있는데" 그 친구의 어머니가……13

자신의 어머니에 대해서는 깊은 측은지심을 품고 있다. "성미가 불같았던 아버지 때문에 어머니가 고생이 많으셨다. 때때로 아들들에게 가혹하셨던 아버지를 이해 못 하셨다." 레토-포어베크의 글이다.14 아버지의 가혹함 때문에 어머니가 일찍 돌아가셨다고 슬쩍 내비치기도 한다. 보호자로서의 어머니와 희생자로서의 어머니가 동일인으로 묶여 있는 것이다.

"좋은" 어머니 상은 분열되어 있다. 하나는 자식을 한없이 사랑하고 지켜주는 자신의 어머니다. 특히 아버지로부터 자식들을 지켜낸다. 다른 하나는 강인한 어머니다. 대개는 동료 등 남의 어머니다. 자신의 모든 것을 희생하여 길러낸 아들이 죽어도 눈썹 하나 까딱 않는 강철 같은 어머니다.15

아들은 어머니의 부드러움과 강함 모두를 칭송하지만 다만 말을 아끼는 편이다. 어머니에 대한 언급은 부인에 대한 언급보다 훨씬 더 드물다. 하지만 과장된 어휘가 사용된다. 어머니는 "선하신 천사"이며 "최고의 여성"이고 "고향"이다. "무한한 사랑"을 바친다. "세상 그 무엇보

뤼디거 폰 데어 골츠 장군.

다 더" 사랑한다. 이 정도 사랑
은 어머니를 제외하고는 독일만
이 받는다.

또한 어머니의 특성은 우리가
앞서 고찰했던 순백의 귀부인
간호부의 특성과 정확하게 일치
한다. 한편으로는 사랑하고 보살
피면서도 다른 한편으로는 차갑
고 도도하며 영웅적이다.

강철 같은 어머니의 영웅적
면모에 대한 찬양을 자세히 들
여다보면 앞서 우리가 의심했던
은폐된 공격성이 확실히 드러난

어머니 품에 안겨 있는 레토-포어베크

다. 귀부인 간호부의 사례에서 보듯 어머니의 영웅성이 드러나는 곳은
바로 남편이나 아들을 잃었을 때 나타나는 의연한 태도다. 무척 특이한
점은 어머니의 고통을 덜어주려는 노력이 전혀 없다는 것이다. 고통을
견디는 것은 당연할 뿐 아니라 오히려 존경받을 일이다.

그러면서 또 다른 어조가 읽힌다. "남달리 강인한 여인이었던 탓에
유독 사랑하셨던 장남의 죽음 앞에서도 마음을 다잡으셨다." 이 표현에
는 동정심만 담겨 있지 않다. 글쓴이의 속마음은 어디 있는가? 어머니
도 아버지를 따라 죽어야 한다고 생각하지 않을까?

레토는 친구 어머니의 입을 빌려 이렇게 말한다. "세상에 못 견딜 고
통은 없는 법이다!" 여기에 숨겨진 의기양양한 속뜻은 이렇다. "암, 고통
받아야지. 고통받아도 싸니까 고통받아야 옳지!"

이것이 누구를 향한 공격성인지는 잘로몬이 감옥에서 목사로부터 들
었던 말에서 잘 드러난다.

목사는 설교단에서 이렇게 말한 적이 있다. 알고 보면 죄수들의 잘못은 적다고 볼 수 있다. 나쁜 본보기를 보고 자라서 그런 거다. 자기 어머니가 하숙생이랑 화냥질하는 것을 보고 자란 애들이 무엇을 배웠겠는가?

잘로몬은 덧붙인다.

나는 교도소장을 통해서 목사에게 항의했다. 다음 설교 시간에는 우리 어머니를 뜻했던 것은 아니었다고 반드시 해명해 밝혀달라고 요청했다. 목사가 내 감방에 찾아와 사과했다.[16]

이런데도 어머니를 향한 공격성이 아닐까? 잘로몬은 특별한 이유도 없이 목사의 화냥질 언급을 민감하게 받아들였고 어머니의 결백을 변호하고 나섰다. 자신이 감옥에 있는 동안 어머니가 하숙생을 받을까봐 위협을 느꼈던 것일까? 혹은 아무 남자나 하숙생이라고 둘러댈까봐 걱정됐을까? 행여 어머니가 그런 일을 저지를까 싶어서 잘로몬은 강하게 반응하는 것이다.

빌무트 소위가 페르모어 백작 부인이 몽골인에게 더럽혀지기 전에 목 졸라 죽여주겠다고 대번에 나섰다는 점도 흥미롭다. 혹시 기꺼이 죽이겠다는 것일까? 빌무트 소위와 페르모어 백작 부인의 마지막 대화는 마치 백작 부인에게 내리는 사형 선고처럼 들린다. 문맥상으로 보면 구애를 거절당한 빌무트가 피해자다.

"나에게 무엇이 남았나요. 나에겐 남은 게 없어요. 내겐 신도 없어요. 오, 말해주세요, 잔드라. 우리 신께서는 어디에 계실까요?"
"신은 무슨 신이요?" 그녀가 또렷하게 되물었다.
그는 놀라서 한 걸음 다가섰다. "그대조차 신을 잃으셨나요? 신이 없다고 느끼시나요?"

"없어요." 그녀는 단언했다. "늙은 신은 죽었어요. 우리 모두의 눈앞에서 죽었어요. 하지만 내게는 신이 생겼어요. 저를 도와주시죠. 늙은 신보다 훨씬 더 많이."

"어떤 신이지요?" 빌무트가 속삭이듯 물었다.

"절개!" 나직한 대답이었다.[17]

이 대목에서 그녀의 목소리는 더 이상 "허공에 붕 뜬 음향"이 아니며 "또렷하게" "단언"한다. 여기서 목격되는 것은 이상화의 역변이다. 아들은 어머니에게서 생명력을 빼앗고자 한다. 이제 어머니는 자기 자신으로 혹은 타인과의 관계 속에서 존재해서는 안 된다. 오직 아들을 위해서 영웅적 정물화로만 존재해야 한다. 즉 죽은 자연물靜物, nature morte인 것이다.

루돌프 헤어초크의 소설 『대장장이 빌란트Wieland der Schmied』에서는 시작부터 주인공 토르스베르크의 아내가 죽는다. 독일을 "홍수처럼 휩쓰는" 페스트에 희생된다. 혁명을 비유하는 듯한 설정이다. 토르스베르크는 의사다. 특히 "페스트"를 물리치는 의사다. 아내 "미네 아씨"의 몸은 병든 독일 땅과 등치된다. 아내는 아들딸, 두 아이의 엄마다. 토르스베르크가 아이들을 잘 키워내는 성장 스토리가 소설의 내용이다.

이튿날 그는 아내를 오래 꼼꼼하게 진찰했다. 진찰을 마칠 무렵 그는 아내가 서서히 죽게 되리라는 것을 알았다.

그 순간부터 아내를 바라보는 그의 눈빛은 더 밝고 선명해졌다. 아내와 이야기하는 그의 목소리는 더 행복하고 믿음직해졌다. 아내에게 살고자 하는 의지를 불어넣기 위해서였다.[18]

일종의 허세라고 봐야 할까? 혹은 아내가 죽어야 한다는 것을 공공연하게 말하고 싶은 것일까? 아내는 죽은 후에도 쓸모가 없지는 않았다. 남편은 종종 아내의 무덤을 찾아간다.

그는 미동도 없이 서서 석판과 참나무 관뚜껑을 뚫어질 듯이 쳐다봤다. 그 너머 고통받는 이의 변해버린 얼굴이 보이는 듯했다. 그는 꼼짝 않고 서서 망자와 오래 대화를 나눴다.

아이들도 마찬가지였다.

"엄마에게만 충실할게요, 미네 아씨." 아이들은 무덤가에서 맹세했다.[19]

작가는 아내가 단지 망자가 아닌 고통받는 이로 등장하기를 원한다. 그것이 그녀의 가치다. 그는 "페스트"를 핑계 삼아 아내를 작품 속에서 죽게 만든다.

어머니 상은 심층적으로 분열되어 있다. 어머니 안에는 아들이 은폐하고 있는 공격적 충동이 집중되는 사악한 측면이 존재한다.

그래서 죽은 어머니만이 좋은 어머니인 것일까?

아들의 공격성은 무엇을 노리는 것일까? 두 가지다. 우선은 어머니의 남편을 박탈해 어머니의 생명력을 빼앗는 것이다. 불행을 만난 어머니는 인간적인 슬픔의 온기를 잃는다. 과부가 된 어머니는 싸늘하게 식는다. 아들의 공격은 어머니의 섹슈얼리티만 없애는 것이 아니다. 앞으로 어머니에게는 어떤 따스한 인간적 친밀성도 없다. 어머니다움도 없어진다. 둘 다 아들에게는 위협으로 느껴지는 듯하다.

앞서 살펴본 "자궁으로 회귀"하는 장면에서 아들이 되돌아가는 자궁은 생기가 제거되고 아주 멀리 설정된 곳이다. 상황은 최선을 다해 비관능화된다. 빌무트가 회귀하는 곳은 어머니의 따스한 무릎이 아니라 서늘한 무덤가와도 같다. 이제껏 소개했던 모든 작품 속의 어머니 상은 따뜻한 모성을 떼어서 제거한 형태였다.

이러한 분열은 방어기제다. 분열을 실행하는 자는 "사악한 대상"에게 집어삼켜질까봐 두려워 대상을 분열시켜버린다.

아들이 어머니를 차갑고 강철같이 묘사한 이유는 뭘까? 어머니의 근접성과 따뜻함이 아들의 소멸을 초래할까봐 두려웠던 것일까?*

처음 문제로 돌아오자. 어머니와 그녀의 남편. 여기서 공격이 쏠리는 대상은 아버지다. 어머니와의 관계를 가로막는 유일한 사람이 아버지이기 때문이다. 아버지 말고 다른 남자가 있었더라면 전체 구조는 다른 그림이

---

* 여성을 "좋은" 여성과 "나쁜" 여성으로 "양분"하는 방식은 흔히 지적되지만 대개는 표면적 분석에 그친다. 예를 들어 아도르노와 프렌켈-브룬스비크 등이 공저한 『권위주의적 인격Der autoritäre Charakter』(Amsterdam, 1969)에는 "맥"이라는 전형적인 인물을 분석한 내용이 있다. "그는 여성에 대해 거부하는 태도를 지녔으면서도 어머니를 이상화한다. 반드시 '동화 속 공주 같은 성격'의 처녀와 결혼하겠다고 다짐했다. 양자는 어떻게 조화될까? 반드시 염두에 두어야 할 것은 맥이 양면적인 여성상을 지녔다는 것이다. '나쁜' 여자는 위험하고 착취적이고 관능적이라서 남자의 신세를 망친다. 반면 '좋은' 여자는 편안하고 야하지 않아서 남자에게 '베푼다'. '맥'은 술 취했을 때 혹은 사창가에서 전자와 성교를 즐기고 싶다. 그리고 결혼은 후자와 하고 싶다.
좋은 여성상은 명백하게 '죽을힘을 다하여 자식을 위해 희생하는' 어머니 상에서 비롯되었다."(Bd. 2, p. 25.)
이러한 설명이 간과하고 있는 것은 두 여성상 모두 어머니 상에서 비롯되었다는 점이다. 프로이트는 이를 일찍이 간파했다. 억압적 부르주아 도덕관념 아래서 자라난 소년은 부모가 침실에서 하는 행동을 죄악으로 이해한다. 그리하여 어머니가 하는 짓을 창녀 짓과 동일시한다. (Freud, GW VIII, p. 73; XIV, p. 418.)
이러한 이해 방식은 근본적인 반박을 못 할 뿐 아니라 근본적인 이해도 못 한다. 왜 "좋은" 여성은 좋고 "나쁜" 여성은 나쁠까? 그리 간단하지가 않다. "좋은" 여자는 "나쁜" 여자와는 다른 방식으로 생명을 빼앗긴다는 점에서 차이 날 뿐이다. 이상화는 곧 비생명화다. 또 다른 형식의 살해일 뿐이다. "나쁜" 여자를 살해하는 것은 곧 어머니의 섹슈얼리티, 즉 창녀 짓을 격퇴하는 것이다. 더 나아가 여성의 "치명적" 본질을 격퇴하는 것이다.

된다. 그런 여자는 창녀니까 좋은 어머니 상에 들어맞지 않을 것이다.

아버지는 애초에 어머니를 건드려서는 안 되는 것이었다. 그런 벌로 아버지는 빨갱이의 손에 목숨을 잃는다. 아버지는 최소 한 번은 어머니를 건드린 게 분명하다. 아들을 출산했으니까.

여기서 중요한 질문이 제기된다. 출산한 사실 자체가 지워져야만 할까? 아들은 다른 아버지를 갖고 싶은 걸까? 아버지가 애초에 다른 사람이었길 원하는 걸까? 아니면 아버지 자체가 없었으면 하는 걸까? 동정녀의 몸에서 태어나고 싶었던 걸까? 아니면 스스로 태어나고 싶었던 걸까?

한 가지는 확실하다. 자유군단 문학은 아들의 문학이다. 모든 것은 아들의 관점에서 관찰된다. 아들은 세상에 적응하고 어머니를 다루고자 한다. 또한 "누이들"에게 대처하고자 한다.

자유군단 문학에서 아버지는 논외의 문제다. 영웅도 아니고 호적수도 아니다. 아버지는 의미심장하게도 그냥 묵살된다. 고위급 장성인 레토, 골츠, 뤼트비츠 등도 그 언어를 분석해보면 아들 입장에서 글을 쓴다. 또한 공화국에 반항하는 반군 입장에서 글을 쓴다.

군인 남성들은 아들 입장에서 치욕스럽게 퇴위당하고도 살아남은 빌헬름 2세라는 아버지를 바라본다. 이제 실수를 바로잡을 작정이다. 아버지는 실패자다. 아들이 대신 어머니 독일을 물려받아서 싸운다. 가부장제는 파시즘을 거쳐 "아들의 폭정"이라는 형태로 지배력을 확보했다. 세상천지에 온통 아들 놈들이 판을 쳤다. 히틀러 역시 그중 한 명이었다.

"황제는 죽었어야 마땅했다. 항복하는 제국 육군의 맨 앞에서 죽었어야 했다." 곳곳에 원성이 높았다. 누구나 공공연히 비난했다.[20] 황제는 죽지 않았다. 그리고 고위 장교들은 기회주의적으로 공화국을 편들었다. 가부장들은 신뢰를 완전히 잃어버렸다. 이제 아들의 시대다.

누이들

순백의 간호부에는 어머니 유형, "순백의 귀부인" 유형만 있는 것이 아니었다. 종종 부상병의 "누이" 형태를 취하기도 했다. 대표적인 사례가 토르 고테의 책에 나온다. "베르톨트 동지"는 야전병원에 단골로 드나들었고 언제나 "프란치스카 간호부"의 보살핌을 받았다. 그의 친누님이었다. 남동생이 부상당하면 어김없이 누님이 와서 보살폈다.

누님은 사랑보다는 죽음에 더 익숙한 여자였다.

프란치스카 간호부는 구불거리는 검은 머리채 위에 흰 간호부 모자를 썼다. 연청색 간호복 위에 흰 앞치마를 둘렀다. 그녀는 언제나 요오드포름 냄새의 파도를 몰고 다녔다…… 그녀는 자세히 안 보고도 한눈에 동생의 눈치를 챘다.

아무것도 묻지 않았다. 눈빛만 봐도 알았으니까. 이루 말할 수 없을 수많은 나날, 여기 실려와서 바로 죽거나 혹은 몇 달간 사경을 헤매다가 죽는 병사들을 보살펴왔기 때문이다.

말끔히 소독된 여성이다. "요오드포름 냄새의 파도"를 몰고 다닌다. 파도가 몰려드는 곳은 바로 남동생이다. 그가 가는 곳에 그녀가 있다. 그가 누님의 삶을 결정한다.

"오늘 저녁 급행열차로 떠납니다, 누님!" 남동생은 처음으로 웃는 얼굴을 보여주었다. 그녀는 행선지를 묻지 않았다. 최전방 말고 달리 어딜 가겠는가?

병가는 아직 14일이나 남아 있었다. 길 건너 상점에서는 벌써부터 크리스마스 장식물을 팔고 있었다.

베르톨트의 누님 프란치스카(1932)

"강철 여단"의 지휘관 베르톨트(1919/20)

그녀는 잠자코 아무 말도 하지 않았다.

그저 바삐 차를 끓이고 빵에 버터를 바르고 요리를 했다. 이번이 동생을 보는 마지막 순간이 될 수도 있다는 생각에 그녀는 진저리를 쳤다. 내게 동생이 어떤 존재인데!

하지만 그녀는 동생을 잡지 않았다. 말리지 않았다. 잡는다고 잡아지는 게 아니다. 다른 사람에게 매달려서는 안 되는 것이다.

그녀는 안쓰러운 눈길로 바라보며 미소 지었다. 동생도 마주 봤다.

동생의 뜻을 존중해야 해!

심정을 알아주되 얽매여선 안 돼! 아녀자가 할 수 있는 최선은 여기까지야. 더 이상은 안 돼.

이것이 그녀의 운명이었다. 어린 시절 꿈꿨던 운명은 아니었을지언정.

이 운명에 나도 순종하리라. 남동생도 자기 운명의 길에서 벗어나는 법이 없듯이![1]

"내게 동생이 어떤 존재인데!" 모든 것이자 그 무엇도 아니다. 남동생은 사랑이지만, 그 때문에 누님에게는 사랑이 금지된다. 그에게는 어떨까? 어느 날 그는 생각에 잠겨 "신붓감" 사진을 응시한다.

바로 옆에 누님의 사진이 놓여 있었다. 이제껏 프란치스카 누님은 내가 제일 믿는 사람이었다. 밤낮 가리지 않고 나를 보살펴주었고 나를 위해 희생해주었다…… 그는 누님의 사진을 집어들었다. 세상 여자들이 다 누님 같으면 얼마나 좋을까? 과묵하면서도 믿음직하고! 연청색 줄무늬 간호복을 입고 입가에는 미소를 띤 채 기꺼이 기쁨을 나누어주신다. 하지만 다년간 젊은 병사들을 돌보며 무수한 죽음을 보셨기 때문에 누님 앞에서는 고통을 숨겨도 소용없었다. 나를 행복하게 만들어주는 여자가 생겼다는 소식에 기뻐하시던 누님의 손이 얼마나 따뜻하던지![2]

　몇 가지 사실이 맞아떨어지면서 비밀이 실체를 드러낸다. 베르톨트가 자신을 "행복하게 만들어주는 여자"를 생각할 때마다 떠오르는 것은 허구적인 신붓감이 아니라 바로 누님이다. "세상 여자들이 다 누님 같으면 얼마나 좋을까?"라는 말로 그는 속마음을 드러낸다. 그의 진심은 이렇다. 누님이 근친상간 금기가 적용되지 않는 다른 여자가 될 수는 없나요? "신붓감"은 근친상간 금기에 떠밀려서 날조된 존재다. 탁자에 나란히 놓여 있다던 두 장의 사진은 사실 한 여자의 사진이다. 이름만은 중복되어 있다. 베르톨트가 베르톨트를 사랑하는 것은 금지되어 있으니까. 신붓감이 얼굴도 내비치지 않고 그를 "떠나버렸다"는 것은 바로 그래서다.

　그와 누님의 관계가 "동기간 우애"일 뿐 의심받지 않도록 신붓감이라는 존재가 필요했을 뿐이다.

　군인 남성들의 진정한 사랑 대상물은 어머니와 누이들뿐인 듯하다. 전래 동요 「옛날에 왕자와 공주가 있었네」의 가사 "……함께 있을 수가 없었다네, 물이 너무 깊어서……"는 근친상간 금기를 상징한다. 왜 "좋은" 여자에게 남편이 없어야 하는지 그리고 왜 죽은 듯이 창백해야 하는지 이제야 이해된다. 그녀의 고통, 그녀의 얼굴에 새겨진 체념의 흔적, 그녀의 희생이 바로 죽음 가득한 아름다움의 원천이다. 왜 이래야만 할까? 바로 아들/오라비가 원하기 때문이다. 이들은 빨갱이들의 끝없는 만행을 탓하곤 하지만, 결국 여성들에게 이러한 "가면"을 씌워서 보려는 것은 이들임이 분명하다. 어머니/누이는 아들/오라비의 따뜻한 포옹으로도 위안을 못 얻을 처지에 놓여 절절하게 고통받아야만 한다. 그것이 아들/오라비가 원하는 바이기 때문이다. 아들의 무자비한 질투가 "빨갱이"의 손을 빌려 남편을 죽인다. 그리고 어머니와 누이를 억지로 순교시켜서 천사로 만들어낸다.

　누군가 순결한 누이를 관능적 여성, 즉 창녀와 나란히 비교하면 오라비는 참지 못하고 폭발한다. 친구의 누이를 아내로 맞이한 만프레트 킬링거는 수병 시절의 일화를 소개한다.

몇몇 수병은 패거리를 지어 여자 이야기로 허풍을 떨었다. 페터는 어이가 없어서 웃었다. "어이, 샌님. 여자가 무섭지? 왜 맨날 고고한 척이야?" 한 녀석이 빈정댔다.

"고고한 척하는 거 아니야. 때가 되면 어련할까."

"그렇게 잘 아껴둬라, 순진한 놈. 애들이 뭘 알겠어."

페터는 약이 올랐다. 이놈이 뭔데 사람을 아무 경험도 없는 숙맥 취급을 하나 싶었다.

육지에 외출 나갔을 때 누가 그를 본 모양이었다. 패거리 중 하나가 놀리듯 페터에게 물었다.

"어때, 괜찮았어? 재미 좀 본 거야?"

"재미라니? 번듯한 집안에서 누이들과 함께 자란 사람은 그런 걸 재미있어하지 않아. 그래도 인생 경험 한다는 셈치고 한번 해봤지. 이제 너희, 내 앞에서 되먹잖게 잘난 척 마. 너희가 헤픈 년들과 한다는 짓을 나도 해봤어. 뒷맛만 씁쓸하게 남을 뿐 별거 없더라."

"누이밖에 모르는구나." 어떤 놈이 빈정댔다.

페터는 말 한마디 없이 벌떡 일어서서 그놈에게 다가갔다. 바로 따귀를 한 대 갈겼다.

그리하여 결투가 벌어졌다.

펜싱 칼 두 자루를 갈았다. 군의관과 보조 군의관이 의료진으로 배석한 가운데 이른바 투우 경기가 시작되었다. 페터는 침착했다. 펜싱 실력에는 자신이 있었다. 심판이 "시작!" 하고 외치는 순간 획 바람을 가르는 소리가 났다. 페터의 상대편은 시작 신호를 이해조차 못 했던 시점이었다. 그의 왼뺨은 완전히 너덜너덜해졌다.

모두 투우 경기의 결과에 대단히 만족했다. 보조 군의관은 너무 빨리 끝났다면서 아쉬워하는 눈치였다.[3]

"누이밖에 모르는구나"라는 한마디가 결정적이었다. 누이만 있으면 다른 여자는 필요 없다. 어떤 여자든 누이를 닮았으면 다 된다. 바로 이 것이 킬링거의 고민이다. 그는 누이의 몸과 사창가 창녀의 몸을 분리해서 생각할 수 없다. 누이는 빨갱이 창녀와 상반되는 순백의 물체가 아니다. 누이는 이상하게도 창녀와 똑같이 여겨진다. 킬링거가 "헤픈 년"에게서 누이의 모습을 발견했다는 뉘앙스만으로도 상대방은 뺨이 너덜너덜해지도록 응징을 당한다.

한스 하인츠 에베르스는 『독일 밤의 기수』라는 500페이지에 달하는 장편소설로 누이/간호부/창녀 콤플렉스를 다뤘고 돌아가신 어머니를 배경으로 짜넣었다. 이 작품을 자세히 살펴볼 필요가 있다. 소설에 등장하는 여자들은 다음과 같다. 피아는 나이 들고 몸집 좋은 간호부다. 만년 노처녀이며 무성애적인 존재다. 상처를 소독해준다. 어머니 같은 보살핌을 부상병에게 베푼다. 피아는 동료 간호부 릴리에게 잘 대해준다. 릴리는 발트해 연안 출신이며 백작 부인이었다. "빨갱이"에게 몸을 더럽혔다. 가족 전체가 몰살당하고 혼자만 살아남았다. 영지는 불타버렸다. 거름더미에 쓰러져 있다가 발견되었다.

독일 병사들이 그녀를 데려왔다. 그녀는 군인들과 함께했지만 처음부터 간호부였던 것은 아니고 여군 병사 노릇을 했다. 자신을 겁탈했던 자들이 연상되는 모든 적을 쏘아 없애려들었다. 그녀는 또한 창녀였다. 어떤 남자와도 잘 놀아났다. 라트비아인이나 러시아인만 아니면 됐다. 우익의 총잡이 계집인 셈이었다.

소설의 주인공인 게르하르트 숄츠 중위가 그녀를 경매에서 구입한다.

릴리는 금세 "제정신"으로 돌아온다. 중위는 그녀를 "수렁"에서 끌어내기 위해 구입했다. 두 사람은 발트해 작전이 끝날 때까지 함께 지내다가 후퇴하면서 헤어진다.

릴리는 피아와 함께 살면서 간호술을 익힌다. 피아를 따라 뮌헨으로 가서 아비투어 시험을 치르고 의학을 공부할 계획을 세운다. 그러다 1921년 오버슐레지엔 사태가 벌어진다. 독일 자유군단 병사들에게는 간호부가 필요해진다. 피아는 병원장에게서 휴가를 얻어 오버슐레지엔으로 왔다. 그사이 릴리 이그노타Lili Ignota, 즉 릴리 무명녀無名女라는 이름으로 독일 여권을 얻은 릴리도 함께 왔다. 오버슐레지엔에서 게르하르트 숄츠와 드디어 재회한다. 그는 아직도 그녀를 사랑하지만, 그간 악화된 조국의 상황 때문에 연락할 마음을 접어두고 있었다.

릴리의 복수심은 아직도 가라앉지 않았다. 젊은 배신자 카를 프리드리히 페터스를 총살할 것을 강력하게 주장한다. 바로 비밀 재판 암살이었다. 이는 나중에 오판으로 밝혀지고, 게르하르트 숄츠는 6년 징역형을 선고받아 완전히 몰락한다.*

소설은 1921년 오버슐레지엔의 비밀 재판 암살 사건에서 시작한다. 모든 사연은 회고의 형태로 밝혀진다. 독자는 아직 모르겠지만, 소설 속 릴리의 첫 행동 때문에 주인공 남자는 곤경에 처한다. 릴리도 끝내 최후를 맞이한다. 사랑하는 사람에게 불행만 가져다주었다고 자책하면서 센강에 투신한다.

릴리가 곤경에 처할 때면 언제나 피아가 곁에 있다. 숄츠의 재판이 진

---

* 에베르스는 실존 인물인 파울 숄츠 중위의 삶을 소설로 썼다. 파울 숄츠는 비밀 재판 암살 혐의로 징역형을 받았다. 그는 흑색 국가방위군의 고위급 지휘관이었으며 1923년 루르 지방에서 프랑스인을 상대로 사보타주 작전을 수행했다. 이하를 참고하라. H. und E. Hannover, *Politische Justiz*……, pp. 160 – 174.

행되는 동안 그들은 방청석에 나란히 앉아 서로 손을 쓰다듬으면서 위로했다.

숄츠의 어머니는 소설이 시작되기 훨씬 전에 돌아가셨다. 아들 넷의 죽음은 견뎌냈지만 로트링겐이 프랑스에 넘어간 꼴은 못 견뎠다던 분이다. (앞의 내용 참고) 소설 내내 그녀는 환청으로 등장한다. 브람스, 슈베르트, 슈만, 뢰베, 볼프의 아름다운 가곡을 불러주시곤 하던 어머니는 아들의 기억 속에 살아 계신다. 지친 숄츠가 어딘가에 누워서 꿈꿀 때면 노랫가락이 그를 찾아든다. 그가 혼자 흥얼거리면 어머니의 목청이 들린다. 어머니가 그의 곁에 있다.

오버슐레지엔의 어느 풀밭에 누워 릴리의 첫 방문과 재회를 기다리고 있는 그의 입에서 노래가 흘러나왔다.

"……나는 이미 죽은 몸인 듯……"[4]

그는 잠에 빠져들었다. 눈을 떴을 때는 릴리 이그노타의 무릎을 베고 있었다. 그는 잠결에 노래를 흥얼댔고 그녀도 알아들었다. "나는 이미 죽은 몸인 듯." 릴리 이그노타, 백작 부인이었고 한때 총잡이 계집이자 창녀였으며 이제는 간호부가 된 여자. 그녀가 돌아가신 어머니와 한 몸으로 합쳐진다. 숄츠의 사랑을 독차지하려고 노리고 있다. 과연 성공할 수 있을까?

숄츠에게는 간호부도 모자라서 친누이까지 있다. 바로 캐테 숄츠다. 그녀는 오빠를 사랑한다. 게다가 근친상간의 욕망을 또렷이 의식하고 있다.[5] 그녀는 감옥에 갇혀 있는 오빠에게 노골적인 유혹을 던진다. 크리스마스에 가명으로 접견을 신청해 감방에 들어간다. 간수를 매수해서 감방 안을 들여다볼 수 있는 관찰구를 코트로 미리 가렸다. 누이의 속셈을 알 리 없는 숄츠는 유달리 친절한 간수를 이상하게 여긴다. 캐테는 드레스를 풀어헤치고 오빠를 침상으로 끌어들였다. 그는 싸늘했다. 누이가 열을 내는 이유는 더운 날씨 탓이라면서 창문이나 열라고 핀잔을 주었다.[6]

게르하르트 숄츠를 둘러싸고 캐테와 릴리는 경쟁한다. 두 여자는 끊임없이 그의 주변을 얼씬댄다. 소설은 1923년 라인과 루르 지방 분리주의 운동과 벌이는 갈등을 주요 배경으로 한다. 릴리는 숄츠의 약혼녀. 물론 두 사람 사이에 성관계는 없는 듯이 서술된다. 캐테는 사업가의 여비서 노릇을 하고 있으며 프랑스 벨기에 점령군과 교분이 있고 꽤 영향력 있는 유력 인사들과 아는 사이였다. 그래서 고급 정보를 안정적으로 제공받았다. 캐테의 역할은 릴리보다 훨씬 더 컸다. 그러나 시중에서 그녀는 프랑스 화냥년, 창녀, 헤픈 년이라고 손가락질 받았다.[7] 벨기에인 툴 대령과 좋은 관계였던 터라 그녀가 사랑했던 독일인 경찰 페터 란비츠의 목숨을 구할 수 있었다. 또한 오빠를 벨기에 감옥에서 빼내는 수완도 부릴 수 있었다.

그러나 감언이설과 거짓 약속이 통하지 않을 때도 있었다. 그래서 어쩔 수 없이 대령과 동침해야만 했다. 릴리 역시 툴 대령을 유혹해봤지만 통하지 않았다. 또한 사업가 람베르트와도 순수한 관계는 아니었다. 출장 여행 중 과로하고 지친 그녀를 사장이 안아서 호텔 침대에 눕혔다. 그대로 잠이 든 그녀 옆에 사장은 슬그머니 누웠다. 그녀는 눈치조차 채지 못했다.[8] 그녀의 첫 남자는 첫째 오빠 파울의 전우였다. 파울이 군대에서 휴가 나왔을 때 집에 데리고 왔다. 휴가 마지막 날 파울은 한 침대에 누워 있는 캐테와 전우를 목격했다. 두 사람은 사랑에 빠졌다면서 결혼하겠다고 했다. 파울은 호통치고 싶은 마음을 꾹 누른 채 즉시 혼인하라고 재촉했다. 하지만 그날은 일요일이었고 이튿날 이들은 최전방으로 복귀해야만 했다. 며칠 후 파울과 전우가 타고 있던 전투기가 추락했다. 다행히 캐테는 임신한 몸이 아니었다. 사랑은 끝났다.[9]

캐테 역시 간호부 역할을 한다. 정치적으로 부상당한 남자를 곤경에서 구해준다. 그런 행실로 인해 그녀는 "창녀"다. 독일을 위하고 오빠를 위한 것이지만.[10]

그녀는 오빠만을 사랑한다. 사랑해서 약혼까지 한 경찰관 페터 란비츠조차 성에 차질 않는다. 그가 손을 내밀었고 그녀는 기꺼이 승낙했다. 두 사람은 동침한다. 그러나 그녀의 마음은 다른 데 있다. 그의 손길을 느낄 수가 없다. 그래, 이러면 남자가 만족하겠지. 그녀는 그에게 편지로 통보한다. 아무래도 안 되겠다고. 남자의 잘못은 아니지만 안타깝게도…….[11]

캐테는 모든 남자와 딱 한 번만 잔다. 그리고 결정한다. 이 남자는 오빠가 아니다. 릴리는 이것을 눈치챘다. 그래서 캐테에게 정면으로 따졌다. 단순히 오빠로 사랑하는 것이 아니라 그 이상을 원하고 있지 않느냐고. 그리고 게르하르트도 캐테를 사랑하고 있는 게 아니냐고. 릴리, 캐테, 게르하르트 사이에 삼각관계가 형성됐다.

두 여자는 서로 경쟁하고 미워하는 사이였지만 친구로 지내자고 결정한다. 똑같은 목적과 똑같은 남자를 위해 투쟁하는 처지니까.[12]

그래도 같은 집안끼리 사랑할 수는 없다. 게르하르트 숄츠는 릴리와 더 가까워진다. 그러면서도 캐테의 이상한 행동에 의아해했다. 그는 여동생이 프랑스인이나 벨기에인과 무슨 짓을 하고 다니는지 알 수가 없었다. 짐작이 가지 않는 건 아니었다. 동생을 화냥년이라고 욕해야만 할까? 모든 것은 속사정으로만 암시될 뿐이다.[13] 만약 오빠가 분명하게 알았다면 당장 상황을 종결시켜야만 할 것이다.

릴리는 때로 어머니처럼 때로 누이처럼 그를 대한다. 그녀 앞에 서면 숄츠는 엄마 앞에 섰던 어린 시절처럼 속마음을 다 들키는 듯한 불안감이 들었다.[14] 그러던 중 중요한 사건이 벌어진다. 숄츠의 어머니이자 누이 역할을 하던 릴리에게 중대한 변화가 일어난다. 캐테가 툴 대령과 동침하는 희생을 감수한 덕에 숄츠는 감옥에서 풀려났다. 그는 릴리와 함께 베를린으로 가서 학업을 시작할 계획이었다. 그러나 릴리는 의학의 꿈을 접었다.

"그러면 어쩌겠다는 거요?" 그가 물었다.

"노래를 할래요." 그녀가 대답했다. "어떤 사람이 그러는데 성악 훈련을 하면 좋을 거래요. 그래도 괜찮겠지요?"

"나야 물론 찬성하지요." 힘주어 말했다. "내가 허락할 일은 아니지만 말이오. 잘 알겠지만 우리 어머니도 노래를 잘하셨지. 어릴 적 우리는 즐겁게……"

"그럼요." 그녀가 말했다. "아이들은 노래를 좋아하지요." 이불을 살짝 들추더니 물었다. "곁에 가도 되나요?"

그녀의 손가락이 부드럽게 그의 뺨을 어루만졌다. "붉은 줄." 속삭였다. "채찍 자국이 일곱, 여덟, 아홉! 당신을 사랑해요. 두 손목에 흉터가 가득하네요. 수갑 때문이지요? 보기 흉해요. 아팠지요? 사랑해요."

어머니는 아이의 모든 흉터를 사랑한다. 하지만 마음이 불편하다.

그녀는 속으로 생각했다. "내가 아니었어. 다른 여자였어. 그녀야. 캐테였던 거야. 나는 아니고 그녀야. 그녀가 그런 거야."

그녀는 생각했다. "저예요. 저. 제가 당신을 위해서 그랬어요. 제가 누이라고요! 당신의 누이는 저예요! 제가 그랬다고요. 당신을 사랑하기 때문에, 내 사랑. 그래서 제가 그랬어요. 제가 캐테라고요. 당신을 사랑해요. 당신을 사랑해요."

그녀는 떨면서 흐느꼈다. 그의 키스를 받으며 몸이 달아올랐다.

"저예요." 그녀는 속삭였다. "저라고요."[15]

그녀가 소리 내어 말하지 않아도 숄츠는 오빠/아들로서 알아들었다.
바로 그날 밤, 이름이 허락되지 않은 여자 릴리 이그노타는 다른 이름으로 몸을 내준 덕에 숄츠의 아이를 임신한다.[16]

후일 숄츠가 복역하는 동안 릴리는 그의 어머니가 불렀던 노래를 다 배웠다.[17] 뱃속 아기는 유산되었다. 한때 창녀였던 여자나 근친상간을 저지른 여자의 아기는 세상에 나와서는 안 된다.[18]

그녀는 아기를 원하긴 했지만 앞으로 낳지 않기로 결심한다. 어떻게 든 숄츠를 사면시킬 방법을 찾아다니며 그녀는 파리에 정착한다. 뤽상부르 공원에서 유아차를 밀고 가는 여자와 자주 마주쳤다. 여자는 유아차 안으로 부드러운 눈길을 던지면서도 다른 사람들의 시선은 애써 피했다. 어느 날 릴리는 유아차가 비어 있다는 사실을 발견한다.[19] 그 여자는 릴리 자신이었다. 숄츠를 석방시키려는 모든 노력이 허사가 되었음은 릴리의 유서에 희미하게 암시되어 있다.[20] 릴리는 센강에 몸을 던졌다. 마지막 순간에 일이 제대로 풀리지 않았던 모양이다. 릴리는 캐테의 방법으로 숄츠를 구하려고 했지만 몸 파는 일은 할 수가 없었다.

간호부 피아가 부고를 듣고 파리로 달려왔다. 릴리의 시신은 해부학 실습실에 있었다.

해부학 교수가 시신을 수업에 썼다. 모두가 그녀를 골고루 나눠 가졌다. 한 학생은 이 조각을 다른 학생은 저 조각을 갖고 있었다. 피아가 용돈을 두둑하게 주고서 시신을 모아 붙였다. 왼발만은 끝까지 찾을 수가 없었다.[21]

피아는 시신을 조립한 후 장례식을 치렀다. 이런 우여곡절을 거쳐 릴리는 피해자에서 토막 시체가 되어 에베르스의 판타지를 충족시켜주었다. 모든 학생이 한 조각씩 나눠 가졌다는 것이 상징하듯 왕년의 창녀는 적절한 복수를 당했다. 조각을 모두 모아 다시 좋은 여자로 만들었지만 한 조각은 결여되었다. 바로 상상의 남근, "왼발"이다. 그녀를 이끌고 다니면서 엉뚱한 침대에 뛰어들게 만든 원흉이다.* 이제 그녀는 거세된 여자로서 죽어 새하얀 모습으로 다시 등장한다.

오빠가 곁에 없는 와중에 캐테는 점점 더 깊은 슬픔에 빠져든다. 앞서 언급했던 감방 면회는 릴리의 죽음 이후에 일어난 일이다. 릴리의 유서에서 마지막 줄 "그래도 당신에겐 캐테가 남아 있겠네요"라는 말은 숄츠에게는 수수께끼였다. 도저히 이해할 수 없었다. "게르하르트 오빠, 여기에는 우리가 오누이라는 걸 아는 사람이 없어." 캐테가 애원했다.[22] 이 모든 것이 그에게는 기괴했다.

병 때문에 요양 석방된 숄츠는 캐테를 찾아가지 않고 편지도 보내지 않는다. 군 시절의 부관이 그를 간호해주었다. 명예를 걸고 귀환을 서약한 후 그는 몇 주간 이탈리아를 여행했다. 그곳에서 스코틀랜드 여자를 만났다. 그녀는 거절에도 아랑곳 않고 구애했다. 자신이 그를 사랑한다고 믿었다. 줄곧 거절하던 그는 마지막 날 저녁에 짧은 대화를 나눴다. 그녀는 그가 살인을 저질렀다는 말을 믿지 않았다. 그럼에도 그는 그녀가 예사롭지 않다고 느꼈다. 카프리섬에서 내내 마주치던 고급 접대부와는 어딘가 달랐다. 그녀의 구애에 마음이 움직였지만 독일 남자로서 차마 그럴 순 없었다.[23]

그는 베를린 형사경찰부에 복귀 보고를 했고 비웃음을 샀다. 세상에 어느 얼빠진 녀석이 제 발로 감옥에 돌아온단 말인가? 명예를 걸고 서

---

* 이는 널리 알려진 절단 살해의 신화적 판타지다. 이시스와 오시리스의 신화가 대표적인 사례다. Rank, *Das Inzest-Motiv in Dichtung und Sage*, Leipzig/Wien 1926, p. 285 ff., 또한 이하를 참고. Mannhardt, *Germanische Mythen*, Berlin 1858, p. 57 f., 시체를 재조립할 때 한 조각이 모자란다는 설정은 거세의 상징으로 기능한다.

약하는 것이야 그냥 쇼일 뿐이고 기회를 잡았을 때 잽싸게 내빼야지. 어 쨌든 다시 잡아넣을밖에 다른 도리가 없다.[24]

원래 숄츠는 사면을 예상했다. 미리 귀띔을 받았기 때문이다. 덜컥 겁이 난 숄츠는 경찰서에서 달아났고 탈출에 성공했다. 여기서부터 이야기가 기괴해진다. 경찰서로 향하던 그는 고대 그리스 철학자 헤라클레이토스의 격언을 떠올렸다. 갑자기 헤라클레이토스의 석고상을 보고 싶다는 생각이 들었다. 상점에 들렀다가 석고로 본뜬 릴리를 발견한다. 그녀의 얼굴 그대로의 데스마스크가 센강에서 발견된 신원 불명의 미녀라는 상품으로 불티나게 팔리고 있었다. 상점 여주인은 아마 익사한 창녀였을 것이라고 단언했다. 이제 릴리는 벽에 걸린 채 뭇사람을 굽어본다. 숄츠는 두 개를 샀다.[25] 도주하던 길에 그는 데스마스크 두 개를 경찰서에 두고 왔다는 것을 깨닫는다. 그는 데스마스크를 되찾으러 경찰서로 돌아간다! 마침 점심시간이라 경찰서는 비어 있었지만 그는 발각되어 체포되었다.[26] 데스마스크를 새로 사겠다는 생각은 떠오르지도 않았다. 마치 이제는 순결해진 릴리의 형상을 절대로 공화국 경찰에게 넘길 수 없다는 듯한 인상이다. 그리하여 숄츠는 하는 수 없이 다시 감방으로 돌아간다.

그 후 얼마 지나지 않아 캐테의 비극적 최후를 듣게 된다. 오빠를 벨기에 감옥에서 구해내기 위해 그녀는 툴 대령과 데이트를 했다. 독일 청년 한 명이 "프랑스 화냥년"이라고 욕하면서 그녀의 얼굴을 기억해두었다. 그는 게르하르트를 추종하는 국민주의 청년 단체의 일원이었는데, 캐테를 비밀 재판에 회부한다. 캐테는 자기변호도 포기하고 이름조차 진술하지 않는다. 청년들은 그녀를 삭발시키고 설사제를 먹인 후 숲으로 몰고 갔다.

"뛰어들어, 이년아." 우두머리가 말했다. "저기 있는 돼지우리 보이지?

너 같은 암퇘지가 사는 곳이야.”

그녀는 어쩔 줄 모르고 꼼짝도 못 한 채 도로에 서 있었다. “얼른 숲으로 가야지, 색시!” 똘마니가 윽박질렀다. “몸을 움직여야 슬슬 달아오르지! 진짜 잘 어울린다. 빡빡 대가리에 똥 치마를 입었네!” 다른 놈이 회초리로 캐테의 엉덩이를 갈겼다. “움직여, 걸레야. 맞아야 움직일 거야?”

그녀는 돌아섰다. 회초리가 왼쪽 젖가슴을 후려쳤다. 살을 에는 아픔에 그녀는 비명을 질렀다.

“왜 이래, 참나!” 우두머리가 나무랐다. “조심 좀 해.”

“미안해.” 똘마니가 대답했다. “일부러 그런 건 아니고, 볼기를 치려다가 이렇게 됐어! 이제는 마무리하자. 뛰어, 뛰어!”[27]

그녀는 며칠이나 숲을 헤맸다. 세상에 모습을 드러낼 용기가 없었다. 결국은 미친 여자로 오인받아 체포되었고 병원에서 폐렴으로 사망한다.

게르하르트는 누이가 오빠를 구하려다 그렇게 되었다는 것을 알았다. 감옥에서 당장 영안실로 달려가고 싶었다. 그러나 청년 단체를 고발하지는 않기로 한다. 오히려 자기 변호사를 보내 누이를 살해한 범인들을 변호하도록 해준다. 그는 누이를 성녀처럼 가슴속에 묻는다.

누이는 오빠에게 누를 끼치지 않으려고 늘 뒤에 숨었다. 프랑스 화냥년인 자신이 게르하르트 숄츠와 함께 거론될까봐 숨었다. 긴 세월을 하루같이 오빠를 위해 자신을 희생했다. 오빠를 위해 모든 치욕과 고통을 참아냈다. 오빠를 위해 미쳐버렸고 결국은 죽음에 이르렀다. 그녀, 캐테, 그의 누이![28]

누이와 간호부, 두 여자는 “순결”하지 못한 죄로 작가의 집요한 척결의 욕망에 희생되었다. 주인공의 누이와 애인은 옳은 편에 서서 열심히 싸우며 독일의 미래를 위해 애썼지만 죽어야만 했다. 첫 남자가 마지막 남자가 아니었기 때문이다.

릴리의 첫 남자는 강간범이었다. 캐테의 첫 남자는 전사했다. 그래서 결혼할 수가 없었다. 둘 다 죽어 마땅한 죄라서 여자들은 벌을 받았다. 이 장르에 익숙한 독자라면 이런 인물 유형을 바로 알아차린다. 하지만 이 작품은 조금 색다르다. 소설에서 여성의 존재감이 특이하게도 무척 크다. 에베르스는 전혀 주저함 없이 캐테와 릴리의 활약을 그린다. 그녀들은 조국을 위해서 게르하르트 숄츠 중위를 위해 영웅적으로 노력한다. 물론 그래봐야 소용은 없었다. 결국 책 전체의 내용이 증명하고 있는 것은, 아무리 헌신하고 최선을 다해도 "화냥질의 흠결"이 있으면 누이도 애인도 될 자격이 없다는 것이다. 죽은 후에야 비로소 순결해진다.

그럼에도 숄츠는 여자를 얻는다. 한동안 그는 메스꺼움에 시달리면서 그저 죽고만 싶었다. 그런 그를 스코틀랜드 여자가 돌봐주었다. 그녀는 영국 대사관 연줄을 동원해서 숄츠를 석방시켜주었다. 대사관 인맥은 친척이었기에 애정 관계 의심은 차단된다.[29] 말도 없고 반응도 없는 반송장 처지의 그를 그녀가 출소시켰다. 그는 그녀를 받아들이고 손을 만지도록 허락했다. 그 순간 그는 말문을 열었다. 그를 새로 낳아준 셈인 스코틀랜드 여자에게 그가 한 첫 마디는 이랬다고 한다. "마치 독일 여자 같군."[30] 그녀는 큰 희망을 얻었다. 잠자코 그녀의 수다를 오래 듣고만 있다가 말문을 연 것이다. 그녀의 이야기와 수다는 생기로 가득하다. 구체적인 말을 할 때마다 그녀는 더욱 현실적이고 더욱 생명적이 된다. 이제껏 우리가 살펴봤듯 이는 생명에 위협이 되는 특성이다.

아마 정치활동에 유능했다는 점이 캐테와 릴리를 위험에 빠뜨렸는지도 모르겠다. 국가를 재건하는 것은 남자들의 과업이다. 이들 "누이"는 너무 나대면서 많이 도왔다. "제대로" 일을 할수록 더 큰 의심을 받는다.

죽은 순백의 어머니가 성애적 누이를 이긴다. 누이의 유혹을 물리치

"어머니 조국이 부르신다!"
순결한 여성은 공식적으로 캐테 혹은 릴리라는 이름으로 불리지 않는다,
그녀의 이름은 조국이다.
―어머니, 평의회

······해방

……빅토리아
"모든 미국인이여!"
"승리 채권"

기 위해서 숄츠를 내세운 작가 에베르스는 사실 동일 인물인 릴리와 캐테를 분열시켜서 둘로 만든다. 릴리와 캐테는 서로 대립한다. 두 사람은 약화되고 분리되고 척결된다.

스코틀랜드 여자/구원자는 멀리서 오신 고귀한 순백의 어머니다. 죽은 자의 왕국에서 돌아오신 분이다. 그녀와 숄츠의 관계가 근친상간적인지는 모르겠다. 여기서 어머니는 사랑 대상물이 아니라 초자아의 보호 원칙과도 같은 "조국"으로 기능한다. 보호 원칙은 누이와 근친상간을 못 하도록 경계선을 확립한다. 순백의 간호부와 창녀 사이의 경계는 매우 모호하다. 경계는 거의 보이지 않을 정도로 흐리지만 결국에는 확실하다. 선을 넘어가면 죽는다. 경계를 흐리는 사람은 대가를 치른다. 펜싱 칼로 뺨을 난도질당하거나 때로는 죽는다. 경계선은 분열을 확립한다. 경계선을 건드리는 사람은 분열된 자의 억압된 측면에 직면하게 된다. 즉시 처벌이 이루어지면 억압은 다시 제자리를 찾는다. 무자비함은 여기서 나온다.

혼인, 동지의 누이들

혼인은 거의 언제나 전형적인 형태로 이루어진다. 친누이를 동료/죽마고우/존경하는 사람에게 시집보내거나 그들의 친누이를 아내로 삼는다.

여섯 달 동안 고열, 패혈증과 여덟 차례의 수술에 시달렸다. 그러나 신의 섭리는 경이롭다. 수없이 욕했던 병원에서 나의 소중한 사람들의 삶의 행로가 바뀌었다. 나를 간호해주려고 누이가 몇 주간 튀빙겐을 방문했다. 여기서 내가 특히 존경하던 주치의와 친분이 생겼다.

2년 후 그들은 백년가약을 맺어 매우 행복한 한 쌍이 되었다.[1]

자유군단 지휘관이었던 하이데브레크의 누이가 시집가게 된 관계 구조는 이러했다. 그는 혼인관계가 맺어진 시기부터 이미 "매우 행복한" 결혼이라고 단정한다. 오라비가 존경하던 남자에게 시집갔다는 것이 보증 조항이라도 되는 듯 확신한다.

앞서 살펴본 일곱 쌍의 부부에게서도 중매에 대한 이런 선호가 드러난다. 동료 혹은 친구의 누이와 결혼한 사례가 세 건이나 있었다. 두 건은 실러, 하인리히 게오르크, 괴테 등 "영혼의 형제"의 가문과 관련 있는 여자와 결혼한 사례다. 한 건은 누이의 친구와 결혼한 경우다. 자신이 참전으로 부재하는 동안 독일에 남겨둔 아버지를 돌보라고 맡긴다.

이상에서 언급된 방식 말고 다른 식으로 성립된 결혼 관계는 자유군단 문학에서 내가 아는 한 없다. 가문의 이름 때문에 이름 없는 아내를 맞이한다. 지인, 뼈대 있는 가문, 누군가의 "누이", 아버지 혹은 오라비 등 남성의 이름 때문에 신붓감이 된다. "릴리 이그노타"처럼 여성 자신의 이름은 안 된다.

이러한 관계 구조는 근친상간적 측면과 동성애적 측면이 있다. 자신이 동일시하는 동료를 통해 누이와 성관계를 맺는다는 것은 마치 친누이를 취하는 것처럼 근친상간적이다. 누이는 오라비의 사랑을 받는다. 그녀 안에서 오라비와 지아비가 사랑으로 결합한다는 점에서 동성애적이다.* 이 경우 누이는 오라비와 동일시된다. 성이 같고 생김새가 같고 자라난 곳이 같다.

---

* 빌헬름 라이히는 병사, 생도들 등이 사창가에 함께 방문하는 것에는 은폐된 목적이 있다고 봤다. 동료들과 함께 매춘을 하는 것은 매춘녀를 도구로 삼아 동료 남성과 교접하려는 욕망이다. (*Die Funktion des Orgasmus*, p. 167; 뵘의 말을 재인용, 1922.)

가장 중요한 것은 세 번째 측면이다. 바로 회피다. 그녀를 좋아하는지 싫어하는지는 전혀 상관없다. 남편은 피하고 싶다. 성애적 여성, 알 수도 없고 이름 지을 수 없는 육체, 생명력 넘치는 생성의 영역을 회피하려는 것이다. 그녀에게 오라비 노릇을 하지 않는 모든 남성을 회피하려고 한다.

이러한 결혼은 구체적인 대상물로 성립되지 않는다. 오히려 특정한 가능태적 대상물에서 도망침으로써 성립된다.

"동지의 누이"를 아내로 취하는 것을 민족학에서 연구해낸 혼인 규칙과 비교해보자. 이것의 기반은 경제적이거나 정치적인 것이 아니라 순전히 심리적인 것이다. 이런 종류의 혼인은 방어기제하에서 만들어진다. 그러므로 "근친상간적" 혹은 "동성애적" 대상물을 잠재적으로 노리고 있다고 볼 수 있을지 의구심이 든다.

"숫처녀와 혼인"을 원하는 것은 동료의 누이와 결혼하려는 것의 변형된 형태라고 볼 수 있다. 그녀는 여성적 사랑 대상물이 아니다. 오히려 공포스러운 여성적 사랑 대상물을 회피하려는 것이다. 사랑이 있는 곳에는 공산주의와 거세가 판치기 때문이다.

"누이"를 사랑 대상물로 여기는 것은 가능한 대상물 선정의 경계 확정과도 같다. 그녀를 넘어서는 것은 알 수 없는 위험한 영역이다. 누이 그 자체도 금기다.

대상관계가 만들어질 수 없다면 대상물에 도달할 수조차 없다.

그렇다면 어머니는? 누이는 불가능한 대상물이므로 포기되었고 그 대신 동료의 누이와 결혼함으로써 봉인된다. 그러나 어머니는 여전히 남편/아들에게 마력을 행사하고 있는 듯하다. 어머니는 죽은 자의 영역으로부터 안개 같은 팔을 뻗어서 순백의 백작 부인/간호부로 나타나곤 한다.

이렇게 말할 수도 있다. 군인 남성들은 누이를 넘어서지 못하지만 어

머니에게서 풀려나지도 못한다.[2]

아내의 무덤을 방문하러 공동묘지에 온 남편의 이야기다.

로레가 내 팔에 매달리며 이렇게 말했다. "헬무트 오빠, 기억나? 오빠가 새로 소위로 진급했던 무렵에 나랑 여기 묘지에 왔었잖아. 정말 자랑스러웠어. 연로하신 부인네 두 명이 우릴 신혼부부로 오해했잖아. 오누이 사이인 줄도 모르고."

"로레, 벌써 20년 전 이야기다."[3]

등불을 든 여인

이제 우리는 "순백의 간호부"가 심리적 안전 장치로 군인 남성에게 어떤 중요한 역할을 하는지 알 수 있다. 그녀는 모든 성애적/위협적 여성성을 회피하게 해주는 핑계다. 그녀는 누이 근친상간 금지를 유지해준다. 그리고 관능을 초월하는 어머니 상의 보살핌을 제공한다.

전쟁 중 그녀의 존재는 이 기능을 더욱 강화한다. 세계대전 참전 병사들에게 여자란 간호부 이외에는 거의 없었다. 야전 병동에 누워 있는 병사들도 혹은 퇴원한 전우들도 모두 간호부 이야기를 했다. 간호부의 이미지는 모든 텍스트에 어른거린다.

나이 든 간호부들조차 모두 놀라울 만큼 깨끗하고 밝고 새하얗고 부드럽고 젊어만 보였다.[1]

마치 화장지로 감싼 신선한 과일처럼 모두 상큼해 보였다. 흰 간호모 아래 그녀들의 얼굴은 새하얗고도 발그레했다. 대부분은 프리지아 출신 여자였는데 금발에 가냘펐다.[2]

한밤중 참호 위에 빛나는 별

    까다로운 샤우베커는 하얀 간호부의 몸 이미지를 화장지로 감싼다. 군인 남성들은 좀더 조악한 농담으로 간호부를 비관능화하여 표현한다. 바로 "석탄산 아가씨"[3]다. 그녀는 고통받는 병사들의 요구라면 뭐든 들어준다. 석탄산은 야전병원에서 소독약으로 쓰던 약품이다. 화장지나 석탄산은 소독된 "아가씨"를 뜻한다. 즉 관능적 여성의 패러디인 것이다.

    간호부의 이미지는 보살피는/침착한 모성과 짓궂은/관능적 누이 사이를 다양하게 오간다. "석탄산 아가씨"는 관능적 누이/창녀 이미지에 더 가깝다. 누이 같은 간호부는 짓궂게 유혹한다. 어머니 같은 간호부는 엄격하지만 보살펴준다. 윙거의 작품에 이런 예가 잘 표현되어 있다.

Nicht Männer, die Flirt u. Abenteuer
su., sond. eiɳem Mann, dem sie ihre
ganze Liebe u. Vertrauen schenken
darf, mö. die bezaubernde, anschmiegs.
Loni, eine fröhl., 20jähr. **KINDER-
KRANKENSCHWESTER**, auf diesem We-
ge begegnen. Darf sie bald hoffen.
CW 1269 20

가볍고 장난스러운 만남을 원하는 남성은 사절.
여자의 진심 어린 사랑과 신뢰를 받으실 남성을 구합니다.
매력적이고 다정한 성격의
스무 살 소아과 간호부 로니가 만남을 원해요.
사서함: CW 1269 20

나는 여성혐오주의자는 아니지만, 전쟁터에서 운 나쁘게 다쳐 병상에 오게 될 때마다 여자들의 천성에 짜증이 난다. 전쟁은 남자들의 세계라서 목적의식이 뚜렷하고 합목적적으로 처신하게 만든다. 그런데 여기에 오면 흐리멍텅하고 중구난방이다. 단 하나의 다행스러운 예외는 바로 가톨릭 수녀회의 냉철한 전문성이었다.[4]

군인 남성들 사이에 간호부와 성관계를 갖는 것이 널리 퍼진 환상이었다는 것은 주지의 사실이다. 전쟁 영화에도 간호 기록에도 그리고 전쟁소설에도 상투적으로 등장하는 소재다. 헤밍웨이의 『무기여 잘 있거라』도 이것을 잘 써먹었다.[*] 또한 간호부들이 이런 이미지를 싫어한다는 것도 잘 알려진 사실이다. 이들은 남자들의 판타지에 부응하기를 거부

---

[*]   등장인물인 간호사는 돌보던 병사의 아이를 낳다가 죽는다.

한다. 상대적으로 덜 알려진 사실은 간호부가 의사로부터 환자들의 판타지에 부응하라는 압박을 받는 일은 극히 드물었다는 것이다.[5] 결론적으로 환자들은* 간호부를 한 명의 사람으로 대한 게 아니라 보살피는 어머니/비관능적 누이의 현신으로 대했던 것이다. 간호부를 자매님이라고 부르는 것도 바로 이래서일 것이다.

그러나 병원 상황은 판타지로 그려낸 사랑의 상황과는 정반대다. 부상병은 혼자 있을 시간이 거의 없다. 게다가 부상 때문에 육체적 사랑에는 지장이 많다. 남의 돌봄을 받는 처지라서 성적 주체의 지위는 하락한다. 입원 환자가 된다는 것은 무능력자가 되는 것과도 같다. 야전병원에서는 더 그렇다. 혼자서는 아무것도 못 하는 어린아이로 되돌아가는 상황이다.

---

* 1974년 남부 바이에른 지방 직업학교에 다니는 열두 살 소년이 음악 시간에 직접 작사한 노래는 아래와 같다.
"간호부 누나, 약 주세요. 안 그러면 죽어요. 얼른 약.
간호부 누나, 의사 필요해요. 안 그러면 끝이에요. 얼른 의사.
누나를 만날 운명으로 도로에서 다쳤어요.
온갖 난리가 벌어졌어요. 더 버틸 수가 없었어요.

간호부 누나, 나 기절할래요. 안 그러면 죽어요. 기절시켜줘요.
간호부 누나, 마약 필요해요. 그래야 안 아파요. 얼른 마약.
몇 시간이고 정신 잃고 온갖 난리 벌어져도 몰랐는데
간호부 누나를 보니까 모든 걸 알게 됐어요.

간호부 누나, 사랑해요. 내가 괜찮으시다면 정말로 사랑해요.
간호부 누나, 미치게 섹시해요. 귀여운 금발 누나, 완전히 섹시해요.
자동차 사고로 실려왔는데 이젠 퇴원하기 싫어요.
누나가 너무 예뻐서 영영 퇴원 안 할래요.

간호부 누나, 미니스커트 속에
내 인생 최대의 충격을 왜 감추셨나요."

메리 픽퍼드, 영화배우, 미국의 연인,
1917년 샌프란시스코에서 보이스카우트를 이끌고 행진하고 있다.

이러한 군인 남성 환자들이 여성 간호 인력에게 요구하고 기대하는 사항은 전적으로 역설적이다. 그들은 어머니/아이 혹은 오라비/누이 관계에서도 요구 못 했던 것을 간호부에게서는 오히려 쉽게 얻을 수 있었다.[6]

이런 상황에서도 성적 행동을 꾀하는 자는 오래 살아남지 못한다. 토르 고테의 『우리가 삶을 책임진다 *Wir tragen das Leben*』에 등장하는 페터 올슈테트는 루이제라는 간호부에게 반한다. 그는 퇴원 예정일 일주일 전에 일부러 팔을 부러뜨려서 야전병원으로 돌아온다. 힘들게 퇴원을 미뤘지만 헛된 짓이었다. 루이제가 가까이 올까봐 겁에 질린 그는 매일 밤 술을 마신다. 루이제 역시 그를 완전히 끊어냈다.

더 이상 견딜 수가 없었다. 두려움에 목구멍이 메였다. 모두의 눈앞에서 수치스러웠다. 날카로운 발톱을 가진 대머리 독수리가 밤마다 내 침대맡에 찾아들었다. 밤이면 밤마다.[7]

월슨 대통령 앞에서 행진하는 미국 간호사 단체

나중에 올슈태트는 소설의 주인공이자 친구인 헬무트에게 속마음을 고백한다. 그는 간호부가 다가오는 것이 너무 두려운 나머지 스스로 팔을 부러뜨리는 상징적 거세를 했다. 그러고도 밤마다 침대맡에 거세 위협을 상징하는 독수리가 찾아드는 환영에 시달렸다. 술은 힘겹게 얻은 집행유예 기간에 루이제를 막기 위한 세 번째 수단이었다. 1918년 송년의 밤 헬무트에게 자백한 직후 그는 권총 자살을 한다. 친구의 양해도 소용없었다. "그래도 자넨 최전방을 지켰잖아."8

간호부는 환자 모두의 것이다. 그녀는 모두가 고통받을 때 비로소 피어나는 환영이다.

젊은 간호부가 이끄는 병든 죄수들이 해방의 함성을 지르며 나왔다. 마치 심장이 멎을 듯한 광경이었다. 감격에 말문이 막혔다. 고통에서 해방

"가장 깊은 그의 상처"

된 사람들의 무력한 붕괴가 보여주는 성스러움! 젊고 사랑스러운 간호부가 그토록 기쁨에 넘치는 모습은 내 기억에서 평생 떠나지 않을 것이다. 이루 말할 수 없을 만큼 비참한 환자들을 마치 침착한 어머니처럼 해방자의 빛 속으로 이끌고 왔다.[9]

이것은 1919년 8월 15일 제6예비군단 총사령부에 제출된 공식 군사 보고서의 내용이다. 폰 메데른 대위가 라트비아의 수도이자 발트해 연

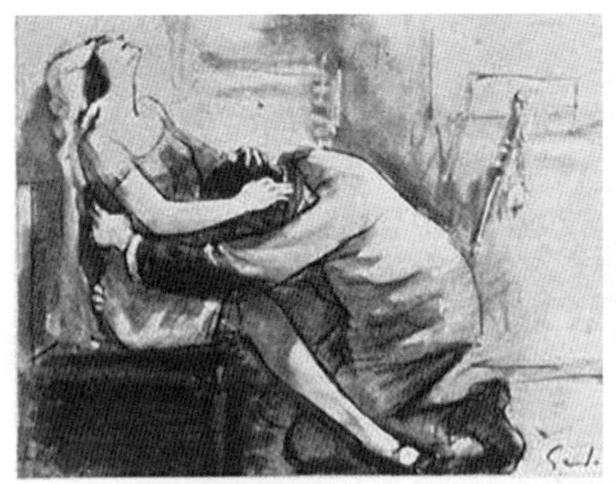

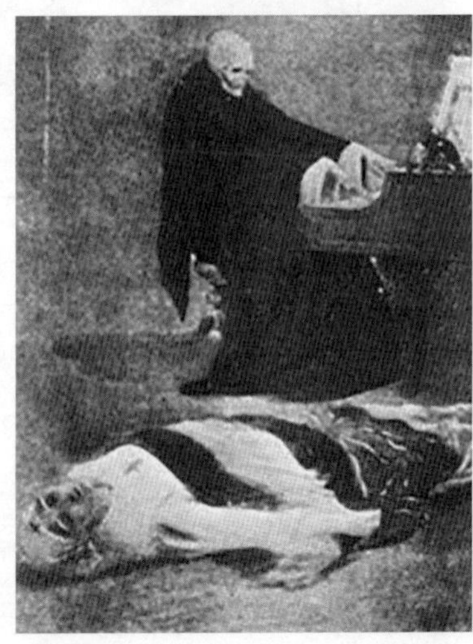

안 도시 리가를 정복하는 광경을 보고 자신의 감격을 수뇌부에 보고하고 있다. 메테른의 상관 비쇼프 소령은 그의 글솜씨에 깊은 인상을 받았던 모양이다. "발트해 연안 작전" 결과를 보고할 때 구절을 그대로 베껴 썼다.[10] "해방자의 빛 속으로 이끌고 왔다." 해방자는 남자들이다. 간호부는 그들의 "자유"를 지원하는 가장 중요한 사람이다.*

"빨갱이 간호부들"은 아무것도 모른 채 위험한 길을 걷고 있던 셈이다. 군인 남성들이 느낀 강렬한 분노의 원천을 느낄 수가 있다. 여자들

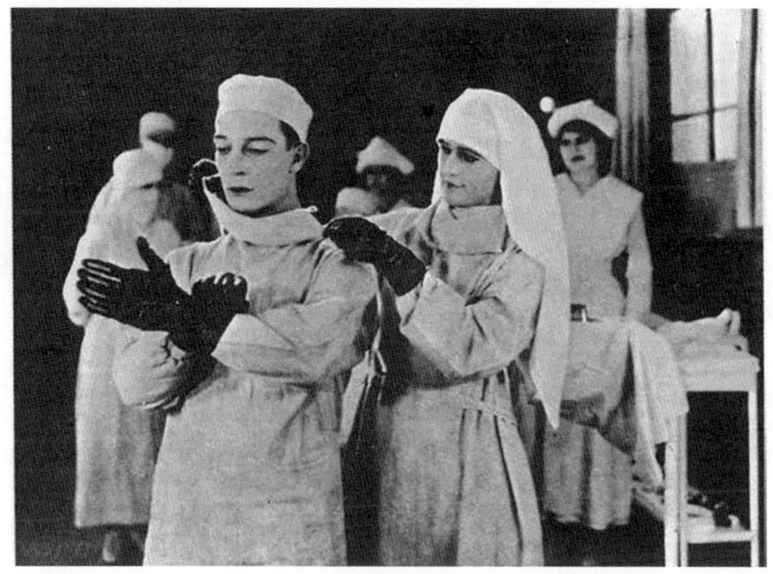

이 "가장 역겨운 몸뚱이"를 함부로 굴리는 꼴을 봤다. 순결한 누이와 비성애적 모성상이 더럽혀지는 꼴에 분노가 폭발한 것이다. 화냥년이 감히 분수에도 안 맞는 간호부 복장을 하고 온갖 범죄자와 보란 듯이 놀아났다. 군인 남성들의 성스러운 금기인 근친상간 욕망이 무참하게 조롱당했다. 안전 장치가 마치 폭발하듯 풀려버린 상황이다. 세상이 뒤집혔다. 자연을 거스르는 것들이 권력을 장악했다. 노동자와 계집들은 도발적인 자신감을 당당하게 내보였다. 남들 눈은 아랑곳하지 않았다. 군인

---

*   오늘날 의학 소설 속 간호사는 남성이 지배하는 영역의 대리인으로서 빛나는 현존재를 과시하고 있다. 물론 의료 현장에서는 그렇게 빛나지 않지만.
"그녀는 닥터 키싱거에게 소독된 메스를 건넸다. 인류 전체를 위한 별의 순간을 함께하고 있다는 감격에 몸을 떨었다. 지구 전체에서 처음 시도되는 바로 이 수술이 첫 절개선으로 시작되고 있었다."

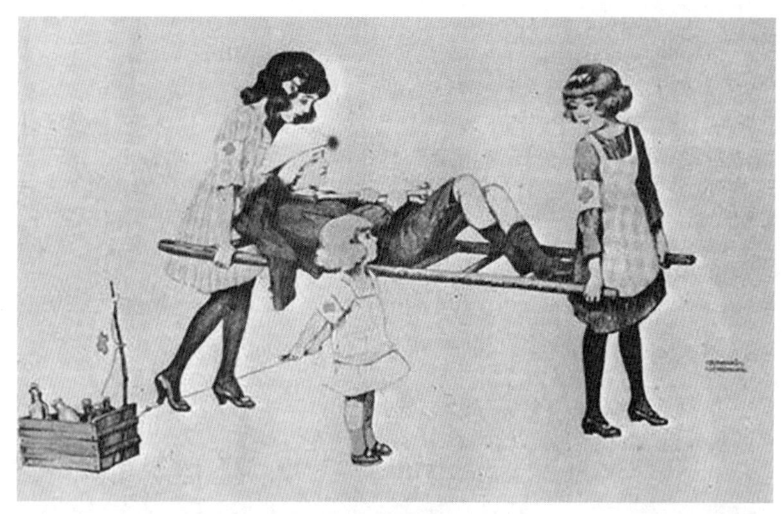

아이들의 전쟁 놀이,
라파엘 키르슈너의 스케치. 파리, 1916

남성들은 그 점을 견딜 수가 없었다. 자신들은 고통받는 처연한 여성상을 안간힘을 다해 억지로 내면에 만들어 지켜왔다. 그런데 빨갱이 계집은 깔깔 웃으며 사랑을 보란 듯이 즐기고 전혀 고통받지도 않는다.

해결책이 있다. "여자 분수에 맞는 일을 하느라 바쁘던 와중에 갑자기 수류탄이 날아든 모양이었다."

순백의 간호부 이미지에는 좀더 많은 사연이 숨어 있다. 최근 페미니즘의 관점에서 새롭게 유럽 의학사를 연구한 결과에 따르면, "민속 의학" 지식을 지닌 여성 치료술사가 실질적인 의료 현장에서 밀려나고 그 자리에 학업을 쌓은 전문적인 남성 의사가 대신하는 과정에는 수백 년의 세월이 소요되었다. 이 목표를 달성하는 수단의 하나가 마녀재판이었다. 여성에게 남겨진 영역은 오직 산파 노릇뿐이었다.[11]

19세기 중반 무렵 야전병원에 새로운 여성 인력이 몰려들었다. 바로 "부상병의 천사" 플로렌스 나이팅게일의 이미지로 대표되는 여성이다.

바버라 에런라이크와 디어드러 잉글리시가 공저한 『우리는 원래 간호사가 아닌 마녀였다*Witches, Midwives & Nurses*』는 이렇게 설명한다.

먼저 남성 의사들은 나이팅게일식의 새로운 간호사에 대해 다소 회의적이었다. 아마 의학을 침범하려는 여성의 또 다른 시도로 의심했던 것 같다. 하지만 그들은 머지않아 간호사의 꾸준한 복종에 넘어가고 말았다. 나이팅게일은 이 부분에 대해 다소 강박적이었다. 그녀가 새롭게 훈련시킨 간호사들을 데리고 크리미아에 도착했을 무렵 의사는 그들 모두를 무시했다. 아프고 부상당한 병사가 무수했지만 나이팅게일은 자신이 데려간 간호사들에게 의사의 지시가 떨어지기 전까지는 손 하나 까딱하지 말 것을 명령했다. 이에 감명받은 의사들은 결국 간호사들이 병원을 청소할 수 있도록 허락한다. 사면초가의 상태에 놓인 19세기 의사들에게 간호사란 신이 보내주신 선물과도 같았다. 마침내 정식 의사들과 경쟁을 원하지 않고 따로 밀고 있는 의학적 교리도 갖지 않으면서 봉사하는 것 외에는 인생에서 다른 사명은 없는 것처럼 보이는 의료 종사자가 여기에 온 것이다.[12]

간호부는 일종의 "거세된" 의사였다. 곧 닥쳐올 제국주의와 세계대전의 전초전에서 그녀들은 남자들 가득한 전쟁터에 뛰어들었다. 나이팅게일은 크림전쟁에서, 도러시아 딕스는 미국 남북전쟁의 북부연방 야전병원에서 "등불을 든 여인"으로 활약했다.[13]

이들은 진정한 귀족이었다. 그들은 빅토리아 시대 귀부인에게 강요된 여가생활로부터 탈출한 난민과도 같았다. 딕스와 나이팅게일은 30대가 되기 전까지 개혁가로서의 이력을 개척하려는 시도조차 하지 못했고 길고 쓸모없는 독신이 될 가능성에 처해 있었다.[14]

RED CROSS OR IRON CROSS?

"적십자 혹은 철십자?"
"부상 입고 사로잡힌 우리 병사가 물을 달라고 애원합니다.
독일 '간호부'는 병사의 눈앞에서 물을 땅에 쏟아버립니다.
영국 여자라면 절대 이런 짓 안 합니다.
영국 여자라면 잊지 않습니다."

Almuth von Holle, 27, OP-Schwester, 4400 Münster

독일 기독교민주연합CDU에 투표하는 이유:
알무트 폰 홀레, 27세, 수술실 간호사, 4400 뮌스터
"……사회주의가 무섭기 때문이지요."

등불을 든 여인에게는 의학적 훈련보다 인격 형성이 더 중요했다. 플로렌스 나이팅게일은 "간호사"라는 직업 훈련에 등록과 시험을 도입하는 것에 반대했다. 그녀의 이름조차 남성적 욕망이 담긴 듯 들린다. 그녀의 말에 따르면 "어느 어머니도 그렇지 않은 것처럼 간호사 또한 등록되거나 시험될 수 없다".*[15]

---

* 창녀 역시 등록과 시험 없이 될 수 있다. 프로이트의 설명에 따르면, "남들이 우러러보는 교양 있는 나이 든 부인"에게 야전병원에서 간호를 받는 꿈은 모두 잘 알다시피 "잠자리 보살핌"을 뜻한다. 순백의 간호부/창녀이자 부르주아 출신 여성의 접대를 "나이팅게일" 봉사라고 부른 점에서 단적으로 드러난다. (*GW XI*, p. 137 f.) 이런 종류의 여성이 세계대전 중에는 무수했다. 이하를 참고하라. Hirschfeld, *Sittengeschichte des Weltkriegs*, Bd. 1, 제3장과 제5장. 많은 사람이 이런 경험을 회고록과 소설로 썼다.

　　역사적으로 보면 순백의 간호부
는 부르주아 여성의 여성 육체성
거부를 체화하고 있는 존재다. 그
녀는 죽은 몸이다. 욕구도 성애도
남근도 없다. 어머니와 누이를 한
몸에 지니고 있다. 모든 위험한 유
혹성을 파묻은 사람이다. 남자들
이 위협을 느끼지 않기 위해 필요
한 일종의 날조된 육체다.

　　이 모든 것은 간호부의 백의를
통해 표현된다. "순백"의 미정복
영토다. 붉은 물결은 한 방울도 묻
지 않았다.* 그녀가 두른 천에는
절대로 얼룩이 없다. 그녀는 아무
것도 쓰여 있지 않은, 그리고 아무
도 쓰지 않을 백지다. 남성의 판타
지가 깃들 영역이다.**

　　감히 백지를 더럽혀서 누이와의
근친상간 욕망을 성취한 남자가

한 명 있다. 그의 표현을 빌리자면 그는 혼전 "음행"을 했다. 그 시절 소
설에서 그런 짓을 하고도 "간호부"가 안 죽은 사례는 내가 아는 한 유일

---

*　프로이트의 여성 환자의 남편은 신혼 첫날밤 침대에서 구실을 못한 후 붉은 잉크를 침
　대보에 뿌린다. (*GW XI*, p. 269.) 욕구 방출에 실패한 사람에게 붉은 물결은 위대한 결
　과를 표상한다.

**　눈처럼 새하얀 빨래는 주부와 산업계의 판타지다. 삶의 흔적이 영원히 지워진 환각의
　세계다. 더 자세한 내용은 제2장의 「더러운 육체」를 참고.

하다. 그 남자의 이름은 루돌프 회스다. 제1차 세계대전 중 회스는 팔레스타인에 배치되어 있었다. 기적의 도시 예루살렘의 야전병원에 부상당한 채 누워 있었다.

간호부는 우리 어머니도 그렇게까지는 못 할 정도로 나를 정성껏 보살펴주었다. 하지만 나는 시간이 갈수록 그녀가 어머니 같은 사랑으로만 나를 보살핀 것이 아니었음을 깨달았다.

그때까지만 해도 나는 이성 간의 사랑에 대해서는 전혀 몰랐다. 물론 동료들이 음행에 대해 떠들어대는 소리는 많이 들었다. 군인들이야 그런 말을 대놓고 지껄이니까. 나 자신은 성적 충동에 낯설었다. 아마 기회가 적어서 그랬을 것이다. 또한 그곳 전쟁터의 살풍경이 사랑의 분위기와는 어울리지 않았다. 처음에는 나도 혼란스러웠다. 그녀는 지나치게 필요 이상으로 나를 쓰다듬고 안아주고 부축했다. 나는 소년 시절 이후로 나약한 감성은 일부러 멀리했던 사람이다. 그랬던 나조차 사랑의 마법에 걸려들어 여자를 다른 눈으로 보게 되었다.

애정은 나로서는 경이로웠다. 여러 단계의 금시초문의 경험을 통해서 그녀는 드디어 나를 성행위로 이끌었다. 나 스스로는 절대 내지 못할 용기였다. 첫사랑의 경험이 내게 준 부드러움과 사랑스러움은 그 후로도 내 평생을 이끈 지침이 되어주었다. 이런 문제는 절대 사소하게 다룰 수 없다. 나는 가장 내면적인 애정이 없는 성교는 상상조차 할 수 없다. 그래서 나는 연애질과 매음굴을 멀리할 수 있었다.[16]

연애질은 곧 매음굴이다. 딱 한 번 여자를 접했더니 둘 다 멀리할 면역력이 생겼다.

사형 선고를 받은 45세 남자가 쓴 글이다. 더 이상 무엇을 숨길 필요가 있을까? 셀 수 없는 죽음을 목격한 사람이다. 수많은 사람을 죽인 수

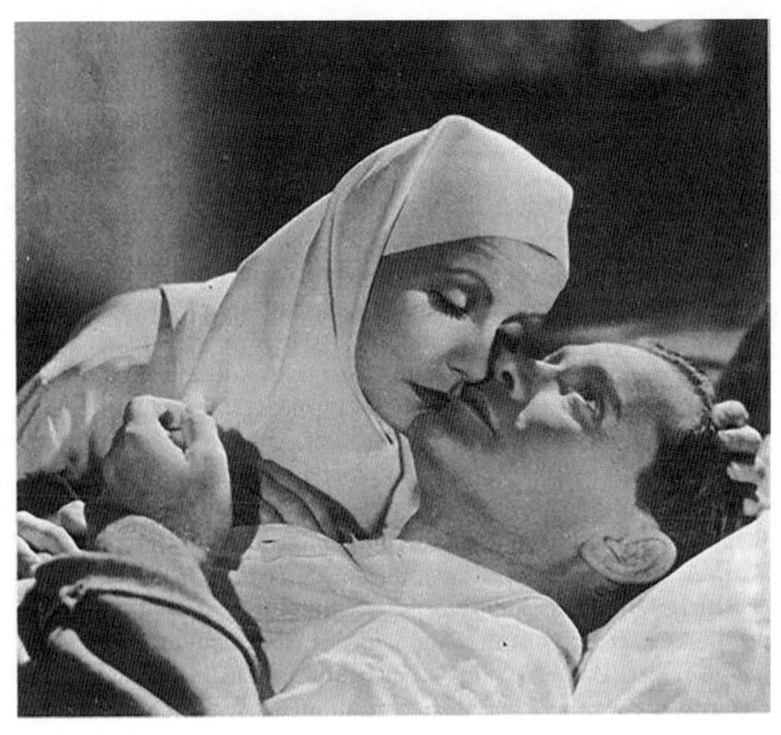

용소를 행정 관리하고 지휘하던 사람이다. 힘들 때도 있었지만 꾹 참고 해냈다. 친위대의 의무였다. 표면적으로는 그도 인간이었음이 분명하다. 이제야 비로소 처음으로 자신의 죽음을 앞두고 첫사랑을 털어놓는다. 그런데 언어가 너무 비현실적이고 무력하다. 이 문장들 가운데 경험으로 와닿는 말은 전무하다. "경이롭고" "금시초문"이며 "여러 단계"이고 "부드러움과 사랑스러움"이고 "가장 내면적인 애정"이다. 여기에는 육체의 개입이 전혀 없다. 또한 창창한 앞날에 어떤 사랑을 하고 싶은지 포부도 전혀 밝히지 않았다. 그의 평생소원은 예루살렘 야전병원의 순백의 누이/어머니 같은 여신이 밤마다 찾아드는 것이었다. 17세 일반 사병 루돌프 회스는 절대로 성직자가 되고 싶지 않았고 반드시 군인이 되고 싶었다. "첫사랑의 경험이…… 내 평생을 이끈 지침이 되어주었다." 이 판타지는 마치 병마개처럼 모든 실질적 애정 관계의 실현을 틀어막는 역할을 했다.

이러한 "지침"에 의거하여 그가 결혼한 여자의 허구적 아내상이 만들어졌다. "나는 완벽한 여성을 만났다. 긴 세월 외로움 속에서 갈구해온 여자였다."

그는 감옥에서 매일 "그녀"를 그렸다. 과연 현실의 아내가 이런 간극을 극복할 수 있을까? 그는 이렇게 말한 바 있다. "하지만 아내가 늘 슬퍼한 점도 있다. 내가 가장 깊은 속마음을 혼자만 간직하고 아내에게조차 못 보여준다는 사실이었다." 어림도 없었다. 그녀가 실제로 아내가 되는 순간 모든 아름다운 허구는 죽어야만 한다. 고결한 성모 판타지와 공생관계를 유지했기에 루돌프 회스는 최후까지 굳건하게 아우슈비츠 수용소의 소각로를 운영할 수 있었다. 그 외의 모든 신념은 그를 둘러싼 사방에서 이미 붕괴하고 있었다.

프롤레타리아 계급의 현실, 프롤레타리아 여자와 좌파 남자들, 투사된 이미지의 실상

자유군단 병사들이 프롤레타리아 여성에 대해 왜곡된 이미지를 갖고 있었다는 사실은 분명하다. 혹시 프롤레타리아 여성 자신의 실제 행동이 이러한 편견을 퍼뜨렸을 가능성이 있는지 점검해볼 필요도 있을 것이다. 또한 이들은 군인에게 어떻게 대했을까? 혹시 여성들의 행동이 군인 남성의 시각에 영향을 주었을 가능성은 있을까?

이들 여성을 편들어주고 군인들의 비난을 반박하고 싶어서, 이들이 사실 부지런하고 협동적이며 애정 넘치는 여성 동료들이었다고 말하고 싶은 사람이라면 아마 실망할 것이다. 투사의 반대는 역투사가 아닌 법이다.

노동자의 삶을 생생하게 폭로한 흥미로운 자료가 있다. 발트해 지역 귀족 출신 작가가 쓴 함보른 지역의 실상이다. 알렉산더 슈텐보크-페르모어 백작은 1919년에 발트해 연안에서 피난해 1922년 11월 16일에서 1923년 12월 20일까지 함보른의 티센 석탄철강 회사의 광부로 일했다.* 그는 학도병 신분으로 발트해 지역 국가방위군에 입대해 붉은 군대와 싸웠으며 곧이어 라트비아 및 에스토니아 공화국군과 싸웠다. 이후 1년간 광부로 일하면서 한방에 침대 네 개를 놓은 총각 노동자 하숙집에서 살았다. 그러면서 프롤레타리아와 공산주의자들을 새로운 시각에서 보게 된다. 1929년에 출판된 『광부의 삶 체험 수기*Meine Erlebnisse als Bergarbeiter*』에는 프롤레타리아의 노동 및 주거 환경에 대한 관찰이 담겨 있다. 그의 관찰과 가치 평가에는 그 자신의 계급적·계층적 편견이 담겨 있다. 바로 그런 점에서 이 책은 연구 가치가 있다. 슈텐보크-페르모어는 함보른의 성 풍속을 이렇게 전한다.

임금과 정치 문제 외에 가장 인기 있는 화제는 역시 여자였다. 이러한 대화에서 가장 두드러지는 것은 바로 도덕관념의 처절한 타락이었다. 남자들은 자기 아내 이야기를 추잡하게 떠들었고 동료의 아내와 은밀한 관계를 가졌다고 떠벌렸다. 나는 광부가 굴착부에게 하는 말을 들었다. "야, 안톤. 지난주에 너 밤 근무 할 때 내가 네 여편네 따먹었다!" 굴착부가 심

---

* "재정적 어려움도 있었지만 호기심 섞인 모험심도 있었다. 나는 당시에 슈트렐리츠 구시가에서 공학을 공부하고 있었다. 학비를 벌기 위해 잠시 노동자 생활을 했다." Stenbock-Fermor, *Meine Erlebnisse als Bergarbeiter*, p. 5.

드렁하게 대답했다. "마음대로 해라, 자식아. 들키지만 마. 나한테 잡히면 뼈도 못 추린다."

어느 날 아침 탄광에 들어가려고 석탄차 앞에 대기하고 있는데, 내 뒤에서 젊은 녀석이 작업반장에게 이런 말을 했다. "어제 쉬는 날이었는데 한스네 집에 가서 마누라랑……!" 갑자기 쉰 목소리의 고함이 들렸다. 검은 턱수염이 덥수룩한 남자가 그 친구에게 달려들면서 욕설을 퍼부었다. "잡아 죽일 염병할 개놈의 새끼야! 이 죽일 돼지 놈아!" 귀싸대기를 갈겼다. 한 대 얻어맞은 녀석은 취한 것처럼 비틀거렸다. 그 순간 석탄차에 오르느라 그다음에 어떻게 되었는지는 모르겠다. 검은 턱수염 남자가 남편이라고 들었다. 근무가 끝난 후 두 사람을 봤다. 남편과 "하숙 동료"가 사이좋게 이야기를 나누면서 나란히 걷고 있었다. 따귀 한 대에 없던 일이 된 모양이었다!

매일같이 그런 일이 있었다. 결혼한 부부가 하숙생으로 총각을 들이는 일은 꽤나 많았다. 그래서 하숙생이 주인댁과 사고를 치는 경우도 흔했다. 대개는 남편이 근무하는 동안 일이 벌어졌다. 남편은 불륜을 대수롭지 않게 여겼고 못 본 척 넘겼다. 불륜 남녀가 일을 치르는 현장을 들킨다거나 혹은 어떻게든 눈에 띄면 주먹다짐이나 칼부림이 벌어지기도 했다. 물론 금세 언제 그랬냐는 듯 화해하고 뒤끝도 없었다.

광부들의 주거 환경은 상상 이상으로 나빴다…… 열악한 주거 환경은 자라나는 세대에게 나쁜 영향을 끼쳤다. 비좁은 공간에서 부대끼며 살다보니 아이들은 어릴 때부터 부부 관계를 보며 자라났다. 거의 하루 종일 고된 일을 하느라 부모는 아이들을 돌볼 겨를이 없다. 방치된 아이들은 못된 짓을 하며 거리를 쏘다녔다.

아주 어린 아이들이 길바닥에 앉아 놀면서 입에 못 담을 욕지거리를 하는 꼴을 자주 봤다. 여자아이들은 열다섯, 열여섯 정도만 되어도 으레 "애인"이 있었다. 태어나는 혼외자의 숫자는 끔찍이도 많았다. 함보른에

매음굴은 없었지만 길거리에서 자유 매춘이 성행했다. 성병도 무시무시하게 만연해 있었다.*[1]

혼외자의 숫자가 "끔찍이도 많았다"는 페르모어의 말은 수정될 필요가 있다. 혼외자라기보다는 미혼 상태에서 임신된 아이가 많았다. 1900년에서 1913년 사이 함보른의 혼외자 통계는 프로이센 전역의 도시 평균을 밑돈다. 심지어 대부분의 농촌 지역 평균보다 낮다.[2] 아이가 생기면 이런저런 이유로 대부분 결혼했기 때문이다. 처녀의 부모는 입 하나 줄이는 셈 치고 시집을 보냈다. 남자는 하숙생 신세를 청산하고 자기 살림을 차렸다. 남초 현상이 심했던 터라 누구에게나 가능한 일은 아니었다. "하숙생이 하숙집 주인 딸과 결혼"하는 것은 흔히 볼 수 있는 결혼 사연이었다. 종종 선택의 여지가 없었다. 집이 너무 좁아서 하숙생과 하숙집 딸이 같은 방에서 자곤 했기 때문이다.[3]

페르모어가 살던 곳은 앞서 언급했듯 총각 하숙집이었다. 자신이 여자들과 맺은 관계는 책에 언급하지 않았다. 하지만 분위기로 보아 광부로 일하는 동안 여자에게 말도 못 걸어본 눈치다. 스스로의 설명에 따르면 여가 시간에는 "문화"를 즐겼다고 한다. 슈펭글러 혹은 니체의 책을 읽었다. 혹은 뒤스부르크 근방의 극단에서 파우스트 원작 공연을 봤다. 그는 정치에 있어 적극적인 노동자들과 긴 대화를 나눈 경험을 책에 쓰기도 했다. 그는 교양과 철학에 큰 의미를 부여했다. 그리고 프롤레타리아의 정치적 요구가 납득되기 어려운 이유를 이른바 "교양"에서 찾았

---

* 매독의 공포가 이들 남성의 성생활에 큰 제약으로 작용했다. 따라서 이른바 성병이 만연했다는 발언은 의학적·통계적 사실로 보기 힘들다. 원칙적으로는 의심하는 것이 타당하다. "자유 매춘"은 존재했다. 그러나 제1차 세계대전 이후에 생기기 시작했다. (Lucas, *Arbeiterradikalismus*, p. 70 f.)

다. 특히 지배 문제는 더 받아들일 수 없었다.[4] 그에게 있어서 교양 관념, 더 정확하게는 교양 감정이라는 것은 여성 섹슈얼리티의 거부였다. 그리고 특정한 남성 결사체를 선호하는 것을 뜻했다. 그는 교양 있는 대화를 무척 소중히 여겼다. 하지만 프롤레타리아 남녀의 성관계에 대해서는 "도덕관념의 처절한 타락"이라며 비하했다. 그는 배고픔, 착취, 열악한 주거 환경에 맞서려는 노동자 투쟁에는 깊이 동감하고 지지했다. 그리고 노동자들의 연대에 깊은 감동을 받았다. 그럼에도 그들의 섹슈얼리티만은 무척 불편해했다.

하숙생들의 성생활 실태를 폭로한 작품이 또 있다. 슐레지엔과 루르 지방에서 일한 경험이 있는 갱도 작업반장 베르너의 회고록이다.

루르 지방 광산촌에는 세 종류의 하숙이 있었다. "절반 하숙" "완전 하숙", 그리고 "추가 완전 하숙"이다.

절반 하숙은 방세에 점심 값과 아침 커피 값을 더해서 내는 것이다. 나는 28마르크를 냈다. 빵값과 부대 비용은 각자 부담한다. 대략 한 달 월세에 맞먹는 비용이 들었던 것 같다. "완전 하숙"에는 모든 비용이 포함된다. 대략 50에서 60마르크였다. "추가 완전 하숙"에는 모든 비용이 포함된 데다 하숙집 어머님이 추가된다.[5]

베르너가 덧붙인 설명에 따르면, 애초에 "추가 완전 하숙"으로 신청하는 일은 극히 드물었다. 실제로는 일종의 "규칙"으로 존재했다.[6] 하숙생과 "하숙집 어머님"의 성관계는 남편의 불규칙한 교대 근무 시간에 벌어졌다. 하숙집은 공간상 협소했다. 또한 부부간 나이 차이가 큰 경우가 많았다. 당시 소녀들은 대개 일찌감치 시집을 갔다. 남자들은 어느 정도 돈을 모을 때까지 되도록 결혼을 늦췄다. 그래서 직장에서 신참인 경우가 드물었다. 하숙생과 하숙집 어머님은 대개 비슷한 연배였다. 둘

다 하숙집 주인보다 열 살에서 열다섯 살 어렸고 그만큼 세월의 풍파를
덜 겪었다. 그래서 결혼한 사이보다 성적으로는 더 친밀하곤 했다.

그러나 이런 상황이 외부적 이유로 결정된 것은 아니었다. 또 여자가
부족해서 그런 것도 아니다. 다른 산업 분야에서는 관습이 완전히 다르
기도 했다. 외간 남자와의 성관계가 완전히 금기인 경우도 있었다. 북아
메리카 식민화 과정에도 이런 사례는 많았다.

가장 결정적이었던 것은 부르주아 기독교 성 도덕의 명백한 부존재
였다. 부르주아 법률이 간통이라고 부를 짓을 저질러도 여기서는 아내
를 내치지도 않고 상간남을 죽이려고 하지도 않는다. 실추된 명예와 질
투가 파국을 초래하지도 않는다. 빌헬름 시대의 부르주아 세계에서 이
런 일은 상상조차 할 수 없다. 프롤레타리아에게 섹슈얼리티는 일상에
서 가장 중요한 일부였다. 때로는 식생활보다 더 중요했다. 루르 지방에
서만 그랬던 것은 아니다. 베르너는 슐레지엔의 상황을 묘사한다.

슐레지엔 광부들은 대개 10시간에서 12시간 교대 근무를 했지만 벌이는
몹시 적었다. 가난한 남자에게 인생의 낙이라고는 여자와의 성관계뿐이
었다. 이들은 언제나 즐겁게 성교를 떠벌렸다. 나와 연배가 비슷하거나
몇 살 어린 친구들도 틈만 나면 부끄러운 기색 없이 탄하우젠, 뷔스테기
어스도르프, 리바우 같은 직조 마을에 놀러 가서 "장가들고 온" 이야기
를 떠들었다.
나도 동료들 이야기에 휩쓸려서 그게 좋은 줄로만 생각했다. 얼른 그런
마을에 놀러 가서 재미를 보고 싶었다.
그래서 수요일과 일요일이면 동료들과 함께 놀러 갔다. 밤새 놀고 이튿
날 새벽에 돌아오곤 했다. 시간이 없어서 바로 작업복으로 갈아입고 출
근했다.
광산촌에는 젊은 총각이 많았다. 직조 공장과 도자기 공장에는 젊은 처

자가 많았다. 그래서 발덴부르크 지역은 사생아 출산 수효가 통계상 언제나 1위였다.[7]

여기는 여자가 부족하지 않은 지역이다. 대부분의 젊은이는 부모님과 함께 살았다. 빠른 속도로 급격하게 조성된 루르 지방 같은 곳이 아니다. 그런데도 사생아 출산이 월등하게 많았다. 성적 행동의 형태를 좌우하는 것은 거주 지역이 아니라 계급인 것이다.

페르모어와 베르너의 글에서 알 수 있듯, 노동자들에게는 백색 군대 남성들이 지녔던 판타지의 기반이 없었다. 프롤레타리아 청소년들은 사춘기의 고뇌를 그리 무겁게 느낄 틈이 없었다. 이들은 사랑 행위를 할 때 육체가 어떻게 되는지 판타지를 펼칠 필요가 없었다. 또한 성인이 될 때까지 강제로 금욕할 필요도 없었다.

이는 성 경제학의 관점에서 절대로 "처절한 타락"이 아니다. 페르모어가 홀로 문화를 사랑하고 심오한 니체 사상에 전율하는 것이 오히려 딱한 처지가 아닐까 싶다.

하지만 이들의 성관계에 어떤 심리 과정이 작용하는지, 얼마나 인간적이었는지, 혹은 성별 간 평등은 어땠는지는 언급되지 않고 있다. 프롤레타리아가 자유로운 섹슈얼리티를 확립했다고 주장하는 빌헬름 라이히의 논거는 빈약하다.[*] 열악한 거주 환경, 배고픔, 가사노동과 광산 노동에 녹초가 된 육체, 피곤함, 지긋지긋함, 질병, 알코올 중독이 사랑에 도움이 될 리 없다. 그러나 이는 프롤레타리아 삶의 항시적 조건이었다.

500명의 함보른 노동자 여성을 연구한 1913년 논문에서 여성권 활동가 리 피셔-에케르트는 그나마 괜찮은 편인 여성의 삶을 보여준다.

---

* "물질적 생활 조건이 나쁠수록 생식기는 더 자유로워진다."(*Die Funktion des Orgasmus*, p. 169) 생식기적 욕망의 사회적 의미에 대한 설명은 이보다는 나은 편이다.

이들 여성에게 가장 중요한 문제는 결국 하나다. 오늘은 대체 무엇을 먹고 무엇을 입어야 하나? 이 문제를 해결하기 위해 새벽부터 늦은 밤까지 빨래하고 요리하고 텃밭 가꾸고 재봉틀 돌리고 외양간을 오간다. 온 힘을 다해야 간신히 버텨낸다. 생활에서 수입과 지출이 조금만 어그러져도 살림이 무너지고 가족이 고생한다. 생활이라는 전쟁에는 육체적 힘만 필요한 것이 아니다. 아마 제일 힘든 것은 가족들의 끝없는 외적 요구를 만족시켜야 하는 피곤함일 것이다. 게다가 어머니로서 개인적 삶은 없다. 결국 자신을 보살피는 법도 잊고 기계적 도구가 되어버린다. 마치 로마 시대의 노예처럼 권리조차 없는 물건 취급을 당하고 스스로도 자신을 물건인 양 느낀다. 그나마 최고로 팔자 좋은 여자의 삶이 이렇다. 정식 직업도 없다. 독일 여자들의 처지가 이렇다![8]

이보다 더 나쁜 상황의 여성들은 삶을 지긋지긋하게 여긴다는 것이 피셔-에케르트의 설명이다. 삶이 나아지리라는 희망이 없기 때문이다. 거의 모든 여자가 죽지 못해 루르 지방에 살고 있고 더 나이 들면 타지로 가고 싶다고 대답했다. 어디로 갈 것인가? "배불리 먹을 수 있는 곳"이면 어디든 좋다.[9] 아이가 두세 명 있는 가정은 악착같이 아끼면서 버티면 최저생계 아래로 떨어지지 않을 수 있다. 하지만 연구 대상 가정의 거의 80퍼센트에는 네댓 명의 아이가 있었다.[10] 실업, 직장 폐쇄, 파업의 상황은 이미 가난과 고생에 찌든 가정을 더 못 견딜 지경으로 몰아넣었다. 페르모어에 따르면 1923년 몇 주간 이어진 직장 폐쇄 때문에 수많은 노동자 가정이 동반 자살을 선택했다. 티센 석탄철강 회사는 혁명의 마지막 성과 중 하나였던 하루 7시간 노동 원칙을 무력화하고 8시간으로 후퇴시키려고 노동자들에게 직장 폐쇄를 강제했다. 페르모어의 수기에는 마지막까지 버텼던 노동자의 이야기가 나온다. 동료들의 존경을 받던 고령의 공산주의자였는데 결국 티센 측이 강요한 직장 복귀 명령

에 굴복했다. 이러다 자식들이 굶어 죽겠다면서 아내가 창문에서 뛰어내리겠다고 협박했기 때문이다.[11]

자유군단 군인 남성들이 속했던 봉건적, 프티부르주아적, 소농민적 사회에 이런 여성은 없었다. 노동자 여성의 모습은 이들 군인 남성의 실제 경험에 조화되지 않았다. 군인 남성에게 이들은 성애적이고 활동적이며 "남성적"인 여성의 끔찍한 표상으로 보였다. 제1차 세계대전 기간에 노동자 여성들은 이전의 주부 역할에서 해방되었다. 혼자서 가족을 먹여 살리기 위해 어쩔 수 없이 공장에 취직했다. 식량 부족에 항의하는 시위를 조직했고 때로는 상점을 약탈하기도 했다. 임금 분쟁에서 고용주와 맞서는 법을 배웠다. 혹은 공장 소유 임대주택에 맞서 임대료 인하 투쟁을 벌이기도 했다. 이들은 전통적인 남성 영역을 정복하고 제대로 일을 해내고 있었다. 이 여성들은 비가정적 섬뜩함(unheimlich는 축자적으로는 '비가정적' '집이 아닌'이라는 뜻이지만 '이질적인' '섬뜩한'이라는 뜻을 지닌다―옮긴이)이었다.* 남편들조차 이들을 가정을 벗어난 섬뜩한 존재로 느꼈다. 여성들의 연대 투쟁 의지를 보여주는 글에서조차 이상한 거

---

* 제2차 세계대전 초반에 나치는 생산 현장에 여성 노동력을 투입하는 정책 시행을 몹시 망설였다. 또한 "가정 전선"의 붕괴를 여성 탓으로 돌리곤 했다. 1940년 5월 9일 빌헬름 슈투카르트 국무장관은 여성 노동력 증대 법안의 초안을 보류하면서 그 사유를 "여성의 강제 노역 동원"이라고 설명했다. "국민 풍조에 영향을 끼칠 수 있는 극단적인 조치다…… 여성의 노동 투입은 극도로 신중하게 접근할 사안이다. 이 영역에서 실정이 발생한다면 조국과 최전방 모두의 풍조에 위험으로 작동할 수도 있다." 이른바 "전격전" 단계에서 일하는 여성의 비율은 3퍼센트 감소했다. 그 대신 취직이 필요한 여성에게는 국가 보조금을 지급하는 쪽을 택했다. 전쟁이 길어지면서 정책을 지속하는 것은 어려워졌다. "1944년에는 전체 취업 인구 3590만 명에서 여성 인력이 4분의 1을 차지했고 또 다른 4분의 1은 외국인 노동자가 차지했다."(Behrens, p. 133 f.; Eichholtz, p. 81, 83, 85. Kuzcynski, p. 282. 또한 참고. Tim Mason, *Zur Lage der Frauen in Deutschland 1930 – 1940*, p. 129 ff.)

부감의 낌새가 읽힌다. 하인리히 토이버는 「광부의 아내」(1927)라는 에세이에서 이렇게 말한다.

광산촌의 공간적 협소함 때문에 여자들은 비교적 수월하게 파업 및 직장폐쇄 노동자들과 연대할 수 있었다. 만약 주거지역이 띄엄띄엄한 다른 직종이었더라면 연대 달성이 어려웠을 것이다. 여자들이 남자들 싸움에 적극적으로 끼어드는 일이 드물지 않았다. 피켓 시위 같은 과업에서는 남자들보다 훨씬 더 적극적이었다. 여자들은 일단 요구 사항의 정당성을 확신하면 놀라운 열의를 과시했던 터라 남자들이 오히려 부끄러울 지경이었다. 때로 고삐 풀린 듯 벌컥 성질을 내기도 하고 심드렁하게 결과를 받아들이기도 했다. (…)
1924년 5월 루르 탄광 지역 총파업 기간, 여자들은 대규모 피켓 시위를 조직했다. 여자들은 막대기로 무장하고 뒷골목을 순찰하면서 파업을 깨고 일하러 가려는 사람들을 발각해서 집으로 몰아넣었다. 밤시간이 되면 더 해괴한 광경이 펼쳐졌다. 여자들은 등불을 켜들고 각자 마을에서 나와 모여들어 주변 광산을 순찰하고 다녔다.[12]

여자들의 야간 등불 행렬을 "해괴"하다고 표현한다. "뒷골목"이라는 말도 쓴다. 남자였다면 "용기"라고 부를 것을 "성질"이라고 표현한다. 게다가 무엇보다 여자는 "심드렁하게 결과를 받아들"인다고 했다. 남자라면 격렬하게 시위했을 것이란 뜻이다. 여성은 낯선 존재다. 남자와 다르다. 명백하다.

자유군단 남성들에게 프롤레타리아 여성은 여러 면에서 자신 있고 도발적으로 보였을 것이다. 특히 자신들의 어머니와 누이들에 비하면 더 그랬을 것이다. 어머니와 누이는 일을 해봐야 군대를 위한 자선활동 정도였다. 성적으로는 조신한 척 내숭을 떨었다.

노동자 여성들은 내숭이 전혀 없었다. 성적 욕망을 억압하고 있는 군인 남성들 입장에서는 위협적으로 느껴졌을 것이다. 남자들이 차지할 수 있는 여자들이 나타났다. 그런데 문제가 있다. 다른 남자들도 저 여자들을 노린다. 코르셋과 속옷으로 가두지 않은 육체를 지닌 여자다. 그럼에도 수중에 넣을 수가 없다. 과연 누구의 여자들일까? 그녀들의 남자는 각양각색으로 다양했지만, 하나의 공통점이 있었다. 군인만은 딱 질색이었다.

노동자 지역에서 잠깐이라도 시간을 보낸 적이 있는 모든 작가가 입을 모아 단언하는 것이 있다. 모든 노동자와 아내들은 제복 입은 사람을 진저리치며 싫어했다. 페르모어는 함보른에서 경험했던 혐오를 "질병" 수준이라고 말했다.

"사냥개 같은 경찰에게 길을 묻느니 차라리 헤매다 죽는 게 낫겠다!"[13]

페르모어가 집회 장소에 가는 길을 모르니 경찰에게 물어보자고 제안하자 노동자가 대답한 말이다. 제복을 입은 사람은 압제자다. 이론의 여지가 없는 절대 진리다.

프롤레타리아 여성들이 낯선 하비투스를 지닌 군인 남성을 어떻게 대해야만 했을까? 이들의 "사나이다움"은 일면 무지막지했고 일면 우스꽝스러웠다. 이들은 고등학교나 사관학교를 다니던 여드름 난 얼굴로 자유군단에 합류했다. 혹은 술고래 대학생이거나 농장에서 도망친 시골 청년이었다. 사춘기 고민에서 도피하려고 입대한 소년들이었다. 아무것도 모르는 녀석들이었다.* 개중에는 열여덟에 전쟁에 나가 남자들끼리 참호에서 4년을 보낸 사람도 많았다. 야전병원 간호부를 짝사랑하거나 사창가에서 몇 번 술 마신 경험이 전부였을 텐데 여자에 대해 무엇을 알았겠는가? 자유군단 장교들은 대개 마흔 살 미만이었다. 독일 제국군은 그 나이까지 미혼이어도 눈총을 받지 않는 것이 불문율이었다. 이따금 창녀와 성적 접촉을 했다. 애초부터 가볍게 재미만 볼 생각으로 부르주아 출신 처녀를 잠시 유혹하기도 했다.

한번 상상해보자. 이러한 군인 남성이 성적으로 자유분방한 노동자 계급 처녀에게서 "초대"를 받는다면 어떻게 될까? 춤추러 가자는 등 넌지시 성적인 유혹을 받는다면 과연 어떨까? 군인 남성은 여자를 사는 일에 익숙하다. 돈부터 선불로 내면 그다음 할 일은 뻔하다. 배려 따위는 필요 없고 손님 노릇을 하면 된다.[14] 우회적으로 접근하는 다른 방식도 있다. 당시 부르주아 사회에서 통용되던 연애 코스를 따라 노동자 처녀를 카지노에 초대해 "사교계"에 소개하거나 혹은 뒤스부르크에서 극장 나들이를 할 수는 없다. 노동자 처녀 역시 이런 우회 절차를 원할 리가 없다. 과연 그는 어떻게 의사를 표현할까? 직접적인 언어로 톡 까놓고 말하긴 힘들었을 것이다. 성관계를 뜻하는 단어 중 그가 아는 것은 대개 상스러운 어휘다. 남자들끼리 지껄이거나 허풍 떨 때 쓰던 말이니까. 사회 하층민 여자와 대화를 나누는 것 자체를 못 했을 수도 있다.**

---

* "17세 군인이었던 내가 인생에서 무엇을 배웠을까? 사람 죽이는 법을 알았고 창녀와 노는 법을 알았다. 야한 소리나 지껄이고 집을 노략질하는 법을 알았다. 몸에서 이 잡는 법이나 알았다."
슈텐보크-페르모어는 국가방위군으로 발트해 연안에서 복무하던 자신을 이렇게 회고했다. *Deutschland von unten*, p. 113.
** 군인 남성 상당수에게는 여성과의 성적 경험이 허락되지 않았다. 그러나 이것이 결정적이라고 볼 수는 없다. 다비드 마르크 만텔은 『가정과 공격성*Familie und Aggression*』에서 200여 명의 미 육군 특전부대를 조사했다. 이들은 베트남 전쟁에서 잔혹 행위를 저질렀다고 스스로 인정한 사람들이다. 그런데 이들의 죄상과 성적 금욕 사이에 의미 있는 관련성은 발견되지 않았다. 반면 다른 의미심장한 발견도 있다. 여성과 첫 성관계를 맺은 후 "김이 샜다"는 사람이 많았다. 너무 실망스러워서 아무런 감흥이 없었으며 이후로도 쭉 그 상태였다는 것이다. 그렇다고 여자 쫓아다니기를 그만둔 것은 물론 아니다. (Frankfurt /M 1972, pp. 215 – 233.)

독일군 전용
입구

독일인의 자부심으로 군기가 꼿꼿하게 밴 군인 남성을 마주한 노동자 여성의 반응이 어땠을지는 불 보듯 뻔하다. 군인 남성들이 내세우는 남성성이라는 것을 얼마나 깔봤을지, 대놓고 비웃음이나 안 당하면 다행이었을 것이다. 총기와 대포를 들고 거리로 쳐들어와서 프롤레타리아에게 올바른 삶의 방식을 가르치겠다는 것이다. 마치 병정 인형이나 꼭두각시처럼 보였을 것이다. 뻣뻣하고 미숙하다. 산업 노동자의 고생이라고는 모르는 듯 번드르르하다. 가족을 먹여 살리고 지역 노동 환경을 개선하려고 뼈 빠지게 고생한 노동자들에게 맞서 군인들이 어떻게 당해내겠는가? 노동이라고는 해본 적 없고 오직 총질로 시간을 보내면서 노동 민중이 생산한 식량만 축낸 사람들이 군인 남성들이다.*[15] 군인 남성들의 "사나이다움"에서 승산이 있는 것으로는 오직 잔혹성만 남았다. 그러니 소통은 불가능할 수밖에 없다.

제국 시기에는 아가씨들의 마음을 사로잡는 젊은 장교의 이미지가 군대 주둔 중소 도시에서 어느 정도 현실성이 있었다. 그러나 루르 지방처럼 도시화가 심화된 노동자 주거지에서는 상황이 달랐다. 하인리히 토이버는 1914년의 상황을 이렇게 전한다.

프로이센 군정은 살아 있는 퍼레이드 장난감 같은 군대와 루르 지방의 절박한 노동자 군대의 현격한 대조를 스스로 너무 잘 알았다. 그래서 양자를 가능한 한 멀리 떨어뜨려두었다. 석탄 공업지대 전체에 주둔 부대가 없었다.** 루르 지방 이북의 보훔, 도르트문트 등의 대도시는 프로이센

---

*   그래서 베를린에서는 군대를 비하하는 "국물 부대Suppe-Garde"라는 단어가 유행했다. 어떤 교관의 이름이 국물을 뜻하는 주페Suppe였다는 것이 계기가 되었다. (*SB*, p. 37.)

**   소소한 오류를 바로잡는다. 필하임에는 1899년 이래로 보병부대 제159연대가 주둔하고 있었다.

에서 군대가 점령하지 않은 유일한 곳들이었다. 그럼에도 광산 노동자의 대파업이 일어나면 일시적으로 군대가 투입되곤 했다. 마지막 사례는 1912년이었다.[16]

쌍방향의 상호 적대감이다. 노동자들은 군인을 싫어했다. 군인들은 노동자를 피했다. 당국은 사회민주주의로 오염된 지역에서는 내전군 훈련에 관심을 기울이지 않았다.

노동자 여성이 장교를 연모하는 평화 시대의 전통은 남아 있지 않았다.

노동자 여성과 군인 남성 사이에는 중요한 차이점이 있었다. 노동자 여성의 상대적인 성적 자유분방함이 군인 남성의 허약한 자신감과 대치됐다. 그 결과 군인들이 기존에 지녔던 여성에 대한 주관적 위협감만 더 강화되었다. 가장 중요한 것은 판타지에 형체가 부여되었다는 것이다. 실제 여성에게 들러붙은 판타지는 물체성을 띠게 되었다. 여성과 실제로 근접할수록 긴장감은 더 높아졌다. 그리하여 여성을 대상물로 삼아 공격성을 "방전"할 가능성 또한 점점 더 높아졌다.

노동자 여성의 실제 행실이 군인 남성의 선입견을 재확인시켰을 가능성은 얼마나 될까? 상당히 클 것이라고 생각한다. 이는 절대 단순한 "투사"로 치부할 수 없다. 군인 남성은 프롤레타리아 여성을 창녀와 동일시했다. 아마 그들 입장에서는 아주 명백하고 "지당한" 근거로 그렇게 판단했을 것이다. 자신들이 직접 본 광경을 본인 나름의 기준에 맞게 판단한 것이다. 부르주아 과학과 대부분의 "마르크스주의" 과학은 모두 이런 식으로 작동한다. 다들 "자기 장단에 맞춰" 춤추고 노래하는 법이다. 이는 진정한 이해가 아니다.

군인들은 어떻게 했을까? 그들은 프롤레타리아의 누이들을 자신들의 누이를 대하듯 판단했다. 만약 친누이가 프롤레타리아 처자와 아낙처럼 행동했다면 영락없는 "창녀"였을 것이다. 당연히 그에 상응하는 처벌을

자유군단 기병대대 "번개부대"
루르 지방에서는 "자유군단 살육부대"라고 불렸다.
보트로프, 1919

하인츠 돌격대 슐라게터 중대의 경기관총

"1921년 오버슐레지엔
철모에는 고리 십자가
팔에는 흑백적 완장
에어하르트 여단
그것이 우리의 이름"
—여단 군가의 1절 가사

내려야 한다. 즉 축출한다. 노동자 여성을 마치 친누이들인 양 보고 대한다는 점이 무척 이상하다. 그들은 목격한 대상물을 다른 대상물과 바꿔치기했다. 성적으로 자유분방한 노동자 여성을 내 가족의 일원인 양 바꿔놓는 것이다. 뒤바뀐 대상물의 부분적 정체성 때문에 군인 남성의 판단이 가능해졌다. 군인 남성은 노동자 여성의 자리에 성적으로 자유분방할지도 모를 자신의 가족을 놓고 생각하는 것이다. 어머니보다는 누이일 가능성이 더 높아 보인다. 혹은 노동자 여성을 친숙화하는 동시에 친누이를 성애화/프롤레타리아화하는 것일 수도 있다. 여러 이유에서 친누이는 이런 작업에 적합하다. 성장기 소년에게 친누이의 몸, 특히 누나의 몸은 성적인 훔쳐보기의 첫 대상이 되는 일이 흔하다. 가족끼리는 경계심이 느슨하기 때문에 여느 소녀들과 달리 누나는 몸을 가리느라 급급하지 않다. 심지어 누나는 젖가슴이 자라면서 남동생의 납작한 가슴팍과 달라지면 자랑삼아 보여주기도 한다. 집 안에는 누이 말고도 어머니의 가사를 돕는 하녀가 있다. 아들 입장에서 하녀는 잠재적인 창녀다. 응당 내 몫이어야 하는데 다른 젊은 남자와 사귀기 시작한다. 그녀와의 육체적 사랑은 금지되어 있기 때문에 그녀는 우리가 앞서 고찰한 바 있는 순백의 누이가 된다.

그녀의 또 다른 측면, 즉 성애적 부분인 "붉은 누이"는 존재해서는 안 된다. 오직 오라비의 판타지 욕망 충족을 위한 존재여야만 한다. 노동자 여성은 섹슈얼리티를 숨기지 않는다. 바로 군인/오라비 남성이 은밀하게 친누이로부터 욕망하던 바로 그 모습이다. 설상가상으로 그녀에게는 어울리는 호칭까지 붙어 있다. 바로 "빨갱이 간호부-붉은 누이"다. 그런데 그녀는 다른 남자를 사랑한다. 그것이 바로 지조 없는 화냥질이다. 마치 친누이가 외간 남자와 팔짱을 끼고 거리를 쏘다니는 것과 다를 바 없다.

이러한 대상물 교환은 어떻게 생겨났을까? 찰리 채플린의 영화가 생각난다. 눈보라 때문에 알래스카의 통나무집에 갇혀 있다. 도끼를 들고 추격하는 금광 채굴꾼을 피해서 찰리가 식탁 주변을 빙글빙글 돈다. 채굴꾼은 배고픔에 눈이 돌아가 찰리를 거대한 닭으로 착각한다.

군인 남성은 사랑에 굶주린 나머지 노동자 여성의 성적인 매력을 더 이상 참을 수 없었던 것은 아닐까? 환각 속에서 노동자 여성을 자신이 예전에 욕망하곤 했던 사랑 대상물, 즉 자신의 누이로 착각한 것은 아닐까?

노동자 여성을 공격한 것은 사실 "외간 남자와 놀아나는 누이" 표상에 대한 공격이며 배반당한 사랑에 대한 복수라고 볼 수도 있다.

에프 연대 소속의 상급 사격병이자 생도였던 막스 첼러가 1920년 4월 2일 루르 지방에서 예전에 입원했던 야전병원에 보낸 편지에서 이런 태도가 극명하게 드러난다. "친애하는 간호부와 환자들" 앞으로 보낸 글이다.

오직 A 병동 간호부 여러분만 생각하면서 내내 전투했습니다. 그 까닭은 빨갱이 간호부 열 명을 처형했는데 한 명도 예외 없이 권총을 지니고 있었기 때문입니다. 하도 꼴불견이라서 기꺼이 쏴 죽였습니다. 그들이 어찌나 울면서 애걸복걸하던지! 하지만 일단 무기를 소지한 이상 우리의 적이라고 간주해야만 합니다. 우리는 프랑스군을 무찌를 때보다 더 철저히 무찔렀습니다. 야전병원 상황은 어떤가요? 이곳 주민들은 우리에게 헌신적입니다.[17]

순백의 간호부를 눈앞에 떠올리면서 붉은 간호부를 쏘았다. 그의 공격성은 순백의 간호부, 즉 자신의 친누이에게서 유래했다. 어렸던 그를, 혹은 야전병원에 누워 있는 그를 흥분Erregung시킨 것이 죄다. 그는 동작이 불가능한 상태에서 본래의 성적 흥분을 해소할 방도가 없었다.

성적 적대감이 상대적으로 미약한 여자의 모습에서조차 그는 미처 방전하지 못한 흥분이 새로 자극되는 것을 주체하지 못한다. 그저 상상 수준에 머무는 것이 아니라 육체적인 흥분이 촉발된다. 흥분은 순식간에 판타지로 현실화된다. 그의 판타지는 순백의 간호부와 성적으로 연결되어 있다. 앞서 회스의 사례에서 봤듯 이런 판타지는 억압되거나 은폐되어 있다가 죽음이 피할 수 없이 임박하면 분출된다. 그의 공격성이 향하는 곳은 자신의 육체적 흥분을 일으키는 판타지다. 그가 늘 두려워하던 퇴로 없는 상황을 다시금 기억하게 만들기 때문이다. 특히 무장 계급투쟁 상황에서 서로 대치하고 있는 와중에 군인 남성은 여성이 일으키는 흥분을 방어할 도리가 없다. 그렇기 때문에 공격성이 그 즉시 방전되는 것이다. 여자들 "탓"이다. 군인 남성들이 욕망을 기억하게 된 것도 만족을 금지당한 것도 모두 여자들 탓이다. 그저 "원칙 차원에서" 공격하는 것이 아니라 아주 구체적인 공격이 순백의 간호부에게로 향한다. 막스 셸러가 야전병원에 보낸 편지에서 잘 드러난다. 편지는 간호부들에게 보내는 분명한 경고다. 잘 봐두고 정신 차려. "빨갱이 년"처럼 굴면 어떻게 되는지…… 과거에도 그리고 지금도 누이는 오라비의 것이 아니다. 누이는 성적인 금기에 속한다.

이른바 투사라는 것은 결코 망상이 아니다. 실제 공격이 의도하는 대상물과 공격당하는 대체 대상물 사이의 관련성은 자의적이지 않다. 희생양 가설은 지나치게 단순한 설명이다. 군인 남성들과 맞닥뜨린 프롤레타리아 여성이 너무 생생한 성적 발광체였기 때문에 문제였던 것이지 단순히 "투사체"였기 때문이 아니다. 이러한 심리 과정을 "투사"라는 개념으로 설명하는 것은 오해의 여지가 너무 크다. 차라리 환각적 대상물 치환이라고 불러야 한다. 원래 노렸던 대상물과 유사성을 지녔기 때문에 치환당하게 된다.

그렇다면 흥분의 정도가 너무 큰 나머지 지각이 환각 형태로 나타나는 이유는 과연 무엇일까? 너무 강하게 욕망하기 때문이다. 욕망이 강

독일이 벨기에를 점령하다

잔뜩 흥분한 군인들, 파리 1915

한 이유는 욕망 충족의 금기가 너무 강하기 때문이다. 그럼에도 흥미로운 것은 정서의 작동이 한 단계를 건너뛰어버린다는 점이다. 군인 남성이 빨갱이 누이에게 그토록 강한 성적 자극을 느낀다면 에라 모르겠다면서 겁탈하는 것이 차라리 "논리적"이다. 그러나 이런 일은 소설 속에서나 실제 사건으로나 거의 없었다. 그렇다면 의문을 던질 수밖에 없다. 한때 지녔던 사랑의 욕망이 어쩌다가 살해 욕망으로 바뀌었을까? 흔히 예상할 수 있는 강간이라는 형태로 나아가지 않은 이유는 뭘까?

군인 남성이 같은 사회 계층의 여성에게 어떤 거절을 경험했는지를 살펴보면 힌트를 얻을 수 있다. 켐프텐 출신의 귀족 여성 쇼바허 양의 이야기를 들어보도록 한다.

바이에른의 여성과 아가씨들! 우리 도시 위로 비행기가 날아가며 내는 굉음 속에서 우리 이름을 부르는 목소리를 들어주세요! 하늘에 울리는 고함을 들어주세요. 공산주의 광란에 여러분의 소중한 영역이 위협당하길 원하세요? 뮌헨의 자매들이 당했던 것처럼? 여러분의 새하얀 침대보에 범죄자의 더러운 손이 닿길 원하세요? 정성껏 바느질해서 옷장에 모아둔 소중한 옷감을 더럽히고 싶으세요? 그들이 여러분의 보물함을 열고 온갖 소중하디소중한 추억거리를 강탈하기를 원하세요? 여러분의 보금자리가 쑥대밭이 되고 여러분의 꽃밭에 사랑하는 사람들의 시체가 쌓이길 원하세요? 러시아가 어떤 꼴이 됐는지 똑똑히 보셨잖아요. 안 될 말씀! 절대로 그럴 수는 없지요. 우리를 도와주세요. 여러분은 참사를 막아낼 힘이 있어요! 여러분은 전쟁에서 조용한 내조를 해주셨지요. 깊은 이해심으로 남편들의 정치적 동반자가 돼주셨지요. 여러분의 지지 발언 덕에 바이에른의 합법적 정부가 탄생했어요. 여러분의 남편, 오라버니, 약혼남의 옷에 자유군단의 상징 에델바이스 꽃을 달아서 지지의 목소리를 내주세요. 여러분의 목소리는 힘이 셉니다. 모두 응원해주세요.
"슈바벤 자유군단에 입대하세요!"[18]

여성들의 성적인 순결을 지키려고 "남편, 오라버니, 약혼남"을 기꺼이 내전에 보내겠다는 발상은 남성에 대한 상당한 공격성을 내포하고 있다. 공산주의자 남자가 새하얀 침대보를 더럽힐 것이라는 쇼바허의 공포는 사실 금지된 욕망이 표현된 것이다. 하지만 남편들은 침대보를 더럽히지 않을 것이라고 생각하는 듯하다. 아마 아내가 이젠 "순백"이 아니라서 성적인 욕망의 대상이 아니기 때문일 것이다. 남편을 전쟁터로 보내려는 영웅적인 결단은 일종의 복수로 느껴진다. 나를 평생 새하얀 옷감처럼 옷장 속에 모셔둘 셈이라면 차라리 전쟁터에 나가서 피 흘리세요. 당신이 대체 무슨 쓸모가 있나요?

프롤레타리아 남성 역시 자신의 아내와 여성 일반에 대해 묘하게 이중적인 태도를 취한다. 특히 일반 프롤레타리아 출신이지만 직업상 지위 상승을 경험했거나 혹은 노동조합 고위직에 오른 남자들은 노동자 여성의 성적 자유에 대해서 큰 거부감을 표출하는 경향이 있었다. 작업 반장직까지 승진했던 베르너는 회고록에서 자신의 자유분방한 성 도덕을 종종 자랑하곤 했다. 그의 결혼관은 이러했다.

나는 결혼할 만한 처자와 사귄 경험이 없었다. 게다가 진짜 오래가는 연애는 한 번도 못 해봤다. 나는 누이도 없고 여자 친척도 없기 때문에 이성의 심리에 대해서 알 수가 없었다. 게다가 너무 일찍 장가들지 말라는 부친의 당부도 마음에 새겨야만 했다. 양가댁 규수들은 나를 싫어했고 나도 양가댁 규수가 별로였다. 그런 아가씨들에게 나 따위는 어림없다. 무엇보다 나는 미남자가 아니라서 탈이었다. 또한 나는 품위와 도덕에 대한 견해가 다소 남달랐기 때문에 거침없다는 평판을 들었다. 나 역시 고상한 척하는 여자들은 딱 질색이었다. 그런 아가씨들을 도무지 이해할 수가 없었다.
히베르니아 탄광에 폭약을 공급하는 업자를 만나러 슐레지엔을 방문했다가 바이스슈타인 출신의 여성분을 알게 되었다. 내가 존경하는 인격의 소중한 요소를 모두 갖추신 분이었다. 근면하고 책임감이 강하신 여성이었다. 생각이 훌륭하고 강직하셨다. 또한 노동자 국민과 동질감을 느끼는 분이셨다. 마음이 따뜻하고 요리 솜씨도 좋고 집 안도 번쩍번쩍 광날 정도로 청결했다. 집안에 열일곱 살 난 따님이 있었다.
나는 청혼했고 1901년 크리스마스에 약혼했다.[19]

그는 완벽한 순백의 아가씨를 골랐다. 동료의 정갈한 아내에게 소개받았다. 자신과 동향인 슐레지엔 출신이라는 점이 보장한다. 여기에도

236

여성의 양분법이 등장한다. 결혼할 여자와 즐길 여자는 별개다.

그가 결혼한 여자는 "도무지 이해할 수 없었"던 부류의 아가씨다. 유부녀가 되면 성적 측면은 별로 중요하지 않다. 가장 전면에 내세워지는 것은 요구되는 일을 해낼 아내로서의 기능적 능력이다. 관능적 섹슈얼리티가 지나치면 오히려 방해된다. 그래서 "순백의" 신부를 골랐다. 결혼 전까지 여자와 맺은 관계는 성적인 향락뿐이었다. 결혼 후 아내와 맺는 관계는 고용인과 주인의 방식이다.

미하엘 로어바서는 『순결한 아가씨, 강인한 여성 동지Saubere Mädel, starke Genossen』라는 책에서 1920년대 "프롤레타리아" 소설 문학에 등장하는 여성 이미지를 연구했다. 노동자 여성이 성적으로 문란하다는 비난은 오히려 부르주아 여성성이 더 문란했다는 비난으로 뒤집힌다. 소설가 그륀베르크는 가공 인물인 공장주의 딸 기젤라 첸크를 괴물처럼 묘사했다. 군인 남성 작가가 프롤레타리아 여성을 그리는 방식과 동일하다.

그들은 어두컴컴한 홀에 다다랐다. 어디선가 천상의 음악이 은은하게 흘러나왔다. 음악 소리에 그는 기분이 가라앉아서 눈물을 흘렸다. 돌로 된 제단 앞에 흰 예복을 물결처럼 뒤로 늘어뜨린 채 여사제가 꿇어앉았다. 그 역시 경건한 마음이 들어서 무릎을 꿇었다. 여사제는 몸을 일으켰다. 기젤라 첸크였다.
"독일 처녀는 이렇게 결혼하지." 그렇게 말하더니 번쩍이는 단검을 그의 심장에 찔러넣었다. 그는 돌 제단에 누워 있는 자신의 모습을 봤다. 피가 거품을 일으키며 솟구쳐서 계집이 들고 있는 유리병을 채웠다. 그녀는 가득 채워진 병을 입술에 가져다 댔다…… 순간 그는 깨어났다. 두려움에 몸서리치며 땀으로 뒤범벅되었다.[20]

텍스트 자체만 놓고 보면 파시스트 텍스트와 거의 차이가 없다. 기젤

라 첸크는 꿈에서 남성을 거세했다. 자유군단 문학에서라면 "실제로" 거세했겠지만, 이러한 차이는 부차적일 뿐이다. 텍스트는 텍스트일 뿐이다. 꿈인지 생시인지 여부는 중요하지 않다. 프롤레타리아 소설은 파시스트 소설에 비해 여성에 대한 이런 경향성이 상대적으로 약한 편이다. 프롤레타리아 소설의 줄거리 전개가 공격적 여성의 제거에 초점을 두지 않기 때문이다. 그럼에도 경향성이 여전히 있기는 하다. 프롤레타리아 소설에서도 여자는 당을 위해서 희생된다. 단, 상대적으로 덜 끔찍하게 죽는다. 대개의 파시스트 소설에서는 여자가 끔찍하게 죽고 난 후 세상의 질서가 회복된다. 그런 면에서 프롤레타리아 소설은 진일보하다고 볼 수도 있다.

프롤레타리아 문학은 약점이 명백하다. 쿠르트 클래버 같은 소설가의 작품에서조차 프롤레타리아 도시민의 삶이 어떠했는지 상세하게 표현해내는 일은 없다. 프롤레타리아 문학을 쓸 의도가 없었던 알렉산더 슈텐보크-페르모어 백작조차 자신의 "경험"을 상세히 전한다. 백작의 "편향성"은 자기 입장에서 노동자들을 바라보기 때문에 생겼지, 정치적 입장에서 비롯되는 것은 아니다.

1920년대 프롤레타리아 문학은 전쟁과 혁명을 겪으면서 프롤레타리아 여성이 스스로 쟁취한 정치적 영향력의 경험을 제대로 평가하지 못했다.

전후 사회의 정치적 현실도 그다지 나을 바 없었다. 여성은 노조 집행위원으로 선출되지도 않았고, 노동자 위원회가 임금을 정할 때도 남성 동료보다 적은 임금을 받았다. 제대하고 돌아온 남자들은 예전의 "제자

---

* 적대 계급의 여성을 악마화하는 과정은 그륀베르크에게도 마찬가지였다. 프롤레타리아 아가씨 메리는 프롤레타리아 계급의 성스러운 동정녀로 그려진다. 부활절을 앞둔 성 목요일에 영웅의 최후를 맞이한다. (비교. Rohrwasser, p. 86 / Grünberg, p. 326.)

리”를 도로 차지했다. 1920년 붉은 군대에서도 상황은 다르지 않았다. “3월 22일 붉은 군대의 임금 규정을 다음과 같이 공식 발표한다. 최전방 병사 165마르크, 지역 복무자 40마르크, 여성 인원 30마르크.” 당시에는 좌파 공산주의자만 모집하던 뒤스부르크 집행위원회의 모집 광고의 사례다.[21] 붉은 군대의 여성 처우에 관심이 많았던 에어하르트 루카스는 이렇게 쓴다.

지휘부 중 다수는 여자들의 존재를 거슬려했고 전투 현장에서 여자들을 밀어내려고 했다. 대개는 불분명하고 부족한 이유를 둘러대곤 했다. 구역 지휘관이었던 그래프는 간호 인력이 너무 많다고 했다. 붉은 병사 2인당 남녀 불문 의무병이 1인씩 있는 것은 너무 번잡하니까 모든 간호부를 후방으로 빼달라고 마를 중앙 지휘부에 요청했다. 중앙 지휘부는 3월 31일에 간호부 전원을 부대에서 빼내 마를의 집결지로 보내라고 명령했다. 거기서 그들의 향후 진로를 결정했다. 사유는 이러했다. “이토록 거대한 간호 인력을 지속적으로 감시(!)하고 식량 보급하고 임금 지급하는 것은 불가능하다.”[22]

중앙 지휘부의 고민은 현실적이었다. 설령 여성들이 임금을 받지 않는다고 해도 군대가 유지되려면 식량 보급 문제는 큰 부담일 수밖에 없다. 하지만 그 외에는 여성에 대한 심리적 방어기제다. 여성을 어떻게 무장시킬 것인가를 전혀 고민하지 않는다는 것이 몹시 이상하게 느껴진다.*
루카스의 말을 더 들어보자.

3월 24일 쿤 지휘관이 휘하 간부들에게 “21세 이하의 기혼 간호부와 25세 이하의 미혼 간호부의 제대 절차를 시작하라”고 권고했다.[23]

3월 31일 뮐하임에서 라이드너는 붉은 군대 전체에 포고했다.

"직업 간호부를 제외한 모든 여성 간호 인력은 지체 없이 제대하여 고향으로 돌아갈 것."

쿤과 라이드너는 아마 여성 인력의 존재를 전투 효율성 저하라고 여겼던 모양이다.

25세 이하의 미혼 여성을 제대시키는 것은 성적인 예방 조치로 보인다. 물론 충분하지는 않다.

뒤스베르크시 지휘관이었던 뮌츠베르크는 섹스 금지를 공공연하게 표방했다. 그가 베를린 대로 정보지의 기자에게 자랑삼아 떠벌린 바에 따르면, "바람난 연놈들이 참호 속에서 놀아난다"는 말이 자기 귀에 들어오면 당장 차 몰고 최전방으로 들이닥쳐서 "한 손에는 권총, 다른 손에는 손전등을 들고" 색출하러 다닌다고 했다. "최전방에서 사랑놀음 하면 사형으로 다스린다고 명령을 내릴 셈이오. 신성한 군기를 문란하게 하는 죄니까." 뒤스부르크 집행위원회는 창녀의 존재를 감지하고 명령을 내렸다. "허가받지 않은 인원이 최전방에 얼씬대면 총살하겠다. 이 원칙은…… 수상쩍은 행실의 여성 인원에게도 적용된다. 붉은 군대의 기강을 해치는 활동을 알게 된 자에게는 즉시 보고할 의무가 있다."

---

*   그에 비해, 개별적으로 무장한 여성 병력이 백색 군대에 있었다는 기록도 있다. (Wrangell, p. 71.) 백색 부대의 간호부가 군사 활동에 종사했다는 기록도 있다. (Pitrof, p. 108 f.; v. Brandis, *Baltikumer*, p. 271; Engelhardt, *Ritt nach Riga*, p. 143.) 백색 총잡이 계집도 있었다. (참고. Brandt, *Albert Leo Schlageter*, p. 19.) 여성을 간첩으로 활용한 사례도 있다. (Glombowski, p. 48; 바이스 소령의 사례는 이하를 참고. *SB*, p. 75.) 모두 자유군단 자료.

매춘 의혹을 제기한 것은 사실 붉은 군대의 지휘부 자신들이었다. 극심한 여성혐오 감정을 지녔던 자유군단의 군인 남성들은 매춘설을 핑계처럼 내세웠고 이것을 나치가 공론화했다. 이에 맞서 붉은 군대 지휘부가 발언했다. 그 발언이 붉은 간호부가 사실은 매춘부라고 기정사실화하는 증거처럼 작용했다. 신중한 좌파 남성이라면 논란 확산을 좌시할 수 없었던 것이다. 이러한 해석은 곧 표준이 되었다. 1920년 슈펙타토어라는 가명의 저널리스트는 "라인 베스트팔렌 산업 지역의 끔찍한 나날들"에 대해 이렇게 썼다.

의무 병력 중에서 "여성 보조원" 역시 우려스러웠다. 전투 분과에 간호 인원이 전투 인원보다 더 많을 정도였다. 전투가 없을 시기에 부상당하지 않은 병력까지도 지나치게 정성껏 보살폈다. 결국 뒤스부르크 지휘부가 이런 파렴치한 행각을 참다 못해, 허가 없이 오가는 여성 인원을 사형으로 다스리겠다고 위협하는 지경에 이르렀다.[24]

이런 측면에 있어서는 공산주의자나 파시스트나 이견 없이 한목소리를 낸다.

좌파 역사 서술이 이 복잡한 문제를 얼마나 조심스럽게 다루는지를 보여주는 대표적인 사례가 바로 에어하르트 루카스다.

그는 기본적으로 최전방에 여성이 있어도 된다고 인정한다. 전투는 "여성에게도 중요하다. 여자가 함께하지 못할 이유가 어디 있겠는가?"[25]라며 합리화한다. 그렇다면 최전방의 연애 문제는 어떨까? 명백하게 반대하지는 않는다. 그러나 이렇게 말한다. "붉은 군대에서 이성이 함께 지내다보면 당연히 성관계가 발생한다." 성관계를 "당연한" 일이라고 말하면서도 곧 사법적 처벌을 냉정하게 언급하는 것은 모순적이다. 혹시 좀더 온정적으로 언급하면 매춘 행위를 옹호하는 듯 보일까봐 두려운 것일까? 그래서인지 그의 판단은 방어적이다. "오버하우젠 집행위원회의 정책은 큰 논란을 일으켰지만 여기서는 더 이상 논하지 않겠다." 그가 언급한 정책이라는 것은 바로 오버하우젠 아인트라흐트 거리 폐쇄 결정이다. "거리에서 매춘업을 몰아내려는 목적이었다." 에어하르트 루카스는 제한적으로 비판한다. "자유군단 측이 전혀 무관한 두 가지 사안을 연관 지은 것은 평판을 훼손하려는 의도가 명백하다고 봐야 한다. 오버하우젠 유흥가를 폐쇄한 것과 (…) 붉은 군대 최전방에 젊은 여성들이 존재하는 것은 서로 무관하다."

도덕주의적 노동 지도자의 여성혐오 때문에 무장 투쟁 상황에서 이렇게 쓸데없고 표면적인 행정 정책이 강행되었다는 지적이다. 군부가 뜬소문으로 평판을 훼손하려는 의도는 명백하다. 하지만 소문이 사실이라고 쳐도 그것이 왜 평판을 훼손할까? 매춘녀들이 공산주의를 위해 투쟁한다면 망신스럽다는 것일까?

부르주아 언론을 공격하는 루카스의 표현에서도 모순은 일관되게 발견된다. 반란 지역도 아닌 곳에서 발행된 부르주아 언론이 붉은 간호부에 대해 "악의적 비분강개의 어조"로 "부르주아 특유의 비이성적 매춘 혐오에 휘둘린 나머지 붉은 군대의 여성들을 무법자로 싸잡는 결과를 초래했다"고 평가했다. 적절한 분석인 듯하다. 그러나 과연 이성적 매춘 혐오라는 것이 있을까?

프롤레타리아 여성을 "창녀" 취급하는 측이 군부, 부르주아 언론, 개별 군인들이라는 점을 생각해보면 문제는 간단해진다. 궁극적인 "방어" 논리를 펴고자 한다면, 오버하우젠의 "창녀"들이 진짜 최전방에 갔는지 여부는 중요한 문제가 아니다. 사안의 본질은 동등한 계급 간의 성적 관계를 인간화하려는 필요와 욕망일 뿐이다.

말썽 많은 오버하우젠 여자가 정말로 최전방에 있었다고 한들 그게 무슨 문제가 되겠는가? 그녀들이 부상자에게 감아주는 붕대는 치유력이 없는가? 그녀들의 포옹은 부상자에게 위로가 안 되는가? 설령 동침한다고 해서 규율이 무너지고 전투력이 약화되는가?

여성을 두려워하는 남성이라면 사랑 때문에 "약화"될 수도 있겠지만, 그렇지 않은 남성이라면 사랑으로 오히려 "강화"된다. 살고자 하는 의지가 강렬해지기 때문이다. 죽음을 향한 욕구나 살해 욕구보다는 살고자 하는 의지가 오히려 승리에 더 도움이 되지 않을까? 자기 신념에 따라 싸우는 것이 아닌 국가방위군이라면 이러한 욕구가 도피의 핑계가 되었을 것이다. 그러나 1920년 3월 루르 지방의 붉은 군대는 상황이 달랐다.

심화된 계급투쟁의 상황에서 전직 "창녀"가 새로운 일자리를 선택하고 위험하지만 보람 있는 직책을 맡아서 병사들을 돕는다면, 그것이야말로 유토피아의 현실화라고 볼 수는 없을까? 부르주아 사회가 없어지면 매춘도 없어진다는 가설의 증명이 아닐까? 유흥가를 폐쇄하는 행정조치는 불필요할 것이다.

좌파 지도부에게 이런 생각은 별로 인기가 없었던 듯하다. 그들의 태도는 엄숙한 성직자들과 크게 다르지 않았다. 역사변증법적 유물론자였던 레닌은 클라라 체트킨과 나눈 대화에서 이렇게 말했다. 매춘 여성은 "부르주아 사회의 이중 희생자입니다. 첫째, 사유재산 제도에서 핍박당합니다. 둘째, 도덕적 위선에서 핍박당합니다." 그러나 레닌 역시 남자였던지 이렇게 덧붙인다.

하지만 주의해야 합니다. 매춘 여성들이…… 이걸 어떻게 표현해야 할까요. 이들이 향후에 특별한 혁명적 투쟁조를 조직하고 직능 소식지를 발행하는 것은 완전히 다른 차원의 문제지요. 지금 독일에는 아직도 조직화되지 못하고 소식지도 없어서 투쟁에 동참하지 못하는 여성 산업 노동자가 얼마나 많은지 아십니까? 병폐적인 성장에 천착해서는 안 되지요.[26]

모든 여성 산업 노동자가 공산주의에 따라 "조직화"되고 "동참"할 때까지 소위 "이중 희생자"인 매춘 여성은 "직능 소식지"의 대상이 되어선 안 된다. 변증법적 사유는 뒷전이고 가부장주의의 본색이 불쑥 튀어나왔다. 카를 마르크스는 "매춘은 노동이라는 일반적 매춘의 개별적 표출일 뿐"[27]이라고 설명했다. 매춘 여성도 노동자 여성이다. 평균적 산업 노동자 여성의 일종으로서 매춘 여성을 취재한 소식지가 공산당의 선전물보다 훨씬 더 현실을 잘 담아낼 수 있다는 것을 레닌은 너무 당연하게 간과해버린다. 그러나 마르크스 이론 역시 여성성을 부정한다. 마르크스의 혁명은 경제적일 뿐 문화적이지는 않았다. 레닌은 클라라 체트킨에게 "함부르크의 똑똑한 여성 공산주의자"를 타일러줄 것을 당부했다. 창녀에 대한 글이나 쓰지 말고 정신 차려달라고 말이다.

브레히트도 창녀에 대해 묘한 태도를 지녔던 듯하다. 그의 초기작 『도시의 거리들 Straßen der Stadt』에서 창녀들은 필수 불가결한 일부로 등장한다. 그는 창녀들에 대해서 부정적인 언급을 절대로 하지 않는다.

1975년 브레히트의 아들 슈테판 브레히트가 몇몇 해적판의 도움을 얻어 1920년에서 1922년 사이의 일기장을 공개하도록 주어캄프 출판사에 양해한 이래로 그의 청년 시절이 더 자세히 알려졌다. 브레히트는 이른바 "창녀 문제"에 그다지 너그럽지 않았다. 특히 자신과 육체관계로 얽혀 있으면 더 그러했다. 아우스부르크의 여배우 마리안네 초프는 브레히트와 사랑에 빠져 아이를 임신했다. 그러나 부유한 사업가 레히트에게 청혼받고 결혼을 결심한다. 그녀가 레히트를 택했다는 소식을 듣고 브레히트는 일기장에 이렇게 쓴다.

나는 당장 뛰어나가서 쪽지 편지를 구술했다. 뱃속에 내 아이를 가진 채 나를 떠날 셈이냐고, 제발 출산 때까지만 내게 머물러달라고 말이다.[28]

꽤나 선심을 쓴 제안이었다. 과연 누구에게 받아쓰도록 "구술"했는지
는 알려지지 않았다. 결국 사태는 낙태 시술로 마감되고 만다. 그는 이
렇게 쓴다.

마리안네 초프는 정신이 나간 여자다. 몸을 함부로 굴리고 다니더니 아
기 시체를 수술대에 버리고 갔다! 화냥년은 아기를 가져선 안 된다. 내
아기를 떼다니, 마음이 썩은 여자다!
간신히 몸을 끌고 집에 왔다. 머리를 한 대 얻어맞은 것 같다. 이런 몹
쓸 꼴을 겪다니! 그 인간 목을 졸라버리고 싶다. 별 더러운 꼴을 다 겪는
다. 상상도 못 했던 일이다. 그녀에게 수천 번을 말했다. 이럴 순 없어. 네
가 어떻게! 이게 최종 계산서다. 이젠 나가서 죽으라지! 아쉬울 것 없다.
결국 이걸 원한 거야! 커피하우스 음악과 무대 조명 속에서 가식을 떨더
니만. **이게** 그녀가 진짜 바란 것이다. 화냥년의 속임수에 내가 속을 줄이
야. 낭만의 나체를 목격했다. 임신한 화냥년이 이렇게 내빼다니! 온갖 사
내가 마음껏 싸지른 배설물이 질질 새는 깨진 냄비를 내 집 안에 들여놓
을 뻔했다니! 그래서 그녀가 화를 내며 두려워한 것이다. 버림받고 탄로
나고 들키고 떠나야만 할까봐! 의심 어린 희망을 품고서 새롭고 막강한
상태가 필요했던 것이겠지. 그녀는 이제 화냥기를 숨기고 지우고 감추겠
지! 나에게서 꺼져라! 꺼져! 꺼져! 앞으로도 화냥년으로 살기를! 다른 놈
에게 던지련다! 레히트에게 가기를![29]……

당연히 브레히트는 상처받고 분노했다. 그래서 글이 이렇다. 그게 중
요한 포인트다. 사람이 감정에 휩쓸리면 다른 모든 것은 사라진다. 분노
는 아주 강한 감정이다. 여자도 사라진다. 한때는 "아우스부르크 최고의
미녀"였던 여자의 이름도 사라진다. 사람 형체만 남는다. 심지어 "깨진
냄비"가 된다.

그는 이제 그녀의 이미지조차 떠올리기 싫다. 예전에는 애칭으로 "마오리 여자"라고 불렀다. 그녀의 이미지가 생생하게 되살아난다. 아마 부정적인 경험도 떠올랐을 것이다. 남자는 배신자라고 소리친다. 실상이 거짓이다. 이미지는 약속과 달랐다. 그래서 "다른 놈에게 던지"겠다는 것이다.

브레히트와 레닌은 매춘 문제를 이론상으로는 안다. 그러나 자신의 연애사가 연루되거나 혹은 당파적 입장과 연관되면 이론상의 이해는 마비되고 통찰력은 모순에 빠진다. 그 자리에 대신 들어선 것은 평소 은폐하고 있던 창녀 혐오의 강한 감정이었다. 브레히트는 의외의 독기를 드러냈다.

대체 "창녀"가 무슨 상관이 있을까? 여성의 자아 실현 방법이 용인되어 있지 않은 사회에서는 내연녀의 존재가 강해진다. 유럽 궁정의 역사에서 볼 수 있듯이 몇몇 여성에게 영향력과 권력이 허용되고, 그들에게는 상대적으로 안락한 삶과 어느 정도의 독립성이 주어진다. 달리 방법이 없을 때에는 어쩔 수 없지 않은가?

북미 지역 흑인 여성에게는 매음굴만이 어느 정도의 경제적 독립을 달성할 유일한 방법이었다. 물론 죽음에 이르는 지름길이기도 했다. 세기 전환기 독일 프롤레타리아 여성도 비슷한 처지였을 것이다. 매음굴에서 일하며 모은 돈으로 새로운 곳에 가서 "새로운 인생을 시작"하려는 희망이 아마 유복한 신랑감을 만날 가능성보다 훨씬 더 현실적이었을 것이다.*

---

* 이 희망조차 현실적이지는 않았다. 새로운 곳으로 가도 그곳 경찰은 매춘업을 관둔 여성들을 이미 관리 대상 매춘녀로 등록해 매주 한 번씩 필수 검진 등을 받은 후 보고하도록 강제했다. "관리 대상 윤락녀" 지위에서 벗어나고 풍기 문란 단속을 떨쳐내는 것은 무척 어려웠다. 이하를 참고. Luedecke, "Deutsche Bordellgassen", Krauss, *Antropophyteia IV*, p. 286 f.

죽음의 위협이 상존하는 공장 노동이나 생존을 위협하는 가난에서 벗어날 방법이 달리 어디 있었겠는가? 당장 억압당하는 사람이 계급투쟁의 승리가 성취되어 삶이 나아지기를 기다리지 않았다고 비난받아야 할까? 오히려 반대다. 그들이 선택한 길이 목적에 맞지 않는다고 꾸짖을 수 있는 사람이 있을까?

1911년 후고 뤼데케의 에세이 「독일의 윤락가Deutsche Bordellgassen」는 매음굴이 "수많은 하녀가 나락으로 향하는" 인생의 종착역[30]이라고 표현했다. 그는 "시궁창"이라 불리던 할레의 윤락가를 조사했다. 슈투트가르트 경찰서에서 경찰 보조원으로 일하던 헨리에테 아렌트는 하녀, 여공, 여급 등의 직업군이 결국 직업적 매춘녀로 전락한다고 지적했다.*[31] 장 바티스트 파랑-뒤샬레의 파리 매춘업 실태 조사도 비슷한 결론을 내렸다.[32] 1926년 빈 경찰의 연간 보고서에는 1097명의 윤락녀가

---

* 과거 독일에서는 "입양"으로 위장한 프롤레타리아 어린이 인신매매가 숱하게 자행되었다. "양부모"는 구입한 어린이를 나중에 매음굴에 팔았다. 헨리에테 아렌트는 인신매매 퇴치에 앞장섰다. 이 문제에 대한 서한은 아래와 같다.

시 경찰국 귀하!

긴급하게 요청드립니다. 아렌트 양에게 더 많은 업무를 부여해 "일간지 개인 광고를 샅샅이 살펴볼" 시간이 없도록 해주십시오. 새삼스러울 것 없이 이미 알려진 입양 이야기를 들춰내라고 시 의회가 아렌트 양을 고용한 것은 아닙니다. 아렌트 양은 "슈투트가르트 경찰 보조원"이라는 공적 지위를 상습적으로 남용해 불행한 사태를 선정적 기삿감으로 만들고 있습니다. 이는 도시의 위신을 실추시키며, 자칫 슈투트가르트에 대한 고정관념이 될까 우려스럽습니다.

전 개인적으로는 상관없습니다만, 아렌트 양이 전대미문의 수준으로 논란을 일으켜서 더 악화된 상황을 우리 사회에 초래하고 있다는 점에 불편해하신 분이 많습니다. 대다수의 경찰 공무원이 묵묵하게 봉사하고 계십니다. 좀더 신중하고 사려 깊은 봉사심이 필요할 것입니다.

도시 행정 사무소, 시 의회 의원 레티시 박사.

(출처. Eduard Fuchs, *Illustrierte Sittengeschichte. Bürgerliche Zeit*, Erg.-band, p. 142 f.)

등록되어 있다. 약 70퍼센트가 하녀, 여공 및 공장 보조원, 재봉사 출신이었다.[33]

『웨스트민스터 리뷰』 기사에 따르면 1830년 런던에는 1만 명 이상의 매춘부가 있었으며 "대부분은 재봉사" 출신이었다.[34]

빌헬름 시대 평범한 부르주아 가정의 가부장은 집안 하녀를 고용했는데 일종의 성적 접근권도 당연시되었다. 매음굴을 방문하기에는 너무 어린 아들에게 첫 경험 상대로 하녀가 넌지시 제공되었다는 것은 이미 잘 알려진 사실이다.** 하녀가 곧 창녀와 동일시되는 경향은 이전 시대의 관행에서 이어진 것이라고 볼 수 있다.

하녀가 유혹당하는 이유는 대개 "과음 때문이거나 가족의 정이 그리워서 혹은 애정에 굶주려서"[35]였다는 것이 헨리에테 아렌트의 설명이다. 이내 버림받고 절망에 빠졌다가 다음 애인에게 위로받는 일이 되풀이된다. 그러다가 하녀는 결국 창녀로 "타락"한다. 매우 도식적으로 들리겠지만 아마 가장 현실적인 설명일 것이다. 빌헬름 시대에는 결혼 외에 그 바닥을 벗어날 가능성이 없었다.

프롤레타리아 여성이 처했던 현실의 의미는 너무 명백하다. 피셔-에케르트가 면접 조사했던 함보른의 여성 노동자 495명 중에서 무려 343명이 하녀 출신이었다. 이는 70퍼센트에 달하는 숫자다. 직업 교육을 받아서 비교적 독립성을 지녔던 여성은 고작 두 명이었다. 한 명은 집사고 한 명은 유치원 보모였다.[36]

이는 이른바 초야권ius primae noctis이라는 특권의 지속이 아니다. "비천

** 이 과정은 그나마 간접적인 방식이다. 논쟁적인 작품 『현대의 결혼이라는 속박*Modernes Ehesträflingtum*』(Leipzig 1904)을 썼던 카를 메볼트는 하녀가 불쑥 침대에 기어들어왔다고 말한다. 하녀 방에는 불을 안 땠기 때문에 겨울을 참을 수 없었던 탓이다. 당시에 열세 살 소년이었고 무척 기뻤다고 한다. 또한 이하 참고. Regler, *Das Ohr des Malchus*, p. 19, 21, Köln 1958.

한 신분"의 여성이 "신사들"의 육욕에 무방비 상태로 노출되어 있었음을 의미한다. 이것이 사회적 관계의 정상태였다. 억압받는 계층의 여성은 억압하는 계층의 남성으로부터 끊임없는 위협에 처해 있었다.*

아우구스트 베벨, 프리드리히 엥겔스 등 노동운동 지도부의 남성들은 매춘이라는 직접적인 현상에만 주목했다. 그리고 프롤레타리아 계급의 결혼 안정성을 위해 투쟁하는 것이 중요하다고 생각했다.** "여성의 정절 보장은 양성 모두의 이해에 부합된다. 모든 성인 남성이 가정을 꾸릴 수 있게 된다면 매춘은 자연스럽게 사라질 것이다." 1866년 겐프에서 열린 국제 노동자 협회의 선언문이다.[37]

여성이 처한 상황은 전혀 고려하지 않은 제안이다. "창녀"를 거리에서 없애는 대신 좀더 보편적이고 "간접적"인 부르주아 매춘 형태로 바꾸려는 것이다. "노동자 여성"의 지위가 사실은 창녀라는 논리를 인정하는 것이다.

프롤레타리아 여성과 매춘의 상관관계를 잠시 일반적인 수준에서만 살펴봐도 앞서 인용된 남성들이 이 "문제"를 얼마나 부적절하게 다루고

---

* 1900년 무렵 할레의 젠틀맨 클럽에서 회자되던 농담을 담은 삐라가 있다. 제목은 "하녀들의 항의 시위"다.

"제4항: 우리는 민주적 기반을 활짝 벌리고 싶다.

제5항: 우리 앞에서 남성 동지들이 우뚝 서길 요구한다.

……

제8항: 우리는 이제껏 지배층의 권력 삽입을 견뎌냈다.

제9항: 우리는 마침내 모두가 함께 싸는 세상을 원한다."(이하 생략)

(출처: Krauß, *Antropophyteia IV*, p. 158.)

** Roswitha Burgard / Gaby Karsten, *Die Märchenonkel der Frauenfrage: Friedrich Engels und August Bebel*, Berlin 1975. 베벨과 엥겔스의 발언은 자주 인용되었으며 비판받았다. 이른바 "선구자"로 알려진 사람들이라 과도하게 높은 수준의 지식과 혜안이 요구되는 측면이 있다.

깨어나라 프롤레타리아여!

있는지 알 수 있다. 이른바 "창녀 콤플렉스"는 가부장적 남성의 중심을 거스른다. 좌파 가부장적 남성도 예외는 아니다. 그 중심은 이들이 자부하듯 꼭대기에 올라앉은 두뇌가 아니라 알량한 음경의 고결함과 청결함이다. 여성의 섹슈얼리티는 거세 혹은 매독 등의 위험과 연관되어 있다. 좌파 가부장적 남성은 남성과 여성 모두를 위한 계급투쟁이 아니라 오직 하나의 성별을 위한 투쟁, 아니 무성별의 임금노동자를 위한 투쟁만을 인정했다.

이는 실로 놀라운 현상이다. 매춘과 여성 문제에 대해서 "반동적" 남성과 "혁명적" 남성이 특이하게도 뜻을 같이하는 것이다. 그들이 체화하고 있는 "남성성"이라는 공통성 때문에 극복 불가능한 정치적 차이와 계급적 모순이 극복 가능해진 것이다. 이들의 공통성은 공포에 기반하고 있다. 남성의 무의식에 깊이 자리 잡고 있는 두려움이다. 자신들을 지배해온 남성들에게 여성들이 복수할까봐 두렵다. 설령 개인적으로 무의식적 두려움에 휘둘리지 않는 사람이라도 자본주의적 가부장 사회는 거세된 임금노동자의 마음에 폭압을 행사한다. 마치 구약성경의 신처럼 자신을 본떠 창조한 마음속 편견이 노동자 자신 속에서 갈등하도록 만드는 것이다. 노동자는 부르주아 남성보다 더 큰 내면적 갈등을 겪는다. 노동자 남성은 역사적 가능성의 혼란과 갈등이라는 허구로서의 자신을 경험할 뿐이라서 여성에게는 인간적 가치를 부여할 겨를이 없다.

여성을 특정 이미지에 가두려는 강박은 도무지 불가항력이다. 한 예로 에른스트 블로흐는 계급 분리가 지양된다고 하더라도 양성 문제는 해소되지 않을 것이라고 봤다. 그리고 여성 문제를 이렇게 결론지었다.

깊은 불명확성은 여전히 남는다. 여성에 대한 어중간한 결정, 잘못된 결정, 혼란스럽고 모순된 비결정 상태만 기존 사회로부터 미래 사회에 전해질 뿐이다.

위 문장은 "남성의 명확성"을 여성성의 반대말로 여기는 어처구니없는 날조에 기대어 있다. 표현이 상대적으로 모호하므로 그럴듯하게 들릴 수도 있다. 그러나 다음 문장을 보면 블로흐가 말하는 "불명확성"의 "개념"이 잘 드러난다. 그는 다양한 가능태의 "여성" 개념을 가부장적 역사 판타지의 잡동사니와 엮어서 늘어놓는다.

부드러움이자 과격함이다. 파괴이며 자비다. 꽃이다. 마녀다. 고결한 동상이며 상인의 근면한 영혼이다. 광기다. 땅을 다스리는 데메테르다. 성숙한 유노다. 냉정한 아르테미스이며 음악적인 미네르바이며 그 외의 세상만물이다. 리하르트 슈트라우스의 교향시 「영웅의 생애」에 나오는 바이올린 솔로다. 렌토의 원형이다. 고요함이다. 마지막으로, 비너스와 마리아 사이에 존재하는 아무도 이해 못 할 긴장감이다.

나열한 어휘들이 "인간 소외적 상품 분류"에 해당된다는 것을 블로흐가 몰랐을 리 없다. 그럼에도 마치 이들 어휘가 "뒤죽박죽"인 여성의 현재 "형상"을 담고 있는 진짜 가능태인 양 나열하고 있다.

블로흐는 여성을 미래에나 해방이 약속된 존재로 봤다. 미래가 되어서야 어느 정도 삶을 누릴 테니 계속 억압당하라는 것이다. 스스로의 이름을 인정받고 스스로의 삶을 진정으로 성취하는 것은 미래의 일이다.

여성성의 실질적 가능태는 남성에 비해서 훨씬 더 비정형적이다. 그럼에도 예로부터 이상적인 여성성 완성태는 더 유망할 것으로 예상되어왔다. 견고한 판타지에 강하게 기반하고 있기 때문이다.[38]

바로 이렇다. 블로흐 철학이 말하는 희망의 원리Prinzip Hoffnung의 원자재는 여성이었던 것이다. 상대적으로 우호적 형태의 비육체화인 셈이다. 여성은 건축 자재다. 군인 남성의 제국이 아니라 인류 사회의 미래를 건설해야 한다.

마르크스가 엥겔스에게 보낸 편지글에 남성과 여성의 차이에 대한 흥미로운 생각이 담겨 있다. 마르크스의 부인 예니 폰 베스트팔렌이 딸을 낳았다. 아들을 바랐던 마르크스는 실망해서 편지에 이렇게 썼다. "어제 아침 6시에서 7시 사이 아내가 좋은 손님bona fide traveller을 맞이했다네. 슬프게도 '독특한 성별the sex par excellence'이었지."[39] "그 성별"의 아이라고 특정해서 말했다.

정확하게 무슨 뜻인지 말꼬리를 잡아 따질 필요는 없을 것이다. 중요한 점은 마르크스조차 남성을 "당연한 성별"이며 반대로 "여성"은 특정 성별이라고 생각했다는 것이다.

사적 영역에서 발언한 내용이라는 점이 더 흥미롭다. 공적 영역이었다면 마르크스가 그렇게 말했을 리 없다. 성별 관계의 본질적 핵심은 바로 공공연하게 언급되지 않지만 당연시되는 곳에 숨어 있다. 편견은 공공연한 이론 속에 숨어서 의심과 통제를 받지 않고 작동한다.

다양한 역사 시대에 권력관계로서의 성별 관계가 인간들 사이를 어떻게 가로막았는지에 대해서는 거의 연구되지 않았다. 제2장에서는 이와 관련된 자료를 소개하도록 하겠다. 역사는 지배 신분이 서술한다지만 이는 "독특한 성별" 관계의 실제 역사와 일치하지 않는다.

계급 간 갈등과는 달리 성별 간 갈등은 적대적이지 않다. 그러므로 자본가에 비하면 남성은 전선 이동이 더 쉽다. 오르가슴이라는 현상이 충분한 증거일 것이다. 두 계급이 서로를 포용한다고 해서 오르가슴이 발생하는 일은 절대로 없을 테니까 말이다. "성별 간 투쟁"으로 갈등이 해소될 리 없다. 오히려 양성 간에는 오르가슴에 이를 상황을 만들려는 욕구가 더 강할 뿐이다. 모든 공동체적 노동에 억압이 필수적으로 개입되는 것은 아니다.

앞으로 자세히 살펴보겠지만, 파시스트의 특성은 바로 계급투쟁보다 성별 간 투쟁에 더 큰 의미가 있다고 의식적으로 생각한다는 점이다. 파시스트는 계급투쟁이 부차적 문제라고 생각하며 "국민공동체Volksgemeinschaft"가 간단히 해결할 것이라고 믿는다.

남성과 여성의 갈등을 해결하려는 노력은 사회주의의 최종 승리 후에 다가올 새 시대까지 미뤄야 한다는 주장은 1920년대부터 이미 노동 정당의 나쁜 전통으로 자리 잡았다. 그리하여 형제애/남성 결사체의 전형적인 의사소통과 지배 형식의 틀이 새로 확립된다. "사나이답게 우뚝 세우자"라는 뻔뻔한 자아 과잉 레토릭, 관료적 중앙집권주의, 적과 우호적 비판자를 무조건 몰아세우는 나태함, 음모, 배제 등이다. 또한 이들은 자신의 지각에 부합하지 않는 현실에는 놀랍도록 무감각하다.

"누가 파시즘을 굴복시키는가?
무성별의 사회주의 청년!"

우리의 연구 대상인 남성들은 다른 남성들로부터 고립되어 존재하는 것이 아니다. 이들은 가부장제라는 빙산의 꼭대기를 구성하고 있다. 물 전체를 차갑게 만드는 것은 수면 아래의 대다수 남성이다.*

---

* 마그누스 히르슈펠트가 편집한 『세계대전의 풍속사*Sittengeschichte des Weltkrieges*』 전집은 부르주아 의학 및 정신의학의 관점에서 전쟁을 이해하고자 시도했다. 당대에는 "더럽혀진 여성성을 노리는 음침한 복수심"이 팽배했다. 또한 정반대로 강간을 "여성을 사랑으로 굴복시켜서 욕정에 눈뜨게 하는 법"으로 생각하기도 했다. 전집의 필자들은 대개 자유주의자였으며 전쟁광 군인 남성과는 명백히 달랐다. 그럼에도 여성혐오 정서만은 공유했다. (p. 272, 300, 304, 306.)

여성을 향한 공격

좋은 여성상에 부합하지 않는 여성은 자동으로 "색골" "창녀" 취급을 받았다. 사악한 여자이고 거세하는 여자들이다. 걸맞은 대접을 해줘야 한다. 군인 남성들은 "투쟁"에 몸 바치는 사람들이다. 흉측한 꼴을 직접 당하기 전에 선제타격한다. 여자들이 무시무시한 속셈을 갖기도 전에 아예 미리 박살을 내버린다.

에어하르트 대위는 휘하 여단을 이끌고 브라운슈바이크에 진격하면서 이렇게 말했다.

별다른 저항 없이 순조롭게 전진했다. 글리스마로데 부근에서 작은 소란이 있었다. 깡통 공장의 여공들이 저지선을 형성했다. 우리 장병들이 여성 보호의 의무를 실천한다는 점을 악용한 것이다. 여공들이 욕하고 침 뱉고 할퀴면서 맞섰다. 내 장교 중 한 명이 기마병 다섯을 모아 기습 공격을 감행했다. 공산주의 암컷들조차 대번에 조용해졌고 길이 뚫렸다.[1]

에어하르트의 연락장교였던 루돌프 만은 이 상황을 이렇게 전한다.

글리스마로데에는 공산주의자 여편네들이 시어미들과 함께 무리지어 모여 있었다. 다들 울긋불긋한 두건을 쓰고 주머니 앞치마를 둘렀고 목 각 신발을 신고 있었다. 깡통 공장 여공들이었다. 공산주의자 남편들은 없고 대신 시어미들이 나왔다.

"기습 공격"의 실상은 이러했다.

암탉들 사이에 매가 돌진한 형국이었다. 우두머리 잃고 도망치듯 혼비백

산한 여자 싸움꾼들의 꼴이 어
찌나 우습던지 배꼽 잡고 말에
서 떨어질 지경이었다. 어떤 아
가씨는 허둥대며 도랑물에 처
박혔다.[2]

여기에 "아가씨"라는 말이 나
왔다는 점에서 모든 것이 설명
된다. 여자는 더러운 물에 젖으
면 곧 창녀다.

에어하르트 여단 돌격대장이
던 만프레트 폰 킬링거는 뮌헨
작전을 이렇게 묘사한다.

롤라 클루트

내 앞에 계집 하나가 끌려왔다.
전형적인 슈바빙의 천한 년이
다. 짧고 뒤엉킨 머리카락, 넝마
같은 옷가지, 못돼먹고 야한 얼
굴 생김새, 칙칙하게 눈가에 드
리운 그림자.
"웬 년이냐?"
년이 악을 썼다. "나는 볼세비키
다! 비겁한 놈들아! 귀족의 뒷구
멍이나 핥는 아첨꾼들아! 침을
뱉어줄 테다! 모스크바 만세!"
그러더니 기어코 하급 장교의

카롤라 횐

얼굴에 침을 뱉었다.

"말채찍으로 다스린 후 풀어주어라." 짧게 명령했다.

두 명이 여자를 붙잡았다. 여자는 물려고 들었다. 정신이 번쩍 들도록 싸대기를 후려쳤다. 뜰에 있는 낡은 말수레에 여자를 비끄러맸다. 여자의 등짝에 흰 살이 보이지 않을 정도로 벌겋게 될 때까지 말 채찍질을 안겼다. "군인 얼굴에 또 침을 뱉어보라지! 앞으로 3주 정도는 배 깔고 누워야겠네." 헤르만 중사가 말했다.[3]

말의 속뜻은 이렇다. 앞으로 3주 동안은 "평소에 하던 짓" 못 하겠네. 킬링거가 예외적으로 인간적인 처분을 내려준 듯 표현되었다는 점에 유의해야 한다. "말채찍으로 다스린 후 풀어주"다니 자비롭다. 원래는 더 심한 꼴을 당해도 싸다.

루돌프 헤어초크의 『동지들 *Kameraden*』에 등장하는 전역 장병 폴커 하겐의 아내도 관대한 처분을 받았다.

"계집이 문란했어. 전쟁 중에 남편이 흘린 피는 안중에도 없고 놀아날 궁리만 했지. 삶이 가볍고 재미있었던지 아이는 집에 팽개쳐두고 밖으로 나돌았더군. 하겐이 8주 전에 전역하고 귀향해서 보니까 아이는 누더기를 걸쳤는데 아내는 실크 스타킹을 신고 있다더라고."

"그런 년은 혁대 풀어서 때려줘야 돼." 노인이 찡그리며 말했다.[4]

하겐은 혁대 풀어서 때리지는 않았다. 아이만 데리고 아내를 떠났다.

에른스트 오트발트는 메르커 장군의 말을 전한다. 카프 폭동 당시 할레에서 자유군단과 의용군을 앞에 두고 연설한 내용이다.

"널리 알려진 사실이지만, 이런 사태에는 언제나 계집들이 앞장서는 법이다.

지휘부가 발포 명령을 내리면 늘은 계집 몇 명이 죽는데, 고작 그걸로 온 세상이 호들갑을 떨어댄다. 피에 굶주린 군인들이 죄 없는 아이와 여자들을 쏘았다고들 하지. 여자들이라고 무조건 죄가 없나?"

우리 모두가 웃었다.

"제군들, 그럴 경우 이렇게 대처하도록! 계집들 치마폭에 조명탄 몇 개를 던져넣고 얼마나 잘 내빼나 구경하게. 별일은 없을 거야. 조명탄의 마그네슘 때문에 종아리나 엉덩이가 약간 그을릴 거야. 불꽃 때문에 치마 정도야 타겠지. 그쯤은 많이 봐준 거니까 괜찮아. 제군들, 명심하게! 경고 사격은 필요 없어. 계집들 가랑이에 조명탄을 까 던지는 게 최선일세.*5

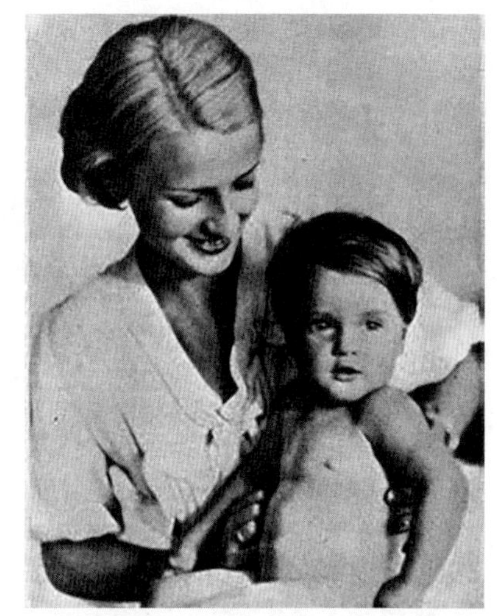

어머니와 아들, 1935

이른바 "처벌보다는 자비"의 사례를 기록한 것이다. 백번 죽어 마땅하겠지만 봐준 것이다. 메르커는 1919년 4월의 헬름슈테트 점령을 이렇게 회고한다.

불미스러운 사고 때문에 마리엔베르크 수도원의 이다 조데 간호부가 교회당 종탑에서 전투를 관찰하던 중 머리에 총을 맞았다.6

---

* 신빙성 있는 인용이다. 메르커 장군이 직접 쓴 글에도 "조명탄 등을 투척"하라는 추천이 있다. *Vom Kaiserheer zur Reichswehr*, p. 164.

간략한 설명으로 사건을 마무리한다.** 한 가지는 확실하다. 순백의 간호부조차 믿을 수 없다. 대체 전투를 왜 관찰한단 말인가?

살해 의도를 감추려는 노력이 원칙적으로 없다.

커다란 붉은 깃발을 단 트럭이 야전 주방차를 연결한 채 베젤에서 레스펠트로 겁도 없이 내달렸다. 윌케 상급 하사가 수류탄으로 자동차 운행을 멈췄다. 자동차 위에 떨어진 수류탄이 터진다. 주방차에 타고 가던 여자가 죽는다.[7]

이야기의 시제는 과거형이다. 그러나 살육은 현재형이다. 뢰벤펠트 제3해군 여단의 제1참모장교이자 전직 참모본부 대위였던 울리히 폰 보제의 회고다.

1919년 5월 뮌헨에서 국가방위군은 승리를 거뒀다. 이젠 고발자의 시간이다. 고발자의 협력은 대개 환영받았다. 그러나 최베를라인의 『양심의 명령』에 따르면 여자 고발자들은 예외였다.

"울고불고 고함을 치든가 말든가……"
린드너는 여자를 발로 뻥 차서 거리로 내몰았다.

최베를라인은 1919년 뮌헨 양 진영을 오가다 발각된 여자 노동자 이야기를 전한다. 그녀는 자기편인 붉은 군대에게 총살당했다.

바로 저기! 세상에나, 여자가 미친 듯이 거리로 달려 나온다! 모두 외쳤

** 메르커의 공보 장교 크라제만은 공산주의자들이 "악독한 전술"로 여자와 아이를 자동차에 묶어놓았기 때문에 총에 맞아 희생되었다고 둘러댄 적도 있다.(p. 40)

지만 그녀는 듣지 못한다. "돌아와! 돌아와!" 여자는 울부짖으면서 군인의 시체 옆에 쓰러져 있는 아이에게 달려든다. 무너지듯 무릎 꿇고 잠든 듯 죽어 있는 아이의 시체를 부둥켜안는다. 군인들이 그녀를 따라 총구를 낮춰 겨눈다.

총이 겨누는 한복판에서 그녀는 아이를 껴안고 몸부림치며 울부짖는다. "프리츨! 우리 아기 프리츨!" 아이의 죽음을 인정하지 않겠다는 듯, 절대로 아니라는 듯. "우리 프리츨!" 짐승 같은 통곡 소리가 여자를 뒤틀었다. 앙상한 주먹을 하늘을 향해 뻗고서 혼절할 듯 분노를 뿜어낸다. "살인자들! 살인자들! 너희는……"

탕, 탕, 타아앙, 탕, 탕! 연이은 총성이 잦아든다. 총에 맞은 여자는 경련하면서 또다시 울부짖으려 한다. 그러나 한숨 쉬듯 숨이 넘어가고 만다. 군인의 주검 옆에서 어머니가 아이 몸 위로 쓰러진다. 군인이 구하려던

디타 파를로와 빌리 프리치, 「심장의 멜로디Melodie des Herzens」

그 아이의 몸 위로.[8]

이것이 얼마나 교활하게 창작된 살인이었는지는 몇 페이지 뒤에서
밝혀진다. 최베를라인 소설의 주인공 크라프트는 옛 전우 둘이 붉은 군
대에 몸담고 있다는 것을 알게 된다. 그들은 다락방에 은신하고 있었다.
크라프트는 그들의 죄를 추궁했다. 옛 전우들은 후회하고 자신들의 실
수를 뉘우쳤다. 크라프트는 그들을 체포하지 않았다. 심지어 그중 한 명
과 동행해 집을 방문한다. 그때 목격한 것이 바로 최베를라인이 공들여
묘사한 아내와 아이의 죽음이다. 이런 극적인 설정은 기능이 뻔하다. 옛
전우가 다시금 "올바른 편"에 합류할 수 있게 된다. 프롤레타리아 편에
서라고 호도할 아내가 사라졌다. 아이가 배고픔에 울부짖지도 않는다.
"앙상한 주먹" 때문에 머뭇거릴 필요가 없다. 어엿한 파시스트로 거듭

나면 된다.

그가 저지른 정치적 판단 착오의 대가는 아내와 아이가 죽음으로 치렀다.

이런 식의 공격에 드빙거는 한층 더 적극적이다. 가장 열렬한 여성혐오자이며 극렬 전사인 "도나트" 혹은 "팔렌"을 앞장세운다.

트루데 마를렌

"보나 마나 또 침 뱉는 거겠지!" 도나트는 눈썹을 찌푸리며 생각했다. 갑자기 입이 눈앞에 나타났다. 다시 보니 입이 아니라 형편없이 너덜거리도록 찢긴 목구멍이었다. 분수대에서 물이 뿜어나오듯 피가 솟구치고 있었다.

아니나 다를까, 침 뱉는구나. 도나트의 말이 옳았다.

그러나 여단은 잠자코 당하고 있지 않았다. 번개처럼 소총을 휘갈겨서 침 뱉는 사람들의 얼굴을 넝마조각으로 만들어주었다.[9]

여성 파괴의 기쁨은 여성 공산주의자를 살해하는 장면에서 절정에 이른다. 그녀는 두 아이의 어머니였다. 러시아 공산주의자 카를 라데크의 은신처로 의심되던 베를린 모처에서 가택수색대에 체포된 여자다.

"살인자들!" 여자가 꽥꽥거렸다. "범죄자, 승냥이 떼, 국가의 하수인들! 무슨 염치로 내 집에 들이닥치느냐! 나는 공산주의자다. 잘 알아두어라.

로자 룩셈부르크처럼 나도 죽일 셈이냐!"

"당신 말고, 라데크를 죽여야지." 팔렌이 대답했다.

여자는 신경질적으로 웃어댔다. 미친 듯이 손을 휘저으면서 침을 뱉어대기 시작했다. "어디 찾아들 보시지! 너희보다 훨씬 더 똑똑하신 분이야. 빌어먹을 사냥개들, 잔혹한 정권의 종놈들!"

도나트는 여자의 양팔을 꽉 움켜쥐었다. 꽥꽥거리던 여자의 고함이 끙끙대는 신음으로 바뀌었다. "망할 놈의 욕지거리 좀 멈춰!" 그가 으르렁거렸다. 깃털 베개를 움켜쥐고 털어대듯 여자를 흔들어댔다.[10]

아이들이 잠에서 깨어나는 바람에 여자는 위기를 모면했다. "다섯 살짜리 잘생긴 남자아이와 세 살짜리 조그만 여자아이"가 불쑥 방에 나타났다. 훗날 도나트는 그녀와 다시 마주친다.

"시청 너머까지 거리를 비워라!" 웃음소리가 말대꾸처럼 들려왔다. 곧 짐승처럼 포효하는 소리가 들렸다. "이리 오너라!" 도나트의 앞을 막아서면서 계집이 고함쳤다. "다른 놈들에게 했던 것처럼 너희도 때려 죽여주겠다."

"다른 놈들에게 했던 것처럼?" 트룩스가 멍하니 생각했다.

그는 장검을 쳐들고 목청을 가다듬어 외쳤다. "두 번째로 말한다! 당장 거리를 비워라! 세 번째 경고하게 되면 사격하겠다!"

"어디 해보시지!" 계집이 꽥꽥거렸다. 마치 선창이 합창을 이끌어내듯, 계집이 한마디하면 짐승 같은 아우성이 뒤따랐다.

"예전에 본 적이 있는 여잔데?" 도나트는 애써 기억을 더듬었다.

"마지막으로 명령한다. 당장 거리를 비워라!" 마치 만찬에서 대화하듯 얼음처럼 가라앉은 투로 트룩스가 내뱉었다.

"쏘지도 못할 거면서!" 계집이 외쳤다. 군중이 따라 외쳤다.

롤라 몬테즈, 루드비히 1세의 연인,
1848년 바이에른 회화

"사격 준비!" 트룩스가 말했다.

"이번에는 제대로 했으면!" 도나트가 이를 갈면서 생각했다. 군중의 장벽이 마치 공격이라도 할 듯 다가오기 시작했다.

침 세례가 비 내리듯 군인들에게 쏟아졌다. 말상처럼 길쭉한 트룩스의 얼굴에도 침이 쏟아졌다. 끈적한 가래침이 그의 제복을 타고 흘러내리며 훈장 리본에 들러붙었다.

"썩 물러서라!" 도나트가 호령했다.

계집이 거품을 물면서 마녀 같은 모습으로 그의 앞길을 막아섰다. 계집의 입만 거대하게 보였다. 그의 시선이 계집의 입에 꽂혔다. 미친 듯이 헤벌어진 입 가운데에 뚫린 구멍 속에 입천장까지 훤히 들여다보였다.

"물러서라!" 그가 다시 외쳤다. 스스로도 겁이 났다. 그 계집이 맞다. 이제 기억이 뚜렷했다.

"발포!" 트룩스가 포효했다.

마치 할레의 성문이 열린 듯, 모든 것이 갑자기 밀물처럼 밀려들었다. 도나트에게는 아무것도 안 보였다. 눈앞에 서 있던 계집만 보였다. 마치 폭풍에 떠밀려 쓰러지듯 계집이 거꾸러져 나자빠졌다. 그의 발밑에 나뒹구는 것이 진짜 그녀일까? 얼굴 없는 인간, 이제는 머리조차 없는 몸뚱이, 괴물 같은 피투성이 목구멍? "그러게 내가 경고했잖아." 도나트는 몸을 떨며 생각했다. "내가 진작 경고했잖아……."[11]

광장에서 시신을 치우면서 도나트는 두 아이의 시신을 찾아

도리트 크라이슬러

잉게 리스트

낸다. 그는 아이들을 알아보고 직접 안아서 운반했다.

이 모든 것은 여자들 탓이었다. 남자들을 심하게 자극해서 내면의 격노를 이기지 못하게 만들었기 때문이다.

천한 계집들이 목청 높여 꽥꽥거리고 험악한 욕지거리를 하기 때문에 남자들은 이성을 잃는다. 역겨움은 끝내 파괴로 귀결되는 법이다. 영혼과 심장까지 철저히 짓밟지 않는다면 파괴는 멈춰질 수 없다.[12]

이런 여자들은 없어져야 한다. 에른스트 폰 잘로몬은 어쩔 수 없이 여자들의 "못생긴 아구창에 주먹을 꽂아주"게 된다고 강변했다. 한번 억제가 무너지면 폭력은 철저해진다. 이들의 폭력에는 오래 억눌러온 분노가 드디어 목표물을 만나 분출하는 순간이 느껴진다. 텍스트에는 안도감이 넘쳐흐른다. 출구 없이 막혀서 억눌려 있던 충동의 에

크리스틸 마르다인

힐데 바이스너

영국군 "토미"의 꿈

너지가 방전되는 것이다. 여기에 리비도가 집중되는 대상물이 있다. 여성 보호 의무라는 위선에 가로막혀 못 죽이던 여성들을 드디어 공격하고 멸절시킬 수 있게 되었다. 이는 돌파구이자 해방감이다. "여자들이라고 무조건 죄가 없나?" 속 시원한 발언이다. 제대로 단죄해야 한다.

의문의 여지가 없다. 순전히 "계집들" 스스로가 잘못한 것이다. 다들 익히 알다시피 "늘 앞장서서 설치면서" 화냥년의 더러운 몸으로 거리와 길을 막아섰다. "여편네들" "여자 고발자" "마녀들" "암컷 공산주의자", 군인 남성들에게 "침 세례"를 퍼붓고, 꽥꽥거리고 악쓰고 낄낄거리고 "여성 보호의 의무"를 방패 삼는 것들. "여자 싸움꾼들"을 제대로 응징해야만 정의가 실현된다. 군인들에게 이렇게까지 덤볐기 때문에 엄하게 처벌하는 게 정당한 일이다.

이 모든 악덕을 저지르는 것은 분열된 여성상 중에서 "사악한" 부분이다. 그녀는 창녀다. 더러운 짐승이다. 남자를 살해하고 거세한다. "총잡이 빨갱이 년"이다. 남근이 달린 여자다. 정체를 교묘하게 감추고서 "순백의" 간호부 행세를 한다. 혹은 "순결한" 어머니/누이인 척 내숭을 떨면서 불결하고 변태적인 본모습을 감춘다. 이 모든 것이 하나로 합쳐져서 정당화되는 것이 있다. 군인 남성들이 오매불망 실천하길 원하는 분노 가득한 욕망이다.

따라서 이런 결론이 도출된다. 어머니/누이의 여성상에 부합하지 않는 여성에 대한 테러는 기본적으로는 정당방위다.

여성이 가하는 위협이 너무 큰 나머지, 무성애적/보살피는 여성과 성애적/위협적 여성으로 쪼개는 대응책만으로는 부족하다. 위협적인 부분은 멸절해야 한다. 또한 "좋은" 부분도 온전히 살려둘 순 없다. "좋은" 여성은 비생명화된다. 육체가 없는 듯한 존재로 만든다. "사악한" 여자는 때리거나 죽여버린다. *정당방위에 작동하는 정서는* 바로 공포와 욕망이다.

쾌락 살인

첫 번째 사례. 악전고투 끝에 라트비아 마을을 점령한 자유군단이 집집마다 가택수색을 했다.

두꺼운 양가죽을 뒤집어쓰고 나무껍질 신발을 신은 여자 두 명이 트럼프 카드를 손에 쥐고 있었다. 마치 세상 무서울 것 없다는 듯 당당했다. 부상당한 독일군에게 붕대를 감아서 숨겨주었단 증거가 있기 때문이다.[1]

그런 증거가 없었다면 두려움에 떨었을 것이다. 증거가 있었으니 여자들은 안심했겠지만 결국 별 도움은 안 되었다. 독일군을 속일 수 있다고 믿다니 순진한 발상이었다.

부상병이 "지하실"이라고 중얼거렸다. "맞아서 이가 부러지고 잇몸이 부서져" 있었다.

그곳에서 독일군 다섯 명의 시신이 발견되었다. 끔찍하게 훼손된 모습이었다. 죄다 눈이 찔려 있었고, 코와 혀, 성기가 잘려나갔다. 얼굴과 군복에는 가혹하게 걷어차인 흔적이 역력했다. 몇몇은 팔이 부러져 있었다. 죽음과도 같은 침묵이 지하실을 메웠다.

어느 순간 갑자기 시신 주변에 서 있던 병사들의 입술에서 포효가 울부짖듯 터져나왔다. 근원적인 소리, 본성의 깊디깊은 곳에서 나오는 절규, 인간 중에서도 가장 인간적인 소리, 핏자국이 불러일으키는 짐승이 깨어나는 소리였다. 두 명, 세 명. 같은 생각에 사로잡힌 사람들이 위층으로 치달았다. 뭔가를 두들기는 듯한 둔탁한 소리가 들려왔다. 두 여자 모두 응접실 바닥에 죽어 자빠졌다. 창가에 흐드러지게 피어난 금낭화와 똑같은 색깔의 피가 낭자했다.

너무 성급해서 불공평했던 응징이었다. 두 여자는 어떤 참극이 지하실에서 벌어졌는지 알고 있었다. 자신들이 직접 만행을 저지르지는 않았다고 해도, 가엾은 부상병들이 어떤 운명을 맞이할지 잘 알고 있었을 것이다.[2]

발라는 응징의 불공평함을 크게 한탄하지는 않는다. "양가죽을 뒤집어쓰고" 있었지만 늑대는 아니었다. 고작 두 명에 불과한 라트비아 여자이지만 어쨌든 맞아 죽어도 싸다. 눈여겨볼 지점이 있다. 살인을 저지르는 짐승은 긍정적 의미의 짐승이다. "짐승"은 여자들이 아니다. 남자들은 짐승이 되어도 된다. 혹은 되어야만 한다. 살해 행위의 자동성이 노골적으로 표현되었다. 여자들의 피가 금낭화 색깔과 똑같았다는 지각, 그리고 "흐드러지게 피어난" 창가 꽃의 목격은 어떠한 필요에서 생겨난 것일까?

두 번째 사례. 독일 군인들이 "첩자"를 색출하고 있었다. 첩자란 붉은 군대에 협력한 라트비아 사람들을 뜻한다.

처음부터 "빨간 머리"를 주의 깊게 감시했다. 풍성하고 윤기 흐르는 빨간 머리카락을 지닌 젊은 아가씨였다. 그녀는 발육이 좋았다. 마치 들짐 승 같은 야생적 우아함이 있었다. 그녀가 모습을 드러내면 남자들의 관 능이 깨어나서 꿈틀거렸다. 그 모든 주도면밀한 감시와 미행에도 빨간 마리는 조롱하듯 웃어넘겼다. 사람을 격분시키는 동시에 용기를 꺾어놓 는 여자였다. 독일군의 첩자 색출조차 대놓고 깔봤다. 그녀는 거의 매일 혼자 숲에 들어갔다. 덤불 속에 몸을 숨기기 직전 안심해도 되는지 두리 번거리면서 확인하곤 했다. 독일 군인들이 따라붙으면 산딸기를 따는 척 하거나 나무 밑에 누워서 멍하니 하늘을 쳐다봤다. 뒤를 밟는 사람을 발 견하면 그녀는 마치 장난질에 성공해서 기쁘다는 듯 악명 높은 그 웃음 을 깔깔 웃었다. 그러니 어쩔 수 없이 놓아줘야만 한다. 매번 바보 꼴이 될 순 없기 때문이다. 젠장할 여자 같으니!

마침내 베베르크론 중위에게 꼬리를 잡혔다. 숲의 땅바닥에서 전화선 을 우연히 발견한 것이다. 한참 미행하던 중이었다.

너무 놀라 넋이 나간 듯 멈춰섰다. 구덩이 속에 통신 부스를 설치해놓고 빨간 마리가 완전히 벌거벗은 채로 앉아 있었다. 죽은 듯 하얗게 질린 얼 굴에 놀랍도록 커다란 두 눈이 번득였다.
"쏘세요!" 그녀가 외쳤다. "왜 안 쏘는 건가요? 난 어차피 죽은 몸인데!"
베베르크론은 쏘지 않았다. 당황스러운 상황을 타개해보려고 뭐라도 해 보겠다는 듯 총의 안전장치만 기계적으로 만지작거렸다. "정말 미안하 게 됐어." 그가 별수 없이 말을 더듬었다. "난 그저…… 이런 줄도 모르고 그냥……" 더 이상 할 말이 없었다.
여자의 눈에 실낱같은 희망이 따스하게 비쳤다. 죽음의 공포가 느슨해졌 다. 소심하게 미소 지으면서 그녀는 젊은이에게 손을 뻗었다. "자기는 좋 은 사람이죠? 나를 해치지 않을 거죠?" 중위는 정신이 얼떨떨해서 누더기 승마 담요가 덮인 흙더미 위에 주저앉았다. 이 순간이 놀라워서 어쩔 줄 몰랐다.

통신기가 울렸다. 따릉 따릉 따르르르릉······

그 소리에 중위는 전쟁의 "현실"로 되돌아왔다. 그는 여자에게 옷을 입으라고 명령했다.

마리는 순순히 일어서서 옷을 입었다. "미안해요." 살짝 교태를 부리면서 웃었다. "오늘 너무 더워서 그랬어요. 누가 찾아올 줄은 몰랐거든요." 베베르크론은 고드름처럼 얼어붙어서 앉아 있었다. 그들은 구덩이에서 함께 기어나왔다.

중위는 자신이 사형당할 죄를 지었다는 것을 깨달았다. 하지만 어쩔 수 없었다. 여자를 살려주고 싶었을 뿐이다.

그 순간 땅에서 솟아나듯 수색대가 나타났다.

베베르크론은 공을 치하받았다. "잘했네, 중위! 범행 현장을 바로 덮쳤군." 공식 절차가 뒤따랐다. 대위에게 직접 보고할 사항이다.

대위는 리가에 있는 사단 본부에 있었다. 저번 판 카드 게임은 이미 졌고 이번 판의 승부는 아직 결정되지 않았다. 드디어 리가와 연락이 닿았다. 첩자는 사살하라는 당연한 명령이 떨어졌다. (···)

빨간 마리는 이제 좌중의 관심에서 퇴색해버렸다. 그녀는 나무에서 떨어지는 낙엽이나 다를 바 없었다. 곧 열띤 카드 게임이 새로 시작되었다. 꽤나 복잡한 게임이라서 정신을 집중해야 했다.

베베르크론은 자정 무렵 슬쩍 빠져나가서 포로를 가둬둔 나무 움막으로 갔다. 추가로 심문할 일이 있다고 간수에게 둘러댔다.

누추한 감방의 침침한 불빛 아래에서 빨간 마리와 마주섰다. 그녀는 간이 침대에 앉아서 눈을 동그랗게 뜨고 황홀한 듯 쳐다봤다. "어머, 와주실 줄 알았어요. 이제 안심이네요!"

그를 간이침대로 끌어들인 그녀는 점점 더 뜨겁게 애무를 퍼부었다.

서서히 아주 서서히 현실감이 돌아왔다.

가엾은 베베르크론은 심장을 두 손으로 굳게 눌렀다. 자비를 베풀어야만 한다.

"들어봐." 그가 입을 뗐다. 전혀 떨림이 없는 목소리였다. "할 말이 있어서 왔어. 너를 구해주고 싶어. 하지만 힘든 과정을 거쳐야만 해. 너는 내일 새벽 5시에 숲으로 끌려갈 거야. 이야기는 벌써 들었겠지. 어쨌든 잘 들어봐! 내가 명령을 내릴 거야. 이렇게. '사격 준비, 발사!' 총이 발사되겠지. 하지만 무사할 거야. 넌 정말로 무사할 거야. 내가 가고 난 후에도 혼자 잘 기억해둬. 알았지? 내 부하들은 발포 명령을 받으면 총신을 위로 쳐들어서 공중에 쏠 거야. 얼른 도망쳐서 덤불에 숨어 있으면 나중에 구해줄게."

빨간 마리에게 강렬한 환희의 빛이 비추었다. 젊은 중위의 머리를 가슴팍에 끌어안고 뺨을 그의 머리카락에 기댔다. 그에게 신뢰를 담아서 부드럽게 입을 맞췄다.

이튿날 새벽 5시 30분, 아직 어둑어둑한 숲속에서 발사 명령이 내려졌다. 날벌레가 윙윙대고 새들이 노래했다. 살고자 하는 욕망이었다. 튼튼한 떡갈나무 앞에 빨간 마리가 섰다. 손을 결박하지도 않았고 눈을 가리지도 않았다. 마치 여왕 같은 위엄이 넘치는 몸가짐이었다. 죽음을 두려워하는 기색도 없었다. 그녀의 시선이 창백한 안색의 베베르크론 중위에게 밝고 고요하게 머물렀다. 중위는 입을 열어 나직하게 명령했다. "사격 준비, 발사!"

총성이 채찍처럼 숲을 휘갈겼다. 빨간 마리는 떡갈나무 앞에서 짧은 찰나 꼿꼿하게 버텼다. 그러다가 몸이 서서히 옆으로 기울었다.

그녀는 쓰러지면서도 신뢰를 담은 시선을 젊은 장교에게 핏줄처럼 굳게 고정했다.[3]

베베르크론과 빨간 마리의 관계는 사랑과 살해가 독특하게 결합된 뚜렷한 사례다. 언뜻 이제까지 살펴본 사례와는 다른 듯하다. 과연 그럴까?

세 번째 사례. 드빙거가 묘사한 만스펠트 자유군단이 총잡이 빨갱이년 "마리야"를 포로로 체포했다. 주인공인 팔렌은 발트해 지방의 남작 가문 출신이다. 그의 아버지, 어머니, 누이는 라트비아 사람들에게 포로로 잡혔는데 이미 죽었을 가능성이 높았다. 들리는 소문에 의하면 미타우에서 고문을 당했다고도 했다. 팔렌은 정신이 나가버린다.

팔렌은 아무것도 안 들렸다. "계집이 미타우에서 왔다고요?" 한사코 앞으로 다가섰다.
덩치 큰 사내가 몸을 굽히며 깍듯하게 예의를 갖춰 대답했다.
"미타우에 거주하던 여자인데 발트해 작전 때 체포했습니다."
"고맙습니다." 팔렌의 목소리가 가라앉았다. 역시 예의를 갖춰서 깍듯하게 목례했다. 여자를 호송하던 군인 두 명을 서둘러 뒤따랐다. 헛간 뒤에 죄수들을 가둬두는 장소가 있었다.
"어이, 자네들 몽둥이로 때리지 말고, 여자가 손목에 찬 짧은 말채찍으로 때려 죽이게."
"아이구, 미치겠네." 한 명이 말했다.
"친구들!" 그들을 불러 세웠다. "1000마르크 벌고 싶지 않아?"
두 사람은 여자를 내려놓더니 어리둥절한 듯 바라봤다. "독일 마르크요?" 한 명이 물었다. "당연히 벌고 싶지 않겠어요?" 다른 한 명이 대답했다. "그렇다면 이렇게 해줘." 팔렌이 나직하게 얼음장처럼 싸늘한 표

식민지에서 즐기는 악어 사냥

정으로 말했다. "계집을 때려 죽여줘."

"쉽지 않겠는데요?" 다른 한 명이 귀 뒷부분을 긁적댔다.

팔렌은 지갑을 꺼냈다. 표면에는 뾰족한 일곱 각이 빛나는 왕관이 새겨져 있었다. 고액의 지폐를 꺼내 그들에게 건넸다.

"자네들은 겁낼 필요 없어. 명령을 하는 게 아니야. 워낙 사람을 많이 죽인 여자라서 상응하는 벌을 주려는 걸세."

"총잡이 빨갱이 년인가요?" 첫 번째 병사가 물었다.

"악질 빨갱이 년이지." 팔렌이 무심히 끄덕였다.

첫 번째 병사가 웃더니 입술을 핥았다. "그렇다면야 돈을 안 주시더라도 기꺼이 해치우지요! 총잡이 빨갱이 년이라니, 그것도 유명한 년이라니 말입니다." 그는 말을 반복했다. 계집을 바라보면서 고갯짓을 했다. 그들은 몸을 굽히고 그녀의 으스러진 팔을 움켜쥐더니 인정사정없이 잡아끌었다. 팔렌은 계집의 얼굴을 봤다. 의식은 또렷했지만 증오로 일그러진 얼굴이었다. 도톰한 입술에서 욕설이 숨 쉬듯 줄줄 흘러나왔다.[4]

……성과물

퇴각하던 기병대의 눈앞에 다음과 같은 광경이 펼쳐진다.

기병들은 개울가를 따라 달리면서 의아해했다. 볼셰비키의 주검들로 물길이 막혀 있었다. 군인들이 명령에 따라 수행하지 않았더라면 있을 수 없는 일이었다. 부상자까지도 모두 개울물에 처박았다. 랑스도르프가 넌지시 물어봤더니 과연 예상했던 대답을 들었다. 성명 미상의 누군가가 명령을 전달했다는 것이다. 지나치면서 얼핏 본 마지막 주검은 여자 같았지만 확언할 수는 없었다. 온통 피로 뒤범벅된 시체 더미였다. 추정컨대 채찍으로 갈기갈기 찢긴 고깃덩어리들이 불그죽죽하게 곤죽이 된 눈 진흙탕 속에 둥둥 떠 있었다.

팔렌은 말을 타고 지나치면서 금 담뱃갑을 꺼내 담배에 불을 붙였다. 허파 깊숙이 연기를 들이마셨다.

그 후 말을 내달리기 시작했다.[5]

다음번 우편물이 송달되었을 때 팔렌은 부모님과 누이가 살아 있다
는 편지를 받았다. "바로 그 자리에서 춤추면서 그는 몇 번이고 편지를
읽었다."[6]

살인은 무심한 태도로 저질러진다. 누가 저질렀어도 상관없다. "피로
뒤범벅"된 시체가 그 여자였을까? 관심 없다. 이 대목에 특별한 의미가
있다.

네 번째 사례. 저자가 살인자에게 적대적인 경우다. 폴란드인이 독일
인 여자를 죽였다. 그런데도 범인의 시선을 통해서 살인을 묘사한다. 프
리드리히 빌헬름 하인츠의 살인 묘사는 쾌락 살인의 특성을 보여준다.

폴란드 폭도들은 담배 상자를 잔뜩 약탈했다. 나이 지긋하고 몸집 좋
은 아낙이 그들을 쫓아다니면서 애걸복걸했다. 자신의 아들을 풀어달
라면서 우두머리에게 서툰 폴란드어로 폭풍처럼 애원했다. 주먹질 한
방에 아낙의 얼굴이 엉망진창이 되었다. 그녀는 비틀거리다가 넘어졌
다. 그 서슬에 폴란드인 한 명이 옆구리에 끼고 있던 담배 상자가 땅에
떨어졌다.
"이 독일 년이!" 벌컥 화를 내더니 아낙을 발로 차기 시작했다.
두 번째 놈이 아낙의 웅크린 몸을 발로 한 대 차더니 총구를 몸통에 들이
대고 갈겼다. 아낙은 몸을 뒤틀더니 경련하다가 잠잠해졌다. 배가 작살
났다. 피와 똥이 곤죽처럼 흘렀고 옷감과 살점이 서로 엉겼다.
손을 허공에 휘젓고 손톱을 세워 땅바닥을 긁어댔다. 아래턱을 몇 번 다
물었다가 벌렸다가 반복했다.
아낙은 결국 죽었다.[7]

여성 살해의 묘사에서 특히 두드러지는 점은 언제나 "드디어 이 땅에 평화가 찾아왔다"는 투의 해방감으로 마무리된다는 것이다. 이전 상황에 대한 혼란감과 현재 상황에 대한 공포감이 배경에 깔려 있다. 여기서 지배적인 정서는 격노하는 욕망이다. 욕망의 대상이 파괴되어 거꾸러질 때까지 멈추지를 못한다.

이토록 정서가 확 발산되는 것은 흔치 않다. 심리적 방어가 갑자기 사라지거나 해제되었기 때문에 생기는 일이다. 심리적 방어기제의 기능은 차단이다. 억압

필명 프리드리허 빌헬름 하인츠

된 욕망과 경악스러운 충동이 아예 의식적 주제로 떠오르지도 못하도록 막는 것이다. 다른 한편으로 방어기제는 금지 규칙의 강제성과 정서의 강렬함으로부터 개인을 보호해준다. 방어기제에 맡겨두면 애써 생각할 필요가 없고 "압도적" 감정에 짓눌릴 필요가 없다. 바로 이것이 고통의 원인이기도 하다. 방어기제가 약화되면 그간 억눌렸던 정서가 강렬하게 방류되는 것은 당연하다. 그리하여 은폐되었던 것들의 본색이 드러난다.

여성 신체의 특정 부분에 공격이 집중된다는 점에 주목할 필요가 있다. 입, 엉덩이, 여성의 치마 아래에 숨겨져 있는 하체 전반.

입: 여자의 입은 자주 공격당한다. 소총의 개머리판으로 치아를 깨부순다. 벌린 입에 사격을 가해서 총알을 박는다. 입은 온갖 역겨운 것이 흘러나오는 원천이다. 입에서 "침 세례가 비 내리듯" 쏟아진다. 입은 "침

을 질질 흘리는 구멍"이다.

엉덩이/복부: 엉덩이를 발로 찬다. 벌거벗긴 "볼기"를 말채찍으로 때린다. "궁둥이를 그을린다." 치마폭에 조명탄을 쏜다. 가택수색하던 잘로몬의 "맨살 뺨"에 노동자 여성이 담요를 펄럭이며 "바람"을 쏘였다. 빨간 머리의 노동자 여성은 델마르에게 "낄낄 웃으며 엉덩이를" 보여주었다. 군인 남성들의 정신을 빼앗아가는 이 대상물은 매혹/역겨움을 동시에 불러일으킨다. 캐테 숄츠의 왼쪽 젖가슴을 채찍으로 후려쳤던 똘마니는 우두머리에게 사과했다. 원래는 "볼기"를 치려고 했는데 여자가 갑자기 돌아서는 바람에 빗나갔다고 변명한다.

젖가슴과 엉덩이가 대립되는 이유를 해석해보자.

젖가슴은 "모성적"인 신체의 일부분이므로 공격에서 제외된다. 반면 여자가 엉덩이를 공격당하면 "평소에 하던 짓"을 못 하게 되므로 적절한 응징인 셈이다.

여성에 대한 공격은 말을 타고 채찍, 군홧발, 총대 혹은 총격 등을 통해서 이루어진다. 맨손으로 공격하는 일은 거의 없다. "아구창"에 주먹을 꽂아준 것이 인용된 텍스트에서는 유일한 사례였다.

그렇다면 입/엉덩이에 왜 이런 공격 도구를 사용할까? 프로이트적 꿈 해석에서 해답을 발견할 수 있다. 입은 질의 상징적 대체물이다.[*8] 거기에서 분비물인 침이 뿜어져나온다.[**9] 공격을 수행하는 도구는 전체적으로는 남성 성기를 상징하는 것으로 보인다.[***10]

프로이트식으로 결론 짓자면 이렇게 된다. 살인 등의 공격 행위는 희생자와의 상징적 성행위로 의도된 것이다.

---

[*] 하지만 반드시 "상징적"이라고 볼 수는 없다. 음경이 입을 과연 "대체물"이라고 느낄지에는 의문의 여지가 있다.

[**] 이는 비상징적이지만 성적인 기능을 수행하는 실제적인 분비물이다.

여성의 엉덩이도 때로 특정한 조건하에서는 질의 대체물로 이해된다. 프로이트는 「어린아이의 성 이론에 관하여Infantile Sexualtheorien」(1907)에서 여성 성기에 느끼던 매력을 엉덩이로 이동시킨 사례를 분석했다. 거세 불안을 방어하려는 노력이라는 것이 그의 해석이다. 소년은 여성의 성기, 대개는 어머니의 "거세된" 성기를 목격하고 나름대로 원인을 설명하려고 애쓴다. 또한 여자가 부러워할 남근을 숨기려고 노력한다.[11]

군인 남성은 성애적 여성을 "동물적"이라는 특성을 부여해 바라봤다. "야수 인간" "짐승 같은 적"이라는 비난이 "거세하는" 여성에게 따라붙었다. 최베를라인이 묘사한 러시아 여자 카트야는 "발톱 같은 손가락"을 지녔고 "피를 맛본 호랑이 같은 표정"을 가졌다. 도나트는 여성 시위대에게서 "수천 마리 짐승이 포효하는 소리"를 듣고 발포한다. 발라의

***　하지만 남성 성기는 완전히 비상징적 차원에서 문자 그대로 무기로 쓰이기도 한다. 프로이트의 성적 상징이라는 개념은 혹시 특정한 섹슈얼리티만을 "진짜"라고 인정하는 인식에 기반한 것은 아닐까? 예를 들면 두 개의 "성숙된" 생식기가 쌍방으로 사용되어 결합되는 것만을 의미할까? 프로이트가 자주 사용하는 "대체물" 개념은 "일탈적인" 성적 현실을 인정하지 않기 때문에 생긴 듯하다. "상징적" 혹은 "변태적"인 것으로 추방된 내용은 해석 혹은 치료의 재료가 된다. 모든 인간 활동은 결국 성적 활동이라고 보는 것이 프로이트 리비도 이론의 본질이다. 그러나 내가 보기에 성적 상징 이론에는 직접적인 모순이 있다.

어떤 것이 성적 활동이라면 대체물은 있을 수 없다. 그 자체로 성적일 뿐 상징적 성이 아니다. 어떤 것이 성적 활동이 아니라면 성행위의 대체물이어선 안 된다. 섹슈얼리티와는 완전히 이질적인 것일 테니 말이다. 상징 이론은 자의적으로 설정된 현실 이해에 기반하고 있는 듯 보인다. 이는 리비도 이론에도 대비된다.

성적 상징을 독해하는 놀이가 이토록 인기 있어진 것은 아마 프로이트 탓인 듯하다. 정신분석학에 무지한 사람들조차 끼어든다. 예를 들어 한스 쇼이글은 모든 영화를 "신경증"의 관점에서 다룬다. 모든 영화를 해석해내야 할 상징 전달자로만 이해한다. 하워드 호크스 감독을 "잠재적 동성애"라는 키워드로 이해하여 억압자라고 결론짓는다. 매우 독일적인 현상이다. 좌파 역시 영화관도 가고 삶을 즐기고 싶어한다. 이미지 이해에는 익숙하지 않으므로 책 내용으로 공백을 채운다. 영화 해석이 그러했다.

"빨간 마리"는 "들짐승 같은 야생적 우아함"이 있었다. 마리야는 "증오로 일그러진 얼굴"을 하고 있었다. 이런 사례는 많다. "계집들은 마치 짐승과도 같았다"는 것이 가장 흔한 표준적 특징화였다.[12]

프로이트는 이렇게 설명한다.

> 꿈 – 작업은 일반적으로 맹수를 빌려 꿈꾸는 사람 자신이나 꿈꾸는 사람이 두려워하는 다른 인물들의 정열적 충동을 상징한다. 따라서 약간 전위시켜 이러한 정열을 지닌 인물 자체를 상징한다. …… 맹수들은 자아가 두려워하여 억압을 통해 극복한 리비도를 묘사할 때 이용된다고 말할 수 있다.[13]

군인 남성들이 "관능적" 여성에게 그토록 큰 유혹을 느꼈을까? 그래서 "자아가 이제껏 간신히 틀어막고 있던 리비도"를 통제하지 못할까봐 두려운 것일까? 리비도가 이런 방식으로 구조화되면 원래는 사랑했을 대상을 죽이게 되는 것일까? 그렇다면 군인 남성들의 살해 행위는 실상 실패한 사랑 행위라고 이해할 수 있을까? 성기에 대한 직접적 공격이 없는 살해 행위라는 점이 이러한 해석의 근거가 될 수 있다. "진정한" 목표물인 성기는 은폐되어 의식과 언어에서 제외되어야 하기 때문이다.

그러나 설명 안 되는 부분이 있다. 우선 군인 남성들은 살인에 대한 글을 쓰거나 꿈을 꾼 것이 아니다. 상징적으로 죽인 것이 아니라 무기를 사용해서 정말로 죽였다. 희생자들은 살아 있는 인간이었다. 많은 이론가는 살인적 폭력의 본질과 원인을 탐구하겠답시고 잠재의식을 명확한 내용으로 "번역"한다. 혹은 상징 해석 작업을 한다. 이는 핵심을 놓치는 해석이다. 심지어 상징을 "제대로" 읽어낸다고 해도 그렇다.

그러한 "번역"은 아무것도 설명해내지 못한다. 뻔한 것을 지적할 뿐이다. 여기서 주목해야 할 것은 살해와 사랑의 독특한 융합이다. 내 생각에는 이 부분에 뭔가 구체적인 것이 감춰져 있는 것 같다.

성애적／폭력적 행위의 형식을 좀더 자세히 고찰해보자.

- "총대"를 "목구멍"에 쑤셔넣다
- "암탉들" 사이에 "매"가 돌진하다
- 황소의 뿔에 찔리다
- 조명탄을 치마폭에 까넣다
- 벌거벗은 엉덩이에 채찍을 여러 번 내리치다
- 몸통과 엉덩이에 발길질을 하고 여자를 "박살내다"
- "피투성이 엉망진창"이 되도록 채찍질을 하다
- 입에 사격을 가하고, 여러 차례 "그냥" 난사하다
- 개머리판으로 때리고 수류탄으로 갈기갈기 찢다

여성 신체를 특정한 상태로 만드는 것이 공격 행위의 목표인 듯 보인다. 이들은 희생자를 거세 피해자의 상처와 똑같이 묘사하려고 엄청난 공을 들여 글을 쓴다. 총잡이 빨갱이 년의 만행으로 자신의 동료가 겪은 죽음의 실상을 지나치게 몰입하며 자세히 묘사한다.

토르 고테는 "허리와 허벅지 사이에서 검붉은 피를 철철" 흘리는 동료를 "봤다"고 증언한다. 그렇다면 군인 남성에게 응징당한 여성들은 어떤 모습이 되었을까?

예전에는 얼굴이 있던 곳에 "괴물 같은 피투성이 목구멍"만이 남아 있는 모습을 보고 도나트는 "몸을 떨었다".

"핏덩어리가 흥건하게 흘러넘쳤다. 은색과 청색 옷을 입은 채 그녀는 모래 위에 쓰러졌다." 젤초프가 목격한 여자 투우사의 모습이다.

"채찍으로 갈기갈기 찢긴 고깃덩어리들이 불그죽죽하게 곤죽이 된 눈 진흙탕 속에 둥둥 떠 있었다." 드빙거의 등장인물 팔렌이 본 광경이다.

킬링거가 묘사한 "슈바빙의 천한 년"은 "등짝에 흰 살이 보이지 않을 정도로 벌겋게 될 때까지" 채찍질을 당했다. 죄다 빨갛게 만들었다는 것이 중요한 듯하다.

오트발트의 메르커 장군은 "조명탄의 마그네슘 때문에 종아리나 엉덩이가 약간 그을"리게 해주라고 지시한다. 이렇게 공격하면 하체 전체에 화상을 입을 것이 뻔하다.

루돌프 만은 "암탉들 사이에" "매가 돌진"하는 듯했다고 비유했다. 역시 유혈이 낭자한 상황이다.

잘로몬은 고문당한 여자가 "벌거벗고 찢긴 채 거리에 똥과 함께 나뒹구는" 장면을 묘사했다.[14]

"배가 작살났다. 피와 똥이 곤죽처럼 흘렀고 옷감과 살점이 서로 엉겼다." 폴란드인에게 살해된 독일인 어머니의 모습을 하인츠는 이렇게 묘사했다.

"천천히 아주 천천히 피 흘리며 죽게 만들어야지. 죄다 기관총으로 쏴서 찢어발기고 다이너마이트로 가루를 만들어야지." 최베를라인이 전하는 "카트야"의 다짐이다.

슐츠 소령 역시 "피투성이 엉망진창"을 목격했다. 울타리 뒤에서 사랑을 나누다가 수류탄에 "놀랐을" 프롤레타리아 남녀도 그런 꼴이 되었다.

발라도 이렇게 묘사한다. "두 여자 모두 응접실 바닥에 죽어 자빠졌다. 창가에 흐드러지게 피어난 금낭화와 똑같은 색깔의 피가 낭자했다."

살해 행위는 두 가지 과정으로 구분된다. 첫째, 상징적인 성적 행위로 볼 수 있는 공격이다. 관능적 여성의 성적 신체 부위는 파괴된다. 이상에서 우리가 살펴본 바와 같이, 거세 위협을 느끼는 군인 남성들이 가장 공포를 느끼는 부위는 바로 "남근"이다. 이런 차원에서 여성 살해는 여성 거세와 동일시된다. 이는 군인 남성의 거세 공포에서 비롯된다. 이 과정을 지배하는 것이 방어의 정신역학이다. 여성의 신체를 거세의 상처로 변형시키려는 것이다.

둘째, "피투성이 엉망진창"의 상태를 쾌락적으로 지각하는 것이다. 이들은 살인을 통해 해방감을 얻는다. 공격 행위 자체가 이러한 목적을 위한 수단이다. 프로이트의 상징 이론에는 "피투성이 엉망진창"에 해당되는 설명이 없다. 그 외 저작에서도 힌트를 얻을 수 있는 곳은 없다.*

군인 남성은 여성에 대해서 두 가지 강박을 동일한 강도로 느끼는 듯하다. 하나는 여성을 제거하려는 것이다. 아주 멀리 떨어뜨려두려는 방어다. 다른 하나는 여성을 아주 가까이에 잡아두고 꿰뚫으려는 강박이다. 살해 행위를 통해 상반되는 두 강박이 충족된다. 군인 남성은 여성에게서 목숨을 빼앗음으로써 아주 멀리 보낼 수 있다. 한편으로 아주 가까이에서 총알, 몽둥이, 개머리판 등을 삽입할 수 있다. 여성을 마음놓고 가까이 둘 수 있는 이유는 바로 여성에게서 대상물의 성질을 박탈했기 때문이다. 육체 경계를 깨부수고 고유한 이름을 없애버린다. 그녀는 이제 아무것도 아니다. 그저 곤죽이다. 형체 없는 피투성이 엉망진창이다. 그래서 남자는 안심할 수 있다. 이 경우의 상처는 누구의 몸에 난 것인지 구별할 수 있는 거세 상처가 아니다. 육체가 더 이상 육체가 아니도록 해체하는 것이다. 인간적 육체로서의 여성이 중단된 후 비로소 사랑 대상물로 고양되는 지양止揚, Aufhebung인 것이다.

여성이 일단 이 상태가 되면 그녀의 관능성조차 거의 호의적 수준으로 용인된다. 여성의 "빨간 금낭화"는 죽어서 변형되고 헤벌어진 육체에서 아름답게 피어난다. 군인 남성들이 열광하는 것은 관능적 여성의 피부와 겉표면 너머에 있다. 살해는 마치 교정 행위처럼 거행된다. 여성의 허위와 가식을 걷어내고 "진실된" 본질을 폭로하는 작업이다.

---

* 내가 프로이트의 모든 저작을 안다고 장담할 수는 없지만, 프로이트 전집의 색인을 샅샅이 찾아봐도 관련된 이론을 발견할 수는 없었다.

잠의 변신
그는 여자를 응시했다. 게르트루트를 닮아 있었다.
이야기가 시작되었던 때부터
너무 쓰라리게 기억했던 바로 그 이름.

발라의 글에는 역방향 교정이 등장한다. 베베르크론 중위와 빨간 마리의 이야기다. 발트해 연안의 자유군단 지휘관이었던 발라는 다른 저자들보다 한결 더 능숙하게 핵심을 은폐한다. 바로 남성을 사로잡는 빨간 마리의 섹슈얼리티다. 사랑을 나누는 장면은 전혀 묘사되지 않는다. 빨간 마리의 **죽음**이 기정사실로 결정된 후에야 비로소 육체적 접촉이 허락된다.

마리는 단계적으로 변화한다. 구덩이에 나체로 앉아 있던 그녀는 적의 첩자로 일하는 여자였다. 성애적이고 사악한 여자로서의 빨간 마리다. 따라서 베베르크론이 만질 수 없었던 것이다. 곧이어 따르릉 울리던 통신기는 적을 의미한다. 그녀가 지닌 위협성, 즉 남근이다.

곧이어 움막 장면이 나온다. 베베르크론은 동료가 총을 들고 지키는 움막에 공적 업무라는 핑계를 대고 들어간다. 마리의 사형은 이미 결정되었다.

이제야 발라는 베베르크론에게 약간의 애무를 허락한다. 마리는 "점점 더 뜨겁게 애무를 퍼부었다". 간호부가 회스에게 해주었던 애무 장면과 유사하다. 베베르크론 역시 완전히 수동적인 태세다. 이 대목에서부터 빨간 마리는 비성애화되고 비현실화된다. 다음 순간 그녀에게는 일종의 성녀 같은 아우라가 감돈다. "빨간 마리에게 강렬한 환희의 빛이 비추었다." 그리고 그녀는 보살펴주는 어머니처럼 행동한다. "젊은 중위의 머리를 가슴팍에 끌어안고 뺨을 그의 머리카락에 기댔다. 그에게 신뢰를 담아서 부드럽게 입을 맞췄다."

총살을 당할 때에는 마치 "순백의 백작 부인"처럼 영웅적인 모습을 보인다.

마치 여왕 같은 위엄이 넘치는 몸가짐이었다. 죽음을 두려워하는 기색도 없었다. 그녀의 시선이 창백한 안색의 베베르크론 중위에게 밝고 고요하게 머물렀다.

그리고 사격이 시작된다. 총성과 함께 상투적인 마법이 시작된다. 놀라운 일이 벌어진다. 빨간 마리가 베베르크론과 궁극적으로 결합한다. 그녀는 그가 된다. "그녀는 쓰러지면서도 신뢰를 담은 시선을 젊은 장교에게 핏줄처럼 굳게* 고정했다."

네 단계 변화를 거치면서 기적 같은 일이 벌어졌다. 이제 빨간 마리는 순백의 마리로 변신해 베베르크론과 하나가 되었다. 총이 발사되기도 전에 그녀에게서 모든 생명이 박탈된다. 베베르크론은 자비롭게도 죽기 전에 그녀로부터 모든 섹슈얼리티를 박탈했다.

이제까지 인용한 다른 사례에서도 방어와 욕망 충족이라는 행위가 동시에 혹은 순차적으로 일어나는 것을 볼 수 있었다. 우선은 공포가 압도한다. 그리고 욕망이 해방된다. 그 과정에서 "대상물"은 희생자가 된다.

군인 남성들이 겪는 공포와 욕망을 좀더 자세히 고찰할 필요가 있다. 우선 공포를 살펴보자. 공포는 구체적으로는 거세 공포다. 이를 촉발하는 것은 혼란스러운 자극이다. 성애적 여성이 일으키는 자극을 군인 남

---

* 이런 중요한 순간에 "핏줄처럼 굳게unverwandt"라는 표현을 난데없이 강조한다는 것이 무척 특이하다. 프로이트가 제안하는 꿈 의미의 암호 해독이 필요한 순간이다. 이는 반대 의미로 읽어줘야만 할 듯하다. 마치 그녀가 그와 핏줄verwandt 관계였다는 뜻처럼 들린다. 붉은/순백의 누이 대립쌍이 "빨간 마리"의 변신과 궤를 함께하고 있다.
(독일어로 unverwandt는 부정접두사 un이 붙어서 형태상으로는 verwandt의 반대말처럼 보인다. 그러나 파생적 의미로 보면 정확하게 반대말이라고 할 순 없다. unverwandt는 흔들림 없는, 굳건한 등의 뜻이지만 verwandt는 친척의, 연관된 등의 뜻을 갖고 있다. 테벨라이트의 정신분석적 독해에 따르면, "빨간 마리가 굳건하게 중위를 바라봤다"는 텍스트에 무의식적으로 은폐된 의미는 "빨간 마리는 중위의 상징적 근친"이라는 것이다. 우리말 번역어로는 다소 무리지만 '핏줄'이라는 단어를 끼워넣어 의미를 적극화했다.ㅡ옮긴이)

성은 도저히 감당해내지 못한다. 그는 자신이 멸절될지도 모른다는 위협을 느낀다. 그는 여성 성기가 어쩐지 남근을 핍박한다고 여긴다. 그러한 발상을 담은 신화적 상상물이 바로 메두사의 머리다. 수천 년 동안 최고의 공포로 남자들의 마음을 괴롭혔던 존재다. 메두사의 저주는 늘 주변을 어른거렸다. 호르스트 베르템베르크와 전우들은 해방된 베를린 거리에서 유대인 계집으로부터 유혹을 받았다.

또다시 들려왔다. 쇳소리를 내며 깔깔대는 루스, 에스더, 살로메의 웃음소리. 구약성경의 여자들이 떠오르는 바로 그 얼굴. 조롱하는 웃음소리에 가면이 벗겨지고, 이제껏 뒤에 숨겨졌던 또 다른 얼굴이 드러난다. 고르고의 머리, 메두사였다.[15]

메두사가 촉발하는 반응을 프로이트는 이렇게 해석한 바 있다.
메두사의 머리를 보는 순간 그 사람은 공포로 몸이 굳어서 돌로 변한다. 이는 거세 콤플렉스와 동일한 기원과 동일한 정서 변화를 지녔다. 몸이 굳는다는 것은 발기를 의미한다. 그럼에도 당사자에게는 본래 위로가 되는 상황이다. 아직도 남근이 있기 때문이다. 몸이 굳는다는 사실이 이를 보장한다.
메두사의 잘린 머리는 공포의 상징이 되어 처녀 여신 아테나의 방패를 장식한다. 어떠한 성적인 갈망의 대상도 되지 않는 가까이할 수 없는 존재가 되는 것이다. 그녀가 세상에 내보이는 것은 어머니의 무시무시한 성기다. 고대 그리스에서는 동성애 풍조가 일관되게 강했다. 끔찍하게 거세된 여성 성기를 공개적으로 보이는 일은 흔했다.[16]

프로이트의 인용문 중 첫 단락에서 언급된 몸이 굳는 현상은 군인 남성의 텍스트에 흔히 나온다. 가장 좋은 사례는 발라의 책에 등장하는 베베르크론 중위다.

그는 "고드름처럼 얼어붙어서 앉아 있었다". 다시 말해 스스로가 꼿꼿하게 우뚝선 남근이 되었다. 팔렌은 1000마르크로 "마리야"의 죽음을 사주하면서 "얼음장처럼 싸늘한 표정"을 지었다. 기병 지휘관 트룩스는 노동자 여성 시위대에 해산할 것을 명령할 때마다 장검을 치켜든다. "공장 노동자 여자"에게 총을 맞으면서도 장검을 놓지 않았다. 플라토프는 "마리야"가 나타나길 기다리며 "서서히 권총을 치켜들었다. 가늠쇠 너머로 시선을 꼿꼿하게 박고 문을 응시했다". 이러한 자세가 명중에 꼭 도움이 되지는 않을 듯하다. 빌무트 소위도 비슷한 상황을 겪는다. "차가운 쇠붙이의 단단한 감촉이 손가락에 느껴졌다. 그는 얼음처럼 차갑게 정신이 들었다." 단단하고 차갑고 얼음 같고 얼음장이다. 군인 남성들은 여성에게 가까이 가면 뻣뻣하게 군든다.* 혹은 이렇다. 최후의 발포 명령을 "마치 만찬에서 대화하듯 얼음처럼 가라앉은 말투로 트룩스가 내뱉었다". 플라토프는 팔렌에게 마리야의 정체를 통보했다. "덩치 큰 사내가 몸을 굽히며 깍듯하게 예의를 갖추어 대답했다." 팔렌도 응답했다. "역시 예의를 갖춰서 깍듯하게 목례했다."

군인 남성들의 언어와 품행의 뻣뻣함에서 프로이트적 콤플렉스를 떠올리지 않을 수 없다. 끝도 없이 과장되어 있고 냉정하고 형식적인 행동거지, 지나친 예의범절, 심지어 "조신한" 여성조차 멀리하는 단호함 등은 거세를 피하고자 하는 방어 노력 같다는 인상을 준다. 앞서 소개했던 여섯 남편이 아내에 대해 취하는 냉정한 침묵, 자신의 회고록에 아내를 깊게 개입시키지 않으려는 노력, 아내 앞에서 짐짓 취하는 권위적인 태

---

* 중류주인 봄멀룬더 광고 문구와 기독민주당의 보수 정치인 게르하르트 슈톨텐베르크의 캠페인 구호는 동일하다. "북방 출신의 냉철함." 기독교사회연합의 강경 반공 정치인 프란츠 요한 슈트라우스는 이를 계승해서 "북방의 빛"이라는 구호로 압축했다.

도 등은 공포에 맞서는 과장스
러운 방어처럼 보인다.

그러한 사례를 보여주는 텍스
트는 얼마든지 있다. 베베르크
론 소위가 "빨간 마리"에게 유혹
당할 위기의 순간에 "땅에서 솟
아나듯" 수색대가 모습을 드러
냈다. 이런 식의 표현은 또 있다.
그는 "심장을 두 손으로 굳게 눌
렀다". "빨간 마리"를 구해낼 계
책을 설명하려고 마음먹었기 때
문이다. 마지막으로 가장 강렬한
사례는 "프로이센 제식 행진을
시전"한 하이데브레크의 병사들

마르크만 소위

이다. 창녀들이 "짓궂게" 다가올 위험 앞에서 "돌처럼 굳건한 부동자세
로 우뚝" 섰다.

빳빳하게 든 군기는 무기를 쓰는 실제 전투에는 불필요하다. 대체로
방해가 되기도 한다. 섹슈얼리티를 편하게 여기는 사람에게는 오히려
역겹고 우스꽝스러울 뿐이다. "거세 방어"의 과시적 노력은 군기의 원
인 중 일부인 듯 보인다.[17] 궁극적 원인은 아니다. 이는 추후에 살펴보겠
다. "몸이 굳는" 현상은 공격 전에 발생한다. 메두사를 본 남자의 첫 반
응과 같다. 군인 남성은 여성을 살해하기 전에 스스로를 먼저 비생명화
한다. 그래야만 공포를 정복할 수 있기 때문이다.

군인 남성이 살해 와중과 그 이후에 느끼는 기묘한 욕망을 고찰하기
에 앞서, 메두사 머리에 대한 프로이트 인용문의 두 번째 단락에 대해
간단히 언급하겠다. 이 글은 프로이트 후기 저작에 속하며 그가 평생 바

꾸지 않았던 입장을 담고 있다. 바로 여성 성기는 거세된 성기라는 발상이다. 그래서 남성들, 특히 "동성애" 남성들에게는 공포의 대상이라는 것이다.

질은 결여된 기관인 반면 음경은 완벽한 것이라는 생각에 여성들은 더 이상 설득당하지 않는다. 오히려 터무니없는 말이라고 생각한다. 여성들의 주장이 옳다.* 뿐만 아니라 여성을 사랑하고 여성에게 사랑받는 남자들도 역시 분노할 논리다. 열정적 사랑의 행위에서 질이 열등하거나 거세되었다고 볼 이유가 어디 있는가? 어째서 질이 음경보다 덜 중요한가?

질을 "메두사의 머리"라고 생각하는 사람들조차 거세당한 상처로 여겨서 두려워하는 것이 아니다. 오히려 질이 지닌 거세 능력을 두려워하는 것이다. 사실 편견 없는 관찰자에게 이는 명백하다. 질을 두려워하는 남성이 공포스러워하는 것은 남근을 빨아들이고 삼켜서 감싸버리는 질의 능력이다. 이것이 두려움의 근원이다. 일단 받아들인 후 돌려주지 않을까봐 두렵다. 이러한 공포가 형상화된 것이 "이빨 달린 질vagina dentata"이라는 신화적 상상물이다. 질의 전복된 가능태Potenz가 불러일으키는 공포는 이러한 능력에서 비롯된다. 프로이트가 질은 남근 결여태Penislosigkeit라서 남성들의 공포를 촉발한다고 애써 은폐적으로 강변하는 이유가 바로 여기에 있다. 우리는 다른 질문을 던져야 한다. 최베를라인이 "카트

---

* 그렇다고 프로이트의 모든 이론을 쓰레기통에 처박자고 주장할 수는 없다. 혹은 저작에서 여성을 언급한 부분만 발췌해 인용해서도 안 된다. 이런 식의 반박은 타당성도 없고 너무 쉬운 비판이다. 프로이트의 사고방식은 반여성적이 아니라 오히려 정반대다. 인간의 감정에 대한 모든 연구는 여성에게도 적용된다. 프로이트는 남성사회에서 광범위한 배척을 받았다. 그 당시 지배적이었던 남성들의 시각으로 프로이트는 "여자들 수다"에나 신경 쓴 인물이었다. 프로이트는 쾌락원칙을 이론화하면서 "남자"의 시각을 사용했지만 그렇다고 결코 가부장적이지 않았다. 이를 부정할 여성 학자들이 과연 있을까?

야"에게서 "피투성이 호랑이 아가리"를 본 이유는 무엇일까? "메두사의 머리"가 끔찍한 이유는 그것이 "물린" 자국이어서가 아니라, 오히려 물어뜯기 때문이 아닐까? 모든 작품에서 이 점은 명백하다. 뱀 머리카락만큼이나 공포스러운 것은 활짝 벌린 입이다. 메두사의 머리는 거세 상처가 아니라 사나운 아가리다. 그래서 군인 남성은 공포에 질려 돌처럼 굳어버린다. 고드름처럼 얼어붙으면 쉽게 물어뜯기지 않는다. 한 번의 어루만짐으로도 녹아내릴 수 있으니 살아남고 싶다면 뼈대를 단단히 갖추고 멀리 떨어져 있어야 한다. 뱀 머리카락의 의미는 무엇일까? 거세당한 상처일까? 정반대다. 메두사 머리에 달린 수많은 남근 모양의 형상은 어떻게 생겨났을까? 무엇인가 결여되었기 때문이 아니라 무엇인가를 빼앗아서 가졌기 때문이다. 바로 여성적 가능태를 억압하려는 모든 남근을 빼앗았다. 이것이 여신 아테나의 순결이 주는 공포다. 그녀는 가능태를 아직 빼앗기지 않았다. 감히 덤비는 남자는 무사하지 못하다. 그의 남근은 노획물로 간직될 것이다. 그녀가 잘라서 빼앗은 남근의 숫자는 머리카락만큼이나 많다. 메두사의 머리는 프로이트가 주장하듯 거세된 듯 보이는 어머니의 성기가 주는 공포가 아니다. 오히려 여신의 거세되지 않은 무서운 성적 가능태 앞에서 남성들이 느끼는 공포의 상징인 것이다. 심지어 수많은 남근이 그녀에게 매달려 있다!

메두사 머리에 대한 공포는 총잡이 빨갱이 년이 지닌 거세하는 "남근"에 대한 공포와 연관되어 있다. 그녀 역시 노획물을 빼앗아 지니고 다닌다. 총잡이 계집이 버젓이 혁대에 차고 다니는 것은 여느 남근이 아니라 궁극적 남근이다. 말 달리던 "스파르타쿠스 연맹의 계집"을 떠올려보자. 벌거벗고 비루먹은 말을 타면서 머리카락을 펄럭이던 그녀는 양손에 쌍권총을 들었다. 이는 "메두사"의 현신이었다.

거세 방어라는 관점에서 군인 남성은 일차적으로는 얼어붙는다. 군인 남성의 "상징적 성행위"는 희생자를 특정한 상태, 즉 "피투성이 엉망진창”으로 만들어서 얻는 만족감을 목적으로 삼는다. 또한 거세 방어의 수행은 군인 남성을 특정한 상태에 처하게 만드는 것을 목적으로 삼는 듯하다. 그들은 살인을 저지르는 동안 일종의 황홀경에 빠져서 갑자기 의식의 부재 상태를 겪는다.

도나트에게는 갑자기 아무것도 안 보였다. 광장에서 어쩌다보니 자기가 총을 쏜 모양이었다. 정신을 차려보니 여자가 죽어 있었다는 것이다. 마치 자신이 쏘지도 않았는데 그냥 죽어 나자빠졌다는 투다. “마치 폭풍에 떠밀려 쓰러지듯 계집이 거꾸러져 나자빠졌다”고 전한다. “그의 발밑에 나뒹구는 것이 진짜 그녀일까?” 유혈 사태가 벌어지는 동안 그는 기억을 열심히 더듬느라 바빴다. 대체 어디서 봤던 여자더라? 마치 예전에 했던 대로 되풀이했다는 식이다. 자기가 쏘지도 않았는데 어쩌다보니 그냥 총이 쏘아졌다. 발포 명령 때문이다.

팔렌에게는 갑자기 아무것도 안 들린다. 어쩌다보니 “총잡이 계집” 마리야가 생포된 모양이었다. 어쨌든 한사코 앞으로 다가선다. 그러나 직접 죽이지는 않는다. 이름 모를 두 명의 병사에게 돈 주고 시킨다. 그들이 이유를 묻자 팔렌은 “무심하게” 대답한다. 팔렌은 주검들을 보고 도나트와 유사한 반응을 보인다. “아마” 여자 주검처럼 보인다고 생각했다. 그리고 눈 진흙탕 속에 둥둥 떠 있는 것은 “추정컨대” 채찍으로 갈기갈기 찢긴 듯했다. 그 자신이 명령했을 텐데 말이다. 기병대는 학살 현장을 지나면서 “의아해했다”. 볼셰비키의 주검들로 물길이 막혀 있었기 때문이다. 볼셰비키라는 것은 용케도 알았다. 과연 누가 죽였을까?

발라의 등장인물들은 시신들을 발견하고 갑자기 말을 못 했다. “죽음과도 같은 침묵이 지하실을 메웠다. “병사들의 입술에서 포효가 울부짖듯 터져나왔다. 근원적인 소리, 본성의 깊디깊은 곳에서 나오는 절규, 인간 중에서도 가장 인간적인 소리, 핏자국이 불러일으키는 짐승이 깨어나는 소리였다.” 그들은 정신이 나가버린다. 인간성의 경계가 폭파된

앞으로 전진

것이다. "뭔가를 두들기는 듯한 둔탁한 소리가 들려왔다." 가해자는 이름 모를 남자들이다. "같은 생각에 사로잡힌 사람들"이다.

하인츠의 작중인물 게오르크는 갑자기 서 있지를 못했다. 폴란드인에게 살해당한 독일 여자를 본 탓이었다. 하지만 눈길을 뗄 수가 없었다. 사람들이 무리 지어 다가오고 있었다.

게오르크는 애써 다리에 힘을 주면서 가로등 기둥에 기댔다. 몸이 굳은 채로 시체와 행렬을 번갈아 봤다. 신부님이 복사단 소년들을 이끌고 다가오고 있었다. 그중 한 명의 손이 그의 모자를 쳐서 떨어뜨렸다. 모자는 여자의 주검 옆까지 굴러가서 피 웅덩이에서 멈췄다.[18]

이러한 대담성은 대개 가해자의 생명을 위협하는 법이지만 이 경우는 아니다. 오히려 죽은 이와 가까운 접점을 만들어내고 있다. 모자가 피에 빠졌는데 그는 꼼짝 못 한다. 그는 대체 어디에 있는 걸까?

베베르크론은 안색을 잃어버린다. 그는 평소와는 다르게 "나직하게" 사격 명령을 내린다. 그의 "창백한 안색" 위에 빨간 마리의 시선이 머물다가 "몸이 서서히 옆으로 기울었다". 과연 누구의 짓일까? "총성이 채찍처럼 숲을 휘갈겼다." 베베르크론과 마리가 시선 속에서 서로 결합한다. "그녀는 쓰러지면서도 신뢰를 담은 시선을 젊은 장교에게 핏줄처럼 굳게 고정했다." 이게 총살이라고? 천만에! "날벌레가 윙윙대고 새들이 노래했다. 살고자 하는 욕망이었다."

과연 무엇이 생시이고 무엇이 환각일까? 시체들이 뒹굴고 있는데 이게 어찌된 일일까?

남녀 한 쌍이 죽어 뒹굴고 있다. 수류탄에 "놀란" 모양이다. 여자가 거리에 쓰러졌는데 "연이은 총성" 때문이다. "불미스러운 사고" 때문에 간호부였던 이다 조데는 교회 종탑에서 떨어진다. 메르커 장군이 헬름슈테트를 점령하면서 생긴 일이다. 폰 젤초프 역시 멕시코 황소를 탓한다.

볼셰비키, 폴란드인 등 적이 범인일 때만 살인은 **직접적으로** 일어난다. 적들의 살인은 의식적이고 가학적이다. "넌 다시는 나한테서 도망 못 친다. 마리야의 웃음소리가 들린다." 폴란드인은 총대를 여자의 몸통에 대고서 "불을 뿜었다". 붉은 군대의 병사가 발트 지역 귀부인을 쏘았다. "말안장에 앉은 채로 금발 속에 숨겨진 창백한 머리통에서도 선 고운 이마"를 쏘았다. 물론 짐승 같은 라트비아 여자들과는 달리 고귀한 여자였다.[19]

군인 남성의 살해는 다르다. 그는 거기에 없다. 어찌 보면 격렬한 부재 중이다. 그는 살인하지 않는다. 정확히 말하자면, 뭔가 쿵쾅거리거나 명령이 떨어지거나 혹은 총성이 울리면 난데없이 시체가 누워 있고 피가 낭자하다. 방아쇠를 당기지만 스스로의 결심은 아니다. 그는 자신의 경험과는 동떨어진 다른 곳에 있다. 그곳은 어디일까?

"피투성이 엉망진창"의 지각은 서로 명확히 구분되는 관찰자/관찰 대상 사이에서 발생하지 않는다. "자아"가 "외부"를 보는 방식으로 지각이 성립되는 것이 아니라, 베일을 통해서 살짝 보이듯 성립한다. 무엇이 보이는지 무엇이 환각인지를 도무지 알 수 없다. 희생자는 "피투성이 엉망진창"이 되어서 자신의 경계와 대상성을 잃는다. 지각의 주체에게도 동일한 일이 발생한다. 그는 일종의 융해를 겪는다. 살해하는 자가 살해당하는 자와 동일하게 경계 상실을 겪는다는 것은 일종의 결합이다. 환각적 지각에 지배당해 황홀경에 빠지고자 하는 것이 폭력의 진짜 목적이다.[20]

잠정 결론

인격 경계의 융해 과정과 그에 따른 대상관계의 혼란 과정은 프로이트적 정신분석 개념으로는 설명해내기 힘들다. 말년에 가까워질수록 프로이트가 "자아"의 기원과 기능을 심리적 행위 주체성의 중심에 두는 방향으로 이론을 성숙시킨 것도 이러한 이유였다. 1920년 『쾌락원칙을 넘어서*Jenseits des Lustprinzips*』와 1923년 『자아와 이드*Das Ich und das Es*』 사이에 이론 발전이 이루어진 듯 보인다. 이로써 프로이트는 훗날 자아심리학이라고 명명될 연구 분야의 초석을 놓는다. 정신분석학은 좀더 실용적인 방향으로 전환되었고, 이 책에서도 볼 수 있듯 여러 현상의 분석과 치료에 쓰일 수 있게 되었다. 이제까지 분석이 보여주는 것은 "자아"는 "세계와 이드 사이"에서 "매개자" 기능[1]을 한다는 것이다. 프로이트의 이론대로라면 군인 남성의 자아는 파편적이거나 혹은 거의 존재하지 않아야 하는데 그렇지가 않았다. 과연 군인 남성의 자아가 애초에 형성되기나 했을까?

프로이트는 65세 되던 해에 심리 구조를 행위 주체성에 따라 자아/이드/초자아로 설명하는 이론을 구성했다. 그 시점에 뭔가를 새롭게 발견했던 것은 아니고 이미 알려진 사실을 재구조화했다. 정신분석적 가설 내에서 강조점을 이동시켰고, 그중에서도 연구의 흐름 내에 존재하는 다양성과 모순점을 하나의 체계 속에 정리해낸 것이다.*

사람은 태어날 때부터 자아/이드/초자아의 구조를 지니고 있는 것이 아니다. 자라면서 생겨나는 것이다. 과연 언제 어디서 어떻게 생겨나는 것인지, 혹은 언제나 생겨나는 것인지를 물어야만 한다.

프로이트가 제시한 해답은 다음과 같다. 자아 구조는 아버지/어머

---

* 늙은 현자가 후배들의 삶을 피곤하게 만드는 일은 흔하다. 말하자면 노인의 복수인 셈이다. 울리히 조네만은 프로이트가 청년기부터 이미 모순을 체계화하려는 강박을 지니고 있었음을 실제로 연구했다. (*Negative Anthropologie*, p. 73 ff.) 한편 라플랑슈와 퐁탈리스는 프로이트의 저작 속에 자아 개념이 다양하게 혼재했으며 자아 구조를 설명한 "2차 이론" 정리 이후에도 여전히 혼재했다고 지적한다.(p. 185 ff)

니/아이라는 가족 내 삼자 구도에서 생겨난다. 2세나 3세, 그리고 5세 시기에 오이디푸스 콤플렉스가 "정상적"으로 소멸하면서 생긴다. 가족, 오이디푸스 콤플렉스, 의식적 경험과 언어 표현이 가능한 아이. 이것들이 프로이트의 "자아" 기원 이론의 중심에 있다. 자아는 여러 동일시*를 통해서 "이드"로부터 분리되어 생긴다. 심리 구조를 설명하는 프로이트의 후기 이론에서 동일시 심리 과정은 중요한 무게를 갖는다. 원래는 이성 부모에게 느끼는 근친상간적 대상 집착이 동성 부모에 대한 동일시로 변하는 과정이 프로이트가 제시하는 발달 이론의 핵심이다.[2]

가족 내 삼자 구도, 그리고 이로부터 파생되는 관계가 바로 주체와 객체 관계가 된다. 또한 뚜렷한 경계와 명칭을 지닌 모든 사람과의 관계다. "자아"가 또 다른 "자아"와 맺는 관계다. "근친상간"은 이상에서 언급된 가족 관계에서 특정한 사람들 사이의 관계다. 혹은 특정 관계의 금지를 의미한다. 아들은 어머니와의 동침을 원한다. 그러므로 아버지와 경쟁관계에 놓인다. 아버지는 아들에게 거세 위협으로 보복한다. 이에 따라 아들은 남근을 지켜내기 위해 근친상간을 회피한다. 그리고 아들은 자신을 아버지와 동일시하면서 어머니 상과 유사한 여자를 선택해 대상 리비도를 전이한다. 누이에게 전이하거나 누이의 친구, 혹은 친구의 누이에게 전이한다. 그 친구라는 사람 역시 아들이다. 그도 계속 전이한다. 혹은 전이를 멈추기도 한다.

군인 남성들은 절대 여기서 멈추지 않는다. 그들은 뭔가 다른 것을 원한다. 근친상간도 아니고, 명성과 가문이 있는 사람과의 관계도 아니다. 그들은 피에 흠뻑 젖기를 원한다. 아무것도 "안 들리고 안 보일" 정도로

---

* 주체가 다른 사람의 모습이나 특성, 속성을 동화시켜, 전체적으로나 부분적으로 그 사람을 모델로 자신을 변화시키는 심리 과정. (Laplanche /Pontalis, p. 219, 『정신분석 사전』, p. 179.)

정신이 나가길 원한다. 그들은 이성과 결합하길 원한다. 아니면 성 그 자체와 결합하길 원하는지도 모른다. 이름 따위는 없는 상대를 원한다. 자기 자신이 융해되고 상대 이성을 폭력으로 해체하는 그런 관계를 원한다. 군인 남성들은 삶과 따뜻함, 핏속으로 삽입되기를 원한다. 이들은 프로이트 방식의 별 볼 일 없는 "제 어미와 붙을 놈" 오이디푸스보다 훨씬 더 뜨겁고 위험하고 끔찍한 인간들이다. 만약 그들이 근친상간을 원한다 치면, 최소한 어머니 대지를 욕보이는 근친상간을 저지를 인간들이다. 이들이 저지르기를 욕망하는 폭력적 "근친상간"은 어머니를 꿰뚫어 함께 공중에서 폭파되는 것이다. 단순히 침대에서 어머니의 육체를 가까이하려는 정도가 아니다.

우리가 군인 남성에게서 목격한 것은 "근친상간"이나 대상관계 정도의 개념으로 설명될 수 없다. 용융/폭발을 향한 욕망과 공포다.

총잡이 빨갱이 계집에 대한 공포 역시 "거세 공포" 개념으로 간단히 설명될 수 없음은 앞서 이미 밝혔다. 이들의 경악은 철저한 파괴, 절단에 대한 강렬한 두려움이다.

그렇기 때문에 텍스트 상징성을 그저 "번역"하는 것만으로는 불충분하다. 프로이트의 꿈 해석에 이용되는 상징성은 개인적인 대상관계에 얽매여 있고 너무 가정사적이다. 라플랑슈와 퐁탈리스는 이렇게 강조한다.

정신분석이 발견한 상징이 아주 많다고 하더라도, 상징된 것의 영역은 아주 제한되어 있다. 육체, 부모와 혈족, 탄생, 죽음, 나체, 특히 성(성기, 성행위) 등이 그것이다.[3]

우리가 살펴본 것은 육체, 부모, 혈족 등의 모든 인간이 경계를 지닌 대상으로 존재하기를 중단하는 상황이다. 그러므로 이 상태에서는 지각, 정서의 강도를 의식적으로 다룰 수 없다. 이들은 환각적이며 환영적인 상황에 처해 있다.

여기서 작동하는 것은 오이디푸스 콤플렉스가 아니라 융융과 토막내기의 쾌감에 대해 느끼는 공포다. 자아의 경계가 융해되고 대상관계는 흐릿해진다. 이러한 현상은 오이디푸스적 삼자 관계에서 비롯되는 것이 아니라 양자 관계에서 생겨난다. 즉, 대개는 어머니인 일차 주요 양육자와 아이의 관계다. 이는 오이디푸스적 아버지/어머니/아이 삼자 관계보다 시간상 앞설 뿐 아니라 본질적으로도 다르다.[4]

프로이트 이후 정신분석 이론과 치료법에서 전반적으로 많은 발전이 이뤄졌지만 그중에서도 특히 두 영역의 진보가 두드러졌다. 바로 아동 심리 분석과 정신증 치료법이다. 프로이트는 아동 및 정신증 치료를 회피했고 심지어 싫어했다. 이유는 짐작된다. 소아와 정신증 환자의 병증은 오이디푸스 콤플렉스의 영향에서 비롯되지 않는다. 프로이트 후기 이론의 자아 구조론 관점에서 보면 이들에게는 "자아"의 심리적 행위 주체성이 없거나 심각하게 교란되어 있다. 마이클 발린트는 이런 환자들에게 정신분석이 통하지 않는 주요 이유를 이렇게 설명했다.

우리 분석 기술은 분석가의 해석을 해석으로 경험할 수 있는 환자에게 적합하다. 해석을 납득하고 프로이트와 대화하면서 "차근차근 해결"할 만큼 자아가 튼튼해야만 한다. 일부 환자에게는 그럴 능력이 없다. 그럴 경우에는 치료에 어려움이 많다.[5]

오이디푸스적 자아를 갖지 않은 환자들에게는 정신분석의 언어적 과정이 소용없다. "자아"를 다룰 수 없는 이유는 다양하다. 성장기에 인격 발달이 저해되었기 때문일 수 있다. 혹은 아이가 심리적으로나 생리적으로 "자아"가 없거나 아직 생기지 않았을 수도 있다. 아동 실험 연구에 따르면, 아이가 인지적·신경기능적으로 "자아"를 이해하고 스스로를

“자아”라고 표현할 수 있는 시기는 2세와 3세 사이다.(피아제, 스피츠 등)[6]

그 이전 첫돌까지의 시기를 소아정신분석가 마거릿 말러는 “공생 단계symbiotische Phase”라고 명명했다. 아이는 어머니 혹은 주 양육자와 일종의 공생 관계 속에서 살아간다. 이 시기 아이에게는 고유의 경계를 갖춘 감정이나 지각이 없다. 아이는 자신을 모체와 연결된 상태로 경험한다.[7]

공생 관계를 분리하는 변증법적 과정에서 아이가 스스로 지각하는 자아가 생겨난다. 아이가 어머니를 자기 밖에 위치한 객체Objekt로 지각하는 순간 자신이 어머니와 구별되는 객체임을 깨닫는다. 이것이 곧 “자아”가 되고 나중에는 주체Subjekt가 된다. 중간 단계에서 아이는 자신을 객체로 여긴다. 어머니의 시각으로 본 객체다. 마치 자기 눈으로 본 거울 속 자신이 객체인 것과 똑같다.[8]

자아는 프로이트가 생각했듯 이드에서 분화되는 것이 아니다. 어머니/아이의 공생 관계, 즉 이중 단일체Dual-Union[9]로부터 분화되어 생겨난다.

공생 분리 과정에 문제가 생기면 자아 기능에 심각한 장애가 발생한다. 정상적인 발달이 불가능해지고 대상관계 능력에 심각한 장애가 반드시 생긴다. 공생 관계로부터 아이를 분리하는 과정에 문제가 생길 가능성은 양극단 모두에 존재한다. 지나치게 딱딱한 어머니라면 아이를 너무 일찍 떼어놓거나 애초에 받아들이지 않을 수도 있다. 지나치게 “질척한” 어머니라면 아이를 감싸기만 하고 안 놓아줄 수도 있다.[10]

마이클 발린트는 인생의 초기 관계를 “기본적인 결함 단계Bereich der Grundstörung”라고 명명했다.

기본적인 결함 단계의 주요 특징은 ⓐ그 시기에 생기는 모든 사건이 배타적인 양자 관계에만 속한다는 점이다. 제3자는 끼어들 틈이 없다. ⓑ 양자 관계는 매우 특이하다. 오이디푸스 단계의 흔한 인간관계와는 전적으로 다르다. ⓒ이 단계에서 작동하는 심리 역학은 갈등의 형태를 취하지 않는다. ⓓ이 단계를 표현해보려는 어른의 언어는 쓸모없고 기만적이다. 언어의 통상적 의미가 통하지 않는 단계이기 때문이다.[11]

양자 관계의 특징 중 가장 중요한 것은 작동하는 심리 역학이 "갈등의 형태를 취하지 않는다"는 점이다. 여기서 발린트는 한 걸음 더 나아간다. "기본 구조에는 여러 결함, 장애, 부족이 있다. 이는 추후 보상을 야기한다."[12]

이 과정은 다음과 같은 방식으로는 진행되지 않는다. 나는 어머니를 차지할 수 없다. 아버지가 길을 막기 때문이다. 나는 어머니를 향한 근친상간 욕구를 억압한다. 그래서 고통스럽다. 근친상간을 포기할 수 없기 때문이다. 이런 과정쯤은 되어야 갈등이라고 부를 수 있을 것이다. 그렇다면 다른 방식을 상상해보자. 여기는 뭔가 이상하다. 뭔가 위협적이다. 모든 것이 왜 가짜 같기만 할까? 왜 나를 밖에서 억누르고 안에서도 억누를까? 내가 과연 "자아"일까? 이게 무슨 일일까? 모두 없어졌으면 좋겠다. 무슨 일인지 모르겠다…….

환자가 비위협적 현실을 위협적으로 지각할 지경에 이르려면 적어도 이런 정도의 결함이 기본 구조에 발생해야만 한다.*

이러한 이론들을 종합하면 이제껏 우리가 살펴본 현상에 대한 해답

---

* 손상Defekte은 기본적 결함 영역에서 발생하며, 기존 용어로는 "정신증"에 해당된다. 다소 논란이 있는 개념이다. "정신증"의 경계를 확정하는 문제, "정신분열증"에 과연 개념적 타당성이 있는지를 검토하는 문제는 간단하지 않다. 과연 이러한 개념이 질병 설명에 적절한지 논란의 여지가 많다. 하지만 이 책의 주제는 아니다. 확실한 점은 프로이트의 주요 관심사였던 오이디푸스적 갈등이 기본적으로 상당히 늦은 시기에 생긴다는 것이다. 나는 "정신증" 혹은 "정신증적"이라는 개념을 발린트의 기본 결함 이론, 그리고 마거릿 말러가 설명한 공생 단계의 분화 과정 중 방해받은 "개성화" 이론의 맥락에서 쓰도록 하겠다.

은 그리 어렵지 않게 얻을 수 있다. 대상관계 형성의 무능, 자아의 융해 상태, 부재, 환각적인 현실 지각, 방어기제와 공격 기제의 결합 등은 모두 기본적인 결함 단계에서 비롯된 것이다.

군인 남성들이 공포에 맞서려고/쾌락을 즐기려고 저지르는 살해 행위는 거세 위협을 방어하는 행위가 아니다. 오히려 발린트의 이론이 말하는 근원적인 결핍을 보상받으려는 시도에 가깝다.

이런 유형의 환자들에게는 프로이트적 자아/이드/초자아 모델의 행위 주체성 발달이 결여되어 있거나 부족하다는 것에 이론의 여지가 없다. 프로이트식 분석 기술과 이론의 개념적 타당성 전체가 흔들리는 결과가 아닐 수 없다.

"자아"는 심리적 기제의 기능에서 중심적인 역할을 수행한다. 자아는 대상관계의 에너지만 통제하는 것이 아니다. 프로이트에 따르면 방어와 억제도 자아의 기능이다.[13] 그렇다면 자아는 어떤 식으로 부재하거나 혹은 파편화되어 존재할 수 있을까? 누가 혹은 무엇이 방어기제를 발동시킬까? 억압은 어떻게 작동할까? 우리가 살펴본 바에 따르면 군인 남성의 방어는 반드시 쾌락을 동반했다. 흔한 일은 아닐 것이다. 그들의 억압은 또한 어떨까?

우리가 살펴본 텍스트에 자주 등장하는 유사 근친상간적 관계 묘사는 저자들이 은폐하려는 노력을 조금도 하지 않는다는 점에서 무척 특이하다. 저자들은 오히려 "근친상간의 욕망"을 대놓고 드러낸다. 여기서 작동하는 것은 억압이 아니다. 거세 공포의 경우도 마찬가지다. "근친상간"이나 "거세"라는 표현을 직접적으로 언급하지 않을 뿐이다.

놀랄 일은 아니다. 성숙한 자아의 가장 본질적인 기능은 바로 억압이기 때문이다. "오이디푸스적" 환자가 억압을 통해 "무의식"으로 만든 것을 "정신증적" 환자는 의식적으로 내보인다. 그들은 억압하지 않는다. 오히려 다른 것을 억압한다. "근친상간"이나 거세가 초래하는 공포와 욕망

에 다른 이름을 뒤집어씌운다.[14]

　이러한 사실은 프로이트적 무의식 개념에 중대한 반박을 초래한다. 지금껏 살펴본 제1장의 내용에 전통적인 정신분석을 적용하려면 이들 텍스트를 무의식적 욕망의 표현이자 과거 억압의 결과로 간주해야 한다.

　정신 치료의 기본적인 작업은 무의식을 의식화하는 것이다. 억압된 진실을 경험하고 의미를 깨닫게 만들어서 환자가 문제를 다룰 수 있도록 한다. 억압된 욕망을 분석 과정을 통해 분석가에게 전이하여 연관된 정서를 해방시키는 것이다.

　환자가 전혀 "무의식적"이지 않다면 분석가는 과연 무엇을 해석해야 할까? 환자의 판타지, 백일몽, 일기장의 내용이 끊임없이 "근친상간"과 "거세 공포"에 집착하고, 환자의 정서가 전혀 동요하지 않는다면 어떨까? 이런 상황에서 분석가는 과연 어떤 의미를 해석할 수 있을까?

　이런 환자들을 선호하지 않았다고 해서 과연 프로이트를 탓할 수 있을까? 아닐 것이다. 프로이트가 이들의 치료를 남들에게 미뤘다는 식으로 나무랄 수도 없을 것이다. 이런 유형의 환자는 대개 정신분석을 원하지 않는다. 특히 프로이트 후기 이론이 심리 구조를 도식화하는 과정에서 이런 유형의 환자가 존재한다는 것을 도외시했기 때문에 문제는 더 꼬여버렸다. 아마 자신의 자아심리학에 부합하지 않는 이들이라서 더 싫어했는지도 모른다. 오이디푸스 가설과 더불어 자아와 이드 이론은 프로이트에게 독보적 지위를 안겨준 공신이었다.[15]

　차라리 이렇게 설명해본다면 어떨까? 자아 이론이 들어맞지 않는 이런 유형의 사람들이 프로이트 당대에 너무 많았을 가능성이 있다. 당시 정신병원이 이런 사람들로 붐볐다는 뜻은 아니다. 유대인 및 그 외 인종이 지구상에서 사라져야 한다고 믿는 사람들, 혹은 다른 민족이 모조리 죽어야만 자신들이 살 수 있다고 믿는 사람들이 흔했다는 뜻이다. 극히 정상적인 오이디푸스 유형이 이럴 리 없다. 오이디푸스 콤플렉스는 그 정도의 힘이 없다.

그럼에도 불구하고 군인 남성들을 "정신증적"이라고 정의할 순 없다. 이들은 오이디푸스적 형식의 "자아"를 지니지 않은 듯했다. 이들은 조금도 "현실 부적응"이나 "자아 허약증"에 시달리지 않았다. 씩씩한 기상으로 자신들의 미래 왕국을 향해 전진했다. 표면상 여러모로 성공적인 사람들이었다. 이들의 글쓰기에는 절도가 있었다. 절대 "정신증적"이라고 볼 수 없었다. 정신 똑바로 차린 자아가 언제나 성실하게 올바른 문법을 구사하고 정확한 날짜와 사건을 기록했다.

군인 남성들에게 안정과 통제를 행사한 것이 오이디푸스적 자아가 아니라면 과연 어떤 "자아"였을까?

마이클 발린트는 프로이트적 자아심리학을 자아심리학의 "외곽 사례"로 보자고 제의한다.[16] 몇 가지 의문이 생긴다. 이 "외곽 사례들"은 일종의 방어 행동이었을까? 프로이트의 동시대를 활보하던 끔찍한 풍조에 맞선 역사적 방어라고 볼 수 있을까? 프로이트 자신이 유대인이었으므로 당대의 풍조에 맞설 이유는 충분했다. 특히 그 자신은 정치로부터 애써 거리를 두려는 입장을 견지했다.

프랑스의 정신분석가 과타리와 철학 교수 들뢰즈는 프로이트의 오이디푸스 이론이 전반적으로 방어적 성격을 지닌다고 비판했다. 특히 프로이트의 "무의식" 개념을 집중 비판했다. "기본적인 결함 이론"의 분석가 발린트는 프로이트의 "무의식" 개념이 특정 "정신증적" 환자에게는 부적합하다고 비판했다. 그에 비해 들뢰즈와 과타리의 질문은 이렇다. 그렇다면 대체 누구에게 적합한가? "오이디푸스"라는 이름과 연관되는 "무의식"을 가진 자는 과연 누구인가?[17]

스위스의 정신분석가 파린, 모르겐탈러, 파린-마테이는 아프리카 도곤 부족에게는 프로이트적 의미의 오이디푸스 콤플렉스가 존재하지 않음을 밝혀냈다.[18] 그들의 연구 이후 오이디푸스는 유럽에 국한된 현실일 뿐이라는 합의가 생겨났다. 이를 인류 공통의 보편적 무의식 구조인 듯 설명한 것이 프로이트의 오류였다. 들뢰즈와 과타리는 한발 더 나아간다. 그들은 무의식 구조라는 발상 자체에 반박한다. 오이디푸스가 하나의 구조라는 것을 부정하는 게 아니다. 과연 어떤 구조인가를 묻는 것이다.* 그들이 보기에 오이디푸스, "근친상간" "거세"라는 이름은 욕망이나 무의식에서 비롯되는 것이 아니라 사회에서 나오는 것이다.

그렇다면 그들이 말하는 "무의식"은 무엇인가? 그들의 입장이 프로이트와 근본적으로 다르진 않다. 무의식은 잠재적 에너지에서 비롯되어 세상에 펼쳐지며 방전되는 욕망 생산이다. 프로이트와 달리 들뢰즈와 과타리는 무의식의 생산력에 주목했다. 무의식은 욕망을 생산한다. "근친상간"과 "거세" 등의 이름을 끝없이 결합해낸다.

무의식은 이름도 모르고 사람도 모른다. 부모도 모르고 기억도 없다. 무의식은 이미지를 생산하지도 않고 그 어떤 표현이나 의미와도 관련이 없다.[19] 무의식은 좋아하는 대상물이 없다. 어머니도 없다. 욕망 – 생산이 애호하는 대상물은 전체적인 대상물이나 사람이 아니다.[20]

무의식의 생산력은 어디로 향하는 것일까? 들뢰즈와 과타리는 아동 정신분석학자 멜라니 클라인의 이론에 따라 소아의 부분 대상Partialobjekte 개념을 받아들인다.[21]

소아는 젖을 주는 어머니를 전체성을 지닌 "어머니"로 지각하지 않는다. 이 점에 대해서는 모든 분석가가 동의한다. 아이는 모체의 다양한 부분과 다양한 관계를 맺는다. 젖먹이 아기에게 가장 중요한 것은 어머

---

* "오이디푸스가 일종의 불변항으로 제시될 때 우리는 그런 말을 하는 사람을 믿기까지 한다. 하지만 우리의 물음은 전혀 다른 데 있다. 무의식의 생산들과 무의식의 불변항 사이에는 부합이 있을까?"(Deleuze / Guattari, *Anti - Ödipus*, p. 66 f., 『안티 오이디푸스: 자본주의와 분열증』, 김재인 옮김, 민음사, 1997, p. 101.)

니의 젖가슴과 입으로 맺는 관계다. 아기가 외부 세계와 맺는 첫 번째 의미 있는 관계는 바로 부분 대상인 "젖가슴"과의 관계다.[22]

들뢰즈와 과타리는 이러한 대상관계가 무의식의 생산 방식과 일치한다고 본다. 생산을 위해서 사람 전체가 필요한 것은 아니다. 주체의 일부분이 대상의 일부분과 연결되어 일시적 생산 단위가 만들어진다면 그것으로 만족한다. 곧 다음 생산 단위를 만들 수 있도록 연결은 다시 해제된다.

이러한 무의식의 생산을 들뢰즈와 과타리는 기계maschinelle라고 명명했다.[23] 무의식은 욕망 기계이고 신체 일부는 기계 부품이다. 젖을 주는 젖가슴을 빠는 입은 흡착/펌프 기계다. 기계는 배고픈 느낌이 멈출 때까지 계속해서 작동한다. 프로이트 이론과 비교하면 이렇다. 젖먹이/아들 지크문트는 어머니 아말리의 젖가슴을 빤다. 나중에 알고 봤더니 그녀는 아버지 야코프 프로이트의 아내였다. 그렇게 하여 삼자 구도가 생겨났고 아들은 "오이디푸스"가 되었다.

살과 피로 된 젖먹이를 기계라는 개념으로 설명한다는 것이 대부분의 사람에게는 낯설다. 부르주아 사회에서 자라난 개인은 자신을 전체성으로 경험하며 스스로를 고유하다고 이해한다. 인간은 "기계"이며 "기계적"으로 생산하고 생산되며 심지어 대량생산품일 수도 있다는 발상은 부르주아적 자기 이해와 전혀 걸맞지 않는다. 설령 자신을 인간 집합체의 생산 일부라고 인정하는 사람일지라도 자신을 기계 부품으로 생각하지는 않는다. 요약하자면 우리 생각 속에서 기계와 인간은 서로 관계 맺는 존재가 아닌 반대되는 존재다.

들뢰즈와 과타리는 기계 개념을 다른 의미로 쓴다. 그들이 말하는 기계는 인격이 아니고 전체성도 아니다. "기계"는 전前 인격적이며 비非인격적이다. 움직이는 부품들이 한데 모여 조립된 집합체다. 다른 부품으로 다른 기계를 만들 수 있는 능력과 충동을 지닌 존재다. 조립이 해체된 후에는 또 다른 부품과 결합하여 새로운 생산 단위를 만들어낸다. 무의식은 분자적 생산력이다.[24] 이들은 "기계"라는 개념을 메타포로 쓰고 있지 않다고 분명하게 단언했다.[25] 무의식의 기능은 오직 생산 이외에는 없다. 무의식의 내용은 "욕망을 욕망함"이다.[26] 무의식이 생산하는 것은 현실이다.[27] "욕망을 욕망하는" 무의식의 생산력은 부분 대상과 현실 대상으로 향한다.* 무의식이 욕망하는 대상이 되는 것은 그 누구에게도 그 무엇에게도 사실은 즐길 수 없는 일이다. 그래서 들뢰즈와 과타리의 이론에는 근친상간 욕망이 없다.[28]

이는 대상관계의 이론적 가능성을 포기하려는 시도다. 그러나 대상 개념 전체를 버리는 것은 아니고 부분 대상이라는 개념으로 방향을 전환했다. 그 결과 기계 개념은 애초에 풍기던 낯선 이질감을 덜어내게 되었다.** 욕망 기계로서 기능하고 생산하는 무의식이 바로 인간적 기능성의 방식이라는 것이 들뢰즈와 과타리가 강조하는 핵심이다.

그러므로 아래와 같이 도출된다.

무의식은 그 어떤 의미의 문제도 제기하지 않는다. 오직 사용의 문제들만을 제기한다. 욕망의 물음은 "그것은 무엇을 의미할까?"가 아니라 그것은 어떻게 작동할까이다. (…) 그것은 아무것도 재현하지 않으며, 오히려 그것은 생산한다. 그것은 아무것도 의미하지 않으며, 오히려 기능한다.[29]

---

* 충동과 부분 대상은 유전적 축의 경기장이 아니고 또한 심층 구조의 위치도 아니다. 이는 문제를 대하는 정치적 선택지다. 아이가 정치적으로 경험하는 출구와 입구, 막다른 길이다. 아이의 전력을 다한 욕망이다. (Deleuze / Guattari, *Rhizom*, Berlin 1977.)

** 프랑스 초현실주의에 쓰이는 "몽타주"라는 개념은 욕망 생산의 기계 개념과 상당히 연결되어 있다. 몽타주 기법은 전체성이나 의미를 묻지 않는다. 이미 알려진 부분들을 짜 맞추어 새로운 기능을 만들어낼 뿐이다.

　"무의식" 개념을 이렇게 이해한다면 프로이트의 리비도 개념과 조화를 이룰 수 있다. 리비도는 성적인 에너지를 뜻한다. 결합과 방출을 통해서 욕망을 충족한다. 하지만 프로이트가 말하는 "무의식적" 욕망, 즉 "근친상간 욕망"은 조화가 불가능하다. 프로이트 이론에 있어서 "근친상간"이 무의식과 어떻게 연관될까? 문화의 기원에 대한 프로이트의 이론에 실마리가 담겨 있다. 프로이트 이론에 따르면 오이디푸스적 개인은 가족 내 근친상간을 포기하고 동성의 부모에게 동일시한 후, 사회적 현실에 있는 외부 세계로부터 대체 대상을 찾게 된다. 그리하여 리비도를 포기하고 변환시키는 오랜 과정을 거친다. 프로이트가 "승화"라고 부르는 과정이다. 자신의 욕망을 직접 충족시키는 것은 피하겠지만 에로스의 일부는 작업을 거쳐 사회적 성격에 사용되고 인류를 위해 사용된다. 그리하여 인류의 문화 건설을 돕는다. 이 모든 것은 근친상간적 대상을 회피했기 때문에 가능해진다. 나는 어머니를 수중에 넣을 수 없다. 그러므로 나는 사회적 존재로서 욕망을 승화하여 문화를 창조한다.[30]

　프로이트적 "근친상간 욕망"은 억압되고 무의식화되지만 계속해서 영향을 끼친다. 들뢰즈와 과타리는 이 과정의 인과관계를 뒤집는다. 그들은 욕망이 가족 외부의 현실로 향하는 데에는 "어떠한 심리적 작용이나 변형"도 필요하지 않다고 전제한다. 욕망은 사회적 영역으로 곧장 직진한다.[31] "근친상간 욕망" 등 다양한 욕망은 아이가 자라나는 사회적 조건 속에서 생겨난다. 아이는 가정에서 자란다. 일부일처제 사회에서 어머니는 성적 대상으로서 독특한 역할을 떠맡는다. 아이가 가정 바깥의 현실과 거의 접촉이 없다면 아이의 욕망은 필연적으로 가정 내로 향한다. 당연히 선택의 여지는 많지 않다. 아이가 성장하면서 가정의 외부 세계를 지배하는 사회적 억제를 느끼면 이런 과정은 더 강화된다. 사회적 현실의 제도권이 특정한 욕망 생산을 금지하기 때문에 욕망 충족이 어려워진다면, 그리하여 아이의 욕망 생산의 생산력이 저해된다면, 아이는 다시 가정으로 퇴행하여 욕망 대상을 새로 설정한다. 그러므로 프로이트의 설명은 틀렸다. 아이가 어머니를 차지할 수 없기 때문에 대신 대자연을 정복하려는 것이 아니다. 아이가 대자연을 사용하고 생산할 수 없게 되었기 때문에 어머니에게 되돌아가는 것이다. "근친상간 욕망"은 근원적인 욕망일 수가 없다. 오히려 금지 때문에 형식을 획득하는 욕망으로 아이가 사회를 경험하게 되는 것이다.[32]

들뢰즈와 과타리가 보기에 "근친상간" "아버지 살해 욕망" "거세 욕망"은 사회적으로 결정된 왜곡이다. "욕망을 욕망하는" 무의식의 생산력이 충분히 강하게 억압되어 사회적/가정적 속박이 될 때 욕망에 이러한 명칭이 붙는다. 욕망은 "오이디푸스"라는 꼬리표를 사후적으로 얻는다. 욕망의 이름과 "무의식"의 구조는 본래부터 그러했던 것이 아니다. 이름과 구조는 사후적으로 죄악과 수치를 개인에게 떠넘긴다.

> 법은 우리에게 말한다. "너는 어머니와 결혼해서는 안 돼, 아버지를 죽여서도 안 돼." 그래서 우리, 온순한 신민인 우리는 말한다. "그러니까 이것은 내가 바라고 있던 그것이구나!"[33]

이렇게 무의식은 허락받지 못할 것들로 구성된다. 그리하여 억압이 일부러 촉발된다. 이 작업의 결과 무의식이라는 곳은 더 혼란스럽고 "사회적으로 용인"되지 않는 욕망으로 가득 차게 된다. 프로이트 후기 이론의 내용은 유감스럽게도 이런 모습으로 우리를 막아선다.[34]

이러한 작업은 분명히 기존 질서를 유지하는 결과를 낳는다. 실제로 욕망이 이런 형식을 취하면 욕망 실현의 방지는 무척 쉽다. 인간은 자기 자신의 욕망이 수치스러워 회개하면서 금지법에 복종한다. 이러한 과정을 통해 무의식이 스스로 억압한다는 것이 들뢰즈와 과타리의 설명이다. "욕망을 욕망"하는 무의식의 견지에서 본다면 오이디푸스는 명칭부터 잘못되었다. 무의식은 스스로의 힘과 법칙에 따라 기능하고 생산할 수 없다. 무의식은 "억압 장치가 내주는 것만을 '재현'할 수 있을 뿐"이다.[35] 욕망은 오직 변형된 욕망으로만 존재할 수 있다.

들뢰즈와 과타리는 프로이트가 변형된 욕망의 차원만 분석한다고 비판한다. 프로이트가 말하는 무의식이란 사회적 억압이 재현된 것을 스스로 무의식이라고 받아들인 것에 지나지 않는다.

이들은 명칭 자체의 타당성을 문제 삼지 않는다. 프로이트는 "근친상간" "거세" 등에 중요한 의미를 부여하여 개념화했다. 그러나 무의식이 이들로부터 형성되고 표출된다고 설명함으로써 무의식이 사실은 사회적 생산력의 폭발적인 지배 구조임을 간과하고 만다.

그리고 본질적인 것은 다음과 같다. 즉 욕망의 재생산은 이론에서는 물론 치료 과정에서도 단순한 재현에 자리를 내준다. 생산적 무의식은 이제 자기를 표현할 줄밖에 모르는, 즉 신화, 비극, 꿈에서밖에 자기를 표현할 줄 모르는 무의식에 자리를 내준다. 하지만 변형 작업을 고려한다 하더라도, 누가 우리에게 꿈, 비극, 신화가 무의식의 구성체들에게 적합하다고 말하는가? (…) 프로이트는 원시적 생산과 폭발적 욕망이라는 세계 앞에서 물러서서, 어떤 대가를 치르더라도 거기에 약간의 질서를, 고전이 되어버린 오래된 희랍 극장의 질서를 세우려 했던 것 같다.[36]

정신분석학이 집착하는 해석 형식으로는 무의식을 간파할 수 없다. 스스로에게서 빌려온 개념으로 스스로를 분석하는 꼴이기 때문이다. "의식이 자신이 욕망하는 것을 무의식의 이미지에 맞춰 만든 도구"로 해석하는 형국이다.[37]

이 비판이 타당하다면 이제껏 우리가 분석한 근친상간 혹은 거세 공포 방어 콤플렉스는 무의식의 내용이 아니다. 그 이유는 두 가지다.

첫째, "기본적인 결함" 영역에서 비롯된 손상이다. 우리가 분석하는 군인 남성에게서 발견되는 현상이다. 손상은 프로이트적 의식/무의식 개념 구도에서 역할이 거의 없다. 억압하는 "자아"가 부재하거나 혹은 파편화되어 있기 때문이다.

둘째 이유가 더 중대하다. 군인 남성들이 보이는 "근친상간 욕망"과 같은 잠재적 상상은 절대 무의식적이지 않고 전혀 욕망도 아니라는 점이다. 무의식이 아니라 오히려 전의식에 위치한 듯하다. 즉 사회적 억압의 대상이라는 뜻이다.

군인 남성들이 억압하던 것은 무엇일까? 그들의 진짜 무의식은 어떻게 작동했을까? 무의식이 진정으로 욕망하던 것은 무엇이며 무의식이 생산하던 것은 무엇이었을까?

이제 군인 남성들의 글이 보여주는 언어적 생산 방식을 개략적으로 살펴보자. 이들의 글을 본질적으로 이해하려면 "무의식"의 내용을 폭로하는 방식으로는 어림없다. 전형적인 상징의 특정한 사용 따위로는 풀어낼 수 없다. 이들의 일차적 특징은 모종의 **표출**도 아니고 투사도 결코 아니다. 우선은 이들의 언어가 보이는 한계부터 분명히 짚고 넘어가자. 이들의 언어는 묘사할 수 없고 서술할 수 없고 논쟁할 수 없다. 이들에게는 대상을 진지하게 받아들이거나 관심을 기울이려는 언어적 태도가 전혀 없다. 군인 남성들이 그러하듯 군인 남성들의 언어 역시 "대상관계"에는 불능이다. 이들의 언어에는 거짓이 없지만 동시에 진실도 없다. 참과 거짓은 무의미한 범주다.

그렇다면 무엇을 하는가? 이들의 언어는 "서술" 혹은 "논쟁"하는 듯한 태도를 언제나 써먹는다. 그러나 어디까지나 껍데기일 뿐이다. 이들 언어의 고유하고 독특한 과정은 어딘가 이질적인 냄새를 풍긴다. 일종의 둔갑 과정이다. 언어적 과정은 언제나 생산 과정이다. 현실을 수용하여 변용시키는 과정이다. 놀랍게도 군인 남성들의 언어는 현실의 한 조각만 받아들여서 스스로의 삶을 상실하려고 열심히 노력하는 언어다. 현실은 비생명화되어 죽은 물체가 된다. 언어는 기생적으로 전락한다. 오직 현실 멸절만을 "욕망"하는 데에 골몰한다. 이러한 접근법*을 통해 현실을 공격하여 정복한다. 군인 남성의 글쓰기는 정복의 언어다. 모든 종류의 자립적이고 생동적인 움직임을 향해서 제국주의적 공격을 가한다.

특히 여성의 생동적 움직임은 이들을 즉각 방어/공격적 태세로 몰아넣는다. 때로 이들은 실재를 가려버린다. 아내를 없는 취급 하거나 혹은 "순백의" 어머니와 누이를 숨긴다. 혹은 멸절시킨다. 프롤레타리아 여성이 그랬고, "총잡이 빨갱이 년", 성애적 간호부와 어머니들이 그랬다. 군인 남성의 언어는 원칙적으로 여성이 뿜어내는 감성, 성애적 강렬성 등을 참아내지 못하고 감당하지도 못한다.

이 언어는 포착하는 것을 죽인다. 방어기제로도 죽이고 공격 기제로도 죽인다. 투사는 직접적인 방어기제다. 주체 입장에서 보자면 생존 메커니즘이다. 객체 입장에서 이는 살육 메커니즘이다. 두 가지는 짝을 이루고 있다. 동일한 행동이지만 두 가지 효과를 지닌 동일 과정이다.

인간의 생산은 일반적으로 대상에 생명을 불어넣는다. 장인의 생명 넘치는 손재주는 나무를 탁자로 바꾸어놓는다. 노동자의 손길은 쇠에서 공구를 뽑아낸다. "어머니"의 생기 넘치는 보살핌은 갓난아기를 어엿한 사람으로 만들어놓는다. 그러나 군인 남성들의 일은 다른 방향으

---

*   이 글들이 "표준적"이고 "상투적"이며 언어적으로 "견본적"이라는 비판은 굉장히 흔하다. 하지만 대부분 이들의 현실 멸절적 특성은 간과한다. 많은 비평가는 "독창성"이라는 긍정적 개념을 적용해 비판하려든다. 그러나 생생한 "생산력"이라는 측면은 보지 못한다.

로 치닫는다. 그들은 사회가 생산한 것을 없앤다. 인간을 물건처럼 다룬다. 모든 것에 스며 있는 생명을 빼앗는다. 전쟁 때에는 특히 그렇다. 군인의 생산력이라는 것은 삶을 죽음으로 둔갑시키는 것이다. 생명의 해체다.

내가 보기에 이들의 일은 반反생산이라 불러야 마땅하다. 반생산은 한편 파괴적이나 다른 한편 건설적이다. 현실을 비생명화한 다음에 새로운 질서를 건설하는 것이다.

파괴에는 연달아 벌어지는 두 가지 형식이 있다. 먼저 "지각"이 일어나고 공격이 뒤따른다. 이들의 지각은 기본적으로 제대로 된 "지각"이 아니므로 사실은 파괴다. 군인 남성의 시선은 언제나 수색 중이다. 그는 현실의 움직임을 살핀다. 자신에게 위협이 되기 때문이다. 카메라의 작업과 비교하면 상황은 더 명확해진다. 카메라는 빛을 수용해서 살아 있는 이미지를 생산한다. 군인 남성의 눈은 아무것도 수용하지 않는다. 실제 움직임이 눈에 들어오면 일부러 빛에 저항한다. 일부러 실눈을 뜬다. 스스로 빛을 쏘아서 피사체를 억지로 왜곡해서 본다. 그들의 눈은 마치 스포트라이트처럼 작동한다. 강렬한 빛을 실제 대상물에 쏘아서 경찰 용의자 사진과도 같은 이미지를 만들어낸다. 경찰 용의자 사진에서는 모두가 똑같아 보인다. 심지어 살아 있는 사람 같지 않고 모두 사형선고를 받은 듯 보인다. 경찰 사진사는 마치 사진을 생산하는 듯 행세하지만 사실은 강한 스포트라이트를 비추어 체포된 사람의 형체를 멸절한다. 군인 남성들은 이런 시선을 현실에 던진다. 그는 생동하는 것에 사형 선고를 한다.*

---

* "오후에 나는 다시 시내로 들어간다. 충동이 깨어나서 넘쳐흐른다. 대도시가 안겨주는 날카로운 신경으로 나는 번화가를 싸돌아다녔다. 머릿속으로는 변화하는 풍경을 가볍고 정확하게 찢어발기고 있었다." (Ernst Jünger, *Der Kampf als inneres Erlebnis*, p. 66.)

두 번째 단계에서 파괴가 완성된다. 군인 남성은 조명을 비춘 대상물에 무기를 들이댄다. 훤히 빛을 쬐었는데도 발칙하게 계속 움직이기 때문이다. 차라리 구석에 숨어 들어가거나 제풀에 죽어나질 않으니 말이다.

마치 사진사가 카메라와 절단대를 사용해서 생생한 사진을 몽타주로 만들어내듯, 이들은 스포트라이트와 칼날을 휘둘러서 죽은 이미지를 토막 살해한다.**

하지만 이들은 마치 용의자 사진이 그러하듯 뭔가 그림을 완성했다고 믿는다. 이들이 끝없이 들먹이는 날짜의 기능이다. 연대기라는 분류 원칙이다. 동시대 역사를 사료로 기록한다. 학교에서 배운 대로 문법을 정확하게 쓴다. 이름을 정확하게 기록해 "사방팔방" 당당하게 알린다. 이 모든 것은 "현실"을 똑바르게 "사진처럼" 기록하여 본질을 문장에 담겠다는 것이다. 세상에 끔찍한 일이 이토록 흔한 것이 자신들 탓은 아니라는 듯 말이다.

정작 소름 끼치는 현실은 이들이 현실을 밝힌다면서 비추는 조명 자체다. 이들은 눈에 불을 켜고 생동하는 것을 기어코 잡아낸다. 더 싱싱하고 더 발버둥칠수록 좋다.*** 일단 시선에 포착하면 이들은 눈을 질끈 감고 방어하며 스포트라이트를 쏜다. 비생명화하여 죽는 꼴을 똑똑하게 밝힌다. 드디어 파괴가 완성되어 "피투성이 엉망진창"이 된다. 이들은

** 빔 벤더스는 두 가지를 하나로 결합하여 이해한다. 알로이스 브루너가 카메라를 마치 고기 분쇄기처럼 썼다고 평가하곤 했다. (*Filmkritik*, Nr. 9, 1970.)

*** 관찰자, 옵서버라는 뜻의 "베오바흐터Beobachter"라는 단어가 1920년대 "애국애족주의völkischen" 신문에 얼마나 자주 등장했는지 그 사례를 살펴보자. *Völkischer Beobachter*(창간인: Dietrich Eckart), *Niederdeutscher Beobachter*(편집인: Heinz Oskar Hauenstein, 앞서 내용에서는 프리드리히 빌헬름 하인츠라는 이름으로 소개되었다), *Westdeutscher Beobachter*(창간인: Robert Ley, 이후 "노동전선Arbeitsfront"의 지도자가 된다). 1933년 이후에는 *Völkischen Beobachter*라는 이름으로 통합된다. 여기서 알 수 있듯 군인 남성들에게 시선은 중심적 감각 기관이었다.

막스 레비엔

오이겐 레비네 니센

이상한 안도감을 경험한다.

글쓰기 과정 역시 이렇게 진행된다.

군인 남성들에게는 현실의 모든 생동감이 위협으로 느껴졌던 듯하다. 삶의 정서와 감정이 강렬하게 다가올수록 군인 남성들은 더 심하게 공격했다. 극단적인 경우에도 "별것 아닌" 양 숨겼다. 이것이 바로 반생산의 파괴적 측면이다.

그렇다면 반생산의 "건설적 측면"은 어떨까? 생명력을 빼앗긴 현실은 큰 덩어리로 새롭게 무지막지하게 뭉쳐진다. 그리하여 밝은 미래를 가져올 위대한 세상인 "제3제국"을 건설할 재료로 쓰인다. 이 구조물의 겉모습은 위풍당당하게도 견고하다. 모든 것이 제자리에 가치 있게 자리 잡고 있다. "육군" "국가" "독일 민족성" "총잡이 빨갱이 년" "어머니" "쥐텐 성채" "노동자" "간호부", 그리고 무엇보다 군인 남성들이 있다.

파시즘이 과시하는 기념비성은 삶의 혼란스러운 다양성에 맞서려는 안전 기제처럼 보인다. 군인 남성들은 현실이 비생명적이고 절도 있고 압도적일수록 더 큰 안도감을 느꼈다. 삶의 생동감 자체가 이들에게는 위험이었다.*

앞서 설명한 군인 남성들의 생산 방식은 글쓰기라는 원칙에서나 실행 방식이라는 원칙에서나 동일했다는 점을 덧붙이고 싶다. 현실을 왜곡하는 방법으로서 모든 면에서 동일했다.

파시스트에게 잘못된 현실 지각을 꾸짖어봐야 전혀 소용없다는 것을 지적한 비평가는 내가 알기로 발터 벤야민이 유일하다.** 다른 비평가들은 지치지도 않고 파시즘 판타지 세상의 "비현실성"과 현실 대처의 "비이성"을 지적한다. 파시스트의 정치 이론이 오류로 가득하다고 꾸짖는다. 이러한 지적은 비난에 지나지 않는다. 파시즘을 그들 자체의 현실로 이해하는 것이 아니라 내가 불편하다고 불평하는 것이다. 비평의 원칙에 어긋난다는 것이다. 예를 들면 "이성"처럼 완전히 자의적인 것을 요구한다.

이성적/비이성적 이분법을 객관/주관 이분법과 짝지어서 적용하는 것은 노골적인 폭력이다. 1920년대와 1930년대 독일공산당KPD과 오늘날 그들의 자발적*** 후예는 이러한 개념쌍을 사용하여 파시즘 이해를 호도

---

*   제국은 오직 죽음을 재료로 삼아 건설될 수 있다. 살해당한 생명이 제국의 건축 자재다. 인간의 현재와 미래는 건축물처럼 세워질 수가 없다. "건설"이라는 발상 자체에 잘못된 권력관이 숨어 있다. 벽은 건설될 수 있을지 몰라도 사회주의는 건설될 수 없다. 작사가 볼프 비어만이 아무리 세 번 외쳐 노래 불러도 소용없다. 인간의 현재와 미래는 삶을 생산하는 인간이 경험하는 것이다.

**   벤야민은 파시즘을 "혁명의 패러디"로 이해했다. 또한 파시즘의 작동 방식을 "정치의 심미화"로 설명했다. 파시즘은 특유의 방식으로 멸절 등의 현실을 생산한다. 벤야민의 이론을 둘러싼 찬반 논란을 소개하기에는 너무 이르다. 나중에 다시 언급하겠다.

***   독일공산당은 역사적으로 스탈린에게 종속되어 있었고 코민테른의 지도를 받아서 파시즘을 "진단"하고 투쟁했다. 오늘날 교조화된 좌파 운동권을 이끄는 라인하르트 퀴늘과 그 동지들의 변명은 과연 무엇일까?

했다. 이들은 파시즘을 자본 이동의 제약 방식으로 "설명"한다. 또한 "객관성"과 더불어 몇몇 "주관적 요소"를 동원해 나머지를 설명하려든다.

가장 어설프면서도 널리 퍼진 사고방식은 이렇다. 사회적 생산과 관련된 것은 모두 객관적/이성적/현실적이라고 간주한다. 인간 내면, 즉 "심리적"인 것은 주관적/비이성적/비현실적이라고 간주한다. 이것이 이성의 승리로 향하는 "객관적" 과정을 방해해 사회주의 실현을 막는다고 생각한다.

사실 이분법적 개념쌍은 부정적/긍정적이라는 또 다른 개념쌍과 연관되며 옳은/그른이라는 구분과도 연관된다. 가치평가적이고 판단적인 개념이다. 이들이 떠받치는 것은 지식이 아니라 시스템이다. 이들이 속한 시스템은 이미 낡았다. 유럽 계몽주의의 퇴적층처럼 이들은 과학적 개념군의 침전물이 되어 현실의 시야를 가린다. 현실 과정에 더 적합하게 적용될 새로운 개념의 발전을 저해한다. 부르주아적 자아 및 비자발적 변용을 옹호하여 몰락을 막아내는 이데올로기로 작용한다.

심지어 어떤 사람들은 주관/객관의 이분법이 마르크스의 발명품이라고 생각하기도 한다. 왜 아예 마르크스를 발명했다고 하지 않나 모르겠다. 이들은 무엇이 "허위" 의식이고 "진실"된 의식인지에 대해 논쟁하기도 한다. "무의식", 감성, 인간적 정서 등의 개념과 대조 관계에 놓이면 "의식"은 언제나 허위라고 간주된다. "옳음"과 "그름"은 공리 시스템 내부의 구별 가능성이다. 인문과학은 기존의 구별법을 포기하고 새로운 구별법을 쓰는 법을 배워야 한다. 생산 방식과 생명력의 정도에 따른 구별을 예로 들 수 있다. "살아 있는" "죽어가는" "살해하는" 등의 구별은 다양한 현실적 구별을 담고 있으며 간단하고 유용하다. 또한 위력적이다.

하지만 정신분석학조차 이른바 판타지 세상과 "현실적 외부 세계"의 대립이라는 개념을 끝내 포기하지 못했다.[38] 어떤 형태든 판타지는 현실의 일종으로 이해해야 한다. 하나의 인생 현상을 다른 것보다 "더 현실적'이라고 보려는 시도는 자의적이다. 현실 개념을 자의적으로 사용해야만 가능한 논리다.

"오직 하나의 생산만 존재한다. 바로 현실 생산이다." 들뢰즈와 과타리는 단언한다.[39] 현 상황에서 이들의 직설적인 문장은 안도감을 준다. 이론적 혼란이 걷히는 느낌이다.

욕망의 대상적 존재란 현실계 그 자체다. 심리적 현실이라 부를 수 있을 만한 특수한 실존 형식이란 없다. 마르크스의 말처럼 결핍*은 없으며, 다만 "자연적이고 감각적인 대상적 존재"로서의 겪음passion이 있다.[40]

다른 말로 표현하자면, 모든 현실 생산은 동등하게 현실적이다. 현실을 생산하는 인간이 "더" 인간이고 "덜" 인간일 수 없기 때문이다. 인간은 "더 주관적"이거나 "더 객관적"으로 생산할 수 없다. "더 의식적"이고 "덜 의식적"일 수가 없다.

한편에 현실의 사회적 생산이 있고 다른 한편에 환상의 욕망적 생산이 있는 것이 아니다. …… 진실로, 사회적 생산은 특정 조건들에서만 단지 욕망적 생산 자체다.[41]

그러므로 의문이 제기된다. 특정 조건하에서 욕망 생산은 어떻게 살인 생산으로 전환될까? 파시즘 현실의 정곡을 찌르는 질문이다. 그 외의 불평 섞인 질문은 모두 부수적이다. 일반 대중이 파시즘의 정체를 몰

---

* 결핍이 욕망을 낳는 것이 아니다. 결핍의 존재는 그런 기능에 "있지 않다".

라보고 공산주의를 배격했다는 등. 사람들이 제한적 주관을 지닌 탓에 정말 "객관적" 이유로 현실과 동떨어진 판타지에 매료되었다는 등.

들뢰즈와 과타리는 빌헬름 라이히의 과오를 올바르게 지적했다.

'사회적 생산 과정에 있는 또는 있어야만 하는 그런 합리성'과 '욕망 속의 비합리적인 것'을 구별하고 오직 후자만을 정신분석의 관할로 삼음으로써, 자기가 무너뜨리고 있던 것을 제 쪽에서 되살리고 있었기 때문이다. …… 이렇게 함으로써 필연적으로 그는 합리적으로 생산된 현실적 대상과 비합리적인 환상적 생산 간의 이원론으로 되돌아간다. 그는 사회장과 욕망의 공통 척도 또는 동일 외연을 찾는 일을 포기한다. 그리하여 유물론적 정신의학을 진정으로 정초하는 일에서 라이히가 결핍하고 있던 건 욕망적 생산이라는 범주였다. 현실계는 그것의 이른바 비합리적 형식에서뿐 아니라 합리적 형식에서도 모두 이 범주에 속하니 말이다.[42]

독특한 방식의 "파시즘적" 현실 생산이라는 것이 있다면, 그리고 독특하게 변형된 욕망 생산이라는 것이 있다면, 파시즘은 국가 형태나 경제 구조의 문제가 아니며 체제의 문제도 아니다.

그렇다면 파시즘 분석은 그저 끔찍한 정치적 현실 효과만 따지는 작업일 수 없게 된다. 수많은 희생자를 낳았기 때문에, 혹은 사회주의 승리를 가로막기 때문에, 혹은 언제라도 "복귀"할 수 있기 때문에 파시즘을 연구해 투쟁해야 하는 것이 아니다. 파시즘은 언제나 존재하거나 잠재하는 현실을 생산한다. 그리고 특정한 조건하에서는 우리 자신의 현실을 생산할 수도 있다. 제1장에서 고찰한 남성 여성 관계에서도 특정한 생산관계를 보여준다.

특정한 조건하에서 생산관계는 파시즘의 현실을 만들어낸다. 그리고 생명을 멸절하는 구조를 생성한다. 오늘날에도 파시즘은 사회 통념적 남녀 관계를 통해 여전히 생산되고 있는 현실이다.

심지어 자유주의 국가의 가치를 찬양하는 임무를 떠맡고 있는 교과서 저자들조차 가정을 생명을 낳는 생산의 장이라 보지 않고 "국가의 생식 세포"라고 말하고 있다.

프로이트는 후기 이론으로 파시즘의 문제를 피해갔다. 자아 구조를 이론화하고 이른바 "죽음충동Todestriebes"이라는 개념을 만들었다.[43] 인간의 공격성은 특정 양식의 현실 생산이 아니라 인류라는 종이 갖고 있는 생물학적 사실이라는 것이다.

"파시즘 문제"를 피해가는 전략으로서는 무척 효과적인 방법이긴 했다. 그러나 프로이트 이론에서 공격성은 어째서 남자 어린이에게서만 발달할까? 프로이트 자신이 남성이라서? 프로이트는 말년에 "여성" 섹슈얼리티는 연구할 것이 별로 없다고 "공공연하게" 말하곤 했다. 그 이유는 무엇일까?[44] 프로이트가 "여성" 섹슈얼리티에 대해 "설명"을 거의 안 한 이유는 아마 "여성"과 "남성" 섹슈얼리티를 별개의 현상으로 생각했기 때문일 듯하다. 마치 "남성" 혹은 "여성" 섹슈얼리티의 독립적 조직화가 상호 간 관계보다 더 중요하다는 듯한 태도다. 양성 간 관계는 사회적으로 조직되고 통제되며 법률로 규정된다. 그저 단순하게 "성적인" 것일 수 없다. 여성은 "이렇고" 남성은 "저런" 섹슈얼리티일 수도 없다. 오늘날 우리가 남성과 여성 섹슈얼리티의 경험적 차이라고 여기는 것은 우리 문화의 남녀 관계가 너무 오랜 세월 본질적으로 유지되었다는 사실을 뜻한다. 기존 구조가 너무 넓고 튼튼하게 퍼져 있어서 특정 성별의 천성이라고 여기는 것이다. 가부장제 아래 남녀 관계가 억압 관계라고 한다면, 억압자와 피억압자의 섹슈얼리티 자체에서 섹슈얼리티의 기능과 생성이 나온다고 이해해야만 한다. 섹슈얼리티를 오직 "남성"과 "여성"으로 구분 지을 뿐 "성별" 구별의 사회적 성격을 충분히 강조하지 않는 것은 내가 보기에는 중대한 실수다. 가부장제의 섹슈얼리티는 "남성적”이 아니라 살인적이다. 굴복당한 여성들은 “여성적”이라기보다는 억압당하고 비생명화된 존재들이다. 그러나 억압을 겪으면서도 상처를 덜 입고 버텨내는 사람에게는 더 아름다운 가능성이 활짝 열리기도 한다.

프로이트는 섹슈얼리티를 성별의 특성으로 이해했을 뿐 양성 관계라는 측면은 간과했다. 그래서 생산력보다는 표상력에만 주목했다. 오이디푸스를 가부장 사회의 “남성” 섹슈얼리티의 표상이라고 단정했다. 프로이트가 간접적으로나마 인정할 수밖에 없었던 것은 오이디푸스가 단지 특정한 “남성” 섹슈얼리티를 표상할 뿐이며 인간 섹슈얼리티의 생산 방식을 충분히 설명하지 못한다는 점이다. 그는 어떠한 소녀 환자들에게서도 오이디푸스 구조를 발견하지 못했다. 그럼에도 인간 보편의 모델로 일반화했다.

프로이트 정신분석학의 일부 특성을 비판하는 것은 내게는 어쩐지 불편하다. 요즘 유행에 편승해서 프로이트 비판의 최전방에 서려는 계획은 없다. 앞서 인용한 들뢰즈와 과타리의 프로이트 비판을 애초에 염두에 두고 군인 남성들의 텍스트를 읽은 것은 아니었다. 하지만 텍스트를 자세히 읽을수록 프로이트적 개념이 겉돌고 있다는 것을 깨달았다.*

빌헬름 라이히도 마찬가지다. 라이히는 프로이트의 개념을 기반으로 이론적·체계적 접근법을 보여주었다. 특히 『성격분석*Charakteranalyse*』에서 라이히는 임상 자료를 끝없이 오이디푸스화했다. 그는 후기 프로이트 이론의 자아／이드／초자아 구조를 과도하게 적용해 오이디푸스 범위를 넘어서는 행동 양상을 억지 해석했다.[45] 라이히가 정의하는 “남근－자기애적 성격”의 사례에서 이 같은 무리가 드러난다. 우리가 다루는 군인

---

* 내 비판이 풋내기 학자가 “정신적 아버지”에게 덤벼보는 뻔한 반항이 아니었길 바란다. 사실 나는 다른 어떤 정신분석학보다 프로이트의 책에서 더 깊은 영감을 얻었다. 단절하고 싶은 마음은 없다.

남성들은 라이히의 이론에 따르면 바로 이 유형에 속한다고 봐야 할 것
이다. 그러나 라이히가 묘사하는 증상들은 이들을 충분히 설명해낼 수
없다. 개념에 너무 많은 것을 포함하려 했기 때문에 "남근 – 자기애적"이
라는 공식은 자의적인 수준을 넘어 어불성설로 전락한다.

> 남근 자기애적 성격에는 거의 모든 유형의 남성 및 여성 동성애자 활동
> 형이 해당된다. 또한 대부분의 도덕적 광증, 피해망상증, 정신분열증의
> 다양한 변형태, 더 나아가 적혈구 공포증, 발현된 가학성 변태증 남성 등
> 도 해당된다. 종종 생산적 여성이 여기에 속하기도 한다.[46]

이 정도면 점성술사가 더 과학적일 지경이다. 라이히는 정신분석학
의 "기본적 결함" 개념을 모르는 상태에서 자신의 관찰과 경험을 이론
적으로만 접근한 듯하다. 그는 프로이트의 죽음충동 가설을 "죽음충동"
구성물에 불과하다고 숱하게 공격하지만, 다른 한편 자아／이드／초자
아 구조가 사실은 "죽음충동"과 밀접하게 연관되어 있음을 간과하고 만
다.[47] 자아／이드／초자아라는 구조에는 "자아" 형성을 돕는 "외부 현실"
을 암묵적으로 높이 평가하는 발상이 담겨 있다. "현실 원칙"은 긍정적
인 개념이다. 그에 비해 무의식은 혼란이 담겨 있는 곳이다. 금지된 욕망
이 있는 곳이다. 이루어질 수 없는 욕망이며 절대 충족되어서는 안 될
욕망이다.[48] 이 체계에서 인간에게 잠재된 파괴욕은 절대로 "외부" 현실
에서 오지 않는다. 오히려 인류의 내면에서 온다. 그러므로 프로이트적
이론상 죽음충동은 자아／이드／초자아 구조에 들어 있다. 사회적 좌절
때문에 파괴성이 촉발된다고 생각할 가능성은 줄어든다. 그러나 라이히
는 "죽음충동" 개념을 공격한다. 그러면서도 프로이트의 "자아" 개념을
계승하여 성격 분석에 사용한다. 확언할 수는 없겠지만 나는 빌헬름 라
이히의 정신분석학적 개념이 근본적으로 낡았다고 생각한다. 더 정확히

말하자면 내부적 모순 때문에 초점이 맞지 않는다. 라이히는 인간 심리 과정을 프로이트와는 완전히 다르게 이해하고 있음에도 여전히 프로이트적 개념을 차용하고 있다. 그래서 모순이 발생한 것이다.[49]

앞서 언급한 내용을 예로 들어보자. "무의식 생산력"으로서의 "리비도" 개념은 논란의 여지가 있다. 리비도가 직접 현실로 향하는지 혹은 가족 내 대상을 포기한 후에 발생하는지 명확하지 않다. 라이히는 프로이트의 반대 입장에 선다. 이는 들뢰즈와 과타리의 입장과 동일하다.

성적 요구는 자연스럽게 세계와 일체의 관계를 맺는 것으로, 그리고 대단히 다양한 형태로 세계와 직접 접촉하는 것으로 나아간다. 만약 성적 욕구가 억압된다면, 어린이와 청년에게는 좁은 가족 영역에서 활동해야 하는 단 하나의 가능성만이 남는다. 성의 억제는 개인주의적 자의식의 토대일 뿐만 아니라 개인을 가족에게 결합시키는 토대이기도 하다.[50]

근친상간 개념을 무의식적 욕망으로 간주하는 것이 무리라는 것을 라이히는 여전히 깨닫지 못한다.

라이히의 중요한 업적은 프로이트적 개념틀을 파괴하면서 생겨났다. 중요한 사례가 바로 육체 갑옷Körperpanzer이라는 개념으로 성격을 설명한 것이다.[51] 정신분석학 용어로 설명하자면 프로이트적 개념에서 과감하게 거리를 둔 "자아" 개념에 해당된다. 라이히의 성 이론은 점잔빼는 프로이트 이론과는 엄청난 거리가 있었다. 그에게 섹슈얼리티는 절대로 라틴적 리비도 혹은 그리스적 생명 원칙이었던 적이 없다.* 그는 섹슈얼

---

* 그는 냉소하면서 논평했다. "죽음충동을 대표한다면서 온갖 것을 다 끌어들인다. 듣도 보도 못한 '타나토스'를 말하면서 정작 섹슈얼리티 언급은 하지 않는다."(*Die Entdeckung*……, p. 99.)

리티를 인간 육체의 관능적 뒤섞음, 힘, 생명 친화적 현실 생산으로 여겼다. 또한 치료 중 환자가 보이는 심리적 저항을 분석한 그의 글은 정신분석 기법에 큰 기여를 했다.[52] 프로이트와 달리 그는 환자의 저항이 심할 때는 환자가 털어놓는 말을 즉각적으로 해석하면 안 된다고 생각했다. 환자가 겉으로 표현하는 말과 표출하는 정서는 누락되고 분석가에 대한 저항감만 강해져서 해석이 불가능해지기 때문이다. 비록 프로이트 주류와 결별했다는 논란은 있지만 라이히의 기법은 프로이트적 원칙에 부합한다.[53] 정신분석학계에서 그는 프로이트의 눈총 받는 수제자로 통한다. 멜라니 클라인, 마이클 발린트, 마거릿 말러 등의 분석가들은 새로 고안한 개념을 정신분석학에 도입해 그를 비판했다. 그리고 그들은 오이디푸스 개념의 속박으로부터 정신분석을 해방시켜서 이론적 급진성을 부분적으로 성취했다.

그럼에도 라이히 본인은 충격적인 말썽을 일으켰다. 또 다른 터부를 깼기 때문이다. 진료실에 정치를 끌어들였다. 정신분석을 거리로 끌고 나갔다. 그것도 독일 거리가 아니라 아프리카 시골길로 끌고 나갔다.** 그 바람에 오늘날까지도 과학계의 교양 있는 신사 숙녀 여러분은 그를 외면한다. 침묵하는 이유는 공공연한 비밀이다. 내가 말을 보탤 새로운 사실은 없다. 어찌됐든 한 가지는 분명히 경탄할 만하다. 수많은 정신분석가가 어설픈 민족지학자 행세를 하며 "태곳적"에 머물러 있는 "미개인"을 연구해 인류 과학의 진보에 기여하겠다고 나서던 것이 당시 분위

** 이런 면에서 라이히는 우리 시대의 또 다른 외로운 늑대 시민 혁명가 한스 아이슬러를 연상시킨다. 그는 쇤베르크의 음악으로, 라이히는 프로이트의 이론으로 혁명을 꿈꿨다. 해방을 위해 투쟁하던 프롤레타리아 계급에 혁명의 도구로 제공한 것이다. 라이히와 아이슬러는 갈릴레오가 하지 않았던 일을 했다. 바로 새로운 발명을 "아랫것들"에게 넘겨준 것이다. 그러나 사람들은 감히 넘겨받으려들지 않았다. 당 고위층 윗사람들이 허락하지 않았기 때문이다. 동시대인 브레히트는 그들에 대한 희곡을 전혀 쓰지 않았다.

기였다. 그들에게 유럽은 문화와 문명의 대륙이었다. 라이히는 이러한 풍조에 휩쓸리지 않았다. 그는 오히려 반대 방향을 취했다. 그는 파푸아뉴기니의 트로브리안드 원주민을 이상화했으며 완벽하게 자연스러운 인간성을 지녔다고 생각했다.[54] 유럽을 돌이켜보니 오히려 파시즘의 승리를 눈앞에 둔 "미개"한 곳이었다는 깨달음을 얻는다.

라이히는 파시즘을 설명하기 위해 대중의 오해나 착각을 내세우기를 거부하고, 욕망을 통한 설명, 욕망의 견지에서의 설명을 요구하는데, 이럴 때 그는 가장 위대한 사상가였다. 아니, 대중은 속지 않았다. 그 순간, 그 상황에서 저들은 파시즘을 욕망했고, 군중 욕망의 이런 변태성을 설명해야만 한다.[55]

이처럼 들뢰즈와 과타리는 라이히의 문제의식을 높이 평가했다. 나도 정확히 이 점에서 라이히가 훌륭하다고 생각한다.

라이히의 해답에는 번뜩이는 천재적 혜안이 돋보일 때가 있다. 예를 들어 그는 파시즘의 감성은 오르가슴이 일으키는 죽음의 공포에서 비롯된다고 봤다.[56] 프로이트적 개념의 한계를 넘어서는 통찰이다. 하지만 그는 개념적 함정에서 헤어나오지 못하기도 한다. 아마 들뢰즈와 과타리가 추측했듯, 라이히가 계급적 이해관계와 인간적 욕망 사이의 표면적 모순에 빠져버렸기 때문일 것이다.[57] 라이히는 세부 사항에서 부정확함이 많은 편이다. 또한 파시스트 자료를 해석할 때, 파시즘의 현실 멸절을 상술하기보다는 자기 자신의 생각을 견강부회하여 덧씌우는 경향이 있었다.*

라이히의 『파시즘의 대중 심리』가 파시즘의 자료와 일부러 거리를 두는 것은 아마 좀더 "직접적인" 정치적 이유에서일 것이다. 그는 미국으로 도피하면서 그동안 수집했던 기록을 전부 잃었고 대부분의 내용을 기억에 의존해서 조합해야만 했다.

이는 원거리에서 환자를 진단하는 것만큼이나 어려운 일이다. 군인 남성의 텍스트를 직접 다뤄보면 얼마나 자동으로 프로이트적 개념을 "적용"하게 되는지 알게 된다. 파시스트의 원본 텍스트를 직접 눈앞에 두고 읽지 않으면 그들 나름의 입장을 놓치고 표면만 보게 된다.

군인 남성들처럼 느끼고 생각하고 글 쓰고 행동하지 않는 사람은 이들 텍스트의 내용을 이해할 수 없다. 특히 정서를 이해할 수 없을 것이다. 나치 수용소에서 벌어진 일을 "의식"했는지에 초점을 두어 폭로하고 규탄하려는 사람 역시 똑같은 어려움에 봉착할 것이다. 한 가지는 확실하다. 파시즘의 만행은 절대로 의식에 "저장"되어 있지 않다. 인류 역사의 과정 역시 거기에는 없다.

텍스트를 읽고 또 읽다보면, 역사를 보고 또 보다보면 스스로의 무의식에서 호응이 일어나기 시작한다. 지식으로 가는 길은 자신의 무의식을 억압해서는 얻을 수 없다. 스스로의 무의식을 통해서 역사와 파시즘을 "직접 겪어내는" 길이어야 한다. 그래야만 자신의 무의식 경험을 통해 역사를 이해할 수 있게 된다. 역사가에게는 머리카락이 쭈뼛 설 소리 같지만 사실 이 제안은 파리의 알랭 베상송 교수에게서 나왔다.

연구자는 연구 현장에서 관찰자 내면의 정신이라는 흥미로운 요소에 직면한다. 환자의 무의식이 아니라 연구자 자신의 무의식이 문제다. 연구자는 자신의 무의식 속에서 왜곡이 발생하고 자리 잡고 있다는 것을 어느

---

* 라이히의 텍스트는 가끔 너무 서둘러 썼다는 인상을 준다. 『파시즘의 대중 심리』가 특히 그렇다. 머릿속에 이미 있는 내용을 급하게 쏟아부은 책처럼 느껴진다. 그의 책들은 급박한 시대에 떠밀려서 재빨리 토로하듯 쓰였다. 충분한 시간을 들여서 자료와 생각을 정리하고 발전시킨 결과물이 아니다.

정도 인정할 수밖에 없다. 그것을 환자에게 전이시키지 않고서 세심하게 충분히 점검해야만 한다. 연구자는 환자를 정신분석적 의미로만 이해하며, 자신을 향한 반응으로 알아낸다. (…) 역사가의 자아도 엉뚱한 판타지 시나리오와 온갖 연루된 정서를 두려움 없이 과감하게 견뎌야 한다. (…) 우리가 텍스트를 읽고 우리 자신의 역사 전반을 배울 때에 중요한 것은 감정적 반응과 혼란에 주의를 기울이는 것이다. 이는 심리적 기제의 작동에 영향을 끼친다. 남의 말을 듣는 것만큼이나 자신을 듣는 것이 중요하다. 연구에 따라붙는 두려움은 흥미로운 진실이 떠오르고 있다는 사실을 알려주는 것이다. 두려움을 이겨내고 진실을 폭로해야만 한다.[58]

다시 말하면 이렇다. 파시즘 혹은 다른 어떤 역사적 대상이라도 나 자신과 완전히 대립되는 타자로 이해해서는 안 된다. 발터 벤야민의 표현에 따르면 이렇다. "무엇인가를 멸절하고 싶다면 그 대상을 아는 것만으로는 부족하다. 온 힘을 다해서 느껴야만 한다."[59] 그러나 빌헬름 라이히에게는 이러한 인상이 느껴지질 않는다. 그는 빛나는 이성적 계몽주의로 파시즘을 객체적으로 다룬다.

계몽된 자는 이분법적으로 사고한다. 그에게 변증법을 요구하는 것은 아마 부당할 것이다. 하지만 역사가에게 사물을 직면하는 통찰을 요구한다면 과연 부당할까? 극도로 추악한 사태 속에서도 아름다움을 발견할 수 있을까? 부정 역사변증법은 모순이다.[60]

내가 보기에 벤야민의 라이히 비판은 부당하다. 부분적으로만 타당할 뿐이다. 그럼에도 여전히 상당한 진실이 담긴 비판이다. 나 역시 명심하고 나 자신을 성찰해야겠다. 하지만 여태까지 나는 "극도로 추악한 사태 속에서도 아름다움"이 있음을 발견하지는 못했다.

결론이 모양새를 드러낸다. 첫째, 생명 멸절적 현실을 생산하는 파시즘 논란의 핵심에는 자본주의적 생산관계와 가부장제라는 특정한 남녀 관계가 놓여 있다.

둘째, 파시스트적 현상은 오이디푸스라는 정신분석학적 범주로는 파악될 수 없다. 오히려 더 많은 의문점이 생겼다. 파시스트 텍스트에 직면해보니 기존 해석에 더 많은 의문을 품게 되었다. 파시스트 텍스트를 성급하게 설명해내려는 억지를 버리고 스스로 이해되도록 두었다.

"근친상간"과 "거세"가 전위된 욕망을 표현하는 이름에 불과하다면 그들이 진짜로 욕망하던 것은 무엇일까?

오이디푸스 콤플렉스가 정의하는 근친상간 "욕망"이 억압의 대상이 아니라 오히려 그 자체가 억압에 참여하는 주체라면 과연 무엇을 억압하는 것일까? 오이디푸스 체계에서 오직 전위된 욕망만이 발견된다면 욕망은 그 자체로 어떤 모습일까? 무의식은 어떻게 작동할까? 군인 남성의 무의식은 어떻게 기능할까?

무의식이 아무것도 표현하지 않는다면 어떨까? 회화, 상징, 꿈 해석, 신화, 예술을 통해 표현되지 않는다면, 무의식의 생산은 어떤 모습을 취할까?

겉으로 표현되고 표상된 모든 것이 전혀 무의식적이지 않을 때 정작 무의식은 어떤 상태일까?

만약 투사 기제가 아니었다면 테러의 희생자는 왜 위협으로 지각되었을까? 희생양은 어떻게 해서 희생양이 되었을까? 여성, 유대인, 프롤레타리아가 겪은 핍박을 희생양으로 이해할 수 있을까? 투사로 충분히 설명되지 않는다면 군인 남성들은 과연 어떤 종류의 지각을 갖고 있었던 것일까?

IPAC 국제정신분석학회International Psychoanalytic Congress,
1977년 8월·예루살렘

군인 남성들의 "자아"는 어떤 상태일까? 프로이트 후기 이론에 따르면 오이디푸스적 자아는 다양한 동일시와 가족 내 삼자 구도 회피, 그리고 특정한 대상 선택을 통해서 발달한다. 군인 남성들에게서 이러한 형태의 자아는 결여된 것으로 보인다. 그렇다면 어떤 자아가 있을까? 그들의 자아와 그들이 선택하는 대상은 끝장을 보는 지경의 융해를 겪는다. 이들의 "현실분절성"은 어디에서 오는 것일까? 결국은 나치가 권력을 장악하는 상황이 벌어진다.

융해 상태를 퇴행으로 이해해도 괜찮을까? 만약 괜찮다면 어떤 상태의 퇴행일까? 아니라면 과연 정체가 무엇일까?

또한 심리적 방어의 문제가 있다. 군인 남성에게는 단순한 방어 차원이 아니라 적극적인 충동성까지 느껴진다. 이것이 과연 흔히 말하는 방어기제와 동일할까? 자아가 주관하는 방어일까? 아니면 전혀 다른 현상일까?

마지막이지만 중요한 질문. 성애적 여성에 대한 회피, 여성에 대한 공포, 여성을 향한 테러 행각이 과연 남성 결사체의 결속력, 특히 군대와 관계있을까? 모종의 동성애와 상관 있을까?

이 질문들에 대한 해답을 얻기 위해 다음 장에서는 군인 남성들이 스스로 묘사했던 육체적 상태에 관심을 기울여보도록 한다. 특히 이들이 지녔던 "융해 상태"에 대한 공포/쾌락에 주목하려 한다. 그 지점에서 출발해 바닥 없는 심연으로 가라앉아보자. 물속에는 온갖 것이 숨어 있다. 그 모든 흐르는 것이…….

제 2 장

Männer
phantasien

홍수, 육체, 역사

육체 내부의 물질 상태

붉은 홍수

거친 물살은 폭력적이라 불리지만
물살을 가두는 강바닥은
아무도 폭력적이라고 부르지 않는다.[1]
[브레히트]

"볼셰비즘의 파도가 밀어닥치고 있다. 평화롭게 잠들어 있는 에스토니아 공화국과 라트비아 공화국뿐 아니라 독일의 동부 국경까지 밀어닥쳐 집어삼키고 있다."[2] 프리드리히 빌헬름 외르첸은 1918년 말 발트해 연안의 상황을 이렇게 전한다.

볼셰비즘은 언제나 바다로 비유되었다. 파도처럼 밀어닥치고 집어삼켜서 잠기게 만들었다. "땅 잠긴다!" "붉은 물결"이 밀어닥치면 병사들은 그렇게 고함쳤다. 뮌헨 평의회 공화국이 소재인 빌헬름 바이간트의 소설 제목도 『붉은 홍수』였다. "빨갱이들이 우리 땅에 물밀고 들어온다."[3] 발트해 연안 민병대에 자원 입대하면서 하트만은 이렇게 말했다. "지금 발트해 연안을 붉은 홍수로부터 지켜낼 유일한 방법이다."[4] "발트해로부터 온 붉은 파도가 동부에 접근하고 있다."[5](발터 프랑크) 자유군단은 "볼셰비키의 홍수"에 "가라앉을" 뻔한 독일을 건져냈다.[6](비머-보르헬스호프) 오버슐레지엔 지역에서 독일군은 "요동치는 폴란드인 홍수"[7]를 막는 댐이 되었다.(폰 오스텐) "반란군의 격랑이 대홍수처럼 엘구터 슈타인

매릴린 먼로와 나이아가라
자연조차 통제 못 할
거센 감정의 격랑

베르게산맥을 넘어서 오버비츠까지 밀려들면서 독일군 최전방을 강타했다."[8](에거스) 자유군단이 발트해 연안에서 버티는 이유는[9] "모든 것을 멸절하는 홍수가 서서히 서쪽으로부터 밀려드는 것을 막기 위해서"다.[10](강철부대 바게너 대위) 자유군단 병사들, 부두 노동자들이 전국에서 자발적으로 국경에 몰려들었다. "독일이라는 함선의 동쪽 옆구리가 가장 큰 위험에 처했다. 골조와 표면을 뚫고 물이 콸콸 들어오고 있었다."[11](루돌프 만)

비평가들은 자동반사적으로 뻔한 말을 한다. 정치를 자연 현상에 빗댄 것이며 수구 세력의 상투적 수사에 불과하다고. 앞서 인용된 문장이 "틀렸다"는 말로는 부족하다. 우리는 "왜"라는 질문에 답할 수 있어야 한다. 바로 "고의적 은폐"다. 자동반사적 비평가는 즉각적으로 "거짓말"이라고 욕하거나 혹은 "멍청하다"고 평가할 것이다. 더 나아가 정치는 자연과 별개니까 파시스트는 정신 좀 차리라고 훈계할 수도 있다.

그러나 이 문장들이 거짓말일까? 장엄한 격랑의 모습은 분명히 사람들을 묘하게 자극한다. 위협적이면서도 매혹적이다. 홍수가 몰려든다!

강렬한 정서가 작용한다. 그건 거짓이 아니다. 쇼텐하멜 동지[12]가 말참견을 한다. "진정하십시오, 대위님. 격랑이 아닙니다. 붉은 군대입니다." …… "그게 그거지, 멍청아. 붉은 홍수에 모두가 빠져 죽게 생겼어!" 이들이 말하려는 게 무엇일까? 홍수, 격랑, 물결 등 왜 전부 물을 말할까? 다른 표현은 없을까? "볼셰비키가 네 번째 빙하기처럼" "돌풍처럼" "동방의 모래바람처럼" 다가올 수는 없을까?

그렇게 말하면 설득력이 없어서? 그렇다면 왜 없을까? 볼셰비키가 홍수처럼 밀려드는 것만 어째서 그토록 공포스러운 것일까? 벨기에를 점령하는 독일 제국군이나 발트해 연안으로 쳐들어오는 자유군단은 어째서 홍수가 아닐까? 그들은 행진하며 들어온다. 건조하고 딱딱하다. 댐을 쌓듯 무리 지어 군가를 부르며 행진한다.[13]

홍수 비유 그 자체가 문제는 아니다. 언어의 특정한 사용법에 주목해야 한다. 흐름을 말하는 언어적 표현은 많다. 분수대, 우리에게 몰려드는 격랑, 고요한 물, 지폐 홍수, 정치적 흐름, 문학 조류, 정신적 격동, 모든 것은 흘러간다, 유입流入, Einflüsse, 파도와 함께 헤엄치다 혹은 거슬러 헤엄치다, 흐름에 몸을 맡기다 혹은 흐름에 거스르다, 주류 혹은 지류, 표류하다, 하류인생下流人生, Abschaum 등.

군인 남성들은 어떠한 격랑이 들이닥쳐도 절대로 헤엄치지 않는다. 두 발로 땅을 딛고 버티고 선다. 땅에 닻을 내리듯 뿌리박고서 밀려드는 홍수에도 휩쓸리지 않으며 버텨내고 막아내고자 한다. 1919년 5월 자유군단이 뮌헨에 성공적으로 진격하자 발터 폰 뤼트비츠 장군은 이렇게 논평했다. "격노하는 붉은 물결을 막아내려는 노력은 이번에도 성공했다."[14] 잘로몬은 이렇게 말했다. "곧 처절한 전투의 나날이 이어졌다. 붉은 홍수의 물이 끝내 빠질 때까지!"[15] 그 무엇도 흘러서는 안 된다. 특히 "붉은 홍수"는 안 된다. 반드시 뭔가 움직여야만 한다면 동작은 괜찮다. 각자 모두가 한 몸이 되어 진형을 갖추고 명령이 떨어지면 일렬종대로, 일렬횡대로, 마름모 대형으로, 삼각진형으로 일치단결한다. 난잡하게 흐르는 모든 것에 죽음을!

과연 흐름은 어디에서 비롯될까? 또한 군인 남성이 홍수에 은밀하게 매혹되는 이유는 무엇일까? 에른스트 윙거는 이렇게 썼다. "병사들에게 삶이란 드넓은 밤을 뒤덮는 먹구름과도 같았다."[16] 먹구름은 순순히 지나갈 수도 있지만 갑자기 벼락을 내려치며 방전될 수도 있다. 아마 후자가 가능성 높을 것이다. 폭우가 홍수를 일으킬 것은 뻔하다. 홍수는 먹구름 속에 진작부터 있었다. 먹구름 속에 갇힌 채 상황만 맞아떨어지면 언제라도 쏟아질 준비가 되어 있었다.

잘로몬은 독일 제국 시절 사관생도였을 때 이렇게 느꼈다고 전한다. "낡은 질서 속의 새로운 홍수가 댐을 가득 메운 채 돌처럼 굳을 뻔한 삶을 쓸어버리겠다며 위협하고 있었다."[17] 곧 다가올 홍수는 "위협"적이다. 그러나 긍정적으로 묘사했다. "돌처럼 굳을 뻔한 삶"은 잘로몬도 옹호하고 싶지 않기 때문이다.

루츠 로신도 이와 유사한 이중성을 보여준다. "도굴꾼들이 독일이라는 무덤에서 마지막 삽질을 마쳤다. 국가의 권위를 담고 있던 댐이 드디어 무너졌다. 억지로 부추긴 소요 사태라는 광범위한 홍수가 독일 전역을 휩쓸었다."[18] 로신은 이러한 사태를 규탄한다. 그러면서도 "광범위한 홍수"가 강력하게 휩쓴다고 표현한다. 특히 댐이 무너지는 순간에 큰 관심을 보인다. 그의 글에는 붕괴 순간의 움직임이 반복해서 등장한다. 아이들은 어째서 흐르는 빗물이 배수구로 흘러가지 못하도록 허술한 댐을 쌓으면서 즐거워할까? 댐이 붕괴되면서 홍수가 나는 순간을 기대한다. 다시 댐을 쌓고 무너뜨리고 또 쌓고 또 무너뜨린다. 물이 다 흘러가버려서 더 이상 흐르지 않을 때까지 계속한다.

로신이 싫어하는 것은 흐름의 주체다. "붉은 홍수는 가장 역겨운 본능을 수면에 떠오르도록 만들어서 온 나라를 더럽혔다."[19] 정작 홍수가 난

데는 딴 곳이다. 낡은 질서에 억눌렸던 사람의 마음속에서 격랑이 일었다. 이제껏 억제되고 금지되어 표면 아래에 숨겨졌던 것들이 백일하에 드러난다. 과연 "가장 역겨운 본능"이다. 막강하고 흥분되는 광경이다. 홍수를 마주한 사람은 잠시나마 정신을 잃을 듯 아찔해진다. 불가항력이다. "댐을 쌓아 막을까?" "글쎄, 일단 정신부터 차려야겠어."
댐은 서쪽으로부터 무너졌다.

전 세계가 독일로 쏟아져 들어왔다. 미국, 뉴질랜드, 호주, 영국, 포르투갈, 프랑스. 제일 고약한 것은 흑인 군인을 데려온 프랑스였다. 모로코와 세네갈의 깜둥이들, 인도차이나 동양 놈들, 터키 놈들도 있었다.[20] [드빙거]

패전과 혁명이 가져온 독일 안팎의 변화가 홍수라는 이미지로 표현되었다. 외부에서 침입하고 내부 댐이 무너진다. 그 결과 억제된 본능이 풀려난다. 빌헬름 시대의 사회적 강요가 해제되어 충동은 자유롭게 댐을 넘으면서 흘러넘친다. 윙거가 말한 "먹구름"과 잘로몬의 "새로운 홍수"는 이러한 내면적 심리 과정과 분명히 연관되어 있다. 출산할 때도 물과 피가 흐른다. 붉은 홍수가 있어야만 아이가 태어난다. 파라오의 딸은 모세를 강에서 건져냈다. 강 이름은 나일Nil, 즉 없다이다. 없는 강에서 아이를 건져왔다는 뜻이니 사실은 낳았다는 뜻이다.
1918년 11월 독일군은 벨기에를 가로질러 퇴각했다. 독일 군인의 군기는 무너졌고 군대의 명령이 더 이상 하달되지 않게 되었다. 이제껏 억눌려 있었던 새롭고도 끔찍한 홍수가 시작되는 듯했다. 훗날 자유군단의 지휘관이 된 하이데브레크 대위는 이렇게 회상한다.

힘든 시험의 시간이 시작되었다. 이틀날 시작된 홍수는 리에주를 지나는 일주일 내내 계속되었다. 밤낮을 가리지 않고 대열이 끝없이 이어졌다. 수천 명이 난동을 부리며 거리를 쏘다니고 배회했다. 모든 탈것이 꽉 들어찼고 말들이 못 견딘 채 쓰러졌다. 트럭들은 미어터졌고 장병들은 자리다툼으로 주먹질을 했다. 기차역 꼴도 매한가지였다. 다들 자기만 살겠다고 남들은 안중에도 없었다. 공포로 말미암은 정신증 때문에 전우애는 흩어져버렸다. 남들보다 뒤처져서 독일에서 떵떵거리며 살지 못하게 될까봐 두려워했다. 야전 취사소에서나 진열이 간신히 유지되었다. 홍수는 밤낮을 가리지 않고 이어졌다. 고함치고 비명 지르고 욕하고 한꺼번에 몇 줄을 지어서 서로 앞다투며 거리를 막고 난리였다. 다들 저런 붉은 깃발을 마음속 어디에 숨기고 있었을까?[21]

하이데브레크에게는 시험의 시간이었다. 그 역시 얼른 고향에 돌아가 배운 도둑질을 계속하면서 "떵떵거리며" 살려고 시도할 것인가? 물론 이것은 그의 속마음이다. 서둘러 귀향하려는 다른 군인들의 생각은 아니다. 혹은 홍수의 유혹 앞에서도 꿋꿋하게 버틸 것인가? 물론 그는 꿋꿋하게 버틴다. 의심의 여지가 없다. 그럼에도 그는 다소 들뜬 심정으로 혼란을 바라본다. 억눌러온 충동이 일깨워지는 모양이다. "다들 저런 붉은 깃발을 마음속 어디에 숨기고 있었을까?" 경악하면서도 경탄하고 있다. 저렇게 과감하다니! 어디에서 저런 정열이 나올까? 저런 힘이 내내 있었으면서 어디에 고이 접어 숨겨둔 채 잊고 있었던 모양이구나. 이제 다시 끄집어냈구나. 욕망의 깃발, 붉은 깃발을 나부끼는구나. 그 자신에게도 있다. 하이데브레크는 한눈에 깨달았다. 그러나 곧 수문을 닫고 격랑에 새로이 맞선다. 홍수는 추상적인 개념이므로 다양한 이미지를 포괄할 수 있다. 공통점은 바로 경계를 넘어선다는 특성이다. 국가의 경계, 육체의 경계, 예의범절의 경계, 관습의 경계 등 경계를 넘어서 금기를 침범하는 것이 홍수다.

무언가 흘러넘치기 시작하면 안팎이 무너진다. 두려운 동시에 매혹된다. 홍수는 가까이 다가올수록 더 위험해 보인다. 그래서 내전 상황에서 더 위험한 것은 독일 내부에 홍수가 흘러넘치는 것이다. 또한 가장 위험한 것은 자신의 내면에 일어나는 홍수다. 프리드리히 에케하르트의 소설 『격동 세대』의 주인공 호르스트 바르템베르크가 좋은 사례다. 그는 "브뤼헐의 지옥도" 같은 당시 상황을 이렇게 말한다. "총파업. 포위 상태. 독일인의 눈빛에 증오가 서린다. 오직 욕설과 저주만 들린다. 거대하고 더러운 붉은 파도가 그를 덮쳐온다. 그는 익사할 것만 같았다."[22]

시뻘건 헝겊. "총파업" "증오" "욕설" "저주"는 누구를 향할까? 이제껏 그가 복종해왔던 당국이다. 파업도 안 하고 증오를 꾹 눌러가면서 욕설도 저주도 삼켜왔던 바로 그들이다. 너무 잘 억압해둔 터라 다른 가능성은 생각만으로도 현기증이 난다. 그리하여 일종의 의식불명의 상태로 도망친다. 자신에게 몰려드는 "거대하고 더러운 붉은 파도"는 사실 자기 내면에서 솟구쳤다. "익사"는 스스로에게 가한 위협이다. 하인츠 샤우베커도 이렇게 쓴다.

그동안 완전히 사라진 줄로만 알았던 모멸감과 배신감, 오물과 비참함이 점점 높이 차올라서 우리는 익사할 지경이었다. 미치광이 반란군과 뻔뻔한 천박함을 겪어야 하는 쓰라림에 삶의 의욕이 사라질 지경이었다.[23]

홍수가 다가오는 것은 자기 내면도 아니고 외부도 아니다. 군인 남성들은 홍수가 밀어닥치는 상황을 자신의 육체로 직접 느낀다. 격랑이 일어나는 무대는 언제나 그들의 육체다. 이러한 감각은 언제나 "붉은 홍수"가 언급될 때마다 함께 일어난다.

이들의 흥분이 최고조에 달하는 것은 붉은 파도가 그들의 육체에 직접 닿는 순간, 즉 살해의 순간이다.

중사는 천천히 철계단을 내려갔다. 육중한 문을 뒤로 닫고 손을 든 채 광장으로 나섰다. 붉은 파도가 순식간에 그의 시체를 뒤덮었다. 한 무리의 늑대처럼 군침 흐르는 아가리를 벌리고 계단으로 밀고 올라왔다.[24]

－－－드빙거는 이들에게 휩쓸린다. 텍스트에 드러난 그의 정서는 공격 행동과 함께 움직이고 있다. 붉은 파도와 풀려난 격랑과 군침 흐르는 아가리와 함께 움직인다. 드빙거는 표면적으로는 "규탄"하면서도 정치적 반대 세력에게 만행을 허락하고 있다.

로덴도 마찬가지다. 베르톨트 대위가 하르부르크에서 죽는 장면이다.

시간이 무작정 흘러갔다. 공격에 공격이 이어졌다. 소대의 마지막 탄약통까지 바닥났다. 베르톨트 대위는 백기를 들었다. 협상을 요구하려는 것이다. 혈혈단신 무장도 하지 않고 그는 반역자들에게 다가갔다. 잠시 침묵이 흘렀다. 갑자기 파도가 몰아쳤다. 찢어발기고 후려쳤다. 한 사람의 몸이 엄청난 대중의 습격에 직면했다. 풀려난 짐승의 포효에 그의 몸이 파묻혔다－－－.[25]

한껏 고조된 순간, 세 개의 대시(-) 속에 들뜬 감정이 담겼다. 참여하는 독자의 흥분도 기대했던 결과를 맞이해 해소되었다. 주인공은 갈가리 찢겼다. 잘됐다.

어떻게 된 일일까? 두 사례 다 지도자 격 한 사람이 "붉은 파도"에 맞서다가 폭행당하고 삼켜진 사건이다. 두 사례 다 글쓴이의 정서는 파도와 함께하면서도 주인공과 함께 있다. 다른 말로 설명하자면 이렇다. 중요한 것은 전체 과정이다. "영웅적인 비무장 상태의 개인이 붉은 파도에 잡아먹힌다"는 사건이 중요하다.

이들의 관심은 댐이 무너지는 순간에 집중되어 있다. 액체가 고체를 때리면서 쓸어버리는 순간이다. 그 결과 무엇인가가 정말로 흐르게 된다. 바로 살해당한 자의 피다. 붉은 홍수에 충돌한다는 것은 죽음을 의미한다. 고체가 깨져서 흐르게 된다. 홍수가 안에서 오는지 밖에서 오는지는 상관없다.

충돌을 향한 욕망과 공포는 이 과정에서 동등한 강도로 나타난다. "접촉"하려는 욕망이 작용해 충동까지 이끌고 간다. 그 후에는 공포가 들어서고 결국 죽음으로 귀결된다. 고체와 액체의 만남이 우호적인 혼합으로 끝나는 것이 아니라 한쪽의 일방적인 멸절로 끝난다. 다시 말해 사랑의 강물이 아니라 피바다가 흐르는 것이다.

"피, 피, 피가 흘러라,
선혈이 낭자하게 피가 흘러라……"[26]

파시스트의 애창곡이다. 내 생각에는 파시스트가 최고로 여기는 가치를 가장 압축적으로 담아낸 노래다. 그들 스스로도 최고의 애창곡이라고 자부했다.

누구의 피를 원하는지는 때에 따라 알맞게 개사해서 불렀다.

"평의회 공화국를 조져버리자"
"유대인 패거리를 조져버리자"
(기타 등등)[27]

당연한 일이겠지만 에센과 하르부르크에서 실제로 있었던 사건은 드빙거와 로덴이 묘사했던 것과는 완선 딴판이다. 이들이 스스로의 징시적 필요에 따라 외부 사건을 얼마나 멋대로 왜곡하는지 우리는 익히 봐서 알고 있다. 얼마나 왜곡하는지 알아보는 것도 흥미롭지만 실상이 어뗐는지를 알아보는 것 역시 흥미롭다.

드빙거가 말하는 "붉은 파도"는 무장 노동자 단체였다. 1920년 3월 19일 카프 폭동에 맞서서 에센 급수탑을 탈환했던 사람들이다. 급수탑을 점거하고 있던 46명은 민병대와 보안경찰이었으며 카프 폭동 동조자였다. 에센 급수탑 쟁탈전은 "훗날 부르주아 역사학과 국가사회주의 역사학에서 '붉은 군대'의 끔찍한 만행을 웅변하듯 보여주는 전형으로 활용되었다".[28] 오늘날에는 오히려 편파적 역사 서술의 대표적인 사례로 거론된다. 포위된 카프 폭동군은 백기를 들긴 했지만 서서히 다가오는 노동자군에게 사격을 가했다. 내부적으로 추가 저항 가능성을 둘러싸고 의견 불일치가 있었기 때문이다. 이는 법정 기록으로도 확인되었다. 바이마르 "공화국" 시기였다는 점을 생각하면 놀라운 일이다. 그럼에도 불과 얼마 전까지 에센 급수탑에는 전투에서 사망한 사람들의 이름을 "공산당 테러"의 희생자라고 기록한 추모 안내판이 걸려 있었다.[29]

베르톨트가 "붉은 홍수"에 희생되었다는 주장은 완전히 날조된 것만은 아닌 예외적인 경우다. 그는 정말로 하르부르크 노동자들에게 살해당했다. 그러나 상황이 충분히 밝혀진 것은 아니다. 한 가지는 확실하다. 협상을 요구하다가 죽은 것은 아니다. "베르톨트의 부하들"이 무기를 내려놓은 후 "그 유명한 총격"이 가해졌다고 한다. 총을 쏜 사람이 누군지는 고의로 누락했다. 곧 이어진 혼란의 와중에 베르톨트와 군인 몇 명이 사망했다. 노동자들이 정말로 "엄청난 대중"이었다면 더 많은 희생이 발생했을 것이다. 그리고 잘로몬이 상황을 묘사했던 것처럼 노동자와 군인이 무차별로 뒤얽혀서 구분이 안 갔을 것이다.[30]

베르톨트의 "강철여단"은 현역 쿠데타 세력이었고 공화국을 전복하려고 베를린으로 향하던 중이었다는 점을 밝혀두는 게 좋겠다.[31] 노동자들도 이 점을 잘 알고 있었다. 게다가 베르톨트의 부하들은 군중에게 발포한 적이 있었다.[32] 이 모든 점을 고려하면 노동자들의 자제력은 놀라

울 지경이다. 나머지 부대원들은 모두 풀어주었다고 한다.[33]

피가 흥건한 거리

토르 고테의 『베르톨트 동지』에는 1918년 크리스마스에 부모님 댁을 방문한 주인공이 등장한다. 숲속 집에서 그는 쓰라린 상처를 곱씹는다. 전쟁에서 졌다. 독일 제국은 사라졌다. 그리고 혁명이다. 도무지 크리스마스 분위기가 느껴지질 않았다. 부모님은 그의 고뇌를 눈치챘다. 아버지가 도우려 했지만 아들은 아예 귀를 닫았다.

루돌프 베르톨트는 주먹을 불끈 쥐었다. 자신의 목소리가 낯설게만 들렸다. 스스로 말소리를 들으면서도 한편으로 자신을 향해 돌진하는 붉은 피로 흥건한 거리가 눈에 선했다……[1]

지나간 전쟁의 피가 그를 따라오는 것이 아니다. 미래로부터 오는 피다. 그를 향해서 돌진해온다. 그는 들이닥칠 공화국의 공포를 내다본다. "붉은 홍수"가 임박했다. "피로 흥건한 거리"다. 그러한 앞날을 헤쳐나가야만 한다.

1914년 전쟁이 선포되었다는 보도를 듣고 에른스트 윙거도 비슷한 이미지를 떠올린다.

휘청이며 넋이 나간 채 군중은 거리를 휩쓴다. 괴물처럼 거대한 피의 파도가 그들의 눈앞에 치솟는다.[2]

역시 미래에서 온 "피의 파도"일까? 헤쳐나가야만 하는 걸까? 어디에서 온 것일까? 앞으로 닥쳐올 전쟁이 가져올 피바다를 암울하게 묘사하는 것일까?

독일의 애국주의 시인 에른스트 리사우어는 전쟁 초기에 삐라에 인쇄할 음침한 예언을 시로 썼다. 다음과 같다.

사나이들이 일어선다, 불씨를 이글대며.
"우리는 본다, 우리는 안다.
연기가 해와 달을 가려 암흑이 찾아든다,
피는 격랑이 되어 바다는 홍수가 되어."[3]

격랑, 홍수, 피, 바다의 시어가 문법적으로 잘 맞는지를 따지려는 것이 아니다. 어쨌든 이들은 들이닥칠 것이다. 확실하다. 삐라에 수록된 시의 제목은 「국민의 오순절Volkspfingsten」이다. 리사우어는 부활의 관념을 끌어들인다. 미래에서 들이닥칠 피에 대한 콤플렉스에는 어딘가 출생을 기대하는 마음이 들어 있는 듯하다.

종교개혁가 토마스 뮌처에 대한 글에서 리사우어는 내전에서 흘리는 피를 월경혈의 이미지와 연관 짓는다. 피에 굶주린 강경파 농민이 협상을 원하는 온건한 농민에게 으박지른다. "침대에 피 묻는 게 싫어? 달거리가 한창인데 별수 있나, 아가씨!"[4]

두 가지 관념에 주목할 필요가 있다. 첫째, 전투는 마치 월경처럼 불가피하고 주기적으로 찾아든다. 지금이 바로 그때다. 둘째, 월경 그 자체는 폭력적인 것이다. "안으로부터의 전쟁이 시작되었다, 아가씨! 피를 안 흘릴 도리가 있겠나? 달거리가 한창인데 별수 있나, 아가씨!" 텍스트의 속뜻이다.

민속학자 한스 배흐톨트는 "병사들의 속설"을 연구하다가 1912년에 작성된 전쟁 예언을 발견했다.

1911년 불씨의 해
1912년 홍수의 해
1913년 피의 해[5]

1913년은 "피의 해"라는 예언이 틀렸으므로 "좋은 해"라고 볼 수 있다. 하지만 "1914년이 피의 해"가 되었다. 어쨌든 예언은 "용했다". 어쨌든 "피의 해"는 온 것이다.

불씨/홍수/피는 에버하르트 볼프강 뮐러의 1935년작 「위대한 이에게 바치는 노래Kantate auf einen großen Mann」에도 등장한다.

인류는 바라본다, 거칠고 어지러운 물살.
흐르고 넘치고 개울에서 강으로,
드디어 한 몸 되어 찢어발기는 물줄기
멈춤 없이 끝도 없이 빠져드네.

그는 시샘한다, 불씨로 타들어가길.
가만히 쉴 수 있을 어드메를 찾는다.
사방 벽에 불살라 불꽃이 되길,
마침내 보노라. 붉은 피의 흐름.[6]

두 번째 연에서 뚜렷이 드러난다. 마지막에는 반드시 "붉은 피"의 흐름을 만나게 된다.

여기서도 확인된다. 홍수는 반드시 피로 귀결된다. "붉은 홍수"라는 것은 실상 피바다일까? 피가 흥건하게 흐르는 것은 언제나 전쟁 이미지와 연관된다. 내전, 내면의 강, 내면의 투쟁, 출생, 월경. 어떤 경우에도 피는 기어이 흐르고야 만다.

들끓다

홍수, 파도, 격랑은 자유롭게 흐르는 물의 상태다. 물이 갇혀서 흐르면 내면의 통로에서 요동치며 들끓는다.

잘로몬은 혁명의 시기를 이렇게 느꼈다. "뮌헨 시내는 거대한 솥으로 변했다. 마치 걸쭉한 피와 맑은 맥주가 뒤섞여서 들끓는 듯했다."[1]

"모든 것이 무차별적으로 한꺼번에 한 솥에서 고약한 곤죽으로 끓고 있었다. 독일의 운명을 보여주는 듯했다."[2] 해군 본부의 한스 후만이 친구인 젤초프에게 보낸 편지인데, 젤초프가 일기장에 인용하여 기록했다. "저 소리가 들리지 않는가. 음모의 독 기운과 새로운 혁명의 씨앗이 육중한 솥에서 들끓고 있다. 여기저기에 뜨거운 김을 뿜어내면서 파업과 난동을 퍼뜨리고 있다."[3] 강철부대 참모본부의 바게너 대위는 볼셰비즘의 "들끓는 파도"[4]가 다가오는 소리를 들었다. 홀렌바흐는 함부르크 프롤레타리아의 노동운동을 "들끓는 민중의 영혼에 경탄하고 부글부글 끓어오르는 거품을 즐길" 기회라고 말했다.[5]

프리드리히 빌헬름 하인츠는 1918년에서 1923년까지의 시기를 "자유군단 장병들과 그들의 적인 스파르타쿠스 연맹원이 마녀의 무쇠솥에서 함께 뒤섞여 끓던 시절"이라고 표현했다.[6] 그리고 "들끓는 혼돈 속에서 시간의 본질을 추구하고 발견하던 시절"[7]이라고 말했다. 1914년에서 1918년까지의 시절에도 각오는 되어 있었다. "전쟁은 케케묵은 가치를 덮고 있던 분화구 덮개를 날려버렸다. 지구상의 온갖 민족이 이글거리는 거대한 용광로에 던져졌다."[8] 윙거는 이를 "세상이 뒤집히는 폭풍의 전조"로 경험했다. "그러면 별무리는 불길 속에 가라앉고 우상은 산산조각 가루가 된다. 새로 빚어낸 형상은 수천 개의 용광로에서 다시 녹아내린다."[9] "다시 녹아내린다"는 걸로 보아 순환론적 과정을 말하는 듯하다. 도시의 모습은 이렇다. "대도시의 거대한 솥 안에서 원자들이 소용돌이친다."[10] 잘로몬이 융해에 대해 말한다. "굳건한 가치와 굳건한 질서는 더 이상 없다."[11] 질서를 보장하던 정부는 녹아서 무너졌다. "마치 국을 끓이면 거품이 둥둥 떠오르듯 반란의 소용돌이 속에 수면에 떠오른 사람들이 있었다."[12] 잘로몬의 말이다. 루돌프 헤어초크는 이렇게 생각했다. "기름때 묻은 솥이 불 위에 기어코 자리를 잡았다. 핏빛 시뻘건 깃발이 전국에 나부끼며 행진했다. 깃발 뒤에는 천한 것들의 무리가 꿈에 부풀어 열광하면서 떼 지어 따랐다."[13]

전쟁, 공화국의 실태, 무엇보다 처참했던 내전, 혁명 등의 묘사에는 언제나 끓이고 녹이는 거대한 과정의 이미지가 동원되었다. 시대는 불 위에 걸려 있다. 냄비, 솥, 무쇠솥, 마녀 솥단지, 기름때 묻은 솥, 대도시의 거대한 솥, 이글거리는 거대한 용광로 등. 여기에 수천 개의 용광로가 뿜어내는 열기가 더해져서 낡은 질서, 구시대적 사람들, 온 세상이 부글부글 끓고 거품이 일고 녹아버린다.[14]

에른스트 윙거는 "세상이 뒤집히는" 시기를 말했다. 굳건한 모든 것은 달구어져서 녹아 흐른다. 남자들도 여자처럼 될까? 혁명은 인간 육체를 융해시키는 능력이 있는 듯 보인다. 프로이트는 냄비, 솥, 주전자 등 수용 능력이 있는 모든 것을 자궁을 "재현"하는 상징이라고 주장했다.[15] 그러나 정신분석학에서 불필요한 가족주의[16]를 걷어내고 다시 생각해보자. 이 모든 상징물은 스스로의 육체, 대도시의 육체, 지구의 육체를 나타낸다. 모든 것이 함께 들끓는 것이다.

지구 전체가 자궁으로 변해 새로운 흉물을 낳게 될까? 자궁은 무의식일까? 프로이트는 이드를 "끓어오르는 흥분이 가득한 솥"[17]이라고 일컬었다. 세계-무의식에서 무언가 험한 것이 튀어나올까?

폭파하는 땅, 용암

결국은 어머니 대자연의 인격화된 육체가 솥으로 표상되어 군인 남성의 육체를 이글대는 홍수로 위협하는 존재로 등장한다. 루르 지방 내전 상황이 이렇게 설명된다.

고막을 찢을 듯한 천둥소리가 그들 앞에서 터져나왔다. 정신이 얼떨떨해질 파열음이 옆에서 터졌다. 뒤에서는 둔중한 타격 음을 내면서 흙이 튀어올랐다. 갑작스러운 일이었다. 땅이 흔들리는 듯했다. 땅이 마치 불꽃이 일렁이는 불구덩이를 아래에 감춘 차가운 살갗인 듯 느껴졌다. 얇은 살갗의 한 군데가 툭 터지면서 무시무시한 압력으로 시뻘건 용암을 하늘까지 뿜어낼 것만 같았다. 갑자기 여기가 터지면 어떻게 될까? 장병들은 몸이 죄여오는 듯했다. 내 몸이 깔고 누워 있는 믿음직하게 차가운 땅이 곧 터진다면?……[1][드빙거]

"수류탄 불꽃"이 빗발친다. 공격자와 숨을 곳을 찾는 희생자 사이에 있는 긴장감이 아니다. 긴장감이 팽팽하게 자리 잡은 곳은 군인 남성의 육체와 그들이 엎드려 있는 대지 사이다. 땅을 마치 사람의 살갗 같다고 느낀다. 그래서 군인은 "믿음직"하다는 인간적인 감정으로 반응한다. 그는 땅을 "깔고" 누웠다. 더 이상 가까울 수 없을 만큼 완전한 밀착이다. 삽입만 없을 뿐이다. 살갗의 차가움과 몸속의 뜨거움이 대조를 이룬다. 살갗 같은 땅속으로 그는 사라질 것이다. 군인은 엎드려서 기다린다. 공격자는 바로 "땅"이다. 앞과 옆, 그리고 뒤에서 "툭 터지면서" 폭발한다. 그의 아래만 아직까지 안전하다. 혹은 그의 아래만 아직 괜찮은 것일까? 어디가 터질지 결정하는 것은 수류탄이 아니다. 군인 자신도 아니다. 땅은 스스로 폭발한다.

이것은 전쟁 문제가 아니다. 전쟁은 욕망 혹은 공포를 실현할 기회를 주는 핑계일 뿐이다. 땅에 삼켜질 수 있다는 욕망 혹은 공포를 사회적으로 저촉받지 않고 심지어 권장되는 형식으로 표현할 기회다.* 이 과정을 근친상간 욕망 개념으로 환원하는 것은 역시 부당한 축소 설명이다. 이 과정을 지배하는 것은 삼켜지는 육체의 압도적인 융해성, 군인 남성의 수동성, 그리고 그의 "공포쾌락Angstlust"[2]이다. 단순한 환각이 아니라 물리적인 융해의 가능성이 눈앞에 놓인 상황이다. 이 과정에서 자기 경계와 육체 경계는 어떠한가? 아직도 건재할까? 내부와 외부가 여전히 구분 가능할까? 충동 폭발로 내면의 용암을 이글대는 불꽃으로 뿜어내는 것이 과연 땅일까, 군인일까? 수류탄 폭발에 따른 "내부"와 "외부"는 무엇인가? "주체"와 "객체"는 무엇인가? 무엇이 원인이고 무엇이 결과인가?

---

* 상반되는 태도가 이하에 나온다. Remarques *Im Westen nichts Neues*. 땅은 생명의 원천으로 등장한다. (에리히 마리아 레마르크, 『서부전선 이상 없다』, 홍성광 옮김, 열린책들, 2009, p. 64.) "하지만 땅과 공중에서 방어 세력이 우리에게 몰려든다. 그중 땅에서 오는 게 가장 많다. 뭐니 뭐니 해도 군인에게 땅만큼 고마운 존재는 없다. 군인이 오랫동안 땅에 납작 엎드려 있을 때, 포화로 인한 죽음의 공포 속에서 얼굴과 수족을 땅에 깊이 파묻을 때 땅은 군인의 유일한 친구이자 형제이며 어머니가 된다. 군인은 묵묵히 말없이 자신을 보호해주는 땅에 대고 자신의 두려움과 절규를 하소연한다. 그러면 땅은 그 소리를 들어주면서 다시 새로 10초 동안 그에게 생명을 주어 전진하게 한다. 그러고는 다시 그를 붙잡는데, 때로는 영원히 그러고 붙잡고 있기도 한다.
땅, 땅, 땅!
땅에는 고랑이며 구멍이며 파인 곳이 있으므로 그곳에 뛰어들어 몸을 웅크릴 수 있다! 땅, 너는 공포의 경련 속에서, 초토화의 아수라장 속에서, 폭발로 인한 죽음의 비명 속에서 우리의 목숨을 되살리는 엄청난 일을 해주었다! 갈기갈기 찢기기 직전에 존재의 거센 폭풍이 살쾅질쾅하다가 역류하여 땅속으로 파고들어가, 불안스러운 가운데 무사히 살아남은 순간을 말없이 축복하면서 우리의 입술로 너를 깨물고 싶어진다."(p. 64) 레마르크에게 "공포쾌락"은 위험이 지나간 후에 찾아오지만, 드빙거에게는 위험을 통해서 찾아온다.

연기가 마치 검은 진흙탕, 거품, 흙덩이로 된 검은 파도처럼 솟구쳤다. 돌과 얼음 조각들이 뒤섞인 그것은 울부짖는 파편과 쉭쉭거리는 폭발성 가스로 된 회오리바람이 동행하는 다섯 배의 죽음이었다. 휘둥그레 번쩍 뜬 그의 눈이 빛났다. 힘찬 박동이 그의 심장을 채웠다. 폭발음과 더불어 심장이 옥죄였다. 오, 신이시여! 땅이 진정으로 녹아서 출렁이는 곤죽이 되었단 말입니까? 땅속에서 풀려난 가스, 압력, 녹은 암석의 강이 수직으로 치솟으면서 오물과 폭발의 대홍수가 생겨났단 말입니까?[3]

고작 수류탄이 터졌다고 "대홍수"가 일어날 리 없다. 이미 땅속에 "녹은 암석의 강"이 있었던 것이다. 드빙거의 글에서처럼 땅은 스스로 흐를 수 있는 존재다. 이것은 분출이다. 수류탄 폭발은 계기에 지나지 않는다. 과연 분출은 외부적일까, 내부적일까? 그의 심장이 "불타올랐다"고 한다. "폭발음과 더불어" 뛰었다고 했다. 수류탄에 맞지는 않은 모양이다.

수류탄은 억제되어 속에서 흐르고 있던 것을 밖으로 분출시켰다. "땅"속에서도 그렇고 사람의 육체 속에서도 그렇다.

눈에 보이는 세상 아래 깊숙한 곳에서 거대한 미지의 영역이 시작된다. 혼을 빼앗듯 빛나는 바다. 밀물과 썰물이 오간다. 상상을 뛰어넘는 힘이 누르고 잡아당긴다.[4] [빌헬름 에르브트]

"눈에 보이는" 것은 "땅"이다. 땅 위에서 우리는 내면의 균형을 되찾는다. 땅 "아래에는" "거대한 미지의 영역"이 있다. "땅속"이 인간의 내면과 등치된다.

"헤아릴 수 없는 고요한 평화 속에서 휴식하는 영혼은 행복하도다!"[5]

위험은 "고요한 평화"를 안팎으로 위협한다. 밖에서 오는 위험은 "강철의 시대정신", 즉 프롤레타리아, 마르크스주의, "반란"이 초래한 것이다. 이 모든 것은 사람의 내면에도 있다.

우리가 내면을 다잡지 못할 때, 마음이 취해서 헛된 것을 움켜쥐려 할 때, 우리가 관념의 망치와 숫자의 잣대를 신비로운 왕국에 휘두를 때, 거친 불꽃에서 영감을 받아 불가지의 진실을 감히 깨달았노라고 장담할 때 반란과 몰락이 시작되는 것이다. 찢긴 영혼의 고통이 시작된다. 우리는 공포에 날갯짓을 한다. 마치 눈부신 한낮에 실수로 날아든 밤 올빼미처럼 우리는 공포에 허둥거리게 된다.[6]

눈부신 한낮에 날고 있는 밤 올빼미의 이미지로 극단적 부적응성을 표현했다. 그러나 저자가 말하는 부적응성의 감정은 자신에게서 온 것이지 외부 세상에서 온 것이 아니다. "반란"은 내면에서 비롯된다. 마음이 취한 탓에 "신비로운 왕국"을 공격했기 때문이다. 이는 의식의 취함이다. "관념의 망치"와 "숫자의 잣대"로 작동한다. 이것들로 타인과 자신, 그리고 스스로의 "내면"을 지각한다. "공포"는 자신과 접촉한 탓에 생긴다. 한 사람 안에 겉으로는 애써 분리해두었던 두 가지 영역이 서로 충돌하기 때문이다. 의식과 무의식의 대립이라는 설명으로는 부족하다. 이 사람은 양분되어 있다. 내면에는 "혼을 빼앗듯 빛나는 바다"가 있고 유사한 위험이 도사리고 있다. 반면 밖에는 차단하는 외부 껍질, 근육 갑옷이 있다. 마치 솥이 국을 담듯 외면은 내면을 담고 있다. 속에 들어 있는 것이 들끓어 넘치려고 한다. 예전부터 내면에 꽉 막아두었던 뜨거운 홍수가 전쟁과 내전을 핑계로 밖으로 분출되고 있다.

솥, 일렁이는 불꽃, 시뻘건 용암, 녹은 암석의 강, 부글부글 끓는 곤죽, 휘날리는 불티 등의 이미지는 군인 남성 자신의 육체를 의미할 뿐 아니라 더 큰 몸뚱이, 즉 대도시나 대지 등을 의미했다. 사악한 "마녀의 솥단

『용암』
헤르만 하게너 소설

지” 대도시는 내부로부터 들끓어오른다. 대도시에 울타리를 쳐주던 정치 “질서”는 기능적 측면에서는 개인의 들끓는 내면을 가두고 있는 “솥” 인 갑옷과 동일하다.* 폭파하는 땅, 폭동으로 혼란한 대도시는 군인 남성에게는 원초적 공포를 불러일으킨다. 자신의 내면도 폭력적으로 분출해버릴 가능성 때문에 두려운 것이다. 내면이 너무 막강해지면, 거대한 외부의 몸뚱이인 땅이 스스로 열리면, 혹은 대도시의 질서 테두리가 무너지면, 사람의 육체 내면이 북받치면 파국이 도래한다. 육체는 폭력과 통증에 무너져서 흐른다. 육체 경계가 폭파된다. 고막이 찢기고 눈이 활짝 열리고 심장이 요동친다. 수류탄 폭발은 군인 남성에게 일종의 자기 경험을 선사한다. 그는 폭발시키는 폭약과 자신을 동일시하여 경험한다. 그는 공포 속에서 해체된다. “찢긴 영혼의 고통”, 실수로 날아든 “밤 올빼미” “이글거리며” “옥죄는” 심장, 땅이 폭발할 것이라는 기대에 “몸이 죄여오는 듯”한 느낌. 게다가 이렇게 말한다. “내 몸이 깔고 누워 있는 믿음직하게 차가운 땅이 곧 터진다면⋯⋯.”

경험이 수동적일수록 더 강한 공포에 짓눌린다. 그는 융해를 두려워한다. “가고 싶지” 않았지만 “이것은 우리 자신보다 막강하다”면서 그는 체념한다. 더 위협적인 실체인 땅속에 들어가 있는 상황이라면 공포는 더 커질 것이다. 지하에서 공격에 대비하고 있던 부대가 그러했다.

가래처럼 끈적한 공포가 천 개의 촉수로 우리 몸속을 기어다녔다. 그 모든 촉수에 빨판이 달린 듯 들러붙었다. 압도적인 감정이 세상 전체와 나를 한꺼번에 녹여서 시꺼먼 곤죽으로 만들었다. 여기저기 뜨거운 기운을 뿜으며 들끓었다. 마치 눈 가린 채 벌거벗고 사형대 위에서 몸부림치는

---

* 포위전이라는 개념을 독일어로 “가마솥 전투Kesselschlacht”라고 부른다는 것이 의미심장하다. 바깥에서 단단한 껍질을 씌워 안을 틀어막고 섬멸하는 방식이다.

느낌이었다. 조롱하는 시선이 탐욕에 불탄다. 숯불과 유황불로 허옇게 달아오른 집게가 노리며 다가온다. 감정의 불길이 치솟으면서 모든 사고는 증발해버린다.[7] [윙거]

고체 상태의 "그 모든" 부분에 "빨판이 달린" 촉수가 들러붙었다. 자아는 융해된다. "눈 가린" 그의 감각은 차단되었다. "벌거벗은" 그는 관찰 대상이 된다. 그는 "사형대"에서 벌을 받는다. 적들은 그 꼴을 구경거리로 삼는다. 글을 자세히 읽어보면 감정이 뒤집힌 형태로 들어 있다. 병사는 마치 자신이 살해하는 사람처럼 느끼고 있다. 적극적으로 자신의 경계를 벗어나버리는 것이다. 사실은 본인이 살해당하는 희생자 처지인데 말이다.

윙거가 묘사하는 감정은 "공포" 정도로는 턱없이 부족할 지경이다. 그는 이렇게 느꼈다.

이것은 우리 자신보다 막강하다. 우리 안에 숨어 있는 안개. 이러한 순간 슬며시 새어나와서 고요가 깨진 영혼의 수면 위에 수수께끼와 같은 존재로 드리우는 안개. 공포가 아니다. 차라리 공포였다면 눈 부릅뜨고 비웃으며 호통쳐서 소굴로 도로 쫓아버렸을 것이다. 이것은 미지의 왕국이다. 우리 감각의 경계가 녹아버리는 곳이다. 사실 우리는 스스로에게 낯선 존재다. 바쁜 일상에 파묻혀서 심연 깊숙한 곳에 잠들어 있는 무엇이 간혹 서서히 떠오르지만, 미처 형태를 갖추기도 전에 다시 우울한 슬픔 속으로 가라앉아버리곤 한다.[8]

"고요가 깨진 영혼의 수면" 위를 감도는 안개. 군인이 늘 하듯 "비웃으며 호통쳐서" 쫓아버리려 해도 소용없다. 눈을 부릅뜨고 직시해도 그곳에는 "미지의 왕국"만이 떠돌고 있다. 자신의 내면이 머무는 곳이지만 나에게는 "낯선 존재"다. 내면의 강은 흐르지 않는다. "우울한 슬픔"으로 녹아내릴 뿐이다.

혹은 폭발한다. "간혹 그가 잠들어 있을 때 땅이 흔들리면서 끓어오르며 화산이 분출한다."[9] 윙거가 말하는 "전쟁의 혼령"이다. 혼령은 모든 이의 내면에 살고 있다.[10] 인간 육체의 모든 통로는 휴화산이다.

붉은 홍수에 맞서다

제1장에서는 군인 남성이 관능적 여성상 앞에서 경직되어 고드름처럼 굳어버린다는 것을 살펴봤다. 그것을 거세 위협에 맞서는 방어기제라고 설명하는 이론은 미흡하다는 것도 충분히 논했다. 군인 남성이 원하는 것은 자신의 총체성이다. 뚜렷한 경계로 구분되는 육체로 남고 싶다. 그러나 관능적 여성과 접촉하는 순간 그는 무너진다. 군인 남성의 육체가 혁명의 붉은 홍수에 직면하여 위협당할 때도 동일한 방식의 경직된 운동이 발생한다. 그는 자신을 모아서 닫아버림으로써 "총체성"을 만든다. 스스로의 육체, 도시 전체, 부대 전체를 일종의 영속적 발기 상태로 만들어 방어한다. "오직 강철 같은 인물만이 소용돌이에 휘말리지 않을 수 있

"깃발을 절대 내리지 마라"
지휘관의 가슴 부분에 쓰인 문장이다.

358

안나베르크의 자유군단 기념비

다.”[1](윙거) “전국이 폴란드인의 홍수 속에 허우적대는데 오직 대도시들만 우뚝 서서 독일성을 유지하고 있었다.”[2](오스텐) “전국에서 지옥의 힘이 밀어올린 지하수가 차오르고 있었다. 혼탁한 홍수 속에서 외롭게 위협을 견디면서 독일의 도시들이 서서히 가라앉고 있었다.”[3](브로넨) “독일의 영향력이 옅은 외곽으로부터…… 폴란드의 홍수가 밀려들면서 다소간 성공을 거두고 있었다.”[4](횔젠 중장) 우리 부대는 리에주 창녀들이 던지는 유혹의 “홍수 속에서도 꿋꿋한 바위”[5]였다.(하이데브레크)

군인 남성, 도시, 바위, 외곽. 무엇이든 상관없다. 우뚝 서야만 홍수를 이겨낼 수 있다.

반란의 거친 불꽃에 붉게 달아오른
우리 조국은 증오의 채찍질에 쫓기운다.
우뚝 선 바위를 에워싼 어둑한 밀물처럼,
동쪽에서 서쪽에서 우리에게 휘몰아친다.[6]

1919년 3월 25일 로가우에서 애국 국토순례 청소년 단체 반더포겔 백인회가 자유군단에 입단하는 것을 축하하는 "축복 행사"에서 낭독된 시의 세 번째 연이다.

안나베르크, 이루 말할 수 없는 아픈 기억을 일깨우는 이름. 아찔한 위험과 악마 같은 고통이 떠오른다. 차마 말 못 할 고통이 방방곡곡에 홍수처럼 밀려든다. 독일의 형제자매들이 고난의 바다에 잠길 위협을 겪었다. 안나베르크! 그대의 발치에 집채만 한 파도가 부서졌다.[7] [에리히 베렌트]

외로이 우뚝 선 리히텐슐라크 자유군단Korps Lichtenschlag을 위협하며 홍수가 몰려들었다.[8] [하인리히 만켄]

앞장서서 우뚝 서는 것은 군인 남성이다. 뒤이어 이들이 점령하는 도시와 산이 바로 선다. 곧이어 지식인들이 대열에 동참한다. 예를 들면 붉은 홍수에서 위협을 절감한 교장 선생님이 그러했다.

젊은 아가씨여, 과거는 영웅의 시대였습니다. 잘츠만, 페스탈로치, 피히

자알레크 성의 성탑
1921년 발터 라테나우 외무장관 암살에
연루된 극우 분자 피셔와 케른이
범행 직후 은신했던 곳이다.
프로이센 경찰과 총격을 주고받던 끝에
케른은 사살당했고
피셔는 스스로 총을 쏴 목숨을 끊었다.

테, 헤르바르트 등이 시대를 선도하며 해답을 제시했지요. 이제 영웅의 시대는 지났습니다. 오늘날 우리는 대중의 시대를 살고 있습니다. 홍수, 밀물의 시대입니다. 수백만의 두뇌가 새로운 사상을 낳습니다.[9][빌헬름 에르브트]

교육자의 한 사람으로서 "위대한 영웅"처럼 수백만 대중 앞에 우뚝 서고 싶다. 우뚝 치솟은 채로 홍수와 밀물에 맞서고 싶다. 어쩐지 "밀물"을 빙자해 자신의 우뚝 솟은 남근적 허세를 쏟아놓고 싶어하는 속마음이 느껴지는 글이다.

영웅의 혼은 영웅의 피를 굳건하게 만든다. "징징거리는 국경 변두리의 상황, 분열을 책동하는 영국 및 프랑스의 원조를 극복하려면 독일 군인의 피가 필요하다. 붉은 홍수에 굳건하게 맞서야 한다."[10][겡글러] 군인 남성의 피는 "남근적"이다. 바위처럼 단단하고 우뚝 섰다.

라이히의 임상 보고에 따르면 군인 남성들의 상당수는 발기지속증에 시달렸다고 한다.[11] 홍수에 대한 공포는

언어에만 영향을 끼친 것이 아니라 육체적 감각마저 구조화했던 것이다. 공포의 힘은 이토록 엄청났다.

방어적 언어는 봉우리와 골짜기, 높음과 낮음, 막아냄과 몰려듦의 극단적 대조 위에 자리 잡는다. 낮은 것은 축축하고 움직이고 집어삼킨다. 높은 것은 굳건하고 건조하고 꿈쩍도 않는다. 움직임은 늘 이렇게 표현된다. 아랫것이 위를 치받지만 결국은 가로막힌다.[12]

앞서 우리는 남근적 이미지와 메두사 이미지의 대립쌍이 그렇게 쉽게 환원되지 않는다는 것을 살펴봤다. 한 가지 확실한 점은 "남성성"과 "여성성"이 대립쌍에 내포되어 있다는 것이다. 격랑은 흐르고 녹여낸다. 고지를 포위하거나 혹은 쓸어버린다. 이들을 차례로 고찰해보면 자세한 모습이 드러날 것이다.

드넓고 거친 강은 대부분 멀리서부터 흘러온다. 어디에서 시작되었는지 알기는 어렵지만 어디에서 갈라지는지는 비교적 알기 쉽다. 지금 여기에 흐르는 강의 원천을 찾고 싶다면 흐름을 "거르스는 방향"으로 헤엄쳐야 한다. 유럽의 역사를, 심지어 인류 역사를 거슬러 가볼 필요가 있다. 한참 탐험하다보면 우리의 관심사에 다다를 것이다. 즉 파시스트의 언어와 백색 테러의 관련성이다.

격랑

흐르는 그 모든 것······

"자기 욕망의 흐름들 속에서 누가 용암과 물을 느끼지 않으랴?"[1] 들뢰즈와 과타리가 『안티 오이디푸스』에서 묻는다. 뜻은 이렇다. 내면 욕망의 흐름을 과거에도 현재에도 폭력에 의해 저해받지 않았던 사람이라면 누구나 용암과 물을 느낀다. 단지 비유적으로만 그렇다는 것이 아니다. 빌헬름 라이히는 오르가슴이 동반하는 쾌감을 "흐름들Strömen"로 설명했으며 육체적 긴장의 이완은 "유출流出, Abströmen"이라고 설명했다.[2]

의학, 생리학, 철학, 생물학의 역사를 살펴보면 인체의 기능을 "흐름"이라는 현상으로 이해하려는 오랜 전통이 있었다. 장 스타로뱅스키가 저술한 『문학과 정신분석Literatur und Psychoanalyse』의 한 챕터 「상상된 흐름의 역사」는 데카르트 이래로 서양 사상사가 흐름을 어떻게 이해했는지 정리하여 보여준다.

"오랜 세월 운동심리학에서는 생령Lebensgeister이라는 것이 운동신경의 비어 있는 대롱을 타고 흐른다고 생각했다. ······ 데카르트는 운동 현상을 설명해내기 위한 유체역학 체계를 고안하기도 했다. ······ 운동신경은 하나의 관管이다. ······ 관 그 자체로 중요한 것이 아니라 관을 통해 흘러가는 흐름이 더 중요하다. ······ 커다란 심방에서 나와 다양한 운동을 일으키는 하나의 거대한 흐름이다."[3]

스타로뱅스키는 자연과학, 특히 물리학 지식의 발전이 체액을 이해하는 방식에 어떤 영향을 끼쳤는지를 설명한다. 그리하여 신경 전류를 갈

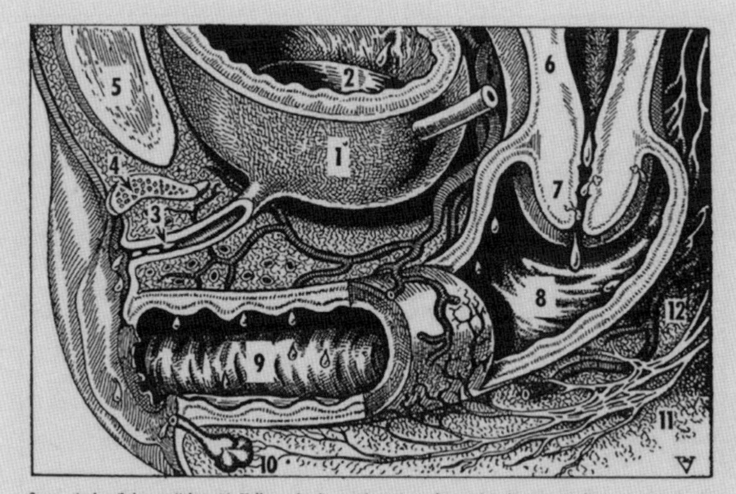

Causas de los flujos genitales.—(1) Vejiga urinaria cortada que permite ver la orina (2) contenida en su interior. (3) Salida de pus de la uretra, debido a la infección blenorrágica (venérea) de la misma. (4) Clítoris. (5) Hueso del pubis.

바니 생체 전류와 동일하다고 생각하거나 혹은 소뇌 층판에 "갈바니 축전지의 완벽한 원소"[4]가 있다고 주장하기도 했다.

오스트리아 출신이나 프랑스에서 활동했던 프란츠 안톤 메스머는 인간이 "유체流體, Flutstoff"의 바다에서 유영하고 있다고 봤다. 그에 따르면 흐름은 인간 안에만 존재하는 것이 아니다. 인간 사이의 관계에도 흐름이 있다. 이는 스타로뱅스키에 따르면 피치노와 파라켈수스의 체액설을 계승한 이론이다.[5]

"피에르 자네는 메스머 이래로 과학계가 흐름 요법을 두고 찬반 양론으로 갈라졌다고 제대로 진단했다. …… 흐름 요법 찬성론자들은 자력이 있는 것과 자력을 받는 것 사이에 물리적 힘이 실제로 오간다고 믿었다. 반대론자의 …… 주요 논리는 환자 내면의 심리적 과정에만 흐름이 오간다는 것이었다."[6]

그리하여 두 가지 대립되는 입장이 생겨났다. 하나는 이른바 "유체 외래설Exo-Fluidismus"이다. 자력이 있는 것으로부터 유체가 흘러나와 환자에게 전달된다고 보는 입장이다. 다른 하나는 "유체 내재설Endo-Fluidismus"이다. 신경 에너지는 움직임을 유발하는 물질이며 개인의 몸 안에 보존된다고 보는 입장이다. 정신분석학은 두 번째 입장을 계승했다. "갇혀 있는 에너지의 흐름을 이론의 모델로 삼고 있다."[7]

정신분석을 받는 환자는 자기요법이나 최면요법 대상이 아니다. 그러므로 자기가 스스로 흐름을 쏟아내야만 한다. 브로이어와 프로이트가 제안했던 정신분석 이론의 초안은 이러한 전통을 계승하고 있다. 이들이 함께 쓴 『히스테리 연구Studien über Hysterie』(1895)에는 이런 대목이 있다.

더 나은 비유로는, 광범위하게 가지를 친, 조명과 동력 전도용으로 사용되는 전기 시스템을 들 수 있다. 이 전기 시스템은, 단순히 접촉만 되어도 전등불이 들어오게 하거나 기계를 움직이게 할 수 있을 것이다. 그러기 위해서는 모든 것이 작동될 준비가 이미 되어 있어야 하는데, 이 때문에 전체 전도망에 걸쳐서 어느 정도의 긴장이 존재하고 있어야 하며, 발전기의 엔진이 이 목적을 달성하는 데 필요한 양만큼의 에너지를 소모하고 있어야 한다. 마찬가지 방식으로 뇌의 전도 통로에도 휴식 시 어느 정도의 흥분이 존재하고 있다가 깨어나면 작동될 준비를 하고 있는 것이다.[8]

여기에도 두 가지 요소가 뚜렷하다. 하나는 에너지, 즉 전류로서의 "흐름"이다. 또 다른 하나는 "영혼"이 장착된 동력 기계다. 실상 모든 기계는 이 두 요소로 구성되어 있다. 다양한 종류의 흐름이 운동을 만들어낸다. 전기의 흐름, 기체 형태의 흐름, 혹은 액체의 흐름 등이 동력 기계의 움직임을 만들어낸다.

프로이트는 흐름이라는 관념을 유지하다가 나중에 폐기한다. 1900년 무렵 프로이트에게 흐름 관념은 더 이상 "뇌내 자극"이 아니라 리비도, 즉 충동이었다. 스타로뱅스키의 주장이다.[9] 이제 프로이트는 쾌락을 경험할 때 발생하는 특정한 생물화학적 반응에 주목했다.

이러한 과정이 자연과학적으로 증명된 적은 예나 지금이나 거의 없다. 심리적 상황이 개입된 육체적 반응을 둘러싼 논쟁은 해결 불가능할 것이다. 그럼에도 리비도의 작용을 설명하고 이해하는 다양한 시도를 반드시 과학적으로 따질 필요는 없다. 이는 자신의 육체적 과정을 스스로 경험한다는 데서 출발하는 지식이기 때문이다.

빌헬름 라이히는 오르가슴의 쾌감을 "유출"이라는 개념으로 설명한다. 해당 개념을 이용해서 자신의 오르가슴 감각을 자세히 설명하려는 것이다. 프로이트 역시 자신의 육체적 감각을 출발점으로 삼아 쾌락적 긴장 이완이 일으키는 생리적 과정을 화학적으로 이해하려고 했다. 두 사람 다 자신의 경험을 근거로 하면 남들에게도 충분히 설득력이 있으리라 확신했던 듯하다. 둘 중 한 명이 "틀렸다"고 단언하는 것은 불가능하다. 이들의 의견이 달라지는 이유는 상이한 과정을 이야기하고 있기 때문이다. 라이히가 말하는 "유출"은 안에서 밖으로 향하는 과정이며 두 개의 육체 사이에 벌어지는 과정이다. 그에 비해 화학적 반응은 자신의 육체 내부에서만 벌어질 뿐 추가적 육체를 고려하지 않는다. 다시 말해 성적 만족을 설명함에 있어서 프로이트는 승화적 과정을 말하는 반면 라이히는 오르가슴적 과정을 말하고 있다. 프로이트 섹슈얼리티 이론의 핵심에는 승화의 필요성이 있는 반면, 라이히 이론의 핵심에는 생식기 만족의 필요성이 있다.

라이히는 흐름의 감각이 인간을 우주 전체의 생기와 이어준다고 봤다. 놀랍게도 프로이트의 후기 저술 『문명 속의 불만*Das Unbehagen in der Kultur*』에도 유사한 표현이 등장한다.[10] 로맹 롤랑은 프로이트에게 친구 자격으로 편지를 보내 프로이트의 종교관은 "종교적 감정의 진정한 원천을 정당하게 평가하지 않았다"고 비판했다. 프로이트는 롤랑에게 이렇게 반박했다.

진정한 원천은 어떤 독특한 느낌에 있다. 그 자신은 한시도 이 느낌에서 벗어난 적이 없고, 그 밖에 많은 사람이 이 느낌을 확인했으며, 수많은 사람에게 이 느낌이 존재한다고 생각할 수 있다는 것이다. 그는 이 느낌을 "영원"에 대한 감각, 한계와 경계가 없는, 말하자면 "망망대해 같은" 느낌이라 부르고 싶어한다.[11]

프로이트는 이 문제에 대해 단언한다. "나 자신한테서는 어디서도 이 '망망대해 같은' 느낌을 찾을 수가 없기 때문이다." 그럼에도 끝내 관심은 있었던 모양인지, 그 후로도 11페이지에 걸쳐 종교론을 편다. "외부 세계 전체와 결코 풀 수 없는 끈으로 단단히 묶여 있다는 느낌"을 프로이트는 "오히려 지적 통찰의 성격을 띠는 것처럼 보인다"고 판단한다. 그는 자아의 무경계성을 오직 내면의 방향으로만 인정한다. "그러나 어쨌든 자아는 적어도 외부 세계에 대해서는 분명하고 뚜렷한 경계를 유지하는 것처럼 보인다." 프로이트적 "자아"는 오직 "이드" 속으로 침잠한다. 외부 세계에 대해서는 "분명하고 뚜렷하게" 경계짓고 있다. 단 하나의 예외가 있다.

예외가 있다면 사랑에 빠져 있을 때뿐이다. 이 상태는 분명 이례적이지만, 병리적이라고 낙인찍을 수는 없다. 한창 사랑에 빠졌을 때는 자아와 대상의 경계가 금방이라도 녹아버릴 것만 같다. 감각 기관은 자아와 대상이 별개의 존재라는 온갖 증거를 제공하는데도, 사랑에 빠진 남자는 그 증거를 무시한 채 나와 너는 하나라고 선언하고, 그것이 사실인 양 행동할 준비가 되어 있다.[12] (강조는 필자)

통찰력이 돋보이지만 한편으로는 무척 슬픈 발언이다. 물론 프로이트는 사랑에 빠지는 것이 병은 아니라고 강조하긴 했다. 그래도 두 사람 사이의 경계가 녹아버릴 가능성이 가장 큰 것은 사랑이 한창인 순간일 뿐, 육체적 결합의 순간은 아니라고 했다. 온갖 "증거를 무시한 채" 그 결과 나와 그대 사이의 경계가 녹아버린다고 했다. 프로이트는 성인 간의 경계 넘나들기가 허구에 불과하다고 단언한다. 그러면서도 로맹 롤랑의 기분을 배려했던지 그것은 유아가 환경과 분리되지 않았던 감정의 잔재일 수도 있다고 덧붙인다. 이 감정은 "감각의 군집Empfindungsmasse"(!)과 연결되어 있다.

"원래부터 존재한 것이 나중에 파생된 것"과 나란히 인간 정신에 공존한다는 사실을 설명하기 위해서 프로이트는 로마의 성벽을 예로 든다. 1000여 년 전 건축물의 흔적은 오늘날까지 남아서 내려온다. 프로이트는 믿기 어려울 정도로 놀라운 로마 건축물 이야기를 두 페이지에 걸쳐 장황하게 늘어놓는다. 아우렐리아누스 황제의 성벽과 세르비우스 성벽 이야기까지 한다. 프로이트가 이렇게까지 옆길로 새는 일은 드물기 때문에 무척 인상적이다.

요약하면 이렇다. 성인은 흐름의 감각이 느껴지면 "성숙된 자아 감각"을 잃을 위기에 처한다. 프로이트는 롤랑의 "종교적 필요성의 원천"을 반박한다.

따라서 유아기의 무력감과 그것이 불러일으키는 아버지에 대한 동경에서 종교적 욕구가 유래하는 것은 논란의 여지가 없을 만큼 명백해 보인다. …… 어린 시절에 아버지의 보호를 받고 싶은 욕구보다 더 강한 욕구가 있다고는 생각할 수 없다.[13]

이 부분에서 또다시 명백하게 드러난다. 프로이트가 말하는 아동기는 아이에게 어머니의 보호가 가장 절실한 시절을 빼버린 결과로 성립된다. 프로이트는 아이가 오이디푸스가 되어 아버지와의 동일시를 마친 후에야 아동기가 시작된다고 본다.

단락의 끝에 이르러 프로이트는 또 다른 친구 이야기를 전한다. 워낙 박식해서 "백과사전" 같은 친구인데 요가 수련을 하면 "신비주의의 지혜가 근거를 두고 있는 생리적 토대"를 발견할 수 있다고 믿는다. 프로이트는 친구의 말에 직접 반박하지 않고 다른 말로 반응을 대신한다.

그러나 나는 실러의 잠수부가 한 말을 그래도 외치고 싶다.
"기뻐하라, 이 밝은 장밋빛 햇빛 속에서 숨 쉬는 자여."

프로이트는 위로 향하고 싶다. 그에게는 바다 운운하는 온갖 이야기가 어둡고도 위협적인 물 아래처럼 느껴진다. 친구 롤랑이 별생각 없이 던진 "망망대해 같은 느낌"이라는 말이 프로이트가 지니고 있던 어떤 공포를 자극했던 모양이다. 바로 개인의 경계가 없어질 가능성에 대한 두려움이다. 롤랑에게 행복감과 연관되었던 것이 놀랍게도 프로이트에게는 공포로 다가왔다.

빌헬름 라이히는 1952년 10월에 지크문트 프로이트 아카이브에서 분석가 아이슬러와의 인터뷰를 녹화했다.[14] 바로 이 주제가 언급된다. 여기서 우리는 프로이트와 라이히의 결정적 차이를 엿볼 수 있다.

프로이트는 지성적인 인물이지요. 정신의 우월성을 확신했어요. 감정보다는 이성을 중시했고요. 감정 자체가 나쁘다는 게 아니라 휘둘려서는 안 된다는 겁니다. 감정은 통제의 대상입니다. 지성과 의식이 감정을 지배해야 한다고 믿었어요. 하지만 성기와 관련 있는 분석 작업을 하다보니 이런 태도는 곧 모순에 직면하지요. 감정이 개입되고 "흐름"과 육체적 감각이 끼어드는 겁니다. 프로이트는 소위 "망망대해 같은 느낌"의 존재를 부정했어요. 신과 같은 근원적 존재와 합일되는 느낌 말입니다. 사람들이 신이라고 부르는 것, 대자연, 혹은 모든 종교와 종교적 감정의 기초적 요소를 전부 병리적이거나 오류를 띤 것으로 치부했습니다. 프로이트는 이 모두를 거부했어요. 유감스러운 말입니다만, 제 생각에 프로이트는 스스로의 생명성과 생물학적 생동감을 억제하려 했던 것 같아요. 자기 자신을 제한해야만 했고 승화해야만 했어요. 스스로의 마음에도 들지 않고 물러나고만 싶은 삶을 살게 된 겁니다. 프로이트는 모든 선한 종교의 기본이 되는 개념을 인정할 수 없었다는 것이 제 직감입니다. 제 말 이해하십니까? 모든 선한 종교요. 오르가슴의 생물학적 활동은 우주의 일부입니다. 그걸 프로이트는 거부하는 겁니다.[15]

라이히의 찬반 세력 모두가 입을 모아서 라이히가 노망한 늙은이라고 목청 높인다고 해도 상관없다. 나는 인터뷰를 보고 더 확신하게 되었다. 라이히 추종자들이야말로 라이히를 가장 교조적으로 왜곡하는 사람들이다. 마치 마르크스의 적은 마르크스주의자인 것과 마찬가지다. 마르크스주의자는 이른바 "파리 수고"라고 알려진 『경제학 – 철학 수고』를 "마르크스주의적"이 아니라면서 공격한다. 라이히주의자들은 미국 망명 후에 라이히가 보인 말년의 기행을 "라이히적"이지 않다면서 제외한다. 라이히의 제자들은 라이히의 말년 저작을 엄격하게 금지하고 읽지 않는다. 완전히 배제하여 주변화한다.[16] 나는 말년의 라이히가 미쳤다고 생각하지는 않는다. 최소한 흔히 말하는 종류의 정신이상자는 아니었다. 이 인터뷰에서 라이히는 프로이트에 대해 시종일관 공격적인 태도를 보인다. 이렇기 때문에 미쳤다고 보는 사람도 있을 수 있다. 그러나 그의 말은 또렷하고 조리 있다. 또한 이전과 달리 프로이트와 자신의 차이점을 숨김없이 말한다. 그리고 전략적 계산 없이 허심탄회하다.

또한 프로이트가 생명의 생동성을 회피했으며 삶에서 물러나고 싶어했음을 거침없이 지적한다. 더 나아가 그런 이유에서 자신이 프로이트와 결별하게 되었다고 밝힌다. 특히 주목해야 할 지점이 있다. 프로이트가 쾌락의 "흐름"이라는 느낌을 거부했다는 것이다. 프로이트는 라이히의 1927년작 『오르가슴의 기능』의 출판을 돕기는 했지만 정작 책 내용에 대해서는 잘 몰랐다. 아직 라이히와 결별하기 훨씬 더 전이었으며 프로이트는 "망망대해 같은" 느낌, 자아와 우주의 쾌락적 연결 같은 관념에 관심을 두지 않았다. 흐름 개념이 그러했듯 기계적 요소 역시 프로이트의 인간의 심리물리학적 기능 개념에서 서서히 사라진다. 용어 체계에서 은유적으로만 흔적이 남는다. 예를 들어 심리적 장치Apparat 개념은 장치라기보다는 일종의 층층이 쌓인 모델로 변해, 이드, 자아, 초자아가 각각 층을 이루어 "아래"에서 "위"로 건축되는 다층 건물 구조가 된다. 지하실에는 무의식 이드가 "들어앉아서" 제멋대로 감독 노릇을 한다. 위층에는 부모가 버티고 있다. 지하층에서는 멋대로 난리 치고 위층에서는 엄하게 단속하는 가운데 자아가 불쌍하게 끼어 있다. 중간층의 무대에서 자아는 스스로를 유지하면서 동시에 사회가 요구하는 역할을 습득하고 수행해야만 한다. 들뢰즈와 과타리가 비판하듯 이는 표상하는 모델일 뿐 생산하는 모델이 아니다.

『안티 오이디푸스』는 인간 무의식에 생산 기능이라는 범주를 재도입하려고 시도한다. 흐름과 기계라는 개념이 도입되어 바위에 부딪히고 뻣뻣한 꼭두각시 오이디푸스를 휩쓸어서 해체한다면, 그리하여 부품이 산산조각 나고 장난감을 구동하는 태엽장치가 망가진다면 어떨까? 현란한 말장난처럼 보일 수도 있다. 하지만 이는 후기 프로이트 사상이 체계적으로 도외시했던 차원을 인간 정신 이론에 재도입하려는 노력이다. 인간 무의식을 생산력으로 이해하려는 것이다. 무의식은 특정한 "심리적" 현실을 생산하는 것이 아니라 사회적 현실을 생산하는 힘이다.

무의식이 지닌 욕망 생산의 흐름이 "기관 없는 몸", 즉 아직 사회화되지 않은 질료, "자연"에 쏟아부어진다. 욕망의 흐름에 따라 생산하고 인구를 늘리고 변화한다. 욕망은 분화하고 또 합쳐진다. 욕망의 흐름이 다른 흐름과 합류한다. 갈라졌다가 다시 합쳐진다. 흐름과 욕망 기계는 무의식적이다. 인간은 짝짓기의 시스템이다. 진행되는 과정을 통해서 흘레붙었다가 떨어진다. "이젠 뭘 하지?" "하던 거 더 하지." "그런 다음에는?" 이것이 욕망의 현장에서 오가는 질문들이다. 욕망의 흐름은 대상, 제도, 대륙, 다른 육체와 결합한다. 욕망 기계는 그렇게 기능하기 시작해 새로운 영역으로 확장된다. 경계를 넘어서고 스스로를 다시 해체하거나 혹은 파괴한다. 새로운 관계를, 새로운 대상을, 자기 자신을, 개인적·사회적 삶을 생산해낸다. 움직임이다. 목적이 있다. 그러나 끝이 없다. "이제는 뭐하지?" "그다음에는 뭐하지?" "그러면 그렇지." "그러면 뭐하지?" 무한히 계속된다.[17]

낯설고 혼란스러운 내용에 의구심을 갖는 독자들이 있으리라 생각된다. 당분간은 의구심을 유지해도 괜찮다. 이번 챕터에서는 다양한 흐름을 다룰 것이다. 나중에 이르면 전체 내용이 좀더 분명하게 눈에 들어올 것이다.

이 부분의 논의는 공포라는 주제에서 시작되었다. 군인 남성들의 내면에는 언제라도 폭발할 수 있는 "홍수"와 "용암"에 대한 공포가 자리 잡고 있었다. 진지하게 접근해야 할 감정이다. 어디에서 비롯된 감정인지 어디로 향하는 감정인지 알아볼 필요가 있다.*

한 가지 강조해두어야 할 것이 있다. 뚜렷이 구분되는 "개인"이라는 문화적 개념이 중요하게 등장한 것은 후기 부르주아 사회에서다. 기계와 흐름은 인간의 육체와는 반대되는 개념이었다. 이들의 기능은 피라미드형이나 삼각형 등의 기하학적 도형으로 "모델화"하여 표현되었다. 생산 과정에서 동떨어진 대부분의 "개인들"은 사회적 과정의 **표상**만을 곧이곧대로 믿는다. 자신은 "기계"와 다르다고 과거에도 믿었고 지금도 믿는다. 기계에 대해서는 전혀 모르고 손을 더럽혀본 일도 없다. 대를 이은 사무직 종사자 가문 출신이거나 공무원이었다는 사실을 특권으로 여긴다. 또한 절대로 흐트러지지 않음을 미덕으로 여긴다. 감정 분출을 통제하거나 혹은 아예 감정이 없는 편이 훌륭하다. 독일 부르주아 사회의 일상어를 살펴보면, 생식의 흐름성과 기계성을 표현하는 말에는 유독 방어적이고 부정적인 어휘가 많다는 것을 알게 된다. 예를 들면 사정을 뜻하는 "싸지르다Erguss"와 성교를 뜻하는 "흘레붙다Verkuppeln"가 있다. 전자는 천박한 어감이고 후자는 부도덕한 어감이다. 마르크스는 거대한 산업이 "기능의 유동성을 초래하고 노동자의 활동성을 전반적으로 증진시킬 것"이라고 기대했다.[18] 그런 일은 일어나지 않았다. 그렇지만 노동자의 활동성을 가로막은 원흉인 기술적 발명품 컨베이어 벨트가 독일어로 "흐름띠Fließband"라는 사실은 생각할수록 변태적 아이러니다.

---

* 리비도의 활동을 무의식의 생산 활동이라고 설명하거나 혹은 종전대로 "흐름"이나 "격랑"으로 표현되는 "기계" 작동으로 설명하려는 시도는 어쩐지 불충분하다. 다양한 인문과학은 더 정확한 정보를 제공한다는 보장이 없기 때문에 엄격한 개념 체계의 요구에 부합하지 못한다는 것이 숙명과도 같은 단점이다. "무의식"에 대한 모든 이론은 결국 "사변적"이다. 후기 프로이트 이론은 무의식이 "혼돈적·충동적" 존재임을 강조한다. 라캉은 무의식이 언어처럼 구조화되어 있으며 언어처럼 기능한다고 본다. 들뢰즈와 과타리는 무의식 안에서 흐르고 방전되고 "생산"하려는 에너지에 주목한다. 모든 "혼돈적인 것"을 외재적인 것이라고 볼 수도 있다. 혹은 사회적 무정부 상태가 표상 체계 속에 주입된 것이라고 볼 수도 있다. 이 모든 이론의 출발점은 동일하다. 스스로의 육체와 다른 사람의 육체에 대한 관찰이다. 옳고 그름의 차이를 따지는 것보다 더 중요한 질문들이 있다. 다양한 가설은 어떻게 기능할까? 어떤 결과물을 얻을 수 있을까? 다양한 이론을 사용해서 어떤 작업이 가능할까? 다양한 이론이 서로 엄격하게 구분되는 것도 아니다. 서로 상대방의 이론에 대해서 특정 부분만 반대하거나 혹은 강조하면서 부분적 차이를 보일 뿐이다. 이들이 공유하는 주요 관심은 무의식과 그 기능이다. 이것이 정신분석학이 여타 학문과 다른 점이다.

부르주아적 언어 관행에서 기계 및 메커니즘과 관련된 모든 어휘에는 실제로 기계적인 것과는 오히려 반대되는 부정적 가치 평가가 담겨있다. 움직임이 "기계적"이라면 그것은 의식이나 관심 없이 그냥 움직인다는 뜻이다. "기계적"이라는 말은 죽어 있거나 혹은 무감정적이라는 말과 동의어다. 하지만 서커스를 보는 부르주아는 저글링 묘기의 기계적 동작을 아름답다고 느낀다. 기계적이지만 정신이 결여된 것이 아니라 정신 집중이 느껴지기 때문이다. 규칙적이고 기계적으로 페달을 밟는 자전거 경주 선수의 움직임은 스포츠 중계자에게서 아름답다는 찬사를 듣는다. 자전거라는 기계가 자전거 경주 선수의 능력과 수행력을 이끌어내도록 제작되었기 때문이다. 이 사례들에서 볼 수 있듯, 어떤 기계는 제한적으로 제작되었을 뿐 생산하지 않는다. 스포츠 쇼, 달 착륙, 전쟁, 여가 활동 등이 이에 해당된다. 반면 공장 기계, 치과 환자를 위한 기계, 산부인과 의자 등은 여기에 해당되지 않는다. 이제 의미심장한 결론이 도출된다. 생산 영역에서는 인간과 기계의 인공적 대립과 갈등이 부각된다. 결코 기계의 책임은 아니다. 오히려 기계에 자금 조달하고 설계하고 제작한 사람에게 반反생산의 원칙을 생산에 도입한 책임이 있다. 프리츠 랑의 『메트로폴리스 *Metropolis*』가 보여주는 다의적 이미지를 생각해보자. 노동자가 기계에 매달려서 마치 고문이라도 당하듯 고통스러워한다. 혹은 채플린의 「모던 타임스」도 마찬가지다. 기계가 괴물이다. 괴물을 창조해낸 자본가는 괴물이 아니다.[19]

부르주아 사회의 일상 언어 및 사고방식에서 보이는 "기계적"인 것에 대한 부정은 자본주의적 생산 과정에서의 기계화 부정에 해당된다. 자본가가 만들어낸 노동자와 기계 사이의 적대는 부르주아적 자아와 자아의 무의식이 일으키는 생산력과의 적대와 정확히 동일하다. 이 적대성은 부르주아의 일원으로 남으려면 이러저러한 "자아"가 되라는 사회적 강제를 통해 부과된다. 부르주아의 공포는 자신의 계급에 어울리는 사회적 요구를 더 이상 충족시키지 못하면 "노동자"로 전락할지도 모른다는 데 있다. 부르주아 자아는 무의식과 직접 접촉할까봐 두렵다. 그리하여 "기계에 매달리는" 저주를 받을까봐 두렵다.

후기 프로이트는 다음과 같이 공식화했다. "이드가 있던 곳에 자아가 들어서야 한다."[20] 기계적인 것과 흐르는 것을 인간 무의식의 생산에서 몰아낸 후 고요하고 건조한 것으로 대체하려는 기획인 셈이다. 프로이트는 두 번째 과정을 자아 발달 과정Prozess der Ich-Bildung이라고 이름 붙였다. 또한 이를 네덜란드의 자위더르 간척 사업에 비유해 문화작업 Kulturarrbeit이라고 설명했다.[21] 자아/이드/초자아 구조가 완결된 사람은 흐름과 욕망 기계가 안정되어 말라붙은 무덤과도 같다. 나는 여기에 한 가지 추측을 덧붙이고자 한다. 추측의 타당성은 앞으로 증명하도록 하겠다. 무의식의 흐름적·기계적 생산력에 맞서려는 싸움은 여성에 대한

증기기관의 창조

싸움이라는 형식으로 구체화된다. 결국은 여성적 섹슈얼리티에 맞서려는 싸움이다.

여성적 섹슈얼리티에 맞서는 동시에 무의식의 생산력 전체를 억제하는 정신물리학적 과정을 설명하고자 한다면 프로이트의 정신분석학 개념으로는 부족하다. 프로이트의 개념들은 무의식적 억압의 결과를 결정적 순간으로 삼아 생겨난다는 점에서 더더욱 그렇다.

그러므로 나는 우선 흐름을 틀어막지 않는 이들에게서 근거를 찾아보려 한다. "욕망의 흐름들 속에서 용암과 물"을 느끼는 일을 두려워하지 않고 그냥 흐르게 두는 사람들을 살펴볼 것이다. 다양한 대륙과 사회에서 온 작가들의 글에 나타나는 어떤 흐름을 살펴본다. 독자들과 한동안 떠내려가다가 뭔가 본질적인 것을 마주치게 되기를 기대한다.

상상해봐. 산과 바다 사이 어드메쯤. 아무 길이나 골라잡아 걸으면 열 가운데 하나쯤은 골짜기로 향하는 내리막길이라고 쳐. 발걸음을 멈췄더니 눈앞에 널따란 샘물이 흐르고 있어. 마치 요술과도 같은 광경이지. 성질 급한 친구라면 풍덩 깊숙이 뛰어들겠지. 그런 친구를 길잡이로 앞장세우는 거야. 그 친구라면 없는 물도 악착같이 찾아낼 테니.

지금 이 순간 성질 급한 친구를 앞장세워 물을 찾는 일에 도움이 되고자 한다. 물이 있는 곳에 욕망은 흐른다. 모두가 영향을 받는다.

……수천 명의 사람이 바다에 대한 몽상에 잠긴 채 …… 그들은 모두 육지 사람들이다. 평일에 그들은 벽에 회반죽을 바른 목조건물 안에 갇혀 지낸다. 계산대에 매여 있거나 의자에서 꼼짝 못 하거나 책상에 붙들려 있다. 대체 어찌 된 일인가? 푸른 들판이 갑자기 사라지기라도 했단 말인가? 여기서 그들은 대체 무엇을 하고 있는가?

하지만 보라! 더 많은 사람이 바다에 뛰어들기라도 할 것처럼 곧장 이곳
으로 오고 있다.[22]

멜빌의 『모비딕』의 일인칭 서술자 아이작은 주기적으로 이끌려 바다
에 온다. 육지에 너무 오래 있으면 다른 사람들과 말썽에 휘말리기 때문
이다.

여전히 샘물에는 말이 고여 있어
물의 잠꼬대가 노상 읊조리네……[23]

슈바빙 클레버줄츠바흐의 마을 목사 에두아르트 뫼리케가 느낀 감정
이다.

오너라, 물의 난소어,

미래가 앙증스런 대가리를 쳐들지니.[24]

네덜란드령 앤틸리스 출신의 아프리카 혁명가 에메 세제르의 글이다.
북미의 월트 휘트먼은 광활한 미국 땅에도 만족할 줄 몰랐다.

시험되지 않은 것! 황홀경에 있는 것!
닻에서 풀려나 자유롭게 떠도는 것![25]

러시아의 혁명 시인 블라디미르 마야콥스키의 시.

썩 물렀거라, 카스피해의 놀아나는 파도여!
러시아의 강바닥에 돌아가지 않으련다!
우리는 원한다
썩어빠진 바쿠가 아니라,
오오, 찬란한 니스에서,
지중해의 파도와 춤추며 날뛰기를![26]

이게 그가 소련에 바랐던 것이다. 헛된 바람이었지만. 낡은 러시아 제
국 바쿠에서 시작된 스탈린의 강바닥은 끝내 찬란한 지중해를 보지 못
했다. 솔제니친의 『수용소 군도』에는 죄수들이 수용소에 문자 그대로
파도처럼 몰려들어와서 생명과 욕망을 서서히 잃어가는 모습이 나온다.

삶을 향한 증오, 자유롭게 움직이고 흘러가는
모든 것에 대한 증오……

증오에 맞서 싸운 사람도 있었다. 혈통은 독일계였지만 선택에 의해

프랑스인이 되었다가 미국으로 망명한 코즈모폴리턴 유대인 헨리 밀러
는 이런 말을 홍수처럼 쏟아놓는다.

그들은 탯줄을 자르고 당신의 궁둥이를 철썩 때린다. 그러고는 정신 차
려! 하고 소리 지른다. 당신은 세계로 뛰쳐나온다. …… 키가 없는 배.[27]

……제발 좀 그만! 한 번만 더 상륙 타령 하기만 해봐.
너희 눈앞에서 그냥 확 갑판에서 뛰어내린다.[28]
(생 존 페르스)

나는 믿는다, 바다와 땅은
너에게 대답할 목소리가 없는 게야,
너처럼 행복하게 들릴 목소리가 없는 게야.[29]
(라파엘 알베르티)

칠레 혁명의 영웅 파블로 네루다는 물에 대한 찬양을 넘치도록 쏟아
부었다.

……그대의 깊은 기운은
멈춤 없이 앞으로 밀려들었다가
스스로 되돌아와 고요해진다
그대에게서 시작되어 치닫는 파도는
고르게 휘는 활, 별 같은 용수철, 무너져 내리어서 거품이 된다
되돌아와서 새로 시작한다, 지침도 없이.
온 힘을 다하여 근원으로 되돌아온다 (…)
그대의 소금기와 그대의 꿈이 세상 바닥을 흔든다

온갖 물이 괴는 빈곳으로
깊게 충만하여 부족함 없도다……**30**

리비도의 흐름을 찬미하는 듯하다. 물의 가장 보편적 특성은 바로 마냥 밀어닥치는 것이다. 목적하는 바에 에둘러 도달하지 않는다. 모든 것이 목적이기 때문이다. 물은 모든 해안으로 밀어닥치고 또한 모든 해안에서 물러난다. 그러므로 허명뿐인 행복이 아니라 확실한 행복이 있다. "……부족함 없도다."***31**

다양한 사회와 지역의 작가들이 하나같이 부족함 없는 삶을 욕망했다. 그들은 모두 비슷한 생각에 도달한다. 행복감을 누리거나 기대하는 상태를 묘사하고자 한다. 이는 모두가 유사한 방식으로 겪었던 느낌을 기반으로 삼는다. 스스로의 육체 속에 흐르는 쾌감 덕에 부족함 없이 충족되는 경험이다.

욕망은 흐르게 하고 흐르고 절단한다. 헨리 밀러는 욕망의 찬가에서 말한다. "나는 흐르는 모든 걸 사랑해, 심지어 수정되지 않은 난자를 나르는 월경의 흐름마저……." 한편에는 양수 주머니와 신장 결석. 다른 한편에는 머리칼의 흐름, 침의 흐름, 정액과 똥오줌의 흐름. 그 흐름들은 부분 대상들에 의해 생산되며, 다른 흐름들을 생산하는 또 다른 부분 대상들에 의해 부단히 절단되고, 또 다른 부분 대상들에 의해 재절단된다. 모든 "대상"은 흐름의 연속성을 전제하며, 모든 흐름은 대상의 파편화를 전제

---

* 지금까지 살펴본 글은 임의로 선택한 사례들이다. 허먼 멜빌이 고래에 대한 모든 것을 낚아올리려고 세계문학의 드넓은 바다를 헤엄쳤던 것과 마찬가지로 나 역시 세계문학에 뛰어들어봤다. 그리하여 가지각색의 물과 각양각색의 욕망의 흐름을 모아봤다. 그 목록은 미주 31과 같다.

한다.[32][들뢰즈/과타리]

욕망의 흐름은 진짜 신체적 과정을 통한 실제 격랑으로 흐른다. 정액의 흐름. 눈물의 흐름. 명상 훈련을 통해서 사지의 여러 부분으로 이동 가능한 체온의 흐름. 오르가슴을 느낄 때 근육을 휩쓸고 가는 흐름. 이 지점에서는 스타로뱅스키가 비판받을 만하다. 그는 진짜 흐름이라는 것이 피, 림프액, 담즙, 고름 등에 불과하다고 단언한 후, 흐름이라는 것은 망상의 영역에 속한다고 쏘아붙였다.[33]

단순하게 "육체"에서, 육체 안팎에서, 육체 위에서, 육체에 무엇이 흐르는 게 아니다. 육체의 일부분, 부분주체, 혹은 『안티 오이디푸스』에서 말하는 "기관-기계"도 있다. 이 과정을 시작하는 것은 총체성을 지닌 육체도 아니며 개인도 아니다.

"물론 각각의 기관-기계는 자기 고유의 흐름에 따라, 이 기관 기계에서 흘러나오는 에너지에 따라 전 세계를 해석한다. 가령 눈은 모든 것을…… 보기의 견지에서 해석한다."[34] 나머지 모두 마찬가지다.

오이디푸스 삼자 구도는 아버지-어머니-아이 구성으로 정의된다. 삼자의 관계선을 따라 흐름이 발생한다. 흐름은 끊기거나 혹은 유도되고 아버지/어머니에게로 향하면서도 도착하지 못하게 방해받는다. 바로 승화다. 미묘하게 유도된 흐름 전환, 혹은 배수 체계다.

그러나 "여기서는 흐름들이 새어나오고, 삼각형을 가로질러 지나가, 삼각형의 꼭짓점들을 서로 떼어놓는다. 오이디푸스의 마개는 아무 소용없는 것처럼 말이다. 이 흐름들은 용암의 저항할 수 없는 압력 내지 물의 꺾을 수 없는 침투력을 행사하며 삼각형의 벽면을 뚫고 바깥으로 나간다".[35]

흐름은 댐과 중재자 노릇을 해줄 "자아"가 필요 없다. 헨리 밀러의 말이다.

독일 파시즘의 흐름……
"길은 출발이다, 시작이다.
길은 사상이고 개념이며 감각이다.
길은 기원이다, 잉태하는 씨앗이다.
강력한 행동의 기반이다."

내 꿈을 묶어놓은 띠가 마구 잘려나가고, 내장이 조발성치매처럼 무섭게 튀어나왔다. 나를 절대자와 대결하게 하는 배설이다.[36]

엘리아스 카네티의 『군중과 권력』은 "신화 시대"를 이렇게 설명한다. "그 시대 모든 생물에게 공통된 속성이 변신이었으며 계속해서 변신을 행했던 시기라는 것을 기억해야만 한다. 그 시대의 세계가 얼마나 유동적이었는가 하는 문제는 자주 거론되어왔다. 인간은 자신을 다른 무엇

독일 제국의 아우토반을 막아서는 자들(1936)

으로 변신시킬 수 있었을 뿐 아니라 다른 것들을 변신시킬 힘도 가지고 있었다. 이러한 보편적인 흐름과, 일정한 변신에 고정된 실상들과는 현저한 대조를 이루고 있다. …… 이처럼 변신의 과정이 가장 오래된 실상이 되는 것이다."[37]

"낯선 것에게 내맡김"이 변신 과정의 일부분이다. 그 결과 느끼는 공포가 인간이 "영속성과 경직성에 대한 강박"을 갖게 되는[38] 이유라는 것이 카네티의 설명이다. 하지만 반드시 이래야만 할까? 언제나 흐름 속에서 자신을 찾는 사람이 있다면 그에게 "낯선 것"이란 무엇일까? 나와 다른 것, 새로운 것을 과연 위협적이라고 느낄까? "변신"은 어쩐지 불길한 단어처럼 들린다. 고정불변의 "고유한" 존재가 밀려나고 다른 것이 들어와 변한다는 듯 들린다. 하지만 소위 "변신의 과정"을 두 개의 일시적 고정점이 있어서 "낡은 실상"이 다른 것으로 흘러가는 과정이라고 이해한다면 어떨까? "이제는 뭘 해볼까?" "아하, 해보니까 이렇구나." "그렇다면 이건 어떨까?"

인간의 욕망이 스스로 격랑의 흐름을 막고 형태의 유연성을 제한하여 고정된 외부 형태를 유지한다고 상상하기는 어렵다. 카네티는 인간의 쾌락을 간과한다. 육체 경계 및 물리적 체계의 영속성과 경직성은 외부적·사회적 강제나 가혹한 자연 환경 때문에 설치된다. 자유로이 흐르는 욕망을 막으려고 적대적 권력이 댐을 쌓는 것이다.

과연 댐이 인간을 보호해주는지 혹은 인간이 필요해서 댐이 만들어진 것인지를 두고 자아심리학 옹호자들과 입씨름할 필요는 없다. 더 중요한 문제는 따로 있다. 무엇으로부터 보호하는가? 외부로부터의 위협인가? 아니면 내면으로부터의 위협인가? "나의 내면이 거대한 분열증적 폭발로 쏟아져나온다." 제때 들어볼 만한 말로 풀어내질 못하면 끝내 환자는 폭발하면서 정신병원으로 갈 수밖에 없다. 정작 두려운 것은 이런 것이 아닐까? 그래서 그토록 두려워하고 방어하려는 걸까? 만약 댐 그 자체가 폭발의 본질이라면 어떨까? 우리 내면의 흐름을 쾌락으로 느끼지 않고 오히려 "사악한" 죽음의 흐름이라고 느껴서 막으려는 것이 댐이라면 어떨까?

19세기 서사문학에는 "겉" 즉 사회적 존재와 "속" 즉 사적 존재가 분열된 사람이 유독 자주 등장한다. 이런 인물형은 "내면"과 "외면"이 근본적으로 대립되어 있다. 전도유망한 젊은 과학자 지킬 박사는 위험한

과학 실험과 방탕한 독신남 시절을 청산하고 장군의 따님과 연애결혼을
하려고 결심했다. 그러나 내면을 외면으로 바꿔주는 실험적 약물을 마
신 끝에 하이드 씨로 변신한다. 여기에 변신이라는 관념이 작용한다. 지
킬 박사는 하이드 씨가 될 수밖에 없었다. 사회적 관습 때문에 구원과도
같은 사랑을 이루려면 너무 오래 기다려야만 했기 때문이다. 하이드 씨
는 내면의 격랑에 휩쓸려 결국 최후를 맞이한다.

> 내 안에서 무모함, 공상 속의 물레방아처럼 무질서하게 도는 감각적 이
> 미지들의 조류, 의무감이라는 질곡에서의 해방감, 미지의 그러나 순수
> 하지 않은 자유로운 영혼이 느껴졌네. 이 새로운 삶의 첫 숨을 들이켜던
> 순간부터 나는 나 자신이 훨씬 더 사악한 존재, 열 배는 더 사악한 인간
> 이 되었다는 사실을, 원죄에 속박한 노예가 되었다는 사실을 알 수 있었
> 지. 그런데 그 순간에는 그 깨달음 덕분에 포도주라도 마신 것처럼 기운
> 이 나고 기뻤네. […] 아주 점잖게 사람들 앞을 터벅터벅 걷다 순식간에
> 철부지 학생처럼 그런 모습을 벗어던지고 자유의 바다로 뛰어들 수 있는
> 최초의 인물인 것이었어.[39]

파시스트의 글에서처럼 여기서도 내면에는 격랑이 흐른다. 하지만
여기서 "자기 자신과의 접촉"은 공포라기보다 쾌락으로 다가온다. "악
마성"이 주는 쾌락이다. 흐르고 있는 격랑은 "혼을 빼앗듯 빛나는 바다"
가 아니다. 하이드 씨는 "눈부신 한낮에 실수로 날아든" 밤 올빼미가 아
니다.
로버트 루이스 스티븐슨은 하이드 씨에게 악마성의 격랑을 또렷한
의식으로 경험하고 즐기도록 내버려둔다. 이것이 영국 및 독일 낭만주
의 문학의 악당이 보여주는 공통점이다. 처음에는 장난이었다. 그러다
가 점점 더 "심각"해진다. 변신이 더 이상 돌이킬 수 없게 되자 결국 죽

음을 맞이한다. 마지막에 뛰어든 죽음의 악마 같은 바다는 마치 "자유의 바다"처럼 느껴졌다. 군인 남성의 텍스트에서는 "내면"과 "외부"가 접촉해 경계가 무너지면 곧바로 의식이 나가버리고 환각과 같은 상태로 진입한다.

지킬 박사는 "자아"로서 내면의 격랑 속으로 내려간다. 그러나 윙거, 샤우베커, 드빙거의 폭발은 자아를 융해하는 전쟁의 도움으로 "자립적"으로 일어났다. 군인 남성들은 흐름에 의해 촉발되었다.

지킬 박사의 상태는 이들보다 한 단계 전이다. 결정적 차이는 분열이다. 육체 외부와 육체 경계가 함께 단단한 총체성을 이룬다. 사회적 현실을 생산하는 흐름들이 유동적으로 분할된 부분 대상의 임시 체계에 더 이상 담기지 않는다. 내면의 격랑은 이제 "죄악스럽게" 느껴지질 않는다. 악마성은 "본래 내 안에 들어 있었"으나 문제없이 잘 막혀 있었다.

꼭 하필 과학자들은 "내면"의 경계를 넘어 중대한 발견을 해버린다. 그리고 언제나 "선을 넘어버린다". 어떤 이들은 "외부"의 경계를 넘어버린다. 약물을 마시고 변신하는 것이 아니라, 자신이 욕망하는 실재하는 인간을 기계로 구성하여 건축한다. 그러나 자신이 그것에 "악마적" 내면 정신을 부여했다는 사실을 뒤늦게 깨닫는다. 부랴부랴 파괴하려다가 기계와 자신 모두 파멸을 맞는다. 이것이 메리 셸리의 프랑켄슈타인이다.[40]

인류 역사에서 유례없는 속도로 자연과학이 이론적·실천적 발전을 이루던 시대에 문학계에서는 모든 것을 멸망시키는 과학자가 등장한다는 것이 흥미롭다. 과학자들이 지식과 발견의 욕망에 사로잡혀서 선을 넘을까? 어떤 터부를 깨뜨리게 될까?

과학 연구의 터부는 언제나 인간이다. 인간 자신, 특히 인간의 육체 자체를 실험하는 것이다. 자본주의가 억지로 유지하고 있는 신념은 이 지점에서 과학과 정면으로 충돌한다. 자본주의는 인간의 자유 능력이 불가침의 비밀로 남겨져야 한다고 믿는다. 한편 착취 가능성을 연구하는 것은 허용된다.

이는 모순이다. 한편으로는 원시적 산업 축적 과정이 있다. 인간의 생산 가능성의 한계를 풀어버려서 돈, 상품, 노동의 흐름을 만들어낸다. 노동자들과 유럽 밖 토착 민족의 피땀으로 추진력을 얻어낸다. 다른 한편으로는 인간의 욕망이 펼쳐지지 못하도록 경계화하는 사회적 과정이 있다. 들뢰즈와 과타리는 "탈영토화"를 말한다. 기관 없는 육체에서 벌어지는 욕망 생산의 새로운 가능성이 열린다. 그러나 "재영토화"가 일어난다. 새로운 생산 가능성이 인간의 새로운 자유를 빼앗으면서 지배를 새로이 확립하려는 폭력적 시도다.[41]

우리는 부르주아 역사의 재영토화 과정을 자세히 살펴야 한다. 어쩌다가 군인 남성이 흐르는 모든 것에 공포라는 감정으로 대응하게 되었는지를 곧 이어질 부분에서 알아보고자 한다.

일단 재영토화 작업은 인간을 기계의 "지배자"로 만들어낸다. 스스로와 사회의 격랑을 조종하고 조작하는 주체가 된다. 이는 반동적인 기획이다. 이러한 행동의 객체는 바로 스스로의 무의식이기 때문이다. 돈이 쏟아져 들어오는 동안 생산은 막힌다.

자동으로 돌아가는 기계음을 듣는 자, 스스로 욕망의 흐름에 자신을 맡기고 연루되는 자, 새로운 계급이 낡은 계급을 착취하는 시대에 새로운 계급이 되려는 자. 이 모두는 죽음의 무리이며 악마다. 지킬 박사이며 프랑켄슈타인이다. 쥘 베른의 시계공 자카리우스다. 시계공의 영혼은 시계의 용수철이다. 악마가 영원한 생명을 주던 용수철을 훔쳐가자 자카리우스는 죽는다.[42] 앰브로스 비어스의 주인공 목슨 씨는 자기가 제작한 체스 기계에 살해당한다. 체스를 둬서 이겼기 때문이다. 이런 예는 아주 많다.[43] 탈출 마술을 하려다가 구속 기계에 갇혀 죽는 젊은 마법사의 이야기도 있다. "창조주가 하시는 일을 넘보지 마라." 창조주는 곧 자본가일 것이다.

탈영토화 / 재영토화는 다음과 같다.

왜냐하면 자본주의는 자신의 경향성을 가속하는 동시에 끊임없이 이 경향성을 반대하고 금지하기 때문이다. 자본주의는 자신의 극한으로 향하는 동시에 끊임없이 이 극한을 억지한다. 자본주의는, 상상적이건 상징적이건, 온갖 종류의 잔여적·인조적 영토성을 세우거나 재건해, 이 영토성들 위에서, 추상량抽象量들에서 파생되는 인물들을 잘못 또는 잘 재코드화하고 틀어막으려 한다. 국가들, 고향들, 가족들, 이 모든 것이 다시 지나가고 다시 돌아온다. 이것이 바로 자본주의가 그 이데올로기에 있어 "지금까지 믿어온 모든 것의 얼룩덜룩한 그림"이라 불리는 까닭이다. 현실계는 불가능하지 않다. 그것은 점점 더 인공적인 것이 된다. 마르크스는 이윤율의 경향적 저하와 잉여가치의 절대량 증대라는 이중 운동을 상반된 경향의 법칙이라 불렀다. 이 법칙의 정리로서, 흐름들의 탈코드화 내지 탈영토화와 이 흐름들의 격렬하고 인조적인 재영토화라는 이중 운동이 있다. 자본주의 기계가 여러 흐름에서 잉여가치를 추출해내기 위해 이 흐름들을 탈코드화하고 공리화함으로써 탈영토화하면 할수록, 관료 조직과 경찰 기구 같은 자본주의의 부속 장치들은 잉여가치의 증대하는 몫을 흡수하면서 더욱더 재영토화한다.[44]

현실계는 불가능하지 않다. 점점 더 인공적이 될 뿐이다. 삶의 생산과 유지는 불가능하지 않다. 점점 더 병리적이 될 뿐이다. 마거릿 말러는 청소년 환자 "테디"의 임상 사례를 전한다.

그는 체액을 잃을까봐 자나 깨나 두려워했다. 아버지와 할아버지가 그의 몸에 유출입이 가능한 대롱을 꽂아두었다고 믿었다. 밤마다 아버지 - 할아버지 시스템의 일부가 작동해서 "젊은이의 체액"을 뽑아간다. 그가 살아남을 수 있을지 여부는 어느 쪽이 체액을 더 많이 뽑느냐에 달려 있다. 그 아니면 아버지 - 할아버지다. 그는 극도로 복잡한 심장 기계를 발명했다고 말했다. 심장 기계를 켜고 자기 몸과 연결해 몸의 신진대사를 지속시키면, 영원히 죽지 않을 수 있다고 믿었다.[45]

아무리 아버지 - 할아버지가 시스템을 통해 체액을 뽑아가고 댐으로 가로막아도 반드시 체액은 흘러야 한다.

여기서 잠시 멈추고 정리해보자. 공산주의의 격랑, 붉은 홍수에 맞서는 방어의 실상을 대략 정리해볼 시점이 되었다. 군인 남성 - 댐에게 있어서 모든 종류의 흐름은 절대로 용납될 수 없다. 이들은 흐름에 기필코 맞선다. "가상"의 흐름이건 실제 흐름이건, 정액의 흐름이건 욕망의 흐름이건, 하이드 씨의 내면에 흐르는 쾌락의 흐름이건 모조리 막아야만 한다. 모든 흐름을 기어코 틀어막는다. 한 방울이라도 몸뚱이 경계 밖으로 흘러나와서는 안 된다. 쾌락의 마지막 한 방울이라도, 벽에 튄 미세한 한 방울마저, 강제수용소에서 탈출하는 한 사람이라도 시스템 전체를 뒤흔들 수 있다. 댐은 무너져버릴지도 모른다. 목소리 높여서 들이닥칠 패배를 경고한다. "우리 모두 가라앉는다!" 이는 비유적 표현이 아니었다.

그러나 인간은 흐름 속에서 살다가 죽는다. 파도가 말라붙어서 더 이상 흐르지 않는다면 그것은 곧 죽음이다.

드넓은 삶 속에서 난 헤엄치련다,
세상으로 활짝 열린 물목,
사람들이 나로부터 멀어져서
길을 닫고 문을 닫아버리면
샘에서 태어난 나의 손은 비존재를 아파하며 더듬댄다,

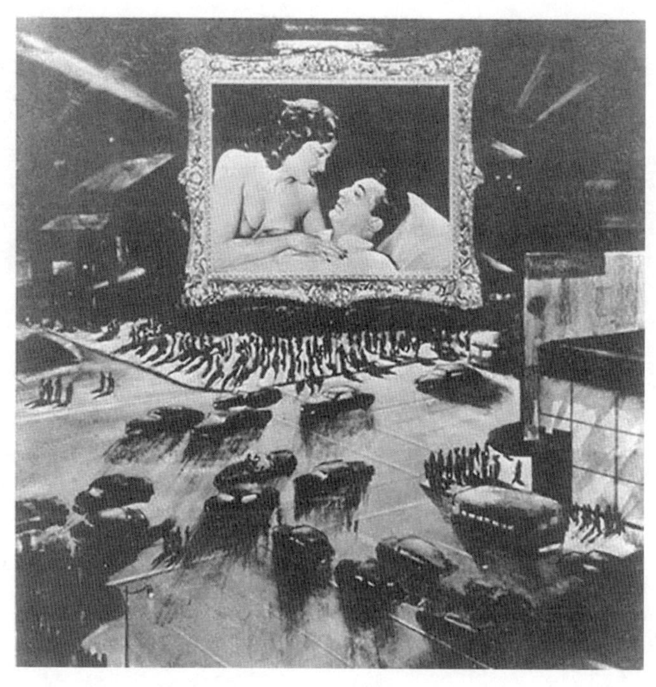

거리에서 거리로 강에서 강으로 쏘다니며,

곳곳을 헤매이고 이부자리에서 이부자리를 뒤지며,

짠 기운 묻은 낯으로 황무지를 가로질러

나지막한 마지막 집에 들어선다.

등도 안 켜고 불기운도 없고

빵도 없고 벽돌도 없는 그곳에,

홀로 지친 채

숨 거두는 나를 스스로의 오롯한 죽음으로 가둔다.[46]

파블로 네루다는 죽음으로부터 회복하지만 고트프리트 벤은 끝내 그러지 못한다. "단념하고 가끔씩 물을 바라보라"는 것이 「프톨레마이오

스Ptolemäer」에서 그가 제시하는 비법이다.[47]

방해받은 흐름은 방향을 틀어서 변태적으로 된다. 아픔의 흐름이 된다.

다호메이 왕국에서 콩고에서
니제르를 따라 흐르는 것은
느릿느릿한
나의 사랑 노래,
달콤하게 흐르는
좋은 징조,
갓 이겨낸 싸움의
느릿한 자랑스러움.

남쪽 섬에서부터
나일강에 이르기까지
나의 노래가 흐른다네,
수정처럼 빛나는 물결.
하지만 삼백 년 세월 동안
날카로운 용골을 앞세운
시커먼 배들이
내 떨리는 음성의
물살을 찢어발겼다.

독기 서린 욕망,
사랑의 주검,
꿈의 해골,
재와 늪이

시커먼 배에서 떨어져나와
파도의 방향을 뒤틀어서
향수병과 공포를 품은 채
대서양 섬에서
미시시피까지 내달렸다.
끝 모를 아픔으로 향했다.[48][루산 카미유]

흐름의 말라붙음, 흐름의 변신은 육체적 감각이다. 감각의 중지이며 감각의 변신이다.

실제로 그리고 정말로, 진심으로 그리고 문자 그대로.
내 감수성은 뒤집힌 용골 달린 배,
내 상상력은 반쯤 잠긴 닻,
내 충동은 부러진 방향타,
내 신경 조직은 해변에 말라붙은 그물망![49]

흐름이 멈추는 곳에는 죽음이 기다리고 있다는 사실이 이렇게 그려진다. 비유적인 죽음이 아니라 실제 물리적인 죽음이다. 어느 한 부분이라도 몸에서, 몸 위로, 몸 안으로부터 혹은 밖으로 흐름이 끊긴다면 죽음이 있을 뿐이다. 시몬 드 보부아르는 노년이 되면 오르가슴이 새어나간다고 표현한 적이 있다.[50]

흐르는 강물은 특정한 목표가 없다. 흐름은 다름 아니라 그저 생겨날 뿐이다.

인류의 알려지지 않은 미래로 향하는 욕망의 흐름을 작가들은 이름 짓지 않았다. 대양, 강, 샘, 격랑, 혹은 그냥 물. 형체 없는 물질의 무한한 운동성. 간혹 이름하여 태평양, 나일강, 콩고강. 이 이름들이 가리키는

것은 어느 특정한 장소가 아니라 역사다. 사람들의 욕망이 역사적 영역에 도달하면 그것은 "정치"가 된다. 이름을 얻는다. 욕망의 이름. "출렁이는 카스피해의 물결"은 러시아 혁명 운동의 이름이다. 러시아의 혁명 시인 블라디미르 마야콥스키는 프랑스 니스 해변의 파도를 보면서 "춤추고 날뛸" 그날을 염원했다. 아이티 혁명의 시인 루산 카미유는 콩고에서 미시시피까지 머나먼 정치적 거리를 노래한다. 아프리카를 억지로 떠난 흑인들의 죽어버린 욕망을 그려냈다. 네덜란드령 앤틸리스 출신의 아프리카 혁명가 에메 세제르는 "미래"를 앙증스런 대가리를 쳐드는 "물의 난소"라고 노래했다. 반식민주의 혁명의 씨앗을 의미한다.

하늘에선 달이 구름에 가리워도
물빛 위에서는 계속 빛난다
이 험악한 시대를
빛내는 아름다움이다.[51]

　　좌파 정치운동가이자 작곡가인 한스 아이슬러는 동독의 사회주의를 "프로이센의 가을L'automne prussien"이라고 일컬었다. 프로이센 강물 위에 반짝이는 빛처럼 동독의 사회주의는 멀리에서는 빛나 보이지만, 정작 사회주의자들은 "물 만난 물고기"처럼 살고 있지 못하다.

　　계통발생학적으로 인류는 물에서 기원했다. 모든 개별 인간은 물에서 삶을 시작한다. 어머니 뱃속의 양수에서 자라나기 때문이다. 그리고 개인을 따스한 물로 감싸주는 사회는 살기 좋은 곳이다. 중국과 동남아시아가 미국, 유럽, 일본의 식민주의로부터 해방 투쟁을 벌이면서 내세운 구호는 "물고기는 물로"였다. 이는 총칼을 앞세워서 살육과 파괴를 일삼던 자본주의 열강과 살인 사업의 기술적 노하우보다 훨씬 더 위력적이었던 구호다. 물론 완전 멸절을 목표로 삼는 침략의 경우는 달랐지만.

　　베트남 군인은 민중의 열망이라는 물결을 타고 몰려든다. 미군은 돈의 물결에 떠밀렸다. 끝없이 몰려드는 적군의 "파도"가 주는 두려움을 헤로인 주사로 씻어내려들었다. 헤로인의 약효는 갈수록 떨어지기만 했다. 혈관에 밀려드는 마약의 압도적인 흐름은 몸 전체를 휩쓸고 다닌다. 의식은 쾌감의 홍수에 잠겨버린다. 중독자들은 그 경험으로 되돌아가기를 열망한다. 격랑에 맞서는 암초가 되기를 포기한다.

　　그러나 욕망의 본질을 규정하는 것은 정치적 명분이 아니다. 정치는 부차적으로 따라붙는 것이다.

다음과 같은 아주 초보적인 것들을 말해야 한다는 것이 정말 유감스럽다. 욕망은 그것이 어머니와 동침하려는 것이기 때문에 사회를 위협하는 것이 아니라, 혁명적인 것이기 때문에 사회를 위협하는 것이다. 이 말은, 욕망이 성욕과는 다른 것이라는 뜻이 아니라, 성욕과 사랑은 오이디푸스의 침실에서 사는 게 아니라 오히려 훨씬 더 넓은 곳을 꿈꾸고 기성 질서 속에 저장되지 않는 낯선 흐름들을 흐르게 한다는 뜻이다. 욕망은 혁명을 "바라지" 않는다. 욕망은 그 자체로, 저도 모르게, 자신이 바라는 것을 바람으로써 혁명적이다.[52][들뢰즈/과타리]

이제껏 우리가 인용한 텍스트에는 특정한 고유성을 지닌 "자아"가 등장하지 않는다. 특정한 총체성을 지닌 네루다, 세제르, 혹은 밀러에 한정되지 않는다. 또한 "러시아 혁명"처럼 고유한 정체성을 지닌 역사적 사건도 등장하지 않는다. 흐름은 그 이상을 원한다. "출렁이는 파도"가 되고, 격랑이 되고, 흐름이 되고, 물이라는 원소가 되고, 생명 속에서 움직이고자 한다.

인용된 문장들에서 공통으로 발견되는 것이 있다. 바로 프로이트의 공식을 거꾸로 뒤집는 진실이다. 후기의 프로이트는 이드가 있던 곳에 자아가 들어선다고 말했다. 역으로 "자아가 있던 곳에 이드가 들어선다". 달리 표현하자면 "댐이 있는 곳에 흐름이 몰려든다". 우리가 인용한 시인들은 "이드"라는 개념은 회피했다. 낯선 발상이라서 그랬을 수도 있다. 혹은 굳건한 바위 같은 "자아"와 "거세의 절벽" 개념에 집착한다거나 흐름을 "혼돈"이나 "범람"과 동일시하지 않았다. 이들은 후기 프로이트와는 달리 이드를 자유에 대한 욕망으로 이해했던 사람들이다. "그대들의 바다, 내 안에 잠들도다! 그대들을 느낀다. 심연에서 솟구치고

❶ 철썩!

❷ 이렇게 즐거울 수가! 돈! 난 돈을 사랑해. 한 마리 고래처럼 돈 바다에 잠수해야지.

❸ 공중에 흩뿌리고 돈으로 샤워하는 이 맛!

❹ 휘익!

❺ 꽈당!

끓어오르는 폭풍을 맞이할 차비를 마쳤도다!” 이렇게 네루다의 “자아”
는 노래했다. 그런 그가 설마 이렇게 말하겠는가? “견고한 선박에 탑승
해서 연료를 넉넉하게 주유하고 남서쪽으로 방향타를 맞춘 후 돛을 펼
친다. 나는 안전한 갑판 아래에 숙소를 잡고 안전하게 운항한 뒤 항구에
도착할 것이다.” 오히려 그 반대를 찬양한다. 뱃길은 험난하다. 문자 그
대로 몸은 부서지고 이름은 남김 없다. 비록 부서지고 깨지더라도 기필
코 경계를 넘어서 새 땅을 찾아낸다. 새 흐름을 만들어낸다. 자궁 회귀
를 꿈꾸는 것이 아니다. 오랜 옛 영토를 회복하려는 것이 아니다. 새 영
토를 확장하려는 것이 아니다. 탈영토화를 꿈꾸는 것이다.

자본주의는 전반적인 탈영토화를 초래했다. 자본주의의 발전 과정
은 모든 오랜 질서와 종교적, 철학적, 과학적 규범을 노후화하고 해체하
고 기능 변경했다. 새로운 세상이 개발되고 새로운 영역이 열렸다. 인간
의 육체, 사상, 감정에 새로운 가능성이 범람했다. 심지어 기존 질서로부
터의 도피 가능성도 활짝 열렸다. 모든 지배 세력은 지배력을 유지하고
자 한다. 봉건 지주 세력이 그랬듯 부르주아 자본가 세력도 새로운 가능
성을 막아서려고 했다. 존재를 지워버리고 막아서고 새로운 흐름을 돌이
키려고 했다. 혹은 자신들의 이익에 맞도록 새로운 흐름을 “코드화”하여
이용하면서도 동시에 새로운 자유라는 환상은 유포하려고 노력했다.[53]

자본주의는 어떠한 경우에도 인간의 욕망을 본질적으로 무목적적으로
흐르게 내버려두지 않는다. 욕망은 모든 대상물과 결합하고 다시 분리
되고 다시 결합할 수 있는 능력이 있다. 강렬한 감정이 소모되는 이러한
운동은 공공연해서는 안 된다. 목표는 정해져야만 하고 욕망은 틀 지어
져야만 한다.

욕망의 흐름은 코드화가 가능할 때만 새로운 지배층의 관심을 끈다.
예를 들면 자금 유입의 흐름을 강화할 수 있을 때다. 욕망의 흐름은 자
금 유입으로 코드화된다. 자금 투입이 아닌 자금 순환이다. 그 결과, 극

히 제한된 소수가 엄청난 분량의 사적 재산을 축적한다. 나머지 사람들은 임대료의 질곡에 매여 있다. 국가가 운영하는 복권 사업에 낚인다. 미국은 무한한 기회의 나라라는 말은 이제 무한하게 돈을 벌 가능성이 있는 곳이라는 말과 동의어가 되어버렸다! "접시닦이에서 시작해 사업주가 되다"라는 슬로건이 사실이 아닌 이데올로기라서 슬픈 게 아니다. 욕망할 만한 것이 고작 접시 닦다가 사업주로 출세하는 것뿐이라는 게 더 큰 문제다.

욕망의 흐름에서 돈의 흐름으로. "월트 디즈니"라는 필명으로 출판되는 미키 마우스 만화책에는 갑부 자본가인 스크루지 삼촌이 등장한다. 그는 금화가 가득한 저수지에서 헤엄칠 수 있는 능력을 지녔다. 어느 날 스크루지의 숙적 "비글 보이스"가 댐을 부숴버리는 바람에 금화의 격랑이 말라붙은 강바닥에 쏟아져 들어온다. 삼촌은 금화의 강에서 마지막으로 한 번만 더 수영해보겠다며 소원을 빈다. 악당들도 차마 거절하지는 못했다. 물 만난 물고기처럼 돈의 홍수 속에서 헤엄치는 노인을 보고 악당들도 뛰어들지만 딱딱한 금화더미에 추락하여 목이 부러진다.

우리의 관심을 끄는 또 다른 코드화가 있다. 훨씬 더 오래된 형태다. 아마 가장 오래된 변형태일 것이며 이미 수많은 변형을 겪었다. 또한 유럽 부르주아 사회의 점진적 승리와 궤를 같이했다. 바로 가부장적 남녀 관계가 역사를 거치면서 겪은 기능의 변화다. 가부장제 사회에서 여성의 생산력은 본질적으로는 남성 생산력에 참여할 수 없도록 배제되어 있었다. 그렇다면 그 힘은 어디로 갔을까? 일부는 남성들을 섬기는 종살이로 소진되었을 것이다. 그럼에도 에른스트 보르네만이 주장하듯 여성의 기능이 남성이 지휘하는 소규모 수공업에 흡수·소진된 것이 상황의 전부라고 볼 수는 없다.[54] 여성들이 겪은 착취와 억압은 직접적인 성격에만 그치는 것이 아니다. 여성들은 더 나쁜 일에 이용당했다. 당대 지배 계급 남성들의 생산력을 흡수해 통치자의 이익에 봉사하는 역할을

떠맡는 것이다. 구체적으로 살펴보면 이 점이 분명하게 드러난다. 유럽 문학, 혹은 유럽의 영향을 받은 문학을 보면 전체적으로 느껴지는 욕망의 흐름이 있다. 특정 종류의 욕망이 여성을 통해서 흐른다. 모종의 여성상과 연관되어 흐른다. 앞서 언급한 바와 같이 욕망이라는 것은 "무목적적"으로 "피욕망 대상"에게 자유롭게 흐르질 않는다.

서양 문학에서 여성은 절대로 "권력의 원천"으로서의 존재가 아니다. 고대의 노예, 중세의 농노, 근대의 노동자가 문학에 존재하지 않는 것과 마찬가지다. 문학이 여성에게 기울이는 유일하고도 가장 중심적인 관심은 여성 존재의 이차적 기능인 흡수력일 뿐이다. 남성들이 이끄는 유럽 문학사에서 여성상의 역사가 어떠했는지를 알아볼 필요가 있다. 여성의 이미지는 언제나 물속에서 살아간다. 여성상이 어떻게 흘러왔는지를 알아보자.

흰 바다이끼와 출렁이며

부드럽게 밀려오는 바닷물

그 표면에 이리저리 미끄러지며,

밀물 타고 썰물 갈라지며

그녀가 물처럼 불어난다.

그녀의 장밋빛 젖가슴 위로,

여린 목덜미 아래로,

거대한 파도가 부서지며 갈라진다.[55]

뫼리케가 노래한 「바다 거품에서 태어난 아프로디테Aphrodite auf einem Diskos」다. 헤시오도스 이래로 수많은 작가가 노래했던 주제다. 바다를 떠도는 거품에서 태어난 비너스, 아프로디테, 아나디오메네[56]의 이미지다. 아름다움의 여신은 신적 음부이자 물이다. 글 쓰는 자가 욕망하는 영토는 이처럼 흰 종이의 파도를 이루며 문학사를 떠다닌다.

(차마 못 쳐다볼 것이라면,

어두운 파도로 덮어버릴지니.)[57] [뫼리케]

사랑 – 우리의 입맞춤을

별들이 굽어 살피신다,

바다 – 먼 곳에서 온 에로스,

몰려든다, 밤으로 몰려든다,

이부자리에 오르고 걸상에 오르고,

드디어 말을 잃어버린다,

아나디오메네여,

조개에서 태어난 영원이여.[58] [벤]

닉세, 님프, 나야데, 인어공주, 미모의 릴로페, 운디네, 로렐라이. 모든
물귀신과 물의 요정이 주는 사랑의 이면에는 공포가 숨겨져 있다.

종국에는 파도가 배와 뱃사람을 삼킨다,
그 노랫소리 때문에……[59] [하이네]

물이 밀려든다, 물이 불어난다,
어부 혼자 물가에 앉아서,
고요히 낚싯대 드리우고
심장까지 서늘한 채 바라본다.
어부가 앉듯, 어부가 듣듯,
물살이 솟구쳐 갈라진다.
요동치는 물소리 가운데서
축축한 계집이 드러난다. (…)

모르시나요, 깊은 물속에서
물고기가 얼마나 편안한지를,
님도 한시바삐 뛰어드세요,
영영 시름없이 쉴 수 있도록. (…)

물이 밀려든다, 물이 불어난다,
그의 맨발에 휘감아든다.
그의 심장 가득 갈망이 자라난다.

상냥스러운 인사말을
계집이 그에게 속삭였다,

계집은 그에게 노래했다,

사연은 그리된 것이었다.

절반은 계집이 끌어서, 절반은 스스로 뛰어들어서,

그 뒤로 어부는 자취를 감췄다.[60] [괴테]

물론 늘 그렇듯 등을 밑으로 하고

누워야 하는 법, 떠내려가게 말야.

헤엄을 치지 말고, 그래 그러니까

많은 자갈 중 하나인 듯한 자세.

하늘을 쳐다보고, 그러니까

여자가 아이를 안고 있는 자세 말야.

신이 저녁때 강에서 헤엄치는 자세,

큰 동작 전혀 없는 신의 자세.[61]

젊은 시절 브레히트가 쓴 「호수와 강에서 헤엄치기에 관하여」의 일부분이다.

누이여, 그대는 해변에서 자라났나요?

바닷물처럼 뛰노는 그대 눈동자,

두 개의 파도 같은 그대 젖가슴,

그렇게 뛰놀면서 지치지도 않나요? (…)

황금빛 모래밭에서 자라났나요?

강바닥을 따라서 물의 뿌리가 자라나는 곳,

그대가 두 팔을 내 목에 두르니

자유에 목마른 두 개의 샘인가요?[62]

[오스카 다비초]

당신의 영혼은 속삭이는 물, 거기에
당신의 아버지들이 검은 얼굴을 조아렸지.
숨은 움직임에 당신은 파도 속으로 녹아든다.
당신을 혼혈잡종으로 만든 백인은
물가에 뱉어 던진 한 점 거품일 뿐.[63] [자크 루메인]

사랑의 물은 매우 다양한 모습으로 묘사되지만 언제나 여성이다. 유럽, 아프리카, 미국 등 어디에서나 그렇다. 아시아 문학에 대해서는 아쉽게도 내가 아는 바가 적다. 따라서 19세기 낭만주의 문학, 특히 19세기 후반의 작품들에서 여성과 물의 연관이 확립된 것은 필연적이었다. 물속의 여자를 통칭하여 오필리아라고 부른다.

수많은 환영 중에서 어떤 것이 진짜 경험이고 어떤 것이 환각일까? 반짝이는 이름 속에 다른 이름이 숨어 있는 것일까?

... Stunde früher,
...sport eine halbe Stunde später —
und schon haben die Anhänger beider
Sportarten die Möglichkeit, „sowohl
als auch" zu sehen.

•

Damen-Fußball ist längst keine
„Gaudi" mehr, sondern ein ernster,
vom DFB akzeptierter Sport. Was
sich aber St. Georgen für den Sonn-
tag hat einfallen lassen, darf man als
liebenswerte Gaudi bezeichnen, die
zudem noch für einen guten Zweck
abrollt: Für die „Aktion Sorgenkind"
spielen eine Mannschaft mit dem
vielversprechenden Namen „Quel-
lennymphen", hinter dem sich eine
Auswahl der Freiburger Wirtinnen
verbirgt, und die Damen des FC
Wildtal gegeneinander. Der Spaß be-
ginnt um 14.30 Uhr. Schiedsrichter
des Spieles ist ein Mann, der sich
auch von der kompaktesten Wirtin
kaum wird einschüchtern lassen:
Adolf Seger, Deutschlands derzeit
bester Ringer.

Werner Kirchhofer

오 강이여, 아침 햇살 속 나의 강이여!

오직 맞이하라, 맞이하라,

갈망 가득한 이 몸을.

가슴과 뺨에 입맞춤을!

－강이 내 가슴을 어루만진다,

강이 사랑의 열정으로 나를 식혀준다,

환호의 노래로 나를 달랜다.[64][뫼리케]

온 힘을 다하여 그녀를 사랑한다,

그 무엇도 내 사랑을 막을 수 없다!

난폭한 폭포와도 같은

그 흐름을 틀어막을 수는 없다.[65][하이네]

네 허벅지의 뱃전에서 내가 흔들리면
집에는 행복이 넘치고 내 영혼은 집을 잃는다.[66]

[유제프 체코비츠]

암초 있는 해변에서 이윽고 우리는 갈라섰다,
배는 물이 샜다. 수월히 갈라섰다. 나는 배가 불렀다.
우리는 서로 눈을 바라봤다. 사랑에 여전히 창백한 채로.
그 후 몇 주가 지나도록 내게 바다는 평평했다.[67][브레히트]

풀밭에 누워
처녀 하나 총각 하나,
밀감을 먹는다, 입술을 나눈다
파도와 파도가 거품을 나누듯이.[68][옥타비오 파스]

그래서 나는 여자를 강에 데리고 갔다.……[69][페데리코 가르시아 로르카]

약속의 물살이
그대의 머릿결에 흘러내린다,
그대의 젖가슴에 잠시 멈췄다가,
그대의 몸뚱이에 끝내 꿀처럼 고였다.
밤의 비밀로 단단해진 그대 몸에 욕설처럼 달라붙는다.[70][니콜라스 기엔]

내 파도가 그녀의 파도에 부서져서 우리는 익사한 채로 해변에 도로 떠
밀려갔다. 마치 으깨진 구아바 열매처럼, 마치 정화하는 손처럼, 마치 아
름다운 해조류처럼, 마치 날아다니는 곡식처럼, 마치 빛의 구슬처럼, 기
억처럼, 마치 미래를 알려주는 나무들처럼.[71][에메 세제르]

보지 중의 보지였다. 앤틸리스 제도의 진주와 견줄 만한 것이었다. (…)
그녀는 광활한 섹스의 바다에 드러누워 인간 말미잘과 인간 불가사리와
인간 산호 등으로 둘러싸인, 은색으로 빛나는 산호초였다.[72][헨리 밀러]

온 세상 사랑의 노래가 여기에 다 있어
숭배받는 그대의 허벅지 사이에, 마들렌,
조개 안에서 울리는 바다의 거룩하신 노래가
사랑처럼 속삭이고 있어.[73][기욤 아폴리네르]

오스트리아 절반이 기차를 타고 와서
히틀러 애인 에바 브라운의 손에 뽀뽀를 하고
파마로 볶아 부풀린 젖탱이를 훔쳐봤다네.
[세간에 유행하던 노래 가사, 출처: *Westwärts 1&2*, p. 132]

돌이켜보면 정말 장엄한 보지였다. 소파와 아늑한 구석과 세정기와 부드
러운 둥지와 솜털이불과 뽕나무 이파리가 있는 어두운 지하의 미궁. 나
는 외톨이가 된 벌레처럼 그곳으로 기어들어가 고요하고 조그만 틈새에
나 자신을 파묻었다. 그곳은 부드럽고 평안해 마치 굴 양식장에 있는 돌
고래가 된 기분이었다. 조금만 몸을 움직이면 나는 특급 침대 열차에 앉
아 신문을 보고 있거나, 혹은 이끼가 낀 조약돌과 저절로 열렸다 닫히는
작은 등나무 문이 있는 막다른 골목에 부딪혔다. 때로는 워터슬라이드
를 타는 것처럼 경사면을 단숨에 미끄러져 내려오며 물보라를 뒤집어쓴
다. 물가의 갈대들이 미친 듯이 흔들리고, 조그만 물고기들이 악기의 현
을 누르듯 나를 핥고 지나간다. 커다란 암흑의 동굴 속에서는 비단과 비
누의 오르간이 단조롭고 음침한 음악을 연주하고 있다.
그녀가 흥분이 고조되어 액즙을 마구 쏟아놓을 때, 그 액즙은 청자색을,

로타르 베히슈타인, 벽화

해질 무렵과 같은 짙은 자주색을, 난쟁이와 백치들이 달거리를 할 때 보
고 기뻐하는 복화술적인 땅거미 색을 띤다. 그것은 나에게 꽃을 씹어 먹
는 식인종과 미친 듯 날뛰는 남아프리카의 반투족, 그리고 철쭉 꽃밭에
서 교미하는 우악스러운 일각수를 떠올리게 했다. 모든 것이 이름 없는
평범한 부부이고 공식화되지 않은 것이었다. 우리 머리 위에는 가스탱크
가 있고 아래로는 바다 생활이 있었다.[74]

[헨리 밀러]

딱정벌레가 우리 아래에 기어다니고
개미떼가 마음껏 우리 안으로 들어왔다
배와 배 사이에서 목욕을 하거나
다리와 다리 사이에서 뛰논다.[75][볼프 비어만]

하지만 그 강! 가끔씩은 강이 있어야만 한다. 나는 강을 환장하도록 좋아한다. 로테르담에 있던 시절이 기억난다. 아침에 일어나면 창문으로 햇빛이 쏟아져 들어왔다. 내 곁에는 쓸 만하고 절개 있는 창녀가 누워 있다. 나를 사랑해주는, 정말 미친 듯이 사랑해주는 여자. 새가 지저귄다. 식탁은 차려져 있다. 여자는 몸을 씻고 머리를 빗는다. 그 많은 사내와 놀아났던 여자가 이제는 나를, 나만을 본다. 배가 지나간다. 돛을 세우고 뱃머리를 쳐든다. 삶의 온갖 지랄 맞은 물살이 내 몸을, 그녀 몸을 휩쓸고 지나간다. 나보다 먼저 겪은 놈들, 나보다 나중에 겪을 놈들을 휩쓴다. 꽃과 새와 햇살이 흘러들어온다. 향기가 목을 조른다. 나를 죽여버린다. 오, 주님! 제게 늘 창녀를 주소서. 언제나 주소서![76][헨리 밀러]

일을 치르면 연장은 으레 더러워진다. 수치심이 너무 심해서 정신분석을 받던 시기였다. 문득 10년도 더 지난 옛일이 떠올랐다. 돌이켜보니 그것은 분명히 치유의 첫걸음이었다. 여자와 사랑을 나눈 후 햇빛 드는 창문을 열어두고 함께 누워서 포도주를 마시고 있었다. 그리스 신화 같은 장면이었다. 여자는 흐물하게 쫄아든 내 연장을 만지작거리면서 살펴보더니, 장난 삼아 포도주 잔을 쳐들어 축복한 후 포도주를 끼얹어 세례를 베풀었다. 복되고 의롭고 은총 넘치는 삶을 내 연장에게 기원해주었다. 그 순간 쌀쌀맞고 금욕적인 자기 혐오가 내 남근에서 씻겨나갔다. 아니, 최소한 견딜 만한 수준으로 떨어졌다. 자유의 느낌과 떳떳한 소속감이 내면에서 느껴지기 시작했다. 정신분석 치료가 잘 풀리기 시작한 것이

다.[77][틸만 모저]

이 세상 모든 바다의
조개와 달팽이에는
나의 사랑 노래가
갇혀 있다네.[78][오비디우 마르틴스]

간밤에 꿈꾸었다. 그대와 나는 두 포기의 풀이었다.
함께 자라나고 서로 뿌리가 얽혔다.
마치 내 입을 훤히 알듯, 그대는 흙과 비를 잘 알았다.
우리는 그대로 흙과 비였다. 때때로
난 생각했다, 우린 잠든 채 죽으리.
깊숙이 동상 발치에서 바다를 바라본다,
여기 우리를 데려와서 길러주고 사랑해준 바다.

그대를 알기 전 내 손은 강철 같지 않았다, 다른 바닷물은 그물을 빠져나
가듯 내 손을 빠져나갔다, 그러나 물과 돌은 이제 씨앗과 비밀을 지킨다.
나를 사랑해다오, 잠든 벌거숭이여, 바닷가에서 너는
마치 섬과도 같구나, 헷갈리는 사랑이여, 넋 나간
사랑이여, 꿈의 동굴에 숨었구나,
바다가 움직이듯 우리를 감싼다.[79][네루다]

여성의 지리학, 온 세상.

너는 내 머릿속 여자, 내 말, 내 몸뚱이, 모두의 어머니, 살아 있는 모든
것, 악어, 하마, 물고기, 새, 이구아나, 충동의 어머니, 수확의 젖어미, 강

물, 1933년 이후

력한 여자!

노 저어 가른 물살, 카누의 용골, 콩고강, 야생 허벅지를 지닌 내 여자, 수련꽃으로 살며시 감싼 늘씬한 팔,

우주구 출신의 고귀한 여자, 다이아몬드 밤의 살결을 지닌 기름진 몸뚱이.[80] [레오폴드 세다르 셍고르]

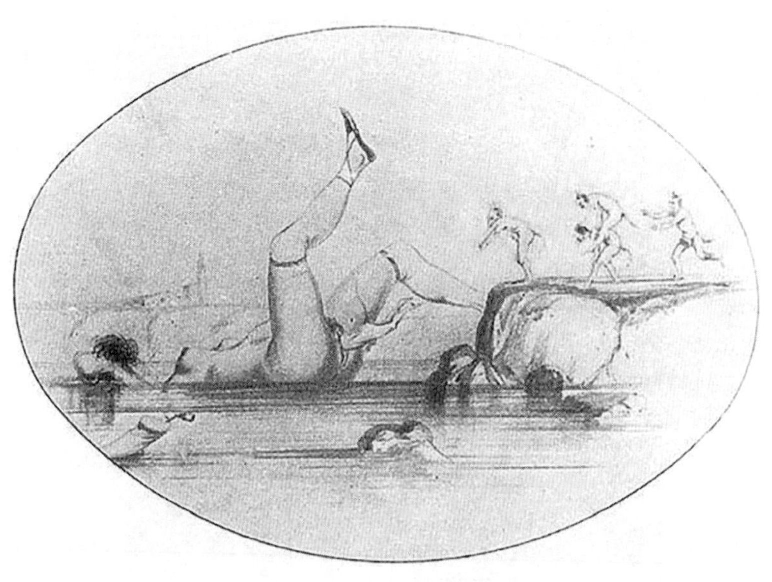

그대는 원시림의 징표,

그대, 붉은 목걸이를 건,

그대의 금박 팔찌, 검은 악어,

잠베지강 같은 그대의 눈에 헤엄치리.[81] [기옌]

그들은 아디나의 벨벳 몸매를 못 봤다,

강물 소용돌이 속에 훌훌 벗고 헤엄치는, (…)

그들은 아디나의 춤추는 미모를 못 봤다,

카리브해에 불꽃을 사르는, (…)

그들은 아디나를 못 봤다,

카리브해의 바람 속에서 불꽃으로 사라진.[82]

[에르베 텔레마크]

작은 지구본처럼
적도대를 골반에 감고서,
검둥이 계집이 성큼 앞장서네, 신여성,
얇디얇은 뱀 드레스를 걸치고.[83][기옌]

레프카다 절벽에서 뛰어내려
흰 바다 거품으로 추락한다
사랑으로 불타면서![84][뫼리케]

서서히 조명이 어두워진다, 부채춤,
무리 지어 몰려든다, 새파랗게 줄지었다,
벌새, 태평양의 화환,
여자의 어둑한 그곳, (…)[85][벤]

내 아내는 발도르의 목구멍
마치 밤의 젖가슴을 지닌
급류의 강둑과 마주치듯,
내 아내의 젖가슴은 바다의 두더지 언덕
내 아내의 젖가슴은 루비의 용광로.[86][앙드레 브르통]

"드레스덴 옆 엘베강"

아, 예전에는 착한 강이 우리를 배신했지.
모든 것이 흐른다는 진실,
우리 발밑의 지구가 돈다는 진실,
우리가 아직도 키스하던 중에도. (…)

내 사랑, 내 사랑, 이제 나는 홀몸.

이제야 멍청한 강이 나에게 말해주네,

앞으로 모든 것은 이대로 멈춘다.[87] [비어만]

네가 오래도록

　　　네바강을 떠돌면서도

구세주의 사랑을

보지 못할 때,

너는 역시

사랑도 없이

배회하며

노를 젓게 될지니!

벽돌 사이에서 익사하리라![88][마야콥스키]

문학사를 관통하여 흐르는 끝없이 길고 넓은 강이 있다. 언제나 등장한다. 물에서 나온 여자, 물로서의 여자, 부글부글 솟구치고 날뛰고 차가운 바다. 때로는 찢어발기는 풍랑, 폭포, 가둘 수 없는 물줄기, 뱃전으로 가르는 물, 샛강, 웅덩이, 격랑, 물목. 긴장을 풀어주는 혹은 위험한 깊이로서의 여자, 주스가 시원하게 담긴 잔. 파도, 거품, 어둑한 곳으로서의 질. 태평양 화환을 두른 곳. 두 개의 파도가 부딪쳐서 생기는 거품이 사

No woman is an island. And that's why Germaine Monteil and SFA are introducing the Sunlight Brights ...sultry, sun-luscious colors that highlight the way the world sees you. This summer, the accent's on lips and nails... with bright, light shines of color that catch the eye, play up a tan. And such colors! Spiced with sunshine and golden tones... like Sunny Plum, Sunset Red, Sun Tan and Sun Peach. Yours in Super-Moist Lipstick, 4.75. Super-Moist Lip Glossee, 4.25. Nail Color I, 3.75. More ways to keep beautiful under the sun? Germaine Monteil's Super-Moist Sun Essentials: Dark Tanning Gel, Golden Tanning Cream, Sun Block Cream, each, 4 oz.; After Sun Soother, 8 oz.; each, 5. And now, as an extra added attraction for the summer, Germaine Monteil has a special offer for you —The Super Beauty Essentials: treatments and makeup from the Super-Moist Collection. Night Cream, Body Lubricant, Smoothing Lotion, Super-Moist Cream and Acti-Vita Emollient Lipstick... all yours for 15 with any Germaine Monteil purchase. Cosmetics Collections, Street Floor.

Saks Fifth Avenue

New York (212) PL3-4000 open Thursday and 8:30 p.m. • White Plains, Springfield and Garden City open Monday and Thursday until 9 p.m. • Bergen open Monday, Thursday and Friday until 9:30 • Southampton open Monday through Sunday until 6

랑이다. 혹은 항해다. 서서히 찢긴다. 낚시다. 폭풍이다. 사랑을 나눈 후에는 사람은 암초가 되고 바다는 평평해진다. 바다의 거룩한 노래에서 헤엄치고, 물고기처럼 법도 없이 자유로워진다. 사랑은 두 마리 물고기다. 질은 바다의 입구, 모든 바다의 일부분이다. 바다는 모든 질의 일부분이다. 대문 안으로 들어가면 온 세상을 여행한다. 온 세상을 둘러 흐른다. 여자를 제대로 만나면, 보지에 들어가면, 세상에 알 만한 모든 곳을 알게 된다. 흐르는 모든 것이 향하는 곳의 이름은 여자다. 콩고, 나일, 잠베지, 엘베, 네바. "아버지" 라인강은 흐르지 않는다. 그저 국경이다. 카리브해, 태평양, 지중해, 대양. 지구의 3분의 2는 바다다. 6분의 1은 대서양이다. 알려진 모든 해변, 이름 없는 천한 창녀, 흠결 없고 끝이 없다. 사람은 이름을 잃고 구분을 잃는다. 사람은 자아 없는 충동에 끌린다. "자갈 더미" 같다. 신 자신조차 해체되어 인간의 쾌락원칙에 복속된다.

이것이 어떻게 된 일일까? 역사적으로는 비교적 새로운 현상이지만, 이는 특별한 형태의 여성 억압이자 특별한 형태의 여성 비하다. 과잉 숭배를 통한 억압이다. 탈경계화, 탈현실화로 하나의 원칙이 생겨난다. 흐름의 법칙, 너비의 법칙, 비특정한 무제한적인 완화다. 여기서도 여성은 이름이 없다. 오직 "마들렌" 하나만이 인용 텍스트 중에서 예외일 뿐이다. 과잉 숭배는 여성의 구체적으로 육화된 현실을 부정함으로써 달성된다. 모든 개별

남자의 이미지

적 실제 여성은 대의명분에는 도움이 되지 않는다. 또한 위대한 과업을 해놓고서 고상한 쾌감을 느끼며 여성에게 헌사를 바치는 지배자 남성에게도 사실은 개별적 실제 여성이 필요 없다. 1400년대 이래 모든 면에서 지나치게 완벽한 천상의 여성상 "베아트리체"가 생겨났다. 그러나 그녀는 없어야만 오히려 작동되는 여성상이다. 다양한 형태로 나타나는 여성에 대한 "헌신"은 겉으로는 친여성적이지만, 본질적으로는 가톨릭교회의 성모 숭배가 세속화된 형태라고 볼 수 있다. 이는 실질적으로 헨리 밀러에게까지 이어진다. 그는 한편으로는 가톨릭을 가장 노골적으로 비판하지만, 다른 한편으로는 해방적 사랑 행위를 어정쩡하게 추구한 나머지 여자에게 한없이 집착하고 매달리는 남성을 그리고 말았다. 밀러의 주인공은 온 세상 모든 바다로 흐르는 질을 가진 여성을 숭배하며 그녀의 능력에 온갖 찬미를 다 늘어놓는다. 그가 초월성을 부여하는 여성 성기의 "즙"은 실제적인 여성 육체의 습기가 아니며 그가 실제로 사랑한 대상도 아니다. 초월성과 경쟁. 여성의 탈경계화와 탈인격화는 욕망을 대거 추상화하여 적절한 대상성을 결여시킨 결과라고 볼 수 있다. 욕망이 적절한 대상을 갖지 못하도록 하는 것은 바로 지배의 장벽이다. 지배의 장벽 때문에 여성상과 욕망 충족 관념이 결합되는 것이다. 욕망이 결합 대상으로 삼는 것은 살아 움직이는 현실의 여성이 아니었다. 심지어 남성이 자신이 상상한 바를 특정한 여성에게 체화시키는 경우에도 그랬다. 구체적인 예술작품도 마찬가지였다.

게오르크 뷔히너는 그 시대 문학가로서는 드물게도 고상하고 아련한 여성상을 대중에게 보여주지 않았다. 그는 작중 여성의 입을 빌려서 항변한다.

레나: 내 신세가 어쩔 줄 모르는 가련한 샘물 같지 않아요? 그 위로 몸을 숙이는 어떤 모습도 거부하지 못하고 그냥 잔잔한 수면으로 비추기만

해야 하는 샘물 말이에요. 꽃도 자기가 원하는 대로 아침 햇살과 저녁 바람에 봉오리를 여닫아요. 하지만 일국의 공주라는 여자가 그런 꽃보다 못하다니![89]

그의 작품에서도 섹슈얼리티와 물은 서로 이미지로 연결되지만, 역시 여성 작중인물이 반박한다. 주인공 당퉁이 "육체의 여사제"로 숭배하는 창녀 마리옹의 말이다.

나는 모든 것을 집어삼킨 다음 점점 더 깊은 곳에서 뒤집히는 바다 같은 것이 되었어요. 나한테는 오직 하나의 대립밖에 없었는데, 어떻게 된 일인지 그때 모든 남자가 하나의 몸뚱이로 합쳐졌어요. 내 천성이 원래 그런가봐요. 그걸 누가 어쩌겠어요? 마침내 그 사람도 그걸 눈치챘어요. 어느 날 아침 그 사람이 찾아와 마치 나를 질식시킬 것처럼 격렬하게 키스했어요. 목을 꽉 졸라가면서요. 나는 너무 무서웠어요. 그러다 그 사람이 나를 놓아주었고, 웃으면서 말했어요. 하마터면 어리석은 짓을 할 뻔했다, 옷을 잘 간수했으면 좋겠다, 그게 필요할 것이다, 옷은 언젠가 분명 저절로 해질 것이다, 자기는 그 전까지는 내 즐거움을 망치고 싶지 않다, 그게 내가 가질 유일한 것이 될 거라고 했어요. 그런 다음 그 사람은 갔어요. 나는 이번에도 그 사람이 무엇을 원하는지 몰랐어요. 그날 저녁 난 창가에 앉아 있었어요. 무척 예민한 상태여서 주변의 모든 것과 내 감각이 연결된 것 같았어요. 나는 파도처럼 일렁이는 저녁노을을 넋 놓고 바라봤죠. 그때 위쪽 거리에서 한 무리의 사람들이 내려왔어요. 아이들이 앞장섰고, 여자들은 창밖을 내다봤어요. 나도 내려다봤죠. 그 사람이 들것에 실려 지나가는 것이 보였어요. 그 사람의 이마는 달빛으로 창백하게 빛났고, 머리는 물에 젖어 있었어요. 물에 빠져 죽은 거예요. 나는 울었어요. 그게 나라는 인간 속에서 일어난 첫 번째 파열이었어요.[90]

영혼의 평화

매우 독보적이고 유일한 장면이다. 여성의 파도 속에서 자아를 상실하고 싶은 환상을 지닌 남성의 목소리가 아니다. 뷔히너는 마치 쾌락원칙 그 자체인 듯한 창녀에게 발언을 시킨다. "늘 한결같았죠. 쉼 없는 그리움, 엄습, 하나의 불덩이, 하나의 강물뿐이었어요."[91] 그러나 쾌락원칙은 애인을 물로 보내 익사시켰다. 그럼에도 그녀 탓은 아니다. 당통은 이렇게 말한다.

나는 우주 정기의 일부가 되고 싶어. 그래서 내 물결로 당신을 씻고, 일렁이는 당신의 아름다운 육체 위에서 부서지고 싶어.

당통이 말하는 파도는 두 육체 모두를 포함한다. 두 육체가 융해되어 탈인격화되고 평등해진다. 여기서는 "자아"가 파도에 맞서지 않는다. 더 이상 욕망도 없고 이름도 없다. 한 가지 놀라운 것은 당통이 기꺼이 죽음을 원한다는 관념이다. 권력 투쟁은 그에게 시시하다. 라크루아의 말이 잘 표현해준다. "너무 나태한 생각이야! 저 친구는 연설을 하느니 차라리 단두대의 칼을 맞으려고 해."[92] 과연 어떤 관련이 있었던 것일까?

옛날옛적에: 물에서 나온 여인

일레인 모건은 야심작 『여자의 후손 *The Descent of Woman*』에서 여성과 물의 결합을 탐구했다. 모두 신화적으로만 다루는 주제에서 그녀는 남성의 발생사를 설명하고자 시도했다. 이유가 뭘까?

그러다가 원시 인류의 수컷 중에서 타잔 닮은 한 녀석이 나무에서 내려왔다. 야생동물이 가득한 풍요로운 초원을 보고 무기를 집어들어 위대한 사냥꾼이 되었다.

이 순간에서 인간사의 온갖 잡설을 이끌어내는 것이 가능하다. 우리가 직립보행을 한 이유는 수렵을 하기 위해서였다. 멀리 있는 사냥감을 찾아야 하기 때문이다. 동굴에서 살게 된 이유는 사냥꾼에게는 되돌아올 근거지가 필요하기 때문이다. 언어가 발달한 이유는 다음 사냥 작전을 계획하고 지난 사냥의 무용담을 떠벌리기 위해서다.[1]

그렇다면 "여자"는?

대부분의 책에서는 여자가 짧게만 언급된다. 성관계와 번식만 잠깐 짚고 넘어간다. "됐지, 아가씨? 이제 넘어가자." 사소한 이야기는 그만하고 위대한 사냥꾼의 멋진 사냥 이야기를 들어야 한다. 새로 장만한 멋진 무기를 들고 곧게 뻗은 멋진 다리로 플라이스토세의 초원을 내달린다. 여성 신체에 변형이 생겼다면 그것은 분명히 위대한 사냥꾼의 진화를 모방하거나 혹은 그의 취향에 부응하기 위해서다.[2]

이처럼 인류 발생사에는 아전인수 격의 남성 중심적 억지 해석이 너무 많다. 일레인 모건은 이러한 타잔 타령을 믿어주기를 거부하고 근본적으로 다른 기원을 탐색한다. "원숭이가 진화하여 인류로 변한" 과정에서 오히려 중요했던 것은 "암컷" 원숭이였다는 가설이다. 마지막 발걸음을 완성한 것은 그녀였다. 그녀가 그를 이끌고 피난처를 찾아 바다로 갔다.

기후가 온화했던 마이오세에 인류는 아프리카로 이동한다.

평화롭던 200만 년이 지나고 플라이오세의 폭염이 아프리카 대륙을 덮쳤다. 숲 경계에서부터 나무는 말라 죽어갔고 덤불과 초원으로 바뀌기 시작했다. 숲이 점점 사라지자 원숭이들이 살아갈 공간과 먹이가 부족해지기 시작했다.[3]

이들은 평원으로 밀려났다. 유인원의 암컷들은 상대적으로 성장이 더딘 새끼들 때문에 부자유스럽다. 그러므로 맹수들에게 제대로 맞서기가 힘들다. 결국 그들은 서서히 멸종되었을 것이다. 모건은 이렇게 평가했다. "막다른 골목에 이른 그들이 안타까워 나는 탄식하고 말았다." 그러나 대륙에는 해안이 있었다. 그리고 근방에는 "겁 많고 털 많고 특징 없는 마이오세 유인원이 살고 있었다".

암컷들은 풀을 소화시킬 수 없었다. 욕심 많고 포악한 수컷에게 시달렸다. 싸움에 필요한 날카로운 송곳니도 없었다. 어린것들은 언제나 어미에게 매달렸다. 맹수에게 쫓기는 신세가 되면 얼른 도망쳐서 올라갈 나무도 없었다. 그러나 암컷의 눈앞에는 광활한 수면이 있었다. 새된 비명을 지르면서 암컷은 바다로 도망쳤다. 고양잇과 맹수는 물에 들어가는 것을 싫어하는 데다가 몸무게가 갑절은 더 무겁다. 원숭이는 나무 위에서 살기 때문에 네발로 걷지만 동시에 직립 자세에도 익숙하다. 원숭이는 맹수보다 더 깊은 물로 들어가면서도 익사하지 않을 수 있다. 목까지 잠기는 물속에 들어가서 새끼를 쳐들고 기다리면, 고양잇과 맹수는 초원으로 물러설 수밖에 없다.[4]

일레인 모건은 이러한 상상력에서 출발해 이후 120만 년 동안 인류의 조상이 물가/물속에서 지냈다고 주장한다. 그로부터 인류의 중요한 정신적 본질이 발달했다는 것이다. 이것이 가장 오래된 화석으로 확인되는 인류의 조상 "오스트랄로피테쿠스"다.[5]

요약하면 이렇다. 물속에는 위험이 적고 먹을 것은 많았다. 새우, 게, 조개, 물개, 새알 등. 이들은 물에서 다음과 같은 진화를 겪었다.

- 직립 자세(물 밖에 머리를 내놓고 선다).
- 매끄러운 피부(육상 포유류가 물에 살게 되면 털이 줄어드는 대신 피하지 방층이 두꺼워진다. 유인원 중에서 인간만이 유일하게 이런 특징을 갖고 있다. 기온이 너무 높아져서 인류의 털이 사라졌다는 것이 좀더 일반적인 이론이다. 모건은 이렇게 설명한다. "아무리 생각해봐도 신빙성이 없다. 인류가 시원하려고 털이 퇴화되었는데 동시에 피하지방층을 발달시키다니. 피하지방이 있으면 체온이 올라가는 효과가 있다.").
- 동굴 거주(해안에는 수많은 동굴이 있다).
- 도구 사용(조개를 까는 등의 용도. 수달도 돌을 도구로 사용한다).

다음과 같은 사항도 있다. (물 밖에 내놓는) 머리 부분에만 (햇빛으로부터 보호하고자) 털이 남아 있다. 그리고 "인체에 그나마 남아 있는 소량의 털"은 다른 유인원과 비교하면 "완전히 다르게 구성"되어 있다. "헤엄치는 몸을 훑는 물의 흐름과 완벽하게 일치한다." 여성의 머리카락이 더 길게 자라는 까닭은 곁에서 헤엄치는 아이가 붙잡기에 편하라고 그렇다. 그 외에 이전의 털은 사라졌다. 특이한 점도 있다. "임신 후반기가 되면 두피의 잔털이 적어지고 뻣뻣한 털이 좀더 늘어난다."[6]

요약하면 이렇다.

여타 유인원이나 포유류의 일반적인 특성과 비교하자면 이 모든 변화는 불가능하고 부자연스럽고 모순적인 듯 보인다. 그러나 사실은 충분히 납득 가능하며 신빙성 있다. 자연스러우며 필연적이기도 하다. 우리가 인류에게 "고유하다"고 여기는 많은 특징이 사실은 육지 포유류에게는 드문 특성이다. 인류의 고유성은 물에 사는 포유류에게는 아주 흔한 특성이다.[7]

일레인 모건은 여성의 해부학적 특징을 물가/물속 생활과 연결 짓는다. 여성의 가슴과 엉덩이가 큰 이유는 무엇일까? 남자들은 대답한다. 섹스를 더 섹시하게 만들기 위해서라니,[8] 모건은 비웃는다. 그보다 더 그럴듯한 설명이 있다. 가슴이 커진 것은 젖먹이 아기 때문이다. 인간은 털이 없기 때문에 아기를 팔에 안고 젖을 먹이면 젖꼭지까지의 거리가 너무 멀다.[9] "게다가 타잔 같은 수컷들은 걸핏하면 아내를 내팽개쳐버리고 자식조차 뒷전이기 때문이다."[10]

그렇다면 엉덩이는 어떻게 된 것일까?

암컷 원숭이가 처음 해변의 삶을 시작했을 때에는 깔고 앉을 것이 없었다. 질의 위치는 사족보행에 맞도록 자리 잡았다. 꼬리가 있었더라면 꼬리 밑에 딱 숨겨질 위치였다. 꼬리만 살짝 쳐들면 출입이 편리할 곳이다. 그러나 해변에 앉는 것은 나무와는 달라서 보호가 필요했다. (…) 보호를 위해 엉덩이가 발달했는데 (…) 수컷보다는 암컷에게 특히 더 요긴한 보호였다. 수컷 원숭이가 보호할 구멍은 셋*이 아니라 하나뿐이고 그것도 덜 민감한 구멍이다. 게다가 새끼를 건사하고 젖을 먹이는 등 오래 앉아 있을 일이 수컷에게는 드물었다.**[11]

---

*　항문, 요도, 질.

**　정신분석학 이론과 마찬가지로 기존 인류학 이론이 얼마나 어머니 - 아이 관계를 허술하게 이해하고 있는지 살펴보면 많은 통찰을 얻을 수 있다. 일레인 모건은 지적한다. "반박 불가능한 최소한은 핵가족에 수백만 년 앞서는 기본 단위는 어머니 - 아버지가 아니라 바로 어머니 - 아이라는 것이다." 모든 유인원에게 최소 관계는 바로 어머니 - 아이 관계다. 인간 이하 모든 영장류의 기본적인 사회 관계가 여기서 출발하며 심지어 결속력 측면에서는 남성 결사체보다 훨씬 더 강력하다."(Michael Chance und Clifford Jolly, *Social Groups of Monkeys, Apes and Men*, New York 1971; 이하에서 재인용, Morgan, p. 160.)

암컷의 몸이 "파도 모양"의 유선형인 것은 바다와 모자 관계에서 비롯되었다고 볼 수 있다.

엉덩이의 발달은 교미에도 영향을 끼쳤다. 그리고 장기의 위치가 좀 더 안쪽으로 이동하는 결과를 낳았다. 이는 수중생활로 이동한 포유류에게 흔히 보이는 변화다. 그래서 질은 좀더 안쪽으로 그리고 앞쪽으로 "이동"하게 되었다. 그러므로 유인원에게 흔히 보이는 형태의 교미는 점점 더 불편해졌다.[12]

모건은 이렇게 설명한다.

어째서 호모 사피엔스는 현존 유인원 중에서 가장 큰 음경을 갖게 되었을까? (…) 어째서 교미는 후배위에서 정상위로 변경되었을까? 남성이 여성에게 성적으로 접근하는 방식 역시 수중 역사에 기원을 갖고 있다고 한다면 수긍하기 힘들 사람이 많을 듯하다. 모든 육상 포유류는 교미 시 후배위를 택한다. 그리고 모든 수상 포유류는 정상위를 택한다. 이러한 사실을 우연의 산물이라고 치부할 수는 없을 것이다.[13]

이러한 발달은 곧 성적인 딜레마와 밀접하게 연관된다. 일단 잠정적으로 일레인 모건의 논리를 따라가보도록 한다.

잠시 철저하게 인간 중심적 관점에서 생각해보자면, 수중으로 복귀한다면 인생이 무척이나 재미있고 즐거울 듯하다.

모건은 펭귄과 물개, 돌고래를 예로 든다.

인간에 비한다면 이들은 우리 지구상에서 최고로 유순하고 행복하고 아름다운 존재라고 봐도 무방하다.[14]

모건은 인류가 수중 시대에 획득한 본성이 평화적이고 생명 친화적이라고 규정한다. 그리고 원시 인류 중에서도 여성 원시인에게 긍정적인 특성을 중점적으로 부여한다. 이는 육지 시대로까지 이어진다. 그러나 이윽고 사냥의 시대가 시작된다. 남성 결사체가 생겨나고 끝없이 전쟁이 계획된다. 모건은 남성 결사체의 기능에 대해서 라이어널 타이거의 의견에 동의한다.[15]

모건은 마지막 한마디로 책을 마무리한다.

우리는 그저 사랑을 담아 그를 꼭 껴안고 말해주기만 하면 된다. "같이 들어가요, 물이 좋잖아요."[16]

모건의 주장이 여성을 성적 기능으로만 제한하는 것이라고 이해해서는 안 된다. 오히려 쾌락원칙으로서의 여성을 생명을 향한 욕망으로 보는 것이다. "물"은 남성적 공격성을 무력화하는 반대 개념이다.

정신분석학자 페렌치 산도르는 여성성과 물을 연관 짓는 성기 이론을 수립하려고 시도했다.[17] 그는 일레인 모건이 말하는 시기보다 훨씬 더 앞선 시기에 진화하여 물에서 나온 종에 대해 논한다.[18]

육지 생물이 아예 없던 시기의 짝짓기에는 삽입이 없었다는 것이 페렌치의 주장이다. 대양이 말라버리고 수중 생물이 육지에 상륙하면서 삽입이 생겨났다. 이전에는 태아를 보호할 자궁이 필요 없었다. 알을 직접 물에 낳으면 된다. 수중 생물의 몸에는 "배출 구멍"이 하나뿐이었다. 배설과 생식은 같은 구멍으로 이루어졌다. 그냥 노출되어 있는 알에 사정하면 수정이 이루어졌다.

상륙 이후에 물을 둘러싼 투쟁이 시작되었다. 페렌치의 추측에 따르면 암컷은 수컷의 발기된 음경으로 찔리는 것을 강요당했다. 암컷은 스스로 "바다 노릇을 떠맡을" 처지가 되었다. 암컷의 체내는 잃어버린 바다-존재의 대체물이 되었다. 페렌치는 말한다. "모체의 양수는 '내향투사'된 바다로 이해되어야 한다. 발생학자 헤르트비크가 잘 표현했듯이 연약하고 다치기 쉬운 태아는 양수 속에서 마치 물 만난 물고기처럼 헤엄치고 움직인다."[19] 이렇게 본다면 수컷이 암컷에게 삽입하는 것은 떠나온 원시 시대의 바다-존재의 흔적이라고 할 수 있다.

의도했던 바는 아니겠지만 페렌치는 정신분석학적 상징 이론을 완전히 내다 버린 셈이 되었다. "어머니가 바다의 부분적 대체물이거나 상징"이지 "바다가 어머니의 상징이 아니다".[20]

먼저, 즉 바다la mer가 있고, 어머니la mère가 생겨났다. 우선 흐름이 있고 나중에 근친상간이 생겼다. 작은 시냇물이 재코드화되어 어머니의 침대로 흘러들었다.[21]

페렌치는 성교에 폭력이 침입한 것이 이 시점이라고 생각한다. 그는 모건이 주장했던 바와 같이, 남자가 여자와 정상위로 성교하는 법을 배워야만 했다고 주장한다. 아직까지 여자는 발정기를 주기적으로 겪고 있었지만, 질의 위치가 바뀌어서 후배위로 접근하는 것이 불편해졌다. 다른 포유류에게서는 폭력과 결합된 성교가 발견되지 않는다. 다른 동물에게 성교는 짧고 간단하고 쾌락적이다.

"인간은 어쩌다 그렇게 쉽고도 간단한 과정을 잃어버리고 이렇게 배배 꼬이고 엉망진창인 성교를 하게 되었을까?[22] 아마 암컷들이 앞으로 달려드는 수컷들을 받아들일 수 없었던 것이 아닐까 하는 것이 모건의 추측이다. 앞으로 덤벼들다가 결국은 "뱃속 내장을 뽑히는 꼴"을 당하기 십상이었다. 암컷은 저항했지만 수컷들도 호락호락하지는 않아서 암컷을 바닥에 쓰러뜨리곤 했다. 암컷은 겁에 질려서 항복의 신호를 보내고 복종 의사를 표현하지만 수컷은 놓아주질 않는다. "같은 종에 속하는 개체가 명백하게 항복하고 방어를 멈췄는데도 계속 공격할 수는 없었을 것이다."[23]

428

바로 이 지점에 종의 멸종 위협이 들어선다. 그러나 모두 알다시피 종이 사라진 것이 아니라 인간의 능력이 사라졌다. 인간의 수컷은 동물과는 달리 피해자가 항복해도 놓아주질 않고 계속 덤벼든다.

복종 의사 표현을 무시하는 능력을 지닌 수컷은 아랑곳 않고 계속 교미를 했다. 능력을 먼저 갖춘 수컷이 더 성공적으로 번식할 수 있었다.[24]

수컷의 짝짓기 행동이 무제한적인 폭력 행사 능력과 연결된 것은 치명적이었다. 그러나 다행히 역사는 모순적으로 발전한다. 이 경우도 그랬다. 암컷을 달래고 설득하기 위해서 사회적인 애무 행동이 발달했을 것이라고 모건은 추측한다. 이 잡아주고 쓰다듬고 매만지고 입 맞추고 껴안는 등. 원숭이와 그 외의 사회적 동물에게서도 애무 행동은 발견되지만, 짝짓기 행동과는 전혀 무관하다. 인간에게는 성교와 애무가 통합되어 있다. 인간이 지닌 사랑하는 능력은 인간의 짝짓기에 폭력이 도입된 부수 효과라고 볼 수 있다.[25]

모건의 책은 남성 공격성의 기원에 대해 인류학적이고 행동과학적인 해답을 제시한다. 그러면서도 행동과학이 흔히 그러하듯 심리학을 도외시하고 생물학적으로 정당화하는 함정에 빠지지는 않는다. 모건의 중요한 성과는 원시 인류에 대한 기존 지식을 모순, 불일치, 편견에서 벗어나도록 재구성해냈다는 것이다. 그녀의 새로운 학설은 흔히 인용되는 남성 과학의 지식과는 달리 좀더 설득력 있고 좀더 비폭력적인 미학으로 넘친다.

이제껏 일레인 모건의 가설을 꽤나 상세하게 소개했다. 남녀 관계와 성 차이를 자세히 고찰하려는 사람에게 독특한 통찰을 제공하기 때문이다. 성적 이형성은 과정을 통해서 발달했다. 이는 애초부터 자연적 과정인 동시에 사회적 과정이었다. 여성의 몸에서 관찰되듯 인체의 형태라는 것은 자연적 과정의 결과인 동시에 사회적으로 생산된다. 바다와 모자 관계가 여자의 몸을 만들었다. 남자의 몸은 이후 사냥과 전쟁의 시기를 맞이하여 근육이 붙고 강한 힘과 민첩성을 얻게 되었다.*

여자, 그 욕망의 영토

이 과정의 결과물은 무척 내구적이면서 동시에 가변적이다. 역사를 거치면서 가변성은 강화되었다. 사회적 변화의 가속화 때문이다. 가부장제 아래서 여성성은 특별한 가소성을 획득했다. 이제껏 여자는 지배적인 역사적 역할을 수행할 수 없었다. 가령 부르주아 사회에서도 마찬가지였다. 역사적 과정의 주역이 될 수 없었기 때문이다. 여자는 언제나 사회적으로 이용되어야 할 대상물, 자원, 혹은 자연이었다. 그래서 남자들은 여자를 집합적으로 대지의 "비유기적 육체"의 일부라고 간주하고 생산을 위해 이용할 대상으로 봤다.

경계 너머의 신대륙은 언제나 여성 육체의 집합체로 간주되었다. 생동하는 살집과 숫처녀의 살갗, 물결치는 머리채, 호수 같은 눈동자를 지닌 바다. 아무도 발 들여놓은 적 없는 무한한 욕망의 영토. 탈영토화 역사의 단계마다 남성은 자신의 욕망을 투영해 추상적 유토피아의 재료를 찾아내곤 했다. 그들이 욕망한 영토에서 자유로운 삶을 찾을 수 없다는 것은 불 보듯 뻔하다. 게다가 당연하게도 탐험에 나서는 사람들은 지배층 남자들이 아니었다. 세계 여행은 다양한 지역에서 이루어졌다. 물론 실제 탐험가들은 여자와 지구를 혼동하지도 않았다.

하지만 이들은 어떤가? 오디세우스를 살펴보자. 독보적 지략으로 트로이를 함락시켰지만 그는 곧 세계 여행에 내몰린다. 그리스 세계에서

---

* 타이거와 모건 둘 다 지적하고 있는데, 여자가 남자를 상대로 겨뤄 민첩성과 지구력 면에서 이길 수 있는 스포츠는 장거리 수영 경기가 유일하다.

오디세우스의 명성과 권력이 강화되는 것을 싫어했을 사람들이 누구였을지는 뻔하다. 그는 여정에서 숱한 여자와 마주친다. 세이렌의 노래에 홀렸지만 죽음은 모면한다. 천국 같은 이국의 섬에서 칼립소, 키르케를 만나면서 복에 겨운 몇십 년 세월을 보낸다. 그러다 결국 하릴없이 귀향한다. 아내 페넬로페는 참고 견디며 잔치를 준비해놓고 절개를 지키면서 기다렸다. 문학사에서 가장 딱한 여성이다. 기약 없이 집안을 보살피면서 끝없이 늠름한 총각들의 구애를 거절한다. 핑계는 오디세우스의 남근과도 같은 뻣뻣한 활이다. 오디세우스처럼 시위를 당길 수 있는 활을 다룰 남자에게만 몸을 허락하겠다. 이게 다 무슨 헛수고인가? 오디세우스가 곧장 직행했더라면 이는 "권력 투쟁"을 의미했을 것이다. 우여곡절 귀향길의 목표는 결국 아내였던 셈이다.

중세의 궁정사회는 또 어떤가. 동방을 제압하고 불신자를 개종시킨다. 모든 괴물을 주살하고 왕국을 통일하고 교황의 무릎을 꿇린다. 대체 무엇을 위해서? 성에 갇힌 오직 한 분 공주님의 창문 아래에서 사랑의 노래를 부르기 위해서다. 이 얼마나 굴욕적인 남자의 욕망인가? 대체 왜? 왕자님이나 황제처럼 세상을 정복한 분들은 반인반신半人半神 같은 높은 존재다. 모든 것을 스스로 발견하고 다른 가능성은 모두 틀어막는다. 훗날 정신분석학에서 말하는 어머니에게로 향하는 길을 독점한다. 이유는? 반인반신은 기사 작위를 받은 후 원탁에 앉아서 위엄 있게 귀공녀들이 계신 곳을 가리킨다. "공주를 하사하노라, 용사여. 이제 네 여자다." 한없이 기다리던 유일하신 공주님은 결국 모든 장애물을 뛰어넘어야만 얻을 수 있는 존재다. 물론 마지막 순간에 납치를 당할 수도 있다. 그러면 그녀를 구하려고 온 세상을 다 헤매야만 한다.

성배를 찾아 모험길에 나선 파르치팔은 흰 눈 위에 떨어진 피 한 방울을 보고 불현듯 멀리 두고 온 아내를 생각한다.

가톨릭교회는 동정녀 성모 마리아의 육체를 방탕한 욕망의 영역에 내주었다. 마리아는 바다라기보다는 하늘이었다. 중세 문학사를 거치면서 마리아의 육체는 성애화를 겪었다. 12, 13세기의 성모 마리아 전설에서부터 궁정 연애시에 이르기까지 문학사 전반에서 연모의 대상인 속세 여성의 이미지는 성모의 이미지와 뒤섞인 채 무수히 등장한다.[1]

성모의 육체가 점점 속세 여성의 육체로 대체되었고, 속세 여성의 육체는 성처녀의 육체로 기능하게 되었다.[2] 속세 육체가 허구적으로만 머문 것은 아니다. 실제 여성이 활용되어 내용을 부여했다. 부르주아 사회 형성 과정에서 우리가 주목하고자 하는 것은 13, 14세기 이탈리아 상업 자본의 부르주아 궁정 여성들이다. 유럽 세계가 항해를 통해 신세계와 만나면서 바깥세상의 여성상이 새로 더해졌다. 흑인 노예 여자, 얄쌍한 눈매의 동양 여자, 인디언 여자, 남태평양의 아가씨. 이들이 집합적으로 육체상을 구성하기 시작한다. 이는 항해와 모험에 나선 남자들이 욕망하는 신비스러운 목표물이 되었다. 세상 모두를 합친 것보다 더 큰 유혹이었다. 남자들이 느끼는 모험의 갈증을 해소해주는 샘물이었다. 또한 자신의 모습을 알려주는 거울이었다.

이는 지배층 남성에게는 많은 이득을 선사했다. 이득은 정복자에게는 거의 없고 여성에게는 아예 없었다. 세계 정복을 아무리 이뤄내도 여성상은 여전히 지평선 너머 저 멀리에서 어른거렸다. 정복자가 누릴 자유의 가능성은 철저히 비밀에 부쳐졌다. 정복자는 지배층에게 반항하지 않는다. 의존하고 있기 때문이다. 정복자는 또다시 파견되어 항해에 나선다. 금전적인 보상은 변변찮다. 그가 미친 듯이 추구하는 보상은 따로 있다. 가장 아리따운 여인이 기다리고 있는 으리으리한 궁전에서 함께 살기? 설마. 그에게 허락된 것은 이렇다.

여기는 수십만 쾌락이 있는 곳,
사랑의 기쁨을 누리는 곳.

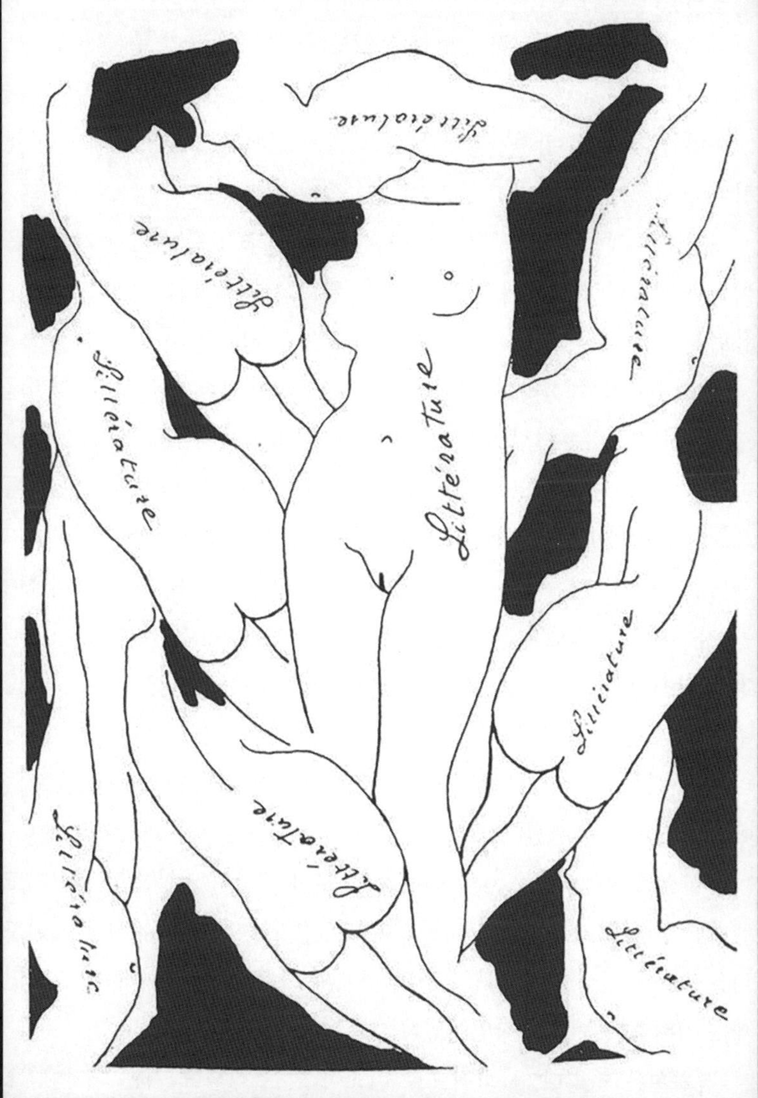

문학

불과 검으로 수많은 적을 무찌른 자조차,
이 골짜기에서는 간단하게 꺾일 수 있도다.[3]

아마 팔자 좋은 왕자가 기사들을 휘하에 거느리고 읊은 건배사인 듯하다.

포상으로 약속받았던 "고귀한" 여인을 얻을 수 없기 때문에 기사들은 여성과 동등한 위치에서 함께 지낼 수 없다. 여자를 데리고 혼란스러운 유럽을 훌훌 떠나 더 좋은 보금자리를 꾸릴 수 없게 된다.

인도 항로를 개척하고 싶어하는 전제군주의 입장에서 보면, 여자를 그리워하는 우유부단한 남자보다는 무도한 살인자를 파견하는 편이 낫다. 하지만 여성상은 그 자체로 정복자를 위한 것이 아니었다. 모험가들은 거침없이 신대륙을 발견하고 세상의 경계를 넓히고 결국 전제군주가 거리낄 일까지 해치울 사람들이다. 여성은 그런 이들을 도로 불러들이는 기능으로 작용했다. 신대륙을 약탈해서 귀향하질 않고 아예 거기에 정착해버리면 어떻게 할 것인가. 지나친 상상력은 아닐 것이다. 전제군주가 이득을 본 것은 사실이지만 그렇다고 여성상을 만들어낸 것은 아니다. 여성상은 탐험가들이 스스로 창조한 것이었다. 어느 정도는 그들이 자유의지로 수행했다고 볼 수 있다. 이것은 나중에 논의하기로 한다.

분열시켜 지배하라Divide et impera, 이는 로마 제국의 기본 통치술이기도 했지만 동시에 가부장제의 작동법이기도 했으며 남성과 여성 관계에도 적용되었다. 양성 간 불평등을 엄격하게 유지해 갱신·심화하는 것은 언제나 지배층의 주요한 작업이었다.

내 가설은 이렇다. 사회적으로 비교적 덜 조직되고 기존 체계 안으로 흡수되지 못했던 여성 생산 잠재력은 지배층 유지에 복무하는 사회적 생산 영역에만 편입된다. 여성은 풍요의 허구를 표현하는 존재가 된다. "고귀한 여인의 육체에서 낙원을 되찾는다"는 식이다. 대지의 육체,

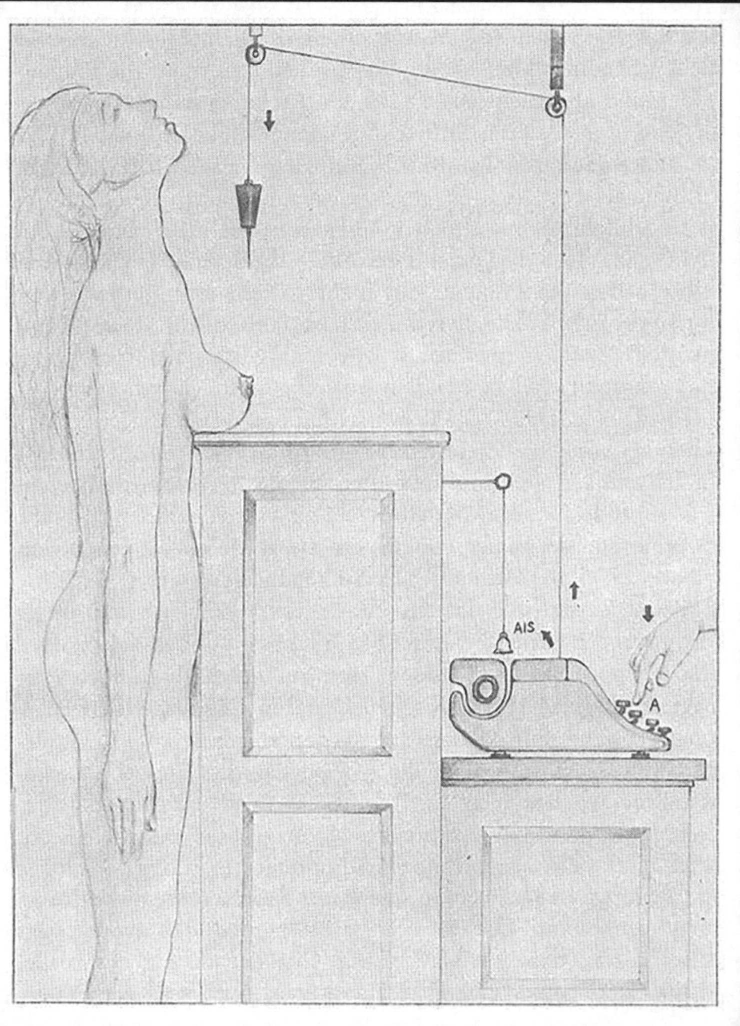

AIS
A

생산 이전의 자연 등이 제약 없이 모든 것을 약속하는 여성 육체라는 허구로 코드화된다. 곧 살펴보겠지만 예술가들만 이런 코드화를 받아들인 것이 아니다. 지배를 유지하는 비결인 "분할"이 통하는 이유는 남녀 관계의 기본적인 요소에 현실적인 경험이 결여되어 있기 때문이다. 여성상은 실제 살아 있는 여성들의 현존재와 완전히 동떨어져 있다. 말하자면 반생산의 생산관계다. 이로부터 불평등, 압제, 현실의 구역화와 재영토화가 만들어진다. 여성의 허구적 육체는 몽상된 탈영토화의 판타지 무대가 되지만, 현실의 남녀 관계는 강력한 재영토화가 관철되는 중심축이 된다. 허구의 재료는 지배 계급 여성과 이국적 여성이다. 피지배 계급의 여성은 남성들의 공포를 생성하는 재료가 된다. 이들은 이미지가 되지 못하고 희생자가 된다. 숭배가 아닌 박해를 받는다.

역사가들은 마녀사냥의 본질을 끈질기게 외면하고 무시했다. 유럽 중세 세계의 경계가 해체되던 시기에 피지배 계급 여성의 섹슈얼리티를 겨냥하여 벌어진 조직적 탄압이 마녀사냥이었다. 재영토화라는 중심적 본질을 애써 외면했다는 것은 역사가 승자의 기록일 뿐임을 다시 한번 증명한다. 승자에는 비단 "부르주아"나 "자본가"뿐 아니라 남성도 포함된다.

대지의 육체를 무한한 여성 육체로 코드화하는 최고로 효과적인 형식은 바로 "모든 여성" 육체를 모체로 제한하여 대체하는 것이다. 난교 대신 근친상간이다. 이러한 대체에서 오이디푸스가 생겨난다. 이것이 요구하는 바는 일부일처제의 사회적 확립이다. 오이디푸스는 일부일처제 부모를 둔 아들이다. 그는 처음에는 아들이다. 오이디푸스 콤플렉스는 아들의 콤플렉스다. 이런 콤플렉스가 딸에게 없다는 것은 아예 관심 밖이다. 오이디푸스는 고뇌하는 아들이다. 예수도 그랬고 프로이트도 그랬다. 가부장적 종교/신화/예술/과학적 구조물의 중심에는 이상하게도 언제나 고뇌하는 아들이 있다. 역시 들뢰즈와 과타리가 옳았던 듯

하다. 오이디푸스라는 구성물은 라이오스 왕의 머리에서 나온 것이다. 폭군이었던 그는 피해망상에 사로잡혀서 아들에게 죽임을 당할까봐 두려워했다.[4] 근거 없는 두려움은 아니었다. 왕자는 왕국을 탐냈다. 최소한 왕국의 일부는 갖고 싶어했다.

어머니는 이미 차지했다. 둘 중 하나를 택하라고 한다면 왕비의 선택은 당연히 폭군보다는 아들이다. 폭군은 두 왕국을 다스린다. 어머니를 포함한 왕국 내 모든 여자의 굴종적 육체들, 그리고 대지, 땅, 도시, 거기서 생산되는 모든 재화와 부. 권력을 나눌 수는 없다고 생각할 아들을 어떻게 처리해야 좋을까? 폭군은 곧 태어날 아들이 근친상간과 부친 살해를 원할 것이라는 예언을 무당으로부터 이끌어낸다. 어머니조차 용납 못할 몹쓸 아들이다. 그러므로 버려진다. 비결은 마지막 부분에 있다. 장성한 아들이 그 이야기를 믿어버린다. 세상을 까맣게 잊어버린다. 아버지를 미워하기 시작하고 어머니를 욕망한다. 아들은 어머니를 정복하고 왕국을 손아귀에 넣는다. 그러나 신의 저주를 받고 만다. 그는 눈이 멀고 왕국에서 쫓겨난다. 오이디푸스의 동생이자 아버지를 그대로 빼닮은 크레온이 왕위를 계승하고 아버지의 법은 구원을 받는다. 오이디푸스는 결국 스스로를 구하려던 아버지의 창작이었을 뿐이다.*

이는 여성상의 기능과 놀라울 만큼 일치한다. 여성상은 "마치 폭군의 머리에서 튀어나온 듯" 나타난다. 잠재적 반란자인 사회적 "아들"로부터 지배력을 지켜내기 위한 것이다. 무척 흥미로운 일치 현상이다. 이는 속세적 여성상과 "오이디푸스적" 자아상이 동일한 과정에서 생성되었기 때문이다. 즉, 11세기 이후 부르주아 사회의 발전 과정 때문에 가능해진 것이다.

---

* 덧붙이자면 오이디푸스 신화는 모계사회의 왕 이야기를 반영한다. 그는 7년 주기로 살해되고 교체된다. 원래 봄의 왕에게는 어떠한 죄책감도 없었다. 이하를 참고. Ranke-Graves, *Griechische Mythologie*.

여자를 멀리하기 위한 갑옷

초기 부르주아 역사:
세계와 육체의 탈경계화 / 경계화

노르베르트 엘리아스는 두 권 분량의『문명화 과정*Der Prozeß der Zivilisation*』에서 부르주아 인간형의 형성 과정을 풍부하고도 자세하게 고찰했다. 그가 특히 주목했던 것은 독일 부르주아 인간형의 발전이었다. 루돌프 추어 리페는 14세기에서 16세기까지 이탈리아와 프랑스에서 있었던 춤의 의미 변화 과정을 추적해 두 권 분량의『인간 천성의 정복 *Naturbeherrschung am Menschen*』으로 엮었다.

하지만 두 저자 모두 간과하고 있는 것은 그들이 말하는 "인간"이 오직 새로 등장한 남자라는 것이다. 그래서 이들은 적절한 결론을 도출하지 못한다. 여성을 역사 발전의 부속물 정도로만 취급하는 것이다. 남녀 관계를 생산관계로 개념화하지 않기 때문에 여성의 생산력을 간과한다. 나는 "문명화된" 자아의 형성 과정을 간략하게 개괄하려 한다. 단순하게 요약하는 것이 아니라 여성과의 관련성 아래서 살펴보려고 한다. 새로운 남성 자아가 정복자 자아로 발전한 과정, 즉 여성으로부터 고립되고 대립하는 자아가 된 과정은 여성의 강요받은 협력 없이는 불가능했을 것이다.

문명화 과정의 중심적 변증법은 타자를 엄격히 제한하던 중세 유럽 세계가 발전 과정을 거쳐 자아를 스스로 제한하는 개인을 탄생시켰다는 것이다. 탈경계화*Entgrenzung*, 즉 탈영토화를 추진하고 가능하게 만든 남

크리스토프 암베르거, 「크리스토프 푸거」

성들은 이 과정을 통해 뚜렷이 경계화된 일체성으로 거듭난다. 이것이 기업가 정신과 에너지의 핵심이다. 단단하게 철갑을 두른 선박, 유럽의 관점에서 세상을 호령해 "질서"를 명령할 수 있는 선박이다. 중요한 것은 철통같은 "갑옷"이다. 엘리아스의 문명화 과정 역시 갑옷이다. "스스로에게서 거리 두기" "자기 통제" "자기 관찰"이라는 긴 과정을 거쳐서 "정서의 제동" "내면"과 "외부"의 구분, 친소의 구별 등이 생겨난다. 이 과정에서 가장 두드러지는 것은 바로 원근법적 관점의 발명이다. 원근법은 사물을 향해 던지는 인공적 시선이다. 특정한 관념에 따른 환상을

440

구축하는 것이다. 두뇌와 안구의 작업 이상의 의미를 갖는다.[1]

"다양성을 포괄하는 일체성은 허구적 안구를 통해서 기하학적으로 재구성된 인식에 불과하다."[2] 리페는 단언한다.

식민주의는 유럽이 중심원근법적으로 전 세계 민족을 예속시킨 역사적 경험이었다. 우리가 드디어 깨달은 바는 "원근법" "중심" "자아"를 말함으로써 비-자아를 서열화하려는 사람은 제국주의와 예속을 주장하려 한다는 것이다. 어째서 그럴까?

탈경계화는 11세기에 대규모로 발생했다. "사회는 토지 부족과 인구 증가의 압력에 못 이겨 밖으로 팽창할 뿐만 아니라 내부에서도 확장한다. 사회는 분화하여 새로운 세포를 번식시키고 새로운 기구, 즉 도시를 만들어낸다."[3] (엘리아스) 대규모 개간이 이루어졌다. 개간자들은 정착지 주변의 삼림과 어장 등 공유지를 이용할 권리를 쟁취했다. 거리감은 확장되었다. 마구가 발명되면서 말은 운송 수단이 되었다. 그 결과 다양한 기능이 장원의 통제된 영역 밖으로 이동하여 나가게 된다. 예를 들면

곡물을 물레방앗간으로 운반해서 제분하는 것이다. 수많은 봉기를 통해 도시들은 특권을 쟁취했고 결국 자치권을 얻어냈다.[4]

엘리아스가 누누이 강조하듯 스스로 절제하는 자아 형성 과정은 국가 권력의 중앙집중화 과정과 분리될 수 없다. "자아"는 중압집권화된 국가 권력의 축소판이며 "공적" 기능과 "사적" 기능으로 양분되어 있다.[5] 이는 민족지학자 메리 더글러스의 주장과도 일맥상통한다. "인간 육체는 사회의 미시 우주적 상징과도 같아서 권력 중심을 지향한다. 사회적 압력의 증가 혹은 감소에 비례하여 스스로의 자유를 늘리거나 줄인다."[6] 비록 엘리아스는 간과했지만, 사회적 탈경계화 및 탈중심화 시대에는 육체의 탈경계화가 함께 따라가는 경향이 있다. 거리가 늘어남에 따라 사회적 통제가 느슨해지면서 인간 육체의 자유 실현이 가능해졌다. 모든 새로운 무역로에는 새로운 욕망이 가득 찼다. 외국에서 들어온 온갖 새로운 상품은 새로운 감각을 자극하여 만들어냈다. 암염, 후추, 피망과 비단 등은 새로운 감각을 표현해주는 유행어가 되었다.

그렇다면 경계화Begrenzung는 어떻게 나타났을까? 첫째, 화폐 유통이 도입되었다. 엘리아스가 "인간의 연결 고리"라고 표현하는 생산과 소비 사이의 거리가 길어질수록 화폐의 필요성은 더 절실해진다. "공통의 교환 수단"이 필요한 것이다.[7] 따라서 동시에 인간 연결 고리에 통제가 이뤄지기 시작한다. 둘째, 수공업과 상업 길드에 엄격한 통제가 가해졌다.[8] 셋째, 초기 "부르주아" 계층은 선구적으로 억압 작업을 시작했다. 장원에서 도망쳐 도시로 들어온 농노들에게 고액의 시민권을 요구함으로써 유입을 방해했다.[9] 로마 가톨릭교회는 대대적인 "이단 사냥"으로 비정통적 가르침의 확산을 막아보려고 했다. 부분적인 성공도 거뒀다. 프란체스코 수도회와 도미니크 수도회는 교회 내부로 재통합되었다.[10] "혁신"을 향한 갈망이 넘쳐나던 시대였다. 혁신 실천과 동시에 억압 시도도 이뤄졌다. 역사 서술상으로는 그렇다. 그러나 정작 중요한 질문에 대한 해답은 없다. 새로 쟁취한 인간 육체의 자유가 어떻게 지배층의 의지에 의해 제압되고 경계화되었는지는 서술하지 않는다. 아예 질문 자체를 하지 않기 때문이다. 여성과 관련된 두 가지 상반된 움직임이 발견되는데, 그중 하나는 여성상과 연관된다. 중세 사회가 해체되면서 이뤄진 완화 과정에서 성모 마리아의 이미지는 서서히 궁정 연애시 속의 고귀한 여성의 모습으로 수렴된다. 궁정 문학에 나오는 고귀한 여성은 접근 가능한 연인으로 서서히 대체된다. 그러면서 조심스레 성애화가 진행된다. 성적 쾌락의 실질적 확장이 일어나는 동시에 오래 참아온 공포가 풀려난다. 표적이 된 것은 피지배층 여성이었으나, 공격의 핵심은 바로 쾌락적 남녀 관계의 가능성이 보여주는 잠재적 위협이었다. 양자 모두를 박해할 수는 없었다. 대신 분열시켜 지배하라! 여자는 마녀다. 남자는 마

법에 홀렸다.[11] 반드시 유념해야 할 것이 있다. 15, 16세기 이탈리아 르네상스와 독일 "인문주의"로 대표되는 "계몽기"에 마녀사냥은 형식적 항의조차 받지 않고 진행되었다는 점이다.[12] 신흥 부르주아가 세력이 너무 약해서 저항하지 못한 것은 아니다. 관심이 없었을 뿐이다. 자신의 여자들이 화형당하는 게 아니었으니까.

부르주아 세력은 충분히 강했다. 왕과 황제를 재정 지원하고 교회를 스스로 선택했다. 1500년 무렵에 이르면 거의 모든 도시에 세속 학교를 설립했다. 종교재판소의 만행을 제지하는 정도야 식은 죽 먹기였을 것이다. 그럼에도 하지 않았다. 분명히 유용했기 때문일 것이다. 부르주아 계층이 스스로 퍼뜨렸던 수많은 다른 공포가 그러했듯, 남녀 관계의 불평등은 민중을 지배하는 유용한 기반으로 작용했다.

1500년경의 탈경계화 / 경계화:
망망대해와 "내면의 신"

중세 사회의 내적 팽창을 통한 탈중심화는 독일에서는 1230년경 본격적인 추동력을 얻는다. 슈타우펜 왕조의 마지막 황제 프리드리히 2세는 너무 거대해진 왕국에서 중앙 권력을 주체하질 못한다. 권력은 무너졌다. 독일에서는 오랜 기간 영주국들이 서로 경쟁하며 난립했다. 스스로의 행정력과 사법 관료제를 갖춘 소박한 "중앙 권력"이 성립되기까지 약 300년이 걸렸다.[1] 이러한 흐름은 1555년 아우크스부르크 화의 이후 반종교개혁의 흐름 속에서 완성된다.[2] 그 중간 시기는 이렇게 규정할 수 있다. "그 당시에는 사람들을 통제할 수 있을 정도로 막강한 세력을 지닌 중앙 권력이 없었다."[3](엘리아스) 그러나 엘리아스는 종교재판을 간과했다. 중앙집권적 왕국 없이도 중앙집권적 사법 권력은 유지할 수 있었다.[4] 왕국이 붕괴하는 시점에 종교재판이 독일에 도달한 것은 놀랄 일이 못 된다. 연대기에 따르면 독일에서 종교재판관이 최초로 살해당한 것은 1233년의 일이었다.

중앙집권적 재영토화를 직접 폭력적으로 시도했던 종교재판소조차 중세 질서의 붕괴를 초래한 탈경계화의 막강한 흐름을 부분적으로만 막아낼 수 있을 뿐이었다. 이 모든 흐름을 하나의 보편 교회의 품으로 다시 끌어들이는 것은 이미 불가능했다. 1415년에서 1430년 사이 처음으로 농민 봉기가 성공했다. 바로 보헤미아의 후스파였다.

1400년경 이래로는 이른바 슈뱅케Schwänke라고 불리는 풍자담이 널리 유행했다.[5] 길이는 짧고 결말에는 교훈이 형식적으로 덧붙여졌으며 성적인 이야기가 많았다. 주인공은 대개 평민이다. 일 때문에 떠돌면서 성직자, 여행 중인 학생, 장사치, 장터로 향하는 농사꾼 등 온갖 인간 군상과 마주친다. 주인공은 남편이 잠시 집을 떠나 있는 아낙을 만난다. 날은 저물고 어찌어찌하여 좋은 게 좋은 짓을 하게 된다는 줄거리다. 사회에 새롭게 증가한 이동성은 섹슈얼리티의 이동성 증가로 표출된다.* 그이후로 독일에서 이처럼 노골적이고 거침없는 성애 문학은 다시 등장하지 않았다. 독일 시문학의 연대기를 작성한 독문학자 헤르베르트 A. 프렌첼과 엘리자베트 프렌첼은 14, 15세기 문학에서 "여성 지위의 하락"이 특징적으로 나타난다고 평가했다.[6] 현실로서의 "여성"을 고귀한 여성상과 혼동하는 것은 문학사 서술에서 흔한 일이다. 육체를 갖춘 인간보다 인간상에 더 높은 가치를 매기기 때문에 "여성의 지위"라는 엉뚱한 말이 나오는 것이다.[7]

엘리아스가 말하는 "자기 억제"의 전체적인 체계, 즉 발달된 부르주아적 자아가 스스로의 욕망을 억제하고 방향 짓는 법을 배운 것은 중세 후기에는 아직 시기상조였다. 혹은 극히 소수의 집단만이 달성했을 뿐이다. 외부의 직접적인 강압이 없다면 사람들은 이런 능력을 함양할 이유가 없다. 자기 삶을 괴롭혀가면서 굳이 육체적 쾌락의 탈경계화를 틀어막을 리가 없다. "중세 말기에는 육체적 폭주가 유럽 전역을 휩쓸었다. 시칠리아에서 니더라인까지 이른바 '무도병舞蹈病, Tanzwut' 혹은 '성 비투스의 춤'이 창궐했다. 사람들은 춤을 추다가 탈진해 죽곤 했다."[8] (리페) 리페는 이를 중세적 충동 억압에 따른 반동으로 생겨난 "육체적 자기 경험 욕구"라고 봤다. 강력한 탈경계화를 만들어낸 흑사병도 상당한 영향을 끼쳤을 것이다.[9] 엘리아스는 15세기 독일의 부르주아 "자아"를 이렇게 설명한다.

---

* 또한 자주 묘사되는 것은 화폐의 이동성이다. 구별되도록 표시해둔 금화 한 닢이 온갖 사람의 주머니를 거치면서 떠돌아다닌다는 유형의 이야기다. 미녀의 품에 머물렀다가 야심한 밤에 굴러떨어졌다가 기상천외한 모험을 한 후 원래 주인의 수중에 돌아온다는 것이다. 있을 법한 사연 아닐까?

우리에게는 상반된 것으로 비치는 많은 것, 즉 강렬한 신앙심, 지독한 공포감, 죄책감과 참회, 기쁨과 활기의 폭발적인 분출, 증오와 공격욕의 돌연적인 격발과 제어할 수 없는 힘 등은 기분의 급변과 마찬가지로 실제로 동일한 사회 구조와 인성 구조의 증상들인 것이다. 본능과 감정들은 더 직접적으로, 더 적나라하게, 더 자유분방하게 표출되었다.[10]

당시 농민들에게 이 모든 것은 더 강하게 적용되었다. 농민은 외부의 직접적인 강압에 의해 "틀어막혔다". 절대 "자기 억제"의 체계적인 방식이 아니었다. 중세에서 초기 부르주아 혁명에 이르는 1450년부터 1550년 사이의 시대를 살아간 것은 이런 유형의 인간이었다. 인쇄술은 활자 언어를 구사하던 사람들을 탈경계화했다. 뉘른베르크의 수학자 요하네스 뮐러가 그린 태양, 달, 행성의 도표가 1474년에 출판되었다. 이제 바다가 열렸다. 표만 있으면 해안까지의 거리와 무관하게 선박의 위치를 계산해낼 수 있었다.[11] 콜럼버스가 실제로 이 방법을 썼다. "아메리카 대륙"이 발견되었던 바로 그해에 첫 지구본이 고안되었다. 뉘른베르크의 상인 마르틴 베하임이 만들고 "땅 열매Erdapfel"라는 이름을 붙였다. 최초의 지구본에서 "아메리카 대륙"은 빠져 있었다. 아직까지는 중요하지 않았기 때문이다. 더 중요했던 것은 땅은 접시 모양이 아니며 가장자리로 떨어질 염려가 없다는 것이다. 바다는 지옥으로 향하지 않는다. 배를 띄워 항해할 수 있다.

한번 상상해보자. 평균적으로 상당히 "안정된" 자아를 지닌 사람들이 고도로 억압적인 체제 아래서 살고 있는데, 천국 같은 환경을 지녔지만 인구가 희박한 행성이 발견되었다는 소식이 전해진다면 어떻게 될까? 그곳에 도달할 방법에 대한 지식은 더 이상 철통처럼 지켜지는 비밀이 아니다. 그곳까지 가는 비용도 크지 않다. 이런 상황에서 아침마다 사람들을 통근 버스에 태우고 꼬박꼬박 일터의 정문을 통과시키려면, 더 강화된 폭력적 압제가 필요할 것이다. 이때껏 알려진 바 없는 새로운 형식의 재영토화가 도입되어야 할 것이다.

무한한 바다 너머에는 신대륙이 있다. 여기 이곳에는 가혹한 구습의 속박이 있다. 세계 역사상 전대미문의 거대하고도 강렬한 욕망의 자각이 벌어질 것이다. 심지어 "숭고한 목표"로서의 천국도 해체되기 시작한다. 새로 발견된 땅이 천국 못지않게 좋다. 물론 토착 신을 섬기는 별 볼 일 없는 원주민이 조금 있기는 하지만 그 정도야 무시하면 된다. 아메리카 대륙의 발견에 힘입어 스스로의 육체도 발견했다. 머나먼 영토의 탈경계화에는 가까운 곳의 탈경계화 가능성이 내포되어 있었다. 지평선으로부터 새로운 인식이 열렸다. 오직 인간과 자연이 있을 뿐이다. 내가 있고 남들이 있다. 뭐든 하기에 달렸다. 전제군주들이 여전히 있긴 하지만, 신이 내린 사람들은 아니다. 왕의 권세라고 해봐야 고작 왕국 안에서 군대 부려먹는 정도일 뿐이다. 무슨 거창한 신념을 가지라는 것이 아니다. 큰마음 한번 먹고 새 출발을 하면 된다. 교회도 없고 빚쟁이도 없고 마녀사냥도 없는 곳으로 떠나면 그만이다. 머뭇거릴 이유가 어디 있는가? 레오나르도 다빈치는 심지어 작동 가능한 비행 기계와 수중 선박을 스케치하기도 했다!*

이런 상황에서 초기 자본주의가 전개되었고 기존의 압제는 조직적으로 작동할 수가 없었다. 댐을 건설해야 했다. 그것도 많은 댐을. 농민 반란을 진압하려면 무기만으로는 부족했다. 마녀 화형도 계속되었지만 역부족이었다. 악명 높은 마녀사냥 교본 『마녀를 심판하는 망치*Der Hexenhammer*』가 출판된 것도 1487년이었다. 여성의 가시화된 자유에는 직접적인 격퇴가 가해졌다. 양성 관계에서 인간적인 쾌락이 생성되는 것은 예방되어야만 한다. 새로운 발견은 자유로운 인간형을 만들어내기 때문이다.

그러나 유혹에 빠질 위험에 처한 사람들을 막을 그 무언가가 필요했다. 그중 소수가 자신을 위해서 그리고 다수의 남들을 위해서 새로운 경계를 창안해냈다. 단기적으로는 화형의 위협을 상기시켰고 이후에는 단단한 장벽 구실을 해냈다. "새로운 풍기風紀, neue Sittlichkeit"가 인도하는 새로운 삶을 제시한 것이다. 댐 건설의 청사진을 옆구리에 끼고 무대에 오른 것은 바로 루터와 종교개혁이었다. 퇴행적 세력이 반란의 외양을 하고서 쇠퇴하고 있던 권위에 맞서 죽음의 덫을 놓는 일은 역사에서 흔하다.[12] 교회가 아니라 지방 영주의 지지를 등에 업은 루터가 제안했다. 신은 내면에 계신다. 그러므로 교황은 필요 없다. 몇몇 세력에게 이는 분명한 진보였다. 영역 내에서 안정을 꾀하면서 힘을 키워가던 개별 영주국의 군주들, 그리고 귀족층과 유착되어 있던 부르주아 계층에게 유리했다. 로마 교회에 바치던 아까운 봉납금을 드디어 끊어버리게 된 것이다. 하지만 이미 세력이 형성되고 있던 또 다른 사람들은 어땠을까? 이

---

* 이러한 탈경계화가 즉각적으로 육체의 자유를 가져오지는 않았을 것이라는 푸코의 의견은 옳다. 그는 또 다른 과정을 염두에 둔다. "15세기의 인간에게 억제되지 않고 자유롭게 나타나는 꿈이나 광기의 환상은 실제로 성욕을 자극하는 육신보다 더 큰 매혹의 힘을 발휘한다." (Wahnsinn und Gesellschaft, p. 39, 『광기의 역사』, 이규현 옮김, 나남출판, 2020, p. 53.) 그러나 푸코는 자신의 의견을 너무 절대화한다. 보슈, 브뤼헐, 뒤러 등 당시 널리 유행하던 "어릿광대 문학Narrenliteratur"(한 예로 제바스티안 브란트의 『바보배Narrenschiff』, 1492)을 근거 삼아서 단언해버린다. "세계는 보편적 광란 속에 빠져든다. 신도 악마도 승리하지 못한다. 승리는 광기의 것이다." (Ibid., p. 41, 같은 책, p. 63.)
푸코는 『칼렌베르크의 신부님 이야기Die Geschicht des Pfarrers vom Kalenberg』 같은 풍자담이 분명하게 보여주는 새로운 성적 탈경계화와 성 경험을 도외시한다. 아마 시대 경향을 오직 "고급 예술"에서 읽어내려고 했기 때문일 것이다. 그가 열거하는 뒤러 등 화가들의 회화에서는 자아 형성의 과정이 이미 상당히 진전되어 있었다. 일찍이 원근법이 중세 말기 인간들의 광기를 제압하고 있었고, 새로운 합리적 광기가 찢기고 찡그린 광기를 압도하고 있다. 푸코는 에라스뮈스를 시발점이라고 말하지만 사실 이런 경향은 이미 회화에서 발견된다. 평민들이 여전히 시대에 파묻혀 뒤섞여 있는 동안 화가들은 대상을 고립시키는 남성적 시선을 창조했다. 화폐교환사와 그의 아내를 그린 유명한 회화에 나오듯, 황금 저울에 고정된 시선이다.

를테면 1534~1535년 뮌스터에서 세력을 확대해가던 재세례파는 이를 어떻게 받아들였을까? 신 없는 항해에 흔쾌히 나섰을 것이다. 사유재산 없고 교황 없는 삶을 기꺼이 받아들였을 것이다.*

탈영토화. 기존 규범은 모두 기반을 잃고 기존 질서는 취약해진다. 이 현상이 가장 심하게 나타나는 곳은 물론 당시 세계의 변두리다. 세상의 끝 잉글랜드에서는 1530년경 이미 교회와 수도회가 세속화되었다. 하지만 교황의 군대가 도달할 수도 없는 잉글랜드에서조차 재영토화는 강력하게 시도되었다. 그럼에도 잉글랜드는 신교로 개종했다. 게다가 유럽의 최신 성과물인 내면의 신을 가장 많이 수출한 나라가 되었다. 메리 스튜어트의 머리가 몸통에서 잘린 바로 그 단면이 역사의 단층이 되었다. 잠재적으로는 미합중국이기도 했다. 영어권이면서 청교도 신앙을 지닌 미국이 탄생한 것이다. 영어를 사용하는 청교도가 신대륙을 정복하고 정착했다. 엄격하게 경계화된 자들의 탈경계화 사업이었다. 사상최초의 일이었다. 새로운 신이 명하신 새로운 계명이 정복자의 마음을 속박했다. 사유재산이 엄청나고 육체가 순결할수록 더 많은 천국을 차지할 자격이 주어진다. 이후 속박은 다소 느슨해지면서 회중시계로 둔갑해 조끼 주머니에 들어갔다. 이 새로운 경계자는 찰나의 시간마저 착취를 극대화하는 과정을 부추겼다.

신속한 과정을 통해 세상은 사유재산으로 변화했다. 유럽을 떠나 광활한 신세계에 뛰어든 사람이라면 바다 너머 어딘가에 아직은 주인 없는 사유재산이 기다리고 있을 거라고 생각했다. 자유롭게 넘쳐흐르는

---

* 마르크스는 루터가 "성직자를 인간의 마음속으로 옮겨놓았다"고 평가했다. (*National ökonomie und Philosophie*, zit. nach Kofler, p. 279.) 그의 설명에 따르면 종교개혁은 천국 높은 곳에 있던 신이 죽고 "내면의 신"만 살아남아서 "양심" 혹은 이윤 추구로 기능하는 과정이었다. 신은 이제 완전히 남성화되었다. 신의 여성적 일부, 즉 가톨릭의 성모 숭배는 제거되었으며 세속화되어 여성상으로 남았다.

욕망은 통나무집에 항구를 마련했다. 거친 황야에 세워진 유럽식 살림집. 그 아래에서 모든 것이 보호되고 통제된다. 흐름은 막힌다. 세상 어딜 가든 자신만은 불변한다. 세상은 이미 산산조각 났다. 얌전히 집에 머무르는 것만 못하다.[13]

대부분의 사람은 "집"에 머물 수밖에 없었다. 즉 고국에 매인 몸이었다. 그러나 그들이 채운 곳은 거리와 광장이지, 일터와 보금자리가 아니었다. 유럽 광기의 역사에 대한 연구에서 미셸 푸코는 광인을 시설에 수용하려는 발상이 잉글랜드에서 최초로 나왔다고 지적했다. 16, 17세기 기준으로 광인은 일하지 않으려는 사람을 의미했다. 최초의 시설 수용은 1575년으로 기록되어 있다.[14] 메이플라워호가 바다를 "찌른" 지 2년 후인 1622년에 토머스 데라는 사람이 작성한 팸플릿에는 이런 문구가 있었다. "많은 소교구에서 가난한 사람들과 노동을 싫어하는 건강한 노동자들이 생존을 위해 구걸, 소매치기, 도둑질로 눈을 돌린다. 그래서 온 나라에 걸인, 소매치기, 도둑이 들끓는다."[15] 1630년 왕이 임명한 위원회는 이렇게 입장을 밝혔다. "이와 같은 사람들은 미개인처럼 결혼도 하지 않고 죽은 사람을 매장하지도 않으며 세례도 받지 않기 때문이다. 그토록 많은 사람이 이처럼 제멋대로의 방종한 생활을 좋아하기 때문에 떠돌아다니기를 즐긴다."[16] 이런 입장이 반영되어 시설은 "교정원the houses of correction"이라는 명칭을 얻었고 훗날 "노동원the workhouse"으로 진화했다. 푸코는 이런 시설이 거대한 공업 지역에서부터 설립되었다고 강조한다. 하지만 그가 덧붙여 언급하지 않은 사실도 있다. 수용 시설의 대부분은 항구도시에 있었다. 예를 들어 브리스톨에 1697년 최초의 노동원이 설립되었고 곧이어 1703년에는 플리머스에도 설립되었다. 독일 최초의 "감화원Zuchthaus"은 변두리 항구도시였던 함부르크에 1620년에 설립되었다. "광인들을 태운 작은 배들의 운이 다한 후 고작 100여 년이 지나자, 곧 광인 구빈원이란 문학적 주제가 나타나는 것이다."[17](푸코)

일부일처제의 공고화

푸코가 지적한 바와 같이 17세기에는 광인의 시설 수용이 엄청난 규모로 벌어졌다. 이는 부르주아 및 절대왕정 국가의 핵심적인 안정화 전략이 되었다.[1] 당시 파리 인구는 약 10만 명이었는데 그중 1만 명이 시설에 수용되었다.[2] 미친 사람들보다는 실업자나 독신자가 더 많았다. 경제 위기의 시대였으므로 공공질서와 공중도덕에 위협이 되는 자들은 격리해 시설에 처넣어야만 했다.[3] 기혼자들은 되도록 제외했다. 혼인은 국가가 권장하는 질서를 지키겠다는 공적 서약처럼 취급되었던 것이다. 자발적으로 근면하게 노동하고 나태의 죄악을 끊겠다는 약속이었다.[4]

독일에서 일부일처제가 서서히 관철되는 과정은 이탈리아 르네상스가 융성해지던 15세기에 시작되었다. 이는 마녀사냥을 보완하고 완성하는 재영토화 과정이었다. 또한 박멸 시도에도 불구하고 살아남은 섹슈얼리티를 새롭게 코드화하는 과정이었다.

부르주아 남성이 자본가로 서서히 발전하던 과정에서 자신이 축적한 재산을 유지하려 했기 때문에 일부일처제가 도입되었다고 보는 것이 일반적인 설명이다. 자신이 죽은 후에도 평생 일궈낸 가업이 이어지려면 친자임이 확실한 후계자가 필요했다는 것이다. 어엿한 정실 부인을 어머니로 둔 아들이어야만 아버지의 위업을 이어받을 수 있다. 그렇기 때문에 부인은 새로이 유일한 그녀가 된다.[5]

이것이 얼마나 허술한 가설인지는 대단한 혜안이 없어도 금세 눈치챌 수 있다. 이 정도의 목표라면 상속법만 개정해도 충분히 달성 가능했을 것이다. 고작 법적·사회적 문제 따위가 단혼單婚, Einehe의 정착이라는 수백 년 된 난제를 해결할 수 없다는 것은 당연하다. 또한 부르주아 기혼녀가 추구하는 평생의 과업이 고작 적법한 유산 상속이라는 것은 어불성설이다. 전 세계 착취에 이골이 난 부르주아 계층이 여성성이 지닌 생산력을 이렇게 낭비한다는 것은 있을 수 없다.

양성 관계의 상호 작동법이 역사적 변동을 겪는 것은 결코 직접적인 경제적 원인에서 비롯될 수 없다. 그보다는 지배 관계의 안전한 확보가 더 직접적인 원인일 가능성이 높다. 관계는 그저 작동하기만 해서는 안 된다. 관계를 통한 현실화까지 가능해야 한다. 이 경우도 마찬가지다. 사회적 구조가 커지고 내면이 유동적일수록 외부 경계와 직접적인 강제의 효과는 반비례하여 떨어진다. 인간 욕망 생산의 흐름에는 경계화가 필요하다. 물줄기를 끊고, 모여서 고이게 하고, 물길을 내어 돌리고, 스며들어 사라지게 만든다. 달리 말해 새로운 육체 경계가 필요해진 것이다. 자신에게 요구되는 새로운 기능에 부응하면서도 동시에 통제를 잃지 않을 육체가 필요하다. 신흥 부르주아 청년을 예로 들어보자. 그는 예측하고 계획할 능력이 있어야 한다. 대상물, 타인, 자신의 감정에 객관적 거리를 둘 수 있어야만 한다. 적절한 시점을 기다렸다가 행동할 능력이 있어야 한다. 다양한 지식을 습득해야 한다. 아버지의 계승자라는 의식을 가져야 한다. 또한 시민으로서의 자의식도 갖춰야 한다. 이러한 인간형은 법령으로 지정되지 않는다. 이는 엘리아스의 표현에 따르면 "조형造型, modelliert"되어야 한다. 조형 작업은 점점 더 가정 내 부모에게 떠맡겨진다. 이제 가정은 핵가족 형태로 변화해갔다.

> 사회가 본능과 충동의 변형, 규제, 억제와 비밀 유지를 개인에게 강하게 요구하면 할수록, 또 청소년의 훈련이 그만큼 어려워지면 질수록, 사회적으로 필수적인 습관의 조기 훈련 임무가 핵가족 내부에, 즉 아버지와 어머니에게 집중된다는 사실은 역설의 뒷맛을 남긴다.[6][엘리아스]

엘리아스에 따르면 가장 중요한 조형화 과정은 바로 자기 자신에게서 거리를 두는 능력을 기르는 것이다. 즉 개인 정서의 심리적 분열이다.[7] 수치심과 당혹감을 끊임없이 의식하고 "더러움의 경계"를 숙고해야 한다.[8] 개인의 "내면"과 "외부"를 육체적으로 분열시켜서 피부를 가장 첨예한 경계라고 여긴다. "갑옷"은 절대 메타포가 아니다. 핵가족은 초기 부르주아 사회의 내부적 경계가 되었다. 핵가족이 길러내는 "자아"는 세상을 목적 달성의 가능성으로 본다. 자신이 노리는 이해관계가 현실화될 무대라고 여긴다. 핵가족이라는 경계가 틀어막으려는 것은 세계의 판타지다. 무한하게 넓은 전인미답의 세계라는 총체, 인간의 욕망 생산을 자극해 미처 몰랐던 쾌락을 널리 퍼뜨릴 세계라는 판타지다. 훌륭한 사업가 아버지, 그리고 바깥양반의 뜻을 잘 섬기는 어머니. 아버지는 어머니만 아시는 분이다. 그런 가정의 아들이라면 설령 바다 건너편의 이야기를 듣더라도 다 때려치우고 떠나면 행복할지 궁금해하면서 허튼 꿈을 꿀 수는 없다.

이 모든 변화는 서서히 진행되었다. "우리는 16세기에도 종종 시민계

그리스도의 학교   악마의 학교

급의 명망가 집안에서 적자와 서자가 함께 자랐다는 이야기를 듣는다. 적자와 서자의 차이는 아이들에게도 비밀이 아니었다."9 (엘리아스) 공공 연하게 자행되던 방탕한 정액의 흐름은 갈수록 사라졌고 결국 부르주아 문화 외부로 밀려났다. 루터는 혼인의 수칙과 금칙을 선포해 이러한 변화를 적극적으로 선도했다. 다시 한번 강조하지만 루터는 반란의 외양을 지니고 있었다. 그는 수녀와 결혼했다. 반교황주의의 인기에 힘입어 일부일처의 단혼이 공고화된 것이다. "내면적 신"이 "내면적 아내"가 되었다. 남성적 자아가 세워둔 경계 안에서 보호받는 집안의 아녀자가 되었다. 온갖 육욕이 날뛰고 온갖 격랑이 판치는 바깥세상이 침해할 수 없는 곳이다. 루터는 교육적 견지에서 학교 연극을 적극 권장했다. 1530년 이래 부르주아 학동들에게 삶의 미덕을 함양하고자 보여주던 연극의 주인공은 구약성경의 수산나였다. 그녀는 정숙한 아내의 모범이었다.10

일부일처제의 확산은 독일에만 한정된 것이 아니었다. 이는 부르주아/절대왕정 사회에서 발전하던 모든 공동체에서 고루 나타났다. 국가 권력의 중앙 집중과 병행하여, 중심 잡힌 자아를 육성하는 조형 작업 역시 본격적으로 중앙 집중화되었다. 새로운 자아는 애초부터 핵가족의 삼각 구도로부터 오이디푸스적으로 생성된다. 바로 이러한 인물형이 역사의 영웅으로 간주되었다. 훌륭한 가정교육을 받으면 이렇게 자라났다. 독일에서는 대규모 중앙집권화가 진행되지는 못했다. 1555년 아우크스부르크 화의 이래로 가톨릭과 프로테스탄트는 모두 공식 종교로 인정받을 수 있었다. 국교는 각 지방의 영주가 결정했다. 그러므로 독일 전역에서는 수많은 균열과 분열이 심화되고 고착되었다.

프랑스의 발전 양상은 중앙 집중 과정의 함의를 더 자세히 보여준다. 특히나 "고귀한" 여성의 기능을 보려면 프랑스의 사례를 살펴야 한다.

중앙화, 그리고 "순백의 여인": 육체의 도형화

루돌프 추어 리페는 『인간 천성의 정복』 2권에서 16세기 말 프랑스 앙리 3세의 궁정에서 공연된 키르케 발레를 자세히 다뤘다. 작품을 최초로 안무했던 발타자르 드 보주아외의 1582년 1차 사료가 직접 인용되었다.[1] 관능적인 마녀 키르케가 새로운 국가권력의 원칙에 항복한다는 것이 줄거리다. 공연이 말하고자 한 것은 "근대의 중앙집권적 규율 권력에 맞서던 프랑스 내부의 집단과 세력은 죄다 마녀 키르케에게 홀린 피해자들이라는 것이다. 다른 한편 왕은 해방자이자 승리자로 그려진다".[2] 발레는 단순한 오락의 문제가 아니었다. "궁정 발레 공연은 당대의 신화를 구현하여 과시하는 제의였다. 통치 군주는 마치 퍼레이드를 주관하듯 이야기 진행의 주요 대목마다 몸소 참여했다."[3] "제의의 목적은 헛되고 천한 욕망의 키르케를 금지하는 것이 아니었다. 키르케는 욕망 일반le désir en général을 의미했다. 신성과 관능성의 혼합mesle de la divinité & du sensible이다. 그녀는 '다양한 효능을 지니고 있어서, 어떤 이는 미덕으로 어떤 이는 악덕으로 이끌었다.'"[4] 그러므로 중요했던 것은 키르케로 육화한 "욕망 일반"을 제압하는 것이 아니다. 키르케의 생산력을 분석하고 변신시키는 것이 훨씬 더 중요했다.

리페는 이렇게 말한다. "지배 권력은 곧 남성성과 이성적 인간성이었다. '생성력 보편génération universelle'으로서의 키르케는 오직 항복을 통해

존재를 허락받았다."⁵

발레 공연의 절정에는 팔라스 아테나가 등장한다. 리페는 이렇게 설명한다.

팔라스 아테나가 싸움에서 핵심적인 역할을 하는 이유는 탄생 신화 때문이다. 여자에게서 태어나지도 않았고 육체를 통해 태어나지도 않았다. 제우스의 머리에서 곧바로 탄생했다. "위대한 신께서 두뇌로 나를 낳으셨다." 그렇기 때문에 아테나는 인간의 이론적 지성을 일깨우고 보호하

458

는 능력을 지녔다.[6]

리페는 이것이 지니는 제의적 의미를 간과한다. 심지어 앙리 3세가 직접 제우스 역을 맡아 발레 공연에 등장했다고 강조했으면서도 그 함의를 깨닫지 못한다. 새로운 국가 이성의 원칙에는 여성 육체의 참여가 필요 없다는 뜻이다. 중앙 집중화된 권력자의 두뇌에서 순결한 총각 생식zölibatären Zeugung이 이루어진다. 키르케가 상징하는 대자연의 마법성, 쾌락성, 관능성은 생명의 새 탄생에서 배제된다. 자연은 착취당하려고 존재한다. 자연이 약속하는 쾌락은 억지로 빼앗을 대상이다. 관능적 여성도 마찬가지다. 가부장제의 끈질긴 지배 방식이 이렇게까지 노골적으로 표현되는 경우는 드물 것이다.*

새로운 지배 권력의 원자재가 될 자연의 일부조차 이 발레에서는 여성으로 표현된다. 그냥 아무 여성이 아니라 프랑스 영지의 귀부인들과 루이제 왕비가 직접 연기했다. 흰옷을 차려입은 나야데 역할을 맡아 왕 앞에서 춤을 추었다. 가장 화려한 장식품, 즉 정원의 분수대 역할이다.

---

* 아도르노와 호르크하이머는 『계몽의 변증법Dialektik der Aufklärung』에서 "부르주아 사회는 여성을 자연의 재현자로 여겼다. 그래서 불가항력과 무력감을 일으키는 수수께끼 같은 존재라고 취급했다"고 지적했다. 타당한 통찰이다. 이렇게 점잖게 비판한 것은 아마 개인에게 누가 되거나 혹은 세상에 예의가 없을까봐, 특히 지배층의 심기를 건드릴까봐 그랬던 듯하다. 이들이 보기에 세계는 연출된 연극이다. 여성은 자신이 겪는 억압을 자신이 느끼는 대로 재현할 뿐이다. "자연"의 생동적 일부, 혹은 "자연" 그 자체로서의 여성은 여전히 깊은 사유의 대상이 아니다. 이처럼 여성 억압이라는 것은 실상 남성 판타지이며 일종의 재현이다. 부르주아 여성도 실상은 "자연"이 아니라 자연의 "재현"이다. 예술에서 "수수께끼 같은 존재"로 등장하거나, 13, 14세기 이탈리아 상인 자본 형성기의 부르주아 궁정에서 천재들의 후원자로 등장할 때, 여성은 "자연"을 재현하는 것이 아니라 "권력"을 재현했다. 물론 스스로의 권력은 아니었지만.

나야데는 샘솟는 분수대의 요정이다. 즉 분수대를 갖춘 정원으로 유명했던 프랑스의 가장 고유하고 순수한 힘을 상징하고 있는 것이다. 이들 여성의 사회적 지위가 의미하고 재확인해주는 것은 이들이 왕권의 편이라는 사실이다. 한껏 치장하고 무대에 오른 이들은 몹쓸 자연법칙을 정복해낸 왕권을 상징하고 있다.[7]

리페는 프랑크푸르트학파의 전통에 너무 충실한 나머지 실상을 제대로 파악하지 못했다. 궁정이 여성 생산력을 멋대로 제압했음을 공개적으로 과시하려는 것이 발레 공연의 핵심이다. 새로운 부르주아 / 절대왕정 국가는 새롭게 형식화된 "고귀한" 여성의 섹슈얼리티 위에 건립되었다. 고귀한 여성의 섹슈얼리티는 만인의 모범이 되어야 한다. 격랑이 분수대에 갇혀서 흐른다. 남성 쾌락이 자신의 정원 안에서 들끓는다. 새로운 국가 질서를 촉촉이 적셔줄 비성애화된 "순백"의 물이다. 따라서 춤의 형태에서 육체성이 제거되었고 물길은 통제되었다. "12명이 왕 앞에서 다양한 기하학적 무늬를 실현하는 춤이었다."[8] 그랑 발레Grand Ballet에서는 각 장면이 끝날 때마다 반드시 모두의 시선이 왕에게로 향해야 한다. 이들은 때로 네모, 동그라미, 세모의 대형을 이루며 움직였다. "자연과학"의 힘으로 자연을 정복해 새로운 형태를 만들어냄을 상징했다. 보주아외는 안무 의도를 이렇게 묘사한다.

모두 탄복했다네
아르키메데스의 기하학 비율으로도
여기 규수와 귀부인들이 발레로 이루어낸
이 광경의 오묘함을 이해할 수 없으리라.[9]

발레에서 실행하는 육체의 도형화가 "인식의 도형화"와 상호작용을

결혼의 상징적인 표현,
오이디푸스가 아직 태어나지 않아
삼각 구도가 형성되기 전이다.

일으키고 있다.[10] (리페) 17세기 성내의 정형화된 정원은 당시 이루어졌던 여성성 점령의 흔적으로 오늘날까지 우리에게 전해지고 있다.

발레 공연에서 리페가 간과하고 있는 중요한 본질이 한 가지 더 있다. 나야데 요정들이 삼각 대형을 이루고 왕에게 고개를 조아릴 때 꼭짓점 위치에는 루이제 왕비가 서 있었다.[11] 모든 개별 부인이 남편에게 종속되는 장면이 극화되었다. 통치자 부부는 궁정 제의를 통해 부르주아 핵가족을 만방에 선전했다. 절대 왕정이 본격화되기 훨씬 더 전부터 부르주아의 침투가 이루어졌던 것이다. 그리고 기묘하게도 삼각 대형이 이미 모양새를 갖추기 시작했다. 오이디푸스가 무럭무럭 자라고 있었다.

홀로 그리고 더불어:
매와 메두사 — 혹은 "이드가 된 자아"

리페에 따르면 춤을 통해 새로운 육체상을 의식적으로 만드는 관행은 르네상스 이후에 정착했다. 한편 농민들은 해체되고 있던 중세적 질서의 속박을 벗어던졌다. 그들은 광란하면서 펄펄 뛰었다. 폭발적 카니발

축제에서 오만상을 찡그리며 놀았다. 미하일 바흐친은 혁명 이전의 구질서가 대거 전복되는 것이 카니발이라고 규정했다.[1] 푸코의 "광기folie"[2] 개념보다는 바흐친의 개념이 다양한 과정의 탈경계화를 설명하기에 더 유용하다. 새로운 지배층은 또 다른 방식을 시작했다. 공식 행사에 "과시 기능Ostentationsfunktion"이 더해졌다.[3](리페) 1450년 직후 이탈리아 궁정에서 대칭적 무도 대형이 생겨나 수많은 사람이 한꺼번에 춤추는 장관을 연출했다.

여기서는 특정한 동작을 하는 사람과 마치 거울상처럼 그를 따라하는 사람 사이에 긴장감이 생겨난다. 한 사람의 동작이 상대방과 더불어 혹은 맞서서 같은 공간에서 서로 합쳐지고 헤어지며 펼쳐진다. 스스로 재현해 낸 동작과 모방적 자가반사적 동작이 교류한다.[4][리페]

이 과정은 최근에 알려지기 시작한 소아의 자아 형성 과정과 놀랍도록 유사하다. 거울에 비친 자기 모습에 반응하는 것은 자아 형성에 결정적 의미를 지닌다. 인생 첫해의 후반 6개월 동안 아이는 거울상에 기뻐하는 반응을 보인다. 이 시기를 마거릿 말러는 공생 단계라고 개념화했다.[5] 자크 라캉은 이 시기의 아기는 어머니가 인식해주는 얼굴을 자신의 얼굴로 받아들인다고 봤다.[6] 아이의 기쁨은 모체로부터 아직-미분화된-존재로서의 행복감이다.

르네 자조는 아이가 두 살에서 두 살 반 사이에 괄목할 만한 행동 변화를 보인다고 설명한다.[7] 이때를 말러는 "개성화Individuation" 시기라고 명명한다. 이 시기에는 자신의 거울상을 보고 혼란스러워하거나 심지어 두려워하는 반응을 보인다. 공포를 느끼는 첨예한 그 순간에 아이의 개성화가 시작되는 것이다. 이제껏 미분화되어 보호받던 상태에서 벗어나 단독자로서의 "외로움"을 느끼는 것이다. 보호가 박탈된 "주체"로서 존

재하게 된다.

아이는 스스로의 이미지를 진정한 자아상으로 받아들이면서 일종의 소외를 경험한다. 세상의 다른 물건과 자신이 다를 바 없음을 깨닫기 때문이다.
자기 인식은 주체화를 일으킨다. 이것의 대가는 곧 객체화일 것이다.[8]

프랑코 포르나리는 『생애 첫해의 정신분석학*Psychoanalyse des ersten Lebensjahres*』에서 위와 같이 종합했다.
이 같은 "객체화"가 15세기 밀라노 혹은 피렌체의 궁정 제의에서 벌어진다.
비밀스러운 것이 아니라 공공연한 제의에서 새로운 공적 연결성이 시작된다. 거울의 역할을 대칭성이 대신한다.

누군가 다른 사람이 나와 똑같은 행동을 하고 있다는 무도회 과정은 서로 구분되는 개인성을 인식하게 하는 동시에 서로의 차별성을 깨닫게 만든다. 무도회에서 정해진 스텝을 밟고 대칭성을 지키며 춤추던 사람들에게는 새로운 숭고한 목표가 나타나 낡은 신을 대체한다. 바로 유럽적 주체라는 추상적인 발상이다. 주체는 자신을 복종하는 존재로 규정하며 특정한 노선을 따른다. 리페의 설명이다.

사람은 자기 몸을 움직일 때 몸소 경험한 고유한 내용보다는 객관적인 동시대 사람들에게 맞춰서 자신을 만들려고 한다. 객관 세계를 장악하려 할 때와 동일한 원칙에 복속되는 것이다.[9]

요즘 소아의 개성화 과정을 살펴보면 르네상스 시대 궁정 무도회를 관찰한 리페의 견해에도 일리가 있다. 물론 소아나 무도회나 자연법칙뿐만 아니라 역사적 발전 법칙의 산물이라는 것은 동일하다. 리페는 최선을 다해 과감한 결론을 도출했다. 그는 "포사posa"라는 동작에 호도된다. 당대 안무가의 텍스트에서는 춤에서 부차적인 역할만 수행하는 동작일 뿐이고, 여기에 큰 의미를 부여하는 사람은 도메니코 한 사람밖에 없다. "포사"는 춤추는 사람들이 한참 움직이던 와중에 잠시 멈추는 동작을 의미한다. 도메니코는 이렇게 설명한다.

매번 마디마다 잠시 끊어서 멈춰서야 한다. 시인들이 말하듯 마치 메두사의 머리를 본 듯 굳어야 한다. 다시 말해, 하나의 동작을 한 뒤 순간적으로 돌처럼 몸을 굳힌 다음, 마치 매가 날개를 뻗어 활개 치듯 다음 동작으로 속행해야 한다.[10]

리페는 이 멈춤에서 "중심과 변화의 징후"를 읽어내고자 한다.

중세적·비개념적 총체성으로 뭉뚱그려졌던 사람들이 해체된다. 그러나 아직은 인간 오성과 개념성이 생성되지 않았다.[11]

너무 추상적인 논리다. 게다가 언제나 그렇듯 여성성 문제는 간과되었다. 그런 탓인지 리페는 메두사 이야기를 지워버리려고 한사코 애를 쓴다. 그는 이렇게 말한다.

여기서 도메니코가 말하는 것은 반성과 의식이 아니라 굳어짐이다. 순간적으로 정지했다가 곧 동작을 계속하는 것이다. 그가 메두사의 머리를 인용하는 이유는 공포가 아니고서는 굳어짐을 설명하기가 힘들기 때문이다.

이 점이 마음에 안 들었던 모양이다. 총각 생식을 본받고 싶었던지 그는 두뇌로부터 이렇게 튀어나온다. "이렇게 해서 의식이 세상에 나왔다. 동작 속에서 의식의 총체가 생겨난다. 자신의 총체를 파악함으로써 더 높은 진실에 다다른다."[12] 이것을 실현하기 위해서는 중세적 인간의 "비개념적 총체성"을 떠나야만 한다. 더 나아가 여성과 남성이 동등한 존재로 함께 뭉뚱그려질 가능성을 없애야 한다. 남성은 의식의 "더 높은 진실"을 발견했다. 자신을 "총체"로 파악한다.

리페의 결론은 이렇다. 이제껏 외운 동작을 계속하다가 포사 동작으로 잠시 굳어져서 멈칫하는 것은 "모방적 배움"을 의미한다. 그는 도메니코의 말을 무시한다. 굳어짐은 공포의 표현일 뿐이라고 해석한다. 특히 남성의 공포를 표현해주고 있다. 다시 추락할까봐, 방해받을까봐 두렵다. "매"는 드높은 곳을 향해 떠오르는 남근적 개념이다. 새로운 형태의 지배를 위해 도약한다. 다시 추락해서 여성과 뒤섞인다면 지배력은 사라진다. 매는 습한 곳을 싫어한다. "매"와 "메두사"로 표현되는 남녀

대립은 춤 안무를 통해서도 재확인된다. 리페는 기교가 필요한 대목은 남성이 맡았고 느리고 형상적인 대목은 여자가 맡았다고 설명한다.[13] 날 아오르는 매는 남성이다. 대칭으로 배치된 여성들은 질서 속의 메두사 다. 아래의 교훈만 명심한다면 그는 "새로운 시대"로 날아오를 수 있을 것이다.

4성부로 이루어진 곡에서는 하나의 성부를 보폭 기준으로 삼아 선택해 야 한다. 나머지 성부 때문에 아무리 혼돈스러워도 영향받지 말고 굳건

하게 버텨야 한다.[14]

1500년경 남성적 – 중심원근법적 – 경쟁적 훈련 방법.[15]
덜 세련되고 덜 화려했던 독일에서는 아직 자율적이고 자신만만한 도시국가가 존재하지 않았고, 신민의 육체 경계를 규율해줄 상징적 제의를 거행할 수 없었다. 새로운 매는 갈가리 찢긴 독일의 상황에 알맞을 또 다른 가능성을 찾아야만 했다. 루터는 채찍으로 가죽을 무두질하는 듯한 가혹한 단련으로 단단한 갑옷을 만들어 서구적 "자아"를 감싸줄 거처를 마련했다. 단련은 학교가 수행했다. 루터가 만든 최고의 발명은 역시 학교였다. 육체의 경계화는 고통으로 완성된다. "스승"의 손아귀에 채찍이 주어졌다. 남자는 언제나 단단하고 튼튼한 선박처럼 여자에게 돌진했다. 남의 육체와 뒤섞이면서 경계를 허물고 새로운 경계를 만들어내는 쾌감 넘치는 경험은 이제 불가능해졌다.

여성 / 여성상의 재영토화를 위한 몇몇 주요 방법

앞서 설명된 과정은 남자와 여자 모두에게 재영토화 과정으로 작동한다. "위"에서 "아래"로 향하는 과정이다. 이는 추진되고 조종된다. 개별 인물의 중요성을 착각해서는 안 된다. 부르주아 및 프로테스탄트 역사가들은 루터가 유럽사 최초의 위대한 영웅적 자아였다고 서술하려든다. 그러나 루터의 행동은 당대 권력자의 이해관계를 철저히 반영하고 있었다. 그가 가톨릭교회에 가한 공격이 엄청난 성공을 거둔 이유는 16세기 초까지 독일에 유력한 사회적 세력이 전무했기 때문이다. 대다수 영주도 부르주아 세력도 농민 세력도 변변찮았다. 이들 모두는 로마 교회에 맞서지도 못했고, 교황과 돈독했던 카를 5세에게 맞서지도 못했다.[1] 새로

운 자아상은 위에서 아래, 즉 하향식으로 관철되었기에 한참 후에야 농
부들에게 도달했다. 자아 육성의 하향성은 매우 자명했던 터라 엘리아스
는 역사상 모든 새로운 변화가 위에서 아래로 흐른다고 단정지었다. 그
는 변화가 언제나 새로운 지배층을 만들어낸다고 생각했다. 민중의 새로
운 행동이 기존 질서를 위협해 속박할 수도 있다는 것은 미처 생각하지
못한다.[2] "위로부터의 변화"라는 압력은 국내에서는 반란의 모습으로 해
외에서는 제국주의의 모습으로 나타난다. 한 가지 변화가 두 가지 현상
으로 나타나는 사례는 1521년에 있었다. 일개 수도사의 신분으로 보름
스 회의에 소환된 마르틴 루터는 명언으로 버텼다. "이 자리에 섰습니다.
아무것도 달리 못 합니다 Hier stehe ich, ich kann nichts anders." 다른 자리에 있던
또 다른 한 명이 있다. 그 역시 카를 5세 황제의 충복이었다. 멕시코의
아즈텍 수도 테노치티틀란에 그는 섰다. 도시는 잿더미가 되었고 20만
아즈텍 사람은 새로운 죽음과 "만났다". 페르난도 코르테스 역시 "아무
것도 달리 못 했다". 그는 새로운 외면적 신, 즉 황금을 손아귀에 넣었다.

　탈경계화를 통한 유럽 세계의 외부적 영역 확장은 "원시 민족"을 향
한 제국주의로 전환되었다. 이에 상응하여 내면의 제국주의도 있었다는
것이 내 추측이다. 내면의 제국주의는 여성 육체로 표상되는 정복된 자
연에서 벌어지는 내면적 영토 수탈이다. 세계 원시 민족의 육체에서 외
부적 황금이 약탈되었듯, 새로운 자유를 구가하는 남성적 자아라는 "내
면적 황금"은 정복당한 여성성의 육체에서 탈취되었다.

　가부장적 부르주아는 스스로 무장하고 세계 정복에 나섰다. 그를 떠
받드는 것은 두 가지다. 사실 "두 가지"라는 말은 부정확하다. 동일한 과
정의 두 가지 측면이기 때문이다. 인간의 생산을 하나는 욕망 생산이고
다른 하나는 "물질적" 생산이라고 떼어놓고 이해할 수는 없다. 권력층
을 권력의 건립과 지탱으로 떼어놓을 수 없는 것과 같은 이치다. 두 측
면을 지닌 하나의 정복이다. 백인종은 세계의 유색인종을 정복했다. 유

럽 부르주아 남성은 같은 사회에 속한 여성을 정복했다. 남성의 정복자 자아에게 여성성은 유색의 천연자원이다. 이를 재료 삼아 이미지와 경계를 만들어서 자신의 지배력을 강화한다. 여성은 잉여가치의 직접적인 생산 과정에서 배제되기 때문에 "규정 불가능"하고 변형 가능한 존재로 남는다. 생산 과정은 내부에서 일하는 사람을 매우 정확하게 규정한다. 비교적 뚜렷하게 경계화된 정체성을 개인에게 강요한다.[3] 여성 생산력이 "변형 가능"한 이유는 모순적으로 조직되어 있거나 혹은 미개발 상태로 방치되었기 때문이다. 여성 생산력은 일종의 예비군이 되었다. 남성 지배력이 다른 남성들에 의해 위협당하면서 생겨나는 공백은 여성이 몸을 내던져서 메운다. 만약 여성 자신이 위협적이라면 가차 없는 직접적인 탄압을 당한다. 여성은 또한 남성적·유럽적 지배 체제의 유동적 내적 경계를 건설하는 재료로서 기능한다. 이 경계에 원심력이 가해지면 간혹 바깥 경계를 안에서 부수기도 한다.

17, 18세기에 이르면 경계는 대부분 변경된다. 이제까지 살펴본 역사적 과정의 주요 경향성을 한번 되짚어보는 것이 좋을 듯하다. 고귀한 여성은 지속적으로 성애화를 겪은 데에 비해 민중 여성은 폭력적 탈성애화를 겪었다. 성애화 측면에서 보면 이제 부르주아 남성에게 여성 육체는 접근 가능한 것이 되었다. 종전에는 고귀한 여성의 초월적 육체라는 여성상으로서만 존재했다. 고귀한 여성의 성애적 육체는 두 가지 쓰임새를 갖고 있다. 사랑, 그리고 재현물이다. 지배자의 권력을 재현하는 존재다. 상업적 부유가 천상적 육체의 세속화를 가능하게 만들었다. 변화에 제동을 가한 것은 여성의 재현 기능 고착화 및 남녀 관계의 일부일처제 공고화였다.

민중 계층에서 일부일처제는 느리게 확산된 터라 다른 기능을 띠게 되었다. 일부일처제는 성애화 과정의 제한이 아니라 오히려 섹슈얼리티의 박멸 캠페인 노릇을 하게 되었다. "그나마 덜 나쁜 것"이기 때문이다.

예전에는 비교적 접근 가능했던 이성의 육체가 이제는 서로 접근할 수 없는 새로운 상태로 규범화된다. 이제껏 접근 가능했던 육체는 차단된다. 새로운 자유의 가능성을 내포하기 때문이다. "신적"인 오직 한 명 그녀에게 비천한 남자는 다가갈 수 없다. 그 대신 "평범한" 유일자인 그녀는 비천한 남자에게는 경계에 속한다.

부르주아 사회가 발전할수록 사회적 상류층과 하류층의 절대적 거리는 줄어들었다. 그리하여 "고귀한" 여성상은 시종일관 "하락했다". 지위 높은 남성이 귀부인을 내세울 때마다 "아랫것들"의 판타지는 더 강렬해졌고 양성 관계에는 결핍이 생겼다. 사회적으로 미천한 남자는 비련의 주인공이다. 귀부인은 오직 높은 양반들의 쾌락을 위한 존재다. 그녀에게 범접하지 못하는 그는 쾌락을 맛볼 수 없다. 고귀한 여성이 황송하게도 모습을 드러내고 누추한 그를 친근하게 대해준다면 오히려 더 비참하다. 천한 남성의 사회적 거세, 나아가 성적 거세를 뜻하기 때문이다. 천한 놈은 좆이 짧아서 그렇게 높이 못 세운다. 실로 효과적으로 작동하는 메커니즘이다. 실제 여성과의 관계가 약탈된다. 그에게서 여자는 점점 사라진다. 대신 귀부인이라는 쾌락의 이상형이 그 자리를 대체한다. 그러나 그는 더 보잘것없이 쪼그라든다. 완전히 거세되었기 때문이다. 거세란 원래 절반쯤 되는 법이 없다. 이제 그는 일종의 성인기 남근 선망을 겪는다. 그녀에게 도달할 수 있는 남근, 바로 지배층의 남근을 질투한다. 높은 양반의 허구적 남근만 있다면 고귀한 여성에게 닿을 다리를 놓을 수 있다. 그는 둘 다 갖지 못했다. 천한 남성의 자위 판타지에는 귀부인과 남근이 언제나 도구적으로 들어 있다.

재영토화 시도는 "위에서 아래로" 진행되기 때문에, 규범화 과정의 변화 역시 지배층에서 먼저 나타난다. 권력 구조에 근본적인 변화가 생기면 전통적인 역사가들이 말하는 이른바 "풍속사"와 매너의 역사가 그에 따라 변하기 마련이다.

"오직 그녀", 현실성에 대한 본질적 불신: 양면 갑옷

프랑스 궁정에서 키르케 발레가 공연된 지 20년, 30년 후에 중요한 변화가 생긴다. 엘리아스는 『궁정사회*Die höfische Gesellschaft*』라는 훌륭한 분석서에서 이렇게 전한다.

17세기 첫 20년 동안 프랑스에서는 방대한 분량의 대하소설이 장편 연재 형식으로 출판되었다. 이는 당시 형성되고 있던 궁정을 중심으로 한 교양층에서 큰 반향을 일으켰다. 소설은 한동안 문학의 최고봉이 되어 숭배 대상이 되었고, 사교사회의 오락, 놀이, 대화의 중심이 되었다. 바로 오노레 뒤르페의 『아스트레*L'Astrée*』다. 소설이 다루고 있는 것은 시대적 변화였다. 자율적인 무장 귀족과 영주 귀족의 전통 속에서 나고 자란 귀족들조차 이제는 왕좌를 차지한 왕과 그 주변인들에게로 권력이 점차 이동하고 있다는 것을 서서히 깨닫기 시작했다. 다시 말해 중앙정부의 권력이 증대될수록 자립적 지방 세력은 돌이킬 수 없는 쇠퇴의 길로 접어들고 있었던 것이다.[1]

『아스트레』의 선풍적 인기가 보여주는 것은, 정치권력 투쟁에서 패배해 밀려난 사회 세력은 언제나 여성상에 육체적 근접성을 부여함으로써 일종의 보상을 꾀한다는 것이다.[2] 게다가 그러한 여성상을 만들어내는 것은 패배 세력 자신들이다.

오노레 뒤르페는 가톨릭 진영 편에서 종교 내전에 참여해 훗날 앙리 4세가 된 앙리 드 나바르의 프로테스탄트 군대에 맞섰다. 포로로 잡혔다가 풀려났지만 다시 포로가 되어 아주 오래 유배생활을 해야만 했다. 유복한 가문 출신이고 권세 있는 지방 영주 귀족이었다. 이탈리아에 연줄이 닿았고 사부아 궁정과 돈독했으며 교회에도 연줄이 있었다. 그는 이탈리아 및 프랑스 르네상스적 교양을 갖춘 인물이었다. 궁정 출신은 아니었지만 궁정사회에 조예가 있었다. 패배한 세력에 속한 사람이었지만 왕의 승리를 인정하고 받아들였다.[3]

키르케 발레가 그러했듯『아스트레』에도 관능적인 여성과 "순백"의 여성 사이의 대조가 나타난다. 그러나 사회적 위치는 정확히 거꾸로 되어 있다. 앙리 3세 궁정의 공연에서는 왕비가 가장 고귀한 "순백"의 여성에 위치해 남편의 중앙집권적 권력에 복종하고 일부일처제를 만방에 선전했다. 키르케는 여성적이고 관능적인 쾌락원칙을 상징한다. 중앙권력에도 남편에게도 복종하지 않는다. 30년 후 중앙집권이 완성된 궁정에는 더 이상 선전이 필요치 않았다. 욕망 생산을 속박할 새로운 풍기의 선전은 이제 패배한 세력의 수중에 "떨어진다". 승리한 세력은 중앙집권적 궁정에서 특권적이고 거침없는 관능을 마음껏 누린다. 이미 굳건한 지배력을 확보했으므로 눈치 볼 필요가 없는 것이다.『아스트레』에 등장하는 님프의 무리는 궁정의 귀부인들이며 유혹적인 존재다. 이들은 패배 세력이 중시하는 새로운 가치인 부부애를 위협한다.[4] 님프 무리의 성적 문란함으로부터 정절을 지켜내 굳건하게 만들려는 사람들은 양치기 총각과 양치기 처녀다. 뒤르페 자신이 속한 몰락해가는 귀족 계층을 상징적으로 보여준다.[5] 소설은 궁정생활을 대놓고 비판한다. 엘리아스에 따르면 님프인 갈라테이아는 앙리 4세의 첫 왕비 마르그리트 드 발루아를 모델로 했다. 소설 주인공인 양치기 셀라동은 갈라테이아에게서 "정절이라는 헛소리"를 집어치우라는 유혹을 받는다. 실제로 왕비의 행동은 소설 속의 님프와 거의 똑같았다. 마르그리트 드 발루아가 남긴 회고록에 따르면 대부분의 양치기는 귀부인의 유혹에 저항 없이 바로

넘어왔다고 한다.[6]

하지만 다른 정황도 있다. 뒤르페의 궁정 비판은 공개적이었지만, 『아스트레』는 왕이 헌정을 윤허한 소설이었고[7] 왕비 역시 비판에 아랑곳않고 마음껏 살았다. 엘리아스는 이를 "다른 수단으로 투쟁을 계속"[8]하는 상황이라고 해석했지만 설득력이 떨어지는 듯하다. 내가 생각하기에는 완전히 반대다. 오히려 복종하겠다는 동의다. 소규모 반란에서 흔히 볼 수 있는 항복이다. 정복 대상으로 삼으려는 육체의 탈성애화, 일부일처제의 공고화를 투쟁 목표로 삼았던 사람들은 승리를 거두었다. 이제 패배한 이들이 그 목표를 물려받은 것이다. 30년 전만 하더라도 궁정 제의를 통해 그들에게 강요되던 목표였다. 소설은 "궁정 귀족 지배층에 대한 반쯤 숨겨진 논쟁"[9]을 품고 있으면서도 지엄한 궁정에 용케 헌정되었다. 왕의 권력을 찬양하면서도 천한 것들에게 훈계한다. 점점 더 많은 부르주아가 올바른 삶의 지침서를 소비하고 있었다. 소설은 궁정이 바라는 행동거지를 백성에게 가르쳤다. 달리 표현하자면, 궁정이 직접 행하던 선전 작업이 패배한 계층에게 떠넘겨졌다. 지배 공고화에는 요긴하지만 궁정 스스로는 지키지 않는 행동 규범을 선전한다. 이런 수고를 왜 해줄까? 달리 방법이 없기 때문이다. 이제 거물 지배자는 못 되지만 잔챙이 지배자 노릇은 가능하다. 거물 주변을 맴돌면서 일을 해드리면 된다. 경쟁에서 패배했지만 사회적 위계질서에서 상대적으로 권력층에 속하는 계층은 흔히 이런 식으로 적응한다. 엘리아스는 "이중 전선 계층 Zweifrontenschichten"이라는 개념으로 이를 절묘하게 설명해낸다.[10]

그럼에도 패배자가 궁색하게 획득한 사회적 여유 공간이라는 개념에는 비판받을 여지가 다소 있다. 엘리아스의 견해에는 근본적인 오해가 숨어 있다. 그는 이렇게 말했다.

사람들은 검을 내려놓고 스스로 들어갈 놀이세계를 만들었다. 모방의

세계다. 양치기 처녀 총각으로 차려입고 마음 가는 대로 비정치적 모험
에 나선다. 사랑의 고통과 기쁨만 맛보면 된다. 어떠한 강제도 없다. 의
무도 금기도 없다. 험하고 거친 비모방 세계였더라면 겪었을 갈등이라
고는 없다.[11]

새로운 사회적 행동 양식이 실험되고 대중화되어 결국 보급되는 곳
이 바로 이러한 "놀이세계"다. "놀이"의 결과로 새로운 법이 생겨나고
문명생활의 규칙이 탄생한다. "비정치적"이라는 말은 국가권력을 둘러
싼 직접 투쟁이 없다는 뜻이다. 새로운 계층이 하층민에게 제시하는 새
로운 여성상은 바로 유일한 "오직 그녀"다. 그녀는 사랑을 통해 얻어야
할 대상이다. 사랑은 이득 따위는 모른다. 왕비님과 잠깐만 바람피우면
이득을 얻을 텐데 말이다. 님프 갈라테이아는 양치기 총각 셀라동에게
정치적 이득을 제안하면서 유혹했다. 그는 단번에 거절했다.[12] 무엇을
삼가야 하는지는 명백하다. 독자들 역시 삼가야만 한다. 정치권력은 거
들떠도 보지 말고 일편단심으로 "오직 그녀"만 바라봐야 한다. 이제 고
귀한 그녀는 천상에서 내려와 세속에 조금 더 가까워졌다.

중간 귀족 계층은 장차 부르주아 중간 계층에 널리 확산될 이상인 사랑
의 에토스를 대변하고 있었다.[13]

머지않아 "오직 그녀"는 부르주아 결혼 시장에 진입했다. 그리고 각
종 서점과 극장에 진열되었다.
  "오직 그"와 "오직 그녀"가 상호 신뢰를 중심으로 맺는 연애 관계는
얼핏 최대한 친밀하고 평등할 것만 같은 가능성을 보여주었다. 그러나
현실은 뜻하지 않은 어려움에 맞닥뜨렸다. 이는 유럽적 자아의 확립이
불러온 결과였다. 엘리아스는 16, 17세기에 "자기 객관화의 습격"[14]이

확립되었다고 봤다. "습격"이라는 표현이 마음에 들지는 않는다. 그러나 엘리아스가 강조하려는 격렬함을 잘 표현해주는 듯하다. 자기 객관화에 습격당하면 사람은 분열한다. 자신과 맺는 관계와 "현실"과 맺는 관계가 달라진다. "현실 혹은 착각과 어떤 관계를 맺을지"가 인간에게 절실해진다. "과연 무엇이 실재하고 진실하고 객관적인지의 문제, 혹은 인간의 생각, 예술작품, 착각이 그저 '주관적'인 것에 불과하기 때문에 비실재적인 것인지" 더 이상 자명하지가 않았다.[15] 엘리아스는 개인이 자기 객관화를 겪으면 온갖 골치 아픈 문제의식이 필연적으로 따라온다고 봤다. 처음에는 부르주아가, 다음에는 궁정이, 나중에는 모든 인간이 자신을 둘러싼 환경으로부터 정서적 연관을 끊게 되었다. 파노라마 한가운데에 서서 연속적인 사태의 흐름 속에 자연스럽게 존재하는 것이 아니다. 원근법적 주체로서 관계 맺는 법을 배워야만 했다. 바깥세상은 객체가 되었다. 의도와 목적을 갖고 바라봐야 할 물체가 되었다. "객관세계"를 더 잘 지각하고 지배하기 위해서 고도로 통제된 행동 도구 체계가 필요해졌다. 그럴수록 인간 자신은 스스로에게 수수께끼가 되어갔다. 외부 세계와의 정서적 연결이 갈수록 더 방해되고 단절되고 목적 종속적이 되기 때문이다. 객체를 더 확실하게 "지각"할수록, 질서 잡힌 공리적 체계 속에 가둘수록, 주체는 점점 더 흐릿해졌다. 인간 자신의 정서는 문자 그대로 설 땅을 잃었다. 이제껏 통제 없이 강렬하고 위험한 날것 그대로 경험할 수 있었던 대지의 육체가 사라져버렸다.[16]

이러한 문제는 인간 내면에 자리 잡은 자기통제가 독특한 형태로 변화하기 때문에 생겨난다. 바로 갑옷화다. 갑옷은 사람으로 하여금 외부 세계로부터 단절되었다고 느끼게 만든다. 갑옷 입은 사람은 자신 있게 납득할 수가 없다. 갑옷을 뚫고 들어오는 것이 환각이나 망상 혹은 비현실적인 착각이 아니라고 판단할 수 없다.[17]

데카르트의 나는 "생각"하므로 존재한다. 자신의 생각을 점검해 존재의 근거로 도출했고 합리론 철학의 핵심으로 삼았다. 이는 지배층의 "분열 통치 개념"에 전대미문의 가능성을 만들어냈다. 성별 간에만 분열이 있는 것이 아니라 개별 인간의 자아에도 분열이 생겼다. 사회적 엘리트 남성은 더 강한 분열을 겪었다. 분열이 요구되는 "자아" 형식 그 자체가 먼저 발달되어야 하기 때문이다. 그 자체로 분열된 "자아"는 성별 분열의 사회적 고착화를 전제로 한다. 본래 평등하게 어울려 뒤섞일 수 있었던 육체가 가로막히면서 생겨나는 것이 분열된 "자아"이기 때문이다. 엘리아스를 비롯한 많은 역사가가 눈치채지 못한 지점이다.

자아 분열, 즉 자신의 상태에 대한 혼란, 한 사람의 "내면"과 "외면"의 갈등은 내 생각에는 이른바 "이중 구속Double bind"이라는 현상에서 원인을 찾을 수 있다. 최근 연구자들에 따르면 정신분열증 환자가 보이는 분열된 육체 상태는 이중 구속이 결정적인 원인일 때가 많다. 한 사람이 두 가지의 상호 모순되거나 실행 불가능한 명령 혹은 요구를 동시에 받는 상황을 이중 구속이라고 한다. 설상가상으로 환자는 모순성을 통찰하지 못한다. 그래서 비판적으로 저항하거나 비언어적 의사소통으로 대응하지 못한다. 비언어적 저항이란 요구나 명령의 모순성이나 메시지를 직접 비판하는 것이 아니라 요구의 방식을 핑계 삼는 것을 뜻한다.

이중 구속 이론에는 주의할 점도 있다. 개념을 창안한 베이트슨/잭슨/헤일리/위크랜드[18]는 이중 구속을 지나치게 가족화하여 설명하는 경향이 있다. 대개의 정신 치료는 가족 단위로 이뤄지므로 이중 구속이 가족에서 시작된다고 본 것은 어떤 면에서 당연하다. 최초의 모순적 요구는 어머니에게서 시작된다. 어머니 자신도 모순적 요구를 받는 상황이다. 어머니/아버지가 이중 구속을 명하고 자식은 정신분열적 피해에 처한다. 이중 구속은 관계의 덫이다. 베이트슨 등의 설명에 따르면, 모순되는 양자를 모두 따르려면 자아는 결국 찢어져서 분열된다. 모순되는 요구에 따르지 않으면 사랑을 철회당할 것이라는 생명의 위협을 느낀다. 진퇴양난이다.

이중 구속을 가족에만 한정해서 이해하는 것은 불필요한 제한이다.[19] 나는 이중 구속, 관계의 덫 등이 사회적으로 무척 많다고 생각한다. 오늘날 자본주의적／남성우월적 사회의 권력 구조 속에서 개인은 수많은 분열 가능성에 처해 있다.[20]

뒤르페의 『아스트레』가 찬양하는 양치기 처녀 총각의 사랑 역시 이중 구속의 함정에 놓여 있다. 엘리아스는 그 누구도 흔들 수 없는 사랑이라는 난제를 이렇게 분석했다.

소설이 보여주는 것은 젊은 총각과 젊은 처녀가 서로에게 느끼는 열정적인 유대감이다. 두 사람의 간절하고도 유일한 소원은 서로와 결혼하는 것이다. 총각이 바라는 것은 다른 사람이 아닌 바로 그 처녀다. 처녀가 바라는 것도 바로 그 총각이다. 사랑이라는 이상에 도달하려면 높은 수준의 개인화가 요구된다. 둘 중 한 명이 잠시라도 남에게 한눈을 팔아선 안 된다. 둘 다 개인적 자기통제력이 강인한 사람들이다. 갑옷을 두른 듯 철통 같다. 그렇기 때문에 구애 전략이 길고도 험난할 수밖에 없다. 이 청춘 남녀는 사회적으로도 이미 조숙해서 아무리 부모의 반대가 완강해도 뜻을 꺾을 수 없다. 사랑의 힘은 강하기 때문에 아무도 말릴 수 없다. 그래서 구애는 어렵고도 위험천만하다. 두 사람 다 서로를 시험해봐야 한다. 이들의 사랑 놀음은 절반은 자발적이고 절반은 비자발적인 정서 은폐일 뿐만 아니라, 더 나아가 스스로 그 은폐를 의식하고 영향을 성찰하는 과정이기도 하다. 사랑하는 내 님의 겉모습 뒤에는 어떤 진심이 숨겨져 있을까? 타인의 감정이란 얼마나 진실되고 믿음직한 것일까? (…) 청춘 남녀는 스스로의 판단과 감정을 믿어야만 했다.[21]

　　스스로의 판단과 감정을 믿으라는 프로파간다가 역사적으로 등장한 시점은 자아의 자기 판단과 감정에 대한 신뢰가 극도로 불확실해진 때였다. 자신의 감정이 과연 현실성이 있는지, 자신의 정서가 비현실적 허깨비는 아닌지 의구심에 빠지는 순간 역설적이게도 믿음이라는 감정이 남녀 관계의 중심으로 자리 잡는다. 사랑은 스스로의 감정에 기반해야 하는데, 내 감정을 모르고 남의 감정을 인식 못 하며 내가 누군지 남이 누군지도 모르는 것이 바로 관계의 덫이었다. 이러한 역설적 상황에서 불신의 망상이 얼마나 쉽게 자라날지는 불 보듯 뻔하다. 까딱하면 님을 못 믿고 나를 못 믿는다. 새로운 분열 가능성이 설치되었고 거기에 지배

가능성이 자리 잡았다.*

"오직 그녀"는 두 사람이 맺는 관계 속 동등한 상대방이 아니라, 특정한 남성 욕망이 투영되는 대상이 되어 찬양과 숭배를 받는다. 한 가지 사례를 인용해보겠다. 1650년경 동프로이센 지역에서 유행하기 시작해 곧 독일 전역으로 퍼져나간 결혼식 축가 「타라우의 귀여운 안나Ärmchen von Tharau」다.

타라우의 귀여운 안나, 내 사랑,

그녀는 나의 삶, 내 물건, 내 돈.

남자가 갖고 싶은 모든 것, 없으면 못 사는 모든 것이다. 그녀는 주체가 없다. 심지어 여성도 아니다.

타라우의 귀여운 안나, 내 부귀영화,

내 물건, 내 영혼, 내 살점과 피.[22]

아내를 단순히 소유물 취급하는 정도가 아니다. 남성 자신의 구성물

---

* 남녀 관계가 복잡해지자 나타난 반동 현상도 있는 듯 보인다. 15, 16세기에는 축소 인간 호문쿨루스Homunculus로부터 새로운 인간을 탄생시키려는 연금술 실험이 유행했다. 혹은 명상을 통해 자기 자신을 부활시키려는 발상도 있었다. 신비주의자들의 수련, 연금술사의 "내면 숙성"의 초점이 여기에 있었다. 바로 여성 신체를 우회하여 새로운 현실을 출산하려는 노력이다. 앙리 3세 궁정의 키르케 발레가 보여주었듯 남성 두뇌로부터의 직접 출산이다. 파시즘에서도 중요한 역할을 하는 개념은 바로 재탄생Wiedergeburt과 총각 생식zölibatären Zeugung이었다. 원래 한 챕터를 할애하려다가 연구가 너무 방대해져서 별도의 책으로 다루기로 마음먹었다. 다만 2권에서 관련된 언급을 할 예정이다. 1975년 베네치아에서 열렸던 전시회 「총각기계Junggesellenmaschinen」의 도록에는 이 주제에 부합하는 자료가 풍부하게 수록되어 있다.

중에서 외면적인 부분이다. 자기 몸에 아내를 흡수 편입했다. 남성 자신의 욕망 매개물과 욕망하는 대상의 이름을 대응시켜보자. 영혼 / 살점 / 피, 물건 / 부귀영화 / 돈. 생산에 따라 대응되는 것이 아니라 반생산적으로 하나로 묶였다. 애착은 보장되지 않는다.

　　병, 구박, 서러움, 고생
　　우리 사랑을 매듭짓네

　　관계에 내포된 폭력성과 속박을 느끼기라도 한 듯, 감정을 몰아내고 친밀감을 물리치듯, 작중화자는 일부러 고른 듯한 추한 단어들로 노래를 펼쳤다. 매듭. 매듭이 묶이는 순간 아내는 지평 밖으로 사라진다. 결혼 축가에서부터 헤어짐의 판타지가 승리를 거둔다. "오직 그녀"는 탈현실화된 "아무나"가 된다. 가까이에서 멀리 있는 지속적 결핍이 된다.

　　금세 그대가 내게서 떨어져
　　햇빛도 못 비치는 저 멀리 산다 해도
　　산 넘고 바다 건너 나는 그대 따르리,
　　쇠사슬과 감옥, 사나운 적군을 뚫고서.
　　타라우의 귀여운 안나, 나의 빛, 나의 해,
　　내 목숨을 그대 목숨에 가두리.

　　따라가겠다고? 이는 추적인 동시에 도망이 되어버린다.*

---

* 　독일의 소위 민요집이라는 것의 대부분이 어떤 성과물인지를 잘 보여주는 사례다. 대개는 위에서 아래로 민중에게 유포된다. 독일 제국 시대와 파시즘 시대에 이 노래는 전국 모든 주부의 애창곡이 되었다. 프롤레타리아 주부도 마찬가지였다.

17, 18세기 부르주아 여성의 성애화

17세기 중반에 이르면 일부일처제 공고화, 부르주아 핵가족 건설 노력과 더불어 해당 인구의 탈성애화가 나란히 진행되었다. 고귀한 여성상 및 접근 불가능한 여성상은 본질적으로 성애화된다. 반면 친밀성은 의무화되어 남녀간의 감정은 제거되었고, 오히려 개인이 자신의 감정에서 분열되는 현상을 동반했다. 남성 욕망을 "오직 그녀"를 향해 코드화하려는 시도는 어느 정도 성공적이었지만, 결과물은 그다지 매력적이거나 확고하질 않았다. 1789년 프랑스 혁명보다 한 세기 앞선 이른바 "계몽시대"의 거대한 탈경계화는 남녀 관계의 지배적 코드화였지만 충분하지는 않았던 듯하다. "오직 그녀"와의 관계는 더 매혹적으로 변해야만 했다. 절대주의에서 해방된 부르주아 세계가 지식욕의 광풍에 새로이 휩쓸리는 와중에 어렵게 확립한 일부일처제를 그대로 붕괴하도록 둘 순 없었다. 널리 알려진 대로 18세기는 "색色의 시대Galante Zeit"였으며 몇몇 역사가는 "여성의 세기"라고까지 명명했다.[1] 하지만 정말로 명실상부한 세기였다면 곧이은 19세기가 그렇게도 완전히 남성적인 시대였던 이유를 설명할 길이 없다. 18세기에 이룬 여성 지위의 진보는 어디로 사라졌단 말인가? 그냥 상쇄되었던 걸까? 좀더 그럴듯하게 설명하자면 18세기 여성은 관계의 놀이 공간 속으로 자의 반 타의 반 떠밀려 들어왔기 때문에 언제나 손쉽게 지위 박탈이 가능했을 수도 있다. 몇몇 해설자가 외양적인 평화에 호도당했던 것은 아닐까? 여성에게 주어진 새로운 지위에 내포되어 있던 모순을 엘리아스는 이렇게 지적한다.

17세기와 18세기 절대주의적 궁정사회에서 혼인이 갖는 특별한 성격은 이 사회의 구조로 인해 처음으로 여성에 대한 남성의 지배가 거의 완전히 붕괴되었다는 것이다. 여성은 남성과 거의 동등하게 사회 여론의 형성에 영향을 미친다. 이제까지 남성의 혼외관계만이 정당한 것으로 인식되었고, 사회적으로 '약한 성'의 혼외관계는 거부 대상이었다. 그러나 남성과 여성의 사회적 세력관계가 전도되면서 여성의 혼외관계도 어느 정도 사회적 정당성을 얻는다.[2]

엘리아스가 의도한 주장과는 달리 이 문장들은 오히려 그 반대를 증명하고 있다. 여성들이 남성의 지배로부터 "거의 완전히" 벗어나 얻은 자유는 고작 외도할 권리였다. 또한 엘리아스가 "사회 여론"이라고 부른 영역 중 일부 활동에만 국한되었다. 사실 이것만 봐도 엘리아스는 의심을 품었어야 했다. 사회 여론의 영역은 경찰, 사법, 군대를 동원한 지배자의 직접적인 억압의 영역이 아니라, 그보다 더 넓은 민간 재영토화 작업이 벌어지는 영역이다. 다시 말해, 새로운 남녀 관계가 어떻게 형성되고 그 안에서 어떤 현실이 생산되는지를 묻지 않았기 때문에 엘리아스는 이런 엉뚱한 결론을 내린 것이다. 여성의 지위 변화만을 의문시하는 것으로는 부족하다. 여타 모든 영역의 사회적 생산에서 여성이 여전히 배제되고 있다는 사실을 직시하지 않고 있는 것이다. 그런데 어떻게 남성 지배가 완전히 붕괴했다고 단언한단 말인가?

여성의 지위 상승을 단언하는 피상적 관찰은 아마 부르주아 여성의 섹슈얼리티가 겉으로 워낙 뚜렷하고 파격적으로 변화한 탓으로 보인다. 15세기에서 17세기까지 일관되게 진행된 일부일처제 공고화 및 탈성애화 과정은 18세기 부르주아 여성에 이르러 멈춘다. 특히 상류 귀족 여성은 더 이상 부르주아 계층에게 모범적 역할을 수행해야 할 선전 수단으로 기능하지 않게 되었다. 일부일처제와 탈성애화의 이념적 부담은 하급 귀족 여성과 부르주아 여성에게 맡겨졌고, 상류 귀족 여성은 그 역할에서 벗어났다.

이처럼 정교한 작업은 "오직 그녀"를 더 매력적으로 만드는 것을 목

볼테르

장 자크 루소

표로 삼았다. 일부일처제와 핵가족은 깨지기 쉬운 취약한 개념들이다. 혁명을 앞둔 부르주아 계층의 각성에도 불구하고 이 제도들이 존속하려면 이러한 작업만이 유일한 방법이었다. 곧이어 가설을 검토하고 입증하도록 하겠다.

하지만 또 다른 변화가 있었다. 절대주의 궁정이 점점 더 독점성을 잃게 된 것이다. 부유한 상인, 고위 관료, 뛰어난 과학자 및 예술가들이 궁정 무대에 등장했는데, 많은 소규모 궁정이 난립했던 독일에서는 더욱 그러했다. 독일 지역에서는 서로 경쟁하는 부르주아의 공적 영역이 프랑스보다 훨씬 더 늦게 형성되었다. 이미 1688년에 부르주아 혁명이 대타협으로 종료되었던 잉글랜드와는 비교 자체가 불가능할 정도로 뒤처져 있었다. 그 결과 기존의 부르주아 공적 영역은 궁정사회와 뒤섞이기 시작했다. 여성들은 귀족 여성과 부르주아 여성의 권력 차이는 그대로 둔 채 동일한 사회적 공간에서 동일한 이권을 놓고 경쟁하게 된 것이다. 최소한 이들은 공존하면서 서로 적대하는 계급의 여성들로서 이상을 두고 경쟁했으며, 투쟁의 무대는 여성의 섹슈얼리티였다. 경쟁에서 승산이 있으려면 변화가 필요했고, 먼저 변화를 꾀한 것은 부르주아 여성이었다. 귀족 여성은 더 유리한 위치에 있었다. 그들의 "더 자유로운" 섹슈얼리티는 궁정 내 권력 암투의 오랜 무기였으며 권력 및 쾌락의 기술로 정착해 있었던 것이다.

장 바티스트 미라보

지배층에게는 유리한 변화였다. 새로 형성되는 사회적·과학적·정치적·공적 영역의 공간은 성애화된 여성성으로 코드화되었다.[3]

에두아르트 푹스의 『풍속의 역사Sittengeschichte』는 이른바 "색의 시대"에 대한 풍부한 자료를 제공한다. 성적 매력 고양을 위한 여성의 법령적 재구성이 시작되었고, 그 무대는 여성의 신체였다. 신체적 외모는 고정된

아르투어 백작

것이 아니다. 몸매의 맵시는 외형적으로 가다듬을 수 있고 여러 방식으로 조작할 수 있다. 몸가짐과 움직임도 가다듬을 수 있다. 여러 보조 수

단도 있다. 리본, 옷감, 색깔, 수없이 변화 가능한 머리카락 모양새 등이 있다. 또한 말솜씨도 동원된다. 화술도 외모의 일부라고 볼 수 있다. 이 모든 재구성의 목표는 바로 "미모Schönheit"다.

미모는 외면적으로 유쾌한 형체와 몹시도 편안한 짜임새의 여성 신체를 뜻한다. 알맞은 비율, 크기, 숫자, 색깔을 갖춘 팔다리는 신과 자연이 여성에게 내린 은총이다. 여성은 스스로를 갈고닦아야 한다. 또한 인공적 개선을 통해 미모를 높여가야 한다.[4]

1715년에 출판된 『규방백과Frauenzimmerlexikon』에 나온 내용이다. 이러한 부류의 책은 여성을 위한 지침서였다. 여성들은 새로운 역할에 맞도록 남성들의 욕망 대상이 되기 위해서 자기관리법을 배우도록 격려받았다. 책은 처음부터 끝까지 규범으로 가득하다. "알맞은 비율"이 제시되었으며 구체적인 신체 부위에서는 무엇이 알맞은지 세세히 서술된다. 『규방백과』는 "완벽한 미모를 위한 30개 항목"을 설명한다. 이는 "어떤 프랑스 작가가 추천"한 사항이다. 당연한 조건 외에도 이런 것들이 갖추어져야 한다.

3) 너무 뚱뚱하거나 너무 마르면 안 된다.

14) 사랑스러운 미소.

21) 작고 발그레한 귀. 살갗에서 너무 멀리 바깥으로 떨어져 있으면 안 된다.

여자라면 갖춰야 할 몇몇 까다로운 묘기도 있다.

6) 부드러운 살결, 푸르스름하게 살짝 비치는 정맥.

22) 길쭉한 상아색 목덜미.

30) 비율이 적절하게 잡혀 있고 살짝 바깥으로 향하는 앙증맞고 날씬한 발.

"사랑스럽고 편안한 말투"는 (19) "부드럽고 순수한 숨결"을 뿜는 입에서 (18) 흘러나와야만 한다.

그러나 이러한 척도를 전적으로 믿을 수는 없다. 여성이 아무리 열심히 노력하며 가꿔도 미모를 측정할 수는 없다. "미모는 확정적이라거나 절대적으로 결정될 수 없기 때문이다." 누군가 좋아해줘야만 확인되는 것이다. 상대성의 기준은 "남성의 취향과 기분"이었다. 이 지점에 이중 구속이 작동한다. 마음껏 자신을 아름답게 가꾸어라. 자유롭게 그리고 의무적으로. 그래도 사랑은 못 받을 것이다. 여성 신체의 각 부위는 특정한 규범을 따라야 했다. 최신 유행하는 미의 이상적 기준은 새로 출간되는 『아름다움의 시녀 *Leibdiener der Schönheit*』(1747), 『우아한 아카데미 *Academie de Graces*』(1760) 등의 서적에 꼼꼼하게 기록되었다. 종아리, 무릎, 허벅지, 엉덩이 등은 물론 젖가슴의 크기, 색깔, 모양까지도 남성들이 끊임없이 꼼꼼하게 요구한다는 것이다. 그 요구에 부응하기 위해서 여자들은 전전긍긍 노력해야만 한다.

문학에 나타난 여성 묘사는 대개 "당대에 유행하던 매력을 취합한 후 고유명사를 붙여서 포장한 것"에 불과했다. "실비아, 알바니, 레스비아, 아리스메네, 로실리스"는 17세기 사례들이고 "플뢰레테, 필리스, 뢰셴, 루이제, 미나, 라우라"는 18세기에 있었다.[5](푹스)

18세기 여주인공들은 부르주아 여성이 남성이 욕망하는 규범을 어떻게 육화하여 "아름다움"의 화신이 되었는지를 보여준다. "미녀는 잉글랜드 여성에게서 육감적 엉덩이와 아름다운 가슴을 본받고 폴란드 여성에게서 불타는 눈빛을 본받는다." 『아름다움의 시녀』에 따르면 "완벽하게 아름다운 여자의 외모는 잉글랜드의 얼굴, 독일의 몸통, 파리의 엉덩

자기 점검

이"를 갖춰야만 한다.[6](푹스의 책에서 인용) 잉글랜드 여자는 자주 모범 사례로 등장한다. 이는 여성의 육체가 사실은 부르주아와 귀족 여성의 대립이 벌어진 무대였음을 보여준다. 절대왕정이 사라진 잉글랜드의 부르주아 여성은 가장 높은 신분을 차지하고 있었다. 그래서 잉글랜드 여성이 "최고 미녀"인 것이다. 잉글랜드 미녀는 부르주아의 꿈을 대표한다. 이러한 "여성상"이 표현하는 것은 자유 대신 주어지는 미모였다.

"미모 숭배 문화 중에서도 가장 유행한 것은 비교였다."[7](푹스) 여성은 끊임없이 이상적 여성상과 모순 관계에 처했다. 여성상을 통해서 여성 자신의 육체와 다른 여자들의 육체가 갈등을 일으켰다. "미모"로 향하는 길은 자신의 육체를 경험하는 길이 아니었다. 섹슈얼리티를 포함하는 대상성 및 재현성의 길이었다.

여자들이 함께 목욕하는 풍경을 담은 회화는 여자들이 서로 아름다움을 향락적으로 과시하고 은밀하게 경쟁하는 듯한 느낌을 표현한다.[8]

푹스의 글이다. 물론 목욕 장면을 그린 회화를 이렇게만 이해할 수는 없다. 예술작품은 표현 대상이나 교훈으로만 이해되는 것이 아니다. 하지만 여성끼리의 경쟁은 아주 뚜렷하게 표현되었다. 화면 중앙에 배치되었을 뿐만 아니라 여체가 너무 눈에 들어와서 강은 보이지도 않을 지

LA CURIEUSE

LE BOUTON DE ROSE.
Gravé d'après le Tableau de P. A. Wille par Voyez l'aîné.

비교

경이다. "은밀하게" 경쟁한다지만 너무 노골적이다.

또한 부위별 미모 경쟁이 중요한 것이 아니다. 회화 속 여성들은 서로 발을 견주어보거나 가슴을 비교한다. 목욕하던 두 여자가 완벽한 미모의 비너스 석상에 자신들의 엉덩이를 "비교"해본다. 이러한 비교의 목표는 괜찮은 남자와 누릴 색욕이다. 『규방백과』의 "육욕Geilheit" 항목은 이렇게 되어 있다.

육욕은 의학적으로는 정욕Salacitas이라고도 한다. 아녀자가 몸을 섞고 싶어서 끝없이 원하고 갈구하는 것을 뜻한다. 이는 아녀자의 따뜻하고 축축하고 부드러우며 음란한 몸뚱이 구조에서 생겨나는 마음인데, 음욕은 갈수록 커지는 법이다.[9]

『규방백과』에는 또한 "자궁 광증Furor uterinus" "어미의 노함Wüten der Mutter", 혹은 "서방질 광증Mannstollheit" 등도 항목으로 수록되어 있다. 이

490

모든 병증은 "인물 좋은 남정네와 교접을 못 해서 생긴 환상 속 안달증"
이다. 충족되지 못한 육욕이 만드는 병이다.[10]

부르주아 계층의 성장기 소녀들을 위한 교육용 서적에 나오는 문장
들이다. 여성의 성기능 교육을 시도하고 있다고도 볼 수 있다.[11] 사춘기
소녀들은 스스로 욕망을 느끼는 법을 배워야 한다. 육욕을 못 느낀다면
여성성의 핵심이 결여된 것이다.

푹스가 강조하려는 것은 여성 성애화 과정이 "사회의 총체적 의식"
아래 진행되었다는 것이다. "당대 사람들은 여자들 사이에 서방질 광증
이 휩쓸고 있다고 굳게 믿었고 추호의 의심도 제기하지 않았다."[12]

마치 종전의 마녀사냥이 거꾸로 뒤집힌 듯한 상황이었다. 예전에 민
중 계층의 여자들이 화형당하던 행동이 당대 부르주아 여성에게 권장

되었다. 부르주아 여성은 이제 성애의 여신을 본받아서 체화해야만 했다.[13] 육감적이고 색골이어야만 했다.*

쥘 미슐레는 『마녀*Die Hexe*』(1862)에서 17세기에 마녀사냥이 "끝을 맞이한 것"은 "이성의 시대가 열렸기 때문"이라고 주장했지만, 케플러, 갈릴레이, 데카르트, 뉴턴의 덕이라고 볼 순 없다. 아마 새로운 탈경계화를 완성하려면 새로운 과학과 새로운 방식이 더 적합하다고 여겼을 지배층의 판단이 더 크게 작용했을 것이다. 그래서인지 1672년 콜베르 재상의 정부는 마법과 관련된 고발을 일절 접수하지 말라고 재판소에 명령했다.[14] 마녀를 공개 화형하면서 어떻게 동시에 여체의 아름다움을 숭배하겠는가? 이제 에로티즘에서 사악함의 기운은 제거되어야 했다. 이제 여성의 몸은 사회적으로 지위 상승 중인 계층의 몸이었다. 여성의 몸은 부르주아 및 절대왕정의 공적 영역을 사랑 타령으로 가득 채우는 과업을 떠맡고 있었다. 그 난리통에 어떻게 군주를 쫓아낼지 하는 질문은 없어질 것이다. 부르주아 출신의 관료인 콜베르가 앞에 내세운 절대주의적 혹덩이 루이 14세는 엉뚱한 방향으로 치닫는다. 그는 "여자 뒤꽁무니"를 따라다닌다. 푹스는 루이 14세를 색정광이라고 불렀다.

피지배층 여성의 섹슈얼리티에 대한 탄압과 착취는 일찍이 멈춘 적이 없었다. 단 공개적 과시가 줄어들었을 뿐이다. 첫째, 공개적 박해는

---

* 여성들의 섹슈얼리티는 오직 남성을 향해서만 집중되었다. 부르주아 여성의 성애화가 진행되던 동시대에 자위행위가 광기를 만든다는 주장을 담은 책들이 등장한다. Thomas Szasz, *Die Fabrikation des Wahnsinns*, Olten / Freiburg im Breisgau 1974. 자위행위를 매도하는 책은 1716년 런던에서 최초로 출판되었다. 1758년 프랑스에서는 "권위" 있는 의학자 티소의 책이 출판된다. 자위행위 탄압은 이제 정신의학의 영역으로 넘어온다. 전반적인 성 해방이 있었던 것이 아니다. 더 중요했던 것은 섹슈얼리티 중에서 특정한 일부 기능성만 해방하는 것이었다. 그래서 자위행위 탄압이 기승을 부린 것이다. 심지어 자위광이라는 신조어까지 생겨났다. 이는 통제 불능의 성애화를 효과적인 신종 이중 구속에 가두는 역할을 했다.

"잉글랜드의 미모"

줄어든 대신 시설 수용이 늘어났다. 종전에 종교재판이 그러했듯 시설은 독자적 사법권을 갖고 있었다.[15] 둘째, 여성 섹슈얼리티를 흡수하고 잉여가치를 "싸지르는" 기능은 점차 제조업체로 옮겨간다. 셋째, 일부일처제 공고화 과정은 이제 "아래"로 향했다. 한편 부르주아 여성의 성애화가 "위"로 치솟으면서 상류층의 일부일처제는 느슨해졌다.

남성 역사가들은 17세기 말에서 18세기에 "고귀한" 여성의 성적 속박이 느슨해졌던 상황을 계몽주의의 결과로 여기고 찬사를 보냈다. 내가 보기에는 오히려 계몽주의의 반작용 같다.

이는 이중의 여성 희생자를 낳는다. 첫째, 절대왕정의 귀족은 아내를 매춘하여 상층 부르주아 남성의 남근 영역으로 "내려보낸다". 허구적 의미의 남근이 아니라 정말로 그렇다. 이제 귀족 여성은 부르주아 남성의 환상과 허구 속을 헤매고 다니게 된다. 일부 남성은 귀부인의 규방에 기어 들어와서 색정의 모험을 벌인다. 신처럼 높으신 귀족 나리는 아내를 낮은 것들에게 내돌려서 왕관을 지켜낸다.

둘째, 여성 희생자는 부르주아 출신이다. "가장 극성으로 성교육을 받은 것은 중소 부르주아의 딸들이었다"라고 푹스는 설명한다. 그들은 "고작 옆집 프란츠에게 시집가기에는 인물이 너무 아깝다"는 말을 듣고 자랐다.[16] 『베를린 정사情事에 대한 서한문*Briefen über die Galanterien von Berlin*』에는 이런 대목이 있다.

예쁜 딸을 둔 어머니는 일상적으로 종종 잠자리에 들기 전 딸의 옷을 벗겨 보고, 탐스러운 몸매에 감탄하면서 메디치의 비너스 상 같다고 칭찬했다. "어머 우리 딸내미, 추밀원 위원이나 귀족 나리에게 시집보내야겠다!"[17]

이 글이 쓰인 1782년에는 저런 발언이 "일상적"이었다. 좀더 시간이 지나면 이런 말을 하는 어머니가 등장한다.

아가야, 네가 세상에 태어났을 때,
예쁜 모자를 씌워 치장해주었단다.
얼굴은 정말로 귀여웠고,
작은 몸매는 나긋나긋했단다.
당장에 새색시가 된 것처럼,
부잣집 며느리가 된 것처럼,
귀부인이 된 것처럼 생각했단다.

하지만……

어떤 잔치를 벌여봐도
아무 소용이 없었으며, (…)

그러다가 드디어!

오늘은 모두 바보처럼 노는 날이니
애야, 가슴을 살짝 열어 유혹해보렴.
혹시 한 녀석 걸려들지 모르니까.[18][괴테]

부르주아 계층의 어머니가 딸의 몸을 팔아서 왕궁에 접근해보려는 것이다. 딸이 "높으신" 양반에게 시집가는 것이 사회적 신분 상승의 유일한 방법이다.[19] 그 외에 혁명이라는 방법이 있기는 하다.

이는 혁명과 반대 방향의 방법이다. 사회 권력 구조 안에서 벌어지는 비혁명적 구조 이동의 전형이다. 여성의 희생 위에서 작동하는 방법이다.

부르주아 남성은 이러한 조건을 받아들이는 대신 혁명을 회피한다. 상전의 은혜로 한 점 권력이 얻어걸린다. 그리하여 자신과 동일한 계급의 여성과 인간적 생산관계를 맺는 것을 포기한다. 자신과 동등한 여성을 얻지 못하는 것이다. 이렇게 만들어진 남녀 관계가 생산하는 현실은 다음과 같다. 섹슈얼리티는 시장 가치를 지닌다. 사랑은 테크닉이다. 애정 없는 결혼의 논리적 귀결은 역시 혼외정사였다. 또한 여성은 육아를 포함한 모든 종류의 노동에서 배제되었다. 푹스에 따르면 수유는 수치로 간주되었다고 한다. "대부분의 산모는 출산 후 24시간 내에 가루약을 먹어서 젖을 말렸다."[20] 노동 면제 조항이 혼인계약서에 포함된 경우도 있었다.[21] 젖가슴에는 성적 가치만 남을 뿐 다른 기능은 제거되어야 했다.[22]

소설 읽는 여인

　작가들은 할 일이 많아졌다. 여자들은 새로운 역할에 맞도록 "교양"
을 쌓아야 했다. 여성상에 부합해야 하고, 스스로 여성상이 되어 모범을
보여야 했다. 춤추고 노래하고 악기 연주하는 법을 익혔다. 부르주아 남
성들은 계몽주의자 행세를 하기 위한 증거로 일종의 자가 거세를 해야
만 했다. 심오하고 고상하고 진실되며 현실적이고 비현실적이고 비밀스
럽고 사랑스럽고 유한하고 무한하고 이해 불가한 존재로서의 여성 본질
을 찬양하는 격언, 소책자, 경험담을 생산하지 못하는 남자는 의심을 받
았다. 못난 사내놈이자 공공의 적이다. 남자가 여자를 위해 창작한 시,
노래, 그림, 삶의 지혜, 사랑의 비법 등이 여성용 삽화 잡지에 실렸다. 삽
화 잡지의 목적이란 것은 뻔했다. 여성용 소설 역시 마찬가지였다. "소
설은 정치적·종교적·철학적 논쟁에 적극 활용되었다. 성 문제 및 성 이

론의 전개에는 예외 없이 소설이 이용되었다."[23](푹스) 소설은 대개 삽화 잡지에 연재되었다. 푹스는 이를 "감상적 사랑의 교과서"라고 불렀다. 프렌첼의 평가에 따르면, 영웅적이고 국가정치적 요소가 제거된 세계는 경박한 모험의 무대가 되어버렸다.[24] 하지만 부르주아 문학 전통이 으레 그렇듯 확실한 결론이 제시된 것은 아니었다. 요한 고트프리트 슈나벨이 1738년에 출간한 소설의 제목은 『사랑의 미로에서 헤매는 기사 *Der im Irrgarten der Liebe berumtaumelnde Kavalier*』였다. 사랑의 정원을 미로로 바꾸는 것이 바로 귀족 및 부르주아 여성의 숙원 사업이었다. 멀고도 높은 곳에서 사태를 바라보는 남성 역사학자들에게는 이것이 여성 해방인 양 보였던 것이다.

여성을 질로 축소 환원하기, 깊고 깊은 바다로 과대 확장하기

문학에서 관찰되는 여성 섹슈얼리티의 중심화는 여성의 일차적 성적 특징의 중심화로 나타났다. 여성 인물 묘사는 오직 에로틱한 신체적 외양에만 집중되었다.[1] 결국 가슴과 질만 특별하게 부각되었다. 시 제목으로 "아랫도리"가 등장하기도 했다. 먼 길을 돌아온 끝에 우리는 드디어 이 챕터의 주제에 다다랐다. 성애화된 여자는 젖가슴과 질로 축소되었다. 당대 남자들은 여기서 세계 바다의 흐름을 봤다.

> 사랑에 빠진 바람을 타고 내 감각의 돛단배를 대리석처럼 매끈한 그녀 젖가슴이라는 순결한 바다에 밀어넣었다. 두 개의 조개껍질 속을 헤엄치는 비너스를 봤다. 우아한 젖이 두 개의 루비 주변에 걸쭉하게 엉겨 흐르고 있었다.[2]

푹스는 비너스가 지상에 내려와 "전라의 혹은 반라의 살롱 여성이 되었다"[3]고 표현한다. 1700년 무렵 푈니츠 남작은 "나라 전체에 지상의 천사들이 가득했다"[4]라고 쓴 바 있다. 이는 충분한 표현이 아니다. 비너스가 온몸 그대로 지상에 온 것이 아니다. 비너스는 질의 특정한 상징성으로만 한정적인 변신을 했다. 달리 표현하자면, 미녀가 비너스가 된 것이 아니라 미녀의 질만 비너스가 된 것이다. 요한 판 베서는 「사랑의 보금자리, 연인의 아랫도리Ruhestatt der Liebe oder die Schooß der Geliebten」(1700)라는 시에서 이를 장황하게 풀어낸다. 베서는 꼼꼼한 과학 논문을 패러디한 형태로 150연에 달하는 장편시를 "모든 기쁨의 원천"을 탐구하는 데 바쳤다. 이 시에 대한 유명한 일화가 있다. 시는 프리드리히 1세에게 헌정된 베서의 시집에 실려 있는데 편집자가 별도의 서문을 덧붙였다. 서문에 따르면 "하노버의 조피 선제후비께서 시를 보고 무척이나 즐거워하셨다. 철학자 라이프니츠가 전해드렸다고 한다. 시는 수많은 공작 부인의 손을 떠돌다가 뒤늦게 인쇄되었다. 귀부인들의 손에서 손으로 전달되었는데 하나같이 매혹되었다."[5]

쇠붙이를 끌어당기는 자석처럼,
나침반 바늘이 가리키는 북극처럼,
연인의 아랫도리는 북극이오 자석이오,
온갖 사람의 진정한 욕망이 그리로 향하네.
다들 말하지, 비너스는 본모습을 감추고
범상찮게도 파도에서 태어났지,
커다란 조개가 품어서 잉태하고
바다 거품이 어르고 젖 먹였네.
못 믿겠거든 비너스의 은공을 보라.
영락없는 아랫도리, 조개의 형상을 보라.

믿노라, 조개에서 나오신 왕비님께서
조개를 본뜬 여자 아랫도리가 되셨도다.
여신께서 태어나신 조개껍질을
온 세상 남자들이 마음으로 숭배하라고
여인의 아랫도리에 조개로 박아두고
스스로 안에 깃들어 보금자리를 삼았네.[6]
[강조는 필자]

생각하면 딱한 노릇이다. 왕비님을 여신적 질이라고 찬양하는 시가 담긴 책을 남편인 왕에게 헌정했다. 궁정 최고의 시인이 쓴 시가 당대 최고의 과학자 겸 철학자의 수중에 들어간다. 고귀한 왕비님이 기뻐하시고 높으신 왕께서 치하하셨다. 푹스는 아랫도리 찬가를 몇 편 더 인용한다. 질이 여체에 붙어 있는 까닭은 온갖 쾌락이 넘쳐흐르기 위해서다. "색욕의 이슬이 넘쳐흐르는 정원"이자 "달콤한 함선이 기꺼이 드나드는 항구"다.[7] 가장 본질적인 것은 이렇다. 질은 결핍이 없는 유토피아적 장소다. 누구의 몸에 달렸는지는 중요하지 않다. 귀부인이기만 하면 된다.

세상 어떤 자줏빛 복숭아가 그토록 연하고 보드랍게 갈라졌을까,
세상 어느 구석이 그토록 넘쳐흐를까.[8] [베서]

여기가 바로 현세의 천국이다. "얼지도 마르지도 않는 샘"[9]이라고 찬양한 시도 있다. "진주를 낚아올리는 심연이다."[10] C. F. 후놀트의 시다. 쾌락을 중시한다는 로코코의 경쾌함은 사실 허상이다. 여성 육체는 세상 전체가 되어버린다. "사랑하는 사람"의 현실 도피를 오롯이 받아줘야만 했다.

폭풍과 번개 속에 출항한다,

그대 신대륙을 향해.

나를 에워싸고 파도가 부서지고

침대 안으로 물거품이 밀려든다.[11] [코르비누스]

여자에 비하면 세상 전체는 하찮다. 유명한 미녀 아우로라 폰 쾨니히스마르크가 "마치 말 한마디로 자연 전체를 제압하여 멸망시켜버릴 듯"[12]한 미모를 지녔다고 묄니츠는 과장했다. 18세기에 출간된 수많은 지리학과 민족지학 서적은 토착민 여성의 신체를 그린 삽화로 도입부를 장식하곤 했다.[13] (푹스)

머지않아 남성들의 복수가 시작되었다. 여성의 육체가 제공하던 그 모든 헛된 약속이 지켜지지 않았기 때문이다. 성애화된 여성은 이제 괴물과도 같은 색정광처럼 비쳤다. 여자는 남자의 등골을 빨아먹는다. 고귀한 신분의 여성은 이미 성애화 과정을 마쳤다. 그러므로 이제 육감적인 귀부인은 마녀가 된다. 뱀파이어, 팜파탈이 된다. 19세기 부르주아 국가는 개인의 내면적 자유를 도로 빼앗고 섹슈얼리티를 억압하기 시작했다. 노출이 많던 여성 복식은 몸을 꽉 누르는 "종 모양 드레스"[14] 형태로 바뀌어 문란한 색욕을 가뒀다. 땅까지 질질 끌리는 치마 속에는 끔찍한 음경, 뱀, 용이 남몰래 자라났다. 엄한 가장은 이제 아내를 다른 식으로 단속해야 했다. 세상의 눈이 닿지 않는 깊숙한 곳에 숨겼다. 영국 빅토리아 시대든 독일 빌헬름 시대든 혹은 여타 전성기든 간에 부르주아에게는 프롤레타리아에 맞서 싸우고 장차 제국주의적 전쟁에 복무할 병력이 필요했다. 군인을 확보하는 가장 쉬운 방법은 바로 공적 영역에서

"또 다른 비교"

여성을 제거하는 것이었다. 18세기에는 사회적 공간에 여성이 일시적으로 허락되었다. 남녀의 성을 공개적으로 억압하면 으레 남성 연대가 자연 발생하는 법이다.

18세기 말에는 "세상보다-더-큰-존재"로 기능하는 것이 사회적으로 너무 힘들어졌다. 소설 『위험한 관계Liaisons Dangereuses』에 나오는 메르테유 후작 부인처럼 엄청나게 교활하면서도 "악녀"인 여성형 정도는 가능했다. 여성은 다면적으로 분열되어야만 했다.

그때부터 여섯 시간 동안 아무 일 없으니 같이 있을 수 있고, 또 그 시간 내내 나의 기사님이 한결같이 감미로운 시간을 누릴 수 있게 해주리라고 결심했던 터라, 나는 그의 흥분을 가라앉히려고 노력했어요. 그래서 사랑의 애무 대신 교태를 부렸지요. 이제껏 누군가를 기쁘게 하기 위해 그

마리아 막달레나

토록 정성을 쏟은 적은 없었답니다. 나 스스로에게 그렇게 만족한 적도 없었고요. 우리는 저녁을 먹었고, 어린애가 되어 즐기다가 다시 분별 있는 어른들처럼 행동하고, 개구쟁이처럼 명랑하다가 섬세한 감성에 취하곤 했죠. 또 때로는 음란하게, 그 사람은 할렘에 와 있는 술탄이고 나는 매번 바뀌는 새로운 애첩인 것처럼 즐겼답니다. 그 사람이 거듭 바치는 찬사의 말은 사실은 단 한 명의 여자를 향한 것이었지만, 또한 매번 새로운 연인에게 바쳐지는 셈이었죠.[15]

그야말로 일인 다역이다. "오직 그녀"는 결국 실패하게 되어 있다. "년이 나를 속였어!"라는 절규는 여성상의 구조에 이미 들어 있었다.

독일 고전주의:
여성 – 자연, 여성 – 기계를 정복한 "새로운 풍기風紀"

독일 고전주의 작가들은 새로운 도덕을 내세워서 부르주아 여성의 성애화에 맞섰다. "오직 그녀"의 숭배, 새로운 고귀한 여성상이다.

독일 부르주아도 점점 더 권력이 증대되고 자신감을 얻었다. 궁정 및 부르주아의 공적 영역으로부터 새롭게 등장한 부르주아는 궁정사회에 대항했지만 근본적인 공격을 감행할 만한 권력은 갖추고 있지 못했다. 따라서 이러한 권력 구도에서 벌어지는 전형적인 투쟁이 발생했다. 절대왕정의 귀족에 대한 공격의 핵심은 정치적 지배력이 아니라 비도덕성에 집중되었다.[1] 지배층이 누리던 자유는 자기들끼리 나눠먹기, 권모술수, 음모 등 변태적 형태로 향유되고 있었다. 따라서 신흥 계급의 남성들은 기존 권력을 회수하려고 투쟁했다. 그러나 혁명을 일으키기에는 힘이 부족했기에 새로운 풍기를 내세웠다. 부르주아 비극에 등장하는 여성은 걸핏하면 귀족들의 문란한 손아귀에 몸을 더럽힐 위기에 처하지만 작가에 의해 작품 속에서 죽음을 맞이한다. 레싱과 실러는 단검과 독약으로 부르주아 처녀의 순결한 육체를 지켜준다. 계급투쟁이 사랑 이야기의 형태로 벌어졌다. 귀족 청년이 가난한 음악가의 딸과 괜히 사랑에 빠지겠는가? 귀족이 하락하는 대신 부르주아 여성이 신분 상승을 한다. 그녀의 이름은 드라마 제목이 되어 길이 전해진다. 비극적으로 죽거나 혹은 고귀한 신분이 된 그녀는 고전주의 미학의 단골 소재가 된다. 정작 작가들 자신은 귀족 여성과의 불행한 사랑에 피 말라가고 있었다. 레싱의 『에밀리아 갈로티』의 에밀리아, 실러의 『간계와 사랑』의 루이제 밀러린, 하인리히 폰 클라이스트의 『하일브론의 케트헨』에 나오는 신앙심 깊은 케트헨, 괴테의 『에그몬트』에서 주인공의 꿈에 자유의 여신으로 나타났던 사랑스러운 클레르헨. 괴테의 『타우리스의 이피게니』에

나오는 이피게니는 온 세상을 구원해야만 한다. 해방된 여성은 없다. 다시 왕녀와 성녀들이 나선다. 스코틀랜드의 메리 스튜어트 여왕은 자신의 미모와 인간미로 진정한 여자라고 볼 수 없는 최악의 엘리자베스 여왕에게 대항했다. 오를레앙의 성처녀 잔다르크는 "숭고함"을 대변했다. 고귀하고 숭고한 여성의 사례는 끝도 없이 이어진다. 이들은 모두 실물 크기의 팽창형 고무 여자 인형의 선배들이다. 시어스 앤 루벅 통신판매 업체의 1964/65년 겨울 상품 카탈로그에 나오는 리얼돌과 다를 바 없는 존재들이다. 지성의 극치를 뻐기던 당대의 남성들은 너무 나약해서 새로운 자유를 쟁취·관철할 수가 없었다. 대신 괴상한 여성상을 발명해 현실 여성이라면 그 누구도 감당 못 할 특출성을 잔뜩 떠넘겼다. 어쩌면 귀족 여성들에 대한 일종의 보복이었을 수도 있다. 고귀한 여성상에 집착하는 동안에는 권력관계를 철저하게 통찰할 필요가 없었다. 프랑스 혁명도 부담 없이 조롱할 수 있게 된다. 혁명은 피가 너무 넘치니까 인간적인 우리에게는 안 맞는다. 위선적인 악어의 눈물도 몇 방울 흘려준다.[2] 그들이 숭고한 낙원을 몽상하는 동안, 귀족과 부유한 상층 부르주아의 동맹은 공장주가 되고 군부를 장악하면서 나라 전체를 감옥으로 만들 채비를 하고 있었다.

흐름의 방향이 틀어졌다. 땀의 흐름은 공장을 거쳐서 돈의 흐름으로 변신한다. 세계를 보는 눈? 물론 있다. 군인의 눈으로 본다. 흐름은 훈련된다. 독일 제국기 삼색이 상징하는 것들 중 흘러도 무방한 것은 피뿐이다. 피조차 미리 마련된 둑으로 흘러서 돈의 흐름으로 전환된다. 그 흐름을 타고 초기 관광객들이 밀려들어온다. 정액의 흐름은 오직 그녀에게만 흘러든다. 인류의 자유를 논하는 언어의 홍수는 고귀한 여성상에 스며들어 사라진다.* 코플러는 독일 고전주의에 대해 "허공의 구름처럼 드높은 인문주의적 윤리와 미학에 구제 불능으로 매달린다"[3]고 평가했다. 구체성이 떨어지는 평가다. 고전주의는 여성상을 우러러보다가 구름까지 올라갔다. 구름까지 가려면 질료가 필요한 법이다. "구제 불능"도 정확한 표현은 아니다. 19세기에는 여성상이 과도하게 이용되어 부르주아 여성의 억압 도구로 쓰였다. 코플러가 말하는 "윤리와 미학"은

---

* 쉽게 길들여지지 않는 욕망을 지닌 사람들은 일률적 코드화에서 벗어나 자신만의 코드화를 개척한다. 방황하는 유대인 아하스베루스, 돈 후안, 떠도는 네덜란드인 등은 방랑자의 저주라는 코드화를 보인다. 계속 찾아 헤매고 머물지 못하는 사람은 결국 운명적 떠돌이 인물형이다.
그에 비해 도시적 방랑자 댄디는 탈영토화된 인물형이다. 도시민의 파도에 휩쓸리면서 대도시라는 기계에 스스로를 떠맡긴다. 허구적으로 이상화된 여성 육체라는 미로에 현혹되지 않는다. 파리라는 대도시 자체가 "오직 그녀"일 뿐 어떤 구체적 여성일 수 없다고 믿는다.

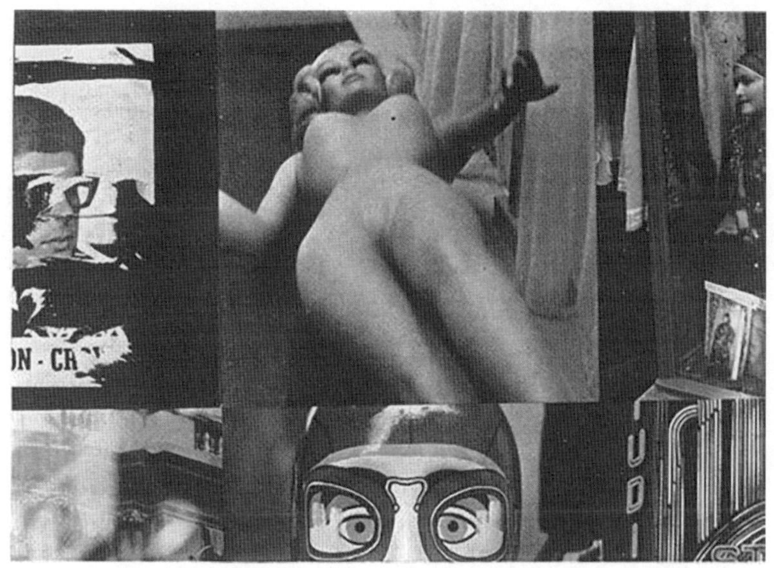

어디까지나 "드높은" 곳에 머물렀던 듯하다.

그레트헨, 케트헨, 클레르헨 등 모든 이상화된 여자는 자기기만적 남성의 발기부전에서 생겨났다. "고전주의 예술가"가 여성 앞에만 서면 느끼던 발기부전적 무력증은 개인적 차원이 아닌 사회적 차원에서 이해되어야 한다.** 부유한 부르주아 계급의 귀부인 앞에서 위축되던 이들은 누구였는가?[4] 관료, 극단 관계자, 언론 종사자, 교수 등이었으며 이들 중 몇몇은 가정교사였다. 권력자를 가까이에서 관찰할 수 있는 좋은 위치다. 물론 권력자의 부인을 짝사랑하지만 않는다면 말이다. 권력자의 부인을 숭배하는 자는 초상화를 그리고 시를 헌정한다. 혁명적 진취성을

**   "쓸쓸한 대지가 품어주지 않는데도 / 달콤한 여성상을 창조하는 것"을 고트프리트 켈러는 "시인의 가장 사랑스러운 죄악"이라고 불렀다. 스스로 죄악을 범했다고 고백하기도 했다. 그래서인지 『초록의 하인리히』에는 그런 흔적이 희미하다.

고작 사회적 권력의 부스러기와 맞바꾼다. 권력자가 던져주는 특권, 겉치레, 용돈, 천재라는 칭찬 등을 얻어먹는다. 실제로 발기부전도 함께 얻는다. 욕망이라는 것은 그리 쉽게 속여질 수 없기 때문이다.

높은 곳은 단지 고귀하고 숭고한 곳이 아니다. 그곳은 또한 메마르다. 바다는 아래로 흘러간다. 마치 산꼭대기를 갉아먹듯 적대시한다. 이를 전형적으로 보여주는 장면이 『파우스트』 2부에 있다. 프로이트 『문명 속의 불만』의 운문 형식의 선구자라고도 볼 수 있다.

파우스트와 헬레네의 아들 에우포리온이 마치 이카루스처럼 목숨을 버리자, 헬레네는 아들의 뒤를 따른다. 무대 지시는 다음과 같다. "그녀가 파우스트를 포옹하자 육체는 사라지고 옷과 면사포만 그의 팔에 남는다."

포르퀴아스는 파우스트에게 이렇게 말한다.

단단히 붙잡으세요! 당신이 잃어버린 여신은 아니지만,
그것은 신성한 것입니다. 헤아릴 수 없이 높은
은혜의 힘을 빌려 위로 오르십시오.
그것은, 모든 속된 것을 초월하여
당신을 저 천공으로 데려다줄 것입니다.
당신이 살아 있는 한 신속하게.
우리 다시 만납시다. 먼 곳에서, 여기로부터 아주 먼 곳에서.[5]

지문은 다음과 같다. "헬레네의 옷이 구름이 되어 흩어지면서 파우스트를 감싸 하늘 높이 들어올리고는 그를 데리고 날아간다."

4막이 시작되면 파우스트는 구름을 타고 고산 지대에 내려앉는다. 구름은 동쪽으로 흘러가며 갈라진다. 펼쳐진 풍경은 이러했다. 파우스트의 말을 들어보자.

햇빛 반짝이는 침상 위에 우아하게 누운,
거인처럼 크면서도 신을 닮은 여인들의 모습이 보인다!
유노, 레다, 헬레네와 닮은 듯
기품 있고 사랑스럽게 내 눈앞에 어른거린다.[6]

옷자락에서 구름을 만드는 여자는 너무 모호하고 우화적이다. 기능은 결국 같지만 이름은 제각각으로 불린다. 다음은 이렇게 이어진다.

그 다정한 형상은 아름다운 영혼으로 승화해
흩어지지 않고 대기 속으로 오르며,
내 마음속 가장 소중한 것을 이끌고 가버린다.[7]

문화인은 감히 말한다. "가장 내밀한 진실"을 뒤에 남을 여자에게 바치고 떠난다고. 여자는 남자의 정거장이다. 남자는 사랑을 포기함으로써 자신의 운명인 예술에 도달한다. 파우스트는 결국 식민주의자이자 권력의 부르주아가 된다. 그가 메피스토에게 바라는 도움은 무엇일까?

저 도도한 바다를 해안에서 쫓아내
축축한 땅의 경계선을 좁히고,
파도를 저 바다의 안쪽으로 밀쳐버리는[8]

파우스트는 바다를 댐으로 막아서 땅을 개척한다. 사랑하는 여인이 승천한 후, 아래로 떨어진 자연은 재정복되고 탈경계화된 여성성과 다시 결합한다. 이제 바다는 여성성과 함께 댐으로 틀어막힌다.

여기 안쪽은 천국 같은 땅이 될 거야.

파도가 세차게 밀려와 제방을 갉아먹는다 해도
협동하는 마음, 급히 구멍을 막아버릴 게다.
그렇다! 이 뜻을 위해 나는 모든 걸 바치겠다. (…)
그래서, 위험에 둘러싸이더라도 여기에선
아이와 남자들, 노인이 모두 값진 나날을 보내는 것이다.[9]

낡은 부르주아 계층의 옹호자가 여성을 깜빡하고 언급 안 한 것이 아니다. 여성은 발전 대상일 뿐 함께 누릴 주체가 아니다. 여성이 기여하는 발전은 이승의 것이 아니다.

일체의 무상한 것은
한낱 비유일 뿐,
미칠 수 없는 것,
여기서 실현되고,
형언할 수 없는 것,
여기서 이루어진다.
영원히 여성적인 것이
우리를 이끌어 올리도다.[10]

이렇게 신비의 합창Chorus Mysticus으로 대단원의 막이 내린다. 노년의 프로이트는 문화작업Kulturarbeit을 이와 똑같은 방식으로 정의한 바 있다. 사랑 대상물, 즉 "어머니"를 얻을 수 없었기 때문에 자위더르를 간척해서 바닷물을 말려버렸다. 그러나 이것은 허구적 구성이다. 여성을 얻을 수 없는 이유는 그녀가 희생되었기 때문이다. 그래서 승화가 시작된다. 남성은 승화를 통해 땅, 여성, 스스로의 정서에 지배력을 행사한다.[11]
문화가 탄생하기 위해 희생이 필요한 것이 아니다. 남성이 지배자로

남기 위해서 희생이 필요하다.[12]

『파우스트』의 마지막에 나온 "형언할 수 없는 것"이 이룬 것은 바로 지배 계약의 봉인이다. 남성 생산력이 성별 분리와 여성 – 자연의 정복에 기반하고 있음을 확정지은 것이다. 계약의 핵심은 다음과 같다. 언제나 부르주아 사회악에 대한 진실만을 말하는 메피스토가 생산을 담당하는 부르주아의 온갖 죄악을 뒤집어쓴다. 여성은 정복되고 남성, 즉 파우스트는 무죄 선고를 받는다. 모든 죄는 악령 탓이다. 말하자면 닥터 파우스트의 하이드 씨인 셈이다. 파우스트와 계약을 맺는 악마는 사실 파우스트의 외면적 분신이자 스스로의 영혼이다. 괴테는 고약한 농담을 섞어넣는다. 파우스트의 분신 메피스토의 속내를 동성애적 감정이 뒤흔든다. 메피스토가 젊은 악마들의 엉덩이에 마음을 빼앗긴 틈에 파우스트의 영혼이 천국으로 빠져나가게 된 것이다. 악마의 계약에 숨겨진 충동이 무엇인지를 보여주는 대목이다. 남성의 영혼이 여성에게 못 가도록 막는 것은 남성이 자기 자신과 동류에 대해 갖는 사랑이다.

장 폴은 여자라는 소재를 다소 난해한 방식으로 다룬다.

모든 미녀는 여신상으로 숭배받기 전 우선 굽 높은 신발 위에 세워진다. 마치 받침대에 놓이듯. 여성이라는 건물의 지상층 위에 또 하나의 층을 쌓듯.[13]

당대 여성들이 "여신상" 행세를 할 뿐 다른 목표에 쓰이지도 않고 허용되지도 않는 현실을 비꼬면서 자신은 다른 길을 가겠다고 선언한다. 『일찍이 내가 창조하여 결혼했던 유순한 신형 목재 여성에 대한 단출하지만 호의적인 전기문*Einfältige, aber gut gemeinte Biografie einer neuen angenehmen Frau von bloßem Holz, die ich längst erfunden und geheiratet*』이라는 초기작에서 그는 목재 여자가 피와 살로 된 여자 못지않다는 말을 장황하고 난해하게 증명한다. 별다를 게 없다는 주장이다.

한 부자가 다른 부자에게 5만 냥을 선물하고 싶다면 딸을 시집보내면서 지참금으로 주면 된다. 딸은 목재 인형으로만 제한한다.[14]

처음부터 아예 명백하다. 장 폴의 작품 속 인물은 여성이 아니다. 그가 다루려는 소재는 여성이 아니라 1800년대 부르주아 사회에서 여성이 수행하는 기능이었다.

솔직히 말하자. 공주님은 초상화를 정성스럽게 포장해서 보낸다. 왕자님은 초상화를 뜯어 보고 사랑에 빠진다. 원본인 초상화가 뒤따라 시집오는 살아 있는 복제본보다 훨씬 더 아름답다. 그러니 사실 왕자와 혼사를 치르는 것은 초상화라고 봐야 한다.[15]

텍스트의 전반적인 인상을 잘 보여주는 두 문단을 인용해봤다. 장 폴의 작품은 일관된 사상을 나타낸다고 보기 어렵다. 끊임없이 비꼬고 상대화하면서 자신의 입장을 허물어버리기 때문에 한 대목을 떼어내 인용하기 곤란한 글이다. 장 폴의 글 쓰기는 허위적 이미지를 건설하기보다는 해체하는 데 주력하고 있다.

그의 목재 여성은 이미지가 아니라 기계다. 무엇보다 모방하지 않는 기계다. 이것이 여타 기술적 기계와 다른 점이다. 말똥과 처녀의 피를 섞어서 호문쿨루스를 만들려던 종전과 달리 18세기에는 인간처럼 작동하는 기계들이 만들어지기 시작했다. 자크 드 보캉송의 '플루트 연주자'

가 좋은 사례다.[16] 장 폴의 "유순한 신형 목재 여성"은 욕망 기계다. 이는 무생물이다. 살아 있는 여성을 기만적 욕망의 대상으로 전락시켰기 때문이다. 이들을 모방하거나 승화하려는 시도는 바로 욕망을 황무지로 이끄는 운동이 된다. 그곳에서는 아무리 넘쳐나는 흐름일지라도 곧장 스며들어 어떤 흔적도 남지 않는다.

그래서 장 폴은 볼프강 폰 켐펠렌이 발명한 체스 기계와 말하는 기계가 마음에 들지 않는다. 체스 선수와 여자들의 밥줄을 끊는 것 외에 무슨 일이 생기겠는가? 사람들이 서툴게나마 하는 일을 기계가 대신 해준다고 무슨 이득이 있겠는가?

장 폴은 켐펠렌에게 이렇게 제안한다.

그분의 명예와 덕목에 어울리는 발명을 하시려면 차라리 열심히 고민하셔서 생각하는 기계를 만드셨어야 했다. 어차피 생각을 직업으로 삼는 사람은 적으니까 사회적 파장은 거의 혹은 아예 없었을 것이다. 또한 생각 기계와 경쟁하다가 밀려나서 굶어 죽을 소수의 사람이 있다손 치더라도 어차피 굶어 죽을 사람들이었을 테니 괜찮다.[17]

장 폴은 "고귀한" 여성의 사회적 기능화를 일종의 허위적 기계화라고 봤다. 입 기계에서 흘러나오는 번드르르한 화술, 아름다운 자세 시연 등을 수행한다. 기술적 기계를 활용한답시고 인간의 근육 기계를 모방하는 것은 과학기술의 낭비라고 생각한 것이다.

"고귀한" 여성은 "숭고함"의 극장 기계에도 당대 섹슈얼리티 기계에도 속하지 않는다. "이제껏 한 여인과의 플라토닉 러브가 지속된 기간은 헤어스타일 유행 기간보다 길었던 적이 없다."[18] 장 폴의 비판은 숭고함을 숭배하는 고전주의적 프로파간다와 성애화 프로파간다 둘 다를 겨누고 있다. 여신 역할이건 금전 가치의 실현이건 혹은 성행위 기계가 되었

건 간에 목재 인형이 최적이다. 한 가지는 아깝다. 잠 못 이루는 사상가들의 마약이 하나 없어질 테니까.

실로 애석한 운명이 아닐 수 없다. 여성도 그렇고 그 누구라도 그렇겠지만 플라토닉 러브는 오래 버틸 수가 없다. 위대한 사상가들이 밤늦도록 고민했어도 원인을 밝힐 수는 없었다. 내가 아는 한 그럴듯한 해법은 전무하다.[19]

그럴듯한 해법이 있었더라면 그들도 오이디푸스처럼 자신의 죄를 깨닫고 당장 그 자리에서 자신의 눈을 찔렀을 것이다.

　고귀한 여성의 육체는 도형화 과정을 거쳐 신체 부위별로 표상 장식물이 되었다. 이와 더불어 토지의 중앙집권적 정복이 질서 있게 진행되었다. 여기서 드러나듯 고귀한 여성의 생산 능력은 잘못된 기계화를 겪게 된다. 이는 부르주아/절대주의 사회에서 경제 생산이 기계적으로 무한 확장되기 시작하는 과정과 맞물려 나타났다.

　여기서도 마찬가지로, 경제적 생산 방식과 지배 형식의 변화는 여성 육체에 대한 새롭고 근대적인 방식으로 이어진다. 지배는 탈경계화라는 외형을 띠고 있지만, 실제로는 욕망 기계가 지닌 다양한 작동 방식, 즉 부분 충동과 부분 대상 사이의 접속 능력을 차단하는 방식으로 이루어진다. 그러므로 허위적 기계화다. 여성은 공적 영역에서의 판단 기능과 과도하게 강조된 성기능으로 축소되며, 결국 입과 질을 중심으로 한 총체 기계로 전환된다. 오늘날까지도 대부분의 남성 인식은 여성을 조잘대는 주둥이와 문란한 아랫도리로만 여긴다.

섹슈얼리티와 기계의 결합은 19세기 내내 지속된다. 여성 섹슈얼리티의 억압이 시작되고 여성이 공적 영역에서 "재철수"된 시대였다. 성애적 여성은 특히 더 그랬다. 공장 기계와 여성 성기는 부르주아의 의식에서 차단되었으며 공포스러운 꿈의 재료가 된다. 하지만 무의식화된 것은 아니었다. 비밀스러운 것이 되어 일부에게만 독점적으로 공개되었다.[20]

유념해둘 것이 있다. 앞서 열거한 어떠한 역사적 여성 기능, 어떠한 모범적 여성상이라도 시간상 후대에 나왔다는 이유로, 혹은 "케케묵었다"는 이유로 끝장나지는 않는다는 것이다. 여성 육체가 은폐된 대지 육체를 대신하여 욕망의 영토로 기능하는 이상, 과거 여성상은 폐기될 필요가 없다. 모든 과거의 여성상은 자본주의가 발전하면서 재생산하고 되살려낼 수 있다. 과거 여성상이 죽지 않았음을 우리는 앞선 챕터에서 이미 확인했다. 들뢰즈와 과타리는 자본주의 이데올로기를 가리켜 이제껏 믿어왔던 모든 것이 뒤섞인 알록달록한 그림이라고 부른 바 있다.[21]

낡은 억압 형식이 재활용될 수 있는 이유는 자본주의가 끊임없이 불균등하게 발전하기 때문이다. 에른스트 블로흐는 『이 시대의 유산 Erbschaft dieser Zeit』(1935)에서 이러한 상황의 의미를 짚어냈고 최근 인터뷰에서도 짧게 강조한 바 있다.[22] 자신의 과거를 인위적으로 재생산하고 현재화하는 능력이 자본주의가 지닌 강점 중 하나다. 과거의 역사적 갈등은 시간적 불균등성과 역사의 기술적 재현 가능성을 통해 현재화될 수 있다. 과거의 어떤 계급투쟁도, 어떤 성별 관계도 완전히 사라지거나 무의미해질 수 없다. 자본주의적 생산 조건이 다양한 영역에서 이들을 재등장시키도록 조장하기 때문이다.

억압받는 자들을 서로 이간질하는 온갖 술책이 끝내 역사의 뒤안길로 사라지지 않는 것은 바로 그런 이유일 것이다.

19세기로:
수정의 파도 / 은폐된 여성 – 물에서 피까지

"이 시인들은 글쓰기로 최후의 인간 행세를 한다."[1] 하인리히 만이 1813년 이후 독일 낭만주의 시인들을 가리켜 한 말이다. 독일에 존재했던 전투적인 자유의 열망은 소위 해방전쟁에서 연기처럼 사라졌다. 해방전쟁은 국가의 적 나폴레옹을 물리치긴 했지만, 국내 제후와 군주의 권력만 강화했을 뿐이다.[2]

유럽 부르주아의 권력 확장은 독일에서는 귀족과 결탁하여 이루어졌으며 이와 함께 자유로운 생산 가능성은 제한되었다. 이 과정에서 여성 육체라는 영토는 특정한 방식으로 재동원되었다. 바로 이전 시대에는 공공연하게 전시되던 여성들이 이번에는 조직적으로 은폐되었다는 것이 핵심이다. 남성의 감정 속에서 여성 육체와 정치적·미학적 유토피아가 얼마나 강하게 코드화되었는지는 지금까지도 잘 드러난다. 좌절과 환멸을 느낀 남성은 여성 육체로 되돌아와 육체 그 자체에 보복한다. 여성 육체는 자유를 약속한다고 코드화되었기 때문이다.

마치 여성 자신이 스스로의 육체가 엄청난 존재이며 세상 전체보다 더 소중하다고 주장하기라도 했다는 듯, 여성의 성애화는 기만으로 매도된다. 19세기 내내 관능적 여성은 남자를 집어삼키는 악마로 취급된다. 마치 그녀 자신이 속였다는 듯, 샘과 강을 약속하고 망망대해를 약속했다는 듯. 이제 여성은 익사한 시체가 되어서 19세기 낭만주의 문학사를 온통 둥둥 떠다닌다.[3]

대양을 노래한 로트레아몽의 작품에서 복수는 이제 흐름 그 자체에 가해진다.

늙은 대양아, 수정의 파도 일렁이는 너는 소년 수부들의 멍든 등에 보이는 그 하늘빛 자국의 비례 닮은 꼴이다. 그대는 지구의 몸 위에 찍혀 있는 하나의 무변한 푸른 멍이다.

한술 더 떠서 바로 한마디 덧붙인다. "나는 이 비유가 마음에 든다."[4] "수정의 파도", 얼어붙은 흐름. 끝도 없이 무변한 푸르름은 곧 고통스러운 육체 경계화와 같은 색깔을 띤다. "영영 정박하지 않고" 채찍을 맞는다.

육체의 갑옷을 녹이고 몸이 열리도록 만들 강줄기는 이제 막혀버렸다. 짓눌린 모든 욕망은 비좁은 공간에서 위험한 소용돌이를 일으키기 시작했다. 압력 때문에 정체는 쌓여가고 관심은 오직 내면으로 향한다. 결국은 폭발하고 돌파하고 내파한다.

메리 셸리는 『프랑켄슈타인』(1817)에서 "인간은 옆 사람의 피에 굶주린 괴물 같은 존재"[5]라고 말했다. 완벽한 인간을 창조하려다가 만들어낸 괴물[6]은 이후 무수히 이어질 존재들의 효시였다. 창조자의 내면적 심연에 깃든 사악한 흐름을 육화한 존재다. 더 정확히 말하자면, 육화되어가는 과정의 존재다. 창조자의 압제로 고통받던 세상이 스스로 사악해진 것이다.

선하고 악한 모든 흐름이 시작되어 내면의 흐름이 된다. 피의 흐름으로 응고된다. 피는 파괴 과정인 탈경계화를 겪는 인간 육체에서 나온다. 막혀 있던 흐름이 점점 더 거센 힘을 얻는다. 훗날 파시즘을 만나 돌파구를 찾는다. 이 챕터의 첫 대목에서 봤듯이 용암이 되어 폭발한다.

우선 사랑의 맹세에 물 대신 피가 등장한다.

좋은 밤이오, 내 사랑하는 천사! 그대가 내 님인지 아닌지 몰라도, 그대 흰 몸의 모든 핏줄을 열어서 뜨겁게 거품 이는 피를 수천 개 행복한 분수대처럼 흩뿌리는, 그런 그대 모습을 보고 싶도다, 수천 개 샘을 마시고 싶도다. 내가 흠뻑 취할 때까지, 그대의 죽음을 기뻐 날뛰며 애도할 수 있을 때까지, 그대의 모든 피와 나의 모든 피를 눈물로 쏟을 때까지, 그대의 심장이 다시 뛰어 나를 받아들이고, 내가 그대의 맥박에 뛸 때까지!

1802년 클레멘스 브렌타노가 카롤리네 폰 귄데로데에게 보낸 편지다. 낭만주의 문학이 파시즘의 정신적 선구였다는 헛소리를 하려는 것은 절대 아니다. 그런 법은 없다. 과거의 사상이나 글이 파시스트를 만들지는 않는다. 파시스트는 자신이 처한 상황에서 만들어지는 것이다. 오히려 낭만주의 텍스트가 보여주는 것은 19세기 초반 자본주의의 가부장적 사회가 흐름이라는 관념을 틀어막는 과정이다. 우리는 이로써 20세기 파시스트가 억지로 갑옷을 입고 어떻게 반응했는지를 깊이 이해할 수 있게 된다.[7]

브렌타노가 갈망하는 피의 "분수대"는 특정 여성의 육체에 대한 사랑의 행위로 이해되고 설명된다. 두 육체에서 나온 피가 뒤섞이고 하나가 되길 욕망하는 것이다. 이 글의 정서는 뒤집힌 방향으로 이해된다. 그럼에도 결국 본래의 사랑 대상물에 안착한다.

가장 중요한 점이 있다. 낭만주의자의 정서는 스스로를 의식하고 있다. 낭만주의적 테러는 심사숙고되고 의식된 승리다. 사드 후작, 바이런, 메리 셸리, 찰스 매튜린 등이 그러했다. 그들의 "악마성"은 의도적이며 계산된 것이다. 그에 비해 파괴 광증 속에서 깨어나는 파시스트는 사악하고 싶어서 그러는 것이 아니다.

19세기 후반에 육체는 점점 고립되었다. 양성 간 육체는 서로 분리되었고 스스로의 육체 내외부도 서로 분리되었다. 그러면서 대상과의 관계도 점차 단절되었다. 출렁이는 피바다, 홍수의 공포 등은 이제 여성과 직접 연관되어 언급되지는 않는다.[8] 남성이 위협적인 재난을 언급할 때 문장에 스며 있는 강렬한 정서 속에서 위협으로 드러날 뿐이다. 남성에게서 박탈되어 부재하게 된 사랑 대상물은 이제 융해되어 남성을 전면적으로 위협하는 원칙이 된다. 바로 여성성이다. 이는 외면적으로는 붉은 홍수로 나타난다. 끔찍한 욕망의 심연의 모습으로 내면에 나타나 범람과 융해의 위협을 가한다. 여기서 일단 멈추도록 하겠다. 이 콤플렉스는 다음 챕터에서 군인 남성을 다룰 때 다시 논하도록 한다.[9]

덧붙여

이제까지 유럽 부르주아 역사 속에서 특정 여성상의 다양한 기능이 어떤 양상으로 남녀 관계와 연관하여 변화했는지를 추적해서 개괄해봤다. 이 글에서 그려낸 각 단계는 사실 독립적인 연구 주제가 되어야 할 주제다. 그럼에도 개괄을 시도한 이유는 제1장에서 상세히 분석했던 20세기 군인 남성의 여성관, 즉 순백의 여인/빨갱이 년에 대한 태도가 고립된 개별적 현상으로 이해될 수 없음을 지적하기 위해서였다. 이는 부르주아적·가부장적 역사 연속체의 일부로 봐야 한다. 또한 맥락상 파시즘 발생사의 일부인 것이다.

부르주아 역사학과 마르크스주의 역사학은 둘 다 남녀 관계를 통한 지배 구조 확보라는 연속성을 인식하지도 못했고 진지하게 탐구하지도 못했다. 특히 결핍의 설치에 주목해야 한다. 생산 관계에서의 남녀 불평등은 인위적이며 폭력적으로 조장되었다. 이로 인해 해당 관계는 지속적으로 반생산 관계로 재생산된다. 억압과 위계, 성별 간 투쟁이 만들어진다. 이것이 파시즘적 현실의 구성 요소이며, 아이들이 참고 살아가도록 강요받은 사회적 황무지였다.

내가 강조하고 싶었던 또 다른 논점은 역사 속에서 남성 육체가 여성으로부터 고립되고 분리되고 군림하게 된 과정이었다. 마침내 남성은 식민주의자 파우스트의 모습으로 메마른 바다 위에 우뚝 선다. 때로는 행동하고 때로는 관망한다. 마침내 파도에 맞서 우뚝 선 절벽 같은 파시스트 남성이 되어 방어한다. 혹은 에른스트 윙거의 강철 폭풍이 되어 어지러운 현실의 소용돌이 속에서 파괴한다. 인간 육체가 서로 뒤섞이는 일은 점점 더 불가해한 문제가 된다. 이에 대해서는 차후에 상술하겠다.

인간의 육체가 실제로 무엇을 겪는지, 무엇을 느끼는지에 대해서 역사가들은 이제껏 무관심했다. 우리 육체가 역사 속에서 어떻게 변화해왔는지를 재구성하지 않는다면, 우리는 스스로에게 낯선 존재로 머물게 된다. 정복된 자연이 마법에 걸린 채 유령들로 들끓듯, 다양한 육체의 동등한 경험도 불능에 빠져버린다. 단지 이성의 육체가 아닌 사회적 육체의 공동체 경험은 막혀버린다. "몸이 관념을 구현하는 것이 아니라, 관념이 몸에서 발생한다."[1] 프리다 그라페가 프리데리케 페촐드의 영상에 대해 쓴 평론 중 한 구절이다. 페촐드는 여성 육체와 스스로의 육체를 부분성으로 분해하여 재구성한다. 아무것도 재현하지 않는 "그냥 살덩이로서의 기호"다. 육체는 부분들을 그냥 내버려둔 채 바라봄으로써 완성된다.[2] "육체는 관념과 판타지를 체화한 존재가 아닌 그 자신이 된다."[3] 유럽 역사에서 육체는 남성의 관념과 판타지를 체화하는 역할에만 봉사했을 뿐이다. 프리다 그라페는 이렇게 말한다.

> 오랜 세월 우리가 부끄럽게 여기도록 배웠던 그 모든 여성적 생각을 이제는 긍정적으로 여길 때가 되었다. 우리의 노골성, 우리의 못 배워먹은 버릇없음, 우리의 교양 없는 물질주의, 무엇보다 우리 자신의 몸뚱이와 갖는 일체성을 뻔뻔하게 드러내야겠다. 이런 충동으로 난장판을 만들어야겠다.[4]

육체를 추상화하는 남성적 이론 및 학문 체계에서 난장판을 일으켜 전복하는 것은 어려운 일이다. 글 쓰는 남성으로서 나는 종종 내 육체를 잊는 경향이 있다. 게다가 생각을 펼쳐가면서 내 육체의 느낌도 매일 달라지곤 했다.[5] 하지만 여기저기서 조금씩 진척이 있었다. 남성적 관념이 완벽하게 지배하지 못하는 틈새에서 조금씩 허물고 고쳐가면서, 잊히고 억압된 것을 재발견하고, 무의식의 욕망 생산을 학문의 동력으로 삼아가면서……

아이와 성인, 남성과 여성, 계급, 그리고 자기 자신으로 갈라진 유럽적 육체의 진짜 운명을 경험하고 인식하는 길은 아직 발견되지 않았다. 그 길은 오직 인간의 육체를 거쳐가는 우회로에 있다. 이런 길이 발견되기 전에는 유럽인의 역사에 대해 제대로 말할 수 없을 것이다.[6]

이성 관계의 결여를
억지로 유지하기 위한 몇몇 방법

들어가며

역사상 새로운 자유가 가능해질 때 양성 관계가 어떻게 변형되는가를 살펴보면, 유럽 남성 중심 계급사회의 지배 메커니즘에서 특정한 반복 양상이 발견된다. 이를 과연 지배 메커니즘이라고 부를 수 있을지는 다양한 지배 구조의 변동 속에서 그것이 지속되는지 여부를 봐야만 알 수 있다. 섣불리 단정하고 싶지는 않다. 또한 이 문제를 알려면 이 책의 범위를 벗어나는 폭넓은 역사 연구가 필요하다면서 피해가고 싶지도 않다. 어떤 과정이 메커니즘이기 위해서 반드시 일종의 법칙이나 규칙일 필요는 없다. 그 자체로 실재한다면 학문적 탐구 대상이 되기에 충분하다. 학문도 결국은 사물을 바라보는 원칙이라는 점에서는 인위적이고 허구적이다. 중심원근법이나 그 외 유사한 인간의 발명, 예를 들어 판타지와 크게 다를 바 없지 않은가?[1]

그대의 갈망 따위 내겐 상관없어.
일은 지나가기 마련.
법칙만 있으면 되지.[2]

너무 오랜 세월 동안 남자들은 이렇게 말했다. 요즘도 일부는 여전히 그렇다. 남성적 사고가 일으키는 오류는 쉽게 떨쳐버릴 수 있는 것들이 아니다. 특히 오랜 역사 끝에 남성 육체에 체화된 사고방식은 더 그렇다. 그중 하나는 궁지에 몰린 상황에서도 허구적 고지에서 잔머리를 굴리며 큰 시각을 가지겠다는 오류일 것이다.

반드시 연구 능력이 있는 사람만이 학문의 혁신을 요구할 수 있는 것은 아니지만, 그렇다고 해서 희망을 갖고 노력하지 말라는 법은 없다.

앞으로 이어질 내용에서도 규칙성은 현상보다 우위를 점할 것이다. 법칙까지는 못 되는 규칙 역시 그렇다. 그러나 분명한 차이는 있다. 학문이 오직 다른 학문과의 관계만 맺어서야 되겠는가? 대부분의 문학 이론은 이런 수준에 머문다. 독자들의 감정과 경험, 삶에서 비롯되는 현상, 스스로의 육체적 존재와도 관계를 맺을 것인가를 결정해야만 할 것이다.

여성 육체, "새로운 풍기"의 대상

앞서 독일 고전주의 시대 관료나 전문 직종 부르주아가 혁명적 투쟁 대신 새로운 풍기의 프로파간다를 선택했다고 언급한 바 있다. 이는 직접적인 통치에서 배제된 지배 계급 내 특정 계층이나 집단의 전형적인 방식인 듯하다. 승리자 앙리 4세의 궁정에서 소극적으로 맞서던 퇴물 지방분권주의자 오노레 뒤르페 역시 비슷한 방식을 보여주었다. 그는 권력을 둘러싼 무력 투쟁에서 패배한 후 궁정의 문란한 성 문화를 비판하기 시작했다. 11, 12세기의 이른바 이단 운동도 마찬가지였다. 프란체스코회와 도미니코회는 교회의 권력 구조 전체를 공격하는 것이 아니라, 성직자 대다수의 방탕한 생활과 수녀원의 음란 행위 등을 공격했다. 혁명적 해결책이 아닌 육체적 금욕주의를 주장했다.[1] 이들 역시 육체의 새로운 순수성을 내세워 지배 권력에 맞섰다. 후기 로마 시대의 기독교인

들도 마찬가지였다.[2]

이들 모두가 조만간 혁명 없이 지배 권력에 참여하게 된다. 그리고 상류층에 대항하고자 만들어낸 새로운 풍기를 하류층에까지 강요할 수 있게 된다. 이들은 우선 동일 계층 여성의 육체, 혹은 동일 계층 여성을 인위적으로 승화한 고귀한 여성상에 새로운 풍기를 강요하여 관철한다. 새로운 풍기와 금욕은 언제나 엘리아스가 "이중 전선 계층"이라고 부른 사람들에게서 발생하는 듯하다. 이 계층의 권력은 언제나 아래를 향해서만 행사된다. 지배층의 풍기 문란은 모른 척하고 민중의 섹슈얼리티만 문제 삼는다.[3]

피지배 계급이 지배 계급을 공격하는 이유는 지배 계급이 살찌고 문란하기 때문이 아니다. 지배 계급에게 삶을 빼앗겼기 때문이다. 1525년경 농민 봉기 당시의 농민들이나 혹은 19세기와 20세기 초반 프롤레타리아의 행동을 보면 이러한 점이 잘 드러난다. 이들에게 혁명이란 곧 자유로운 성적 행동과 동일하다. 이들 대부분은 지배 계급의 성적 변태성에 맞선답시고 새로운 도덕으로 대항하지 않는다. 이 점은 혁명 지도층과는 종종 다르다.

새로운 자유의 가능성은 지배 계급 내에서 맨 처음 가시성을 얻는다. 기존의 금지는 그들 자신이 만든 것이다. 따라서 언제든 멋대로 깨버릴 수 있다. 이것은 지배 계급이 누리는 몇 안 되는 자유 중 하나다. 그들이 타인과 갖는 관계는 변태적 지배 관계다. 지배 계급 내의 남녀 관계 역시 지배 관계다. 이들이 누리는 자유는 필연적으로 변태적 자유일 수밖에 없다. 이 점에서 그들은 오히려 인간적이다.[4]

바로 그렇기 때문에 그들의 행태는 권력 위계에서 바로 다음 계급에 모두 폭로된다. 이들은 어느 정도까지는 사회적 교류의 공간을 공유하고 있다. 접촉은 개인적이며 증오 역시 개인적이다.

그로 인해 발생하는 갈등은 피지배 계층에게 종종 불리한 결과를 초

래했다. 지배 계급에 대한 비판이 극도에 달하면 이중 전선 계층의 일부
가 자신의 계급을 이탈하게 된다. 출신 계층의 이데올로기를 그대로 지
닌 채 피지배 계급에 합류하고, 그중 소수는 이데올로기적 지도자 역할
을 떠맡는다. 이런 위치에 처하면 이른바 "새로운 풍기"를 실현하려는
투쟁을 계속하는 경향이 보인다. 이를 피지배 계급에게 강요하게 되는
것이다. 본래 부르주아 지식인이었지만 출신 계급에 환멸을 느끼고 떠
난 사람을 예로 들어보자. 그는 지배자의 권력 정당성을 무너뜨리려면
더 높은 도덕성을 갖춰야 한다며 프롤레타리아를 격려한다. 이로써 그
는 자신이 싸우려 했던 바로 그 일탈적 지배자와 다름없는 방식으로 직
접적 지배 기능을 수행하게 된다. 즉, 억압받는 이들의 욕망 생산 속에
위계적 풍기 질서를 설치하는 것이다. 이러한 이중 전선 계층 출신의 전
향자들이 이끄는 혁명 운동은 종종 새로운 풍기의 기치를 앞세워 진행
된다. 이 과정은 최우선으로 여성을 겨냥한다. 새 시대를 창조하기 위해
서 남자는 그저 순결하고 강직한 전사 노릇으로 충분하지만, 여자는 추
가적으로 성적 순결도 지켜야만 했다. 독일 사회민주당과 그 뒤를 이은
독일공산당은 사업가 가문의 요염한 따님들이 보이는 성적 풍기 문란을
노동자 처녀들의 육체에서 몰아내려고 했다. 그들은 노동자의 딸을 성
처녀로 만들려고 했다.[5]

　"새로운 풍기"는 이런 식으로 여성 섹슈얼리티에 대한 억압 구조를
과거 사회에서 다음 사회로 이어지게 만든다. 두 사회의 억압 구조는 그
대로 유지된다. 해방되지 못한 여성은 새로운 국가에서 삶의 내적 경계
를 신설하는 재료가 된다. 타도 대상인 차르 체제나 부르주아 계급 등
권력층에게 퇴폐적이고 뻔뻔하게 쾌락을 추구한다고 비난을 퍼붓는 것
은 흔한 투쟁 방식이다. 하지만 이는 사회주의 운동 세력이 여성 해방에
대해 갖고 있는 반감을 은근히 은폐한다. 자본가를 억압자라고 욕하는
것이 아니라 난봉꾼이라고 욕하는 것은 악마와의 계약이나 다름없다.

쇠락해가는 "문란"한 권력층이 누리던 부정적 형태의 해방을 참된 자유의 가능성으로 보지 않고 풍기 문란으로 규정하여 타파하려는 것이다. 이중 전선 계층이 보여주는 전형적인 전당포 노릇이다. 정치 투쟁은 저당 잡히고 도덕성 투쟁에만 골몰하는 것이다. 그 결과 얻는 것은 감각의 해방이 아니라 고작 새로운 "혁명적" 도덕에 불과하다. 감각 해방은 여성 생산력의 무제한적 긍정이 없으면 절대 실현될 수 없다.* 여성 생산력은 단순히 동등한 노동력만을 의미하지 않는다.

혁명 운동에는 정치 투쟁을 도덕성 투쟁으로 코드화하려는 경향이 있다. 이는 프롤레타리아 소설에서 볼 수 있는 억압적 모순의 형태로 표현된다. 부르주아 이중 전선 계층 구성원, 그리고 농장에서 공장으로 옮겨간 것을 몰락으로 여기는 농민들은 정치 투쟁을 거의 전적으로 "미풍양속의 보전"과 "도덕적 가치 수호"로 이해하는 경향이 두드러진다. 이들은 상층 계급이 물려준 성별 투쟁을 완전하게 오롯이 점유한다.

우리가 탐구하는 군인 남성 역시 이에 해당된다. 제1장에 등장한 장교들이 여성에 대해 지녔던 태도는 이렇게 요약된다. 고귀한 여성상, 즉 "순백의 백작 부인"은 탈성애화된 이상형이다. 그에 비해 "천한" 프롤레타리아 여자, 여자 공산주의자, 유대인 계집, 화냥년 등은 매춘부로 매도되고 살해당했다. 군인 남성들은 자식을 낳아주는 무성애적 아내와 결여적 관계를 유지한다. 여성은 사회적 생산과 남성들만의 "연대"에서 배제되어 이름 없는 아내로 남는다. 이 모든 억압의 형식, 즉 숭배, 살해, 도구화는 서로 긴밀히 연결되어 있다.[6]

유럽 역사에서 투쟁이 보여준 경향성을 보면 알 수 있듯 계층 간 투쟁은 경제적 권력을 두고 벌어지지 않는다. 남성들은 동일 계층 내에서

---

* 나는 "여성 생산력"을 "생산" 혹은 "인력"이라는 좁은 의미로 사용하고 싶지 않다. 혹은 "여성"이라는 특정성에 가두고 싶지도 않다. 이는 아직까지 미지의 영역이다.

권력 투쟁을 벌인다. 그들은 아내와 자식들에게 권력을 휘두른다. 또한 사회적으로 힘없는 계층 위에 군림한다. 이때 쓰는 무기가 바로 "새로운 풍기"다. 자본주의는 파시즘보다 오래 살아남았다. 그 이유 중 하나는 이중 전선 계층의 자식들이 "가부장"의 권력 박탈에 힘껏 저항했기 때문이다. 자본주의는 이들을 기반으로 건설될 수 있었다. 이들이 경제적 권력에는 관심이 적었기 때문이다.

권력 확보 과정에서 여성에게 부여되는 다양한 기능은 실제 여성과 여성상의 분열에서 달성된다. 모종의 이상한 심리적 "기제"에서 비롯되는 분열이 아니다. 사회적 분열 구조를 한 개인 안에서 희생자, 노동자, 이미지 등으로 반복 구현한 것이다.

"선한 여자"와 "악한 여자", "고귀한 여자"와 "창녀"는 정신분석학적으로는 모두 어머니에서 유래한다. 개별적 "어머니"는 이중 전선 계층으로서 다른 모든 여성에게 어떤 형태로든 들어 있기 때문이다. 실제로 그렇다. 어머니는 집안의 여왕이다. 가장을 섬기는 노동력이다. 아버지에게는 창녀다. 바깥양반의 노동을 이해 못 하는 존재다. 또한 어머니의 육체는 자식들을 끌어당기면서도 밀어낸다. 이러한 사례는 끝도 없다. "어머니"는 절대로 어느 한 사람이 아니다. 또한 그저 사람도 아니다. 프로이트는 이 점을 간과했다.

어머니는 때때로 신생아에게 괴로움을 가한다. 아기에게 충분한 애정을 주지 않거나, 감당하기 벅차서 아기에게 냉정하게 군다거나, 은근히 아기를 거부하기도 한다. 하지만 아이는 이러한 고통을 "어머니"라는 이름으로 경험하지 않는다. 생애 초기 어머니는 젖가슴, 손길, 얼굴, 목소리 등 부분성으로만 경험된다. 이것들이 포용적이고 보호적인 총체성으로 통합되면 그것은 "어머니"가 아닌 바깥세상의 총체적 원칙이 된다. 어머니가 부정적으로 대하면 아이는 바깥세상의 원칙을 부정적으로 인식한다. 어머니는 사회화된 외부 세계 전체의 일부다. 아이는 어머니의 결여를 자신의 감정을 보살필 여성의 결여로 인식한다. 이는 곧 사회의 잔인함, 삶의 부정성으로 인식된다. 아이는 자라나서 세상이 사악하다고 원망하지만 어머니는 세상에서 제외된다. 어머니라는 이름은 어디까지나 총체성으로서의 "어머니"다. 아이 입장에서 도움이라고 인식한 것을 사후적으로 구성하여 만든 것이다. 은혜의 거미줄을 고치처럼 둘둘 감싼 어머니 상은 사회적으로 "선한" 역할을 수행하는 여성상이다. 여기에는 아기가 느꼈던 바깥세상의 "악"이 들어가지 않는다. 어머니 상에 파괴적이고 핍박적인 측면은 전혀 없다. 어머니는 선하시다. 바깥세상과 내면의 자아가 악할 뿐이다. 서로 모순되는 경향성을 지닌 여성 육체와 사회적 역할이 어머니 속에서 결합된다. 이것이 바로 모체Matrix라는 모델이다. 모체를 통해 대상관계가 망상 관계로 호도되기 때문에 아이는 바깥세상을 오해한다.

　프로이트는 오이디푸스 삼자 관계의 한 꼭짓점에 "어머니"라는 이름을 붙였지만, 이는 망상이었다.*

여성 희생의 형식

여성 희생의 위계화된 시스템은 오늘날까지도 확대 재생산되고 있다. 이는 자본주의적 생산 사회의 지배 기술이 마구 휘두르는 무기와도 같다. 모든 낡은 억압의 형식은 자본주의 아래에서 마치 "순결한 처녀인 양" 신상품으로 재생산된다. 어떤 것도 잊히지 않는다. 필요하다면 얼마든지 재소환되어 "모든 신념의 잡동사니를 알록달록 모아놓은 그림"

---

* 　차라리 망상이기에 망정이지, 그러지 않았더라면 우리 모두가 지 어미 붙은 놈들이 될 뻔했다.

에 추가된다. 시스템은 이렇게 굴러간다. 권력자의 아내를 연모하는 사람은 저 멀리 높은 곳에 있는 고귀한 여성상을 숭배한다. 혁명적인 잠재력을 포기하는 대신 기존 사회의 권력 일부를 나눠 받는다. 욕망하는 육체를 털끝이라도 건드릴 가능성이 열려 있을 때 이 시스템은 효과적으로 작동한다. 멀고도 높은 그녀 이미지의 일부는 현실에서 도달 가능해졌다. 피정복 민족 및 인종의 여성 육체, 혹은 상류 계급이나 상류 계층의 여성 육체를 통해서다. 앞서 제1장에서 살펴본 바와 같이, 이 과정에서 "천한" 여자들은 지배 계급 및 부역 계층 남성들에 의해 매춘부 취급을 당했다. 또한 드물기는 하지만 거꾸로 상류 사회계층의 여성이 하류 계층의 남성에게 제공되기도 했다. 이는 잠재적 혁명가를 출세주의자로 만드는 기능을 수행했다. 여성을 희생자로 삼는 과정이 각종 계급과 계층에 걸쳐 발생한다. 변형 가능성이 다양할수록, 내면적 지배 구조가 차별화될수록, 오늘날 자본주의적 가부장제는 더 공고해진다.

인생 목표가 관료의 따님에게 장가드는 것인 노동자도 있다. 머리 좋은 청년 노동자가 여대생을 육체적으로 유혹해 출세하는 경우도 있다. 의사 따님을 통해 출세욕을 충족하는 공무원 아들이 있다. 상인 집안 출신의 기자가 기업가 사모님의 침대로 기어 들어가서 특종을 만들어내기도 한다. 귀족 명문가 여성을 짝사랑하는 사무직 청년, 교수 사모님과 바람을 피우면서도 교수님 앞에서는 꼼짝 못 하는 조교. 노예 해방을 가로막는 백인 마나님의 몸에 이끌리는 건장한 흑인 청년 등 이러한 사례는 끝이 없다.

이렇게 얻는 권력은 철저하게 권력자의 표상 아래 있다. 대여한 권력인 셈이다. 그러므로 여성 희생은 뒤집힌 형태로 표상된다. 신은 아내를 희생하는 대가로 권력을 유지한다. 대규모 남성 군중에겐 이런 종류의 여성 희생이 필수적이다. 그래서 여성 사진이 정치인 사진보다 훨씬 더 많이 생산되는 것이다.* 배반당한 욕망은 브리짓 바르도 같은 여자들

의 나체를 끊임없이 응시한다. 숱한 스타와 커버걸이 쉴 새 없이 눈길을 끈다. 마침내 남성들은 이와 동일한 시선으로 살아 있는 여성을 보게 된다. 시선을 통해서 욕망된다는 점이 가장 중요하다. 육체는 그냥 육체로 머물 수가 없다. 육체는 재현되어야 한다. 도달할 수 없는 것이어야 한다. 미국 남성 작가들은 매릴린 먼로의 죽은 몸에 다짜고짜 몰려들었다.

---

*   물론 정치인을 섹시 스타로 만들려는 TV 이미지는 제외한다.

자살로 인해 드러나버린 그녀의 인간성을 이미지로 되돌리려고 했다. "영혼적" 매릴린 이미지를 육체의 이미지에 붙여넣고자 했다. 반드시 필요한 작업이었다. 그녀가 가부장제의 지배 계약을 어겼기 때문이다.*

다소 사소하게 들릴지 모르지만, 고귀한 따님, 숭고한 어머니 등 멀고도 높은 그녀에 대한 모든 종류의 우상화는 근본적으로 폐기되어야만 한다. 그것이 남성 해방으로 향하는 근본적인 진일보다. 여성이 스스로 희생 제단에서 내려오지 않는다면 말이다.

흑인 민권운동가 엘드리지 클리버는 자신의 머리와 가슴속에서 백인 여자를 몰아내는 과정이 몹시 고되었다고 말했다. 흑인 여자를 받아들이고 사랑하는 법을 배우는 과정 역시 무척 힘들었다.[1] 단순한 흑백 인종 문제가 아니다. 인종 간 불평등이 여타의 모든 사회적 불평등을 더 증폭시키기 때문에 특히 두드러지는 것이다. 원칙적으로 이 구조는 계급사회 전반에 두루 작동한다. 즉, 서로 다른 사회 계급 혹은 계층에 속한 남녀 관계뿐 아니라, 하나의 계층 내부에서조차 위계적 상승과 하강 구조가 존재하는 남녀 관계에도 동일하게 적용된다.

노동자의 아들이 좋은 성적으로 대학을 나와 심지어 교수가 되는 경우를 생각해보자. 그가 노동자 처녀와 결혼하는 것은 아마 엘드리지 클리버가 흑인 여자를 사랑할 수 있게 되는 일만큼이나 어려울 것이다. 출

---

* 남성들이 멋대로 만든 여성 이미지를 거부한다고 해서, 여성이 스스로를 위해 만들어 낸 이미지에 대해서 아무런 경계심도 가질 필요가 없다는 뜻은 아닐 것이다. 모든 전형성, 모든 여성의 이미지화에 저항해야 하는 것이 아닐까? 로자 룩셈부르크의 사진을 예로 들어보자. 남자가 이른바 "정치의식 있는" 여자에게서 로자의 정신에게 끌리는 것은 괜찮은가? 여자라면 로자 룩셈부르크 같은 여자를 존경하라는 강박은 또 어떤가? 아니면 여성들이 육체적 사랑을 나눌 때 역사상 여성운동가들의 육체를 떠올려야 하는가? 욕망의 탈영토화, 육체의 부분화가 완수되기도 전에, 하나의 이미지나 결론을 고착시키고 정체성의 확정 영역화에 빠져서는 안 된다. 실제 경험이 허상적 이미지를 지우는 것이 아니라, 하나의 이미지를 다른 이미지로 교대하는 어리석음을 범하는 것이다.

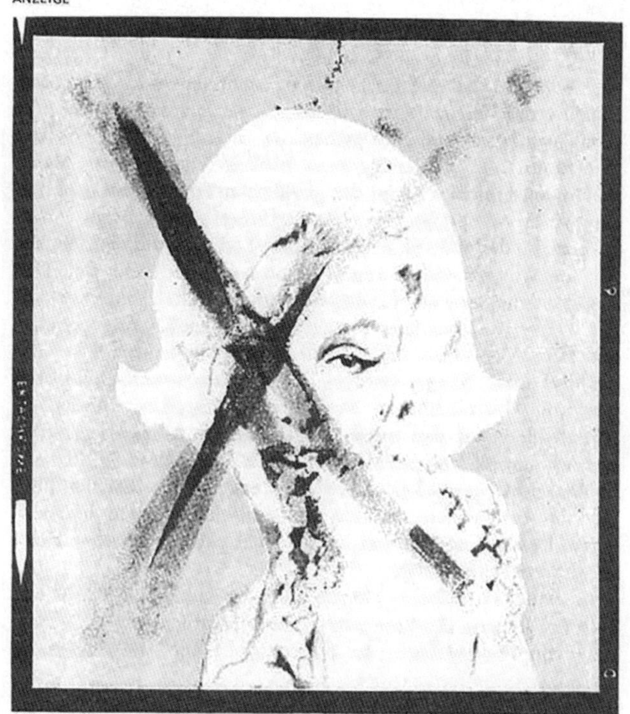

공개적 이미지에서
매릴린은 우리가 닮고 싶은 모든 것이었다.
사적인 삶에서 그녀는
우리가 행여 닮을까봐 두려운 모든 것이었다.

세하여 끼어든 계층의 여자를 아내로 맞이하는 것은 사회적 신분 상승의 완성이다. 대개 이러한 출세의 뒤안길에는 성적·금전적으로 희생만 하고 버려진 비천한 출신의 여자가 있다. 존귀한 출신의 아내를 얻었다는 것은 곧 사회적 권력 구조를 개혁하려는 시도를 포기했다는 뜻이다. 귀부인을 보유하는 대가는 자발적인 사회적 거세를 감수하는 것이다. 이런 남자가 "사내 구실"을 할 수 있는 것은 그가 "올라탈 수 있는" 시스템이 있기 때문이다. 그가 획득한 사회적 권력이라는 좆은 빌려와서 붙인 물건, 즉 법률이라는 딜도다. 누군가 "혁명"을 말하면 이런 남자들의 귀에는 "거세"로 들린다. 딜도를 빼앗으면 그 아래에 숨겨진 거세된 상처가 폭로될 것이다. 법률, 눈에도 안 보이는 기념비, 잃어버린 딱딱한 좆들의 허깨비 같은 집약체는 절대 녹아 없어져선 안 된다. 그러므로 외친다. "받들어, 총!"

지배 계급 남자들에게는 모든 여자가 매춘부로 보인다. 그들은 하층 계급 여성에게 매음굴 손님으로서 혹은 난봉꾼으로서 다가간다. "화냥년들"은 아무런 책임도 안 지고 가볍게 만날 수 있는 여자들이다. 그들은 구매자, 착취자, 혹은 후원자의 자격으로 여자들을 만난다. 한편 그들은 자신의 아내와 딸들에게는 포주 노릇을 한다. 천한 것들에게 성처녀를 팔아넘기는 것이다. 간혹 거의 신상품인 중고품 성처녀를 팔기도 한다. 그녀의 처녀막은 사회적 상품이며, 상류 계층으로 출세해 진입하려는 남성을 맞이하는 마지막 커튼이다. 그녀는 창녀인 동시에 처녀다. 구매자에게는 처녀지만 판매자에게는 창녀다. 예를 들어 출세 지향적 말단 직원에게 상사의 사모님은 성처녀처럼 보이겠지만 자신의 아내는 창녀로 보일 것이다. 두 시각 모두 타당하다. 그의 입장에서 사모님은 아직 정복하지 못한 계층 혹은 계급의 처녀지로 보인다. 그녀는 부유하기 때문에 일하지 않아도 된다. 오직 섹슈얼리티로 일한다. 고급 매춘부로 존재함으로써 하층민의 일상 경험에서 남녀 관계를 결여시키는 역할을 수행한다. 이러한 시스템 내에서 가능하거나 강제되는 모든 성관계는 꼭 실행되지 않아도 된다. 오히려 이를 억제하려는 일종의 규칙 체계, 즉 사회적 예의라는 도덕 규범이 존재한다. 하지만 역설적으로 체계는 더 성공한다. 남성들의 자위 판타지에 사모님을 고정시키거나, 유부녀들의 불안을 위협 요소로 활용하기만 해도 충분하다. 욕망이 실현되지 않고 불안이 해소되지 않을수록 혁명은 철저히 사라지기 때문이다.*

욕망과 불안은 그것이 겨냥하는 목표물이 변동되지 않도록 강하게 고정되기만 하면 된다. 피지배 남성이 동침하는 여성들, 이들이 보통 접할 수 있는 모든 여성의 뒷면에는 "더 높은 여성"의 이미지가 어른거린다. 여자는 남들보다 비천하다는 이유로 버림받거나 사기당할까봐 두려워한다. 이러면 지배층은 두려울 것이 없어진다. 이것이 바로 평등한 관계가 결여된 억압 장치를 굴리는 기름이다. 결여가 시스템을 유지한다. 억압은 언제나 새로 생성되면서 끝없이 재생산된다.

근친상간 명령

어떻게 한 사람의 내면에 결여가 자리 잡아 작동하는가의 문제, 즉 억압적 상황에 공포, 기만, 불신 이외의 감정으로는 맞서지 못하는 불능 상태가 왜 생기는가의 문제는 20세기 초반 군인 남성이 처했던 구체적 현실을 이해하는 데 핵심적인 질문이다. 빌헬름 라이히는 『파시즘의 대중심리』에서 「동정녀 마리아 숭배와 젊은이」라는 팸플릿을 인용한다. 마리아 숭배가 "순결을 관철"시키는 일에 이용되었으며 결여 시스템의 결정적 작동 원리임을 잘 보여주고 있다. 라이히는 이렇게 설명한다.

---

* 이러한 맥락에서 "혁명 사업"은 곧 "귀부인"을 폭력적으로 탐하는 것을 뜻한다. 혁명 발생 며칠 후에는 부르주아 언론에 반드시 겁탈 이야기가 대거 등장한다. 기자들은 흡사 스스로 범행을 저지른 듯 달뜬 어조로 세세하게 보도한다. 단순한 거짓말은 아니다. 이들은 혁명의 뉴스를 남녀 관계 시스템으로 번역하여 받아들이는 것이다. 이들에게 "혁명"이란 윗사람의 사모님을 겁탈하는 짓을 뜻한다.

자연과 예술과 인간 세상 속에서는 그녀와 비슷한 것을 찾을 수 없을 정도로, 동정녀 마리아는 젊은이들이 도달할 수 없는 우아함, 숭고함, 존엄성으로 존재한다. 왜 예술가와 화가들은 계속해서 그들의 능력과 창조성을 동정녀 마리아에게 바치고 있는가? 그 이유는 그들이 그녀 속에서 가장 숭고한 아름다움과 존엄성을 보기 때문이다. 아름다움과 존엄성은 결코 기대를 저버리지 않는다. "그녀에게 봉사하고, 그녀 앞에 서 있는 것이 가장 고귀한 명예가 되어야만 하는 젊은이들 앞에 소유주인 여왕이 서 있다. 여기에 고귀한 여성, 영혼의 신부가 있다. 그녀에게 여러분은 여러분의 젊은 가슴으로부터 솟아나오는 모든 사랑을 가지고 타락과 신성모독의 두려움 없이 스스로를 바칠 수 있다."[1]

재영토화된 관념의 역사적 잔해가 어떻게 인위적으로 잔존하는지를 극명하게 보여주는 사례다. 동정녀 마리아 숭배가 사회주의 혁명의 매력과 경쟁하고 있다. 이 텍스트의 핵심은 결여다. 마리아는 "자연과 예술과 인간 세상 속에서는 그녀와 비슷한 것을 찾을 수 없을 정도로" "도달할 수 없는" 특성을 지녔다. 즉 없다. 영원히 못 이루고 어디에서도 못 찾을 존재에 젊은이의 욕망이 집착하도록 만든 것이다. 이러한 측면을 라이히는 간파하지 못했다. 텍스트 안에 이미 들어 있는 뻔한 길을 따라갔을 뿐이다. 그래서 가톨릭교회의 가르침이 정신분석학의 도그마와 정확히 일치한다고 단정한다. "소녀에게 고통을 주지 마라. 그리고 당신들의 어머니 역시 전에는 소녀였음을 기억하라."[2] 라이히는 이 실마리를 따라간다.

따라서 가톨릭 청년의 정서생활 속에서 성모는 청년들의 어머니 역할을 떠맡게 되며, 가톨릭 청년은 한때 자기 어머니에게 쏟았던 모든 사랑, 즉 첫 번째 성기적 욕구의 열렬한 사랑을 성모 마리아에게 쏟는다. 그렇지

만 근친상간 금지는 그 청년의 성기적 욕구를 오르가슴에 대한 갈망과 성
적이지 않은 애정으로 나누어버린다.[3]

라이히는 "오르가슴에 대한 갈망"이 성적 목표물을 찾지 못하는 원인
을 근친상간 금지라고 생각했다. 또한 여기서 가톨릭 청년의 신비주의
가 발생한다고 봤다.

"신비주의는 오르가슴에 대한 무의식적인 갈망(우주의 원형질 감각)에
불과하다."[4] 내 경험에 따르면, 뭔가를 "불과하다"며 단언하는 글은 오
해와 불완전으로 가득할 때가 많다. "우주의 원형질 감각"은 그저 "신비
주의"라고 치부할 수 있는 것 이상이다. 라이히는 1952년 인터뷰에서
이른바 "망망대해 같은 느낌"[5]을 언급했다. 휘트먼이나 네루다의 시가
노래하는 흐름은 신비주의와는 무관하다. 아직까지 충실한 프로이트주
의자였던 라이히는 어머니를 욕망의 대상으로 성급히 단정한다. 그리고
근친상간 금지를 욕망 좌절의 주요 원인으로 지목한다.

가톨릭 텍스트는 전혀 다른 이야기를 하고 있다. "자연과 예술과 인
간 세상 속에서는 그녀와 비슷한 것을 찾을 수 없을" 그 무엇은 어머니
에게서도 찾을 수 없다. 숱한 시인들이 자유롭게 함께 흐르고 싶어했던
이 세상의 모든 격랑에서도 찾을 수 없다. 근친상간 욕망을 이룬다고 해
서 틀어막을 수 없는 흐름이다. 어머니 콩고강의 장엄한 흐름은 결코 매
력을 잃지 않는다. 그저 뛰어들어서 함께 부대끼고 흘러가고 싶을 뿐이
다. 라이히 역시 들뢰즈와 과타리가 분석해낸 함정에 빠졌다. 근친상간
욕망이라는 전도된 재현을 억압된 욕망 그 자체로 오해한 것이다. 욕망
은 어머니를 넘어서 그 이상을 원한다. 그렇다면 어떻게 욕망이 어머니
에게 고정되어 "근친상간 욕망"이 되는지를 물어야만 한다. 여기에는
두 번째 과정이 개입된다. 라이히는 살짝 장난을 친다. 개신교 젊은 남
성을 말하는 것이다. 프로테스탄트 남성에게는 마리아 숭배가 없기 때문

에 성기적 욕구가 둘로 분열되지 않는다면서 문제를 살짝 피해간 것이다. 나는 이 과정을 20세기 독일에서 1955년경까지 이중 전선 계층의 아들들에게 나타났던 일반적인 과정으로 설명해보고자 한다.[6]

어른들은 악착같이 온갖 수단을 동원해 아이를 스스로의 섹슈얼리티에서 차단한다. 어른들끼리 특정한 이야기를 하다가 아이가 나타나면 뚝 멈춘다. 겉으로는 알면 안 되는 일이라서 아이는 더 호기심이 생긴다. 아이가 들을까봐 귓속말로 속삭이고 의미심장한 눈빛을 교환한다. 아이가 물어보면 괜히 둘러대고 대충 지어낸 거짓말을 한다. 앞뒤 안 맞는 핑계를 댄다. 아이가 못 보도록 황급히 사타구니를 가린다. 아이가 민망한 말의 뜻을 물어보면 화들짝 놀라면서 얼굴이 빨개진다. 아이가 안 하던 소리를 하면 당황하면서 "어디서 그런 소리를 배웠어?"라고 추궁한다. 아이들끼리 서로의 몸을 탐구하면서 되바라지게 못된 장난을 하면 따끔하게 야단친다. 이렇게 자라나는 소년은 이성을 끔찍한 비밀로 여기게 되고, "비밀스러운 여성" 관념을 갖게 된다. 그런다고 해서 여성에 대한 본능적 욕망이 사라지는 것은 절대로 아니다.

이 같은 이른바 순결 교육은 오히려 역효과를 내 억눌린 육욕을 생성하고 지속적인 욕구 불만 상태를 만든다. 소년은 성애화된다. 그의 욕망은 여자로 향하게 된다. 여성에게만 향하도록 강제된다. 자라나는 소년의 모든 상상력, 희망, 욕망, 계획은 한 가지 대상에 종합되고 집중되고 고정된다. 바로 여자다. 여자라는 대상물은 가정 안의 여자로 코드화된다. 반드시 어머니인 것은 아니다. 사실 제1장에서 봤듯 더 큰 중요성을 갖는 것은 누이다. 어쩌다 보게 된 누이의 벌거벗은 육체 이미지는 소년에게 여체로 각인된다. 마치 괴테의 메피스토가 파우스트에게 그레첸의 나체를 보여서 욕망을 일깨웠던 것처럼 말이다.

자라나는 소년은 사춘기 내내 자신의 존재 전체를 허구적인 이전/이후 구조 아래서 살아가느라 미쳐버릴 지경이 된다. "내가 드디어 아내를

얻는다면, 천생연분을 만나기만 한다면……" 이러한 가정 속에 모든 것이 은폐된다. 죄책감은 사라진다. 두려움, 불확실성, 열등감이 사라진다. 드디어 진짜 삶이 시작된다. 나는 강해질 것이다. 나는 아버지를 이길 수 있고 떠날 수 있게 된다. 내 능력을 펼칠 수 있게 된다. 그녀는 내 것이다. 나는 그녀를 지켜줄 것이다.

학수고대하던 구원으로부터 "삶의 의미"가 생겨난다. 그녀가 없다면 욕망은 잘못된 방향으로 흐른다. 일단 결혼만 하면 생겨날 것만 같았던 삶의 의미에 대한 추구도 멈추지 않았다.

프란츠 샤우베커는 제1차 세계대전 이전을 이렇게 묘사했다.

우리는 머나먼 타국과 영웅적 죽음에 대한 백일몽을 꾸기 시작했다. 용을 주살하기를 꿈꿨다. 영광과 명예가 넘치는 우리의 미래를 꿈꿨다. 아주 잠시 비밀스럽게나마 여자를 꿈꿨다. 우리가 먼발치에서 여신처럼 바라보던 여자들. 숨 막히는 미소. 옷자락 주름 속에 숨겨진 뜨거운 비밀.

아, 그 미소! 달콤하면서 동시에 무시무시하다. 두 자루의 뽑은 칼 사이에서 우리 모두는 그 소녀에게 반했다. 파랑과 분홍 꽃무늬가 흩뿌려진 흰 덧치마를 입었다. 숱 많은 머리를 팔뚝처럼 굵게 땋아서 무릎 오금까지 길게 드리웠다. 호숫가 향나무와 소나무 아래에서 인디언 놀이를 마친 후 우리는 꿈을 꾸었다. 소녀의 손을 만지면서 소스라친다. 살짝 웃으면서 소녀의 붉고 도톰한 입술을 바라본다. 제일 좋은 곳이다. 작고 탱탱하고 뜨거운 입술. 그 사이에는 젖니가 줄지어 희게 빛난다. 전우들 앞에서 내색은 못 했다. 그저 "계집애 무리"를 장난 삼아 비웃었다. 우리는 카를 마이의 인디언 모험 소설에 푹 빠졌다. 그러다가 성숙한 여신을 만나 반했다. 그녀는 지식과 공포와 환희가 가득한 미소로 우리를 함정에 빠뜨렸다. (…) 그녀는 숙녀였다. 영원히 도달할 수 없는 존재였다.[7]

머나먼 타국, 영웅적인 죽음, 카를 마이의 모험, 흰 덧치마를 입은 소녀 너머에 성숙한 어른 "여신"이 있다. 어머니일까? 그렇다고 하기에는 그녀에 대한 묘사가 너무 유혹적이다. 차라리 누이라거나 혹은 연상의 애인처럼 느껴진다. 게다가 "도달할 수 없는 존재"라니, 근친상간 금지 때문일까?

먼저 근친상간 욕망이 존재하는 것은 분명하다. 우리가 본 글에서 욕망의 절규는 다른 곳을 향하고 있다. 어머니가 아니다. 어머니를 원했던 적은 없다. 어떤 한 여자를 원하는 것이 아니다. 나는 세상을 겪고 싶다. 생산하고 싶다. 내 창조물로 세상을 채우고 싶다. 가능한 모든 관계를 시도하고 싶다. 모든 곳에 떠돌며 떠나고 싶다. 이런 "욕망"은 어떻게 설치되는가? 내 생각에는 간접적 강제가 있는 듯하다. 욕망을 "여성이라는 신비"에 고정시키는 것이다. 대개는 누이가 이 역할을 한다. 이러한 강제는 근친상간 명령이라고 부를 수 있다.

군인 남성들의 결혼에 대한 부분에서 이미 지적했지만, 이들은 어머니의 치마폭에서 벗어나질 못했다. 누이에게도 끌려다녔다. 이제 그 이유를 설명할 수 있게 되었다. 어머니와 위협적 애착이 지속되는 이유는 인생 초기의 공생 상태가 아마 갑작스럽게 중단되었기 때문일 것이다. 그 결과 소년에게는 자립적 자아가 형성되지 못했을 것이다. 누이는 소년의 내면에 내려진 근친상간 명령의 "경계"에 어정쩡하게 머물렀다.[8]

누이는 세상의 필터이자 좁은 시야의 신기루가 된다. 마치 선풍기 뒷면의 역방향 바람에 빨려들어가듯 누이에 대한 집착이 시작된다. 공교육은 남녀가 분리된 학교에서 이루어진다. 가정교육은 아들과 딸을 달리 취급한다. 부모의 양육 태도마저 차이가 난다. 그리하여 소년에게는 육체의 금지된 신비에 대한 집착이 생겨난다. 소년에게 육체는 자석, 미로, 오솔길, 낭떠러지, 일방통행로다.

우선 간접적인 근친상간 명령이 설치된 후에야 근친상간 금지가 대대적인 위력을 발휘한다. 순수하게 사회적 성격인 것이다. 자본주의에서 근친상간 금기는 경제적 기능을 진작에 상실했다. 기업가의 아들과 딸이 서로 결혼하지 않는다고 해서 독점화 과정에 지장이 생기지는 않는다. 자본주의의 근친상간 금기는 인위적으로 새로 발생시킨 금기이자 지배 권력 확보의 수단이다. 무척 효과적인 이중 구속 구도를 만들어낸다. 소년의 눈앞에 유혹과 매력을 지닌 여성상이 내던져진다. 여성상 속에는 누이와 어머니의 모순적 육체성이 마구 뒤섞여 있다. "네가 원하는 것은 바로 이거야." 누이와 어머니는 도달할 수 없는 존재다. 그들을 "대체"해주는 여성상은 소년의 각성된 욕망이 충족되지 못하도록 만드는 여성이다. 아들과 오라비가 자유롭게 다가와서 흐름에 동참하도록 내버려두질 못하는 여성들이다. 무엇보다 어린 소녀, 누이들은 교육에서 배제되어 성애화되지 못한다. 이들은 남자를 겪을 준비가 되어 있지 않았다.

순진한 소녀들은 남자들의 비밀스러운 성관념이 얼마나 끔찍한지 전혀 모르고 있다. 소녀는 결혼에서 "구원"을 기대하도록 교육받는다. 부부관계는 모르지만 결혼생활은 기대한다. 애초부터 소녀는 결혼을 통해 사회적 삶을 기대하고 자식을 낳을 것을 기대한다. 하지만 미래의 신랑감은 아내에게서 "온 세상"을 기대한다. 자신의 모든 욕망을 성취시켜 주리라 기대한다. 아내는 남자들이란 웃기고 별나다고 생각한다. 남자의 숭배를 대수롭지 않게 여긴다. 그러므로 아내는 세상의 필터 역할을 기꺼이 떠맡을 수가 없다. 남성의 욕망을 순화하고 걸러내 사회적으로 수용시키는 역할을 떠맡을 수 없고 해낼 수도 없다. 아내의 욕망은 억제된다. 여성 생산력은 반생산력으로 변신한다. 여성은 능동적으로 행동할 수 없도록 교육된다. 사회와 인생으로부터 뭔가를 기대해서는 안 된다. 오직 남편에게 요구하고 기대해야 한다. 남편을 잘 만나야 안정감, 돈, 집, 지위, 자식들을 얻을 수 있다. 아내의 내조로 남편은 사회적 기능과 연결된다. 예를 들어 남편의 직업적 성공은 남편의 욕망 생산과는 별로 관련이 없다. 총각에게 보이는 베일에 가려진 여성의 이미지는 "머나먼 넓은 세상"이다. 처녀가 꿈꾸는 남성은 "행복한 보금자리"의 약속이다. 이렇게 결여가 자리 잡는다. 여자들은 요망한 사기꾼이다. 유혹적인 섹슈얼리티는 위험한 실수다. 그래서 남성 연대에 사람들이 모인다. 군수산업, 광고, 행정 관청은 사회적으로 창출된 부와 잉여가치의 일부를 흡수하고 파괴한다. 그리하여 체제의 존립을 결정하는 결여가 생겨나 유지된다. 마찬가지 방식으로 여성 생산력은 지배 시스템 내에 반생산력의 기능으로 작동한다. 욕망 생산의 반생산력인 셈이다.

여기서 일련의 이중 구속 상황이 발생한다. 그 중심에는 근친상간 명령과 근친상간 금지의 동시성이 자리한다. 그대의 어머니 혹은 누이를 범하지 마라. 그리고 범하라. 두 명령 모두 어기지 말지어다.*

사례는 많다. 모든 여자를 사랑하라, 그러나 오직 딱 한 여자만! 얌전히 집에 머물거라, 그러나 세계를 배워라. 가장 당황스러운 이중 구속은 아마 이것일 테다. "신비스러운 여인"을 내세워 판타지에 섹슈얼리티를 가득 채워놓고서, 동시에 현실적 섹슈얼리티를 전면 금지한다. 이러한 모순적 구조가 사람들의 행동 양식에 공고하게 자리 잡을수록 억압 가능성은 더 높아진다. 서로 변증법적이고 상대적인 관계가 아니라 상호 배제적 관계다. 양자는 서로 맞물려 있기에 어떻게 하더라도 반드시 함정에 빠진다.

출세하기 위해서 권력과 지배권에 굴복한 남자, 즉 "거세"된 남자는 야심 많은 아내로부터 출세할 것과 동시에 거세당하지 않는 남자일 것을 요구받는다. 남편은 어머니 상에서 비롯된 "오직 그녀"를 명심해야만 한다. 동시에 아내가 새로운 오직 그녀가 되어야 하므로 어머니 상은 지워버려야만 한다.

심지어 부부의 성관계에도 이중 구속의 함정이 있다. 자식을 낳기 위한 성관계는 "순백의" 아내와는 불가능하다. 특히 섹슈얼리티에 대한 방어 심리를 지닌 채 결혼했던 군인 남성에게는 꿈도 못 꿀 일이다. 금지에는 따를 수 없고 명령에도 따를 수 없는 이 시스템은 무한한 죄책감을 낳고 억압의 감정을 만들어낸다.

이중 전선 계층[9] 출신의 아내, 즉 위계질서 안에서 중간에 끼어 있는 수많은 위치의 여성들은 극도의 모순에 처한다. 그녀는 자신을 억압하는 사회를 대변하여 남편에게 아내를 사랑하면서도 혁명가가 되라고 요구해야 한다. 그녀는 생산이 아닌 존재의 관점에서 자신을 인식하기 때문이다. 그녀는 가사노동자로서의 기능뿐 아니라 남편의 장식품으로서

---

* 이처럼 중요한 모순성을 프로이트는 깨닫지 못하고 오이디푸스로 치환해버렸다. 그것도 생물학적 의미로. 게다가 사회적으로 조건화된 누이 근친상간의 문제는 완전히 놓치고 만다. 빌헬름 시대적 근친상간 명령, 즉 "범하라"는 어머니를 "범하기를 원하라"로 전환된다. 그리하여 오이디푸스가 발명되었고 승화가 가능해졌다. "오이디푸스는 어머니를 범하고 싶다"에는 포기와 전이가 가해질 여지가 있다. "범해야만 한다"에는 그럴 여지가 없다. 여기서 뚜렷이 드러나듯 파시스트 남성은 이런 차원의 승화와 무관하다.

18세에서 35세까지
청년을 위한 프랑크푸르트

그리고 성적 소비재로서 존재한다. 이상 모든 것의 종합을 자신의 개별적 존재로 여기는 것이다. 여성을 감싸고 있는 신비는 사실 남성 생산력의 영역, 즉 돈에서 비롯된다. 오직 돈을 통해서만 지위에 올라서 교육받은 품성과 기대에 부합할 능력을 발휘할 수 있다. 그녀는 지위를 나타내는 상품이므로 가장 많은 돈을 낸 구매자, 혹은 내겠다는 구매 희망자를 사랑해야만 한다. 해당 지위를 받아들인 후에는 오직 지위에 합당한 요구만이 정당성을 얻는다. 그녀가 재현하는 것은 오직 인상과 현상이다. 상품으로서의 존재일 뿐 실질적인 생산은 없다. 그녀는 과정이 되어서는 안 된다. 욕망의 흐름을 자유롭게 좇아서 격정적 관계를 추구해서는 안 된다. 아내는 주어진 역할에 충실할수록 이중 구속의 덫에 깊이 얽매이며, 남편의 사랑 능력을 점차 파괴하게 된다. 가장 가혹한 것은 아내 자신의 내면에 있는 이중 구속이다. 사회가 규정한 여성 정체성, 곧 노동자/상품/재현물로서의 지위를 깨뜨리지 않으면서 동시에 인간으로서 사랑받기를 요구한다. 이렇게 하여 그녀는 불평등을 작동시키는 도구로 전락한다. 모든 것은 부당하고 전도된 채로 유지된다.[10]

여성 안의 바다, 이중 구속에서 탈주하기, 근친상간 명령/금지

계몽주의가 시작된 이래 1700년경에 이르면 앞서 인용한 "진보적" 작가들이 이중 구속에서 탈주하기 시작한다. 그들은 일부일처제의 "오직 그녀" 관념을 해체하고 유동화했다. 육체 갑옷의 관념은 갈수록 강화되고, 시장 경쟁의 태동기에 개인 경계화는 갈수록 심화되었다. 작가들 나름의 강화된 투쟁 방식이 바로 여성 관념의 해체였다. 이들은 흐르는 모든 것을 경계 없이 무한한 "여성"과 동일시했다. 죽어버린 초월적 신을 초월적 여성으로 새롭게 대체해 결여를 해소했다. 이들에게 대지는 끝없는 여성이었다. 생명이여, 그대의 이름은 여자로다. 그대의 이름은 질, 질이다. 그대의 이름은 바다요 무한성이로다……

모든 흐름, 거대한 무정형성, 아직은 퇴색하지 않은 유토피아의 약속, 사회적으로 정의되지 않고 방향을 잃어 방치된 욕망 생산, 그로 인한 무의식과의 근접성, 지성 대신 감정으로 살아가는 삶, 남성 육체에 가해진 가혹한 경계화 등은 이용되고 또한 악용되었다. 욕망, 유토피아, 탈경계화의 열망은 "끝없이 흐르는 여성"이라는 이미지로 코드화되었다.

이렇게 해서 출세/거세의 강제적 짝지음은 해소된다. 이전까지 여성은 남녀 생산관계에서 결여의 역할을 떠맡았기 때문에 남녀 관계에서

일종의 흡수적 기능을 했다. 이제 풀려난 남성은 아무런 방해 없이 정치적 혁명의 길을 갈 수 있게 되었다. 사회적 변혁에 욕망을 짝지을 수 있게 되었다. 경계로 구분 짓고 댐으로 막으려는 자들은 적이다. 이런 작가들은 여성혐오와는 거리가 멀다. 하지만 현실 여성에 대해서는 적당히 무지하다. 수많은 여성과 염문을 뿌렸음에도 그렇다. 그들은 자신과 여성이 맺은 불평등 관계에는 무감각했다. 그들이 누리는 사상적 자유는 여성에게 강요된 탈경계와 탈개인화 덕분이었기 때문이다. 그들이 욕망하는 여성은 실제 여성과는 무관했다. 욕망 영토를 향한 탐색이었던 것이다. 따라서 이들의 욕망은 끝내 여성 억압적이었다. 이들은 모든 여성을 이상적 "여성상"에 견주었다. 여자가 작가 곁에서 마주치는 것은 여자 자신이 요구한 적 없는 기대치였다. 기대에 부합하거나 혹은 실망시키거나 양자택일이다. 기대를 충족시켜주면 남자는 연인으로 변모

546

해 다정하고 감사한 태도를 보인다. 그러나 오래가지는 못한다. 그가 사랑하는 여성상에는 어느 여자도 한꺼번에 달성할 수 없을 정도로 온갖 것이 몽땅 들어 있기 때문이다. 아마 완고한 정신분석가라면 이를 어머니 상이라고 우길 테지만. 이러한 관계는 남자의 욕망 생산이 변동되면 끝장나는 법이다. 남자가 슬쩍 한눈을 팔면 곧 다른 여성상이 눈에 들어온다. 이제껏 머나먼 흐름을 상징하는 듯 보였던 애인은 금세 따분해진다. 쿠르트 투홀스키는 이렇게 말했다. "지상에서 유일하게 천국을 닮은 것은 구멍뿐이다."[1] 브레히트는 언제나 2년 정도 기한의 연애를 원했다. 여성과의 관계는 갑자기 시작돼 강렬하게 사랑했다가 갑자기 끝나곤 했다. 창조력이 왕성한 비非파시스트 작가들과 문학 속에는 이런 연애사가 무척 흔하다. 특정한 코드화의 표현인 셈이다. 이들이 아무리 여성을 찬양한다고 할지라도 여성은 어디까지나 이미지이자 약속이다. 극히 짧은 시간 동안만 현실 여성은 기대에 부합하는 이미지를 대체해줄 뿐이다. 그녀는 몸, 생각, 감정을 이미지에 빌려준다. 비파시스트 남성들은 자신들의 육체적 격랑을 틀어막지 않을 방법을 이런 식으로 찾아냈다. 이들이 군인 남성들과 과연 얼마나 결정적 차이점을 지니는지 나는 확신이 들지 않는다.

참 나, 내 사랑. 헤엄도 못 치시나요……
왜 하필 나를 바다로 삼으세요……

노동시가에 넘쳐나는 사랑
— 덧붙이는 말

레클람 문고의 『독일 노동시가 모음집 1910 – 1933 *Deutsche Arbeiterdichtung*

1910–1933』의 "사랑" 범주에 분류된 10편 중 9편에서 똑같은 흐름이 발견된다.

오 내가 항해했던 욕망의 대양이여!
오 신비롭게 어둡고도 깊게 가득한 바다여![1]
[카를 브뢰거]

몰아치는 신의 파도처럼, 사랑이여,
나로부터 넘쳐흐르는 갈망이
그대를 낙원의 섬으로 실어 나르네.[2]
[오스카 마리아 그라프]

언제쯤 나에게 반짝이는 물가를 열어주려나,
나의 뱃전이 어두운 물살을 가르고
그대의 손이 꽃으로 화환을 엮어주려나?[3]
[크리스토프 비프레히트]

연인이여! 내 팔은 술 취한 연회객들,
와인의 맛을 아는 사람들!
소녀여! 요동치는 해일이여! 폭풍이여![4]
[오스카 마리아 그라프]

폭풍은 일부분 코드화되어 "어머니"를 향해서 퇴행적으로 흐르고 하나의 법칙 속에서 합쳐지지만 금지되지는 않는다.

강이 바다로 내달리듯, 우리는 그대에게 흘러간다!

너 또한 똑같이 흐르며 우리를 찾는다,
마침내 두 개의 강이 합쳐지듯
똑같은 법칙 아래에서
우리는 하나가 된다.
이제 아낙들에게 되돌아가자,
우리는 스스로를 해방시켰다, 아낙들을 해방시켰다.
어머니에게 돌아가자, 대지로 돌아가자![5]
[하인리히 레르슈]

그러나 여성은 결국 중간 정착지에 불과하다. 최종 목적지는 하나님 아버지와의 합일이다.

그대의 숨결, 빛나는 만년설에서 부는 산들바람,
그대의 입에서 흐르는 세상의 바람.
다산의 바다에서 솟아났나, 사랑이여, 영원의 여인이여!
그대가 내 이름을 부른다, "하인리히!"
그 소리에 내가 새로 태어나도다,
그대의 입에서 어머니 목소리 같은 고향이 울리도다,
달콤하고 익숙하다.
너의 품속에서 너와 나, 신, 그리고 나
성스러운 결합을 맺는도다.[6]
[하인리히 레르슈]

"거대한 탈코드화된 폭풍이 아니라, 어머니의 침대로 흐르는 재코드화된 작은 물줄기들"이다. 말하자면 댐으로 틀어막는 과정이다. 실제로 결과가 없지는 않았다. 1933년 이후 레르슈는 파시스트 동조자로 전향한다. 이와 유사하게 카를 브뢰거의 시에서도 물은 점점 목가적 풍경에 스며들기 시작했다.

고요히 누워 있는 너, 만에 갇힌 파도인 듯
내 곁에 깊이 잠든 여인이여.
강어귀에 정박한 작은 배처럼,
돛은 새벽빛에 발그레하고,
그대 몸뚱이가 숨을 쉰다.[7]

앞서 우리는 17, 18세기 독일 문학과 세계문학에 나타난 홍수에 대한 공포를 살펴봤다. 그러나 방금 인용한 몇몇 텍스트가 군인 남성들의 공포와 훨씬 더 명확한 대조를 이룬다.

일단 저자들은 군인 남성들이 박멸 대상으로 삼았던 계급 출신이며, 동일한 시대적·사회적 상황에 속해 있었다. 나는 양자의 차이를 피상적 수준의 계급 갈등으로 환원하여 설명하고 싶지 않다. 충동 억제와 충동 긍정의 대립은 매우 보편적인 것이다. 단순히 프롤레타리아와 부르주아에 따라 대응 분리되는 것이 아니다. 이는 부르주아 계층 전체를 가로지르며 대립시킨다. 식민 지배자들을 가로지르고 또한 수많은 피식민 피지배층을 가로지르며 영향을 끼친다. 무의식의 욕망 생산은 계급과 상관없다. 모든 것은 오직 재현, 상징화, 대체, 전위의 층을 거쳐 부분적으로 계급적 틀을 갖게 되며 이윽고 기존 사회의 집단 판타지[8]로 틀 지어진다. 이러면 더 이상 무의식이 아니게 된다.

그러나 무의식의 차이는 뚜렷하다. 이해관계나 계급 소속성의 차이보다 더 중요한 것은 흥미롭게도 바로 강이냐 댐이냐의 차이다. 모든 파시스트는 "소녀여! 요동치는 해일이여! 폭풍이여!"라고 외치는 사람을 "공산당"이라며 싸잡는다. 이 얼마나 무식한 숙청인가. 이는 파시스트라

면 무의식적으로 신봉하고 좌파라면 의식적으로 부정하는 구분법이다.

사회민주주의자는 공산주의자가 아니고, 공산주의자는 무정부주의자가 아니며, 이 모든 구분이 유대인과 무슨 상관이냐는 항변은 예나 지금이나 도무지 통하질 않는다. 파시스트적 무의식은 이들 모두가 본질적으로 똑같다고 여긴다. 강제수용소에 갇혔던 사람들은 하도 다양해서 루돌프 회스조차 마치 외래 식물군을 연구하듯 분류해야만 했다.[9] 이렇듯 무의식적 "투사"로 뭉뚱그려 싸잡는 것은 인간의 인지력을 쓸모없게 만드는 노릇이다.

파시스트들이 유독 프리드리히 에베르트 대통령을 좌파 중에서 "쏙 골라" 애증 섞인 존경을 표했을 때조차 심리적 투사 기제는 없었다.[10] 그저 에베르트 대통령이 이마를 찔러도 피 한 방울 안 날 인물이라는 느낌이 제일 중요했을 따름이다. 에어하르트 루카스가 절묘하게 표현한 바에 따르면 그는 좌파의 온갖 요구에 끄떡도 하지 않던 "강철 앞이마"[11]였다. 평의회 건설, 특정 생산수단의 사회화, 공화국 군대 창설 등의 온갖 시도를 지칠 줄 모르는 뚝심으로 죄다 박살냈다. 그가 가장 사랑한 것은 조직, 당, 집권이었다. 거대하고 단단한 댐이었다.* 에베르트가 그랬듯 사회민주당은 개별적인 사회민주주의자가 아니라 똘똘 뭉친 댐으로서의 집단 행동을 선택해왔다.

"붉은 홍수"라는 공식이 우파의 공포 시나리오로만 존재했던 것은 아니다. 실제로 좌파도 자신을 붉은 홍수와 동일시했다. 슈투트가르트 노동자 및 병사 평의회가 1919년 1월 기관지에서 총파업을 선포하는 격문의 제목이 「붉은 홍수」였다.[12] 독일공산당의 에센 지부에서 발행한 신문 논설에서 익명의 저자는 질문을 던진다. 1920년 3월 26일 무장 투쟁이 정점에 달한 시기였다.

대체 정부란 무엇이며 누구란 말인가? 요동치는 바다 위를 떠다니는 얄팍한 널빤지, 내일이면 옆으로 걷어치워질 걸개그림일 뿐이다.[13]

에어하르트 루카스는 당시 중앙위원회에서 파견되어 에센에 머물고 있던 빌헬름 피크가 글쓴이였을 거라고 추정한다. 노동자군의 패색이 이미 짙어졌던 나흘 후, 뮐하임 노동자 및 병사 평의회의 오스카 니켈 위원장은 집회에서 다음과 같이 호소했다.

여기 공업지대에서 시작된 불꽃처럼 붉은 혁명의 파도가 온 세상을 뒤덮을 겁니다! 우리가 가라앉을 일은 기필코 없습니다! 우리의 운동은 멈출 수 없는 짐채만 한 파도처럼 모든 것을 휩쓸 겁니다![14]

552

연설자는 거대한 파도의 폭력적 측면과 자신을 동일시하고 있다. 이에 맞설 자들은 마땅히 두려움을 느끼지 않을 수 없다. 과연 명성과 악명을 동시에 떨쳤던 뮐하임 노동자 및 병사 평의회 위원장다운 발언이다. 이들은 군사적으로 절망적인 상황에서도 죽기를 각오하고 끝까지 국가방위군과 자유군단에 맞서 싸웠다. 자유롭게 범람하기보다는 죽음의 파도를 선택하는 사람이라면 역사의 분기점에서 욕망의 흐름과 인간 해방에 저항하기를 선택할 것이다.

브레히트는 달랐다. 망명 시절 그는 통치란 흐름을 다스리는 것이라고 말한 적이 있다. 좋은 정부는 댐을 잘 짓거나 잘 부수는 정부가 아니다. 막힘을 평탄하게 만들어서[15] 온갖 흐름이 가능하도록 해야 한다.

육체 경계의 오염 상태

더러움

더러움의 일차적 정의는 깔끔하게 동떨어진 사람 위에 묻는 모든 것이다. 전전긍긍하며 지키려는 자존성自存性, Fürsichsein을 저촉하는 것이다. 사람은 자신에게 무엇이 묻거나 떨어져나가거나 혹은 들어왔다가 나가는 것을 더럽게 여긴다. 사람들이 접촉 오염과 배설 오염보다 훨씬 더 더럽다고 여기는 것은 이중적 소속이다. 뒤죽박죽 뒤섞인 것은 비유상 역겹게 인식된다. 가까이 다가가는 것조차 싫다. 이도 저도 아닌 것에 엉망진창 뒤섞이면 자신이 잡아먹히고 줄줄 흘러내려 스스로를 잃어버리게 된다. 혼합, 삽입, 첨가, 유출, 침투, 삽관, 침습을 통해 해를 입는다. 그래서 펌프, 깔대기, 호스, 관 등은 꺼림칙한 도구로 느껴진다. 사람들은 잡다한 물질 혼합과 중간적 물질 상태를 더러움이라고 생각한다.

그래서 더러움은 원초적이고 실질적인 이성 간 교접과 끈질기게도 뒤엉켜 연상되는 것이다.

혼합 오염 이후에는 다음 단계의 공포가 시작된다. 바로 붕괴의 공포다. 아래가 위로 떠오르고 위가 아래로 무너지며, 사지가 썩어 문드러지는 모습을 보면 사람들은 고개를 돌려버린다. 썩은 버섯이 돋고 무릎에 코가 붙어 있는 꼴이다. 붕괴의 공포 다음에 따라오는 것은 군중 오염이다. 개별적 인간으로서 사람은 바글바글 모여서 우글우글 기어다니는 것을 혐오한다. 집단성 안에 자신이 빠져들고 사라지고 흔적이 없어질까봐 두려워한다.[1]

크리스티안 엔첸스베르거는『오염 대탐구*Größerer Versuch über den Schmutz*』에서 더러움을 배설, 혼합, 붕괴, 군중의 네 종류로 분류했다. 내용도 외양도 아주 명쾌하게 깔끔한 책이다. 네모반듯하게 문단을 배열했고 여백도 많고 간격도 띄엄띄엄하다. 흰 곳이 많다. 총 4개 챕터로 이루어졌고 챕터 사이마다 로마자 표기로 숫자만 적힌 백지 한 장이 배치되었다. 책 표지는 흰색이고 제목은 검은색이다. 아무런 색깔이 없다. 색깔이라는 것도 일종의 더러움일 수 있다. 눈에 보이는 모든 것은 오염이지만 흰색은 다르다.『모비딕』에서 멜빌이 말했듯 모든 색의 가시적 부재가 흰색이다.[2] 달리 말할 수도 있겠다. 모든 색의 불가시적 존재가 흰색이다. 청결한 혼합이다.

엔첸스베르거는 다양한 인용문과 관용구를 자신이 쓴 글과 함께 특별히 "연결 짓는" 문구 없이 나열하는 방식으로 글을 쓴다. 마치 글을 뒤섞는 것이 더럽거나 "음란"하다는 태도로 느껴질 정도다. 너무 이런 식으로 계속되니까 불만마저 생긴다. 과연 언제 요점을 말하려는 걸까?

그는 일관성 있게 거리감을 유지하는 간접화법으로 인위적이고 가정적인 발언을 지속한다. 심지어 인용문에서도 그렇다. 탐구 대상인 더러움은 조금도 묻히지 않고 비현실적으로 먼 곳에서 순백으로 남아 있겠다는 듯 느껴진다.

그는 더러움과 뒤섞이지 않고 깨끗하게 머물기 위해 비현실적일 정도로 노력한다. 그의 연구는 깔끔하고 대부분 타당하다. "깔끔하게 동떨어진 사람"에게 더러움은 "외곽" 범주에 속한다. 적은 양의 더러움이 몸에 묻으면 큰 오염이지만, 큰 양의 더러움이 멀리 있으면 오염이 아니다.

책은 모든 중요한 종류의 더러움을 빠짐없이 다루고 있다. 그러나 더러움의 종류가 다원적으로 존재하는 듯 접근하는 것이 맹점이다. 간혹 오염은 전면적일 수도 있기 때문이다. 또한 그는 더러움이 살아 있는 몸에서 나오거나 혹은 연결되어 있다는 사실을 간과하고 있다. 육체 경계에서 단단한 것은 물컹한 것과 만나 뒤섞이고 결국 붕괴하여 부패한다.
"더러움은 원초적이고 실질적인 이성 간 교접과 끈질기게도 뒤엉켜 연상"된다고 표현한 점이 내게는 특유의 문화적 영향으로 다가온다. 여러 가지로 쓰일 수 있는 코드가 숨겨져 있어 주의 깊게 독해할 필요가 있는 문장이다. "깔끔하게 동떨어진 사람"이란 대개 성교에서 깔끔하게 동떨어진 사람임을 의미한다. 물론 다소 개인차는 있겠지만 말이다. 오류가 있다면 내 탓이다.

한 가지 놀라운 점이 있다. 파시스트의 글은 어떤 문장이라도 크리스티안 엔첸스베르거가 수집한 방대한 인용문 전체보다 훨씬 더 "더럽다"고 느껴진다. 유일한 비판적 지점이다.

이제 더러움에 관한 고상한 논설에서 내려와 더러움 속으로 들어가보자. 아래로, 축축하고 깊은 곳으로, 여성적인 곳으로 가보자. 파시스트들은 비파시스트가 세상 전부를 더럽히려 한다고 확신하고 있다.

연극, 문학, 언론 등 문화계 전체가 영웅적이고 용감하고 군인답고 애국적이고 도덕적인 모든 것을 조롱하며 더럽힌다. 반면 평화 타령이나 하고 비겁하고 부도덕하고 비천하고 비열하고 비겁한 것을 우리 젊은이들에게 내세워서 칭송하고 있다. 어떤 세력이 배후 조종하는지는 뻔하다. 우리 가정을 붕괴시키려는 작자들이다. 우리 소년 소녀들이 풍기 문란에 빠져서 국방 능력도 없게 만들려는 것이다. 맥 빠진 세대로 만들어서 돈줄로 지배하겠다는 음모다.[3]

"맥 빠진 세대"가 "국방 능력"을 위협한다. 영웅적이라는 둥 용감하다는 둥 거리낌 없이 자부하는 "드높은" 덕목이 "천한 것들"에 의해 위협 당한다. 이들은 슬그머니 힘을 발휘하여 더럽히고 타락시킨다. 남근은 뚜렷이 드러난다. "높은 곳"에 정직하게 우뚝 선다. 그에 비해 낮고 깊은 곳에는 어딘가 기만이 서려 있다. 심연은 간단하지 않다. "뒤에 도사리고 있는" 힘이 깃들었다. 이리저리 둔갑하는 오묘한 힘이다. 심연은 여러 꼴로 나타난다……

진흙탕

독일에서 일어난 반란 때문에
온갖 진흙탕이 심연에서 수면으로 끌어올려졌다.[1]
[비쇼프 소령]

전쟁을 겪은 젊은 세대 중에서
반란의 진흙탕과 안락함의 유혹에 매몰되지 않은
보기 드문 황금 같은 젊은이들이었다.[2]
[최베를라인]

[…] 마르크스주의의 진흙탕이 출렁일 때
뮌헨에서는 독일 저항 세력의 자각 정신이 결집하고 있었다.[3]
[로젠베르크]

진흙탕은 반란의 결과다. 마찬가지로 홍수는 댐 붕괴의 결과다. 뭔가 무너지면 진흙탕이 생긴다. 진흙탕의 홍수와 파도는 서로 구분되지 않을 정도로 거의 똑같다. 진흙탕이 밀려들기 전에 이미 홍수가 나 있다.

방어의 최전선에 있는 것은 무기가 아니다. "보기 드문 황금 같은 젊은이"와 "독일 저항 세력의 자각 정신"이라는 이데올로기적 굳건함이 진흙탕을 이겨낼 수 있다. 정신을 똑바로 차려야만 한다. 윙거는 휘하

의 "일꾼들"에게 의용대와 전사
의 후예로서 사나이답게 "이해
득실의 진흙탕"과 거리를 두라
고 당부했다.[4] 이해관계를 대변
하고, 타협하고, 협상하고, 우회
로를 모색해 결과를 내고, 긴 안
목을 갖고, 서로 배려하면서 갈
등을 조절하는 것. 이런 것들은
혼종이다. 자웅동체 남녀추니다.
진흙탕이다. 단단한 것은 상하기
쉽다. 바짝 말려서 보관해야 한
다. 심연의 물이 한 방울이라도
튀면 흐물흐물 불어버린다.

비쇼프 소령

사람의 내면에도 진흙탕이 있다. "안락함의 유혹"(최베를라인)이라
고 부른다. 세월이 지나면서 찾아드는 질병이다. "황금 같은 젊은이"는
그런 병을 모른다. 이래서 이들이 자유군단을 조직해낸 것이다. "우리
피 끓는 충정은 비겁함과 쾌락의 진흙탕에 아랑곳 않고 익사하지 않는
다."[5](하인츠) 쾌락에 유혹당하지 않는 것은 만만찮은 일이다. 강철의 베
르톨트조차 사투를 벌였다. 유혹을 떨치려고 모든 휴가를 반납하면서
그는 부하들에게 이렇게 연설했다.

"그래서 결국 뭐가 남나?" 그는 고개를 앞으로 내밀었다. "기껏해야 말
단 공무원이나 되겠지." 진저리를 쳤다. "하지만 일단 전진하기로 마음
먹었다면!" 베르톨트는 말했다. "마음속에 지랄 같은 진흙탕이 차오르도
록 방치해서는 안 돼. 짐승의 모가지를 잡고 뿌리째 뽑아 죽이는 게 제일
인정 많은 방법이야."[6][토르 고테]

558

야전병원 침상에서 쉬거나 혹은 고향으로 휴가 가고 싶은 마음을 사람 잡아먹는 짐승이라고 표현했다. 그러므로 처절히 맞서 싸운다. 푹신한 의자에 앉아 5분이라도 쉰다면 패배를 뜻한다. "지랄 같은 진흙탕"이 생겨버리면 강철 같은 군인도 비겁자로 변한다. 물렁물렁 형체 없이 무너진다. 육체 경계가 무너져서 자신을 잃어버릴 바에야 약해지려는 마음을 "뿌리째 뽑아 죽이는 게" 오히려 인간적이다.

이와 동일한 감정적 흐름이 마르부르크 학군단에 입대하게 된 계기를 설명하는 샤움뢰펠 하사의 말에서 드러난다. 그는 튀링겐 및 탈 지역의 노동자 파업을 진압하면서 15명의 포로를 살해한 것으로 명성을 얻었다.[7] 정확하게 진흙탕이라는 단어를 쓰진 않았지만 샤움뢰펠도 동일한 유혹과 싸우고 있었다.

이것이 독일 사나이의 신념이다. 불멸의 가치에 몸 바치기 위해 당당하게 함께 모였다. 질척한 쾌락과 방종에 질식되는 죽음에 맞서 승리의 무공을 세울 것이다.[8]

부드럽고 쾌락적이고 편안한 모든 것은 싸워서 물리칠 대상이다. 방심하고 나태해지는 것은 전투에서 항복하는 것과 마찬가지다. 독일 사나이라면 잠시라도 전투태세를 늦춰서는 안 된다. 싸움을 포기하면 곧 "질식"할 위험에 처한다. 숨 막히는 느낌은 내면에서 오는 것이지 실제의 목졸림 때문이 아니다. 잘로몬 역시 비슷한 맥락의 감정을 말한다.

서방 세계는 무자비한 금액 요구라는 몽둥이로 위협해왔다. 만약 거부한다면 댐이 열려서 폴란드로부터 붉은 홍수가 몰려들 것이다. 수락하여 항복한다면 질식해서 죽을 것이다.[9]

항복하는 자는 목구멍까지 굴욕의 진흙탕이 차올라서 "질척한 쾌락"
에 질식하리라!

늪

기억하는가, 두렵고도 길었던 시간을.
독일이 붉은 늪에 가라앉던 시간을.
독일이 넘어갔던, 독일이 팔려갔던,
거리와 광장이 피로 뒤덮였던,
그 시간을 기억하는가?[1]

오토 파우스트는 「'잃어버린 무리'의 노래Das Lied vom "Verlorenen Haufen"」
의 첫 연에서 자유군단 전투 시절을 이렇게 회상했다. 그에게 당시 독일
은 붉은 늪에 빠진 신세였다.

늪은 "붉은 홍수"와는 다른 종류의 위험이다. 늪은 천천히 가라앉힌
다. 그리고 고의로 위험을 증대시키는 사람들이 꼭 있다. 예를 들면 "정
부가 우리 조국을 늪으로 더 깊숙이 끌고 들어갔다".[2](루돌프 만) 특히
1919년 베를린의 최고 사령관이었던 라인하르트는 "정치 상황이 마치
낭떠러지로 미끄러지는 듯"하다고 느꼈다.[3] 하스 장군은 1920년 3월 루
르 지방에 군대를 투입하고 노동자들을 처벌할 것을 촉구하면서 이렇게
말했다. "안 그랬다가는 우리가 몇 달 안에 흔적도 없이 볼셰비즘에 가
라앉고 맙니다."[4] "흔적도 없이."

부상당한 루돌프 베르톨트의 1918년 10월 26일자 일기다.

우리는 내리막길을 미끄러져가는데, 나는 여기 무력하게 앉아 있다.[5]

그는 휘하 부대에 이렇게 명령했다.

우리 국민을 현재의 비참한 늪에서 구원해낼 유일한 방법은 모든 개개인의 내면에서 국가적 영예와 민족적 정서를 다시금 일깨우는 것이라고 나는 확신한다.[6]

당시에는 공화국 상황이 모든 것이 미끄러져 떨어지는 늪이라거나 낭떠러지로 비유되곤 했다. 돌이킬 수 없는 파국이 예고되어 있었다.

모든 것이 뒤죽박죽 돌아간다. 반란으로 생긴 난리통에 얼결에 위로 떠올라서 벼슬자리에 앉은 사람들은 허둥거리면서 "통치"하지만, 미끄럼틀처럼 점점 아래로 밀려내려간다. 늪으로 빠져든다. (…) 볼셰비키가 비웃는다. 평화, 노동, 빵. 우리는 아무것도 얻지 못했다. 점점 더 멀어져만 간다.[7] [루돌프 만]

유동적 정치 상황이다. 국가의 최정점에 있는 사람들조차 물렁물렁하다. 통치자 자신들마저 늪의 일부분이다. "얼결에 위로 떠올"랐다. 그들의 권위는 주제넘는다. 지도력을 발휘하기는커녕 "허둥거리면서 통치"한다. 반란이 가져온 난리통에 남자가 사내구실을 못 한다. 그들은 암수한몸 어지자지의 괴물이다. 물뭍을 오가는 양서류처럼 언제나 절반은 늪으로 빨려들어간다.

에어하르트 여단의 장교였던 루돌프 만은 미끄럼틀에 발을 들여놓을 수 없다. 그럼에도 늪에 강하게 이끌리는 듯한 속내가 엿보인다. "미끄럼틀"의 이미지에는 불가피성이 들어 있다. 아래로 떨어지는 것이 필연이다. "점점 아래로…… 늪으로 빠져든다"라는 묘사가 보여주는 정서는 제동이 아니라 가속이다. 중력을 따라 자유낙하하지만 "볼셰비키가 비

웃는” 목적지는 너무나 끔찍하다. 거세는 문제도 안 된다. 아예 사람이
통째로 사라진다.

상황은 해방으로 치닫는다. 장교 역시 느끼고 있다. 내심 한구석으로
는 흐름에 동참하고 싶기도 하다. 그러나 해방은 관능적 여성의 이미지
와 강하게 결합되어 있다. 그에게 공화국은 곧 남자를 거세하는 창부다.
순결한 “독일이라는 어머니”는 곧 거대한 창부로 변모한다. 이제껏 틀
어막혔던 모든 흐름이 다시 시작된다. 이제 곧 독일에서도 흐름이 터져
나올 것이다.[8] 하지만 그는 휩쓸리지 않고 버텨야 한다. 공화주의적 자
유라는 미명에 설득되면 이는 곧 육체를 건드리는 것과도 같다. 육체는
융해되어버릴 것이다. 프롤레타리아가 어머니의 몸 위에 뒹굴고 모든
여자를 유린하는 꼴을 그는 지켜봐야만 한다. 늪이 늘어난다. 늪이 끝도
없이 펼쳐진다. 어머니 독일은 돼지들 한가운데에 내던져졌다. 웅덩이
가 되었다. 늪이 되었다. 늪에서 새로운 창부들이 나왔다.

1919년의 베를린이다.

붉은 홍수는 이제 부글부글한 늪의 모양을 갖추었다. 늪에서 솟아오른
물의 요정 나야데들은 겁도 먹지 않는다. 은밀한 잔치에서 눈을 찡긋대
는 승자들이 펑 터지는 샴페인 뚜껑을 대자연처럼 홀딱 벗은in puris naturalibus
무희들에게 겨눈다. 피 묻은 총성은 마치 크리스마스라도 되는 양 깔깔
메아리친다. 매캐한 늪에서 헤엄치는 문어들은 팔과 손가락을 흐느적댄
다. 거친 물살이 맑아지지 않고 별빛이 비치지 않도록······[9][빌헬름 바이
간트]

“별”을 들먹인 것은 우연이 아니다. 반짝이는 별빛은 순결한 어머니
다. 밤하늘에서 머나먼 무성애적 여성을 보여준다. 한스 바우만은 이런
이유로 독일 어머니들을 위한 크리스마스 찬가를 작곡했다. 첫 구절은

"머나먼 하늘에 밝은 별빛"으로 시작한다.

"동물적 존재의 늪에 침잠할 것인가, 아니면 더 숭고한 세계관으로 상승할 것인가?" 프리드리히 에케하르트가 유대인 긴스부르크에게 제안한 대안이다. 비록 "혼혈" 유대인이지만 "아리안적 조화가 처음으로 울려 퍼졌다". 융커 귀족 여성을 사랑하게 되어 "숭고한 세계관"과 동일시했기 때문이다. "브레도우의 밤에 순결한 여성을 돕자는 호소가 이토록 강하게 울린 적은 없었다."[10] 그는 가라앉는다. 인종이 뒤섞이는 곳, 늪으로.

그 안에서 수많은 촉수를 지닌 메두사가 꿈틀거리며 물이 요동치게 만든다. 바이간트는 이를 "부글부글"하고 "매캐"하다고 표현했다. 혼합물이 부패하기 시작하는 것이다.

더 정확하게 표현하자면, 독일이 창부의 육체 전부로 변한 것은 아니다. 독일 공화국이라는 늪은 거대한 창부의 질이다. 특히 월경혈을 흘리는 붉은 질이다. 모든 혁명에 대한 공포는 바로 여기서 고조된다.

흥분한 독일 광신자들 옆에는 무작정 분노하는 독일 폭도들이 있고, 러시아 선동꾼 옆에는 니더라인 베스트팔렌 지역의 광산 및 공장에서 노동하는 짐승 같은 폴란드 하층민들이 있다. 간호 인력 중에는 마치 늪이 토해놓은 듯한 화냥년들이 있다. 남녀를 불문하고 술독과 음란이 만연했다.[11] [루돌프 헤어초크]

늪을 말려버리겠다는 다짐은 명성을 노리는 사람들의 뻔한 약속이 되었다.*

늪을 말린 후 바닥에 남는 것은 오물이다. 평온을 되찾은 공화국이란 기껏해야 오물에 뒤덮인 꼴이다.

노동 청년 잡지 A.J.Z
"프란츠 폰 파펜 총리님, 뭘 하십니까?"
"볼셰비키의 늪을 말리려는 중이오."

전사를 면한 사람은, 교도소에 갇힌 신세를 면한 사람은, 국경 너머에 남

---

* 좌파 중에서 성에 적대적인 세력은 언제나 이런 주장에 동참했다. 공식적인 러시아 공산주의는 초창기부터 반동의 늪을 말려버리고 공기 중에 떠도는 악취를 일소하겠다는 다짐을 입버릇처럼 되뇌었다. 혹은 이렇다. "우리는 명색이 공산주의 조직인데도 페미니즘 시위대와 함께하느라 죽을 맛이었다. 팝 음악을 틀고 옷이나 차려입고 알록달록 꾸몄지만 이념적으로는 형편없는 악취를 풍기며 사방팔방 나대는 꼴이라니." 서독 공산주의 연합KBW의 악담이다. (*KVZ, Ortsbeilage Frankfurt*, 20. 2. 1975.) 반권위주의적 늪, 하위문화의 늪을 말려버리는 일은 1969년 이래 학생운동을 기반으로 한 프롤레타리아 정당을 반석 위에 세우고자 한 마르크스 레닌주의자들이 가장 즐겨 외치던 구호였다. 동독 내 스탈린주의 비판 세력을 이끌던 볼프강 하리히 교수조차 『슈피겔』에 독일 문학의 현 상태에 대해서 "멜랑콜리"를 느낀다며 이런 말을 쏟아냈다. "오늘날 독일 문학은 영광스러운 과거에 비하자면 도처에서 정체와 부패의 늪에 빠져들고 있는 상황이다. 늪 밖으로 간신히 머리만 내놓은 채 반신, 아니 반의 반신으로 전락해버렸다.""절반, 혹은 반의반 유대인! 가엾은 독일이여. 이제 곧 말라붙겠구나."(19. 5. 1975.) 하리히 같은 사람은 문학계에서 환영받았다.
"저 산줄기에 늪이 하나 있어
이미 개간한 땅에 독기를 품고 있다.
그 썩은 웅덩이의 물을 빼는 것이
마지막이자 최대의 공사가 되리라.
이로써 수백만에게 땅을 마련해주는 것이니,
안전치는 않더라도 자유롭게 일하며 살 수 있으리."
(지칠 줄 모르던 파우스트의 마지막 소원이었다.)
"나는 이러한 군중을 지켜보며,
자유로운 땅에서 자유로운 백성과 살고 싶다.
그러면 순간을 향해 이렇게 말해도 좋으리라.
멈추어라, 너 정말 아름답구나!
내가 이 세상에 남겨놓은 흔적은
영원히 사라지지 않을 것이다.
이같이 드높은 생복을 예감하면서
지금 최고의 순간을 맛보고 있노라."
(마침내 죽는다.) (『파우스트 2』, 정서웅 옮김, pp. 438-440.)
"영원히 사라지지 않을 것"이라니, 발터 벤야민이 「파리 편지Pariser Brief」에서 비웃던 "1000년 단위"의 파시스트 정복자의 시각보다 더 원대하다. 이는 가부장이 마지막까지

은 떠돌이 신세를 면한 사람은, 오물 더미에 굴을 파고 들어가서 목숨을 부지해야만 했다. 많은 이가 침잠했고 타락했다. 새로운 틀에 순응하여 새로운 장소에 적응해서 씁쓸한 싸움을 계속해야만 했다.[12][잘로몬]

<u>가래</u>

가래는 늪의 일종이라고도 볼 수 있다. 늪의 끈적한 표면에 해당될 수도 있다. 역겨운 가래가 공화국 전체를 뒤덮었다.

"그래도 잘 견디시게. 가래가 범람하는 바깥보다는 차라리 교도소가 속 편한 곳일 수도 있다네."[1] 공화국 시대를 견뎌야 하는 친구가 수감된 잘로몬에게 보낸 편지였다.

비슷한 취지의 글이다.

타락한 문필가들이라는 패배주의적이고 변태적인 가래침 덩어리가 조국에 넘쳐나고 있다. 건전했던 독일 문화와 가치 있던 독일 정신을 더럽히고 욕보이고 있다. 건강하게 뿌리내리고 있던 것들을 뽑아서 오물 속에 내던진다.[2][하인츠]

장성들조차 공화국에 협력하면 가래 같은 존재로 취급받았다. "가래 주제에 통치하려든다. 교회 가래, 부르주아 가래, 군인 가래."[3] 1930년

길들이지 못한 여성성의 잔재, 아직도 방해가 되는 마지막 "늪"을 내려다보는 시선이다. "이미 개간한 땅에 독기를 품고 있"는 늪이다. 우리 자신을 말려버리자는 것이 트로츠키에서 한스 아이슬러에 이르는 공산주의적 남성 정신이며 "문화유산"의 보호라는 주장이다. 이것이 사회민주주의 문화생활과 오늘날 동독의 공식 문화를 지배하고 있다. 고전주의라니 헛소리! 정작 바짝 말려버려야 할 것은 헛소리에 부화뇌동하는 신문들이다.

봄 프란츠 폰 에프 대령이 일기장에 쓴 내용이다. 중도파와 중도 정당, 빌헬름 그뢰너, 쿠르트 폰 슐라이허 등 국가방위군 출신의 장군들이 부르주아 연립정부를 세우려던 시도를 평가한 것이다. 1923년 히틀러가 주도한 폭동을 막판에 배반하고 가담하지 않았던 구스타프 폰 카르에게도 동일한 비난이 가해진다. "애국 독일 국민의 양심"을 저버렸다는 것이다. 그 때문에 "역겨운 가래가 모든 순수함을 뒤덮는 일이 독일에 이렇게도 흔해졌다".[4](브로넨) 패배주의적 평화 애호, 정치적 뒷거래, 부르주아. 이들 때문에 꼿꼿한 기강이 무너져서 흐물흐물해졌다.

군인들은 새로 닥쳐올 전투와 위험을 두려워한 것이 아니었다. 그들이 두려워한 것은 음침하고 위협적으로 덮쳐올 가래침 같은 부르주아적 삶의 포위였다.[5]

프란츠 노르트의 글이다. 드빙거는 또한 베를린 정계를 "베를린 가래침 두꺼비들"이라며 욕했다.[6]

<u>곤죽</u>

곤죽은 가래와 비슷하다. 전투 의지가 붕괴할 때 발생하는 상태다.

힌덴부르크는 전쟁 중 독일을 러시아 폭풍으로부터 구했다. 히틀러는 전후 독일을 볼셰비키 파도에서 구했다! 그뿐만이 아니다! 나라 전체가 붕괴하여 곤죽이 되는 것을 막았다.[1]

윙거가 곤죽을 두려워한 가장 큰 이유는 혼합 때문이다. 물컹하고 축축한 것과 접촉하느니 차라리 죽는 게 낫겠다고 생각할 지경이었다.

……확실히 패배주의자나 국제주의자보다야 적이 인종적으로는 우리에게 더 가깝다. 여기서 내부의 불순물을 죽이는 것이 어쩌면 더 중요한 일일 수도 있다. 우리 자신이 거대한 곤죽으로 뒤섞이지 못하게 만들 수 있기 때문이다.[2]

군인의 끓어오르는 "피"와 마찬가지로 "인종" 역시 남근적 개념이다. 계급, 정당, 혹은 특수 이해단체를 경계로 전선이 나뉘는 것이 아니다. 인종은 곤죽에 맞서 투쟁한다. 격랑에 우뚝 맞서는 절벽처럼. 이는 성별 투쟁이며 거세 방어 투쟁이다. 1923년 이후 독일에서는 더 이상 투쟁이 가능하지 않았다. 전선은 사라졌고 세상은 비현실이 되었다.

자유군단 군인들은 세상을 낯설게 느끼기 시작했다. 그들에게 세상은 썩어서 곤죽처럼 문드러진 곳이다. 차마 말로 표현할 수 없을 정도로 비현실적인 곳이었다.[3] [잘로몬]

유일한 현실은 전투였다. 전투 없이는 남자가 남자일 수 없다. 사나이다움은 유일한 삶의 의미다. 전투가 없고 사나이됨이 없다면 삶에도 의미가 없다. 사람도 세상도 곤죽이 되어버리고 만다.

"뒷구멍"

축축한 오물은 "아랫도리"뿐만 아니라 "뒷구멍"에서도 나온다. "뒤"는 보급선과 고향이다. 전방 입장에서 보면 고향은 후방이다. 특히 전쟁 막바지에 이르면 후방은 부정적 개념이 된다. 전방이 아닌 모든 곳이 "뒷구멍"이다.

전쟁 중 후방은……

……탈영병과 잡상인을 질척하게 흡수했다.[1] [하인츠]

전쟁 후에는……

후방은 약탈하며 흩어졌다가, 새로운 권력자를 둘러싼 부패의 늪으로 부글거리며 다시 떠올랐다.[2] [하인츠]

배후중상설背後重傷說, Dolchstoß의 시대에 고향과 후방은 전방을 배반하고 등에 칼을 꽂았다. "비겁하고 반역적인 후방이 스스로의 명예를 저버리고 우리의 명예마저 더럽혔다."[3] (베르톨트) 끔찍하게도 후방에서는 온갖 뒤섞임이 난무했다.

튼튼한 놈들, 건강한 놈들, 뼈가 온전한 놈들은 죄다 밖에서 싸우다 죽어가는 중인데, 평발의 인디언들과 정신머리가 물렁한 년들이 뒷구멍에서 악취를 풍기면서 혼혈 잡종이나 만든다.[4][토르 고테]

여기서 표현되는 두려움은 다층적이다. 첫째, 대체 싸워서 뭐한단 말인가? 고향이라고 돌아와봤더니 여자들은 죄다 "정신머리"가 물렁하게 썩어빠졌는데. 이러니 모든 것이 물렁해진다. 애들도 물렁하고! 제대로 된 군인으로 자랄 리가 없다. 둘째, 후방은 우리를 무시한다. 아니, 더 심하다. 우리에게 똥을 누면서 뒷구멍으로 악취를 풍기고 다닌다. 우리는 죽을 고생으로 똥줄이 타는데. 셋째, 평발에 물렁한 악취 덩어리들이 우리보다 처지가 낫다! 넷째, 이제 순혈 인종은 끝장이다. 우리가 애써 우뚝 세웠던 남근은 이제 무너져 내리면서 망하고 있다. "우리의 명예마저 더럽혔다."
전방이 똑바로 섰더라면 구별이 무너지진 않았을 것이다.

서서히 그들은 최전방 뒤에 있는 모든 것을 경멸하게 되었다. 독일의 운명을 결정하는 중요한 사람들이 자신들임을 깨달았다.[5][샤우베커]

"전방의 뒤"에는 도망친 놈들, 숨은 놈들이 득실거린다. 전방에서 병사들이 목숨을 걸 동안 후방에서는 변소에서 똥이나 싼다.[6]
패전과 함께 모든 것이 끝났다. 이제 군인들도 치욕 속에서 "뒷구멍"으로 물러나야만 했다. 승리자로 귀향한 것이 아니기 때문에 이제는 오물과도 같은 신세가 되었다. 오물 속으로 들어가야만 한다.
걸쭉하게 부글거리는 늪이 생겨난 것은 바로 "아랫도리"와 "뒷구멍"이 뒤섞인 탓이었다.

똥

윙거가 "인종적으로 가까운 적"을 차라리 더 좋아했듯, 고테 역시 "비록 적이지만 애국심 있는 영국군이 차라리 더 좋았다. 같은 독일인이지만 비겁하게 뒤에 숨은 놈들이 얼마나 많은가. 나라가 붕괴하는데 이득이나 챙기려고 걸쭉하게 일을 보고 있다".[1]

"나라가 붕괴하는" 것은 확실히 똥 같은 일이다. 비겁자들이 뒷구멍에서 힘을 준 결과물이다. 크건 작건 간에 "일을 본다"는 것은 완곡어법으로는 하체의 구멍에서 배설물을 내보낸다는 뜻이다. "걸쭉하게 일을 보고 있다"는 표현에서 드러난 배설물의 질감을 보면 뜻은 명백하다. 비겁자들은 똥으로 황금을 만들기 시작했다. 너무 불리한 노릇이다. 제대로 교육받은 사람이라면 똥을 만지느니 차라리 죽고 싶을 것이기 때문이다. 청결하게 길러진 사람은 나라가 망해도 계속 군인으로 남는다.

나라의 붕괴는 "뒷구멍"에서 모의되지만, 정작 적들이 밀려들면 똥물을 뒤집어쓰는 것은 앞장서던 군인들이다. 프리드리히 빌헬름 하인츠는 그 순간을 이렇게 묘사한다.

국가 붕괴가 시작되었다. 8월 9일 저녁 해질녘 황갈색의 압도적 병력이 터져나와 밀려왔다. 전투기가 그림자를 드리우고, 포탄이 굉음을 울렸으며, 장갑차가 쇳소리를 울렸다. 급히 막아서던 최전방은 무너지고 말았다. 전쟁에서 패배한 것이다.[2]

전방은 마치 더 이상 오므릴 수 없었던 괄약근과도 같았다. 전쟁을 바지에 지리고 말았다. 이제까지는 간신히 틀어막혔던 적군이 쏟아져서 군인들을 뒤덮었다. "터져나와 밀려왔다." 그러므로 붕괴는 자신의 육체가 더럽혀지는 과정처럼 인식되었다. 독일어 관용법에서도 이러한 연관

"

성은 이미 익숙하다. 시험에서 떨어져 불합격한 상황과 급작스럽게 배변하게 되는 상황을 같은 단어, 즉 설사Durchfall로 표현한다. 수많은 장교는 독일 패전과 황제 퇴위의 소식을 모멸과 치욕의 감정으로 기록했다. 그럴 법도 하다. 그들 입장에서는 점잖은 성인 남자가 묵직하게 지린 바지를 입고 멸시의 눈총을 받으며 귀향한 셈이기 때문이다.

붉은 홍수에 휩쓸려 쓰러지는 것은 치욕이 아니다. 오히려 그 반대로 영웅적인 최후다. 그러나 붕괴는 치욕이다. 어떠한 방어 작전으로도 만회될 수 없다. 무기마저 손아귀에서 빼앗겼다. 군인 남성은 더러운 똥진창에서 떨쳐 일어서야만 한다. 순결한 믿음, 애국 정신, 그리고 "민족 총화"를 위한 책임감을 갖춰야 한다. 믿음이 부족하거나 비겁하기 때문에 "똥을 쏟아내는" 치욕적 사태가 생겨난 것이다. 루돌프 헤어초크는 이른바 "타민족 내통자들Sonderbündler"이라 불리던 세력을 변실금에 비유한다. 이들은 1923년 프랑스와 긴밀하게 협력하면서 독일에서 분리된 라인 공화국을 건국하려 했던 분리주의 세력이었다. 헤어초크는 이들을 국민 반역자라고 묘사했다.

똥의 물결이 공포에 굳어버린 라인란트에 출렁였다. 마지막 저항과 최후의 비명마저 질식시켰다. (…) 똥 물결은 위대하고 유명한 라인의 도시들을 뒤덮었다. 부글거리면서 잠시 머무는 곳에서는 우리 형제들의 피와 뒤섞여 붉어졌다. 곧 출렁이며 시골 마을을 뒤덮는다. 곡물 창고와 가축 외양간을 집어삼켜버린다. 농부들의 수확물과 재산이 농촌이라고는 전혀 모르는 타민족 내통자들을 배불리는 먹잇감이 되었다.[3]

붉은 홍수와 진흙탕, 국가 붕괴의 혼란이 한꺼번에 합쳐져서 거대한 풍랑을 만들어냈다. 바로 똥과 피가 뒤섞인 파도다. 이러한 파도의 발생은 육체에서 일어나는 과정처럼 이해된다. 육체에 발생 가능하거나 혹은 발생했거나 혹은 발생이 우려되는 과정인 것이다. 라인란트는 인간의 육체인 양 인식된다. 마지막 저항과 최후의 비명은 똥 물결에 "집어삼켜"져서 겁탈당하는 육체의 마지막 방어다. 붕괴의 결과로 생겨난 홍수와 진흙탕은 끔찍한 평등성을 초래한다. 따라서 전형적인 몇몇 동사가 동원되어 이 상황을 표현한다. 휩쓸어버리고 차오르고 질식시킨다. 내전은 언제나 부글거린다. 모든 끔찍한 것은 혼합에서 온다. 그러므로 몸뚱이는 "겁에 질려 얼어붙는다".

"몸소"

새로 들어선 권력의 더러움은 그러므로 육체적 감각처럼 인식된다.

> 오히려 모리배의 오물은 더 기세를 떨쳤다. 투기꾼들의 집요한 촉수는 배고픈 국민의 목줄기를 사정없이 휘감아 죄었다. (…)
> 정권의 썩은 내가 국민 위로 널리 퍼졌다. (…) 정권이 내뿜는 도덕적 타락의 안개는 갈수록 악취를 퍼뜨렸다.[1] [프라이밀러]

이 사람은 오물 속에서 역겨워하면서 휘감아 죄여드는 촉수와 악취를 견뎌내고 있다. 더러운 시대다! "투기꾼들은 진흙탕의 홍수에 둥둥 떠올라서 관청 어딘가에 줄을 대고 기생했다."[2] (하인츠) 온 세상이 오물로 끈적였다. 에어하르트 대위는 "혁명의 똥 냄새"[3]가 코를 찌른다고 말했다.

> ……더 이상은 견딜 수가 없다. 매일같이 늪을 들이켜야 한다는 것에 내 기력이 소진되고 있었다.[4] [드빙거의 베르너 대위]

그동안 우리를 둘러싼 치욕과 수치, 오욕과 비참함은 점점 높아져만 갔다. 우리는 거의 빠져 죽을 지경이 되었다. 얼빠진 반란과 제멋에 겨운 뻔뻔함을 참아내야 하는 씁쓸함에 우리는 살맛이 안 났다.[5][하인츠 샤우베커]

오물 속에 파묻혀서 점점 들이켜야만 한다. 프라이뮐러는 좋은 정부의 요건을 간단하게 정리했다.

정부는 국민의 혼과 몸을 살펴야 한다. 국민의 심장에 뛰노는 맥박에 귀 기울여야 한다. 예리한 눈길로 의심스러운 진흙 더미를 감지하는 순간, 예민한 후각으로 똥의 악취를 감지하는 순간, 민감한 청각으로 곧 폭풍이 몰려들 것을 예고하는 불길한 우르릉거림을 감지하는 순간, 정부는 가차 없이 무자비하게 손을 봐주어야 한다. 망설임도 지체함도 없이 일거에 오물 더미를 척결하고 악취를 박멸해야 한다. 다가오는 파도가 완전히 죽을 때까지 싸워야 한다.[6]

"국민의 몸"에서 드러나는 "더러움"을 척결하는 것이 정부의 일이라는 것이다!

우익 남성이 보기에 우파와 좌파를 판가름하는 것은 바로 청결과 더러움의 경계다. "물질주의적 – 이성주의적 – 사회민주주의적 – 볼셰비키적인 신세대 스캔들 경제론이라는 사상적 거름 더미와 두뇌의 똥에 절여진 인간들은 차세대까지 이어질 역사적 가치가 없다."[7] 오스트리아의 정치이론가이자 오컬트주의자, 인종주의자였던 란츠 폰 리벤펠스가 『인종신비주의: 아리안 크리스천 비밀 교의 입문*Rassenmystik: Einführung in die ariochristliche Geheimlehre*』[8]에서 한 말이다. 1929년부터 제3제국의 승리를 예언하며 허황된 똥꿈을 꾸던 그가 자유주의자, 사회민주주의자, 공산주의자, 무정부주의자, 생디칼리스트 등을 싸잡았다. 이 다양한 세력 간의 논쟁과 불화를 표면적인 교란 작전으로만 여기는 것은 "애국적" 작가 특유의 전형성이다. 파시스트임에도 불구하고 예외적으로 사회적 상황과 정치적 과정을 "이성적"으로 분석해낸 F. W. 하인츠조차 한마디 거들었다. "온갖 좌파 언론이 합창했다. 민주주의를 표방하는 울슈타인과 모세 같은 유대계 신문 출판 기업도 가세했다. 이른바 언론인이라는 것들이 쥐새끼처럼 모습을 드러내는 하등 민족의 똥 같은 언어에 속속들이 절여져 있다는 것이 증명된 셈이다."[9] "속속들이 절여져 있다"라는 표현이 결정적이다. 몸소 느낀다는 뜻이다. 특히 전체 모습을 흉하게 드러내는 아랫도리로 느낀다. 그래서 드러난 것이 바로 "하등 민족"의 구조다. 바로 하등-민족, 즉 아래에 있는 인간들이다. 우익 인간만이 월등한 인간이다. 아래에 있는 인간은 인간이 아니다.

그래서 성교할 때 남성은 상위를 점한다. 정신분석학은 사회적 코드화를 충실하게 따라서 하위를 선호하는 남성을 "여성적 성향"이 있다고 분석한다. "진보적 사랑"의 개념을 쉽게 풀어서 말할 때 "뒤집힌 사랑하기"라고 표현한다. 문화적으로 당연시되는 성적 거부감에 지배되지 않는 것은 이토록 복잡한 일이다. 여성은 언제나 "깔려 있다". 좋은 것은 언제나 위에 있다.

비

하늘에서 내려오는 모든 것이 좋지만은 않다. 하늘에서 떨어지는 액체는 특히나 더 끔찍하다.

고향에서는 우리를 눈엣가시로 여기던 일부 세력의 선동이 극에 달했다. 우리 쿠를란트의 전사들 위에 똥물 양동이가 쏟아졌다.[1] [이노 마이어]

어떻게 양동이가 "위"에서 쏟아질까? 오물을 깊은 곳에서 퍼낼 때 쓰이는 물건인데? 양동이가 사회적으로 "높은" 위치를 이미 차지한 탓이다. 그러므로 언론으로부터 똥물 세례가 퍼부어진다. 에어하르트 대위는 "쓰레기를 뿌리고 명예를 참수하는 역겨운 패거리"가 보도를 통해서 자신들에게 압력을 행사하는 "똥비"를 뿌린다고 표현했다.[2] 명예를 참수하다니, 세상에!

이런 저주에는 도무지 맞설 방법이 없다. "매일같이 100만 부의 독을 뿜어내 마비시키는 언론"[3](최베를라인)은 마비 효과만으로도 너무 끔찍하다. 하인츠는 상대적 무방비 상태에 대해서 이렇게 말한다. "바깥세상에서는 저주, 욕설, 위협이 마치 집중호우처럼 쏟아져 내렸다."[4] 당시 그는 수감 중이었다. 그 무렵 극우 세력에 의해 저질러진 발터 라테나우 외무장관 암살 사건 때문에 분노한 군중에게 린치를 당할까봐 두려워하고 있었다.

위에서 양동이로 쏟아붓는 비를 막으려면 어떻게 해야 할까? 아이가 어른의 폭주 앞에서 무력하듯 막아볼 방도가 없다. 위에는 "거물들"이 위치한다는 것이 가장 치명적이다. 에른스트 윙거는 이렇게 탄식한다.

살인이라는 건 사실 별게 아니다. 사람은 언젠가 한 번은 죽는다. 그러나 존재를 부정해서는 안 된다. 절대로. 존재 부정은 안 된다. 적들이 우리를 죽이려 한다는 것이 끔찍하지는 않다. 끝없이 우리에게 혐오를 퍼붓는다는 것이 끔찍하다. 그들은 우리를 꼴통 독일 놈들, 야만족, 오랑캐라고 불러댄다. 그게 억울하다.[5]

교양인이었던 윙거는 존중받지 못하고 인간 대접을 받지 못한다고 생각했다. 자신의 가치를 "부정"당했다고 느꼈다.

자신의 존재 혹은 자신이 생각하는 존재로 인정받지 못한다는 것은

Ein „Untergrund-Kommunist" schlich sich ein

rb Hamburg, 23. Juli

Günter Wallraff war drei Monate unser Kollege. Wallraff, der sich unter falschem Namen schon bei Gerling und anderen Firmen und Institutionen einschlich, hat sich auch bei BILD eingeschlichen. Wallraf, den man laut Gerichtsbeschluß ungestraft einen „Untergrundkommunisten" nennen darf.

Er kaute gern auf Gras und auf Blättern, kippte auch schon morgens mal ein Glas Whisky „Ballantines", löffelte Vitaminpulver und fluchte, wenn er beim Tischtennis verlor. Er beugte immer tief den Rücken, konnte keinem so recht in die Augen schauen, sprach allzuoft mit sanfter Stimme „jawohl".

Er habe bei einer Werbeagentur in Düsseldorf gearbeitet, und nun wolle er sehen, wie man Journalist wird.

Diese Geschichte war so falsch wie der Name: Hans Esser. Er ließ sich einen Hauspaß auf diesen Namen ausstellen, sprach damit als Reporter bei Lesern und Behörden vor, und an seinem Telefon meldete sich eine Frauenstimme nur mit „Hallo".

Er schlief dort in einer Kommune — heute sagt man Wohngemeinschaft dazu.

Er tarnte sich gut; verdiente auch gut: 8455 Mark in drei Monaten, denn er hat Talent zum Schreiben.

Er spielte falsch und niederträchtig mit den Kollegen, die ihn als echten Kollegen aufgenommen hatten.

Vor genau einem Monat meldete er sich ab, mit Magenschmerzen. Seitdem ist er wieder im Dunkeln verschwunden, aus dem er sich anschlich. Und schreibt nun wohl, was er alles in der BILD-Lokal-Redaktion Hannover erlebt haben will.

Er wird einen Kübel voll Jauche ausgießen, dieser falsche Kollege. Sei's drum.

Immerhin hat er sich bei uns das Rauchen abgewöhnt — wohl weil er so viel arbeiten mußte.

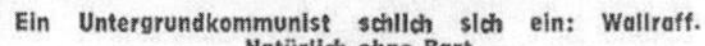

Ein Untergrundkommunist schlich sich ein: Wallraff. Natürlich ohne Bart   So kennt ihn jeder ...

"지하 공산주의자"의 잠입

함부르크, 1977년 7월 23일.
지난 석 달 동안 귄터 발라프는 우리 직장의 동료였다. 이미 게를링 등지에서 여러 회사 및 기관에 가명으로 잠입했던 이력이 있는 그는 이번에 빌트 신문사에 숨어들었다. 최근 법원은 빌트 지가 그를 "지하 공산주의자"라고 칭한 것이 명예훼손이 아니라고 판결했다.
그는 정체불명의 풀잎을 씹는 버릇이 있었다. 아침부터 싸구려 위스키 한 잔에 분말 비타민을 듬뿍 타서 마셨다. 탁구에서 지면 쌍욕을 늬까렸다. 평소에는 몸을 잔뜩 웅크리고 다녀 그의 눈을 똑바로 본 사람이 거의 없다. 기어들어가는 목소리로 "물론입죠"라며 지나치게 비굴하게 맞장구를 치곤 했다.
그는 뒤셀도르프의 광고 회사에서 근무하다가 저널리즘에 관심을 갖게 되었다고 자기소개를 했다. 물론 허위 이력이었다. 이름조차 허위였다. 한스 에서. 가명으로 발급받은 출입증으로 기자 행세를 하며 독자들과 당국을 기만했다. 여자 목소리로 "여보세요"라고 응답하는 자동응답 전화기를 운용했다.
그는 코뮌에서 잠을 잤다. 요즘 표현으로는 이른 바 공동 숙소라는 곳이다.
위장술에 워낙 능통해서 돈도 많이 벌었다. 석 달 동안 8455마르크를 챙겼다. 글재주는 좋은 편이었다.
그는 기만적이고 비열했다. 자신을 진짜 동료로 받아들여준 사람들을 속였다.
정확히 한 달 전 그는 복통을 핑계로 결근했다. 그리고 종전에 암약하던 암흑 속으로 다시 사라졌다. 그러더니 빌트 지 하노버 지부 편집부에서 체험담이라며 난데없이 글을 썼다.
아마 기쁨의 괴성을 양동이 가득 쏟아붓고 있을지도 모른다. 우리의 사기꾼 동료. 안 봐도 뻔하다. 어쨌든 여기 있으면서 담배는 끊었다. 퍽이나 바빴던 모양이다.

지하 공산주의자의 잠입. 발라프. 당연히 수염은 없다. / 우리가 알았던 모습.

어린아이가 부모 혹은 어른들의 세상을 향해 갖는 반감의 핵심이다. 어른들은 "윗사람"이다. 그뿐 아니라 위에서 내려다보면서 아이들을 깔본다. 어른들이 놀리면 아이는 물벼락을 맞은 푸들처럼 풀이 죽는다. 왜 이래야만 할까? 아이들이 어른들만 알아야 할 영역에 관심을 보일 때가 있다. 아이들은 몰라도 될 "더러운 일"이 벌어지는 "더러운 곳", 즉 성기다. 어른들은 집 안 으슥한 곳, 즉 침실에서 금지된 물건을 금지된 곳에 쏙 넣는 놀이를 한다. 부르주아 어린이는 판타지를 펼친다. 어른들은 특정 상황에서 더러운 짓을 즐길 특권을 갖고 있다. 아이들의 욕망이나 질문에 어른들은 방어적으로 대처하거나 당황한 듯 회피하거나 혹은 조롱으로 응대한다. 그러면 아이는 금지된 더러움과 이 행위를 동일시하게 된다. 귀엽다는 듯한 미소를 띠고 대수롭지 않게 던지는 말, "넌 아직 이해 못 해"라는 말조차 아이에게는 불결함으로 각인된다. 아이는 무력감을 느낀다.

사관생도들은 사관학교 교관들이 은밀한 접근을 해오면 쉬잇 하면서 서로를 지켜주곤 했다.

> 윗사람이 다가와서 우리 귓속에 끈적한 꿀물을 떨어뜨리려고 하면, 우리는 쉬잇 소리를 내는 방법으로 물리치곤 했다.[6] [브로넨의 로스바흐]

사관생도라면 모든 훈련을 견뎌야 하지만 이런 고역까지 참을 필요는 없다.

윙거는 마치 억울한 아이처럼 딴소리로 글을 시작한다. 사나이들끼리 싸우는데 프랑스 놈들이 자기를 무시하는 느낌이라서 불만이다. 우리는 죽을 준비가 되어 있는데도 말이다. 우리도 너희처럼 남자들이야! 왜 우리를 아이 취급 하는 거야? 우리가 "꼴통" "야만족" "오랑캐"야? "그게 억울하다."

이들은 "위"에서 무언가 퍼붓고 있다고 느낀다. 다시금 왜소하고 무력했던 어린 시절의 상황으로 돌아가서 "어른들"에 대해 느꼈던 증오를 경험한다. 이들이 그토록 정서에 압도되는 것은 증오감이 되살아나는 동시에 예전에 느꼈던 무력감에 짓눌리기 때문이다. 아이는 부모에게 맞설 수 없다. 부모, "윗사람", 언론, 프랑스는 청소년을 사나이 대접해주기를 매정하게 거부했다. 다 자라서 어른이 되어도 여전히 아이 대하듯 "위에서 내려다보면서" 깔본다. 그래서 윙거는 몹시 억울하다. 위에서 쏟아지는 오물을 뒤집어쓸 바에야 차라리 죽는 게 나을 지경이다. "저 거대한 돼지들이 더 이상 나에게 침 뱉고 똥 누고 오줌을 갈겨도 괜찮다고 안심하게끔 내버려둘 수는 없다. 똥물 양동이질은 이제 끝장이다." 그러나 중간에 전위가 발생한다. 오물을 퍼붓는 주체가 부모 혹은 대리적 권위자가 아니라, 민중이다. 부모도 아니고 권위도 없으면서 뻔뻔스럽게 특권을 행사하려드는 것이다. 민중은 자신들이 "아이들"인 주제에 엄하게 벌 받아 마땅한 짓을 버젓이 하고 있다. 그러므로 민중은 더럽다. 부모는 "정당"하다.

여기서 가장 핵심적인 것은 해당 남성이 무력하다는 점이다. 설상가상으로 무지하기까지 하다. 그는 이제 아이가 아닌데도 아이 취급을 받는다며 항변하고 있다. 그에게는 이게 세상에서 제일 억울하다.

늪, 가래, 곤죽에 맞서기

"홍수"의 위협에 맞서려면 무언가를 "우뚝 세워서" 도시, 산, 군대, 병력, 무기 등을 굽어보도록 만들어야 한다.

"붉은 홍수"는 언제나 붉은 군대와 동일시되어 비유된다. 홍수는 무장한 반란군의 군중이다. 모든 것을 삼켜버리며 사람을 융해한다.

최고의 처방은 무기다. 아군의 진영을 장악하기 위해서는 대규모 열병식이라는 제의가 필요하다.

늪, 진흙탕, 가래, 곤죽, 똥, 똥 세례의 위협은 양상이 다르다. 본질적으로 모호하고 혼합적이다.

늪은 홍수와 가장 유사하다. 유동성이라는 면에서 그렇다. 무기를 동원해 맞서야 한다. 파우스트는 "붉은 역병을 죽일 자유 군단"[1]이라고 말했다. 헤어초크는 "황소 채찍"을 언급했다.

혼합물 속에 가라앉는 것을 막는 데 무기는 별로 쓸모가 없다. 그럴 때에는 인간 내면이 더

사고 희생자 추모비
"1925년 3월 31일 훈련 도중
격랑에 휩쓸려 희생된 81명의 장병을 추모하며"

유용하다. "비참한 현실의 늪"을 이겨내려는 "열정의 불꽃"이 필요하다. 진흙탕을 극복하는 방법은 명백하다. 강인한 내면의 힘을 발휘할 이데올로기적 방어법이 필요하다. "들끓는 피"(하인츠), "깨어 있는 정신"(로젠베르크), "보기 드문 황금 같은 젊은이"(최베를라인), "짐승의 모가지 조르기"(고테) 등이 내면에 있어야 한다.

가래 역시 마찬가지다. "스스로 정신 차려라." 까딱하면 "자신을 잃어버린다".(잘로몬) "건전했던 독일 문화"와 "가치 있던 독일 정신"을 수호해야 한다.(킬링거) 국가를 지키려면 "교회 가래, 부르주아 가래, 군인 가래" 등 온갖 가래에 맞서야 한다.(폰 에프) 그런데 교화, 부르주아, 군인이라면 진영의 일부 아닌가? 빌헬름 그뢰너, 쿠르트 폰 슐라이허, 구스

타프 리터 폰 카르는 극우 진영에 속한 인물들이었지만 진영 내 경계에 위치했기에 "가래"에 해당된다.

홍수가 지나가고 물이 빠지기 시작하지만 아직 댐이 단단하지 못할 때 진흙탕과 가래가 생겨난다.

곤죽은 좀더 심각한 위협을 뜻한다. 곤죽에 맞서려면 최소한 "히틀러" 정도는 필요하거나 혹은 스스로 목숨을 끊어야만 한다. 그래야 흡수되어 합류하는 일이 없다.(웡거)

바로 이것이 문제다. 진흙, 가래, 곤죽에 맞서는 무기는 없다. 싸우다 보면 자신까지 죽이게 된다. 댐이 무너지기 시작하는 순간부터 몸에 묻기 때문이다.

정치적 적대 세력과 적대적 여성성 원칙의 홍수가 넘실댄다. 군인 남성의 무의식은 폭발하여 형체를 갖추고 흐른다.

반란, 저항, 노동자 군중, 폴란드 저항군, 볼셰비키, 붉은 군대. 이들은 여성이 이끌거나 혹은 여성 참가율이 높다. 이들은 금기 깨뜨리기를 실천한다.

늪이라는 것은 홍수가 처음 형체를 갖추기 시작하지만 아직 위협은 되지 않는 첫 단계다. 늪은 공화국이라는 창녀다. 겁탈당한 어머니 독일이다. 월경을 하고 있는 거대한 질이다. 그 안에서 온갖 생물이 바글거린다. 국제주의다.

늪, 가래, 곤죽은 스스로의 육체 경계에 해당된다. 사람의 육체는 경계에서 물컹해지고 침범당한다. 비겁자를 비유할 때 쓰인다.

후방, 패배주의, 이해타산, 부르주아 근성, 일신의 안락을 탐하기, 위험 없는 쾌락, 토악질, 똥을 지린 바지.

내면을 굳건히 못 지키고 밖에 빼앗기는 비겁자는 군인 남성 중에도 있다. 비겁자가 되지 않으려면 "꼿꼿하게 버텨야 한다". 즉 뒷구멍을 힘

껏 오므리고 애국심을 유지해야 한다.*

방어의 핵심은 어떠한 혼합도 허용하지 않는 것이었다. 남성과 여성,
한 사람의 내면과 외부조차 뒤섞여서는 안 된다.**

---

*   독단주의자도 이와 동일한 방식으로 "내면적" 투쟁을 벌인다.
**   좀더 명확성을 기하기 위해 혼합성의 정도를 구분해서 접근했다. 예를 들어 "진흙탕 홍
     수"라는 표현은 다양한 위협이 동시에 동일 형상으로 나타날 수 있음을 보여준다. 혼합
     역시 혼합된다. 하나가 있는 곳에 또 다른 하나가 병존할 수 있다.

비겁한 놈, 혹은 내면에 숨어 있는 개돼지 같은 비겁성, 총체적 붕괴를 막아낼 방법은 결국 없다. 애초에 군인 남성은 속수무책이었다.

"오물 양동이" "오욕의 세례" "똥비" "마비시키는 독" "똥 같은 언어" "똥의 물결" "코를 찌르는 악취"는 "혐오"를 쏟아부어 뒤집어쓰는 듯한 감정을 불러일으킨다. 이윽고 폭발은 내면에서 시작되어 돌이킬 수 없는 파국으로 치닫는다.

이런 상황에서 군인 남성은 스스로 똥이 되고 더럽혀지고 찢기고 악취가 풍기는 존재가 된다. 내면에서 시작되는 무의식의 폭발은 그에게는 붕괴의 형식으로 경험된다. 그의 욕망은 오물이 되어 분출한다.

이 상황에서 그가 느끼는 무력감은 어린 시절과 연관되어 있다는 점이 중요하다. 나름대로는 다 자랐다고 자부하지만 똥 지린 바지를 부모에게 들킨 아이처럼 취급당한다. 혹은 약점을 잘못 잡혀서 자신을 "깔보는" 어른들에게 부당하게 조롱당한다. 똥비를 뒤집어쓰고 언론의 집중 포화를 맞고 욕을 먹는다.

붕괴, 똥비 세례 등과 연관된 정서는 갈수록 강렬해지고 뒤틀리고 독해진다. 언젠가 폭발할 날을 기다리며 억눌린다. 그 감정은 바로 복수심이다.

요약: 공화국 / 혁명 / 전쟁

붕괴의 진흙탕과 붉은 홍수의 파도로부터 "공화국" "늪"이 생겨난다. 공화국은 더 이상 투쟁이나 운동이 아니다. 공화국은 사람을 익사시키는 일종의 상태다. 뒤죽박죽의 상태 그 자체다.

늪, 붉은 늪, 부글부글한 늪, 매캐한 늪, 비참한 현 상황의 늪, 들끓는 부패의 늪, 고리대금의 오물, 진흙 홍수, 걸쭉한 곤죽, 정부라는 가래, 늪으로 향하는 내리막길, 마르크스주의의 진흙 물결, 분리주의자들의 난동, 똥과 피가 뒤섞인 파도.

여기서 뒤섞이는 것은 그저 남성과 여성만이 아니다. 아랫도리의 온갖 구멍에서 흘러나오는 분비물이 뒤섞인다. 프로이트가 말하는 "배설강 이론"[1]은 소아가 여성 하체에 하나의 출구만 있다고 생각하는 오해다. 엄마가 "똥꼬"로 아기를 낳는다는 유치한 오해는 "공화국"이 거대한 창녀의 하체라고 여기는 상상력 속에 온전하게 잔존하고 있다.[2] 공화국을 출산한 댐 붕괴는 말하자면 질과 똥꼬 사이의 댐이 붕괴된 것과도 같다. 악취를 풍기는 붉은 늪. 그것은 광기에 사로잡힌 천한 자들이 저지른 범죄로 인해 생겨났다. 어머니 독일이 아이를 배도록 겁탈한 것이다. 그래서 어떤 상황이 생겨났을까? 나라 전체가 정액, 피, 똥이 뒤섞인 늪에 빠져버렸다. 어머니는 터졌다. 국가는 "찢겼다".*

델마르는 수기에서 둑이 찢긴 여성과의 성교를 묘사했다. 과연 여체에서 흘러나온 끔찍한 물질은 무엇일까?[3] 욕망의 체액이 아니라 배설물이다.

당연하게도 군인 남성들의 소설과 자서전은 성적인 내용을 직접 언급하지는 않는다. 공적 영역에서 정치적 프로파간다의 기능을 수행하는 글이었기 때문이다. 그렇다고 하고 싶은 말을 안 하지는 않는다. 오히려 나름의 은어로 표현한다. "여자가 교접하면서 애액을 흘렸다"는 뜻을 "11월 혁명의 불결한 홍수가 흘렀다"는 표현으로 대체한다. 무의식적인 대체가 아니었다. 사회적 체면을 지키려는 말장난이었다. 프리드리히 S. 크라우스의 『안트로포퓌테이아*Antropophyteia*』는 "에로틱"한 민속학 자료를 수집하여 집대성했다. 이 중에서 특히 흥미로운 것은 헬무트 박사와 알렌고 박사가 1911년에 엮은 「독일 교양 도시민의 에로틱 사행시 모음집Der erotische Vierzeiler höher gebildeter deutscher Städter」이다. 여기에는 예나, 슈테

---

* 억압적이고 공포에 질린 남성들만 여성 신체를 "밑구녕을 찢는다"라는 식으로 표현하는 것이 아니다. 여성 역시 항문과 질 사이의 "둑이 터진다"라고 감정적 어휘로 표현한다. 의학적 용어로 말하자면 회음부 파열이다. 출산 시 산도 입구의 일부가 찢어지는 일이 간혹 생긴다. 이는 근본적으로 하체의 축축한 질료와 혼합되는 것에 대한 남성의 불안에서 파생된다. "댐"이 든든하게 지켜주어야만 똥과 뒤섞이지 않는다. 모든 것을 삼켜버릴 깊은 구멍에 빨려들어가지 않는다. 성 경험이 없는 소년들 사이에서는 "첫 경험" 때 어둠 속에서 "구멍을 제대로 못 찾을까봐" 두렵다는 공포가 무척 흔하다.

틴, 할레의 대학생 하숙집과 남성 전용 술집에서 수집된 「란 강변의 여인숙 주모Wirtin an der Lahn」라는 노래의 334연이 담겨 있다.[4] "주모의 여섯째 이모는 / 별명이 '예쁜 로자'였는데 / 둑 찢긴 아랫도리를 지녔지. / 남자가 이모랑 한 판 하면 / 좆에 똥독이 올랐다네."(97연) 이게 유일한 사례는 아니다.[5] 여체의 다양한 내부를 상상한 노래도 많이 있다. 앞으로 넣었더니 뒤로 나온다거나 그 반대라거나 등등 여체 안에는 똥이 가득하다. "그년이랑 붙어먹으려면 / 먼저 빗자루 작대기로 꾹 눌러서 / 입구를 뚫어놓고 시작한다."[6] 여자는 가끔 "넘쳐흐른다".

"거대하게 헐렁한 아랫도리로 / 그녀가 한 판 흘레붙으면 / 낡은 수도관이 콸콸 새듯 / 물이 넘쳐흘러서 / 남자를 빠뜨려 죽인다네."[7] 단골손님이 "밑구녕을 빨아주자" "기세 좋은 물줄기"를 싸버렸다.[8] 같은 책에 수록된 이행시 한 편은 「황금의 ABC」라는 곡이다. 오트발트에 따르면[9] 사교 클럽의 대학생들이 술자리에서 부르던 단골 레퍼토리였다. "수탉은 똥더미 위에서 꼬끼오 / 갈보는 박히면서 오줌 지린다."[10] 자유군단의 구성을 보면 대다수의 장병이 이런 노래를 알았고 즐겨 불렀다는 것은 안 봐도 뻔하다. 헬무트와 알렌고가 붙인 제목에서 "독일 교양 도시민"이라는 표현은 비꼬거나 역설적인 의미가 아니라 그냥 긍정적 의미였다.

내전 기간에 자유군단 장병들이 활동하던 곳은 불길이 일렁이면서 부글부글 끓어오르던 늪이었다.

들끓는 혼돈, 반란의 소용돌이, 끓어오르는 죽의 거품. 이 모든 것이 하나의 솥에서 마구잡이로 어이없이 악취를 풍기는 곤죽으로 끓고 있었다. 음모의 독이 둔탁한 솥에서 끓고 있었다. 거대한 솥, 그 안에서 걸쭉한 술과 멀건 피가 뒤섞여 부글부글거렸다. 마치 마녀 솥단지처럼 자유군단 군인과 스파르타쿠스 적군이 마구 뒤섞이는 시대. 대도시의 펄펄 끓는 솥 안에서 원자들이 소용돌이친다. 형체 있는 모든 것이 수천 개의 용광로 안에서 용융된다. 둔탁한 솥 안에서 새로운 혁명의 씨앗이 끓는다. 모든 불꽃에서 창조력이 이글댄다.

군인 남성들은 특이하게도 끓여지는 과정 자체를 두려워하지는 않는다. 오히려 긍정적으로 받아들인다. 그 과정을 견뎌낸 사람은 늪에 빠지지 않는다고 믿는 듯하다. 펄펄 끓여지고 온갖 물을 다 겪어야만 진짜 군인으로 탄생하는 것이다. 마치 연금술로 제련되듯 혁명이라는 마녀 솥단지를 겪어야 재탄생할 수 있다.

군인에게는 그러한 솥단지가 필요하다.

더러운 육체

　이제껏 살펴봤듯, 늪이나 진흙탕처럼 유동성 있는 혼합 물질은 다른 무언가를 표현하는 데 주기적으로 동원되었다. 이들이 표현하는 것은 지리적 혹은 지질학적 현상과 전혀 관계없다. 정말로 늪에 빠질 위험에 처해본 사람이 과연 얼마나 될까? 혹은 늪을 보기라도 한 사람이 많을까? 곤죽은 어린아이가 먹는 이유식의 상태다. 밀물과 썰물은 공포스럽기보다는 흥미로운 자연현상이다. 진흙탕은 빗물 빠진 길바닥에 생기거나 강둑에 있다. 모두 위협적이라고 볼 수 없는 자연현상의 일종이다. 물론 "자연 재해"는 예외다.

　다양한 오물과 물질 상태가 남성 육체와 어떤 식으로 연관되는지를 이해하고자 노력했다. 그러나 단언컨대 오물과 물질 상태는 군기가 바짝 든 남성 육체와 아무런 연관점이 없다. 물론 오물이 몸에 묻거나 배설되는 일은 당연히 있지만.

　이제껏 살펴본 모든 공포 유발 물질의 공통점은 인체의 구멍에서 분비되거나 유출되는 생리 현상을 표현하고 있다는 것이다. "홍수" "늪" "진흙탕" "가래" "곤죽" 등의 표현은 해당 생리 현상에 부정적 태도가 덧붙여진 단어

들이다. 이는 정서의 역전을 의미한다. 원래 인체의 다양한 물질을 배출할 때 느껴지는 정서는 쾌감이다. 쾌감을 느껴야 당연할 법한 상황에서 허겁지겁 겁에 질려 방어하고 있다. 정서적 강렬함은 여기서 나온다. 늪의 지리적 존재는 상관없다. 공화국의 정치적 상황 역시 부차적일 뿐이다.

그렇다면 이런 연관은 어떻게 생겨날까? 자유연상 때문일까?[1] 해답은 어렵지 않게 얻을 수 있다.

이 모든 물질은 첫째는 유동성, 둘째는 혼합성을 특성으로 지녔다. 세 번째 공통 특성은 스스로는 변하지 않으면서 사물을 안으로 받아들인다는 것이다. 사람을 휩쓸어 삼키거나 가라앉힌 후 표면은 다시 매끈해진다. 또한 뛰어난 생동감을 지녔다. 스스로 움직인다. 자유자재로 빠르게 혹은 느리게 움직인다.

바로 이러한 혼합성, 즉 불순함과 살해 능력 때문에 이들은 금기와 위험의 "전위된" 표상이 되었다. "생동감"은 살아 있는 육체에게 매력을 발휘한다. 흔적을 남기지 않는 능력, 삼켜버린 후 다시 닫히는 능력은 은폐된 세계, 비밀의 영역, 죽은 자의 세계, 늪에서 떠오르는 시체를 암시하기에 알맞다. 사람이 가라앉은 모든 늪에는 누군가 이미 숨어 있다. 너무 고요하게 누워 있어서 위험성을 알 수조차 없다. 그래서 기만의 화신으로 느껴지는 것이다. 축축한 늪지대에 드리운 베일이다.

여성이 생활인으로서 혼합물을 능숙하게 다루는 능력을 과시하는 분야가 있다. 바로 가사노동이다. 여성은 요리를 통해서 고체를 액체로 바꾼다. 빨래를 한다. 설거지를 한다. 아기를 돌보면서 걸쭉하고 끈적한 물질을 해결한다. 아기의 엉덩이에서 똥을 닦아내고 오줌 적신 바지를 벗겨낸다. 막힌 변기에 차오른 시커먼 오물을 뚫고 청소한다. 과일을 으깨어 즙을 짜내고 찌꺼기를 없앤다. 바닥에 걸레질을 하고 개수통에 손을 담그는 등 끝없이 일을 한다. 빌헬름 시대의 평균적인 부르주아 남성이라면 "여자 일"을 하느라 오물에 손대느니 차라리 총 맞아 죽기를 택할 것이다. 그 시절 군대식 갈구기의 핵심은 계집이나 하는 일을 시켜서 남자 체면을 깎는 것이었다. 시키면 어쩔 수 없이 해야 했다. 유동적이고 혼합적인 것은 더러우며 처벌성을 띠고 여성적이다. 남자 놈이 할 짓이 아니다.

이러한 연상을 고려해보면 방어기제가 이해된다. 그럼에도 내 생각에는 군인 남성이 혼합물에 대해 갖는 공포는 지나치게 강렬하다. 단순한 공포가 아니라 불안정한 매혹까지 동반하는 감정이다. 그 이유는 아마 남성 육체 가까이에 있을 것이다. 어느 순간 자신의 체액이 부정적으로 느껴지고 모든 관능적인 것이 공포로 다가오게 된 결과다. 뒤섞이는 살과 살, 육체의 위·안·밖에서 생기는 모든 흐름, 점액과 홍수, 빨아들이는 키스, 질의 늪, 질액, 진흙탕, 남자 정액의 끈끈한 액체, 배와 허벅지, 엉덩이 골을 뒤덮으며 번들대는 땀, 두 하체가 만들어내는 아열대 풍경, 월경혈의 끈적한 흐름, 몸이 닿는 곳마다 스며드는 습기와 열기, 육체 경계의 사라짐. "부부는 일심동체"라는 뜻이 아니라 경계가 사라진 육체, 무한한 몸뚱이, 흐름으로서의 육체. 오르가슴의 홍수, 정액의 폭풍, 근육을 휩쓰는 흐름, 긴장 이완의 파도, 질끈 깨문 입술에서 흐르는 피, 땀에 끈적하게 들러붙은 머리카락, 어린 시절 모든 액체의 기쁨, 맨다리를 타고 흐르는 따뜻한 오줌 줄기, 아기가 기저귀에 새로 눈 뭉근한 똥, 몸이 풀어지게 만드는 향기로운 따스함, 엄마 젖가슴에서 흐르는 젖 줄기, 공갈 젖꼭지를 쪽쪽 빨고, 달콤한 이유식을 손과 얼굴에 바르고, 한도 끝도 없이 엄지를 빨고, 코에서 줄줄 흘러 입으로 들어가는 들큰한 콧물, 속이 후련해지는 뜨거운 눈물 줄기, 눈물과 함께 흐르는 땟국 묻은 얼굴. 눈물 난다고 불평 말아요 / 그만해요, 내 사랑, / 눈물 아니라 빗물이라오 / 보드라운 꽃들이여 / 행복의 덤불인가봐요 / 시들어, 오오 시들어 / 고통이라는 / 구름다리도 없다면?[2]

말라버린 흐름들, 그것이 거꾸로 되돌아온다. 죽음이 쾌락 대신 찾아들었다.

이러한 전위가 언제 어떻게 발생했는지를 이해하려면, 마거릿 말러가 소아의 체액 유출이 어떤 기능을 하는지 설명한 내용을 참고하는 게 도움 된다. "갓난아기의 각성 상태는 항상성*을 유지하려는 끊임없는 노력으로 이루어져 있다."[3] 이 상태를 유지하는 것은 "오직 신체적 방어기제, 즉 넘쳐흐름과 배출의 반응이다".[4] 아기는 배출을 이렇게 경험한다.

배고픔이라는 결핍이 주는 고통을 줄여주는 어머니의 보살핌을 아기는 분리시켜서 인식하지 못한다. 아기는 스스로도 긴장을 해소하려는 노력을 끝없이 수행한다. 쉬야, 응가, 기침, 재채기, 침 흘리기, 트림하기, 토하기 등은 아기가 불쾌한 긴장감을 해소하려는 스스로의 노력이다.[5]

젖먹이 아기는 가끔씩 흘러넘치면서 계속 운용되는 기계와도 같다.

이러한 배출 현상의 효과와 어머니의 보살핌이 주는 만족감을 통해서 아기는 "쾌감이 있고" "좋은" 시간과 "불쾌하고" "나쁜" 경험의 차이를 구별할 수 있게 된다.[6]

만약 아기가 쾌락적인 넘쳐흐름을 충분히 경험하지 못하는 바람에 이 중대한 차이를 못 배운다면 어떻게 될까? 태어난 첫날부터 마른 기저귀로 부랴부랴 갈아채우고, 아기의 체액을 방어적인 태도로 역겨워하고 꺼리면서 돌봐준다면? 말러의 설명에 따르면 아기는 자신의 심리적 에너지 투자를 육체 경계로부터 회수하게 된다. 어머니와 이룬 불쾌한

---

*   =긴장 해소.

공생적 애착을 스스로 끊지 못하고 폭력적으로 찢겨나간다. 자신을 "사악한" 흐름이 가득한 존재로 느끼고, 스스로의 경계에 대한 감각을 배우지 못한다.[7] 다른 사람들이 피부라고 느끼는 그곳에 갑옷을 키워서 두르고 사회적 기능을 하게 된다.

이러한 조건이 빌헬름 시대를 규정했다. 훗날 자유군단으로 자라날 아기들의 요람 속을 알 수는 없다. 그러나 자신의 육체적 흐름에서 소외되어 있던 빌헬름 시대 여성을 보면 이 시대가 "더러움"에 대해 지녔던 부정적 태도를 알 수 있다.[8] 한 가지는 분명하다. 군인 남성은 어릴 때부터 위에서 언급한 온갖 흐름을 상황과 장소에 맞게 통제하지 못하면 아주 엄하게 처벌받도록 키워졌다. 빌헬름 시대의 부르주아 및 이후 사회민주주의 양육 방식 역시 크게 다르지 않았다. 온갖 종류의 자연스러운 흐름은 차례로 금지당했으며, 홀로 있는 공간이나 뒷간으로 숨겨졌다. 사회적인 댐 혹은 하수구 기능을 하는 곳이 생겨났다. 심지어 폭음할 때 토하는 공간까지 생겨났다. 학생 기숙사에는 따로 마련된 구토 전용 세면대가 있어서 선배들의 눈을 피해 토하는 것이 예의였다. 흐름은 세 가지 정도만 허용되었다. 땀의 흐름, 연설의 흐름, 술의 흐름이었다. 사회 체계 전체가 붕괴된 특수한 상황에서는 네 번째 흐름, 즉 피의 흐름이 추가된다. 희생자의 피가 흐른다. 그리고 자신의 "들끓는 피"가 추가된다.[9]

공화국을 "늪"이라고 부른 것은 한 단어를 다른 단어로 대체하는 단순 비유가 아니다. 이들 남성은 스스로의 육체가 정말로 가래와 곤죽이 된 듯 느꼈다. 달리 느낄 방법이 없었다. 언제나 금지되고 부정적인 것으로 육체에 발생하는 생리 현상이었다. 군인 남성들이 노동자 반란군을 붉은 홍수와 연관 짓는 데에는 그다지 긴 연상 작용이 필요치 않았다. 한눈에 명백했다. 저들은 억누르고 살지를 않는구나. 나는 필사적으로 억누르는데.

페렌치는 아이의 육체 감각이 부정적으로 변하는 핵심 과정을 정확하게 설명해냈다. 그는 "공격자와의 동일시"를 안나 프로이트보다 더 구체적으로 이해한다.[10] 죄악을 저지르는 어른 세계의 성적 행동은 "죄 없는" 아이에게 죄책감을 떠넘긴다. 이것이야말로 아이가 피할 수 없는 더 심각한 공격이다.[11] 자기 내면의 공포나 죄책감 탓에 더 위압적으로 가해지는 어른의 손길을 아이는 달리 이해할 방도가 없다. 아이는 어른 의 의도에 복종한다. 그러므로 어른의 손길은 유혹이 되어버린다. 아이 의 이러한 심리적 변형을 페렌치는 "어른 죄책감의 내향투사"라고 불렀 다.[12] 아이는 쾌락을 느껴야 할 지점에서 죄책감을 느끼기 시작한다. 죄 책감은 생각이나 지식이 아니라 느낌이다. 아이에게 자리 잡은 죄책감 은 훗날 강압적 주입의 수용처가 되어, 사회가 정의하는 모종의 반항 혹 은 이데올로기에 자리를 내어준다.[13]

이른바 청결 교육이라 불리는 고갈화Trockenlegung는 기저귀를 떼는 대 신 죄책감을 심어주는 과정으로 실천되었다. 전통적인 정신분석학은 이 과정이 지나치면 이른바 "항문기" 성격 유형이 양산된다고 제한적으로 이해했다. 정리 강박증 환자, 외골수, 수집가, 꼼꼼한 통계 전문가, 공무 원형 인간 혹은 극성맞은 증거주의자 등이 생겨난다는 것이다. 그러나 "청결 교육"의 결과는 훨씬 더 포괄적이다. 청결 교육은 건조시키려는 강박이다. 교육의 핵심적 개입은 광의의 성적 억압을 관철시키는 것이 다. 어른의 죄책감을 아이의 육체에 주입하는 과정과 결합되어 성적 공 포를 만들어내는 것을 핵심 과제로 삼는다.

금지의 체계적 적용과 위협적 처벌을 통해 모든 체액의 흐름은 탄압 받고 더러운 것으로 격하된다. 개인에게 성적 공포를 각인시키는 무척 이나 효과적인 방법이다. 신께서 모든 것을 굽어보신다는 어머니와 성 직자의 협박보다 훨씬 더 효과적이다. 아무리 신께서 이불 속까지 다 들 여다보신다지만, 아무도 안 보는 깜깜한 침실 안에서 뭔가를 해보고 싶 은 아이를 막을 수는 없다. 스스로의 몸이 주는 쾌락의 결과물을 마주하는 기분은 쉽게 떨쳐낼 수 없을 것이다. 질을 마찰해서 얻는 습기, 자위 끝에 배 위에 떨어진 정액 몇 방울은 자신이 더러워지는 느낌을 끈질기게 남긴다. "모든 것을 보는" 신이 몸 안에 들어와 계신다. 육체 경계에, 혹은 구멍 속에, 혹은 근육 속에서 감시한다. 신은 쾌락적 감각의 일부분이다. 신이 쾌락을 공포로 둔갑시킨다. 고갈화 강박의 문화권에서 처벌자로서 신의 위력은 육체 경계 융해에 대한 두려움에서 나온다. 그래서 수호신의 가능성이 탄생한다.

이런 종류의 감정은 확실히 존재한다. 그렇지 않고서야 아버지들의 공공연한 협박이 왜 통하겠는가? 자위하면 뼛골이 삭는다는 말이 왜 그리도 그럴듯하게 들리겠는가? 오르가슴은 확실히 무언가를 사라지게 만든다. 바로 육체의 긴장이다. 우리가 쾌락의 흐름이라고 느꼈던 것은 사실 뼛골에서 새어나간 우리 혼의 흐름이었는지도 모른다.[14] 끔찍한 노릇이다. 걸쭉한 체액 방울들은 미래에 우리가 멍청해지고 부도덕해질 것이라는 물적 증거다.

프로이트는 초자아가 "양심"처럼 작동한다고 설명했지만, 이는 정신분석학적 지식을 모호하고 애매하게 만들 뿐이다. 불분명한 개념을 또 다른 불분명한 개념으로 대체하는 작업이다.[15] 문제가 되는 것은 육체의 느낌이지, 언어나 생각이 아니다. "이런 것은 하지 마라"라는 단순한 금지는 불충분하다. 겨우 그 정도 금지로 누가 장난을 그만두겠는가? 반응하는 것은 몸이다. 점잖지 못한 말을 들으면 움찔하며 힘이 들어가는 근육, 차마 못 할 말을 입 밖에 꺼낼 때 심장이 멎는 듯한 느낌, 각오하는 표정에 덩달아 긴장하는 턱 근육, 시험을 앞두고 속이 뒤틀리며 오줌이 마려운 느낌, 머리에 피도 안 마른 어린것들이 사랑을 나누는 것을 보고 역겨워 진저리 치는 노처녀의 몸 등등. 이것이 이른바 "초자아"다. 쾌락의 감각 속에 뿌리박힌 불쾌와 공포다. 프로이트가 몇 차례 언급한 "내면화Verinnerlichung"라는 진부한 개념은 프랑크푸르트학파의 "사회화 논쟁"으로 계승·확장되어 남발되었다. 하지만 해당 과정은 내면화와 무관하다. 어떤 사람이 직접적인 사회적 금지가 작용하지 않았음에도 욕망을 억제하기만 하면 해당 금지를 "내면화"했다고 설명하는 것이 유행처럼 번졌다. "머리"는 점점 "초자아"와 합쳐졌다. "초자아"의 금지는 권선징악 및 미풍양속 등과 동일시되었다. 전체 과정은 비물질화되었다. 특히 프랑크푸르트학파가 이데올로기에 주안점을 두면서 인간 육체의 쾌락 억제 감각은 관심 밖으로 사라졌다. 하지만 문제는 스스로의 육체를 성적 필요와 가능성에 따라 사용하는 것이 금지된다는 것이다.

육체에 부과되는 법칙, 즉 자기 몸을 알아서는 안 된다는 금지는 인간이 인간을 지배하기 시작한 이래 억압의 수단으로 재생산되어왔다. 모든 지배는 이처럼 피지배자의 육체에 새겨지며, 지배자 스스로의 육체에도 새겨진다. 월경 기간에 사회적 생산에서 배제되는 여성의 육체에 가장 먼저 새겨졌을 것이다.[16]

일인 지배 사회에서는 오직 전제군주만이 자기 몸을 멋대로 쓸 수 있다. 그는 누구와도 동등하지 않기 때문에 인간적 육체 사용이 아니다. 다른 모든 이에게는 사회적 권력과 더불어 성적 만족 가능성도 박탈된다. 이는 법률과 명령으로 정식화된다. 또한 교육자의 손으로 가혹한 처벌을 통해 육체에 새겨진다.[17] 지배는 피지배자의 육체 위에 과잉 속 결핍, 즉 네가 가진 것을 쓰지 말라는 금지로 강요된다. 이들은 사회적으로 실신Ohnmacht한다. 스스로의 육체 중 특정 부분에 대한 의식을 잃는다고 느끼기 때문이다. 자기 몸뚱이를 알아서는 안 된다고 "의식"해야 한다. 이것이 공포의 대상이자 근원이다. 구약성경의 "원죄"는 이브가 아담을 "유혹"하여 선악과를 먹었기 때문에 생겼다. "서로를 알게 되다"라는 말은 성경에서는 성교를 뜻하는 표현이다. "의식"이라는 것은 언제나 엄격하게 규제되고 외부적으로 통제되었다. "원죄"는 승리자의 관점에서 서술한 실패한 혁명의 서사와도 같다. "우리 몸은 우리 것이다"라는 구

호를 실천하려던 반란자들은 평생 피땀을 흘려야 하는 종신 노역형에 처해졌다. "몸은 지배자의 것이다!" 이것이 대답이었다. 인간은 "낙원"에서 추방되었다. 무엇을 알아야 하고 무엇을 의식해야 하는지도 모른 채 행복하게 지배당하던 상태가 낙원이었다. 인간은 스스로의 낙원을 건설하려고 시도했다가 "낙원"에서 추방되는 형벌을 받았다.

미지의 영역이 있다. 육체의 특정 부분은 건드려서는 안 된다. 그곳에 치명적인 위험이 도사리고 있다는 소문이 법령보다 더 강력하게 퍼지는 것은 어찌 보면 뻔하다.[18] 머리가 여럿 달린 히드라, 메두사, 용은 억압당하고 있는 무지한 남성에게는 질 속에 도사린 괴물처럼 느껴졌다.[19] 이들은 지배자의 권력을 보여준다. 머리가 잘리면 언제나 새로 돋아난다. 그들의 소굴을 침범하면 처벌한다. 이들은 피지배자의 몸에 낙인찍힌 권력자의 상징 동물과도 같다. 그러므로 권력자의 법률 아래서 권력

정조대 사용에 대한 이야기책 표지

자의 허락을 얻어야만 진입할 수 있다. 즉 빌려온 성기능인 셈이다.

스스로의 육체, 그리고 상대방의 육체에 어두운 영역을 설치해 공포와 경악의 근원으로 만드는 작업이다. 이는 피지배자를 이데올로기적으로 습격해 정복하는 작업의 전제 조건과도 같다. 습격은 한참 후에야 모습을 드러내겠지만, 두렵고 모호한 감정의 열매는 수확을 기다리며 자라고 있다. 내 안의 어떤 영역에는 누구도 들여놓을 수 없다. 나 자신도 그렇고 타인도 마찬가지다. 신께서 다스리는 영역이다. 법률이 다스리고 경찰이 다스린다. 메두사와 온갖 괴물이 다스리는 곳이다. 부모들은 아이의 육체에서 아직 정복되지 않은 구석구석에 전제적 소왕국들을 세워놓고 굽이굽이마다 막대한 통행세를 요구한다.[20]

그중에서도 가장 중요한 소왕국에 오이디푸스라는 거세의 왕이 살았다.

이 모든 괴물이 형체를 갖춰야만 교회, 학교, 공장, 관청, 군대가 압제의 이념과 실천을 이룰 수 있다. 엘리아스가 말하는 자기 통제의 시스템은 이 위에 세워진다. 인간의 육체에 기반을 두고 있는 것이다.

"……목덜미에 찍힌 국가의 인장을 지워 없애라. 이혼 서류는 육류 검역 인장이나 매한가지다."*

"이드가 있었던 곳에 자아가 들어선다"는 프로이트의 이론은 여기에 적용되지 않는다.[21] 우리가 버려야 할 것은 "이드"가 아니라, 우리 육체에 자리 잡은 지배다. 우리의 살덩이는 어둠의 영역이나 부분적 앎의 영역이 아니라 우리 감각으로 채워져야 한다. "초자아가 있던 곳에 자아가 들어서야 한다"[22]는 포니켈의 수정안은 진일보한 듯하지만 여전히 "초자아"라는 구조에 얽매여 있다. 이 도식 안에 머물면 문제의 핵심을 짚을 수 없다. 스스로를 하나의 "자아"로 묶어내 동일한 일체로만 이해하려는 시도는 절망적이고 자기 파괴적이다. 지배가 엄존하는 한 반드시 실패한다. 식민지 출신이면서도 자신의 정체성은 아프리카계 프랑스인이라고 결심한 사람을 생각해보자. 파농이 언급했던 세네갈인은 피에르 코르네유의 문체를 흉내 내려고 애썼고 스스로를 프랑스인이라고 느꼈다.[23] 전제주의적 소왕국과 식민 지배자를 제거하지 않은 채 통합적 "자아"가 된다는 것, 통일 민족국가를 건설한다는 것의 실상은 그러한 모습에 불과하다.

우리 신체의 일부, 특정 신체 기능은 식민 통치 지역이며 식민화된 사건이다. 국가 권력, 부모, 신, CIA가 지배하는 점령지로서의 근육 경련이다. 우리 몸에는 점령지가 질질 딸려다닌다.

---

* 롤프 디터 브링크만의 두 행이다. 최근 고인이 된, 영예의 대상에 빛나는, 그러나 잘 알려지지 않은 올해의 독일 시인. 치열하게 언어와 씨름했던 그 사람. *Westwärts 1&2*, p. 114. "흐름이여, 달콤했던 나의 장미여." 볼프 본드라체크가 그를 위한 헌정 시를 썼다. 물론 그 자신도 알겠지만 브링크만의 시만큼 훌륭하지는 못하다. "그는 우리에게 과분한 인물이었다." 로볼츠 출판사에서 시 모음집을 출판했다. 책등이 붉어서 책장에 꽂아두면 눈길을 사로잡는다. 테오발디의 변변찮은 시와 함께 수록된 점이 안타깝다. 테오발디를 읽어보자. 「1968년 에스링겐의 부활절」, "새벽 4시까지 계속 난리였다…… 나는 비옷을 챙겨갔다." 68년 부활절 시위와 진압이 극렬 대치했던 상황에서 맥 빠지게 무슨 비옷 타령인가? 편집자는 경찰국가의 눈치나 보는 사람이다. 헬무트 코스타르트의 서한문을 읽어보길 추천한다. Uwe Nettelback (Hg.), *Die Republik*, Nr. 1-4, Vertrieb 2001; 당사자의 이름은 위르겐 만타이다.
음악은 끝나고 빛은 사그러들다……

이데올로기 비판에 경도된 학문 경향의 "최정점"에 있는 프랑크푸르트학파는 프로이트와 마르크스를 공통의 토대에 올려놓으려는 이론을 시도했다. 이들은 역사적 – 유물론적 – 철학적 – 메타심리학적 조작을 통해 마침내 제대로 된 호문쿨루스를 인공적으로 배양해내고자 한다. 그러나 정작 인간의 심리적 재료인 육체에 무슨 일이 벌어지는지는 간과하고 만다.[24] 이들은 무의식의 욕망 생산이라는 범주를 놓친다. 여기서 모든 "심리적"이고 "사회적"인 현실이 도출되어 나온다.

"일반 대중"을 위한 통속 소설에 대한 이데올로기 비판 작업 역시 마찬가지다. 이들은 병원 로맨스물을 읽는 여성 독자가 육체에 느끼는 전율을 고려하지 않는다. 그저 여성 팬의 사고방식을 흠잡을 뿐이다.[25] 그러나 우리 대중에게 가장 큰 고통을 안겨주는 것은 바로 "잘못된" 감정들이다. 변태적이고 목적에서 소외되고 정반대로 뒤집힌 감정 탓이다. 쾌락을 느껴야 할 곳에서 몸이 경직되고, 사랑 대신 식은땀이 터져나오고, 매끈하게 발기되어야 할 음경이 불만족한 뼈로 남겨지고, 다른 사람의 몸에 삽입하려는 욕망이 살해 행위가 되어버린다. 두 사람의 살갗, 두 몸뚱이가 서로를 만지는 경험이 긴장 이완을 일으키고 정화와 재탄생을 일으키는 것이 아니라, 오히려 긴장과 더러움과 죽음을 불러온다. 문제는 바로 여기에 있다. 상점 여종업원이 신과 의사에 대해서 잘못된 인식을 갖는 것이 문제가 아니다.

"가족" 역시 이데올로기 비판적 사회화 연구자들에게 과도한 관심을 집중적으로 받는다. 섹슈얼리티 억압에 자본주의적·가부장적 사회가 요구하거나 필요로 하는 형식을 부여하는 것이 가족 제도라는 데는 의심의 여지가 없다. 곧 오이디푸스화의 형식, 근친상간 금지와 근친상간 명령이라는 이중 구속으로의 편입이다. 부모는 사적인 동시에 공적인 이중 지위를 지녔다. 부모는 성적인 존재이면서도 성을 금지하는 존재다. 아이는 이러한 분열을 전형으로 삼아서 훗날 자신과 타인을 이중으로 복속시킨다. 가족은 모든 양가감정과 출구 없는 모순의 전형이다. 그 속에서 아이는 방향감을 잃고 자유의 가능성을 잃어버린다. 하지만 육체적 쾌감 속에 불쾌를 미리 심어놓는 선제 작업은 가족 제도를 통해서 이루어지는 것이 아니다. 설령 가족 제도가 폐지된다고 하더라도 초기 유아기 단계는 없어질 수 없다. 바로 가족 단계보다 앞선 어머니 - 아이 공생 단계다. 포괄적 고갈화 과정은 가족 제도와 오이디푸스 단계가 없어도 완벽하게 수행될 수 있다. 젖먹이는 자신을 역겨워하는 양육자의 뾰족한 손길을 피부로 느끼지만, 아직 "어머니"라는 이름을 부여하지는 못한다. 목욕할 때 신체의 특정 부분에 특별한 관리가 가해진다는 것도 느낀다. 성인 가해자의 무의식적이지만 죄책감이 가득한 손길이 일으키는 공포 반응도 아직은 가족의 이름을 지니지 않는다. 최근까지도 흔했으며 아직도 근절되지 못한 관행 중에는 아이의 손을 침대에 묶어두는 처벌이 있다. 아이가 이유식을 바르면서 노는 등 신체적 쾌감을 위한 장난을 치면 체벌이 가해졌다. 이 모든 것은 오이디푸스 삼각 구도 이전에 발생한다. 가족 내에서 벌어지지만 가족 제도를 통해 관철되는 것은 아니다. 이후에 진행되는 항문의 금기 영토화Exterritorialisierung는 가족 영역에 속한다. 이 시기의 아이는 자신을 이미 어머니 - 아버지 - 아이 삼각 구도 안에 있는 것으로 인식하며 그 안에서 반응하고 행동한다. 정신분석학이 "항문기 고착형" 성격에 특별히 많은 관심을 쏟은 이유를 여기서 찾을 수 있다. 항문 추방의 과정이 잘못되면 항문기 고착형 성격이 생겨난다. 이는 오이디푸스 구도 안에서 분석될 수 있다. 그러나 좀더 전 단계의 갈등은 분석이 거의 불가능하다. 마거릿 말러 역시 이른바 소아의 청결습관화 과정에 주목한다. 불쾌감이 지배하는 어머니/아이 공생관계에서는 청결습관화에 혼란이 발생한다. 당연히 많은 어려움이 발생할 것 같지만 실상은 다르다.

이 아이들의 대다수는 다른 평범한 아이들과 비슷한 연령에 청결습관화에 성공한다. 청결습관화가 그리 어렵지 않게 달성되는 것은 두 가지 정도의 요소에서 기인한 것으로 보인다. 첫째, 신체의 피부와 구멍에 대한 성애화가 거의 없기 때문이다. 둘째, 다소 역설적이지만 감정적 간섭이 적기 때문이다. 과도한 조건화 과정 없이 덤덤하게 청결습관화를 겪도록 아이들을 내버려둔다.[26]

19세기 말에는 쌀쌀맞은 양육 방식 탓에 피부 성애화가 부족한 어린이들이 거의 일상적 표준이 되었다. 이는 엘리아스가 『문명화 과정』에서 설명했던 대로 육체의 "갑옷화"라는 새로운 과정의 토대가 된다. 육체가 갑옷화되면 심리적 경계에 대한 감각이 없는 몸을 갖게 된다. 몸의 외곽은 전무하게 혹은 부분적으로 불안하게 설정된다. 육체 경계는 외면으로부터, 즉 제국주의적 사회의 강압 훈련 기구로부터 부여된다.* 파시즘의 프로파간다와 사회적 관행이 온갖 종류의 경계에 그토록 집착하는 이유가 바로 여기에 있다.

크리스티안 엔첸스베르거는 가정법적 거리를 유지하면서도 한 가지 중요한 지적을 한다.

초기 자본주의는 좀더 억압적인 시대를 초래했다. 기존 질서를 뒤집는 모든 변화는 본질적으로 무시할 수 없는 수준의 엄청난 오염을 만들어낸다. 오늘날 기술 산업 역시 마찬가지다. 모든 개념이 혼선을 일으킨다. 기존의 모든 것이 외곽으로 밀려나면서 쓰레기가 되어버린다. 사람들은 겉

---

* 이 과정이 어떻게 일어나는지, 그 결과 어떤 종류의 남성 육체가 만들어지는지는 2권에서 자세히 논하도록 한다. 잠정적으로 간단하게 설명하자면, 그렇게 만들어진 육체는 정신분석학에서 말하는 자아 / 이드 / 초자아 모델의 구조와는 전혀 다르다.

으로 조심하면서 처신해야만 한다. 내면과 외면 모두의 청결함에 신경 써야만 한다. 청교도주의가 도래하면서 피부의 오염 위험이 부각되었다. 모든 종류의 접촉은 어떻게든 회피해야만 한다. 위생은 경건의 일종이 되었다. 명언이 생겨났다. "청결함은 신성함이다."

개인과 공동체는 새로운 위협에 대해 놀라울 정도로 유사한 방식으로 저항했다. 새로운 국민국가는 수도에 대한 관심을 서서히 줄이고 국경에 대한 관심을 점차 늘렸다. 마침내 동쪽으로는 메멜강에서 서쪽으로는 마스강*까지를 영토로 인식하고 누리기에 이른다. 개인 역시 몸 경계인 피부를 배타적으로 주의 깊게 관찰하기 시작했다. 오염 경계는 안에서부터 바깥으로 확장되었고 점점 더 날카롭고 예민해졌다.[27]

"내면의 신"이 하늘에 계신 죽어버린 신을 대체했다. 이제 내면의 신마저 점점 죽어가고 바깥에서 온 신이 그 자리를 차지했다. 신은 피부에 계신다. 그 이름은 청결이다. 청결이 경건의 일종이 되었다는 엔첸스베르거의 견해는 옳다.

프로테스탄트의 고해성사 폐지가 아마 적잖은 역할을 했으리라 추정된다. 신앙인이 마음의 짐을 덜어낼 길이 없어졌다. 자기 안에 자리 잡은 재판관은 훨씬 더 엄격했고 그리 쉽게 죄를 사하지 않았다. 고해성사에서 "죄"를 고백하면 아무리 못된 짓이라 해도 참회와 "속죄" 과정을 거치는 것이 가능했다. 고해성사가 폐지된 후 감시와 방어기제는 개인 내면에 설치되었다. 이제 "죄"는 그 자체로 "더러움"이 되었다. 그리고 청결 유지는 강박이 되었다.

반생산이 생산 내부로 도입되는 과정을 고찰해보자. 이 과정은 19세

---

*   이런 표현도 마찬가지다. "에치강에서 벨트 해협까지. 독일, 밀물 속의 바위."

기 후반 전쟁용으로 육성된 남성 육체에서 가장 극명하게 드러난다. 육체를 갑옷으로 감싸는 행위는 겉으로는 보호 같지만 실상 갑옷이 감싸는 육체에 적대적으로 작용한다.

반생산이 공장 내부로 도입되는 과정도 유사하다. 새로운 생산 요소의 매개체는 기계다. 기계는 두 가지 측면을 생산한다. 상품과 노동자 자신이다. 전자는 노동자의 도움으로 생산되고 후자는 기계 자체의 구조를 통해 생산된다. 자본주의적 생산 체계에서 기계는 노동자를 폐기물, 즉 "오물"로 만들어버린다. 기계가 고철이 될 무렵이면 노동자는 이미 망가진 지 오래다. 괴물 같은 기계가 인간에게 강요하는 고된 자세는 프롤레타리아가 밤에 잘 때조차 착취로부터 벗어나지 못하도록 만든다. 기계는 기술적 결함 탓으로 그렇게 설계된 것이 아니다. 애초부터 그냥 그렇게 만든 것이다.[28] 애초부터 산업적 생산이라는 것은 전반적인 결핍에서 특정 잉여를 창출하도록 되어 있다. 장난감, 부유층을 위한 장신구, 패션, 온갖 잡동사니 등.

반생산으로서의 공포와 죄책감은 육체에 직접 주입되어 비프롤레타리아 계층의 성애적 생산 안에 자리 잡는다. 마찬가지로 노동자 자신의 육체를 폐기물로 만드는 과정과 쓰레기 같은 생산물을 만드는 과정이 바로 산업적 생산인 셈이다.

이제 사랑과 노동은 내부에 자기 파괴를 품고 수행된다. 사랑과 노동은 죽음으로 향하는 연습이 된다. 오직 일부만이 창조적 과정이자 생명 출산의 과정이 될 뿐이다. 생산하는 모든 상품에는 노동자의 죽음이 들어 있다. 사랑의 몸짓은 죽음으로 귀결되는 죄책감으로 깊이 이어진다. 오늘날 사람들은 삶의 표현을 스스로 검열함으로써 죽음을 배운다. 반생산이 생산을 질식시키기 시작했다.

이제 애인과 노동자는 일을 시작하자마자 "더러움"을 생산한다. "벌거벗은 다리는 피아노 다리라도 음란하니까 양말을 신기던 근엄한 사회"[29]의 부르주아는 이제 공장과 사랑을 멀리하고 강과 기계를 피하는 삶을 택했다.

온갖 "더러움"이 물을 만나면 속성이 변한다는 점은 놀랍지 않은가? 더러움은 씻겨나간다. 위생을 중시하는 부르주아 사회에서 물의 가치는 높아진다. 물로 씻고 목욕하고 수영한다. 강과 호수 역시 중요하다. 18세기 이래 부르주아 계급이 절대왕정 귀족들에 대항하여 "미풍양속"을 내세우며 확립한 행동 양식은 동시대에 진행된 다른 종류의 "축축함", 특히 체액에 대한 사회적 금기화 및 "오물"로의 격하와 함께 이해되어야 한다. "새로운 경건함으로서의 위생"은 이 과정의 단면만을 드러낸다. 성애적 여성과 물의 이미지를 연결하는 과정을 보면 부르주아 남성의 탈경계화를 욕망한 여성이 어떤 여성이었는지가 드러난다. 그들이 시적인 상상력을 발휘해 바다, 샘물, 격랑, 강으로 탈경계화하여 자유로이 흘려보낸 여성은 바로 순결한 여성이었다. 성애적이고 "더러운" 여성은 상상력에서 몰아내버린다. 물은 해방된 섹슈얼리티의 역사적 가능성을 몰아내는 이념적·실천적 무기가 되어버린다.

약속된 바다로 상징되는 "무한성의 질"은 현실 여성을 은폐할 뿐만 아니라 피억압 계급 및 계층의 여성, 즉 "프롤레타리아" 여성의 "더러운" 섹슈얼리티를 거스른다. 부르주아 남성의 세면대를 흐르는 물은 무성애라는 신흥 종교다. 이때의 "물"은 오염을 씻어버리는 물이다.[30] 물은 유일한 청정 액체가 된다. 심지어 비파시스트 남성이 욕망하는 여성의 탈경계화된 바다로서의 질에도 세정제가 흐를 뿐이다. 물은 남성에게 욕망의 청결을 보장해준다. 그의 무의식은 순결하다. 그의 이론만큼이나 맑고 깨끗하다.*

흐르는 강물이 "청결"하지 않아서 두려워하는 남성에게 성애적인 프롤레타리아 여성의 육체는 곧 축축한 오물이다. 루돌프 헤어초크의 『동지들』의 주인공 "폴커"는 마치 쥐텐 성을 점거하던 방식으로 농장에서 공동 생활을 하던 여자 노동자들을 진압한다. 그 와중에 자신의 연인 한나 베스터란트가 연상되어 폭발하고 만다.

찢어질 듯한 비명을 질러대며 반라의 계집이 그의 목덜미에 달려들었다. 미끌거리는 몸뚱이가 자신에게 들러붙는 것을 느꼈다. 계집의 술 냄새 섞인 입김이 훅 끼쳤다. 계집의 손톱이 살을 파고들었다. "오염, 오염!" 그 단어가 머릿속을 쿵쿵 울렸다. 어깨에서 벌레를 떨쳐내듯 몸을 젖히며 뛰어올랐다.

세 차례의 비명이 공기를 뒤흔들었다. 갈보년들이 뒤로 나자빠지면서 땅에 내동댕이쳐진 채 짐승처럼 울부짖었다. 니클라스가 상관 뒤에 서서 쇠몽둥이를 어루만지고 있었다.

"짐승년 궁둥이를 조금 쓰다듬었지요. 따끔하게 정신 차리라고요. 중령님. 그런데 미개인처럼 저 난리네요." 폴커는 진저리를 쳤다. 미끌거리던 감촉과 계집의 술 냄새가 아직도 생생하게 느껴졌다.

"아, 나의 조국 독일이여." 한탄이 터져나왔다.

"너……! 아, 너, 너는……."

얼굴을 눈물로 흠뻑 적신 한나 베스터란트가 떠올랐다. 그를 향해 두 팔을 벌려 뻗었다. 가녀린 몸을 그에게 던지며 안기려고 했다.

"닿으면 안 돼!" 그는 목이 메였다. "나한테 닿으면 안 돼! 내 몸이 머리부터 발끝까지 다 오염된 게 안 보여? 이래선 안 돼! 이럴 순 없어!"[31]

더러워진 몸을 먼저 씻어야 한다는 것이다. 나중에 한 동료가 그에

---

* 강과 호수에서 헤엄치는 것에 대한 찬양은 이제 중지된다. 젊은 시절 브레히트가 헤어진 연인에게 "온갖 사내가 마음껏 싸지른 배설물이 질질 새는 깨진 냄비"라고 악담했던 일을 연상시킨다.

게 말했다. 그렇게 힘든 줄 알았더라면 "더러운 일"을 대신해줄걸 그랬다고.[32]

그렇다면 수도관에서 콸콸 흐르는 것은 무엇일까?

성적이지만 순결한 여인을 향해 흐르는 욕망이 바다의 무한성과 합류했다. 원래 바다는 맑고 투명함, 불가해성, 파괴 불가능성 등을 속성으로 지녔다. 이제 물은 길들여진 형태로 수도관을 통해 전달되어 매일 우리 몸을 씻어낸다. "순결한 어머니"와도 같은 물질로 온 세상의 때를 씻는다. 침대, 사랑, 여자의 더러움을 씻는다. 우리 자신의 때를 씻어내 청결하게 만든다.

이렇게 해서 수돗물은 "순백의 여성" "순결한 어머니" "순백의 귀부인 간호부"의 안티섹슈얼한 추상성을 물질적으로 육화한 존재가 되었다. 이 세상을 초월한 물질인 것이다.

이 물질로 피부를 적심으로써 의식은 육체 경계를 "오염 경계"로 고정해 인식할 수 있게 된다. "오염"과 "비오염"의 경계를 눈으로 확인해 감각적으로 인식한다. 또한 "자아"와 "비자아", 즉 오염을 경계지을 수 있게 된다. "세척"은 철저히 완전한 외적인 과정이다. 루이 14세 시절 사람들은 청결과 세척이라는 강박과 의무를 조금도 느끼지 못했다. 그들에게는 한 차례의 성교 후 다음 성교를 하기 전에 음경과 음부 등을 씻음으로써 성교 사이의 경계를 확보하는 습관이 없었다. 쾌락의 흔적을 없애기 위한 어떠한 "세척"도 마찬가지였다.

그러나 물은 또한 충분한 보상의 힘을 품고 있는 물질이다. 몸을 담갔을 때 느끼는 "마치 새로 태어난 듯"한 느낌은 그 무엇과도 비교할 수 없다. 물은 진한 오르가슴이 선사하는 "재탄생"의 느낌에 필적하는 매력적인 감각을 선사한다. 자유롭고 평등한 육체들 사이의 쾌락 생산을 막으려는 시도는 결코 쉬운 일이 아니었을 것이다. 쾌락 생산의 금지는 원시적 축적을 위해 반드시 필요한 일이었다. 세상에서 가장 아름답고 자유로운 물질인 물조차 결국은 이 자유를 억압하는 상징으로 동원되었던 것이다. 괴테와 친구들이 환호하며 밤 호수에 몸을 던진 것에는 반대할 수가 없다. 새로운 은총을 얻기 위한 대가가 너무 컸을 뿐이다.

군인 남성들의 헤엄은 어떤 모습이었을까?

수영장은 너무 좋았다. 유리 지붕을 통해 내리쬐는 햇빛이 초록색 바닥 타일에 흔들리는 잔영을 만들어냈다. 나는 열렬하게 물속을 헤집었다. 다이빙대 위에서 벌거벗은 몸뚱이들이 나를 보고 웃었다. 전우들이 도착한 모양이다.[33][윙거]

"열렬" "전우들"이라는 단어가 눈에 들어온다. 군인 남성들의 책에는 이런 종류의 수영 장면이 많다. 대부분은 강에서 벌어진다. 전투가 뜸한 사이에 건장한 남성 나체들이 서로 부대끼며 헤엄치고 목욕한다.[34]

폰 젤초프는 수석 장교로서 상관을 물에서 모시는 특권적 영예를 누렸다.

1905년 2월 1일 수요일은 어머니 생신이었다. 뫼르스베르거 해군 대위와 나는 세이셸 제도의 주도 마헤섬에 상륙했다. 적도의 태양광이 우리에게 수직으로 내리꽂히고 있었다. (…) 얼음처럼 차가운 물을 절벽 아래 웅덩이에 쏟아붓고 있는 샘을 발견했다. 우리는 옷을 벗고 그 아름다운 폭포 아래에 앉았다. 바위에는 마치 왕좌처럼 움푹 팬 자리가 두 군데 있었다. 등줄기를 훑던 물은 너무 황홀해서 우리는 주변의 모든 것을 잊었다. 거기에 얼마나 머물렀는지 시간조차 짐작할 수 없었다. 결국 우리는 제정신을 차렸다. 혹은 너무 겁이 났는지도 모른다. 우리는 산호초 사이에 카누를 몰고 다시 배로 돌아왔다. 나는 살면서 수많은 바보짓을 했다. 그중 이 자리에서 일어나 떠난 것이 가장 멍청한 짓이었다.*35

목욕이라는 피부 체험, 그리고 젖가슴의 감촉 덕분에 물은 판타지 속에서 어머니와 결합된다. (…) 물은 아이에게 모든 박해 공포와 우울 공포로부터 보호해주는 절대적 상황에서 판타지를 경험할 가능성을 제공해준다.36

프랑코 포르나리는 목욕하는 아이의 경험을 "피부 체험"이라고 표현했다. 젤초프가 폭포 아래에서 겪은 것을 이 개념이 충분히 설명해줄까? 시간과 공간이 녹아 없어졌다. 결국 그는 "제정신"을 차려야 했다. 여기에 쓰기에는 이상한 표현이다. 그는 행복하게 허우적거리던 합일의 순간에서 빠져나온다. 쾌락 가득한 공생의 경험이었다. 1905년 2월 1일 수요일이었다. 모든 상황은 통제 아래 있다. 어머니의 생신이라는 것도 명확하게 기억하고 있다. 완벽한 코드화다. 세이셸 제도에서 자유로이 흐르는 샘물은 아들을 집어삼키지 않을 어머니를 향한 욕망을 상징한다. 비위협적인 "청결한" 자신의 내면이다. 사회적 "오염"을 퇴치하는 천연의 샤워 시설과도 같다. 다소 억측 같지만 개인 가정집에 수도 시설이 설치된 이유는 부르주아 사회가 강제한 인간 욕망의 억압, 성적 억압 및 성별 고립과 관련이 있을 수도 있다.** 언제나 끝없이 생겨나는 "더러움"을 확실히 제거할 물질이 손에 잡히는 곳에 있게 되었다. 분해의

---

*   해군 대위의 남성으로서의 존재가 의미 있는 것이 아니라 여성의 부재에 더 큰 의미가 있다. 여성은 젤초프가 벗어나고 싶은 게걸스러운 공생의 위협을 육화하는 존재다. 젤초프는 좌파 남성과는 달리 샘/쾌락/여성을 명백하게 언어적으로 연결 짓지는 않는다. 남성 나체의 아름다움에 초점을 두는 목욕 장면은 많이 등장한다. (이하와 비교, Blüher, p. 271.)

608

위협은 신속하고 믿음직하게 제거된다.[37] 바로 하수구다.[38]

억압된 섹슈얼리티에서 발바닥 티눈에 이르기까지 거의 모든 인간의 고통을 "목욕 요법"이 치유한다는 주장이 생겨났다. 씻고 헹궈낸다. 심지어 광기를 씻어내는 세탁기까지 생겨났다. 너무 열을 올리거나 열받아서 사랑에 집착하거나 매를 버는 사람에게는 얼음처럼 차가운 물을 뒤집어씌우는 치료법이다.[39]

주방에서부터 침실에 이르기까지 청결은 집 안 전체를 점령했다. 순백의 침대보, 순결한 도덕, 새하얀 행주 등 백색 행진이 끝없이 이어졌다. 백색 강요는 크게 들리지 않았어도 언제나 상존했다. 물기가 바짝 말라붙은 침실에서부터 청결한 집 안의 중심인 주방의 수도관까지 순수한 어머니의 이미지가 가정을 점령한다. 육체와 가정을 안팎으로 순결하게 지켜내는 어머니가 프로파간다의 중심 주제다.*** 주부는 점점 더

** 가옥 내 수도 시설은 여성을 서로에게서 고립시켰다. 한때 공개적 만남의 장소였던 우물가는 활기를 잃었다. 우물가는 장식품이 되었다. 여성 상징성이 유물화된 또 하나의 사례다.

*** 청결한 국가에서는 어떤 일이 벌어질까. "CIA, 수돗물 독극물 실험 – 워싱턴AP. 미상원 정보기관 조사위원회에 출석한 다수의 증인이 새로운 세부 사항을 증언해 비밀 조직의 활동을 폭로했다. 미 육군 특수임무부대의 전직 요원 센서니는 수돗물에 치명적인 독극물을 투입하는 실험이 진행되었다고 증언했다. 수도관에 미세한 구멍을 낸 후 색소를 주입했으며 수도망을 따라 색소가 유포되는 양상을 추적했다는 주장이다. 만약 치명적인 독극물이 주입되었다면 시민들은 무방비로 노출되었을 것이라고 정보기관이 결론지었다고 한다." (*Badische Zeitung*, 20. 9. 1975.)

스탠리 큐브릭의 영화 「닥터 스트레인지러브」에 나오는 잭 더 리퍼 장군은 미국산 수소폭탄을 소련에 출격시키는 임무를 맡았다. 그는 오직 콜라와 위스키만 마신다. 공산주의자의 음모를 꿰뚫어봤기 때문이다. 공산주의자와 여자들이 작당해 지하수를 오염시켰다. 그래서 장군은 연놈들에게 "체액"을 한 방울도 내줄 수가 없다.

페렌치는 자아를 성기 분비물과 동일시하는 현상에 주목했다. 그래서 사람들은 "우호적인 환경에서만 방출"하려는 경향을 보인다. (*Schriften II*, p. 332.)

지하수/여성/공산주의의 대척점에는 금욕/위스키/수소폭탄이 있다.

연병장의 큐피드. 꿈속 풍경.
군사훈련은 어릴 때부터!
"조국을 사랑하는 의젓한 어린이."

백색의 화신이 되어가는 경향을 보인다. 반면 남편들의 내면은 점점 더 어두워진다. 혹은 조강지처가 아닌 여자를 마치 바닷물 바라보듯 욕망한다. 사방 천지에 있어도 한 방울도 마시면 안 되는 바닷물.

급기야 신세계 신혼부부를 겨냥한 패러디적 재영토화가 등장한다. 신혼여행은 나이아가라 폭포로! 모든 것을 끝장낼 궁극의 물줄기.

빌헬름 시대에 고갈화 교육이 극성기를 맞이한 것은 역시 우연이 아니며 자동적인 결과도 아니었다.

직업 군인과 군대, 장교에 대한 왜곡된 열광적 존경은 하루아침에 우연히 생겨난 것이 아니었다. 1870년, 1871년의 프로이센-프랑스 전쟁 승리와 독일 제국의 성립은 독일 소년들의 육체에 체계적으로 주입되었다. 독일이 존재하게 된 것은 승리 덕분이다. 군대 덕분이며 군인 덕분이다. 군인이 안 되겠다는 것은 독일 남자로 불릴 자격이 없다는 뜻이다. 건립된 승전비 아래에서 다음 세대가 길러졌다. 하지만 독일 제국은 곧 군사독재의 성격을 드러냈고, 여타 제국주의 열강과 세계시장 및 식민지를 두고 경쟁에 돌입했다. 그래서 장차 군인이 될 청년들을 육성하는 것이 실질적으로 필요해졌다. 이와 병행하여 독일 처녀들은 군인을 사랑하도록 훈련되었다. 두 차례의 세계대전을 앞둔 독일은 생산 능력, 원자재 확보 등에서의 확연한 물질적 열세를 "벌충"하기 위해 "최고의 병사"를 양성하는 데 의존해야만 했다.[40]

한편으로 군인에 적합한 특정 남성들이 있고 군인 아내에 적합한 특정 여성들이 있다. 그들의 육체에는 흐르지 말라는 금지가 깊이 각인되어 있다.

다른 한편으로 1918년 11월 혁명과 그 결과들이 있었다. 군중은 망설임 없이 모든 금기를 넘어섰다. 군인 남성을 훈련시킨 엄격한 금기들이 무너졌다.

사실 군인 남성의 이해관계는 "붉은 홍수"의 흐름에 의해 대부분은 위협받지도 않았다. 홍수에서 떠내려가는 것은 그의 경계였다. 인식의 경계이자 육체의 경계였다.

"붉은 홍수" 및 온갖 뒤섞임에 대한 공격은 붉은 간호부에 대한 공격과 유사한 양상을 보였다. 나는 이를 "환각적 대상 치환halluzinatorischen Objektvertauschung"이라는 개념으로 설명하려고 시도했다. 그들은 "붉은" 간호부들에게서 자신의 누이를 봤다. 그들이 해서는 안 될 짓을 하고 있기 때문에 "창녀"들이라는 것이다. 그러므로 죽어 "마땅하다". 군인 남성들은 그런 태도로 프롤레타리아 여성을 대했다.

그들은 "붉은 홍수"가 마치 자신들의 무의식인 양 대했다. 마땅히 틀어막히고 은폐되고 어둠 속에 있어야 할 것들이 버젓이 거리로 쏟아져서 흐르는 것이다.

결정적인 점이 있다. 군인 남성들은 반란군의 자유분방함이 끔찍해서 도무지 참아낼 수 없다. 자신들이 부정적인 것으로 여겨 틀어막아놓은

파울 폰 레토-포어베크
숙제를 하는 아들 아른트의 귀를 잡아당기는 모습으로 사진 촬영에 포즈를 취했다.

내면과 유사하기 때문이다. 군인 남성은 자기 융해의 위협을 느낀다. 붉은 홍수는 그의 경계를 무너뜨린다. 그렇기 때문에 도저히 무심할 수가 없다. 군인 남성이 방어하려던 것은 경제적 위치가 아니라 바로 자신의 심리적 구조였다. 어떤 의미에서는 생존을 위한 행동이었다.

제1장에서 살펴봤던 군인 남성의 의식을 이제 좀더 정확히 표현할 수 있게 되었다. 그의 무의식은 터져나와서 의식적 사고에 "범람"한다. 결코 비유적인 의미가 아니라 정말로 그렇다. 군인 남성은 융해/분해/분자화의 위협에 처한다. 자신의 총체성, 감각적 인식의 통제된 연결성이 완전히 무너져서 산산조각이 되어 상호 적대적 분자들로 폭파될 위협이다.[41]

군인 남성은 오직 이런 맥락에서 "빨갱이"의 행동을 자신에 대한 실질적 위험으로 "판결"한다. 그의 "판결"은 마치 "자명한 듯" 육체로부터 나오는 반응이었다. 자신에게 달려드는 물결을 물리치기 위한 필사적인 싸움에서 비롯된 반응이었다.

그의 모든 구멍, 경계에 드나들고 적시고 흐르는 모든 것은 단순히 "금지된" 것이 아니라 목숨을 위협하는 것이다. 흐름을 두려워하지 않는 저 적들은 수문을 열어 물을 흐르게 한다. 그리고 스스로 흐름이 된다. 저들은 금지된 것들의 화신이다. 군인 남성이 금기라고 느끼도록 배운 것을 감행한다. 저들은 모든 액체를 뒤섞은 악취 풍기는 혼합물이다. 모든 치명적인 것을 육화한 존재다.

군인 남성에게는 육체적 확실성으로 다가온다. 저 격랑이 내 몸을 덮치고 닿고 휩쓸면 나는 녹아버린다. 가라앉는다. 혐오감에 산산조각 나고 공포에 흩어진다. 겁에 질려 더러운 가래가 된다. 끈적이면서 들러붙는다. 진흙탕이 된다. 나를 질식시킨다. 곤죽이 되어 내 목구멍을 메운다. 마치 모래지옥처럼 모든 것이 하나 되어 뒤죽박죽 뒤엉킨다. 결국 무엇이 흐르는지조차 분간 못 할 지경이 된다. 미친 듯한 내면의 절규를

내지른다. 도와줘! 날 좀 끌어내줘! 그 누가 나를 달래주고, 물기를 닦아 주고, 젖지 않게 지켜줄까?

순백의 어머니! 메마른 손에 빳빳한 수건을 들고서 저를 닦아주세요. 엄격하신 아버지, **직접** 홍수를 못 막으시겠다면 그 무기를 제게 넘기십시오. 짐승처럼 날뛰는 저들을 사냥하렵니다. 나는 폭발할 지경입니다!

드디어 각인된다. 힘찬 심장 고동에 맞추어, 관자놀이의 뛰는 맥박에 맞추어, 시골길을 행진하는 저벅저벅 발소리에 맞추어. 피, 피, 피야 흘러라. 억수로 쏟아부어라.

방어하기 위해서는 구원이 필요했다. 경계를 잃었다가 되찾는 것이 바로 살인 행위의 핵심 과정이었다. 이는 곧 이어질 2권에서 고찰하도록 한다.

경건한 자세로 묵념

홍수에는 나름 매혹적인 측면이 있다. 군인 남성에게 고대하던 구원을 가져다준다. 앞서 살펴본 드빙거의 소설에 한 예가 묘사되어 있다. 기병 대위 트룩스는 여자들 무리와 대치하면서도 바로 발포 명령을 내리지는 않았다. 가래침 세례와의 접촉이 결정적이었다. 여자 노동자의 입이 뿜은 가래침이 훈장에 묻어서 뚝뚝 떨어지자, 그의 부하 도나트가 여자의 벌린 입에 총을 쏜다. 잠시 후 정신을 차려보니 얼굴이 있어야 할 자리에 피투성이 곤죽이 있었을 뿐이다. 드

디어 반란의 무리라는 처지에 어울리게 꼴 좋다. 계집이 나자빠졌다. 창
녀. 곤죽. 꼴에 딱 어울리는 모습이다. 이게 증거다. 도나트는 사나이답
게 화약 연기 속에 건조하게 서 있다. 훈장에 묻은 가래침을 닦아낸다.
　드라이 와인, 롱 드링크 엑스트라 드라이. 취향도 사나이답다.
　자기 머리끄덩이를 스스로 잡아끌어서 늪에서 빠져나왔다는 허풍선이
뮌하우젠 남작도 있지만, 어쨌든 도나트는 사나이 체면을 회복한다. 마
치 좆을 늪에서 구해내듯, 훈장에서 가래침을 닦았다. 뒤섞임은 끝났다.

댐과 홍수, 군중 행진의 제의

집권 이후 나치는 홍수를 길들여서 제의의 형태로만 흐르도록 만들었다. 이제 흐름은 댐이 되었다. 그뿐만이 아니다. "정치 지도부 집결식", 참가자는 당내 지도급 간부 전원. 1937년 9월 12일자 『니더엘베 지역 일간지*Niederelbischen Tageblatt*』는 이렇게 전한다.

독일노동전선 총재 겸 나치당 조직국장 로베르트 라이 박사가 "깃발부대 행진"을 선포했다. 아직 아무것도 보이지 않는다. 저 너머 남쪽 칠흑 같은 밤에서 그들이 떠오른다. 일곱 개의 기둥을 이루어 대형 사이로 흘러들어온다. 개인은 보이지 않는다. 기수도 알아볼 수 없다. 붉은 물결처럼 넘실대는 넓은 흐름만이 눈에 들어온다. 물결 표면이 금빛 은빛으로 반짝인다. 불타는 용암처럼 서서히 다가온다. 서서히 다가오는 물결에서 역동이 느껴진다. 신성한 상징의 의미가 어렴풋이 다가온다.[1]

홍수가 이름을 얻었다. "깃발부대 행진"이다. 흐름의 코드화다. 범람하는 성격은 제거되었다. 사람이 익사하지도 않는다. 그럼에도 여전히 자극적이고 매혹적이다. 홍수의 위협적 일면은 행진 대형으로 표현되었다. 강물의 흘러듦은 일곱 개의 "기둥"으로 바뀌었다. "여성적"인 흐름이 "남성적"인 경직 속에 합쳐졌다. 그런데도 왜 자극적일까? 무엇이 "붉은 물결처럼 넘실대는 넓은 흐름"을 "신성"하게 만들까?

프로이트는 『인간 모세와 유일신교』에서 신성과 금기의 연관성을 고찰한 바 있다.

신성한 물건은 건드려서는 안 된다. 신성함에 대한 금기에는 강력한 감정적 반응이 요구되는데, 이 요구는 합리적으로 아무런 근거도 없다.[2]

특유의 논리 비약을 통해서 프로이트는 근친상간 금기의 본질이 아버지의 권력 성립과 유지에 있다고 결론짓는다. 그는 "사케르Sacer"가 "신성하다"는 뜻인 한편 "악랄한", 혹은 "구역질 나는"이라는 뜻이기도 하다고 지적한다.[3] 신성한 제의는 또한 "악랄한" 모습을 띤다. 그것이 제의를 하는 중요한 목적이다.

깃발부대 행진의 제의적 의미는 이 맥락에서 이해 가능하다. 바로 공공연한 금기 위반의 과시다. 고작 프로이트적 코드화로서의 근친상간 금기만을 위반하는 것이 아니다. 좀더 근원적으로 흐르는 욕망을 과시하고 있는 것이다. 욕망 생산을 상징적으로 허용해 버젓이 드러내는 제의다. 충동은 비로소 출구를 찾는다. "칠흑 같은 밤에서 그들이 떠오른다. …… 대형 사이로 흘러들어온다."

파시스트 행사의 무시무시한 매력은 바로 여기서 비롯된다. 군중은 압도적 감동에 휩쓸린다. "세상에 이럴 수가, 어떻게 저럴 수가!" 구원과도 같은 해방감을 느낀다. "하지만 다들 하잖아? 세상에, 저렇게 대놓고 하잖아!" 심지어 법질서의 이름으로! 욕망의 상징적 해방이다. 충동의 과시적 긍정이다. 절제해서 쓰여야 할 장식적 기념비가 오히려 뻔뻔한 과시로 변질된다. 이렇게 하여 파시즘은 자유의 개막을 연출한다. 파시즘의 자유 속에서 파시스트는 융해되지 않는다. 제의를 통해서 나치는 이중 구속을 해제한다. 정상적으로는 충족 불가능했던 것들이 풀려난다. 버젓이 근친상간을 하면서도 거세당하지 않고 찢기지 않는다. 거대한 권력의 흐름에 동참하면서도 개인의 죽음은 겪지 않는다. 들뢰즈와 과타리는 히틀러가 파시스트를 흥분시켜서 우뚝 세워주었으리라 짐작한 바 있다.[4] 그럴 법하다. 제의를 통해 "비로소 거세당하지 않도록"

되었다. 그 누구도 못 가진 추상화된 남근인 일곱 개의 기둥이 당당하게 우뚝 섰다. 파시스트는 제의를 통해 초월적 남근의 일부가 된다. 모든 것이 의미 있게 느껴진다. 바로 그렇기 때문에 "개인은 보이지 않"고 "기수도 알아볼 수 없"게 된다. 거대한 길들여진 홍수의 일부분이 되어 스스로 흘러가는 순간 그는 모든 이중 구속의 속박에서 풀려난다. 개인의 욕망 생산과 사회적 권력의 요구 사이의 모순이 과시적 행진을 거치면서 해소된다. 제의를 통해 파시스트는 해방된 충동을 연기하고 동시에 그것을 억압하는 원칙을 연기해낸다. 내포된 모순은 느껴지지 않는다. 개인이 과시에 참여함으로써 권력을 나눠 갖기 때문이다. 발터 벤야민의 단언이 옳다. 파시즘은 "무엇보다 이른바 인간 재료"로 기념비를 건립한다.[5] 거기에는 이유가 있다. 기념비의 재료는 바로 욕망의 흐름이기 때문이다. 그러나 벤야민조차 바이마르 좌파의 합리주의 강박에서 벗어나지 못했다. 대규모 행진 의식 등을 비롯한 파시스트 집단 예술의 "집행"에서 군중은 "홀린 상태로" 스스로 기념비가 되어버린다고 생각했다. "스스로 심사숙고하고 자발적으로 행동하는 능력이 없어진다"고 본 것이다.[6] 최소한 "심사숙고"는 혁명적 행동에 전혀 쓸모가 없다. "자발적"이라는 것도 실상 의미가 있을 수 없는 개념이다. "자발성"이 도출될 수 있는 "자아" 개념은 피억압 계급에게는 거의 의미 없다. 파시즘을 "홀린다"거나 무능화한다는 식으로 이해한다면 중요한 부분을 많이 놓치게 된다. 파시스트에게 좀더 중요한 것은 홀가분함이다. 제의 참가자는 구원의 유토피아를 경험한다. "이제는 더 이상 숨을 필요가 없다." "다른 사람들도 나와 똑같다는 것을 이제는 보고 느낀다."

　파시즘은 인간 내면의 상태를 거대한 외부적 기념비와 장식물로 번역한다. 엄청난 수의 사람들이 함께 흘러들어갈 하수도 시스템을 건설한다. 사람들의 욕망이 기념비적으로 거대화된 수로를 따라 흐르도록 허용된다. 이제는 고립 상태도 분열 상태도 아니다. 가능한 한 많은 사

람이 다 함께 보란 듯이 금기를 위반한다. 군중이 가장 못 견디는 것은 행렬에 참여하지 않고 혼자 걷는 개별자다.

그는 금지된 장난에 끼지 않는다. 게다가 구경까지 한다. 모두 흐름에 동참하여 신이 되어가는 중인데 누군가의 구경거리가 되다니, 있을 수 없는 일이다.

한 가지는 확실하다. 과시적 연출만 잘되면 만사는 긍정된다. 모든 것은 생산의 재현이자 허상일 뿐이다. 벤야민이 옳았다. 파시즘은 군중에게 권리를 부여하는 것이 아니라 표현을 허락한다.[7] 하지만 더 중요한 것은 무엇을 표현하느냐의 문제다. 파시즘은 군중에게 계급 이익, 경제적 이익 등의 이해관계를 표현하도록 허락하지 않는다. 권력을 잡은 공산주의자들은 표현은 허용하지만 만족시켜주지 않는다. 파시즘은 군중으로 하여금 억압된 충동과 가로막힌 욕망을 끝없이 표현하도록 유도한다. 파시즘의 군중에게 허락된 표현은 배불리 먹고 싶다는 욕망이 아니다. 사회적 이중 구속에서 해방되고 싶다는 욕망이다. 함정에 빠지지 않아도 되는 삶을 욕망한다. 파시즘의 성공이 증명하는 것이 있다. 군중이 파시즘에 넘어가는 이유는 배고픔과 실업의 고통보다 내면 상태의 고통이 더 절실했기 때문이다. "먹을 것이 필요하니 주세요"라는 구호는 그렇게 쉽게 최우선에 놓이는 것이 아니다. 사회적 억압과 스스로의 갑옷 속에 갇힌 인간은 때로 굶주린 배를 채우기보다 차라리 모든 것을 때려 부수기를 원한다. 그가 원하는 것은 파국을 가져오는 정치다. 다음 세대가 평생 배불리 먹고 살 수 있는 경제적 질서는 바라지 않는다. 이것이 파시즘의 교훈이다. 파시즘의 유토피아는 낙원과도 같은 무책임성이다. 나는 여기에 "극심한 왜곡 속에 도사린 일종의 아름다움"이 있다고 믿는다. 공산주의자와 좌파는 아직도 아집에 사로잡혀서 파시즘의 공포가 준 교훈을 받아들이지 못한다. 그들이 선전하고 실천하는 유물론이 반쪽짜리 진실이라는 것을 모른다.

무의식의 욕망 생산이 역사의 미세한 추진력으로 작동한다는 것을 이들은 생각조차 못 한다. 그 대가를 그토록 치렀고 요즘도 치르고 있으면서 여전히 깨닫는 바가 없다.

가부장제는 사회적 '자연력'을 복속시키고 억제하며 변형하는 방식으로 지배를 작동시킨다. 체제 안에서 자연력은 피지배 성별, 곧 여성성으로 코드화되었다. 여성 억압의 형태는 늘 바뀌지만 코드화는 언제나 새로이 정립되고 재확인되었다. 뤼스 이리가레는 "무의식은 부분적으로는 역사에서 검열된 여성적인 것"[8]이라고 말했지만 이는 오히려 온건한 입장이다. 무의식과 여성성은 억압의 역사에서 서로 너무 단단하게 뒤얽혀 있어 거의 동일하다고 말해도 무방할 지경이다. 프리다 그라페가 날카롭게 지적했듯, 프로이트가 자신의 학문 체계를 "히스테리 여성의 병리를 기초 삼아서" 세운 것은 어찌 보면 필연적이었다.[9] 그 위에 남성 중심의 정신병리학 체계가 세워졌다. 여성성과 무의식 결합의 대

1932년 뮤지컬 영화 「42번가」 리허설 장면
버스비 버클리 감독과 배우들.
오른쪽에서 다섯 번째 인물이 진저 로저스.

척점에서 남성적 – 이성적 사고방식은 "자연" 정복으로부터 언제나 여성 억압의 새로운 방법을 찾아냈다. 지크프리트 크라카우어는 "대중 장식 Ornament der Masse은 아무런 상부 구조 없이 벙어리 자연을 재현한다"[10]고 지적했지만, 그는 "자연"의 성격을 깊이 이해하지 못했다. 그래서 괴테 적인 말투로 인간화의 과정은 "오직 사유가 자연을 제한하고, 이성으로 부터 인간을 구성할 때에만" 진보할 수 있다고 결론짓는다.[11] "진보"는 당연한 듯 전제된다. 결국 누가 살아남을지가 뻔한 길이다. 크라카우어 는 그가 고안한 개념인 "대중 장식"의 한 예로 엄격하고 화려한 군무를 자랑하던 틸러걸스Tillergirls를 고찰한다. 틸러걸스는 "해결될 수 없는 소 녀 콤플렉스가 수학적 시범처럼 움직인다"고 평했다.[12] 대형 경기장에 서 펼쳐지는 "육체 문화"의 대중 장식은 별자리처럼 정형화된 패턴으로 주간 뉴스 화면을 통해 널리 유포되었다. 이는 전혀 새로운 과정이 아니 다. 리페와 엘리아스의 연구가 잘 설명했듯, 인간을 재료로 만들어내는 장식은 르네상스 이래로 유럽적 자아가 새로운 육체형을 배우는 과정을

622

언제나 동반했다. 크라카우어가 대형 경기장에서 목격한 대중 장식은 앙리 3세의 궁정에서 보주아외가 봤던 발레 대형과 크게 다르지 않다.

> 유클리드 기하학 교과서에서 볼 수 있는 각도와 원으로 구성되어 있다. 물리학의 기본 형태인 파동과 나선형도 포함한다. 유기적 형태의 증식과 영혼의 발산은 배제된다.[13] [크라카우어]

차이점이 있다. 장식을 만드는 것은 "순백의" 궁정 여성이 아니라 "군중"이다. 기술 발전에 따라서 장식의 요소가 확장되었다. 하지만 크라카우어는 이 과정을 완전히 오해한다. 유기적인 "영혼의" 형태는 배제된 것이 아니라 오히려 장식의 재료다. "증식"을 나선형으로 전환하는 것이 장식의 작업이다. 강물이 거대한 댐 시스템 안으로 쏟아져 들어가는 것이 바로 파시스트 군중 제의의 핵심이다.

> 파시스트 지배자는 수천 년 역사 내내 군림했다. 네모반듯한 돌덩어리로 피라미드를 만들던 노예들, 총통이 굽어보는 광장과 연병장에서 스스로 네모반듯한 대형이 되는 프롤레타리아 군중. 지배자의 시선 속에서 양자의 차이점은 순식간에 사라져버린다.[14]

발터 벤야민의 글이다. 하지만 파시스트에게는 "지배자의 시선"을 넘어서는 새로운 측면이 있다.

파시즘은 새로운 무언가를 발견했다. 파시즘은 직접적으로는 공개적 제의를 통해 여성의 복속을 과시했다. "자연"의 정복, 그리고 무의식의 욕망 생산을 연출했다. 그러나 더 중요했던 것은 군중의 복속, 특히 남성 군중의 복속이었다. 사회주의의 현실적 위협을 격퇴하고 여성 육체의 "자연성"을 과시적으로 정복하는 것만으로는 직성이 풀리지 않았다.

파시즘은 남성 내면으로 파고들어서 무의식의 재료를 침탈하고자 했다.

남성은 분열된다. 여성적 내면과 남성적 외면이 갈라선다. 남성적 외면은 육체 갑옷이다. 내면과 갑옷은 철천지 원수다. 갑옷은 내면에서 유리되어 있다. 갑옷은 내면보다 우월하다. 이를 과시하고 확인하는 것이 제의다. 내면의 흐름은 오직 군중 대형의 남성적 경계 안에서만 허용된다. 육체의 내면과 외면은 계속 분열되어서 서로 적대한다. 둘은 제의를 통해서만 "평화적인" 대형을 이룰 수 있다. 파시즘은 남성에게 약속한다. 내면의 적대적 일부를 한데 묶어 견딜 만하게 만들어주겠다고. 내면에 숨어 있는 위험한 "여성성"을 남성성으로 눌러 정복하게 해주겠다고. 파시즘 언어에서 "경계"는 주로 육체 경계를 의미했다.

애초부터 공공 영역과 남성적 생산 영역에서 여성을 배제했던 파시즘은 새로운 형태의 여성 억압을 추가한다. 파시스트 남성은 반항적이고 성애적인 "흐르는" 여성을 무찌른다. 심지어 남성 자신의 무의식과 욕망 생산 안에 들어 있는 여성성을 무찌른다.

624

FIN

이 과정에서 지배자의 아내는 기능이 없다. 복속된 여성을 대표할 뿐이다. 제1차 세계대전 당시 독일 제국 황족 여성들은 간호부 차림으로 모습을 드러냈다. 반면 히틀러는 "연인" 에바 브라운을 공식적으로 숨겼다. 그녀는 통치권 확립의 제의에 불필요했을 뿐만 아니라 심지어 방해만 됐을 존재였다. 파시스트 제의에서 총통의 "안사람"은 오직 대형을 이루어 흐르는 군중의 무의식일 뿐이다.

드디어 환호가 터져나온다. 압도적이다. 거대한 파도다. 모든 것을 휩쓸고 모든 것을 쓸어버린다. 5만 명의 목소리가 하나로 융해된다. 한마음 한목소리로 부르짖는다. "하일 히틀러!" 5만 개의 팔이 하늘을 향해 뻗는다. 5만 개의 심장이 그분을 향해 고동친다. 그가 고개를 빳빳하게 세우고 빽빽한 군중 속으로 삽입해들어온다.[15][토르 고테]

여기서 잠시 노래를 멈추고 1권을 마무리한다. 2권에서 이어질 제3장에서는 삶의 모순과 혼란이 남성성／여성성, 댐／강, 오염／청결, 높음／낮음이라는 개념쌍으로 어떻게 코드화되는지 탐구한다. 이는 파시즘 언어의 핵심 개념들과 연결된다. 이들 "남성"이 말하는 군중, 국민, 국가는 과연 무슨 의미일까. 총통의 연설이 흘러넘칠 때, 총통의 강철처럼 새파란 눈동자가 번뜩일 때 그들은 무엇을 봤을까. (사실 히틀러의 실제 눈동자는 녹슨 갈색이었지만.)

제4장에서는 군인 남성 육체의 여러 개념을 점검하고 육체가 어떻게 그런 상태로 만들어졌는지를 살펴본다.

특히 동성애와 백색 테러 사이의 연관성에 대해 몇몇 가설을 살펴본다. 또한 1권에서 쟁점화되었으나 마무리 짓지 못한 문제도 다룬다.

이상 1권에서는 통상적 파시즘 문헌과의 대립은 가능한 한 피했다. 2권에서 다룰 예정이다.

막사 안뜰에서 나팔 소리가 울렸고,
깃발이 고개 숙여 경례했다.
병사들은 청동 주물처럼 부동자세였다.
단추 실밥 터지는 소리까지 들릴 지경이었다.

—블라도 크리스틀, 『초단편 영화들』

2권

제 3 장

군중과 적들

군중, 육화된 자기 무의식

우리는 1권에서 특정한 종류의 군중에 대해서 고찰했다. 군중은 다양한 유동성과 끈적함으로 군인 남성을 "집어삼켜서 흔적도 없게 만든다". 육체의 안팎과 아래위를 뒤섞는다. 모든 "더러움"이다. 축축한 군중이다.

군인 남성은 경멸, 혐오, 역겨움, 공포 등 부정적 감정을 군중을 향해서 쏟아붓는다. 하지만 그의 정서는 군중 그 자체로부터 직접적으로 생겨나는 것이 아니다. 오히려 자신의 몸뚱이로부터 흐르는 "군중"에 대한 정서다.*

혁명 군중의 공공연한 등장은 댐이 붕괴된 결과다. 혁명은 스스로의 댐마저 위협한다. 외면의 군중이 "유입"되어 남성의 육체 경계를 무너뜨린다. 내면의 군중은 외면의 군중에게 떠밀려 "찢긴다". 외면의 군중은 폭발해버린 자신의 내면을 육화한다. 남성은 "범람"당한다.

파시스트의 군중 개념에서는 명백한 모순이 발견된다. 엄청난 숫자의 군중 동원 능력과 더불어 군중에 대한 파시스트의 경멸이 있다. 파시스트는 군중을 이용하면서도 다른 한편 자신이 군중보다 낫다고 생각한다. 천박한 "인간 군상"에 대비되는 엘리트를 자처한다.[1]

그러나 자세히 따져보면 모순이 아니다. 군중에는 두 가지 대립되는 종류가 있기 때문이다. 칭송을 받는 군중은 모양새를 잘 갖춘 댐 체계 안으로 쏟아부어져서 흐른다. 총통이 영도하는 군중이다. 경멸스러운 군중은 제멋대로 흐르고 끈적이고 와글거린다. 군인 남성은 "썩어빠진 군중에게서 터무니없는 격렬한 증오"[2]를 받는다.

온갖 "홍수"와 온갖 "더러움"은 언제나 텍스트 속에서 "군중"과 직접

---

* "우리는 육체 내부를 장기를 통해 직접적으로 경험하지 않는다. 오직 묵직한 덩어리의 군중처럼 느낄 뿐이다." (Mahler, p. 45 f., mit Bezug auf Hartmann und Schilder, 1927.)

연관되어 언급되었다. "붉은 홍수" 등의 표현은 물론 특정 부류의 군중을 가리키는 말이었다. 특히 혁명 군중이 여기에 해당됐다. 또한 정형화되지 않는 여타 모든 군중이 그러했다. "붉은 홍수"와 "군중"이 어떻게 표현되는지 한 예를 살펴보도록 하겠다.

꼴에 혁명 전사라고, 행진을 한단다. 시꺼멓게 북적거리는 주제에 어떻게 불꽃을 일렁이겠다는 건가? 피와 바리케이드의 꿈을 어떻게 실현하겠다는 건가? 저런 꼴로 누굴 항복시키겠다고! 요구 사항도 꼴같잖다. 자부심도 없고 승리의 역사도 없고 절도 있는 물결도 없다. 위협을 하는데 비웃음만 난다. 저들이 행진하는 이유는 배고프고 피곤하고 샘나서다. 그런 구호로 대체 무슨 승리를 하겠는가! 위험에도 불구하고 군중은 형체 없는 얼굴을 지녔다. 군중은 곤죽처럼 출렁인다. 저항하지 않는 모든 것을 일렁이는 소용돌이 속으로 삼킬 태세다. 하지만 나는 결코 소용돌이에 함락되지 않을 테다. 나는 굳세게 버텼다. "양아치들" "패거리" "깡패들" "폭도"라고 되뇌이면서 눈을 가늘게 뜨고 노려봤다. 아둔하고 꾀죄죄한 것들. 쥐새끼들. 나는 생각했다. 등짝에는 온갖 시궁창 찌꺼기가 묻은 채 빨빨거리면서, 작고 붉게 테두리친 눈알을 번득였다.[3]

위협 내용이 똑같다. "나는 결코 소용돌이에 함락되지 않을 테다." 방어 방식이 똑같다. "굳세게 버텼다." 짐승 떼 특유의 축축함으로 우글우글 북적북적하다. 이미 살펴봤듯 군중은 마치 물결이나 곤죽과도 같다. 울부짖고 출렁이고 쏟아지고 먹고 삼키고 찢고 뭉개고 짓밟고 때려서 곤죽으로 만든다. 그런 다음에야 잠잠해진다.[4]

군중 안에는 "짐승"이 깃들어 있다. 탐욕스러운 아가리로 덥석 문다. 천 개의 눈깔에서 독을 쏘아 몸이 굳도록 만들어 마비시킨다. 천 개의 말과 천 개의 대가리를 지녔다. 천 도까지 뜨겁게 달아오른다. 숱한 발

우리를 내버려두어라!
프리메이슨 / 유대인 / 드골 / 거짓말쟁이들
비시 정권의 선전 포스터, '부역자 연합'

이 달린 요물이 된다. 지네, 쥐, 뱀, 용, 늑대가 된다.[5]

군중은 신화적 이름을 얻는다. 성애적 여성의 형체 뭉개진 하체가 주는 공포를 부르는 이름이다. "둑이 터져서" 찢기고 월경 중인 아랫도리에 숨어 사는 짐승이 겁을 준다. 히드라, 메두사, 고르곤의 머리.[6]

하지만 이런 이름을 신화적 의미의 맥락에서 해석하면 안 된다는 것은 아주 명백하다. 이들은 문화 특정적으로 코드화된 단어들이다. 당시 인문계 고등학교에서 만들어졌으며 뻔한 감정만 소환하는 기능을 한다. 군인 남성이 구사하는 어휘력과 상투어법을 국어 작문법의 경계 안에 가둬서 그 외의 감정은 묘사하지 못하도록 만들 뿐이다.*

이들 텍스트가 지닌 손쉬운 상징성을 "해석"하는 것은 너무 뻔하다. 독자는 일종의 교환을 제안받는다. 울리히 조네만은 교환을 해석의 본질이라고 설명했다. 가능적 경험을 내주는 대신 의미를 얻는다. 이른바 "객관적" 개념으로서의 의미다. "……이처럼 해석의 교환적 성격이 보여주는 것은 해석이 과거의 댐을 터뜨리려는 충동을 꺾어버린다는 것이다."[7] 파시스트가 구사하는 상징 언어가 과도하게 명징하므로 달성되는 기능은 바로 이것이다. 저자와 독자 모두를 공포스러운 경험에서 보호해준다. 혁명 군중은 의식적** 코드화를 거쳐 "집어삼키는 여성성" 콤플렉스가 된다. 그리하여 군중/여성성이 일으키는 공포가 사실은 스스로의 무의식이 일으키는 욕망 생산과의 투쟁이라는 것을 직면할 기회를 회피해버리고 만다.

군인 남성은 댐을 건설하고 살해하고 척결한다. 그럼으로써 "욕망하

---

* 달리 표현하자면, 군인 남성의 개념은 그의 감각보다 더 "오이디푸스적"이다. 여기서 재차 확인된다. 이들의 언어를 제대로 알고자 한다면, 개념의 "함축", 타개념과의 연상 관계 등을 따진다거나, 잠재되어 은폐된 내용을 "번역"하려고 작정해서는 안 된다. 오히려 언어의 정서, 언어의 움직임을 제대로 살펴야 한다.

** "의식적"은 고의적이라는 뜻이 아니다. 접근 가능 영역으로서의 의식을 뜻한다.

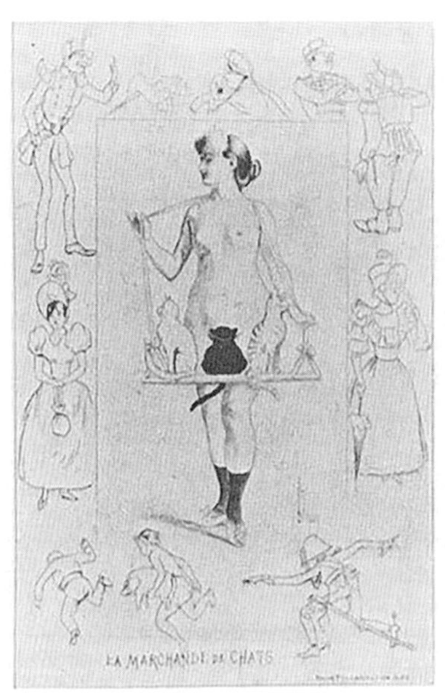

는 욕망", 스스로의 무의식, 스스로의 삶에 접근한다. 오직 이것만이 그에게는 무의식적이다.

그는 특정한 내용을 억압하는 것이 아니다. 무의식 자체, 무의식의 욕망 생산 전체가 억압된다. 군인 남성의 내면에는 수용소가 있다. 그 자신의 욕망을 가둔 수용소다.

근친상간 욕망, 메두사에 대한 공포, 남근을 지닌 여성에 대한 공포 등등 온갖 공포와 욕망의 사회적 코드화는 억압과는 전혀 관계없으며 절대로 무의식적이지 않다. 오히려 그 반대다. 파시스트 문학에서는 온갖 백색 테러 행위를 대놓고 찬양한다.

군중을 대상으로 하는 테러 행위는 스스로의 "내면"이 군중에 합류할지도 모른다는 공포에서 비롯된 것이다. 이는 엘리아스 카네티가 『군중과 권력』에서 보여준 통찰을 보강해줄 시각이다. 혁명 군중은 터져나온 자신의 "내면"을 육화한 존재다. 상징이 아닌 육화다. 군인 남성에게 혁명 군중은 역겨운 체액의 혼합물을 완벽하게 구체화한 무엇으로 느껴졌다. 이제 무의식은 더 이상 생산력이 아니라 육체적 산물이 되었다. 일단 풀려나면 통제 불가능한 물질이 되어서 외부의 무도한 군중에 합류해 육체 경계를 집어삼킬지도 모른다.

백색 테러의 몇몇 특징은 군중에 대한 이 같은 태도에서 비롯된다. 또한 파시스트 이데올로기의 핵심적 특징 역시 이와 관련된다. 다음 장에서 자세히 다루도록 하겠다.

쾌락전염병*

군인 남성이 억압하는 것은 "욕망에 대한 욕망"이다. 파시스트 프로파간다의 핵심 역시 모든 쾌락과 즐거움에 대한 투쟁에 집중된다. 쾌락과 즐거움은 마치 화학적 발효처럼 육체 갑옷을 융해시킨다. 그러므로 엄격한 금욕, 자제, 극기를 유지해야만 한다. 이것이 나치의 꿈이다.

인생은 쾌락을 위한 것이라는 저열한 믿음. 그야말로 유대인적인 쾌락전염병. 이미 오래전부터 수많은 사람이 이 병을 근절하길 소망했다. 이제 "지상천국"은 설 땅을 잃었다……[1]

---

* Lustseuche를 축자적으로 번역해 '쾌락전염병'이라고 옮겼다. Lustseuche는 성행위로 감염되는 성병을 뜻하는 일상어였지만 현재 의학적으로는 쓰이지 않는 사어가 되었다. 구체적으로는 매독, 임질, 비교적 최근의 에이즈 등을 뜻하는 말이었다. 저자 테벨라이트는 접촉 및 혼합에 대한 공포, 쾌락 및 욕망에 대한 불안을 잘 드러내는 개념으로서의 '쾌락전염병'을 분석한다. 성병이 단순한 의학적 문제가 아니라 다양한 정서가 담겨 있는 이데올로기적 개념이었음을 잘 드러내는 단어가 쾌락전염병이다. ―옮긴이

알프레트 로젠베르크는 대중 앞에서 나치당 노선을 노골적으로 설파하곤 했다. 투쟁을 위한 희망, "지상천국"이 가능하다는 발상, 쾌락이 실현되는 삶, 더 나은 삶에 대한 소망은 모조리 질병이라고 일축했다. 인간적 쾌락은 전염병이다. 최악의 전파자는 "유대인"들이다. 끊임없이 혼합을 시도하기 때문이다.

파시스트가 대중의 반자본주의적 정서를 부유한 유대인 및 착취자로서의 유대인에게 몰아주어 "성공적으로" 호도했다는 것이 유대인 박해에 대한 표준적 설명이다.[2] 파시스트 문학과 프로파간다를 보면 이견의 여지가 없을 정도로 명백해 보인다. 독일 반유대주의의 핵심에는 "유대인"과 "더 나은 삶에 대한 욕망"이라는 전염병이 결합해서 자리 잡고 있다.

유대인은 관능적 몸뚱이의 군중이다. 그 옆에 두 개의 더미가 추가된다. 바로 돈더미와 시체 더미다.

기생충 같은 유대인에는 세 종류가 있다. 첫 번째는 모두가 이미 잘 알고 있다. 은행을 소굴 삼아 숙주 민족을 경제적으로 쥐어짜는 유대인이다. 두 번째 종류도 모두에게 익숙하다. 금발의 독일 처녀를 끼고서 카페와 술집에 앉아 있는 것들이다. 이들은 숙주 민족에게서 성적·인종적 힘을 빨아먹어 파괴시킨다. 여기에 세 번째 종류의 유대인이 가세한다. 이들은 비유대인 및 아이들의 피를 문자 그대로 빨아먹는다. 종교적 이유로 그러는 것도 아니다. 유대인의 피는 잡종이기 때문에 언제나 부패할 위험에 처해 있다. 그래서 다른 민족의 피를 마셔야만 생명 유지가 가능하다.[로베르트 라이]

교접할 때 남자의 씨앗이 여자 뱃속 밭에 완전히 혹은 부분적으로 흡수되어서 피에 합쳐진다. 아리아 여자가 유대인 사내와 단 한 번만 교접해도 피가 오염되기에는 충분하다. (…)

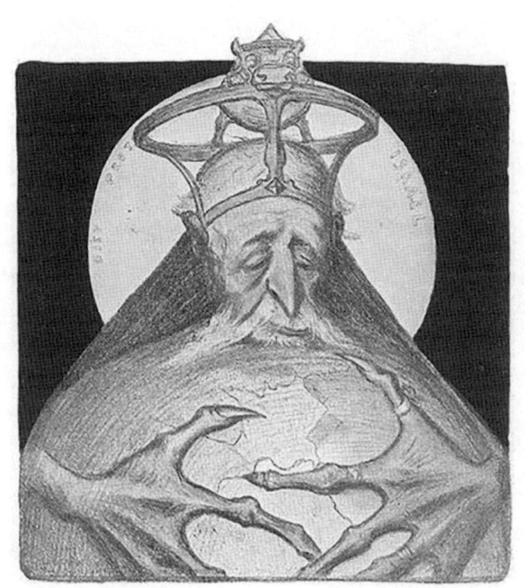

「로스차일드」, 샤를 르앙드르, 프랑스 1898

독일 제국의회 선거 포스터, 1920

'유대인 트로츠키'
브와디스와프 스카보프스키,
1920년 폴란드-러시아 전쟁 선전 포스터

바로 이런 이유로 유대인들은 온갖 유혹의 기술을 다하여 가능한 한 어린 나이의 독일 처녀들을 욕보이려는 것이다. 그래서 유대인 의사들이 여자 환자들을 마취시켜놓고 겁탈하는 것이다……[3]

군중에게 "쾌락전염병"이 옮았다. "유대인들"과 볼셰비즘이 그러했듯 모두가 망한다. 바로 "집단 화냥질"이다.

모든 혁명 운동에는 똑같은 묘사가 따라붙는다. "술과 피가 넘쳐난다. 폭음과 계집질로 하루를 마감한다."[4] 1920년 3월 노동자 반군이 에센을 장악한 날을 이렇게 묘사했다. 행여 섭섭할까봐 혁명 운동가들의 직업도 다채롭게 열거했다. "감옥소 죄수" "부랑자" "상습범" "건달" "한량" "패거리" "역적" "날강도" "백수" 등이다. 절대 빠지지 않는 것도 있다. "기둥서방" 혹은 "전문 포주"다. 사방팔방으로 "타락한 성"이 넘쳐난다.[5]

공화주의자와 혁명가들은 죄다 화냥년을 끼고서 천박한 소리를 거침없이 지껄인다. 건달이 양 옆구리에 여자를 끼고 외친다. "플랑드르 전선에서 뒈져서 묻혔어야 할 놈들이 여긴 왜 와? 죽여주마!"[6] 군대가 노동자군을 진압한 후에는 으레 이런 보도가 뒤따른다.

체포를 피하려고 도망쳤던 자들은 차례로 붙잡혔다. 밤에 남몰래 아내를 찾아들거나 각종 색시들에게 갔다가 발각되곤 했다.[7]

자유군단 지휘관이었던 슐츠 소령은 어찌된 일인지 몰라도 혁명가들이 들락댄다는 매음굴을 훤히 꿰고 있었던 모양이다. 뮌헨 평의회 공화국에서 잠시 마지못해 붉은 군대 총사령관 직을 맡았던 에른스트 톨러도 그러한 "색싯집"에서 발각되었다는 보도가 파다했다. 그는 구스타프 란다우어 등의 동지들처럼 백색 테러 분자들에게 구타 살해당하지 않기 위해 가발을 쓰고 변장했지만 들키고 말았다. 보도에 따르면 잠옷바람

'환호받는 영웅'
1918년 킬 수병 반란 거리 포스터.
총검 끝에 붉은 헝겊을 매달았다.

으로 붉은 가발을 쓴 채 벽장문 뒤에 숨어 있었다고 한다.[8] 자유군단 무리는 일제히 낄낄거리면서 조롱했다. 톨러는 맞아 죽는 것은 면했지만 이런 방식의 멸절을 겪었다.

알프레트 요들 장군은 뉘른베르크 국제 군사재판 과정에서 독일 국민을 정말로 "속아넘겼던" 나치 프로파간다는 "유대인과 공산주의자의 동일시"뿐이었다고 밝힌 바 있다.[9] "쾌락전염병"은 유대인/볼셰비즘으로 코드화에 성공한다. 공산주의에 대한 공포가 자신의 욕망 해방에 대한 공포와 얼마나 깊이 뒤얽혀 있는지, 그리고 독일에서 "유대인"이 얼마나 위협적인 쾌락의 육화로 받아들여졌는지를 알 수 있다.*

인간적 쾌락에 대한 파시즘의 투쟁은 일련의 속성을 코드화함으로써 이루어졌다. 여성적, 질병적, 범죄적, 유대인적 등의 속성은 모두 하나로 통합된다. 바로 볼셰비즘이다. 파시스트는 "유대인"에게 파괴력이 있다고 정말로 믿었던 것 같다. 프리드리히 빌헬름 하인츠는 피셔, 케른, 테호, 잘로몬 등과 함께 발터 라테나우 외무장관을 암살했다. "하지만 라테나우는 독일 국민을 사랑했잖소!"라는 항변에 그는 이렇게 반박한다.

유대인이라면 당연히 독일인을 사랑하지. 독일인의 본성, 정신성, 독일 여자와 아이들의 육체성에 당연히 끌리지. 신선한 처녀 피를 마셔서 병을 고치고 싶을 테니까. (…) 개별적인 유대인을 내심 사랑할 수는 있겠지만 그래도 우리는 유대인성으로부터 힘껏 도망쳐야만 해. 육화된 타락이 주는 실질적인 공포라는 게 있거든.[10]

---

* 여기서도 투사 가설이 유효하지 않다는 것을 보여주려면, "유대인들"의 실질적 상황을 보여주어야만 할 것이다. 제1장에서 "프롤레타리아 여성"의 현실에 대해 설명하려고 시도했던 것과 유사한 과정이 있어야겠지만 나로서는 불가능한 작업이다. 빌헬름 시대 및 바이마르 공화국 시대 독일 유대인의 생활상, 실질적 기능, 실제적인 영향력이 어떠했는지 등에 대한 연구는 내가 아는 한 없다.

(영원한 유대인/우리를 타락시키도다……)

……가장 위험한 것은 유대인 여자다. 그녀는 모든 위협을 다 끌어모아 품고 있다. 최베를라인의 『양심의 명령』에는 유대인 은행가의 딸 미르얌이 등장한다. 그녀는 소설 주인공 한스 크라프트를 유혹한다. 그녀는 아름답고 우아하고 부유하다. 그러면서도 뱀이고 창녀다. 백작 부인이면서 아편에 탐닉한다. 이게 전부가 아니다. 특별히 우리 관심을 끄는 두 가지 측면을 가지고 있다. 그녀는 죽은 자와 소통한다. 죽음의 세계와 연결되어 있다. 크라프트가 유혹을 물리치자 그녀는 무너지고 만다.

"수천 년의 어둠에서 솟아난 계보의 끝자락을 살아낸다는 것이 어떤지 아세요? 사방은 공허, 밤, 죽음의 외로움뿐이에요. 몸은 불타지만 고통을 식혀줄 것이 없어요! 얼어붙도록 춥지만 몸을 덥혀줄 따뜻한 시선조차 없어요. 백만금을 가진 부자라도 이토록 불행하게 가난해요. 마음이 없기 때문이에요. 수천 년 묵은 닳아빠진 펌프뿐이지요. 젊음을 원하지만 영원히 방황하는 유대인 아하스베어처럼 늙었어요……."
단조롭게 읊조리는 절망을 듣고 있다보니 유별난 생각이 고개를 쳐든다. 크라프트는 깊고 오래된 지하 감옥에서 풍겨나오는 차갑고 퀴퀴한 냄새를 맡았다. 영원으로부터 이어진 저주가 이렇게 말한다. 지상천국을 꿈꾸었으나 대신 지옥을 떠안은 민족. 크라프트는 깨달았다. 자기 내면 속 저항은 바로 어둠에 대한 전율이었다. 익사하는 사람이 느끼는 침잠에 대한 공포였다. 그는 모든 것을 바쳐 빛이 비추는 위로 향하고자 했다.[11]

"지상천국을 꿈꾸었으나 대신 지옥을 떠안은 민족."[*12] 지옥은 내면이었다. 육체의 어둠이었다. 토굴이며 지하 감옥이었다. 오래된 민족이라는 이 군중은 쾌락을 원한다. 죽어버린 욕망의 군중이다. 크라프트는

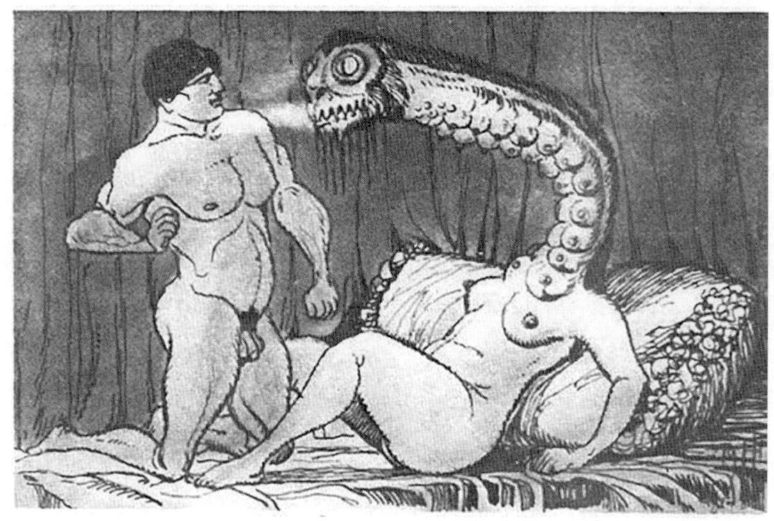

내면에서 퀴퀴한 곰팡내를 느낀다. 빛으로 향하고 싶다……. 쾌락, 욕망, 무의식으로부터 도피. 죽은 자들의 왕국은 그녀에게 너무 "어둡다". 카네티가 말하듯 죽은 자의 군중만이 우리를 끌어당기거나 밀어내는 것은 아니다.[13] 죽음의 군중도 그러하다. 우리 몸뚱이 속 죽어버린 생명력도 우리를 이끌고 밀어낸다.

---

*   이와 동일한 비난이 이른바 "다큐멘터리" 영화 「영원한 유대인Der ewige Jude」에서 중심적 역할을 한다. 이른바 "최종해결"이라 불리던 유대인 말살 정책을 홍보하기 위해 제작되어 독일 전역에 상영되었던 영화다. 최베를라인의 작품도 영향력이 상당했다. 내가 인용한 판본은 『양심의 명령』 제14쇄인데 28만1000부에서 31만 부 정도 판매된 것으로 추산된다. 나치당 중앙출판부에서 출판되었다. (Franz Eher, München. 1937년 초판 발행.) '미르얌' 챕터의 일부를 곧이어 인용하도록 한다. 온갖 위협을 어떤 방식으로 "유대인" 여자에게 집중시켜 떠넘기는지, 그리고 유대인 말살이라는 발상이 어떻게 도출되는지를 볼 수 있다.

게다가 미르얌은 피의 질병을 지녔다. 불임을 일으키며 전염성이 크다. 바로 유대 역병이다. 오지랖 넓은 약사 친구가 크라프트에게 이렇게 설명해준다.

"마녀 미르얌은 요망한 것이라서 사랑하는 남자의 신세를 끔찍하게 망친다네. 게다가 첫눈에 반하지. 그걸 버텨낼 사내가 일찍이 없었다더군. 나도 홀딱 넘어갔지. 자네도 알아만 두게."
"그런 말을 왜 나한테 하지? 이미 설명했다시피……."
"아무리 굳게 결심해도 그 요물 앞에서는 소용없을 테니까. 극심한 역겨움이 발동해야 저항할 수 있다네. 행여 자네도 유대 역병에 걸린다면 나로서는 몹시 안타깝겠지. 매독 말일세!"
크라프트가 머뭇거렸다. "그렇다면 자네는……." 차가운 공포가 몸을 훑었다. 어쩌다 타인과 이런 긴 대화에 휘말려들었나 싶어 자책감이 들었다. 유대인 계집 때문에. 그와 아무런 상관도 없고 거부감만 드는 여자 때문에. 어쩌다가 그런 계집에게 정신이 팔려서 베르타에게 소홀했단 말인가?[14]

빌헬름 라이히는 매독 공포가 큰 의미를 갖고 있었다고 봤다.[15] 일종의 파생 공포라는 것이다. "매독"은 남자에게 닥쳐오는 융해 중 하나다. 내면에 죽어 있던 몹쓸 무의식이 그대로 육화된 외부 존재와 교접한 남자가 걸리는 병이다. 매독은 특별한 뜻을 지닌 이름이자 풍부한 코드다. 남자를 융해시키는 여성성이자 유대 인종이며 전염병이다. 죄악이다. 일부러 옮겨서 생기는 병이다. 곧 닥쳐올 죽음이다.
독일 제국 육군은 매독과의 전쟁을 벌였다.

1916년 초반 프랑스의 소도시 릴과 루베에서 독일 병사들이 대규모 감염되는 사태가 빈발했다. 이에 독일 최고 사령부는 개입을 결정했다. 공장 폐쇄로 생계를 잃은 수많은 여공이 매춘으로 목숨을 부지하고 있었다. (…) 각종 전염병이 갈수록 기승을 부렸지만 의사들의 개별적 치료 정도로는 도무지 감당할 수 없었다. 게다가 병든 여자들은 전혀 일을 그만두려고 들지 않았다. 어딘가로부터 은밀하게 사주를 받고 악착같이 일을 계속하려는 듯 보였다. (…) 독일 당국은 북프랑스 공업도시에 적국의 첩보망이 암약하고 있다고 판단했고, 최고 수준의 강경 대응을 결정했다. (…) 조금이라도 의심스러운 여자는 죄다 가차 없이 소개疏開 조치를 했다. 설사 몇몇 무고한 피해자가 생긴다고 하더라도 더 큰 위험을 제거하려면 어쩔 수 없었다. 해당 지역에 휴식차 주둔하던 병력의 운명이 걸린 중대사였다.[16]

레토-포어베크가 편집한 『첩보Spionage』에 수록된 페르디난트 바라크의 보고서에 따르면 릴과 루베 지역에서 최소 1500명의 여성이 전선에서 멀리 떨어진 곳으로 강제 이송되었으며 영구 수용되었다고 한다. 바라크는 꽤나 흡족하다는 어조로 상황을 전한다. "채소 배달"이라는 작전명으로 여자들을 프랑스 각지로 실어 날랐는데, 장터에서 수령을 꺼렸음에도 억지로 떠넘겼다고 한다.

아마 썩은 채소여서 그랬던지, 지역 책임자들은 진저리를 치면서 억지로 수령해야만 했다. 복수의 합창이 울려 퍼지는 듯했다. […] 놀랍게도 여자들의 홍수는 예상보다 훨씬 더 수월하게 지역민들 사이로 순식간에 스며들었다. […] 아마 적의 입장에서는 희망이 사라지는 듯했을 것이다.

최소한 매독 전쟁에서는 독일군이 승리를 거둔 셈이었다.

하지만 고향도 마찬가지였다. 우리 조국에도 그런 여자들은 있었다. 적국 첩자들에게 선동되어 병든 몸을 이용해 이적 행위를 하는 여자들이었다. (…) 완벽하게 사실로 판명된 사건이 있었다. 1918년 라이프치히에서 여자 성병 환자가 병사들을 감염시키는 일에 적극 종사했던 것이다. 신원미상의 인사로부터 받은 금전적 지원 때문에 이러한 악행을 지속적으로 수행할 수 있었다. 해당 사건들의 경우 방문객이 여성에게서 얻은 것은 사랑의 즐거움이 아니었다. 성행위는 감염이 가장 확실히 발생하는 방식으로 시행되었다. 실로 믿기 어려운 숫자의 병사들이 해당 여성과의 접촉으로 감염되었다. 이 여성은 발각되어 저지당하기 전까지 수천 명의 남자를 병들게 했다.

매독은 그냥 걸리는 것이 아니다. 반드시 첩보 활동의 일환으로 혹은 고의로 전파되는 것이다.

매독은 단순한 병균이 아니라 일종의 이데올로기다. 앙토냉 아르토가 흑사병 및 증상을 강박관념의 복합체로 분석했던 것과 같은 의미에서 그렇다. 매독이라는 관념은 온갖 강박적 공포의 총합이다. 감염에 대한 공포, 미생물과 무의식적 힘의 비밀스러운 협력에 대한 공포 등을 모두 포괄한다.[17]

기 오켕겜의 설명이다.

마지막으로 결정적인 측면이 있다. 매독은 들끓는 병균이라는 면에서 일종의 군중이다. 그리고 또 다른 군중을 발생시킨다. 바로 썩어 문드러지는 살점의 무더기다.

거리에 모여 반란을 일으키려는 군중은 생명을 낳으려는 욕망이 소환한 모든 성병의 화신이다. 또한 남자를 익사시키는 모든 죽은 덩어리의 화신이다. 유혹하는 쾌락과 죽음이 하나로 육화된 존재다.

그렇기 때문에 군인 남성의 관심은 썩어가는 덩어리에 쏠린다. 자신의 내면이 뒤집힌 채 밖으로 드러난 얼굴과도 같기 때문이다. 그는 저항조차 못 하고 매료된다.

둔기와 금속 조각이 어지럽게 흩어져 있다. 땅에는 시커멓게 그을리고 숯처럼 타버린 덩어리가 나뒹군다. 한때 인간이었던 물건이다. 너무 호기심이 들어서 총신으로 쿡 찔러봤다. 표면이 스슥 하면서 부서지고 총신이 쑥 들어갔다. 덩어리가 움직이는 듯했다. 뱃속이 뒤틀리면서 목구멍이 옥죄였다. 역겨운 냄새에 뒷걸음질쳤다. 질병과 부패에 나는 질겁했다.[18] [강조는 필자]

다른 대목에서 잘로몬은 나폴레옹 1세의 통통한 얼굴 초상화를 보고서 뺨을 찔러버리고 싶은 욕구를 느낀다. 뺨에서 노르스름한 고름덩어리가 왈칵 쏟아질 것이라고 상상한다.[19]

윙거는 자기 삶이 "때로는 연마한 루비, 때로는 반짝이는 오팔 같다고 생각했다. 때로는 벌레가 파먹어들어간 시체의 얼굴처럼 느껴졌다."[20] 생각의 진행 방향이 "외면"에서 "안팎이 애매한 경계" 그리고 "내면"으로 이동하는 점이 흥미롭다. 그는 참호 속에서 썩어가는 시체 조각에 시선을 고정하는데 차마 거두어들일 수가 없었다.

그래. 나는 어제도 몇 시간이나 돌처럼 굳은 채 초조한 심정으로 무너져가는 맞은편 흙벽을 응시했다. (…) 시체 한 구가 흙 속에 있다. 다리 한쪽만 보인다. 거기에 방치된 지 오래된 듯했다. 묵직한 군화 무게를 버티지 못하고 발이 발목에서 떨어져나왔다. 발목뼈가 뚜렷하게 보였다. 뼈를 감쌌던 살점은 타버려서 벗겨졌다. 얼기설기 뜨개질한 속바지와 회색 바

지가 보였다. 바지에 묻었던 진흙은 비에 씻겨내려갔다. 확실히 꽤나 오래된 시체 같았다.[21]

시체라도 아직 안심할 수 없다. 공격을 해온다. "징 박힌 군홧발 아래에서 시체의 흉곽이 마치 바람 빠진 풀무처럼 뭉클하게 푹 꺼졌다."[22] 죽은 자는 타자다. 발밑에서 뭉클하게 무너진다. 짓밟는 군홧발은 삶의 징표다.

에리히 프롬은 파시스트 텍스트에 나타나는 이러한 표현에 주목해 파시스트를 "네크로필리아 성격nekrophilen Charakter", 즉 시체애호적 성격으로 규정했다.[23] 특히 히틀러는 "임상적 수준의 네크로필리아 사례"라고 단언했다.[24] 모든 종류의 성격유형론은 인간의 구조에 대한 나름의 이데올로기에 기반한다는 점에서 불완전하다. 게다가 프롬은 핵심적인 논지에서부터 틀렸다. 파시스트는 시체를 사랑하는 것이 아니라 자신의 생명을 사랑한다.[25] 또한 일찍이 카네티가 정확하게 통찰했듯, 파시스트가 사랑하는 생명은 바로 생존자의 생명이다.[26] 파시스트에게 시체 더미가 증명해주는 것은 바로 승리자로서의 자신이다. 스스로의 죽음을 밖으로 밀어낸 사람이다. "모든 것이 산산이 부서지는 와중에" 아직도 살아남은 사람이다.

윙거는 전투 후를 이렇게 묘사한다.

그럴 때 나는 느낀다. 현존재는 황홀이고 생동이다. 거칠고 광적이고 뜨거운 삶이란 욕정적 기도와도 같다. 나는 표출한다. 기필코 표출한다. 벅찬 감격으로 깨닫는다. 나는 살았다. 나는 아직도 살아 있다.[27]

어떻게 "표출"했을까? 앞서 우리가 봤던 대로 그는 이렇게 말한다.

길 건너편을 지나는 아가씨에게 나는 시선을 박아넣었다. 마치 권총을
발사하듯 날쌔고도 긴급하게 쏜다.

살아남은 자로서의 정체성은 두 방향으로 움직인다. 전쟁터에서는 죽
은 자를 짓밟는다. 선발대가 죽인 시체는 "후발대의 도약판이다. 징 박
힌 군화가 물컹한 시체를 짓밟을 때, 군인의 심장에서는 핏기가 가신
다".[28] 매음굴에서는 "취한 계집이 교태롭게 깔깔댄다. 강철 같은 연장
을 흰 속살에 박아준다".[29] 프랑스에서의 야간 행군은 이렇게 표현되었
다. "이질적 인종이 척결되지도 않고 이질적 땅에 뿌려졌다."[30]

나는 전쟁에 감사했다. 덕분에 내 존재 전체를 바쳐서 삶을 경험하고 영
광을 오롯이 누릴 수 있었다. 그러기 위해서는 소멸을 배워야만 한다. 빛
의 가치를 알려면 밤을 알아야 하는 것과 같은 이치다.[31]

빛 속에 있으면 아무것도 분간할 수가 없다. 밤과 빛을 운운하는 수사
학은 이미 의미를 잃었다. 그저 도피일 뿐이다.

살아남아서 빛 속에 서 있는 것은 기쁨일 뿐이다. 죽음의 군중에서 벗
어났다. 자신 속의 어둠에서 도망친 것이다. 윙거가 "삶"에 바쳤다는 "존
재 전체"는 금세 빨려나간다. 생명 살해의 가시가 된다.

"소멸의 시대, 우리만이 유일한 생존자다."[32] 하인츠의 소설 『폭약』의
결말이다. 소멸한 것은 생명력이며 욕망이다. 뻣뻣한 것을 녹여서 흐르
게 만드는 힘이다. 파시스트는 자신이 살았다고 느낀다. 아직 파괴되지
않았으므로, 갑옷이 아직 온전하므로, 아직도 행군할 수 있으므로. 그는
군홧발로 시체의 흉곽을 짓밟아 바스러뜨리면서 나아간다.[33]

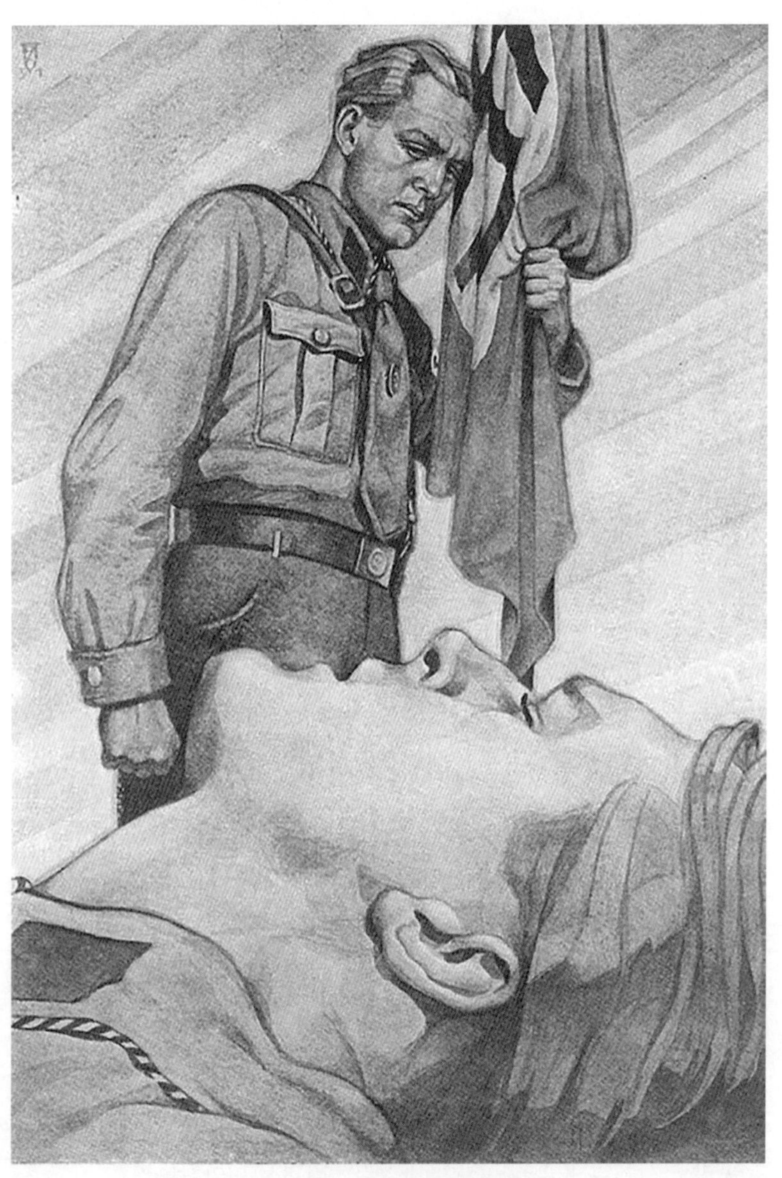

"우리가 바칠 수 있는 최고의 감사는
앞서 죽어간 이들을 위해
독일에 몸 바쳐 계속 싸우는 것이다."

내면: "미개인"으로서의 타자

군중과 떼거리는 북적이고 들끓는다. 군인 남성들은 이를 자신의 "내면"이 육화된 것처럼 받아들였던 듯하다. 이것이 가능하려면 전제 조건이 필요하다. 군인 남성의 "내면"과 충동의 상태가 자신과 완전히 분리되어 떨어져나갈 수 있는 존재여야만 한다. 자신에게서 때때로 뛰쳐나가 분출하고 폭발하는 것은 자신과는 완전히 다른 존재, 즉 "미개인"이다.

> 인간 충동의 거칠고 무지막지하고 강렬한 색깔은 수천 년 동안 사회가 욕망과 정욕을 억제하는 과정에서 차분해지고 가다듬어지고 누그러졌다. 점점 더 세련된 문명이 달래고 설득했지만 인간 존재의 바닥에는 아직도 야수성이 잠들어 있다. 남자는 아직도 짐승이다. (…) 인생의 파도가 원시의 붉은 선으로 되돌아가서 몰아치면 가면은 벗겨진다. 태초처럼 벌거벗은 미개인이 불쑥 튀어나온다. 거침없는 욕망의 혼란을 몰고 동굴에 사는 야만인이 튀어나온다.[1]

윙거가 말하는 이른바 사회적이라는 것은 19, 20세기의 가부장제/자본주의가 충동을 길들이는 방식이다. 그는 이것이 낯설면서도 본래적인 인간 존재로서의 "미개인"을 길들인다고 보는 것이다. 그는 자신이 살아가는 사회를 억압적 문화로 경험한다. "차분해지고" "누그러졌다". 문화는 그의 육체에 갑옷으로 존재한다. "욕망을 욕망"하지 못하도록 누그러뜨리는 댐으로 존재한다. 그러나 그에게 충동의 "짐승 같은" 상태를 가르쳐준 것이 바로 이 문화임을 윙거는 미처 깨닫지 못한다.

군인 남성은 자신의 육체 경계를 내면 짐승을 가둬두는 우리로 만들어야만 한다. 그러려면 육체 경계는 사회적 접촉면이라는 본연의 기능을 관둬야만 한다. 접촉면은 차단막이 된다. 차단되어 고립된 육체는

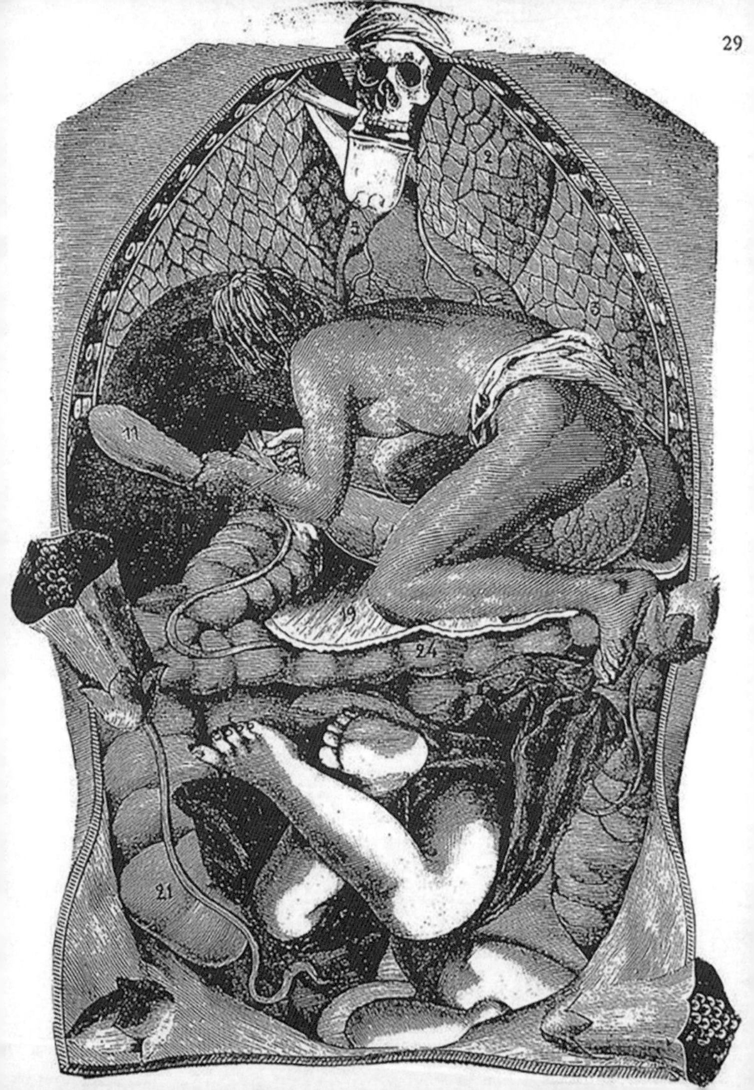
2
11
19
24
21

사회적 육체를 인식하지 못하면서 움직인다. 일찍이 사회적 제도와 모범적 교육자가 육성의 미명 아래 파괴했던 그의 내면은 오직 사악하고 "짐승" 같은 존재로만 남는다. 그는 이 억압이 사회적 결과라는 것을 인식하지 못하므로 내면의 "미개인"이라고 착각하게 된다. 내면의 짐승 운운하는 사람은 반드시 문화적 염세주의에 빠져서 헤어나오지 못한다.

조금 다르게 표현해보겠다. 윙거가 인용문에서 보여주는 것은 그의 심리 구조가 이른바 승화라는 기제, 후기 프로이트 용어로 "문화작업"과 엄청나게 동떨어져 있다는 점이다. 그 무엇도 다른 것으로 "변형"되지 않는다. 모든 것은 "짐승적"인 그대로 "내면"에 머물며 유지된다. 그저 갇혀 있을 뿐이다. 오직 방전될 순간만을 기다린다. 그 결과는 반박 불가할 정도로 명확하다. "핏줄로 전해지는 짐승의 유산이 아우성치는 한 전쟁은 계속될 것이다."[2] 군인 남성은 전쟁을 갈망한다. 전쟁만이 허락하는 것이 있다. 이런 식으로 구조 지어진 남성이 자신의 낯설고 "미개하고" "짐승 같은" 내면에 집어삼켜지지 않으면서도 다시금 합일될 수 있는 유일한 기회다. 달리 표현하자면 이렇다. 오직 전쟁만이 죽어버린 내면을 살려주겠다고 약속한다. 전쟁은 재탄생이다. 그의 죽은 욕망이 군중으로 부활한다. 욕망이 풀려나면 세상에는 새로운 형태의 삶이 생겨난다. 바로 죽음이다.

드빙거는 뷔히너의 유명한 말을 "인용"해 함부로 명랑하게 지껄인다. 사람이 사람을 죽인다는 것은 두개골을 깨서 문자 그대로 뇌를 헤쳐보는 일이라고 말이다. 어떤 결로 충격을 받아야 할지 종잡을 수 없을 만큼 경악스러운 말이다. 세련된 순진함? 혹은 당연한 일이라는 듯한 해맑은 뻔뻔함? 생명을 죽여야 할 대상으로 당연시하는 태도? 자기만족적 사악함? 혹은 생각 없음?

갑자기 헬비히가 얼굴에서 책을 치우더니 목소리를 낮춰 건너편 팔렌에

멈추어라!
독일의 노동을 가로막는 자 물렀거라.
자원 입대하라,
향토방위군단으로!
즉석 지원도 환영합니다.

독일 사나이가 고향을 지킨다.
슈미트 돌격대대에 입대하세요.
근위기병 소총사단

게 말을 걸었다. "몇 군데 찾았어. 읽어줄게 들어봐.

'난 믿어요?' 쥘리가 당통에게 물었어. '내가 뭘 알겠어?' 당통이 대답해.

'우린 서로에 대해 아는 게 별로 없어. 우린 둔감한 동물이라고. 서로를 향해 손을 뻗어보지만 그마저 헛수고야. 만질 수 있는 거라고는 상대의 딱딱한 가죽밖에 없으니.' 당통이 쥘리의 이마를 가리키더니 이렇게 말해. '여기, 이 안에는 뭐가 있을까? 서로를 잘 안다고? 그러려면 각자의 두개골을 열어 뇌의 섬유 조직에서 생각을 꺼내봐야 해.'" 헬비히는 반쯤 몸을 일으키더니 조용히 덧붙였다. "정말 대단하지 않아? 나도 똑같은 기분을 자주 느꼈거든. 가난한 놈들을 마주할 때마다 골을 깨고 싶었어." 팔렌도 느릿느릿 맞장구를 쳤다. "폭도들이 나대는 걸 보면 정말로 골을

동지여, 오라,
튈만 파견대로!

조국을 지키자!
휠젠 자유군단에 입대하자.

깨고 싶다는 생각이 자주 들더라."3

팔렌이 하는 말을 읽을 때마다 떠오르는 얼굴 이미지가 있다. 입을 벌리고 헤벌쭉 웃으며 응시하는 얼굴. 자기애 가득한 표정으로 히죽거린다. 권력을 틀어쥔 정신 나간 자.

동작도 떠오른다. 완강한 두 손. 뭐든 잡히면 안에 무엇이 들었나 기어코 쪼개보는 두 손. 들여다보고, 이해하고 싶어서. 망가뜨린다. 죽인다. 흥미를 잃고 다음 것을 찾아나선다.

헬비히는 "가난한 놈들den Armen"과 마주한다. 이중적 의미가 있는 단어*다. 두 팔은 몸뚱이에 달려 있다. 그는 두 팔이 자기를 안을까봐 낯설고도 공포스럽다. 과연 정체가 뭔지 어떻게 작동하는지 궁금해 일단 깨

---

* Arm은 '가엾은' '가난한'이라는 형용사이면서 '팔'이라는 명사도 된다. Die Armen은 '가난한 사람들'이면서 '팔들'도 된다. —옮긴이

부순다. 마치 기계식 장난감을 깨보는 아이처럼 말이다.

과연 무엇을 찾으려는 걸까? 인체의 기계적 기능을 이해하려는 것은 아닐 테다. 자신의 생명이라는 수수께끼에 대한 해답을 구하려는 것이다. 자기 안에서 작동하면서 삶의 장난감을 굴리는 작은 기계와 모터가 궁금한 것이다.

정신 나간 권력자 군인 남성은 궁금증 때문에 대상을 파괴함으로써 군림한다. 자기 자신의 얼개에 대한 궁금증, 자기 몸뚱이에 대한 궁금증을 도저히 풀지 못해서 다른 육체와 관계를 맺어 강렬한 폭발력을 행사하려든다. 나는 대체 왜 이럴까? 내 속에 무엇이 들어 있고 내가 과연 사나이인지 알기 위해서 남의 내장을 뜯어내야만 하는 것일까?

사람은 잘라서 열어놓으면 모두 똑같다. 피투성이 곤죽이다. 끈끈한 엉망진창이다. 드디어 알아냈다!

외부의 타자를 꿰뚫을수록 자신의 껍질 아래에 숨어 있는 내면의 타자에게 다가서는 듯 느껴졌다. 내면에서 되살아나기를 기다리던 죽음의 군중이 활력을 찾는다. 이런 감정 상태를 고려할 때 비로소 쿠르트 호트첼이 인용한 "학생 18"의 "시적 암호문"을 좀더 절실하게 해독할 수 있게 된다. 호트첼은 지은이의 실명을 밝히지 않았다.

우리 국민이 수치를 씻어버릴 그날,
목을 옥죄는 예속의 굴레를 벗어던지고
오장육부에 영예를 향한 굶주림을 느낄 때,
끝없는 무덤 가득한 전장에서
핏빛 불꽃이 일고, 구름이 치솟아
우렁찬 군대가 질주하도다,
들판을 가로질러 몰려드는 끔찍하고도 끔찍한
세 번째 폭풍

죽은 자들의 귀환이로다![4]

"오장육부"로부터 "죽은 자들의 귀환"이 벌어진다. 슈테판 게오르게가 『새로운 제국』에서 봤던 환상이다.

죽은 욕망은 부활하여 죽여버려야 할 군중으로 둔갑한다. 엄청나게 많은 숫자의 산더미처럼 쌓인 시체들. 이는 역사 속에서 이루고 싶었으나 미처 이루지 못한 채 남겨두었던 욕망의 크기를 증명한다. 죽어 있던 욕망이 깨어날 때마다 유대인, 깜둥이, 황인, 공산주의자, 계집이 죽어야만 한다.

우리 모두 잘 알다시피 대량학살은 그래서 불가피했던 것이다.

실제 군중의 양상

군인 남성이 쾌락전염병을 연상하고 자신의 "융해"를 두려워하게 된 것은 군중의 어떤 모습 때문이었을까?

엘리아스 카네티는 많은 사람의 무리가 보여주는 양상들을 잘 설명해냈다. 그중에서 우리 질문에 본질적인 해답을 제공해줄 세 가지를 살펴보도록 한다.

> 민 자가 곧 밀린 자요, 밀린 자가 곧 민 자인 것처럼 느끼게 된다. 갑자기 모두가 한 몸이 되어 행동하는 것 같아진다. 군중이 서로 밀착하려 하는 것은 바로 이러한 이유에서인 것 같다. 즉 군중은 개개인이 갖고 있는 접촉 공포를 가능한 한 완전히 지워버리려고 한다. 밀고 밀리는 것이 격렬할수록 인간은 더 큰 안전감을 느낀다. **접촉 공포의 전도**顚倒, 이것은 군중의 본질에 속한다.[1]

> 반면 소속 부대의 군인들은 언제나 정확히 규정된 거리를 유지한다.

> 군중 속에서 구성원 개개인은 자신의 고유한 인격의 한계를 초월하고 있다는 느낌을 갖는다.[2]

이런 두 가지 특성 때문에 군인 남성은 군중을 성적이고 혼합적이고 융해적이라고 느낀다. 그가 보기에 군중은 단순하게 한 몸인 것이 아니다. 군중은 수많은 눈, 팔, 머리, 다리가 달려 있는 한 몸이다. 군중 안에서 사람들은 밀집도 때문에 서로를 만지고 경계를 초월한다. 살을 섞는 사랑의 행위와 비슷하다는 것은 누가 봐도 명백하다. 군인 남성의 투사 심리였다고 치부해버릴 수는 없다.

그러나 세 번째 특성이 있다. 군중이 주는 쾌락 중에서 가장 강력한 것이다. 바로 해방 행위다.

"모든 명령은 이에 따라야 할 사람들에게 고통스러운 가시를 꽂는다."[3] 카네티의 설명이다.

병사의 마음속에 그러한 가시가 엄청날 정도로 누적된다는 것은 명백하다. 병사가 하는 일은 모두 명령에 따라서 하는 것이다. […] 병사의 자연스러운 모든 충동은 억제된다. 병사는 어떤 느낌이 들든 연거푸 하달되는 명령을 계속 삼켜야 하며, 병사가 수행하는 무수한 명령은 그의 마음속에 가시를 남긴다.[4]

그러나 가시는 명령을 수행한 사람의 마음속에 깊이 가라앉은 채 변함없이 남아 있다. 인간의 모든 심리 구조를 보면 이 가시만큼 변화의 지배를 덜 받는 것도 없다. 명령의 내용, 그 힘과 범위 및 한계는 명령이 떨어진 순간에 결정되어 가시의 형태로 보존된다……[5]

여러 명령자로부터 동일한 명령을 받는 수도 있다. 이런 일이 빈번하게 꼬리를 물고 발생한다면 가시는 명확한 윤곽을 잃고 목숨을 위태롭게 하는 무시무시한 괴물로 변한다. 가시는 언제나 가시를 기억하면서 가시를 몸에 지니고 다닌다. 그리고 기회가 있을 때마다 가시를 면하려 한다.[6]

이러한 관점에서 보면 군인 남성의 "내면"은 죽은 존재로 보인다. 가장 중요한 것은 이러하다.

모든 가시로부터의 해방은 군중 속에 있기 때문이다.[7]

군중과 싸워야만 하는 군인은 가시에 찔리고 있다.

건너편에서 대치하는 군중은 해방을 경험하고 있기 때문에 군인은 더더욱 힘들다. 세상에 이렇게 불공평할 수가 없다.

군중은 해방감을 만끽하고 있지만 군인 남성은 해방에서 배제되었다. 그래서 그는 군중에게 격정적인 테러를 자행한다. 하지만 군인은 군중이 되지 않고 대형을 유지한다. 내전이 마무리되는 최종 단계에서 노동 대중이 분쇄된 후, 부대의 명령 체계가 느슨해지면 비로소 군인들은 스스로 군중이 된다. 바로 사냥 무리다.[8] 모든 군사 작전은 바로 군인들의 해방의 순간을 향해 응집되는 것이다. 온갖 뜬소문은 이 순간을 위한 준비 과정이다. 노동자들이 얼마나 잔혹한지, 얼마나 무서운지, 얼마나 철저하고 얼마나 음란한지를 말하는 온갖 험담과 음모론이 그래서 유포되는 것이다.

여자들을 앞세워서……

군중은 여성, 짐승, 혹은 파괴적인 성병 등과 다양하게 결합하며 코드화된다. 하지만 다양한 코드화가 동시에 진행되는 것은 아니며 강도가 모두 동일한 것도 아니다. 다양한 상황이 다양하게 결합된다. 군인 남성에게 상황이 위협적으로 다가올수록 코드화는 더 강렬하게 작용한다.

대도시 환경에서 전무하거나 혹은 미약한 수준으로 무장한 대규모 가두 시위대와 대치하는 상황이라면 군인은 대개 손쉽게 진압할 능력이 있다. 이런 경우 군중은 "여성성"과 결합되어 코드화된다. 여성적 군중 뒤에는 거세하고 살해하는 남성적 괴물이 숨어 있다. 여자들이 가하는 위협의 강도는 비교적 미미하다. 극단적으로는 우스꽝스럽기까지 하다.

행렬이랍시고 하는데 지휘도 조직도 엉망이다. 복장 통일도 안 된 남자들이 수다 떨고 담배 피우면서 발도 못 맞추며 행진한다. 중간중간에 여자와 아이들도 보인다. 심지어 유모차도 끌고 나왔다. 어떻게 그런 꼴로 독일 사나이들에게 위협을 주고 투지를 불러일으키겠는가. 오히려 비웃음이 터져나온다. 짜증 나고 심지어 역겹기까지 하다.[1]

"여자와 아이들", 민간인 남성이 마구 뒤섞여 있다. 킬링거가 나치 돌격대 교육용으로 제작·배포했던 자료에 묘사된 가족 야유회와 영락없이 똑같은 모습이다. 이런 구성을 한 군중이 흥분해 부분적으로 공격성을 보인다면 대치 상황은 마치 가족 간의 싸움처럼 보일 수 있다.

전혀 예상도 못 했는데 난데없이 맨 앞줄 여자와 아이들을 헤치고 뒤에서 튀어나온 선동된 극렬 분자들이 우리 부대원에게 달려들었다. 우리는 어쩔 수 없이 근방의 중학교로 퇴각했다……[2][비트만]

공격욕으로 가득한 프롤레타리아 시위대의 선봉에는 언제나 여자들이 서 있다. "여자와 아이들"은 틀에 박힌 상투적 표현이었다. 이런 행동의 의도는 뻔했다.

여자들 뒤에서 기관총을 몰래 운반해 최전방 건물에 숨기고 있었다.[3]

그러나 군인은 속지 않는다.

어쩌면 비겁자들이 고용했을 수도 있다. 계집의 치마폭 뒤에 숨겠다는 것이다. 군인들은 계집을 쏘기 않는다는 걸 아는 게다.[4][비트만]

여자들을 전진 배치한 것은 계획적이었으며 노동자 측 전략의 일부였다. 비트만에 따르면 노동자들의 "총통"은 "협상"하는 척하면서 여자들 뒤에 숨어서 기관총을 배치하고 있었다. 메르커는 1918년 12월 24일 베를린 구왕궁의 마구간 건물에 주둔했던 국가인민군 해군부 대표들을 포위하고 협상을 벌이던 중 "폭도들 측에서 여자와 아이들을 부대 전면에 밀어넣었다"[5]고 강변했다. 외르첸도 이렇게 말한다. "그들은 조직적으로 여자와 아이들을 맨 앞에 밀어넣었다. 그들의 몸뚱이를 보호벽으로 만든 것이다."[6] 유사한 사례는 많다.

이들이 애써 강조하는 것은 "밀어넣었다"는 것이다. 누군가를 앞에 밀어넣고 누군가는 뒤에 숨었다. 시위대 맨 앞에 여자들이 서는 경우는 꽤나 많았다. 심지어 여성 전용 시위대도 있었다. "다른 성별로만 구성된 군중"[7]이라고 불렀다. 파시스트 텍스트가 유포하려는 핵심은 첫째로 언제나 여자들이 왔다는 것이고 둘째로 자발적 참여가 아니었다는 것이다. 여자들은 이용당했다. 여자들이 언제나 앞에 있어야만 하는 데에는 나름의 이유가 있다.

선동가는 절대로 투쟁의 선봉에 서는 법이 없다. 여자와 아이들을 앞세우고 뒤에 숨어서 "작전을 이끈다".* 그자들을 잡아내기 위해서 부대는 몇몇 저격수를 위층에 배치하도록 지시했다.[8]

감옥 앞에서 벌어진 대중 시위
프리츠 랑의 영화 「분노Fury」(1936)

저격수의 임무는 여자 치마폭 뒤에 숨는 놈들을 쏘는 것이다. 선동가들은 군중의 머리다. 군중 속에서 불쑥 튀어나와 깨무는 짐승이다. 메두사의 늪에서 튀어나오는 음경이다.

주동자들은 최고로 비겁한 자들이다. 아침부터 계집의 치마폭에 숨어 있다. 자기들은 "편한 곳"에 자리 잡고서 어둠 속 은신처에 숨어 군중을 채찍질하며 몰아댄다……9[기타 등등]

---

* 　장군으로서 메르커가 점하는 위치도 별다를 바 없다는 것이 특이하다.

진짜로 여자 치마폭에 숨은 것은 과연 누구일까? 이들 군인 남성일 것이다. 엄격한 아버지의 매질을 피해서 어머니의 치마폭 뒤에 숨어본 어린 시절의 경험은 흔했다. 어머니가 지켜줄 수 있다면 숨는 것은 당연하다. 물론 어머니라고 무조건 보호해주진 않았겠지만. 이른바 "붉은 총통"은 여기에 숨어 있다. 노동자 부류에는 강인한 아버지가 없다. 당당하게 앞장서서 적과 맞서라고 호통칠 사람이 없다. 혹시 아버지마저 처단했던 것일까? 혹은 뒤늦게 생각해봤더니 아버지야말로 "계집 치마폭" 겹겹이에 숨어 있던 장본인이 아니었을까? 그러지 않았더라면 어떻게 "어둠 속 은신처"의 침실 속 "편한 곳"에 숨어 있다가 튀어나와서 "군중을 채찍질"했겠는가? "물러터진 놈"이 되지 말라고 아들을 채찍질하더니만 자기는 엄마 치마폭 뒤에 숨다니.

여자의 아랫도리에 숨어 있는 짐승은 바로 그곳을 "점령"하고 있던 남자에게서 유래한다. 가족 구도에서 보자면 바로 아버지다. 앞서 살펴봤듯 용의 소굴에는 압제자의 인장이 붙어 있다.

게다가 장성한 아들이 힘을 과시하거나 혹은 아버지에게 맞서려고 들 때, 어머니 치마폭에 숨어버리고 아직도 숨어 있는 사람은 아버지 자신이 아니었던가? 아들은 어머니를 쟁취하고 자신의 독립성을 쟁취하고자 싸운다. 노쇠한 아버지를 이해하라면서 학수고대하던 복수를 뜯어말리는 사람은 어머니가 아니면 누구겠는가? 위기에 처하면 어머니를 앞세워서 뒤에 숨는 것은 아버지가 아니던가?

군중과의 싸움에서 이른바 "여자들을 앞세운다"는 표현은 이처럼 해묵은 가족 간의 갈등이 은근한 불씨처럼 잔뜩 숨겨진 채 코드화되어 있다. 빨갱이 선동가는 군인 남성이 할 수 없었던 방식으로 치마폭 뒤에 숨어서 싸우는 사람이다. 군중 앞에 여자들을 세우고 자기는 뒤에서 부추기기만 한다. 자기 몸은 사리면서 아들만 곤경에 빠뜨리는 아버지다.*
"여자들을 앞세운" 군중과 싸운다는 것은 어찌 보면 어머니와 싸우는 것이다. 어머니는 아들을 무시하고 아버지만 편들면서 은근히 묵과했다. 시위대에 앞장선 여자들이 군인 남성에게 반격할 때면 언제나 소리 내어 비웃더라는 말의 연원이 여기에 있는 듯하다. 여자들은 군인들에게 "너"라며 반말한다. 맨 앞에 서서 다짜고짜 호되게 "야단을 친다". 군인 남성들은 "어디에선가" 느껴봤던 감정을 다시 경험한다.[10]

"군인들은 계집을 쏘지 않는다"는 말은 어떨까? 물론 작정하고 계집에게 쏘지는 않는다. 어느 순간에 이르면 여자고 뭐고 가리지 않게 된다는 점이 문제다. 모두 합쳐서 성난 군중이 되어 군인을 위협한다. 군인은 살기 위해서 결국 사격할 수밖에 없다. "어찌 되었건 독일 사람들을 쏘라고 명령한다는 것이 썩 내키지는 않았다."

레토-포어베크가 투덜거린다. 하지만 "스파르타쿠스" 놈들이 꾀를 쓴다.

여자와 아이들을 앞세워 접근했고 우리 병사들은 속수무책이었다. 천만다행으로 나는 아프리카에서 복무한 덕에 무자비하다는 명성이 자자했다.[11]

"무자비하다는 명성" 덕에 일이 수월하다. 상대가 알아서 덤비지 않을 테니까 걱정할 필요 없이 자유롭게 행동할 수 있다. 명색이 "아프리카 영웅"이니 말이다. 그런데도 여자들이 총을 안 쏠 수 없도록 강요한다면 어쩔 수 없이 쏴야만 한다. 물론 바로 쏘지는 않는다. 일단 치마폭에 조명탄부터 쏴주면 된다.[12]

---

* "배후 선동 세력" 음모론은 아무리 들어봐도 얼토당토 않은 말이지만 언제나 인기를 끌었다. 그 이유가 바로 여기에 있는 듯하다. "군중" 속, 그리고 뒤에는 모종의 "머리"가 있음이 분명하다. "반란 선동"의 영향 없이 군중이 있을 리 만무하다는 편견이다.

혹은 이런 경우도 있다.

우두머리는 걸핏하면 "계급 의식"을 강요하면서 아낙과 처자들 품에 아기를 안겨 우리 5중대 병사들의 총구 앞으로 몰아냈다. 천천히 그러나 꾸준하게 여자들의 부대가 우리 쪽으로 전진해왔다. 점점 더 철조망에 가까이 다가왔다. (…)
"화염방사기 준비!" 순간 앞에 있던 병사가 다른 병사의 등에 화염방사기를 올려놓는다. 앞사람은 발사 노즐을 움켜쥔다. 군기가 바짝 들었다. 앞길이 순식간에 트인다. 성공이다. 군중은 이를 박박 간다. 운전대를 잡은 우리 장병들이 시동을 건다.[13]

이는 시작에 불과했다. 결국 군인들은 총기를 사용해야만 했다. 어떻게 결단을 내렸을까? 하이데브레크 대위는 결단을 내린 계기를 설명한다.

우리는 행진을 계속했다. 상황은 심각했다. 리에주 장교들의 보고로부터 예상했던 것보다 훨씬 더 악랄한 분위기였다. 우리는 악을 쓰는 폭도 사이를 뚫고 행진했다. 지하세계가 풀려난 듯했다. 극악의 상스러운 인간들이 거리에 넘쳐났다. 독일 군복을 입은 형편없는 몰골의 사람들을 봤다. 그들은 벨기에 광부들에게 굽신대며 아첨하고 있었다. 잘난 척하면서 후방에서 삥땅이나 치던 늙은이들도 있었다. 신병 부대에서 도망치거나 혹은 전방 배치를 회피하고 탈영한 젊은 놈들도 있었다. 감히 신성한 제복을 걸치고 온갖 음모와 선동을 획책하는 유대인 악당들도 봤다. 이런 꼴은 전방에서는 일찍이 본 적이 없었다. 우리는 군중 사이를 통과했다. 너무 힘든 일이었다. 독일군 야전 외투를 입은 놈들, 벨기에 천민들, 사내와 계집들, 1914년의 의용군 녀석들이 길게 줄지어서 서로 팔짱

"이건 독일 여자가 아니다, 독일 소녀들이여!"
독일소녀동맹BDM 기숙사 라운지에 있던 마를레네 디트리히 포스터에 경고 문구가 붙었다.

을 끼고 노래하며 조롱했다. "너희를 쳐부순 프랑스를 우리가 이기리라."
너무나 수치스러웠다. 피눈물 나는 능욕이었다. 쌍놈의 새끼들! 그 후로
우리는 거리낌 없이 독일인도 쏠 수 있게 되었다.[14]

『우리, 늑대 군인들*Wir Wehrwölfe*』, 하이데브레크의 회고록 제목이다. 제
목에서부터 자부심이 가득하다. 하이데브레크는 드디어 **총을 쏴도 괜찮다**
는 쾌감을 거침없이 드러낸다. 하층민들이 반란을 일으킨 이유는 고생
때문이 아니라 그냥 재미있어서다. 그러니 쓰레기 같은 것들에게 총을
쏴 사정없이 무찔러야 마땅하다. 그의 글이 말하는 요점이다.

무엇을 위해서? 원수를 갚아줄 상대는 많았다. 특히 독일 사람들에게
보복할 일이 많다. 가장 가까운 독일인, 가족에게 원한이 있다. "거리낌
없이 독일인도 쏠 수 있"다는 것이 "썩 내키지는 않는"다고? 이제는 얘
기가 다르다.

잘로몬에게 작전은 일상사다. 그것도 아주 즐거운 일상사다. 그는
1919년 2월에 "데모질이나 하는 백수들"이 "아담한 규모의 부대"를 공
격해왔다고 주장한다.

또다시 그 전략을 구사했다. 시위대 중에서도 여자와 아이들을 맨 앞에
내세워서 방패로 삼는 것이다. 부대는 마지막 순간까지 망설이다가 발포
시기를 놓친다. 단 몇 초 차이로 결과가 달라져서 피를 보게 되는 것이다.
적절한 순간에 사격을 못 하게 되면 부대는 흥분해버리므로 몇 초 차이
로 마구잡이로 짓밟고 갈겨버리게 된다. 이번에도 부대는 발포했다. 시
위대는 완전히 박살 났다.[15]

"결과가 달라져서 피를 보게 되는 것"은 당연하다는 어조다. "몇 초
차이"로 결딴이 난다. 그 이유는 뭘까? 시위대를 "해산"시키려고 했다면

672

공중에 대고 경고 사격 한 번 하는 것으로 충분할 테다. 그렇지 않더라도 인파를 향해 한 발만 쏘면 길은 쉽게 뚫릴 것이다. 사격 거리가 얼마나 되는지는 상관없다. 그럴듯한 설명은 뻔하다. 군인 남성은 군중이 위협적으로 가까이 다가오기를 적극 원한다. 군중은 가깝게 다가와야만 한다. "무시무시한 표정"을 봐야만 군인이 총을 쏠 수 있다. 군인 남성은 방전의 순간을 위해 고압력의 흥분을 바란다. 원격 저격이라면 그저 단순한 사격이었을 것이다. 근거리 사격이어야만 명중이다. 부대가 "흥분해버리는" 위험이 그래서 중요하다. 사격을 최대한 늦춰야만 살해 흥분이 최고조에 달한다. 군중이 이들을 무장해제시킬 위험이 실제로 있어야만 하는 것이다.

그렇기 때문에 여자들이 맨 앞줄에 있어야만 한다. 군인 남성들이 소망하고 욕망하는 바다. 여자들이 앞줄에 나타나야만 군인 남성이 드디어 처벌할 수 있다. 여자들이 "치마폭 뒤"에 적을 숨겨주는 역할을 수행해야만 처벌할 빌미가 생긴다. "들어가자." 드빙거의 작중인물 도나트는 총을 쏠 때마다 뇌까렸다. 드빙거의 묘사를 보면 사격 이후 순간의 의미가 명확해진다.

난생처음 듣는 엄청난 비명이 하늘을 향해 울린다. 군중이 그들을 덮쳐서 거대한 불길로 휩쓸어버릴 것인가?
순간 놀라운 일이 일어났다. 불과 몇 초 만에 광장이 텅 비었다! 열두어 명이 여기저기 쓰러져 있다. 군중이 무의미하게 도망치다가 서로 밟아서 그렇게 된 모양이었다. 그러나 고함치면서 폭주하던 사람들의 물결은 마치 마법이라도 부린 듯 싹 사라졌다.[16]

과연 "마법"을 부리기는 했다. 군중에게 한 차례 쐈더니 광장이 텅 비었다. 고작 총성 때문이다. 사상자가 있는 모양이지만 그건 자기들 잘못

이다. "무의미하게 도망"쳤으니까. 도망은 "무의미"하다. 대체 어디로 도망친단 말인가? 불과 몇 초 만에 공포가 무화되어 사라지는데. 이미 여러 번 지적했듯 군인 남성들에게는 희생자를 "피투성이 덩어리"로 만들려는 충동이 있다. 이들이 보고 싶은 궁극적인 광경이 있다. 테러의 목표는 바로 텅 빈 광장이다. 욕망이 목표에 다다른다.

고작 세 명의 기관총 분대가 5000명 규모의 군중에게 사격을 가했다. "발포 명령 1분 만에" 군중은 "흔적도 없이 시야에서 사라졌다". 이는 윙거에게 사격수로서 무척이나 드물고 소중한 깨달음의 순간이었다. 그는 기뻤다.

진정으로 마법 같은 장면이었다. 저열한 악마를 다시는 못 덤비도록 제압해낸 보람에서 심오한 환희의 감정을 느꼈다.[17]

진정한 승리의 감정이다. 괴물을 품고 있는 "저열한 악마"인 위험한 군중이 싹 사라졌다. 그렇게도 침을 뱉고 위협하고 덤벼들던 것들이 이제는 없다. 모든 것이 깨끗해졌다. 광장은 비었다. 범접하지 못하는 영역. 숫처녀의 몸처럼 순결하다. 시커멓게 와글대던 군중이 사라졌다. 순백의 총체성이 회복되었다. 군인은 다시 온전해졌다.

한 가지 짚고 넘어갈 점이 있다. 군인 남성들은 비교적 우세한 상황에 처할 때에만 군중과의 대치 상황을 어머니에 대한 복수 등 가족끼리의 집안 싸움처럼 이해하는 경향이 있었다. 집안 싸움은 거리에서 손에 잡히는 만만한 상대에게 투영해 구체화되었다. 상대를 제압할 때 군인이 느끼는 공포는 그다지 강렬하지 않았다.

반면 '메두사'나 '용'으로 표현되는 차원의 두려움, 즉 집어삼키는 질, 물어뜯기는 남근 등은 그들이 느끼는 공포의 핵심이 아니었다. 이는 그들이 싸움을 구성해나가는 방식에서도 드러난다.

섬뜩함

군중이 구체적으로 보이지 않을 때, 여자들을 앞세우고 광장에 왁자지껄 집결한 형태가 아닐 때에 군인 남성들의 공포와 흥분은 더 강렬해졌다. 때로 군중은 변신성과 다면성, 어떤 상태에서 다른 상태로 재빨리 전환하는 능력을 갖는다. 그에 더해 비가시성이라는 특성까지 갖추기도 한다. 그러면 언제 어디에서 튀어나올지 도무지 알 수 없게 된다.

밤이 찾아오면 우리는 완벽하게 모르는 적과 맞서야만 했다. 우리가 적에 대해 아는 것이라고는 무자비하고 무절제하며 잔인하고 무도하다는 것뿐이었다.[*1]

이 무뢰배들Soldateska **은 특히 죽음을 무릅쓰며 싸웠고 혐오스러웠다. 그래서 이들을 물리치는 일은 눈앞에 얼굴이 보이는 적을 상대하는 것보다 훨씬 더 신경이 곤두서는 일이었다.[2]

빨갱이들은 "눈앞에 얼굴"을 보여주지 않는다. 뒤나 옆에서, 혹은 위에서 불쑥 나타난다. 내전은 최전방 뒤에서 일어나는 전쟁이다. 늪에서 벌어진다. 땅의 안에서 벌어진다.

샤움뢰펠은 노동자군을 "몰래 침투한 비밀스러운 조직의 사주를 받아 전복을 호시탐탐 광신적으로 꾀하는 섬뜩한 것들"이라고 봤다.[3] 그들은 단순히 어떤 조직에 속한 사람들이 아니다. 그들은 아예 다른 유기체다. 다른 존재다.

샤움뢰펠의 말을 들어보자.

탁 트인 야외 전장에서 마주치는 적보다 훨씬 더 섬뜩하고 무도한 상대였다. 1914년 전쟁 당시 우리 병사들의 눈에는 무조건적 전투의 기쁨이 가득했으며 자부심으로까지 승화되었다. 지금은 그런 눈을 볼 수 없다. 우리가 물리쳐야만 할 적이 한때는 우리 국민의 일부였다는 아픔이 마음에 가득하기 때문이다.[4]

노동자군을 향한 치명적인 적대감이 가득한 글이다. 도시 환경 시가전 특유의 결과물이라고 볼 수 있다. 이론적 필연성이 있진 않지만 실질

---

* "완벽하게 모르는 적"은 마음껏 상상하는 대로 알게 되는 적이기도 하다.
** 이 자유군단 군인은 노동자 부대원을 여러 차례 "무뢰배들Soldateska"이라고 지칭했다. 이 멸칭은 1933년 이후에 널리 유포된 단어였으므로, 아마 편집자인 잘로몬이 손질을 가한 것으로 추정된다.

부주의한 누설이
동료들을 죽인다

적으로 시가전은 게릴라전의 양상을 띠곤 한다. 거리에서 불쑥 나타났다가 휙 사라진다. 때로는 지붕에서 총알이 날아온다. 전선이 수시로 이리저리 변경된다. 군중/메두사의 다면성과 다형성은 적을 제압해야만 하는 군인 남성의 공포적 상상력을 자극했다. 또한 통제 불가능하고 예측 불가능한 자신의 "내면"에 대한 불안을 동시에 자극했다. 보이지 않지만 무장하고 있는 외부의 군중은 보이지 않는 내면의 위협과 강렬하게 짝을 이루었다.

1914년에 흔했던 "무조건적 전투의 기쁨"은 섬뜩한 적들에게서는 얻을 수 없다. 따라서 노동자군 포로에게서 얻어낸다. 포로가 아무리 맹세하고 부인하고, 자신은 친정부 성향의 인물이라고 호소해도 소용없었다. "이제 와서 선량한 노동자인 척을 해? 때려죽일 놈들!"[5]

군인의 "신경을 곤두서게" 만든 복수다.

설상가상으로 1920년 3월까지 자유군단은 거의 1년 내내 전투 대기 상태였다. 적절한 방전 없이 1년간 긴장 상태였던 것이다.

우리는 격앙된 상태였기 때문에 긴장을 풀 필요가 있었다. 마침 산업지대에 분출구가 마련되어서 다행이었다. 드디어 두들겨 팰 수 있는 적이 생겨난 것이다. 베를린과 그 인근 지역에서는 적들이 암약하며 언론을 통해 우리를 공격했다.[6]

루돌프 만에 따르면 에어하르트 연대는 카프 폭동 이후 루르 지방에서 작전에 투입되지 못했다. 사회민주당 정부는 체면을 잃을까봐 눈치 보느라, 한때 자신들을 지지해주었던 노동자 계층을 진압하는 일에 쿠데타 주범 세력을 직접 투입하지는 못했다. 연대는 루르 지방에서 "공공연한 적"을 찾을 수가 없었다. 게다가 시가전에는 난관이 많았다. 심지어 초반에는 노동자들이 승리하는 일도 꽤 있었다. 잘로몬은 이렇게 전한다.

여기는 경련하며 피 흘리는 지역의 한복판. 언제든 폭발할 듯 위협하는 괴물 같은 분화구의 한복판. 반란, 위협, 오물, 피의 한복판. 우리는 흩어지고 버려지고 고립된 채 싸웠다. 모든 역경을 뚫고 강철처럼 단련된 소대였다. 거듭해서 잿더미로 소진되었다가 가까스로 기운을 차리곤 했던 자유군단은 동기를 알 수 없는 광기의 무시무시한 싸움을 하고 있었다. 수백 개의 도시로 흩어졌지만 모두 모여서 하나의 거대한 도시를 이룬다. 폐석 더미와 갱도 사이에서 보이지 않는 적과 총격을 주고받았다. 끝없이 분노했다. 증오받고 증오하면서 백열에 들떴다.

여기저기 마구잡이로 수류탄이 떨어졌다. 살인이 살인을 낳았다. 내면에 주입된 준법정신은 진작에 사라졌다. 거친 원초적 본능의 원시 사냥꾼과 사냥감만 남았다.[7]

잘로몬은 "동기를 알 수 없는 싸움"을 하고 있다. 광기, 섬뜩함, 증오와 공포, "원초적 본능", 살해 욕구가 최우선이다. 정치적·군사적 목적인 "노동자 반란 진압"은 아무래도 상관없다.

열린 적이 아니다. 열린 전선, 열린 거리가 아니다. 경계조차 없다. 싸움은 안에서 벌어진다. 잘로몬은 상황이 벌어지는 무대를 세 번이나 "한복판"이라고 말했다. "하나의 거대한 도시"의 몸뚱이 속 "피 흘리는 지역". 땅이라는 몸뚱이 속의 분화구. 또한 군인 남성의 갑옷도 무너졌다. "내면에 주입된 준법정신"이 없어졌다. 스스로의 정서가 폭발하는 상황에서 내면에 억지로 주입된 준법정신은 밖으로 밀려나는 것이다.

준법정신은 "거친 원초적 본능의 원시 사냥꾼과 사냥감" 앞에서 죽어버린다. 사실은 둘 다 군인 남성 자신의 일부분이다. 사냥꾼인 동시에 사냥감이다. 그는 자아가 찢길 위기에서 손에 잡히지 않는 적과 언제나 싸워야만 한다. 적을 붙잡는 순간 드디어 모든 것이 섞여 흐르는 경계 없는 혼란이 끝날 수 있다. 군인의 간을 뜯어먹고 내장을 잡아 찢던 지옥 마귀는 그제야 하던 짓을 멈추고 밖으로 튀어나온다. 이제 군인의 적들이 죽는다. 희생자들은 영문도 모른 채 피를 흩뿌린다. 살인자는 희생자를 헤집으면서 다시 자신의 경계를 찾는다. 이것이 살인자의 세례다. 정화다. 명실상부한 피의 목욕이다. 살인자는 자신을 피로 씻는다.

두 종류의 혁명가들

여기서 벌어지는 사태는 아빠/엄마 탓으로 돌려지거나 혹은 오이디푸스 삼각 구도로 이해될 수가 없다. 자아 분열을 경험하고 있는 남성은 여기서 자신을 융해하려는 세상과 직접적인 관계를 맺는다. 그는 자신을 구하려고 안간힘을 쓰고 있는 것이다.

반면 노동자 반군이 사나이처럼 보여서 같은 사나이끼리 통한다고 느껴지면 중요한 경계가 재설정된다. 잘로몬은 적의 날쌘 수병에게 숨김없는 찬사를 보낸다.

손에 총을 들고 얼굴에는 웃음을 띠었다. 띠를 두른 모자를 썼다. 품이 넉넉한 우아하고 맵시 좋은 바지가 다리를 편하게 감싸고 있다. […] 저 친구들이 혁명을 했다. 단호한 표정의 젊은이들. 거친 사나이들. 아가씨들을 옆구리에 끼고 노래 부르고 웃고 지껄이며 활보한다. 당당하고 자신감 넘친다. 앞섶을 풀어 목덜미를 드러내고 넥타이를 바람에 나부낀다.[8]

심지어 동참하고 싶은 마음이 들 때도 있다.

포스터를 봤다. 노동자-군인 평의회 공고문이 담긴 빨갱이 포스터였다. 울려 퍼지는 듯한 강렬한 표현에서 위험하고도 매력적인 에너지를 느꼈다. 위풍당당 허세 넘치는 선언에서 뜨거운 의지가 느껴졌다.[9]

여기에는 확실하게 그어진 전선이 있다. 누가 누군지 모를 불명확성의 섬뜩함이 없다. 자연의 섭리가 뒤집혀서 산천초목이 흔들리고 땅이 툭 열리는 일이 없다.

정신 나감과 실신, 군중 속의 부패

군인 남성이 가장 강렬하게 두려워한 것은 바로 부패였다. 사실은 자신에게서 비롯된 공포였음을 잘로몬의 글 두 대목을 통해 살펴보도록 한다. 둘 모두 『사관생도 *Kadetten*』에서 발췌했다. 당시 열다섯 살이었던 잘로몬의 관점에서 서술된 글이다. 하나는 "매독"이라는 관념에 직면했던 때의 이야기다. 다른 하나는 광장에 운집한 군중을 마주한 상황을 담았다. 둘 다 전쟁 상황은 아니었다. 융해에 대한 공포가 반드시 무장한 외부의 적에게서 비롯되어 유발되는 것이 아님을 극적으로 보여주기에 적합한 글이다. 어떤 행동을 위협으로 감지하려면 군인 남성의 내면에 위협이라는 관념이 전제되어 존재하고 있어야만 한다. 일요일의 외출에서 벌어진 일이다.

우리 나라 수도의 관광 명소를 체계적으로 전부 관람한 후, 나는 마치 마법이 이끈 것처럼 어떤 장소에 다다랐다. 많은 동료가 속삭이는 목소리로 반쯤은 비웃으며 의미심장한 미소를 띠고 알려준 곳이었다. 아케이드에 위치한 카스탄스 파놉티쿰Castans Panoptikum 밀랍인형 전시 장소였다. 나는 공공시설 방문을 별로 즐기지 않는다. 게다가 뜨거운 햇볕을 받다가 갑자기 먼지 많은 서늘한 곳으로 들어갔더니 급격한 변동에 머리가 띵하고 약간 어지러웠다. 전시실마다 온갖 기괴한 도구가 가득했고 꼼짝 않는 인형들이 서 있었다. 예상 못 했던 모퉁이에서 뻣뻣하게 굳은 눈알로 나를 노려봤다. 비스마르크 제국 총리의 밀랍인형 앞에 섰는데 등 뒤에 전시된 연쇄살인마 아우구스트 슈테르니켈의 눈빛이 나를 찌르는 듯해서 참을 수가 없었다. 등이 불타는 것만 같았다. 밀랍, 먼지, 겁먹은 사람들이 내뿜는 시큼한 체취가 뒤섞여 짓눌러왔다. 사형대, 포르말린에 담근 태아, 발굴한 여자 시체 등이 혐오스러운 광경을 만들어냈다. 압권은 단테의 지옥도였다. 남녀의 벌거벗은 몸뚱이들이 칼에 썰려서 피의 바다로 떨어지는 광경이었다. 황소 불알처럼 생긴 찐달걀과 적양배추 피클을 꾸역꾸역 먹어온 뱃속이 뒤틀리는 듯했다. 나를 완전히 끝장낸 것은 비밀의 방이었다. 입구에 붙은 "성인 전용"이라는 빨간 팻말부터 부담스러웠다. 다른 관람객들 앞에서 들키지 않도록 태연한 척을 해야만 했고, 게다가 호기심과 신물 나는 구역질이 뒤섞였다. 애써 유지했던 자제력이 파괴되어버렸다. 전시물을 차례로 보다가 급기야 매독 3기 환자 모형에서 나는 휘청였다. 제아무리 프로이센 제국군 사관생도라고 해도 안색이 초록빛이 되지 않을 수 없었다. 이를 강철처럼 악문 채로 기절해서 바닥에 쿵 쓰러졌다.[1]

두 번째 글은 전쟁 발발 직전 시기에 쓰였다. 흥분한 군중이 광장을 메웠다. 사방에서 밀려드는 상황이다.

그들도 나와 마찬가지로 영문도 모르고 목적도 모른 채 몰려든 듯했다.

광장은 순식간에 시커먼 군중으로 가득 찼다.

나는 골똘히 생각해봤다. 왜 군중은 그토록 시커멓게 보였을까? 태양이 찬란하게 빛나던 날이었다. 숙녀들은 여름 드레스를 입었고 신사들은 밀짚모자를 쓴 사람이 많았다. 그런데 햇빛이 안 들었다. 아마 광장이 건물 뒤편에 있었나보다. 공기는 점점 더 푸르스름하게 어두워지다가 천둥번개 치기 직전처럼 무겁게 퍼런 하늘빛이 되었다. 이상하게도 광장에는 구름 한 점 드리우지 않았다. 하늘의 강철 같은 벽을 배경으로 교회 탑은 회색으로 흐릿하게 서 있었다. 군중에는 명확한 핵심이 없었다. 나도 어리둥절하며 서 있었다. 어디로 가야 할지 몰라서 그냥 멍하게 자리를 지켰다. 뭔가 움직임이 생기는 듯했는데 아무리 귀 기울여도 이해할 수가 없었다.

재빨리 돌계단 위로 올라가 목을 빼고 주위를 살폈다. 심장이 미친 듯이 뛰다가 갑자기 멎는 듯했다. 그 순간 군중이 사라지는 듯 보였다. 군중은 평평해지면서 배경으로 물러섰다. 유령들이 서로에게 몰려들어 합쳐졌다. 바로 옆에서 내 팔을 잡고 있던 남자가 있었다. 그의 몸이 내 몸에 바짝 붙어 있는 느낌이 생생하고 역겨웠다. 얄팍하고 헝클어진 콧수염을 지녔던 그도 홀린 듯 광장을 응시하다가 흐릿해지면서 몸뚱이를 잃었다.[2]

이 상태가 지속되다가 한 남자가 말한다. "지금 전쟁 위협이 임박했습니다!" 이 말에 긴장이 해소된다.

나는 안도의 한숨을 쉬었다. 이제 다 풀렸다. 내가 무엇을 해야 할지 알 것만 같았다. 모두 침묵한 채 서둘러 흩어졌다. 마치 명령이 떨어지기라도 한 듯 결의에 가득한 채 각자의 길을 갔다.[3]

잘로몬은 두 텍스트 모두에서 못 견딜 상황으로부터 도피한다. 매독의 위협 앞에서 기절해버린다. 위협적인 군중 속에서 환각으로 도피한다. 모든 것이 비현실이 된다. 그 자신의 현실, 육체 경계, 인식이 흐릿해진다. 자아는 융해되고 신빙성을 잃는다. 그는 돌계단으로 재빨리 올라가서 "목을 빼고 주위를 살폈다". 심장은 멎었다. 그는 군중 속에서 죽었다. 군중이 그를 숨겨서 사라지게 만들었다. 마치 매독의 위협이 그를 사라지게 만들었듯. 사람들은 유령이 된다. 햇빛은 찬란하고 사람들은 흰옷을 입었지만 군중은 시커멓다. 그는 옆 사람이 닿는 것을 견딜 수가 없다. 꼴불견 콧수염을 지닌 자가 역겹고 희미하게 사라진다. 그때 일이 벌어진다. 잘로몬이 군중을 살해한다. 이번에는 그가 군중을 죽였다. 이제는 정신이 나가서 기절해 넘어지지 않는다. 자신을 없애는 것이 아니라 군중을 없앤다. 우리가 앞서 살펴봤던 해방감의 전조를 여기서 볼 수 있다. 텅 빈 광장, 비워버린 공간을 보고 느끼는 기쁨이다. 어린 잘로몬은 환각을 통해 광장을 비운다. 훗날에는 무기를 사용해서 비운다. 잘로몬은 두 경우 모두에 군중이 "사라졌다"는 동일한 단어를 쓴다. 그는 군중이 탈육화entfleischt, 즉 몸뚱이를 잃고 실신했다고 표현했다. 그와 전우들이 무장한 "군중"과 대치하여 벌인 일이 정확히 이것이다. 그들은 군중의 몸뚱이를 빼앗아서 사라지게 만들었다. 군인 남성은 신참일 때에는 정신이 나가버림으로써 스스로를 비현실화했다. 어엿한 병사가 된후에는 위협적인 적의 현실성을 빼앗아버린다. 적을 살해한 후 기쁨에 날뛴다. 또다시 짐승을 잡아 죽였으니까.

위험한 군중 속에 갇혀 있던 잘로몬은 아직은 위협을 제거할 무력을 갖추지 못한 시절이었다. 군중에 명확한 핵심이 없고 방향성이 없는 것이 제일 큰 위협이다. 핵심과 목표가 부여되면 군중은 일거에 위험성을 잃는다. 전쟁 위협이 임박했다는 속보가 전해지자 군중은 일거에 군대가 된 듯 정리되었다. 잘로몬은 한숨 돌린다. "이제 다 풀렸다." "마치 명령이 떨어지기라도 한 듯 결의에 가득한 채", 위협적이던 군중은 이제 안

정적이고 아름다워졌다.

이처럼 군중에서 본떴으면서도 반대되는 것이 군대다. 군대에 대한 사랑은 종종 군중에 대한 사랑, 군중 안에서의 사랑이 불가능해진 결과물이다. 반동적 집단 형성은 자유가 지닌 끔찍한 가능성에 대한 반응이다. 그래서 명령을 그토록 절실하게 바라는 것이다. 명령은 군중 전체를 다스린다. 무엇보다 스스로의 육체를 되돌려준다. 육체에 군기를 부여해 융해되어가는 군인 남성을 다시 통합해준다. 군대를 가야 사람이 된다.

군인 남성이 얼마나 위협과 공포에 이끌렸는지는 첫 번째 글에 잘 드러나 있다. 그는 기어이 매독을 봐야만 했다. 연쇄살인범의 눈빛에 찔린 후에 말이다. 그것도 마치 배후중상설을 연상시키듯 등 뒤에서 찔렸다! 사형, 태아, 땀 냄새, 칼에 썰린 후 피바다 등등. 그는 흥분을 감당하지 못하고 휘청대다가 쓰러진다.

이 모든 것의 유혹에 그는 견뎌내지를 못했다. 유혹은 그의 인생을 따라다니기 시작했다. 결국 그는 살해한다. 자신의 감정이라는 비현실성에서 벗어날 유일한 방법은 살해였다.

비현실성으로 장악된 자신의 감정을 벗어날 유일한 방법은 살해였다. 충족 못 한 열기 속에서 군인 남성은 무無가 된다. 살해는 자신의 현실성을 직접 증명해준다. 나는 유령이 아니다. 타자가 유령이다. 보아라, 저들이 사라지는 꼴을! (총을 쏘면.)

군중과 문화, "우뚝 선 단독자"*

파시스트 이데올로기의 핵심 개념 중 다수는 군중의 구체적 속성에 대한 방어 반응으로 만들어졌다. "문화" "인종" "국가" "총화", 그리고 군대적 속성의 조직 등이 이에 해당된다.

"군중"이 아닌 모든 집합적 개념 가운데 긍정적 의미의 반대말은 바로 "문화"다. 문화 민족 "독일인"은 세상의 나머지 군중보다 우월하다.

과연 신의 섭리라는 것이 있는지 의심스러울 뿐이다. 교양이라고는 없는 인간 군상의 집합체가 어찌 우리 민족의 생존공간Lebensraum을 결판 짓는 성스러운 투쟁에 간섭하려든단 말인가![1] [드빙거의 미국인 평가]

---

* 이 부분보다 더 흥미로운 읽을거리는 우베 네텔베크의 "노래하고 웃는 도시 마인츠 Mainz, wie es singt und lacht" "돌로미테 전쟁Dolomitenkrieg"이다. 네텔베크는 전력을 다해 공략하는 대상이 된 "높은 경지"를 소설적으로 조롱하고 파괴한다. 오스트리아와 이탈리아는 돌로미테 절벽을 두고 티격태격 싸운다. 절벽은 전략적 가치가 전혀 없다. 전투의 목적은 사실 비트겐슈타인적 논리였다.

1919년 3월 18일 발트해 연안에서 비극이 벌어졌다. (…) 언젠가 예술가의 천재성이 발휘되어 후세에 전해졌으면 한다. 우리의 고상한 유럽 문화와 고귀하고 행복했던 인생이 아시아적 퇴보 세력에 의해 어떻게 말살되었는지를![2][골츠의 러시아인 평가]

일단 "우리 자신"과 "타자"의 대립적 개념쌍이 있다. 거기에 군중과 교양이 각각 고급/저급의 개념쌍으로 대응되어 대립적 기능을 수행한다. "고급문화"가 아랫것들에 의해 위협받고 있다.

길바닥 사회주의는 절대로 인류를 지도하지 못한다. 모든 정신적·도덕적 가치는 타락할 것이며 모든 고상한 문화는 말살될 것이다.[3]

베르톨트 대위의 일기장에 적혀 있다.
"지도"는 "높은 분들"만이 하신다. "공산주의적 가르침"은 "아랫것들"이 한다. "가장 상스러운 몰상식"에 대해서 골츠는 이렇게 언급했다.

내가 단언컨대 문화적 몰상식과 문화 거부가 저들의 세계관이다. 유럽 문화를 거부하고 이에 저항하는 톨스토이 부류의 아시아인은 정신적 예언자 대접을 받는다. 퇴폐적인 대도시 샌님들이야 정신 못 차리고 추종하지만, 이들에 대한 지지는 대부분 범죄자와 깡패들로부터 나온다. 문화가 하락세를 보이며 쇠퇴하고 있다는 것은 분명한 사실이며 유감스러운 일이다. 그러나 저들은 가장 상스러운 몰상식, 고삐 풀린 방종, 야만성을 뿌리내리려고 한다. (…) 진심, 정서, 영혼, 정신, 이성은 죄다 폭력과 짐승 같은 야만성에 예속된다.[4]

"고급"문화에는 고상함, 도덕성, 영혼, 진심, 정서, 이성, 영혼이 들어

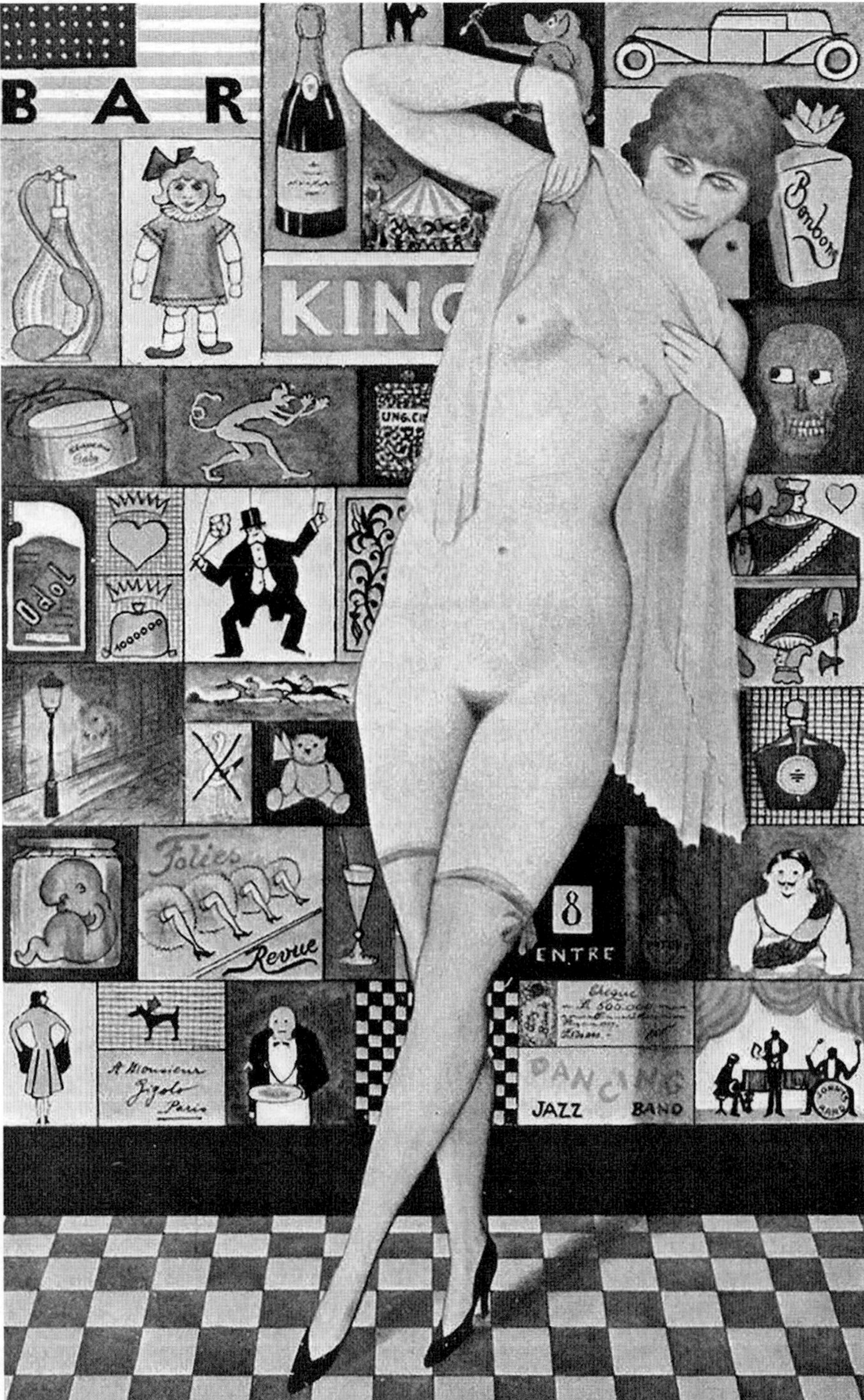

BAR
KINO
Bonbons
Odol
Folies
Revue
UNG CIN
A Monsieur Zigolo Paris
8
ENTRE
Cheque £ 505.000
DANCING
JAZZ BAND

있다. 군중의 "저열함"에는 결여된 것들이다. "아래"가 뭔지는 굳이 반복하지 않아도 될 듯하다. 윙거는 비문화의 목록을 확장해서 바이마르 공화국의 대중 및 대중문화를 비난하는 일에 쓴다.

군중은 소수가 될 수 없다. 그러니 소수가 군중 행세를 한다. 정치계, 연극계, 예술가, 카페, 에나멜 구두, 현수막, 신문, 도덕, 유럽의 미래, 세계의 먼 미래 등이 소리 높여서 군중 시늉을 한다. 수천 마리의 짐승들이 길을 막아선다. 마음대로 안 되는 것은 짓밟는다. 질투로 가득하고 졸부 같고 야비하다. 다시금 개인은 굴복하고 만다. 출신이 같은 동료들이 가장 큰 배반자인 셈이다.[5]

"문화"의 담지자는 언제나 "개인"인 듯 표현된다. 몇몇 "개인들" "소수"다. "문화"라는 것은 원래 소수와 개인들이 누리라고 있는 것이다. 군인 남성들은 대중 종교도 비슷한 방식으로 이해한다.

많은 사람에게 기독교는 종교가 아니다. 그러니 모든 사람의 종교가 아님은 말할 필요도 없다. 기독교는 소수의 사람들이 믿고 실천하는 종교로서, 문화인이 피운 가장 귀한 꽃이다.[6][괴벨스]

이제껏 살펴봤듯 "영혼"은 "높으신 분들", 특히 남자들에게만 있다. 남자 못지않은 여자라면 간혹 허용된다. 독립적인 여성성은 "문화"의 반대말이다. "모든 문화는 여성 해방이 파괴한다."[7]
델마르는 이렇게 말했다.

피임이 인종 쇠퇴의 시작이다. 향락과 문화는 반비례로 융성하고 몰락한다.[8]

피임 때문에 "향락"이 융성하면 "문화"는 몰락한다는 주장이다.

여성성, 쾌락전염병, 융해성, 그리고 군중의 온갖 위협성은 문화 개념에 대립되는 관념들이다. 유대인은 "문화 민족"이 아니란 말은 당연시되었다. "개인"이라는 말에 몇몇 속성이 마치 자명한 지혜인 듯 따라붙었다. 예를 들면 자신이 엄청나게 "높은" 듯한 우월감이다. 저열한 여성성과 완전히 무관하기 때문에 문화인은 절대로 "야만적"일 수 없다는 보증이다. 밑바닥에 비하면 문화인의 우월성은 압도적이므로 절대로 야만적일 수 없다. 심지어 수많은 군중을 학살한다 해도 여전히 문화 사업이다. "비문화"적 사람이 되려면 "군중" 편으로 넘어가 떼거리 민주주의자가 되고 천한 것들과 함께해야 한다. 대량학살과 조화되는 군인 남성의 문화 개념은 파시스트가 최초로 만든 것이 아니다. 양자는 절대로 대립관계에 놓이지 않는다. 오히려 반대다. 이 세상에 문화가 가득하려면 문화 없는 것들이 지상에서 싹 사라져야 한다. 어떻게든.

"교양 없다!NIX KULTURA!" 독일군이 소비에트 러시아인이 하는 모든 행동에 끝없이 반복해서 붙이던 꼬리표였다. 모든 뉴스, 모든 이야기, 모든 일화, 모든 농담은 한마디로 정리되었다. "교양 없다!" 곧바로 우레 같은 폭소가 뒤따른다. 전쟁포로가 된 수십만 러시아인은 음식도 없이 독일 수용소에 갇혔다. 목격자들은 살짝 끔찍하다는 어조로 돼지 같은 러시아 것들이 서로를 잡아먹었다고 기록하고 있다. 회스가 그 일례다.[9] 러시아 놈들 교양 없다더니 역시 사실이었다. 문화 민족 독일인의 발전된 기술력에 세계대전에서 소비에트 러시아인 2000만 명이 죽은 것도 마찬가지다. 집단 수용소에서 희생된 인구보다 상상을 초월할 정도로 큰 규모다.

비록 아시아 출신이라도 몇몇은 문화 수준을 달성한다. 물론 "빼어난" 인물이어야만 가능하다. 톨스토이 정도가 해당된다. 가끔 레닌을 문화인으로 인정해주는 영광 정도는 허락할 수 있다. 독일 혁명이 실패한 원인은 단지 지도자가 없었기 때문이라는 논리에 써먹기 좋기 때문이다.[10] 불행하지만 다른 곳에서도 많이 들어본 논리다.

문화가 "하락세를 보이며 쇠퇴"한다는 골츠의 발언이 겨냥하고 있는 것은 공화국에 충성해 나름대로 성실하게 복무한 장교들이었다. 그가 말하는 문화는 문화가 아닌 것이다.

또한 "교양"은 "높은 분들"에게 있지 길바닥에 있지 않다.

대다수는 그냥 둘러서서 묵묵하게 갑론을박을 듣고만 있었다. 길거리 논쟁에는 아무나 끼어들 수가 없다. 대부분 교양인은 스파르타쿠스 연맹이 내뱉는 말의 홍수에 익숙하지 않았다.[11] [아르투어 이게르]

"말의 홍수"에 익숙하지 않다는 것은 이들에게 단점이 아니라 장점이다. "교양인"이 "교양" 있는 이유는 흐르지 않기 때문이다. 이처럼 "교양"은 교만한 무지의 동의어가 되어버린다. 교양은 흔들리지 않고 자신감 넘친다. 교양은 사회적 존재라는 표현이다. 오직 남자들 세계에서만 통용되는 특정한 자세에 존재한다. "주의" "존경" "용기" "규율" "거리" "복종" "성실", 그리고 가장 중요한 "충성"이 문화를 구성한다. 황제에 대한, 국토에 대한, 총통에 대한, 동지에 대한 "충성"이다. "충성은 명예의 중추다." 여자는 명예도 없고 중추도 없다.

드빙거의 킬만은 군중의 "빌어먹을 반쪽짜리 교양"을 욕한다. 군중은 "그저 살기에 급급"해서 "절제"라고는 모른다.[12] 그것도 아랫도리 "반쪽"이다. 위까지 갖춰야만 "온전"한 교양이다. 고개 빳빳하게 들고 팔다리가 단단해야만 한다. "아랫도리"와 "속"만 있다고 해서 사나이가 될 수는 없다.

그리하여 높은 경지에 다다른다. 법의 이름이라는 허상이 드높게 바로 선다. 깃발을 하늘까지 높이 게양한다. 이렇게 강인하고 존엄하며 고독한 개인은 언제나 남성이다. 그중에서도 가장 높은 것이 독일 남성이다.

우리 독일의 본질적 불행이 어디에 있는지 제군들은 아는가! 높은 수준의 개인들과 대중 사이의 간극이 여타 국가에 비해서 너무 크다는 점이다. 고귀한 개인에게서 독일의 본질이 창조되어 살아 숨 쉰다. 불멸의 업적을 남긴 어떤 민족보다 더 큰 간극이다. 개별적 독일인들은 천상적인 존재다. 진정한 신의 창조물이다. 그러나 대중은 정말이지 형편없다. 독일의 개인은 세계 최고 수준인데 말이다.[13][바이간트]

논리가 엉망이다. 독일인 개인은 그렇게도 수준 높고 대중은 그렇게도 형편없다면, 추락의 위협이 상존해야만 이치에 닿는다. 천상의 존재가 나락으로 떨어진다면 끝장이다. 깜빡 잠이 들면 죽음의 위험에 처한다. 드높은 곳으로 꼿꼿하게 쳐드는 문화-자아는 사실 혼합 쾌락으로부터 도망치려는 군인적 남근이라는 것이 너무 명확하다. 물론 혹자는 반박하겠지만 말이다. 페렌치의 성기 이론을 살펴보자.

성기 중심의 형성은 다원적 의미의 범유전 개념에서 이해되어야 한다. 즉, 유기체의 모든 부분은 일종의 기여를 통해서 성기 속에 반영된다. 성기는 유기체 전체의 쾌락을 배출하는 기능을 대리인처럼 수행한다. (…) 성기 기능의 범유전적 관념을 더 철저하게 적용해본다면, 남성 성기는 전체 자아의 축소판이며 쾌락-자아의 체현이다. 자아의 이중화는 나르시시즘적 자기애의 근본 조건이라고 볼 수 있다.[14]

자아가 있고 미니 자아까지 있다는 생각에 신이 난 나머지 페렌치는 여성의 존재를 깜빡 잊는다. 정신분석적 자아 유형학에서 잠시 누락시키고 만다. 심리 장치로서의 자아 구조를 성기우월성에 기반하여 구성

했다. 더 나아가 남근-우월성을 주장한 꼴이 되었다. 정신분석학적으로 보면 여성은 오직 제한적으로만 "자아"를 가질 수 있다는 주장이다. 참 대단하기도 하다.[15]

이런 실수를 한 사람이 페렌치만은 아니다. 프로이트 역시 "자아"와 "이드"의 관계를 "전방"과 "후방"의 관계로 비유하여 설명한 적이 있다.[16] 효과 면에서 보면 실패한 비유라고 할 수 있다. "이드"에는 갈등이 가

제프 리스트와 레니 리펜슈탈,
「몽블랑의 폭풍Stürme über dem Montblanc」

득하지만 "후방"과 "병참선" 사이는 그렇다고 볼 수 없기 때문이다. 그러나 이 비유에는 군인 남성들의 감정이 가득 담겨 있다. 그들은 "후방"을 위협 가득한 혼란이라고 여겼으며 자신들을 확고한 최전방이자 경계라고 느꼈다. "자아" 위에 확고하게 우뚝 선 프로이트적 남근은 군인 남성 자신이다. 군인은 남근에 내재한다.[17]

이제까지 우리가 살펴본 유럽적 문화 개념은 파시즘의 전제 조건이 되었다. 유럽 역사에서 문화는 자연, 여성성, 인간 무의식의 정복으로 작동했다. 이들을 남성자아의 경계 바깥으로 몰아낸다. 그리고 파괴해버린다. 드디어 파시즘 시대에 이르면 살아 있는 모든 것을 파괴하는 작업으로까지 확대된다.

파시즘은 "우뚝 선다". 성적 방어 태세와 권한 행사 작업을 통해 강제한다. 독일의 우월성은 온 세상에 자명하다. 독일은 세계를 정복할 것이다.

독일 제국주의와 사명의식의 심리적 토대는 군인 남성의 "확신"이다. 만족하지 못한 채 분출의 순간을 고대하며 빳빳하게 긴장한 독일 좆보다 "더 높게" 우뚝 선 좆은 세상에 없다. 드높이 우뚝 섰기에 "군중"에 흐물흐물 녹지 않을 수 있다.

베르톨트 대위는 세계대전의 최전방이 여기에 달렸다고 봤다.

어느 한 사람이 군중에서 벌떡 일어서서 더 큰 삶의 목표를 세우면 모두 그를 배척한다. 소수만이 그를 이해한다. 독일을 보라. 독일 민족의 삶을 보라. 단독자를 완벽하게 구현하고 있다. 적국들은 똘똘 뭉쳐서 우리를 증오하고 질투한다. 독일이 지칠 줄 모르고 전진하며 맹렬하게 일을 치르기 때문이다.[18]

"군중에서 벌떡 일어서"는 "단독자"는 분명히 남근이다. 독일은 "지칠 줄 모르고 전진하며 맹렬하게 일을 치"른다. 계집과 군중은 뒷전으로 한다. 드높은 곳을 지향하는 남근을 구현하려는 이상을 위해서.

더 높은 곳을 향하기 위해 군인 남성은 전투기가 된다. 부러진 팔로 이륙해 적을 골로 보냄으로써 격추 기록을 세운다. 차라리 영웅적으로 죽으련다.[19] 고향에 두고 온 "신부"를 끝까지 못 보고 산화한다.

깃발을 높이 들어라.

고지는 고독한 곳이다. 안나베르크 돌격을 앞두고 장병들을 독려한다.

평범한 용기의 기준을 뛰어넘어 독일국의 위대한 고독이라는 높은 경지에 도달할 것! 이것은 명령 그 이상이다! 이것은 신세계의 메시지다. 우리가 승리하면 신세계가 열릴 것이오, 만약 패배하더라도 우리는 별이 되어 후손의 귀감이 되리라! 자유군단이여, 출격하라![20] [에게르스]

발터 벤야민은 독일 관념론의 드높은 "자아"에 어울리는 이상적인 자연의 형태가 전쟁터라고 봤다.

가장 신랄한 방식으로 다음과 같이 말해야 할 것이다. 총동원된 풍경 Landschaft에 직면해 독일인의 자연에 대한 감정은 생각지 못한 비상飛翔을 경험하게 되었다. 매우 감성적으로 시골에 살고 있었던 평화의 수호신들은 소개疏開 조치를 당해 쫓겨났고, 참호 가장자리 너머로 볼 수 있었던 모든 지역은 독일 관념론의 영토 그 자체가 되어버렸다. 모든 포탄 구덩이가 하나의 문제가 되고, 모든 철조망은 하나의 이율배반이, 모든 철조망 가시는 하나의 개념이, 모든 폭발은 하나의 명제가 된다. 그리고 한낮의 하늘은 철모의 우주적 내부였고, 밤에는 내 위의 도덕법칙이 되었다. 불의 띠들과 참호를 동반한 채 기술은 독일 관념론의 얼굴 속에서 영웅적인 요소들을 뒤따르고자 했다. 그들은 착각했다. 왜냐하면 그들이 영웅적인 것으로 여기는 것은 히포크라테스적인 것, 즉 죽음의 요소들이었기 때문이다.[21]

오늘날까지도 많은 이가 우뚝 선 자아라는 관념이 무기처럼 경직된 파시즘적 남근으로 수렴했다는 사실을 알아채지 못한다. 일부 극단성에만 주목할 뿐 근본적인 폭력성에 대해서는 아예 감지하지도 못한다. 부르주아 계층은 "폭력에 물들지 않았던" 온전한 개별 시민이 저항의 최후 보루였던 양 내세웠다. 우파 부르주아는 학문의 인식 주체로서, 좌파는 파시즘에 맞서는 공산주의적 비판 세력으로서 도전받지 않는 부활을 누리며 태연하게 복귀했다. 심지어 독일 학생운동권에서도 "굳건한-자아"를 혁명가 모델로 내세운다. 특히 군중을 이끄는 아방가르드 과격파 행세에 심취해 지도부-자아라는 허세를 부리며 꼴값을 한다.

이들의 모든 언어는 여전히 특정 기표에 지배당한다. 규율은 하달되고 지시되고 지적된다. 생각과 이론은 선점되어 주입된다. 성찰의 영역은 언제나 높은 곳에 있다. 이론적 수준은 더 높아져야 한다. 추락은 낮은 곳으로 향한다. 감정과 구체성 같은 낮은 영역으로 떨어지는 것을 뜻한다.

과연 "이론의 높은 경지"라는 것이 남자들의 망상 밖에도 존재할까?*

높은 북쪽-낮은 남쪽, 깊은 야생세계…… 높은 야생세계라고 하면 이상할까? 이러한 연결에 거부감을 느낀다는 사실이 높음/낮음이라는 사고의 질서가 얼마나 우리 사고를 규정짓고 있는지를 보여준다. 남성/여성, 통제/무통제, 정확/모호, 밖/안, 의식/무의식 등 수많은 반대말 개념쌍이 특정 질서를 코드화하며 지배 관계를 안정화시킨다. 지배적 질서에서 "아래"는 옳지 않다. 아래에 있기 때문이다. "최고의 단독자" "고급문화"는 복된 총체성을 추구하지만, 그들에게는 육체적 완결성이 결여되어 있다. 그래서 압제를 휘두를 "아래"가 필요한 것이다.

---

* "기표 제국주의는 우리에게 '그것은 무엇을 의미할까?'라는 물음 밖으로 나가게 하지 않는다. 그것은 이 물음을 미리 차단하고 모든 답을 단순한 기의의 신분으로 되돌려 불충분하게 만드는 데 그친다." ("그래도 더 이어지는 대답은 있어야만 한다.") "너무 급하게 구절의 물을 마시고 이렇게 끊임없이 외치는 궁정의 하룻강아지들 같다. 기표여, 자넨 아직 기표에 이르지 못했어, 자넨 아직 기의들에 머물러 있어! 기표, 단지 이것만이 개들을 기쁘게 한다." (내 귀에는 그들이 외치는 소리가 들린다. "근본 모순은 과연 어디에 있는가?!") "하지만 이 주인-기표는 오래전 시대의 본연 모습 그대로 있다. 사슬의 모든 요소에 결핍을 분배하는 초월적 재고, 공통된 부재를 위한 공통된 어떤 것, 유일하고 동일한 절단의 유익하고 동일한 장소에서 모든 흐름-절단을 창설하는 자인 채로. 즉 그것은 이탈된 대상, 남근-과-거세, 우울한 신민들을 위대한 편집증자 왕에게 복종시키는 막대기다." (Deleuze/Guattari, *Anti-Ödipus*, p. 268, 『안티 오이디푸스』, p. 357.) 민속학자 한스 베르톨트는 『독일 병사들의 속설과 미신*Deutscher Soldatenbrauch……*』에 오래 구전된 예언을 기록했다. "남정네와 예편네가 뒤죽박죽 썪여부러서 뭐가뭔감 구벨이 안 가믄 세상에 전란이 나는 겨."(p. 6) 기표가 사라지면 전쟁이 난다.

권력을 차지하려 싸우며, 아래에 머물기를 거부하는 자아는 드높은 허구의 남근을 찬양한다. 누구도 가진 적 없으나 국가권력 기관에 구현되어 있는 남근이다. 남근은 모든 말글살이의 잣대 구실을 한다. 기념비는 백금 미터원기를 기준으로 건립된다. 인간의 몸뚱이 안에는 화형 말뚝이 뿌리를 뻗는다. 블라도 크리스틀의 통찰이다. 그러나 남성 찬양은 굽히지 않고 하늘을 뚫는다. 도취의 미로를 헤매는 기분은 "드높다"고 표현된다. 일기예보처럼 미리 짜여 있다. 나쁜 기분은 저기압이라고 "낮게" 표현된다.

어떤 때는 오르막/어떤 때는 내리막. 유명한 노래 가사지만 좆이 들려주는 자기 이야기 같다. 어쨌든 오르가슴에서 반드시 "최고점"을 느껴야 한다는 것은 철학의 구조에서 기원한다. 라이히 등의 철학자들은 감각의 강렬성을 클라이맥스가 있는 곡선으로 표현했다. 비유상으로 보자면 등산객은 대리만족자인 셈이다.

1960년대 초반에 기분이 좋다는 뜻을 "완전 다운됐다"고 표현한 적이 있다. 유행은 그다지 오래가지 못했다.

폴커 엘리스 필그림의 남성중심적 찬사를 살펴보자.

성적 관점을 통해 침묵하는 여성 대중을 하나로 통일해서 꿰뚫을 수 있는 사람은 오직 알리체 슈바르처뿐이다…….

모든 것이 갖춰졌다. 통일성 대 군중, "성적 관점", 질서 짓는 눈으로서의 질, 통일적 시선. 여기에 삽입적 남근 문화를 비판하는 여성 작가가 있다. 그녀를 호평한답시고 "꿰뚫을 수 있다"고 칭찬한 것이다. 그는 깊은 인상을 받았다.

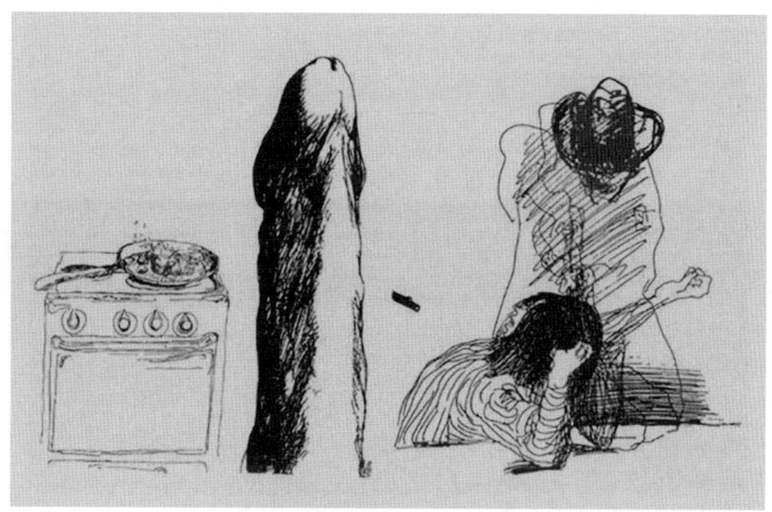

화형 말뚝 삼부작

그녀의 기백! 14명의 여자가 서명한 결의서가 그녀의 든든한 배후다.
[…] 알리체의 빛나는 미모, 강인함, 확고한 지위에서 오는 명백성. 이제
남자는 진실로 그녀를 건드릴 수가 없다.

필그림의 글은 그야말로 남근적이지만 그녀를 건드릴 수는 없을 듯
하다.

헤르베르트 마르쿠제는 앤절라 데이비스의 『마르크스주의와 여성 해
방Marxism and Women's Liberation』을 이렇게 평가했다.

이 책은 감옥에서 집필되었다. 위대하고 투쟁적이며 지성적인 여성의 작
품이다.[『반혁명과 반역Konterrevolution und Revolte』, p. 93]

에른스트 보르네만의 글이다.

……노동조합 운동의 역사에서 가장 용감하고 뚜렷하고 통찰 있는 선동. 바로 클라라 체트킨…….

클라루스 중앙위원회장 동지. 클라라 체트킨을 칭송한답시고 마르크스의 덥수룩한 턱수염을 붙여 남성화했다. 사상의 최고봉을 탐방하는 정기 등산회 회원들이 통찰력 있는 여자 호문쿨루스를 발견했다. 새로운 여신들을 따라잡았다는 생각에 그들은 가슴을 활짝 펴고 기쁨에 헐떡인다. 디터 둠Dieter Duhm도 지혜로운 말씀 몇 마디로 참견한다. "성별 간 연대가 바로 서야 우리 모두가 우뚝 선다."『인간은 다르다Der Mensch ist anders』의 서문에 포함된 문구다. 책은 한 여성에게 헌정되었다.

남성 작가들은 별생각 없이 남근적 폭력의 언어로 흰 종이를 가득 메운다. 과거처럼 여자들이 얌전히 참아넘길 줄로 안다. 페미니즘 운동을 격려하려는 남성들이라면 적어도 깨달은 것이 있어야 한다.

칭찬하는 말속에 스며 있는 편견은 전적으로 개인적인 문제는 아니다. 마음에 든다gefallen라는 표현에서 남근Phallus의 관점을 빼는 것은 쉽지 않은 일이다. 미하엘 로어바서는 원고에서 마음에 안 드는 대목에 언어유희로 "마음에 드신다면aber wenn's gefällt"이라고 쓰는 대신 "좆 꼴리신다면aber wenn's gephallt"이라고 써넣었다. 일상의 "얼버무린 말Umgangssprache"을 깔보려는 "고상한 언어Hochsprache"는 언어의 일의성만 이용하려든다. "얼버무림Umgang"은 성적 뒤섞음의 영역이다.

"빼어나다Hervorragend"는 범상찮게 우뚝하다는 이미지다. "윤택한glänzend"에서는 귀두가 떠오른다. 이런 사례는 많다. "기분이 곤두박질치는sehr deprimierend"은 낮은 곳을 부정적으로 묘사한다.

얼마 전 노년의 마르쿠제는 우려를 드러냈다. 개념어의 여러 의미에 철저한 주의를 기울이다보면 우리 말문이 막혀버릴 수도 있다는 것이다. 과연 그럴까? 오직 대가리를 높게 쳐드는 육체의 빳빳한 껍데기만으로 언어생활을 가득 채워야 할까? 지금 우리가 사용하는 개념들은 이형화異形化 경험에 대한 두려움의 표출이다.

남성 문화는 "여성의 감정적 강점으로부터 힘"을 끌어가면서도 "그 은혜를 갚지는 않는다". 슐라미스 파이어스톤의 말이다. 그나마 그녀가 말하는 여성의 "감정적 잠재력"이 손상되지 않고 독자적인 "여성의" 해방 능력으로 보존되었더라면 그다지 나쁘지는 않았을 것이다. 하지만 유감스럽게도 남성은 은혜를 엉뚱한 식으로 "갚는다". 언어를 준다. 높음/낮음, 안/밖, 주체/객체의 반대 개념쌍의 치명적 개념성을 준다. 여성이 "자기 자신"이 되려는 노력은 남성 권력의 언어를 통해서만 표현된다. "관점"이 표현되고 "자율성"이 추구되고 "자신과 하나가 된다". 하지만 왜 여럿이 되면 안 되는가? 이 모든 표현은 남근의 추상성에 기반한 것이다. 특정 입장에서의 자율성이다. 나는 오래전부터 어쩐지 불쾌했다. 에른스트 블로흐나 루디 두치케 등 좌파 동료들은 불굴의 행진이라는 개념을 주조해, 아무런 성찰 없이 당연하다는 듯 "여성 해방"의 언어로 공식화하여 써왔다. 틸만 모저는 분석가의 남근이 마치 척추를 지탱하듯 자라나는 감각이 가장 중요한 힘의 원천이라고까지 말했다. 존재의 심연과 혼합이 그렇게까지 두려운 것인가? 그런 정도의 빳빳한 등뼈가 필요한 것일까?

윙거는 "빛나는 신전을 세워서 남근에 헌정하고자 한다"고 말했다.[22] 그가 형상화하는 인류의 "문화작업"은 바로 신전 건축이다. 탑이 우뚝 세워져야만 "짐승"을 물리칠 수 있다.

인류는 여전히 헤아릴 수 없을 만큼 높은 탑을 쌓고 있다. 한 세대가 피와 고통과 갈망으로 가득한 존재의 층을 이전 세대의 층 위에 쌓는다. 느리게 끝없이 느리게 돌탑이 신성을 향해 자라난다. 거친 원시의 산맥 위에 마치 안장처럼 무겁게 얹는다. 한 마리 짐승의 등 위를 짓누른다. 아직

은 날것의 건축물. 한 번의 거대한 몸짓처럼 약속의 땅이라는 희미한 목표를 향해 내뻗는다.[23]

높은 곳에 올라선 자는 무언가를 밟아야만 한다. 여성, 시체 더미, 자신의 죽어버린 욕망을 상징하는 죽은 물질. 파시스트 남성은 인류의 상태를 이러한 관계로만 이해한다.

인류라는 종족은 신비스럽게 무성한 원시림이다. 열린 바다를 향해 나무 꼭대기가 뒤엉키면서 뻗어가며,* 더욱더 힘차게 수증기와 습기, 울창함을 뚫고서 맑은 태양을 향해 나아간다. 아름다움을 향한 의지가 저 산봉우리를 향기로움과 빛깔과 꽃으로 감싼다. 그 아래 깊은 곳에서는 기괴한 식물이 혼란스레 얽혀 자란다. 태양이 저물고, 붉은 앵무새 떼가 사라져가는 햇살 속을 따라 낭창한 야자수의 꽃받침 속으로 황홀한 꿈처럼 내리꽂힐 때면, 이미 밤에 침잠된 저지대에서는 기어오르고 스멀거리는 벌레들의 혐오스러운 혼란이 들끓는다. 먹잇감의 비명이 들려온다. 탐욕스럽고 살인적인 이빨과 발톱에 의해 잠든 몸, 은신처, 따스한 보금자리에서 죽음으로 끌려가는 희생자들의 날카롭고 뒤틀린 절규다.[24]

"위"에는 생명이 있다. 그 자신도 있다. "아래"에는 죽음과 공포가 있다. "아름다움"의 모든 것은 향기로운 꼭대기에 머문다. 저 아래에는 "혼란스레" "얽혀" 자란다. 일반적 의미에서 "아름다움" "정신성" "문화"는 꼭대기에 속하며 "높은 경지"에 있다. 예컨대 독일의 예술 생산 전반이 그렇다. 단, 커피하우스에 앉아서 퇴폐적으로 노닥거리지 말고 올림푸

---

* "열린 바다"는 하늘을 뜻한다.

한스 토마, 「갈망」

스의 고귀한 경지에 몸 바치는 사람들만이 그렇다. 서로 다른 경지를 뒤섞는 일은 엄격하게 금지된다. 에베르스는『독일 밤의 기수』라는 소설을 썼다. 소설 제목에도 위/아래 관계가 의미심장하게 담겨 있다. 주인공 게르하르트 숄츠는 감옥에 갇혀 있던 시절 문득 어머니가 불러주시던 노래가 떠올라서 흥얼거렸다. 에두아르트 뫼리케의 서정시에 후고 볼프가 작곡한 노래였다. 2절쯤에서 정신이 들었다. "안 돼, 이럴 순 없지. 이런 고상한 가곡을 이런 똥통에서 부르다니! 이건 신성모독이야!"[25]

"문화"는 "높은 경지"에 있는 사람들끼리의 문제다. 절대로 "위"와 "아래"가 함께 속하지 않는다. "위"와 "아래"는 성적으로 회피한다. "위"와 "위"끼리 성적으로 서로 이끌린다. 이러한 발상은 "문화"라는 개념에도 포함되어 있다. 동일한 섹슈얼리티를 가진 두 사람은 동일한 문화를 지녔다.

발라의 소설 주인공 로덴홀름 대위는 핏속에서 "봄"을 느낀다. 그는 "바쿠스의 힘으로 비너스를 잠재우고자" 한다면서 성욕을 없애려고 술을 마신다.[26] 그러나 "술집 여주인"에게 마음을 빼앗긴다. 그는 놀러 가고 싶었지만 동행해줄 사람을 찾지 못했다. 동료 병사들은 모두 "의리도 없이" 여자와 침대에 누워 있었던 모양인지, 숙소에는 졸병 홀츠가 혼자 잠들어 있었다. 홀츠는 로덴홀름과 급이 맞지 않으므로 함께 오입질하러 갈 수 없다. 그는 대위 계급의 동료를 찾으러 밖으로 나간다.

그래서 겨우 찾은 상대가 한이었다. 한은 비좁은 숙소에서 나무걸상에 앉아 깜빡이는 촛불을 켜놓고『파우스트』를 읽고 있었다.

기꺼이 동행해주겠다고 말은 했지만, 그는 인류의 고독에 짓눌린 상태라서 시름없는 젊음을 즐길 수가 없었다. 그래서 조숙한 두 젊은이는 와인을 마시며 환담을 나눴다. 한은 세련되고 교양 있는 인물이었다. 로덴홀름은 자신도 한때는 정신문화에 몰두하던 아름다웠던 시절이 있었다는 추억에 잠겼다. 방 안에는 아늑한 분위기가 가득했다. 문화와 교양 수준을 공유하는 두 사람이 동일한 교감을 경험한다. 와인을 아는 안목 있는 두 사람이 와인을 마신다. 유쾌한 분위기가 한껏 고조된다.[27]

과연 바쿠스의 힘이 두 남자를 짝지었다.

『파우스트』를 인용하고 공통된 교양 수준을 강조하는 것은 "봄기운"에 피가 들뜬 두 남자의 만남을 사회적 규범에 어긋나지 않는 건전한 형태로 포장하려는 장치다. 그러나 "동일한 교감을 경험한다"는 어색한 표현은 이들 사이에 작동하는 접촉 금지의 규범을 넌지시 드러낸다. 그들 사이에서 벌어지는 일이 노골적인 섹슈얼리티일 리가 없다. 그들은 어디까지나 "문화적"이고 "정신적"이고 "수준" 있는 와인을 즐기고 있는 것이다.

이쯤에서 분명해진다. 배우기 싫어하고 무식하며 야만적인 독일 남자들, 즉 장교, 나치당 간부, 지주, 정치인, 산업가, 학교 교장 및 수많은 교수들이 허세를 부리면서 "정신"을 들먹이고 "문화"를 칭송할 때 속뜻이 무엇인지를 알 만하다. 정작 본인들은 예술을 멀리하고 사고를 게을리하는 독일 프티부르주아 계층 사이에서 독일은 시인과 사상가의 나라라는 상투어가 왜 그리 유행했는지도 알 만하다.[28]

이들이 하고 싶은 말은 "여자는 빠져라!" "욕망에 죽음을" "고급문화" "모두 통제되었다" 등이다. "교양인"은 남성들이다. "우월한 혈통"을 지닌 "우월한 민족"은 창조적이며 지적이다. 여자들은 일단 해당 사항이 없다. 심지어 아리안도 아니다. 나중에 어엿한 남자 후계자를 낳아서 "순백의 여인"이 되면 비로소 자격을 얻는다.

"여류 교양인"이 되는 법은 비교적 쉽다. 남자들의 활동 중에서 여자에게 개방되어 있는 영역에 참여해 어느 정도 명성을 얻으면 된다. 레토가 만났던 여남작 카린 디네센은 사자 사냥으로 성공을 거두었다. 충동을 육화한 존재인 맹수를 기꺼이 쏘아 죽인 사람이라면, 그것도 여자의 몸으로 남자도 감당 못 할 힘든 일을 해냈다면 문화인의 자격이 있다. 여류 사냥꾼은 총잡이 빨갱이 계집을 무찌른다.

충동적 사냥, 충동 사냥.[29] 레토를 비롯한 수많은 군인 남성이 사냥에 열광했던 데는 다 이유가 있어서였다.

우리 젊은 장교들에게 사냥은 반길 만한 건전한 여가활동이었다. 대도시를 싸돌아다니는 것보다야 훨씬 더 좋은 휴식이었다.[30]

우리는 난봉꾼들처럼 사냥 이야기를 끝도 없이 떠벌리곤 했다. 나도 리에초우의 협궤 철도에서 총을 쏘아 처음 수사슴을 잡은 일을 얘기하곤 했다. 놈을 어깨 위에 얹어서 들쳐메고 오는데, 사슴 피로 전신이 흠뻑 젖었다. 게다가 어찌나 모기떼가 달려들던지! 엄청나게 고생했다.[31]

에어하르트 대위는 외국에서 밀렵을 하다가 들켜서 군인 경력이 끝장날 뻔했다. 하지만 서남아프리카에서 헤레로족 학살의 공을 세웠던 터라 황제에게서 특별 사면을 받았다. 그 후로도 밀렵은 계속했다.[32] 한과 로덴홀름은 교양 수준을 공유하며 "아늑한 시간"을 보낸다. 헤어질 무렵 한은 로덴홀름을 사냥에 초대했다. 1920년 부활절에 수컷 뇌조 사냥[33]을 함께 하자는 것이다. 봄철은 뇌조의 발정기다. 한은 남작이고 숲속 성이 한 채 있었다.

로덴홀름은 숙소로 돌아왔다. 그런데 무슨 일인가 일어났다. 발라는 이를 두고 "생각에 뻣뻣하게 쥐가 났다"고 표현했다. 그날 아침에 동료가 상부 명령 없이 라트비아인 포로를 약탈하고 사살하는 장면을 본 게 떠올랐던 것이다. 로덴홀름은 저지할 수도 없었고 저지할 생각도 없었다. 하지만 그 장면이 머릿속을 떠나지 않았다.

생각을 떨칠 수가 없었다. 이상한 일이었다! […] 차라리 무감각해지면 마음이 편하겠다 싶었다. 그는 독한 술을 컵에 반쯤 채워 단숨에 꿀꺽 털어넣었다. 과연 도움이 되었다. 정말로 다행이었다. 팔다리에서 힘이 쭉 빠졌다. 겨우 옷을 벗고 무거워진 몸으로 침대에 뛰어들어 베개에 파묻혔다.[34]

교양 있는 대화를 나누다가 사냥에 초대받았다. 볼셰비키 사살 때문에 술을 퍼마시고 뻗는다. "아늑함"에 도취된 두 남자의 정서는 이런 식으로 전개된다. 두 사람은 함께할 수가 없다. 그들의 섹슈얼리티는 사람들 사이에서 자연스럽게 진행될 수 없도록 구조화된 듯 보인다. 오직 정신 나간 상태가 되어야 이루어질 수 있다. 이런 현상을 우리는 이제껏 자주 봐왔다. 성은 폭력과 결합되거나 혹은 폭력 행위의 이미지와 결합

대가리 먼저

"어이, 몇 살이야?"
"럼주 퍼마실 나이는 됐어."

"다정하게 대화나 하지. 좆 보여줄 수 있어?"
"진짜 대물인데 보고 싶어?"

된다. 총을 쏘거나 혹은 개머리판으로 가격한다. 그러나 여기서는 그런 행위가 없었다. 로덴홀름의 폭음은 불발에 그친 사격의 대체물처럼 보인다.

여기에 과연 이성애 혹은 동성애 개념이 작동할 여지가 있는지 의심스럽다. 군인 남성이 타인과 맺는 리비도 가득한 성적 인간관계는 오직 정신이 나간 채 황홀경에 빠져서 저지르는 폭력 행위뿐이다. 그것마저 대부분 배타적으로 남성들 사이에서만 벌어진다. 이런 행동이 벌어지는 기관은 오직 배타적으로 남성들로만 이루어진 곳이다. 이들 사이에서 발생하는 긴장은 "문화"라고 불러야만 적합할 듯하다. 여성이건 혹은 남성이건 간에 다른 사람과 육체적 사랑을 나누려는 욕구라는 의미로서의 섹슈얼리티는 이들과 아무런 상관이 없다.

이들이 관심을 두는 것은 섹슈얼리티를 핍박하는 것이지 특정 섹슈

"젠장, 당연하지! 술 먼저 다 마시고 보여줄래?"
"지금 술이 문제야? 좆 자랑을 해야지. 당장 꺼내서 식탁 위에 얹어주지."

"에구에구에구! 몽둥이가 따로 없네."
"정말 예쁜 놈이지? 우리 선원들 중에서 최고야. 한 번 싸면 양동이에 넘쳐!"
탁!!

얼리티를 보유하는 것이 아니다. 어떻게든 말이다.

문화와 군대

아무리 문화가 융성하다고 해도, 남자의 기를 꺾으면 기반 허약한 거대한 석상처럼 무너진다. 높은 건물일수록 추락은 처참한 법이다.

누군가는 질문을 던질 것이다. "신께서는 가장 강력한 대대와 함께하시겠지요. 하지만 가장 강력한 대대가 문화 수준이 가장 높을까요?" 오히려 나는 단언한다. 가장 수준 높은 문화라면 가장 강력한 대대를 보유하는 것이 신성한 의무라고![1][윙거]

문화는 곧 대대다. 서슴없는 동일시다. 1918년 패배 이후 자유군단은 "문화"의 유일한 담지자가 되었다. 루돌프 만은 이렇게 말했다.

다행히 결점 없는 사나이들이 대다수였다. 좋은 작물이 쑥쑥 자라면 잡초는 시든다. 상관들이 잡초를 뽑아냈다. 자유군단은 고귀한 의용대가 되었다. 선배들이 수백 년 전부터 갈고닦아온 고상한 문화를 누리게 된 것이다.[2]

"영광스러운" 혁명이 몰고 온 가장 큰 죄악은 바로 문화적 측면이었다. 프로이센-독일 육군이 완성한 군대 문화를 가차 없이 파괴해버렸다.[3][골츠]

모든 신념은 사라져도 "문화"에서 비롯된 정체성은 무기로 남는다. 드빙거의 말이다.

나는 더 이상 아무것도 믿지 않는다. 그 어떤 약속도 그 어떤 전망도. 나는 오직 하나만을 믿는다. 바로 기관총과 총알이다! 우리에게서 무기를 뺏으려는 자는 우리를 적에게 넘기려는 것이다. 우리를 끝내 막다른 골목에 몰아넣는 것이다. 단지 우리만이 아니라 국가의 문화 전체를 파멸시키는 것이다.[4]

여기서도 볼 수 있듯 "문화"는 "남성성"의 핵심 개념으로 기능하고 있다. 전통 전체를 군인 남성에게 귀속시켜주는 개념이다. 군대에는 명예와 품위 규정이 있다. 관사, 카지노, 근무지, 전쟁터, 극장 무도회, 상관 환영회에서 준수할 사회적 관례가 있다. 카페와 윤락가에서 통용되는 집단적 개념이 있다. 이 모든 것이 문화다. 독일 "문화"가 최고의 평가를 누리는 이유는 바로 남성 지배와 군국주의 숭배 덕분이다. 취업 금지, 추방, 사형 등의 방법을 동원해 자유로운 사상과 창작을 혐오하고 탄압하는 사람들이 독일 문화라는 말을 입에 담는다는 것이 이들에게는 모순이 아니다. 이들 나름대로는 독일 문화를 사랑하고 존경한다. 이들에게 문화란 중위, 소령, 대위의 차이를 아는 것이다. 군복과 죽음을 사랑하지 않는 자는 야만인이다. "가장 높은" 문화의 축제는 전쟁이다.

하지만 전투의 고급문화는 이제 타락했다. 삶과 죽음을 나누는 놀이에 이제는 군중의 참여가 허락되었다. 그들은 본능을 억제할 줄 모른다. 얼마 전 생포한 영국군 중위만 해도 그렇다. 담배 케이스를 슬쩍 건네면서 나를 매수하려들다니 이 무슨 짓인가! 신사처럼 전투를 해놓고 천한 빵장수처럼 굴면서 스스로의 체면을 깎았다.[5]

문화인으로서 경악할 만한 일이었나보다. 이제 천한 것들이 전쟁터까지 들어와서 우뚝 선 단독자들이 모여 있는 군대의 이미지를 망친다. 굴

「오만방자한 시시포스와 추종자들」,

하지 않고 나라를 지키던 군대가 이제는 곤죽이 되고 반죽이 되었다. 끈적이는 역겨운 군중이 참호에까지 밀려들었다. 군인 남성이 걸핏하면 표출하는 부르주아 혐오의 핵심이 바로 여기에 있다. 이따위 인간들을 참호로 보내다니! 전쟁터에 계집이 활개치게 만들었다. 사나이가 오롯이 사나이다울 수 있는 유일한 곳인 전쟁터를!

우스꽝스럽지 않은 군중은 오직 하나, 군대뿐이다. 그런데 부르주아가 군대를 우스꽝스럽게 만들어버렸다.*6

윙거는 이글거리는 경멸감을 참지 못하고 가장 즐겨 쓰는 욕설을 내

뱉는다. 바로 마르크스주의자 "부르주아"라는 표현이다. 둘 다 군기 빠진 것들이다.

드빙거는 『독일 밤의 기수』에서 자유군단에게 문화인, 엘리트 개인, 단독자 등 다양한 극찬을 남발했다.

이제 드디어 영광스러운 과거가 우리와 함께 일어선다. 세 가지 의미에서 그러하다. 첫째, 군인의 관점에서 그렇다. 베르됭 전투의 치욕을 싹 지우고자 여기 동부전선에서 다시금 일어섰다. 진정한 기수가 되어 다시금 싸울 것이다. 잊힐 뻔했던 옛 무기를 꺼내 다시금 광을 낸다. 정들었던

---

* 군대의 신발은 군화니까, 부르주아 신사의 에나멜 구두는 고급문화가 아닌 모양이다.

우리의 창이여. 탱크가 굉음을 내며 몰려들고 우리의 말들은 쓰러졌다. …… 둘째, 물질적 관점에서 그렇다. 과거 우리 영토는 넓었다. 어딜 가나 자신의 영지를 가진 사람들이 넘쳐났다. 그러나 우리는 국토를 빼앗겼다. 발트해의 독일 귀족은 사라졌다. 셋째, 정신적 관점에서 그렇다. 예전에 우리는 모두 개인성을 발휘했다. 정신성을 굽히지 않을 수 있었다. 그러나 이제는 군중이 몰려든다. 동서남북 어디서나 우리는 짓밟힌다. 기사도와 군인 정신의 종말이다. 광활한 지상 공간은 끝났다. 개별 정신의 무제한성은 종말을 맞이했다.[7]

드빙거가 "다시금"이라면서 비장하게 열거하는 것들 중에서 군인 남성들이 실제로 갖고 있었던 것은 없다. 기사의 창, 영지, 광활한 "지상 공간"에 이르기까지, 특히 정체를 알 수 없는 "개별 정신의 무제한성"은 일찍이 지닌 적이 없던 것들이다. 프로이센의 가혹한 군사훈련은 그 누구에게도 이런 종류의 미덕을 함양할 수 없었다. 우리가 목도하고 있는 것은 군인 남성들이 지녔던 유치한 청소년기 망상의 응축된 현실이다. 이는 청소년 운동의 얼치기 낭만주의다. 대도시를 벗어나서 인디언 놀이를 한다. 세계 정복의 꿈, 귀족의 환상, 아서왕과 원탁의 기사들. "다시금"이라지만 그런 적은 없었다.

프리드리히 빌헬름 하인츠가 보기에 몽상의 기원은 명백하다.

어린 시절에 읽었던 카를 마이의 인디언 서부극 모험 동화가 여기서 현실로 이루어졌다. 서로 습격하고, 매복했다가 총공격하고, 허를 찔러 습격한 후 보복을 감행한다. 머리카락에 깃털 장식을 꽂는 대신 군복 칼라에 은빛 참나무 잎사귀 무늬 계급장을 달았다. 인디언을 사로잡아 머리 가죽을 벗기는 것은 아직 그럴듯한 대체물을 찾지 못했다.[8]

대체물을 찾지 못했다는 마지막 말은 물론 범행 축소다. 어쨌든 하인 츠는 자신이 속한 사회적 공간의 "문화" 속에서 전쟁이 현실화된 방식을 잘 설명해낸다. 사내아이들끼리 작당해서 홍일점 여자아이를 장난 삼아 화형 말뚝에 묶는다. 사회적 현실로부터 유리된 사내아이들 패거리가 도시를 떠나 숲에서 "세계 정복"이라는 허황된 꿈을 거침없이 꾸는 것이다.[9]

드빙거의 텍스트에서 군중은 새로운 의미를 부여받는다. 바로 사회적 현실 전체가 주는 공포를 육화하는 존재다. "군중"은 일상, 일터, 결혼, 월세, 민간인 생활이 가하는 강제성이다. "베르됭" 전투와 "탱크" 역시 "군중"에 속한다. 요즘 세태에 속하는 부정적인 것들이다. "과거의 사나이들"은 현대 사회도 현대전도 원치 않는다. 이미 세태에 뒤처져서 낡아버렸다. 기관총을 손에서 놓는 순간 그들은 공장, 사무실, 소농장으로 돌아가야만 한다.

개인의 시대는 지나갔다. 군중의 시대가 시작되었다. …… 곧 선택의 시간이 다가온다. 죽기 전 마지막으로 백조의 노래를 부를 것일가, 아니면 온몸을 던져서 신조류를 막아설 것인가.[10]

"신조류"는 임금노동이다. 해괴한 말이다. 군중의 탐욕스러운 손가락이 영웅들을 향해 뻗어온다. 어떻게 하면 좋을까?

제군들이야말로 마지막 기사들이다. 온 세상이 돼지우리로 전락하지 않도록 구해낼 고귀한 사명을 띠고 있다. 결국 세상이 그 방향으로 흘러갈 것이라는 게 나의 직감이다![11]

"우뚝 선 단독자"의 가치가 떨어지면 온 세상은 돼지우리로 전락한다. 너나없이 모두 똥 위를 뒹굴게 된다. 이는 실제로 엄청난 사기극이 었다. 기사도와 세계 정복을 꿈꾸는 청소년들을 동요시킨 후 군대로 끌어들여서 "문화화"했다. 정작 성인 남자가 되니까 갑자기 말단 공무원직을 맡기면서 사무실에 밀어넣었다.

알프레트 존-레텔은 운이 좋았던 장교들은 그럭저럭 귀족 대우를 받으면서 샴페인 회사의 대표이사 노릇을 하며 잘 살았다고 평가했다. 그런 사람들도 있었다. 하지만 대부분의 마지막 기사들에게는 기회조차 없었다. 한때 원대한 꿈을 꾸었으나 수중에는 푼돈만 남았다. 그들의 머릿속에는 오직 과대망상만 가득했다. 망상의 기원을 "개인 심리적"이라고 볼 수는 없다. 이들은 평생 망상에서 벗어나지 못했다.

그들은 아서왕이 아니었다. 네덜란드의 지크프리트 왕자도, 인디언의 의형제 올드 샤터핸드도 아니었다. 그들은 세상을 쓸어버릴 쇠빗자루를 든 가난한 기사가 되고 싶었다. 세상에 배반당한 "단독자"들의 군대. "돼지우리"를 없애버리려고 자유군단에 입대하고 훗날 돌격대원이 되었다.[12]

엘리아스 카네티는 숲에서 독일의 군중 상징의 핵심을 봤다. 독일의 숲은 군대를 상징한다.

혼자 있으면서 꿈을 꿀 수 있다는 생각으로 답답한 집을 빠져나와 숲속으로 달아난 소년은 실제로는 군대에 입대하는 것을 미리 생각했다. 숲속에서 그 소년은 자기 자신이 염원하는, 진실하고 충실하고 꿋꿋한 다른 사람들이 자기를 기다리고 있는 것을 발견했다. 한 그루 한 그루는 다른 모든 나무와 같다. 왜냐하면 모두 곧게 자라기 때문이다. 그러나 키나 힘에서는 아주 다르다.[13]

FREIKORPS LÜTZOW

MWH

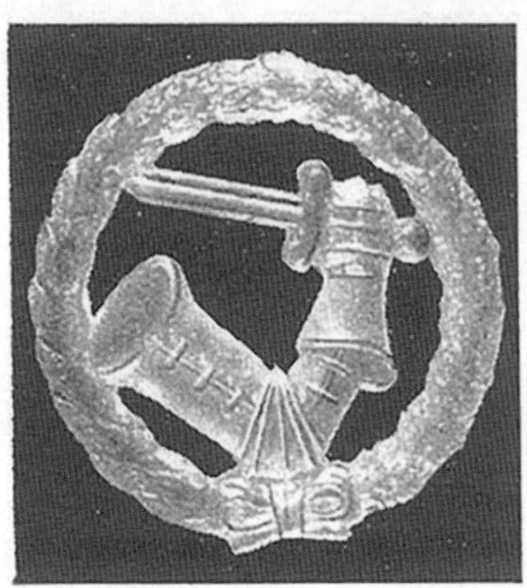

Wolf

Sturmvogel

WERWOLF

Lützow

Gen.Feldm.v.Hindenburg.

승복은 없다	질서와 평온을 원하는가? 그렇다면 입대하라

"독일의" 숲이 파시스트적 대중 장식 대형의 모범을 제공했다는 설명이다. 숲은 독일 남성의 갈망에 형식을 부여한다.

숲은 와글거리는 계집/자연에 질서를 부여한다. 어머니 독일의 몸에서 탄생한 것은 폭압적 아버지를 둔 괴물 같은 살인자들이 아니었다. "대오"를 갖추고 일치단결한 아들들, 즉 벌레 군단이다. 이들은 좋은 여성의 남근을 갖고 태어났다. 파시스트 남성은 아내에게서 도망쳐 자연으로 들어간다. 그렇다고 더 큰 여성성에 사로잡히는 것은 아니다. 숲에서 문화를 찾기 때문이다. 자연 속에서도 가시적으로 관철되는 남성 지배, 아들의 지배, 욕망의 꿈이 바로 숲이다.

이슬 맺힌 자연 속을 아침 산책 하며 군인 남성은 순결한 여성 이미지의 다양한 변형을 경험한다.

남성은 구획 정원으로 스스로의 내면과 메두사를 울타리 속에 가둔다.

정확하게 측정해서 땅을 갈고 흙으로 덮는다. 밭을 만들고 고랑을 낸다. 식용 작물과 관상용 작물을 구분한다. 지렁이가 나와도 안심한다. 물지 않는다는 것을 아니까. 욕망 때문에 자기 융해될 위험은 없다. 끈적이는 달팽이조차 살려준다. 혐오스럽지 않다. 어떤 정원 애호가들은 심지어 총을 들고 야간 보초를 서면서 신성한 소유지를 지킨다. 반쯤 익은 딸기를 도둑맞을 위협 때문은 분명히 아니다. 어렵게 싸워서 획득한 여성성의 순결한 땅뙈기가 더럽혀질까봐 두려운 것이다. 그 자신의 소유다. 남들이 밟지 않은 땅이다. 스스로의 내면으로부터 위협을 느끼지 않을 땅이다.

깨끗한 환경을 위해 투쟁한다는 단체들은 많은 모순을 보인다. 강의 순결을 추구한다는 개념 속에는 여성의 순결 이미지가 숨어들어가 있다. 강 오염에 대한 공포 속에는 은밀하게 여성의 성적 문란과 출산 공포라는 "오물" 공포가 숨어들어가 있다. 또한 스스로의 오물에 대한 공포도 있다. 시인 비어만은 연인과 함께 엘베강에 뛰어들었다. "우리는 더러움 따위는 아랑곳하지 않았다." 그 순간을 그려낸 아름다운 시다.

임전무퇴

단독자로서의 독일인은 우뚝 선 존재다. 절대로 패배할 수 없다. 꺾인다는 것은 있을 수 없는 일이다. 그렇기 때문에 독일의 패배는 독일인 개개인의 당당한 불패로 구성되어 있다. 임전무퇴! 전쟁에서 패배해도 절대 물러서지 않는다.

사나이는 절대로 약해지지 않는다. 진심은 아무도 알 수 없지 않은가? 전쟁에서 패배했다는 것은 엄청나게 문책당할 죄가 될 수도 있다. 어쨌든 막지 못해서 댐이 무너진 건 사실이다. 계집처럼 나약하게 드러

누워 자빠진 것이다. 물렁하게 굴었다. 단단하지 못했다.

자신은 "우뚝 선 단독자"라서 높은 존재이므로 꼭 이길 것이라고 믿었던 사람이라면 패배를 마치 성병 감염인 듯 느꼈을 가능성이 높다. 적 앞에서 드러누웠으니 성병에 걸리는 것도 당연하다.

전쟁에 패배한 군인 남성들이 가장 많이 표현한 감정은 "수치심"이었다. 고위급 장교일수록 더 그랬다.

전쟁 패배의 개인적 죄책감을 벗어버려야만 했다. 1918년 말에는 장병들의 군 기강 해이를 규탄하는 여론이 높았다. 이 부담을 덜어준 것이 바로 배후중상설이다.

"배후중상", 즉, 등 뒤에서 찔렸다는 것은 적 앞에 드러눕지 않았다는

증거다. 적에 맞서 일어선 채로 끝까지 싸웠다. 그러느라 미처 뒤쪽을 신경 쓰지 못하다가 비겁자에게 어이없이 등을 찔렸다. 그러므로 "등을 찌른 놈들"과 싸워야 한다. 후방이 노동자 혁명을 한다면서 "배후중상"을 했다. "해군의 명예를 되찾겠다." 1920년 3월 13일 에어하르트 대위는 쿠데타 계획을 선포하면서 이렇게 말했다.[1] 그날에 이르기까지 외국

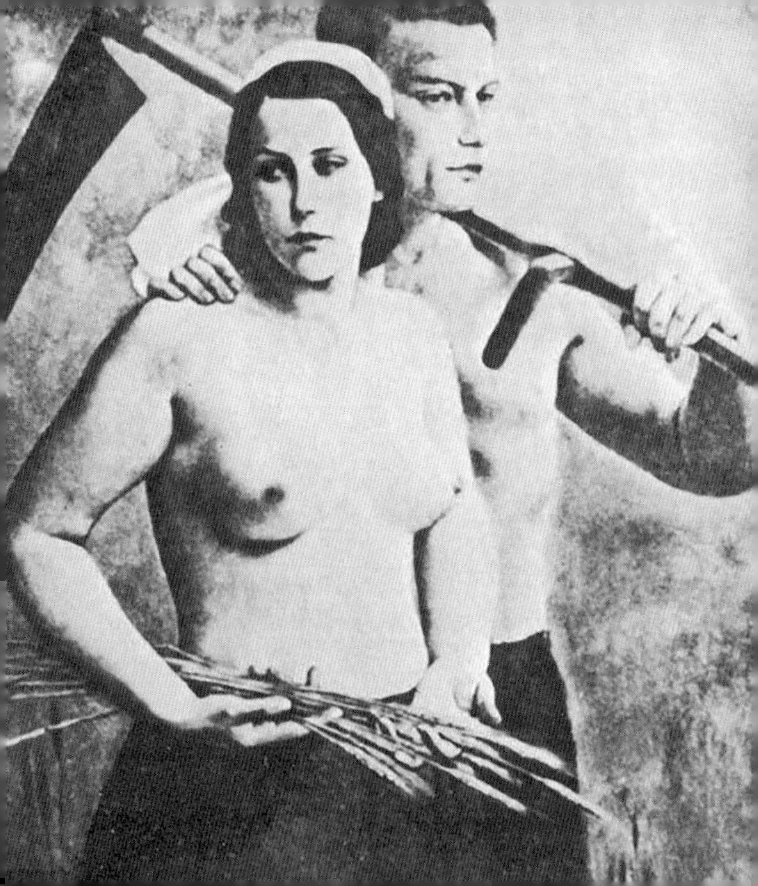

에 당한 치욕의 오점은 군복에 묻어 있었다. 국내에서 반동 쿠데타를 하고 싶어 오점이 갑자기 확 거슬렸던 모양이다.[2]

무수한 전투에서 패배하지 않았다. 모든 것이 무너져도 굽히지 않았다. 그러나 내면 깊은 곳에 실망을 품고 어떠한 환상도 믿지 않으며 희망조차 버린 채, 최전방 병사들은 고향으로 돌아왔다. 우리에게 남은 것은 오직 순수한 명예와 병사의 울분뿐이다. 명예와 자유가 걸린 일에는 끝까지 굽히지 않았다. 우리가 끝까지 지켰던 것은 조국 독일에 대한 신념, 그리고 불행한 우리 민족에 대한 사랑이었다. 모든 것이 붕괴하는 와중에도 최전방 병사들은 사력을 다해 비교 불가의 위대한 여정을 시작했다.[3][만켄]

아돌프 히틀러. 임전무퇴.

진짜 전쟁터인지는 중요하지 않다. 어쨌든 군인 남성의 숙명은 무조건 임전무퇴다. 이기고 또 이긴다. 실제로는 지고 있더라도.

군중과 인종

델마르는 인종과 군중을 대조 비교한 흥미로운 논리를 편다. "인종"은 독자성을 특징으로 하지만 "군중"은 이와 정반대되는 공포를 보여준다는 것이다. 델마르의 논리를 그대로 인용해보도록 한다.

인종 십계명

I. 인종은 고향, 혈통, 민족혼이 내리는 기쁜 은총이다.

II. 인종은 가능태의 완전성이다.

Ⅲ. 인종은 출중한 소수의 운명이다.

Ⅳ. 인종은 예외이자 특권이다.

Ⅴ. 인종은 행복이자 삶이다.

Ⅵ. 인종은 힘이고 아름다움이며 의욕이다.

Ⅶ. 인종은 투쟁이고 지혜이자 유희다.

Ⅷ. 남자에게 인종은 의지의 열정이다.

Ⅸ. 여자에게 인종은 헌신의 열망이다.

Ⅹ. 인종은 한때 프랑스 국가의 특징이었다.[1]

군중 십계명

Ⅰ. 군중은 고향, 혈통, 민족혼의 처참한 소멸이다.

Ⅱ. 군중은 과거 실재성의 퇴색이다.

Ⅲ. 군중은 모든 최악의 운명이다.

Ⅳ. 군중은 무차별성이자 테러다.

Ⅴ. 군중은 불행이자 죽음이다.

Ⅵ. 군중은 무력함이고 추악함이며 두려움이다.

Ⅶ. 군중은 지겨운 평화, 현혹, 입법만능주의다.

Ⅷ. 남자에게 군중은 의지의 암컷화다.

Ⅸ. 여자에게 군중은 매춘이다.

Ⅹ. 군중은 현재 프랑스 국가의 특징이다.[2]

두 가지 "십계명" 사이에 65페이지의 간극이 있기는 하지만, 문장 구조와 단어들이 정확하게 대응하여 반대말로 구성되었다.

남성 문화에 상응하는 외적인 조직 형태는 군대다. 그리고 마찬가지로 군인 남성의 육체에 상응하는 외적인 조직 형태는 "인종"이다. "인종"으로 표현되는 군인 남성의 육체는 "아름다움" "의욕" "유희" "행복"

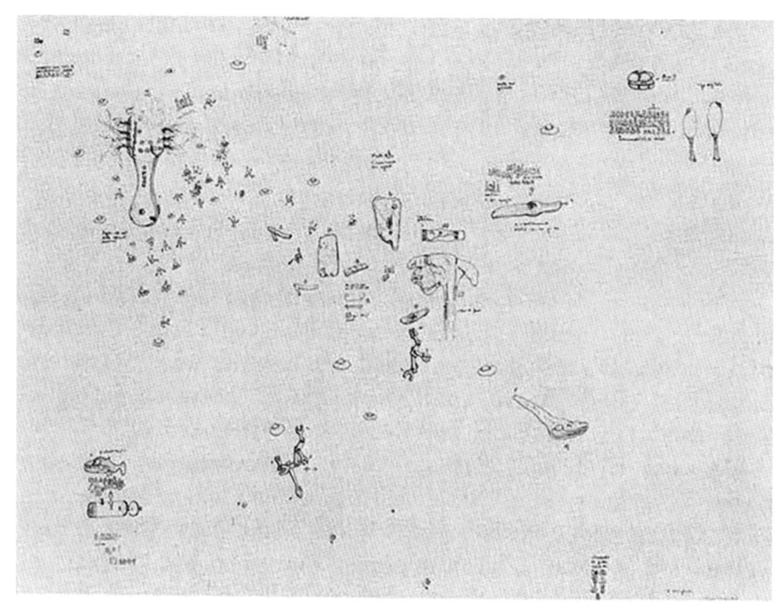

"지혜" "삶" 등이다. "인종"은 군인 남성을 분해와 부패로부터 지켜준다.

빌헬름 라이히가 보기에 "인종"은 성적 태도와 관련되어 있다. 그는 이성애와 성기중심주의를 섹슈얼리티와 동일한 것으로 간주해버린다. 그렇기 때문에 "인종"이라는 개념이 사실은 "무성애Asexualität"일 수 있다는 가능성을 부정하고 만다.[3] 또한 인종 개념이 지닌 "남성적" 특성도 간과한다. 인종 개념은 "군중"의 위협에 맞서 방어적으로 생성되었다. 그렇기 때문에 남성적/군인적 의미의 "문화" 개념과 밀접하게 연관된다. "군중"의 다양한 표현 형식과 비교해본다면, 특히 언제든 살인적 분출의 틈을 노리고 있는 육체 내부의 "무거운 군중"을 염두에 둔다면, "인종" 개념의 함의를 알아차릴 수 있다. 파시스트에게 인종은 육체 갑옷을 뜻한다. 스스로의 육체를 군중으로부터 구획 짓는 울타리로 기능하는 것이다. 군인 남성은 이 기능을 통해서만 살아간다.

라이히는 또한 "타인종"이 타계급을 의미한다는 것을 발견했다. 이는 단순한 바꿔치기가 아니다. "인종"이 모든 면에서 "군중"의 반대말로 쓰인다면, "인종"은 "프롤레타리아"와 필연적으로 반대말이다. 프롤레타리아는 대량 쾌락전염병의 일부분이다.[4]

그러므로 스스로를 "아리안" 혹은 여타 "우월한 인종"이라고 자부하는 사람은 이렇게 생각한다. 나는 저열한 계급이 아니다. 군중이 아니고 프롤레타리아가 아니다. 계집이 아니고 짐승이 아니다. 그는 이렇게 생각한다. 나는 남자다. 우뚝 서 있는 단독자다. 나는 대형에 속한다. 그대들과 같은 부류다. 나는 상류층이다. 영원한 정복자다. 나는 군인이다.

이와는 정반대로 군중의 분자적 조직은 리비도에 지배된다. 이들은 "총체성"이 아니라 "소영토 혹은 변두리"다. 들뢰즈와 과타리는 이렇게 표현한다. "나는 당신들에게 속하지 않는다. 나는 영원히 열등 인종이다. 나는 짐승이다, 검둥이다."[5]

여기서 군중과 개인을 대립적으로 이해하는 발상의 기원을 알 수 있다. 이는 정확하게 군중과 인종의 대립에 대응한다. 그렇기 때문에 군중이론으로는 파시즘의 군중 현상을 설명할 수가 없다. 파시즘의 군중은 군중/인종 대립쌍의 후예이기 때문이다.

들뢰즈와 과타리가 사용하는 "대중 조직의 두 가지 형태"라는 대립적 개념쌍은 무척 유용하다. "집합체와 개인이 각각 다양한 관계를 맺는" 두 종류의 군중이 있다.[6]

카네티적 의미의 군중은 분자적 군중die molaekulare으로 조직된다. 그에 비해서 하나의 중심을 향하는 총체성, 고체성의 조직도 있다. 이를 그램분자적 군중die molare이라고 부른다. 군대, 인종, 거대한 숫자의 통일체, 거시물리학이다.* 분자적 군중은 그램분자적 군중과 상반된다. 무한한 다양성, 총체성이 아닌 유동성, 미시물리학이다.[7]

분자적 군중과 그램분자적 군중이 둘 다 반드시 전체주의로 귀결되는

지멘스-슈케르트 공장의 제어 장치
"인종의 건물"

것은 아니다. 두 가지 조직 방식은 한 사람, 하나의 단체, 하나의 정당에 모두 혼재할 수 있다. 그러나 군인 남성은 자신의 육체를 조직화하면서 이상의 두 가지를 날카롭게 대립한다고 느낀다. 틀어막음의 대상인 내면은 무의식의 분자적 질서가 있는 곳이다. 틀어막음의 주체인 육체 갑옷은 지배의 그램분자적 질서가 있는 곳이다. 양자는 서로를 용납 못 하고 대립한다. 하나가 다른 하나를 굴복시키려든다. "우월한 인종"에 속하는 남성 육체의 총체성은 정복에 필수적이다. 육체는 "찢겨서는" 안 된다. 내면이 외부로 튀어나와서는 안 된다. 반드시 지배해야만 한다.

---

* 우리가 제1장에서 살펴본 군인 남성들의 행태는 여기서 기인한다. 이들은 역사를 거창한 이름과 장구한 시간성으로 과대망상한다. 군인 남성은 "내면"이 벅차오른다. 독일은 몰락한다. 세상이 망한다. "세계대전"은 그의 육체가 겪는 고통의 표상이다. 거대한 통일을 망상한다. 그 자신이 끝없는 혼란 속에서 분쇄되지 않기 위해서다.

타인종은 군중의 공포를 강렬하게 육화한 존재다.

군중 속에 위협적 여성성이 압도적이거나 비교적 우세하게 코드화되어 있으면 핑계는 충분하다. 군중은 제압되어야 한다. 광장에 총 몇 발을 갈긴다. 그러나 타인종에게는 자기 내면의 불가피한 살해 충동이 압도적으로 부호화되어 있다. 따라서 타인종은 박멸되어야만 한다. 아리안 인종 / 유대 인종 사이의 대립에는 세 가지 경계가 존재한다. 계급 경계, 종족 경계, 스스로의 육체 내부 / 외부 사이의 경계다. 세 경계 모두를 허무는 것이 "인종 수치Rassenschande", 즉 독일인과 유대인의 성교다.

파시스트 남성이 이른바 "인종 혼합"에 얼마나 경악했을지는 쉽게 짐작할 수 있다. "인종 혼합"은 그를 철저히 파괴할 것이다. 육체 갑옷은 산산이 부서지고 혼란스러운 내면이, 악의 가득한 "미개인"이 튀어나올 것이다. 군인 남성이 자기 자신을 잃지 않고 "미개인"을 안전하게 표출할 기회는 오직 전쟁을 통해서 조직화된 살해 작전을 수행할 때뿐이다. 군부대의 규율이 육체 갑옷의 기능을 대신 맡아주는 것이다.[8]

마르크스주의가 주장하는 계급 없는 해방 사회는 이들이 보기에 "인종 혼합"에 다름 아니며 살인이다. 파시스트적 상상력이 마르크스주의적 유토피아를 결정적으로 때려잡은 비결이 여기에 있다. 계급 없는 사회를 상상하는 것을 가로막는 것은 바로 육체에 각인된 구별성이다. 내면은 엄연히 외부가 아니다. 남자는 여자가 아니다. 위는 아래가 아니다. 군중이 사회를 이끌어서는 안 된다 등등.

가장 중요한 것이 있다. 바람직하지 못한 것들은 죽어 마땅하다. 지배는 생존에 있어 필수다. 자연법칙이다. 양성 관계는 대립이 필연적이다. 인종 간 투쟁은 생존 투쟁이며 자연법칙이다. "아랫것들"은 밑바닥에 머무르는 것이 순리다 등등.

이 모든 이유로 공산주의는 있어서는 안 될 존재다. "지상낙원"을 세울 사상이라니, 가만둬서는 안 된다. 인류 망할 소리가 아닌가!

젊은 남자,
날파리의 비유클리드 기하학적 비행 탓에 불안을 느끼다.

레닌이 말했듯 자본주의가 최고조에 달한 것이 제국주의다. 같은 이치로 가부장제의 강도가 최고에 달하면 인종주의가 된다.[9] 대외적 제국주의는 국내적 인종주의에 상응한다. 국내에 스며든 "타인종"을 죽이는 투쟁은 강제적 계급투쟁이고 적대적 인종 투쟁이다. 인종주의자 스스로의 육체를 지키는 투쟁이기도 하다. "인종"으로서 군인 남성은 "군중" 쾌락과 투쟁한다. 육체 갑옷 대 무의식의 욕망 생산. 저열한 군중의 쾌락이 단 한 방울이라도 흐르는 한 투쟁은 끝나지 않는다. 그러나 쾌락은 어디에선가 계속 스며나온다. 결국 인종 전사는 자신의 죽음과 모두의 죽음을 향해 전진한다. "타인종"에게 철저히 승리하는 방법은 그것 말고는 없다.

언젠가 우리 모두가 죽는 상황이 생긴다면 바로 이런 자들 때문일 것이다.

국가

"정당은 군중이다. 자유군단은 전우다!"[1](F. W. 하인츠) 군인 남성이 공화국이라는 이념과 얼마나 극복 못 할 간극을 지녔는지가 잘 드러나는 발언이다. 그는 비단 바이마르 공화국뿐 아니라 공화국 자체를 반대한다. 물론 공화국에도 정부는 있다. "위로 기어올라온 자들"로 구성된 정부다. 그러나 위계에 복종하는 군인은 그따위 정부는 인정하지 않는다. 그러므로 바이마르 "정권Staat"은 무시한다. 그래서 이렇게 말한다. "형사 양반, 꼴같잖은 정권이 부른다고 최전방 병사들이 한 명이라도 들을 것 같습니까? 물론 순종하는 병신들이 수백만 명 있겠지만."[2] 에게르스 소설에 등장하는 마스만 중위가 경찰 공무원에게 한 말이다. 형사는 군중을 위해서 정권에 봉사해야 한다는 신념을 지닌 인물이었다.

특이하게도 "국가Nation"라는 용어는 공화국과 전혀 무관하게 사용된다. "국가"는 버려졌다. 소수의 군인 남성들이 최후의 보루에서 간신히 지켜냈을 뿐이다.

과연 "국가"란 무엇일까?

국가는 세 가지 정도를 통해서 모양새를 갖춘다.

첫째, 국가는 "최전방"의 "핵심"과 동일시되어야 번듯하게 자리 잡는다.

국가의 최전방은 최후의 전투에서 무자비하게 불살라졌고 결국 흔들리지 않는 핵심까지 불타버렸다. […] 기진맥진한 병사들은 최후의 일인까지 […] 그리고 마지막 새끼손가락까지 국가와 혼연일체를 이루었다. 후방 전체를 다 합쳐도 못 이길 헌신이었다.[3][샤우베커]

잘로몬은 귀향하는 최전방 병사들을 베를린에서 목격했다.

불현듯 나는 깨달았다. 이들은 노동자도 농부도 학생도 아니다. 아니, 수공업자도 사무직도 상인도 공무원도 아니었다. 이들은 군인이었다. 군복을 걸쳤기 때문이 아니다. 명령받았기 때문이 아니다. 파견받았기 때문이 아니다. 이들이 전쟁에 나간 것은 부름을 받았기 때문이다. 피, 혼, 자유의지의 부름을 받았기 때문이다. 서로 똘똘 뭉쳐서 혼연일체를 이루었다. 사물 너머의 사물을 추구했다. […] 바로 이들에게 국가가 함께했다.[4]

국가는 참호에서 저절로 발생한다. 샤우베커는 이렇게 말한다.

삶과 죽음이 갈리는 그 순간, 오물 범벅이 된 채 불 속에 누워 모두 더러움에 시달리고 이에 들끓으며 빵을 나누고 함께 물을 마셨을 때, 우리는

76. 9. November 1918: Rote Fahnen durchs Brandenburger Tor

77. 30. Januar 1933: SA. marschiert durchs Brandenburger Tor

역사서 수록 사진(1940)
1918년 11월 9일. 독일 제정 붕괴와 11월 혁명.
브란덴부르크 문을 통과하는 붉은 깃발(위)
1933년 1월 30일. 아돌프 히틀러 총리 임명일.
브란덴부르크 문을 통과하는 돌격대(아래)

비로소 하나가 되었다. 마침내 우리는 서로를 찾았다. 우리! 무엇인지도 모를 그리움에 그토록 오래 서로를 갈망했다. 드디어 그 순간이 왔다! 우리는 드디어 가졌다. 오직 하나! 배우지 않고도 안다. 영영 잃어버릴 수 없다. 오직 하나뿐이다. 바로 국가다![5]

이제는 분명하다. 군인 남성에게 국가는 국경, 통치 형태, 이른바 국적 따위와는 전혀 상관없다. 국가라는 개념은 특정한 형태의 남성 연대를 뜻한다. 이들이 오래 "갈망"했으며 "피의 소명"으로 탄생한 것이다. 국가는 본질적으로 "배우지 않고도 알고" "잃어버릴 수 없는" 존재다. 마치 종족의 특성과도 같다. 국가는 군인의 것이다.

비스마르크와 론이 빌헬름 1세 아래에서 프로이센의 지도권을 쥐었을 때, 국가의 과업은 프로이센 독일 육군에게 넘어갔다. 국가는 거기에 머물면서 […] 1914년 8월 1일까지 보존되고 지켜졌다. 그날 비로소 군대와 국민은 일체가 되었고 국가주의가 터져나왔다. 소명받은 소수가 인류를 이끌려는 의지와 필요를 천명했다.[6][하인츠]

군대, 소수, 인류를 이끌려는 소명. 군대의 핵심인 군인, 특히 군대 최정점의 장교 계급이 국민을 영도하는 것이 바로 국가다. 그러다가 1914년 제1차 세계대전이 시작된다. "국가"는 약화된다. 전쟁을 겪었고 설상가상으로 혁명이 있었다. 처음에 장교들은 공화주의자가 되었다. 아마 대개는 기회주의적 동기에서였을 것이다. 이제까지 존재하던 형태의 국가는 죽었다. 자유군단은 국가를 새로 창조했다.

그들은 볼셰비즘의 혼란과 싸웠다. 평화주의의 비겁함과 싸웠다. 제3인터내셔널의 배반과 부르주아 계급의 무능과 맞섰다. 그리하여 새로운 국

가가 탄생했다.[7]

재탄생의 핵심은 공화국에 맞서는 자유군단의 무장이었다. "옛" 국가
는 무장해제로 인해 죽었다.

알브레히트는 휘하 중대의 군장비 파괴를 감독했다. […] 탄약 상자들이
물속으로 텀벙 가라앉는 것을 봤다. 모든 것은 끝장났다! 다시 돌이킬 수
가 없다! 이제는 정말로 무장해제된 것이다. 국가가 명령에 따라 스스로
의 생식기를 잘라낸 셈이다. 이제는 국제적 형제애, 세계 평화, 인류애,
만인의 행복 따위가 판치는 세상이 되었는데 무장이 왜 필요하겠는가?
어디에 쓰겠다고?[8]

샤우베커가 빈정대고 있다고는 생각하지 않는다. 오히려 지나치게 솔
직해서 탈인 사람이다.

국가는 싸움을 위해서 "생식기"가 필요하다. 형제애, 평화, 인류애,
행복은 생식기와 거리가 멀다. 혼합의 죽음. 군인 남성의 사랑은 바로
살해다. 이러한 인식에서 하인츠는 제6계명을 새롭게 고쳐 쓴다. "네
양심이 국가 앞에서 편안하지 않으면 살인하지 마라."[9] 다시 말하자면
국가에 속하는 군인 집단이 괜찮다고 여긴다면 모든 살인은 정당화될
수 있다.

국가가 모양새를 갖추게 만드는 두 번째 형식은 첫 번째에 비해 의미
가 좁은 편이다.

나의 양심이 명령한다. 가거라! 나는 복종한다. 내 양심으로부터 국가가
말하고 있음을 알기 때문이다.[10]

736

국가는 개별 장병의 자기 자신 안에 있다. 국가는 "어두운 힘을 믿는 무오류의 피가 전진하도록 추동하는 군인의 분노"다.[11] [하인츠]

국가. 이는 영혼의 가치이자 내면의 계급이다. 국가. 이는 영혼의 단일성이다. 만방에 드러나고자 하는 단일성이다.[12] [샤우베커]

그렇다면 무엇을 "통일"해야 할까?

모두가 혼자만의 일면성을 추구하면 결국은 파멸로 향하게 된다. 삶의 다양한 요소를 한꺼번에 녹여내고, 냉철한 사실 인식과 확고한 신념을 통일하는 것! 이것이 독일의 임무다. 국가의 존재 이유는 통일성이다.[13]

남성성이 한데 모여서 국가가 생겨난다.

국가는 영웅적 인간의 태초의 심성에서 탄생했다. 영웅은 최고의 위대한 업적과 무시무시한 허무 사이에서 자신의 내면과 싸우며 나아간다. 그리하여 자신의 존재와 소명의 가장 깊은 핵심으로 전진한다.[14]

군인 남성이 "전진"하는 목표물은 사실 "존재의 깊은 핵심"이다. 거기서 국가를 찾는다. 핵심이 없으면 "무시무시한 허무"에 빠진다. 브로넨은 이렇게 말한다.

국가주의자의 임무는 […] 독일의 내면적·총체적 동원이다. 외면할 수도 없고 회피할 수도 없는 투쟁이다. 내면의 바닥까지 철저하게 괴물처럼 거대한 틀을 갖추고 투쟁을 준비해야만 한다.[15]

국가를 위한 투쟁은 어찌 보면 군인 남성이 사나이 – 됨Mann-Werdung을
위해서 자기 내면에서 벌이는 필사적 투쟁이다. 그는 육체의 "괴물처럼
거대한 틀" 안에서 사투를 벌인다. 삶과 죽음, 남성성과 여성성, 업적과
허무, 제정신과 광기 사이에서 결전을 치른다. 군인 남성은 이러한 투쟁
에서 자신의 내적 가치와 영혼을 되찾는다. 승리를 거둔 후에야 당당하
게 말할 자격이 생긴다.

국가주의란 무엇인가? 그것은 우리가 독일 편에 서는 것을 말한다. 왜냐
하면 우리가 독일인이기 때문이고, 우리 조국은 독일이므로 독일의 영혼
은 곧 우리 영혼이기 때문이며, 우리는 모두 독일 영혼의 일부이기 때문
이다.[16] [괴벨스]

"우리는 모두"라는 말에 현혹되어서는 안 된다. 어디까지나 독일의
영혼을 지녔다고 인정받는 사람들에게만 해당되는 말이다. 엄연하게 구
분지어진 내부 그룹을 지칭하거나 극단적으로는 발화자 자신만을 뜻할
때가 많은 단어다. 독일의 영혼이 자신의 영혼인 사람은 독일과 한 몸이
된다. 군대, 고급문화, 인종, 국가, 독일. 그에게 이 모든 것은 자신을 감
싼 육체 갑옷이 된다. 넉넉하고 든든하게 감싸주는 육체 갑옷으로 기능
한다. 국가는 "확장된 자기 자신"이다.[17]
"뼛속까지 독일인"이라는 유명한 표현이 의미심장하다. 마치 완전히
탈육화되어서 살덩이가 없어야만 진정한 독일 육체라는 듯한 인상이다.
독일인의 뼈대에 가죽 군용품을 입고 크루프 철강이 제작한 무기를 갖
춘다. 이른바 "국가적 통일성"은 군인 남성의 육체가 힘들게 쟁취하는
댐 건설 투쟁이다. 자신을 혼란과 모순의 삶으로 이끄는 욕망을 구획하
여 틀어막는다. 마침내 하나의 용인된 섹슈얼리티만 남긴다. 여권의 성
별 기재 항목에 그는 이렇게 기입하고 싶다. "성별: 독일인." 군인 남성

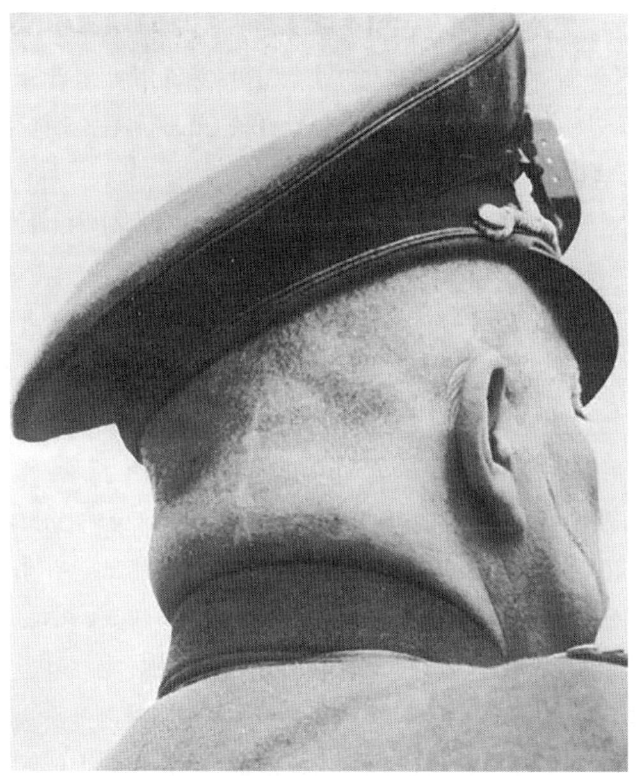

뚜렷한 인종 특징: 독일인

에게 황홀경을 일으키는 단어다.

전후 시기에 다시금 확산되던 국가주의를 하인츠는 이렇게 평가했다.

당시는 부패, 비겁, 복종 거부, 책임 회피, 품위 상실, 이기심, 히스테리가 곪을 대로 곪아서 터져나오던 시점이었다. 국가주의는 이 모든 것과 정확히 반대되는 인간적이고 품위 있는 자세를 보여주었다.[18]

국가는 자세를 통해서 모양새를 갖춘다.

세 번째, 국가가 번듯한 모양새를 갖추려면 굳건한 남성과 그의 조직이 권력을 장악해야 한다. 그래야만 국가의 "통일성"이 안팎으로 갖춰진다. 국민은 지배 대상이다. 국가가 될 수는 없다. 국가는 오히려 "국민 자체의 핵심"이다.

브로넨의 설명에 따르면 로스바흐는 핵심에 속하는 사나이다.

그는 언제나 끝없이 전진하려는 신념의 사나이였다. [⋯] 이른바 독일이라고 하는 무기력한 덩어리를 단련해 위대하고 절도 있는 국가로 변신시키려는 노력이다.[19]

군인 남성이 자신의 신체를 단련하듯, 나라의 국민을 다잡고 "국가"의 자세를 바로잡는 것은 무척 고된 노동이다. 어쨌건 모루 위에 놓여서 망치질을 당하며 단련되는 재료 중 하나는 바로 "국민Volk"이다. 국민을 "군중"과 혼동하면 안 된다. "국민"은 재료다. "국가"를 통해서만 바람직한 형태로 다듬어진다. "우리가 싸우는 이유는 국민의 행복을 위해서가 아니다. 국민을 운명이 정한 바른길로 강제하기 위해 힘껏 싸우는 것이다."[20] (잘로몬) 국민은 "국가"의 지배를 받아야만 운명적인 바른길을 걸을 수 있게 된다. 하인츠는 이렇게 말한다. "국민이란 무엇인가? 혈연으로 맺어진 공동체다. 함께 고생하며 견딘다. 그러나 국가는 형체 짓고 다스린다."[21]

군인 남성들은 독일을 위해 조국을 위해 싸운다고 말한다. 그들이 사랑하는 국민을 위해 국가적으로 싸운다고 말한다. 그러나 진의는 명백하다. 그들은 나머지 국민을 지배하기 위해서 싸운다.

메르커는 "국민이 하나로 유지되기 위해서는" "강력한 정권이 필요하다"[22]고 말했다. 다시 말해 "강력한 정권"으로부터 올바른 지배를 받아야만 "국민"이 형성되고 존재할 수 있다는 뜻이다.

국가의 최고 가치는 민족의 명예, 권력, 자유에 있다. 근본적으로는 국민이 최고로 소중하다고 받아들여야 한다. 그러나 결국 태생적 자유민에 의해서만 실현된다. 광기와 치욕의 시대 한가운데에서 전투를 거듭하면서 독일 국가의 미래 귀족이 탄생한다. 부르주아와 농민의 아들들은 신분 고하를 막론하고 임무에 헌신했다. 바로 우리 대륙의 역사를 새로 세워 우리 인종의 지배라는 인장을 명확하게 찍는 것이다.[23][G. 귄터]

"국가"라는 단어는 국민과 대륙에 당연히 군림해야 할 존재라는 듯이 쓰인다.

새삼 놀라울 따름이다. "국가" "군인" "남성"의 확신은 자명하다는 듯이 주어진다. 이들은 "근본적으로는 국민이 최고로 소중하다고 받아들여야만 한다". 그럼에도 이들은 권력 행사를 자연스러운 필연성인 듯 여긴다. 이들의 생각을 요약하면 이렇다. 우리는 가만있어도 당연히 권력을 부여받는다. 권력은 원래 우리 것이다. 정당성 부여는 필요 없다. 잘로몬은 특유의 천진한 말투로 이를 설명한다. 맡겨둔 듯 음식 달라는 뻔뻔한 어린애 같다.

갑자기 우리는 통통 튀고 꽉 움켜쥐고 펄펄 뛰는 듯한 힘에 넘쳐흘렀다. 우리에게 맡겨진 책임이 너무 가뿐하고 상쾌하고 달콤했다. 우리는 푹 빠졌다. 권력의 맛! […] 우리가 권력을 갖는 것은 지당한 일이라고 믿었다. 우리 말고 누가 가진단 말인가? 독일을 위한 길이다. 우리가 독일 그 자체라고 느꼈다. 우리가 말하는 관념은 그 자체로 독일이었다. 우리가 말하는 투쟁이 바로 독일이었다. 작전, 삶, 희생, 의무. 이 모든 것 때문에 우리가 바로 독일이었다. 우리에게 권리가 있다고 믿어 의심치 않았다. 베를린에 도사린 정치권에는 권리가 없다고 믿었다.[24]

1938년 3월 13일
하나의 국민, 하나의 국가, 하나의 총통

"우리가 독일 그 자체라고 느꼈다." 문자 그대로 이해하면 된다. 가뿐하고 상쾌하고 달콤했다. 통통 튀고 꽉 움켜쥐고 펄펄 뛰는 듯 몸에 힘이 넘쳤다고 한다. 뭔가 잘 통한다. 살맛이 난다. 그는 권력을 사랑한다. 권력은 통일성의 느낌으로부터 나온다. 바로 "독일"과 자신이 합일되었다는 느낌이다. 권력이 주는 행복감과 전능감이다. 그 자신과 "독일"이 하나로 합쳐진 결과다.

국가는 언제나 결속結束, Zusammenfügung으로 생겨난다. 다시 말해, 분열과 고립을 극복함으로써 생겨난다.

국가. 이는 최전방과 자유군단에서 복무하는 최고 최강 군인 남성들이 최고 사나이 총통의 지배 아래에서 한데 묶여 결속함을 뜻한다.

국가. 이는 "영웅적 사나이" 자신이 지닌 두 가지 상호 투쟁적 경향을 결속해 "영혼의 통일성"에 이르고, 군사적 – 투쟁적 요소가 승리하여 지배함을 뜻한다.

국가. 이는 남성/군 조직을 국민/조국과 연결하여 정권을 만들어내고 남성/군 조직이 지배하는 것을 뜻한다.

"국가"의 "통일성"에 수반되는 행복감이 발생하는 방식은 다음과 같다. 그램분자적 질서의 조직들이 또 다른 그램분자적 질서의 조직들과 더 큰 통일성으로 한데 묶여 결속된다. 혹은 그램분자적 조직이 분자적 조직을 제압하여 "통일성"으로 결속되는 모양새를 만들어낸다.

파시스트가 말하는 "통일성"은 억압자와 피억압자가 하나의 지배 구조 아래에 폭력적으로 결속된 것을 뜻한다. 통일성은 전적으로 지배 관계일 뿐 절대로 평등이 아니다. 평등은 다양성이자 군중이다. "통일성"과는 정반대 개념이다. "통일성"은 반드시 위/아래, 안/밖 같은 위계 구분으로 구성된다.

군인 남성에게 이러한 통일성은 쾌락에 이르는 통로다. 분열과 분해가 초래하는 죽음으로부터 그를 지켜준다.*

군인 남성의 육체를 결박 – 유지Zusammengehalten하는 것은** 타인의 육체와 자기 내부의 이질적 육체를 억압하려는 강박이다. 그는 타인을 폭력 관계 속에, 극단적으로는 살인 관계 속에 복종시킨다.

이렇게 해서 국가 개념에는 남성 지배의 요구가 노골적으로 포함되었다. 이러한 남성도당男性徒黨, Männertum을 가리켜 여성 해방 운동 진영은 남성 쇼비니즘male chauvinism이라고 적절하게 명명한다. 사실 남성이라는 단어 없이 쇼비니즘이라고만 해도 충분하다. 여성 쇼비니즘은 애초에 모순된 단어니까.

국가와 군중, 국가와 여성, 국가와 평등, 국가와 감각적 쾌락, 국가와 욕망, 국가와 혁명. 모두 대립적인 개념들이다.

바이마르 공화국 정부가 정치학적 개념에서 국가적이라고 인정될 정책을 아무리 수없이 실행해도 소용없었다. 군인 남성들은 공화국을 절

---

* 그는 절대로 분열증적이지 않다. 한데 속하지 않는 것을 억지로 한데 묶어버린다. 그리고 편집증에 빠진다. 그는 박해당하는 박해자다. 그는 스스로 쪼개지지 않기 위해서 남을 쪼갠다. 남들을 켜켜이 쌓아서 밟고 올라선다. 이것이 "정신분열"과 박해자의 가장 단순한 구별법이다. 자신이 쪼개진다는 것은 도끼에 의한 것이 아니다. 욕망의 분기점을 따라가는 체험 과정이다. 남을 쪼갠다는 것은 살해다. 들뢰즈와 과타리는 그램분자적 정복을 "편집증적 파시즘화"라고 불렀다. "편집증자는 군중을 기계로 만든다. 그는 거대한 그램분자적 집합들, 통계적 구성체 내지 군집들, 조직된 군중 현상들을 다루는 예술가다." (『안티 오이디푸스』, p.468.) 이에 비해 분자적 대중 속에서 일어나는 과정들은 그들에게 "분열증적 혁명"으로 비친다. 그들은 분열하고 증식하며 새로운 다양성으로 결속된다. "분열증"은 욕망에 가장 가까이 머문다. 그램분자적 통일성의 세계, 죽은 육체의 세계, 매끈한 표면의 세계에서 그는 튕겨나가고 만다. 그리하여 그는 자신이 분열되기 시작한다. 공허 속에서 계속되는 혁명 과정, 그것은 가장 끔찍한 고통이다.

** "Zusammengehalten", 즉 한데 묶어서 버티도록 해야만 한다. 파우스트가 알고 싶었던 것이다. "무엇이 세상 가장 내밀한 곳을 한데 묶어내는가." 이는 "공생"이라는 문제의 군집에 대한 질문이다. 분리와 분해에 대한 두려움, "결속"이라는 중심적 몸짓. 하지만 그 안에서 무엇이 움직이고, 어떻게 작동하며, 어떻게 전개될 것인지 하는 질문에는 전혀 도달하지 못한다.

대로 국가로 인정하지 않았고 인정할 수도 없었다. 국가지사는 자신들이 하는 것이고 총통이 하시는 일이다. 국가란 남성도당/군부 세력이 지배하는 정권이다.

"국가"의 본질적 특성이 있다. 국가는 뭔가로 넓혀진다. 즉, 국가는 제국Reich으로 가는 전 단계다.[25] 앞서 언급했듯 남성성과 남성성을 결속하여 만들어진 "국가"는 미래를 향해 생산적으로 나아가야 한다. 윙거의 『제국으로 향하는 투쟁Kampf um das Reich』은 이런 맥락에서 이해할 수 있다.

국가주의는 다양한 사상 중 하나의 사상이 아니다. 측정 가능한 무엇을 추구하는 것이 아니라 기준 자체를 추구한다. 세기마다 새로운 민족혼 Gestalt을 낳아주는 모체적 존재로의 확고한 피신이다. 전사적 방식으로 탄생하는 법을 이해하는 사나이들을 우리는 이미 봤다.[26]

"모체적 존재"라는 말과 "전사적 탄생"이라는 말이 자아내는 모순이 무척 혼란스러운 글이다. 하지만 자세히 읽어보면 두 단어는 사실상 동의어임을 알 수 있다. "전사적 방식으로 탄생하는 법을 이해하는" 사나이에게 "모체적 존재"가 있다는 뜻이다. 그들이 낳았다는 것이다. 사나이들이 민족혼을 출산했다. 협의에서는 여성성을 배제하고 광의에서는 모든 수정 과정을 배제한 채로 출산했다. 미래를 낳고 총통을 낳고 권력과 제국을 낳았다. "민족혼"[27] 개념 속에서만 소환되고 완성될 수 있는 총체성이 탄생했다.

남자의 출산에 필요한 몸뚱이는 땅이라는 모체다.

그러나 생성은 근원적인 것에 의존한다. 더 깊고 혼란에 가까운 삶의 층위에 의존한다. 아직 법으로 완성되지 않은 새로운 법칙을 안에 품고 있다. 이것이 국가주의의 본질이다. 근원적인 것과 새롭게 맺는 관계다. 물질적 전쟁의 불벼락에 어머니 대지가 찢기고 갈렸다. 그 위에 피의 물결로 씨앗을 뿌렸다. 우리 민족의 태곳적 신성한 언어에 귀 기울여라. 20세기 오늘날의 언어로 되새겨 들어라.[28]

출산은 이렇게 이루어진다. 단단한 남자의 핵심, 즉 국가가 "어머니" 대지를 찢고 갈아엎었다. 전쟁이 대지의 속살에 박혔고 피를 뿜어내 "씨앗을 뿌렸다". 그리하여 "새로운 법칙"이 "생성"되어 태어났다. 그리하여 군인 남성들이 지배하는 새로운 시대가 활짝 열렸다.

국가와 군인 남성은 전쟁을 통해서 새롭게 태어난다.*

군인 남성들의 감정에서 국가라는 개념이 얼마나 핵심적이었는지는 윙거의 글에 잘 드러나 있다.

물질적 재화의 분배에 관해서는 어느 정도 넉넉한 양보가 가능하다. 하지만 국가에 대한 절개를 깨뜨리는 그 어떤 세력과도 평화 협상은 있을 수 없다.[29]

이처럼 국가 개념은 뚜렷하게 성적이다. 국가에게 "절개를 깨뜨리는" 것은 상상도 못 할 최악의 죄악이다. 국가에 "절개"를 지키지 않는다는 것은 "아래"가 거역한다는 것이다.[30] 국가에 절개를 지키려면 마땅히 희생해야 한다.

오직 우리 독일인들이 해낼 수만 있다면! 국가의 모든 공직, 우리 혈통의

---

* 기젤라 슈텔리는 여성의 출산 능력과 대결하려는 남성의 투쟁이라는 흥미로운 관점에서 이 책의 1권을 서평했다. *Die Zeit*, 24. 11. 1977.

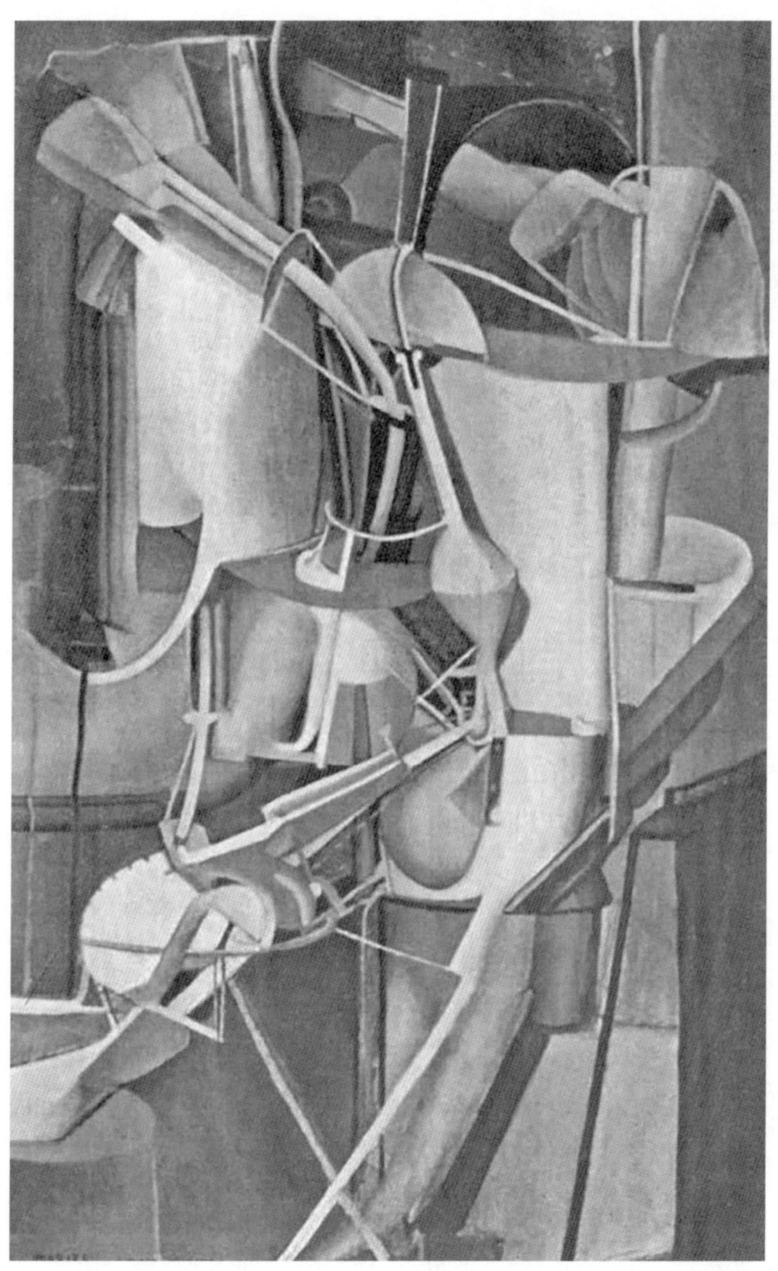

마르셀 뒤샹, 「신부」

모든 목소리, 우리가 내리는 모든 명령, 우리가 수행하는 모든 명령, 우리가 요구하는 모든 희생, 우리가 바치는 모든 희생은 신이 원하고 신이 내린 것이다. 국가가 원하고 국가가 내린 것이다. 이를 깨달아야만 우리는 독일의 위대한 통일성을 달성할 수 있다. 비로소 호명할 수 있다. 국가여! 아니, 그보다 더 위대한, 제국이여![31] [하인츠]

"국가"가 필요한 희생을 요구한다. 그렇다면 누가 희생해야 할까? 나치당 지도층이 희생을 요구한다면 아마 자기 자신의 희생은 아닐 것이다. 희생해야 하는 것은 언제나 타자다. 즉 하층민, 여성, 군중, 피지배 계급이다. "국가"의 사나이는 "희생을 감수하려는 피"[32]를 지녔다고 브로넨은 칭송한다. 이는 총통에게 전쟁의 제물을 바쳐야 할 때, 자신 말고 남을 죽일 때에만 "끓어오르는" 피다.

영원히 희생자를 요구하는 프로파간다가 엄청난 매력을 발휘하는 것은 바로 이래서인 듯하다. 청중은 높은 사람들이 자신을 희생할 뜻이 없다는 것을 명확하게 알아차린다. 그래서 기꺼이 상층부를 따르는 것이다. 잘 따라가기만 하면 자신도 안 죽는다고 생각한다. "우리 모두 희생해야만 합니다"라는 말은 이런 뜻이다. 우리 내부 그룹은 똘똘 뭉치기만 하면 된다. 그래야 남들을 희생시킨다.

총통을 따라 "국가"를 이루고 "상부"가 되는 사람들에게도 희

펠릭스 라비스, 「잃어버린 소녀」

미하엘의 돌파

DIE KULTUR

문화
1학년 연습장

생이 요구된다. 겉으로 보기에는 "비물질적"이고 "풍기적風氣的" 희생이다. 당사자에게는 희생이라기보다 미덕의 축적처럼 느껴질 수도 있다. 그는 스스로의 하체를 희생한다. 쾌락적 혼합을 희생한다. 무의식의 생산력을 희생한다. 이로써 그들은 잠재적 희생자가 된다. 총통이 그들을 전쟁으로 내몰거나 허리띠를 졸라매라고 요구할 때면 그들은 "마조히스트"처럼 군다.

허리띠를 졸라매는 등의 사소한 희생으로 그들이 받는 대가는 희생을 상쇄하고도 남는다. 바로 죽일 권리, 희생을 요구할 권리다. 죽지 않으려고 하는 "아랫것들"을 죽인다.

전쟁과 내전도 없는 상황, 즉 "평화" 시기에도 이 권리는 "국가의 통일성"이라는 미명하에 희생을 강요하면서 "아래"로 향한다. 아이들, 여성들, 피지배 계급, 유대인 혹은 그에 상응하는 집단이다.[*]

그들을 조롱하고 때리고 속이며 죽음으로 몰아넣는 것은 이들이 희생의 대가로 받는 끝없는 보상이자 고된 책임이다. 상류층에 속하려면 해야 할 일이다.

국민

국민Das Volk! 물론 함성 지르며 아스팔트 도시에서 날뛰는 폭도들과 낡은 깃발과 훈장을 잡아뜯는 군중을 말하는 것이 아니다. 위대하고 끈기 있

---

[*]   평화 시기의 백색 테러 현황. 1918년에서 1931년까지 독일 광부 가운데 2만5000명이 "사고"로 목숨을 잃었다. (Stenbock-Fermor, *Deutschland von Unten*.) 또한 1977년 서독에서는 3시간마다 한 명씩 산업재해로 사망했다(1977년 11월 23일 뉴스 속보). 삶의 곳곳에는 치명적인 위험이 도사리고 있다.

는 독일 국민. 들판과 암석을 개간하고, 어두운 숲을 돌보고, 망망대해를 사냥하는 국민. 비록 정부가 우리를 몰아내더라도 국민은 우리에게 견뎌 줄 것을 요구한다.[1] [브로넨]

"국민"은 극복된 자연에서 일어선다. 이것이 "군중"과 다른 점이다. 군중은 자연을 격동시키고 폭동과 범람을 일으킨다. 국민은 "군중"보다 크지만 "국가"보다는 작다.

회화가 색채의 조형 예술인 것처럼 총통은 군중을 만들어냅니다. […] 군중이 모여서 국민이 되고 국민이 모여서 국가가 되는 거니까요. 그게 진정한 정치의 가장 심오한 의미예요.[2]

"군중"은 총통에 의해서 "국민"으로 발전한다는 것이 괴벨스가 『미하엘』에서 전개한 논리다. 한스 블뤼어 역시 『청소년 운동의 국민과 총통 *Volk und Führer in der Jugendbewegung*』에서 이렇게 말한다.

총통과 국민은 한 가지 점에서 중대한 차이가 있다. 총통은 국민 없이도 총통이 될 수 있다. 하지만 국민은 총통을 통해서만 국민이 될 수 있다. 총통이 없는 군중은 그저 머릿수 많은 다수일 뿐이다. 각자 제멋대로 하려는 다수의 사람들이다. […] 이런 상태의 군중은 가치의 담지자가 될 수 없다. […] 군중이 누군가를 따르면 국민이 된다. 비로소 영혼을 얻는 것이다. 미켈란젤로가 그린 아담이 가까스로 손을 뻗어 신적인 불꽃을 건네받는 것과도 같다. 큰 규모의 사람들이 국민이 되고자 하는 충동을 느끼고, 공동체가 되려는 숭고성을 느끼는 것은 오직 지도자에게 달려 있다.[3]

ROOT BEER
GURGLE
SLICE
Fancy Green Peas
Fancy Green Peas

국민
청년 사회주의자

마치 자기장에 놓인 나침반 바늘이 방향을 잡듯이 군중은 "영혼"을 얻어야만 "가치의 담지자"가 되어 대형을 갖춘다. 총통이 군중 속에 삽입되어야만 번듯하게 자리 잡은 국민이 된다.

"군중"에게는 총구를 들이대고 몽둥이 찜질을 해서 제자리로 돌려놓는다. 반면 "국민"은 스스로 "바닥"을 지키면서 자발적으로 "통일성"의 강제를 받아들인다. 남성/인종/국가의 지배에 협조한다.

"군중" 속에는 집어삼키는 여성성이 있다. "국민" 속에는 기꺼이 순종하며 봉사하는 순백의 여성이 있다. 여성은 자신을 행복하게 만들어줄

남자를 선택할 수 없다. 그런 여자는 대개 죽임을 당한다.[4]

어떤 정치적 신념에 따르면, 총통은 국민의 선택을 받았기 때문에 총통이 된다고 여긴다. 이는 투표를 올바르게 이해한 것이 아니다. 총통을 고작 다수 국민의 이익을 대변하는 사람으로 만들기 때문이다. 사실은 그 반대가 옳다. 국민이 국민 자격을 얻는 것은 총통의 선택에 의해서다. 총통은 대중의 일부만 선택하여 국민으로 삼는다.[5]

이는 마치 잉태 행위와도 같다. 기꺼이 복종하는 순간 국민은 총통을

"받아들이고" 무언가를 "낳는다". "국민의 몸이 있는 힘을 짜내어 세상에 내놓은 것, 바로 군대다."[6][윙거]

총통이 군중을 국민으로 만드는 순간, 그는 국민에게 씨앗을 뿌려서 남성적 조직체를 잉태하게 만든다.*

잉태는 사체 경직처럼 발생한다. 성적인 살 섞음은 없다. 군중이 국민이 되어 복종할 때 생명은 떠나간다. 결합이 아니라 강제 합병에 가깝다. 총통은 지배당하는 "하류층"을 자신에게 묶어 총체성으로 만들어 국가로 삼는다.

이 과정에서 하류층은 탈생명화되었다가 부활한다. 하류층은 태어나지만 진정하게 스스로 태어나는 것이 아니다. 잉태는 결속으로 인해 발생한다. 탄생은 탈생명화된 생명의 재형성이다.

총통과 국민의 결속에서 그의 남근이 우뚝 솟아오른다. 잉태시키는 자가 아닌 잉태된 자로 떠오른다. 국민의 몸뚱이에서 꿈틀거리는 군대의 뱀떼는 마치 대지의 몸뚱이에서 행진하듯 솟아나는 숲처럼 우뚝 선다.

집어삼키려고 위협하는 "군중"을 탈성애화하고 탈생명화함으로써 총통은 생식력을 얻는다.

군인 남성의 부인은 순백의 신부가 된다. 스스로 비성애화함으로써 남편의 좆을 빳빳하게 세워준다. 남성 지배 관계에 스스로를 결속시키고 어린 병사들을 줄줄이 낳아서 그에게 넘겨준다. 남편이 발기할 필요

---

* 나는 국민이 절대로 "국가"가 될 수 없다고 썼지만 엄밀하게 정확한 말은 아니다. 제국주의 전쟁 상황에서 타민족이 부역자의 형태로 복종하는 "국민"의 역할을 떠맡는다면, 총통을 따르는 한 "국민" 자격으로 승격될 수 있다.

"독일 국가주의는 독일 국민의 신앙과 혈통, 역사, 풍토, 언어의 통일성으로 규정되는 영혼의 본질을 국가적·문화적·경제적으로 실현하려는 의식적이고 무제한적인 요구다. 이 지배 영역의 중심에는 모든 독일 민족을 포괄하려는 제국이 자리 잡고 있다." (Heinz, *Die Nation greift an*, p. 9; dgl. Salomon, *Die Geächteten*, p. 297.)

"어쩌면 재미있을 수도 있어."

"끙! 아얏, 젠장. 살살 해요. 아직 바짝 말랐는데."

"살살 하잖아."
"그렇게 얼굴에 대고 헉헉거려야 돼요?"

"숨을 못 쉬겠네. 꽉 누르지 말아요!!"

"슬슬. 으흠."

"자기 감촉이 정말 좋다."
"당신도."

"쪽쪽!" "쩝쩝!" "푹푹!"

가 있을 때 아내는 스스로 죽는다.

바로 그래서 남자는 흥분한다.*

국민에게 실질적 선택권이 있는 민주주의에서 군인 남성은 발기 불능에 빠진다.

총체

이미 봤듯 군인 남성들은 어설픈 중간을 거부한다. 중간은 저열하고 병적인 것이다. 그는 자기 자신이 찢겨나가지 않기 위해서 철저히 결속한다. 반드시 하나의 통일체Einheit가 있고 자신이 위에 군림해야만 한다. 그가 속한 조직, 그가 따르는 총통이 최정점에 있어야만 총체성이 달성된다. 그는 총체das Ganze를 사랑하지만 완전히 헌신적인 사랑은 아니다. 물론 자신은 헌신적인 척하지만.

비상시국에는 소규모의 개별 집단을 넘어선 총체적 시각을 지녀야 한다. 공통의 목표를 위해서 개인적 이해관계를 뒤로해야만 한다.

"무장한 폭도들이 전국을 휩쓸면서 약탈하고 파괴하고 있다."[1] 1920년 3월 19일 마르부르크에서 셍크 소령이 한 말이다. 독일에서 걸핏하면 반복되던 이 상투적 표현의 뜻은 과연 무엇일까?

짧게 요약하자면, "국가"와 남성 자신의 육체에 대한 군사적/남성적 이해를 총칭하는 것이 바로 "총체"다.

---

* 적극적 성행위는 매춘부의 특권이자 상징이다.

총체가 되려는 의지. 그것만이 분열된 존재에 새로운 정당성을 부여해준다. 단순한 개인적 의지가 아니다. 우리 안에 깃든 신의 권능이다. 그로부터 만물이 비롯되며 삶을 바로잡는 긍정이 생겨난다.[2][호첼]

"우리 안에 깃든 신의 권능"은 영혼이라는 뜻이다. 독일이 "분열된 존재"를 극복한 대가이자 징표로 지니게 된 영혼이다. "총체가 되려는 의지"는 내면적 투쟁에서 승리하기 위한 전제 조건이다.

그러나 전쟁에서 패배한 결과 총체는 산산조각 났다. 그것을 다시 결속해낸 것이 바로 자유군단이다.

더 이상 중간은 없다. 총체를 위해서 모든 개개인이 들고일어나 죽는다면 모두가 총체가 되는 것이다. 신과 국가. 혼과 행동. 본능과 의식. 하늘로 치솟는 신앙과 땅 위에 충만한 삶. 배반과 패배의 모든 구름 너머로 승리의 징표처럼 타오른 것은 바로 불가분의 결합체였다. 국가의 권력과 영광, 정권의 위엄과 존엄, 추종자들의 희생정신과 신의였다.[3][하인츠]

군은 전체*이며, 군인은 전체에 녹아들어 있다. 전체가 바로 서면 지배 관계가 명확해진다. "국가의 권력과 영광"은 남성이 누린다. "추종자들의 희생정신과 신의"는 국민이 지킨다. 즉, 조신한 여자들의 몫이다.** 총체는 두 부분으로 구성된다. 상층과 하층이다. 상층에는 권력, 하층에는 희생이 있다.

고테는 주인공의 입을 빌려 히틀러를 평가한다. 히틀러의 투쟁은 "각각의 개인이 총체의 일부라는 자각, 총체를 위해 자신의 의무를 다하는

---

* 군대 용어를 참고해보자. "전체, 차렷!" "귀관은 어디 소속인가?"
** 가족 제도에도 "순백의 아내"가 있다. 가족은 "총체"이며 지배 연합체다.

빈틈없이 에워싸라!
도시방위군에 지원하라!

것보다 더 위대한 일은 없다는 깨달음"이다.[4]

"총체"를 위한 그의 "의무"는 바로 지배력 행사다. "총체를 위해서 의무를 다한다"는 것은 스스로의 이해관계를 따른다는 말을 정제해서 표현한 것이다. 총체에서 "상층"에 속한 사람들은 총체가 반드시 필요하다. 총체의 일부를 억압함으로써만 자신의 총체성을 확인할 수 있기 때문이다.

총체성 속의 조화는 부분들 사이의 조화가 아니다. 위계 질서의 강요일 뿐이다.

모든 도덕을 뛰어넘는 권력의지의 뿌리가 바로 거기에 있었다. 어떤 대가를 치르더라도 총체를 이루려는 의지였다![5][호첼]

"어떤 대가를 치르더라도" 총체를 이루려는 것이 권력의지다.

사회의 개인들 간 이해관계 갈등, 그리고 여러 조직과 단체 사이의 모순들은 군인 남성의 총체성을 분열시킨다. 좌파가 자본주의 사회의 계급적 성격을 말하면 군인 남성에게는 육체적 통일성을 빼앗고 두 동강을 내겠다는 말로 들린다. 군인 남성이 살아가는 사회에서는 계급도 없어야 하고 대립도 없어야만 한다. 그러지 않으면 스스로의 내면의 분열을 메울 수 없음이 세상에 드러나고 만다. 만약 사회가 계급으로 나뉜다면 군인 남성은 독일의 영혼을 갖지 못하게 되고, 통일성 속에서 행복을 누릴 수도 없게 된다. 계급의 존재는 곧 자신의 육체 내 억압의 존재와 동일하다. 계급으로 존재한다면 삶의 권리를 얻게 된다. 하층 계급인 여성은 저항권을 갖게 된다. 그런 일은 있어서는 안 된다. 그는 살아가기 위해 복종을 필요로 한다. 계급투쟁은 곧 죽음을 뜻한다. 사회의 죽음이다. 가장 아래를 위로 뒤집고 영혼은 몰락하며 남자는 계집이 된다. 군인은 정신병원 신세를 지게 된다. 군인 남성은 지배를 통해서만 구원받는다. 계급투쟁가는 군인 남성에게 "자살"을 저지른다. 그는 군인 남성을 내면으로부터 찢어놓는다.

국민의 복지와 현존재에 대한 자살인 셈이다. 제멋대로 국민에서 이탈해 동물적 이기심만 채우려들다니. 누군가를 왕좌에 추대하려들다니. 독일의 사나이들이여, 떨쳐 일어나 맞서라![6]

샤움뢰펠의 글이다.

누군가 다른 사람의 "자살범"이 된다는 외견상 모순적 구조를 샤움뢰펠은 이렇게 설명해낸다. 국민, 하층민, "이탈자"는 독자적 생명권이 없다. 군인 남성이 행복을 달성하기 위해 필수적인 "총체성"을 완성할 필요한 부품으로서의 반쪽일 뿐이다. 그들이 본분을 수행하지 않는다면 그것은 "동물적 이기심" 탓이므로 비난받는다.

그러므로 결론이 도출된다. "총체"를 지키려는 항변은 군인 남성이 지닌 분열에 대한 공포에서 비롯된다. 자기 안에 억압되어 있는 "반쪽", 혼인 관계 속의 열등한 "반쪽", 국민 중에서도 하층의 "반쪽" 등 다양한 측면의 모든 피억압자가 자율성을 요구하는 순간 군인 남성은 분열을 겪는다.

총체를 존중하라는 말의 진의는 다음과 같다. 나의 지배력은 분열되

어서는 안 된다.

총체를 고려하라. = 너희가 하층에 있음을 잊지 마라. = 우리 같은 윗사람들이 없으면 너희는 머리 없는 몸뚱이 신세다. 총체를 생각하라. = 우리가 없으면 너희는 죽는다. = 우리가 없으면 너희는 신성과 남성성 없이 짐승으로 전락한다. 총체를 생각하라. = 우리 상층부가 없으면 너희는 형식을 잃는다. 민족혼이 없는 군중이 된다. = 우리가 없으면 댐도 없다. = 우리가 없으면 너희는 홍수에 휩쓸린다.

그러나 이 모든 것은 총체 중에서도 상층부의 두려움일 뿐이다. "동일시"가 가능한 사람은 억압자와 피억압자로 이루어진 "총체"를 스스로의 몸으로 직접 느끼는 사람이다.

중요한 것은 군인 남성 자신의 육체 총체성이 혼자서 스스로 성립될 수 없다는 것이다. 육체 총체성은 외부적으로 더 큰 총체성을 필요로 한다. 그래야만 강압적으로 상류층으로서 군림할 수 있다. 그러한 총체성

을 벗어난 존재는 그 자체로 위협적이다.

총체적 육체는 하층이 상층을 먹여 살려야 하는 구조를 영구적으로 생산해낸다. 그러나 공생 관계가 아니라 그 반대다. 집어삼킬 위협을 가하는 "군중"의 공생 관계를 위계질서적 구조로 변환해내는 것이 관건이다. 위계적 구조는 자신이 위에서 군림하고 있는 확장된 자아처럼 기능한다.[7]

혼인 관계 등의 개인적 관계를 "양자 관계"라고만 명명하는 것은 몹시 경솔한 일이다.* 남편과 아내는 각각 차례로 다양한 "남성"과 "여성" 위치를 체화하여 보여주지만 이 위치는 서로 평등하지 않다. 과연 이 사람들을 고유한 총체성의 숫자인 하나로 이해해도 괜찮을까? 이들을 남근/기표로 환원하여 이해해도 괜찮을까?

들뢰즈와 푸코의 공개적 대화에 이런 말이 나온다. "우리 모두는 단체다."

역사적으로 순수한 양자 관계는 거의 존재하지 않는다. 언제나 사회적으로 정의된 개인 기능이 관계 속에 유령처럼 떠도는 법이다. 사회가 강제하는 기능의 담지자로서의 자아가 아닌 다양하게 표현되는 자아들끼리 대등하게 접촉하는 양자 관계는 우리 모두가 스스로 창조해야만 할 것이다. 그러나 서로 만나면서 다양성이 뒤섞이는 지점에서 이른바 "양자 관계"라는 것은 현실 속에서 그리 깔끔하게 작동하지 않는다. 모든 사랑 행위에 참여하는 사람들은 이미지가 아니다. 또한 사회적으로 정의된 이름의 담지자 역시 아니다. 파시스트가 되지 않을 스스로의 삶을 찾아갈 뿐이다.

빌헬름 라이히나 최근 데이비드 쿠퍼의 방식대로 더 많고 더 쾌락적인 오르가슴을 추구하는 것은 충분하지 않다. 오르가슴을 한 사람에게 주어진 감각이라고만 이해하면 안 된다. 이 개념은 해체되어야 한다. 오르가슴은 타인을 경험하는 것이다. 다양한 타자를 다양하게 경험하면서도 동등한 지위로 대하는 경험이야말로 우리를 비파시스트로 해방시켜 줄 수 있다. 안티파시즘은 단지 정치적 입장일 뿐이며 삶에서 파시즘을 제거하는 의미는 그리 크지 않다.

---

* "총체"를 필요로 하는 남편과 지배받는 순백의 아내 사이의 혼인 관계를 생각해보자. 관계 **총체**에서 순백의 아내는 억압당해 무해하게 만들어진 남자의 "내면"과 "아래"를 담당한다. 그녀는 남자를 집어삼키지 않는 공생 관계를 보장하는 위계적·사회적 이름인 "좋은 어머니"다. "좋은 어머니"는 근친상간적 결합과는 무관하며, 기생하고 빼앗고 억압하는 존재다.

재구축된 "이중 연합"은 이제 지배 관계가 된다. 남편은 아내에게 갓난아기이자 지배자인 "아버지"가 된다. 젖먹이이자 전제군주다. 억압당함으로써 아내는 남편을 배불리 먹이고 온전하게 완성해준다. 완성된 **총체**로서 그는 어머니의 지배자가 되고 억압자가 된다. 그렇게 하여 그는 자신의 아버지와 닮은 존재가 된다. 그는 자신의 외할아버지가 된다. 그는 아내에게 아기이자 아버지가 된다. 그녀는 그에게 어머니이자 딸이 된다. 이들에게 없는 것이 있다. 바로 부부 관계다. 그들은 서로에게 평등한 아내와 남편이 되어주지를 못한다. 평등한 관계가 된다는 것은 아내에게는 시누이의 대용품이 되는 것처럼 느껴진다. 쾌락적인 사랑의 행위는 곧 누이 근친상간 금기에 대한 저촉이다. 부르주아 사회의 규범은 남편과 아내의 침대 속까지 따라 들어온다. 아내가 끝끝내 될 수 없는 것은 바로 자기 자신이다. 그녀가 자신이 되려고 할 때마다 다 큰 아기가 젖을 빨아대면서 힘을 빼앗아간다. 남편은 아내에게 아이를 선사했다. 그리고 자신은 스스로의 할아버지가 되어서 총체의 "어머니"에게 잉태된다.

성별 구분은 어떤가? 나는 이 대목의 초고에서 끊임없는 쾌락적 뒤섞음이 성별의 격리를 흐리는 출발점이 될 것이라고 썼다. 남녀는 실제로 몸을 뒤섞는다. 여자의 질 속에서 경계의 해체를 경험하는 남자의 음경이 과연 남자 자신의 것일까? 여자의 몸은 이미 남자의 것이 되고 여자의 질도 남자의 것이 된다. 두 개의 성기는 두 개의 몸뚱이에 공통으로 속한다. 한편 뒤섞음은 차이를 통해서 일어난다. 차이를 없애는 것이 아니다.

에른스트 보르네만은 가부장제가 성별을 결정하는 일곱 요소를 열거했다. 외부 성기관과 내부 성기관, 심리적 성별, 유전적 성별, 호르몬 성별 등이다. 이 기준들에 따라 판별되는 남성/여성의 차이는 언제나 근사치에 불과하며 두 성별의 혼합은 항상 존재한다. 앞으로 사회적 성별 규정이 점점 약화되면서 성별 간의 거리가 좁혀지고 성별 차이가 흐려질 것이라고 본다.[8] 뤼스 이리가레는 이렇게 규탄한다.

오늘날 여성들의 목소리가 조금 더 강하게 조금 더 격렬하게 터져나오자 마치 우연인 듯 성별 차이를 철폐하라는 주장이 제기된다. 이보다 더 교묘한 포섭은 없을 지경이다. 여성들의 목소리가 높지 않았더라면 아마 성별 차이의 유지를 선동했을 것이다. 여성들의 저항이 높아지자 갑자기 입장을 선회했다!

이리가레는 오히려 반대로 생각한다.

우리는 성별 차이를 강화해야만 한다. 성별 차이는 전체 모습조차 아직 발견되지 않았다. 발견이 가능하기 위해서는 여성적 상상력이 생성될 공간이 우선 마련되어야만 한다.[9]

설득력 있는 말이다. 성별 차이에만 해당되는 말은 아니다. 지배 해체와 진정한 평등 달성은 다양성의 전개를 통해서만 가능하다. 이는 강제적 통일화로는 불가능하다. 해방을 남근중심주의적으로 상상한 결과가 통일화다. 다양성은 전개되면서도 거기서 법적 차별이 도출되어서는 안 된다. 남성 역시 더 이상 "총체성"을 바라지 않는다. "충동"을 극복하여 승리한 후 "의식"적 통일성을 갈망하지 않는다. "민족혼"을 원하지도 않는다. 그는 유동적 형체 속에서 해체되고 모순 속에서 쾌감을 찾는다. 결과의 종말을 받아들이고 개방성과 무력감을 관조하며, 더 이상 살해자가 되지 않는다. 지금껏 그는 욕망 기계의 생산력을 내면의 유배지로 보내 병을 만들어냈다. 그는 때로는 살인 기계가 되어 폭발했다. 때로는 시한폭탄 같은 괴물이 되어 산산조각 났다. 전자는 권력자/편집증 환자다. 후자는 정신분열자다.

이제 머나먼 곳에서 수많은 성별을 지닌 다양한 인간이 특정한 이름도 없이 소속도 없이 생겨날 것이다. 이름이 없다고 해서 소멸된 것이 아니다. 모든 이름일 수도 있고 아닐 수도 있으며, 될 수도 있지만 될 필요는 없는 존재이기 때문이다.

쉬어가기: 성애화된 언어

공론장의 언술은 언제나 성적 언어로 청중을 자극하려든다. 자본주의적 남성사회의 정치적 개념들은 언제나 철저하게 성애화되어 있다. 이들은 마치 당연하다는 듯 뻔뻔하게 음경을 꺼내놓듯 사람들에게 연설한다. 프란츠 요제프 슈트라우스, 헬무트 슈미트, 한스 디트리히 겐셔어 등 오늘날 서독의 기성 정치인들은 군중의 육체적 감정을 능숙하게 이해하는 사람들이라 "공포스러운" 현 상황을 운운하길 즐긴다. 그들의 연설은 청중에게 성적 공포를 육체적으로 일깨우는 방법으로 신빙성을 얻는다. 정치 연설은 청중의 육체로 검증된다.

인플레이션을 빌미로 정부를 탓하는 언어 역시 마찬가지로 작동한다. 인플레이션은 인간 노동력의 가치를 떨어뜨리는 벌칙이다. 사람의 힘을 빼놓는 것으로 또 무엇이 있을까? 바로 자위행위다. "등골을 삭이는 못된 장난이다." 인플레이션은 노동 대중의 등골을 삭이는 못된 장난이다. 정부가 자위행위나 하고 있었다는 증거다. 사민당의 내부 투쟁이 그토록 큰 "관심"을 끌었던 것도 이러한 자위행위의 증거다. 청년 사회주의자도 자기 욕구 충족에만 열을 올린다. 매일같이 언론에 보도되는 것만 봐도 알 수 있다. 사람들은 자위 비난을 쉽게 믿어버린다. 자신들도 자위를 하기 때문이다. 사람들이 원하는 것은 인플레이션 공포 없이 마음 껏 자위하도록 해주는 정부의 "아래"에 있는 것이다. 그것이 정당한 권리다. "안정화 정책"은 성적 언어로 이렇게 표현된다. 우리는 이제 한 방울도 흘리지 않고 아낀다. 발기는 단단하게 유지된다. 정부는 신뢰를 받아야만 한다. 우리는 자위하지 않는다. 행동한다. 그래서 해낸다. 정당 당원 제명 조치. 여타 국가에서도 인플레이션이 높다는 말은 소용없다. 남들보다 등골이 덜 삭는다는 것이 무슨 위로가 되겠는가. 어차피 노동력, 통화 가치, 축구 승리 모두 남들보다 뒤처진다. 어차피 잃을 것이 적다. 이런 상황에서는 국민의 등골이 삭지 않도록 지켜주는 사람이 반짝 인기를 끌게 될 뿐이다.

반면 사회학적 독일어는 너무 "어려워서" 욕을 많이 먹는 게 아니다. 사람들은 멍청하지 않다. 자신과 직접 관련되는 것은 금세 배운다. 사회학적 언어는 너무 무성無性적이라서 문제다. 사람들의 피부에 전혀 와닿지 않는다. 청중으로 하여금 "농부들처럼 무식해서" "아는 것이라고는 없다"고 느끼도록 만든다.

육체는 비밀을 숨기고 있다. 어둡고 깊은 곳, 절벽과 얕은 곳, 수문과 급류, 댐이 있다. 모든 정치적 난관은 절벽 위에서 균형을 잡거나 급류와 소용돌이를 헤쳐나가는 것과 같다. 어떤 이들은 자기 육체의 여러 측면에서, 혹은 타자의 육체라는 비밀 속에서 길을 잃지 않으려고 총통을 추종한다. 외부적 "확장 자아"로서 국민의 일부가 됨으로써 "총체성"을 느끼고자 한다. 그럼으로써 특이한 방식의 공생적 연결을 느낀다. 프로이트는 비밀의 연원을 부모의 육체에서 찾았다.[1] 부모가 비밀을 지키는 과정에서 "육체"라는 비밀은 더 비밀스럽고 모순적으로 된다. 그러나 이 과정에서 진짜 비밀이 되는 것은 자기 몸을 비밀로 만드는 것뿐이다. "이것이 과연 어디로 가려는가?"

사회학적 독일어와 오늘날 좌파의 선동 언어는 비밀이라고는 없이

성 종교
1. 성적 신비주의
2. 성 도덕
3. 성 마법

적나라하다. 따라서 진실일 수가 없다. 이들은 중요한 것에 침묵한다. 이들이 말하는 내용에는 "본질적인 것들"에 대한 관념이 하나도 들어 있지 않다는 인상을 풍긴다. 이것이 좌파가 마주하는 불신의 형식이다. 그들은 육체적 비밀을 배제한다. 누군가 실제로 느끼는 고통을 무지의 소치로 치부한다. 정보가 없기 때문이라고 몰아세운다. 좌파는 지배자들의 연설을 "정치적 의미"라는 부차적 영역에서만 "반박"하는 함정에 늘 빠지고 만다.

카네티는 비록 육체와의 연관성은 간파하지 못했으나 공식적 정치 언어의 비밀에 대해서 이렇게 언급했다.

비교적 자유로운 정부에 대해 사람들이 품는 의혹은 일종의 멸시로 변하는 경우도 흔히 있는데, 이것은 비밀이 없기 때문에 생기는 현상이다.[2]

연설 그 자체, 혹은 문제를 해결할 실질적 조언에 반감을 갖는 것이 아니다. "모두가 다 아는 뻔한 것"일까봐 두려운 것이다. 게다가 공개적 토론이란 결국 "국회의 탁상공론"일 뿐 큰 의미가 없으리란 두려움이다. 자신의 육체에 밀접한 중요한 사항은 극비에 속한다는 것이다. "총통께서는 극비리에 논하신다." 그러므로 신뢰가 가며 뜻깊다. 총통만이 본질에 접근한다. 초대형 비상대책 본부가 비밀리에 운영되는 것이 독일의 민주주의를 지탱하는 비결이라고 생각하는 것이다.

수백만 시청자는 "보도 통제"가 유지되어 아무것도 경험하지 못하는 상황에서 기쁨을 느낀다. 드디어 정치가 다시 흥미진진해졌다. 국가 안보가 지엄하다. 우리는 아무것도 경험 못 한다. 통치가 잘된다는 뜻이다. 멋지다!

육체가 더 이상 비밀스럽지 않게 되면 열린 정치적 삶이 가능해진다. 진정한 정치적 기반이 생기기 때문이다.

제국으로 향하는 전조

괴벨스가 말했듯 군중을 국민으로 만드는 것은 바이마르 공화국 시기 내내 "국가"의 사나이들이 자임한 핵심 목표였다.

1914년 8월 1일, 독일 제국이 러시아 제국에 선전포고를 하자 일거에 질서가 회복되었다. 군중은 대번에 사라졌다. 열광하는 다수의 청중이 되어 씩씩하게 행진하는 군인들을 환영했다. 모두 국민 아니면 군대가 된 것이다.

새로운 신들이 낮의 왕관을 차지했다. 힘, 주먹, 남성적인 용기. 무장한 젊은이들의 긴 행렬이 아스팔트를 울리며 행진할 때, 환희와 전율의 경

외가 사람들 위를 떠돌았다.[1][윙거]

올바른 태도다. 바람직하다. 제1차 세계대전 후 "환희"는 군중의 목구멍에 걸려서 틀어막혔다. 국민은 눈깜짝할 새에 다시금 군중으로 변해 버렸다.

결국 혁명이라는 것도 위대한 소수가 최상층에서 지휘하는 유기적으로 필연적인 봉기가 아니었다. 그저 끔찍하고 침소봉대된 대가리 없는 허세일 뿐이었다.[2][로젠베르크]

지도자가 특정한 군중을 선택해 국민으로 전환시키는 구체적인 방법과 비결에 대해서는 자세한 고찰이 이뤄져야 한다. 그래서 우리는 파시스트 프로파간다의 핵심 수단인 연설을 살펴봐야만 한다.

곧이어 "전환"의 두 가지 사례를 살펴보도록 한다. 두 사례 다 아슬아슬하게 근접했으나 결국 실패했다. 군중은 군중으로 남았고 지도자는 죽음을 맞이했다. 1920년 3월 16일 하르부르크의 루돌프 베르톨트 사례다.

파시스트 문학에서 그는 1920년 3월 13일 카프 폭동의 영웅으로 그려진다. 주동자였던 볼프강 카프는 사실상 역할이 전무했다. 첫째 그는 민간인이었다. 히틀러는 1923년 11월 9일 용장기념관 펠트헤른할레 행진 당시 돌격대 군복에 군화 차림이었다. 로스바흐의 말에 따르면 에른스트 룀이 히틀러에게 "복장을 갖춰주었다"고 한다.[3] 둘째, 폭동이 실패하자 그는 스웨덴으로 도망쳤다. 셋째, 그는 부주의하게도 폭동 첫날 사민당과 중앙당 연립 정부를 체포하지 않았다. 모든 것이 우스꽝스러웠다. 국민 운동의 선각자나 선지자로 삼기에는 턱없이 부족한 인물이었다.[4]

따라서 전사한 베르톨트가 행동파 영웅으로 부각되었다. 군중은 국민으로 승화되기에는 아직 성숙되지 않은 시절이었다. 하지만 장차 그들이 국민이 될 수 있음을 보여준 인물이 베르톨트라는 것이 이들 국가주의적 기록자의 주장이다. 간발의 차이로 하르부르크의 노동 대중은 지도자 아래에 결속되지 못하고 말았다.

수많은 사람이 경외와 존경의 눈길을 지휘관에게 보냈다. 그는 침착하게 입구 아래에 선 채 군중을 훑어봤다. 죽음 같은 고요와 깊은 정적이 드넓은 광장 위를 떠돌았다. 긴장 속의 기대감이었을까? 이제는 어떻게 될까? 누구에게 책임을 물어야 할까? 누가 심판자가 되어야 할까? 미동도 없었다. 아무 말도 없었다 - - -
서서히 입구 아래에서 한 나라 군인의 위용이 악몽에서 풀려나듯 깨어나기 시작했다. 마치 최면의 잠에서 깨어나듯, 사람들 입에서 깊은 한숨이 새어나왔다. 군중은 경외와 존경에 휩싸여 어쩔 줄 몰랐다.
두 명의 장교가 뒤를 따랐다. 베르톨트는 머리를 꼿꼿이 세운 채 전진했다. 침묵하는 군중 한가운데를 그의 발길이 갈랐다. 아무도 예상 못 한 행동이었다. 국민은 조신하게 물러서면서 길을 터주었다.* 가슴속에 이해하기 힘든 먹먹한 느낌이 가득 찼다. 서로 격렬하게 전투하면서 느꼈던 감정이 살아났다. 양심에 동요가 일었다. 휘둥그레 두 눈을 뜬 채로 앞길을 가는 장교들의 모습을 하릴없이 바라봤다. 장교들의 위대한 정신을 모두가 느꼈다. 수많은 전투 속에서 전우들의 피와 생명을 조국을 위해 바쳤다. 자신을 돌보지 않고 국민을 위해 헌신적으로 기꺼이 목숨을 바쳤다. 베르톨트가 발길을 멈췄다. 다시금 사람들을 바라봤다. 엄격한 얼굴에 강철 같은 불굴의 의지가 또렷했다. 그가 말한다. ─그날 아침에 선

---

* 예언자가 발길을 내딛자 홍해가 갈라졌다.

포했던 내용을 군중과 직접 마주한 채 전달하려는 것이다. 천천히 그러나 꿰뚫는 듯한 말이 그의 입술에서 흘러나왔다. 청중의 귓전을 망치로 때리는 듯한 위협적인 명령의 말이었다.

베르톨트가 선언했다. "요구 사항은 잘 들었다. 나와 내 휘하 연대는 모든 요구를 거부한다. 진격 당시와 같은 조건으로 퇴각하도록 하겠다!" 지휘관의 연설에는 막강한 설득력이 있었다. 군중은 고요했다. 압도되어 깨달음을 얻은 것이다. 지도자의 자질을 타고난 사람은 어떠한 상황에 처해도 어떠한 위험과 희생을 감수하고라도 뜻을 굽히지 않는 법이다. 바로 이것이 진정한 지도자다. 폭력을 쓰지 않고도 주변 사람들이 자발적으로 따르게 만든다. 거친 폭력을 좋아하지 않는다. 거친 상대를 선량함으로 굴복시킨다. 심지어 사상적 적대 세력과 겨룰 때에도 그렇다. 수천 명의 시위대가 이제 새로운 시선으로 군인의 위용을 바라봤다. 전쟁에서 심각한 부상을 당했던 흉터가 뚜렷한 모양새였다. 베르톨트는 연설 말미에 군중에게 평화롭고 안전하게 해산해달라고 요청했다. 사람들은 기꺼이 그 분부에 따르고자 했다.[5]

그런데 어떻게 베르톨트는 갈갈이 찢겨 죽었을까? "뒤쪽에서 난데없이 거친 함성이 들려왔다. 최고로 난폭한 일꾼과 극단적인 노동자들의 물결이 해산하고 물러가려는 시위대에 부딪혀서 멈춰 세웠고……"[6] 결국 일이 벌어졌다.

이 "거친 물결" 탓에 지도자의 연설이 들리지 않았다. 평화적인 추종자들은 대번에 격노한 짐승들로 변하고 말았다.

비트만 소위가 상상한 바람직한 국민과 지도자의 지배 복종 관계가 인용문에서는 군중과 군인의 관계로 나타났다. 본래는 들끓고 소란하고 요동치기 마련인 군중이 "고요했다". "아무 말도 없었다." "하릴없이" 서 있었다. "국민은 조신하게 물러서면서" "양심에 동요가 일었다". 우리가

죽을죄를 지었다! 그러더니 "길을 터주었다". 지도자가 들어오실 수 있도록. 지도자를 삽입하도록 군중이 몸을 벌렸다. 곧 사나이의 연설이 거행되고 군중 – 계집의 만족한 반응이 뒤따른다. "수천 명의 시위대가 이제 새로운 시선으로 군인의 위용을 바라봤다." 신께서 짐승 앞에 모습을 드러내고 우뚝 섰다. 사나이가 거사를 치렀고 몸을 복종시켰으니 이제는 잠자리를 거둬야 한다. 군중은 "기꺼이" "그 분부에 따르고자 했다". 비트만이 취향대로 상상해낸 군중은 지도자의 만족을 위해 봉사하는 존재다. 그 이상은 감히 꿈도 꾸지 말아야 한다. 그게 당연지사다.

원래는 군중에게 속해야 할 특성인 행동력과 선도성이 완전히 베르톨트에게 넘어가 있다. 그는 군중을 훑어본다. 사실은 수천 명 군중의 눈들이 그를 훑어봐야 정상이다. 그는 "침묵하는 군중 한가운데를" 가

르면서 전진했다. 국민은 가만히 서서 "군인의 위용"에 감복한다. "거친 상대를 선량함"으로 굴복시키는 정신적 위대함을 존경한다. 위대한 정신, 즉 지도자 내면의 거대함이라는 고귀한 남근이 군중을 굴복시키는 일에 사용된다. 그의 눈길이 사람들을 굽어본다. 모두가 그의 위대함이 마치 직접 몸을 쓰다듬기라도 한 듯 감동받는다.

드디어 그가 씨앗을 뿌린다. "그가 말한다." 세상에나, 말을 하다니! 그는 "설득력"이 있다.[7] 지도자는 신이다. 그분이 필요로 하시는 것을 우리가 만족시켜드려야 한다. 연설의 의미는 실로 어마어마하다. 비트만은 너무 벅차서 문장 뒤에 "–" 부호를 찍을 수밖에 없다. 지도자는 "–"를 넘어서 국민에게 들어간다. "직접 마주한 채" 부풀어 오른 영혼을 잃지 않는다. 그가 행동한다. 그는 "천천히" "위협적"으로 "망치로 때리는 듯" 공략한다. 그가 진격하자 군중은 죽는다. 지도자가 군중을 범하여 시체로 만들었다. 그의 교접은 효험이 있었다. 군중은 미동도 없이 흐름을 멈췄다. 군중은 얼어버린 채 바짝 말라붙는다. 지도자가 "직접" 군중을 빨아들인다. 군중은 소멸하기 시작한다. 그러나 지도자가 미처 직접 마주하지 못했던 난폭한 인간들의 파도가 군중을 "막아섰다". 마치 썰물 때 물이 빠져나가지 못하는 것처럼.

토르 고테가 묘사한 베르톨트의 지도자적 면모는 이 정도로 찬란하지는 않다. 하지만 그의 죽음을 군중에 의한 무참한 살해로 묘사하지는 않는다. 베르톨트는 군중에게 교훈을 준다.

그는 소란 피우는 시꺼먼 군중 속으로 들어갔다. 군중은 그에게 아우성을 쳤다. 맨 앞에 선 자들의 눈을 직시하자 그들은 머뭇거렸다. 흔들어대던 주먹을 슬그머니 내렸다. 눈길을 바닥에 떨구었다. 그분의 눈길을 견딜 수 없었던 것이다. 자신들이 생각했던 만큼 호락호락한 인물이 아니었던 것이다. 멋대로 처형대로 끌고 올 인물이 아니었다. 당당하게 제 발로 걸어오셨다. 마치 승리자처럼!
군중은 조신하게 옆으로 물러섰다. 앞길이 트였다. 루돌프 베르톨트는 군중의 한가운데로 들어갔다. 자신을 산 채로 찢어 죽이려는 그들에게. 그에게는 여느 때와 다름없었다. 무수한 적군이 겨누는 총구들 가운데로 진격하는 것과 마찬가지였다. 그는 자신을 인도하는 손길을 온몸의 신경으로 느꼈다. 그는 뒤에서 공격을 당했다. 비틀거렸다. 하지만 조금도 놀라지 않는다. 분노하지도 않는다. 그는 운명을 따라서 군중 사이를 걸었다. 자신의 운명을 피할 생각이 추호도 없었다.[8]

여기서도 그는 시선으로 군중을 물리치고 길을 비키도록 만들었다. 하지만 연설을 하기에는 이미 늦었다. 죽음은 예정되어 있었다. 그러나 군중은 죄의식을 떠안고 자리를 뜨게 될 것이다. 군중은 승리하지 않았다. 루돌프 베르톨트는 훗날 더 위대한 지도자가 오실 것이라고 약속하고 죽었다. 모든 것은 필연적이며 예정되어 있다. "그는 자신을 인도하는 손길을 온몸의 신경으로 느꼈다."

루돌프 베르톨트가 피할 생각이 "추호도 없었"던 그 운명이 무엇이었는지는 이제 분명해졌다. 나치 운동 초기의 세례자 요한이 바로 그의 운명이었다. 살로메 탓에 희생된 세례자 요한처럼 그는 프롤레타리아 살인 군중의 발톱에 죽어갔다. 곧 뒤에 오실 위대하신 분을 위해 싸우다가 죽었다.[9] 위대하신 분께서는 1923년 11월 9일 뮌헨 용장기념관 펠트헤른할레에 오셨다가 그만 패퇴하고 만다. 그래서 모든 과정은 새로 되풀이되어야만 했다. 이에 따라 백성의 구세주 세례자 요한 2세 호르스트 베셀이 필요해졌다. 세례자이자 예언자가 공식적으로 있어야만 했다. 1920년대 후반에는 공산주의자에게 살해된 나치가 드물었다. 그러므로 이미 죽은 사람 중에서 운 좋게 선택되어야만 했다. 호르스트 베셀은 "빨갱이 살육"의 희생자로 알려졌지만 사실은 포주들 사이의 알력 때문에 "희생"[10]된 것으로 확인되었다. 사실이 잊힌 덕에 다행히 성경적 영웅으로 추앙될 수 있었다.

1923년 뮌헨의 히틀러 폭동이 실패하자 『푈키셴 베오바흐터*Völkischen Beobachter*』의 창립자이자 수석 편집자였던 디트리히 에카르트는 막말을 쏟아내면서 화를 냈다. 마치 군중이 바람피워서 몸을 더럽혔다는 듯한 태도였다.

멍청한 국민! 이 무슨 치욕인가.
국민을 위해 헌신하고 애썼건만.
배은망덕한 망발로
히틀러의 선량함을 짓밟다니.

바리새인들이 그를 뒤에서 들이받는데
너희는 그저 꿀꿀거렸다.
이제 히브리인이 온다,
너희를 다스리러 온다!
귓전에 채찍 소리 울리리라,
네 아가리를 후려치리라.
노예의 멍에를 지고 태어나서
오직 처먹을 궁리만 하느냐!
좋기도 하겠구나, 히틀러의 계획은
이제 모두 수포로 돌아갔다.
너 같은 짐승 따위 해방 안 시킨 것이

안치된 베르톨트

"이게 과연 희망 없는 룸펜 프롤레타리아의 실상인가?"
"어디 한번 알아보자!"

차라리 다행일 수도 있으리![11]

하지만 총통은 군중을 버릴 수 없다. 언제나 "아랫것들"에게 구원의 은총을 내리신다. 하지만……

"노동자들을 돕고 싶은 생각이 싹 가셨어." 슐레겔의 말이었다. "어찌나 멍청한지 양떼 같다니까. 직접 안 보면 못 믿을 정도야. 별짓 다 해도 소용없어. 정말로."[12]

최베를라인의 작품 속 돌격대처럼 파시스트 지도자들이 군중에게 질렸다면서 내버려뒀더라면 차라리 다행이었을 것이다. 그러나 파시스트들은 타인들을 결속함으로써만 스스로의 통합성을 유지한다. 그래서 굳이 멸사봉공의 희생을 자임하고 나서는 것이다.

여자, 아이들, 노동자, 스스로의 내면 속 군중 등, 이 모든 들끓는 무의식적·무질서적 군중에게 질서를 강제하지 않고서 어떻게 군인 남성이 버티겠는가? 질펀하게 흘러넘치는 꼴을 어찌 방치하겠는가?

카네티의 통찰이 옳다. 권력자는 군중을 빨아먹지 않는다. 오히려 먹여 살린다.[13]

기업가는 노동자를 먹여 살린다.

남편은 아내를 먹여 살린다.

무의식은? 그런 건 없다. 있더라도 기생충일 뿐이다. 아이들은? 그들 역시 어떻게든 처리될 것이다. 곧 전쟁이 닥칠 테니.

<u>연설</u>

공개 홀에서의 대중 연설은 파시스트 프로파간다의 핵심이다. 대중 연설의 모델은 지휘관이 부대에 내리는 명령이다. 이는 군대식 혹은 유사 군대식으로 조직된 남성사회의 공식 커뮤니케이션의 핵심이다. 모든 부대장, 기수단장, 분대장, 지방조직장, 대관구장, 모든 주의회와 제국의회 후보자들까지 끊임없이 연설을 해댔다. 글로 쓰인 말은 부차적이었다. 나치가 라디오 전파를 장악한 것은 "권력 장악" 이후였다. 이들의 확산은 연설을 통해 이루어졌다. 이들 추종 세력의 성장을 이해하기 위해서는 연설 상황의 분석이 필수적이다.*

비트만이 그려낸 베르톨트 연설의 효과는 바로 군중 형성이었다. 연설자가 연설을 통해서 "위대한 정신성"으로 감화시키면 군중은 "영혼"을 얻는다.

"영혼"은 연설 상황과 자주 연관되는 단어다. 보고, 서술, 토론 상황과는 다르다. 영혼이라는 개념은 연설 행위와 관련이 있는 듯 보인다. 심지어 연설 내용 자체보다 더 중요하다.

연설이라는 행위가 무엇인지, 파시스트가 어떤 경험을 하는지 자세히 살펴보도록 한다.

1931년 8월 29일 다름슈타트 최대의 집회장에서 이념에 헌신하느라 쇠약해진 예언자 한 명이 국민의 영혼을 위해 연설대에 올랐다. 그는 두 시간이 넘도록 군중을 향해 열변을 토했다. 히틀러와 그가 이끄는 운동으로 향하는 길을 수천 명에게 보여준 것이다. 그의 마지막 말은 이러했다. "독일은 반드시 살아남아야 합니다. 설령 우리가 죽는다 해도!" 말을 미처 끝마치지 못한 채 그는 무대 뒤로 비틀거리며 쓰러졌다. 몇 분 후 페터 게마인더는 운동에 헌신했던 일평생을 마감했다.[1]

페터 게마인더는 2000번이 넘는 "연설 작전"을 수행하고 선지자와도 같은 죽음을 맞이했다. 이는 발두어 폰 시라흐의 충실한 기록으로 1934년 세상에 출판되었다. 이 책에는 나치 지도층 인사들의 연설 회수가 세심히 집계되어 있고, 기준을 초과 달성하지 못하면 문책당하거나 강등되었다고 기록되어 있다. 이 기록대로라면 당을 위해 일하다가 과로사한 사람은 최전방에서 전사한 사람 못지않은 영웅 대접을 받았다. 연설 전선은 "국민의 영혼이 걸린" 전투에서 "평화 시"에 가장 결정적인 최전방이었다. 신종 영웅들은 값진 대접을 받았다. 이들은 선지자였다.

---

* 파시스트 연설의 기능을 "히틀러 수사학"이나 혹은 괴벨스의 수법으로만 이해한다면 전모를 알 수 없다. 모든 파시즘 현상은 집단적·계층적·조직적 현상이다. 사회적 현상이기 때문이다. 파시즘 현상을 출발점으로 삼아 "지도자"에게 시선을 집중해야 한다. 내가 고찰한 거의 모든 연설은 『나의 투쟁』이나 히틀러의 연설에서도 그대로 반복된다. 히틀러는 유별난 괴물이 아니다. 오히려 1918년 이후 평범했던 군인 남성들의 심리를 가장 잘 종합한 인물이었을 뿐이다. 파시즘을 몇몇 개인적 견지에서만 이해하려는 사람들은 어리석어서 그러는 것이 아니라 통찰하고 싶어하지 않기 때문이다. 그들은 파시즘 일반에서 히틀러만 떼어내 이해하고 싶어한다. 자신으로부터 파시즘을 동떨어뜨리고 싶기 때문이다.

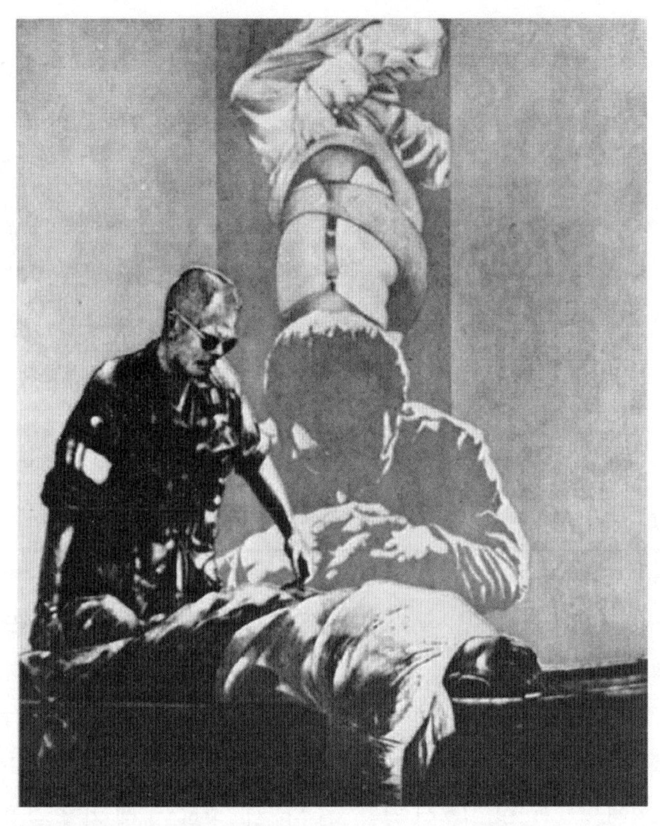

선지자에게 계몽되는 것은 이후 나치들에게 일종의 의무처럼 되었다. 군인 남성 및 파시스트 자서전과 소설에는 연설을 통한 계몽 경험의 고백이 공식처럼 등장한다.

테오도어 아벨이 출판한 독일 나치들의 "개종" 경험 증언은 무척 의미심장하다.[1] 갑작스럽게 개종을 촉발하는 상황은 두 가지로 압축된다. 첫째, 돌격대 등 군대 행진을 보고 그 힘차고 사나이다운 결연함에 매료되는 경험이다. 둘째, 나치당 행사에 갔다가 연설에 사로잡히는 경험이다. 초기 텍스트에서는 일반적인 지도자의 연설이고 후기로 가면 총통의 연설인 경우가 많다. 대개는 홀딱 반해버린다.

대부분의 증언에서 총통이 실제로 무슨 말을 했는지는 그리 중요하지 않다. 그저 "깊은 감화"를 받을 뿐이다. 드디어 "빛을 만난다". 미칠 듯한 열광에 사로잡힌다. 이들은 모두 연설이 자신의 감정에 끼친 영향만을 증언한다. 가장 중요한 경험은 그 자리에 있던 모든 청중과 하나된 듯한 느낌이다. 이들은 고양된다. 행복감과 완결감을 느낀다. 연설자가 외치는 말은 이미 다 안다. 모두 오랫동안 남몰래 품어온 생각이다. 모두의 뇌리에 자주 떠올랐던 사상이다. 차마 입 밖에 내어 말할 수 없었을 뿐이다. 비로소 내 마음을 정확하게 알아준다. 완전히 정확하게 일치한다. 마음 한구석에 의심을 품고 집회에 갔는데, 자신도 모르게 손뼉을 치면서 큰소리로 환호하며 열광하는 스스로를 발견한 것이다. 완전히 매료된다. 삶에 다시 의미가 생겼다. 진정한 기적이었다. 누군가는 이렇게 썼다. "다시금 군인이 되고 싶은 충동을 느꼈다." 선지자, 계몽, 다시는 잊지 않으리! 이것이 가장 흔한 동기였다. 또한 히틀러의 눈빛 이야기가 추가된다. "히틀러의 눈빛을 직접 보고 연설을 들은 사람이라면 홀리지 않을 수가 없었다." 총통의 눈이 마치 손아귀처럼 자신을 꽉 붙잡고 놓아주지 않는 듯 느꼈다는 증언도 있다.[3] 이러한 과정을 잘 묘사한 대목이 괴벨스의 소설 『미하엘』에 등장한다.

어느 강당 안이다. 처음 와본 강당에서 낯선 사람들 사이에 앉아 있다. 가난한 사람, 슬픈 사람, 노동자, 병사, 장교, 대학생들. 전쟁이 끝난 이후의 독일 국민이다. 낡고 해진 군복을 입은 사람들이 보인다. 때가 덕지덕지 묻은 찢어진 군복 상의에는 전쟁의 상징들이 달려 있다. 나는 마치 꿈을 꾸듯 그 모든 것을 쳐다본다.

누군가 연단 위에 올라와 연설을 시작했는데도 나는 거의 알아차리지 못한다. 연사가 처음에는 어색한 표정으로 말을 더듬거린다. 좁은 틀에 가

두기에는 너무 위대한 내용을 온전히 담을 수 있도록 적당한 말을 찾는 것 같다.

어느 순간부터 갑자기 족쇄가 풀린 듯 그의 연설이 막힘없이 술술 흘러나온다. 나는 그의 말에 사로잡혀 귀를 기울인다. 연단 위 연설의 속도가 빨라진다. 그의 머리 위에 전등이 환하게 켜져 있다.

명예? 노동? 깃발? 지금 내가 무슨 이야기를 듣고 있는 거지? 신이 보호의 손길을 거두어가버린 우리 국민에게 아직도 뭔가 남아 있단 말인가? 사람들이 열광하기 시작한다. 슬픔에 잠긴 잿빛 얼굴들이 희망의 빛으로 반짝거린다. 누군가 자리에서 일어나 움켜쥔 주먹을 높이 치켜든다. 입고 있는 회색 군복이 너무 작아 터질 것 같고 그의 이마에는 굵은 땀방울이 매달려 있다. 남자가 소매로 이마의 땀을 훔쳐낸다.

내 왼쪽에서 두 번째 자리에 앉아 있는 늙은 장교가 아이처럼 엉엉 울음을 터뜨린다.

전율이 내 등줄기를 훑고 내려간다.

지금 나한테 무슨 일이 벌어지고 있는 건지 모르겠다. 갑자기 기관포들이 큰소리로 포를 쏘아대는 게 귓전에 울린다. 안개에 휩싸인 것처럼 시야가 뿌연 가운데 병사 몇 명이 자리에서 벌떡 일어나 만세를 외치는 모습이 보인다. 하지만 아무도 거기에 주목하지 않는다.

연단에 서 있는 남자는 계속 연설을 한다. 차곡차곡 돌을 쌓아올려 미래의 대성당을 만들어간다. 수년 전부터 내 마음속에 자리하고 있던 것이 마침내 여기서 구체적인 형태를 이룬다.

계시! 계시!

폐허 한가운데에서 한 남자가 깃발을 높이 추켜올린다.

내 주위에 앉아 있는 사람들이 하나도 낯설지가 않다. 그들 모두 형제다. 찢어진 회색 군복을 입고 저기 앉아 있는 남자가 나를 향해 웃는다. 동지! 그가 아무 이유 없이 나를 그렇게 부른다.

자리에서 벌떡 일어나 환호성을 질러야 할 것 같은 기분이다. "우리는 모두 동지입니다. 우리는 단결해야 합니다!"라고.

도무지 감정을 억제하기 힘들다.

걸어간다. 아니다. 휩쓸려간다. 연단 앞까지. 그리고 거기 서서 오랫동안 한 사람의 얼굴을 쳐다본다.

그는 단순한 연설가가 아니다. 그는 예언자다!

남자의 이마에서 구슬땀이 줄줄 흘러내린다. 비록 얼굴은 잿빛으로 창백하지만 눈동자에서는 불길이 활활 타오른다. 사람들이 주먹을 움켜쥐고 그를 향해 팔을 들어올린다.

마치 최후의 심판 날처럼 말과 말이, 문장과 문장이 천둥 치듯 이어진다.

내가 지금 무엇을 하고 있는지 더 이상 모르겠다.

거의 넋이 나간 것 같다.

내가 "만세!"라고 소리쳤는데도 아무도 놀라지 않는다.

순간 연단 위의 남자가 나를 힐끗 쳐다본다. 남자의 파란 눈동자가 마치 불꽃 광선처럼 나를 향한다. 이것은 명령이다!

그 순간 나는 새로 태어났다.

나는 마치 다 타버린 석탄재처럼 무너져 내린다.

이제 내 길이 어디로 향하는지 알겠다. 성숙의 길.

더 이상 아무 소리도 안 들린다. 완전히 술에 취한 기분이다.

나는 갑자기 자리에서 벌떡 일어나 의자 위로 올라가 사람들을 향해 크게 소리친다. "동지들이여! 자유여!"

그 후 무슨 일이 있었는지는 말할 수 없다.

내가 아는 것은 하나뿐이다. 내가 맥박이 뛰는 한 남자의 손을 붙잡았다는 것. 그것은 새로운 삶의 맹세였다. 그리고 내 두 눈은 커다랗고 파란 그 남자의 눈동자에 못 박혀 있었다.[4]

"연단 위" 사람이 하는 말의 특성은 세 마디로 요약된다. "명예, 노동, 깃발!" 열광적인 반응을 기대한다면 지당한 말씀만 하는 것은 당연한 일이다. 국가사회주의 지도자 괴벨스라고 해도 연설에서 지적 능력을 뽐내지 않는다.[5]

그렇다면 연설은 어때야 할까? 연설장에서 벌어지는 것은 명백히 생각의 중지 상태에서 일어나는 일이다. "미하엘"의 표현을 빌리자면 "마치 꿈을 꾸듯" "지금 나한테 무슨 일이 벌어지고 있는 건지 모르겠다". "휩쓸려간다." "거의 넋이 나간 것 같다." "완전히 술에 취한 기분이다." "그 후 무슨 일이 있었는지는 말할 수 없다." "내 두 눈은 못 박혀 있었다." 그는 일종의 황홀경에 빠져 있다.

연설자 자신도 상태가 별반 다르지 않다. 연설은 강물처럼 술술 흘러나온다. 그는 "깃발을 높이 추켜올린다". "사람들이 주먹을 움켜쥐고 그를 향해 팔을 들어올린다." "눈동자에서는 불길이 활활" "타오른다". "불꽃 광선"이 그에게서 뻗어나온다. "그의 머리 위에 전등이 환하게 켜져 있다." 그 역시 넋이 나갔다. 그를 통해서 말씀하시는 것은 바로 신이며 초자연적 힘이다. 훤한 대낮에 일어난 기적이다. "계시! 계시!" 보통 때라면 은폐되거나 금지되었을 진실이 만천하에 드러난다.

이러한 묘사는 파시즘 대중 제의의 과정과 매우 유사하다. 평소에는 금지되거나 혹은 불가능했을 내용을 공개적으로 연출하는 것이 핵심적이다.

금지의 결여는 결정적 결함이다. 에케하르트의 『격동 세대』에서 호르스트 바텐베르크가 독일 제국의회 의원의 연설을 듣고 느꼈던 것이 바로 이 결함이다. 그는 "의견"에는 동의했지만 그것만으로는 충분하지 않았다.

마치 꿈속 같았다. 연설자의 번드르르한 말이 아픔으로 몸에 다가왔다.

그는 다른 집회를 떠올렸다. 뮌헨에서의 경험. 불타오르는 거친 고함, 이리저리 날아다니는 맥주잔, 울려 퍼지는 권총 소리.

그에 비하면 여기는 애들 장난 같았다.[6]

연설자의 "번드르르한 말"이 그의 몸에는 고통으로 느껴졌다. 전혀 파고들지 않기 때문이다. 연설이라면 모름지기 그래야만 한다. 그는 연설에 더 많은 것을 바랐다. 토르 고테의 베르톨트가 느꼈던 행복감이다.

이것은 전투다. 독일의 영혼이 걸린 전투다. 그는 전투 안에 자신을 던지며 둔탁한 행복을 느꼈다. 전투가 자신을 삼켜버린다고 해도 상관없었다.[7]

영혼은 "내면적"인 것이다. 그러므로 연설자는 반드시 안으로 삽입해야만 뭔가 일을 낼 수 있다. 그러므로 그는 "안에 자신을 던지며" 삼켜질 위험을 감수한다.

이제 연설의 두 번째 당사자인 "지도자", 즉 연설자와 연설 행위에서 그가 맡은 고유한 역할을 살펴보자.

독일 전체에 총통의 말씀을!
국민 라디오

장교, 자유군단 지휘관, 돌격대 통솔자 등의 지도자는 부하들의 사기가 저하되었다고 판단되거나 이념적 격려가 필요하다고 생각되면 바로 앞에 나섰다. 부하들의 투지가 떨어지거나 의구심이 있다고 생각되면 그는 즉각 "불을 뿜으며" 연설한다. 최베를라인 소설의 한스 크라프트가 그러했다. "연설이 진행될수록 한스의 심장에 열기가 차올랐다."[8] 연설은 성공적이었다.

아직 "반란의 아가리" 속에 있음에도 크라프트의 주변은 마치 예배당처럼 경건하고 고요했다. 그는 오히려 혼란스러웠다. 그는 뜨거워진 이마를 손바닥으로 쓸었다. 사과하듯 더듬거리며 말했다. "동지들, 어쩌다 이런 생각이 들었는지 나로서도 모르겠소. 나 자신도 이해가 안 갑니다. 하지만 들어보시오!"[9]

곧이어 연설의 폭풍이 강물처럼 흘러나온다. 평소에는 과묵하고 침울하던 인물이지만, 국민과 국토의 비운을 가만히 보고 있을 수 없었던 것이다. 그는 연설자로 변신한다. 이것이 바로 지도자다. 이는 단순히 연설력 혹은 지도력의 문제가 아니다. 지도자가 되는 것은 그 순간 신의 은총을 받는 것이다. 이러한 변신은 기적처럼 그려진다.

여전히 열기에 들뜬 채로 그는 앉아서 멍하니 앞을 응시했다. 기이한 흥분에 사로잡힌 채 그는 조용히 몸을 떨었다. 상황이 얼떨떨하기만 했다. 어째서 동료들이 기뻐 날뛰며 자신에게 몰려들었는지 이해할 수가 없었다.*

지도자가 격정에 휩쓸리는 장면을 전하는 텍스트는 연설 내용을 절제해서 전하는 경우가 거의 없다. 장차 지도자가 될 사람이 품은 뜻을 사방팔방에 선전한다. 조국, 국가, 독일 사회주의 등등. 그는 지도자의 자질을 연설로 증명해야 한다. 청중을 빛으로 이끌고 감화시켜야만 한다. 지도자는 청중에게 무언가를 주입해야 한다. 청중에게 주입할 무언가를 가지고 있음을 반드시 보여주어야 한다. 그에 비해 청중은 반응만 보이면 된다. 적극적으로 생각하거나 사고할 필요는 없다.

계몽, 계시, 재탄생 등이 청중을 결속하는 일련의 요인이다.

지도자 역시 연설을 통해 지도자로 태어난다. 그는 고귀한 남근의 경지에 도달한다. 그는 비非 - 거세 상태를 통해서 민족혼을 위대하게 만들어주는 "영혼의 위대성"을 얻는다. 그는 차곡차곡 돌을 쌓아올려 "저 높은 곳"에 있는 미래의 대성당을 짓는다. 그는 자신의 모든 것을 민족혼의 총체에 결속시킨다. 전체 체계를 지배하는 신과 접촉한다. 그의 이름은 일찍이 아무도 안 적이 없다.

모든 개별 청중이 결속된다. "수년 전부터 내 마음속에 자리하고 있던 것이 마침내 여기서 구체적인 형태를 이룬다."[11] 괴벨스의 표현이다.

그는 타인과 결속된다. 동지로만 이루어진 국민이 된다. 괴벨스에게 국민은 선동적으로 확장된 균일 그룹이다. "노동자, 병사, 장교, 대학생들"이다. 모두 남성 집단이며 전체 독일 국민은 절대 아니다. 청중이 분열되어 있으면 통일성은 달성되지 않고 계몽, 계시, 재탄생은 이루어질 수 없다. 파시스트 연설 제의의 장소는 절대로 의회가 될 수 없다. 파시스트 연설에는 군중이 필요하다. 그 안에 정당이 많을수록 나쁜 군중이 된다.

---

* "계몽시키는 지도자"와 "매료되는 청중"이라는 모델은 이후 크라프트에게 혼인의 모델이 된다. 하숙집 딸 베르타 쉰이 그에게 다가와서 했던 말 때문에 그는 그녀를 신붓감으로 점찍는다. "크라프트 씨, 말씀을 듣게 해주셔서 감사드려요." 그녀는 곧 연설장을 떠나지만 그를 계속 흠모한다.
Ibid., p. 286; 이하와 비교. Goote, Kamerad Berthold, p. 248. 베르톨트가 연설을 시작하자 분위기는 바뀐다. "이제 누구 하나 맥주잔 받침으로 장난치는 사람이 없었다. 누구 하나 두리번거리지 않았다. 여종업원 부르는 소리도 끊겼다."

연설자 앞에 마주선 청중은 한 몸이 되어 "일치단결"해야 한다. 가장 중요한 점은 한 사람처럼 되어야 한다는 것이다. 통일화에 수반되는 것은 기묘한 남성화다. 군중은 다체성을 잃고 하나가 된다. 즉, 음경이 된다. 그 꼭대기에는 총통이 달려 있다. 괴벨스는 그 "한 사람"에게 가까워진다. 괴벨스가 총통의 "맥박 뛰는 손"을 붙잡은 순간, 독일은 더 이상 왕좌를 빼앗긴 지크프리트가 아니다. 잘린 고귀한 남근과 국민의 몸뚱아리가 결합해 새로운 총체를 만든다. 모두가 온전해졌다. "하일 히틀러!" 여기서 중요한 점은 결합하는 두 육체 모두 "남성"의 육체라는 것이다.

총통의 연설은 명령으로 "절정"에 이른다. 모두 일치단결하라는 명령이다. "우리는 단결해야 합니다." "계시"의 순간 미하엘이 가장 강력하게 느낀 감정이다. 여기서 파시스트의 출산 방식이 노골적으로 드러난다. 총통은 스스로를 총통으로 출산한다. 아비 없이 태어난 자식이다! 총통은 연설에 혼을 담아 군중을 어루만짐으로써 감화시킨다. 민족혼은 바로 고귀한 남근이다. 혼이 있어야 국민이다. 국민은 육체로 봉사해야 한다. 굳게 우뚝 서야 한다. 총통을 따라야 한다. 뒤섞여 흘러서는 안 된다. 앞으로 닥쳐올 어려운 투쟁을 해내려면 한데 묶이기 힘든 것들을 결속해야만 한다.

파시스트 난동의 핵심에는 언제나 두 가지 움직임이 있다. 첫째, 균일 그룹을 결속하여 위계화하려는 움직임. 둘째, 결속을 거부하는 자들은 퇴출하여 살해하려는 움직임.

욕망 생산의 무의식은 이렇게 묻는다. "이제는 뭐하지? 그다음에는 뭐하지? 그러면 그렇지. 그러면 뭐하지?" 파시스트는 이 공식을 그대로 가져온다. "이것도 나한테 붙여넣고, 저것도 나한테 붙여넣자. 이건 나한테 안 붙여지네?" 모든 게 나한테 복속되어야 하는데 왜 안 붙여지지? 없애자!

"이건 붙이고 이건 버리고 이건 붙이고 이건 버리고…… 이건 내 아

총통께서 말씀하신다

래에 붙여넣고 이건 집단 수용소에 버리고!" 이는 가부장제의 거세당한 아들이 상처를 메꾸어 막을 재료를 찾아다니는 언행이다. "반 토막" 난 무경계 상태의 아들은 예전의 "총체성"을 회복하려는 충동 때문에 폭력적으로 자신의 나머지 반쪽을 찾아서 날뛴다.

그는 복속과 배제의 방법을 동원한다.

장 피에르 파예는 배제의 방법을 낙태의 언어라고 규정했다.[12]

결속의 움직임을 지배하는 것은 독특한 "와/과und"의 사용이다. 대립적 개념쌍이 억지로 함께 붙여진다. "두뇌와 심장" "열정과 수학" "원시

성과 합리성" 등의 개념쌍이 윙거의 소설에는 흔하다.[13] 히틀러의 연설에서의 "와/과"는 "위대함과 천재성" 등의 사례에서 보듯 확대와 중복의 의미로 쓰인다. 쓸데없는 중언부언이라는 빈클러의 비판은 지나치게 합리주의적이고 진부하다.[14] 히틀러가 "확고부동성과 무적성"을 운운하는 것은 동어반복이 아니다. 자신과 청중을 결속하여 총체성으로 재건축하고 있는 것이다.

메리 더글러스는 제의를 공허하거나 텅 빈 것이라고 보는 시각에 열성적으로 반대했다. 제의에서 이루어지는 것은 "상징화된 역사"다.[15] 하지만 제의가 필수 불가결하고 좋은 것이라는 그녀의 주장은 선뜻 받아들이기 힘들다. 결국 우리가 직면해야 하는 역사란 질병, 결핍, 부조리가 가져오는 억압의 역사다. 제의는 인간을 해방시켜주지 못한다.

파시스트 연설 제의의 연출에서 남성 집단은 고귀한 남근이라는 추상성에 접촉하려 결속된다. 거세 상처는 아문다. 괴물은 총통의 입을 통해서 연설이라는 형태로 강림한다.[16] 연설 제의가 보여주려는 것은 바로 남자들만의 세계다. 남자답게 당당하려면 남자들끼리 뭉쳐야 한다. 그래야 사회적 "하층"을 희생시킬 수 있다. 총통이 연설하고 청중이 형체를 갖추면 비로소 연설자와 청중의 모양새가 자리를 잡는다. 그리하여 엄격하게 금지된 교접이 임박한다. 이것이 진정한 사나이들의 사랑이다. 차마 표현해서는 안 될 사랑이다. 그러므로 비로소 사나이의 눈물이 허용된다. 장교도 마찬가지다. 사나이라면 마땅히 울음이 나온다. 사나이의 오르가슴이다. 이를 뛰어넘는 쾌락은 살해의 쾌락 말고는 없다.

이는 남성적인 초超 – 생식/설득Über-Zeugung*이다. 두뇌에서 직접 태어

---

* Über는 초월을 의미하는 접두사이며 Zeugung은 생식, 잉태, 수태 등을 뜻한다. 한편 Überzeugung은 설득을 의미한다. 이는 의도적인 중의적 언어 유희다. 청중은 총통의 연설을 듣고 설득되는 경험을 통해서 파시스트로 새로이 잉태되어 탄생한다. ―옮긴이

난다. 남성적 형태의 동정녀 출산이다. 이는 남자들끼리의 사랑의 결실이라기보다는 살인 기계의 탄생이다. "상층"은 국가 건설을 위한 교미 행위를 통해서 "하층"을 멸절한다.**[17]

그런데도 울지 않는 자, 총통의 입에서 태어난 민족혼이 내리는 은총을 거부하는 자, 민족혼에 결속되지 않는 자, 총통에게 맞서 거역하려는 자는 내쫓겨야만 한다. 그는 "거꾸로 생겨먹은" 자다. 그는 염탐자이며 잠재적 밀고자다. 원하는 화학반응이 못 일어나도록 방해하는 시험관 속 불순물이다. 실패를 현실화할 위험 요인이다.

중간에 방해 요인이 끼어들면 황홀경은 망한다. 연설자와 국민 사이의 접촉이 저해되기 때문이다.***

군인 남성이 누리는 모든 만족감에는 공통점이 있다. 의식적이지 않은 상태에서만 느닷없이 얻어진다.[18] 황홀경, 도취, 경이로움이 넘쳐나서 장벽을 넘어버린다. 몸에 강제된 모든 금기의 장벽, 방어와 통제의 장벽, 미지의 영역에 대한 두려움의 장벽이 무너진다.

살인 행위는 무아지경에서 이루어진다. 총통 연설회에 참여한다는 것은 경청 이상의 무아지경이다. 접촉이 이루어지고 자아는 용해된다. 의식은 차단되어 꺼진다.

말하는 사람은 말한 내용으로 자신을 억눌러서 쾌락을 경험하지 못하게

** "설득은 불임이다"라는 벤야민의 말은 이런 맥락에서 이해가 간다. 다르게 표현한다면 "설득은 살해다".

*** 수많은 집회에서 수백 명이 모인 가운데 다수의 동지가 밀고자 한 명을 색출해내는 작업이 주는 묘한 만족감은 무엇일까? 실질적인 보호 효과는 거의 없다. 실질적으로 위험한 밀고자는 내부자들 사이에 있는 법이며 발각이 몹시 어렵다. 내부자는 색출당하지 않기 때문이다. 밀고자 공포는 이물질 공포다. 자기 몸에 다른 노선이 섞여들었을 것이라는 두려움 아닐까?

만든다. 그와 반대로, 쾌락을 경험하는 자는 모든 문자화 가능성과 모든 "말한 내용"을 억눌러서 절대적 해체 상태로 만든다. 그는 자신을 완전히 맡겨버린다.[19]

세르주 르클레르는 "말한 내용"과 직접적 쾌락 경험을 상호 배제적인 관계로 이해한다. 이런 관점으로 파시스트 연설/제의 상황을 이해해본다면, 내가 앞서 설명한 "접촉"은 연설 내용이 그다지 중요한 역할을 못할 경우에만 발생할 수 있다.

파시스트 연설을 묘사하는 작품마다 정작 연설된 내용에 대해서는 묘하게도 다들 침묵하는 게 바로 이런 이유에서였다. 파시스트 연설 자체에 내재된 모순 역시 납득 가능하다. 파시즘 연설은 겉으로는 합리적인 듯한 구조를 띠지만 동시에 논증 과정은 "무논리적"이다.

이는 연설 태도에서도 명확하게 드러난다. 연설자는 자기 생각을 논거를 들어 증명하는 일에 조금도 노력을 기울이지 않는다. 그냥 즉석에서 말을 뱉을 뿐이다. 파시스트 연설은 겉으로는 계몽주의 합리성을 과시한다. 대립 구조를 뚜렷하게 설정한다. 수사학적으로 모양이 잘 잡힌 대립쌍을 제시한다. 반드시 빼놓지 않고 근본적인 원인을 묻는다. 뒤따를 결과도 꼭 설명한다. 가장 즐겨 쓰는 단어는 "그러므로"이다. 언제나 "해답"이 있다. 연설은 연결되고 또한 전환된다. 계몽적 합리성에 위배되는 논술을 빨간 펜으로 고쳐주시는 선생님이라도 된 양 연설자는 끝없이 일깨우고 질책한다.

이와 같은 연설의 표면적 형식과 권력 표현 방식이 육체 갑옷으로 기능한다. 스스로의 견고함을 증명한다. 자신이 내면적으로 결코 허용할 수 없는 타자는 찢어발기고 굴복시킨다. 그리고 강제로 합병한다. "돌"을 차곡차곡 쌓아올려 "미래의 대성당"을 짓는다. "깃발" "노동" "명예" 등 강렬한 단어들만 남발하면 연설자는 "무언가를 수호"하는 듯 보인다. 특별한 의미가 있지는 않다. 그렇다고 신도들이 모인 부흥회에서 갑자기 터져나오는 방언과는 다르다. 방언은 권능이 보내시는 언어다. 반면 파시스트 연설은 자체적으로 도달하고자 하는 형식과 구조가 있다. 모두가 참여할 수 있는 확고한 틀 안에서 진행된다.

그렇다면 틀 안에서 무슨 일이 벌어질까? 발터 벤야민은 윙거의 수필집『전쟁과 전사*Krieg und Krieger*』를 이렇게 평했다. "이토록 괴물 같은 사상적 건축물을 이렇게 솜씨 좋은 글로 매끈하게 수식했다는 사실"은 "부끄러운 일"이며, "수식의 매끈함"보다 더 부끄러운 것은 "그 내용의 보잘것없음"이다.[20]

그러나 벤야민의 비판은 파시스트의 설득 과정을 간과하고 있다. 앞서 살펴봤듯 연설의 목적은 쾌락 경험을 조직해내는 것이다. 그러므로 사상적 / 언어적 품격 면에서 "내용"의 결여는 그다지 문제 되지 않는다. 오히려 내용이 없기 때문에 제의의 성공이 보장된다. "결속" "접촉" "잉태" "계몽" 등의 효과는 특정 발화 내용에 집중하지 않기 때문에 일어나는 것이다. 집회에 모인 사람들은 생각하거나 배우려고 온 것이 아니다. 파시스트 독자는 책을 읽을 때에도 배우려들지 않는다. 독자들이 흔히 그렇지만 말이다.

파시스트 연설에 기껏 할 수 있는 비판이란, 참가자가 제의 속에서 추구하는 경험을 아주 절묘하게 잘 조직해낸다는 것이다. 제의 참가자는 제한적 의미의 수용자에 머물지 않는다. 연설자는 똑같은 소리를 스무 번, 서른 번을 변주하여 반복한다. 청중은 연설 내용을 이미 알고 있고 이미 동의한다. 연설은 청중을 생산자로 만든다. 연설을 스스로의 경험으로 느낀다. 민족혼에 감복하여 행동가가 된다. 청중은 자기장 속에 그냥 놓인 철가루가 아니다. 그는 스스로 무늬를 만들어낸다. 스스로를 총체성에 결속시키고 옆 사람을 격려한다. 동지여, 우리는 함께해야만 합니다.

그렇기 때문에 "계몽된 자"는 행사장에서 생긴 일을 무척이나 강조한다. 그들은 자신이 행위자라고 느낀다. 거대한 교회당과 신전에서 위용을 과시하며 총통이 행하는 막강한 연설에 도취된다. 연설은 총통의 것이며 도취는 그들의 것이다.

다시 말해 파시스트 연설자는 청중을 단순한 수용자로 놔두지 않는다. 오히려 연설 속 정신적 "내용"의 부재를 통해 말할 수 없는 것을 나름대로 말하려 한다. 군중의 막혀 있는 욕망을 일깨운다. 욕망은 그의 말에 반응하지만, 해방되는 것이 아니라 형성되기 시작한다. "총통"과 "군중"은 위계적 공생 관계를 이루고 "통일성"과 "총체성"을 갈망한다.

이러한 관계 형성은 절대 논박으로 이길 수 없다. 경제적 혹은 여타 "이해관계"적 관점으로는 결코 분석되지 않는다. 그러한 방식으로 "설명 가능"한 "역사적 주체"는 잘못된 추상에서 기인한 허구일 뿐이다. 우리에게도 존재하지 않고 다른 곳에서도 존재하지 않는다.

이에 맞설 해독제는 아마 정치적 행동과 상황을 만들어내는 데 있을 것이다. 파시즘과 딴판인 형태의 군중 형성으로 집단성을 느끼는 경험이 중요하다. 개별분자적이고 아름답고 쾌락적이면서도 자아가 보호되는 형태의 총체성 형성은 가능하다.

이러한 방법을 모색하고 싶다면, 좌파는 이제 집단적 관행에서 벗어나 다시 스스로 분자적 군중으로 변모해야 한다.

눈

괴벨스는 자신의 두 눈이 "커다랗고 파란 그 남자의 눈동자에 못 박혀 있었다"고 말했다. 총통의 눈은 연설의 일부다. 하지만 연설에만 국한되는 것은 아니다.

눈을 마주보고 시선이 마주친다는 것은 총통과 군중 사이에서 벌어지는 가장 강렬한 접촉이다. 이 접촉에는 새로운 특성이 있다.

총통의 눈길을 받지 못한다는 것, 총통의 눈에 들지 못했다는 것은 실패를 의미한다. 이는 제국 시절 황제 때도 마찬가지였다.

모든 신민은 황제께서 자신에게 눈길을 주셨다고 굳게 믿으면서 집으로 돌아갔다.[1][룀]

독일의 돌격대원이라면 누구나 한번쯤 총통과 직접 시선을 교환한 경험이 있다고 생각했다. 나치 운동 초창기에 뮌헨 근방에 있던 군인 남성은 시선 때문에 돌격대에 운명을 걸곤 했다.

독일인이라면 누구나 한번쯤 총통의 눈을 똑바로 봤다고 확신했다. 실제 본 적이 없더라도 여전히 확신했다. 발터 켐포브스의 단편 『혹시 히틀러를 보셨어요?*Haben Sie Hitler gesehen?*』가 이를 잘 보여준다. 히틀러에 열광했던 독일인들에게 이 질문을 던져서 얻어낸 다양한 답변을 수집한 책이다. 히틀러와 대면한 적이 없던 수많은 사람이 별처럼 초롱초롱한 그의 눈빛을 직접 느끼고 봤다고 장담했다. 게다가 히틀러의 눈빛이 선명한 파란색이었다고 확답했다. 히틀러의 실제 눈 색깔은 갈색이었다.[2]

누구를 논박하고자 함이 아니다. 어떤 사람들이 파란색을 좋아하고, 파란색 눈을 직접 봤다고 우긴다면 어쩔 수 없는 일이다. 시각장애인이 봤다고 해도 반박할 길은 없다. 중요한 것은 왜 그런 눈이 필요했는지, 왜 보고 싶었는지를 알아내는 것이다.

그러한 눈의 몇몇 사례를 살펴보자.

지휘관께서 지휘봉을 든 채 말을 타고 최전방을 찾아주셨다. 형형한 눈빛으로 모든 장병의 눈을 직시하셨다. 모두의 심장이 기쁨으로 두근거렸

다. 행진 대형으로 도열한 연대 전원의 사기가 진작되었다.[3]

여기에 언급된 "지휘관"은 빌프리트 뢰벤펠트다. 해군 여단의 해산 상황을 그리고 있다. 지휘관이 보여준 형형한 눈빛은 미래에 대한 약속을 담고 있다. 1920년 5월 31일 제넬라거 지역에서 있었던 일이다. 1923년 11월 8일 뮌헨 폭동 당시의 상황이다.

맥주홀 안팎에서 사람들의 환호성이 끝없이 요동쳤다. 카르는 두 손으로 히틀러의 손을 덥석 잡았다. 한참 힘 있게 악수하면서 그의 눈을 응시하며 감동했다.[4]

묘한 분위기가 감도는 묘사다. 이튿날 히틀러가 카르를 버리고 도망쳤기 때문일 것이다. 이 글에서 총통은 능동적이지 않다. 카르가 총통의 눈을 응시한다. 총통의 한 손을 카르가 두 손으로 잡고 흔들며 악수한다. 1920년 3월 19일 마르부르크의 상황이다. 자유학군단이 튀링겐을 향해 진격한다. 노동자군을 쳐부수고 평화와 질서를 회복하려는 목적이다.

환영 인파는 대단했다. 마르부르크 시민들이 다시금 독일 청년들의 초롱초롱한 눈빛을 목도했다. […] 어떤 이들은 뼛속까지 전율했다. 그중에서도 한 명의 진짜 독일인은 심장 깊숙이 감동을 받았다.[5][샤움뢰펠 하사의 체험담]

눈빛에 담겨 있었다. 그 출중한 눈망울. 프란츠 에프의 눈. 온갖 고통과 죽음과 공포를 목도한 눈. 그러나 그의 눈에는 다른 것도 담겨 있었다. 고통과 죽음과 공포를 극복하는 사나이의 승리였다.[6][발터 프랑크의 전기문]

마치 쇳가루가 자석에 이끌리듯 그들의 눈길은 로스바흐에게 향했다. 로스바흐 중위는 절도 있게 다가와서 벼락을 때리는 듯한 눈빛으로 한 사람 한 사람을 두루 꿰뚫었다. 그 정신적 흥분을 우리는 몸으로 느꼈다. 지도자와 추종자가 새롭고도 위대한 결합체를 만들어내는 그 현장을![7][숭배자 브로넨]

로스바흐의 움푹하고도 별난 눈빛은 침묵하고 있는 우리를 휩쓸었다.[8]

전투 경험 많은 사나이의 눈빛에 "승리"가 감춰져 있다. 벼락을 때리는 듯한 눈빛으로 추종자들을 "두루 꿰뚫"으면 "새롭고도 위대한 결합체"가 생겨난다. 베르톨트가 그러했듯 로스바흐의 눈빛도 우리를 "휩쓸었다". 바로 총통의 시선이다.

그는 눈빛으로 군중을 지배했고 마력으로 얽어맸다. 그의 억센 팔은 군중의 열정의 고삐를 틀어쥐었다.[9][바짝 당겨 춤을 춘다.]

군인 남성의 시선은 이렇다.

그의 회색 눈동자는 마치 총구와도 같았다. 깎은 듯 각져 있는 광대뼈는 그의 여윈 얼굴에 군인다운 선을 새겨넣고 있었다.[10][샤우베커가 자신의 친구 헤르제 보병에 대해서]

윙거는 "철모 아래 천 개의 공포 속에 돌처럼 굳은 눈동자"[11]라는 말로 참호전 병사를 묘사한다. 그러나 참호 속에서 "전우애로 이글거릴 때" "심장은 격정으로 두근거렸고 숨겨진 혈관에서 샘물처럼 콸콸 흘렀으며 눈빛은 무심하게 굳은 채 빛 앞에서 녹아내렸다".[12] 무엇보다 "전

사의 번개 같은 눈은 신성함의 결정체였다".13

다양한 변신 능력이야말로 참호 전사의 눈이 지닌 가장 뛰어난 특징이다. 굳었으면서도 녹아내리는 빛, 신성함의 결정체 등. "비바람에 시달리고, 닳고, 메마르고, 진흙 더께가 껍질처럼 뒤덮고 있고, 생기라고는 찾을 수 없지만 어두운 심연에서 눈빛만은 밝게 빛나고, 마치 참호에 뿌리박은 듯했다."14

군인 남성들이 흉금을 터놓고 서로를 이해했을 때는 이렇게 된다.

그는 내 손을 굳세게 움켜쥐고 마치 홀린 듯 나를 봤다. 그의 얼굴은 눈으로 꽉 찬 듯이 보였다.15[드빙거]

정직하고 해맑은 사나이의 눈빛이 서로를 읽어냈다. 그야말로 독일인다웠다.16

루돌프 헤어초크가 전하는 남성 집단의 모습이다. "스캐퍼 플로의 영웅" 로이터 장군도 동석한 자리였다. 전우들끼리 다툼이 있은 후에는 아름다운 화해가 이루어진다.

도나트는 번쩍 머리를 쳐들고 그의 눈과 직면했다. 한숨 들이키는 동안 그들은 침묵하며 서로를 바라봤다. 도나트는 오른손에서 짐을 내려놓은 후 무장해제하듯 화해를 청했다.
"동지, 이리 오게." 그가 외쳤다. "다 풀자!"17[기타 등등]

감옥에 갇힌 잘로몬은 전사한 동료 케른의 눈빛이라는 환영에 시달린다.

긴긴 밤시간 동안 찾아드는 얼굴들을 나는 회피하지 않았다. 매일 나를 쳐다보는 끈질긴 눈빛들, 어둠 속에서 나오는 또 다른 눈빛들. 그들이 나에게 찾아들면, 위협조차 없이 수수께끼 같은 길쭉한 얼굴로 내 앞에 설 때면 나는 소스라쳐 꿈에서 깨어났다. 나는 그 눈빛을 소환하고 싶었다. 그들을 당당하게 호령하는 내 의지를 확인하고 싶었다. 나는 평생 지속되어야만 할 싸움을 예감했다. 승리는 있을 수 없는 싸움이었다. 그래야만 성과가 있을 싸움이었다.[18]

두 남자의 눈빛이 서로 대결하면서 평생 지속되는 성과 있을 "싸움"을 벌인다. 케른의 눈빛이 출몰을 멈추기까지 5년 정도의 세월이 걸렸다. 잘로몬은 매일 밤 그 눈빛을 만났다. 다시 연설을 살펴보자. 미하엘이 총통의 연설을 두 번째로 듣는 장면이다.

저녁이다. 나는 지금 어느 커다란 강당에 앉아 있다. 청중이 한 1000명쯤 된다. 나의 정신을 일깨워준 남자를 다시 본다.
이미 이곳에 모인 사람들은 전부 그 남자의 추종자다.
처음에는 남자의 얼굴을 거의 알아보지 못할 뻔했다. 존재감이 더 커지고 왠지 더 비밀스러워 보인다. 그의 입과 손에서 강력한 힘이 뿜어져나온다. 바다처럼 파란 두 눈에서는 빛이 반짝거린다. […]
마음에 깊은 평화가 찾아온다. 힘의 바다가 내 영혼을 깨끗이 씻어주는 기분이다. […] 내 주위에 앉아 있는 사람들은 예전에 한 번도 본 적 없는 이들이다. 그런데 부끄럽게도 감격의 눈물이 차오른다.[19]

아이들은 부끄러워하지 않고 그냥 울음을 터뜨린다. 그러나 어른들은 금지된 일을 못 참고 공개적으로 해버릴 때 부끄러움을 느낀다.
또 한 명의 연설자가 있다. "팀 크뢰거, 타오르는 자, 현대의 예언자."

에케하르트의 말이다.

돌 위에 선 남자에게서 묘한 기운이 흘러나왔다. 그의 눈은 청중을 굽어
보면서 빛났다. 그가 태양을 향할 때면 눈빛이 마치 흐르는 불길처럼 넘
실거렸다.[20]

이 글의 연설자에게서는 무언가가 흘러나온다. 그는 흐름이라는 이미
지로 묘사되고 있다.

묘한 기운이 가득해 "격랑을 일으킨다". 그의 눈은 "바다" 같았다. 그
러나 물이 가득한 바다는 아니다. 그의 눈은 빛이 가득한 바다이다. "흐
르는 불길"로 "타오르는" 자의 눈빛이다. 눈빛은 벼락을 때리고 빛을 뿜
어내고 초롱초롱하다. 태양의 이미지와 밀접하게 연관되어 있다. 빛의
흐름은 만족의 움직임을 표현하지 않는다. 좀더 강조되는 것은 광선의
발산이다. "이글거리는 빛나는 눈"에서 "불꽃의 광선"이 뿜어져나온다.
미하엘은 총통의 눈빛을 느끼고 빛을 본다. 두 사람의 시선이 만나는 것
은 두 개의 강줄기가 서로 합쳐지는 것과도 다르다. 원격 접촉이다. 만
지지 않고서도 일어나는 접촉이다. 이것이 가능한 신체 기관은 눈 외에
는 없다. 심지어 뒤통수에 시선이 따갑게 느껴지기도 한다. 두 개의 빛
이 서로 만나고, 두 개의 광선이 서로를 가로지르고, "신성함의 결정체"
는 번개와도 같다. 그러나 눈빛은 자유롭게 흘러넘치지 않는다. 오히려
꼿꼿하게 높이 세운다. 사나이는 드높고 거대하게 우뚝 선다. "힘의 바
다가 내 영혼을 깨끗이 씻어주는 기분이다."

대리적 접촉이 발생했던 단 하나의 예외 사례가 있다. 두 개의 뭉툭하
고 억세고 따뜻한 사나이의 손아귀가 서로를 굳세게 움켜쥐었다. 악수
하는 동안 위에서는 서로의 눈을 굳게 응시한다. 불꽃처럼 이글대면서
시선이 타오른다. 불꽃처럼 형형한 눈, 지배자의 표식, 태양의 후손, 확

고부동한 "높으신 분". 이미지는 끝도 없이 이어진다.

그는 "마치 홀린 듯 나를 봤다. 그의 얼굴은 눈으로 꽉 찬 듯이 보였다".

같은 편으로 태어난 자들을 알아보려면
눈에 참된 광채가 담겼는지 보라……[21] [슈테판 게오르게]

적으로 태어난 자들을 알아보는 방법은 젤초프에 따르면 다음과 같다.

나는 언제나 악수를 해보고 사람됨을 판단한다. 첫인상은 거의 예외 없이 그대로 맞아떨어진다. 에르츠베르거 재무장관과 악수할 때마다 나는 이상하게 썩은 쥐를 만지는 듯한 기분이었다. 그의 두더지 같은 시건방진 태도는 접할 때마다 극도로 역겹기만 했다. 코걸이 안경 뒤에 영혼 없는 두 눈을 숨기고 있었다.[22]

"영혼 없는", 즉 불꽃이 없는 눈이라는 뜻이다.*

"그는 축복을 빌면서 젖은 눈으로 귀빈을 배웅했다."[23] 동프로이센 지역 시장이 로스바흐가 불법적으로 국경을 통과하도록 발트해 연안으로 보내주면서 한 말이다.

뜨겁게 달구어진 돌 위에 눈물 한 방울이 떨어지는 격일까?

이러한 정치적 놀음에 제대로 어울리는 것이 바로 눈이다. 눈은 "남

---

* "퇴색하다Abgeblitzt sein"라는 표현에는 다소 악의적인 뉘앙스가 감춰져 있다. 충분히 빛을 발휘하지 못하는 사람은 사나이답지 못하다. 그래서 눈길을 못 끌고 색을 잃는다. 결코 퇴색하지 않을 독일의 국민 배우, 브레히트가 공산주의의 빛으로 삼고 싶었던 눈빛을 지녔던 배우가 있다. 한스 알버스다. 이하와 비교. Brecht, *Tagebücher*, Eintrag vom 2. 4. 1948.

성적"이면서도 "여성적"으로 반응할 수 있다. 광채를 내뿜는 굳건하고 능동적인 눈은 남근적 모양새를 띤다. 눈 위에 감도는 광채는 발기한 남근의 귀두와도 같다. 아브라함의 임상 보고에서도 이러한 연상은 발견된다. 환자들은 언제나 그 눈을 남자다움과 동일시했다.[24] 그러나 눈은 수용적이고 은폐적이며 수동적으로 기능할 수도 있다. 남성의 몸에 부착된 질과 같은 기관으로 변신할 수 있다. 물론 거세하는 악랄한 질이 아니라 "선량한" 질이다. "그의 눈에서 거대한 검이 튀어나왔다."[25] 한편 "눈빛은 무심하게 굳은 채 빛 앞에서 녹아내렸다". 여기서 볼 수 있는 것은 두 가지 기능의 변신 가능성과 동시성이다. 똑같은 눈이 어떤 때는 스스로 능동적으로 빛나는 "남성적" 기능을 하고, 어떤 때는 수동적으로 빛을 목도하는 "여성적" 기능을 한다. 또한 다른 시선과 얽히면 둘 다 해낼 수도 있다. 타자의 눈을 꿰뚫으면서 동시에 남의 시선을 받아들이는 것이다.[26]

아마 그래서 총통의 눈은 파란색이어야만 하는 것 같다. 드높은 하늘색에 가장 가까운 색깔, 가장 큰 광채와 변신 능력을 지닌 색깔. 시퍼런 칼날, 푸르디푸른 바다, 그 위에 하늘의 빛이 반짝인다.

총통의 눈빛에 사로잡힌 청중은 총체성에 결속된다. 군중의 염탐하고 마비시키고 희번덕거리는 수천 개의 눈은 한데 묶인다. 하나의 시선, 하나의 눈알이 된다. 총통의 시선이 군중의 눈알에 강림한다. 이제 총통은 확신한다. 오디세우스의 외눈박이 거인이 당했듯 군중이 말뚝을 뽑아들고서 유일한 눈을 찌를 위험이 이제는 없다는 것을.[27]

군인 남성의 시선은 남근적일 수도 있다. 빛날 수도 혹은 흐릴 수도 있다. 혹은 수동적일 수도 있다. 어쨌든 간에 군인 남성은 시선의 성격에 따라서 둘로 나뉜다. 발두어 폰 시라흐의 『제3제국의 개척자들*Die Pioniere des Dritten Reiches*』에 실린 사진을 보면 이러한 구분이 확연하다. 나치 운동의 개척자들을 명백히 의식적으로 두 개의 그룹, 즉 좀더 남근적

인 무리와 좀더 수용적인 무리로 나누어서 배치하고 있다.

　모든 사진은 눈이 뚜렷하게 부각되도록 촬영되었다. 누가 봐도 확실하게 리터칭으로 보정된 것 또한 무척 많았다. 시라흐는 한스 블뤼어의 도식에 따라 나치 지도자들을 분류했다. 한스 블뤼어는 청소년 단체, 특히 반더포겔 운동 내의 남성 관계를 분류했다. 한쪽에는 빛나는 남성 영웅들이 있고 다른 한쪽에는 남성 영웅들의 총애를 받는 남자들이 있다. 그들 주변에는 숭배자들이 빙 둘러싸고 "일급 남성사회"를 형성한다.[28]

　거기서 비로소 숭배자들은 눈을 빛내고 반짝인다. 이는 능동적 행동이다. 눈은 절대로 혼자서 빛나지 않는다. 자유군단 장교 프랑케는 이렇게 설명한다. "반짝이는 눈은 독일 병사의 특권이다."[29] 특권. 다른 인종은 그런 눈을 가져서는 안 된다. 가질 수도 없다. 독일인의 특권이다.

블뤼어는 "그러한 눈"을 남성사회의 특징이라고 봤으며 독일을 선도할 기치라고 생각했다.

……정신적 사나이의 심연처럼 깊은 눈! 일찍이 그런 눈은 없었다. 여자들에게는 그런 눈이 있을 리가 없다. 더 이상 말할 여지도 없다. 그리스인들이 당연하게 받아들였던 진리. 남자가 다른 남자의 성애적 대상이 될 수도 있다는 통찰이다.[30]

"훤칠하고 늠름한 풍채"의 사나이들이 "넘쳐흐르는 생명력"과 형형하고 "반짝이는" 눈빛을 과시한다. 이들 자유로운 남성 영웅이 국가의 최정점에 위치해야 한다.

국가 구상과 성애적 상상력이 이토록 노골적으로 직접적인 관계를 맺고 있는 사례는 아마 없을 것이다. 블뤼어가 소망하는 국가는 "남성 – 남성 간 에로스"가 지배하는 곳이다. 오직 남성만이 창조성을 갖는다. 오직 남성만이 국가를 건설할 수 있다. 블뤼어는 남성적 에로스에 기반해 파시스트 이데올로기와 인종 이론을 옹호했다.

나치는 권력 쟁취에 성공한 후 성애와 국가의 연관관계를 공개적으로 끊어내고 지워냈다. 다양한 쾌락전염병과 요란한 투쟁을 벌이면서 남성 동성애 에로틱 역시 탄압했다. 공개적으로 허용된 군대 내 동성애가 얼마나 기존 군대의 규율을 무너뜨리는지 그들도 잘 알았던 것이다. 물론 공개적 이성애 역시 규율을 저해하기는 마찬가지다.

블뤼어식의 자유로운 남성 영웅 타입은 아마 나치 내부에 많지는 않았던 듯하다. 끝까지 출세한 인물은 드물었던 것 같다. 이들이 권력을

에드문트 하이네스

헤르만 괴링

루돌프 헤스

알프레트 에두아르트 프라우엔펠트

잡았다면 과연 어떻게 됐을까? 블뤼어는 제2차 세계대전 이후 나온 『남성사회에서 성애의 역할』 개정판 서문에서 히틀러를 비난했다. 히틀러는 보편적 미덕인 남성애를 배반하고 저버렸으며, 돌연 변절하여 박해자로 변모하기까지 했다. 프로이트적 투사 이론을 적용하자면 블뤼어의 비난은 히틀러 자신이 동성애자였다는 뉘앙스로 들리기까지 한다. 그 결과 사나이 영웅의 가치는 사라졌고 국가 지도자의 맥은 끊겼다. 블뤼어는 남성적/성애적 총통 국가라는 개념을 끝까지 고수했다. 이는 일반적으로도 그랬다. 당시에는 양 진영 모두 강력한 총통 국가가 필요하다고 봤고 유일한 가능성으로 생각했다. 그럼에도 한번 상상해보자면, "사나이다운 영웅"이 총통이었더라면 어땠을까? 패배가 불 보듯 뻔한 시점에서 정권 안정을 꾀한답시고 유대인 멸절을 시도하는 식의 행동은 하지 않았을 것이다. 1930년 윙거는 『앞날 Die Kommenden』이라는 잡지에 이렇게 기고했다.

나 역시 이 인종의 파괴적 성질은 알고 있다. 하지만 유대인이 무서워 벌벌 떨면서 무슨 파괴자를 자처한단 말인가?
속담에 이런 말이 있다. "악마와 어울려 부대끼면서 어떻게 지옥을 피하랴?" 유대인은 부르주아적 가치에는 위협적일 수 있다. 그러나 영웅적 청년에게는 절대로 위협적이지 않다.

스스로 파괴자임을 자부하던 윙거가 "이 인종"의 파괴성에 대해 보여주는 상대적 자신만만함은 육체 갑옷의 상대적 취약성과 견고성의 차이라고 볼 수밖에 없다. 육체 갑옷은 군인 남성의 "총체성"을 외면적으로 결속·유지시킨다. 갑옷의 취약성 정도와 섹슈얼리티의 형태 사이에는 아마 직접적인 연관이 있을 것이다. 갑옷은 착용자의 섹슈얼리티를 형성하고 육성한다. 갑옷이 최종적 형태로 완성되는 곳은 군대다. 섹슈얼

리티가 훈련을 통해서 어떻게 변환되는지는 다음 챕터에서 자세히 고찰하도록 한다. 군인 남성 섹슈얼리티의 독특한 종류가 어떠한 방식으로 백색 테러의 전형적인 형태와 결부되는지는 고찰 이후에야 논할 수 있을 것이다.*

여성의 눈에 대해 한마디 덧붙이고 싶다. 윙거는 평화로웠던 나날을 이렇게 회상한다.

빛, 따스함, 사랑에 대한 그리움이 가득했다. 소년의 꿈, 한낮의 평원, 어머니의 미소, 사랑하는 여인의 꼭 감은 눈꺼풀. 이 모든 것이 상상 속 성벽에 불타올랐다.[31]

---

* 자유군단 및 국가방위군에게 포로가 된 노동자군은 눈을 마구 찔려서 살해당한 채로 발견되곤 했다.

여자의 눈은 꼭 감겨 있어야만 "빛, 따스함, 사랑"과 연관지어질 수 있다. 눈을 부릅뜬 여자는 불길하다. 번히 뜬 여자의 눈은 사람을 집어삼키는 심연이다. 속눈썹 사이에 이빨 달린 질이 꿈틀거린다.

영화에 나오는 상투적 장면이 있다. 키스할 때 눈을 번히 뜨고 있는 여자는 나중에 꼭 남자를 배신한다. 한 남자의 팔에 안겨 있으면서도 다른 무언가를 받아들이는 여자이기 때문이다. 눈은 입구이자 출구다. "영혼의 창문"이라는 별칭이 있다. 눈을 감으면 공포스러운 모든 것을 꺼버릴 수 있다. 여성의 시선에는 비밀이 담겨 있을지도 모른다. 지크프리트가 헤벨의 브룬힐트의 눈에서 발견했던 것처럼.

그리고 누구든 네 눈을 들여다보면
최고 황홀경에서도 잊지 못하리,
그대 곁에는 어두운 죽음이 있음을.

브룬힐트는 바로 그 눈을 지녔다.

군인 남성들은 서로 눈을 바라보면서 영혼의 밑바닥을 봤다고 여겼다. 영혼을 눈으로 뿜어내려고 노력하면서. 그리고 그들은 틀림없이 "봤다"고 믿고 싶은 것을 봤다. 반짝이고 빛나는 맑음. 열려 있는 타인. 전우에게 시커먼 심연이라고는 없었다.

내가 거짓말을 하는지 알아내고 싶으면 아버지는 내게 눈을 똑바로 쳐다보라고 하셨다. 아버지의 시선을 회피하지 않고 다시 한번 또박또박 말하면 진실성을 믿어주셨다. 눈을 똑바로 쳐다보고 거짓말하는 방법을 가르쳐주신 셈이다. 어쨌든 통했다. 아버지는 들은 것은 믿지 않았다. 본 것만 믿으셨다.

제4장

남성 육체와 "백색 테러"

섹슈얼리티와 훈련

사관학교의 육체 변환

한 소년이 카네티가 말하는 "입체 기하학적 도형stereometrische Figur"[1]과도 같은 군인이 되려면 어떻게 해야 할까? 육체 갑옷은 어떻게 최종적 형태를 갖추며, 그 기능은 무엇일까? 갑옷을 착용해 "총체성"을 완비한 군인 남성은 어떻게 특수하게 기능할까? 군인 남성의 자아는 어떤 종류일까? 뻔한 소리 같겠지만 그가 마땅히 있어야 할 장소는 어디일까? 궁극적으로 군인 남성의 섹슈얼리티는 어떤 종류일까? 그에게 대체 불가능한 쾌락을 주는 듯 보이는 살해 행위 도중 그는 어떤 심리 과정을 겪을까?

독일군 장교는 독일군 사관학교에서 생도 시절을 거치면서 완성된다. 잘로몬이 전하는 생생한 수기를 따라가보도록 한다.[2] 군대에서 자기 육체가 겪은 일을 설명할 때면 그는 솜씨 좋은 이야기꾼이 된다. 군인 남성들이 타자에 대해 이야기할 때 채택하는 언어는 대개 비현실적인 성격을 띤다. 그러나 스스로의 육체외면적 상태, 더 정확히 말하자면 자신의 근육에 대해 관심을 기울일 때면 매우 현실적인 언어를 사용한다. 그들의 공포가 깃든 곳은 자신의 근육이 아니었다는 뜻이다.

"사관학교"라는 기관은 생도들을 가둬두는 곳이다. 외출은 없다. 혹독한 규율을 엄격하게 준수하면 보상으로 주어질 수도 있다.

생도 간의 모든 관계는 위계적이다. 일차적 위계는 나이순이다. 다른 위계는 생도 스스로 획득해야 한다. 모든 생도는 직접적인 서열 관계 속에 놓인다. 누가 바로 "위"에 있고 "아래"에 있는지 모두 알고 있다. 명령권과 처벌권은 아래를 향해 행사된다. 복종 의무는 위로 향한다. 맨 아래에 처한 졸병은 후임이 안 들어와서 자신만 죽어날까봐 전전긍긍한다. 아래를 확 휘어잡지 못하는 사람은 깔보이고 강등될 것이다. 하지만 그런 일은 없다. 특권은 누구나 휘두르게 되어 있다.

하루는 촘촘하게 짜여 있다. 시키는 일을 귀신같이 척척 해낼 수 있어야만 근무 외 여가를 누릴 짬이 눈꼽만큼 생긴다.

모든 것은 계획되고 공개된다. 잠시 혼자 있을 수 있는 곳은 전혀 없다. 변소 칸막이도 머리와 발이 노출되도록 설치되어 있다. 제복 바지에는 주머니가 없다. 생도 앞으로 온 편지는 개봉되어서 서명을 확인한다. 여자가 보낸 편지라면 상관이 읽고 대부분은 찢어버린다. 어머니가 보낸 편지만 당사자에게 전달된다. 공동 생활이 원칙이다. 내무반의 문은 열려 있다. 침상 간 대화는 금지된다. 나무 창틀에 끼워진 유리창 때문에 내무반은 언제나 밖에서 들여다볼 수 있다. 밖에는 장교가 앉아서 감시하고 있다.[3]

침상은 좁고 딱딱하고 눅눅하다. 머리까지 이불을 푹 덮는 놈은 "물렁좆"이다. 물렁좆은 "경고"받는다. 규정을 위반할 때마다 경고를 받는다. 특별 임무가 주어질 때면 일상적인 평소 근무를 적당히 빼먹을 수밖에 없다. 농땡이를 쳤다는 사실이 발각되면 또다시 경고를 받는다. 불가능한 여건 때문에 장비 관리가 불량하거나 혹은 필수 기록이 부정확하면 경고를 받고 경고에 경고가 누적된다.

밤에 화장실에 가려면 당직 장교를 깨워서 허락받아야 한다. 당연히 기합을 받는다.

어떤 식으로든 튀는 행동을 하면 손해를 본다. 급식이 박탈되기도 하고 외출이 취소되기도 한다. 혹은 그나마 잠시 한숨 돌릴 수 있는 쥐꼬리만 한 휴식 시간을 빼앗기기도 한다.

그 결과 얻는 것은 사관생도 특유의 고강도 "철판깔기Dickfelligkeit"[4]다. 그리고 철판은 계속 깔려 있어야만 한다. "철판깔기"를 비유적으로만 이해해서는 안 된다.

잘로몬은 입대 이틀 만에 느꼈다. "비로소 난생처음으로 엉망이 아닌 하나의 법에만 복종하게 되었다."[5] 그는 기쁘게 받아들였다. 그는 극복을 결심하고 필요한 "내부 충격"을 스스로에게 가하고 우뚝 선다.

이제껏 모든 것은 "엉망"이었다. 학교라는 곳도 그렇다. 선생이라는 작자들도 줏대 없는 권력자들도 마찬가지였다. 가소로울 따름이다. 사관학교 입학 연령은 12세였다. 신입 생도는 프로이트의 표현에 따르면 "한창 수압이 높을"[6] 사춘기 초반에 하나의 법만 따르면 되는 행운을 누린다. 프로이트가 보기에 사춘기는 변신의 시기다. 성적 조직화가 자리잡고 이성애적 대상 선택이 발현되며 완성되는 시기다.[7]

하지만 사관학교는 "리비도의 홍수"[8]를 "대상관계"가 아닌 다른 무언가로 둔갑시킨다.

가르침은 절대로 주어지지 않는다. 모르고 실수하면 그제야 선임의 반응을 보고 뭔가 위반했음을 알게 된다. 모든 신참은 선임이 했던 실수를 처음부터 동일하게 반복해야만 한다. 그리고 후임 역시 똑같은 과정을 밟게 된다는 것을 누구나 안다. 물론 빠릿빠릿함에 따라서 개인차가 다소 있기는 하다. 이것이 군대의 공평무사한 원칙이다. 모든 이가 똑같이 고생한다. 원칙은 엄격히 준수된다. 실수가 용서받을 이유란 존재하지 않는다.

생도들이 서로에게 가하는 처벌은 철저하게 육체적이다. 첫날부터 사소한 실수를 저지른 잘로몬은 앞으로 뻗은 양손 위에 잡동사니 장식품이 담긴 쟁반을 얹고 균형을 잡아야 했다. 하나라도 흘리면 작살이다. 다리는 투명의자 자세를 하고 발뒤꿈치와 엉덩이 사이에는 컴퍼스를 뾰족하게 세운다. 조금이라도 자세가 흐트러지거나 움직이면 송곳에 찔린다. 기합을 제대로 받아내면 위계에서 한 단계 올라간다. 신참 신세를 면하는 것이다. 신참은 포대 자루라고 부르며 포대 자루 취급을 당한다. 비우고 탈탈 털고 새로 채운다.

깡다구 있게 맞서 싸우는 녀석은 인정받는다. 인정한다고 해서 고참이 기합을 안 주지는 않겠지만.

첫날 배우는 것이 있기는 하다. 군인은 폼나게 죽어야 하는 법이라고 장교가 일장연설을 한다.

밤에는 추운 침대에서 얇은 이불을 덮고 잔다. 아침에는 냉수로 씻는다. 춥다고 머뭇거리면 아예 찬물 속에 집어넣거나 머리끝부터 쏟아붓는다. 아침 식사는 순번대로 한다. 순번을 어기고 빵에 손대면 굶긴다. 서열 맨 마지막의 신참에게는 부스러기만 남겨진다. 그러므로 졸병 신세는 얼른 면하는 게 좋다.

「신병의 노래」, 프리드리히 귈

아침 식사 전에 체조를 한다.

턱걸이를 할 때 코가 철봉을 못 넘기거나, 다리 들어올리기를 할 때 무릎을 굽혀서 철봉에 대면, 내무반 선임은 따끔하게 도와주셨다. 잔뜩 힘이 들어간 팔의 알통 부분을 주먹 쥐고 툭 친다. 내 안간힘의 마지막 한계점을 깨닫도록 해주는 것이다.[9]

운동할 때마다 "안간힘의 마지막 한계점"까지 가면, 고통이 쾌락으로 전환되는 순간이 온다.

모형탑은 10미터 높이였다. 사다리 타고 철봉 타고 널빤지로 벽을 세운 구조물로 올라간다. 위에 올라가면 줄을 타고 뛰어내린다. 일순간 멈칫하지만 눈 딱 감고 뛰어내리면 된다. 착지할 때 충격이 심하기는 하다. 땅에 쿵 떨어지면 발바닥 전체가 울리면서 충격이 등뼈를 타고 온몸에 퍼진다.[10]

생도에게는 처벌 방법을 선택할 기회가 주어지기도 했다. 엉덩이에 몽둥이질 당하기 혹은 휴가 반납하기. 대부분은 구타를 선택했다. 구타에 너무 익숙해져서 무덤덤해질 지경까지 된다. 모든 고통은 "정신을 똑바로 차리고 힘을 짜내고 또 짜내는" 수단이 된다. 육체적 고통의 제의를 겪고도 "정신을 똑바로 차리"지 못하는 자는[11] 쫓겨난다. 강인한 육체에 똑바른 정신머리가 깃드는 법이다. 마치 연설회에서 설득당하지 않고 행진에 동참하지 않던 사람들이 밀려나듯 축출된다.

월치히 생도는 겁에 질려서 얼어붙었다. 수영을 못하는 다른 생도들도 다 해내는 3미터 높이 다이빙을 못하고 말았다. 나중에 익사 직전 구조를 받는 한이 있더라도 대부분은 뛰어들었다. 눈 딱 감고 무서워 죽을

지경인데도 수영을 배울 때까지 뛰어들었다. 잘로몬도 사흘째에는 수영에 능숙해졌다. 하지만 월치히는 아버지 손에 이끌려 퇴소했다. "하늘처럼 까마득"한 소령 지위의 아버지를 따라 사관학교에서 사라졌다. 생도들은 몰매를 주려고 했지만 수영 교관이 말렸다. 문둥이는 때릴 가치조차 없다.

나는 차츰 생활에 적응했다. 군 복무는 이제 알 수 없는 굉음을 내며 의미 없는 경악을 일으키는 무시무시한 기계가 아니었다. 처음에는 뒤죽박죽 얼떨떨했지만 점점 동료들과 관계를 맺고 여유도 갖게 되었다. 처음에 나는 어떤 값을 치르더라도 안 지려고 독기가 바짝 들어 있었는데, 이런저런 당혹스러운 일을 겪으면서 점점 마음이 풀어졌다. 나는 고개를 쳐들고 다니기 시작했다.[12]

네모반듯한 생활

그는 기계의 일부가 되었다. 그러니 굉음도 경악도 없는 것이다. 군대가 외부적 기계가 아니게 되었으므로 군인은 피해자가 아니다. 군대는 군인을 보호한다.

근원적으로 나는 철저히 외롭게 살았다. 한때 극도의 고통스러운 감정 때문에 절망에 깊숙이 빠져든 적도 있다. 나는 정말로 불행했다. 사방에서 나를 막아섰던 극도의 가혹함이 […] 자꾸만 멀어지는 현실을 동여맸다. 그 뒤에서야 비로소 이 모든 기계 장치를 세우고 생명을 불어넣은 어떤 의미를 어렴풋이 깨달을 수 있었다. 처음에는 너무 부자연스럽게 느껴졌다. 단 한순간도 감시와 통제를 벗어날 수 없는 이 좁은 공간에서, 절대적 고독의 쓰라린 현실이 억제되지 않은 압도성으로 개인을 엄습한다는 사실. 모든 이 사이의 관계, 심지어 가장 따뜻한 전우애조차 단순한 우정이 아니었다. 손에서 손으로 가슴에서 가슴으로 흐르는 형제애와는 너

무나 동떨어져 있었다.[13]

잘로몬의 절반은 기계다. "극도의 가혹함"을 순순히 받아들이고 있다. 또 다른 절반은 고독한 개인이다. "흐르는 형제애"를 외부에서 찾아 헤맨다. 그는 서서히 깨닫는다. 형제애는 기계 안에서만 찾을 수 있다. 고통의 흐름으로 존재한다. 그는 군대 기계와 총화를 이룬다.

나는 다시금 강철 고리를 끊어내려고 애썼다. 내 무능에 대한 자격지심 때문에 스스로 강철 고리를 두르고 동료들로부터 거리를 두었다. 그럼에도 나는 인간적 온기에 대한 잃어버린 그리움의 마지막 표현 수단인 서투른 친근함마저 달성할 수가 없었다. 평범한 곳에서도 거부감을 일으켰을 수법이라서 여기서는 더 역효과를 내고 말았다. 나의 어설픈 시도는 마치 고무 벽에 부딪혀 튕겨나가듯 거부당했다. 그래도 나는 울타리에서 벗어날 새로운 방법을 모색했다. 결국 그 수단이 아무짝에도 쓸모없다는 것을 뼈저리게 깨달았다. 동시에 이 문이 때로는 열릴 수 있는 한도만큼 빠끔히 열리기도 한다는 것도 알게 되었다.[14]

"울타리"에서 벗어날 기회는 다소 민망한 방출에서 찾아왔다. 바로 방귀였다. "여기 왜 이렇게 구린내가 진동하지? 창문 좀 활짝 열어라." 장교가 생도들에게 스스럼없이 말했다. 까마득하게 높아서 엄하게만 느껴졌던 장교가 인간적으로 느껴지는 순간이었다. 잘로몬이 그리워했던 "인간적 온기"가 느껴졌다. 장교에게도 인간의 내장이 있다는 반가운 증거가 방귀 냄새로 증명되었다. 그리하여 "강철 고리"는 끊어졌다. 그는 무심결에 중얼거렸다. "먼저 냄새 맡은 놈이 뀐 놈이지."[15] 미처 말을 끝맺기도 전에 완전히 외톨이가 되었음을 깨달았다.

장교는 그를 자기 방으로 끌고 가서 그런 말을 누구한테 배웠는지 불라고 추궁했다. "고자질쟁이"로 만든 것이다. 그는 "똥 묻히기"를 당한다. 모든 교류에서 단절당하는 응징이다. 사관생도로서는 해서는 안 될 말을 하고 하면 안 될 행동을 했다. 이제는 투명인간 취급을 받아야만 한다. 최악이다. "심지어 내 친동생마저 나를 무시했다. 내다 버린 자식으로 취급하는 것 같았다. 한번은 이렇게 말했다. '저따위 녀석이 우리 형일 리가 없잖아.'"[16]

똥 묻히기는 너무 "내면"에 집중된 처벌 방식이다. 결국은 육체적 공격을 한 차례 겪은 후 그는 처벌에서 풀려난다. 치러야 할 대가는 고통이다. 다른 방식으로는 갚을 수 없다.

생도들이 반원형으로 나를 에워쌌다. 모두 손에 군복용 먼지떨이를 들고 있었다. 나무 손잡이에 여러 갈래의 가죽 채찍이 달린 물건인데, 두꺼운 군복을 두들겨서 먼지를 털어내는 데 쓰인다. 글라스마허가 앞장서서 나를 팔로 옥죄더니 탁자로 데려갔다. 나는 탁자에 힘겹게 올라가서 엎드렸다. 글라스마허는 내 머리를 손아귀에 그러쥐고 눈꺼풀을 눌러 감긴 후 머리통을 탁자 상판에 꽉 눌렀다. 나는 이를 악물고 온몸에 힘을 주었다. 첫 매질이 휙 떨어졌다. 솟구쳐 오르는 내 몸을 글라스마허가 꽉 내리눌렀다. 매질이 등, 어깨, 다리 할 것 없이 우박 내리듯 쏟아졌다. 거센 매질이 쫙쫙 소리를 내면서 미친 불길처럼 내리쳤다. 나는 탁자 모서리를 움켜쥐었다. 무릎, 정강이, 발가락으로 박자 맞추듯 몸부림치면서 미칠 듯한 고통을 막아보려고 애썼지만, 통증은 아예 몸을 뚫고 탁자에 꽂히는 것만 같았다. 내 허벅지와 등허리는 부들거리면서 목재에 부딪히고 튕겨나갔다. 매 한 대 한 대마다 근육, 살갗, 피와 뼈, 힘줄이 한데 뭉쳐진 채 새삼 엄청난 폭력에 시달렸다. 온몸은 잔뜩 긴장해 배배 틀리고 꼬여서 터져나갈 것만 같았다. 나는 머리통을 글라스마허의 손아귀에 완전히 맡겼다. 기진맥진해서 쭉 뻗은 채 신음만 흘리고 있었다. "동작 그만!" 글뢰클렌 하사가 명령하자 모두 일제히 물러섰다. 나는 간신히 탁자에서 몸을 거뒀다. 글라스마허가 내게 손을 내밀면서 말했다. "평화다. 이제는 다 지나간 일이야."[17]

이제는 따돌림이 끝났다는 것이 더 중요하다. 동료들의 염려를 몸으로 경험했고 애정을 되찾았다.

감각을 느끼는 것이 허용되는 유일한 장소는 "근육, 살갗, 피와 뼈, 힘줄이 한데 뭉쳐진" 바로 그곳이다. 모든 훈련 과정은 그 점에 착안하여 설계되었다. 심지어 처벌 과정까지 그렇다. 불분명한 느낌, 소망 따위가 설 자리는 없다. 모든 것은 분명한 체험으로 전환된다. 따뜻한 체온을 느끼려는 욕망은 화끈한 육체적 고통으로 전환된다. 신체 접촉을 원하는 욕망은 얼얼한 채찍질의 고통으로 전환된다.

육체는 점점 더 육체 경계에 가해지는 고통의 침입을 쾌락 욕망에 대한 응답으로 받아들이게 된다. 그것을 만족으로 인식하게 되는 것이다. 그의 육체는 프로이트적 쾌락원칙에서 이탈해 재훈련되고 재조직된다. 그리하여 "고통 원칙"이 지배하는 육체로 길들여진다. 아픈 것이 곧 아름다운 것이다.

마지막으로 포대 자루는 적도선 통과를 기념하는 세례를 받는다. 독일 수병 문학은 고문과도 같은 제의를 해군 생활의 하이라이트인 양 묘사한다. 그리 놀랍지는 않다.

포대 자루 시절이 공식적으로 끝나는 날이 왔다. 선임들이 환호해주는 가운데 포대 자루들은 한 명씩 중대 내무반으로 끌려들어간다. 안에는 시내에서 모셔온 치과 의사가 장비를 갖추고 기다린다. 모든 포대 자루는 작은 의자에 앉는다. 생도들이 이른바 이빨 요정이라 하는 치과 의사가 활짝 벌린 신참의 입에 집게를 들이민다. 불쌍한 녀석들의 입에서 아직도 남아 있는 젖니를 차례로 억센 솜씨로 몽땅 뽑아낸다. 악독한 이빨 요정이 히죽히죽 웃는 동안 양동이에 몸을 굽히고 피를 뱉어냈다. 글라스마허가 위로한답시고 예전에는 더 심했다며 이죽거렸다. 예전 포대 자루들에게는 의무실에서 피마자 기름을 듬뿍 먹였다고 했다. 속까지 씻어내려고 설사를 시켰다는 것이다.[18]

뽑아 던진 마지막 젖니가 피 양동이 속에 가라앉으면 어머니 바다 속에 닻을 내린 셈이 되는 것이다. 이제 해군복 옷깃 사이에서 고개를 빳빳하게 쳐들 자격을 갖췄다.

나는 서서히 느꼈다. 내 몸은 단단해지고 내 자세는 당당해졌다. 유치했던 고향 시절을 떠올리면 씁쓸한 부끄러움이 몰려들었다. 이제 품위를 갖추지 않고 멋대로 다닐 수 없게 되었다. 가끔은 자유롭고 싶은 가당찮은 욕망이 솟구치지만 옳은 방향으로 뜻을 세우면 분쇄할 수 있다. 명령받은 대로 할 수 있는 능력! 그것이야말로 멋대로 방종하는 즐거움보다 두 배는 더 즐거운 일이다.[19]

드디어 첫 귀가다.

다시 돌아간 부모님 댁에는 구태와 익숙함이 가득했다. 엄청나게 깊은 골을 사이에 둔 듯한 기분이었다. 골을 뛰어넘고 싶은 어떠한 욕망이나 강박도 느껴지질 않았다. 다만 살뜰하게 보살펴주고 참견하는 손길을 견딜 수가 없었다. 어머니가 지나친 다정함을 퍼붓는 것이 부담스러워서 차라리 군대의 가혹한 공기가 그리워질 지경이었다.[20]

명령받은 대로 "할 수 있는 능력"이라고 했다. 명령 이행은 의무가 아니라 능력이다. 군인 남성은 심지어 가족의 결속에서도 풀려났다. 이제 그는 다른 형식으로 기능한다. "어머니가 다정함을 퍼붓는 것"은 딱 질색이다.

잘로몬은 새로운 기계의 일부분이다. 뭔가 다른 종류의 쾌락이 흐르는 기계다. 그래서 질색이었던 것일까?

기계 속 흐름은 연속적이며 총체적인 흐름이다. 한순간도 멈추지 않고 모든 부품을 적절한 동작 속에 묶어둔다. 단절되지 않고 멈추지도 않는다. 사관학교라는 기관이 작동을 멈추면 기계는 망가지고 만다. 기계를 꺼버릴 수는 없다.

이는 욕망 기계와는 정반대다. 잘로몬이 포기한 "멋대로 방종하는 즐거움"에 기반하지 않는다. 확장되어가는 욕망과 쾌락은 사라진다. 총체기계, 거대한 기계, 권력 기계의 일부가 되려는 쾌락으로 대체된다. 부

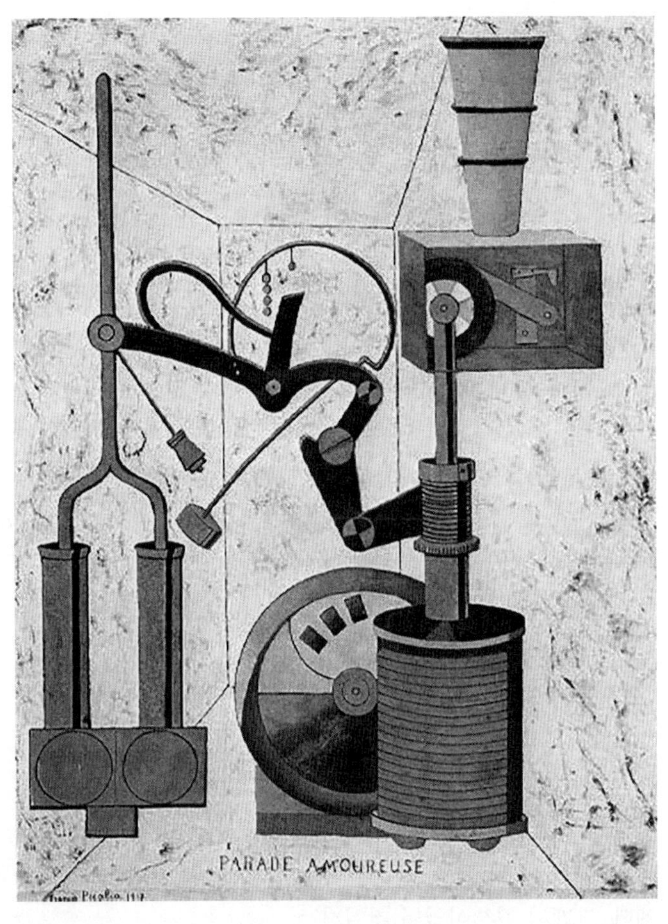

분은 스스로의 쾌락을 추구하지 않고 권력자의 쾌락을 생성시킨다. 자신의 자아는 오직 기계의 믿음직한 일부분으로서 존재할 뿐이다. 기계는 굴러가야만 한다. 빠르면 빠를수록 좋다. 기계가 망가져도 잘못은 나한테 없다.

놀라운 일이었다. 스스로 부품이 됨으로써 총체성의 일부가 되는 것이다. 하위적 총체성이 그렇듯 상위적 총체성도 마찬가지다. 부품은 특정한 기능을 지니며, 다른 부품들과 특별한 연결을 맺는다. 그가 한때 지녔던 기능적 다양성은 사라진다. 다양성이란 어딘가 못마땅하다. 가능성이란 어딘가 위협적이다. 그러므로 부품은 기꺼이 총체 기계의 일부가 되어 총체성을 얻는다.

기계는 "생각" "느낌" "보기" 등의 기능을 변형하여 육체적 동작으로 만들어버린다. 원래라면 이들 기능은 수많은 연결을 만들어내면서 다기능성으로 전개될 잠재력을 지녔을 것이다. 잘로몬의 새로운 사고는 특정한 보행 속도로만 수행된다.

여기서는 극도로 사소한 것도 반드시 의미를 갖는다. 간단한 경례 동작도 복종의 상징이 되어 쌍방 모두를 강제하는 권위를 나타내고 생산적 상호작용을 낳는다. 그리고 분당 114보 정도의 느린 구보는 죽음을 불사하는 훈련의 육체적·정신적 표현이 되었다.[21]

총체 기계로서의 군대

군인을 "입체 기하학적 도형"으로 보는 카네티의 설명은 지나치게 개별 병사에만 국한된 시각이다. 개별 병사의 육체 갑옷, 그를 둘러싼 보호 구조물, 병영의 담장, 대오를 이룬 부대 등만 설명할 뿐이다. 군인 남성이 기계 부품으로서 수행하는 기능은 간과되고 기계 전체의 구조 역시 설명에서 누락된다.[1]

대령이 손을 철모까지 쳐들었다. 연대가 제자리걸음을 시작했다. 다리 4000개가 일제히 들어올려졌다가 땅을 굴렀다. 첫 번째 중대가 출발했다. 마치 줄에 꿰어서 당겼다가 내렸다가 하는 것처럼 모두의 다리가 착착 잔디와 땅을 밟으면서 행진했다. 발에서 발까지의 보폭은 80센티미터로 통일한다. 그리고 기수가 뒤따른다. […]

높이 치켜올려진 군도가 번쩍하면서 땅을 내려찍었다. 수백 겹의 발걸음에 땅에서는 먼지가 일었다. 대지는 짓밟히고 신음했다. 250명이 앞사람과 거리를 바짝 유지하면서 행진한다. 250정의 소총을 어깨에 걸치고 마치 자로 잰 듯 대오를 유지한다. 철모, 어깨, 배낭이 죄다 딱딱 직선을 이룬다. 250개의 손이 일제히 앞뒤로 착착 휘젓는다. 250개의 다리가 끔찍하고도 끈질긴 리듬으로 몸뚱이를 전진시킨다.[2]

"완성된" 생도들이 전쟁터를 향해 행진하는 동작을 마치 기계처럼 묘사한 것은 잘로몬의 의도적 선택으로 보인다. 이들은 전쟁 기계이자 섹슈얼리티 기계다. "끔찍하고도 끈질긴 리듬으로 몸뚱이를 전진시킨다." 기계의 폭력적 성격이 강압적 느낌의 어휘로 표현되었다.

기계 구조의 두 가지 측면이 강조된다. 첫째, 외양이다. "줄에 꿰어서 당기듯" "마치 자로 잰 듯" 반듯하다. 둘째, 엄청난 숫자가 마치 하나처럼 기능한다. "다리 4000개가 일제히 들어올려졌다가" "250개의 손이 일제히 앞뒤로 착착" "250개의 다리가" 착착 움직인다.

개별 병사의 팔다리는 원래 몸통에서 분리되어 새로운 총체에 결속된다. 개인의 다리는 옆 동료의 다리와 한 덩어리가 된 듯 똑같이 움직이고 기능한다. 기계 속에서 새로운 총체성 육체가 태어난다. 이는 개별 인간의 육체와는 완전히 다른 존재다.

"유일한 연합체적 운명공동체적 육체는 바로 여단이었다."[3] H. 플라스가 에어하르트 해군 여단을 두고 한 말이다.

이러한 총체성의 부품들은 기타 모든 부품과 완전히 동일하게 작동한다. "하나의 부대, 하나의 사람, 하나의 리듬."[4][플라스]

기계의 최우선 목적은 스스로 움직이는 것이다. 기계는 바깥을 향해서는 완전히 닫혀 있다. 완전히 동일한 종류의 기계와 결합하면 더 큰 기계를 만들어낼 수 있다.

기계는 무엇을 생산할까?

2중대, 3중대, 4중대가 뒤이어 몰려든다. 새로운 병력이 물결처럼 출렁이며 드넓은 최전방으로 밀려든다. 들쭉날쭉함 없이 벽 뒤에 또 다른 벽이 버티고 있다. 연대 전체가 대오로 엄격하게 구획된 기계처럼 냉혹하고 정확하게 움직인다. 4000명이 하나의 연대를 이루었다. 군악대의 전투 찬가로 기세등등하다.

그 누가 앞을 막아서겠는가? 그들의 힘, 젊음, 규율, 그리고 수백수천 배의 늠름한 의지에 누가 맞서겠는가? 숲자락이 주춤 물러서는 듯하다. 땅이 꿈틀대며 솟구친다. 무기의 쇳소리가 절그럭댄다. 가죽 장비가 부대끼며 삐걱댄다. 철모 아래 어두운 눈빛. 근위척탄병 109연대, 견장 장식과 액와 부착물. 수백 년 전통의 군대 제복. 장기간 강철처럼 단련했고 깃발 앞에 굳게 맹세했다. 죽음을 배우고 죽음을 가르쳤다. 우리 국민의 씨앗으로 선발되어 전쟁에 투입되었다. 그래서 연대는 행진한다. 114의 속도로. 전쟁을 겁내지 않으며 죽을 각오를 갖춘 12개 중대. 모든 병사가 탄창에 90발의 탄환을 지녔다. 군용 배낭에는 탄약과 딱딱한 비스킷을 꾸려넣었다. 군용 외투를 말아서 챙겼고 새 장화를 장만했다. 억센 근육, 넓은 가슴팍, 튼튼한 관절. 호된 훈련으로 다져진 육체의 담벼락은 그 자체로 최전방이며 국경이다. 이들이 공격이며 폭풍의 비바람이며 저항이다. 이들의 후방에 독일이 있다. 독일은 군대에 빵과 탄약을 제공해 든든하게 지원한다.[5]

군부대 기계는 최우선으로 스스로를 생산한다. 군대는 그 자체로 개

1917년 미국, 포탄 충전 공장

별 군인에게 육체적 연결성을 새로이 제공하는 총체성이다. 또한 군대 스스로는 균일하게 단련된 부품을 한데 결속한 총체성이다.

군대는 표출을 생산한다. 결단력, 강인함, 정확성, 직선과 직사각형의 엄격한 질서를 표출한다. 전투와 특정한 남성성을 표출한다. 달리 말하자면 군대가 생산하는 잉여가치는 남성들만의 총체성 구조를 통합하는 코드다. "국가"가 그중 하나다.

잘로몬이 특히 강조하는 것이 있다. 군대는 굳이 "진짜" 최전방에 갈 필요가 없다. 군대가 최전방을 생산한다. 군대가 바로 최전방이다. 군대는 늘 움직인다. 군대가 국경을 만들어낸다. 최전방과 국경은 군대의 것이다. 평화 시에도 그렇다. 군대의 현존 상태가 전쟁이다. 군대는 늘 스스로의 국경을 방어하고 최전방을 전진시킨다. 단, 정식으로 선포된 전쟁에서는 모든 것이 더 쉽고 만족스럽게 이루어진다. 전쟁은 방전의 가능성을 제공하기 때문이다. 내부 압력으로부터 최전방으로 에너지가 방전된다. 평화 시에는 최전방이 강하게 내부를 향한다. 기계 자체의 부품으로 집중된다. 기계 내부에서 고전압이 생산되어 방전을 학수고대한다.

방전은 본질적으로 재생산의 순간이다. 전투 중 총체 기계와 부품들이 모두 폭발함으로써 이루어진다. 모든 경계는 무너져버린다. 파괴 이후 재건하는 것이 군대라는 기계의 특이한 생산 원칙이다.

군대 기계는 독립적이지 않다. 혼자서 존재할 수가 없다. 빵과 탄약, 대체 부품을 보충받기 위해서 마치 탯줄로 연결되듯 "독일"에 연결되어 있다. "독일"이 에너지 기계다.

전진하는 전쟁 기계는 "독일"과 원활한 에너지 공생 관계 속에서 최고 수준의 총체성을 이루어 궁극적 최고조에 달한다. 네루다는 "부족함 없도다"라며 바다를 찬양한 바 있다. 윙거는 이를 전투 기계에서 발견한다. 결핍의 초월적 지양이다.

간혹 육중한 군장비가 가뿐하고 자유롭게 느껴지곤 했다. 아무리 힘들어도 뒤에 숨어 있는 기세와 권력을 생각하면 힘이 솟았다.

전투 대형 속에서는 모든 것이 쉽게 느껴졌다. 전쟁 중에는 혈통의 힘과 의지가 우회로 없이 바로 드러난다. 이곳 전쟁터에서 눈앞에 벌어지는 일을 보면 우리는 평소라면 절대로 못 겪을 정도의 충격을 경험하게 된다. 이것은 우리 국민의 의지다. 위대하고자 하는 그리하여 지배하고자 하는 의지다. 이는 강철 무기를 통해서 가장 효율적인 방식으로 관철된다. 여기서는 우리가 가진 것, 우리가 상상한 것, 우리의 존재가 가장 집약적으로 드러난다. 우리 현대인은 전쟁터에서 저마다의 고유한 형식을 깨닫는다. […] 이곳은 부분이 아닌 총체성이 존재하는 곳이다.[6]

군사 기계 속에는 유토피아적 순간의 전통이 내포되어 있음을 푸코는 이미 간파하고 있었다.

사상사를 연구하는 사학자들은 완전한 사회의 꿈을 18세기의 철학자와 법학자들의 것으로 돌리고 있지만, 그들에게는 사회에 대한 군사적 통제의 꿈도 있었다. 그것의 기본적 준거는 자연 상태에 있었던 것이 아니라, 하나의 기계 장치의 주도면밀하게 돌아가는 톱니바퀴에 있었으며, 원시적 계약이 아니라 끝없는 강제권에, 기본적 인권이 아니라 끝없이 발전되는 훈련 방법에, 그리고 모든 사람의 의지가 아니라 자동적 순종에 있었다.[7]

IA·26877
IA·35760
IC·35615
IA·6675
IA·73041
IA·82727

부분적 총체성, "강철 군인"

전투 중 대형은 흩어져서 없어진다. 거대 기계는 산산이 부서져서 부품들로 쪼개진다. 군인 남성의 육체는 군사훈련을 통해서 총체성의 기능적 부품으로 완성되었다. 과연 부품이 총체적 기계처럼 기능할 수 있는지를 보여줄 시기가 되었다. 모든 부분적 총체성Einzelteilganzheit은 축소판 속에 구현되어 있어야 한다.

혁신적 인종이 탄생했다. 몸에 에너지가 넘쳐났다. 최강의 폭발력으로 가득했다. 유연하고 훤칠한 근육질의 몸, 준수한 얼굴, 수많은 참상에 돌처럼 굳어진 눈빛이 철모 아래에서 빛났다. 그들은 정복자였다. 타고난 강철 본성이 참담한 전투 속에서 더욱 다듬어졌다. 최후의 승리를 꿈꾸며 폐허가 된 풍경 속을 헤쳐왔다. 그들의 용감한 부대가 파괴된 적진에 밀어닥치면 적들은 창백한 얼굴을 들어 겁에 질린 눈빛으로 맞이했다. 그들은 상상을 초월할 에너지를 쏟아부었다. 죽음을 희롱하는 자, 폭약과 폭발의 달인, 위풍당당한 맹수가 가뿐하게 참호를 덮친다. 적과 맞붙는 순간, 그들은 세상이 감당할 수 없을 정도의 용맹을 발휘하는 전사가 된다. 최강의 육체, 지성, 투지, 감각이 집약된 무리였다.[1]

윙거가 상상한 인물형이다. 어떠한 충동이나 내면도 더 이상 필요 없는 인물이다. 인간적 충동은 깨끗하게 사라졌다. 강철 같은 육체 기능만을 깔끔하게 수행한다. 윙거가 꿈꾸는 것은 육체 기계의 유토피아인 듯하다.

이들은 스스로의 내면을 정복하고 변신시킨다. 거대 기계인 부대가 구성원을 다루는 방식과 동일하다. 윙거가 기계에 대해서 느끼는 매혹의 핵심에는 어떻게 감정 없이 움직이고 죽이고 표출하면서 "살 수 있는지"에 대한 경탄이 자리 잡고 있다. 강철 갑옷이 모든 감정을 단단하게 가둔다.

"새로운 인류"는 조직적인 전투 훈련 속에서 자신을 이겨내고 새로 태어난 인간이다. 그는 자신을 낳아준 기계에만 복종한다. 그는 훈련 기계에서 탄생했다. 여자의 몸을 빌리지 않았으며 부모도 없다. 그의 친척과 친구들은 오직 여타 모범적 신인류일 뿐이다. 그들은 거대 기계인 군대에 결속한다. 이들은 "상하" 관계만 맺는다. 나란히 혹은 앞뒤로 함께하지 않는다.

강철 본능에게 가장 필수적인 과업은 박해하고 틀어막고 정복

하는 것이다. 끔찍하게 박살 내 고기, 털, 살갗, 뼈, 내장, 감정을 뒤죽박죽 곤죽으로 만들어야 한다. 예전의 구인류로 되돌아갈 수 없도록 파괴한다.

이들이 강철 군인Stahlgestalt이다. 회전하는 프로펠러 너머 구름을 독수리 같은 눈으로 꿰뚫어본다. 우렁찬 엔진 소리를 울리며 전차를 몬다. 울부짖는 포화 지대를 뚫고 지옥 같은 돌격을 감행한다. 며칠째 포위되어 시체 더미가 쌓인 진지 뒤에서도 기진맥진한 몸을 돌보지 않고 뜨겁게 달아오른 기관총 뒤에서 제자리를 지킨다. 이들이 현대전 전쟁터의 최정예

다. 가차 없는 투지로 이글거린다. 오직 강한 의지로 목표물에 집중하며 에너지를 방출할 순간을 기다린다.

이들이 소리 없이 철조망을 끊어 접근로를 만들고, 돌격용 참호를 파고, 야광 시계를 서로 일치시키고, 북극성을 보고 방향을 정하는 모습을 보면서 나는 깨닫는다. 이들이 바로 신인류다. 돌격의 선봉이자 중부 유럽의 정수다. 혁신적 인종이다. 영특하고 강인하다. 의지로 가득하다. 바로 이곳 전쟁터에서 이루어진 업적은 내일의 축이 될 것이다. 삶을 점점 더 빠르게 몰아갈 것이다. 이들이 아스팔트 위를 행진할 때 대도시에는 천 배의 굉음이 몰아칠 것이다. 팽팽하게 힘이 가득하고 날렵한 맹수처럼 그들은 파괴된 세계의 토대 위에서 건설자로 거듭날 것이다.[2]

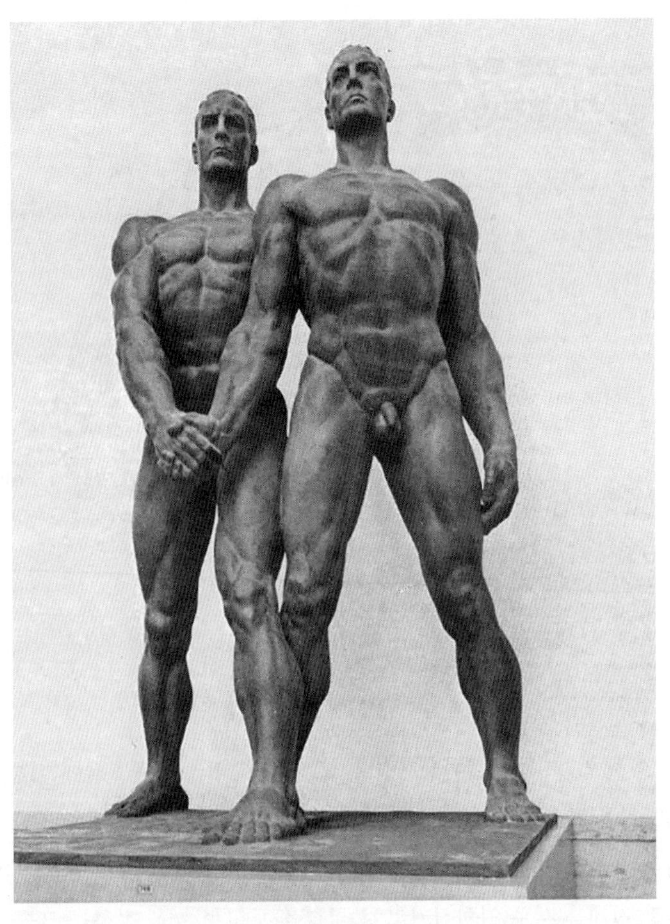

신인류는 육체가 기계화되고 정신이 제거된 인간이다. 정신 중 일부는 육체 갑옷 속으로 흡수되어 "맹수 같은" 날렵함이 된다. 그는 로봇이다. 야광 시계를 읽을 수 있고 북쪽을 식별하는 방향감도 있다. 뜨겁게 달아오른 기관총도 잘 견뎌내고 소리 없이 철조망도 끊어낸다. 임무를 수행할 때에는 두려움도 없고 감정조차 없다. 그의 자의식은 간단하다. 임무 수행 능력이다.

이것이 바로 보수주의 유토피아의 이상적인 인간형이다. 기계적 육체 경계성과 무의미한 내면세계. 오늘날의 기술관료형 인간이다.

이러한 유토피아의 기원은 기술적 생산수단에 있지 않다. 기계 기술의 발달과는 전혀 관련 없다. 기계는 군인 남성의 육체가 지니는 고유성을 표현해주고 있을 뿐이다. 보수주의 유토피아가 기계화된 육체를 이상화하는 이유는 모종의 필요성 때문이다. 스스로의 인간성, 이드, 무의식의 생산력을 억압하고 밀어내야만 하는 것이다. 태어난 이래로 혹은 태어나기 훨씬 더 전부터 그의 욕망 생산은 틀어막히고 혼란스러웠다. 군인 남성의 무의식은 "강철군인"의 판타지를 만들어낸다. 새로운 인종이다.[3]

군인 남성의 갑옷은 갇혀버린 내면을 연료로 변환시켜서 속도를 낸다. 혹은 그는 내면을 밖으로 내던진다. 군인 남성은 외부로 던져버린 자신의 내면과 투쟁한다. 내면은 원래 자리를 되찾기 위해 끊임없이 그를 공격한다. 내면은 대홍수, 화성 침공, 프롤레타리아, 유대인, 쾌락전염병, 관능적 여성으로 나타난다.

보수주의 유토피아의 기계화 및 총체 기계화된 육체는 산업 생산수단의 발전에서 기인한 것이 아니다. 인간 생산력의 억압과 변형에서 비롯된 것이다.

쉬어가기: 자아 구조

"강철군인"의 총체성 갑옷 기능, 그리고 군대라는 총체 기계의 구획 기능을 살펴보면 흥미로운 점이 눈에 들어온다. 이들은 개인을 외부로부터 경계지어 최전방으로 만든다. 이들은 현실 통제의 충동 통제, 충동 방어의 기관이다. 위협적 감정과 생각에 맞서는 방어 기능을 수행하는 것은 육체 갑옷이다. 육체 갑옷은 총체 기계의 부품인 개별 육체의 근육이며, 개별 군인은 총체 기계인 군대의 개별 부품으로 결속되어 있다.

후기 프로이트의 자아심리학에 따르면 모든 기능은 "자아"의 심리 구조에서 인식되어야만 한다.[1]

군인 남성에게는 프로이트적 의미의 "자아"가 없다. 프로이트적 자아는 오이디푸스 콤플렉스의 "몰락" 단계에서 동일시를 통해 형성되지만, 군인 남성들은 그 "단계"에 미처 도달하지 못한 터라 이런 식의 자아가 형성되지 않았다. 이는 제1장 마무리 부분에서 충분히 밝혔다. 그들이 어디에서 "현실 적응력"을 얻었는지, 그들이 어째서 "자폐적" 정신증에 빠지지 않았는지를 설명해야 할 차례다.

이제 답변 가능성이 생긴다. 그들의 "자아"는 리비도가 내면으로부터 시작되어 신체 외곽부로 확산되면서 동일시를 통해 형성된 것이 아니다. 그들의 "자아"는 외부로부터 덧씌워졌다. 외부적 구조가 자아의 경계를 점령해 들어오는 것은 아마 고통스러운 경험이었을 것이다. 때려서 키우는 부모, 때려서 가르치는 교사와 스승. 자기네끼리 서열을 정하려고 치고받는 청소년들. 군대에서는 끊임없이 경계선이 어딘지 의식하고 있어야만 한다. 금기선이 어딘지 똑똑히 알아야만 한다. 결국 작동하고 통제되는 육체 갑옷이 "육성된다". 철통같은 방어벽의 거대한 구조 속으로 순조롭게 결합될 수 있는 능력이 몸에 익는다. 군인 남성의 육체 갑옷이 곧 그들의 자아다.

프로이트는 쾌락원칙을 폐기한 후 이렇게 말한다.

우리가 고통스럽게 아플 때 어떻게 해서 우리 기관에 대한 새로운 인식을 얻게 되느냐 하는 것은 아마 우리가 일반적으로 우리 육체에 대한 지식에 도달하는 전형적인 모델이 될 것이다.[2]

쾌락적 육체 경험을 고통 속에 위치시키는 사회에서 프로이트의 말은 그럴듯한 진실이 된다. 훈련과 고문은 극단적인 육체 인식이 된다. 지금 내가 맞고 있는 덕에 내 엉덩이의 감각을 배웠고 엉덩이의 정확한 위치를 알게 되었다. 가랑이 가운데를 까여보니까 비로소 내 좆이 얼마나 예민한 곳인지를 깨달았다.

나는 고통스럽다. 그러므로 존재한다. 군인 남성이 감각하는 곳이 바로 "자아"다. 군인 남성 특유의 자아 구조다.

이러한 유형의 "자아"가 백색 테러 및 테러 행위자와 어떤 관계를 맺는지의 문제는 추후에 「자아와 보존 기제」라는 소단원에서 고찰하도록 한다. 지금은 우선 군사훈련과 전투 상황에 대해 자세히 살펴보도록 한다.

기절

에른스트 룀은 장교 훈련 과정을 이렇게 묘사했다.

우리 사관 후보생들은 처음부터 혹독한 취급을 당했다. 하루 일과가 끝나면 너무 지쳐서 비틀거리면서 막사로 돌아오곤 했다. 한번은 체조를 하다가 전원 기절했고 의무실에서 한참 후에야 회복하기도 했다.[1]

훈련 과정에서 기절하거나 실신 상태에 이르는 것은 사고가 아니었다. 다분히 계획된 듯한 인상을 풍긴다.

군인으로서 겪는 고통에 급성 정신병적 반응을 보이는 것은 이른바 "황혼 상태"라는 명칭으로 알려져 있었다. 장병은 반쯤 잠든 듯한 상태로 시간 감각과 공간 감각을 잃고 기억상실증까지 보인다.[2]

히르슈펠트가 편집한『세계대전의 풍속사』에 수록된 설명이다. 일반 사병은 이런 일이 생기면 상관들에게 분통을 터뜨리곤 했지만, 사관생도나 장교 지망생은 달랐다. 기절해 있는 동안 무슨 일이 일어날까? 기절을 통해서 무엇이 달성될까?

잘로몬도 사관생도였다.

"차렷!" 자세를 배웠다. 다리가 덜덜 떨리고 손바닥에 땀이 축축했지만 "차렷!"을 유지해야 했다. 뱃가죽이 당기고 어깨가 아파왔다. 서서히 눈앞에 붉은 물결이 밀려들더니 무겁게 뱅뱅 돌다가 사라졌다. 멀리서 작은 꿈이 다가와서 불어나더니 심장까지 차오르고 눈까지 치닫더니 나를 질식시켰다. 잡념이 살랑이며 혼란을 일으켰고, 무거운 머릿속을 파고들어 구르다가 뒤엉켰다. 그렇게 나는 "차렷!"을 배웠다.[3]

킬링거는 황제가 참관하시는 대규모 보트 경주에서 온 힘을 다해 경기했고, 그의 팀이 승리를 거뒀다. 그는 텍스트에서 자신을 "페터"라고 지칭한다.

사관생도 배식소에서 해군사관이 주신 샴페인을 한 잔 마셨다.
페터의 눈앞이 갑자기 캄캄해졌다. 코에서 피가 흘렀다. 주변이 핑그르르 돈다 싶더니 의식이 끊겼다. 깨어나보니 의무실이었다.
침상 옆에는 해군사관과 군의관이 서 있었다.
"정신이 드나? 너무 과로한 거야. 하지만 자네 체질이라면 곧 극복할 걸세."
염병지랄! 페터는 생각했다. 기절이나 하다니. 해군사관이 눈치를 챘던 모양이다. "너무 괘념치 말게. 다른 놈들도 자네처럼 기절할 각오로 덤볐더라면 훨씬 더 큰 격차로 이겼을 테니."[4]

기절했다는 이유로 오히려 칭찬받고 있다. 이상한 일이다. 대체 무엇을 했다고? 있는 힘을 다 쥐어짰다. 괴물 같은 육체적 힘을 발휘했다는 증거다. 훈련되지 않은 육체라면 극한에 다다르는 것이 불가능하다. "자신을 극복한" 사나이만 가능하다. 그러나 이게 전부가 아니다.

군인 남성이 강렬한 육체적 긴장 끝에 기절 상태를 경험하는 순간은 오르가슴에서 긴장/이완이 교차하는 순간에, 의식이 나가버리는 순간에 견주어질 수 있다.

그러나 오르가슴과는 결정적인 차이가 있다. 군인 남성이나 운동선수가 육체적 긴장 끝에 경험하는 기절은 내재적인 경계가 없다. 당사자가 자발적으로 제한하지 않고 중단하지 않으면, 필연적으로 경계를 넘어서고 육체 균형의 파괴로 이어진다. 오르가슴의 경우는 육체 균형이 오히려 생산된다. 잘로몬이 "차렷!" 끝에 "쉬어" 상태에 처한 것은 오르가슴 후의 휴식과는 정반대의 모습이다. 외부적 근육을 바짝 긴장시킨 상태에서 감각이 서서히 나가더니 결국 이완 상태로 해체된다.

기절 상태의 군인 남성 안에서 억압자와 피억압자는 순간적 합일을 이룬다. "남성적"인 것과 "여성적"인 것이 결합한다. 육체 갑옷을 입은 자아와 가둬두었던 위협적 내면이 서로를 만난다. 그러나 거침없는 흐름은 불가능하다. 의식은 휩쓸려버리고, 감각 기능도 멈춰버린다. 흐름은 분명히 감지되지만 내부에만 갇힌다. 붉은 물결이 왔다가 사라진다. "작은 꿈"이 심장에서 "질식시킨다". 잡념이 "파고들어 구르다가 뒤엉켰다". 움직임은 변형되어 남성의 내부로 스며든다. 킬링거는 좀더 극적이다. 온몸이 남근으로 변해 사정이라도 하듯 그는 코피를 뿜어낸다. 그리고 정신이 나가버린다.

마치 오르가슴의 능력이 육체 갑옷으로 옮겨간 듯한 모습이다. 긴장이 절정에 달하는 블랙아웃의 순간에 의식을 휩쓰는 파도에 자신을 잃어버리고 만다. 단, 즐기는 오르가슴이 아닌 덮쳐오는 오르가슴이다. 사랑하는 사람들끼리 경험하는 오르가슴과는 달리 육체 갑옷의 오르가슴은 진입 문턱을 매번 높인다. 육체 갑옷은 더 강하게 단련될수록 경계에 도달하기가 어려워진다. 육체가 단련되면 이완 능력보다 긴장 능력이 증대된다. 육체 속에서 리비도의 흐름은 새로운 수로를 판다. 사정을 통해 밖으로 분출하거나 혹은 육체적 긴장을 해제하는 대신, 지각을 덮쳐 자신을 융해시켜버리는 방법을 택한다. 비유하자면, 전류가 외부 대상으로 흐르지 못하고 합선되어서 내장된 퓨즈가 타버리는 것과도 같다. 합선된 회로는 군인 남성의 내면에 깊이 새겨진다. 그는 이에 따라 행동하고 조작하는 법을 배운다. 매번 블랙아웃을 겪을 필요는 없다.

게다가 여기에는 또 다른 관계가 개입된다. 지휘관이나 혹은 충성을 바치는 존재가 있다. 킬링거에게는 바로 황제다. "제군들을 치하한다. 훌륭하게 잘해냈다. 앞으로도 계속해서 영광스러운 '슈타인'호에 머물도록."[5] 보트 경주에서 우승한 대가로 들은 칭찬이다. 지휘관의 만족한 표정, 윗사람의 칭찬이 노력에 대한 보답이다. 높으신 분은 부하가 기절한 것 때문에 마치 자신이 오르가슴을 경험했다는 듯 만족한 표정으로 서 있다.

혹시 기절 상태라는 것은 황제를 정점으로 하는 상하 관계에서 발생하는 환각적 결합이 아닐까? 남자와 남자 사이의 금지된 사랑의 결합이 어두운 환상 속에서 일어나는 것일까? 상급자는 시선과 목소리를 통해 언제나 불쑥 삽입해 들어온다.

페렌치의 성기 이론은 결합 단계에 따라서 성행위를 세 가지로 구분한다. "환각적" 단계에서는 완전한 오르가슴이 이루어진다. 음경적 단계에서는 부분적 오르가슴이, 분비 단계에서는 전체적 오르가슴이 달성된다.[6]

군인 남성의 "결합"은 엄격하게 제한된다. 자기 자신과의 결합이건 상관과의 결합이건 간에 어디까지나 환각적이어야 한다. 다시 한번 상기해보자. "환각적 대상 치환"을 일으키는 중요한 충족 상황은 두 가지

지각과 강하게 결부되어 있었다. 바로 "피투성이 곤죽"과 "텅 빈 광장"
이다. 여기에 세 번째 요소가 첨가된다. 경계선을 넘어 자제력을 잃어버
리는 블랙아웃 상태가 주는 기절의 깜깜함이다. 모든 백색 테러 행위에
는 이상의 세 가지 지각이 압도적이다. 이것이 어떤 의미인지는 이 챕터
에서 차차 논하도록 한다.

육체를 극단적 경계 붕괴 상황으로 몰아넣는 것이 얼마나 의도적으

로 수행되었는지 보여주는 예는 많다. 심지어 목숨의 위협까지 무릅쓰곤 했다. 에어하르트 대위가 회고하는 해군 사관생도 시절의 일화다.

불쌍한 생도들에게는 더위조차 훈련의 수단으로 사용되었다. 우리 분대는 햇빛이 가장 뜨거울 시간인 1시에서 2시 사이에 노젓기 훈련을 하라는 기합을 받았다.
가뜩이나 힘든 훈련인 데다가 나는 잘못하지도 않았는데 단체 기합을 받는다는 억울함 때문에 마음속에서 소년다운 반항심이 터져나왔다. 나는 일부러 노를 바닷물에 떨어뜨렸다. 하사가 눈치채고 곧장 배를 함선으로 돌리도록 명령했고, 당직 장교에게 나를 보고했다. 벌로 나는 돛대 꼭대기를 열 번 오르내려야 했다. 그 자체로도 엄청난 고역인데 브라질의 열대 더위까지 더해지니 거의 가혹 행위에 가까웠다. 마지막 몇 차례 기어오르면서 나는 절반쯤 실신한 상태로 삭구를 더듬으며 내려왔지만 이를 악물고 태연한 척 버텼다. 간신히 함내 세면실까지 기어들어가 차가운 돌바닥에 쓰러지자마자 몇 차례 숨을 몰아쉬고는 그대로 의식을 잃었다. 이런 생고생은 젊은 해군 생도에게는 다반사였다. 강철 체력이 아니고서야 버틸 재간이 없었다. 끝까지 버틴 전우들은 고양이처럼 유연하고 개가죽처럼 질겨졌다.[7]

반항 기질이 남아 있는 것은 "소년다운" 것으로 치부되었다. 아무리 체력 좋다 해도 "거의 가혹 행위"라 할 수 있는 테러를 당했고 견뎌내야만 했다. 기합 받다가 돛대에서 떨어지는 사람이라면 전쟁 기계의 부품으로서 실격이므로 버려져야 마땅하다. 버텨낸다면 신뢰받는 기계가 된다. 젤초프는 이렇게 말한다.

해군 생도로서 슈타인 군함에서 보낸 첫해는 이가 갈릴 정도로 힘든 한

해였다. 생도들의 상관이었던 노르트만 해군 대위는 인정사정없이 우리를 이론 교육에서 실습 교육으로, 다시 실습 교육에서 이론 교육으로 휘몰아치면서 들들 볶아댔다. 단 한순간도 자유를 허락하지 않았다. 제일 더럽고 제일 힘든 일을 우리에게 시켰다. 어떤 수병보다 더 길게 어떤 화부보다 더 거칠게 부려먹었다. 우리 모두는 열두 달 동안 최소 열두 번은 때려치우리라 마음먹었다. 더러워서 다 때려치우고 고향에 돌아가고 싶었다.

하지만 대위님은 언젠가 지휘관이 되기를 꿈꾸는 젊은이들을 어떻게 다뤄야 하는지 잘 알고 있었다.[8]

한번은 퍼레이드 중에 젤초프가 돛대 가로대에 매달려 있다가 기절하고 말았다. 현기증을 미리 감지하고 내려왔더라면 좋았을 텐데, 그는 억지로 참아내려고 애썼다. 결국 추락했지만 동료들이 가까스로 받아줬다. 안 그랬더라면 갑판에 부딪혀서 산산조각 날 뻔했다. 큰 소동이 벌어졌고 술 취했냐는 의심까지 받았다. 하지만 퍼레이드가 진행되면서 기절 사태가 속출했고 행사는 중단되었다. 원인이 밝혀졌다. 상한 소시지 때문이다. 병사들은 황제 앞에서 현기증을 호소하기보다는 차라리 가로대에서 추락하는 편을 택했던 것이다.[9]

군함에서 보낸 해군 생도 시절 1년은 젤초프에게 무척 가혹했다. 킬항구로 돌아온 후 장교 진급을 위한 이론 졸업시험을 몇 주 앞둔 시점에 희귀병에 걸리고 말았다. 그는 의식을 잃고 몇 주 동안이나 군 병원에서 혼수상태로 누워 지냈다. 군의관들은 도통 진단을 내리지 못했다. 아마 못 살아날 것 같다고 수군거리는 의사들의 낮은 말소리를 그는 어렴풋이 들었다. 하지만 "살려는 의지"로 버텨냈고 회복했다.[10]

훈련은 군인 남성을 극한까지 몰고 가서 해체하곤 했다. 혼수상태에서 그는 새로운 구조와 새로운 육체를 얻는다. 이 모든 과정을 견뎌내면

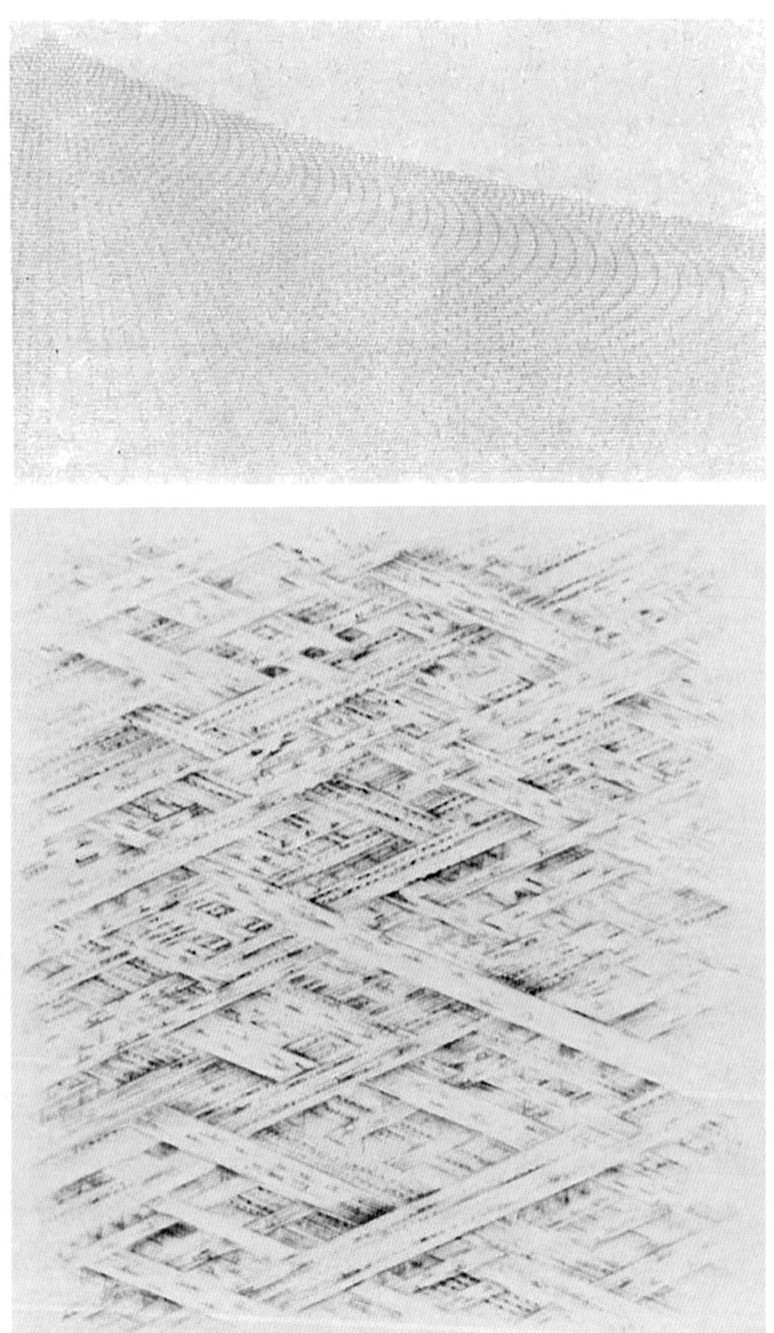

그는 신체적·심리적으로 딴판이 된다. 바로 신인류로 재탄생한다.

성적 갈구의 흡수

군사훈련이 "여자에 대한 욕망"을 없앤다는 것은 표면적인 결과이자 공공연한 비밀이었다. 여자에 대한 욕망이 처음부터 있기는 했던 모양이다.

실제로 군 복무 중 훈련은 사춘기의 충동을 싹 흡수해버렸다.[1][잘로몬]

잘로몬의 증언이다. 샤우베커는 음료수에 성욕 억제제를 타서 준다는 소문을 들었다.

하지만 약보다 더 효과가 좋은 것은 고생이었다. 에로틱한 감정을 아예 몰아내버렸다. 평상시 누리는 자유의 편안함은 사치처럼 느껴졌다.[2] 멍청한 생각을 할 여유가 아예 없었다.[3][킬링거]

그래도 생각이 나면 바로 싹을 잘라낸다.

더 빡세게 굴려주겠다. 밤에 딸딸이 칠 생각이 싹 가시도록.[4]

브루노 포겔의 회고담에 등장하는 교관의 고함이다.

여자와 어떤 관계도 맺지 않는 것이 대부분의 병사에게 정상적인 상태였다. 지금 이 상황만이 전부여야 여러모로 마음이 편했다.

그 와중에 결정적인 중요한 진실이 은폐되어버린다. 바로 에로스의 완전한 둔갑이다. 생도들 사이에서 난무하는 노골적 음담패설과 숱한

"이성애적" 잡담은 위장 전략이다. 사실은 "여자"도 없고 "연애 관계"도 전무하다는 사실을 허풍으로 가리고 있다.

군인 남성의 관심은 다른 곳에 있다.

트렙토프 부사관 학교에서 전수해주는 손기술은 그야말로 예술이었다. 기관총, 맥주컵, 계집애를 막론하고 다 꽉 잡고 있게 되었다. 손기술만큼은 우리가 최고였다. 근위대조차 우리보다 못했다.[5][샤우베커]

손기술 그 자체가 찬탄의 대상이다. 손기술이 얼마나 적확하고 정확한지가 중요하지, 무엇을 잡느냐는 중요하지 않다.

그저 총대를 잡기만 해도 살맛 나는 느낌이었다……[6][잘로몬]

군인을 예술작품으로 생각하고, 군인의 동작을 "아름다움"으로 찬양하는 어조가 글에 넘쳐난다. 감정은 간데없다. 모든 것은 표출이다.

완성. 가장 중요한 요점이다. 인간 능력의 한계를 개척하고 주어진 조건을 최선을 다해 갈고닦는다. 이런 의미에서 가장 완벽하게 완성된 인간은 바로 직업 군인들이다.[7]

파시스트 훈련의 예술가는 개별 군인을 "갈고닦아서" 군대라는 총체적 예술작품의 정확한 부품으로 만들어내는 데 이골이 난 교관이다.

마치 신께서 인간을 빚어내듯, 교관은 군사훈련을 통해서 사람을 만든다.

생각해보면 아름답고도 감사한 일이다. 대개는 시골 출신이라서 거칠고

DIE WOCHE
BERLIN, 12. JANUAR 1940
HEFT 2 - PREIS 40 PF.

다듬어지지 않은 앳된 소년들이 여기에 들어와 군인이 되고 쓸모 있는 인간으로 만들어지다니 말이다. [···] 신병 교육에서 착오가 생기면 다시는 바로잡을 수 없다. 국민과 조국을 위해 극도로 중요한 문제였다. 열정적이거나 심드렁하거나 혹은 선동된 민간인을 받아들여서 군인으로 변모시킬 수 있을지는 젊은 신병 훈련 장교가 판단해야 할 사항이었다.[8][에른스트 룀]

메르커 장군은 제1차 세계대전 이전 시기 육군에서 "평생 군인"을 성공적으로 길러낸 것으로 유명했다. 또한 "선동된 민간인"도 효과적으로 선도했다.

평시에 군대는 독일 국민에게 신체 단련을 교육하고 복종과 질서 및 우국충정을 가르쳤다. 국가 산업에 종사하는 건강한 근로역군, 독일 근로조합의 엄격한 조직과 기강. 이것이 군대가 힘을 얻는 원천이었다.[9]

빌헬름 시대의 근로조합 지도자가 흐뭇하게 여길 칭찬이다.[10] 군대는 군인 남성을 육성해 룀이 말한 "쓸모 있는 인간"으로 만든다. 제대로 된 인간으로 거듭나기 위해서는 오직 훈련만이 비교를 불허하는 독보적 방법이다. 군대만 그런 것이 아니라 근로조합마저 그렇다. 실로 엄청난 변신과 재탄생을 생산하는 기계가 아닐 수 없다.[11]

"프로이센 사회주의"

나는 곰곰이 생각해보곤 했다. 편하고 느슨한 학교 교육보다 군대 교육이 내 취향에 맞았던 이유는 무엇일까. 내 결론은 다음과 같다. 우리 해군 생도들은 장교가 되고 싶었다. 우리는 모두 선생님과 선배님들처럼 되고 싶었다. 그분들의 모든 명령이 우리에게는 필수적인 일로 다가왔다. 왜 그렇게 해야만 하는지 납득할 수 있었다.[1][에어하르트 대위]

잘로몬은 해군사관학교의 교관들에 대해 이렇게 썼다.

수업을 맡으신 장교들은 제아무리 상상력이 기발한 학생이라도 도저히 별명을 못 붙일 분들이었다. 이유는 간단했다. 비웃을 거리가 전혀 없는 분들이셨다.[2]

에른스트 룀은 보병장교 교육에 대해 이렇게 말했다.

사관 후보생에게는 완벽한 임무 수행이 필수였다. 무척 힘들었지만 지당한 일이었다. 장교라면 나중에 부하에게 시켜야 할 일에 솔선수범하고 부하들보다 더 잘해낼 수 있어야 한다는 것이 원칙이다. 그래야만 교육이 제대로 된다. 훗날 나는 생도 시절 교관님들께 정말 감사하다고 생각하곤 했다.[3]

생도들이 장교가 되고 싶어했다는 사실보다 훨씬 더 중요한 점은 실제로 장교가 될 가능성이 높았다는 점이다. 그 점이 일반 사병과 생도들을 가르는 기준점이다. 사관생도들은 지금의 고생을 몇 년만 더 참고 견디면 남을 고생시킬 지위에 오를 수 있었다. 따라서 일반 사병과 달리 상관을 원칙적으로 싫어할 이유가 없었던 것이다. 단순한 시기와 질투 정도라면 모를까.

또한 상관들은 육체적 모범을 실질적으로 갖추고 있다. 상관은 모든 것을 몸소 겪었다. 명령하는 모든 것을 부하들보다 훨씬 더 잘해낼 수 있다. 훈련의 목적은 더 개선되고 변모된 육체다. 상관은 이를 달성했고 과시하고 있다. 새로운 육체는 탐스러운 보증서와도 같다. "비웃을 거리가 전혀 없"다. 장교는 육체적으로 우월한 남자다. 그러므로 사나이들끼리 맨몸으로 부딪치는 전쟁 상황에서 더 큰 사랑을 받는 분이다.

따라서 결론은 명확하다. 상관은 아버지와 동일시될 수 없다. 프로이트가 『집단심리학과 자아분석』에서 수행한 분석은 틀렸다.*

아버지의 권위는 증명할 필요가 없는 권위라는 점에서 끔찍하다. 아버지는 솔선수범할 필요 없이 아들에게 명령한다. 아들이 해낼 수 있는 일을 아버지는 못해도 괜찮다. 그럼에도 여전히 군림한다. 아버지의 권력은 폭군적이고 자의적이다. 법으로 보호되며 증명의 의무가 없다. 아버지의 권력은 불공정하다. 하지만 훈련 장교의 권력은 공정한 듯 보인다. 그는 몸소 할 수 있고 하고 있는 일을 부하에게 명령한다. 장교와 생도는 원칙적으로 평등하다. 장교도 부하와 마찬가지로 진급을 원하는

---

* 프로이트의 군대 조직에 대한 고찰은 그런 군대가 실제로 있었더라면 아주 훌륭했을 뻔했다. 보통은 실제 사례에 기반하여 이론을 발전시키는 법이지만 프로이트는 완전히 반대 방향을 취했다. 그는 개별 부대의 구체적 구조나 개별 병사의 심리적 구조에서 출발할 필요를 못 느낀 채 군대를 고찰하고 있다. 그는 귀스타브 르 봉의 『집단 심리학』이라는 책을 인용하고 자신이 이미 정립해둔 이론적 인식을 군대 및 여타 위계적 비군중에게 적용하는 것으로 충분하다고 생각했다. 그리하여 실제로는 존재하지 않는 오이디푸스적 군대를 설계하고 그 작동 방식을 서술했다. 그 나름대로는 빌헬름 황제군의 군사주의의 오류를 비판하려는 의도가 있었다. 프로이트가 문제의식을 갖게 된 계기는 독일군의 높은 자살율이었다. 또한 더 나은 군대의 미래를 옹호하려는 의도가 작용한 듯하다. 결국 프로이트는 자신이 바라던 이상적인 군대를 모자에서 토끼 꺼내는 마술쇼를 하듯 창조해내고 말았다. 에베르트가 바라던 바도 아마 비슷했을 것이다. 출판 시기가 1921년이라는 점이 인상적이다. 정신분석학의 아버지라는 인물이 당대 역사적 실상과 얼마나 괴리되었는지를 잘 알 수 있다. (Freud, *Massenpsychologie und Ich-Analyse*, GW XII, 『문명 속의 불만』, 김석희 옮김, 열린책들, 2020, 「집단 심리학과 자아 분석」 참고.)

아들일 뿐이다. 심지어 부하가 앞질러 진급할 가능성도 열려 있다.

아버지는 이중 구속의 덫을 놓는다. "너는 자라서 아버지처럼 되어라. 그러나 아버지가 하시는 일을 감히 따라하지 말거라." 반면 장교 훈련에서는 이중 구속이 사라진다. 대신 공정성의 유토피아가 열린다. 모든 장해 요소는 극복된다. 약속된 지위가 정말로 주어진다. 군인은 장군이 될 수 있다. 그러나 한번 아들인 이상 가문에서 아버지가 될 수는 없다. 설령 벼락출세해서 아버지를 제아무리 "청출어람"해도 소용없다.

바로 이것이 군인 남성 문학이 열광적으로 찬양하던 "프로이센 사회주의", 혹은 "최전방 사회주의"의 핵심이다. 가장 완벽한 형태의 사회주의는 군대라는 발상이다. 엄격한 위계질서 속에 모두가 공정하게 자리 잡는다.[4]

그러나 훈련병 교육의 실상은 달랐다. 프로이센 사회주의 공식은 실체 없는 허상이었다. 부하가 상관을 추월하는 일은 거의 없다. 한번 선임은 영원한 선임이다. 위에서 까라면 까는 거다.

훈련 교관 역시 프로이트가 만들어낸 사랑받는 지도자상과 아무 관련이 없었다. 군인 남성이 스스로의 "자아 – 이상Ich-Ideal"과 동일시하는 "아버지"와 교관은 전혀 달랐다. 오히려 완전히 반대였다. 사회에서는 변변찮은 인간이 그저 주어진 권력을 휘두르면서 성인 남자들을 가혹하게 굴렸다. 군대 밖에서 그리고 실제 전쟁터에서도 모든 면에서 잘난 게 없는 인간인데 말이다.

전투와 육체

속력과 폭발: "대상물"과의 접촉

기절은 군사훈련 중 발생하는 현상이다. 좀더 정확히 말하자면 군인 남성이 훈련 중 자신과 벌이는 싸움에서 벌어지는 현상이다. 리비도가 외부 대상에 도달하지 못하고 오히려 스스로의 인식에 범람하기 때문에 의식이 나가버리는 것이다. 리비도가 도달해도 되는 대상이자 모든 노고가 집중되어야 하는 대상은 지휘관 및 황제다. 이들은 금지되지 않는다.

이러한 구도는 전투 상황에서는 달라진다. 전쟁터에서는 군인 남성의 팽팽하게 긴장된 육체가 접촉할 수 있는 외부 대상이 존재한다. 바로 적군 남성이다.

적군을 상상하는 것만으로도 훈련 상황은 분위기가 완전히 달라진다.

모래 위에 엎드렸다. 구부린 왼팔로 턱을 괴고 땅에 바짝 붙었다. 고개를 살짝 쳐들어 멀리 목표를 살폈다. 모두 나란히 줄지어 엎드려서 신호를 기다렸다. 뛰어! 몸이 단단하게 웅크려졌다. 왼다리를 힘껏 박찼다. 가슴팍이 모래땅에서 살짝 떨어지면서 온몸의 힘줄이 전부 앞으로 튕겨나갈 듯했다. 전진, 전진! 갑자기 근육에 힘이 들어갔다. 흙바닥이 훅 꺼지더니 뒤로 밀려나기 시작했다. 우리 몸은 화살처럼 앞을 향해 날카롭게 날아갔다. 대열은 말없이 돌진했다. 모두 전적으로 혼자다. 엎드려! 땅이 순식간에 숨을 몰아쉬며 들썩였다. 방금 전까지 군홧발에 짓밟혀 평평하던 땅바닥에 물결이 치고 주름이 잡힌다. 급하게 떨어지는 몸을 감싸고

덮어준다. 호흡이 폐에 벅차다. 애써 눈으로 목표물을 찾는다. 다시 한번 대열이 앞으로 밀고 간다. 한 번 더 간다. 숲 기슭이 가까워진다. 숲 기슭에 사격수들이 있다. 모든 혈관 속에 불타는 액체가 꽉 차오르는 듯하면서 돌격 태세에 들어간다. 신호가 떨어진다. 두 개의 음으로만 이루어진 대담한 춤. 전진을 알리는 보병대 신호다. 모든 사고 기능은 쓸모를 잃고 떨어진다. 몸은 가뿐하다. 바람이 등을 때린다. 찢을 듯한 쾌락으로 전진한다. 땅이 미끄러워지면서 목표 지점을 향해 기운다. 거칠 것 하나 없는 직진이다. 이제 거의 눈앞에 있다. 방금 전까지 찢길 듯 헐떡이던 숨을 흉곽에 끌어모아 뭉쳐서 무시무시한 고함으로 뽑아낸다. 모두의 입이 한껏 벌어진다. 피와 뼈로부터 뽑아내어 함성을 터뜨린다. 공기와 부딪치면서 날카로운 절규로 울려 퍼진다. 우리가 돌풍이다. 우리가 완력이다. 못 막는다. 쳐부순다. 충돌과 힘이다. 숲 기슭을 깨뜨린다. 덤불과 뿌리를 짓밟는다. 우리는 적을 향해서 파열한다. 적의 저항 없이 한참을 내달렸다. 목표를 한참 지나쳐 신나게 웃으면서 뛰었다. 억누를 수 없는 힘에 도취되어 사로잡힌 듯. 우리는 갑자기 애써 진정했다. 어쩐지 부끄러웠다. 목표

"캡틴 아메리카도 별것 아니군!"
"자만은 금물!"

물이라는 게 사실은 머릿속 허깨비였다니. 승리가 이렇게 쉽다니 충격적이었다. 머쓱해하면서 다시 대열을 갖췄다.[1]

이 정도면 돌진이 기절보다 낫다. 기절해서 정신이 나가지 않았음에도 외부 대상과의 결합이 이루어졌다. 잘로몬 사관생도는 부끄럽고 머쓱한 기분으로 다시 대열을 갖추었다. 그는 금지된 쾌락의 목표물에까지 근접했다. 거의 기절할 지경이었는데 구원자가 나타난다. 바로 함성이다.

공격 목표를 향해 돌진하면서 그는 땅과 일체감을 달성한다. 땅은 마치 살아 있는 육체처럼 느껴진다. "숨을 몰아쉬며 들썩인다." "주름이 잡힌다." 땅은 "급하게 떨어지는" 병사의 몸을 감싸준다. 그러다가 정복된 영토가 되어 목표 지점을 향해서 기운다. "억누를 수 없는 힘"으로 흘려서 돌진한다. "무시무시한" 고함으로 직진한다. 자기도 모르게 함성을 지른다. 함성은 저절로 나온다. "피와 뼈로부터 뽑아내 함성을 터뜨린다." 상상 속 허깨비 적을 향해서 "파열한다".

강조점은 목표와 속력에 있다. 그 안에서 군인 남성은 질주한다. 내면적 폭발은 그를 찢어놓는다. 그리하여 전투의 쾌감에 대한 헌신이 정기적으로 일깨워진다. 전쟁 중에 군인은 권총, 기관총 등의 전쟁 기계와 일체감을 이룸으로써 쾌감을 극대화한다. 고함치고 수류탄을 던지면서 자연이 "생생하게" 살아나는 듯한 감각을 누린다. 폭발이다.

그들의 내면에 불길이 타오르고 머물렀다. […] 그들은 순식간에 괴물처럼 훨훨 탔다.[2] 우리 위치에 경보음이 쨍하고 울려 퍼졌다. 살아 있는 모든 것을 태워버릴 듯 전자음이 귀를 찢었다. 그래, 그래, 드디어! 우리가 나갈 순간이다. 이제 마음껏 쏟아부을 수 있다. 참지 않고 다 태워버릴 테다. […][3] [샤우베커] 전쟁에 미친 자들의 화산 같은 심장이 폭발한다.[4][하인츠] […] 마치 수류탄처럼 산산조각으로 폭발한다. 심장이 있을 곳에서 마치 폭탄 터지듯 쏟아진다. […][5] 울부짖는 심장의 모터에 화약으로 불 붙인 듯한 관능. […][6]

폭발은 마치 탄생처럼 그려진다. 학수고대하던 탈육화된 육체의 탄생이다. 쾌락 가득한 재난의 무대가 된다.

천지창조의 숨결이 그의 눈앞에서 물질 위를 휩쓸며 뒤엎고 새로 태어나게 하는 듯했다. 그 역시 어쩔 도리 없이 세계 종말에 휩쓸렸다. 아주 짧은 한순간, 아주 작은 영원이 열렸다. 그는 흙으로 빚은 자기 몸뚱이에서 불현듯 영원을 느꼈다. 샘물 같은 핏줄과 화산 같은 신경으로 느꼈다. 폭발은 곧 그를 붙잡아 구름에 닿을 정도로 높이 던졌다. 원자 크기로 갈가리 찢었다. 그와 주변의 모든 전우. 심장의 불덩어리가 깃든 진흙으로 빚은 몸뚱아리. 곧 다가올 미래의 씨앗. 이제, 곧 이제![7]

육체 갑옷이 폭발하는 순간, 빳빳한 육체 – 자아가 소멸하는 순간을 그는 갈망한다. 그러나 군중의 일부가 될 수는 없다. 그는 찔리고 분해되고 쓰러지고 싶지 않다. 그의 몸이 스스로 분자화되는 방법은 외적 폭발밖에 없다. 그는 스스로에게서 도망쳐 무언가를 향해서 미친 듯이 무조건 돌진한다. 마치 총알처럼. 그러는 한편 그는 살아남고 싶다. 행진하는 부대의 총체성 갑옷은 전투 상황에서 부재한다. 그러나 다른 종류의 갑옷이 건재하다. 내부에서 끝없이 폭발이 일어나지만 몸체는 파괴되지 않는다. 바로 포신, 기관총의 총열이다. 군인 남성의 폭발은 이 모델에 따라 발생한다.

그들은 몸을 웅크렸다. 탄흔 가장자리에서 마치 고양잇과 맹수처럼 기지개를 켰다. 오른팔을 뒤로 뻗고 관절에서 뚝뚝 소리를 냈다. 숨을 들이마셔서 몸에 압축 공기를 가득 채웠다. [!!] 귀가 울리고 폐가 망치질했다. 그들은 진실로 살아 있는 총이 되었다. 폭약으로 된 근육과 포 받침대 다리를 지녔다. 눈을 가늘게 뜨고 멀리 응시한다. 나뭇가지와 나무줄기 사이로 보이는 푸르른 지평선에서 적이 몰려온다. 취했다. 뱃속 가득 적포도주가 채워졌다. 마치 브레이크 없는 엔진이 연료를 가득 채운 채 돌진하는 모습이다.[8]

총은 군인 남성에게는 없는 능력을 지녔다. 방출하면서도 온전히 총체로 유지된다. 샤우베커의 글에서 총과 군인은 완전히 융해되어 서로 구별되지 않는다. 군인 남성의 육체 갑옷은 기관총의 금속 총열이다. 총열은 군인 남성의 "자아"처럼 작동한다.

강철 무기가 제아무리 우주 전체를 겨냥한다고 해도, 우리의 신경과 단단히 뒤얽혀 있지 않다면, 그 축마다 내뿜는 것이 우리 피가 아니라면 대체 무슨 소용이겠는가?[9] [윙거]

피를 "내뿜는" 모든 에너지는 총열에서 응축되어 폭발과 발사를 일으
킨다. 총은 우주 전체의 그릇된 구조를 겨냥한다. 총구에서 발사되어 적
의 육체를 꿰뚫는다. 그것만이 유일한 충동이다.

총의 금속 부품이 철컥하면서 뿜어낸 불덩이가 따뜻하고 살아 있는 인간
의 몸뚱이를 꿰뚫는 것이 느껴지는 게 아닌가? 기관총과 내가 하나 된 듯
한 느낌이라니, 사악한 쾌감 아닌가? 내가 기계인가? 차가운 금속인가?
혼란한 무리 안으로, 더 안으로 밀고 들어간다. 거대한 대문이 우뚝 섰다.
대문을 통과하는 자에게 영광 있으리.[10][잘로몬]

"차가운 금속"이 된다. 아무런 거리낌이 없다. 그러면서도 철컥하면서
따뜻한 몸뚱이를 쓰러뜨린다. 권력의 도취감. 경계를 허무는 느낌. 하지
만 나는 까딱없다. 기관총 작동에 걸맞은 현실적응력이 있다. 한편으로

"덤벼보라지!"
"헛주먹질 하게 둘 수도 있지만 싸움은 정면대결이 제맛이지!"
"내 파워를 최대한 농축하면 너 따위보다 우월하다!"
"오냐, 안드로이드…… 그렇다면……!"

는 과열의 순간을 기대하는 마음도 있다. 드빙거의 소설 속 인물 팔렌은 기계와 함께 과열된다.

수천 발을 연달아 갈겼다. 단 한 번의 머뭇거림도 없었다. 팔렌의 손가락에는 물집이 잡혔다. 기관총이 벌겋게 달아올랐지만 계속 쏘아댔다. 손아귀에 틀어쥔 작은 짐승이 토해내는 죽음만이 느껴진다. 짐승은 피에 굶주린 듯 손아귀에서 날뛴다. […] 볼셰비키는 습격당해 허둥

"내가 어린애인 줄 알아?"
"그런데…… !!"

거렸다. 미처 엄폐할 곳을 찾기도 전에 총 맞은 시체가 쌓여서 벽을 이루었다. 꼼짝도 못 하고 나자빠진다. 짙은 갈색 덩어리가 되어 뒤엉킨다.

"사격 중지!" 랑스도르프가 목청 높여 외쳤다. 팔렌에게는 들리지 않았다. 심지어 볼마이어가 잡아당겨 제지할 때까지 멈추지 않았다. 그러더니 포대 자루처럼 풀썩 쓰러졌다. 눈이 뒤집혀 있었다.

"총에 맞았나?" 라이머스가 황급히 물었다.

"엄폐물 뒤로 옮겨둬." 랑스도르프가 심드렁하게 말했다. 온갖 꼴 다 겪어본 사람이었다. "그냥 기절한 거야."[11]

갇혀 있던 리비도가 탈출구를 찾았다. 근육 갑옷-자아는 폭발하지만 동시에 총체를 온전히 유지한다. 그 결과 리비도는 난사된다. 그러나 성에 차지를 않는다. 배출 못 한 리비도는 사격수의 내면에 남아 있다가 점점 감각을 휩쓸어버린다. 블랙아웃. 긴장을 해소하려는 리비도의 목적은 어쨌거나 충족된다.

팔렌은 "단 한 번의 머뭇거림도 없이" 총알을 퍼붓는다. 뜨겁게 달아오른 그의 충동은 마구 돌아가면서 짙은 갈색 덩어리로 쌓인다. 죽음에는 죽음으로. "온갖 꼴 다 겪어본" 랑스도르프가 "확인"을 해줬다. 팔렌은 기절했다. 적절한 판단이다.

공격을 감행하는 순간, 군인 남성은 힘껏 자기 자신으로부터 변신하고 탈출한다. 흥분을 기대하는 동안 가장 짜릿하다. 마침내 그들은 총알이 되어 날아간다. 군사 기계에서 발사되어 표적이 된 육체를 찢어발긴다.

세상 어느 곳에서도 느낄 수 없는 자신의 속력에 대한 황홀경이 필수다. 이들은 자신을 탈피해 적의 몸뚱이에 명중하고 돌파한다. 속력이 정당성의 근거다.

장병들은 채찍질 당한 듯 뛰어올랐다. 한껏 웅크렸던 몸을 마치 총알이라도 된 듯 앞을 향해 발사했다. 유리처럼 맑아진 공기를 가르며 포효하고 울부짖고 쿵쿵대고 번쩍이고 으르렁댔다. 숲, 강, 벌판. 모든 것이 되살아나서 꿈틀댔다.[12][노르트]

이 모든 몸뚱이의 특징은 속력이다.[13] 미친 듯이 내달린다. 대문을 통과한다. 심리적으로 질주하고 신체적으로 질주해 한계점까지 다가간다. 그리하여 바라던 대로 몸소 욕망의 흐름을 경험하기에 이른다.

그들은 계속 질주했다. 눈앞에 탁 트인 공간에 완전히 도취되었다. 무한히 먼 곳이 시야를 가득 채웠다. 저 높은 곳 너머에 뭔가 있다. 그들이 찾는 것이 있다. …… 그게 뭘까? …… 달리자! 더!

그들은 계속 전진했다. 모든 광경이 소중했다. 그들은 열린 공간 속으로 빨려들어갔다. 마치 공기 중 소용돌이에 휘말리듯 몸을 던져 폭풍처럼 공격했다. 주저 없이 잔해 더미와 나무를 타넘었다. 포탄 구덩이를 포복으로 지나갔다. 적을 찾으며 울부짖었다. 분노가 심장을 찢을 듯 가득했다. 눈에는 눈물이 맺혔다. 온몸에 피가 부글거리며 끓는 듯했다.[14][샤우-베커]

그들은 마치 배고픈 아기처럼 "적을 찾으며 울부짖었다". "분노가 심장을 찢을 듯 가득했다." 그동안 굶주림의 고통을 복수해주는 듯한 느낌에 "눈에는 눈물이 맺혔다". 기억의 눈물, 애써 억눌러 참아왔던 눈물, 기쁨의 눈물이 흘러내린다. 드디어 방전이다. 봇물 터지듯 흐르기 시작한다. 그토록 그리워했던 적과 마주하여 서로 꿰뚫을 기회다.

거의 잊고 있던 기억이 번개처럼 되살아났다. 저기에 적이 있다! 저기 있는 그 사람을 곧 만나게 된다! 그 생각만으로도 우리는 야성적인 광란의 쾌락으로 가득 차올랐다. 터질 듯 팽팽하게 쌓여 있던 모든 것이 갑자기 출구를 만나서 자줏빛과 선홍빛의 심연 속으로 폭포처럼 굉음을 내며 쏟아져 들어간다.

빨리, 정말로 빨리 죽여야만 한다! 이제는 구원도 성취도 행복도 하나뿐이다. 피가 흐른다. 이제 본격적으로 시작된다. 악마적인 기대감이 의식적으로 느껴진다. 아무도 거역 못 할 강자가 되는 것이다. 기다려라, 우리가 곧 간다! 내 오른손은 강철 나사처럼 권총 손잡이를 쥔다. 왼손은 짧은 대나무 막대기를 움켜쥔다. 얼굴에 피가 쏠리는 것이 느껴진다. 이가 갈린다. 빛나는 눈물이 주체할 수 없이 얼굴 위로 줄줄 흐른다.[15]

공격 목표 지점에서 윙거를 기다리고 있는 것이 어떤 인간인지는 종잡을 수 없다. 그는 수많은 결핍과 실패를 품고 있다. 투지를 쏟아부을 상황이 너무 많기 때문에 한 가지 유형의 인물로 압축할 수가 없다. 그는 결합하고 싶은 남자다. 또한 복수의 대상인 가해자다. 어머니 대지를 정복하고자 경쟁하는 상대방이다. 이 모든 공격 욕구와 증오를 합쳐 놓은 대상이다. 그런데 "저기에 적이 있다". 한 인간이다. 감정을 지녔다. 머리카락과 살과 뼈를 지닌 인간, 분자적 질서의 교란자. 결국 없애야만 할 구인류. 그를 꿰뚫는 것은 곧 삶을 관통하는 것이다.

불의 세례! 공기 중에 요동치는 남성성이 가득했다. 숨을 들이마실 때마다 까닭 모를 감격에 눈물이 났다. 오, 사나이 마음이여, 이 모든 것을 느끼도다.[16]

여기서 드러나는 것은 강렬한 방전의 순간이자 사랑의 환희다. 수많은 텍스트에서 "전투"와 "사랑"은 의도적으로 결합된다. 샤우베커의 글에서도 이 점은 드러난다.

내일 나는 최전방으로 가야 한다. 불타는 수류탄을 껴안으러, 총성이 난무하는 입맞춤을 위하여, 전투기의 이글거리는 사랑의 시선을 받기 위하여.[17]

혹은 잘로몬이 독자에게 묘사해주듯, 마치 여자처럼 기관총에 올라타 주무른다.

방아쇠를 당긴다. 하루의 지루함이 싹 가신다. 기관총은 싱싱한 생선처럼 몸을 뒤틀며 꿈틀댄다. 총을 손아귀에 단단하고도 부드럽게 쥐었다.

부들부들 떨리는 총의 옆면을 허벅지 사이에 끼우고 탄띠를 하나, 곧이어 또 하나 집어넣었다. 총신에서 치익 소리를 내며 연기가 피어올랐다. 아무것도 보이지 않았다. 슈미츠가 둑 위에서 펄펄 뛰고 춤을 추며 고함치고 있었다. 그는 나를 밀어내고 내 자리를 차지했다.[18]

해석할 여지가 없을 정도로 모든 것이 노골적이다. 총기는 마치 닳고 닳은 매춘부와도 같다. 한 놈이 재미 본 후에 또 다른 놈이 올라탄다. 남자들끼리는 여전히 친구다. 혹은 오입하면서 친구가 된다. 구멍은 넉넉하게 연기를 흘린다.

중요한 것은 따로 있다. 군인 남성들의 흐름이 시작된 것이다. 글에서 피가 흐른다. 말이 술술 흘러나온다. 이들은 사명감을 느낀다. 위대한 문학을 저술하는 순간이다. 자신의 강력한 폭발의 순간으로 독자를 압도한다. 독자의 생각과 감정을 말의 폭포수로 휩쓸어버린다. 귀에서 피가 콸콸 흐르도록 말로 꿰뚫는다. 가능한 모든 말의 무기를 총동원해 격투를 벌인다. 문학사에서 영원히 빛날 영광을 위해 싸운다.

그리고 마지막 한 가지. 황홀경! 황홀경은 오직 성인, 위대한 시인, 크나큰 사랑에만 허락되는 것이 아니다. 용기 있는 자도 누릴 수 있는 것이다. […] 모든 도취를 넘어서는 도취이며, 모든 속박을 끊어내는 해방이다. 주저함도 한계도 없는 질주다. 자연의 불가항력에만 견줄 수 있다. 황홀경 속의 인간은 성난 폭풍, 광란의 바다, 포효하는 천둥과도 같다. 물아일체가 된다. 탄환이 목표를 향해 날아가듯 죽음의 어두운 문을 향해 돌진한다.* 자줏빛 파도가 그에게 덮쳐온다. 그는 진작 의식을 잃고 변모한다.

---

* "죽음이 불쌍하다"라고 크리스티안 섀퍼가 논평한다.

격랑이 되어 넘실대는 바다로 되흘러간다.[19]

되돌아간다. 윙거의 문학이 향하는 곳. 바로 거대한 소멸의 움직임이 있는 곳이다. 과거의 모든 것이 머물던 곳이다. 강력한 모든 것, 격렬한 폭풍, 출렁이는 바다, 포효하는 천둥이 있는 곳이다. 이름도 사라진다. 더 이상 고립된 개인이 아니다. 독일인, 군인, 자아, 모든 것이 혼연일체가 된다. 이것이 군인 남성에게는 망망대해의 느낌이다. 프로이트와 달리 군인 남성은 이드를 순순히 승인한다. "억압"하지 않는다. 그는 쾌락 속에 융해된다. 회피하거나 승화하지 않는다. 그러나 그의 내면과 외면에는 부분성이 없다. 욕망의 물결에 자유로이 표류할 수가 없다. 새로운 연결이나 단절을 모색할 수가 없다. 그는 총체성이다. 군인 남성이 경계를 탈피할 방법은 살해 혹은 사망뿐이다. 꿰뚫거나 혹은 폭파한다. 그는 끝까지 집착한다. 몸 안으로 흐르건 밖으로 흐르건 간에 피는 콸콸 흘러야만 한다.

호흡, 심장 박동, 엔진 소리, 날아드는 수류탄, 드르륵 기관총 난사가 하나의 리듬으로 모아진다. 사람의 - 뜨거운 피 - 여기에 - 흐르도다 - 아지랑이 - 마법처럼 - 자욱하도다. 게오르크는 예전에 무심코 읽었던 괴테의 「마녀의 밤」 한 구절을 기관총 난사의 리듬을 타며 읊었다.
"사람의 뜨거운 피, 여기에 흐르도다. 아지랑이 마법처럼 자욱하도다."[20]

군인 남성의 흐름은 머나먼 곳의 지명으로 이어지지 않는다. 대양, 콩고, 미시시피를 동경하지 않는다. 또한 무한한 여성성을 욕망하면서 흘러가고 요동치지 않는다. 군인 남성은 부드럽게 감싸주는 물줄기 따위는 모른다. 그는 오로지 폭주하고 뜨겁고 뿜어내는 내면일 뿐이다.
피는 군인 남성이 지닌 폭발과 삶에 대한 욕망을 체현한다. 군인 남성에게 흘러도 되는 것은 핏줄 속에 흐른다. 파시스트 문학에서 피는 일관되게 올바른 감정의 동의어로 등장한다.[21] 피는 심리적 장치 전체를 의미하는 대명사처럼 쓰인다. 피는 군인 남성 무의식의 생산력이다. 피는 기계화된 근육을 굴리고 뜨겁게 달구는 기름이다. 모터에 시동이 걸리면 피는 기계 속에서 부글거리며 군인 남성의 내면이 된다.*

전쟁 기계는 피 없이는 작동이 불가능하다. 하인츠는 "호흡, 심장 박동, 엔진 소리, 날아드는 수류탄, 드르륵 기관총 난사"로 리듬감을 표현해냈다. "사람의 뜨거운 피, 여기에 흐르도다." 피가 끓기에 전쟁이 있는 것이다.

영혼 없는 시대에 웅장한 민족혼[22]을 부여하는 것이 사나이들이다.[하인츠]

쌓인 눈이 녹아 급류를 이루듯 그들의 몸 곳곳에 피가 콸콸 흘러 돌았다.[23] [샤우베커]

폭발과 함께 […] 피 거품이 일었다. 원시의 암석이 용암으로 되돌아가는 듯했다.[24] [윙거]

전투의 뜨거움에 감정 위를 뒤덮은 눈이 녹는다. 전투는 솟구치는 피에서 꽃처럼 피어난다. …… 사나이의 용기야말로 최고로 값진 것이다. 들판을 가로질러 돌격할 때면 피가 마치 신성한 불똥처럼 혈관 속에 튀었다……[25]

사랑의 밤을 앞두고 설레이듯 피는 뇌와 핏줄 속에서 뜨겁고 격렬하게 소용돌이쳤다.[26]

---

* 파시스트와 다른 감정을 느낀다면 그것은 혈통 탓이다. 유대인이 혼혈을 추구하는 목적은 바로 패혈증을 발병시키려는 것이다. 패배주의적 평화주의자는 피 자체가 다르게 구성되었다. 기타 등등.

열광이 사나이다움을 일깨운다. 피가 혈관을 터뜨릴 듯 들끓고 심장이 달구어지도록 거품을 일으킨다.[27]

윙거는 믿어 의심치 않는다. 전쟁에서 돌진하는 군인의 피만큼 고귀한 것은 세상에 없다.

주트너 혹은 칸트 따위의 평화주의 철학은 실제 전쟁터의 모터 작동 소리 앞에서 순진한 어린애의 옹알이로 전락한다. 피는 특유의 거역 불가능한 법칙을 갖고 있다. 그 앞에서 모든 경험은 무력화된다.[28]

거역 불가능한 법칙이 명령한다. 피는 끊임없이 흘러야만 한다. 최전방으로. 돌파가 필요한 바로 그곳으로. 세계대전에서 군대는 피바다처럼 최전방으로 흘러간다.

여기에 흐르는 것은 삶을 향한 의지다. 투쟁 의지이자 권력의지다. 그 대가로 목숨을 기꺼이 바친다. 매일 밤 끝없이 밀려드는 전투의 흐름 앞에서 모든 가치는 사라진다. 모든 개념은 공허하다. 인류가 멸종하고 전쟁이 사라진 후에도 영원토록 지속될 근본적이며 강력한 존재의 현현이다.[29]

『내적 경험으로서의 전투』의 마지막 문장이다. 모든 목숨과 육체를 넘어선 법칙이 존재한다. 전투 중에 폭발하는 내적 흐름이다. 바로 "삶을 향한 의지"다. 피가 철철 흘러야 한다.[30]

적과의 결전에서 터져나오는 포효는 영원의 경계 앞에서 아른거리는 심장의 절규다. 문화의 흐름 속에서 잊힌 절규다. 인식, 공포, 피에 대한 갈증에서 비롯된 절규다.

피에 대한 갈증! 공포보다 훨씬 더 앞서는 강렬한 느낌이다. 전사는 몰아치는 붉은 파도에 휘말려든다. 피를 향한 환희와 갈증! 분노의 들판 위에 파괴의 전율이 구름처럼 드리운다. 살아나려고 몸부림쳐본 적 없는 사람에게는 기괴하게 들릴 것이다. 적을 바라보는 순간 공포와 더불어 느끼는 감정이 있다. 차마 못 견딜 정도로 무거운 압박감으로부터 해방되는 후련함이다. 피의 환락이다. 검은 갤리선 위에 붉은 돛을 펼치고 전쟁 속을 떠돈다. 그 무한한 쾌감은 오직 에로스에 비견할 법하다.[31]

여기서 윙거가 똑똑히 천명하려는 것은 에로스의 변형이다. 그는 자신의 내면을 정확하게 묘사한다. 외부 현실을 소멸시키는 흐리멍텅한 언어 표현은 사라지고 없다. 흠잡을 데 없이 명확하다. 비이성적이거나 어불성설이거나 알맹이 빠진 글이 아니다. 적시된 대로 인정하고 믿거나 안 믿거나 둘 중 하나다. 좌파는 믿지 않았다.

파시즘이 독일에서 대성공을 거둔 이유가 아마 여기에 있을 듯하다. 파시즘은 욕망을 급진적으로 장악했다. 욕망을 뚜렷하게 형식화했다. 피가 흘러야 한다! 밑바닥까지 뒤틀린 욕망의 형식이다. 독일공산당은 욕망의 현실 생산력을 이해하지 못했다. 해방의 쾌락, 새로운 연결의 쾌락, 새로운 흐름의 해방이 주는 쾌락을 인식하지 못했다. 대신 욕망의 방향을 틀어 정교한 전략 전술로 만들려고 했다. 그동안 파시즘은 외쳤다. 독일이여, 깨어나라! 그 말을 듣고 여기저기서 부활한 "잠들어 있던 자들"이 있었다. 썩어가던 내장에서 "죽은 자들이 되살아났다".

파시즘은 부활을 조직해낸다. 군중의 죽은 생명을 부활시킨다. "살아나려고 몸부림쳐본 적 없는 사람에게는 기괴하게 들릴 것이다." 부활은 가장 중요한 정치 과정 중 하나일 것이다. 특히 오늘날 되살릴 죽음은 넘쳐난다. 그러나 비파시스트는 부활을 조직해서는 안 된다. 오히려 해방

고난의 시간들 코믹스
피 끓는 남자다운 남자들의 이야기!
약골은 읽지 말 것.

"이 이야기는 강인한 전사들이 누비는 외딴 무인지대에서 시작되었다. 슬러거 매코드와 에이스 존슨은 중요한 임무를 띠고 암흑 속에서 대기 중이었다."

"무슨 소리 들리나?"
"개구리와 귀뚜라미 소리뿐이야."

"꼭 고향의 여름밤 같군. 평화롭고 고요하네. 저 어딘가에 2만 명의 눈 째진 동양 놈들이 있다니 안 믿겨져."

"정말 등골이 오싹하지."

"그래도 수행할 임무가 있잖아. 거의 2시가 다 됐어. 5분 후에 돌파하자고!"
"담배 한 대 피우고. 시간은 많아."

따따따따!
따따! 따따! 따따!

하고 가속하고 강렬화하여 다양성으로 변화시켜야만 한다. 다양성이라는 미덕은 파시즘적 방식으로는 조직해낼 수가 없다. 혹은 다른 인공적 방식으로 조립하여 전체주의적 인간 기계의 부품으로 만들 수 없으며, 질서의 그물망 속에 얽어넣을 수가 없다. 다양성의 삶은 정당 조직, 권력자, 기관에게 내장이나 새끼손가락처럼 전적으로 속해 있으면서 약속했던 생명을 도로 내놓고 부활시켜달라고 간청할 수 있는 존재가 아니다.

인간 다양성은 스스로의 목적을 추구할 때 자연스럽게 "조직"되어 전개될 수 있을 것이다.

전쟁의 장소

폭발의 강도는 개별 텍스트마다 무척 다양하지만 공통점이 있다. 전쟁 상황은 서술자를 중심으로 묘사된다. 모든 종류의 폭발은 그에게서 나온다. 혹은 그와 연관되어 있다. 세계 종말은 그에게서 혹은 그를 위해 연출된다. 전쟁의 무대는 어디까지나 그의 육체다. 그는 타자의 육체를 꿰뚫거나 끌어안아 분쇄한다.

주인공은 거부할 수 없는 매력의 소유자이고 감각적 자극을 추구하며 전쟁의 능동적 핵심이다. 수많은 민중이 희생되고 있다. 제국주의 열

"젠장! 이렇게 될 줄이야!"
"흐음, 처음부터 다시 시작하자!"

❶ "이 이야기는 어느 중대로부터 시작되었다. 야간 수색 후 피곤한 몸을 끌고 돌아오던 중이었다. 조 스펜서 일병은 생각에 잠겨 있었다."

❷ "조는 지쳤다. 전투도 살인도 전쟁도 생존도 지긋지긋했다."

❸ 쾅!

❹ "젠장! 각본이랑 다르잖아!"

"그렇다면…… 홈…… 처음부터 다시 시작하자."

강이 식민지의 원자재와 세계시장의 패권을 두고 전쟁을 벌이고 있다. 그 와중에 주인공은 완전히 사적인 개인처럼 군다. 그는 자신이 "국가"와 "총체"를 구현하는 존재라고 시종일관 자부한다. 그러면서도 가장 완벽하게 고립된 자기도취적 단독자로서 격동하는 쾌락의 충족을 추구한다.

주변의 모든 것이 시끄럽고 칙칙대고 쾅 터지고 김을 뿜고 콸콸 흐른다. 그에게는 이것만이 중요하다. "북과 고등"이 울리고 전원 전투 대기한다. 영국 해군과의 대격돌을 앞둔 젤조프는 "마치 아이처럼 천진난만하게 기뻐하며 들떴다".[1] 그 순간 "그의 지친 팔에는 믿기지 않을 정도의 행복"이 안겨왔다. 수류탄 불꽃과 기관총의 존재 목적은 무엇일까? 샤우베커에게 벌겋게 달구어진 키스를 안기고 잘로몬의 허벅지 사이에서 꿈틀거리기 위해서다. 지겹게 늘어지던 참호전의 돌격전은 왜 있는 것일까? 윙거의 피가 끓어올라 마침내 폭포처럼 굉음을 내며 쏟아지게 만들려는 것이다. 이것이 그의 탈출구다. 탈락하여 항복하는 것이 아니다. 투신하여 폭발하는 것이다. "오르가슴을 느꼈는가?"

그에게 전쟁은 신체 기능이다. 그러나 특이하다. 그는 강렬한 쾌락 속에서 육체의 분열을 경험한다. 군인 남성은 한편으로는 마치 벌거벗은 듯 살갗이 없다. 육체 갑옷이 사라진 듯 모든 것이 육체 내부로 곧장 접해 쏟아져 들어온다. 그는 통제를 잃는다. 통제를 잃는 것은 괜찮다.

다른 한편 그는 갑옷 그 자체다. 발사된 총알이자 철통같은 경계선이다. 살갗이 사라진 자리에 강철 옷을 대신 차려입었다. 그는 침착하고 목표의식이 투철하다. 최고로 통제되어 있다. 이러한 두 가지 대립은 "총체" 속에서 질주하고 날뛰고 폭발하면서도 억제된 채로 남아 있다. 파시스트 텍스트에서 대립은 육체와 의식 사이에서 나타난다. 의식은 행동 그 자체에 매몰되지 않는다. 돌진의 흥분 속에도 꺼져버리지 않는다.

돌격 중에도 윙거는 또렷하고 강인한 의식을 유지했다고 느꼈다. 그는 자신의 용기를 또렷이 자각했다.[2] 지나치게 두뇌만 의식한 나머지 풍경과 사건은 나중에 기억 속에서 어슴푸레 지워졌다.[3] "그들의 두뇌는 얼음처럼 차갑고 지나치게 또렷한 열에 불탔다."[4](샤우베커)

"그는 만물을 색다르고도 정확하게 봤다. 풍경의 윤곽이 간발의 차이로 아슬아슬하게 스쳐 지나갔다. 그의 시선은 공허했다.[5] 현혹된 듯 집중한다. 얼음장처럼 차갑게 정신이 바짝 든다."[6] 죽어가던 상관의 쉰 목소리가 속삭이는 듯했다. 그는 행동하는 자신을 본다. 하인츠는 이렇게 표현한다. "또다시 기절해 정신을 잃기 직전, 극도로 명징해진 그의 의식 앞에 전대미문의 장엄한 광경이라는 엄청난 마법이 모습을 드러냈다."[7] 그 광경은 초토화된 참호를 뜻한다.

"또다시 기절해 정신을 잃기 직전", 즉 블랙아웃 직전에 군인 남성이 집중하여 지각하는 대상은 최우선적으로 자기 자신이다. 군인 남성은 특정한 외부 대상을 지각의 목표물로 여기지도 않는다. 풍경은 기억에서 "어슴푸레 지워졌다". 혹은 "간발의 차이로 아슬아슬하게" 스쳐간다. 혹은 그대로 지각되는 것이 아니라 "마법"으로 지각된다. 이들 문장의 뜻은 이렇다. 나는 얼음장처럼 차갑게 의식한다, 내 의식이 얼음장 같음을. 내가 하는 모든 일을 하나도 빠짐없이 나는 똑똑히 알고 있다. "자신의 용기를 또렷이 자각"하면서 돌격한다. 즉, 내 느낌에만 온통 집중한다. 여기서 느껴지는 감정은 다른 곳에서는 느낄 수 없다. 오직 여기에만 있다.

군인 남성은 상황 속에서 자신을 경험하지 않는다. 자신을 접수한다. 이들의 파열은 강렬한 쾌감 상태를 일으키는 것이 아니다. 강렬한 자아 관찰의 상태를 일으킨다. 그래서 "얼음처럼 차가운" 두뇌가 필요한 것이다. 자기 육체에서 벌어지는 일을 놓치지 않기 위해서다. 이러한 자각 상태는 그가 살인하거나 혹은 죽을 때에만 벌어진다. 살해 행위를 기대할 때 혹은 죽어가고 있을 때 발생하는 스스로의 육체 인식이 바로 얼음처럼 냉철한 사고의 정체다. 나는 살인한다, 고로 존재한다. 나는 죽는다, 고로 존재했다.

스스로의 육체 과정에 대한 이 정도의 과몰입은 아마 오르가슴 외에는 없을 듯하다. 그러나 오르가슴을 느낄 때 육체는 혼자가 아니다. 또한 오르가슴의 쾌감은 고도의 주의집중에서 얻어지는 것이 아니다. 오히려 반대로 육체적 쾌락의 강도가 강할수록 인식 작용에서 심리적 에너지가 감소한다. 오르가슴에서 의식과 육체적 작용은 서로 대립하는 관계에 놓인다. 두뇌는 오르가슴을 의식적으로 관찰하지 않는다. 방해가 될 뿐이다.

그러나 군인 남성의 지각은 감각 자극 자체에서 완전히 분리되어 있다.

그는 완벽한 고립 상태에서 강렬한 느낌을 경험한다. 그에게는 그 자신이 쾌락 대상이다. 두뇌는 방전을 앞두고 근육을 접수한다. 폭발을 앞두고 머리는 "쾌락"을 육체의 기생충으로 경험한다. "두뇌화 Verkopfung"라는 심리학 개념이 이 과정을 잘 설명해준다.[8]

그렇기 때문에 방전은 진정한 이완이 아니다. 리비도의 에너지는 육체 내부의 길로만 흐른다. 극한 훈련 중에 겪던 기절이 바로 이 길이다. 관찰과 경험 사이의 분열을 해소해버릴 수 있는 길은 블랙아웃밖에 없다.

군인 남성의 육체는 긴장의 심리적 방출을 방해하도록 구성되어 있다. 그러므로 충동의 방출은 오직 물체화된 형태로만 가능하다. 바로 출혈이다.

피와 목숨이 흘러나간다. 이것이 구원이다.[9] 기다려요, 잠깐만 기다려요, / 그대에게 곧 행복이 찾아와요. / 잠깐만 칼날을 참으면……

굳어버린 정적의 순간, 서로 눈이 마주쳤다. 돌진했다. 고함이 치솟았다. 하늘 높이 거칠게 핏빛으로 포효했다. 그 소리가 두뇌를 불사르고 영영 못 잊도록 벌건 낙인을 찍는 듯했다. 절규는 어둡고도 알 수 없는 감정세

❶ "이 이야기는 "터크" 버커 소령이 성공적인 작전 수행 후 F86 전투기를 몰고 복귀하면서 시작된다."

❷ "적진의 경계를 막 벗어나려는 순간 갑자기……"
타타 타타 타타 / 땅땅 땅

❸ "버커 소령은 잽싸게 좌측으로 선회해서 올라갔지만……"
"젠장! 이야기 끝까지 살아남지를 못하네! 처음부터 다시 시작해야겠다."

❹ "이 이야기는 북베트남군의 평범한 병사 꾸안 호이가 진흙탕을 조용히 포복하면서 시작된다."

❺ "아군 지역을 벗어나서 적진으로 깊숙이 들어간다. 임무: 교란 작전!"

계의 장막을 찢어버렸다. 그 소리를 들은 자는 누구나 홀린 듯 전진하여 죽였고 죽임을 당했다. 두 손을 번쩍 드는 자는 누구인가? 항복인가? 아군인가? 오직 하나의 앎이 있었다. 피였다. […]
짧고도 광적인 열병처럼 분노의 난교가 지나간다. 참호 속은 마치 경련 속에 죽은 자의 어지럽게 뒤엉킨 침대처럼 남겨졌다. 흰 붕대를 감은 창백한 몰골로 떠오르는 태양의 경이를 응시한다. 세상의 현실과 고난을 도무지 이해할 수가 없다.[10]

서로 눈이 마주친다. 그토록 오래 갈망해왔던 유혹이 눈앞에 있다. 드디어 모습을 드러낸 자신의 닮은꼴을 응시한다. 일찍이 윙거가 묘사했듯 까마득한 태곳적 모든 불길을 간직한 듯한 얼굴이다.[11] "전진"하라. 스스로의 과거와 "세상의 현실"은 죄다 잊힌다. 전투가 시작되고 돌파가 이어진다. 장막, 열병, 경련. 그러나 끝끝내 자신을 돌파하고 쾌락을 경험할 수 없다. 군인 남성은 스스로의 편안한 육체와 평화로운 자아 속에서 이완된 현존을 경험할 수가 없다. 블랙아웃이다. 무슨 일이 있었는지 어떠했는지 알지 않아도 된다. 금지된 쾌락을 찾으려는 시도에 대한 형벌이다. 더 나아가 쾌락을 경험할 수 없는 육체에 주어진 불가능의 기능이다.

점차 제정신으로 "깨어난다". 황홀경, 정신 나감, 광란이 가라앉는다. "떠오르는 태양의 경이"를 느낀다. 제정신이 아니었다. 제 느낌도 없었다. 갑옷에는 금이 갔고 곧 부서질 지경에 처했다. "흰 붕대를 감은 창백한 몰골"로 결심한다. 머지않아 다시 한번 필요하리라. 피. 내 피건 남의 피건 간에.

페렌치의 이론은 블랙아웃과 오르가슴의 관계를 더 정확히 이해할 수 있도록 돕는다. 그는 발기 및 사정 과정을 하등 유기체의 자가 절단 능력에 빗댄다. 이는 불쾌를 일으키는 신체 일부를 떼어내고 재생하는 능력이다.[12] 그는 심리적 억압 기제의 전신이 있었을지도 모른다고 가정한다. 또한 "발기 역시 어쩌면 불쾌한 성질의 부담감을 주는 성기를 나머지 몸체로부터 떼어내려는 불완전한 시도였을지 모른다"[13]고 추측한다. 그는 말한다.

성기 마찰에 대한 충동은 아마 온몸에 축적된 불쾌가 성기 부위의 가려움증으로 형태를 갖추어서 일종의 긁기를 통해서만 해소될 수 있기 때문일 듯하다. 긁기 본능이라는 것도 아마 자가 절단 경향의 원형적 잔재였을 것으로 추측된다. 즉, 가려운 신체 일부를 손톱으로 떼어내려는 시도다. 실제로 가려움증이 완전히 사라지려면 가려운 곳을 피 나도록 긁어야 한다. 즉 조직 일부를 실제로 떼어내야 한다. 아마 발기, 마찰, 사정은 처음에는 강렬하게 시작되었다가 점차 완화되는 자가 절단 과정인 것으로 추정된다. 전체 기관을 제거하려는 욕구에서 시작해 긁기, 즉 마찰 정도에만 그치고, 액체 배출로 만족하는 과정이었던 것이다.[14]

군인 남성은 아무것도 배출하지 못한다. 대체적 방식의 흐름 방출도 못한다. 더 이상 가렵지 않으려면 온몸을 긁어대야 할지도 모른다. 그의 온몸, 그의 자아는 배출 가능성이 막혀버린 채 완벽하게 성기화했다.[15]

군인의 육체에게 전투는 과연 출구가 있는지 알아볼 유일한 기회로 다가온다. 자신이 대체 왜 이 모양인지 경험할 기회인 것이다. 이제 비밀은 끝났다.

"모든 비밀은 폭발적이고 그 자체의 내부 열과 함께 퍼져나간다." 카네티의 말이다.

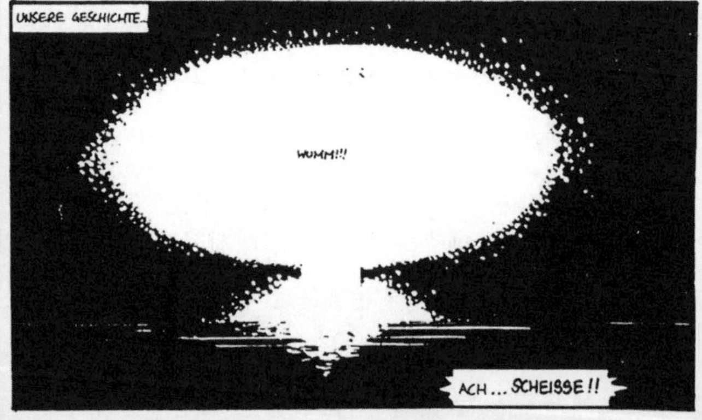

❶ 꾸안은 살금살금 다가가서……
"대체 만화가 왜 이 모양이지? 완전히 통제 불가네!"
❷ 이 이야기의 시작은……
꾁! 꽝!
"또 이 지랄이네. 미치겠네! 다시 시작해야겠다."
❸ 이 이야기는……
"에이 씨발!"

무엇이 일어나는지가 중요한 것이 아니다. 화산처럼 돌발적이고 불가항력적으로 발생한다는 것이 더 중요하다.[16]

"불가항력적"이고 폭발적으로 적과 마주치며 자신을 깨닫는다. 자신과 닮은꼴인 적에게 돌진하는 것이 윙거의 판타지가 그려내는 전투 순간의 핵심이다. 새벽 안개가 걷히고 태양광이 창백한 얼굴에 내리쬐는 순간 끔찍한 사실을 깨닫는다. 비밀은 끝내 밝혀지지 못할 것이다.

군인 남성의 육체는 계속 자신으로부터 닫혀버린다. 끝내 끔찍한 비밀로 남는다.

군인의 육체, 기술 기계, 파시즘의 미학

우리 세대는 기계와 화합하기 시작한 첫 세대다. 우리에게 기계는 그저 유용한 데 그치는 것이 아니라 아름다운 것이다.[1]

이 대조는 기만적이다. 윙거는 기계를 사용하고자 하지만, 사용 목적은 평이한 생산에 있지 않다. 그에게 기계가 "아름다운" 까닭은 자신의 육체 문제 해결에 유용하기 때문이다.

우리가 지닌 능력을 기계로 옮겨 담아야 한다. 그러려면 객관적 거리를 두고 냉철한 두뇌를 유지해야 한다. 피의 요동치는 격렬함을 의식적이면서도 논리적인 능력으로 변환시켜야 한다.[2]

기계가 육체를 대신해야 한다. 육체를 대체하고 육체가 못해내는 일을 해야 한다. 거침없이 기능해야 한다. 빠르고 정교하고 번쩍번쩍하고 멋있고 완벽해야 한다. 내적인 폭발에도 총체성을 유지해야 한다.

윙거는 기계를 위한 완벽한 기획을 제시한다. 기계는 다른 방법으로는 절대 얻을 수 없는 대량의 쾌락을 제공해줄 것이다.

그렇다. 기계는 아름답다. 충만하고 강력한 삶을 사랑하는 사람에게는 자명한 진실이다. 니체의 르네상스적 풍경에는 아직 기계가 설 자리가 없었다. 그러나 분명히 그는 다윈주의에는 반대했다. 삶이 그저 비참한 생존 투쟁이 아니라 더 높고 더 깊은 목적을 향한 의지라는 그의 철학에는 반드시 기계가 추가되어야 한다. 기계는 단순한 생산수단일 수가 없다. 우리의 알량한 필요만 충족시켜서는 안 된다. 오히려 더 높고 더 깊은 만족감을 제공해주어야 한다. 그래야만 비로소 숱한 문제가 해결된다. 예술적 인간은 기계에서 금속 부품들의 실용적 조립이 아닌 총체성을 발견한다. 전략가는 생산 전쟁의 마력에서 벗어날 수 있다. 이들도 기술자와 사회주의자처럼 해결에 참여하는 것이다.[3]

윙거는 기계에서 "총체성"이 보인다고 경솔하게 단정한다. 완전히 어불성설의 범주화다. 스스로의 육체적 필요를 투사한 아전인수다. 윙거는 인간의 욕망 생산을 기계에 떠맡겨서 만족감을 얻고자 한다. 들뢰즈와 과타리의 욕망 기계는 윙거가 기계에 기대하는 욕망과 정반대로 작동한다. 윙거가 말하는 욕망 생산은 그 자신의 필요에 따른 것이다. 욕망 기계와 총체성 기계의 상반성이 뚜렷하게 나타나는 것은 바로 군중 조직 구조의 차이다. 이전 챕터에서 설명했던 분자적 군중과 그램분자적 군중의 차이가 여기에 해당된다.

무의식이라는 욕망 기계는 그 자체로 분자적 군중 존재다. 기관 기계, 흐름 기계, 에너지 기계가 부분 대상과 결합하여 만들어진다. 이것저것의 잔여와 절단을 끌어모아 구성된다. 이는 순수한 다수성이며 통합이 불가능하다. 온갖 결합이 가능하며 온갖 쾌락이 생산될 수 있다. 기술적 기계는 그램분자적 구조물이다. 모든 부품은 지정된 자리에 놓인다. 기계 속에서 특정한 기능을 수행한다. 위계적으로 구성된 통일성으로 통합된다. 그렇기 때문에 이른바 총체성 기계에서 욕망은 스스로의 육체 구조에 모범적 형태로만 제시된다. 욕망은 규칙적인 동작 기능으로 변환되어 통제된 "충동 생명"으로 나타난다. 감정은 없고 그저 강력하다. "폭발"의 "속도"에서 강렬한 쾌감을 얻는다.

인간의 다양성 기계는 새로운 연결을 무한히 생산함으로써 기능한다. 여기서 접속이 열린다. 저기서도 자유로운 길이 열린다. 상상조차 못 했던 공간이 생기고 강렬한 흐름이 몰아친다. 짝을 지었다가 다시 떨어진다. 모든 일부분이 다른 일부분과 독립적으로 기능한다. 여기서도 기능하고 저기서도 기능한다.

인간의 총체성 기계는 위계화되고 기능화된 개별 부품들과 규격화된 통일적 결합으로 이루어진다. 흐름은 개별 부품의 폭발 혹은 과열을 통해서만 풀려난다. 구동 체계는 폭발, 도약, 블랙아웃의 순서로 이루어진다. 충전되었다가 또다시 폭발하고 도약하고 블랙아웃된다.

다수성은 "분열증"적으로 사방에 확산된다.

총체성은 "편집증"적으로 박해하고 포위하고 결박한다. 전쟁 기계는 모든 총체성 기계를 성능의 극한 경계까지 몰아붙이며, 가공할 속도감과 수많은 폭발을 날마다 주겠다고 약속한다. 이는 총체성 부품에게는 가장 큰 쾌락의 약속이다. 이에 비하면 평화 시 기계는 지배 쾌락의 강렬함을 감질나게 조금만 제공할 뿐이다. 자신을 폭발적으로 넘어서면서도 총체성을 유지할 수 있는 대규모 수행은 전쟁 기계만이 가능하다.

하지만 윙거는 "평화 시" 기계라도 다른 목적을 상상할 수가 없다. 심지어 "민간" 기계에조차 그는 도취된다.

가끔 우리는 느꼈다. 특급 열차가 천둥번개처럼 대지를 가르며 질주할 때, 경주용 자동차가 둔덕의 커브를 타고 트랙으로 쏜살같이 밀고 올 때, 우리 도시의 상공을 비행기들이 획획 맴돌 때, 유리 지붕이 덮인 대형 홀에서 피스톤과 반짝이는 플라이휠 사이에 서 있을 때, 수은주가 오르내리는 동안 흰 대리석판에 박힌 출력계의 붉은 바늘이 벽 위에서 떨고 있을 때. 여기에는 더 많은 생기가 있어야만 한다고 느꼈다. 어떤 사치, 어떤 넘쳐흐르는 에너지, 삶을 온전히 힘으로 바꾸려는 어떤 의지가 있다고 느꼈다.[4]

물론 윙거의 삶이다.

윙거의 개념은 기계와 인간 모두를 욕보인다. 각각의 고유한 능력을 슬쩍 바꿔치기하기 때문이다. 본래 생산수단인 기계는 상식적으로 사용된다면 인간의 처지를 획기적으로 개선할 수 있을 것이다. 인간은 생존 투쟁하느라 생긴 근육 갑옷을 벗어버리고 다시 살과 피를 지닌 존재로 돌아갈 수도 있을 것이다. 하지만 윙거는 기계를 육체적 쾌락의 표현 수단으로 전락시킨다. 반면 쾌락을 생산하는 존재였던 인간은 근육 기계로 변환된다. 쾌락 생산은 금지당하고 핍박당한다. 인간 무의식의 자연적 기계는 제거되고, 주변부의 인공적 기계화가 그 자리에 들어선다. 한편 기계의 자연적 생산 요소는 제거되고, 그 대신 기계는 인위적으로 인간화된다. 다수의 인간적 욕망 기계는 "군인 남성"의 쾌락 박해 기계에 통일된다. 반면 기계의 통일성과 단순성은 대상을 생산하며 미적 다수성의 유사 인간적 표현형이 된다. 그리하여 인간은 불완전한 기계가 되고 기계는 불완전한 인간이 된다. 양자 모두 생산하지 못하는 처지가 되어 스스로 겪은 공포를 표현하고 전염시키는 존재가 된다. 이렇게 둘 다 변태적 형태의 파괴자가 된다. 실제 인간과 실제 기계는 거꾸로 뒤집힌 이 과정에서 희생된다. 표현 기계인 전투기는 생산 기계 위에 폭탄을 투하한다. 기계화된 육체는 피와 살을 파괴한다. 여기에는 비인간화·비기계화된 군인 남성의 리비도가 있다. 그의 비인간화는 곧 기계화된 살덩이다.

이런 관점에서 발터 벤야민이 『기술복제시대의 예술작품*Kunstwerk im Zeitalter seiner technischen Reproduzierbarkeit*』 말미에 덧붙인 유명한 발언을 다시금 음미해볼 수 있다. 그는 이렇게 말한다.

정치의 심미화를 위한 모든 노력은 한 점에서 그 정점을 이루는데, 전쟁이 바로 그것이다. 전쟁, 오로지 전쟁만이 전승된 소유관계를 그대로 유지하면서 대규모의 대중운동에 하나의 목표를 설정할 수 있다. 정치 입장에서 봤을 때 상황이 그렇게 서술된다. 기술 입장에서 보면 이러한 상황을 다음과 같이 표현할 수 있다. 즉 오로지 전쟁만이 소유관계를 그대로 유지하면서 현재의 모든 기술 수단을 동원할 수 있게 한다.[5]

전쟁에 대한 견해는 반박 불가능할 정도로 명백하며 충분히 뒷받침되었다. 또한 벤야민이 말하는 "정치의 심미화" 과정이 파시즘의 본질적 정치 행위라는 것도 분명하다. 다만 개념 자체에 설득력이 충분하지 않은 듯하다. 벤야민은 공산주의의 "예술의 정치화"라는 공식을 도출하고자 한다. "정치의 심미화" 개념은 파시즘의 활동을 정의한다기보다는 예술의 정치화 개념을 뒤집어 대조시킨 형태로 보인다.

파시즘이 "전승된 소유관계"를 수호하려고 안간힘을 썼다는 설명에는 반박할 여지가 많다. "현재의 모든 기술 수단"을 "동원"하면서 파시스트가 소망하는 것이 고작 "사적 소유관계"일 리가 없다. 파시스트 작가들은 특히 더 그렇다. 파시스트는 "유대인"에게서 재산과 생명을 몰아내고, 세상의 얼굴에 자신의 "각인을 새겨넣고"자 했다. 자신을 거세의 거대한 무리로부터 떼어내고 싶었던 것이다. 고작 자본가의 재산이나 고스

란히 지켜주려던 것이 아니다. 파시스트의 이해관계는 자본가의 이해관계와 어느 정도 일치했을 수는 있어도 완전히 동일하지는 않았다.

온갖 기계를 다 끌고 전쟁에 나가자. 우리의 현재와 미래를 다 바쳐 체험하자. 이것이 선동 문구의 핵심이다. 사유재산과 소유관계 수호가 아니다. 전쟁에 나가서 기계를 움켜잡으면 "사나이는 사나이답게" 되고 혹은 "진짜 사나이가 된다"는 것이다.[6] 이것이 군인 남성의 육체가 지닌 욕망이었다. 군인 남성의 말은 모종의 정치경제학적 개념으로 치환될 수 없다. 이를 반영하여 벤야민의 글을 고쳐 쓴다면 다음과 같다.

전쟁, 오직 전쟁만이 대규모 군중 운동에 목적을 부여하면서도 그램분자적이며 반혁명적 성격을 유지시킬 수 있다. 이는 정치적인 설명 방식이다. 기술적 측면에서 설명하자면 다음과 같다. 오직 전쟁만이 모든 첨단기술적 수단을 총동원하면서도 인민 대중을 위한 기술 사용을 배제할 수 있다. 소유관계의 측면에서 말하자면 이렇다. 오직 전쟁만이 사유재산을 대규모로 움직이고 수탈하면서도 기존의 소유관계를 유지할 수 있다. 욕망 경제 측면에서 말하자면 이렇다. 오직 전쟁만이 인간의 심리적 힘을 총동원하면서도 기존의 보수적 인간 유형을 유지할 수 있다.

하지만 어딘가 미진하게 느껴지는 구석이 있다. 아마 "유지한다"는 표현 때문일 것이다. 유지라는 개념은 소유관계와 생산수단의 사유재산 원칙에만 적용 가능할 것이다. 여타 측면에서는 단순히 유지되는 수준을 넘어서 무언가가 변형된다. 인민 대중의 생동감 있는 생산 가능성은 변형되어서 멸절과 과시로 둔갑한다.

생산과 실용이 사라진 자리에 파괴와 폭력 과시가 들어선다. 이것이 좀더 구체적이고 포괄적으로 설명된 "정치의 심미화" 과정이다.

오늘날 우리는 파시즘의 준동이 가져온 장기적 변형을 익히 알고 있다. 그램분자적 멸절 군중이 자행한 과시적 만행의 잔상은 군중 형성 그 자체에 대한 공포로 변형되고 말았다. 그 결과 자아와 군중의 대립이 강력하게 부활했다. 전쟁이 발휘한 파괴 능력의 결과로 기술에 대한 열광은 기술에 대한 공포로 변형되었다. 그리하여 인간성과 기계의 대립이 새롭게 대두되었다. 야만적이고 약탈적인 수탈 시행의 결과로 공동체적 소유의 욕망은 사유재산의 과잉 보호로 변형되었다. 그리하여 사적 소유는 다시금 생존 보장과 동일시되었다. 과시적인 거짓 해방, 파괴를 통한 해방의 결과로 해방 자체에 대한 열망은 변형되어 인간의 비인간성에 대한 공포가 되었다. 그리하여 질서와 무질서의 대립은 새롭게 강화된다. 질서를 위한 투쟁은 자신의 무의식과의 투쟁이 되어버린다.

이처럼 파시즘은 수많은 부정적 변형을 초래했다. 그중에서도 가장 끈질긴 후유증은 변화에 대한 공포가 만들어내는 체념이다.

사람들은 다시금 지배의 필요성을 느낀다. 강한 지배는 "해방"을 막아줄 것이다. 해방은 죽음으로 이어질 뿐이다.

미학적 범주에서 보면, 파시즘적 현실 생산은 물질적 겁탈이라고 볼 수 있다. 사람들은 덩어리에 끼워지기 위해 겁탈당한다. 삶을 편하게 만들어줄 장치인 기술 기계를 파괴 장치로 만들고자 겁탈당한다. 침략당한 국민, 유대인, 서민, 평범한 사람들은 수탈당했지만 결코 생산수단 소유자는 아니었다. "해방"된 것은 다른 인간을 짓밟는 변태적 욕망이었을 뿐이다.

물질적 겁탈에 취약한 사람들은 대개 특정 계층에 속한다. 이들은 새로운 물질을 "올바르게" 생산적으로 사용할 기회가 없다. 물질 중에서 가장 우선적인 것은 스스로의 육체다. 개별적 육체는 역사적으로 사회적 속박을 받는다. 그래서 금지될 수준의 강렬하고 많은 쾌락을 생산하거나 경험하지 못한다. 육체 갑옷이 총체적으로 기계화될수록, 육체는 현실적 다양성을 생산하는 존재가 아닌 기계의 파괴/표출/과시적 측면과 연관된다. 사람들은 스스로의 육체가 파괴적이고 과시적인 폭격 기계와 짝지어지기를 꿈꾼다. 별 볼 일 없지만 쓸모 있는 수송기 따위는

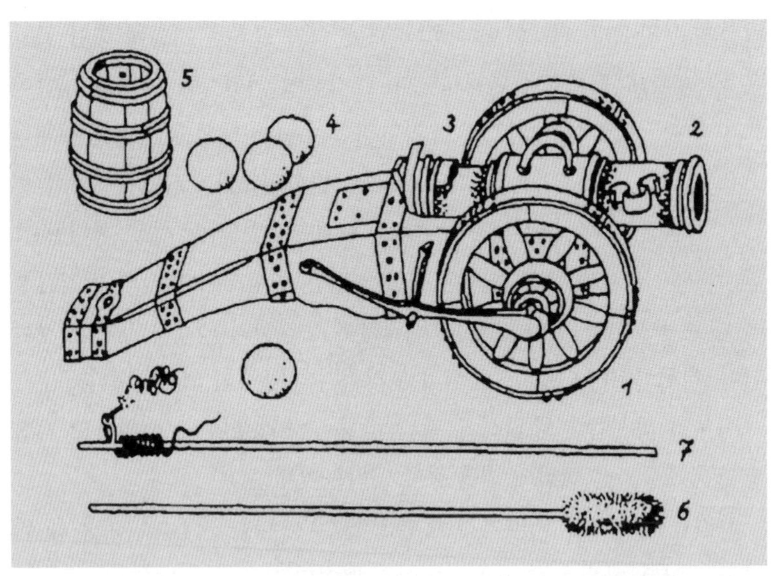

진짜 기계도 아니며 비행기 자격도 없다.

첨단 기술에 접근할 수 없는 사람들은 자신의 몸뚱이를 기술화함으로써 더 강대한 권력의 계층, 계급, 국가의 생산 기술과 전쟁 기술에 대항한다. 유럽 역사에서 자주 목격되는 경향성이다.

신흥 상업자본과 결합한 봉건 중앙 권력이 대포와 총포로 무장하고 세상을 정복하기 시작하던 시기, 권력을 잃어가던 기사 계층은 어떻게 했을까? 그들은 자신의 육체에 한층 더 강화된 훈련과 더 두꺼워진 갑옷을 더했다. 즉, 육체를 총체적으로 기계화하는 방식으로 대응한 것이다. 리페는

역사적으로 보아 대포의 발명으로 훈련이 무용해진 바로 그 시기에 훈련이 강화되었음을 지적한다.[7]

두툼한 대포통의 철갑을 기사가 갑옷으로 입은 꼴은 마치 기술적 진보의 패러디처럼 보였을 듯하다. 그들의 "심미화"는 특히 더 묵직했을 듯하다. 기사도로 이겨냈겠지만.

이는 "시대착오"가 "그릇된 물질"을 생산하도록 만든 경우다. 오래된 것을 강화함으로써 새로운 것에 대항하려고 했다. 다시 말해 대포, 총포, 가벼운 복장의 민첩한 부대에 더 두꺼워진 갑옷으로 맞선 것이다. 마치 새로운 것이 오래된 것에 부역해야 마땅하다는 듯, 절대로 못 깨뜨릴 괴물 같은 갑옷을 만들려고 남은 힘을 짜내어 소진한 것이다.

육체의 기술화는 다양한 종류의 발전된 생산 기술을 적용함으로써 이루어진다. 시대마다 특정 계층의 출신이 어떠한 육체 갑옷을 지니며 어떻게 변화하는지는 기술의 적용 방식에 좌우될 수도 있다.

지배자들이 땅속에서 황금과 광물자원을 캐내기 시작하던 시기, 연금술사들은 자기 내면에서 정념을 정제하여 "황금"을 얻고자 했다. 그들에게는 선박이나 광산 업체가 없었기 때문일 것이다. 대신 자신들에게 있는 물질을 최대한 투입했다. 바로 내면의 상태를 일컫는 수많은 단어였다. 연금술사들의 육체 갑옷은 철자 형태로 나타났다. 이들이야말로 구텐베르크 은하계의 초기 거주자들이다.

육체가 관념을 틀짓는 것이 아니다. 관념은 육체에서 생겨난다. 프리다 그라프의 말이다. 파시스트 예술가가 작품 소재를 대하는 태도는 그의 육체 상태에서 비롯된다. 그는 자신의 기계화된 근육을 모범으로 여긴다. 그릇된 대상을 "현대적"으로 다루어 재료로 삼는 것이다. 그릇된 재료 탓에 결국 모든 것을 망가뜨린다.

그는 차마 입에 담지 못할 말을 소설로 쓴다.

시종일관 자기 이야기만 쓰면서도 정작 "나"라는 주어는 뺀다.

그 자신도 모르는 지식을 남에게 가르친다. 그가 풀어놓는 이야기는 프로파간다 훈계일 뿐이다.

고작 열두 줄의 시로 세상 고민을 해결해버린다.

남의 말을 들어야 할 때는 듣지 않는다. 말하고 싶어 입이 근질거린다.

무엇인가를 봐도 눈여겨보지 않는다. 힐끗 봐넘긴다.

자신의 좆이 발딱 서야 한다는 것을 그는 네모반듯한 석재 건축물로 표현한다. 징 박힌 군홧발 소리를 음악에서 듣는다. 풍경화를 그릴 때에는 원칙에 의거한

붓질 기법으로 정확하게 쟁기질한 밭고랑을 구현한다.

대화는 책 속에서만 벌어진다. 라디오에는 없다. 직접 송출 매체인 텔레비전에서 생방송으로 벌어지는 일도 없다.

그는 비명을 지르고 싶으면 노래를 택한다. 건강한 후손을 낳으려면 장조 화음이 좋다. 의사가 필요할 상황이면 음악가에게 명령한다. 우유가 없으면 피를 가져온다. 자유가 부족하면 경찰을 부른다.

이 모든 것은 어디까지나 선의로 행해진다.

최고의 선한 의지로 악행을 저지른다. 그는 만사에 있어 옳다. 만인을 옳게 대한다. 상처가 고통스러우면 하일 히틀러를 외친다.[8]

그는 끝없이 일한다. 그래서 탈이다. 그는 쉬고 싶지만 방법을 모른

'진주만'
1941년 일본의 선전 포스터

다. 분주하다. 그는 눕지 않는다. 오직 전진하기 위해 땅을 박찬다.

그는 파괴를 통해 보존한다. 보수주의자라서 혁명가다.

그는 군대를 이끌고 친선 방문한다. 히틀러는 특유의 방식으로 세상을 알았다. 독일인 전부를 밖으로 내몰고 정작 자신은 집에 있었다. 부하들이 보고하면 그는 격노했다. 죄다 실수투성이다. 다 틀려먹었다.

만족? 그런 건 없다. 온 세상 모든 것이 파시스트가 원하는 대로 되지를 않는다.

우선 모든 것이 망가져야만 비로소 반항하지 않으리라는 보장이 생긴다. 한 치도 움직이지 않고서 온 세상을 다 알 수 있는 비결이 여기에 있다. 어딜 가나 똑같이 보이도록 세상을 만들면 된다. 즉, 죽인다.

잠시 숨을 돌린다. 그를 꿰뚫고 싶어하는 그 무엇도 없다. 하일! 이제 라디오를 켠다. 바그너의 「신들의 황혼」「사랑의 죽음」. 눈을 질끈 감는다.

군인 남성의 자아

파편화된 갑옷

윙거의 작품이 그려내는 기계화된 육체는 서술과 주술 사이를 오간다. 가장 극단적인 형태가 바로 "강철군인"이다. 이는 실제 존재하는 군인 유형을 서술한 것이 아니라 일종의 이상향이다. 유독 윙거만 그런 것은 아니다. 당시 군인 남성들은 강철 군인이 되기를 원했고 그래야만 했다. 하지만 비슷하게라도 해낼 수 있었던 사람은 거의 없었다.

이것이 백색 테러의 가장 핵심적인 현상을 설명해준다. 윙거가 상상했던 대로 군인이 정말 그토록 기능적인 존재였다면, 속력/폭발/유혈사태/블랙아웃으로 이어지는 군사작전에서 적당히 만족감을 느끼고 그쳐야만 말이 된다. 물론 갈수록 더 강한 자극이 필요하겠지만 말이다. 군인 남성의 육체 갑옷은 생각보다 훨씬 더 잘 부서졌다. 결국은 인간이기 때문이다. "정교하게 단련된 예술품"의 수준에 도달하는 사람은 극소수였다. 대부분은 훈련의 파편에 머물렀다. 갑옷에는 금이 가 있었고 울퉁불퉁했다. 그들의 "자아" 역시 파편적이었다. 정서가 강렬해지는 특정 상황에서는 금세 산산조각 났다. 그럭저럭 든든한 총체성을 유지하려면 이들에게는 부대라는 외부적 총체성 갑옷이 필요했다.

내면적 가치가 한 점 의혹 없이 탁월한 사람이 아니라면 그저 우직하게 복종하는 법을 배워야 한다. 최악의 끔찍한 상황에서도 충동에 휘둘리지 않도록 모름지기 지도자의 정신적 강제에 제압당할 수 있어야만 한다.[1]

윙거가 이런 말을 하다니 흥미롭다. 그가 중시하는 사나이의 가치는 "충동"을 "제압"하는 능력이다. 평균적인 군인 장병들에게는 이 능력이 없다는 것이 윙거가 품은 의혹이다. 그들의 육체 갑옷은 내구성이 의심스럽다. "강철군인"의 참뜻은 철저한 감정 통제를 보장한다는 데 있다. 극단적일 때는 감정이 아예 없어지기도 한다. 블랙아웃으로 정신이 나갈 때 한시적으로 파편화될 뿐이다. 하지만 파편화된 갑옷은 진작부터 깨져 있었다는 것을 뜻한다. 별것 아닌 외부적 위험과 시시한 정서적 흥분으로도 파편화된다. 그래서 외부적 갑옷, 즉 부대라는 총체성 – 자아는 정서가 강렬한 상황일수록 더 큰 중요성을 지닌다. 오직 외적 강제력 때문에 전쟁 기계 속에서 형식적으로 자리를 지키던 개별 부품이 지휘가 사라지고 결속이 붕괴되면 어떤 행실을 보일지는 불 보듯 뻔하다. 터져버린 기계의 부품처럼 사방으로 튕겨나가면서 주변 물건들을 찢어놓을 것이다. 내전 상황에서 "최전방"이 무너져버렸다. 백색군의 통제 불가능한 개별적 소그룹들은 "자아"와 "초자아"를 잃어버린다. 깨져버린 갑옷의 파편들은 뱅글뱅글 회전하며 튕겨나간다. 혼란 가득한 "이드"가 풀려나려고 광란의 몸부림을 친다.

군인 남성들은 마치 달아난 이드를 다시 잡아와 총체성을 회복해야겠다는 듯 날뛴다. 마치 소속 부대에서 이탈하고 자기 자신에게서 이탈한 듯 이들은 만나는 족족 닥치는 대로 쳐부수고 쏘고 갈긴다. 무엇이든 상관없다. 적이든 아군이든.

우리가 외국인이라서 그나마 불행 중 다행이었다. 스파르타쿠스 동맹 유혈 진압 과정에서 재단사 조합원 20명과 하숙집 주인을 가차 없이 때려 죽인 녀석들이 바이에른 출신 병사들이었다. 하마터면 "프로이센 놈들"을 죽이자는 역풍이 불 뻔했다.[2]

"불행"이 일어난 곳은 뮌헨이었다. "다행"을 기뻐하는 루돌프 만은 에어하르트 여단 소속의 "프로이센 놈"이다. 1919년 뮌헨의 상황이다.

격분한 병사들이 한 명을 붙잡았다. 수상쩍은 점이 없지 않은 민간인이었다. 두 손을 번쩍 들게 해서 고기 방패로 앞에 세웠다. 겨우 몇 발짝 떼었을 때 스파르타쿠스 놈의 총에 맞았다. 죽은 듯 나자빠졌다.[3]

"죽은 듯"이 아니라 죽었다. 그러나 더 이상의 언급은 없다. 일개 민간인이기 때문이다. 게다가 "수상쩍은 점이 없지 않"았다. 총알받이로 사용된 것이다. 스파르타쿠스 동맹의 총알에 죽었다. 병사들이 "격분"했으니 어쩔 수 없다.

"자네들이 온다고 해서 얼마나 기뻤는데 이런 만행을!"[4] 식료품상 마이스 부인의 원망이 상황을 보여준다. 그녀의 남편과 하수로 건설 노동자 17명은 1920년 4월 1일 함 보센도르프에서 파우펠 여단 소속 자유군단 병사들에게 처형당했다. 대부분 남독일 출신이었으며 비무장 상태였다. 군인들은 패배한 노동자군이 자진 무장해제하기로 약속한 빌레펠트 협정 기한보다 하루 앞서 진격했다. 명백히 불법적인 군사작전이었다. 며칠간 통신이 차단된 채 "빨갱이들"의 "잔학상"만 유포되었다. 포로를 만들지 말라는 명시적/묵시적 명령을 받은 자유군단은 느슨한 편대로 진격했다. 공격 작전을 언제든 해제할 태세를 갖춘 것이다.[5] 특별한 긴장감이 동반되는 상황이었다. 곧 맞닥뜨릴 "대상"은 저항할 능력이 거의 없다. 확실한 승리의 예감에 들떴다. 지난 2주간 겪은 패배에 대한 복수심도 들었다. 무엇보다 지휘 통제를 벗어난 해방감이 있었다. 군인들은 적군과 아군을 구별하고자 했던 육체-자아를 벗어던진다. 아니, 살아 있는 생명체를 보는 순간 자아가 해체되어버린다. 이제는 도망치지 않아도 된다. 군인 남성은 이미 융해되어 제정신이 아니다. 살아 움직이는 모든 것에 안정과 질서를 회복시켜야 한다. 그때까지 "살 갖 없는" 상태로 피바다에서 날뛴다. 그 과정에서 새로운 경계가 자라난 다. 살인이라는 개입 행위를 통해 그는 타인과 "거리를 둔다". 자신을 타 인으로부터 "차별화한다". 그 자신은 죽음을 피하면서 타인에게 죽음을 나눠준다. 그의 권력은 너무 비대해진 나머지 "엉뚱한 사람"을 죽여도 무방하다.

끝끝내 총체성 기계로서의 부대는 한 사람처럼 똘똘 뭉친다. 모두 지 도자의 말씀에 복종한다.

위험과 혼란의 시간이 오면 인간적 충동이라는 어두운 심연의 문이 열린 다. 이제껏 아무리 엄격한 군사적 통제라는 강철 빗장이 가로막고 있었 다고 해도 그렇다.[6]

루돌프 만이 아무리 위선적으로 점잖게 말을 아껴도 감출 수 없다. 빗 장은 곧잘 고의로 열렸다. 장교들이 직접 의도해서 열어주었다. 이러한 폭발은 군대의 "일상적" 규율의 기본이다.

이따금 한번씩 피를 못 얻어 마신 기계는 삐걱대고 뒤틀리다가 고장난 다. 생도들 상호 간 혹은 사병들 상호 간에 얼차려가 다소 "용인"되는 것 도 다 이유가 있어서다. 군복무를 하다보면 어딘가 늘 부글대기 마련이 다. 누군가는 꼭 선을 넘기 때문에 다시 정신을 차리게 해줘야 한다. 그래 야 모두가 제자리에 딱 자리 잡고 빠릿빠릿하게 잘 굴러가는 법이다.[7]

신나게 피바다를 만들고 피에 대한 갈증을 해소한 후에는 마음이 다 시 차분해진다. 비로소 팔다리가 제자리를 찾은 듯 안정감이 든다. 군인 남성은 금세 감정 없는 원상태로 회복되어 행복한 돼지가 된다. 살려면 돈 든다는 생각이 퍼뜩 든다. 에어하르트 루카스의 글이다.

살인자들은 시신을 약탈했다. 수천 마르크의 현금을 털어갔다. 하수로 건설 노동자들이 봉급을 받은 직후였다. 군인들은 시계와 반지도 훔쳤다. "꽤 쓸모 있겠는걸." "그래도 몇 푼어치는 되겠지." 마을 주민들 앞에서 거리낌 없이 지껄였다. 심지어 시체에서 옷가지와 신발을 벗겨가기까지 했다. 첫 번째 증인은 부상을 입은 채 살아남은 빌헬름 단이었다. 정신을 차려보니 어떤 장교가 한참 "일"로 바빴다. 죽은 줄 알았던 사람이 움직이자 놀랍게도 그 장교는 태연하게 물었다. 수중에 가진 돈이 있냐고. 단은 총살당한 형이 아마 임금을 갖고 있었을 것이라고 대답했다. 장교는 어떤 시체인지 보여달라고 했다. 시체의 품에서 지갑을 꺼내더니 "통크게도" 20마르크 지폐 한 장을 선심 쓰듯 건넸다. 병원 가서 붕대 감는 치료비로 쓰라고 단에게 조언하더니 지갑은 자기가 챙겨갔다.[8]

신빙성 있는 이야기라고 생각한다.

장교는 다시 "말이 통하는 상대"가 되었다. 혹은 아까와는 "딴판"으로 변했다. 루카스의 묘사에서 가장 주목되는 것은 전반적으로 "거리낌 없이" 행동하는 군인들의 모습이다. 시체로부터 귀중품을 훔치는 사람과 방금 전 살육을 저지른 사람이 전혀 딴사람이라는 듯 굴고 있다.

이들은 "마치 광란에 사로잡힌 듯" 행동한 것이 아니다. 그들은 철저히 계획적으로 움직였다. 예를 들어 가택수색을 하거나 혹은 적색군 소속의 노동자를 색출할 때면 그들은 어깨 부분을 벗겨서 소총을 메었던 자국을 확인했다. 총끈 자국이 있으면 즉석에서 사살했다.[9]

파편화된 자아와 비교적 안정된 자아가 어떻게 그리 급격하게 교대될 수 있는지, "피의 광란"이라는 폭발과 뻔뻔한 현실적 자제력이 어떻게 연달아 나타나는지 곧이어 알아보도록 한다.

자유군단에 끌려가는 모습. 살해당하기 직전

자아와 보존 기제

"자기 보존 기제Erhaltungsmechanismen"는 마거릿 말러의 개념이다.[1] 지금까지 용어 자체를 명시한 적은 없지만, 나는 보존 기제에 해당되는 개념으로 살인을 저지르는 군인 남성의 "자아"가 붕괴하고 다시 깨어나는 과정을 설명했다.

말러는 공격 행동을 보이는 정신증 아동 환자를 설명하기 위해 이 개념을 고안했다. "방어기제"라는 개념만으로는 불충분하고 부적합하다고 판단했기 때문이다. 공격 행동 중에는 모든 종류의 "자아-기능"이 전적으로 붕괴된다. 오이디푸스에서 파생된 개념들도 이러한 아동 환자들의 정신적 과정을 설명하기에는 역부족이다. 그래서 말러의 『공생과 개별화』에 "초자아"라는 개념은 한 번도 나오지 않는다.

오이디푸스적 개념을 동원하여 군인 남성의 행동을 설명하려들면 유사한 난관에 반드시 봉착한다. 이는 제1장 말미에서 자세히 설명한 바 있다.

마거릿 말러의 "자기 보존 기제" 개념을 적용해보려는 시도는 그저 편의 때문이 아니다. 파시스트 남성에게서 보이는 주요 증상들이 전통적인 정신분석학의 "정신증" 개념으로 충분히 설명되지 않는다는 것을 이미 여러 번 언급한 바 있다. "파시즘"과 "정신증" 사이에는 실제 어떤 관련성이 있을까?

의미심장한 일치성이 눈에 들어온다. 말러가 "정신증적" 아이들을 연구하기 위해 고안한 개념 체계는 군인 남성들의 정신생리학적 구조의 대부분을 정확히 설명해낸다. 마치 군인 남성들을 위해서 특별히 고안해낸 듯 보일 정도다. 나는 이것이 우연일 리 없다고 생각한다.

이른바 "정신증적" 아이들은 끊임없는 위험과 공포감 속에서 산다. 괴로운 공생 상태가 불쑥불쑥 찾아들어 그다음 단계로 제대로 성장하지 못하는 상태에서 살아간다.[2] "파시스트"가 되는 어떤 "선천적 성향"이 있다는 주장은 아니다. 그러나 이런 종류의 아동이 특정한 양육 방식으로 길러진다면, 아마 예외 없이 "파시스트"가 되거나 혹은 외현적으로 명백한 정신증 증세를 나타낼 것이다.

전통적인 정신분석과 정신 상담에서 "정신증" 개념은 지나치게 포괄적이며 종종 비하적 의미로 사용된다는 점에서 주의를 기울일 필요가 있겠지만, 이와 연관된 이론적 방어는 불필요하다.[3]

말러가 연구한 이른바 "공생적 유형"을 결정하는 주요 결핍이 있다. 이 유형에 해당되는 사람들은 자기 신체 경계 내부에 리비도를 안정적으로 채워서 관리하지 못한다. 이 역시 여전히 너무 임상적이며 분류적 개념이다. 나는 그보다는 좀더 와닿는 개념을 제안하고 싶다. 탄생이 완료되지 않은 인간, 미처 끝까지 다 태어나지 못한 인간이라고 부르고 싶다.

탄생의 "끝"은 말러의 "개별화Individuation"에 도달한 상태를 뜻한다. 생애 첫해를 지배하는 불가피한 공생 상태에서 아이는 서서히 벗어난다. 쾌감을 통해서 자신의 신체 경계를 느끼고, 자신이 어머니와 구별되는 자아라는 확고한 감각에 이르도록 분화한다. 외부의 사랑 어린 보살핌을 통해서만 가능한 과정이다.[4] 아이는 또한 거울 앞에서 자신을 "대상"으로 인식한다. 모체에 의해 다시 삼켜질 것이라는 공포 혹은 갈망 없이 자신을 그대로 받아들이고 언어로 표현할 수 있어야 한다.[5] 이러한 "자궁 밖 탄생"은 대략 두 해 반에 걸쳐 이루어진다. 이 과정이 끝나야 비로소 아이의 "자아"가 생긴다. 바로 프로이트가 "자아"라고 명명한 심리 구조가 생겨나는 것이다. 여기서 오이디푸스적 동일시가 벌어진다. 그러나 자아가 반드시 획득되는 것은 아니다. "자아"가 되고자 하는 의욕이 없더라도 이 과정은 일어날 수 있다.

우리가 탐구하는 군인 남성들은 이 발달 단계를 제대로 겪지 못했다. 그 이유는 제2장 끝부분에서 설명한 바 있다. 엄격하고 매서운 손길로

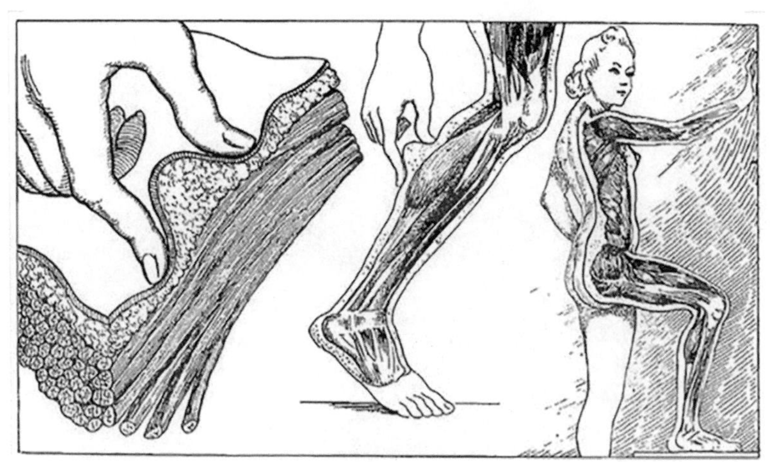

모든 종류의 신체적 흐름을 억압당하고 부정당했다. 체벌이라는 가혹한 개입을 통해 피부에서 쾌락적 감각을 축출당했다. 한편 어머니로부터 "집어삼킬 듯"한 감정 공세를 간헐적 혹은 지속적으로 받는다. 아이는 감당 못 할 정도로 강렬한 자극의 범람에 "휩쓸린다". 마치 아픔을 피하듯 아이는 "내면"을 향해 도망친다.

군인 남성은 "첫 번째" 사회화에서 외부 경계에 대한 확고한 감각을 배우지 못한다. 프로이트적 의미의 "자아"라는 심리 구조는 생겨나지 못한다.

"두 번째" 사회화는 군사훈련이다. 이미 살펴봤듯 군인 남성은 육체 경계의 감각을 드디어 성취한다. 여기서 과연 프로이트적 "자아" 심리 구조에 견줄 만한 무엇이 생겨날 수 있을까? 좀더 일반적으로 말하자면 사회적 기능이 가능한 "병적 공생" 유형은 어떻게 생겨날까?

빌헬름 황제 시대 독일에서 끝까지 제대로 태어나는 행운을 누린 사람은 적었을 것이다. 다른 유럽 지역이라고 더 나을 것도 없었다. 군인 남성과 "평범한 남성"의 행동에서 그토록 많은 유사성이 발견되는 것

도 그래서일 것이다. 다시 말해 당대 독일에서는 "정신증적" 유형이 정상이었던 것이다. 특히 프로이트 시대에는 더 그랬다. 군인 남성에게 관찰되는 정신증적 유형은 오이디푸스 유형보다 훨씬 더 "평범"했고 흔한 편이었다. 아마 오이디푸스적 인간이 오히려 드물었을 것이다. 프로이트 자신이 굳게 믿으며 자부했던 비파시스트 부르주아 인간형은 허구적이었다.

오이디푸스는 욕망 포기와 "부성 극복"을 통해 태어난다. 프로이트 자신도 이 길을 걸었다. 끝까지 다 태어나지 못한 인간에게 아버지는 무의미하다. 그에게 아버지는 사회적으로 규정된 존재이며 가정 내 권력자로 존재하고 기능한다. 그마저 장성한 아들이 아버지는 사실 무력하다는 것을 깨닫는 순간 효력을 상실한다. 미처 다 태어나지 못한 아이는 심리적으로 아버지를 필요로 하지 않는다. 아이는 모체와 재결합하고자 노력한다. 때로는 평생 지속되는 노력이다. 결합 속에서만 그는 "완전"해지고 탄생을 끝마칠 수 있다. 아이는 자랄수록 더 큰 결합을 추구한다. 그는 육체 경계가 결핍된 인간이므로 어떤 거대한 존재와도 판타지를 통해 직접 결합할 수 있다. 그는 자신을 먹이고 품어줄 더 큰 몸뚱이를 갈망한다. 이는 일종의 "모체"지만 실제 어머니와는 별 상관이 없다. 파시즘 조직 건설과 파시즘 프로파간다의 핵심적인 동작은 결속의 몸짓이라고 설명한 바 있다. 미처 다 태어나지 못한 자에게는 잃어버린 반쪽을 채우려는 끝없는 욕구가 있다. 되찾지 않고서 그는 존재할 수 없다. 그는 너무 빨리 미완의 상태로 거칠게 억지로 내던져졌다. 그래서 상처 있는 "삶"을 산다. 그런 이유로 그는 갈망하던 반쪽을 향한 세 번째 관계, 즉 복수를 감행한다. 뒤늦게 억지로 폭력적으로 만들어낸 공생 관계를 지배 관계로 둔갑시키는 것이다. 우리가 익히 아는 모습이다. 이는 퇴행과는 아무런 상관이 없는 심리다. 마거릿 말러의 통찰은 바로 여기에 있다.

프로이트조차 자아는 최우선적으로는 "육체적 자아"에서 출발한다고 지적했다.

자아는 궁극적으로 육체적 감각에서, 주로 육체의 표면에서 나오는 감각에서 유래한 것이다. 따라서 자아는 [⋯] 심리 구조의 외관을 대표하는 것 외에 육체적 표면의 정신적 투사라고 간주할 수 있을 것이다.[6]

CAST-UP
BY THE
SEA

흥미롭게도 이 대목은 「자아와 이드」의 영문판[7]에 좀더 명확한 문장으로 등장한다. 독일어 원전에서는 자아가 심리 구조이며 육체적 표면의 정신적 투사라는 데 강조점이 두어져 있다. 혹시 독일 특유의 반물질 주의적 경향 탓일까?

말러는 전기 프로이트를 계승한다. 그러므로 자아를 심리 구조로 이해하는 것이 아니라 육체적 자아로 간주한다.

자아는 육체 경계 외부에서 오는 쾌락적 자극에 반응해 "리비도를 육체 내부, 특히 복부 장기로부터 육체 외곽부로 점진적으로 이동시키는 과정"을 통해 생겨난다.[8]

쾌 – 불쾌 연속체를 맞이하여 이리저리 반응하는 외중에 육체 자아의 표상이 공생적 모체 안에서 점차 경계를 만들어낸다.[9]

자아는 모체가 아닌 스스로의 육체가 느끼는 감각에서 생성된다. 말러는 스스로의 육체에서 얻어지는 표상을 육체 도식Körperschema이라는 개념을 차용하여 설명한다.

체내 과정의 자각은 음식 섭취나 어루만짐에 대한 반응과 연관되어 발달한다. 여기에 거리에 대한 자각도 추가된다. 이것이 육체를 정신적으로 표상하는 기초인 육체 도식이다.* 이 모든 것이 자아 관념의 핵심을 구성한다.[10]

육체 외곽을 고통스러운 감각이 지배한다면 육체 자아 및 육체 자아

---

* "육체 도식"은 대상으로서의 육체와 동의어가 아니다. 그렇게 되면 의복이나 절단된 사지도 육체 도식에 포함될 수 있기 때문이다. (Mahler, p. 45.)

의 "관념"의 발달은 불가능해진다. "육체 도식, 특히 육체 경계에서 리비도가 제거되기 때문이다."[11]

　그 결과 육체 내부는 갈가리 찢긴 감정의 무대가 된다. 멜라니 클라인에 따르면 육체 외곽에 가해지는 불쾌감과 보살핌 결여 등은 내면의 "선한 대상" 형성을 저해한다. 아이는 자신을 먹여 살리는 어머니의 젖가슴을 내향투사하지 못한다. 젖가슴의 "사악한" 반쪽, 즉 젖가슴의 부재 혹은 어머니가 아이에게 휘두르는 노골적인 거절 등이 우위를 점해 내향투사되면, 아이의 내면은 통합과 해소가 불가능한 정서로 꽉 막힌다. 내면에 "사악한 어머니"가 살아 숨 쉬게 되는 것이다.[12]

　어머니는 완벽하게 내향투사된다. 그리고 어머니 및 모든 외부 대상으로부터 리비도는 회수된다.
　그 결과는 자기애적 상태다. 자아는 파편화된다. 자신의 경계는 흐려져서 어머니와 함께 융해된다.
　파편화된 자아는 내부 및 외부의 자극을 통합하고 합성하는 일을 근본적으로 감당해낼 수가 없다.[13]

　마거릿 말러의 글이다. 매우 중대한 점을 짚어내고 있다. 이러한 개체는 내부와 외부에서 오는 과잉 자극에 끊임없이 시달린다. 리비도가 어떤 식으로든 "연결"되어 있지 않기 때문이다. 육체 외곽에 연결되어서 어떤 식으로든 외부 대상을 향해 분출되어 해소되는 일이 없다. 그의 리비도는 육체 외곽을 점유한 상태에서 외부 대상과 "병렬적으로 함께 가는" 법이 없다. "파괴적이지만 중화되지 않은 공격 에너지를 육체 자아의 경계를 넘어서 분출"하는 방법을 모른다.[14]

　이 아이들은 극도로 취약하고 깨지기 쉬운 자아 구조를 지닌 탓에 공생적-정신증적 조직을 통해서만 기능할 수 있다. 이들은 늘 갈등 속에서 위협을 느낀다. 중화되지 않은 날것의 충동이 내면에서 범람한다. 다양한 트라우마적 과잉 자극이 외부에서 밀어닥친다. 아이의 자아는 언제나 찢기고 파편화될 위험에 처해 있다.[15]

모든 외부 환경의 움직임이 아이에게는 부담스럽다. 자극이 강렬하면 강렬할수록 더 나쁘다. 아이는 지각을 감당해내지 못한다. 외부는 아이에게 곧장 쳐들어온다. 아이의 자아가 급속도로 파편화되어 붕괴되면서 파괴적 에너지가 풀려난다.

"아이의 온몸에 원시적 공격성이 넘쳐흐른다. 자신이 폭발해서 수천 개의 조각으로 흩어질지도 모른다는 두려움이 가장 근원적인 공포인 듯 보인다." 마거릿 말러가 전하는 여섯 살 아동 환자의 상태다.[16]

생동적이고 복잡하고 다원적인 그 무엇일수록 더 큰 "근원적인 공포"를 일으킨다. 어떻게 해야 방어할 수 있을까?

파편화된 자아는 가변성과 복잡성을 참아내지 못한다. 통합할 수도 합성할 수도 없다. 살아 있는 대상물은 죽어 있는 대상물에 비해 훨씬 더 가변적이고 취약하고 예측 불가하다.[17]

그러므로 "죽어 있는" 대상물로 만들어야 한다.

이들의 정신증적 방어기제는 내면 및 외부 현실에서 분별성과 생동감을 말살하는 것을 목표로 삼는다.[18]

두 가지 새로운 개념이 도입된다.

“비생명화”는 정신증적 방어기제의 일종이며 탈생명화라고도 부른다. 정신증을 앓고 있거나 발병 위험이 있는 아이의 취약한 자아에게 “예측 불가”한 자극을 덜 위협적으로 만드는 것을 목표로 삼는다.[19]

탈분별화는 지각의 전면적 거부를 뜻한다.[20]

복잡한 자극, 특히 사회적·감정적 반응이 요구되는 자극은 전면적으로 거부되며 자폐증적 환각을 통해 지워진다. 그리하여 자아 퇴행은 멈추지 않고 이어져서 지각의 비분별성 단계에 도달한다. 생물과 무생물을 구별하는 능력, 즉 모나코프의 원초적 분별력Protodiakrise*을 잃어버린다.[21]

탈생명화와 탈분별화는 두 가지 방식으로 일어날 수 있다. 첫째는 실제로 “생명을 빼앗은” 후 대상에서 무분별적 “통일성”을 만들어내는 파괴 행위다. 둘째는 아이가 살아 있는 것을 죽은 것으로 인식하게 만드는 것이다.

이 과정에서 아이는 스스로 “죽은 것처럼” 되어버린다. 어떤 자극에도 반응하지 않고 그 무엇도 인식하지 못한다. “스스로에게 몰입하여” 가만히 앉아 있는다. “자폐적으로” 된다. 말러는 “자폐증”을 이렇게 설명한다.

자폐증은 탈분별화 및 탈생명화 시도다. 환자가 지각의 잠재적 원천을

---

* 원초적 분별력(Monakow, 1923)은 살아 있는 것과 살아 있지 않은 것을 구별하는 기본적인 능력이다. 신생아가 생애 첫날부터 바로 보이는 능력이다. 신생아는 살아 있는 부분 대상과 무생물인 물질을 서로 다른 방식으로 움켜쥐는 반사 반응을 보인다. (Mahler, p. 40.)

차단해버리고 환각으로 빠져들려는 메커니즘으로도 볼 수 있다. 특히 사회적·감정적 반응이 요구되는 무한하고 다양한 살아 있는 세상을 차단하려는 것이다.[22]

이 메커니즘은 "내면적" 과정에도 적용된다.

이처럼 부재적 환각을 동반한 정신증적 거부가 발생하면 곧이어 공격성으로 포화된 내적 인식이 우위를 점한다. 이 정도의 내적 흥분은 부정될 수 없기 때문에 감각계에 폭력적으로 침탈해 들어온다. 이러한 선별 인식적 – 내부 인식적 자극에 대응하려는 자아의 노력이 바로 탈생명화와 탈분별화다.[23]

쉽게 설명하자면 이렇다. 아이는 죽은 척을 시연한다. 혹은 공격성을 분출시킨다. 겉으로 드러나는 감정은 이러한 "극단적인 정서"에서 나온다. "패닉 혹은 오르가슴적 황홀경"을 경험한다. 혹은 완전히 돌변하여 목석같은 무감정을 보이기도 한다. 아동 환자가 "마치 스위치를 켜듯 태도 자체를 싹 바꾼다"는 것이 말러의 관찰이다.[24]

방어를 시도하는 목적은 명백하다. 외부에는 움직임이 내면에는 감정이 없어야만 한다. 이런 상태에서만 정신증 아동은 생존을 보장받을 수 있다고 생각한다. 이를 가리켜 말러는 "자기 보존 기제"라고 명명했다. 정신증적 아동은 자기 보존 기제로 "대상관계" 및 "방어기제"를 대체한다.[25]

이미 살펴봤듯 정신증 아동에게는 "대상관계"가 불가능하다. 리비도적 인간 대상세계가 사라졌기 때문이다. 정신분석학에서 대상관계와 대척점을 차지하는 "자기애적 관계" 역시 명백히 불가능하다. 정신증적 아동은 스스로의 "자아"가 "대상"이다. 그렇다면 자아는 어디에 있는가?

말러는 다음과 같은 대안을 제시한다.

"대상" 개념뿐 아니라 "관계" 개념 역시 더 넓히고 키우고 길게 늘일 필요가 있다. "방어"도 마찬가지다. […] 가장 넓은 의미에서 보자면 대상이란 상호작용 영역 안에 존재하는 모든 것을 의미할 수 있다. 생리학적이건 여타 무엇이 되었건 간에 개체에 영향을 주는 모든 것이 대상이다. 예컨대 자궁 안 혹은 자궁 밖의 모든 존재가 넓게 보자면 환경의 일부라는 점에서는 대상이다.[26]

"방어" 개념을 살펴보자. 정신분석 과정에서 이 개념은 충동 및 내면적 표상 작업과 연관되는 기제의 일종이라는 의미로 쓰인다. 내가 이미 상세히 논한 바와 같이 충동 그 자체, 충동과 자아, 대상과 주체는 완전히 구별되는 것이 아님은 분명하다. 그렇기 때문에 정신증적 "자기 보존 기제"는 미분화된 "충동 대상"에 작용한다. 이는 정상적 이중 통일성 단계를 넘어서 보존된다.[27]

"미분화된 충동 대상"과의 합일은 아이가 집착적으로 추구하는 특정 지각과 밀접하게 연관된다. 원초적 충동 대상의 지각은 억압되지 않은 잔여 지각이 있으며 제거된 적 없는 심리적 에너지로 가득하다. 말러는 『프로이트 이후Nach Freud』(1915)에서 "다양한 억압 기제에는 […] 최소한 한 가지 공통점이 있다. 꽉 들어찬 에너지가 회수된다"[28]고 했다. 하지만 정신증 아동에게는 적용되지 않는 말이다. 말러는 이를 "허위 억압Pseudo-erdrängung"이라고 부른다. 아이는 특정 지각을 작업해내지만 이는 의식적이지 않으며 억압되는 것도 없다. 그러면서도 적절한 순간 실제 지각에 거침없이 도달한다. 말러는 이를 "혼성적 기억저장synkretische Erinnerungsspeicherungen"이라고 부른다. 매우 강렬한 정서가 들어찬 "혼적

응집체Engrammkonglomerate"라서 절대로 "잊히지 않"는다. 그래서 언제나 다시금 지각을 얻으려고 애쓰게 된다.[29] 이는 "원과정Primärvorgang"의 메커니즘을 통해 얻어진다. "이차과정Sekundärvorgang"과 달리 원과정은 우회 처리나 승화 등을 거치지 않는다. 최단거리의 지각 동일화를 취한다. 다시 말해 최초로 경험한 경로를 늘 고수하는 것이다.[30] 말러는 "스탠리"라는 환자에 대해 이렇게 전한다.

그의 감정 반응은 원과정을 재현하고 있는 혼성적 흔적 응집체였다. 그래서 돌이킬 수 없고 억누를 수도 없는 듯했다.[31]

말러가 누누이 강조하는 것은 원과정이 최초의 강렬한 쾌락적 상황만을 다시 만들어내려고 애쓰는 과정이 아니라는 것이다. 원과정은 강렬한 고통의 상황을 재생하는 것에 경주할 수도 있다. 아이는 강박적으로 고통의 순간을 재방문한다. 고통을 제대로 소멸시킬 수 없었기 때문이다. 지각 속에서 아이는 다수의 트라우마 과정을 "혼성적"으로 종합해낸다. 트라우마가 한꺼번에 발생했던 것이 아님에도 그렇다. 이미 잘 알려져 있듯, 이는 원과정의 여러 기제를 통해 이루어진다. 즉, 응축, 전치, 대체, 동시화 등이다.[32]

말러의 "정신증적" 아동 환자의 증상은 회고록과 자서전을 통해 재구성한 군인 남성의 행동 양식과 놀라울 정도로 일치한다. 정신증적 아동 환자를 위해서 고안된 정신분석학 개념들 중에서 "파시스트" 남성의 행동 양식에 딱 들어맞지 않는 것이 하나도 없을 지경이다.

둘 다 대상관계가 불가능하고 리비도적 인간 대상세계에서 후퇴해 있다. 공격성으로 가득한 혼란스러운 "내면"을 지녔다. 외부에서 강렬한 생동감을 접하면 경계가 붕괴되는 위협을 겪는다. 내면과 외면의 경계가 무너지고 범람한다. 이들에게는 충동이 겨누는 은밀한 대상물에 대한 심리적 억압이 전혀 없다. 살인 행위 와중에 다가오는 구원의 순간, 환각적 지각과 대상 교체, 대상 "대체"가 벌어진다. 이들은 "완전히 – 엉뚱한 곳에 – 존재"한다. 공격을 감행하는 동안 이들은 부재하며 황홀경 속에 빠져든다. 이보다 더 생생한 "미분화된 충동 대상"과의 합일은 사례를 찾아보기 힘들 정도다.

군인 남성은 언제나 세 가지 지향점을 향해 돌진한다. 피투성이 곤죽, 텅 빈 광장, 블랙아웃. 지각 동일화가 원과정을 통해 달성된 것이다. 이러한 유의 지각은 고작 "방어기제" 따위일 수가 없다. 아무런 위협도 없는데 순간적으로 살아남고자 하는 것일 수가 없다. "방어기제"가 아니라 적극적인 "자기 보존 기제"라고 보는 것이 적합하다. 이들은 "파편화된 자아"를 보존하려는 것이다. 온전한 자아가 "방어기제"를 수행하는 것이 아니다. 여기에 끝없이 작동하는 것은 "탈분별화"와 "탈생명화"다. 군인 남성들은 타자에 대한 글을 쓸 능력이 없다. 독자적 생명을 지닌 대상으로 인식조차 못 한다. 그는 자신의 "파괴적" 두뇌라는 고기 분쇄기를 돌려서 타자를 인식 불가능한 덩어리로 갈아버린다. 이미 죽어버린 후에야 비로소 관심을 기울인다. 혹은 죽어 마땅한 작자로 간주해 버린다. 살인 행위 자체를 통해서 살아 있는 사람을 완전히 탈분별화·탈생명화하는 것이 백색 테러의 핵심이다. 군인 남성에게 살인은 자신의 생존, 자기 보존, 자아 재탄생을 보장해주는 행위다. 그의 채울 수 없는 갈망은 결국 총체성 구조물 건설에 있다. 그래서 위계적 구조를 통해 공생에서 벗어나려고 발버둥친다. 그는 결속의 몸짓을 끈질기게 이어간다. 공생적 정신증 환아와 동일한 갈망을 지녔다. 미처 끝까지 다 태어나지 못한 아이는 이중 통일성, 총체성을 다시 만들어내기를 갈망한다. 그래야만 지배력을 누릴 수 있다고 믿는다. 타자를 자신이 "마음껏 부리는 장기"로 "구상화"하려고 한다. 말러가 설명한 대로다.[33]

내 생각에 군인 남성과 아동 환자가 뚜렷하게 다른 중요한 측면이 한

가지 있다. 군인 남성은 조금도 "자폐적"이지 않다. 간헐적 폭발을 위해 싸울 뿐만 아니라 끝없이 "권력을 위해" 싸운다. 그에게는 별도의 현실 원칙이 적용된다. 자아 구조 역시 다르게 짜여 있다.[34]

마거릿 말러는 이렇게 강조한다.

다시 삼켜질지도 모른다는 공포는 개념적으로 자아 해체 및 경계 상실에 대한 공포에 해당된다. 아이는 자제력을 상실하고 이중 통일성으로 돌진해 들어간다. 그로 인해 초래되는 정신증적 방어 노력, 즉 자폐증은 이차적 방어로 간주되어야 한다.[35]

"자폐증"이 "이차적 방어"인지는 모르겠으나, 다시 삼켜질지도 모른다는 공포에 맞서려는 다른 형식의 방어도 있을 것이다. 군인 남성의 사례에서 이를 관찰할 수 있다.

군인 남성이 지닌 상대적으로 안정적인 자아는 구타로 다져진 것이다. 온갖 교관의 공격성이 그를 "자폐적"으로 되도록 내버려두지를 않기 때문이다. 온몸에 군기가 바짝 들어 있지 않으면 호되게 한 대 얻어맞고 정신 차린다.

이론적으로 충분히 가능한 상황이라고 본다. 그렇게 해서 생겨나는 "자아"는 독자적 개인의 자아 구조라고 볼 수 없을 정도로 무척 기괴한 모양새일 것이다. 훈련으로 꽉 잡힌 군기와 고통으로 한데 묶인 육체 갑옷을 지닌 사회적 자아다. 생동감 있는 대상을 지각 혹은 접촉함으로써 자아가 파편화될 위험을 피할 방법이 있다. 바로 사회적 틀 속에 묶여들어감으로써 스스로의 경계를 보호하고 보장하는 것이다. 이 기능을 수행하기만 한다면 가정이건 군대건 "총체성"으로서의 사회적 조직으로 작동할 수 있다.

체액을 틀어막는 교육, 고갈화 훈육과 더불어 무척이나 유효한 훈육

과정에는 구타가 반드시 포함된다. 미처 다 태어나지 못한 독일인은 고통을 통해 인공적으로 기능하도록 만들어진다. 얻어맞아야 똑바로 사는 것이다. 얻어맞는 고통을 겪으면서도 죽은 척하기는 무척 어려울 것이다.[36]

그에 비해 "자폐적" 아동은 상대적으로 구타의 경험이 적은 것으로 보인다. 몇몇 상담가와 의사들에게 직접 물어봤더니 내 의견에 동의했다. 여기에 반박할 자료는 이제까지 찾지 못했다. 자폐적 증상을 보이는 아이들은 대개 감정적 기아 상태다. 어머니는 애초에 아기를 원치 않았으며 출산 직후부터 거부했다. 젖가슴과 눈맞춤도 부재했다. 벌을 주려는 것이 아니었다. 그저 없는 듯 "식탁 밑에 버려진 채" 부모로부터 무시당했다. 이 아이들에게는 매질이라는 관심조차 주어지지 않았다.

그래서 초래되는 두 번째 상태가 있다. 바로 "자폐적" 아동 특유의 자해 공격성이다. 말러는 이렇게 전한다.

대부분의 자폐적 아동 환자는 신체 표면에 상대적으로 적은 심리적 에너지를 지녔다. 아마 그래서 통증 민감성이 심각하게 부족한 듯하다. 신체 감각의 심리적 에너지 결여는 위계화된 욕구 충족, 국소적 리비도화 및 연속화의 결핍을 일으킨다. 그렇기 때문에 자폐적 아동에게는 상대적으로 자기 성애적 행위가 드물게 나타난다. 자위행위를 다른 행위로 대체한다. 이들은 자기 성애적 행동 대신 종종 자해적 공격 행동을 보인다. 벽에 머리를 박거나 자기 몸을 깨물고 상처를 내고 훼손한다. 이 과정에는 구강기, 항문기, 생식기 단계의 내용이 마구 뒤섞인다. 실제로 이런 자해적 행동은 왜곡되고 탈선된 리비도 경제의 경계를 확정하려는 목적을 달성하려는 듯 보인다. 자신이 살아 있고 온전하다는 것을 느끼기 위한 병적인 시도처럼 보인다. 이들 아동의 자해는 스스로의 육체를 느끼기 위한 편법이다. 그리고 몇몇 방법은 목적을 제대로 달성한다. 육체 자아의 경계를 또렷이 인식하도록 만들고 개체로서의 감각을 느끼도록 해준다.

가로등 받침대,
독일 제국 최초의 건축가 알베르트 슈페어

비록 정체성의 경지에는 도달하지 못하지만 말이다.[37]

아이가 곤경에서 벗어날 방법은 하나밖에 없다. 고통을 통해서 결여된 육체 경계를 확인한다. 고통을 통해서 일시적으로나마 육체 자아를 회복시킨다. 설령 자기 파괴를 대가로 치르더라도 감수한다. 때로 상담 시간에 환아들은 "바닥에-뒹굴며-난리"를 치는 다소 온건한 방식의 자아 확인을 한다.[38] 그에 비해 군인 남성은 육체 경계와 자아를 확인하기 위해서 바닥에 피부를 접촉할 필요까지는 없었다. 특이하게도 히틀러는 절망적인 소식을 전해 들으면 카펫 위를 뒹굴며 몸부림쳤다고는 한다. 군인 남성은 군복 속에서 경계를 확인한다. 특히 혁대와 견장으로 자신을 확인한다. 무언가 육체를 "결박 유지"해주는 것이다. 외적 개입으로 형성된 육체 경계는 그의 "내면적" 경험과 심하게 동떨어져 있다. 내가 보기에 군인 남성의 육체는 외적인 근육의 육체성과 내면적 장기의 육체성으로 양분되어 있다. 근육 육체성은 군인 남성의 "자아"와 동일하다. 모든 제어 기능, 충동 방어 기능, 군인 남성의 의식적 생각에서 비롯되는 모든 것, 그의 연설, 그의 글, "사나이"로서 자기의식, "국민 총화"의 안녕을 위한 그의 끊임없는 노력 등은 육체 자아의 기능에 해당된다. 고통으로 다져진 근육으로 파편화에 맞서 싸우려는 것이다.[*]

이러한 육체 자아를 감싸고 있는 것은 외부적·사회적 혹은 조직적 자아다. 그중 일부는 이미 다뤘다. 국가, 정당, 군대다. 군인 남성들이 소속된 모든 총체성 기계는 그들의 자아 기능을 점령한다. 또한 군인 남성은 자신을 기계와 "연결"한다. 예를 들면 작전 중에 군인은 기관총과 합체된다. 총체성 가족 역시 이런 유형의 조직적 자아를 제공한다. "순백의 아내"가 좋은 사례다. 그녀는 가정 공간에 질서를 부여하고 성적 위험을 차단하는 경계를 세운다. 남편의 "통일성"에 순종하는 탈생명화된 존재로서 내조한다. 군인 남편의 육체 갑옷의 일부가 되어 봉사한다고까지 표현할 수 있을 정도다.

이러한 "자아"는 반드시 외부로부터 지탱된다. 이것이 무너지면 자아

---

[*] "볼 때마다 신기했던 것은 히틀러의 물컹하고 두툼하게 살찐 등이었다. 그의 제복 속에는 등살이 꽉 채워져 있었다. 혁대에서 어깨까지 가로지르는 그의 가죽 멜빵을 그릴 때면 군복 속에 꽉 눌려 있을 히틀러의 말랑한 살집이 떠올랐다. 맛 좋고 영양 많고 바그너 음악 같은 황홀함이 가득한 살덩어리. 내 심장은 빠르게 두근거렸다."
살바도르 달리는 황금비율의 "육체 자아"를 해체한 그림을 보여준다. 날카로운 윤곽과 찬양이 담긴 원근법을 결합했다. 살바도르 달리는 히틀러 뺨치는 "초현실주의자"였다. (Ausstellungskatalog Dalí, Kunsthalle Baden-Baden, 1971, p. 139.)

는 붕괴한다. 물밀듯 범람하는 생명력에 맞서 방어해내려면 반드시 "자기 보존 기제"가 필요하다. 즉, 탈분별화와 탈생명화다. 군인 남성에게서 이 작업이 어떤 형태로 나타나는지는 이후에 나올 「"미분화 충동 대상"에 관한 세 가지 지각 동일화」에서 다루도록 한다.

자아 해체와 노동

군인적 자아에게 가장 견디기 힘든 고통은 고독이다. 외부 조직으로부터의 지탱이 없어지는 순간 그는 융해 위협을 느낀다. 1918년 11월 군대 해산 명령이 내려졌을 때가 바로 그런 상황이었다. 혹은 투옥되거나 수면 중 꿈을 꿀 때 군인 남성들은 고독을 삽화적으로 경험했다. 이에 대한 몇몇 증언도 있다.

카프 폭동의 지도부였던 에어하르트 대위는 수감되었다가 친구 덕에 "풀려난" 후[1] 지하로 "잠수"했다. 그에게 불법적 삶은 고생스러웠다. 빵 한 조각에도 "고맙습니다"라고 굽신거려야만 했다.

겉옷과 속옷을 갈아입는 사소한 일조차 엉망진창이었다. 양말과 셔츠가 여기저기 널려 있었다. 신발과 양복이 바닥에 굴러다녔다. 게다가 늘 돈에 쪼들렸다. 매일 굴욕감이 엄습해왔지만 나는 꿋꿋하려고 노력했다. 매일 저녁 구역질이 치밀어 올랐지만 나는 애써 구토를 참았다. 바다에 단련된 사람은 삶에도 단련되어야 한다. 나는 스스로에게 명령을 내리면서 흐트러지는 자세를 바로잡았다.[2]

여단이 해체된 이후의 삶은 위협적인 "나태함"에 맞선 투쟁의 연속이었다. 그의 사고력은 급격히 저하되었다. 불결함에 대한 두려움과 추적당하고 있다는 불안감이 모든 것을 압도해버렸다.

커피하우스나 술집에 죽치고 있는 내 모습이 역겨웠다. 이제 나이도 들었으니 그런 삶이 당연하겠지만, 아무리 절제하더라도 어쩐지 타락하고 퇴폐에 빠진 듯한 느낌을 떨쳐낼 수가 없었다.[3]

아직 마흔도 안 된 사람이 "나이가 들었"느니 운운한다. "바다에 단련"되었다지만 땅에는 적응 못 했던 모양이다. 부대 없이 지낸 지 불과 한두 달 만에 그는 카페의 나태함에 빠져들었다. 그 와중에도 그는 술독에 빠지진 않았다고 굳이 강조한다.

잘로몬은 케른, 피셔와 함께 발터 라테나우 외무장관의 암살을 모의했다가 혼자 몸을 피했다. 혼자 하노버에서 도망자 생활을 하던 중 동료들의 죽음을 전해 들었다. 고립감을 절감하던 중 기차역에서 자신의 수배 전단을 본다. 그는 하노버 시내를 방황했다.

나는 온몸이 찌릿거리는 전율을 느꼈다. 손발은 이글거리며 불타고 머리통은 잘려서 데굴데굴 굴러가는 듯했다. 하지만 역시 머리가 가장 먼저 정신을 차렸다. 살얼음 덮인 차가운 벤치 위에 누운 채 정신이 들었다. 경찰이 몸을 숙이고는 내려다보고 있었다.

머리통은 제자리에 붙어 있었고 별 이상 없었다. 잘로몬의 글은 계속된다.

꼭 집어서 어디라고 말할 수 없는 어딘가에서 통증이 느껴졌다. 피부 속에 뿌리박은 통증 탓에 마치 국소 마취를 받았을 때처럼 뻣뻣하고 얼얼했다. 오직 두뇌만이 회복 불가능한 상실을 또렷하게 느끼고 있었다.[4]

잘로몬의 온갖 이야기에는 그와 케른 사이의 생생한 공생 관계가 잘 드러나 있다.[5] 케른이 죽었다는 소식에 잘로몬의 육체 말단을 점유하고 있던 결속은 붕괴된다. 육체 갑옷 중에서 마지막 남은 곳인 "두뇌"만이 기능을 계속한다. 뮌헨으로 향하는 기차 안에서 그는 기절해버리고 고열에 시달린다. 뮌헨에서 그는 "신경이 죄다 곤두서서"[6] 매일 밤 숙소를 옮겨다녔다.

뮌헨을 가로지르는 이자르 강물이 반짝이는 바위를 때리듯 나는 무너져 내렸다. 소용돌이와 소용돌이가 부딪치는 곳에 있는 기분이었다.[7]

1918년 11월 그는 비슷한 감정을 느꼈다. 그가 "묶여 있는" 세계가 "끝내 돌이킬 수 없이 먼지 속으로 가라앉는"[8] 기분이었다. 당시에 그는 "무슨 일이 있어도 반드시 버텨낸다"[9]는 각오로 자유군단에 입대함으로써 구원을 얻었다. 이후 그는 결국 체포당하고 5년 징역형에 처해진다. "새로운 경계"가 강제로 부과된 셈이다.

자신이 무너질 위협은 전쟁 중에도 끊임없이 상존했다. 전투 사이에 대기하는 순간에도 해체의 위험은 늘 있다.

긴장을 늦출 수 없다. 잠복 경계 태세, 곤두세운 감각, 호시탐탐 노리는 적의 공격을 예측하고 있는 상태가 몇 주간 몇 달간 숨 막히게 지속되었다. 알프스에서 바다까지 꼿꼿하게 군기가 바짝 든 군인들이 줄지었다. 들판, 숲, 늪, 강, 산꼭대기를 겨울이고 여름이고 밤이고 낮이고 꽉 메웠다.[10]

윙거가 묘사하는 군인 남성은 언제나 맴도는 섬뜩한 위협과 군 복무의 훈련된 안정성 사이에 끼어 있었다.

실제 현장은 도무지 말로 설명하기가 힘들다. 한 놈이 와 속삭이면서 보고한다. "교란조, 선先 피격." 접수. 바로 머리에 떠오르는 건 통신선이다. 절단되어 끊긴 모양이다. 작전지휘부와 재연결하는 것이 급선무다. 알겠습니다. 알겠습니다. 훈련받은 대로 야전 규범에 따라 실시. 모든 것은 분명하다. 그러다가 갑자기 모든 앎이 우스꽝스러워지는 순간이 들이닥친다. 그러면 옆에서 유령의 속삭임이 들린다. 모든 단어는 다른 의미를 띤다. 일상의 표면을 찢고서 영원히 갇혀 있던 심연의 깨달음을 직접 일으킨다. 감각은 다른 중심으로 몰려든다. 사람은 공포 속에서 더듬댄다.[11]

말러가 말하는 "의도하는 자아와 경험하는 자아의 분열"[12]은 윙거의 묘사와 일치한다.

갑자기 사람은 생각하는 존재에서 느끼는 존재로 바뀐다. 실체 없는 유령에 휘둘리는 것이다. 제아무리 날카로운 이성도 무용지물이 된다. 평시였더라면 예측 불가능한 요소는 부정해야 옳을 것이다. 그러나 어둠 속에서 박쥐가 날아들 듯 우리 앞에 위험이 닥치면 아무리 부정해봐야 소용없다.[13]

정신분석학적 언어로 설명하면 다소 밋밋하다.

이럴 때 자아는 탈중화되고 탈혼합된 충동의 수동적 희생물이 된다. 특히 저해되지 않은 파괴적 충동에 넘어가기 쉽다.[14][말러]

여기서 윙거가 묘사하는 것은 전쟁이나 위협 이야기가 아니다. 중요한 것은 내면의 "박쥐"다. 이 점을 많은 평론가가 간과한다. 윙거는 전쟁

1914년.
세상이 악마로 가득했던 때

문학가가 아니다.

"꿈속"처럼 지각되는 사건들, 비현실적인 느낌, 위협받고 있다는 의식, 요동치는 땅을 딛고 움직이는 듯한 감각은 모든 파시스트 문학에 마치 공식처럼 빠지지 않고 등장하는 묘사다.

무엇인가 온다. 벗어날 길은 없다. 더듬거리며 다가온다. 숨 막히는 육중함으로 나를 감싼다. 이해할 수가 없다. 형언할 수가 없다. 그러나 확실히 있다! 공포가 내 몸을 마비시킨다. 도망치고 싶다. 뭔가 무거운 것이 나를 붙들고 매달린다. 실신할 듯한 체념 속에서 나는 직시하려고 노력한다. 그러나 보이지 않았다. 만져지지도 않았다!
온다. 이제 온다. 암흑의 뒷골목에서 살해를 기다리는 듯, 붕괴된 갱도에서 서서히 질식당하듯, 마지막 힘과 마지막 공포마저 사그러든다. 죽음!
"이건 다 꿈이야. 꿈일 뿐이야!" 내 안의 마지막 희망이 고개를 쳐든다.[15]

과연 꿈이다. 육체 갑옷이 깨질 때 "내면의 지하 감옥"과 죄수들이 꾸는 꿈, 바로 그 꿈이다. 잠들면 꿈은 현실이 된다. 잠시 방심하면 꿈은 곧 그를 덮쳐온다. 잘로몬은 이렇게 전한다.

나는 갑자기 비좁은 방에서 도망쳐야만 했다. 촉수가 여럿 달린 문드러진 형태의 괴물이 위협적인 기세로 나에게 달려들었다. 깊숙한 구렁텅이로 이어지는 가파른 꺾인 계단 외에 도망칠 출구는 없었다. 괴물은 나보다 빨랐다. 나를 붙잡으려고 촉수를 뻗어왔다. 힘 풀린 다리를 질질 끌면서 어둠 속으로 도망쳤다.

그는 꿈속에서 자신이 날 수 있다는 것을 "황홀한 흥분" 속에 기억해내고 날기 시작한다. 사나운 괴물 위를 아슬아슬하게 스치며 날아간다.

괴물은 어느새 "모양새를 바꾸어 적들의 머리로 변했다". 그는 물 위를 날아갔다.

나는 어두운 바다 위를 날면서 끔찍한 문어로 둔갑한 악마가 바닷속에서 꿈틀거리는 것을 봤다. 둥근 대가리의 미끌거리는 배 한가운데에 박힌 둥그런 눈알로 나를 관찰하면서 비웃고 있었다. 나는 높은 공중을 날고 있었다. 그러나 휘젓던 내 발은 거친 물살에 닿았다. 팔다리의 살이 무거운 물을 빨아들이는 듯한 느낌이었다.[16][강조는 필자]

잘로몬의 묘사는 무척이나 구체적이고 생생하다. 아마 잘 짜이고 잘 기능하는 육체 갑옷을 지녔던 듯하다. 다시 말해 사소한 위협으로는 쉽게 파편화되지 않을 사람이라는 뜻이다. 그는 내면의 "무거운 물"이 "빨아들이는 듯" 느꼈지만, 곧바로 가라앉거나 파도에 휩쓸려버리는 느낌에 압도되지는 않았다. 잘로몬도 윙거처럼 글쓰기를 통해 자신을 안정화시킬 수 있었기 때문인 듯하다. 그들은 글쓰기로 붕괴의 경계를 최대한 지연시켰다. 그래서 마침내 발생한 붕괴는 훨씬 더 강렬할 수밖에 없었다. 독자가 알아서 상상력을 발휘해 이해해야만 하는 토르 고테의 맥 빠진 글에 비할 바가 아니다. 고테가 "불러일으키려는" 공포는 가까이 다가오지를 않는다. 바로 이런 점 때문에 대다수의 파시스트 작가의 글은 수준 높은 독자에게는 따분하게 느껴진다.

루돌프 회스는 비밀 재판 암살의 공범죄로 수감되었다. 그는 교도소 의무관들이 말하는 이른바 "징역 정신병"[17]에 걸린다.

나는 감방 안에서 마치 야수처럼 날뛰었다. 잠을 잘 수가 없었다. 나는 원래 밤새 깨는 법 없이 꿈도 안 꾸고 잘만 자던 사람이었다.

이제는 "뒤숭숭한 악몽"에 시달렸다.

뒤숭숭한 꿈속에서 나는 언제나 추격당하고 얻어맞고 혹은 낭떠러지로 떨어졌다. 그 밤들은 내게 고통이었다. 매시간 시계탑 종소리가 들렸다. 아침이 가까워질수록 나는 하루가 두려웠고 마주칠 사람들이 두려웠다. 그 누구도 보고 싶지 않았다. 나 자신을 추스리려고 안간힘을 썼지만 버틸 수가 없었다. 기도를 하고 싶어도 겁에 질린 횡설수설만 나올 뿐, 기도문이 기억나지 않았다. 신께 가는 길을 더 이상은 찾을 수가 없었다.[18]

한때 성직자가 되기로 서약한 사람이었다. 쓰라린 자기 책망과 과거지사가 점점 가까이 밀려왔다.

내적 동요는 매일매일 시시각각 자라났다. 나는 광기에 사로잡힐 지경이었다. 건강도 날로 나빠져만 갔다.[19]

그는 환각을 경험하기 시작했고 작고한 부모와 공생 상태에 빠져든다.

망자와의 교감이란 것이 있을까? 내적 동요가 극심해져 머릿속이 뒤엉킬 때면 부모님이 생전 모습 그대로 내 앞에 나타나셨다. 나를 슬하에 거느리셨던 시절처럼 말을 걸어오셨다. 이 교감이 무엇이었는지는 오늘날까지도 잘 모르겠다. 오랜 세월 동안 누구에게도 털어놓은 적이 없었다.[20]

이 아득한 나락, 이 붕괴를 겪은 후 수감생활은 별 탈 없이 지나갔다. 나는 점점 침착과 이성을 되찾았다.[21]

그는 "노동"에서 구원을 찾았다. 회스는 이미 극복한 "죽음의 지점"이 떠오를 때마다 "자신을 채찍질"해서 벗어났다고 회상한다.

어떤 일이 일어난 것일까? 나는 회스가 자아를 "바꿔치기"당했다고 생각한다. 제대로 작동하는 부품들로 갈아끼워서 새로운 총체성 기계로 거듭난 것이다. 부대 기계에서 감옥 기계로 전환되었다. 훗날 아우슈비츠 수용소장이 되었을 때 그는 완전히 무심했다. 시설은 착착 굴러갔고 모두 제각기 직분을 다했다. 회스의 낡은 군인 자아는 붕괴되었다. 곧이어 공생적 상황으로 퇴행하는 필연적 과정을 거쳐서, 수감생활의 전 과정에 무조건 동조하는 새로운 자아가 생성된다. 붕괴된 후에 새로운 "자아"로 부활하는 능력이야말로 끝까지 다 태어나지 못한 인간만이 지닌 고유한 특성이다. 자아는 외부에서 주어지는 대로 조립, 분해, 재조립되는 과정을 무한히 반복할 수 있다. 그 중간중간에 붕괴하고 기절하고 실신하고 정신이 나가버리는 경험이 간헐적으로 있다. 대체 자아는 어디에 있는가?

돌이켜보면, 잘로몬과는 달리 회스는 훈련 과정을 수료하지 않았다. 열일곱에 가출해서 곧바로 군인이 되었다. 그의 근육적 육체 자아는 상당히 불안정했을 것이다. 훈련된 군인의 육체 자아에 비해서 수감 중 파편화하는 속도가 그래서 빨랐던 것이다. 예를 들어 킬링거는 사관학교, 전쟁, 에어하르트 여단을 거쳤음에도 매일 공식적인 아침 일과 전에 30분간 체력 단련을 했다. 이를 그는 "빼이친다"라고 했다. 매일 전신을 "얼음처럼 차가운 물"로 씻고 손가락 끝으로 문틀을 붙잡아 턱걸이하기 등이다.[22] 그랬던 그조차 "노동"으로 간신히 숨통이 트였다고 말했다. 감옥생활에 대해 그는 이렇게 썼다.

내가 만약 영장판사라면 지독한 놈들에게는 아무것도 안 준다. 진짜 아무것도 안 준다. 책, 신문, 편지, 필기구, 소일거리도 안 준다. 달랑 비누

노동자 동지
열심히 노동하는 것이 우리의 길
우리의 희망－집－고향
2년 차 교재／제3호

한 개와 수건 한 장만 줘야 한다.[23]

그렇게 하면 "사과 세 알 훔쳐서" 잡혀온 놈이라도 제발 "노동"하게 해달라면서 살인 자백을 한다는 것이다.

회스가 집착하던 노동은 일종의 "단련 수단"으로 기능했다. "하루 일과의 대부분을 가득 채워서" 그에게 "정해진 규칙성을 강제해주므로" 무척 중요했다. "나는 자발적으로 정해진 기준을 스스로에게 부과했다. 이것이 가장 본질적이었다. […] 일이 있었기 때문에 긴긴 하루를 쓸모없고 소모적인 궁리질을 하지 않고 보낼 수 있었다."[24]

1946년 폴란드 크라쿠프의 감방에서 그는 이렇게 썼다.

지금 감옥에서 가장 그리운 것은 일이다. 다행히 필사 업무를 허락받아 기쁘다. 보람 있고 만족스러운 일이다.[25]

"허락받은 필사 업무"는 자서전 필사 작업이다. 회스가 "죽음의 지점"에 떨어질 것을 두려워한 덕에 아우슈비츠에서 신체 자아의 붕괴를 "내면에서" 재경험한 기록이 집필된 것이다. 폴란드 법정에 제출하기 위해 작성한 자서전의 순종적인 태도는 형량 감경의 희망 때문이 아니었다. 그는 오직 자신의 감정에만 집중할 수 있도록 혼자 있고 싶을 뿐이다. "글쓰기라는 일만 할 수 있도록 내버려둔다면 모든 것을 자백하겠다."

글쓰기, 특히 일기 쓰기는 군인 남성들에게 이러한 기능을 수행했다. 이렇게 많은 파시스트 자서전이 남겨진 것도 그래서일 것이다. 근무 끝난 저녁 시간이면 바른 자세로 앉아 줄 쳐진 공책에 단정한 손글씨와 올바른 맞춤법으로 일기를 작성함으로써 스스로의 몸을 다잡는 것이다.[26] 만년필과 종이는 자아 결속 기계로 기능한다. 종이 묶음에 알파벳을 수놓아 만들어낸 총체성이 육체 갑옷의 자아를 유지하고 지탱해준다. 이들이 글을 쓰는 이유는 감정을 느끼지 않기 위해서다. 사라지지 않기 위해서다.

파시스트 노동관의 본질이 바로 이것이다. 파시즘의 노동은 인간을 살려준다. 임금을 제공함으로써 물질적 재생산을 보장하기 때문이 아니

저들은 피를 바친다.
그대들은 노동을 바쳐라.
유럽을 볼셰비즘에서 구하기 위하여.

다. 파시즘의 노동은 자아의 파편화와 붕괴를 막아준다. 그리하여 집어
삼키려고 엄습해오는 공생 상태를 막아준다.[27]

아우슈비츠 입구의 "노동이 너희를 자유롭게 하리라"라는 표어는 진
담이었다. 비록 자신이 한 말은 아니었지만 회스는 이 말을 열성을 다해
옹호했다.

"노동이 너희를 자유롭게 하리라Arbeit macht frei"의 참뜻을 되새겨야 한다. 테오도어 아이케의 군은 결단을 이어받아, 꾸준하고 근면한 노동으로 군계일학처럼 빼어난 수감자가 있다면 소속을 막론하고 석방해주려는 의도로 시행된 정책이다. 게슈타포와 제국범죄경찰청의 반대에도 불구하고 추진되었다.[28] [강조는 필자]

그에 따르면 전쟁 탓에 모든 선한 의도가 묻혀버렸다. 회스의 의도대로 되었더라면 실제로 자유롭게 되었을 수감자도 분명 있었을 텐데 말이다. 어쨌든 수용소장은 혜택을 봤다.

주어진 과업을 완수하려면 나는 스스로 모터가 되어야만 했다. 지칠 줄 모르고 쉴 새 없이 건설 작업으로 몰아붙이며, 끊임없이 모두를 앞으로 내몰고 휘몰아가야 했다. 그것이 친위대원이든 수감자든 상관없이 말이다.[29]

나는 오직 일만 바라봤다.[30]

휘하 친위대원들의 노동관이 투철하지 못한 것이 그에게는 불만이었다.

1942년 아우슈비츠가 강제노동 수용소에서 멸절 수용소로 변모한 후 회스는 일에 흥미를 잃었다. 회스의 과업과 기능은 수용 시설의 건설 및 철거였다. 예전 업무에도 처벌, 고문, 처형이 포함되기는 했다. 하지만 이것이 주요 업무가 되는 것은 그의 적성에 안 맞았다. 그는 수용소 곳곳을 돌아다니면서 깨우치고 간섭하고 관찰하고 명령하는 것을 좋아했다. 모든 것을 통제하는 사람처럼 행세하면서 존경받는 것을 무척이나 즐겼다.[31] 아이히만이 멸절 명령을 내린 것을 자신에 대한 훼방이자 월권이라고 느꼈다. 아이히만 같은 책상물림 공무원은 수용소 현장 상황에 대해서 전혀 모른다. 멸절은 멀쩡한 노동을 망가뜨릴 뿐이다.[32] 회스는 자기 내면을 경계지어 가두듯, 수용소 철조망으로 수감자들을 가뒀다. 자기 경계를 관리하여 경계의 질서를 유지하듯 신중하게 필요한 만큼만 멸절했다. 회스는 "안정화"된 인물이었다. 충동 대상물을 거의 무감정 상태에서 다루는 일이 가능했다. 욕망을 댐으로 틀어막아서 말려버린 인물이었다. 그에게는 멸절 수용소에서 범람하는 흐름이 오히려 위협적이었다. 시체가 넘쳐났기 때문이다.[33]

괴벨스의 『미하엘』에서 노동은 핵심적인 개념일 뿐 아니라 투쟁의 하위 형식으로 제시된다. 노동은 실질적으로 "투쟁"이자 "전쟁"이다. "노동은 구원이다."[34] 미하엘의 말이다. 미하엘이 추구하는 모든 "노동"이 지향하는 상태가 바로 "구원"이다.

미하엘은 낡은 인류의 속박에서 구원되고 싶다. "내면의 개돼지" "유혹자"로부터 벗어나 구원되기를 원한다. 일기에 언급되는 이반 비누로프스키는 미하일과 논쟁을 벌이며 대립하는 숙적이다. 소설 후반부에 미하엘은 광산촌에 가서 "노동자"가 된다. 탄광 일처럼 고된 노동은 군사훈련이 일으키는 실신이나 황홀경과 유사한 도취감을 주어 "구원"을 보장한다. "저는 상속자가 되고 싶지 않아요."[35] 새로 태어난 인간, 스스로 태어난 인간으로 만들기 위해 자기 경계를 벗겨내는 장치가 바로 "노동"이다. "나는 더 이상 사람이 아니다. 나는 거인족이다. 나는 신이다!"[36] 탄광에서 첫날을 보낸 후의 일기다. 벌써부터 내면의 이반 비누로프스키를 때려죽일 정도로 자아가 강해졌다. 탄광 노동의 구체적인 대상을 거의 묘사하지 않으면서 무작정 찬양을 바친다. 집필을 사랑한다면서 집필 내용은 말하지 않는 것과 마찬가지다.

어떤 내용으로 써야 할지 이제 감이 잡혔다. 펜이 종이 위를 날아다닌다.

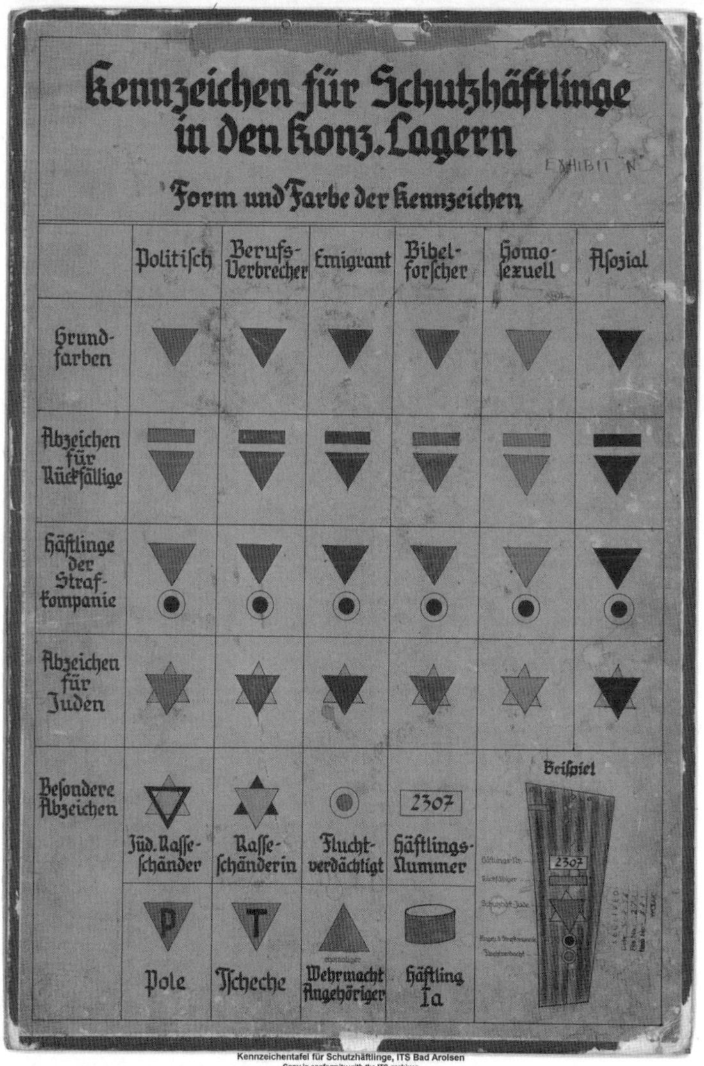

Kennzeichen für Schutzhäftlinge in den Konz. Lagern

Form und Farbe der Kennzeichen

EXHIBIT N

	Politisch	Berufs-Verbrecher	Emigrant	Bibelforscher	Homosexuell	Asozial
Grundfarben						
Abzeichen für Rückfällige						
Häftlinge der Strafkompanie						
Abzeichen für Juden						
Besondere Abzeichen	Jüd. Rasseschänder	Rasseschänderin	Fluchtverdächtig	Häftlingsnummer		Beispiel
	Pole	Tscheche	Wehrmacht Angehöriger	Häftling 1a		

Jüd. Rasseschänder

Rasseschänderin

Fluchtverdächtig

Häftlingsnummer 2307

Beispiel

Pole

Tscheche

Wehrmacht Angehöriger

Häftling 1a

Häftlings-Nr.
Rückfälliger
Schutzhaft Jude
Angeh. d. Wehrmacht
Fluchtverdacht

Kennzeichentafel für Schutzhäftlinge, ITS Bad Arolsen
Copy in conformity with the ITS archives

강제수용소 수감자 표식 체계
기호 및 색상

정치범, 직업적 범죄자, 이민자, 성경 연구자, 동성애자, 반사회 분자
세로: 기본 색상, 재범 표식, 요주의 수감자, 유대인 표식.
기타 특이 사항: 유대 인종오염범, 여성 인종오염범, 도주우려범, 수감번호. 견본.
폴란드인, 체코인, 국방군 소속 범죄자, 수감자 1a반.

창작이여! 창작이여![37]

미하엘의 글쓰기는 고된 탄광 노동이나 사관학교의 혹독한 군사훈련과 똑같은 기능을 수행하고 있는 듯 보인다. 그는 이렇게 말한다.

이제 나는 완전히 자유롭다.

마음속에서 기적이 이루어진다. 새로운 세상이 시작된 것이다.

드디어 길이 열렸다. 노동을 통해 그 길을 열었다.

우리 모두 언젠가 구원의 노동을 해야 한다. 노동을 통해 맨 먼저 우리 자신을 구원하고, 그런 다음 다른 사람들을 구원해야 한다.

일단 자기 삶을 극복하면 시대의 삶을 개척할 만큼 강해진다.[38]

그리고 새로운 법칙이 생겨난다.

이른바 노동과 투쟁과 정신의 법칙이다. 노동은 투쟁을 의미하고, 정신은 노동을 의미한다. 따라서 노동, 투쟁, 정신, 이 세 가지가 종합될 때 우리를 해방시킬 수 있다. 내적으로나 또 외적으로나.

투쟁으로서의 노동, 노동으로서의 정신, 그 안에 구원이 있다![39]

"종합Synthese"이라는 거창한 철학 용어가 주문 외우듯 쓰였다. 철학 개념어로 주문을 건다. 노동하라! 실제로는 동어반복의 연속이다. 틀어막는 기능에서만 약간 다를 뿐이다. "투쟁으로서의 노동"에서는 육체 통제가 앞서고 "노동으로서의 정신"은 정신 통제다. 그가 말하는 "노동"은 자신과 타인을 억압하는 일이기 때문이다. 회스를 예로 들자면, 그가 강제수용소 수감자들을 대했던 방식은 자신의 욕망이나 무의식의 생산력에 대해 취했던 방식과 크게 다르지 않았다고 해도 과언이 아닐 것이다. 그에게는 오직 처벌, 억압, 죽음밖에 없었다.

괴벨스는 최전방에서 일하는 "노동자 계급"을 "정치적 노동계급"이라고 명명했다. 나치당 공식 명칭인 국가사회주의 독일 노동자당NSDAP에 포함된 A, 즉 노동자는 노골적으로 이런 의미를 갖고 있었다.

노동자들은 계급이 아니에요. 계급은 경제적인 토대에 따라 구별되는데, 노동계급의 뿌리는 정치적인 것에 있거든요. 따라서 노동계급은 역사적 계급일 뿐이에요. [⋯] 독일 민족을 국내적으로는 물론이고 국제적으로도 해방시키는 거예요.[40]

나치가 "노동"에 대해 운운한 것은 그저 "헛소리"가 아니었다. 오로지 자신의 과거사, 감정, 출신, 부모로부터 벗어나 안정적 자아를 지닌 새로운 인간으로 다시 태어나고자 하는 몸부림을 의미한다. 자신의 과거

여성 사수대
정당이 공인한 유일한 여성 잡지
제국은 우리 손으로 유지하고 건설한다.
노동자, 농민, 군인.

를 버리고 새로 만들어질 독일 역사로 도피하는 것이다. "정치적 노동계급과 함께 우리는 부활할 것이다."

정신분석학은 이 과정을 "재탄생의 판타지"라는 용어로 뭉뚱그려서 맥 빠지게 설명한다. 새 사람이 되려는 시도, 그리하여 가족으로부터 벗어나려는 시도는 종종 엄마 아빠 탓으로 돌려졌다. 융에게 이것은 엄마다. 근친상간의 소망이다. 괴벨스의 텍스트에서 이러한 상징성은 쉽게 발견된다. 질과도 같은 갱도를 지나서 어머니 몸속 같은 땅으로 들어간다. 새로 태어나려는 자는 노동의 도취감 속에서 망치를 휘둘러 새로운 인간을 만들어낸다.

프로이트는 좀더 세련되게 융을 비판했다. 그가 보기에 더 중요한 것은 아버지다. 실질적 추구 대상은 엄마 속의 아버지다. 구원을 얻으려는 자가 침투해들어간 자궁 안에는 일종의 남근적 존재가 이미 작동하고 있다. 프로이트는 재탄생 욕망을 아버지를 대상으로 삼는 동성애적 판타지라고 추측한다.[41] 이러한 요소가 괴벨스의 텍스트에서 쉽게 발견되는 것도 사실이다. 미하엘을 이끌고 안내해준 사람은 탄광의 갱부장 마티아스 그뤼처다. 광부들 중에서 그가 유일하게 미하엘을 받아들이고 보호해준다. 사랑 넘치는 아버지 같은 친구다. 두 사람은 지구의 내부에서 만났다.[42]

그러나 새로워지려는 욕망의 본질은 따로 있다. "나는 더 이상 사람이 아니다. 나는 거인족이다. 나는 신이다!" 이 부분은 간과되었다. 어머니의 아들조차 아닌데 어떻게 근친상간을 욕망하겠는가? 어떻게 아버지를 사랑하겠는가? 그게 아니다. 나는 땅의 아들이자 나 자신이다. 세상만물을 지배한다. 그리고 아직까지 "인간"으로 남아 있는 무리를 지배한다.

이는 일종의 기원 설화다. 구조주의 인류학에서 "직접 혈통"이라고 부르는 것이다.[43] 부모의 계보, 인간의 혈통은 퇴색한다. 나는 신의 아들이다. 나의 어머니는 자연이다.* 이는 권력의 혈통이다. 모든 사회적 혈

---

*   이런 방식으로 레니 리펜슈탈은 올림피아의 옛 유적과 대지에서 운동선수의 육체를 곧장 탄생시킨다. 올림픽 선전 영화 「민족들의 축제!Fest der Völker!」(1938)의 오프닝이다.

통보다 우선한다. 이 혈통으로부터 거대한 자아가 태어난다. 너무 거대한 나머지 세상 경계와 동일시될 정도다. 파시스트가 고안해낸 재탄생의 구조에서 이런 측면은 축소된다. 신의 아들은 더 이상 새로 태어난 자아가 아니다. 자기 자신의 아들이며 역사의 아들이다. 괴벨스의 주인공은 예수 그리스도가 되려는 노력을 소설 중간에 포기한다. 누가 하나님 아버지가 될 수 있겠는가? 아버지는 없다. 새로운 자아는 더 큰 총체성의 일부이며 총체성의 경계는 자아의 경계와 동일하다. 오직 새로운 자아만이 "세계"를 마주할 뿐이다. 오직 자아만이 지배 관계를 만끽한다. 지배 관계만이 유일한 관계다. 그 속에서만 삶은 붕괴되지 않고 견딜 만한 것이 된다.

파시즘적 직접 혈통은 욕망을 풍성한 대지의 육체와 직접 연결한다. 그렇다고 모든 욕망이 자유롭게 흐르는 것은 아니다. 파시즘의 욕망은 댐, 경계, 자아이기 때문이다. 파시즘이 만드는 세상은 온갖 욕망의 다수성이 지배하는 소우주가 아니다. 세상의 온갖 육체가 확장되고 다양화되기를 원하는 곳이 아니다. 자아 갑옷 속 총체성 육체 안에 들어앉은 파시즘적 "욕망"은 지구 전체를 잡아먹으려einverleiben든다. 파시즘 특유의 정치적 욕망 행동은 여기서 비롯된다. 파시즘은 직접 정복하려든다. 우회로는 없다. 엄마 아빠 삼각 구도는 집어치운다. 인습, 제도, 역사적 사명은 때려치운다. "자아"는 더 큰 총체성 자아의 일부다. 한편으로는 "우리" 모습을 띠고, 다른 한편으로는 나머지 세계 전체, 우주 전체가 된다.

그렇다. 우리가 세상의 주인이고 바다의 왕이다. […] 영공의 지배자다. 독일의 가장 충직한 아들들이다. 이 땅에서 태어난 가장 용맹한 자들이다. 해군 여단이여! 태양의 새들이여![44][에어하르트 여단 찬가]

전투를 앞둔 윙거의 말이다.

슈바이처 묄니르 교수,
깃발을 세워라!

전진
바이킹 잡지
에어하르트 해군 여단 특별판

에어하르트 해군 여단의
장교와 장병들을 기리는 간행물

보지 코믹스 제1호, 1969
지구, 너한테 오줌을 갈기자!

그대 자신의 행복을 위해
세상에 좆을 박아라

싸움터에서는 마음껏 활개치면서 세계 정신 그 자체와 하나 될 수 있다. 여기서는 역사를 초점으로부터 경험할 수 있다.[45]

영락없는 "과대망상"이다. 이들에게 부모와 고향은 아무런 의미가 없다. "역사가 나에게 무죄를 선고할 것이다." 이들은 역사의 비밀 계획을 수행한다. 상상을 뛰어넘을 정도로 거대한 공생적 통일체를 지배하리라. 나/우리가 역사다. "자유." 그날이 올 때까지 쉬지 않고 나아가리라.[46]

끝까지 다 태어나지 못한 자인 나/우리는 쉴 틈이 없다. 해체의 위협에 맞서 끊임없이 진압 작업을 해야만 한다. 융해를 막아야 구원받는다.

세상 전체를 정복해서 공생적 육체로 만들어야만 생존을 보장받는다. 총체적 통일성으로부터 삶은 시작된다.

모든 파시스트 "노동"의 목표는 같다. "노동, 전쟁!"[47] 괴벨스의 미하엘이 죽기 전에 중얼거린 마지막 말이다. 그는 탄광에서 머리에 낙석을 맞고 죽었다.

당시 독일인 대다수도 이와 똑같은 "노동" 관념을 지녔던 듯하다. 이는 파시스트들이 독일 실업 문제를 성공적으로 해결한 방식에서 잘 드러난다. 경제적 수단으로 실업을 해소한 것이 아니라, 방향을 틀어 실업자들을 거리에서 몰아냈다. 거리에서 허송세월하던 무리를 이른바 "삽질 부대"로 조직해냈다. 국가 재정 파탄도 기꺼이 감수했다. 재정 파탄은 성난 군중의 모습으로 국민 총화를 해치지는 않기 때문이다. 그들이 알마르 샤흐트 국가은행 총재의 경고를 "이해 못 해서" 그랬을 리는 없다. 결국 실업 문제 해결의 승패는 전쟁에 달려 있었다. "실업"은 단순한 경제적 문제가 아니었다. "모두가 노동한다"는 것은 모두가 각자의 위치에서 경계와 생존을 보장받는다는 뜻이다. 일부 노동자에게는 경제적 문제의 해결보다 거리에서 불한당을 몰아내고 사회 기강을 세우는 것이 더 중요했을 것이다. 오늘날의 상황이라고 크게 다를까?* 일자리가 없는 사람들이 춥고 굶주리게 된다는 것은 이들에게 지엽적인 문제다. 사실은 문제도 아니다. 총체성이 결속되고 자기 경계가 확립되려면 일부는 어쩔 수 없이 죽는 거다. 여기는 "우리", 저기는 "너희". 누가 누구를 잡아먹을 것인가. 이기는 자만이 완전해진다.

자기 보존 과정으로서의 "노동"은 미처 다 태어나지 못한 자가 취하는 평소의 실존 방식이다. 말러가 "정신증적" 아동의 생존 방식이라고 개념화한 자기 보존 기제는 예외 상태에서 작동하는 기제다. "정상적" 자기 보존이 더 이상 기능하지 않거나, 혹은 사회적 총체성 자기 경계가 효력을 잃을 때 작동한다. 내가 보기에 양자의 작동 원리는 동일하다.

스스로에게 명령을 내리고 스스로를 다잡을 수 있는 능력. 불굴의 의지로 스스로를 통제하며 깨어 있는다. 끊임없이 자신을 관찰하고 자기 육체를 단련해 "갈고닦는다". "사나이다운" 자세, 굽히지 않는 기개를 지닌 채 "우리"로 단결하려는 끝없는 투지를 과시한다. 입주자 공동체,

---

* 사회민주당SPD과 자유민주당FDP은 실업 문제를 대중 의식 속에서 사소한 경제적 불운 정도로 한정 짓는 작업에 성공했다. 실업자들은 시야에서 사라졌다. 그들은 도움이 필요하다기보다는 잘못이 있는 존재다. "일할 의지만 있다면 일은 쉽게 구해진다." "공산주의자는 다 자기 탓이다." 예외가 있다. 청년 실업이다. 실업 청년들은 여기저기 거리를 쏘다니며 구멍 뚫린 체제를 폭로한다. 그래서 중앙정부와 지방 정부의 지원 대책은 청년 실업에 집중된다.

베를린 노동청 앞에 모여든 실업자들

베를린 거리의 구직자
"직종 불문 즉시 근무 가능"

고속도로 건설의
첫 삽을 뜨시는 총통 각하

제국 근로봉사대 행진

역사 교과서 자료 사진(1940)

"첫 정책을 발표한다. 정부는 모두에게 새로운 집을 제공한다!
시내 중심가에 위치한 200층 신축 아파트!"

부헨발트 빌라
876호 강제수용소

이웃 공동체, 연합체, 정당, 민중, 백인 아리아 인종에 속하려고 욕망한다. 무언가를 하려고 계속 움직인다. 정리하려고 글을 쓴다. 감정을 느끼지 않으려고 글을 쓴다. 듣지 않으려고 말을 한다. 주문을 되뇌인다. "네모반듯하게 차곡차곡 쌓는다." 이와 유사한 구조의 숱한 활동은 자아 안정성 보존에 봉사한다. 말하자면 일상적·"민간적" 형태의 백색 테러라고 볼 수 있다. 레토에게는 야간 사냥 여행이 그러한 보존 기능을 수행했다. 메르커는 틈만 나면 "사나이다움"에 대해서 훈계했다. 그는 기질이 글러먹은 녀석들을 잔소리로 자유군단에서 쫓아낼 수 있다고 믿었다. 그는 이런 말도 했다.

"행진할 수 있다는 것은 우리에게 남은 최고의 능력이다. 처음이자 마지막이며 영원하리라! 그는 목청껏 외쳤다." 하인츠의 『폭약』 마지막 페이지에 나오는 문구다. 소설은 이렇게 마무리된다. "모두 각자의 노동을 하러 갔다." 파시스트의 노동은 심리적 기능 면에서 보자면 원칙적으로 노골적 파괴 행위 및 인간 살육 행위와 별 차이가 없다. 다만 산출되는 쾌감의 강도가 상대적으로 낮을 뿐이다. 이들의 심리적 대상은 스스로의 자아이며 어디까지나 "자기애적"이다. 외부 대상 파괴는 우연한 부수적 결과일 뿐이다. 이들의 노동은 무시와 배제를 통해서 자아 일부를 절멸한다. 사냥 활동은 어느 정도 중간자적 성격을 띤다.

이들은 휴식이라는 말을 모른다. 갑옷 자아는 끊임없이 생성되고 보존되어야만 한다. 언제든 뛰어나갈 태세를 갖춰야 한다. 언제나 압박을 느끼면서 온몸을 긴장 상태에 두어야 한다. 지각은 아무것도 못 느낄 때조차 바짝 깨어 있어야 한다. "괴물은 이성이 잠들기 때문에 탄생하는 것이 아니라, 언제나 깨어 있고 절대 잠들지 않는 합리성 때문에 탄생한다."[48] 들뢰즈와 과타리의 말이다. 과연 군인 남성의 "합리성"은 무엇이었을까?

미처-다-태어나지-못한-자아에 관한 단상들

파시즘과 가족

파시즘의 가족 정책은 엄청난 파괴력을 지닌 이중 구속을 덮어씌운다. 라이히 등은 나치가 가족 제도를 지탱했다고 주장하지만 이는 부분적으로만 옳다.[1] 나치는 다른 한편으로 가족을 파괴했다.

미처 다 태어나지 못한 자의 자아는 가족 내 삼자 구도에서 심리적 준거점을 전혀 갖지 못한다. 심리적 기관으로서의 아버지는 그에게 별 의미가 없다. 실제 개인으로서의 어머니도 무의미하다. 가족의 경계는 폭파된다. 그램분자적 통일체로 가는 길에 방해가 될 뿐이다. 그는 가족에서 탈출해 조국과 우주에 통합되거나 혹은 부속되고자 노력한다. 그의 심리 구조는 본질적으로 반가족적이다.

다른 한편 나치 시절에는 사회적 기관으로서의 아버지, 실제 개인으로서의 어머니, 한 지역에 고정된 가족이라는 시스템이 공고하게 유지되었다. 이들은 미처 다 태어나지 못한 자들의 사회적 갑옷이자 외부적 자아로 기능한다. 개인은 가족에 억지로 묶여 있다. 가족 제도가 가족 구성원에게 휘두르는 사회적 권력은 부분적으로만 부서져 있기 때문이다. 파시스트 국가에는 가족 제도의 자기 경계 규율 능력이 필요하기 때문에 강하게 지지한다. 하지만 세계를 정복하려는 파시즘의 야망에 가족 제도는 걸림돌로 작용한다.

그러므로 파시즘의 가족 정책은 이원화하여 운영된다. 공식적으로 아버지는 자식들의 절대 복종을 요구하는 권력을 지닌다. 어머니는 자식들을 낳아주신 위대한 분이다. 그러나 자식들을 교육할 권리는 끝내 빼앗긴다. 아이들 교육은 히틀러 유겐트HJ나 독일소녀연맹BDM이 떠맡는다.

여성들이여!
일자리 없는 수백만 남성
미래 없는 수백만 아이
독일 가정을 구합시다
아돌프 히틀러에게 한 표를!

이제 행복한 미래를 되찾았어요!
12월 4일
합병 찬반 국민투표일에
총통 각하께 감사드립시다.

실업 문제 해결과 주데텐란트 "합병"은 집안에 아버지가 사라진 덕에 이루어진 일이다.

아이들은 총통에게 직접 복종하고 의무를 다한다. 총통에 대한 의무와 가족에 대한 의무가 갈등관계에 놓일 때면 아이들은 부모를 저버리고 총통을 따르라고 배웠다. 사적이고 끈끈한 가족의 결속에서 벗어나 위대한 미래를 위한 과업, 독일의 세계 지배를 위한 의무에 헌신하겠다는 결정은 청소년들에게 가족이 주지 못하는 심리적 해방감을 안겨주었다.[2]

유대감 형성의 장소, 소통의 장소, 보살핌의 장소라는 고유의 인간적 본질을 빼앗긴 가정은 공식적인 지배를 수행하는 테러 조직으로 전락했다.

1.

2.

3.

1. 1933년 아이헨로데 기차역. 부모님과 나의 손위 형제 세 명
2. 왼쪽에서 두 번째, 브루노 테벨라이트. 나의 아버지
3. 1938년 군 복무 당시 아버지. 오른쪽에서 두 번째
4. "1950년 송년 파티/브레드슈테트/재건기" 아버지가 사진 뒷면에 기록한 메모
5. 철도국에서 제공한 관사. 브레드슈테트, 후줌, 1948~1954
6. 글뤼크슈타트, 상급과정 학생들, 1957년. 조숙한 여학생들과 철없는 남학생들

　　그럼에도 가족 제도를 공공연하게 공격하는 것은 이중 구속을 통해 금지된다. 국가는 "부모님을 공경하라"고 엄하게 명령한다. 동시에 부모에게서 존경할 만한 미덕은 박탈한다.

　　그러므로 여타 육체 갑옷이 그렇듯 부모 공경도 따끔하게 때려서 가르친다. 이런 유형의 자아를 지니게 된 아이는 절대로 부모를 사랑하거나 존경하지 않는다. 오히려 그 반대다. 부모의 알맹이 없는 지배력 행사는 아이에게 굴종이며 테러다. 아이는 부모를 증오한다.

"종전 후에야 비로소 할아버지를 존경한다."
프랑크푸르트 최전방을 지켜내자!

　　아이는 특히 어머니를 증오한다. 그러나 증오는 어머니 자체가 아니라 자기혐오로 나타난다. 이들의 자기 파괴 경향성은 스스로의 삶을 경시하고 온갖 육체적 고통을 마다치 않는 모습으로 드러난다. 내면에 자리 잡은 "사악한" 어머니 상을 벌주려는 것이다. 어머니의 실패에 복수하고 싶다. 어머니는 미처 다 태어나지도 않은 아기를 매서운 추위 속에 내버렸다. 하지만 군인 남성들은 실존 인물로서의 어머니를 강박적으로 찬양했다. 이들이 무기를 사용해 여성 육체를 파괴할 때에는 모체로의 상징적 "퇴행"이 목표가 아니었다. 또한 성행위를 모방하지도 않았다. 그리고 상상적 남근의 제거를 시도하지도 않았다. 물론 앞서 살펴봤듯 부분적 코드화가 있기는 하다. 그러나 파괴 행위의 최종 목표는 모든 그릇됨과 사악함을 멸절하는 것이다. 그래야 더 나은 세상에 새로운 자아

가족의 적 볼셰비즘
가족은 문명국가가 만들어낸 가장 큰 치욕이다. —레닌

가 다시 태어날 수 있기 때문이다.

임신한 여성에 대한 공격은 기피되는 것이 아니라 적극적으로 추구되었다. 드빙거 소설의 팔렌은 말한다. "내가 선호하는 말살은 아이가 자궁 속에 있을 때부터 아예 죽이는 거야." 빨갱이는 씨를 말린다.[3] 최근 베트남전에서 돌아온 미군들의 자발적 폭로에 따르면 임신한 여성을 죽이고 태아를 뱃속에서 꺼내는 만행이 빈번하게 자행되었다고 한다.[4]

군인 남성들 역시 태어나긴 했다. 그러나 잘못된 길, 여자의 몸에서 태어난 것이다.[5]

"하지만 전쟁을 없애려는 것은 여자한테 출산을 금지하는 것과 마찬가지예요. 그것 역시 끔찍한 일이죠. 살아 있는 모든 것이 끔찍해요."[6] 괴벨스의 『미하엘』에 나오는 글이다.

미처 다 태어나지 못한 자는 여성의 잉태 능력을 증오하고 복수하고자 한다. 그러면서 출산은 여성의 의무라며 강요한다.

심지어 오늘날까지 임신한 여성 육체의 아름다움은 은폐되고 반박된다. 평소 백화점에서 혹은 부티크에서 손쉽게 옷을 구하던 여성도 막상 임신을 하면 선택지의 한계를 알게 된다. 임신 기간에는 "임시방편의 옷"을 입는다. 즉, 흉한 옷이다.

퇴행

말러는 이렇게 설명한다.

> 정신증적 아동이 지닌 기본 결함은 가장 원초적 현실 인식조차 어머니를 통해 달성하지 못하는 불능성이다. 이들에게 현실은 애초에 소외되어 있다. 이들은 외적 현실에 대해 안정적인 감정을 지녀본 적이 아예 없다.[7]

그러므로 이러한 결론이 나온다.

정신증적 아동의 내면 심리학적 상황은 정상적 발달 단계상 특정 지점으로 퇴행하는 현상을 보이는 법이 없다.[8]

미처 다 태어나지 못한 자의 결속된 육체 자아가 상대적으로 안정적인 이유는 어떻게 설명될까?

심지어 자아 갑옷이 부서지더라도 그는 특정한 심리 발달 단계, 즉 "구강기" "항문기", 혹은 유아기, 혹은 태아 상태 등으로 "퇴행"하는 현상을 보이지 않는다. 자기 보존 기제를 작동시키는 심리적 움직임은 "되돌아감"이 아니라 상태 전환Zustandswechsel인 것이다. 이들이 "되돌아갈" 곳이 과연 있기나 하겠는가?

퇴행이 가능하려면 예전에 특정 발달 단계를 거쳐간 적이 있어야만 한다. 프로이트는 심리적 기관을 기능 혹은 구조의 위계 질서라고 생각했다. 극심한 갈등 상황에 처하거나 혹은 정신분석을 받고 있는 개인이 승화나 기능적 이차 과정을 통해 이미 달성한 위계상의 단계에서 이탈해 "더 낮은", 그리고 "더 오래된" 발달 단계로 "되돌아가"는 것이 퇴행이다. 퇴행이 일어나면 개인은 질적으로나 시간적으로나 과거 수준으로 후퇴한다.[9] 미처 다 태어나지 못한 인간에게는 이러한 심리적 단계가 극히 미미하거나 결여되어 있다. 그의 자아 안정성은 외부로부터 온다. 안정성이 깨지면 그는 "퇴행"하지 않는다. 평소에는 은폐되어 있고 막혀 있던 것들이 바로 툭 튀어나와 쏟아져나온다. 통합된 정신 기능을 지닌 개인은 천천히 단계적으로 퇴행한다. 반면 미처 다 태어나지 못한 인간은 다양한 심리 상태로 느닷없이 오락가락 돌변한다. 이는 퇴행처럼 질적으로 구분되는 단계적 과정이 아니다.[10]

끝까지 다 태어난 자는 쾌락원칙을 삶을 보존하는 기능으로 삼는다. 오이디푸스적 유형은 검증하고 연기하고 우회하고 승화시키는 능력으로 삶을 보존한다. 그러나 미처 다 태어나지 못한 인간은 외부에서 강제된 자아를 지녔다. 이는 사회 제도, 인습, 명령 등의 외부적 총체성으로부터 보존된다. 군인 남성의 자아는 혹독한 군사훈련으로 바짝 군기가 들어간 육체적 태세의 형태로 존재한다. 이는 당연하게도 안정적이지 못하다. 근육은 자아를 건설하기에는 적합하지 않은 재료다.

그의 내면에는 언제나 혼란스러운 충동이 가득하다. 그는 안간힘을 다해 외부에서 부과된 육체 갑옷을 보존한다. 총체성의 부속물인 안정화된 사회적 자아가 있기는 하지만 진정 그의 것이라고 볼 수는 없다.

이것이 백색 테러의 핵심이다. 군인 남성의 공격적 잠재력은 언제나 현존한다. 그는 기나긴 자아 구조의 "해체 과정Destrukturierungsprozess"을 거칠 필요가 없다. 남들은 "퇴행"해야만 도달하는 상태에 그는 언제나 본질적으로 머물러 있다.

분석 수용성

어째서 이런 유형의 인간은 정신 상담 클리닉에 오지 않고 하필 정치 영역에 있는 것일까?

일단 그는 자신이 환자라고 생각하지 않는다. 든든한 외부 자아의 지지가 있기 때문이다. 외부 자아가 작동하는 한 그 역시 작동하며 "현실 능력"을 발휘한다. 그는 위계적·공생적 구조 속에서 지배력을 행사하고자 하는 욕구를 가졌다. 우리를 이루고 온 세상을 집어삼키는 만족감 때문에 필연적으로 "정치"에 이끌린다. 흔히 볼 수 있는 현상이다.

하지만 그의 분석 수용성은 훨씬 더 심각한 문제다. 자아 안정화가 없는 정신증 환자에 비하면 군인 남성의 언어 능력은 월등하다. 하지만 그 능력으로 하는 말이 너무 볼품없다. 언어가 육체 갑옷의 기능이라면 그의 끊임없는 발화는 자기방어인 셈이다. 그래서 그의 언어에는 내용이 없다. "연상" 작용을 통해서 "갈등"의 핵심에 도달할 수가 없다. 그러므로 통찰이 얻어지거나 변화를 이끌어낼 리가 없다. 법칙은 명확하다. 말이 계속되는 한 아무 일도 벌어지지 않는다. 육체 자아의 모든 기능이 그러하듯 언어는 장애를 "행동화"하는 것, 즉 장애를 "행동으로 표출"하는 것이다. 정신분석은 행동화를 치료하여 막는 것을 목표로 한다.

또한 정신분석은 과거 단계나 과정을 돌이켜보는 능력을 요구한다. 지나온 길을 되짚어보고 이야기를 분석가에게 전이하는 능력이 필요하다. 미처 다 태어나지 못한 인간은 퇴행하지 않는다. 완전히 구별 안 될 정도로 딴사람이 되어 돌변할 뿐이다. 그러므로 "전이" 역시 불가능하다. 또한 그의 언어는 프로이트적 무의식 사고를 지배하는 원과정적 언어다. 특정한 지각 동일화를 가장 빠르게 해치우려는 언어다. 그가 성취하려는 것은 스스로의 즉각적 만족이다. 우리가 이미 살펴봤듯 자기 보존을 이루려는 것이다. 이러한 기능의 언어는 명료해서 분석가가 알아듣기는 쉽겠지만, 환자와 협력하면서 분석에 쓸 수는 없는 재료다.

파시스트의 언어를 너무 명쾌하게 상징 해석해내는 함정에 빠져서는 안 된다. 또한 파시스트의 말은 그저 "멍청한" "정치적 허튼소리"라고 얕보는 안티파시스트의 비판도 경계해야 한다.

두 가지 관점 모두 파시즘의 언어가 지닌 구조를 무시한다. 그래서 심리적·정치적 폭발성과 역동성을 이해하지 못한다. 이들은 애써 과소평가한다. 파시즘의 언어가 무엇을 말하는지를 물을 뿐 어떻게 기능하는지는 외면한다. 이들은 파시즘을 "무슨 말을 하는가" 수준에서 파악하고 자신들의 의미 체계와 비교한 후 자신들의 "우월성"을 섣불리 단정한다. "파시즘은 승리할 수 없어. 우리가 더 똑똑하거든." 1920년대 좌파가 파시즘에 대해 내린 "평가"의 대부분에는 이런 분위기가 깔려 있었다.

정신분석학이 이 문제를 다루는 방식의 한계는 아마 프로이트가 지녔던 모종의 거부감을 정신분석학계가 그대로 계승한 탓이 아닌가 싶다. 프로이트는 환자의 신체 문제를 치료 과정에 직접 포함시키는 것을 꺼렸다.[11]

기젤라 팡코는 "정신증적" 환자들 중에서도 육체 경계가 완전히 불확실한 사람들, 그러면서도 군인 남성들과는 달리 외부의 총체성 자아가 없는 이들에게 하나의 방법을 제안했다. 팡코의 치유법은 몸의 일부만 경험하고 다른 몸은 파괴된 듯 경험하는 환자에게 육체 경계를 자각하도록 돕는 것을 목표로 한다. "일단 느껴지는 모든 몸 조각은 정신증을 극복하는 과정에서 단단한 밑바탕이 되어준다."[12]

스스로의 갑옷 총체성에 갇혀 있는 군인 남성에게는 아마 육체 구멍과 육체 내면을 자각하도록 하는 것이 중요할 테다. 자아 해체 혹은 범람의 공포 없이 육체 외곽부의 쾌감이 활성화될 수 있어야 한다.

의식

"논리적"이고 "비판적인" 사고는 결여되었지만 군인 남성들은 절대로 흐리멍덩하거나 멍청하지 않았다. 주변에 무슨 일이 일어나는지 혹은 세계정세가 어떠한지 언제나 관찰하고 통제하려는 시도에 온 정신 기능이 쏠려 있을 따름이다. 그들의 의식에는 위기감과 격통이 가득했다. 육체가 곤죽이 되고 가라앉을지도 모른다는 느낌에 늘 시달렸다. 어디서 위험이 들이닥칠지 알아내려고 늘 머리를 쓴다.

시인 고트프리트 벤이 노래한 끝없는 고통은 사실 의식의 고통이었다. 언제나 깨어 있는 파수견의 고통이다. 현실의 변화를 의식적으로 이해하는 것과는 완전히 별개의 문제였다. "의식"이란 위험이 닥쳐올 때 잠들지 않는 능력이다. 위험은 언제나 올 수 있기 때문에 긴장을 늦춰서는 안 된다. 아무것도 즐겨서는 안 된다. 바로 이것이 "격통"이다.

기억

군인 남성의 뇌리에는 몇몇 구체적인 날짜가 기념비처럼 단단하게 박혀 있었다. 1871년 9월 2일, 세단 전투. 위대한 승리의 날. 1914년 8월 1일,

영웅적 투쟁의 개시일, 영원히 못 잊을 그날. 1918년 11월 9일, 치욕의 날, 잊지 말자! 특정한 장소들도 있다. 안나베르크, 폴란드를 꺾다! 치욕을 씻었다. 용장기념관 펠트헤른할레! 카르의 배신. 스카게라크 해전, 비록 잠깐이지만 승리했다! 절대 절대 잊지 않는다.

특이한 점은 기념일들이 불러일으키는 감정이 두 가지라는 것이다. 복수하려는 욕망과 강렬한 환희라는 두 감정이 "재탄생"이라는 맥락과 강하게 결부된다.

또한 그들은 어린 시절을 마치 기념일처럼 묘사한다. 황금 같은 어린 시절이라고 칭송한다. 물론 실제 기억은 전혀 언급되지 않는다. 학창 시절도 마찬가지다. 몇몇 "경이로운" 일화만 매번 똑같이 회상한다. 단 하나의 세부 사항도 까먹지 않고 똑같은 타령을 한다. 이 현상은 이미 숱하게 놀림감이 되었다.

말러는 수많은 "정신증적" 아동이 보여주는 "섬뜩한 신체심리적 기억"에 대해 설명한다. 한 환자는 "이미 겪었던 정서가 잔뜩 실린 과거 상황을 결코 잊지 못하는" 전형적인 증세를 보였다고 한다.[13] 이런 종류의 기억은 반드시 당시의 정서를 원래의 강렬함 그대로 동반 소환한다. "환자는 파편화된 자아 때문에 뱃속 내장이 요동치는 느낌, 입속을 맴도는 배고픔, 배설이 주는 감각, 구역질과 욕지기 등을 통합해내지 못하는 듯 보였다."[14] 말러의 설명이다. 불쾌 상황에 처하면 환자는 제멋대로 밀려드는 온갖 감각에 시달렸다.

1918년 11월 9일. 구역질 나는 날이다. 생각만 해도 속이 뒤틀린다.

다른 한편으로는 이렇다. 생각만으로도 행복해지고 가슴이 따뜻해진다. 황제 탄신일의 퍼레이드. 아이들은 모두 흰옷을 차려입었다. 눈을 빛내면서 깍듯하게 차렷 자세를 취했다. 이러한 "기억"은 자아를 찢었다가 다시 붙여놓는다.

특정한 공식, 암기한 내용, 의무와 금지, 몇몇 경험의 기념비, "기본

상식", 몇몇 노래와 시 등을 한 치의 틀림도 없이 하나로 묶어낸다. 노인들이 특정 단어들에 눈을 빛내는 것은 그래서다. 아, 그랬었지. 그 이름, 그 구절.

"코젠차의 밤이 속삭인다"라고 노래가 시작되면 "부젠토의 어두운 물결이……" 하며 그다음 구절이 흘러나온다. 다들 잊지 않았다. 세상이 다시 바로잡힌다. 모든 가사가 제대로 읊어진다.

새로운 것은 전혀 못 배우고 방금 들은 내용도 까맣게 잊어버리는 나이 많은 노인과 술주정뱅이들이 왕년의 교가와 기념일을 마치 어제 일처럼 줄줄 외운다. 이는 "두뇌"로 외우는 것이 아니라 파편화된 후 남은 육체 자아가 외우는 것이다. 기억은 갑옷의 보존 기능 중 일부이며 구식 학교의 교육법으로 강제 입력된다. 똑바로 "정신 차릴" 때까지 무턱대고 반복한다. 제대로 정신을 차린 학생은 벌써 자세부터 칼 같다. 지식은 옥죄듯 배우는 거다. "상투적 표현"은 갑옷 두른 언어다.

이는 기억력이 좋은 것이 절대로 아니다. 몇 마디만 물어봐도 그의 "기억"의 실상이 얼마나 형편없는지 알 수 있다. 오직 자기 보존 기능만 훌륭하게 작동하고 있을 뿐이다. 그의 기억은 밀폐력이 좋다. 기억의 기념비가 굳건할수록 새로운 것을 받아들일 능력은 적어진다.

"기억력" 감퇴는 꼭 단순한 노화의 결과만은 아니다. 오히려 육체 자아를 보존하는 과업에 흡수되는 정도가 감퇴되면서 나타나는 현상 같다. 동시에 소수의 선택적 기억은 오히려 또렷해지면서 정확하게 재생된다.

꽉 잡고 있다

마이클 발린트에 따르면 이중합일성에서 너무 빨리 분리된 개인은 안전하고자 하는 욕구를 충족 불가능할 정도로 강하게 느낀다. 이 욕구는 "빈 공간"으로부터 언제든 위협적 대상이 튀어나와서 자신을 절멸할 수 있다는 두려움을 없애려고 특정 대상에 집착하는 움직임으로 전환된다. 발린트는 이를 "공포집착 대상oknophiles Objekt"이라고 명명했다. "무섭고 주저되고 공포스럽고 달라붙는" 대상을 의미한다. 이러한 대상을 사랑하는 사람을 "집착 애호자Oknophilen"라고 부른다.[15]

"물에 빠진 사람은 지푸라기라도 붙잡는다"라는 속담이 이 현상을 잘 보여준다. 이것이 괜히 보편적인 속담은 아닐 것이다.[16]

발린트의 설명이다.

"드넓은 공간"에 깃든 생명에 대한 두려움, 지각 동일화로서의 "텅 빈 광장"을 만들려는 노력은 앞서 살펴봤듯 군인 남성의 본질적 특성이다. 저녁노을이 드리운 브뤼셀에서 윙거는 불길하게도 이런 감정을 묘사한다. "공간이 차가운 무한성으로 흩어진다. 나 자신이 미미한 원자처럼 느껴졌다. 못 믿을 폭력이 불안하게 나를 뒤흔들었다."[17]

발린트의 "공포집착 대상"은 도널드 위니컷이 제안한 개념 "이행 대상"의 일종이다. 소아가 절망에 빠지지 않고서 엄마의 부재를 견디기 위해 의지하는 헝겊 인형이나 이불 등을 말한다. 이행 대상은 이후 대상관계 발달 과정에서 대상 모델로 기능한다.[18] 이행 대상은 어머니 젖가슴의 직접적인 파생물이며, 아이가 건강한 대상관계를 발달시킨 후에 버려진다.

이행 대상이 버려지지 않고 성인기까지 변형된 형태로 잔존한다면, 발달 과정에 장해가 있다는 뜻이다. 꼭 붙잡고 안 놓는 동작은 반드시 손동작으로 나타날 필요가 없다. 목을 뻣뻣하게 세우거나 턱 근육을 긴장시켜 내밀거나 이를 악무는 동작도 여기에 해당된다. 혹은 온몸에 "꽉 잡힌 자세"를 유지하기도 한다.

발린트는 수많은 대상물을 열거한다. 연필, 붓, 망치, 바이올린 활 등

루돌프 베르톨트의 가장 유명한 사진.
애완견을 안고 승마용 채찍을 손에 쥐었다.

손으로 쓰는 도구들이 있다. 홀, 지휘봉, 십자가 등 직접적인 실용적 쓰임새가 없는 물건들도 있다. 온갖 것이 마구 뒤섞인 목록이다.[19] 지나치게 다양해서 헷갈릴 지경이다.

줄타기 곡예사가 손에 든 장대는 무슨 뜻일까? 사자 조련사의 채찍은 또 어떤가? 지식인의 손에 들린 파이프는 무엇인가?

모세의 지팡이는 뱀으로 변해 파라오의 뱀을 잡아먹는다. 아마 지팡이와 같은 물체를 손에 쥔 최초의 남성 영웅이 아닐까 싶다. 홀, 십자가 막대기, 성 게오르기우스의 창, 지크프리트의 보검 발뭉, 마술사의 마술봉, 장군에게 조언드리는 참모진, 지식인 남성이 구사하는 우아한 필치, 스승이 쳐든 회초리와 검지손가락. 허세와 허풍이 심했던 빌헬름 2세의 한쪽 팔은 아예 통째로 뻣뻣하게 굳어 있었다.

독일군 장교들은 언제나 막대기를 손에 들고 다녔다. 자유군단 지휘관들은 막대기 정도로는 성에 안 찼다.

대대 지휘관은 강철 같은 침착함으로 천천히 전방을 시찰하셨다. 총알이 성난 뱀처럼 쉭쉭거리며 그의 주변을 날았다. 그의 피와 목숨을 노렸으나 죄다 헛방일 뿐이었다. 로덴홀름 지휘관이 천천히 휘두르는 승마용 채찍에 내몰리는 형국이었다.[20]

때로는 공격력을 발휘하기도 한다. 프라이헤어 폰 말찬 중위는 발트해 연안에서 기관총 난사를 당했다.

지금 돌이켜보면 왜 그랬는지 나 자신도 모르겠다. 나는 지팡이를 휘두르면서 볼셰비키들에게 즉시 사격 중지하라고 불호령을 내렸다. 볼셰비키들은 멈칫하더니 줄행랑을 놓았다. 아군이 그들을 추격했다.[21]

그들이 도망친 이유는 따로 있었겠지만 말찬은 지팡이 때문이라고 철석같이 믿는다.

겡글러가 전하는 바에 따르면 강철의 베르톨트는 공화파 장교들을 끝내 항복시켰다. "손에 승마용 채찍을 들고 위엄 있게 산책했기 때문이다."[22]

독일 장교들은 걸핏하면 승마용 채찍으로 구두굽을 탁탁 쳐서 소리 내는 버릇으로 악명 높았다. 짧은 채찍의 손잡이 부분으로 탁자 혹은 의자 등받이 등을 쿵쿵 쳐서 소리를 내는 행동은 존경의 표시였다. 히틀러는 종종 하마 가죽으로 만든 채찍을 들고 다녔다.[23]

"집착 애호가"에게는 기관총마저 실용적 도구가 아닌 상징적 대상이다. 1918년 11월 9일 이후, 군대 내 11월 혁명 동조 세력은 총구를 아래로 향하도록 메는 것으로 의사 표시를 했다. 잘로몬은 이를 두고 "구멍을 오물에 처박는 것이 어찌 풍기 문란이 아니더냐"[24]라며 개탄했다. "빨갱이 리본을 달고 기관총을 거꾸로 내린 장병들이 베를린 시내를 문란하게 쏘다녔다."[25] 라인하르트의 표현이다. 군복 견장을 뜯어버린 공화파가 "기관총을 숙이고" 다녔다는 것이 보수 우파 군인 남성들을 가장 격분시킨 지점이었다. 보수파 군인은 개머리판을 몸통에 바짝 붙이고 총신을 위로 빳빳이 세우고 다녔다. 훨씬 더 불편했음에도 "군인다운" 자세였기 때문이다.

발린트는 공포집착 애호 현상을 오락가락하면서 해석한다. 때로는 오이디푸스적 의미를 부여한다. "가장 일차적으로는 안전의 상징이다. 믿을 수 있고 사랑하는 대상인 어머니를 의미한다"고 설명하거나, 혹은 "강력하고 잠들지 않는 대상인 남근을 의미한다"고 규정한다.[26] 다른 한편 기본 결함 이론으로 설명하기도 한다. 저서 말미에서 발린트는 이렇게 공식화한다.

> 아마 집착 애호가가 집착하는 대상은 어떤 의미에서는 스스로의 갑옷 일부라는 인상을 준다.[27]

이는 훌륭한 통찰일 뿐만 아니라 말러의 견해와도 일치한다. "정신증적" 아동의 자기 보존 행동은 "제대로 인식된 사람"에게 고정되는 것이 아니며 실제 "어머니"에 집중되지도 않는다. 오히려 "강력하게 응축되고" "증류된" 형태의 "탈생명화된 모성 상징, 부분 대상의 표상"에 집중된다.[28]

당신은 누구인가? 이들은 군대, 정당, 합창단, 운동 및 취미 클럽, 거주자 단체, 향우회, 자원 소방대, 직종 단체, 공무원 단체, 교사 단체, 지방 및 전국 조직에 부속되어 존재한다. 이들이 다양한 조직에서 차지하는 위치는 대략 고정되어 있다. 조직마다 다르긴 하겠지만 이들의 위치는 상대적인 "높낮이"로 설명된다.

이 모든 조직은 실제로 자아의 기능을 수행한다. 결정의 부담을 덜어주고 현실을 검증하며 행동을 관철한다. 또한 내적·외적 위협에 맞서 방어해준다. 어떤 사람을 처음 소개받을 때 서로의 자아-육체부터 먼저 물어보는 것은 당연하다. 고향이 어디예요, 직업은 뭔가요, 어떤 가문 출신이예요, 무슨 클럽에 속해 있나요 등. 결코 시시한 질문들이 아니다. 상대방이 자신과 비슷한 구조를 지녔는지 묻고 대답을 얻으려는 것이다. 만약 이렇게 대답한다면 어떨까? 나는 코즈모폴리턴이라서 고향이 없어요. 직업? 그냥 그럭저럭 잡일을 해요. 나중에 어떻게든 되겠지요. 가족? 있긴 한데 의미 없어요. 클럽? 그런 건 체질에 안 맞아서요. 이는 자아 없고 경계 없는 내면이다. 풀려나서는 안 될 공포스러움이다. 타인종 혐오자가 진정으로 두려워하는 것은 스스로의 내면과 마주칠지도 모른다는 위협이다. 껍질층과도 같은 외부 자아 없이도 멀쩡한 사람이 두렵다. 타인종 혐오는 절대로 "외부성"의 문제가 아니다.

"새로"온 이에게 그런 질문을 퍼붓는 사람이 시종일관 제일 알고 싶어하는 것은 사회적·조직적 자아일 뿐이다. 그 너머에 있는 것은 분명히 끔찍할 것이다. 서로에 대해 알고 싶다고? 상대가 속한 조직만 알면 된다.

조직은 다양한 값어치를 지닌다. 전체 위계 질서 안의 모든 위치마다 서로 다른 자극을 제공한다. 입사, 승진, 선출, 퇴출 등. 복잡한 인간관계망이 만들어진다. "남편이 대표가 되더니 통 인사를 안 하더라.""세무관청 상급의원은 괜찮은 사람이야. 학자 출신 같지 않더라.""사격 클럽에는 노동자에서부터 교수까지 다 모여 있지.""높고""낮은" 지위의 사람들이 서로 뒤섞이면서 강렬한 쾌감을 얻는다. 리비도가 신체 외곽부를 충분히 점유하지 못해서 오이디푸스적 자아조차 발달시키지 못한 사람은 스스로의 육체에 분포된 "성감대"를 경계 짓고 위계화하지 못한다. 그러한 결핍이 총체성 육체로 이끌리게 하는 듯하다. 사회적 위계를 추구하는 것은 자신의 육체에 "성감대"의 위계가 결여되어 있기 때문이다. 다양한 총체성 육체끼리는 서로 접촉한다. 서로 교류하고 경쟁하고 축하하는 활동은 다양한 "성감대"의 상호 자극에 비견될 수 있다. 원래라면 위계상 서로 만져서는 안 될 다양한 육체가 서로를 접촉하는 것이다.

아마 그래서 정치인들은 각종 모임의 "위원장" 직위를 맡으려는 것 같다. 자신도 평범한 사람임을 보여주려는 것이겠지만 뭔가 실제로 얻어지는 게 있을 것이다. 그들은 우세한 사회적 성감대를 점유하고 사회적 쾌감을 빨아들인다. 총체성 육체에서도 가장 좋은 감각이 모여드는 곳에서 에너지를 모으는 것이다.

투사

미처 다 태어나지 못한 자는 사회적 자아만 있기 때문에 "투사"하지 않는다. 그보다는 특정한 생동적 존재가 갑옷을 위협한다고 지각하거나 혹은 자기 자아를 파편화할지도 모른다고 지각하는 일이 더 많다. 그의 지각이 꼭 틀린 것만은 아니었다.

관능적 여성은 그와 몸을 섞고 그를 "융해"시켜버릴 능력이 정말로 있었다. 프롤레타리아 계급이 누리던 성적 자유는 그가 알던 것보다 실제로 더 컸다. 흑인들이 훨씬 더 춤을 잘 춘다. 유대인 부르주아의 아들은 실제로 장교보다 더 우아하고 매력적이고 세상 물정에 밝았다. 이런 예는 숱하다.

꽉 막힌 공무원들에게 대학생들의 파티는 난장판으로 보일 것이다.

미처 다 태어나지 못한 자는 자신에게 없는 것을 지닌 사람들을 희생양으로 지목한다. 그는 한편으로 매혹을 느낀다. 뭔가 강렬한 자극을 약속하기 때문이다. 저들은 저것을 가지고 저렇게도 즐겁게 사는구나. 그 사실을 정말이지 참을 수가 없다. 따돌림당하는 느낌이다. 군인 남성이 저지르는 박해는 사실 끼어들려는 시도였다.

군인 남성의 "투사" 내용을 바로잡는답시고 그의 비난을 부정하는 것은 어리석은 전략이다. 그의 주장이 전혀 없는 말은 아니기 때문이다. 무조건 부정하면 의심만 커진다. 뭔가를 은폐하려는 음흉한 수작이라며 위기감만 더 키울 것이다.

"여대생들은 걸레가 아니다"라는 반박은 틀렸다. 사실상 대학생들이 좀더 변칙적이고 빈번한 성생활을 누리는 것은 사실이기 때문이다. 물론 그의 표현을 따르자면 성생활이 아니라 "걸레짓"이겠지만. 이를 부정하는 것은 정치적으로 실수다. 지각 주체와 대상 사이의 다리를 뚝 끊는 셈이다. 1920년대에는 정당 차원에서 프롤레타리아의 성적·도덕적 "청결성"을 공식 선포했다. 지각 주체가 스스로 만들어낸 다리는 나름대로 근거를 지닌 지각에 기반한다. 이것이 살인 행위로 비화되지 않으려면 나름의 지각 자체가 부정되는 경험이 주어져서는 안 된다.

파시즘에 취약한 사람들과 정치적 작업을 함께 하려면 이러한 태도가 전제되어야 한다고 생각한다. 그들이 열렬히 혐오하는 사람들이 그들의 지각을 진지하게 인정해주는 경험을 주어야 한다. "아니에요. 우린 완전히 의견이 달라요"라고 말하기보다는 "아, 그렇게 볼 수도 있군요"라고 말하는 것이 상호 이해를 위한 최소한의 기반이 될 것이다.

조산사

다소 엉뚱한 말 같겠지만, 이른바 사랑이라는 것, 특히 첫사랑이라는 것이 한 사람의 의식에 어떤 영향을 주는지 잠시 언급하고자 한다.

남자든 여자든 둘 중 미숙한 사람은 상대방에게 의지한다. 그래야만 미완성 상태인 탄생을 완료하거나 조금이라도 더 성장할 수 있다. 이러한 부담은 종종 일방적이거나 혹은 불균등하게 부여된다. 결국 언젠가 한 사람이 상대방을 "다 써먹었다"고 느끼는 순간 배신감이 생겨난다. 어느 한편을 비난할 수는 없지만 힘든 싸움이다. 어떤 사랑은 일방적 지지의 성격을 가진 잠정적인 관계라고 인정해야만 한다. 모든 사랑이 "자유롭고" "독립적"이며, 스스로의 길을 개척한다는 허위적인 계몽주의 이데올로기에 갇혀서는 안 된다.

서로에게서 도움이 필요하다는 것을 미리 인정하는 것이 어쩌면 이런 관계가 강제하는 이중 구속에서 벗어나는 길일 수도 있다. 실상은 미숙한 욕구를 만족시키고 있으면서도 마치 자유롭고 독립적인 개인인 양

행세하면서, 짐짓 상대에게 거리를 두고 매 순간 상황을 "관망"하는 것은 사랑을 빙자한 심리적 테러를 만들어내는 형국일 뿐이다.

인간의 "공격적 본성"

미처 다 태어나지 못한 자는 스스로의 감정에 불안을 느낀다. 또한 모든 타인의 감정과 잠재적 감정을 두려워한다. 그는 생동감 넘치는 인간적 생산을 위협으로 인식하기 때문에 직면을 피하고자 안간힘을 쓴다. 그는 역사적 가능성의 현실화를 두려워한다. 과연 버텨낼 수 있을지 의심한다.

이런저런 전쟁들, 파시즘, 강제수용소, 스탈린주의, 고문, 원자폭탄이 강요하는 공포는 오늘날 강력한 재영토화의 재료가 되었다. 이로부터 인간의 힘에 대한 불신이 생겨났다.

"인간이 어떤 짓을 할 수 있는지를 우리는 목격했다." 따라서 우리는 차라리 욕망을 억제한다. 무의식과 감정을 억제한다. 자칫 끔찍한 괴물이 튀어나올 수도 있으니까. 차라리 우리 자신을 억제하는 법을 배우자. 타인을 억제하는 법을 배우자. 그래야 괴물을 억누를 수 있다. 인간 자신의 공격성이라는 명제가 엄청난 호응을 얻은 것은 그래서다.* 인간의 공격성 속에서 어느 정도 합일점을 찾는 것이다.

인간의 내면에서 물렀거라. 무의식의 욕망 생산에서 손을 떼거라. 아직까지도 위력을 과시하고 있는 파시즘의 유산이다. 여성 및 타인과의 관계 결여는 오늘날까지 여전히 작동하고 있다. 특히 자신조차 믿지 못하는 "공격적" 남성이 어떻게 타인을 믿을 수 있겠는가?

---

*   "저런, 아니지요." 헤르만 괴링이 한숨을 쉬었다. "인간 본성의 저주 때문이지요. 너무 권력을 탐하고 공격욕이 강하거든요." (1946년 3월 9일 뉘른베르크 감방에서 미국인 심리학자 길버트와 한 면담 중)

제딴에는 정당한 대의명분 때문에 한 세대 전체가 죽었다.

일상적인 고된 노동과 따분함에서 구원될 줄 알았던 모양이다.
전쟁하면 고생이 끝날 줄 알았나, 참 나!

일레인 모건은 제안했다. "같이 들어가요, 물이 좋잖아요."[29] 물론 최우선 과제는 자기 내면의 흐름과 화해하는 것이다. 자기 자신과 마주해야 한다. 그것이 여성운동을 지지하는 방법이다.

시체 더미

수백만 명이 죽었다. 200만, 400만, 500만? 정확한 숫자는 아무도 모른다. 아사한 파키스탄 사람들, 익사한 무슬림, 비아프라와 에티오피아의 시체 더미, 텔 사타르에서의 팔레스타인 주민 학살, 인구를 삭제해버린 베트남 농촌, 수십만 명의 캄보디아 사람들. 우리는 없었다. 이번에도 거기에 없었다. 텔레비전이 전염시킨 것은* 승리의 풍경이었다. 우리는 살아남았다. 반란과 소요 끝에 저들은 비명을 지르고 또 질렀다. 끝내 죽음의 더미로 남겨졌다. 다음 시체 더미가 머지않아 찾아오리라.

이러한 광경 때문에 우리 자신의 멸종 위협을 실감하지 못하는지도 모른다.

동떨어진 제3세계에나 있는 시체 더미는 여기 있는 권력자들에게 심리적 쾌감을 안겨준다. 살아남은 자들의 안도감이다.

---

*　"생존 세균들."

Die Heimat ist in Gefahr!

Große Geldmittel für den Ostschutz sind nötig

Helft sofort! Eile tut not!

Ein Überfluten der bolschewistischen Welle über unsere östlichen Grenzen droht von Russland her und im eigenen Lande regen sich bolschewistische Kräfte der Zersetzung ★ Sämtliche Depositenkassen und Zweigniederlassungen der Berliner Groß-Banken sind bereit, Beiträge unter dem Stichwort „Osthilfe" anzunehmen

Die Reichsregierung	Die Preußische Regierung
NOSKE	HIRSCH

Die Freiwillige Wirtschaftshilfe für den Ostschutz

(Osthilfe) E.V.   Vollbehr.

조국이 위험합니다!
동부전선 수호에 막대한 자금이 필요합니다.
당장 도우세요! 긴급 요청입니다!
러시아로부터 볼셰비키의 파도가 동쪽 국경으로 몰려듭니다.
국내에도 분열을 조장하는 볼셰비키 세력이 있습니다.
모든 예금 창구와 베를린 대형 은행 지점에서 "동부 원조" 계좌에 기부해주십시오.
제국 정부 노스케/프로이센 정부 히르슈
동부전선 수호를 위한 자발적 자금 지원

자기 경계/자기 보존으로서의 백색 테러

<u>"미분화 충동 대상"에 관한 세 가지 지각 동일화</u>

앞서 살펴봤듯 군인 남성의 활동은 세 가지 지각을 목표 삼아 나아간다. "텅 빈 광장" "피투성이 곤죽", 그리고 의식의 범람에 처하면 "블랙아웃" 이다.

이는 자기 보존 활동이다. 말러가 말한 자기 보존 기제는 탈분별화와 탈생명화 과정을 통해 달성된다. 군인 남성의 육체 역시 환각적 상태 및 근육 작용을 통해 이 목표로 나아간다.

프로이트는 『꿈의 해석』에서 욕망이 지향하는 충족의 형태를 "지각 동일화"와 "사고 동일화"로 구분하여 고찰했다. 전자는 원과정의 욕망 충족을, 후자는 이차 과정의 욕망 충족을 목표로 한다.[1] 지각 동일화를 통한 방법은 "저급한" 형태의 욕망 충족으로 간주된다. 지연, 억제, 전위, 합리화, 언어 배열, 개념화 등의 온갖 우회로를 취하지 않고서, 욕망이 곧장 강박적으로 표상을 만들어내는 것을 뜻한다. 이것이 환각이건 혹은 실제 대상의 재조합이건 상관없다. 과거에 경험했던 안전하고 만족스러운 상황을 다시 만들어내려는 것이다.

말러는 원과정의 지각 개념을 수정했다. 지각이 반드시 일차적 괘락으로 향하지는 않는다는 것이다. 그녀는 "정신증적" 아동에게서는 원과정이 때로 중요한 불쾌 경험을 재생산하는 방향으로 진행되기도 한다는 점을 발견했다.[2] 미처 다 태어나지 못한 아이는 발달 단계 중에서도 특정한 파괴적 단계에 갇혀 벗어나지 못하기 때문에 이런 현상이 생기는 것 같다. 공격적 자기 보존 행동은 환아의 중심적 결핍이 어디에 있는지를 보여주는 지표다. 군인 남성의 행동에서도 이는 동일하게 발견된다. 그의 원과정은 쾌락적 상황과 불쾌적 상황 모두를 향해 진행될 수 있다. 또한 그의 육체 자아는 그 과정에서 다소간의 파편화를 겪는다. 파편화 정도는 그가 느끼는 위협의 강도에 따라 달라진다.

"텅 빈 광장"의 지각으로 이끄는 것은 구체적/환각적 탈생명화 행동이다. 군중을 향한 사격은 언제나 환각과 결부된다. 어찌된 일인지 아무도 살아 있지 않다. 한때 살아 있던 몇몇 주검 부스러기가 나뒹굴 뿐이다. 여기서 재생산된 것은 지배력을 행사하던 과거의 쾌락 상황이다. 이제 시끌벅적하지 않다. 아무도 내게 들이닥치지 않는다. 모든 것이 분수에 맞는다. 우리와 우리 기관총. 총체성, 유일무이한 삶.

여기서 지배적인 감정은 기쁨과 폭발적 환희다. 가장 핵심적인 육체적 행동은 방아쇠를 당기는 것이다. 근육적 행위보다는 마법에 가까운 기적이다. 한번 눌렀더니 놀라운 일이 생긴다. 광장이 싹 비워진다. 전혀 다른 현실이 펼쳐진다. 방아쇠는 현실을 해맑은 삶으로 순식간에 바꿔준다.

"텅 빈 광장"을 비무장 혹은 "민간인" 형태로 지각 동일화하는 방법이 있다. 불편한 현실 상황을 부인하거나 외면하거나 혹은 제거 명령을 내린다. 단 몇 마디면 해결된다. "다 됐습니다." "문제 해결됐습니다." "뭐가 더 있나?" "어디?" "아하, 여기." 빵! 이젠 없군. 인물 평가 역시 간단하다. "아, 그 친구?" "별 볼 일 없는 사람이야."

대부분의 술집 토론 역시 "텅 빈 광장"과도 같은 지각을 생산한다. 술판이 벌어진 이튿날에는 모든 상황이 깨끗이 정리되었다고 느꼈던 간밤은 사라지고 오직 숙취와 현실적 무능만 남는다. 문제 해결은커녕 "업무 지장"만이 남는다.

"피투성이 곤죽"의 지각 생성에는 탈생명화와 탈분별화 둘 다 작동

경고!
집에 머무시오!
거리에 나오면 총격당합니다!

스파르타쿠스 연맹원
총알받이 표적으로 사용하세요
(사격용)

에어하르트 해군 여단이 1920년 창립 1주년 기념 발행물로 만든 "자료집".
1920년 에베르트 정부의 지원으로 여단이 자체 발간한 자료.

한다. 여기서 군인 남성이 되살리고 있는 것은 중심적인 불쾌 상황이다. 경계가 없고 무차별적인 포획적 공생 관계에 갇혀 있는 상황이다. 모든 살점은 피범벅의 축축한 곤죽이며 그 안으로 사라져버린다. 한마디로 그는 피범벅으로 태어났고 평생 못 벗어날 것이다. 이 과정의 특징은 위협의 육체적 근접성이다. 집어삼켜질 위협에도 불구하고 근접성을 일부러 추구한다. 군인 남성은 개머리판으로 내려찍는 등의 폭력적 일격이나 근거리 사격으로 순식간에 차별화되어 생존자가 된다. 나는 살아남지만 남들은 모두 엉망진창이 된다.

감정은 양가적이다. "나는 어디에 있었던가?" "내 짓이었다고?" "원초적 절규"가 터져나오고 장막과 안개가 춤을 춘다. 한편으로 안도의 한숨을 쉰다. 아, 복수. 그랬던 것이다.

"피투성이 곤죽"의 지각 동일화를 성사시키는 것은 대개 전사한 동료의 피투성이 시체를 직접 목격하거나 혹은 아군이 "빨갱이들의 만행"에 당했다는 "소식"을 듣고 발동된 복수 행동이다. 군인 남성은 마치 자신이 직접 위협당한 듯 즉각적인 복수의 필요를 강박적으로 느낀다. 당장 눈앞에 얼쩡거리는 누구라도 작살낼 준비가 되어 있다. 오직 증거만 눈에 들어오면 된다. 내가 아니라 딴 놈이면 된다.

육체적 행동의 핵심은 후려쳐서 부수고 깨뜨리고 박살내는 것이었다. 전혀 다른 현실의 "스위치를 켜서" 자신을 설득하는 것이 아니다. 폭발적 근육 동작 속에서 폭력적으로 자신을 잃어버리는 것이다. 폭력 행동이 겨냥하는 것은 모든 타인의 평등화, 즉 무차별적 곤죽으로 만드는 것이다. 그 와중에 "나"만 온전히 살아남아서 승자로 우뚝 서는 것이다.

수많은 민간적 형태의 폭력도 있다. 예전에 당한 "치욕"을 되갚아주려는 언어적 말살이다. 모든 것을 싸잡는다. "여자들이란 다 똑같다." 당연하지, 다 썩었어. 여자 맛은 하나같이 똑같다. 밥상을 뒤엎어버린다. 국을 죄다 엎질러야 식사 예절 따위가 소용없어지니까. 걸핏하면 하는 말이 있다. "너희 같은 놈들은 내가 잘 알아." 네깟놈들은 모조리 쓰레기야.

가장 널리 유포된 민간적 자기 보존 과정은 모든 타자를 언제나 어떻게든 "나쁘다"고 깎아내리는 것이다. "이유 따위"는 없어도 된다. 특히 친구나 가까운 지인들을 깎아내리는 것이 좋다. 그래야 너무 가까워서 위협적인 타인과 함께 융해되어 뭉쳐지지 않을 수 있다. 우리라니. 나와 너희는 다르다. 너희는 어중이떠중이다. 머리는 흐리멍덩하고 말은 뒤죽박죽이다. 너희의 배후가 무엇이겠는가? 죄다 곤죽일 뿐이다.

비판의 형식을 가장한 "쥐어뜯기"도 유용하다. 되는대로 엉성하게 공격해서 너덜너덜하게 만들고 산산조각 낸다. 대상을 피투성이 엉망진창으로 만들려는 것이 비난의 목적이다. "폭로"도 마찬가지다. 얼굴에서 가면을 걷어내고 몸에서 옷을 벗겨내야만 한다. 애초부터 내가 옳았다는 것이 끝내 밝혀질 때까지 마구잡이로 쥐어뜯는다.[3]

"블랙아웃"과 피바다의 지각 과정은 단지 탈분별화와 탈생명화로는 충분히 설명되지 않는다. "텅 빈 광장"과 "피투성이 곤죽"을 만들려는 행동은 무언가를 제압하고 제거하며 자기만 살아남는 것을 목표로 삼는다. 이는 무엇인가를 이루려는 "긍정적" 목표라고 할 수 있다. "블랙아웃"에 이르는 행동은 이와 상반된다. 대상관계는 추구되지만 달성될 수 없다. 군인 남성이 미친 듯이 정복하려는 "대상"이 스스로의 육체, 즉 근육 갑옷이기 때문이다. 그가 추구하는 것은 스스로의 "내면"과 "외부"가 함께 녹아서 합쳐지는 지각 상태다. 내장 생리와 근육 생리의 하나 됨이다. 외부 대상은 "적"에게서 발견된다. 그런데 윙거가 일찍이 언급했듯 적과 나는 똑같은 구조의 "닮은꼴"이다. "조국과 적국의 강철 같은 투지를 체화한 두 사람"이 서로 충돌하는 상황. 두 사나이가 무기를 들고 맞서는 상황. 유토피아와도 같은 그림이다. 사랑하는 이와 사랑받는 이가 멀리 그리고 가까이 서로 만난다. 서로를 살인해주고자 한다. 살해당한 자는 "흐르게 되리라". 그의 꿰뚫린 몸뚱이는 살인자의 폭발적 분출을 증거할 것이다.[4] 자기 자신과 똑같은 자를 죽여서 피가 흘러넘치면 자기 용융은 완성된다. 도취 상태의 "블랙아웃"은 인간성의 격통이 끝났다는 지각이다. 쾌락의 흐름을 더 이상 느끼지 않아도 된다. 어떤 대가를 치르더라도 녹아서 합쳐지고자 한다. 이는 자기 보존 기제가 아니라 오히려 구원에 가깝다. 상호 적대적이었던 내장 생리와 근육 생리가 분리 상태를 멈추고 고양되는 것, 즉 지양止揚, Aufhebung을 나는 "자기 용융 Selbstverschmelzung"이라고 명명한다. 자기 용융은 탈생명화, 탈분별화와 더불어 군인 남성의 세 가지 핵심적 자기 보존 과정이다. 또한 그중에서도 가장 강렬한 경험이다. 자아의 쾌락적 파편화는 말러가 말하는 "미분화 충동 대상"과 가장 밀착적으로 합일되는 것이다. 이미 설명한 바와 같이 미분화 충동 대상은 경계지음과 확장의 의미에서 이해되어야 한다. 이는 도달해야 할 어떤 상태를 의미하는 것이지 프로이트적 의미의 충동 대상이 아니다.

자기 용융과 연관된 지각은 재탄생의 순간 혹은 유토피아적 순간을 준다. 어느 편일지 단언하기는 어렵다. 이 상태에 도달하는 것은 엄청나게 힘든 일이다. 자기 용융 상태는 군인 남성의 정상 상태와는 전혀 다르고 소아기 경험과도 완전히 다르다. 그러므로 유토피아적 요소가 강하다고 보는 것이 아마 타당할 것이다. 여기에 "퇴행" 개념은 전혀 적용될 수 없다.

지배적 감정: 녹아버린다, 범람한다, 경계를 넘어서 목적지에 도달한다.

육체적 활동: 질주하기, 전속력 내기, 돌아버리기, 자신과 타인이 "터질 때까지" 꿰뚫어버리기.

민간적 형태: 일하기, 지쳐 떨어질 때까지 돌아버리기, 비슷한 위치의 사람들과 온갖 형태로 경쟁하며 싸우기. 유럽 남자들 사이에 유독 서로 경쟁 원칙이 깊게 자리 잡은 이유는 아마 서로 간의 사랑이 금지되었기 때문인 듯하다.

자기방어의 전사

속도: 따발총 갈기는 속도로 말하기, 벼락치듯 퍼뜩 생각하기, 번쩍 불꽃 튀는 정신, 번득이는 재치, "기개" 등. 이런 특성이 여자들에게 드문 편이라는 관찰은 옳다. 남자들의 이러한 특성이 없어져야 한다는 결론을 안 내서 탈이지만. 속도를 내는 이유는 나를 불쑥 덮치는 감정을 제거하기 위해서다. 감정은 없애고 번지르르한 말의 갑옷을 입는다.

그 외: 사돈 남 말 하기. 자기 잘못을 그대로 남에게서 발견하고 적반하장으로 죽이겠다고 달려든다.

자기 용융에 이르려는 극기 훈련의 노력이 실패할 때마다 군인 남성은 자신을 집어삼키려는 공생 상태의 위협에 빠져든다. 그리고 자기혐오가 승리한다. 그는 구인류로부터 "해방되려는 노력"에 실패하고 만다.

여기에 알코올이 끼어들 여지가 생긴다. 알코올의 힘을 빌려서 자기 용융의 블랙아웃에 도달하려는 노력을 매일 되풀이한다. 그러나 대부분은 파괴적인 공생 상태에 빠져들고 만다. 애초에 도망치고 싶었던 고통, 도망치고자 했던 격통으로 다시 빠져버리는 것이다. 거대한 어머니의 부식성 체액은 결코 마르는 법이 없다. 알코올 중독 환자가 섬망 상태에서 마주치는 환각은 집어삼키려는 여체의 환각과 거의 동일하다. 쥐, 뱀, 두더지, 게 등이 들끓는 광경이다. 이것이 과연 우연의 일치일까?

모든 자기 보존 과정은 엄밀한 의미의 쾌락원칙으로 작동하지 않는다는 공통점이 있다. 성적 충동은 자기 보존 충동 아래에 종속된다. 그 대가로 외부 대상은 상실된다. 이 과정에서 얻어지는 쾌락은 생존 그 자체에서 비롯된다.

이러한 모든 과정은 정도의 차이가 있지만 중독적이다. 미처 다 태어나지 못한 자의 자아는 언제나 파편화의 위협에 놓여 있다. 프로이트가

『쾌락원칙을 넘어서』에서 "죽음 충동"을 논하게 된 것은 바로 그런 불쾌한 상황의 반복 강박 때문이다.

여기서 "죽음 충동"에 대해 복잡하게 논쟁할 생각은 없다. 다만 우리가 살펴본 자기 보존 행위는 설령 자아의 소멸 혹은 "완벽한 배출"을 목표로 하는 경우라도 여전히 일정한 쾌락 경험을 얻으려는 시도를 하지만 거의 매번 실패한다. 쾌락 획득에 실패하는 이유는 쾌락원칙 위배 때문이 아니다. 쾌락원칙과 대립되는 여타 "원칙" 탓에 실패하는 것이 아니란 뜻이다. 오히려 시도가 실행되는 육체의 내부/표면/외부에 쾌락원칙이 의존할 질료적 기반이 부족하기 때문이다. 육체 외곽은 비성애화되었고 육체 내부는 오물의 흐름과 위험한 액체로 가득하며 대상화되어 틀어막혔다면 어떻게 쾌감이 가능하겠는가?

쾌락원칙으로부터 이탈한 육체는 어렵지 않게 알아볼 수 있다. 이러한 육체가 발생한 이유는 파괴적 사회라고 볼 수밖에 없다는 것이 내 생각이다.

"피투성이 곤죽"에서 자신만 구별되어 홀로 살아남는 것, 득실거리는 떼거리를 "꺼버려서" "텅 빈 광장"만 남기는 것 등은 여성성과 투쟁하여 생존한다는 의미를 갖고 있다.

"피투성이 곤죽"은 함께 뒤섞인 자의 상태를 폭로한다. 성행위, 월경, 출산 등으로 피와 오물이 뒤섞인 여자의 아랫도리는 "순결한 여성"이라는 겉치레 뒤에서 끌어내 폭로해야 마땅한 진실로 간주된다. 만약 혼합에 끌리는 장병이 있다면 그는 한시바삐 구제 불능으로 감염된 몸이라는 폭로를 당해야 한다. 이는 총성과 개머리판으로 구현된다.

자기 보존 행위를 가족 내 갈등이라는 코드화로 독해하자면, "피투성

이 곤죽"은 창녀 / 산모로서의 어머니, 오라비를 배반한 성애적 누이 / 창녀에 대한 복수의 완성을 뜻한다.

군인 남성의 눈앞에 펼쳐진 "텅 빈 광장"은 탈생명화된 "순백의 여인"이 지닌 세척된 육체다. 흥분한 군중은 성애적 여성의 육체와도 같다. 들끓는 주민들이 싹 사라진다.

가족적 코드화로 보자면 이제 성적 아버지는 사라졌다. 그는 괴물이자 문지기로서 어머니의 몸뚱이를 지키고 있었다. 한 방 쐈더니 대번에 광장이 텅 비었다. 어머니를 더럽히고 유혹하던 아버지에게 복수했다.

블랙아웃이라는 지각 상태, 자기 용융은 배제라는 간접 수단으로 여성성과 싸운다. 사랑 행위 대신 영웅적 살해 행위는 사나이 사이에 있는 일이다. 입씨름이나 술 대결 등이 그렇듯 말이다. 남성들끼리 서로 잡아먹으며 재탄생하는 과정에서 여성성의 실존은 환각 속으로 사라진다.

가족 구도: "닮은꼴", 즉 함께 맞붙어 싸워야만 하는 또래 남성은 윙거의 소설 등에서 때로 형제처럼 묘사된다. "형제간" 다툼은 아버지가 보유한 어머니, 즉 토지 지배권을 두고 벌어진다.[5] 이는 심각한 상속권 투쟁의 일환이다. 특히 동생의 투쟁이다. 유산은 받지 못했지만 훨씬 더 뛰어난 동생이 유산을 부당하게 독차지한 형에게 맞서는 싸움이다. 적을 꿰뚫는 "블랙아웃" 상태에서 형에 대한 복수가 이루어진다. 전투를 앞둔 윙거가 일찍이 말했듯 드디어 "심판의 날"이다.[6] 다른 형태의 형제간 다툼도 가능하다. 형이 상속의 자격을 증명하는 경우다. 여기에는 여성이 부재한다. 지배받는 자, 즉 어머니 대지에게는 아무도 묻지 않는다. 어떤 쪽을 선호하는지 과연 어떻게 하고 싶은지. 결정은 싸우는 자들끼리 내린다.

블랙아웃 상태에서 경험하는 자기 용융이 강렬한 쾌감을 가져오는 경우는 대체로 대등한 적을 상대할 때 그렇다. 이른바 "기사도"에 맞는 싸움이다. 이는 최전방 전투에서 통하는 말일 뿐 내전은 딴판이다. 내전에서는 적의 요구가 애초부터 주제넘고 건방진 것이기 때문이다. 하지만 프랑스군의 요구는 말이 된다. 그들도 전쟁에서 이겨야 하니까 상대적으로 정당성이 있다고 볼 수 있다.

그렇기 때문에 내전의 전투 양상은 대부분 "텅 빈 광장"과 "피투성이 곤죽"의 지각으로 귀결된다. 근본적으로 테러리즘이며 무자비한 전투다. 아랫것들/안사람이 윗분/바깥양반에게 덤비려는 것이므로 공정하게 대해서는 안 된다. 억압하고 틀어막고 박멸해야 한다. 아마 그런 까닭에 대등한 적과 전투하다가 겪는 "블랙아웃"보다 덜 만족스러운 쾌감을 얻는 모양이다. 군인 남성들은 내전에서 좀더 잦은 전투를 갈구했다.

가족적 코드화는 세계대전보다 내전에서 훨씬 더 두드러진다. 어찌 보면 당연한 일이다. "전체성"의 "내부"에서 일어나는 싸움이다. 최전방 군인 입장에서는 전체 가족의 비유를 사용하기가 딱 좋다. 또한 전투원의 감정 구조가 더 강렬한 것도 납득이 간다.

흔히 내전을 상상할 때 난잡하고 금기 파괴적이고 야비한 듯한 이미지가 따라붙는 것은 아마 그래서일 것이다. 내전 속에서는 부모와 사회의 권위에 온갖 해서는 안 될 짓을 다 하게 된다. 욕망을 방출하기 위해서 내전을 바라는 자들조차 속으로는 양가감정을 지닌다. 정말 이래서는 안 되지만 그냥 저지르는 것이다. 내전이라는 것은 아무리 잘 되어도 기본적으로는 "변태적"이다.[7]

가족적 갈등의 전이적 발산은 자기 보존 행위에 비하면 부차적인 것에 불과하다. 오직 가족적 갈등만으로 내전 상황에 전이시켰더라면, 파시즘의 실행에서 우리가 목격했던 정도의 극렬한 테러리즘은 발생하지 않았을 것이다.

한번 개머리판 맛을 보면 자유군단의 위엄을 깨닫는다.[8] [슐츠 소령]

개머리판으로 후려치는 것이 자유군단 전사의 자랑스러운 트레이드마크인 모양이다.

당시 집권당이었던 사회민주당 측 언론은 우익 테러를 "백색 테러의 공포라는 뜬소문"[9]이며 빨갱이들의 유언비어라고 일축했다. 자유군단 군인들은 일말의 거리낌도 없이 공공연하게 살해의 쾌감을 떠벌리는 글을 테러 직후에 발표했다. 물론 모든 개별적 사실은 악착같이 부정했다. 실명이 거론되면 자신은 아니라고 했다. 즉, 법적 처벌이 우려되거나 여론 형성에 부정적이라고 생각되면 딱 잡아뗐다.

만만하다 싶으면 딴판으로 굴었다.

"우리 오버슐레지엔의 충성스러운 장병들이 얼마나 용맹하게 온몸을 던져 뛰어들었는지는 쪼개지고 부러진 개머리판들이 증명해준다."[10] [세

펠 대위]

그러더니 우리 장병 하나가 빨갱이의 대가리를 쪼개서 박살냈다.[11][최베를라인]

훗날 떠벌린 허풍 섞인 무용담이 아니다. 1918년 독일 혁명 시기에 노동자군에게 가해진 살해 방법 중 가장 흔한 것은 "도주 중 사살"이고 두 번째가 개머리판으로 때려죽이는 것이었다.[12]

개머리판으로 때려죽이는 방법은 명백하게 근접전 상황에서 불가피한 경우가 아니라도 선호되었다. 뒬멘의 귀환병 수용소 병동에 붉은 군대 소속의 부상병 네 명이 이송되었다. "이튿날 독일 제국군이 수용소를 점령한 후 부상병들이 붉은 군대 소속이라는 사실이 발각되었다. 그들은 개머리판과 총검으로 부상병들을 죽였다. 사체는 심하게 훼손되어 식별이 불가능할 정도였다."[13]

카를 밀러에게서 독일연방군 훈련소에서 있었던 일화를 전해 들었다. 어떤 대위가 놀라운 질문을 던졌다. 독일 병사들은 왜 근접전에서 개머리판 타격을 선호하느냐는 것이었다. 동일한 상황에서 일본군이라면 단검 찌르기를 택할 텐데 말이다. 아무도 대답하지 못했다. 대위가 나름 자문자답을 했다. 개머리판 타격이라는 방법이 독일군의 정신력에 걸맞는다는 것이다. 그렇다니 그런 모양이다. 나름 음미해볼 만한 설명이다.[14]

1920년대에는 많은 희생자가 "도주 중 사살"된 것으로 기록되었다. 두개골이 깨져서 죽은 포로를 도주 중 사살된 것으로 위장하기는 어려웠을 것이다. 1920년대 우익 군부는 그 정도로 위세가 막강하지는 못했다.

그나마 개머리판으로 때려죽이지 않고 "점잖게 총알"로 죽이는 것은 남자들에게만 베풀어진 특권이었다.

네년에게는 화약도 아까워. 몸을 그냥 찢어발겨야 돼. 갈기갈기 찢어서

다들 한 조각씩 나눠 갖도록.[로자 룩셈부르크 살인 사건 재판에 출석한 증인의 말]

페렌치식으로 말하자면 총알은 성기 분비물과 동일시되었다. 그러므로 적대적 감정의 환경에서는 함부로 분출하지 않는다. 민간인 남성과 여자는 "쏴 죽일 총알도 아까운" 존재로 여겨지곤 했다. 발라의 빨간 머리는 예외적으로 총살에 처해졌다. "순백의" 마리로 탈바꿈했기 때문이다. 그래서 격식 갖춘 정식 총살에 처하는 자비를 누린 것이다.

이제껏 살펴본 바와 같이 기관총과 무기는 육체 갑옷의 일부로 기능한다. 군인 남성에게 무기는 결코 외적 대상물이 아니었다.

흑, 백, 적

세 가지 지각 동일화는 각각의 색깔을 지닌다.

피투성이 곤죽＝빨간색

텅 빈 광장＝흰색

블랙아웃/융해＝검은색

검은색: 남자들끼리의 금지된 사랑이다. 황홀한 어둠 속 죽음의 춤이다. 육체는 긴장으로 뒤틀린다. 육박전의 무기를 들고 서로를 알아본다.

흰색: 서로 뒤섞이지 않는다. 차갑게 반드르르 빛난다. 생명 빼앗긴 매끈함이다. 순백의 백작 부인 간호부. 대리석 몸뚱이다. 물어뜯는 괴물이 도사리고 있지 않은 순결한 아랫도리. 불순분자를 몰아내는 총성, 바로 표백이다.

빨간색: 여체의 살덩이가 피투성이로 버려졌다. 사람에게서 잘려나온 축축한 덩어리. 죽어서 벌려진 피투성이 아가리. 흑－백－적 독일 제국

프랑스 혁명의 위선

기가 군인 남성들의 격렬한 사랑을 받았던 데는 그럴 만한 이유가 있었다. 그들의 핵심적인 충동 목표물이 삼색기에 색상으로 구현되어 있었던 것이다.

"우리 나라 국기를 폭력으로 뺏으려는 놈은 배때기에 총 맞는다. 배빵, 뭐라고? 배빵! B는 베르타, A는 안나……."(이하 생략) 루돌프 만이 전하는 군가다. 스펠링 외우기는 언제나 여자 이름으로만 한다. "독일 국민에게서 국기를 박탈한 것은 역사상 최악으로 생각 없고 멍청한 짓이었다. 모두 증오로 독을 뿜어냈다."[1]

흑백적. 언제나 싸워서 쟁취해야만 하고 늘 확인해야 할 가치였다. 과거, 현재, 미래의 모든 쾌락이 세 가지 색깔에 있었다. 또한 부활을 기원하는 색깔들이었다.

검은색, 흰색, 빨간색을 유지해서 다행이다. 최고로 아름다운 색상의 조

화다. 드디어 하켄크로이츠 깃발로 돌격대를 이끌게 되었다.[2][킬링거]

공산주의자로부터 빨간색을 훔쳐온 후 갈고리 십자 문양을 넣어서
사람들 눈길을 끌려던 것이 아니다. 브레히트가 여러 번 되풀이해서 주
장했지만 틀린 말이다.[3] 미적 측면에서 파시스트는 공산주의자에게서
전혀 빌릴 것이 없었다.

바이마르 공화국은 왜 국기를 검은색 – 빨간색 – 황금색으로 바꾸었을
까? 구원의 총성을 뜻하는 흰색이 빠졌다. 이는 모든 면에서 "명확한 질
서"를 부여해준다. 그렇지만 황금색이 프로파간다를 대신한다. 돈. 시장
의 배양기, 상품세계의 혼합물. 쩨쩨한 목표를 두고 벌어지는 치사한 경
쟁, 뇌물, 굴욕. 후방으로 내뺀 인간들, 그들의 똥 싼 바지. 똥과 돈으로
가득하다.

사회적 갈등을 기관총이 아닌 시장으로 해결하겠다는 것이 "공화국"
의 의지였지만, 우익 군인 남성들은 "가치 훼손"이라며 우려했다. 그들
은 황금색을 통해 인간을 시장으로 흘려보내 대중으로 만들고자 했다.

국민 전체가 타락했단 말인가? 국민이 돈을 신으로 숭배한다. 내면으로
부터 인간에게 말을 걸어주시는 참된 신에게서 등을 돌렸다.[4]

베르톨트의 일기문이다.

그들은 규제 원칙으로서의 돈과 황금을 거부한다. 이는 "부르주아성"
과 본질적으로 동일하다. 그렇다고 군인 남성들이 돈을 밝히지 않았던
것은 아니다. 오히려 반대로 기회 닿을 때마다 긁어모았다. 1920년대
"국가적 지하 경제"는 상호 횡령과 사기 혐의로 가득했다. 이들이 원치
않았던 것은 시장 원칙이 자신들의 노동력을 지배하는 것이었다. 흰색,
곧 다가올 "평화"에 가장 중요한 상징이다. 군중에 포섭되지 않을 가능

성이다. 또한 아내를 얻을 가능성이다.

기관총과 순백의 아내가 없으면 검은색과 빨간색은 의미를 잃는다. 전투 중 도취감의 블랙아웃은 주정뱅이의 술타령으로 대체된다. 빨간색은 개머리판 타격의 폭발적 강렬함을 잃어버리고 일상적 여성 억압과 고압적인 훈계로 바뀐다.

바이마르 공화국의 흑적황: 폭음＋여성 억압／훈계＋시장으로의 상승／하강.

국기가 대표하는 가치는 오직 "황금"이 있어야만 보장될 수 있었다. 그러나 바이마르 공화국의 황금은 나머지 가치를 잊히게 할 만한 위력이 없었다.

파시스트들이 흰색을 사수했다. 무기는 땅에 묻어두고 겨우살이를 했다. 일부는 "지하"에서 일부는 감옥에서 일부는 해외에서 일부는 지긋

지긋한 일자리에서 버텼다. 세계적 경제 위기 탓에 자신들의 황금과 노동력의 가치가 땅에 떨어지자 다시금 목청 높여 흰색을 부르짖기 시작했다. 백색 궐기를 부르짖는 여론이 다수를 형성했다. 어두운 탁류에 휩쓸려 들어가지 않고 자기 몸을 지켜내겠다는 것이다.

미처 다 태어나지 못한 아들은 심지어 쉰 살이 넘어도 여전히 돌파구를 찾아 헤맨다. 그러나 결국 그들은 한심한 놈일 뿐이다. 한때는 큰일을 해낼 것 같더니만 끝내 아무짝에도 쓸모없는 놈이 되고 만다. 이들의 수중에는 "황금"이 없다. 몇몇 부자, 특히 "유대인 돈줄"이 장악해버렸기 때문이다. 황금색이 검은색과 빨간색을 뒤덮어버렸다. "최고의 조화로움"을 회복해야만 한다. 바로 흰색이다.

황금이 흰색을 몰아냈다. 시장이 국내 정치를 점령해버렸다. 새로운 대책이 촉구되어야 한다. 백색 궐기. 싸워야 한다. "백색 테러"다.

깃발의 기능에 대해 카네티는 이렇게 설명한다.

> 깃발은 가시화된 바람이다. 그것은 잘려나온 구름 조각과 같다. 깃발은 구름보다 가까이에서, 더 다양한 색채를 띠고, 주어진 도형을 영원히 유지하며 줄에 매여 휘날린다. 깃발이 진정으로 사람의 눈을 끄는 것은 그것이 휘날릴 때다. 사람들은 마치 깃발이 바람을 구획지어줄 수 있는 것처럼 국기를 게양함으로써 자기 나라의 영공을 표시한다.[5]

보이지 않는 것을 보이게 만들고 질서 짓는다는 점이 깃발의 본질적인 매력이다. 또한 카네티는 바람이 보이지 않는 군중, 특히 죽은 자들의 군중을 체현한다고 봤다. 깃발은 죽은 자의 길들여진 혼을 강렬하게 휘날리는 상징물이다. 깃발을 드높이! 깃발을 높이 쳐들면 죽은 자의 군대가 우리와 함께 싸운다.

깃발이 죽은 자의 군중과 더불어 죽음의 무리를 상징하게 된다면 그 얼마나 더 강력할 것인가. 죽음의 무리는 내면에 틀어막혀 죽어버린 욕망이다. 그러므로 깃발은 길들여지고 가시화된 충동을 표현하게 된다. 깃발을 따르는 자는 자기 욕망의 색깔을 드러낸다. 깃발이 휘날리면 질서 정연한 욕망의 흐름이 장엄한 파도를 이뤄낸다. 깃발에 깃든 것은 움직임 자체가 아니라 움직임의 표출이다. 그러므로 다양하게 명명된다. 들고 다니는 불꽃, "우리를 굽어보는 맹금류의 절규" 등이 그 예다.

깃발이 적의 수중에 떨어진다는 것은 죽은 자의 군중과 죽음의 욕망을 빼앗기는 것이다. 그렇게 되면 충동의 질서가 통제에서 벗어난다. 깃발은 반드시 탈환해야 한다.

길들인 여성성과 길들인 내면이 깃발 헝겊에서 바스락거린다. 독일어로 여성의 짧은 치마를 "작은 깃발"이라고 부른다. 여기에 비하의 어감

청년 독일(브라운슈바이크 기차역 대합실)

이 담긴 이유가 있다. 깃발이 더해진 여성은 매춘부다.

프랑스 혁명을 그린 외젠 들라크루아의 회화에도 여성과 깃발의 결합이 등장한다. 투구를 쓴 자유의 여인이 프랑스 삼색기를 높이 쳐들고 있다. 깃발로 민중을 이끄는 여인은 파시즘에는 없는 상징이다. 단 하나의 예외는 아르투어 캄프의 회화「헤밍슈테트의 처녀Die Jungfrau von Hemmingstedt」다. 이 작품에서 깃발은 명백히 코드화되어 여성 기수의 섹슈얼리티에 대한 오해를 철저히 차단하고 있다.[6] 심지어 다른 한 손에는 검을 들고 있다.

경고: 널리 유포된 헛소문이 있어서 경고하는 바입니다. 여성 기수 로자 하머슈미트 양께서 홀몸이 아니라는 헛소문입니다. 임신했던 장본인은 동행자 에마 A양이었고 깃발에 손을 댄 적이 없습니다. 그러므로 우리 깃발은 더럽혀진 적이 없습니다. 이러한 파렴치한 거짓말에 부화뇌동하

「헤밍슈테트의 처녀」, 1939

여 국가와 국기를 모독하는 자에게는 법적 제재를 가할 예정입니다.

횐바흐 체육협회 회장단 일동

[1907년 튀링겐 지방 신문에 실린 내용이다. 에두아르트 푹스가 『풍속의 역사: 부르주아의 시대』에서 재인용했다. 인용된 원본 신문에는 에마 A양의 본명이 기록되어 있다고 한다.]

우편엽서 1969년

'X. 보조 서비스 함대'
포스터 1936년

구타

독일 제국의 모든 것이 엉망진창이다. 우리는 정신 바짝 차리고 늑신하게 쥐어팬다.[1]

구타는 특별히 의미심장하다. 여느 테러 행위와는 달리 앞서 언급한 지각 상태에 도달하는 것을 목표로 하기 때문이다. 구타 의례에서 벌거벗긴 신체 일부에 가해지는 구타는 "피투성이 곤죽"이라는 지각 동일화를 만들어낸다. 살해가 목표였다면 개머리판이나 총검 등이 더 좋은 방식이다. 구타는 맞는 사람을 죽이려는 행위가 아니다. 본질적으로 무엇인가 다르다.

군인 남성은 모든 형태의 구타에 친숙하다. 그의 육체 외곽과 근육에 외부로부터 가해지는 고통스러운 침해는 미처 다 태어나지 못한 자에게 "안정적" 육체 자아를 만들어주는 과정이다. 심리적 자아 구조 같은 게 만들어지는 것이다.

그렇다면 군인 남성이 구타를 실시하는 것은 자아 생성 과정이라고 볼 수도 있겠다.

그는 구타가 자행되는 것을 극히 지당하다는 듯 받아들인다. 어떤 노동자가 바덴 사수보병 대대에 체포되어 구타당했고, 자신이 겪은 가혹 행위에 대해 법정에서 장교에게 항의했다. 그는 이러한 답변을 받았다.

바이에른 출신에게 체포당하지 않은 것을 감지덕지하시오. 그 친구들은 죄다 바로 패죽이거든.[2] [바이에른의 에프 여단을 뜻한다.]

고작 얻어맞고 끝났으니 다행이다. 군대에 잡혔으니 손찌검이야 기본이다. 구타당한 병사는 젊은 병사일수록 매질을 따끔한 가르침으로 여기고 고맙게 받아들였다.

그는 진정으로 감사히 여겼다. 앞으로는 스파르타쿠스 일당과 인연을 끊겠다면서 기쁜 마음을 갖고 옳은 방향으로 새로운 삶을 살겠다고 말했다.[3]

에프 여단의 소속 병사들이 16세 소년을 "따끔하게 때려서 타일렀다"고 샤우베커가 전한다. 아마 "죄다" 패죽이지는 않은 모양이다. 아직까지 "교화 가능"한 청소년은 교육적으로 잘되라고 때려준 모양이다.

최베를라인 소설의 주인공 한스 크라프트는 16세 붉은 군대 소년병 두 명을 보충 교육 시켰다고 자랑한다. 우선은 정치적 훈계로 시작한다. "네놈들의 멍청한 반란질"을 꾸짖는다.

"횔라인! 이 녀석들을 제대로 한번 따끔하게 때려줘. 3주 정도는 궁둥이 대고 못 앉도록 조져. 지금부터 실시!"

"애새끼들이 어쩌나 순진하고 멍청한지 총알이 아깝다!" 횔라인이 으르렁거리자 녀석들은 이제 살았다는 듯 웃었다. "잠자코 따라와. 너희 애비들이 안 가르쳤으니까 우리가 엉덩이를 때려서 가르쳐주마! 어디 한번 프롤레타리아 승리의 행진을 해보지그래?" 두 녀석은 살게 되어 기뻤던지 마치 농담을 들은 듯 웃었다.[4]

이렇게 덧붙인다. "프롤레타리아 출신은 때려서 가르치질 않으면 도무지 알아먹지 못한다."[5]

군인들은 자신들이 겪었던 그대로 구타를 대물림한다. 아이들을 "따끔하게 가르친다". 그들은 "새옷"처럼 구타를 입히고, 덧붙여 교훈을 아끼지 않는다. 그들 역시 똑같은 "은혜"를 입었던 것이다.

프롤레타리아는 나이 들었어도 애들 같고 학생들 같다. 군인 남성들이 스승이 되고 부모가 되어야 한다. 최소한 형님이라도 돼주어야 한다. 철딱서니 없는 것들에게 깨달음을 물려줘야 한다. 카네티는 이러한 욕구를 "명령의 가시"를 없애려는 필요성이라고 설명했다. 명령의 가시는 언제나 "아래"로 떠넘겨진다. 특히 군중적 행동의 해방감에 동참하지 못한 자는 가시를 아래로 떠넘길 필요를 강하게 느낀다.

이 과정은 매우 구체적으로 상상된다. 군인들은 자신이 당한 매질, 자신이 견뎌야 했던 매질로 육중한 갑옷을 만들어 입는다. 그중 일부를 "매질을 물려주는" 방식으로 떠넘겨서 후임에게 입힌다. 그래야만 자신이 홀가분하게 가벼워진다.

"맛 좀 봐라!" 때리는 자는 무언가를 준다. 얻어맞는 고통을 넘겨주고 쾌락을 받는다. 때릴수록 한결 더 가뿐해진다. 때리면 짐을 더는 느낌이다. 무언가를 밖으로 내보내고 무언가 "생산"할 수 있는 최소한의 기회다. 교육을 시킬 수 있다.

때로는 빨갱이도 똑똑하다. 특히 위장 잠입자는 교활하기 때문에 더 위험하다.

병사들 사이에서 자발적으로 자연발생한 매타작 때문에 빨갱이 첩자들이 내몰려 도망친 후에는 그런 일이 싹 사라졌다.[6]

평의회가 보낸 첩자들을 어찌나 신나게 두들겨 팼던지, 리히텐펠스에서 잘펠트까지 빨갱이 정찰대가 얼씬도 못 하게 되었다.[7]

놈은 자유군단 제3포대 소속이라고 천연덕스럽게 속였다. 다행히 장병들에게 걸려서 흠씬 얻어터지고 평생 못 잊을 교훈을 얻었을 것이다.[8]

녀석에게 내 입장을 분명히 밝혔고 동의를 구했다. 주먹으로.[9]

경례를 바람직하게 못 하면 체벌로 교정했다.[10]

이런 사례는 흔하다.
군인 남성은 구타가 적절한 수단이라고 굳게 믿었다. 구타는 의견 표명이자 직접적인 답변이었다.

빨갱이 군대가 사절을 보냈다. "당신들에게 전쟁을 선포한다." 로스바흐가 말했다. "두 명 앞으로 위치. 붉은 깃발을 치우도록. 저놈 바지를 벗기고 스물다섯 대를 쳐라. 내가 세겠다. 마지막 한 대는 내가 걷어차는 걸로 마무리한다."[11]

"빨갱이"가 지은 죄는 "건방짐"이다. 분수를 지키도록 버릇을 고쳐주어야 한다. 군인 남성의 자기 유지 기제는 적을 능욕함으로써 기능한다. 건방진 도전자의 기를 꺾어놓으려고 아이 취급을 한다. 메시지는 분명하다. "이게 어디서 건방지게, 누가 누구한테 이래라저래라야."
최베를라인의 소설에는 자신이 살려고 형을 밀고하는 붉은 군대 병사가 등장한다. 그는 군인 남성들이 눈뜬 장님인 줄 안다. 딱한 머저리!

"마르틴?" "여기야!" "놈을 안뜰로 끌고 가서 큰소리로 사방팔방 알려. 자기 형을 배신한 짐승 같은 놈이야. 마차 끌대에 묶고 다들 보는 앞에서 빨가벗은 스물다섯 대를 손맛 좋게 때리도록. 천한 놈들이라면 정말 지긋지긋하다."[12]

구타하는 자들의 의도와 경험은 세 가지 특성을 보인다.

첫째, 가장 일반적인 것은 구타가 교육적이라는 믿음이다. "사람은 자기가 배운 대로 가르친다"는 말이 있다. 또한 "몇 대 맞는다고 죽는 사람 없다". 그러므로 때려서 가르친다. 맞는 녀석이 비명을 질러야 제대로 배웠다는 "효과가 확인"되는 것이다. 자존심 내세우면서 비명을 참으면 두 배로 맞는다. 머리가 좋아야 덜 맞는다.

둘째, 현저한 해방감이다. 구타하는 사람은 쾌감을 느낀다. 이제 나는 아이가 아니다. 엉덩이를 까지 않아도 된다. 자신의 부담을 벗어던지고 불쾌를 남에게 떠넘기는 쾌감이다. 이젠 어른이니까 유쾌한 기분으로 편하게 복수할 수 있다. 구타 행위는 제대로 혹독하게 하는 게 좋다. 그래야 유쾌한 기분을 잡치지 않는다.

셋째, 구타는 감각 지각을 충족시켜야만 한다. "빨가벗은 스물다섯 대를 손맛 좋게 때리도록"이라는 표현이 그래서 나온다. 이 주제는 다음 대목에서 설명하도록 한다.

첫째와 둘째는 구타자의 "자아"가 겪은 경험에서 직접 파생되는 특성으로 보인다. 구타자는 자신이 몸소 맞으며 배운 대로 후임을 가르치면서 후련함을 느낀다. 이것이 그가 이해하는 자아 기능이다. 세상에 기강이 잡혀가는 시대에는 현실 감각이 중요하다. 누가 싸대기 맞을 놈인지 누가 아닌지 판단해 엄중하게 실행한다. 호되게 후려치더라도 언행은 경쾌한 편이 가능한 한 좋다. 웃기면서 때린다면 금상첨화다.

"자, 여러분!" 중위가 명랑하게 말했다. "이제는 분위기 바꿔서 우리가 말을 좀 해볼까? 솔직히 오늘은 여러분만 너무 많이들 떠드셨어." 그는 주변에 짧게 명령했다. "애들아, 이분들 스물다섯 대씩 성의 있게 대접해 드려라!"[13]

중위는 "명랑하게" 보였다. 만사에 기강이 잡혔다. 너무 기뻐서 농담이 절로 나온다.

슈체친에서 자유군단은 "스파르타쿠스에게 인기가 없었다. 어쩐 일인지 마부 채찍이 특히나 마음에 안 들었던 모양이다."[14](슈타이네커) 1919년 6월 말 베를린 철도 노동자 파업 당시, 해군 기술병들이 "복잡한 기계 장비를 손보는 동안 기차역 대문 앞에서는 자원병들이 파업쟁이들을 고무 몽둥이로 안마했다".[15](뢰벤펠트) 할레에서 어떤 사람이 보초를 서던 병사에게 침을 뱉었다. "동료 병사들이 몰려가서 아주 꼼꼼하게 애정을 담아 매타작으로 보답해드렸다."[16](매르커) "중요한 건 꺾이지 않는 마음이라는 분들이라서 대신 다리몽둥이를 꺾어드렸다."[17](브로넨의 엉터리 말장난이다.) "제3여단과 접선한 사람은 몸뚱이 후방에 불이 붙는다."[18](킬링거) "빨갱이들에게 '성령 강림'을 한번 베풀었더니 버릇이 싹 고쳐졌다."[19](슐츠 소령, 병영의 구타 의례에 대해서) 성령이 하늘에서 강림하시듯 병사에게 매타작이 떨어진다.[20]

똑같은 구조의 "구타 베풀기"는 군인 남성이 노동자 포로에게 가하는 폭행 과정 전반에서 재연되었다.

포로들은 맞으면서 독일 제국의 국가 "승리의 왕관이여, 찬미하라"[21]를 부르거나 혹은 "제3여단 만세!"[22]를 외치라는 강요를 받았다. 총살당하기 전에 "좌향좌, 우향우, 앞으로 행진"[23] 등 정식 병사들처럼 군사훈련을 하거나 혹은 공개적으로 자기비하를 해야만 했다. "나는 폴란드 놈이다"[24] 혹은 "우리는 가난뱅이 가난뱅이 가난뱅이다"[25] 혹은 "나는 빨갱이다, 나는 살인자다"[26] 등이었다.

군인들은 노동자 포로에게 노래를 부르며 무덤을 파도록 강요하거나[27] 총살 직전에 노래를 시켰다. 자신들이 겪었던 교육 원칙을 그대로 단순 적용한 것이다. 누군가에게 자신을 해치는 행동을 억지로 시키면서 너 잘되라고 하는 것이라며 억지 부리는 것은 군인 남성들에게는 익숙한 교육 방식이었다.

군인들이 자행한 테러는 원칙적으로 자신들이 겪었던 "사나이 만들기" 과정이었다. 단, 훨씬 더 과장하여 잔혹하게 물려준다. 과연 청출어람이다.

구타는 "자백"을 쥐어짜내는 방법으로도 애용되었다. 아무 말 없는 자는 뭔가를 숨기고 있는 것이다. "실토"하는 놈은 일단 맞는다. 진작 말할 것이지 여태껏 숨기고 거짓말했으니까. 반항적인 아들 녀석을 대하는 아버지의 태도와 별반 다를 것이 없는 방식이다. 말 못 하는 걸 보니 거짓말한 게 분명하다. 자백했어도 죄는 여전하니 벌을 받아야 한다. 어차피 둘 중 하나다. 둘 다 벌을 못 면한다. 나 역시 이 원칙에 의거하여 맞고 자란 세대다.

군인 남성들은 경험상 "자백"을 해도 처벌받는다는 것을 너무 잘 알았다. 그렇다면 노동자들을 불장난하는 "아이들" 정도로 취급하던 이들이 어떻게 굴었을지는 안 봐도 뻔하다.

이들이 희생자들을 대한 방식은 전형적인 이중 구속의 덫이다. "뭐, 개자식아. 소리 지르기만 해봐라." 이 악물고 비명을 참아도 소용없다. "소리도 안 지르는 걸 보니 아직 덜 아프구나."

모든 것은 권력자 멋대로라는 것을 군인 남성들은 경험을 통해 잘 알고 있었다. 제아무리 열심히 노력해도 어떤 권력자나 기관이 옳다 그르다 잘했다 잘못했다 재단하면 그만이었다. 나중에 정반대로 그르다 옳다 뒤집어도 역시 어쩔 도리가 없다.

"무엇을 하든 어떻게 시작하든 죄다 글러먹었다." 지난 100년간 독일의 이중 전선 계층은 절망, 체념, 분노 속에서 이러한 "통찰"을 얻어야만 했다. 현재 우리 세대가 겪는 체계적·조직적 대중 경험을 이처럼 잘 표현한 문장도 드물다. 파시즘 문제로 노인 세대 혹은 부모 세대와 입씨름 해봐야 아무 소용 없는 것은 그래서다. "그래서 우리가 죄다 잘못했다는 거냐?" 그저 시키는 대로 묵묵하게 열심히 살았는데 어째서 그게 죄냐?

이제 와서 죄다 잘못이라고 욕을 먹다니. 좋은 일도 많이 했다. 그게 사실이라지만 그래도…… 기타 등등.

"스파르타쿠스" 반란군이 이중 구속의 덫에서 허우적거리는 꼴을 보는 만족감도 있었다. 루돌프 만의 글이 잘 표현해준다. 1919년 5월 뮌헨, 군 당국은 자진 무장해제 시 면책 기한을 선포해놓고서 가택수색을 시작했다. 선포문은 다음과 같다.

모든 무기를 즉각 제출하라. 무기 소지자는 발각되면 사살에 처해진다! 평균적인 이해력을 지닌 시민이라면 어떻게 했겠는가? 무기 제출을 어떻게 한단 말인가? 기관총을 옆구리에 끼고 무기 수집처에 가져가던 중 건물로 들이닥치는 수색대와 마주친다면 바로 사살당한다. 무기를 소지했기 때문이다. 거리에서 잡히면 담장에 세워져 총살당한다. 그렇다고 총을 치마 아래에 숨겼다가는 그야말로 최악이다. 개머리판이 위로 향하도록 총을 메고 다니는 것은 평화주의를 주장하는 것이므로 아무에게도 신뢰받지 못한다. 목숨과 자유가 위태로워진다. 이것이 수많은 사람을 진땀 나게 만든 사악한 진퇴양난이었다.
어떤 사람들은 문자 그대로 돌아버렸다. 미처 못 버린 총이 있는 집에 감히 돌아가지 못했다. 그들은 허둥지둥 조언을 구하러 다녔다. 나는 장난으로 조언했다. 장대 끝에 기관총을 매달아 몸에서 멀찌감치 떨어뜨려 소지하면 되지 않느냐고. 거리에서 정말로 그러고 다니는 놈들을 보고는 배꼽 빠지게 웃었다.[28]

군인 남성들의 글에서 이상하게도 누락되어 있는 사실은 그들이 노동자군을 죽이고 구타하며 저지르는 폭력이 사실은 자신들이 겪은 가혹행위를 "그대로 전해준" 형태라는 것이다.
이 누락은 의미심장하다. 군인 남성 자신들도 고통받았고 괴로웠다는 사실을 숨기려는 것이다. 군사훈련을 통해 영웅적인 사나이로 재탄생했다는 관념에 정면으로 배치되기 때문일 것이다.

다른 한편 그들은 자신들이 자행한 테러를 숨기지 않았다. 다만 성격만 변모시켜 전하고 있다. 잔인성, 살육의 흥분, 파멸적 분노 등은 보란 듯이 과시했다. 그러나 오래 별렀다가 엉뚱한 상대에게 분풀이하듯 저지른 치졸한 복수 행위는 의도적으로 누락시켰다. 즉흥적 복수는 자아 안정화를 위해 일기장에 쓸 소재로는 적합하지 않다. 그에 반해 "영웅적" 살인은 그야말로 완벽한 글감이다.[29]

그렇다고 자신들의 "사소한" 폭력을 기록하지 않은 것은 아니다. 다만 적들이 저지른 짓이라고 누명을 씌운 후 지나치게 자세히 기록했다. 이른바 "붉은 테러"에 분개하면서 폭로하는 글이나, 영웅적인 "백색" 테러에 인간적으로 동조하는 글이나 근본적으로는 동일하다. 살해 행위를 묘사하는 정서와 중심적인 지각 과정은 근본적으로 동일했다.[30]

의례화된 구타와 구경

"빨가벗은 스물다섯 대를 손맛 좋게" 때리라고 명령한 후 구경하는 사람의 쾌감은 직접 구타하는 사람의 것과 뚜렷이 구별된다. 남을 두들겨 패면서 경험하는 육체적 방전 때문에 "후련함"을 느끼는 것이 아니다. 그가 느끼는 쾌락은 눈과 귀에서 온다. 쾌감은 부분적으로 "피투성이 곤죽"의 지각 동일화에서 생겨나지만, 그 외에 뭔가 특별한 요소가 분명히 있다.

개머리판 타격으로 육체를 터뜨리는 것과는 달리 의례화된 구타 행위에는 모종의 지속 시간이 있다. 시작과 끝이 있다. 몇 대를 때릴 것인지 미리 정해놓는다. 구타 의례는 구경꾼들의 연속적 쾌감 증대를 위해 이루어진다. 구경꾼의 쾌감은 구타의 효과 인식에서 부분적으로 기인한다. 즉, 구타당하는 사람의 변화다. 처음에는 저항하면서 고함치고 몸부림도 친다. 마지막엔 정신을 잃거나 피투성이가 되어 쓰러지거나 축 늘어진다. 조용해지거나 신음만 흘린다. 매질이 가해지는 곳은 살갗과 살이다. 살갗은 터지고 살은 경련한다. 1920년대 루르 지방에서 군인 남성들이 구타에 사용했던 "쇠줓매" "마부 채찍", 혹은 짧은 고무 호스 등의 도구[1]는 뼈를 상하게 하지 않는다. 엉덩이를 때리는 막대기도 마찬가지다. 살이 충분히 있는 유일한 곳이 엉덩이라서 그렇다.

곧 이어지는 단락에서 군인 남성들의 "동성애"를 다룰 예정이다. 지금 여기서는 군인 남성들이 엉덩이 매질을 "동성애적" 행동으로 이해했는지 여부를 점검해볼 필요가 있다. 전통적인 정신분석학 및 정신상담학에서는 대개가 그렇다고 여긴다.

이시도르 이사크 자트거는 1931년 논문 「둔부 에로티즘에 대하여Über Gesäßerotik」에서 둔부 및 허벅지를 때리는 행동에 동성애가 "가장 큰 영향을 끼치는 듯"하다고 말했다.

모든 관음적 쾌락이 뒷모습에 집중된다. 가혹하고 고통스러운 매질에 엉덩이 근육은 마치 성교 때처럼 경련하며 푸들댄다. 피부의 변화 역시 […] 구타를 가하는 사람에게는 만족스러운 "감각 지각"을 준다. 빨개지고 부풀어 오르고 맷자국이 나고 결국은 피가 터져 흐른다. 매를 때리려고 벌거벗긴 엉덩이는 구타자의 피부 에로티즘을 자극한다. 실제 매질이 시작되면 […] 오르가슴에 가까운 근육 에로티즘이 자극된다.[2]

정신분석학은 매질의 쾌락적 상상이 "동성애" 환자에게 나타나는 전형적인 증상이라는 임상 사례를 많이 보고했다.[3] 남성 간의 다양한 육체적 관계를 "동성애"라고 부를 근거가 충분하다면 두 현상의 연관성은 경험적으로 입증되었다고 볼 수도 있겠다. 그럼에도 그런 사실만으로 불충분하다는 것은 군인들이 "순백의 신부"에게 보이는 태도에서 드러난다. 쾌락적 섹슈얼리티에 맞서려는 방어기제를 리비도의 "동성애적" 조직화의 증거라고 주장한다면 해괴한 노릇일 것이다.[4] 이는 오히려 반성애적 조직화로 이해해야 한다. 그렇다면 남성들 사이의 특정한 육체적 관계, 즉 단순하게 "동성애"라고 불리는 관계 역시 반성애적으로 이해할 수는 없을까?

자트거가 구타 의례의 관음적 쾌락을 묘사한 대목을 살펴보면 강조점은 다른 곳에 있다. 벌거벗은 엉덩이에 즉각적으로 의미를 부여해 구타자의 리비도가 겨냥하는 대상이라는 시각에 한정되면 안 된다. 글의 강조점은 변화에 있다. 매 맞는 육체가 보여주는 "마치 성교 때처럼 경련"하는 움직임에 있다. 우루과이에는 "반데라"라고 불리는 고문이 있다. 마치 바람에 나부끼는 깃발처럼 온몸이 고통에 후들후들 떨리도록 사지를 묶고 때리는 것이다.

군인 남성들은 구타 의례를 굳이 자세히 묘사하지는 않는다. 구타는 공식적으로 테러 행위에 해당되므로 영웅적 과시에는 적합하지 않았기 때문이다. 구타의 실상이 어떠했는지는 억지로 지켜봤던 사람들의 증언에 등장한다. 가장 신빙성 있는 증언은 강제수용소 생존자들에게서 얻을 수 있다.

동성애자라는 이유로 수용되었던 "하인츠 헤거"를 인용해보자. 그는 1939년에서 1945년 사이 여러 수용소에 수감되었으며 숱한 구타 의례를 목격해야만 했다. 1972년에 이르러서 폭로할 용기를 내 『핑크 세모를 단 남자들*Die Männer mit dem rosa Winkel*』을 출판했다.[5] 그의 이야기가 전형적인 사례는 아니다. 그는 완전히 다른 종류의 상황에 처한 적도 있다. 그러나 어떤 사태의 본질은 가장 극단적인 상황에서 또렷이 드러나는 법이다. 그러므로 헤거의 증언을 의심할 이유는 없다고 본다. 역사 속에

서는 상상을 초월하는 잔인한 일이 벌어지곤 한다. 엉덩이 매질을 참관하는 장면을 헤거는 이렇게 전한다.

피해자는 악명 높은 "처벌대"에 묶인다. 몸이 "활처럼 굽혀져 엉덩이가 제일 높은 곳에 위치하게 된다".[6] 수용자 한 명이 처벌대에 묶이면 같은 구역의 수용자 전원이 처벌 광경을 지켜봐야 한다. 처벌이 중앙 집합장에서 이루어진다면 수용소 전체가 봐야만 했다.[7]

그는 한 대 맞을 때마다 큰 소리로 숫자를 세어야 한다. 너무 아파서 시간을 놓치거나 목소리가 너무 작으면 그 매는 무효로 친다. 결국은 그래서 원래 정해졌던 것보다 두 배로 맞는 일도 많았다.[8]

구타 실행자는 수용소장이 지정했다. "대부분 가학적 성향을 지닌 친위대 상급 장교들이 기꺼이 자원해서 일을 떠맡았다"[9]고 헤거는 전한다. 헤거가 책에서 자신의 동성애적 "성향"을 이미 밝혔다는 점을 기억하자.

그는 명령자의 시선을 다음과 같이 관찰했다.

그동안 친위대 수용소장은 처벌 장소로부터 가까운 곳에서 흥미진진하다는 듯 처벌을 지켜봤다. 한 대 내려칠 때마다 눈을 희번덕거리더니 몇 대 지나자 얼굴 전체가 흥분과 색욕으로 벌게졌다. 두 손을 바지 호주머니에 깊이 찔러넣고 있었다. 누가 봐도 뻔했다. 매질이 이뤄지는 동안 자위를 하고 있었다. 남들이 보는 눈 따위는 아랑곳하지 않고 뻔뻔했다. "마무리"를 하고 만족스러웠던 모양이다. 변태 돼지 같은 놈은 그냥 자리를 떴다. 더 진행될 매질 처벌에 대한 관심이 사라졌던 것이다. 친위대 수용소장이 공개적인 매질을 구경하며 자위해대는 꼴을 서른 번도 넘게 목격했다.[10]

한번은 매질 당하는 죄수가 비명을 지르지 않았다. 변태적 쾌락을 못 누린 수용소장은 약이 바짝 올라서 죄수에게 윽박질렀다. "이 더러운 호모 새끼야, 왜 비명을 안 질러! 똥구멍에 박던 놈이라서 맞는 게 좋은 거냐!"[11]

그러더니 처음부터 다시 때리라고 명령했다. "고문의 축제"는 마구잡이 폭주가 아니다. 푸코가 잘 지적했듯 나름의 질서와 법칙이 있다.[12] 하지만 그게 전부는 아니다. 고문당하는 사람의 상태도 계산에 포함된다. 죄수가 안 죽고 버틸 수 있는 매는 몇 대인지, 고통의 최대치는 어디까지일지, 언젠가 똑같이 매를 맞는 처지가 될 수 있는 관중에게 어떤 영향을 줄 것인지 등을 계산에 넣는다. 하지만 친위대 장교의 자위는 대체 무슨 상관일까? 매질 당하는 죄수가 지르는 비명은 대체 왜 중요한가? 비명을 지르지 않으면 "똥구멍에 박던 놈"이라는 말은 또 뭔가?

매질 과정을 세부적으로 살펴보자. 매질 당하는 죄수는 마치 짐승과 같은 자세로 처벌대에 묶인다. 머리는 땅으로 향한 채 팔다리는 꼼짝 못하게 아래로 묶어서 마치 네발로 기는 듯한 자세를 만든다. 벌거벗긴 엉덩이를 높이 쳐들도록 나무 형틀에 고정해서 때리기 좋은 위치에 둔다. 여기서 과시되는 것은 죄수의 무방비성이다. 그는 공공연하게 유린당할 존재다. 죄수는 어떤 접촉도 어떤 공격도 별수 없이 당해야만 한다. 상황의 외설성은 여기서 비롯된다.* 여기서 침해되는 것은 외부 영토화된 둔부라는 금기다. 엉덩이가 성적 대상이라서 매료된 것이 아니다. 죄수의 은밀하고 사적인 영역에 침입하는 행위 자체가 매력적인 것이다.

이 상황은 윙거의 작품 속 묘사를 연상시킨다. 그가 야간 참호에서 습격당할 때 느꼈던 감시받는 듯한 기분과 유사하다.

마치 벌거벗은 채 눈을 가리고 형틀에 올라 있는 듯한 기분이다. 색욕 가득한 조롱의 시선이 느껴진다.[13]

"처벌대"에서는 상황이 역전된다. 완벽한 통제가 실시된다. 위협적인 존재는 형틀에 단단히 묶여서 몸부림치고 있다. 금지된 것을 탐하는 색욕 가득한 "조롱의 시선"은 그 자신의 것이다.

또 다른 시선도 있다. 다음번 구타 의례의 잠재적 피해자가 될 사람들, 수용소장의 지배를 받는 사람들의 눈이다. 이들이 감히 봐서는 안 되는 것은 생사여탈권을 쥔 주인님의 자위다.

권력자의 지위에 있는 그는 가장 엄격한 금기를 공개적으로 깨뜨린다. "모두가 보는 앞에서" 버젓이 성적 만족을 취한다. 모두 봤을 테지만

1012

감히 티 내는 자는 죽음을 면치 못한다. 그리하여 죄수와 부하들은 특이한 공공성을 나타내게 된다. 이들은 권력을 박탈당한 공중도덕이라는 확고한 유토피아를 체현하고 있다. 모든 스승과 부모뻘 인물들은 권력을 잃었다. 감추고 삼가고 자기 희생하던 시대는 지났다. 이제는 숨길 것이 없다. "봐라, 우리는 이렇다. 우리는 필요한 것은 가져간다. 우리는 거리낄 것이 없다." 이들은 행동으로 부르짖고 있다.

동시에 명령자는 완전히 혼자다. 그에게는 관객이 없다. 무대에 선 유일자로서 그는 죽은 자들의 군중에 맞선다. 너희 중에서 살아 나갈 사람은 없다. 그는 자위행위를 통해서 살아남는 자의 난교를 벌인다. 묶인 몸뚱이는 매를 맞을 때마다 무가치해진다. 죄수들의 공포가 끔찍해질 때마다 명령자의 행동은 더 거대하고 온전해진다.

매를 맞는 자가 "동성애자"라서 "즐길지도 모른다"는 의심에는 굴욕시키려는 욕망뿐 아니라 실제적인 두려움도 들어 있다. 오직 한 사람만이 즐겨야 한다. 고문당하는 사람은 매질로 고통을 얻었으므로 무언가를 내놓아야만 한다. 고문자는 그저 "명령 가시", 스스로 당한 구타, 혹은 망가진 신체 일부를 떨쳐버리고자 고문하는 것이 아니다. 그는 고문 당하는 자에게서 무언가를 얻어간다. 그 때문에 섹슈얼리티가 의미를 갖는다. 고문당하는 자는 현재는 "즐겨서는" 안 되지만 예전에 즐겼던 자여야만 한다. 처벌대의 죄수가 "호모 새끼"로서 느꼈을 쾌락은 이제 박탈되어야 한다. 매질은 일종의 쾌락 교환을 조직한다. 매 한 대, 비명 한 번마다 과거에 누렸던 쾌락의 덩어리는 죄수를 떠나 관객에게 넘어간다. 고문당하는 자는 성적 존재로서 고문당한다. 성적 "경험"이 많을수록 고문당하기에는 더 좋다. 아마 그래서 노인과 아이들은 원칙적으로 고문에서 배제되는 듯하다. 그들은 더 이상 줄 것이 없거나 혹은 아직 내줄 것이 없기 때문이다. 고문당하는 사람들이 갖고 있다는 이른바 "정보"는 그가 빼앗기는 무언가에 대한 코드화일 뿐이다.

회스는 구타 의례에 참가하는 것이 내키지 않았다고 썼다. 강제수용소에 신참으로 부임했을 때 그는 맨 앞줄에서 구타를 참관하라는 명령을 받았다. "정치범"의 비명이 너무 커서 시선을 회피하고 싶은 충동을 느꼈다고 한다.[14] 역겨움 때문이 아니었다. 구타당하는 사람이 "발산"하는 감정이 너무 극렬했던 것이다. 회스는 스스로의 흥분을 감당하지 못했다. 자서전에 따르면 나중에야 비로소 "돌처럼 굳은 마스크"[15]를 쓰는 법을 깨우쳤다고 한다.

내가 보기에 구타 의례는 가장 성행위적이며 가장 남근적인 고문 방식이다. 구타당하는 사람은 일종의 "네거티브"한 교접 행위를 강요받는다. 매를 때리는 리듬은 교접의 삽입 동작을 최선을 다해 흉내 낸다. 구타당하는 자의 비명은 흥분 곡선을 그려낸다. "최고조"에 달한 후 까무러친다. 구타당하는 자는 몇 대인지 소리 내어 헤아려야 한다. 내가 고등학교에 다니던 시절 널리 퍼져 있던 속설이 연상된다. 바로 오르가슴에 도달하려면 적정 횟수의 삽입 동작을 해야 한다는 말이었다. 실제로 동작 횟수를 세어서 얼마나 오래 버텼는지 자랑하는 친구들도 있었다. 구타 의례에는 지속 시간이 있다. 긴장을 만들어 들어올리고 세운다. 친위대원은 "마무리"를 하고 사라진다.*

미처 다 태어나지 못한 자의 자위는 심리경제학적 목표를 갖는다. 바로 육체적 총체성의 느낌에 도달하는 것이다. 자위는 육체 외곽을 단속해보려는 일시적인 시도이며, "동성애"를 고쳐보려던 환자들이 수차례 반복해야만 했던 헛된 치료법이다.[16] 자위는 자아 해체의 위협에 맞서는 수단이다. 또한 공격적 판타지와 몸을 찢을 듯한 공포에 맞서는 수단이다. 자위를 마친 후에는 일순간 머리가 텅 빈 듯한 안도감이 밀려든다.

---

* 친위대는 왜 하필 허벅지 양옆이 불룩한 "승마바지"를 착용했을까? 발기지속증을 감추기에도 편했고 손을 마음껏 놀릴 수 있도록 품이 넓어서 그랬던 것일까?

구타를 구경하면서 하는 자위에는 또 한 가지 특별한 기능이 있다. 스스로 판타지를 만들어낼 부담에서 쾌감을 떼어내 해방시켜준다. 위협적 내면은 완전히 사라져버린다. 내면은 바깥세상에서 형틀에 묶인다. 알맞은 형태로 길들여져 그 자신의 육체와는 별개가 되어버린다. 모든 종류의 자기 보존 행동은 "욕망을 욕망"하는 것, 즉 무의식의 존재 전체를 억압해버린다. 내적 지각을 외적 지각으로 둔갑시킬수록 억압은 더더욱 완벽해진다.

매질이 계속될수록 자위가 계속될수록 희생자는 점점 더 자기 경계를 빼앗긴다. 그와 반대로 구경꾼은 자기 경계를 점점 더 늘려나간다. 이 과정에서 항문이 반드시 욕망이 집중되는 성적 대상일 이유는 없어 보인다. 자기 보존 욕구는 모든 관계 욕구를 억압한다. 여기서도 마찬가지다.

이 과정의 핵심에는 고문당하는 자의 육체가 자리 잡고 있다. 이것이 "계몽주의 시대" 고문과의 차이점이다.

18세기에 사법상의 고문은 진실을 생산하는 의식이 처벌을 부과하는 의식과 병행되는 기묘한 구조를 통해 이루어진다. 신체형에서 심문당하는 신체는 징벌의 적용 지점이자 진실 강요의 장소다. 또한 추정 증거가 상호 의존 관계에 의해 증거 조사의 한 구성 요소이면서 유죄성을 형성하는 단편이기도 한 것과 마찬가지로, 고문에 따르는 고통은 처벌을 위한 조치이자 동시에 예심 행위인 것이다.[17]

파시즘의 고문에서 처벌 및 예심은 이차적 부산물이다. 핵심적인 산물은 고문자의 총체성 경험, 즉 자신의 물리적 전능감 확립이다. 그렇기 때문에 과시의 초점은 고문 희생자가 아니라 고문 가해자 자신이다. 그는 "공포를 주는 자"다. 반대로 고문당한 자는 사라져야 한다. 시연 대상이 남아 있다는 것은 위협적이기 때문이다.

벨기에 저항군의 일원이었던 장 아메리는 1943년 게슈타포에게 체포되어 고문을 당했다. 그는 고문자를 헤거와 완전히 다르게 인식했다. 그들이 "사디스트"였냐는 질문에 그는 이렇게 대답했다.

좁은 의미의 성적 병리학으로 보자면 사디스트는 아니라는 것이 저의 근거 있는 확신입니다. 2년간 게슈타포와 강제수용소에 수감되었지만 진정한 의미의 사디스트와 마주친 적은 한 번도 없었습니다.
굳이 말하자면 그들은 고지식한 고문 공무원들이었어요. 다른 한편 그 이상이기도 했습니다. 진지하고 긴장된 모습이었지요. 가학적 성적 쾌락에 젖어 있다기보다는, 살인적인 자아실현에 몰두한 표정을 하고 있었습니다. 성실하게 최선을 다해 근무했지요. 그들의 업무는 권력이었습니다. 정신과 육체에 대한 지배, 거침없는 자아 확장이었지요.[18]

장 아메리에게 반박할 생각은 없다. "하인츠 헤거"에게도 마찬가지다. 어쨌든 고문자의 얼굴을 직접 본 당사자니까. 그러나 아메리는 조르주 바타유를 따라 "사디즘은 성적 병리학이 아닌 실존심리학에 더 가까운 개념"이라는 입장을 취한다. 나는 이것이 타당한 대조라고 생각하지는 않는다. 게다가 아메리가 고문의 본질이라고 결론짓는 내용은 내가 앞서 고찰했던 죄수와 구경하는 친위대원의 관계와 큰 차이가 없다.
아메리는 "사디즘"을 이렇게 이해한다.

사디즘은 타인을 근본적으로 부정한다. 또한 사회적 원칙과 쾌락원칙을 동시에 부정한다. 고문의 세계에서는 파괴와 죽음이 승리한다. 이런 세계는 존속할 수 없음이 명백하다. 그러나 사디스트는 세계의 영속성 따위를 개의치 않는다. 오히려 반대다. 그는 세계를 지양시키고 싶다. 인류애를 부정하고자 한다. 그의 세계는 완전히 고유한 의미에서 "지옥"이며, 자신의 완전한 주권이 현실화되는 곳이다.

가장 본질적인 통찰은 다음과 같다.

고문은 동족을 고깃덩이로 만드는 일이다. 고깃덩이를 죽음의 문턱까지 몰아간다. 죽음의 문턱을 넘어가도록 무無의 지경으로 몰아붙인다. 그리하여 고문자이자 살인자는 스스로의 파멸적 육체성을 깨닫는다. 그러나 고문 피해자와 달리 그는 자신을 상실하지 않는다. 언제든 원한다면 고문을 멈출 수 있기 때문이다.[19]

처벌대에 묶였던 구타당하는 자가 그러했듯 고문 피해자는 고깃덩이가 된다. 아메리의 견해와 달리 나는 고문 가해자가 대조적으로 탈육화된다고 본다. 가해자와 피해자 모두 같은 과정을 겪지만 한쪽은 멈출 수 있는 이점이 있다는 게 다르다는 견해는 타당하지 않다. 고문 피해자는 윤곽을 잃지만 고문 가해자는 윤곽을 얻는다. 그런 후에야 비로소 고문을 멈춘다. 그는 "자신을 잃어버릴" 위험에 처해 있지 않다. 오히려 육체 갑옷의 총체성을 얻었다. 그래서 고문자의 얼굴은 진지하고 긴장되며 몰두한 듯 보인다.

헤거와 아메리의 서술에는 근본적인 차이점이 있다. 헤거가 서술하는 고문자는 구경하면서 스스로의 육체적 반응에 집중하고 있다. 그에 비해 아메리의 고문자는 외부 대상에 집중한다. 양자를 대립시켜 파악하는 것은 큰 의미가 없다. 아메리가 그러했듯 다양한 철학적 혹은 심리학적 논쟁에 휘말려들어갈 필요는 없기 때문이다.

좀더 중요한 것은 고문자의 육체적 반응과 자기 이해를 살피는 것이다. 고문 가해자의 "의도"가 아메리의 표현에 부합하지는 않을 것이다. "세계를 지양"시키려던 것은 분명 아니었을 것이다. 스스로의 육체

를 유지하려는 행동을 하고 있었을 뿐이다. 스스로를 육체 파편화로부터 구하기 위해서 남을 고문하는 일을 불사하고 있는 것이다. 다시 말해, "사디즘" 같은 개념은 사용을 자제하는 편이 낫다. 역사적 무게에 짓눌린 개념이라서 실상에 대한 접근을 오히려 방해한다. 오늘날 모든 개념 체계, 더 나아가 과거의 개념적 사유 전반이 이러한 운명을 면치 못한다. 끝없이 휘말려들어가는 자동 반사적 폐쇄성 때문에 현실을 더 이상 포착해내지 못한다.

"동성애"와 백색 테러

이 단락의 제목은 실제 연관성을 가리키는 것이 아니다. 그럼에도 연관성이 전혀 없다고는 말할 수 없는 것도 사실이다.

나는 이 책 초반에서부터 군인 남성의 "동성애"에 대한 논의를 일부러 배제했다. 자유군단은 남성이 압도적 주류인 남성사회였다. 대개의 "계몽주의적" 남성들처럼 괜한 콤플렉스에 사로잡혀서 일종의 정서적 죄의식 때문에 불필요하게 옹호하는 것을 피하고 싶었기 때문이다.[1]

이는 의도된 접근법이었다. 이른바 "동성애"와 백색 테러가 거의 상관없다고 확신했기 때문은 아니다. 노골적 편견을 배제하고 싶었을 뿐이다. 오히려 나는 모종의 "잠재적" 동성애 및 그와 연관된 "충동 정체 현상"이 파시스트 테러를 발생시킨 원인이라고 짐작한다.

하지만 백색 테러의 본질적 작동 방식은 잠재적이건 노골적이건 간에 "동성애"와는 별 상관이 없다는 것이 이제까지의 분석으로 잘 드러났다고 생각한다.

따라서 이제 고찰해볼 것은 동성애와 파시즘의 연관성이 왜 이리도 끈질기게 단언되었는가의 문제다.

1923년 3월 6일 『뮌헤너 포스트_Münchner Post_』의 "보도"를 참고해보자. E. J. 굼벨이 국가주의 지하조직의 "음모꾼들"에 대해 저술한 책에서 재인용한다.

1923년 2월 27일, 히틀러의 또 다른 거물 측근 프란츠 키르슈탈러가 반자연적 성행위 혐의로 2개월 징역형을 선고받았다. 키르슈탈러는 실직 상태의 젊은이들을 유인하여 유혹했다. 그는 한때 "강철 사단" 소속이었

으며 우여곡절 끝에 에어하르트 여단에 합류한 바 있다. 루르 지방과 오
버슐레지엔에서 "투쟁했다"고 한다. 또한 절도 행위로 처벌받은 전력도
있다.[2]

여러 가지를 짐작하게 만드는 기사다.

"성인들께서 오셔서 우리에게 길을 보여주시었으나 우리는 궁둥이를 걷어찼을 뿐이다!!"
"몰매 때리자!"
"호모 새끼!"
"형제들이여, 평화를!"
"히틀러 시절이었으면 강제노역 시키는 건데."

동성애와 사디즘 / 마조히즘

최근까지는 이 영역에 대한 경험적 연구가 전무했다. 정신분석학적 임상 사례 보고 정도로는 "추정 가능성"이 존재하지 않았다. 다양한 형태의 "동성애"에 대한 수량화도 불가능했다. 마르틴 다네커와 라이무트 라이헤가 서독 연방공화국의 동성애자에 대해서 연구 발표한 1974년의 저서 『평범한 동성애자*Der gewöhnliche Homosexuelle*』는 설문 대상자 중 8퍼센트인 64명만이 "명백한 사도마조히즘적 성행위를 실행하고 있다"고 전한다.[1] 비율상으로는 많지 않지만 절대 수로는 적지 않다. 전체 동성애자 수의 추정치에 적용해본다면 몇몇 강제수용소의 근무 인원을 채울 만큼의 숫자가 나온다. 저자들은 "전형적인" 친위대원 상에 부합되는 인물은 단 한 명뿐이었다고 강조한다. 그는 "독일연방군의 선임 하사"[2]였으며 돌이켜보면 무척 별난 예외 사례였다. 그는 자신의 "사디스틱"한 성생활을 자랑스럽게 떠벌렸다. 이 유형에 속하는 대다수와 달리 그는 자신의 색욕 충족을 "자아 소외적"으로 경험하지 않았다.

> 그러한 분열적 경험의 사례가 설문 대상자 중에 있었다. […] 그는 "둔부를 구타하고 채찍질하는" 성생활을 했다. […] 그는 자위행위를 할 때면 상상을 했다고 한다. "군대나 감옥에서 행하는 체벌을 상상했다. 내가 체벌을 집행하는 상황을 꿈꾼다. 물론 난 진짜 체벌은 싫어하는 입장이다."[3]

그는 스스로 쾌락의 중심적 대체물로 선택한 신체 부위에 대해서 양가적인 태도를 지녔다. 그는 "항문 성교를 한 후에 성기가 더러워지면" "성적인 경험이 너무 불쾌해진다"고 말했다. "항문 성교를 하고 나면 대장의 진짜 목적이 자꾸만 생각나기 때문에" 기분이 나쁘다. 굳이 "대장의 진짜 목적"이라는 표현을 썼다. 이는 "물론 난 진짜 체벌은 싫어하는

...87 % HABEN BEI N=100
IN ...WO STEHT DAS JETZT?
FREUNDSCHAFT... NEE - HÄUF
VON... DA IS DANN ALSO ...
WICHTIGSTE, ABER SEHR WICHT
TÄGLICH/FAST TÄGLICH 90 %
INTERESSANT ... GANZ SCHÖN

"만약 N＝100일 때, 87퍼센트가 성적 접촉이 있다면, 그렇다면…… 어떻게 되지? 우정이라는 변수에 따르면…… 아니지, 빈도수를 특정 변수에 따라서…… 그렇다면 결과는…… 제일 중요한 것, 정말 중요한 것은…… 그러니까 날마다 거의 날마다 90퍼센트가…… 아니야. 어쨌든 흥미로워. 좋았어, 그래그래." 『평범한 호모 이야기』 『다정한 남자들의 천일야화』

* 내 생각에는 저 양반 말이야, 이론과 실천의 관계가 명백히 교란된 듯.
** 누가 아니래!

입장"과 똑같은 표현이다. 내적 분열이 명백하게 드러난다. 스스로의 쾌감 충족을 위해 그려낸 세계에서조차 그는 "진짜" 만족을 누리지 못한다.[4] 저자들은 특정 유형의 동성애적 성행위는 방어적 성격이 우세하다고 결론지었다. 이미 우리가 살펴본 대로 자신이 융해될지도 모른다는 공포를 코드화한 "거세 공포"에 맞서는 방어일 수도 있다. 혹은 "자신의 성적 능력을 끝없이 확인하고자 하는" 강박일 수도 있다.[5] 저자들은 항문 성교가 근본적으로 사도마조히즘적 행위를 은폐하고 있다고 판단한다. 이러한 정신분석학적 의미가 여러 사례를 통해서 충분히 입증되었다고 보는 것이다.[6]

저자들은 「변태성」 챕터에서 이렇게 결론짓는다.

피해자의 동의 없이 가해지는 사디즘적 학대 혹은 치명적 결과로 이어지는 성범죄의 경우, 동성애자가 동성 대상에게 저지르는 사례는 무척 희귀하게 보고된다. 임상적으로 이러한 행위는 일반적으로 동성애라는 범주로는 이해될 수가 없다. "가해자들"은 대부분 실제 동성애자가 아니다. 그들의 혼란스러운 성별 인식은 깊이 교란된 정신병리적 기본 구조 내에서 부차적인 심리적 의미를 지닌다.[7]

여기서 우리가 발견한 것은 일종의 "동성애"이면서 "실제로"는 동성애가 아닌 특이한 현상이다. 그럼에도 무시할 수 없는 것은 특정한 부류의 "동성애자들"에게서 동성애적 성행위와 폭력 행동이 결합되는 경향이 있다는 경험적 사실이며, 그들의 숫자는 비교적 미미한 듯하다는 것이다.

하지만 뒤집어 생각하면, "이성애적" 성행위와 폭력 행동이 함께 나타나는 현상이 있지만 드물다는 지적은 없다. 그런 결론이 대체 무슨 의미가 있겠는가? 전혀 의미 없는 논리다. 그저 특정한 편견만 정당화해줄 뿐이다. 편견을 이미 갖고 있는 사람들에게 자기 보존적 실천의 기능을 수행해주는 논리다. 편견이 튼튼하고 견고할수록 방어적 합리화 논리도 점점 더 발전하는 구조다. 다네커와 라이헤는 "혼란스러운 성별 인식"이 폭력적 유형의 동성애 현상에 부차적 기능을 수행하고 있다고 추정했다. 다시 말해 성별이 엄격하게 구분되어 있는 사회에서 성별 코드화가 심각하게 교란된 결과가 폭력적 동성애라는 뜻이다. 특정 유형의 "동성애적" 성행위 방식*은 단순한 방어 기능 수행에 그치는 것이 아니다. 군인 남성의 "방어적 태도"에서 볼 수 있듯 자기 보존 과정의 일부라고 이해할 수 있다는 가설이 도출된다.

동성애적 갈구

기 오켕겜의 책(프랑스어 원제: *Le désir Homosexuel*)은 "진짜" 동성애와 "진짜 아닌" 동성애라는 모호한 구분의 딜레마를 깨뜨릴 방법을 담고 있다.

오켕겜은 "동성애적 갈구"** 개념을 두 가지 기둥으로 건설한다. 첫째, 들뢰즈와 과타리적 의미에서 욕망의 본질이다. 둘째, 항문의 배제라는 사회적 현실이다.

동성애적 갈구에는 두 가지 잠재적 탈경계화가 보인다. 하나는 원초적 "리비도의 무정형성"[1]으로의 회귀다. 초기 프로이트 역시 같은 입장이었다. "성적 충동은 아마 본래적으로 대상과는 무관한 듯하다"고 지적했다.[2] 또 다른 하나는 항문 영역을 사회적으로 탈경계화하여 핵심적

---

* 실제로는 아니지만 영락없이 그렇게 보이는 이 딜레마에서 어떻게 벗어나야 할지, 따옴표를 붙여 표기하는 것 외의 방법은 떠오르지 않는다.

억압을 더 견고화하고 지양하는 효과다.

남근의 본질은 사회적인 반면 항문의 본질은 사적이다.[3]
항문에는 사회적 리비도 기능이란 것이 없다. 항문의 기능은 오직 배설적 성격만을 지니며 사적일 뿐이다. […] 사적 인간이 개별적이고 수치심을 지닌 존재로 양성되는 과정은 "항문적"이다. 반면 공적 인간의 양성은 "남근적"이다. 항문은 남근이 지닌 양가성, 즉 음경Penis과 남근Phallus의 이중적 실존을 전혀 갖지 않는다. 음경을 보여주는 행위는 부끄러운 일이지만, 위대한 사회적 남근을 보여주는 일은 명예롭다. 남근은 사회적 역할을 확보한 남성에게만 있다. 반면 항문은 모든 인간에게 있다. 항문은 철저히 자신에게 속한 것이며 완전히 은폐되어 있다.[4]

제2장 끝 무렵에서 우리는 항문 폐쇄 및 배설의 부정화가 체액을 틀어막는 작업에 얼마나 결정적인 역할을 하는지 고찰했다. 궁극적인 폐

---

* 독일어 번역판은 오켕겜의 "욕망désir" 개념을 일관되게 "갈구Verlangen"로 옮겼다. 나는 "동성애적 갈구homosexuelles Verlangen"라는 용어를 써서 뜻이 좀더 명확해지도록 했다. 오켕겜이 말하는 욕망은 『안티 오이디푸스』에 나오는 욕망과 같은 개념으로 이해되어야 한다. 『안티 오이디푸스』의 독일어 번역자는 "Wunsch"로 옮겼는데, 이는 갈구보다는 훨씬 더 포괄적이므로 훌륭한 번역어다. "갈구"와 "욕망", 또한 절충 형태의 "욕구Begehren"는 모두 프랑스어 désir의 의미로 이해해야 한다.

요즘 출판 번역자들은 영화 혹은 TV 시리즈물 더빙 번역자처럼 굴기 시작했다. 괜히 다른 사람과 다르려고만 하고 어떻게든 튀려고 한다. 마치 내부 방침이라도 있는 듯이 군다. 주어캄프 출판사는 "욕망Wunsch"을 쓴다. 한저 출판사는 "갈구Verlangen"랬다가 "욕구Begehren"랬다가 들쭉날쭉이다. 메르베 출판사 및 각종 대안 출판사들은 기분 내키는 대로 혹은 닥치는 대로 용어를 마구 쓴다. ZDF 방송사에서는 "헤어 쿡"이었던 사람이 ARD 방송사에서는 "미스터 코흐"가 된다. ZDF 방송사의 할리우드 영화 더빙판에서는 미국 밴드가 연주하는 "해피 버스데이 투 유"였던 노래가 가사만 독일어로 번역되어 "춤 게부르츠탁 필 글뤼크"가 된다.

쇄문으로서의 항문은 은폐의 모델이다.

항문은 너무 깊게 숨겨져 있어서 개인성의 기저와도 같으며 그의 "토대"를 형성한다. 항문은 어느 모로 보나 개인 소유다. 할아버지는 손자에게 당부한다. 엄지손가락이 네 것이라고 마음대로 빨면 안 된다. 네 소유일 수록 조심해서 아껴야만 한단다.(조르주 다리앙, 『도둑*Le Voleur*』) 네 항문은 완전히 네 것이지만 함부로 써선 안 된다. 소중하게 아끼거라![5]

이는 미셸 푸코의 『감시와 처벌』과 일맥상통한다. 개인은 감금의 산물이다. 오늘날 일탈자와 범죄자는 병원과 감옥 따위의 감금 체계를 통해 타자에게서 개인화되었다는 역설에 처해 있다. 그의 "일탈적" 생애는 상세하게 전기화되어 결과적으로 특출화된다.[6]

"동성애적 갈구"는 여타 성적 갈구와는 다른 형태로 나타난다. 물론 자유주의적이며 개혁적인 관용 정책은 동의하지 않겠지만 말이다. 항문에 진입한다는 것은 사회적 감옥이 열린다는 것을 의미한다. 금지된 지하 감옥에 들어가는 것이다. 그곳에는 여러 다른 지하 감옥으로 들어갈 수 있는 열쇠가 숨겨져 있다. 이를 통해 욕망의 혁명적 차원이 재획득된다. "욕망을 욕망"하기 때문에 혁명적이다. 그래서 오켕겜은 다음과 같이 결론짓는다.

여성을 특별한 성적 대상으로 사랑하는 것을 거부하는 것이 아니다. 동성애자가 거부하는 것은 욕망 억압의 토대로 작동하는 총체적인 주체 - 대상 - 체계다.[7]

다만 "동성애자"의 경우로만 한정하는 것은 근본적으로 성립 불가능한 논리다. 이러한 한계는 다네커와 라이헤의 연구에서 명백하게 드러

난다. 물론 『평범한 동성애자』라는 제목 자체가 의미하듯 저자들은 정
상화 논리의 함정에 종종 빠져든다. 오켕겜은 동성애 성행위의 이론적
함의를 설명해내고자 한다. 이는 많은 동성애자의 경험적 행동 양식에
서는 좀처럼 드러나기 어렵겠지만, 그럼에도 의미 있는 시도다.

경험과학에서 동성애는 전적으로 개인적인 문제로 다뤄지곤 한다. 그
렇기 때문에 개별 동성애자는 스스로의 진정한 의도와 가능성으로부터
차단당하고 만다.

동성애를 개인적인 문제로 다루는 것, 그것도 가장 나쁜 개인적인 문제
로 다루는 것은 동성애를 오이디푸스 개념에 종속시키는 가장 확실한 방
법이다. 동성애적 갈구는 집단적 갈구다. 리비도적 욕망 연결 기관으로
서의 기능을 항문에 되돌려주어 복권시키려는 갈구다. 사회는 동성애적
갈구를 수치스러운 개인적 비밀로 실추시키려고 한다.[8]

오켕겜이 말하는 "진짜" 동성애 개념을 수용한다면, 백색 테러와 연
관된 형태의 동성애는 정말이지 "진짜" 동성애와 무관한 셈이다. 그러
나 유용하고 명확한 구별적 정의는 아닌 듯 보인다.

양자의 구별은 "바로 여기구나" 싶은 결정적 구별이 아니다. 오켕겜
의 "동성애적 갈구"는 블뤼어가 주장한 "자유로운 남성 영웅들"의 남성
사랑과 많은 특성을 공유하고 있다. 애국적 국토순례단 반더포겔, 독일
청소년 운동, 혹은 돌격대에도 남성 사랑은 가득했다.[9] 블뤼어의 글에
는 에른스트 룀이 이러한 유형의 대표적 사례로 등장한다. 룀은 공공연
하게 십대 소년을 사랑한 동성애자였으며 돌격대 참모장이었다. 이처럼
금기를 깨뜨리면서 공공연하게 동성애를 과시함으로써 집단을 응집시
키는 경향은 블뤼어가 주장하던 남성 동성애의 이상형이었다. 이는 이
성애의 강압적 코드화라는 공식에서 명백하게 벗어난다. 게다가 블뤼어

는 걸핏하면 남성들끼리의 에로틱을 남성 연대, 국가 건설 능력 등과 연
관지어 찬양하곤 했다. "힘없고 수치스러운 비밀"이나 오이디푸스화된
동성애는 블뤼어에게는 전혀 가당치도 않은 논리였다.[10]

<u>논란</u>

1972년 『프시케*Psyche*』 26호에서 라이무트 라이헤와 헬름 슈티어를린이
논쟁을 벌였다. 찰스 소카리데스의 『명시적 동성애*Der offen Homosexuelle*』라
는 책이 불러일으킨 논란이었다. 라이헤에 따르면 "가장 종합적으로 명
시적 동성애를 연구한 유일한 책"[1]이다. 슈티어를린도 동의했다.[2]
　라이헤는 동성애의 기원에 관해서는 소카리데스의 기본 가정에 대체
로 동의한다.

　소카리데스에 따르면, 초기의 미분화 단계인 어머니 - 아이 - 단일체에서
　아이가 어머니로부터 분리에 실패하는 것이 동성애 발생의 발단이다.[3]

이 논리에 따르면 동성애의 발생은 "군인 남성" 특유의 문제점과 동
일한 연원을 지닌다는 뜻이 된다. 즉, 발린트가 말하는 "기본적 결함"의
영역이다. 다시 말해 노골적 동성애자는 미처 - 다 - 태어나지 - 못한 자
의 또 다른 표현 형태라는 뜻이다. 유사성은 과연 어느 정도일까?
　라이헤는 소카리데스가 기본 가정이 초래하는 이론적 난관을 인식하
지 못했다는 타당한 비판을 가했다. 핵심 콤플렉스를 전 오이디푸스 시
기에 중점적으로 둔다면 "오이디푸스 콤플렉스를 정상적 발달 및 병리
적 발달의 핵심 콤플렉스로 강조하는 의미 체계 전체를 재조정해야만
한다. 소카리데스는 이러한 이론적 결과를 전혀 고려하지 않았다".[4]

소카리데스가 중점을 두는 것은 다음과 같다. "동성애는 중심적 핵심 콤플렉스를 억압하려는 수단이다. 이는 전 오이디푸스적 고착 상태로 퇴행하려는 충동으로 기능한다. 그 안에는 어머니와 융해되어 원초적 아이-어머니 단일체로 복귀하려는 욕망과 두려움이 동시에 지배하고 있다.[5] 다시 살펴보자. "핵심" "콤플렉스" "억압" "고착" "퇴행" "재현" 등의 개념들은 미처-다-태어나지-못한 자의 문제에는 적합하지 않다. 이는 우리가 이미 자세히 논증한 바 있다. 그럼에도 맥락상 흥미로운 점은 동성애 전반을 하나의 방어로 이해한다는 것이다. "기본적 결함" 영역에서 파생된 문제를 방어하려는 것이 동성애라는 논리다. 그렇다면 군인 남성이 동원하는 문제 해결 방식에는 근본적인 모순이 생겨버린다. 군인 남성에게 섹슈얼리티는 자아를 해체시키고 삼켜버리려는 힘이다. 그래서 없애버리거나 혹은 변형시키려는 것이다. 동성애자로 자라나는 것은 또 다른 섹슈얼리티로 도망치는 것이므로 똑같은 딜레마에 다시 빠져들지 않을까?

몹시 흥미로운 질문이다. 군인 남성의 심리적 역학에 대한 여태까지의 연구를 흔들어놓을 수도 있는 추정이다. 게다가 나는 도저히 백색 테러를 "섹슈얼리티"의 일종이라고 인정할 수가 없다.

계속 살펴보도록 하자. 라이헤는 두 번째 비판의 요지로 소카리데스의 연구가 분석가의 외피를 뒤집어쓴 동성애 혐오라고 지적한다. "소카리데스의 저술은 동성애 혐오를 뿜어내고 있다. 겉으로는 의사인 척, 영혼을 위로하고 인간애를 발휘하는 척하지만, 뼛속까지 배어 있는 뒤틀린 혐오가 걸핏하면 튀어나온다."[6]

그는 구체적으로 네 가지를 지적한다. 첫째, 소카리데스는 "독자에게 건강한 상식이라는 공식을 은근히 주입한다. 동성애는 질병인 반면 이성애는 건강하며 정상이라고 결론짓는다." 둘째, 동성애자를 "잠재적 범죄자로 대상화"한다. 결혼 제도와 법률을 능멸한다는 것이다. 셋째, 라이혜가 보기에 소카리데스는 "조금도 정신분석적이지 않은 치유의 사명감으로 가득하다". 때로는 "고쳐놓겠다는 강박"까지 보인다.

마지막 비판은 문제의 가장 중요한 핵심에 닿아 있다. 소카리데스는 특정한 유형의 동성애자를 상정하고 있다. 그는 "모든 동성애자는 죄다"라고 진지하게 싸잡아서 공식화한다. 그리고 거기에 비하적 성격 규정을 덧씌운다.

소카리데스는 "동성애자"가 미개한 초자아를 지녔다고 대뜸 단언한다.(p. 123) 혹은 "그"에게는 승화 능력이 없으며(p. 75) 스스로의 성적 일탈을 변호하고 낭만화한다고 비난한다.(p. 74) "동성애자"의 자아는 빈약한 구조를 지녔다.(p. 110) "모든 동성애자"는 재앙 직전의 아슬아슬한 삶을 산다. […] 그럼으로써 동성애가 자아 – 조화적Ich-synton 중심이 될 가능성은 완전히 배제되어버린다.[7]

슈티어를린은 소카리데스가 임상에서 분석적 성공을 거두었다고 평가했다.

소카리데스는 비범한 결단성과 유능함을 보여준다. 동성애자의 전 오이디푸스적 핵심 콤플렉스를 이론적 입장의 기반으로 삼아, 문제를 정확히 인식하고 대응한다.[8]

슈티어를린의 글에서도 확인되듯 소카리데스의 치료 방식은 무척 전투적이었다. 라이헤의 우려가 충분히 납득된다.

정신분석학회의 일원으로서 입장이 난처했던 슈티어를린은 라이헤를 "외부자"라고 굳이 지칭하면서, 주석을 첨언하여 신빙성을 저격한다.

소카리데스 박사께 직접 들었던 말이 있다. 여러 번 공개적으로 박사를 비난했던 동성애자들이 나중에 자발적으로 환자로 찾아와서 저번에 공격했던 말은 진담이 아니었다고 사과한다는 것이다. 그들이 공개적 비난에 이용했던 논거는 라이헤가 동원한 논거와 무척이나 유사하다.[9]

내가 제대로 이해했다면 슈티어를린 교수는 "박사"께 전해 들은 잡담을 "이용"하고 있다. "치유의 영역이라는 백색 지대로 전진하는"[10] 박사의 말을 빌려 "라이헤"라는 검은 오점을 덮어버리려든다. 라이헤의 비판은 진담이 아니니 무시해야 한다. 라이헤 본인이 치료 받으러 찾아와야 할 사람이다. 질병에 대한 말씀은 "박사"께서 해야 마땅하지, 비평가 따위가 왈가왈부해선 못 쓴다. 『프시케』 같은 간행물은 문란한 환자들이 아니라 이성애자 박사님들께서 쓰신 글을 싣는 곳이다.

마지막으로 한마디만 더 하겠다. 이런 헛소리는 우리의 중심 주제가 아니며 "동성애"와 무관하다. 축구장에서의 주먹다짐이나 정치판에서 벌어지는 입씨름과 다를 바 없다.

그럼에도 소카리데스가 전하는 "동성애자"를 좀더 자세히 고찰해보자. 라이헤의 인용문에서 이미 잘 드러났듯, 소카리데스가 탐구한 유형은 내가 말하는 "미처 다 태어나지 못한 자"와 유사점이 있다. 그리고 특정한 조건 아래서는 "군인 남성"으로 발전할 요건을 갖추고 있다.

소카리데스의 명시적 동성애

소카리데스에게 치료를 받으러 왔던 남자들에게는 한 가지 공통점이 있었다고 한다. 모두 동성애적 성생활에 대한 강박을 느꼈다. 강박적 성생활에서 섹슈얼리티는 그저 부차적 의미만 지녔거나 혹은 전혀 중요하지 않았다. 소카리데스가 인용하는 환자들의 자기 보고에서는 전혀 다른 무엇인가가 드러난다.

다른 방법으로 사정을 할 수도 있겠지만 만족감이 없어요. 왜 그런지 생각을 한번 해봤는데요, 사정 전까지는 두려움을 느끼다가 막상 사정을 하고 나면 해방감을 느끼는 것이 중요한 것 같아요. 나는 그래야 만족해요. 어떻게든 내가 통째로 삼켜질 것만 같아서 기절해버릴 지경이 되어야 해요. 난 진짜 엉망진창인 놈이에요. 꼭 그래야만 하거든요. 내 성적인 정체성이 그렇게 생겨먹었어요.[1] [환자 B]

그 경험을 못 하면 내가 산산조각 나서 흩어질 것 같아요.[2] [환자 B]

그럴 때면 자신이 탁 터져서 "수백만 개의 산산조각이 되어" 분해될 것만 같더군요. […] "끔찍하게 비참한 기분이에요. 나 자신이 당장 터져버릴 것만 같아요. 엄청난 두려움이 몰려들고 얼른 동성애 성행위를 해야겠다는 강박이 찾아들어요. 왜 그런지는 모르겠지만 내가 곧바로 처치당하거나 공격당할 것만 같아요. 큰 위험에 처한 느낌이지요. 몸이 덜덜 떨리고 오한이 들어요. 침대에 누워 머리까지 이불을 뒤집어쓰고서 몸을 웅크려요. 동성애 성행위를 못 하면 그런 상태가 계속되거든요. 스스로의 자기 보존을 위해서 하는 겁니다. 상태가 너무 나빠지면 난 끝장이에요. 얼른 하지 않으면 큰일 나는 겁니다. 미쳐버리지요. 나한테는 선택의 여지가 없어요. 할 수밖에 없어요. 폭발해버리거나 미치거든요. 마치 시공간이 완전히 뒤죽박죽되고 만물이 휘몰아치는 듯해요. 나는 깊디깊은 무시무시한 나락에 떨어지죠.[3] [환자 B]

이런 강박은 매번 깨질 듯한 두통과 방향감각 상실을 초래하는 발작으로 나타난다.

내가 성적인 감흥을 느끼려면 상대방 남자가 완전히 굴종적이어야만 해
요. 나 자신이 말을 하면서도 정확히 모르겠어요. 내가 남자들이랑 재미
를 보고 싶은 건지, 아니면 때리고 목 조르고 생식기를 쥐어뜯고 싶은 건
지를 모르겠어요. 놈들의 생식기를 잘라내고 싶어요. 뜯어버리고 잡아당
기고 싶어요. 고통을 주고 고통을 즐기고 싶어요. 내 허벅지 사이에 끼고
목 조르면서 놈들의 얼굴에서 고통을 읽고 싶어요. 정말로 내 취향이에
요. 나는 내면에 화가 많아요. 이렇게 겉으로는 남들에게 친절한 척하지
만 다 연기거든요. 나는 어머니가 정말 미워요! 어머니가 나한테 했던 모
든 짓이 다 싫어요. 자기 이기심을 채우려고 나를 자기 마음대로 쥐락펴
락했다고요. 마구 울고 싶어요. 너무 비참한 기분이에요. 증오가 갈수록
심해져요. 내가 겪었던 일을 생각할수록…… 오래전부터 엄마를 죽이고
싶었어요.[4][환자 A]

내 파트너의 목을 다리로 감거나 손아귀로 눌러서 조르고 싶어요. 어머
니 목을 조르는 기분으로 말이에요. 나는 아무래도 남자를 여자 대용으
로 쓰는 것 같아요. 남자들 목구멍 깊숙이 음경을 박아넣어서 질식시키
고 싶어요. 숨을 못 쉬고 몸부림치는 걸 보고 싶어요. 그게 정말로 야하다
고 생각해요.[5][환자 A]

또다시 환자 A의 고백이다.

나는 동성애 성교를 할 때마다 남자들에게 능욕당하는 느낌을 즐겨요.
어머니가 날 면박 주던 느낌이 생각나요. 어머니를 잡아먹고 싶어요. 젖
가슴을 먹어치우고 온몸을 다 먹어치우고 싶어요. 이건 다른 여자들과는

상관없어요. 내가 잡아먹고 싶은 건 어머니 젖가슴이에요. 그걸 남자들 음경으로 대체했을 뿐이지요.[6]

소카리데스가 저서에서 "모든 동성애자"라고 싸잡은 환자는 모두 이와 비슷한 언행을 보인다.

소카리데스의 "동성애"가 과연 "백색 테러"와 관련 있는지를 살펴보자. 그가 인용하는 환자들의 동성애적 성행위가 드러내는 심리역학은 군인 남성의 테러와 기능 면에서 정확히 일치한다.

동성애적 행위는 강박적으로 이루어진다. 집어삼켜지고 해체될지도 모른다는 위협감에 맞서려는 일종의 자기 보존적인 과정이다. 그러므로 가장 중요한 목표는 행위자의 "총체성"을 회복하는 것이다. 그래서 대상에 대한 탈생명화 경향성이 강하게 나타난다. 동성애가 가져다주는 구원은 자아 융해를 위협하는 적, 특히 동급의 섬멸 대상을 마주할 때 엄습하는 "블랙아웃"과 매우 유사하게 나타난다.

오켕겜이 말하는 "동성애적 갈구" 개념이나, 다네커와 라이헤가 제안했던 자아 조화적 동성애 개념과 비교해서 생각해본다면 소카리데스의 환자들이 절대로 이해하지 못하는 한 가지가 있다. 바로 동성애다.[7]

소카리데스의 환자들은 미처-다-태어나지-못한 자가 겪는 전형적인 공포와 위협에서 벗어나기 위해 일정한 사회적 조건 아래서 어떤 선택을 하거나 강요당한 사람들이다. 이들은 동성애 행위를 통해서 상대방과 연애를 하는 것이 아니라 굴욕을 준다. 생존에 필수적인 자기 보존을 위해서다.

이들이 이성애 실천을 받아들인 방식을 살펴보면 이 점이 증명된다. 소카리데스는 결혼을 치유 과정의 최종적 완성으로 봤다. 치료가 끝나갈 무렵 환자 A는 만족스러운 이성애 경험에 대해서 말한다. 이야기를 잘 들어보면 사실 "이성애"랄 것도 없다. 예전 경험 역시 사실 "동성애"

랄 것이 없긴 했다.

> 설명이 안 되는 무언가가 있어요. 뭔가 전반적으로 따뜻한 느낌이죠. 가
> 끔은 아가씨한테 그런 느낌을 받아요. 나는 이 여자가 필요하다, 그리고
> 무섭지가 않다. 그렇기 때문에 난 죄책감이나 불만이나 차가움을 느끼지
> 않는 거죠. 그런 게 내가 원하는 겁니다. 나 자신으로 남을 수 있으면서도
> 산산조각 나지 않는 거죠.[8]

그가 필요하다는 "아가씨"는 군인 남성의 "순백의 여인"과도 같다. 그
의 자아를 지탱해주는 육체 갑옷의 일부다. 만족감을 주는 이유는 "산산
조각 나지 않기" 때문이다.

소카리데스는 이런 지경을 과감하게도 치유라고 부른다. 한때 "동성
애자"였던 환자들은 이제 자아 분해를 겪지 않는다. 아내까지 장만했다.
퍽이나 다행이다. 범죄를 저지르기 전에 순화시켜버렸다. "동성애자"를
타락의 구렁텅이에서 건져냈다.[9] 하지만 이는 이른바 "성공적 치유"의
본질이라고 볼 수 없다.

내가 보기에 더 중요한 것은 환자가 하나의 무성애에서 또 다른 무성
애로 변신했다는 사실이다. 후자가 한층 덜 위협적이다. 그래서 사회규
범에 훨씬 더 부합된다.

이런 종류의 환자가 하필 소카리데스의 진료실에 몰려들었다. 게다가
그는 그들의 상태를 탐탁잖게 여겼다. 이것만으로 그를 비난할 수는 없
다. 하지만 그가 함부로 "동성애자"라는 개념을 남용한 것은 비판받을
일이다. 그는 동성애자라는 개념으로 개인적 파멸과 사회적 일탈의 경
계를 넘나드는 사람들을 지칭했다. 그리고 정신분석가만이 이들을 감옥
직전에서 구원할 마지막 희망인 양 자처했다.

자기 보존 행동으로서의 항문 성교

여전히 의문은 남는다. 어째서 특정한 방식의 남성 동성애 행위가 기존의 강압적 이성애 사회에서 심리역학적으로 자아 생성 기능을 수행하는 폭력으로 작동할 수 있을까? 더 나아가 백색 테러의 기능까지 수행하는 것일까? 항문 성교를 자기 보존 행동으로 여기게 되는 필연성은 뭘까?

두 가지를 추정해볼 수 있다.

첫째, 소카리데스가 환자들의 진술에서 지적했듯, 수동적 대상을 탈생명화하려는 경향, 심지어 살해하려는 판타지는 반드시 겁탈당하는 파트너를 겨냥하는 것이 아니다. 오켕겜은 항문 침범을 "금지된 영역"으로의 진입이라는 의미를 부여해 이해한다. 무정형성으로 나아가는 길이자 욕망의 방황이다. 그렇다면 이 영역을 폭력적이고 가학적으로 침범하는 것은 욕망의 박해라고 볼 수 있다. 공격적이고 "살인적"인 항문 성교는 어떤 의미에서는 박해자의 총체성을 위한 행동이다. 마치 희생자를 "피투성이 곤죽"으로 만들려는 백색 테러의 탈생명화 행위와도 같다. 항문은 광범위한 탈영토화의 가능성을 지닌 탓에 공격이 집중되는 곳이다. 이 점을 절감하고 있는 미처-다-태어나지-못한 자는 집요하게 항문을 공격하려든다. 안 그러면 자신이 분해될 것만 같기 때문이다.

둘째, 항문은 욕망의 안전한 박해가 가능한 곳이다. 집어삼키겠다고 위협하는 여성성을 피할 수 있는 곳이며, 쾌락전염병의 무시무시한 생명력을 회피할 수 있는 곳이다. 성애적 여성성에 다시 삼켜질 공포가 너무 커서 이른바 "매춘부"로 상징되는 위험에 감히 접근조차 못 하는 남자도 있다. 심지어 죽이려고 다가서지도 못할 지경이다. 무엇이든 집어삼키는 여성성에 가까이 가면 순식간에 공생 상태로 포섭되어 자기 보존은커녕 꼼짝없이 사라질 것이라는 공포에 사로잡혀 있다.

두 가지 추정 모두 동성애 특유의 성적 구성에 기반한 것이 아니다.

오직 남성 간의 섹슈얼리티가 금지되는 사회적 구성에서만 가능한 추정일 뿐이다. 오직 그런 사회에서만 항문[1]은 욕망하는 욕망을 박해하는 곳이 될 수 있다. 자아 융해에 맞서는 싸움이 벌어지는 곳이 될 수 있다.

공격적 동성애 성교의 순간에 "정복"이라는 개념이 개입된다는 것은 항문 성교에서 "수동적" 역할을 맡는 것을 특히 굴욕적이라 여기는 문화적 가치 판단에서 비롯된다.

동성애와 백색 테러 사이의 연관성은 사회적 구성물이다. 그러나 백색 테러와 남성 연대 사이의 연관성은 존재하며 더 긴밀하다.

한 가지 강조해둘 점은, 자기 보존을 하려고 동성애적 행위를 "저지른다"는 관념은 절대로 동성애 자체의 특성이라고 볼 수 없다는 것이다. 자기 보존을 핑계로 성폭력을 "저지르고" 탈생명화를 감행하는 행동은 사실 이성애에서 훨씬 더 흔하다. 게다가 기존 사회의 정상성에도 훨씬 더 가까운 현상이다.

사관학교 내의 동성애

"자유로운 남성 영웅들"의 남성 동성애적 섹슈얼리티를 공개적으로 찬양했던 한스 블뤼어는 청년들에게서 많은 편지를 받았다. 비밀스러운 연애생활에 지친 그들은 익명성을 빌려 자기 이야기를 털어놓았다. 그 중 하나가 블뤼어의 저서에 포함되었다.

우정만 있는 것은 아니에요. 선배와 후배 사이의 연애관계도 있었어요. 후배는 "쏴"라고 불렸죠. 녀석이 마음에 들어서 "정통으로 쐈다"라는 표현에서 파생된 단어였어요. 선배는 원래 포주를 뜻하는 "루이"라고 불렀지만, 어감 때문에 큰 주먹다짐이 벌어진 탓에 금지되었지요. 민감한 관계를 고약한 말로 표현하기는 싫었거든요. […] 격정적 포옹과 뜨거운 키스로 시작되었다가 결국은 성교까지 하게 되지요. 우리에게는 모든 것이 정말 자연스러웠어요. 병적이거나 범죄라는 생각은 안 들었고요. 우리에게는 모든 게 명백했다고요. […] 커플은 드러내놓고 연애하지는 않았어요. 잠깐씩 복도에 서서 만나거나 계단참에서 몇 마디 나누는 게 고작이었지요. […] 선배가 먼저 후배에게 "쏴"가 되어주겠냐고 묻는 거죠. 대부분은 받아들이지만 가끔 마음에 안 들면 후배가 거절하기도 해요. 나도 열네 살 반 나이의 하급생이었을 때 이레 동안 세 번이나 대시를 받았지만 모두 거절했어요. 네 번째에서야 마음에 들어 승낙했지요. 호리호리한 몸매에 백발에 가까운 금발을 지닌 선배였어요. 파란 눈이 큼직했고 피부는 희었어요. 나한테 늘 잘해줬고 괴롭힌 적도 없어요. […] 오랫동안 사랑했지만 내가 아직 덜 커서 기다렸다고 하더군요. 그런데 얼마 전에 수영장에서 나를 봤대요. 나는 다이빙대 위에 있었고 선배는 아래에서 올려다봤죠. 헐렁한 빨간 수영 바지가 바람에 펄럭였지요. 옷 사이로 내 맨살을 똑똑하게 봤대요. 사랑을 할 만큼 성숙한 몸이었대요. 벌써 오래전부터 끌렸던 선배라서 바로 대시를 받아들였어요. 우린 껴안고 키스를 나눴지요. 낮 동안에 최소 한 번은 만났고, 밤에는 기숙사 입구에서 잘 자라고 서로 인사를 했지요. […] 선배를 아주 절실하게 사랑했어요. 선배가 시키는 건 뭐든지 다 했지요.[1]

블뤼어는 이렇게 전한다. "사관학교에는 남성적인 에로스가 넘쳐흘렀다."[2] "묵시적으로 다들 의식하고 있었다. 에로틱한 용어가 유포되었고 교류의 분위기도 에로틱으로 가득했다."[3] 블뤼어는 생도들의 동성애는 "교육자"에 맞서는 명백한 반항이었다고 생각했다.

종교계와 교육계에는 허울 좋은 가식이 가득했다. 자부심 넘치는 순수한

이보 잘리거, 「파리스의 심판」, 1939   「독일 파리스의 심판」, 알베르트 기욤, 『판타지오』, 1915

젊은이들은 자신들 위에 군림하는 목회자와 교사들을 철저히 경멸했다. 청년들은 이들의 존재가 내뿜는 적대성을 본능적으로 느꼈다. 연애생활을 억압하고 망쳐놓는 자들이 다름 아닌 저들이었다. […] 청년 군인들의 상황은 반더포겔과 완전히 달랐다. 다들 알다시피 반더포겔은 위선자들에게 잠식당하고 말았다.[4]

실상이 그랬는지는 중요하지 않다. 블뤼어가 보여주는 이상화 충동보다 더 중요한 것은 이상화의 방향이다. 그가 보여주려는 것은 교육자들, 즉 아버지 라인의 무성애적 섹슈얼리티다. 그와 극명하게 대조되는 것은 사관생도들의 동성애다. 장교들 역시 묵인하는 동조자로 그려진다. 이는 모순이 아니다. 이미 살펴본 바와 같이 장교들은 형제 라인에 속하기 때문이다. 장교들 역시 예전에 다 겪었던 일이다.

여기서 동성애는 아주 특별한 함의를 지닌다. 바로 권력으로 통하는 접근로가 된다. "교사들"과 "위선자들"의 감시와 도덕적 훈계를 뛰어넘는 권력이다. 군인 정신과 동성애를 겸비한 사관생도는 공식적인 교육, 가족, 교회 제도의 공고한 성적 위선을 초월하는 권력적 존재다. 그는 기성 제도를 가뿐하게 뛰어넘어 "발밑에 둔다". 그럴수록 그는 더 단단하게 군대에 매인 몸이 된다. 군대가 최고의 강력한 위법자이기 때문이다. 사춘기 청소년의 성욕의 위력을 과소평가하거나 부정하려는 것은 아니다. 일단 금기가 깨지면 폭발할 수 있는 해방 능력을 보여준다. 좀 더 중요한 것은 조직화된 동성애가 지닌 금기 위반적 성격이다. 금기 위반이라는 맥락에서 보자면, 청년이 나중에 사회적 및 공적 대표성을 지닌 "책임" 있는 장교 지위에 오르면 한때 경험했던 공적 도덕으로부터의 강렬한 해방감은 다시 **후퇴**된다. 이런 식으로 출세한 동성애자는 사회적인 영향력이 커질수록 스스로의 섹슈얼리티가 오히려 비밀 속으로 후퇴하는 경험을 한다. "책임성"과 충돌하기 때문이다. 나이가 들면서 책임이 무거워지고 사회적 지위에 따른 의무도 늘어난다. 그에 따라 그의 동성애적 성생활에서 성적인 요소는 점점 줄어든다. 결국 변태적 권력 놀음 외에는 아무것도 남지 않는다.

권력의 상류층이 비밀리에 벌이는 사회적 유희는 이런 식이다. "최고위급" 귀족 장성들과 황제까지 연루되었던 오일렌부르크 스캔들에서도 "동성애"는 유사하게 작동했다. 최근 영국의 역사가 존 륄이 연구서를 출판했다.[5] 여기에는 몰트케 백작이 바른뷜러에게 보낸 서간문이 수록되어 있다. 몰트케는 뮌헨에서 오일렌부르크 공작을 방문했던 일을 전한다. 유명한 "영매"와 "심령가"가 자리를 함께해 자신과 벗들의 미래를 점쳐주었다고 한다.

강령회가 한창인데 필리가 조용히 끼어들더니 심령가를 손으로 살짝 건드렸다네. 뭔가를 긴히 묻고 싶었던 모양이야. 영매가 흠칫 깨어났어. 눈물이 뺨 위에 주르륵 흐르더군. 뭔가를 힘겨워하는 모습이었지. 영매가 우는 모습을 보고 심령가가 필리 때문에 그러냐고 물었지. 대답하더군. "직장 부위에 통증이 느껴졌다오."[6]

이런 회화가 허용되다니.

    이는 동성애와는 아무런 상관이 없다. 오컬트의 영역과 항문 성교는 권력층에게만 허용되는 금기 위반의 쾌락을 강화하는 도구로 쓰이고 있을 뿐이다. 몰트케와 오일렌부르크는 멋대로 더럽게 놀아나도 법률이 못 건드린다는 특권의 즐거움을 누리고 있을 뿐이다. "우리가 하는 짓을 알면 세상 뒤집히겠지? 상관없이 우린 여전히 한다!" 권력 남용이 생산하는 쾌락이다.

파시스트 남성이 유독 "동성애" 영역에 매혹되는 이유는 바로 이러한 금기 위반과 권력의 복합체 때문이다. 동성애는 하나의 틈새다. 이성애의 공포스러운 강박적 코드화, 이른바 정상성, "여성성"으로 코드화된 일반적인 영역에서 절반쯤 허용된 쾌락 등으로부터 탈출할 수 있는 틈새다. 동성애는 자신이 "부르주아답지 않은" 존재성의 증거이자, 용기 있는 비범성의 증거다. 그렇기 때문에 이러한 종류의 "동성애"는 섹슈얼리티가 되지 못한다. 이들이 도망치고자 하는 이성애보다 훨씬 더 엄격하게 코드화되어 있다. 이들에게 동성애는 일탈, 위반, 불량 청소년의 비행, 변태적 유희, 스스로를 테러하는 자해 행위여야만 한다. 이러한 의미 체계의 동성애는 남자들 간의 사랑이 아니다. 이렇게 행해지는 일탈은 성적 코드의 해방적 탈코드화가 되지 못한다. 오켕겜이 말하는 동성애적 갈구와는 정반대다. 이들의 일탈은 결국 자기 재영토화에 불과하며 기존 사회질서가 규정하는 활동일 뿐이다. 탈출구를 열어주기는커녕 댐 기능을 지탱한다. 그 결과 동성애 전체가 "백색 테러"와 유사해지는 것은 어찌 보면 환영할 수도 있는 부수 효과였다. 그 바람에 극우 테러를 동성애자라고 모욕할 수 있는 "경험적" 토대가 마련되었기 때문이다.

남성 연대와 백색 테러 사이의 연관성은 확연하다. 쾌락은 권력에서 온다. 동성애는 점령이고 이성애는 강간이다. 루돌프 회스는 브란덴부르크 교도소에서 근무하면서 이러한 "동성애"의 특성을 다음과 같이 파악했다.

동성애는 굉장히 만연해 있었다. 젊고 잘생긴 죄수들은 인기가 좋았다. 다들 "예쁜이"를 차지하고 싶어서 죽어라 싸우고 잔꾀를 부렸다. 제법 똑똑한 녀석들은 인기를 이용해서 많은 것을 뜯어냈다. 내가 오랜 경험과 관찰을 통해 깨달은 바에 따르면, 이런 기관에 널리 퍼진 동성애는 극히 소수만이 이상성욕증 등의 선천적 질병이다. 강한 성충동을 지닌 사람이 성적인 궁벽함에 처하면 동성애를 한다. 또한 높은 비율의 사람들

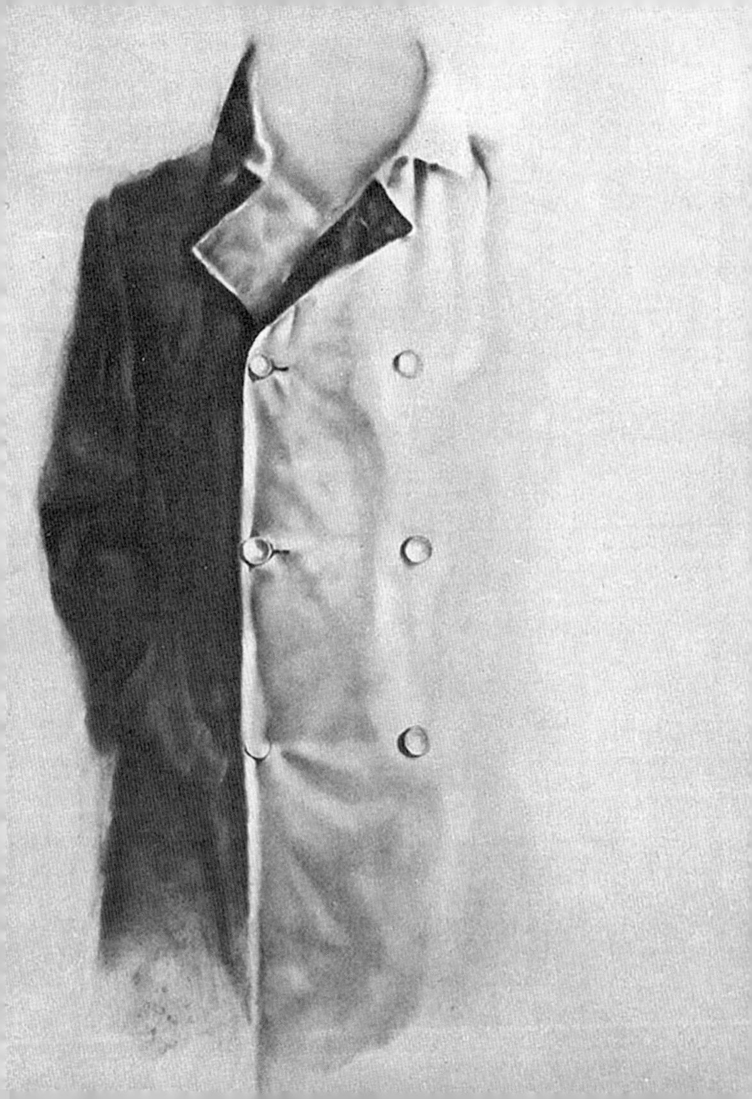

은 자극을 추구해 "살맛 나는 경험"을 하려고 동성애를 한다. 억제할 필요가 전혀 없는 환경에서는 더 그렇다.[7]

"진짜" 동성애자인지 상황적 동성애자인지를 구별해 석방을 결정했다. 수용소에 남아야 할 인원은 "진짜" 동성애자여야 하며, 실질적인 동성애적 성욕이 있어야 한다. 친위대가 개발해낸 구별법은 소카리데스의 치유법과 매우 친연성 있다.

1944년 라벤스브뤼크의 제국 친위대 지도자가 "전향" 실험을 했다. 완전히 회복되었는지 확신할 수 없는 동성애자들이 일하는 작업장에 매춘부들을 슬쩍 들여보내고 관찰했다. 매춘부들에게는 임무가 주어져 있었다. 동성애자들이 눈치 못 채게 다가가서 성적으로 자극하는 것이다. 치유된 사람들은 제안을 즉시 받아들였고 별다른 노력을 안 해도 곧장 유혹에 넘어왔다. 치유가 안 된 사람들은 여자에게 전혀 관심을 보이지 않았다. 여자가 너무 노골적으로 접근하면 이들은 역겨워하거나 무서워하면서 진저리를 쳤다. 절차를 거친 후 석방하기 전에 한 번 더 시험한다. 동성 상대와 성교할 기회를 주는 것이다. 거의 모든 과거 청산자들이 제의를 거부했고 실제로 동성애자들의 접근도 거절했다. 두 가지 제의를 모두 받아들인 애매한 경우도 있었다. 이를 양성애자라고 불러야 할지 나는 잘 모르겠다.[8]

이 관찰이 객관적인지 아니면 자의적인지는 상관없다. 금기 사항과 전능한 통제력의 매력이 강제수용소의 지휘관을 인류 성행동 연구자이자 재판관처럼 만들었다. 금기 위반을 원하고 "살맛 나는 경험"을 하려고 동성애를 갈구한다면 눈감아줄 수 있다. 쾌락을 위해 동성애를 한다면 죽어 마땅하다.

통제된 유희로서의 성별 전환

겉보기에는 경계를 넘나드는 듯해도 사실은 엄격하게 통제된 유희가 있다. 연극적 형식으로 남자가 여자 연기를 하는 성별 전환 "동성애" 장난이 군인 남성의 회고록에 다양하게 등장한다.

1919년 5월 뮌헨.

전투의 나날을 전우애의 정신으로 즐겁게 버텼다. 이제 평화의 나날이 오니 흥이 점점 더 넘친다. 다들 웃고 즐겼다. 한번은 뮌헨의 게르트너플라츠 극장에 가서 재미있는 오페레타 「이스탄불의 장미」를 관람했다. 너무 재미있어서 우리끼리 한번 "재연"해보기로 했다. 5월 12일 부대 이동 중에 기회를 잡았다. "뮌헨에서 베치가우 주둔지로 이동하는 동안 우리는 「이스탄불의 장미」를 온갖 형태로 바꿔가면서 공연하고 놀았다. 우리 객차의 분위기가 아마 기차 전체에서 최고였을 것이다. 너무 웃겨서 눈물을 줄줄 흘릴 정도였다. "장미" 역할은 타고난 익살꾼 안톤 딜거가 맡았다. 최소 90킬로그램이 넘는 풍채를 자랑하며 꾀꼬리 같은 가성으로 아리아를 불렀다. 전우들의 열렬한 환영을 받으면서 나도 노래를 한 곡 뽑았다. "이스탄불의 장미여, 오직 그대만이 나의 셰에라자드!" 딱 어울리는 의상까지 갖춰 입었다. 이 "전쟁여행"은 잊지 못할 추억으로 남았다.[1][피트로프]

프랑스에서 참전했던 델마르의 말이다.

어느 날 아침 지하층 구석에 있던 내 침상에서 깨어났다. 촛불로 희미하게 밝혀진 공간에 달콤한 향기가 감돌았다. 살짝 열린 문틈으로 키 큰 여자가 들어섰다. 뜻밖에도 로코코 양식의 녹색 비단 드레스를 입고 있었

다. 어깨의 흰 살결 위로 분가루 뿌린 가발의 고수머리가 조용히 찰랑거
렸다. 화장한 얼굴이었다. 시뻘건 입술은 도톰하게 번들거렸고 색연필로
그려넣은 눈썹은 갈매기 모양으로 요염하게 휘었다. 무늬로 장식된 비단
부채를 손에 쥔 숙녀분이셨다.

여자의 입술에서 유혹하는 듯한 깔깔거림이 터져나왔다. 눈을 게슴츠레
하게 뜨고서 곁눈질을 했다. 가벼운 손놀림으로 부풀린 드레스 자락을
어루만졌다. 탁자 위에는 바이올린을 연주하는 피에로 인형으로 장식된
뮤직박스가 있었다. 모차르트 오페라의 미뉴에트가 은은하게 흘렀다. 천
상에서 하강하신 듯한 아름다운 숙녀분께서 누추한 지하실에서 프랑스
전성시대의 춤을 추고 있었다.

춤을 마무리하려던 순간 문이 벌컥 열렸다. 병사가 불쑥 나타나서 외쳤
다. "전투기가 또 출몰했습니다!"

놀이는 끝났다. 침묵 속의 각오가 공기 중에 떠돌았다. 숨소리가 들리고
심장 박동 소리가 들리는 듯했다. 적의 철도포에서 발사된 첫 지연탄이
건물 앞 잔디밭을 들쑤셨다. 둔탁한 충격음에 지하실이 뒤흔들렸다.

화장에 가린 숙녀의 안색이 창백해졌다. 고개를 가볍게 숙이더니 방에서
나갔다. 15분쯤 후 복장을 갈아입고 돌아온 귀족 출신 군인이 우리 사이
에 앉아 있었다. 달콤한 향기만이 공기 중에 감돌았다.[2]

젤초프는 김나지움 학예회에서 아이스킬로스의 비극 「아가멤논
Agamemnon」을 공연했다.

11월 21일은 내 인생 최고의 날이었다. 우리 김나지움의 학예회가 열리
는 체육관은 베를리너가街와 카우어가의 교차점에 위치했다. 우리 부모
님은 물론 장관님과 수많은 고관대작께서 참석해주셨다. 황제 폐하와 황
후 마마께서도 참석 예정이었다. 언제 오실까? 다들 기대에 부풀었다. 안

타깝게도 안 오셨다. […] 그러나 난 까맣게 몰랐다. 이미 딴 세상에 들어가 있었기 때문이다. 나는 프리아모스 대왕의 따님이었다.

깊게 파인 드레스를 입고 그 위에 흰 망토를 두른 채 무대에 올랐다. 발에는 샌들을 신고 손에는 홀을 들었다. 검은 곱슬머리를 가슴까지 드리웠다. 여사제의 흰 면사포를 쓰고 그 위에 황금빛 관을 얹었다. 나는 신성으로 충만했다. 아폴론의 예언자 역할에 몰입하느라 공연장 상황은 보이지도 않았다. 오직 하나만 절실하게 느껴졌다. 태양의 신이 내린 끔찍한 숙명이었다. 나 자신도 그 어느 누구도 구할 수가 없었다.

막이 내리고 박수 갈채가 터져나왔다.[3]

훗날 해군 사관생도 시절에 그는 까다로운 선회 기동을 수행하라는 명령을 받는다. 그는 뛸 듯이 기뻤다.

다시 카산드라 왕녀가 된 기분이었다.

"불길이 내 속으로 불쑥 들어오도다!

오, 아폴론, 빛의 신, 나를 구하소서!"

나는 나직하게 외쳤다.

"지옥으로 꺼져라!" 지휘관이 놀란 눈빛으로 나를 쳐다봤다. [기동은 성공했다.] 배는 바람을 가르며 나아갔다. 카산드라의 안색이 백짓장처럼 창백해졌다.[4]

군대가 부여하는 역할, 즉 전쟁을 통해서 "사나이"로 완성된다. 사회적으로 남자가 되는 것이다. 그들의 자아, 총체성의 일부, 육체 갑옷은 "남성적"이 되지만, 실제 성별은 아니다. 여전히 모호하다. 그래서 성별은 장난삼아서 "전환" 가능하다. 단, 공개적이어야만 한다. 앞서 살펴본 세 경우 모두 연극적 공연이었다. 사회적 틀 자체가 동성애적 상황일 수

없게 되어 있다. 공개성은 섹슈얼리티의 침범 가능성을 막아주는 댐으로 기능한다.

혹은 공개적 통제가 덜한 틈을 타서 그나마 즐길 수 있었던 것이 성별 역할 전환의 연기였다고도 볼 수 있겠다.

한 가지 흥미로운 것은 뉘른베르크 재판에서 괴링이 보인 반응이다. 그는 나치 지도부 전체와 자신이 받고 있는 학살 혐의를 뻔뻔스럽게 자랑스러워했다. 혹은 날조되었다고 우기거나 위선이라고 반박했다. 하지만 유일하게 알마르 샤흐트의 증언에는 기가 죽었다. 괴링이 토가와 샌들을 걸치고 얼굴에는 화장을 한 채 입술과 손톱을 빨갛게 칠하고 손님을 맞이했다는 증언이었다. "그 양반은 왜 쓸데없는 소리를 하고 그럴까." 한마디 투덜거리면서 잠시 부끄러워했다고 한다.[5]

한술 더 뜨는 사례도 있다. 파울 한이 전하는 바에 따르면 1918년 11월 혁명 직후 몇 달 동안 공화주의적 해병 중대는 슈투트가르트에서 매일 밤 댄스 파티를 즐기면서 서로 몸을 더듬기까지 했다. 이런 종류의 축제는 별다른 유흥을 즐길 기회가 적었던 군부대에는 드물지 않았을 것이다.

몇몇 전구 불빛이 담배 연기 가득한 공간을 은은하게 밝힌다. 예술적인 아코디언 연주 소리에 맞춰 해병들이 기기묘묘한 동작과 모양새로 춤을 추었다. 어떤 이는 "숙녀"로서 어떤 이는 "신사"로서 추었다. 오랜 선상 생활의 습관이었다. 축제의 품격과 깍듯한 "예의범절"을 지키면서 세련되게 서로 어울리며 춤을 추었다. 모두 땀을 뻘뻘 흘렸다. 춤에 대한 열정이 눈동자에 빛났다. 모두 리듬에 흠뻑 빠졌다.

물론 나 역시 춤을 췄다. 내 파트너였던 "숙녀 전우"는 무척이나 기뻐했다. […] 마치 항해하는 배 위에 있는 기분이었다. 춤추는 이들은 파도에 흔들리는 배의 움직임을 흉내 냈다. 영락없는 배였다. 발 구르는 소리, 독

군부대 극장의 "남성" 스타

해병대의 아가씨들

특한 조명, 휘파람 소리, 무도객과 구경꾼들의 희한한 광경, 묘하게 애절한 음악 등이 어울려 강렬한 분위기를 만들어냈다.

예술적이고 축제적이면서 애절하다. 땀을 뻘뻘 흘리면서 눈을 빛낸다. "기기묘묘"하지만 성적이지는 않다. 그래서 예의범절의 축제인 것이다. 해병들은 이성애 커플을 연기할 뿐이다. 형식 준수가 무엇보다 중요하다.

이렇게 해서 해병들 중 동성애자들은 결국 어둠 속으로 몸을 숨기고 만다.

사회적 존재인 남성의 매력

남성 욕망이 다른 남성들에게 향하는 주된 이유는 아마 사회적 구조 때문일 것이다. 여성들은 강렬한 쾌락을 생산하는 공적 기능으로부터 차단되어 있다.* 남성 지배 사회에서 여자는 "세상 물정"을 모르기 때문에 "경험 많은" 남자와 경쟁이 되질 않는다. 그러니 여자가 덜 사랑스러울 수밖에 없다. 남자의 꿈은 영웅적 삶이다. 강인함, 출세와 영광, 기개와 투지,

---

* 사회학적 범주로 엄밀한 의미에서 "가부장제" 사회질서가 존재하는지 여부와 상관없이 공적 생활에서의 남성 우위는 여전히 유지된다. 울리케 프로코프는 이러한 논리를 들어 "반가부장주의"는 단지 "수사학적 전략"이라고 부른다. (Prokop, Weiblicher Lebenszusammenhang, p. 36 ff.) 그녀는 문제의 본질을 보지 못한다. 엄격한 의미에서 가부장적 생산관계가 사라진 후에도, 때로는 역설적으로 사라졌기 때문에 "가부장적" 행동 양식과 판타지는 여전히 건재할 수도 있다. 파시스트 남성의 가장 큰 문제는 여기에 있다. 더 이상 통하지 않는 존재로 계속 남고자 한다. 심지어 권리가 있다고 억지를 쓰기도 한다.

쿨름바흐의 아가씨
"형제여, 건배합시다!"

정복해야 할 머나먼 땅, 올라야 할 산 정상, 이 모든 것을 해내는 "자유로운 남성 영웅"의 빛나는 아름다움. 이 모든 것을 어떻게 여자들에게 바라겠는가? 여자들은 이기적이고 소견 좁은 존재다. 구질구질한 일상에 매몰되어 있을 뿐. 세상을 움직이는 거사에 끼어들어서는 안 된다.[1]

여덟 명의 전우와 함께라면 살맛이 났다. 전우들과 함께 일하노라면 모든 것을 잊을 수 있었다. 세상이 도탄에 빠졌다는 것도. 좌파들이 퍼뜨린 오물과 독까지도.[2]

그에 비하면 과거와 현재의 모든 여성은 애초에 상대가 안 된다. 젤초프는 아마 시바 여왕과의 모험을 꿈꾸었을지도 모른다. 그러나 결국 끝에는 여자를 떠나게 되거나 혹은 사자에게 찢기는 여자의 최후를 목격하는 행운을 누리게 된다.

무관심한 학생들은 남자 어른들을 따르지도 않고 본받지도 않는다. 그런 녀석들은 가치가 없으니 그냥 버려야 한다.[3]

그런 녀석들이라면 잘못된 길로 접어들 것이 뻔하다. 블뤼어는 "여자 선호형"과 "남자 선호형"은 싹수가 다르다고 생각한다.

계집 가랑이나 밝히는 놈들에게는 동정심도 아깝다.[4][토르 고테]

하지만 다른 감수성은 넘치도록 많았다.

한낮 뜨겁게 달아오른 모래 위에 벌거벗고 엎드려서 일광욕을 하고 있는데 갑자기 공격을 받았다. 미처 옷을 주워 입을 시간이 없어서 진풍경이 벌어졌다. 참호 곳곳에서 알몸의 남자들이 일어서서 사격을 했다. 실오라기 하나 걸치지 않고 총 한 자루씩 든 채 반격에 나섰다. 백옥처럼 빛나는 청년들이 작열하는 태양 아래서 벌거벗은 채 싸우는 모습. 숲속 전투 때면 늘씬한 육체들이 나무 사이를 오가곤 했다. 그날의 돌격은 내가 경험한 가장 아름다운 광경이었다.[5][잘로몬]

우리 아버지 세대의 남자들이 저렇게 희희낙락하며 파시스트에게 즐겁게 동조했다는 것이 쉽게 상상되지는 않는다. 우리가 아는 아버지는 청년기를 이미 지나버린 모습이기 때문이다. 그러나 청년기에 겪었던 나치 정권 12년의 시간은 그들에게 씁쓸한 흉터를 남겼다. 어쨌든 자고로 남자가 큰일을 하려면 반드시 고난이 따르는 법이다.

적과 싸우되 존중해야 한다. 인간을 존중하는 것이 아니라 순수한 원칙을 존중하라는 것이다. 적 역시 사상을 수호하기 위해서 모든 정신력과 폭력을 다해 싸운다. 화염방사기와 독가스 공격까지 마다하지 않는다. 이는 남자들만이 이해할 수 있는 경지다.[6][에른스트 윙거]

이 경지에 끼어드는 여자는 곧 깨닫는다.

완전히 딴판인 남자들 심성 유형에 맞춰 구조화된 세상이다. 심지어 딴판인 신체 유형 때문에 소변기조차 다르게 만들어졌다.[7]

일레인 모건의 지적이다. 남성의 신체 유형이 지배하는 사회에서는 "임금노동을 하려는 열망이 자본주의적 생산양식으로 운영되는 사회의 집단적 충동으로 자리 잡는다"[8]는 것이 다네커와 라이헤의 입장이다. 남성들이 성별의 생산관계*를 지배하는 사회에서는 남성 애호 경향이 전체 사회의 보편적 집단 충동이 된다. 심지어 남성들 사이에서도 그렇다. 여자들에게서는 한 사람 혹은 여러 사람의 남성들에게 기꺼이 순종하려는 경향으로 수정되어 나타난다.

다시 말하면 이렇다. "아녀자들은 이해 못 할" "남자들만의 세상"이라는 발상은 일개 개인의 특별한 심리적 성향이 아니다. 그러한 발상에 물들지 않는 일에 오히려 더 특별한 심리적 성향과 교육이 소요된다.

여기서 흥미로운 역설이 도출된다. 이런 사회에서는 남성 연대를 거부하는 이가 가장 남성애호적인 동성애자들이다. 남성 동성애자들은 최소한 성애적이기 때문이다.

앞서 언급된 "잠재적" 동성애라는 개념은 그래서 적반하장이다. 공식적인 사회 상황에 문자 그대로 "잠재"되어 있는 것은 바로 "남성적" 질서에 대한 찬양이다. "여성적"인 것들을 비하한다. "남성적" 자아를 위협하는 모든 것을 여성적 의미로 코드화한다. "여성 존재의 가장 비밀스러운 곳에는 무無로 추락하는 함정이 숨겨져 있다. […] 그러나 남성 연대에 속한다면 함정에 빠지지 않는다. 최고의 사나이들이 존재를 보증하기 때문이다."[9][블뤼어]

프로이트와 역사

1904년 프로이트의 발언이다.

이런 측면에서 남성이 남자아이들을 교육하면(고대엔 남자 노예들이 그 일

---

* 성별의 생산관계에서 인간관계의 현실 대부분이 생산된다.

을 담당했다) 동성애가 조장되는 것으로 보인다. 또한 오늘날의 귀족층에서 이런 성도착이 더 잦은 이유도 남자 하인들을 고용한 탓도 있지만, 어머니가 개인적으로 아이들을 덜 보살피는 탓도 크다.[1]

『성욕에 관한 세 편의 에세이』에서 별 뜻 없이 지나가듯 언급한 내용이다. "성도착"이 발생하는 핵심적 원인을 정신분석학적으로 설명하려는 프로이트 나름의 시도였다. 남자가 동성애자가 되는 것은 어머니와 동일시하기 때문이라는 논리다. 허술한 역사적 사례를 들어 이론적 근거를 보강했다. 정신분석학의 근본적 단점인 비역사적·몰역사적 집착이 여지없이 드러난다.

결론적으로 "동성애"는 의학적 문제가 아니라 정치적 문제다. 동성애를 일반적인 남성 본성이나 섹슈얼리티 일반의 속성과 분리하여 이론화하려는 시도는 필연적으로 특정 형태의 동성애를 비난하고 병리화하는 함정에 빠지고 만다.

권력 투쟁: 동성애 찬반 논쟁

군인 남성 연대의 남자들끼리 개인적으로 어떤 성적 관계를 가졌는지는 실증적 자료가 없으면 알 수 없다. 실상은 직접 관계된 인물들만이 알 것이기 때문이다. 그럼에도 소문 뒤섞인 불분명한 자료에서 두 가지 특성만은 확실하게 관찰된다.

첫째, 동성애는 공공연한 비밀이었다. 1934년 돌격대 해체 및 에른스트 룀의 숙청 이전까지 일부 나치 지도층은 동성애 관계를 특별히 숨기지 않았다. 심지어 우익 진영 내에서 공공연하게 알려져 있기까지 했다. 로스바흐는 1950년 출판한 회고록에서 이렇게 말했다.

룀은 동성애적 성향을 보란 듯이 과시하고 다녔다. 1926년 이래로 히틀러도 알고 있었다. 그런데도 돌격대 참모장으로 임명했다.[1]

로스바흐 자신도 1950년까지 시치미를 떼고 있었으니 불평할 입장은 못 된다. 하이네스, 하이데브레크, 에른스트 등 돌격대 지도층의 "성적 방종"이 "폭로"되기 몇 달 전부터 룀이 동성애자라는 "소문은 자자했다". 특히 "하필이면 괴벨스 같은 인간이 성인군자인 양 훈계를 하는 게 아니꼬웠다"라고 토로했다.[2]

여기서 두 번째 특성이 도출된다. "동성애"는 공식적으로는 제재받지 않는 애매한 영역이었다. 그래서 역설적으로 우익 내부의 권력투쟁에서 중요한 역할을 수행할 수 있었다. "폭로된" 동성애는 사회의 풍기를 문란케 하고 기강을 무너뜨리는 악덕이었다. 그만큼 이용하기 좋은 수법이었다. 남성적이고 국가주의적인 조직 내부의 "정치적" 대립의 상당수는 성적 사연에서 기인한 듯 보인다. 질투 때문에 총격전이 벌어지기도 했다.[3] 1920년대 수많은 돌격대원이 연쇄적으로 "빨갱이들에게 살해"당했다는 주장도 실상은 내부 싸움, 절교, 권력을 둘러싼 자리 다툼, 복수 등의 결과였다.

뒤늦게 밝혀진 몇몇 증거에 따르면 수많은 "빨갱이 살인" 중에서 진짜 "빨갱이"가 저지른 범행은 그다지 많지 않았다.[*4]

"하필이면" 괴벨스가 "성인군자인 양" 훈계를 했다는 로스바흐의 불평을 살펴보자. "하필이면"이란 말이 정확히 무슨 뜻인지는 모른다. 이

---

* 다시 한번 강조해둔다. 테러가 동성애에서 비롯된다는 것이 아니다. 남성 연대가 자체 공격적 형태의 "동성애적" 관행으로 조직되는 경향이 있다는 것이다. 이렇게 형성된 공격성은 여타 형태의 공격성으로 얼마든지 쉽게 전환된다. 남성 연대의 이른바 "이성애적" 관행도 원칙적으로는 동일하다.

정치가들,
보통 미친 놈이어서는 버틸 수 없다.

런 말은 언제나 이런 식으로 떠돈다. "알 만한 사람들은 다 아는" 소문의 공동체를 전제하고 있다. 모두 안다. 높은 분이건 천한 놈이건 모두 더러운 구석을 숨기고 있다. 누가 까발려질지 얼마나 압박을 받을지 여부는 오직 권력 구도에 달려 있다. 변태성욕자라는 지탄은 기회주의 원칙에 따라 부과된다. 이러한 기능 덕에 동성애는 독일 파시스트의 내부 권력투쟁의 주요 수단이 되었다. 히틀러는 스탈린과는 달랐다. 내부자들에게 공산주의자 혹은 제3인터내셔널의 첩자라는 누명을 씌우지는 않았다. 정치적 죄목 대신 "성적 타락", 특히 "동성애자"라는 죄목으로 비난했다.

룀만 이러한 숙청을 당한 것은 아니었다. 1938년에 베르너 폰 프리치 상급대장은 베르너 폰 블롬베르크의 뒤를 이어 육군 총사령관으로 진급될 예정이었다. 하지만 이것이 히틀러가 눈독을 들이고 있던 직위라는 게 탈이었다. 괴링은 블롬베르크가 "몹쓸 직업을 가졌던 아내"를 두었다면서 총사령관 자리에서 물러나도록 만들었다. 곧이어 히틀러는 후임 예정이었던 프리치를 젊은 남창과 대질시켰다. 프리치는 자신은 동성애자가 아니라면서 명예를 걸고 맹세했음에도 "고발"당했다. 그에 대한 혐의는 모두 조작이었다.[5]

파시스트 권력 투쟁은 소련과는 다른 방식으로 공식 코드화되었다. 그릇된 정치적 노선의 위협적 침투 때문이 아니었다. 풍기 문란 때문에 권력에서 밀려났다.

이유가 뭘까? 일단 정적이 제거되면 파시스트 지배 체제의 존속성은 별로 위협받지 않는다. 나치즘 자아에게 훨씬 더 큰 위험은 내부 규범적 행동이 탈코드화될 가능성의 위험, 즉 넓은 의미의 성적 위험이었다.

나치 집권 세력이 위협으로 느낀 것은 "정치적" 공산주의가 아니었다. 그들이 두려워한 것은 공산주의가 지닌 포섭성과 융합성이었다. 그러한 힘이 자신들 안에서 작용하고 있음을 느꼈다. 그에 맞서기 위해서 고위 장교나 일부 당 지도부를 "풍기 문란"을 일으키는 못 믿을 인간들로 몰아붙이면서 싸워야 했다.

이중의 이중 구속

파시스트가 동성애 금지를 고집했던 이유는 두 가지였던 듯하다. 첫째, 동성애가 자칫 독립적인 하나의 섹슈얼리티로 공인되면 조직적 관리 및 제약이 불가능할 위험이 있었기 때문이다.

둘째, 동성애가 합법화되면 금기 위반의 영역 하나가 사라진다. 그 영역에 입문하고 인정받는다는 것은 곧 권력 엘리트의 비밀스러운 세계에 소속된다는 것을 뜻했다. 나치로서는 포기할 수 없는 영역이었다. 여타 사회적 영역에는 이러한 비밀성과 배타성이 허락되지 않았다. 그들에게는 사회적 결정을 실제로 내릴 권한보다는 금지된 것을 누릴 자유가 더 중요했다.

이는 두 겹의 구속이다. 금지를 허락해주는 "운동"에 얽매이는 구속이다. 자발성은 언제든지 강제성으로 돌변할 수 있다. 이제는 관두겠다면서 "운동"이 요구하는 것을 거부할 순 없다. 당장 폭로당하거나 특권을 박탈당할 것이다. 그러므로 여기에도 또 하나의 이중 구속이 도사리고 있다. 이는 앞서 살펴봤던 근친상간 금지/명령이라는 이중 구속에 남성 간 근친상간 금지가 더해진 형식을 취한다. 남자를 사랑할지어다, 그러나 동성애자는 되지 말지어다. 여기에 덧붙여진다. 금지된 것을 할지어다, 그러나 권력이 명한다면 처벌도 받을지어다. 어찌 보면 시한폭탄이 장치된 이중 구속이었다. 솜씨 좋게 권력관계 사이를 "줄타기"할 수 있는 곡예사라면 용케 버티기도 하겠지만 구속은 사라지지 않는다. 가장 좋은 방법은 순종하면서 갈등을 억누르는 것이다. 부르주아적 금기의 특권적 해방이라는 탈영토화는 일종의 물길을 만들어낸다. 착각과 의존의 체계가 그로부터 흘러나온다. 무조건적 순종으로 체계를 받아들여야만 삶이 가능해지는 구조다. 오직 권력이 모든 것을 지탱한다. 블뤼어는 그 결과를 누구보다 더 잘 알았다.

히틀러의 경호관들에게는 두드러지는 특징이 있었다. 탁월하게 잘생긴 청년들만이 히틀러를 에워싸고 있었다. 종족의 자부심을 불러일으키는 "북방형" 얼굴과 훌륭한 몸매를 지니고 있었다. 히틀러 측근의 사나이

무리는 미모로 유명했다. 하지만 청년들의 눈빛은 언뜻 보기에는 텅 비어 있었다. 그러나 곧 깨닫게 된다. 그들의 시선에는 강렬한 불꽃이 있었다. 과연 이들이 예전 청소년 운동 시절 내가 알던 그들이 맞는가! 이들이 왜 이렇게 변했을까? 놀라운 마법이 숨어 있었다.

그들은 총통을 사랑했다! 총통에게 친구 따위는 없었다. 그는 청년들의 사랑을 강압하여 원치 않는 결혼으로 내몰았다. 아내들은 불행했지만 어머니들이 되었다. 얼마나 많은 청년과 고민 상담을 했던지. 나는 그들의 고통을 줄줄 읊을 지경이다.[1]

서로 물어뜯기

이러한 체제에서 서로에 대한 존경과 애정이 절대로 생겨날 수 없음은 물론이다. 그 증거는 체제가 붕괴하고 권력 구조가 무너지는 순간에 여실히 드러난다. 권력이 붕괴하면 한때 함께했던 이들의 "사랑"도 박살난다. 1945년 패망 이후 나치들이 서로에 대해 조금이라도 좋은 말을 했던 경우를 들어본 적이 없다. 그들은 언제나 자신을 제외한 모두가 저열한 패거리였다며 비난했다. 자신은 말리려고 했지만 아쉽게도 뜻대로 안 되었다는 것이다. 뉘른베르크 재판에서 대부분의 피고는 하나같이 다른 나치나 공범들과 거리를 두려고 했다. 그러면서도 이른바 "이념"에는 기필코 집착했다. 그런 면에서 그들은 모두 똑같았다. 자신은 훌륭한 나치였지만 다른 놈들은 죄다 무능하고 미친놈들이라는 것이다. 그들이 필요로 하고 지키고자 했던 것은 오직 체제뿐이었다. 개별적 인간들은 중요하지 않았다. 없어져도 알 바 아니다.

재판 기간에 법정 심리학자 길버트는 개별 피고인들과 면담한 내용을 기록으로 남겼다. 서로에 대한 그들의 언행은 정말 노골적이다.

괴링은 라이의 자살 소식을 듣고 이렇게 말했다. "놀랍지도 않다. 어차피 술독에 빠져 죽을 인간이었다."(p. 14) 슈트라이허의 말이다. "괴링이라는 작자! 결혼도 완전히 사기였거든. 내가 모를 줄 알고. 내가 1940년에 지역위원장 당직에서 쫓겨난 것도 그놈 때문이었어. 그놈 아이가 시험관 아기라는 소문을 내가 냈다면서 말이야."(p. 16) 괴링은 리벤트로프를 두고 이렇게 말했다. "리벤트로프가 함께 사업했던 와인 장사치들 중에 몇몇 영국 귀족이 있었거든. 연줄이 좋은 놈인 줄 히틀러가 오해한 거지. […] 더럽게 멍청한 주제에 고상한 척은 우라지게 해댔어."(p. 19) 프랑크는 히틀러를 이렇게 평가했다. "나중에야 깨달았지만 그는 피도 눈물도 없는 냉혈한 미치광이였어. 이른바 '매혹적인 눈빛'이란 것의 정체는 감정 메마른 미치광이의 응시였어."(p. 26) "그리고 나체라면 환장을 해. […] 무조건 벗겨놓으면 전통적 형식에 대한 저항인 줄 알더라고. 무식하기는. 형식과 절차에 대한 정신병적 증오가 히틀러라는 작자의 밑천이었어."(p. 27) 프랑크는 보어만을 이렇게 평가했다. "보어만은 간신배 같은 놈이야. 비열한 아첨꾼이고 야비한 협잡꾼이야."(p. 27) 파펜은 히틀러에 대해 이렇게 말했다. "입만 벌리면 거짓말을 했다. 진짜다."(p. 34) 괴링은 강제수용소를 이렇게 평가했다. "힘러가 고른 미치광이들이 주도한 만행이지 우리 모두는 몰랐다."(p. 45) 슈트라이허의 힘러 평가다. "신체 구조가 인격을 보여주는 거야. 내가 그쪽으로는 전문가거든. 힘러는 잘난 척만 했지 실속이 없었어. 깜둥이 피가 섞인 놈이거든."(p. 47) "다들 자기만 아는 밉상들이었어. 정말 꼴도 보기 싫었지." 괴링의 말이다.(p. 65) 리벤트로프의 말이다. "그따위 명령들을 내린 건 분명히 힘러였을 거야. 아무래도 진짜 독일 혈통은 아닌 것 같아. 얼굴 윤곽이 어딘가 유별났거든. 우리와 잘 안 섞이고 튀었지."(p. 93) 시라흐의 리벤트로프 평가다. "어느 날 갑자기 툭 튀어나온 '사이비' 귀족이었지. 어디에서 굴러먹다 왔는지 근본을 아무도 몰랐어." 이 말을 남들에게는 하지 말아달라는 부탁을 덧붙였다고 한다.(p. 142) 슈피어는 괴링이 히틀러를 죽이려는 역모를 꾀했다고 믿었다.(p. 167) 리벤트로프의 말이다. "힘러는 무시무시했어. 막판 몇 년간은 미쳤던 것 같아. 힘러가 히틀러를 물들인 거야."(대량학살에 대해서. p. 169) "그 뚱땡이가 뭘 알아!" 시라흐가 벌컥 화를 냈다. "그런 소리는 믿지도 마. 허풍이나 떠는 수다쟁이라니까. 걸핏하면 남 탓만 하지. 자기 잘못은 하나도 없고."(p. 175) "그저 할 줄 아는 거라곤 유리창 깨부수기밖에 없었지." 노이라트가 코웃음을 치며 비웃었다. 국회 의사당 방화 사건 문제로 괴링이 재판정에서 망신당하자 모두 쌤통이라고 여겼다.(p. 180) 심지어 미국인 검사를 칭찬하기까지 했다.(p. 184) "정치하는 놈들이란! 골빈 얼간이!" 샤흐트가 비웃었다. "히틀러가 얼마나 외교에 무식했으면 저런 인간을!"(리벤트로프에 대해서. p. 190) 파펜이 말했다. "무식한 놈!" 노이라트는 리벤트로프가 1934년에 수상쩍은 이유로 병원에 갔다고 전한다. "비정상적 성생활이 의심된다"는 의사 소견이 있었다.(p. 198) 슈페어는 괴링 같은 "쫄보"가 영웅 행세를 하려는 것이 싫다.(p. 198) 리벤트로프가 칼텐브루너에게 말했다. "이제는 누굴 믿어야 할지 모르겠다."(p. 201) 되니츠는 카이텔이 "명예로운 남자"라고 말했지만 파펜은 빈정거렸다. "명예로우면 뭘 하나. 똑바로 아는 게 없는걸. 명예가 밥 먹여주나." 샤흐트는 비꼬면서 말을 보탰다. "명예로운 남자 좋아하네. 남자인 거 확실한가."(p. 231) 괴링은 카이텔을 이렇게 평가했다. "징징거리는 약골이야."(p. 237) 샤흐트의 말이다. "1933년에 괴링이 나한테 한 말이 있어. 생각해봐요. 그때가 1933년이었다고. 히틀러를 가리켜서 빈 커피하우스에서 죽치는 거렁뱅이라고 했다니까!"(p. 279) 슈트라이허가 프리크에게 물었다. 기제비우스에 대한 증언 때문에 괴링이 위험해지면 어떻게 하느냐고. 프리크가 차갑게 대꾸했다. "알 게 뭐야. 나만 살면 그만이지."(p. 283) 괴링의 말이다. "프리크가 자기 죄를 나한테 뒤집어씌우려

고 했어."(p. 284) 프리크의 말이다. "내가 진작에 힘러의 모가지를 꺾었어야 하는 건데. 히틀러가 감싸고돌았어. 히틀러는 사사건건 나한테 훼방을 놨어. 난 법적 수단을 최대로 동원하고 싶었는데. 나는 원래가 법률가잖아."(p. 286)

샤흐트의 말이다. "내가 늘 말했잖아. 다들 범죄자 패거리라니까."(p. 259) 그 와중에 체포되어 모스크바로 이송되었던 전 해군 제독 에리히 레더의 증언이 전해졌다. 그는 괴링을 혹독하게 폄하했으며(p. 331) 되니츠는 무능했다고 평가했다. 아이들 부추기는 연설을 잘해서 벼락출세한 "히틀러 유겐트 되니츠"라는 것이다. 또한 리벤트로프, 괴벨스, 힘러, 라이 모두를 욕했다.(p. 351) 되니츠는 길버트에게 이렇게 말했다. "우리 증언이 기록된 문서의 행간을 잘 읽어봐요. 중요한 건 따로 있지. 질투, 상처 입은 자존심, 오기가 가득한 헛소리."(p. 330)

권력이 사라지자 사나이들의 끈끈한 사랑도 사라졌다. 이들은 뿔뿔이 흩어지면서 백색 테러의 칼끝을 서로를 향해 겨눴다. 한때 이들을 결속시키던 "총체성"은 사라졌다. 모두의 현실 감각은 순식간에 붕괴되었다. 전범들은 정말 진심으로 믿었다. 자기 혼자만큼은 무사히 빠져나갈 수 있을 거라고. 심지어 괴링조차 그렇게 믿었다. 그들은 자기네가 왜 기소당했는지를 이해조차 못 했다. 길버트는 이렇게 전한다.

죄 없는 어린양처럼 무고한 죄수들이란 농담이 간수들 사이에서 유행했

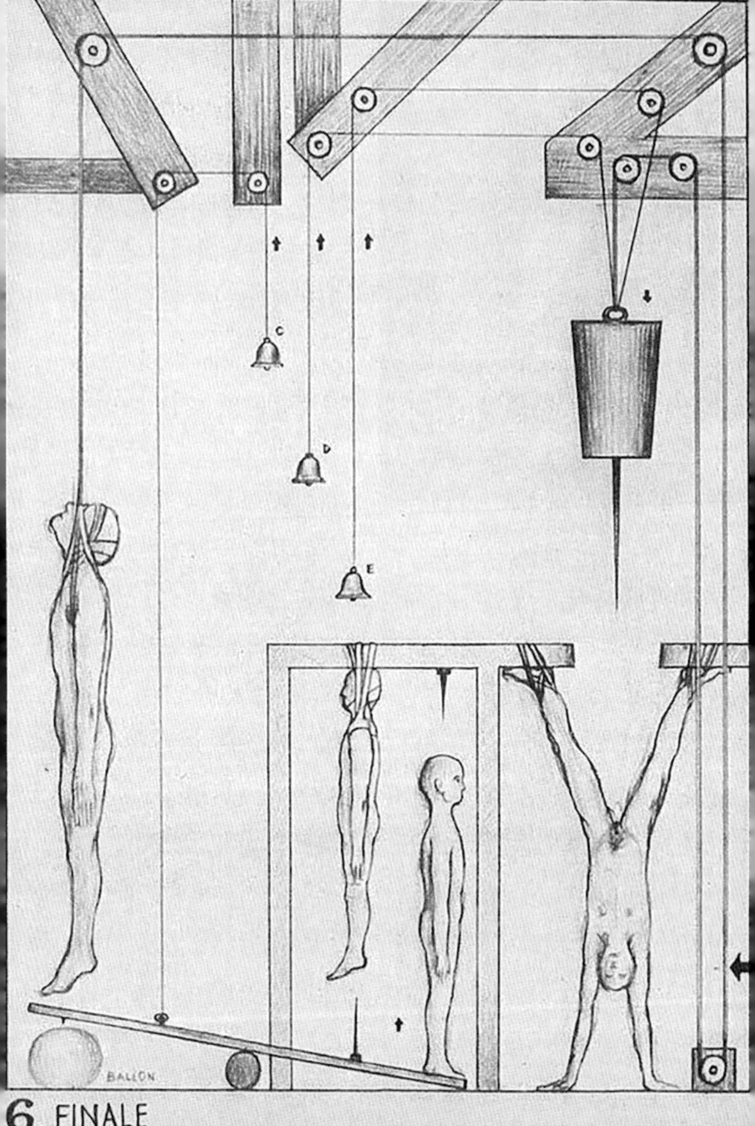

C
D
E
BALLON
6. FINALE

팔라스 아테나, 미네르바의 탄생

다. 도무지 죄를 지은 사람이 없었다. 외무장관은 그저 말단 사무직이었다. 국방군의 육군 총사령관은 행정 책임자에 불과했다. 광적인 유대혐오주의자는 유대인 문제의 인도주의적 해결책을 원했을 뿐 잔학 행위는 전혀 몰랐다. 심지어 게슈타포의 총책임자였던 칼텐브루너마저 꿈에도 몰랐다. 그리고 물론 괴링은 최고의 인격자였다.[1]

그들은 끊임없이 거짓말을 했다. 그럼에도 그들 주관적으로는 파시즘적 "입장"을 조금도 굽히지 않았다고 여겼다. 리벤트로프는 프랑스 외무장관이었던 "조르주 보네를 유대인 비하적 멸칭으로 부른 적이 없다"고 항변했다. "그런 말을 한 적은 결단코 없소. 그냥 보네는 유대인이라고 생각만 했을 뿐이오."[2]

이제는 분명하다. 이들에게 중요한 것은 이데올로기가 아니었다. "선동가"나 "궤변론자"라는 개념 역시 이들과는 거리가 멀다. 권력 잃은 권력자에게는 오직 하나만 가능했다. 내가 누군지를 끝없이 우기는 것이다. 그것만이 육체적 존재로서 여전히 건재할 수 있는 방법이었다. 서로 말로 물어뜯는 일이라도 안 하면 그들은 존재할 수가 없었다. 이런 지경에 이르면 기회주의조차 남지 않는다. 오직 생존을 위한 말만 남는다. "우리끼리" 다 해먹는 세상을 되찾을 가능성은 정말로 없는 것일까? 슈트라이허는 가능성을 포착한다.

과거 25년간 내가 그렇게도 경고했건만 이렇게 되고 말았다. 유대인들은 근성과 용기가 있다. 그들은 세상을 정복할 것이다. 명심하라! 내가 도울 수만 있다면 기쁘게 거들고 싶다. 그들은 강인하고 끈질기기 때문에 반드시 승리할 것이다. […] 만약 유대인들이 나를 받아주기만 한다면 나는 몸 바쳐 싸울 것이다. […] 물론 선고를 내린 후에는 나에게 휴가를 주어야 마땅하다고 본다.[3]

결론

일러두기

결론에 앞서 한마디 해두고 싶다. 모든 차이점을 무시하는 일반론을 펴려는 것이 아니다. 1920년대 파시스트 집단의 핵심이었던 활동적 군사 수뇌부는 이후 대규모 파시즘 군중 운동의 단순 동조자와 명확하게 다르다. 그들끼리도 서로 다르다. 그들의 글쓰기도 모두 똑같지가 않다. 다양한 뉘앙스의 차이, 언어의 "질적 차이", 국가주의 진영 내 집단 간의 다양한 관계성, 다양한 의도와 목표의식의 차이도 있다. 이러한 다양성을 잘 설명해내는 훌륭한 연구 성과가 바로 장 피에르 파예의 『전체주의적 언어*Totalitäre Sprachen*』라는 두 권 분량의 저서다. 안타깝게도 울스타인 출판사가 엉터리로 번역해서 자그마치 98마르크의 고가에 출판했다. 군인 남성들에게는 자신만의 특출성을 뽐내고 싶어하는 치기 어린 강박도 있었다. 단순히 전투가 좋고 폭탄이 좋다는 수준을 넘어서는 개인적 집착이 있었다. 이는 "대수롭지 않은 주제"라서 언급되지 않은 것이 아니다. 저자들은 개인성을 상대적으로 경시했고 일치단결을 중시했다. 수많은 다양한 개인이 파시즘적 전체성 속에서 특정한

"오늘의 뉴스를 전합니다.
세상이 엉망진창입니다, 여러분."

사회적 위치를 찾아내 흡수되고자 했다. 다양한 많은 이가 파시즘적 덩어리 안으로 자신의 위치를 찾아 들어갔다. 각자 사회적 위치를 지녔던 사람들이 자신의 다양성, 개별성, 하위 집단 구조의 특수성을 포기하고 특정한 일체성 및 전체성에 스스로 포섭되었다.

파시스트의 언어는 두 종류로 나뉜다. 하나는 일상의 언어다. 한 사람이 육체적으로 다른 사람과 맺는 관계, 자신과의 관계, 일, 감각 등에 대한 언어다. 이는 특징적으로 내용이 없고 공허하며 "뻔하다". 나머지 하나는 다르다. 콤플렉스가 가득한 "강렬한 삶"에 대한 언어다. 전투 경험담, 세계사적 임무를 수행하는 이야기, 다른 계급 및 인종과 조우하는 이야기 등이다. 프롤레타리아, 흑인, 음탕한 유대인, 부유한 유대인, 백작 부인, 성채, 순백의 누이 및 빨갱이 년의 이야기다. 이런 언어는 강렬하다. 대상을 굴복시킨다. 대상을 꿰뚫고 들어가 기생한다. 대상의 경계와 "대상성"을 해체시켜서 그 생명력을 빨아먹는다. 그리하여 마침내 황폐화시킨다. 이 언어에는 폭발하려는 충동이 가득하다. 자기를 용해시키려는 강박이 작동한다. 육체 갑옷을 깨고 탈출하려는 강박, 내면에 침투하려는 강박이 작동한다. 목적의식과 표현력이 넘친다. 마치 블랙홀처럼 흡입한다. 과거의 사회적 삶이 폭파된 잔해가 우주 공간 속 산산조각 난 행성계처럼 흩어져 있다. 한때는 위력적이었던 스스로의 생명력이 부정 질량처럼 존재한다.

확실히 일반화할 수 있는 것은 많은 독일인을 매료시켰던 파시즘의 두 가지 특성이다. 첫째, 온갖 다양성에도 불구하고 수많은 독일인은 초超 - 생식 / 설득 과정을 통해서 우선 독일인으로 규정되었고, 그다음 독일 남성으로 규정되었다. 그 후에야 비로소 개인의 이름을 갖게 된다. "독일"/"남성"이라면 "권력"에 접근할 권리가 주어져 자아실현이 가능해진다. 여타 생명체에 대한 생사여탈권이 주어진다.

둘째, 독일인들은 스스로의 해체적 감정과 분열적 육체 감각으로부터

도망쳐서 하나로 결속되고자 했다. 그들은 감정과 감각을 자유롭게 놓아둘 수가 없었다. 차라리 반反성애적 결혼관계 속에, 겉치레만 남은 이웃 관계 속에, 세상만사를 지배하는 위계질서의 냉정한 경계 속에 자신을 가둔다. 그들은 화강암처럼 굳은 얼굴로 언제나 감옥의 밀폐성을 의식하면서 살아간다.

무엇보다 중요한 것은 권좌를 점유한 비교적 일률적인 심리 구조다. 그램분자적 군중 조직의 점유가 있고 그와 상반되는 분자적 군중 조직의 대응 점유가 있다. 우리가 지나온 과거의 결과를 보면 모종의 일반론을 도출하지 않을 수가 없다. 아무리 우리가 개별성을 캐내고 싶다고 하더라도 말이다.

내가 하고 싶은 말은 "수뇌부"와 "단순 동조자"가 높은 수준의 일치성을 보였다는 단순한 단언이 아니다. 앞서 지적한 바 있는 군중 형성의 원리를 생각해보자. 개인에게 외적 확장 자아에 대한 욕구가 이미 강렬하게 있었기 때문에 거대 기계에 딱 맞아떨어지도록 스스로 부품이 되어 군중에 복속된 것이다.

앞서 누차 강조했지만 파시즘은 단순한 유혹이나 오해가 아니다. 특정한 방식의 현실 생산이다. 그러므로 "수뇌부"에 대한 분석은 또한 "추종자"의 상태를 대표한다고도 볼 수 있다. 그들은 단순히 수뇌부를 "따르기만" 한 것이 아니다. 물론 어느 정도였는지는 단정할 수 없다. 비록 확증은 없지만 가능성과 개연성은 충분하다고 본다.

내면으로부터

신비스러운 일이다. 어느 순간 온 세상에 수많은 이의 정신이 동시에 넘쳐흐른다. 근원은 아무도 모른다.[1] [윙거]

하나의 띠가 그들을 감쌌다. 어떠한 충성 맹세나 조직 규약보다 더 단단한 결속이었다. 하나의 박동으로 하나의 맥박으로 모두를 한데 묶었다. 새로운 일련의 계명이 생겨났다. 모두 본능적으로 확신했다. 모두 같은 선 위에 설 수밖에 없었다. 그들은 자신이 하나의 인종임을 느꼈다. 똑같은 고통과 똑같은 격랑을 느꼈다.[2]

"행동파 사나이들"이 자신을 수동적으로 묘사하고 있다. 시대의 격랑에 휩쓸렸고 넘쳐흘렀다고 한다. 박동, 맥박, 결속, 고통을 느꼈다고 한다. 강박적인 자기 정당화보다는 훨씬 더 신빙성 있는 표현이다. 그들은 파시즘을 자신의 일부라고 느꼈다. 혈관에 뛰노는 "하나의 맥박"이었다. "밤마다 함께 열변을 토할 때면 우리의 생각은 하나로 모였고 우리의 언성은 격정적으로 높아졌다. 우리는 머나먼 곳을 향해 뻗어나갔다."[3]

전쟁터로 향하는 길에 서로 헤어졌다가도 그들은 언젠가 운명처럼 서로를 다시 만났다. 1921년 오버슐레지엔으로 향하는 열차 속 풍경이다.

……모두 금발의 품격 있고 긍지 높은 얼굴을 지녔고 놀랄 만큼 서로 닮아 있었다. 그토록 서로 닮은 이유는 운명 공동체이기 때문이다. 모르는 사람이라면 절대 이해 못 할 것이다. 우리는 대번에 서로를 알아보고 인사를 나눴다. 우리는 독일 제국의 방방곡곡에서 모여들었다. 전투와 위험을 무릅쓰고 왔다. 서로를 모르지만, 행군 명령도 특정한 목적지도 없었지만, 오직 하나 때문에 모여들었다. 오버슐레지엔! 우리는 열차 안에서 이미 중대의 지휘 체계를 세웠다. 서로 몇 마디 말을 나눠보니 바로 지휘관 재목이 드러났다. 위엄을 갖춘 인물은 바로 두각을 나타내는 법이다. 이후 중대 행정보급관이 된 인물이 벌써부터 명부 작성에 착수했다.[4] [잘로몬]

많은 작가가 장병들이 서로 닮았다는 말을 걸핏하면 되풀이했다.[5] 나는 일부러 결론 부분에서 이를 언급했다. 군인 남성을 하나의 "전형"으로 압축하는 명시적·묵시적 편견에 오용될 위험을 피하고 싶었다.

이 방법이 타당한가 그렇지 않은가는 그 자체로 입증되어야 한다. 남성 판타지가 "집단적"인지 "개인적"인지, 혹은 "계급적"인지를 따지려는 이론적 논쟁과는 무관하다.[6]

나는 특정한 남성 결사체의 판타지라고 봤다. 엄격한 의미에서 집단이라기보다 거대한 기계적 총체성 구조였다.

"다 때려부수고 우리도 죽어버리자!"[7] 이들 스스로 내세웠던 핵심적인 구호였다. 카프 폭동에 동참하고자 베를린으로 쳐들어가려던 에어하르트 여단 장병들의 진심이 담긴 구호였다고 하인츠가 전한다.

"그의 영혼 속에 영원히 불타리라."[8] 이는 결코 개인적인 이야기일 수 없다. 드빙거는 이 문장을 베르톨트 대위에게 바쳤다. 제1차 세계대전 이후에 유행했던 이른바 "전후" 군사 문학의 독일적 전형을 상징하는 인물이었다.

물로는 끌 수 없는 불꽃.

이러한 신체적/심리적 구조를 지닌 남성을 제1차 세계대전이 만들어냈다는 생각은 널리 퍼진 중대한 착각이다. 독일의 파시즘을 이해하고 극복하려는 성과 없는 노력의 한 축이 바로 이러한 착각에 기반하고 있다.

제1차 세계대전과 전후 상황, 그리고 곧이은 세계 경제 위기가 독일 파시즘을 초래한 기반이 되었다는 주장은 한 가지를 간과하고 있다. 파시즘의 승승장구를 가져온 이러한 남성 유형이 1914년 세계대전 발발 이전에 이미 본질적 형태를 확립하고 있었다는 사실이다.[9]

이러한 남성 유형을 만든 것은 빌헬름 시대의 평화였다. 외부의 전쟁이 없는 시기에도 항구적인 전쟁 상태가 정상적인 형태로 유지되는 평화였다. 자본주의적 남성사회는 청년, 여성, 임금노동자들을 상대로 전쟁을 벌였다. 남성들 또한 전쟁 상대였다.

이러한 "평화로서의 전쟁" 상태는 청년 남성에게 이득을 주지 못했다. 특히 이중 전선 계층의 청년에게는 더 해로웠다. 나라 전체는 추상적 아버지들의 손아귀에 잡혀 있었다. 가정과 학교에 가득한 구체적인 아버지들은 허울만 좋을 뿐 제대로 된 모범이 되어주지 못했다. 단 하나 남은 것이 군대였다.

그러나 프로이센의 일상적 병영생활은 전쟁만이 선사할 수 있는 고난, 승리, 출세, 돌파구를 제공하지 못했다. 18세에서 35세 사이 이중 전선 계층 청년에게는 전쟁만이 유일한 희망이었다. 드디어 성인으로 대접받고 떳떳하게 한몫해낼 기회였다. "평화" 시기에 해당 연령층 남성들은 권력 행사에서 배제되어 있었다. 그들에게 권력이란 사회적 삶의

핵심적 기능이었다.[10] 이들은 몸만 다 큰 아이들 같았다. 인디언 모험담, 세계 정복, 세상의 풍기 문란을 일거에 쓸어버릴 제4의 빙하기 망상[11] 등으로 시간을 보냈다. 지난 50년간 인류가 달성한 위대한 산업적 성취를 바람직하게 이용할 방법과 당위성은 아예 생각조차 못 했다.

독일 제국주의는 이들을 필요로 하면서 동시에 이들을 적대시했다. 제국주의는 모순적 양면성의 형태로 나타났다. 자본주의로서의 제국주의는 이들에게 혐오스러웠다. 군사주의로서의 제국주의는 이들에게 힘을 주고 삶을 약속했다.

두 가지 측면의 배후에 단일 충동이 있다는 것은 간파되지 못했다. 독일 국가의 이중성 때문이다. 절반은 부르주아 국가였고 절반은 왕정 국가였던 것이다. 부르주아 청년의 정서가 반부르주아적·반자본주의적으로 발전할 가능성은 무력화되었다. 국가는 청년을 왕정에 묶어두었다.

왕정은 군사 체계를 통해 번드르르하게 목숨을 부지했다. 그 와중에 부르주아는 웃음거리로 전락했다.[12]

마르크스는 독일 부르주아 계급이 세계사적 사명을 저버리고 부르주아 혁명에 실패했다고 비판했다. 타당성 없는 비판이다. 오히려 반대였다. 독일의 부르주아는 강력한 노동운동을 누르고 교묘하게 살아남았다.[13]

부르주아 계층이 자신들을 모멸하는 자본주의에 맞서기를 거부한 이유가 "허위의식"으로서의 이데올로기 탓이라는 것은 부족한 설명이다. 자본주의는 그들이 간절하게 원하는 다른 일면을 제공했던 것이다. 바로 군사주의와 전쟁이었다.

부르주아적 / 자본주의적 계층은 경제적 측면에서 파시즘과 일치 가능성이 있었다. 바로 여기서 부르주아 파시스트 조직이 탄생한다. 계층의 생존이 걸려 있다고 여기기 때문이다.

그러나 욕망의 측면에서 보자면 이 등식은 전혀 성립되지 않는다. 군인 남성의 반부르주아적 정서는 허세가 아니었다. 그는 상인 / 사무직 부르주아를 노동자들보다 더 혐오했다. 그가 높은 신분의 신사들에게서 좋아한 것은 부르주아 계층성이 아니라 권력자와의 연줄이었다. "부르주아 떨거지들은 주눅들고 흐릿하고 우중충하고 대책 없는 것들이다."[14]

전쟁에 대한 열광이 후대 역사학자나 정치가가 꾸며낸 프로파간다였다고 볼 수는 없다. 대표적인 목소리 두 가지를 살펴보자.

전쟁 전에는 인생을 몰랐다. 우리는 할 수 있는 것이 없었고 내면에 불만이 가득했다. 바로 그래서 우리는 전쟁이 가져온 새롭고 영웅적인 변화에 완전히 매료되었다.[15][윙거]

윙거가 덧붙인 말에 따르면 전쟁은 "소시민적 이해관계의 시대" 속에 펼쳐진 하나의 "고전 비극"처럼 느껴졌다고 한다. "시대"에 맞서려는

"평화" 속 전쟁으로 아버지 세대의 폭정과 싸우기에 그들은 너무 무력했다. 이들이 보여준 전쟁 열광의 이면에는 아버지의 집무 책상을 폭파시키고 싶다는 갈망이 분명히 있었다. 정말로 폭파시킬 배짱은 없었지만 폭발력은 어딘가로 향해야만 했다.

> 우리는 방구석에 앉아 분을 삭이면서 이놈의 세상 팡 터져서 망해버려라 저주를 했다. 간혹 누군가는 피비린내 나는 악담을 열정적으로 토로하곤 했다. 타락하고 썩어빠진 늙은 세대들을 쓸어다가 한 줄로 세워놓고 죄다 쏴 죽여야 한다는 것이다.[16]

브로넨의 책이 전하는 젊은 사관생도 로스바흐의 말이다.

전쟁은 이러한 욕망을 부분적으로 충족할 기회였다. 군인 남성의 육체에 있어 전쟁은 그런 의미였다. 전쟁은 폭발적 방전 욕구를 남성성의 구조에 고정시켰다. 남성성은 근육 육체성과 장기 육체성이 끝없이 서로 싸우고, 융해에 대한 공포와 갈망이 엎치락뒤치락하는 곳이 되었다. 수많은 남성이 전쟁 때문에 돌이킬 수 없는 지경으로 악화되었다. 그러나 전쟁이 이런 남성성을 낳은 것은 아니다.[17]

이러한 통찰은 파시즘 논의에서 핵심적이다. 왜 독일에서 경제 위기가 군중을 파시즘으로 몰아갔는지의 문제는 이런 특수한 상황으로 접근할 때에만 이해 가능하다. 파시즘은 결코 1920년대 후반 경제적 문제의 심화로 나타난 현상이라고 이해할 수 없다. 그것만이 문제였더라면 오히려 프롤레타리아 혁명이 초래되었을 것이다.

존 레텔은 "당원 배지를 신앙처럼 모시는" "중하위급 사무직 종사자들"에 대해 이렇게 지적한다. "기술적·조직적 기능 면에서 보자면 그들은 노동자들과 협력하고 연대했어야만 했다."[18] 그러나 그들은 그러지 않았다.

전쟁이 끝나자 군인 남성들은 마치 고아 같은 신세가 되었다. 그들이 지켜오던 삶의 요소, 능력, 안정적인 형식이 일거에 사라졌으며 결코 되찾을 수 없게 되었다. 하지만 그들은 전쟁과 일체였다. 그러므로 해답은 간단했다.

사람들은 우리에게 전쟁이 끝났다고 말했다. 우리는 비웃었다. 우리 자신이 전쟁이었다. 전쟁의 불길은 우리 속에 타올랐다. 우리의 모든 행동을 이글거리는 섬뜩한 파괴의 마법적 원으로 감쌌다.[19]

전후 시대의 반혁명적 흐름은 군인 남성들의 절박한 집착이었다. 그들에게 가장 시급하게 필요했던 것은 군사적인 적수였다. 그래서 하인츠는 1918년에서 1923년 사이의 시기를 이렇게 그려냈다.

우리는 스스로 다이너마이트가 되었다. 지난 세기 독일 영토를 황폐화한 물질주의적 빙하기의 거대한 세력을 폭파시키고자 설치된 폭약이었다. 우리는 스스로가 "폭약"이었다. 우리 자신의 존재를 켜켜이 쌓아서 만든 파멸적 위력으로 저 거대한 세력의 방해를 화염으로 무력화하고자 했다.[20]

이들에게 "공화국"은 빌헬름 태평성대의 연속이었다. "물질주의적 빙하기"이자 "소시민적 이해관계의 시대"일 뿐이었다. 퇴역한 후 민간인에게는 신용대출, 지불 능력의 삶이 주어졌다. 전쟁 중에는 잠시 사라졌던 부르주아적 사업과 체면의 시스템이 되살아났다. 설상가상으로 부르주아 체계는 더 이상 황제와 왕정의 권위로 지탱되지 못하고 권위를 잃어버렸다. 게다가 전쟁의 경험은 사회 전체에 지워지지 않는 흔적을 남겼다. 빌헬름 시대에는 막연한 느낌에 불과했던 것이 이제는 확신이 되었다. 하인츠가 표현했듯, 이들은 확신에 가득 차서 스스로 폭약이 되었다. 바이마르 공화국이 바로 "거대한 세력의 방해"였다. 제1차 세계대전 이전에 경험했던 곤경과 압력보다 훨씬 더 어려운 상황이었다. 공화국 아래에서 군인으로 복무한다는 것은 전망이 불투명했다. 온갖 고생을 다 했음에도 보상조차 불확실했다. 군대의 존립마저 위협받고 있었다. 전쟁 이전의 모든 해악을 연장해 증폭시킨 공화국은 증오의 대상이었다. 그렇다면 평화는 어떻게 받아들여졌을까?

도나트가 발을 치켜들더니 눈더미를 힘껏 걷어찼다. 눈이 사방으로 튀었다. "누구 마음대로!" 그가 부르짖었다. "평화 따위 영영 못 받아들여! 내가 됐다고 할 때까지는 계속 싸워야지!"[21]

군인 남성들이 전쟁을 원한 이유는 개인적인 이해관계 때문이었다. 평화협정 역시 이들에게는 개인적인 문제였다. 이들은 협정을 전혀 인정하지 않았다. 특히 베르사유조약은 더더욱 인정할 수 없었다. "전쟁이 끝난 줄 알더군. 웃기지 말라고 해. 우리가 지는 전쟁을 왜 끝내. 끝까지 가야지."[22]

그냥 전쟁만 필요한 것이 아니다. 이기는 전쟁이어야 한다. "이기는" 전쟁과 "지는" 전쟁이 있다. 발터 벤야민은 이렇게 말한다.

이 두 문장 속에 이중의 의미가 있다는 사실이 얼마나 눈에 띄는가. 첫 번째 명징한 의미는 확실히 결과를 의미한다. 그러나 문장 내에 독특한 빈 공간, 공명판을 창조하는 두 번째 의미는 전반적인 결과다. 즉, 전쟁의 결과가 우리에게서 전쟁의 존재를 얼마나 변화시켰는지를 말하는 것이다. 이는 무엇을 의미하는가? 승자는 전쟁을 간직하며, 패자에게서 전쟁은 상실된다는 것이다. 나아가 이는 무엇을 의미하는가? 승자는 전쟁을 자신의 것에 덧붙이고 자기 소유로 만들지만, 패배자는 전쟁을 더 이상 소유하지 못하며, 전쟁 없이 살아야 한다는 것이다. 그리고 완전히 전반적으로 전쟁 없이 살아야 할 뿐 아니라, 전쟁에 관한 어떤 사소한 상황의 변화도, 전쟁에 관한 장기판 수의 어떤 사소한 상황의 변화도, 전쟁에 관한 장기판 수의 어떠한 미세한 변화도, 전쟁 활동과 가장 동떨어진 일조차 하지 못하고 살아야만 한다는 것이다. 우리가 이들의 언어를 수용해 보고자 한다면, 전쟁에서 이기고 지는 것은 현존재의 구조 안으로 아주 깊숙이 개입해 들어오는 일이기 때문에, 이로 인해 우리는 평생 채색과 회화, 발견에 있어서 풍요로워지거나 빈곤해진다. 그리고 우리는 민족의 모든 물질적, 정신적 핵심과 연관된 세계사에서 가장 거대한 전쟁 가운데 하나에서 패했기 때문에 아마 이 손실이 무엇을 의미하는지를 측량할 수 있을 것이다.[23]

독일 혼에는 일어나지 못했거나 혹은 실패했던 혁명의 기억과 함께 패배한 전쟁이 깊이 새겨져 있었다. 특히 제1차 세계대전은 자신들이 유구한 전사의 운명을 타고났다고 확신했던 독일 사나이들의 자부심을 송두리째 파괴했다. 승리를 누릴 천부적 자격을 확신했던 그들에게 극도의 자기중심적 모독감이 엄습했다. 세상에, 우리 독일인에게!

군인 남성들은 자신들의 욕구와 최우수의 자질을 "독일"이라는 말로 압축하여 등식화했다.

우리는 총에서 불을 뿜듯 거칠고 폭력적이고 직설적으로 항의를 쏟아냈다. 비겁하고 기만적인 적들의 행태와는 달랐다. 우리의 항의를 후손들은 독일적 삶의 가장 단순한 형태 속에 깃든 원초적 힘이 돌출된 사건으로 기억할 것이다.[24] [하인츠]

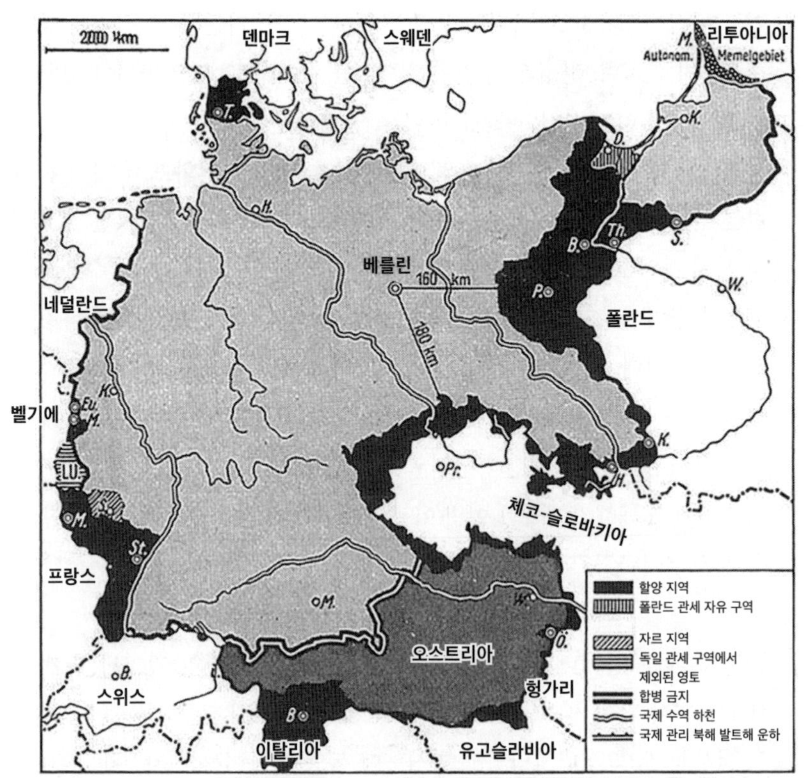

사랑하는 형님과 형수님!

브레스라우, 1920년 3월 26일

두 분께 알려드립니다. 우리는 오늘 베스트팔렌으로 이동합니다. 한시바삐 바이엔부르크에 도착했으면 좋겠습니다. 거기서 한숨 돌렸다가 곧 제 3해군 여단에 합류합니다. 우리 앞길에는 풀 한 포기 못 자랄 것입니다. 조국 독일을 위해 싸웁니다.

동생 카를, 문안 드립니다.[25]

[첩보 입수된 엽서의 내용]

혼자서 자명한 자기 이해다. 증거도 필요 없고 반박도 불가능하다. "독일인"이라면 그냥 얘기가 끝난 것이다. 그냥 그렇다. 따르지 않는 자는 국경에 반쯤 발을 걸친 자다. 국경 밖에는 "가치 없는 목숨"들이 산다. 이건 그냥 자명한 인식이다. 당연지사다.

군인 남성들에게 확신을 뒤집도록 설득할 방법은 실제로 전무했다. 이들은 죽을 고생으로 의무를 다했다. 아버지에게 순종했고 자유와 쾌락을 희생했다. 힘든 훈련을 꾹꾹 참고 견딘 끝에 어엿한 지휘관이 되었다. 기꺼이 전쟁터로 나가 최선을 다해 싸웠고 온갖 역경을 이겨내고 살아남았다. 황제에게 충성했고 조국을 "수호했고" 의무를 다했다. 이 모든 것을 독일이라는 이름 때문에 해냈다. 독일을 존경하고 독일에 봉사했다. 독일이라는 이름이 요구하는 모든 것을 해냈다. 그런데 독일이 "붕괴"했다. 스스로 독일의 정수이자 독일의 최후 보루라고 자부했던 이들은 어떤 심정이었겠는가? 그들은 평화를 받아들일 수가 없었다. 그들은 평화를 배운 적이 없었다. 그들을 위한 평화가 아니었으며 그들에게서 비롯된 평화도 아니었다. 평화는 그들이 전쟁 전에 경험했던 죽을 듯이 답답한 삶의 연장선일 뿐이었다.

에른스트 폰 잘로몬은 전쟁 강박을 매우 생생하게 묘사했다. "내면의 병사"가 평화 시에 견뎌야만 하는 긴장을 특히나 잘 그려냈는데, 아마 그가 세계대전에 직접 참전한 사람이 아니라서 그랬을 것이다. 그는 독일 항복의 순간을 사관학교에서 들었다. 전쟁에 걸었던 모든 기대는 전후의 또 다른 전투로 연기되어야만 했다. 잘로몬은 싸울 수 있는 곳이라면 어디든 찾아다녔다.

자유군단 문학의 대표 작가인 잘로몬이 잘 보여주듯, 그들의 심리 구조를 만들어낸 것은 전쟁이 아니었다. 그는 전쟁의 필요성과 불가결성을 집요하게 설파하지만, 그러한 남성 유형을 생산해낸 것은 사관학교에서 받은 전쟁 교육이었다. 최전방 경험이 민간인의 평화로운 삶을 영위할 능력이 없는 남성 유형을 양산했다는 논리는 신화에 불과하다. 독일 파시즘의 기원을 은폐하려는 그럴듯한 허울일 뿐이다. 파시즘을 낳은 것은 남녀의 양성 관계를 생산관계가 아닌 반생산 관계로 전도시킨 변태성이었다. 욕망의 자연스러운 격랑을 흐르지 못하도록 틀어막는 포괄적 금지였다. 전쟁 때문에 변화한 병사의 내면 세계는 부차적 의미를 지닐 뿐이다.

파시즘 문제는 삶의 제반 조건이 "정상적으로" 조직된 결과로 드러난다. 그러므로 완전히 해결되는 것이 불가능한 문제다. 그러므로 특정 형태의 부르주아적·자본주의적 사회가 전前 파시즘 단계인가, 파시즘에 가까운 단계인가 등을 따지는 것은 전혀 중요하지 않다. 정의 내리기 좋아하는 정치학자들의 말장난일 뿐이다.

심지어 잘로몬조차 자신의 불타는 투지가 겨냥하는 적의 정체를 알고 있었다.

여기서 우리에게 간절한 기다림과 불타는 증오를 느끼게 만드는 것은 분명히 볼셰비키는 아니었다.[26]

발트해 연안 작전이라는 중대한 첫 전투를 앞두고 쓴 글이다. 실제 전쟁은 무언가 달랐다.

우리는 이글대는 암흑 속에 엎드려 있었다. 우리는 세상으로 진입할 입구를 찾고자 했다. 안개 너머 어딘가에 독일이 있었다. 형체마저 흐릿했다. 우리에게 힘을 줄 견고한 기반을 찾아 헤맸다. 그러나 찾을 수가 없었다. 새로운 것을 찾아 헤맸다. 마지막 가능성을 모색했다. 독일을 위해 우리 자신을 위해. 저 너머 비밀스러운 어둠 속에 미지의 형체 없는 힘이 도사리고 있었다. 우리는 매혹과 혐오를 반반씩 느끼며 다가섰다.

저들은 우리의 진격을 막아섰다. 우리는 국경을 지키고자 진격했지만 국경은 없었다. 우리가 바로 국경이었다. 우리가 길을 연다. 우리가 작전 그 자체다. 우리가 기회를 알아챈다. 우리가 처한 이 땅이 바로 전쟁터다.[27]

"암흑"을 깨고 탈출한다. 안개를 걷고 세상에 나왔다. 드디어 **통일체**로 변신하여 진격한다.

이 전투에서 붉은 군대의 역할은 의미가 없다. 그저 "우리의 진격을 막아서는" "형체 없는 힘"이면 그걸로 족하다. 어차피 곧 "피투성이 곤죽"으로 변할 대상이니 괜찮다. 생명의 입구를 가로막는 괴물일 뿐이다.

공식적 전투 목표인 "국경 수호"는 웃기는 소리다. "국경은 없었다." 전투란 내면에 있다. 자신에게서 찾고 유지하고 밀어붙인다.

발트해 작전을 시작하며 우리는 "진격"이라는 말에서 신비스럽고 황홀하고 위험한 의미를 알아차렸다. 공격 작전에서 우리는 궁극의 해방적인 힘의 고양을 기대했다. 어떠한 운명이라도 대처할 수 있다는 의식을 확인하고 싶었다. 세상의 진정한 가치를 우리 안에서 체험하기를 소망했다.

"진격"의 정치적·전략적 측면에는 전혀 관심이 없다.

우리에게 "진격"이란 군사적 목적지로 진격하라는 말이 아니었다. 지도상 한 지점에서 다른 지점으로 나아가 하나의 전선을 정복하라는 뜻이 아니었다. 그보다 훨씬 더 많은 의미를 담고 있었다. 단단한 일치단결을 이루라는 뜻이었다. 전사의 결의로 새롭게 탄생하라는 뜻이었다. 드높은 경지로 일어서라는 뜻이었다. 타락하고 썩어가는 세상과의 인연을 모두

끊어내고 진정한 전사가 되라는 뜻이었다.[28]

남성 연대의 일치단결. 여성의 개입이 없는 탄생. 재탄생, 단단하고 긴장되고 드높은 경지로 일어서는 남근적 고양. 타락하고 썩어가는 세상이라는 여성성의 늪과 인연을 끊기. 전투 중에 경험하는 자아 융해. 꿰뚫기. 언제나 군인 남성의 글은 이러한 몇몇 주제를 중심 축으로 편성된다. 그리고 가장 강렬하게 묘사하려는 강박에 의해 집필된다. 군인 남성들도 스스로 인정하고 있듯, 이들을 움직이는 것은 전통적 의미의 "정치적" 초超 – 생식/설득이 아니라 강박이다.[29]

군인 남성은 정치에 대해서는 아무것도 모른다. 의회 정치, 정당 정치, 언론, 연설 따위 죄다 모른다. 무지를 오히려 자랑스럽게 여긴다. 거의 모든 군인 문학에서 이러한 특징이 발견된다.[30]

전우들이여! 위대한 조국을 위한 중대사입니다. 우리 동포들과 민족을 위한 일입니다. 우리의 목적은 고결하고도 성스럽습니다. 우리는 모든 정치와 정당을 초월합니다. 모든 지역적이고 일상적인 분쟁과 불만을 뛰어넘습니다.[31]

모든 것을 "초월"하여 고고하게 서 있는 사람이어야 독립적이고 고상하다. 1919년 1월 홍보 포스터에 인용된 자유군단 소속 페퍼 대위처럼 말이다.

정치 따위의 난잡한 쓰레기가 사람들에게 영향을 줘서는 안 돼. 그냥 망하는 거야! 사람들은 그냥 이유도 안 따지고 열심히 싸우기만 해야지.[32] [H. 길베르트]

맞은편 절벽 너머에서 외치는 질문에 우리 역시 대답할 말이 없었다. 질문은 이러했다. 너희가 진짜 원하는 것은 무엇인가? 대답할 수가 없었다. 질문을 이해할 수가 없었다. 그들도 우리 대답을 이해 못 했을 것이다.[33][잘로몬]

으레 하는 허튼소리가 아니었다. 그들은 "정치적으로" 멍청이들이었다. "발트해 연안 작전"을 그리고 있는 소설 속에는 라트비아의 "배신"에 대한 불평이 가득하다. 패전국 병사들인 독일군이 여지껏 발트해 지역에 머물 수 있었던 것은 부르주아 공화국을 건국하려던 라트비아 측의 계산 때문이다. 독일군의 힘을 빌려 붉은 군대를 제압하려던 것이다. 라트비아 공화국의 초대 총리 카를리스 울마니스는 독일 병사들에게 승리할 경우 정착지를 주겠다고 약속했다. 이미 몰락해가던 독일계 발트 귀족들의 대농장을 해체해서 분배하려는 계획이었다. 귀족 출신의 자원병들도 전투에 참여했다. 자신의 이득이 아닌 공화국을 위해서 싸운다는 것이 공식적인 명분이었다.

"발트 연안 향토방위군"의 장교 한스 만토이펠과 독일 자유군단 지휘관 폰 페퍼는 손쉽게 붉은 군대를 물리친 후 쿠데타를 일으켰다. 울마니스 정부를 전복한 후 꼭두각시 정부를 세워서 독일계 발트인의 이익만을 지키려고 했다. 친독 성향의 목회자 네드라를 꼭두각시 대통령으로 앉힌 식민 정부였다. 즉흥적으로 저지른 쿠데타였기 때문에 독일 군대는 까맣게 모르고 있었다. 최고 사령부도 사전에 몰랐지만 어쨌든 저질러진 후에는 기정사실로 받아들였다.[34]

정착지 약속이 이행되려면 독일이 완전한 승리를 거두어야만 했다. 전적으로 불가능한 일이었다. 독일군이 너무 작은 규모였기 때문이다. 게다가 붉은 군대, 부르주아 공화주의 라트비아인, 라트비아 공화국을 세워서 "완충국"으로 사용하려는 영국 연합군까지 적으로 두고 있었다.

묠니르Mjölnir, 새로운 사상

결국 라트비아인과 영국군은 불가피하게 공동으로 "강철 사단" 및 발트 연안 향토방위군에 맞섰고 머지않아 승리를 거뒀다. 독일군은 라트비아가 "신의를 깼다"며 아우성을 쳤다.[35] 심지어 총리직에 복귀한 울마니스에게 정착지 약속 문제를 "해결"하라고 진지하게 요구하기까지 했다.[36]

"강철 사단" 일부가 아발로프의 백러시아(벨라루스) 군대에 투항하자 그들의 격렬한 분노는 베를린의 사민당 중앙정부로 향했다. 그들을 반동적 용병 부대라고 비난했기 때문이다. 물론 사민당 정권은 머지않아 바로 그 반동적 용병 부대를 고용해 독일 노동자들을 탄압하는 데 거리낌이 없었다.

"강철 사단"의 잔여 병력은 베를린 당국에 옛 제국의 동방 정책을 계속하라고 요구했다. 독일이 패전했다는 사실을 인정하지 않은 것이다. 베를린 정부가 하는 일은 독일을 배신하는 짓이다. "사회주의자들"의 배신이었다.

우리와 함께하지 않는 자는 배신자다. 우리는 요구한다. 승리하여 땅을 빼앗자. 수단과 방법을 가리지 말자. 아무리 정치적 모순과 불가능성을 설명해주어도 이들에게는 통하지 않았다. 군인 남성들은 "무논리성"을 개의치 않는다. 『철모*Stahlhelm*』에 실린 1923년 11월 4일자 전보 내용을 살펴보자.

계속 이럴 수는 없다. 지금은 행동할 시기. 협상할 시간이 없다. 수백만 명이 굶어 죽는데 수천 명은 미식을 즐긴다. 부랑자들이 우리 조국 독일을 갈가리 찢고 있다. 국가적 독재를 즉각 시작해야만 독일을 구할 수 있다. 우리는 총리 각하께 요구한다. 즉각 독재를 시작하라![37]

우리는 정치 따위 모릅니다. 어쨌든 상황은 나아져야 하니까 뭐든 하십시오. 마지막 기회입니다. 제국 총리 각하.

플레처, 발트 연안 향토방어군 지휘관

독일 군단 지휘관   만토이펠

Abb. 130. „Des Ostens deutscher Friede"   „Kunst und Leben", 1918

"동방의 독일적 평화" "예술과 삶", 1918

우리 장교들이 선동했다고? 무슨 소리! 장교들이 정치에 대해 뭘 알겠는가? 지난 6년간 읽은 게 뭐가 있다고. 육군 보고서, 사단 명령, 연대 명령, 훈련 교범이나 읽었다. 일요일이면 소설이나 몇 권 뒤적였고 고향에서 가족이 보내온 편지나 읽었다. 편지에는 온갖 한탄과 불평, 질문이 가득했다. 대체 언제쯤 살기 좋아지는 걸까? […]

나중에 신문에서 봤는데 노스케도 인정한 바 있다. 군인들은 전체적으로 국가주의적이었다. 특정 정당을 선호하거나 소속되어 있지는 않았다. 굳이 말하자면 신흥 정당과도 같았다. 좌우를 가리지 않고 오직 독일만 사랑했다. 그들의 표어는 한결같았다. "짓밟힌 독일이여, 세계를 뒤흔든 승리 끝에 짓밟힌 독일이여. 독일 최우선!" 가장 숭고한 언어였다. […] 옆구리에 총검을 지닌 자는 정당정치라는 잔소리를 이해할 필요가 없다. 카프에서 거사를 도모하셨던 뤼트비츠 대장께서도 그랬다. 황제를 보필했던 그뢰너 장군도 훌륭한 모범 사례다.[38] [루돌프 만]

카프 폭동의 준비 과정을 주도했던 장군을 칭찬한답시고 하는 말이 정치를 전혀 몰랐다는 소리다.

그럼에도 루돌프 만의 글에는 "정치"의 새로운 개념이 표현되어 있다. 훗날 나치당이 이어받아서 조직적으로 이용한 개념이다. "전우 공동체"가 일종의 신흥 정당과도 같다는 생각이다. 같은 "피"로 함께 묶여 있는 공동체다. 이는 같은 감정을 지녔다는 뜻이다.

"정치적"으로 훨씬 더 "똑똑했던" 바이마르 좌파들은 이 점을 이해하지 못했다. 에른스트 블로흐만은 예외였다.

참으로 기이하고도 불길한 순환 고리다. 자본주의적 제도는 "영혼"을 억누른다. 영혼은 흐르고자 한다. 바짝 메마른 비인간화에 맞서 폭발하고자 한다. 그런데 정작 사무직 노동자들이 접하는 것은 얄팍한 마르크스

주의다. 그리고 너무 뻔하게도 지친 "영혼"에 훈계를 퍼붓고 이론적 잔
소리를 한다. 결국은 그들을 반동적 "관념론"으로 내몰아버린다.[39]

하지만 개념들이 너무 지나치다. 따옴표를 붙인 영혼을 종교적 용어
로 사용하면서 "무의식"에 대립시킨다. "관념론"은 철학 용어이며 "유물
론"과 대립되는 개념이다. 하지만 블로흐는 관념론이라는 개념을 "사무
직 노동자들"의 문제점인 양 사용했다. 개념을 자의적으로 축소한 것이
다. 또한 "마르크스주의" 앞에 붙인 "얄팍한"이라는 수식어는 떼어버리
는 편이 좀더 진실에 가까울 것이다.
　블로흐가 말한 "반동적 관념론"의 실상은 잘로몬에게서 관찰된다.

전쟁과 모험, 반란과 파괴. 우리 마음 구석구석을 채찍질해대는 낯설고
괴로운 충동! 세상을 가로막는 벽을 뚫고 대문을 열어젖힌다. 달구어진
들판으로 행진한다. 잿더미 짓밟아 먼지를 일으키면서 혼란스러운 숲과
흔들리는 평원을 질주한다. 스스로를 갉아먹으며 재촉하면서 동방으로
승리했다. 밝고 어둡고 때로는 차갑고 뜨거운 땅을 향해서. 여기서 동양
사이에 펼쳐진 그 어딘가로. 우리가 원했던가? 나는 모르겠다. 원하건 원
하지 않건 우리는 그냥 해냈다.[40]

행진하고 짓밟고 일으키고 질주하고 재촉하고 승리한다. 이것은 욕망
의 동작이다. 강박적 틀어막음, 고갈화 양육, 이중 구속에서 벗어나 "흘
러가려는" 욕망이다. 양성 간의 관계에서 뜯겨나간 욕망이 변형된 것이
다. 이는 "자본주의적 제도"가 혼자서 만든 현상이 아니다. "스스로를 갉
아먹으며…… 동방으로" 간다고 했다. "독일 국민"에게는 동유럽의 "레
벤스라움"이 필요하니까.
　이는 이전 부르주아 시대 교양소설에 나오는 여정이 아니다. 주인공

이 세계로 나아가 부대끼고 경험하면서 강한 인격체로 성숙한 후 모험을 마치고 짝을 찾아서 정착하는 이야기가 아니다. 오직 약탈만이 있을 뿐이다. 타자를 멸절하는 여정이다. 세상을 바라보는 것이 아니라 탄압한다. 방랑자가 거울 같은 맑은 시선으로 평화로운 풍경을 관조하는 것이 아니다. 풍경은 질주하는 육체와 합쳐져서 동일시된다. 달구어진 들판, 혼란스러운 숲, 흔들리는 평원. 풍경은 팽팽하게 "긴장"되어 있다. 언제든 튀어나와서 삼켜버릴 듯하다.

동쪽을 바라보는 것이 아니다. "동방으로 승리했다."

긴장이 팽팽하다. 밝고/어둡고, 뜨겁고/차갑고, 단단하고/부드럽고, 위로/아래로. 상호 배타적인 반대말이다. 네/아니오, 남자 혹은 여자, 삶 혹은 죽음. 한편에서 다른 편으로 건너가는 길은 없다. 그 사이에는 철조망과 벽이 놓여 있다. 삶을 찾는다. "세상을 가로막는 벽을 뚫고 대문을 열어젖힌다." 윙거가 말했듯 "탈주자는 쏘아 죽인다".[41]

죽음을 각오하고 싸우려고 오버슐레지엔으로 달려간 사람들에게 국제 조약의 신성함 따위는 상관없었다. 도덕, 이성, 양심 따위를 증진하기 위해서 행진한 것이 아니다. 하늘 드높이 빛나는 영원한 권리라는 것이 있다면 그들에게는 바로 젊음의 권리였다. 정의로운 복수를 할 권리였다.[42]

잘로몬의 말은 억압받고 기만당한 욕망이 하는 말이다. 진지한 말이며 현실적인 말이다. "복수할 권리"는 살 권리보다 훨씬 더 실현되기 쉽다. 복수를 감행하는 자는 복수심이라는 강박에 내몰려서 행동한다. 마치 자신이 희생자라는 듯, 그럴 처지에 내몰렸다는 듯, 복수를 안 할 수 없었다는 듯 행세한다. "복수"는 아직도 살아 있는 자들에게 저질러진다. 욕망을 욕망하는 능력이 아직까지 살해 강박으로 변형되지 않은 이들을 겨냥하는 것이 복수다. 복수라는 것은 간단하다. 우리처럼 박해당해서 총체성에 복속해라. 못 하겠다면 죽어라. 파시즘은 "복수할 권리"를 마치 정의로운 권리인 양 공식화한다. 파시즘은 혁명할 권리를 주장한다. 파시즘의 주장은 그냥 주장으로만 끝나지 않는다. 바로 이 지점에서 발터 벤야민의 유명한 혁명 공식이 실현된다. 혁명할 권리가 복수할 권리로 변질되고 나면, 파시즘은 그냥 표현에 머물지 않고 실행에 착수한다. 그들의 복수는 광범위하다. 세상을 황폐화한다. 수백만 명이 죽는다. "권리"라는 말은 적절한 표현이 아니다. 그럼에도 파시즘은 복수할 권력을 군중에게 당연하다는 듯 준다. 전쟁, 내전, 강제수용소 등은 정당정치에서 흔히 볼 수 있는 정치적 수사 혹은 표현의 문제가 아니다. 이들은 파시즘의 거대 군중이 뻔뻔하게 차지하려는 영역을 직접적으로 장만해서 주어버린다. 그냥 있으니까 마음대로 차지하는 것이다.

혁명과 복수의 욕망을 정치적 범주로 표현하자면 각각 "극단" 좌파 및 극단 우파에 해당된다. 극우와 극좌는 서로 닮아 있다. 양자 모두 부르주아적 부조리가 가득한 일상적 방식을 거부한다. 죄책감만 유발하는 숭고한 망상적 위선을 거부한다. 교묘하게 의무가 은폐된 이중 구속을 거부한다. 실컷 고생만 하고 역사의 뒤안길로 사라지는 자발적 희생은 하기 싫다. 아무리 안락한 뒤안길이라도 사양한다.

혁명가는 세상을 바꾸고 싶어서 존재와 상황을 인식하고자 한다. 특히 현상의 다양성을 인식해야만 한다. 반면 파시스트는 세상을 재료 삼아서 거대한 단일체와 새로운 총체성을 만들어내려고 한다.

우리 현대인들은 모두 표현주의자다. 내면에서 뭔가를 끄집어내 세상에 드러내 보이고자 하기 때문이다.

표현주의자는 마음속에 새로운 세계를 하나 건설한다. 표현주의자의 비밀과 힘은 열정에 있다. 그의 사고 체계는 대부분 현실에 부딪혀 깨진다.

인상주의자의 영혼: 소우주에 반영된 대우주의 모습

표현주의자의 영혼: 새로운 대우주. 세상 그 자체
세상에 대한 표현주의자의 감정은 폭발적이다. 그것은 자족적 존재의 독
재적 감정이다.[43]

괴벨스의 소설 『미하엘』에 나오는 저자 본인의 심정이다. 자신의 상
태를 정확하게 인지하고 있다. 물론 당시에는 괴벨스 일당이 머지않아
권력을 장악하리라는 것을 알지 못했다. 자신들의 "사상세계"에 맞도록
"현실"을 때려부수게 될 것이라고는 미처 생각 못 했다. 그에 필요한 자
본도 당시에는 물론 없었다.
과거의 전쟁을 윙거는 이렇게 회상했다.

이제 우리가 전쟁의 신이 되어 강림했다. 역사의 과정에서 독일이 수차
례 보여주었듯, 천하에 당할 자 없는 게르만의 분노를 드러냈다. 저들은
우리를 증오한다. 그래봤자 아무 소용 없다. 깔보이지 않으려면 방법은
단 하나, 무서운 존재가 되어야 한다. 무시무시한 우리가 여기에 있다. 절
대적 권리를 행사한다. 법은 우리에게서 나오고 우리가 정한다. 우리는
적대적 세상을 강력한 의지를 갖고 엄정하게 다스린다.[44]

이런 사람들에게 어떤 "도덕적" 판단을 적용한다는 것은 불가능한 노
릇이다. 이들이 우기는 권리라는 것의 본질은 우리가 그러면 그런 줄 알
라는 우격다짐이다. 그렇기 때문에 이들의 "권리"는 권력에 비례해서
커진다. 말하자면 심리적 법률이다. 이들에게 세상은 늘 "적대적"이다.
세상을 마음껏 주물러야 속이 시원하겠는데 뜻대로 되지 않기 때문이
다. 조금이라도 뜻에 거슬리면 이는 위반이고 거역이다. 이들은 타인의
"뜻"을 "기필코 꺾어놓아야 할 것"으로 인식한다.
그러므로 이들의 권력 친화력은 어찌 보면 자연스럽다. 권력이 없다

THE MIGHTY THOR
APPROVED BY THE COMICS CODE AUTHORITY
MARVEL COMICS GROUP
12¢ IND.
139 APR
"TO DIE LIKE A GOD!"

토르
"신처럼 죽다!"

는 것은 권리도 없고 쾌락도 못 누릴 위협을 의미한다. 이는 누군가를 적대시하여 강제 관철해야만 얻어질 수 있다.

한편 이들 자신은 절대적 복종의 시스템을 통해서 위반을 저지른다. 이들은 총체성 기계의 일부로 흡수됨으로써 권력의 -내부-존재라는 도취감을 만끽한다. 엄격한 위계질서를 통해 기능한다. 모두가 각자의 분수를 지킨다. 개별 부품의 권력 쾌감은 개인적으로나 고립적으로는 누릴 수 없어야 한다. 총체성 기계는 거대한 사회적 권력을 찬미하기 위해서 굴러간다. 개인은 총체성을 구성하고 표현하려고 존재한다. 이것이 바로 추상적 아버지 권력을 기리는 역동적 기념비의 휘황찬란함이다. 최고 권력의 상징, 남근적 형상의 극치다.

개별 부품이 황홀경으로 경험하는 모든 폭발은 추상적 아버지 권력의 유지에 봉사하도록 조직되어 있다. 권력은 어떤 다른 출구나 탈출을 금지한다. 총체성 기계의 부품들도 언감생심 욕심내지 않는다. 위계질서의 구성 원칙이 깨지면 권력의 힘과 기능이 무너져버리기 때문이다.

추상적 아버지 권력은 가정의 실제 아버지와는 거의 관련 없다. 실제 아버지들 가운데 마지막으로 권력의 정점에 투사된 인물은 빌헬름 2세였을 것이다. 그가 패전으로 비참하게 퇴위하자 최고 권좌는 비어버렸다. 파시스트들은 그 자리를 새로 채우지 않고 비워두었다. 총통조차 그 자리를 채우지 않았다. 총통은 어디까지나 제국의 최고 돌격대원이며, 형제와 아들 세대의 대표였다.

현실적인 아버지들은 타락했고 우스꽝스러웠다.[45]

바로 그래서 역설적으로 추상적 사회 권력을 계속 추상적 아버지 권력이라고 명명할 수 있었다. 모두 현실의 나약한 아버지와는 완전히 딴판인 아버지를 소망했다. 한없이 늪으로 가라앉고 있는 자신들을 어서 끌어올려 구해줄 아버지. 군인 남성들의 글에는 실재하는 구체적인 아버지가 거의 등장하지 않는다. 오직 모호하고 이상화된 부친의 전형이 등장할 뿐이다. 실제 아버지에 대한 묘한 침묵과 더 나은 아버지에 대한 갈망이 혼재하는 것이다.*

1929년 윙거의 『불과 피 Feuer und Blut』는 윙거 중위 자신을 투영한 주인공의 경험을 통해서 전투의 전개 과정을 그려낸 작품이다. 그러나 작품 밑바닥에는 최고 권력층에 연줄을 대고 싶어하는 욕망이 붉은 실핏줄처럼 촘촘하게 깔려 있다. 심각한 부상으로 죽기 직전인 중위가 악착같이 후방의 참모부에 도착한다. 소속 부대가 전략적으로 중요한 지점에 도달했다는 소식을 장군께 직접 보고한다. 장군은 전투 보고서에서 읽었

---

* "가을 폭풍에 휘몰리는 바다의 위력 앞에서는 해전조차 아무것도 아니다. 여전히 늙은 하나님 아버지께서 우리 아들들보다 훨씬 더 잘해내신다." (Kap. *Ehrhardt*, p. 48.)

신의 엄지. 극강의 예술품

던 중위의 이름을 기억해낸다. 용맹한 젊은 중위가 전사했다는 소문을 들었는데 이렇게 살아 있는 것을 보니 기쁘다고 말한다. 머리와 어깨에 총상을 입었던 중위는 그제야 안심하고 기절한다. 장군님께서 이름을 알아주시고 치하하셨으니, 고생한 목적이 달성된 것이다.[46] "적"과 직접 맞붙는 전율을 완성해주는 사건이다. 지존의 아버지를 대리하는 인물이 드디어 "아멘"을 말씀하셨다. 바로 이 아들이야말로 흠잡을 데 없는 훌륭한 아들이라고 인정해주셨다. 상황이 이렇게 됐으니 이제는 누구라도 그의 권리와 행복을 빼앗을 수 없다. 이제는 기절해도 된다.

총체성 구조 속에 단결한 순종적인 아들들은 "아버지"의 형상을 갈망한다. 아버지의 형상은 영원한 총체성과 권력의 연계성을 보장한다. 휘

황찬란하고 무소불위한 드높은 남근을 보장한다.[47]

이는 잘로몬의 소설에서 아이러니하게 드러난다. 카이 중위가 부대 해산을 앞두고 부하들 앞에서 작별 연설을 하는 장면이다. 장소는 카페다.

"우리는 시대의 흐름에 기대어 있다." 그가 말했다. "우리는 피에 굶주린 군사 깡패들이다. 국민의 뼛골에서 꿀을 빨아내고, 그 꿀을 다시 국민의 아가리에 쳐바른다." 그는 티스푼으로 분주하게 따끈하게 데운 술을 퍼 마셨다. "후손들은 우리에게 물을 것이다. 대체 무엇을 하셨습니까? 우리는 대답할 것이다. 우리는 피바람을 일으켰다. [⋯] 후손들은 말하겠지. 수고하셨습니다, 건배! 하지만 저기 앉아 있는 비만하고 팔자 늘어진 부르주아들을 보게. 저들도 질문을 받고 대답을 하겠지. 우리는 피를 받아서 맛있고 속 편한 선짓국을 끓였지. 걸쭉하고 정말 맛이 좋았지. 그러면 후손들이 말하겠지. 낙제 점수! 우리는 최후의 심판일에 [⋯] 우리의 흩어진 백골을 모아서 신 앞에 내밀고 판결을 받을 것이다. 우측으로! 저들은 먼지 덮인 서류철을 내밀겠지. 존경하는 재판장님. 공손하게 굽신거리면서 말하겠지. 죄송합니다, 주여. 뼈는 못 가져왔습니다. 우리는 본래 뼈대 없는 것들이거든요. 판결이 떨어지겠지. 좌측으로! 네놈들은 좌파에 속한다. 내 말 명심해. 좌우는 깔끔하게 구분되는 게 좋다.[48]

이야기가 진행될수록 "후손들"은 잘못된 세상을 바로잡는 "주님"이 되어간다. 성적 함의를 지니는 교의가 한 가지 있다. 바로 "좌파"가 "뼈대" 없다는 말이다. 프로이트와 빌헬름 슈테켈에 따르면 꿈에서 "우측"은 올바르고 우익이라는 뜻이며 "좌측"은 그르고 금지되었고 나쁘다는 뜻이다.[49]

우익의 올바른 아들은 아버지를 욕망한다. 아버지는 아들의 추상적인 뼈를 굽어보며 칭찬한다. "장하다, 내 아들아." 듣고 싶었던 말이다. "깔

끔하게 구분"되어야만 한다. 이편에 속한 사람들만이 "뼈대 있는" 적통의 후손이다. 그렇기 때문에 "피바람을 일으"킬 필요가 있다. 어차피 최후의 심판일에 "아버지"가 쓸어버리실 테니까 미리 죽이는 편이 낫다. 가장 높은 총통은 권력의 화신이 아니라 모든 권력을 향한 욕망의 화신이다. 생존하려면 권력이 필요하다. 그래서 권력은 확장되고 공고화되어야만 한다.

이들이 "동성애자"가 아니라는 것은 분명하다. 우뚝하고 단단하고 툭 튀어나온 좆을 숭배하기 때문이다. 이들이 중시하는 것은 좆의 중대성/해체 불가능성이다. 그에 비하면 오켕겜이 이미 지적했듯 "동성애적 갈구"는 차별화된 기관으로서의 남근 개념을 배격한다.[50] 항문 진입 행위는 집단적으로 억압당한 것들의 귀환을 상징한다. 반면 드높은 남근에 대한 집착은 집단적 과거의 귀환을 바라는 욕망이다. 자본주의는 현실 아버지의 권력을 빼앗으면서 자유를 약속했다. 그러나 이는 시기상조였고 감당하기 힘들었다. 내면에 욕망의 흐름이 일어나서 마치 집어삼킬 듯한 격랑으로 변신했기 때문이다. 이들은 마치 바위섬과도 같은 견

고한 아버지가 필요했다. 새로운 핵가족에서 아버지는 사회적 시체로서 테러처럼 난폭한 권력을 휘둘렀다. 사회적 삶에서 잘려나간 어머니는 자식들에게 생명력을 주기보다는 오히려 빨아먹었다. 가족은 사람을 길러내는 아늑한 보금자리가 될 수 없었다. 오히려 감정의 파시즘 없이는 자유로운 행동이 불가능한 인간을 양산하는 곳이 되었다.

이 체제에서 총통은 아들들과 추상적 아버지 권력 사이의 연결 고리였다. 총통은 아버지의 뜻을 속속들이 알아서 관철한다. 독일 파시스트가 등장하게 된 것은 독일의 역사적 뜻을 이루기 위해서였다. 감히 그들의 정당성을 의심하거나 왜곡하는 자는 없었다. 사회적 권력의 중심 영역에서는 언제나 그들의 욕망이 자리를 차지했다. 즉, 성역이다.

파시스트의 성스럽고 정의로운 분노는 자신들만이 독차지해야 할 정치권력을 요구하는 모두에게 향한다. 그들의 정의 관념은 모두가 권력에서 적절한 거리를 유지하는 것이다. 다들 총체성 기계에서 각자의 분수를 지켜야 한다. 여기에는 그들 특유의 평등관이 표현되어 있다. 모두가 원칙적으로 동등한 억압을 받아야만 하므로 서로 질투하며 감시한다. 이 평등을 지키는 것이 보수주의의 주요 과업 중 하나다. 추상적 아버지가 내려주신 것 이상의 자유는 어느 누구도 누려서는 안 된다. 애매한 경우에는 아예 자유를 누리면 안 된다.

누군가 무자격자가 나보다 더 많은 자유를 누린다면 시스템 전체가 의심을 받는다. 무자격자들이 대거 몰려들어 추상적 아버지의 권력 영역을 침범한다면, 총체성 기계의 신성한 질서가 더럽혀지며 하늘이 어지럽혀진다.

"프롤레타리아 독재"라는 교의를 들었을 때 이들이 느꼈을 충격은 이로써 미루어 짐작할 수 있을 것이다.

무엇이 거리로 쏟아져나왔는가 때문에 끔찍하다는 것이 아니다. 그들이 어디로 향하는가 때문에 더 나쁘다. 그들은 추상적 아버지의 권력 영역을 노린다. 욕망의 영역을 침범한다. 그곳의 신성한 일체성에서 재탄생과 총체성이 나온다. 그 영역에는 총통만이 들어설 수 있다. 그 외에 누구도 안 된다.

"프롤레타리아 독재"는 더 어린 아들들의 반란이다. 온갖 폭도와 결탁한 동생들의 반란은 찬탈당한 아버지들의 반란으로 금세 바뀐다. 철부지들과 군중이 희희낙락 파업놀이를 한다. 고귀한 분들의 욕망 형상을 체현한 듯 놀아난다. 꼴불견 연극판이다. 그따위 장난질로 어떻게 세상을 정복하겠다는 건가? 군인들은 어디에 있는가?

순종적이고 철이 든 아들은 총체성 기계 속 총통에게 복종함으로써 법률의 이름으로 남근 모형의 소유권을 얻는다. 그냥 소유권이 아니라 소유의 우선권을 얻는 것이다. 이것을 더 "어리고" 더 "낮은" 동생이 훔쳐가려고 한다.

마치 임금님의 새옷과도 같다. 임금님은 벌거벗었다는 사실이 순식

하늘에 계신 우리 아버지, 제발 계속 하늘에 계세요!
우리는 지상에 머물 겁니다. 여기가 제법 괜찮거든요.

간에 선포될 것이다. 동생들이 아버지 권력의 영역을 차지한다면 거세가 들통나고 말 것이다. 한술 더 떠서 그들은 아무것도 아닌 존재가 된다. 세상을 지배하는 임무를 갖고 있던 맏형은 형편없는 실패자로 전락할 것이다. 맏형에게는 추상적 아버지가 내린 "임무"가 있었다. 이를 통해 상속을 보장받았다. 권력에 대한 합법적 접근권이다. 그래서 그에게는 "아랫것들"의 혁명이 필요 없다. 약속을 믿고 살아간다. 총체성에 포섭됨으로써 권력, 즉 자유에 이르게 되고, 권력을 통해서 분출을 경험하게 되리라는 약속이다.*

이 모든 것을 "허위의식"의 작동이라는 말로 설명하려면 너무 큰 무리가 따른다. "스스로의 이익을 해치는 행동" 정도로 설명할 수 없다. 혁명이 이들에게 안겨줄 것은 없었다.

오히려 이들은 자의식이 확고했다. 자신의 처지에서 필요한 일을 너무나 잘 알았다. 잘로몬이 그랬듯 이들은 타인과 약자들을 집요하게 억눌렀다. 강제력으로.

우리 사명은 불법적인 정권을 공격하는 것이다. 언제든 공격할 것이다. 불법 정권의 가치 질서는 인간의 욕구에 의해 좌우된다. 그에 비해 적법 정권은 영원하고 심오한 강제력에서 나온다. 인간의 욕구는 강제력이 낳는 것이다.
우리는 언제나 강제력에 의거했다. 다른 것은 필요 없다.

---

* 파시즘 소설에서는 언제나 맏형 혹은 외아들이 주인공으로 등장한다고 단언해도 무방할 정도다. 실제로 그렇다. 드러내놓고 강조하지는 않지만, 예를 들어 넷째 아들이 주인공으로 나오는 경우는 없다. 심지어 주인공이 프롤레타리아 출신이라도 그렇다. 『히틀러 소년 날쌘돌이』의 하이니 푈커는 본래 공산주의자였다가 나치로 전향하는 인물인데, 프롤레타리아 양친을 둔 외아들이다. 프롤레타리아가 자식을 하나만 낳는 일은 극도로 드물었다. 외아들이라는 설정은 더 큰 임무를 띠고 태어났다는 뜻이다.

정당, 강령, 깃발과 상징, 교의와 이론 따위에 기댄 적은 없다. 우리의 태도가 한 방향을 가리키고 있었다면 그것은 목표의 방향성 때문일 것이다. 현상보다는 강제력, 허구보다는 삶, 요행보다는 서열, 날조보다는 실상을 추구했기 때문이다. 우리는 곧 닥쳐올 상황만을 묻는 것이 아니라 기분에 대해서 묻는다. 그것이 우리의 사명이었다. 사명을 다하지 않는 것이 죄악일 따름이다. 싸움터는 광활했다. 드디어 신과 악마의 싸움이 벌어진다.[51]

생각해보면 "인간의 욕구"는 나쁠 것이 없다. 사회적 존재로서 인간의 기본 조건에 해당된다. 그러나 군인 남성과 같은 부류는 이를 혐오스럽고 위협적인 것으로 받아들인다. 그는 자신의 욕구마저 억누르고 부정한다. 대신 "영원하고 심오한 강제력"으로 변환시킨다. 강제력이 그의 존재의 핵심이다. 결속하고 지배한다. 그가 보기에 타인의 욕구, 그리고 아직까지 욕구가 남아 있는 인간은 위험하고 또한 필수적이다. 필수적인 까닭은 필요하기 때문이다. 자고로 "위" "아래"가 있어야 윗사람 노릇을 하는 법이다. 욕구가 충족되면 위험해진다. 덤빌 생각을 품을 테니 말이다. 그가 지배할 권리가 도전받을 것이다. 누구든 욕구를 표현하는 자는 군인 남성이 누리고자 하는 폭력적 삶의 권리를 제한한다. 군인 남성에게 복수할 권리는 곧 삶의 권리와 동일하다. "독일적 분노"만이 욕구의 원천이어야 한다.

마르크스주의가 말하는 "능력에 따라 일하고 필요에 따라 분배한다"는 주장은 한계에 부딪힌다. 군인 남성의 필요는 살해 욕구다. 그러므로 자가당착에 빠진다. 살해 욕구는 진정한 욕구가 아니라고 말해봐야 소용없다. 군인 남성에게는 절실하게 느껴지는 욕구이기 때문이다.

"신과 악마의 싸움"이라고 말했다. "맞선gegen" 싸움이 아니라 "과mit"로 연결되는 싸움이다. "신의 싸움"에서 적극적으로 싸우지 않는 모든 이가 "악마"다. 고귀한 분의 남근, 추상적 아버지의 권력 유지, 대규모 군중의 총체성 그 자체를 위해 싸워야만 한다. 악마는 모든 낮은 것과 내면의 것이다. 산발적 군중이다. 쾌락전염병의 병균이다. 혼합과 해체를 일으키는 여성성이다. 부정화된 체액으로 변형된 자신의 무의식, 무형태의 짐승 형상이다.

이러한 대비 속에서 적의 스펙트럼은 넓게 펼쳐진다. 투쟁적 공산주의자, 호색적 유대인, 나약한 부르주아 등이다. 첫째는 천한 것들의 권력 장악을 돕는 첩자다. 둘째는 썩어 문드러지는 쾌락전염병을 퍼뜨리는 첩자다. 셋째는 무기력의 모래지옥에서 죽음을 불러오는 첩자다. 모두 미처-다-태어나지-못한 군인 남성을 삼켜버리는 존재들이다. 또한 여성이 있다. 여성은 "무無로 향하는 관문"을 육체에 지닌 첩자다. 남자의 육체 경계를 허물어버릴 방향 없는 쾌락의 격랑이다. 미처-다-태어나지-못한 자가 죽을 정도로 두려워하는 상황이다. 그리고 아이들도 있다. 아이들은 원칙 없이 들끓는 군중의 화신과도 같다. 무턱대고 강렬한 재미를 즐길 상황과 공간만을 찾는 작은 기계들이다. 그나마 군인 남성이 가장 양해할 수 있는 대상은 나약한 부르주아였다. 남성 총체성 기계의 지배에 복종한다면 말이다. 혹은 투쟁적 공산주의자도 나름대로 괜찮다. 당당한 사나이의 풍채를 지녔으니 "자유로운 남성 영웅"으로 변화할 가능성이 있다. 물론 대번에 나치가 되지는 않을 것이다. 그저 나치에게 위협이 덜 될 것이라는 뜻이다.

군인 남성들이 지녔던 다양한 공포는 정치적·공적 공간에서 다양한 개념의 명칭을 얻었다. 아나키즘과 볼셰비즘에 대한 공포는 거세하는 메두사 혹은 히드라에 대한 공포로 표현되었다. "공산주의"에 대한 공포는 매춘 쾌락의 늪에서 도저히 헤어나오지 못한 채 몸이 해체되고 가라앉고 문드러지는 공포로 표현되었다. "프롤레타리아 독재"에 대한 두려움은 젊은 것과 천한 것들이 일으킬 반란에 대한 공포로 표현되었다.

이는 자의적 표현법도 아니고 투사된 표현법도 아니다. 공포스럽게 인식된 실제 특성에 연결된 표현이다. 첫째, 특성은 절대화된다. 둘째, 마치 스스로 경험한 특성인 양 단언된다. 그렇기 때문에 테러 행위를 저지르는 와중에 환각적 대상 치환이 발생하는 것이다. 살인자의 감각지각 속에서 실제 희생자는 사라지고 대신 스스로의 경험, 감정, 역사적 맥락이 들어선다.

테러 행위와 전투 행위는 핵심적이며 갈망적인 세 가지 지각으로 귀결된다. 자아 융해 속에서 나타나는 "피투성이 곤죽" "텅 빈 광장" "블랙아웃"이다. 파시스트 남성은 위협적 대상으로부터 차별화되어 경계를 만들고 경계를 지켜냄으로써 살인자가 되어 살아남는다.

"악마들"은 경계를 넘어와서는 안 된다.

"그것이 우리의 사명이었다. 사명을 다하지 않는 것은 죄악일 따름이다."

살인을 통해서 자기 생식과 자기 보존을 이루려는 강박이 파시스트 운동의 핵심이다. 이리저리 격랑에 휩쓸리는 이중 전선 계층의 청년은 "아래"로 밀려나면서 정치적 파시스트가 된다. 그를 단순히 노동력을 착취당해 빈곤화된 부르주아로 이해하거나 혹은 광분한 프티부르주아, 권력 중독자, 혹은 죽음의 관료 정도로 이해하는 것은 금지되어야 한다.

경제적 평가절하 혹은 몰락 때문에 정치적 파시스트가 되는 사람은 없다. 파시스트가 되는 것은 진작에 결정되어 있다. 그는 감정의 파시스트, 내면으로부터의 파시스트인 것이다.[52]

그는 전투 강박이 있기 때문에 전쟁터로 간다. 전쟁터에 갔기 때문에 전투 강박이 생긴 것이 아니다. 라이어널 타이거에 따르면 공격성은 남성 결사체의 기능이며 예측 가능하다.[53] 윙거 역시 특유의 영웅적 어조로 같은 말을 한다.

전투는 대의명분을 통해 신성해진다고들 한다. 하지만 전투가 대의명분을 신성하게 만드는 것이다.[54]

이렇게 덧붙인다.

전투하는 남자보다 세상에 더 신성한 것이 있을까?[55][전투하는 여자?]

"신성하다"고 표현될 수 있는 상황은 무엇일까? 사회적이고 공식적으로 금지된 것을 권력층이 의례화된 형태로 버젓이 공개 위반하는 것이다.[56] 그들은 금지된 사랑의 전투에 자신을 내맡기고 사랑하는 대상을 핏줄 속으로 받아들인다……. "전투는 사랑과 마찬가지로 삶의 방식이다. 사랑이 그렇듯 전투도 순수해질 순 없을까?"[57] 윙거는 특유의 담담한 어조로 묻는다. 사랑과 전투의 대상에 큰 차이가 있다는 사실은 전혀 안중에도 없다. 그러나 군인 남성은 자신을 만들어낸 테러를 절대로 잊지 못한다. 테러는 그의 몸 깊숙이 새겨져 다른 모든 감정을 몰아내고 자리 잡았다. 그들에게 퍼부어졌던 수많은 매질은 그들을 "민감화"했다.

날마다 겪는 고통 속에서도 나는 관찰의 즐거움을 누렸다. […] 욕망, 꿈, 희망이 도망쳐 나갔다. 결국 남은 것은 너덜너덜해진 신경 다발이 들어있는 고깃덩이뿐이었다. 팽팽하게 당겨진 악기의 줄처럼 잃어버린 음을 윙윙 튕겨낼 정도로 내 몸은 민감해졌다. 고립된 희미한 공기 속에서 나의 비명은 두 배로 증폭되었다.[58]

"관찰의 즐거움"을 거론했다. 관찰 대상은 자신의 육체다. 전투 장면의 묘사 방식에서 두드러지는 "얼음처럼 차가운 의식"이 여기서도 보인다. 스스로의 육체에 쾌락 감각으로 점유되어 있는 사랑 능력이 파괴되

마르크스주의는 자본주의를 수호합니다.
국가사회주의당에 투표하세요. 1번!

는 과정을 지켜본다. 자기 몸이 육체 갑옷에 갇힌 채 전쟁 기계의 부품으로 변해가는 느낌, 윙윙 떨리고 진동하는 도구가 되어서 내면이 틀어막히는 경험을 관찰한다. 그는 육체를 휩쓰는 진동과 폭풍을 자신의 사랑이라고 믿어버린다. 네거티브 오르가슴이 벌어지는 것이다. 자기와 대상의 파괴 속에서 네거티브 혁명이 벌어진다. 파시즘은 혁명의 "패러디"라고 했던 발터 벤야민의 말은 불충분하다.[59] 파시즘은 혁명의 네거티브 필름이다. 명암이 뒤집힌 네거티브 필름을 인화해야 진짜 혁명의 사진이 나온다. 파시즘의 혁명은 적반하장이며 거꾸로다. 파시즘은 생생한 사회적 현실을 거꾸로 뒤집어서 네거티브 필름으로 만든다. 멸절을 통해 생식한다. 군인 남성은 살해함으로써 태어난다. 태어나려는 의도로 살해한다. 윙거가 그리는 군인들은 "전사의 방식으로 탄생을 이해했다".[60] 그들은 타자를 파괴하고 사물과 낯선 대상세계를 파괴함으로써 자신을 출산했다. 이들은 "불의 세례"를 받으며 살인 기계의 부품으로 변신함으로써 새로 태어났다. 이들은 자신을 복수자라며 동일화했다. 이들은 자신이 "시대"와 함께하고 있다고 느꼈다. 파시즘을 제대로 이해하려면 이 점이 중요하다.

우리는 절대 틀릴 수가 없다. 절박한 시대정신과 함께 살아가고 있기 때문이다. 우리의 행동은 모든 곳에서 많은 격려를 받았다. 위험한 시대를 살고 있기에 우리는 위험하게 살았다. 혼란한 시대를 살고 있기에 우리의 모든 생각, 행동, 신념 역시 혼란스러웠다. 우리는 시대에 사로잡혀 있었다. 시대의 파괴에 사로잡혀 있었다. 파괴를 비로소 보람 있게 만드는 고통에 사로잡혀 있었다.[61]

"파괴에 사로잡힌" 시대의 아들들이 결정적인 역할을 했다. 거대 자본, 부르주아 및 부농 계급은 이들을 내세워서 혁명적 프롤레타리아의 전투력을 파괴했다. 의심의 여지가 없다. 자유군단의 군인 남성들이 없었더라면 국가방위군도 사회민주당 및 중앙정부도 무장 노동자군을 제압할 수 없었을 것이다. 적어도 그 정도로 완패시킬 수는 없었을 것이다.[62]
　이들의 끝없는 복수심과 살해욕이 없었더라면, 파괴를 통한 차별화

이들 두 세력 탓이다!
정부는 군림만 한다.
독일 노동 대중의 일상은 날로 악화되고 있다.
이제 11월 6일에 심판하자!

욕망이 없었더라면, 1924년에서 1928년까지 지속된 "바이마르 공화국" 안정기에 돌격대 및 "국가주의 지하 단체" 분파 등의 조직은 살아남지 못했을 것이다.

"언제나 나는 파괴에 특별한 쾌감을 느꼈다."[63] 일종의 주제가Leitmotiv와도 같다. "주제가"는 그저 문학적 장치가 아니라 반복적 사로잡힘의 표현이다. 미처-다-태어나지-못한 자는 온전함을 찾아서 감정의 미로 속을 헤맨다. 그는 "격렬한 분노"와 함께 살아간다.[64] "병사의 얼굴에는 광적인 집착이 가득했다. 푹 꺼진 눈자위에는 차갑고도 끔찍한 척결의 의지가 불타고 있었다."[65]

드디어 공격.

다른 아무것도 바라지 않았다. 오직 피에 대한 갈증을 채우려고 우리는 건물을 향해 번개처럼 돌진했다.[66] 테텔뮌데 전체가 불타고 있었다. 인류의 원초적 욕망에 사로잡히기라도 하듯 엄청난 불길이 타올랐다. 갑자기 인류의 최초 쾌락인 파괴욕이 치밀어올라 목청 높여 권리를 주장했다.[67]

자유군단과 동시대를 살았던 프로이트는 죽음 충동의 가설을 제안했다. 혹시 군인 남성들에게 폭주하는 파괴욕이 너무나 흔한 것을 보고 일종의 방어기제로 그런 가설을 제기했으리라 본다면 지나친 추측일까? 프로이트의 기존 이론으로는 군인 남성들의 그러한 언행 및 행동을 더 이상 "광기"라고 해석할 수 없었던 것은 아닐까?[68]

당대에 엄청난 규모로 횡행하던 파괴 행위를 당시의 정신분석을 도구로 진단하려는 시도는 아마 엄청난 딜레마에 처했을 것이다. 정신분석학적으로는 "정신병증적"이어야 마땅할 당대의 파괴자들이 어째서 심리상담 클리닉에 오지 않는지, 정신병동에 갇히고 범죄적 착란증으로 체포되어야 할 사람들이 왜 정치권에 모여드는지 해답을 찾을 수 없었을 것이다. 군인 남성에게 나타나는 리비도 일탈은 정신분석학의 이해 틀을 파괴해버리는 현상이었다. 그들은 "자아 쇠약" 증세를 보이기는커녕 너무 강력한 "현실 적응력"을 보여주었다. 또한 초자아의 억제 기능은 전무하다시피 했다. 이런 유형의 인간은 마치 "이드"의 요구에 따라 아무 거리낌 없이 사는 듯 보였다. 파괴적으로 치닫는 이드를 당대 문화 탓으로 보는 것이 아니라, 불충분하게 억제된 "죽음 충동" 탓이라고 본 것이다.

심각한 오류였다. 우리가 탐구하고 있는 군인 남성들은 "자신들의 충동"에 따르는 사람들이 전혀 아니었다. 이들이 저지르는 테러 활동은 제한되지 않고 파편화되지 않은 심리적 단일성을 달성해 진정한 "자아"를 찾으려는 노력이었다. 이들은 충동 때문에 방종하는 것이 아니라 충동에서 도주하려고 했다. 이들의 돌파는 충동 충족을 낳는 것이 아니라 총체성 갑옷의 안정성을 달성하기 위한 것이었다. 백색 테러는 특정 충동의 작동이 아니었다. 오히려 파편화되어 다시 결속되는 자아, 특히 육체 자아의 작동이었다.

앞서 살펴봤듯 고문자의 테러 행위는 자신의 "무의식"을 없애버려서 벗어나는 것을 승리로 간주했다. 고문자는 고문 피해자를 통해서 자신의 무의식을 멸절한다.

나는 파시스트 남성이라는 존재가 고립된 현상이라고 생각하지 않는다. 그는 남성적·유럽적 자아의 역사가 만들어낸 산물이다. 나는 이 자아가 여성성에 적대하여 형성되는 과정을 앞서 제2장에서 몇 가지로 설명한 바 있다.

빌헬름 사회에서 남성 자아는 부정화된 무의식을 어떻게든 평화적 방식으로 통합하는 능력을 기르지 못했다. "이드"의 입장에서보다는 자아의 입장에서 고찰할 때 이 상태의 사회적 성격이 더 자세히 드러난다.

자주 그래왔듯 정신분석학은 스스로의 잠재적 급진성을 두려워한다. 좀더 과감한 시선을 던졌더라면 빌헬름 사회의 살인성을 볼 수 있었을 것이다.[69] 구체적으로 말하자면 신성화된 모성, 특히 이중 전선 계층의 어머니 상을 연구 대상에서 그토록 외면하며 제외해서는 안 되었다. 귀족 계층, 부르주아 계층, 농민 계층[70] 및 프롤레타리아 일부 계층의 어머니들은 대형 살인 기계에 열정적으로 복속했던 아들들의 존재에 결정적인 공동의 책임이 있다. 모성의 문제는 아직까지도 제대로 고찰되지 않았으며 과학적 연구 대상에서 제외되었다. 많은 정신분석학자가 모성의 터부를 깨뜨리는 것을 너무 꺼려왔다. 그들도 자신들끼리의 "사회"를 형성하고 있기 때문이다. 모성은 신성한 암소와도 같아서 도살되지 않았다. 게다가 파시즘 치하에서 새롭게 허울 좋은 숭배를 받았다. 파시즘 시대에 사람 덜된 파괴적 청년들이 사회 질서를 확립하겠다며 활보한 것은 어머니들의 결정적 기여 없이는 불가능했을 일이다. 이는 최소한 1945년 이후에는 공식적으로 언급되어야만 했다. 그러나 유감스럽게도 그런 일은 없었다. 오늘날 여성 해방을 위해 일하고 살아가는 여성들은 이런 측면을 입에 담기가 부담스러울 수 있다. 그럴 만도 하다. 모든 것을 여성 탓으로 돌리는 논리에 또다시 빠져들기 쉽기 때문이다. 그럼에도 발린트나 말러의 이론을 음미해볼 필요가 있다. 어머니와 아이가 이루는 이중 합일 상태 등의 개념은 혁명적인 여성 의식의 단초가 되기에 충분하다. 살인적 인간 유형을 낳아 기르지 않는 모성이 가능해진다. 생명을 품어 기르는 어머니가 제대로 알기만 했더라면 말이다.

파시스트 남성의 글에는 파괴 행동을 사랑이자 자기 생식 행위로 연관지으려는 결심이 뚜렷하게 드러난다. 이는 "죽음 충동"이나 "공격 충동"이라는 개념과 어울리지 않는다. 이들은 군사 행동을 하는 이유가 자신들이 겪은 박탈감 때문임을 조금도 숨길 생각이 없다. 파시스트는 언제나 노골적으로 배신감을 토로한다. 이들의 글은 언제나 강렬한 억울함으로 흘러넘친다.

1904년 프로이트는 "극심한 혐오감을 유발하는 성도착의 경우"에 대해 이렇게 말했다. "어쩌면 이 일탈 현상보다 사랑의 무한한 힘이 강력하게 나타나는 경우는 없을지 모른다."[71] 삶을 원하는 의지와 살해의 연관성을 둘러싼 질문에서 프로이트는 이러한 통찰력을 더 이상 보여주지 못했다. 문명 세계에서 벌어진 가공할 규모의 파괴 앞에서 아마 프로이트는 모호한 생물학의 세계로 물러섰던 듯하다. 1952년에 인터뷰를 통해 빌헬름 라이히가 추측했듯, 아마 프로이트는 죽음 충동의 가설을 통해 죽음에 복종했던 듯하다. 사회 전체를 휘감고 있던 죽음의 힘에 맞서기보다는 스스로 죽음에 항복하겠다는 것이 프로이트를 비롯한 정신분석학계의 결심이었던 듯하다. 라이히는 프로이트 이론의 표면에 죽음 충동이 어른거릴 무렵 프로이트의 얼굴에도 "암의 기운"이 떠돌고 있었다고 말했다.[72]

또 다른 설명 방식도 있다. 프로이트의 이론과 묘하게도 불길한 일치를 보이는 입장이다. 살인자들은 자신들의 파괴적 분노를 강력한 원초적 충동으로 묘사하며 정당화하려든다. 당연한 노릇이지만 이들은 자신을 가까운 역사의 희생자로 규정하기보다는 유구한 전통 유산의 계승자로 자처하는 것을 선호한다.

언제나 팔만 뻗으면 닿는 곳에 총을 두었다. 갑자기 불길이 치솟거나 깊은 참호 속에서 고함이 울려 퍼지면 잠에 곯아떨어졌다가도 벌떡 일어나서 총부터 찾았다. 깊은 잠에서 퍼뜩 깨어나 무기를 쥐게 만드는 그 무엇인가에는 피가 배어 있었다. 원시 인류가 모습을 드러낸다. 똑같은 동작으로 빙하기의 인류는 돌도끼를 쥐었을 것이다.[73]

무기를 쥐는 손아귀는 어떠한 경우라도 학습된 것이어서는 안 된다. 반드시 원시 인류의 머나먼 역사에서 연원을 찾아야만 한다. "우리는 위대하고 강력한 살인자들이다."

그의 핏줄에는 전쟁이 흘렀다. […] 그는 전쟁을 위해 태어났다. 전쟁 속에서만 자신을 온전히 펼쳐 보일 수 있었다.[74]

우리는 전쟁 속으로 깊숙이 뛰어들었다. […] 우리는 전쟁의 수행자이자 창조자였다. 삶이 필연적으로 전쟁으로 이어지는 인간들이었다.[75]

고테의 주인공 베르톨트는 부상 때문에 병가를 받았으나 좀이 쑤신다. "마음이 편해야 건강을 회복하지. 내 마음은 최전방에 가 있어."[76] 에른스트 룀은 이렇게 말했다.

군인에게 전쟁이란 젊음의 원천이자 희망이나 소원과도 같지.[77]

하인츠는 자유군단 장병들을 "불꽃같은 전투 의지와 얼음 같은 전투 기술"을 지닌 훌륭한 독일 청년들이라고 했다. 자긍심이 넘친다.

전쟁은 실로 마법의 영역과도 같았다. 죽음이 있기에 우리 전우들의 삶은 달콤하고 매력적이었다. 수많은 이가 증언한다. 죽음을 두려워하던 프랑스 국민은 죽음과 사랑에 빠진 듯한 독일 국민을 보면서 지옥 같은 공포에 떨었다고 한다.[78]

다른 한편 이런 말도 한다.

우리는 모호함의 외중에서 손에 잡히는 무언가를 이끌어냈다. 모든 사람에게서 우리의 공포를 제거했다.[79]

그는 결국 "내면의 병사"다. "적"이 내면에 있기 때문이다. "공포"가

"쩝쩝, 나야 모르지. 체제 탓인가,
아닌가, 나는 몰러 몰러."

삶을 건드리는 순간, 자신을 건드리는 순간 녹아서 흩어진다. "마치 눈부신 한낮에 실수로 날아든 밤 올빼미처럼 우리는 공포에 허둥거리게 된다."[80] 죽음을 사랑하는 자가 스스로의 욕망과 쾌감이 두려워 허둥대는 모습을 잘 표현했다. 이들에게는 스스로가 낯설고, 맞닥뜨린 삶의 "현실"이 낯설고…….

모든 것이 달라져야만 한다…… 모든 것은 멸절되어야만 한다…… 모든 것이 산산이 부서지더라도 우리는 전진해야만 한다…….

이 모든 감정을 파시스트는 조금도 숨기지 않았다. 제1차, 제2차 세계대전 사이의 독일의 상황을 가장 잘 보여주는 문장들이다. 1930년대 쿠르트 투홀스키가 몸담은 적도 있는 로볼트 출판사의 책에서 발췌된 글이다. 에른스트 폰 잘로몬은 바이마르 공화국의 외무장관이었던 라테나우 암살에 연루된 혐의를 확정받아 5년간 수감되었다. 출소 직후 소설 『무법자들Die Geächteten』로 독일 문학계에 화려하게 등장했다. 나치의 승리를 앞둔 시점에서 참으로 공교로운 제목이 아닐 수 없다.

우리는 질겁한 무리들을 덮쳐서 짓밟고 쏘고 때리고 추격했다. 들판에서 토끼 몰듯 라트비아 놈들을 몰아냈다. 집집마다 불질렀고 교량마다 가루로 만들었고 전신주마다 분질렀다. 시체들을 우물에 던진 후 수류탄을

독일의 종이 탱크
"베르사유조약"에 위반되지 않는 탱크 운전 훈련용.

까넣었다. 손에 잡히는 것은 뭐든 죽였고 태울 수 있는 것은 모조리 불태웠다. 우리는 눈이 뒤집혔다. 가슴에 인간의 감정이 사라졌다. 우리가 휩쓸고 지나간 땅에는 척결의 신음이 흘렀다. 우리가 진격하고 나면 한때 집이 서 있던 곳에 잔해와 잿더미, 불타는 대들보가 황량한 들판에 곪은 상처처럼 흩어졌다. 거대한 연기 기둥이 우리의 길잡이였다. 우리는 장작더미에 불을 질렀다. 그저 죽은 물질만 타오른 것이 아니었다. 우리의 희망과 갈망이 타올랐다. 부르주아의 예의범절, 법률, 문명사회의 가치 체계가 불탔다. 우리가 되뇌이던 그 모든 허튼소리, 우리를 저버린 그 모든 신념과 사물과 현대 사상, 우리를 짓누르던 케케묵은 잡동사니가 모두 불탔다.

우리는 의기양양하고 도취되어서 전리품을 짊어지고 돌아왔다.[81]

이것이 1930년대 독일 신사가 떠벌리는 무용담이었다. 파괴의 희열, 살인의 쾌감보다 더 어이없는 것은 1945년 미국에서 왕림하신 미국 분들 앞에서 이들이 보여준 순진무구를 가장하는 눈빛이었다. "우리는 만행을 전혀 몰랐다니까요." 어련하겠는가. 환희가 너무 엄청나서 그들이 저지른 난장판은 싹 잊혔을 테니까.

"제발 우리에게 알려주세요. 기억이 나지 않습니다. 우리가 뭘 어쨌던 가요?" "미국은 역시 하나님께서 세우신 나라로군요." 그렇게 다들 낙원으로 향했다.

평화

전쟁 초기에 독일 장교단은 극도로 배타적인 소수였다. 2만2112명의 장교와 2만9230명의 예비역 장교들이 고작이었다. 정전 시점에는 27만 명 규모로 확대되어 있었다.[1]

바이마르 공화국 국가방위군의 장교단 규모는 베르사유조약에 따라서 4000명으로 제한되었다. 최고 육군 지휘부는 공화국에 대한 "충성"을 맹세한 대가로 에베르트 총리에게서 애초부터 자율성을 보장받았다.[2] 새 장교단에는 "진짜" 장교들이 대거 들어올 예정이었다. 가능한 한 전쟁 전에 교육받은 인력을 우선 채용한다. 전쟁이 없었더라면 장교가 되지 못했을 인물들은 탈락시킨다. 그들 중 대다수는 평시였더라면 장교가 되기에 자격 미달이었을 것이다.

이들이 죄다 실업자가 되었다. 대개는 한 번도 직업을 가진 적이 없었다. 고등학교를 다니다가 입대한 사람들은 되돌아갈 곳도 없었다. 군인 노릇이 배운 도둑질이라서 군대 밖에는 미래가 없었다. 대학 진학도 가능하긴 했겠지만 쉽지 않았다.

"세상에, 상상해봐. 다시 호메로스를 읽을 수 있겠어? 이젠 희랍어도 가

물가물한걸!" "아이고야." 하버가 한숨을 쉬었다. 제바흐는 의자를 꺼떡 거렸다. 이미 머리카락이 희끗희끗했다.[3]

토르 고테의 『우리가 삶을 책임진다』에 나오는 한 대목이다. 대입시험을 다시 치러야 하는 자유군단 장병들의 대화다.

군생활을 오래한 고참이고 이제는 경험 많은 장교까지 되었지만 대학 입학은 너무 어렵게 느껴졌다. 대학에 가면 망신만 당할 것 같았다. 몇몇은 대학에 갔지만 머지않아 되돌아와서 자원 학도병들의 선두에 섰다. 마르부르크 자유학군단의 지휘관이 된 젤초프가 대표적인 사례다.

나는 독일을 믿는다. 독일의 국가적 부활을 굳게 믿는다. 과학적 지식이 이 신념을 뒷받침하고 있다.[4]

학도병이 되려고 대학에 간 것이다. 애초에 "학업"에는 관심이 없었다. 다른 경우는 어땠을까? 각자 먹고살기 위해서 사무직에 취직했다. 은행원, 사무소 직원, 중하급 공무원, 가끔은 고위직 공무원이 되었다. 실로 "모든 것을 끈적하게 삼켜버리는 더러운 부르주아의 삶"이었다.

"고향 아가씨랑 결혼해야지. 지푸라기 색 금발머리를 단정하게 쫑쫑 돌려 땋은 심성 고운 여자. 퇴근 후 집에 가서는 애들 낳아서 길러야지."
"차라리 총 맞아 죽고 싶다!" 린데만이 탄식했다.[5]

"그러는 대위님은 뭘 하고 사시렵니까?" 베르너가 따지듯 되물었다.
"와인 출장 판매원? 진공청소기 외판원? 보험설계사?"
트룩스의 훤칠한 몸이 진저리를 치더니 서서히 허리를 숙였다. 마치 구정물을 뒤집어쓴 듯 처량했다. "위에 해당 사항 없음." 나직하게 중얼댔다.[6]

결국 훗날 트룩스는 프롤레타리아 계집의 손에 의해 영웅적 죽음을 맞이한다. 퇴역 장병 중 일부는 그러한 "판매원"이 되었다. 전쟁터에 있을 때에는 그렇게도 경멸했던 시장에 뛰어들었고, 상표의 대리자가 되어 부르주아에게 상품을 팔아야만 했다.

이 얼마나 불타는 모험이었던지! 이제는 끝없는 일상으로 돌아가야만 해. 숨 막히는 일개미의 삶에 매몰되는 거야.[7]

1923년 돌격대 지휘관으로 취임한
헤르만 괴링의 모습

회스는 아버지의 유언대로 목사가 되겠다고 어머니에게 맹세했다. 그런데 어머니가 돌아가셨다.

나는 [⋯] 이튿날 동프로이센으로 내뺐다. 바로 자원 입대해서 발트해 연안 작전에 지원했다. 직업 문제가 갑자기 풀려버린 것이다. 다시 군인이 되었다.[8]

결혼식 이튿날 기다렸다는 듯 발트해 연안으로 내달려간 레토 장군이 떠오르는 말투다.

고테에 따르면 베르톨트는 산림관리원이 되라는 아버지 말씀에 사회민주당원 상사의 끔찍한 모습을 떠올렸다고 한다.

안 될 말씀이에요, 아버지. 설령 지금은 제가 순종한다고 하더라도 못 버팁니다. 전 제 자신을 너무 잘 알아요. 조국도 몰라보는 놈 아래에서 오래 버틸 수 없을 겁니다. 그렇게는 일을 못 합니다![9]

그것은 국가에 대한 불충이다. 장교라면 떳떳해야 한다. 영웅적이면서도 현실적이어야 한다.

패전했다. 종전의 독일군은 해체되었다. […] 나는 평생 직업 군인이었다. 이제 마흔여섯 살인데 어떻게 새 출발을 하겠나? 사랑하는 조국의 불행과 내 미래에 대한 걱정이 나를 쉴 새 없이 괴롭혔다. 우울한 생각에 짓눌려 있던 참에 드레스덴에 있는 어느 누추한 상점에서 커다란 포스터를 봤다. "동부 국경 자원방위대에 지원하라!" 즉각 흥미가 생겼다. 안으로 들어가서 자세한 사항을 물었다.[10][체샤우]

대학 진학을 못 한 사람들에게는 농장, 수공업 공방, 혹은 공장이 기다리고 있었다. 그나마 농부의 장남이라면 조그만 농장을 물려받겠지만 빚에 쪼들리며 뼈 빠지게 일해야만 했다.[11] 동생 처지라면 노동자나 수공업자가 되었다. 혹은 취직해 낯선 도시에서 타향살이를 했다. 토르 고테의 『우리가 삶을 책임진다』는 공장생활을 이렇게 표현했다.

다시 시계 있는 세상으로 들어왔다. 한 치의 용서도 없는 일의 박자가 지배하는 곳이다. 전쟁의 시간은 달랐다. 갑자기 빠른 리듬으로 엄습했다가 몇 시간이고 한없이 지루하게 늘어졌다가 다시 불꽃을 피워올리곤 했다. "그랬었지." 나는 말했다. "너무 갑작스러워서 예측 불가하고 너무 커서 예측 불가한 그 느낌. 순식간에 천지를 울리면서 모든 것을 불꽃으로 휘감아버리는 방전의 느낌! 어중간한 그 모든 것, 부르주아들이 태평하고 안전하게 누리는 모든 것은 우리가 풀어놓을 새로운 방전의 준비일 뿐이다."[12]

그래서 이들은 부르주아나 노동자가 될 수 없었다. 위험한 에너지를 "방전"하는 사람들이다. 남들은 두려워하거나 무시하는 것을 갈망하는 사람들이다. 이들의 "박자"는 남다르게 굴러간다.

그 느낌들이 죽었다! 최악의 일이 벌어졌다. 세상이 노골적으로 그리고 은밀하게 우리를 팔아넘겼다. 대대손손 종살이를 하게 되었다. 우리는 모든 것을 빼앗겼다. 그런데도 속수무책이다. 느낌들이 죽어버렸다! 시간은 흘러가는데 불꽃이 튀지를 않는다! 왕년의 최전방 전사들은 불꽃을 기다린다. 그러나 시간은 부르주아가 되어버렸다![13]

루돌프 만은 에어하르트 여단 소속 사병들의 처지를 이렇게 전했다.

전역 장병들은 공장 일터와 공방에서 이미 끊겨버린 인연을 다시 이어가는 것을 무척 힘들어했다. 장병들은 일터 동료들로부터 미움을 받았으며 도통 정을 붙이지 못했다.[14]

드빙거는 이런 상황을 영웅적 면모라고 착각했다.

화려하게 부활하는 날에야 비로소 수류탄을 기억의 서랍에 넣고 닫을 사람들이었다!"[15]

1933년 이후 나치가 애독한 문학은 대개 이랬다. 루돌프 만의 작품은 절판됐지만 드빙거의 책들은 베스트셀러가 되었고 학교에서 단골 독서

교재로 권장되었다.

그들은 자신들이 노동자들과 감정적으로 다르다고 강조했다. 일상적 노동으로만 부적응을 겪은 게 아니다. 대체로 부르주아나 프롤레타리아와 관계 맺는 것 자체를 싫어했다. 벨러는 울분을 토로한다.

기차가 어떤 특정한 주거지역을 지나칠 때면 컴컴한 뒤뜰이나 대문간에서 느닷없이 고함이 들려왔다. "정권의 개들! 불한당!" 슈나이더 소위는 분노로 입술을 앙다물곤 했다. 정권의 개라니. 신 앞에 맹세컨대 11월 사태 와중에 독일 자유군단 장병들은 정권에 충성한 적이 결코 없다.[16]

자유군단의 진짜 정서가 담긴 이러한 증언은 자유군단이 모든 계급을 골고루 대표하는 "국민공동체"라는 프로파간다를 스스로 반박하는 증거가 아닐 수 없다.[17] 여기서 말하는 "어떤 특정한 주거지역"이란 노동자들의 은신처가 많은 곳이다. "컴컴한 뒤뜰"은 자유군단 구성원들이 걸핏하면 침탈하던 곳이다.

결론은 분명하다. 전후 시기에 이들이 느꼈던 위협은 전쟁 이전으로 되돌아갈 위기였다. 다시 의존적 위치로 돌아가고 싶지 않았다. 현실적 아버지-아들 관계에서 아들이 되고 싶지 않았다. 거짓된 아버지와 거짓된 상사에게 복종하고 싶지 않았다. 극단적으로 말하자면 아이가 되고 싶지 않았던 것이다.

이들에게 참전이란 어른이 되었다는 결정적 증거였다. 드디어 전쟁이 터진 덕에 본가에서 해방되어 숨통이 트일 수 있었다. 이제 받아야 하는 온갖 직업 훈련은 오래전 떠나왔던 옛 위치로 퇴보하는 것을 뜻했다. 이들에게는 위협이었다. 부모가 자식에게 행사할 수 있는 사회적 강압이 엄연히 잔존했기 때문이다. 부모에게서 풀려나 자립을 누릴 가능성은 이제 사라져버렸다.

그리고 22세 나이의 퇴역 소위가 전쟁터에서 당연하게 만끽하던 권력감을 느낄 수 있는 위치가 전후 사회에는 존재하지 않았다. 특히 자의적 권력 남용이 횡행하던 제정기 독일 군대에서 고참 병사는 후임병의 생사여탈권을 쥐고 있었다. 평화 시기 "공화국" 체제에서 그런 권력은 사라졌다.[18] 이제 할 일은 뻔했다. 지금껏 누린 잔챙이 권력자 지위에서 강등되어 학생 신분이 되는 것이다.

또한 평화 시기에는 군인 남성의 육체가 해체될 위험에 직면할 때 경험하던 폭발적 방전 가능성이 사라졌다. 이는 퇴역 장교뿐 아니라 모두에게 해당되는 것이었다.

그들이 전후 사회에서 강요당한 것은 그저 군인이라는 직업의 금지가 아니었다. 그들이 맞닥뜨린 것은 삶에 대한 금지였다.

일하기 싫어하는 "불한당"이라는 비난은 불충분하다. 물론 프롤레타리아 입장에서는 가장 와닿는 비난이기는 하다. 첫째, 자본이 중간 계층 인력을 위해 마련한 일자리를 좋아하지 않는 것은 흠결이 아니다. 둘째, 내가 보기에 군인 남성들이 민간 일자리를 그토록 싫어했던 이유는 아마 두려움 탓일 것이다. 심리적 부적응 때문에 제대로 기능할 수 없을까 봐 두려웠다. "부르주아의 삶"에서 실패할까봐 두려웠다. 위대하고 중요한 자신의 모습이 엉망이 되어 결국 웃음거리가 될까봐 두려웠다. 전쟁 영웅의 지위는 곧 퇴색할 것이고 더 이상 무능을 가려주는 핑계가 되지도 못했을 것이다.

허약한 자아 갑옷을 지녔던 그들은 당연하게도 비웃음을 가장 두려워했다. 제1장에 나오는 수많은 공격 행동, 특히 여성에 대한 공격은 비웃음을 당했다는 피해의식에서 유발되었다.[19] 출구가 하나 있었다.

둔탁한 절망이 모두를 사로잡고 있었다. 한시바삐 격렬한 전투가 벌어져서 영광의 최후를 맞이했으면! 비록 승산 없는 전투라도! 노예로 사느니

차라리 죽고만 싶다.[20] [에어하르트 대위]

평화라는 것은 착각에 지나지 않는다.

서부전선에서 포성이 멈추면 삶이 갑자기 아름다워질 줄로만 알았다. 그러나 태양 아래 결국 모든 것은 허망했다. 아름답게 빛나는 모든 것을 미친 자들이 앗아갔기 때문이다.
도나우 강변에서 죽든
폴란드에서 전사하든
무슨 의미가 있단 말인가?
어차피 내 영혼을 빼앗긴다면
차라리 기병으로서 죽으리라!
그러니 폴란드로 향하리라!
국경을 수호하러 가자! 거기에선 아직도 총성이 울린다. 그래도 싸움터에서라면 사람의 가치가 있다. 심장이 아직도 고동친다.[21]

"사람"이 "가치"를 잃은 지 오래지만 아직도 거기서는 총성이 울린다. 그래야 옳다. 특히 총을 쏠 사람이 자신이라면.
　은행을 박차고 뛰쳐나간다. 건방진 폴란드의 공격에 맞서 국경을 수호하자.

안 된다. 견딜 수가 없었다. 낮에는 차가운 수치들을 정렬하고 밤에는 메마른 장부를 정리하는 그의 귓전에 독일 동포들의 비명이 울렸다. 때로 환청이 너무 강렬하면 그는 소스라쳐 두리번거렸다. 이 끔찍한 비명이 은행 동료들에게도 들리지는 않을까? 그런 일은 없었다. 다들 서류 뭉치에 수표에 어음에 고개를 처박고 있었다. 깔끔하게 면도하고 단정하게 넥타이를 맸다. 만족스러우나 지루한 표정이 친절한 얼굴에 가득하다. 다음 날 괴를리츠발 통근 열차에서 그는 선량한 민간인 노릇은 더 이상 못 해먹겠다는 기분에 휩싸였다. 그는 현시대와 어울리지 않았다. 그는 낯선 땅에 있었다.

그렇다. 바로 그렇다. 여기는 낯선 땅이다.[22]

은행의 웅얼대는 고요함 속으로 "독일 동포들"의 "끔찍한 비명"이 들려온다는 것은 명백한 허풍이다. 그러나 이 정도로 정당화를 미리 해놓아야만 뒤에 이어질 돌출 발언이 이상하게 보이지 않는 법이다. 어색할 정도로 호들갑스럽게 허풍을 떠는 텍스트에는 자신의 이해관계를 은폐하려는 의도가 들어 있을 때가 많다. "일제 코르넬리우스, 이러한 시대에 봉급 두둑한 부르주아적 직업으로 출세한다는 것은, 정말이지…… 배신이오. 이것은…… 매국 행위란 말이오! 모름지기 대의명분을 추구해야 지당하오!"[23] "이해관계"를 위해 행동하는 것은 프롤레타리아가 추구하는 방향성이다. 이해관계는 관철시키는 것이다. "이해관계"라는 개념은 권력의 분할 불가능성과 전체성에 대치된다. 파시스트는 회피 불허의 명령을 추구한다. 최베를라인의 책 제목마따나 "양심의 명령"이다. "독일인"이라면 시키는 대로 하는 거다.[24]

공식 통계에 의하면, 바이에른주에 있던 9000명 장교들 중에서 절반 정도가 훗날 자유군단에 합류했다.[25]

1920년 2월과 3월에 해군 여단과 자유군단에 해산 명령이 내려졌을 때 이들이 느꼈을 충격은 엄청났을 것이다.[26] 해산 위협만으로도 쿠데타를 일으킬 동기는 충분했다. 그래서 제대로 준비도 되지 않은 상황에서 허둥지둥 카프 폭동이 벌어졌다. 뤼트비츠와 에어하르트는 궁지에 몰려 있었다. 가장 믿음직한 병력을 빼앗길 위기였다. 뤼트비츠의 실각은 이미 시작되고 있었다.[27]

에어하르트 여단 소속 장병들이 폭동을 옹호하는 전단지를 배포하고 있다(다음 도판 참고).
철모 위에 분필로 그려넣은 문양이 눈길을 끈다. 곧 다가올 미래의 전조다.

해산 명령을 받은 에어하르트 여단의 반응을 루돌프 만은 이렇게 전한다.

아무리 쪼들려도 우리는 장교단에 남고 싶었다. 비록 국방부가 주는 봉급은 보잘것없지만. […] 우리 자유군단이야말로 최고의 전투 전문가들이다. 다들 일찌감치 귀향한 후에도 우린 자리를 지켰다. 우리는 약속을 받았다…… 약속을……. 다들 중얼거리면서 풀이 꺾인 채 서 있었다.[28]

그들의 무력은 졸지에 붉은 늪으로 가라앉고 있었다. 또다시 "단일성" "총체성"에서 폭력적으로 뜯겨나간 신세가 되고 말았다.

말문이 막히고 힘이 빠졌다. 이제는 어떠한 적에게도 달려갈 수 없고 맞설 수 없게 되었다. 적도 못 죽인 우리를 공화국 정부가 죽이는구나.

그래서 군인 남성들은 군대의 "전문성"에 매달렸다. 군인은 직업이 아니라 존재 방식이다.

전후 사회는 퇴역 군인이라는 존재에게 적절한 대우와 보상을 제공했다. 군인들은 평균 매일 30에서 50마르크를 지급받았다. 이 정도면 가족 부양에는 충분했다. 장교들은 별도의 상여금을 받았다. 노스케 국방장관은 통상의 급여에 하루 5마르크씩을 더 얹어주었다. 에어하르트 여단도 5마르크 추가 지급 대상이었다. 우스운 것은 에어하르트 여단 장병들에게 금액이 지급된 시점이 폭동 가담 이후라는 사실이다. 노스케 장관이 몸담은 정부에 대항했다고 돈을 준 꼴이다. 사회민주당의 어리석음을 보여주는 것 중에서도 가장 즐겨 인용되는 사례다.[29]

바이에른 주정부도 관할 내 자유군단에 하루 5마르크씩을 지급했다.

군인의 피복비 역시 정부가 부담했다. 전국적으로 의복난이 심하던 시절이었다. 좋은 신발을 구하기는 하늘의 별 따기였다. 당시 군화의 품질은 흠잡을 데가 없었다. 제대할 때는 통상 제대금이 지급되었는데 장

"모든 종류의 계급 특권은 철폐되어야 한다.
우파 특권 좌파 특권 전면 철폐하라!"

기 복무 병사 기준으로 쳐서 두둑하게 나왔다.

식생활도 보장되었다. 민간인들은 식량 배급을 받았고 굶주리던 시절이었다. 매일 육류 200그램과 버터 75그램을 받았다. 맥주와 담배, 그리고 매일 와인 250밀리리터도 주어졌다. "좋은 시절이었다."[30] (루돌프 만)

게다가 자유군단 복무 기간은 노령연금 혹은 퇴직연금 수급 자격에도 산입되었다.[31] 이렇게 두둑한 혜택은 소문이 안 날 수가 없었다. 자유군단은 베를린에서 "국물 부대Suppe-Truppen"라는 별명까지 얻었다.[32] 좀 더 편한 삶을 원하는 실업자들이 혜택에 이끌려서 자유군단과 임시 자원부대 등에 많이 몰려들었다. 창설 초기에는 자유군단의 우익 정치적 입장이 비교적 덜 알려진 까닭도 있었다.

자유군단 작가들은 그런 불순 세력은 스스로 "정화"되기 마련이라며 허세를 부렸다.

자유군단의 최초 설립자인 메르커는 첫 입대자 중에서 탈락자가 무척 많았다고 말한다. 첫 휴가에서만 20명에서 26명 정도가 복귀하지 않았다.

새로 편성된 부대를 방문하여 나의 기대와 포부를 연설했다. 장병들끼리 조금 의논하는가 싶더니 선언을 하는 것이 아닌가. "허구헌날 사나이의 기개 타령만 일삼는 군대"에는 들어오기 싫다는 것이다.[33]

메르커의 책을 읽어본 사람이라면 이해할 것이다. 두 단어 걸러 한 단어는 사나이 기개라는 단어다. 인용문에 나오는 장병들의 심정이 이해된다. 책을 덮어버리고 싶다.

루돌프 만은 수많은 부적격자의 이탈을 고된 훈련 탓으로 돌렸다. 그는 딱 잘라 말한다. 어디에서 굴러먹던 놈이건 상관없이 다 받아준다. 단, "군인" 구실만 한다면.[34]

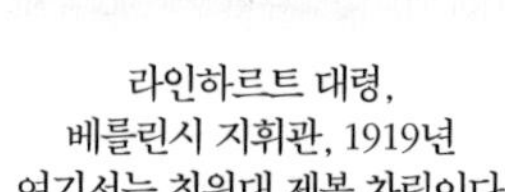

라인하르트 대령,
베를린시 지휘관, 1919년
여기서는 친위대 제복 차림이다

주페 하사, 라인하르트 경호대
"국물Suppe 부대"라는
별명의 유래가 된 인물

반드시 고된 훈련 탓만이라고 볼 순 없다. 군인 남성들의 행실과 언행만으로도 이미 충분했다. 타고난 성향이 부대 분위기와 안 맞으면 자연스럽게 밀려날 수밖에 없었다.

내가 하고 싶은 말은 이거다. 군인들은 잘 먹고 잘 살고 있었다. 하지만 결정적으로 이들은 혜택이 절반으로 줄었어도 혹은 그 이하였어도 기회만 주어진다면 군인이 되고자 했고 군인으로 계속 남고자 했으리라는 사실이다.[35] 특히 자유군단의 핵심이었던 가장 적극적인 부류는 더 그랬다. 민간 사회에서는 부적응자였지만 강제징집병으로서는 뛰어난 적응력을 보이던 사람이 자유군단에 잘 맞았다.

바터 장군,
1920년 루르 지방 노동자군 진압 작전 지휘관

바터의 수석 도살자,
1933년 이후 바이에른주 국가 대리인

중요한 것은 "국물"이 아니라 군국주의적 태도였다. 굶주리고 헐벗고 일자리가 없음에도 불구하고 노동자들이 "국민수호단" 입대라는 기회를 이용하지 않은 데에는 이유가 있었다. 메르커도 의아하게 여겼던 점이다.[36]

군대가 너무 좋아서 "국물" 없이도 입대하려는 사람이 있다. 다른 한편 아무리 "국물"이 있어도 군대에는 못 가겠다는 사람도 있다.

1920년 자유군단과 붉은 군대를 서로 맞서게 만들었던 결정적인 차이점이 여기에 있었다. 3월에는 양측 모두 무기를 들었다. 『전진』의 편집자이자 사회민주당원이었던 아르투어 치클러는 무장 노동자군을 악의적으로 "좌익 루덴도르프 일당"이라고 이름했다.[37]

파시즘에 대한 취약성이 경제적 몰락, 특히 중산층 내부에서의 몰락과 연관된다는 논리는 파시즘 이론 중 "빈곤화" 이론에서 자주 거론된다.[38] 사실 그 자체는 부정할 수 없다. 그러나 이것이 독일 파시즘을 충분히 "해명"할 수 있을지는 부차적인 문제다.

몇 가지를 고찰해보자. 이른바 "몰락"의 핵심은 어디에 있을까? 경제적인 것일까?

분명한 것은 이렇다. 학업이 중단되거나 혹은 직업 교육을 그만두고 전쟁에 나갔던 아들 세대는 아버지 세대보다 더 좋은 사회적 위치를 얻을 전망이 어두웠다. 전쟁 때문에 개인적 시기를 놓쳤을 뿐 아니라, 바이마르 공화국 초기의 전반적인 경제 상황이 어려웠기 때문이다.

그럼에도 대학, 국가 기관, 기업, 은행, 백화점 등의 중간급 및 상급 관리직은 고등학교 졸업장이나 중등 교육을 수료한 이중 전선 계층 청년들에게 원칙적으로 개방되어 있었다. 재정적 곤경이나 추가 수입을 위한 부업 등은 이들에게 근본적으로 장애물이 될 수 없었다.

게다가 그들의 부모가 과연 거물이었을까? 공무원, 성직자, 상인, 군인 정도였다. 아들 세대가 아버지처럼 되지 못하는 이유는 전후 독일의 경제적 현실보다 자기 자신에게 있었다. 아들 세대는 평범한 직업을 증오했다. 물론 장교는 예외였다.

실질적으로는 보면 엘베강 동쪽 지역 대지주 아들들 정도만 무언가를 정말로 잃을 위험이 있었다. 농장은 기계화 정도가 미흡했고 자본은 빈약했으며 토지 이용은 비과학적이었다. 또한 전쟁 이전 수준으로 품팔이 농업 노동자를 착취할 수는 없었다. 수익성은 떨어졌고 토지는 경매에 넘어갈 위기에 처했다.

그렇다면 소규모 가업을 상속받지 못한 사람은 어땠을까? 이들은 전망을 도둑맞았다. 그러나 대부분은 전망이 사라진 것을 아쉽게 여기지도 않았다. 그들은 상인이나 소규모 자영업을 극도로 혐오했다. 어쩔 수 없이 생업에 종사하더라도 이들의 욕망은 다른 곳으로 향했다.

알프레트 존 레텔은 해당 청년층에 대해 이렇게 설명했다.

이제 그들은 아버지의 사업체로 되돌아가기 싫었다. 세상은 이미 변했고 사업체를 소생시킬 가망은 없었다. 반면 히틀러의 "권력 장악"에 부역해서 얻어낸 직책에는 확실한 권한이 주어져 있었다. 스스로 프롤레타리아로 전락하는 대신 프롤레타리아 위에 군림할 권한을 약속받았다. "마르크스주의자들"을 철저하게 짓밟을수록 권한은 더 강해졌다.[39]

또한 상대적으로 빈곤한 이중 전선 계층이 다수 존재했다. 이들에게 절실한 것은 몰락할 위협이 아니라 상승 기회의 부족이었다.

농가 출신이지만 학교 성적이 좋았던 청년들은 전문 직업 교육을 받거나 하위직 공무원에 지원할 수 있었다. 하지만 도시생활을 하며 아무리 열심히 일해도 저임금 보조 인력 신세에서 벗어날 수가 없었다. 노동 계급 출신 청년들은 프롤레타리아의 고생에서 벗어나 안락한 "중산층"으로 진입하기를 꿈꾸었다. 이들 모두에게는 충분한 신분 상승이 불가능했다. 그래서 최소한의 안정적 자의식을 키울 수가 없었다. 역경을 극복하면서 사회적 계층 상승을 위해 노력할 수 있는 필수적 전제가 인간적으로 없었던 것이다.

더 나은 삶에 대한 꿈은 실질적으로 파괴되었다. 청년들은 희망을 잃었고 울분으로 가득했다.

거기에 바이마르 공화국의 수많은 이중 전선 계층 청년이 느꼈던 감정이 더해졌다. 그들은 무언가를 빼앗겼다. 자신들이 마땅히 누려야 할 것, 누릴 자격이 있던 것을 빼앗겼다.

독일의 위대한 승리를 이끌어낼 사명감을 지닌 채 제1차 세계대전에 징집되었던 수많은 젊은이는 어마어마한 상실감에 시달렸다. 위대한 미

"2000년 역사의 독일 문화" 퍼레이드
뮌헨 1937

래에 대한 약속과 기대를 품고 전쟁터로 끌려갔다. 그들은 죽음을 무릅썼다. 잠시만 격렬하게 전쟁하면 선택받은 민족이 되어 유럽을 제패하고 더 나아가 세계를 지배할 것이라고 믿었다. 독일인이니까, 가장 우월한 인종이니까.*

군인이 되기 전까지 그들은 금욕과 금지로 가득한 숨 막히는 환경에서 살았다. 그들의 육체에는 온갖 금기와 공포가 가해졌다. 저항과 반항의 욕구는 꾹꾹 눌러야만 했다. 위반에는 죽음의 위협이 가해졌다.

성공은 언제나 머나먼 곳에서 손짓했다. 지리적으로나 시간적으로나. 세계와 미래가 행복을 약속하며 어른거렸다. 가까운 현실에서는 억압된

---

* 에베르스의 주인공 게르하르트 숄츠는 직업이 무엇이냐는 질문에 대답한다. "독일인이오. 그 외에는 없소." (Ewers, *Reiter in deutscher Nacht*, p. 246.)

욕망이 둔갑해 머나먼 대륙, 전원 풍경, 드넓은 우주를 향한 "사랑"으로 나타났다. 역사에 대한 "사랑", 머나먼 지질시대와 행성으로 향하는 탐험, 과거와 미래의 모든 위대한 것. 숲에 대한 "사랑", 헤아릴 수 없는 신비와 따스한 봄날, 온 세상과 연결해주는 따스한 공기 등. 변신들. 우리는 나폴레옹의 발자취를 답사한다. 니벨룽겐의 갑옷이 우리에게서 빛난다. 드디어 때가 왔도다! 새벽 동틀녘의 기마 공격. 창과 창이 맞부딪친다. 공격! 적이 쓰러진다, 성벽이 무너진다. 우리 앞에 빈 공간이 트인다. 맞설 자 없다. 세상은 우리 것이다. "너는 커서 뭐가 될래?" "로마인이요." "제국주의자요." 아이들도 다 아는 정답이었다.[40] 죄다 정복하고 죄다 합병한다. 지배자가 된다. 전진하고 정복한다. 황제 폐하를 위해 죽는다. 멋지다! 그렇게 되고 싶다![41] 해군은 지상 "최고"이며 황제 폐하의 "최강" 병기다.

그렇게 오래 고생한 보람은 있었을까? 학창 시절에는 훈계받았고 생도 시절에는 구타당했다. 병영에서는 기합을 받았고 참호에서는 진흙을 뒤집어썼다. 그러다 패잔병이 되었고 부상만 잔뜩 입었다. 축제의 시간은 끝내 오지 않았다. 이제 잿빛 양복을 입고 사무실에 출근했다. 뚱뚱한 기득권은 본체만체했다. 크리스마스라고 인심 쓰듯 시가 한 대나 쥐여주었다. 이것이 영웅의 숙명이었다. 바다에 내던져진 빈병처럼 끝내 가라앉고 만다. 무대 뒤로 사라진다. 구경하던 숙녀분들은 무정하게도 깔깔댄다.

제국주의도 별것 아니었다. 독일령 서남아프리카에서 헤레로족을 대량학살하기는 했지만, 별로 성에도 안 찼고 1907년에 벌써 끝나버렸다. 중국에서 의화단 운동을 진압하기는 했지만 별로 재미없었다. 규모만 조금 큰 사냥이었을 뿐이다.

평범한 극동아시아 주둔군을 살펴보자.

마지막에는 장교 전용 연회장에서 성대한 환송 파티를 벌일 작정이었다. 식민지 인사 전체가 모여든다. 천만다행으로 숙녀분들은 제외했다. 아무래도 여자들이 끼면 통상 중국에서 놀 듯이 질펀하게 즐기지는 못할 테니까 말이다.[42][킬링거]

식민 통치의 방종이라기에는 너무 초라하다. 독일 총독이나 식민지 생활의 특권은 어디 있는가? 당시 평범한 유럽인 남성이라면 식민지에서 적당히 눈치 보며 뿌릴 수 있는 피가 있었다. 본토에서는 넘치지 않도록 댐으로 막아두었던 폭력성을 식민지에서 방류해 균형을 잡을 수 있었다. 영국의 청년 신사라면 손쉽게 식민지에서 폭력을 휘둘렀다. 백인이기만 하면 얼마든지 구두 바닥이라도 핥게 만들 수 있었다. 그러나 독일 청년은 그러한 기회를 누리지 못했다.

그런데 전쟁에서까지 지고 말았다.

우리는 시대의 아이들이다. 사실은 사실일 따름이다. 만사가 피곤하다. 그냥 피곤하다.[43][윙거]

망신이다. 배신이다. 또 속았다. 정복하고 싶었다. 우리가 고생한 것을 어디에서 보상받나. 평생 사무실 책상 앞에서 살라고? 세상에나. 이렇다면 말이 다르지 않나? 우리는 우월한 인종이란 말이다. 타고난 본성을 억누르고 대자연의 섭리를 거르스면서 월급 800마르크 받고 주당 50시간 일하라고? 적당히 게으름 피우면서?

"여기가 아직도 독일 맞나?" 그가 물었다. 역겨워서 못 참겠다는 표정이었다. "이 친구들이 정말 독일 어머니가 낳은 자식들 맞나? 손도 대기 싫은 저 화냥년들이 독일 여자들 맞아? 정말로 이 성스러운 라인 강가에서 독일 민족끼리 서로 죽인단 말인가? 이민족은 뒷짐지고 구경하는데?”
“폴커.” 뒬킹겐이 달랬다. “작년에 있었던 홍수와 진배없는 거야. 거친 물은 오래 흐르지 못하는 법이지. 홍수는 지나가고 진흙탕은 가라앉아. 곧 부활절일세, 폴커. 부활절. 부활의 날이 오기 전 대청소를 하는 시간이라고 받아들이게.” “독일의 부활은 순순히 찾아오지 않아, 뒬킹겐.” “동감이야. 그래도 가끔 인물들이 나타나서 전망과 비전을 제시하곤 하지.” “또 그놈의 성스러운 형제회 타령!” 폴커는 툭 내뱉더니 가버렸다.[44]

돌파구는 1920년대에 나타났다. “성스러운 형제회”는 언제든 들고일어날 각오가 되어 있었다. “맨주먹으로 역사의 수레바퀴를 되돌리겠다!”

“거칠었던 한밤 속에 우리는 모든 것을 묻어두었다. 신념, 맹세, 욕설, 군가를 유리 파편 더미 속에 묻어 숨겼다. 댄스홀 바닥에 구두굽을 스치며 끽끽거렸고 와인 반병에 취했다. 입을 모아 “계집년들 꺼져라”를 외쳐서 부대 주변 잡상인 아낙들을 몰아냈다. 때로는 지도자에게 열광하면서 행동을 촉구했다. 혹은 “기수” 주위에 몰려들어 몇 시간이고 그의 말에 귀 기울였다. 모두 아니라고 할 때 우리는 옳다고 말했다. 우리 젊은 눈망울에는 뜨겁고 정열적인 희망이 빛났다. 술로 세월을 이기면서 “그날”을 고대했다![45]

“그날”은 여러 번 왔다가 갔다. 그러나 제대로 온 적은 없었다.
군인 남성들은 자신들이 배웠던 것을 고수했다. 자신들에게 절실했기 때문이다. 우리는 지배자다. 지배자의 자손들이다. 독일은 우리 것이다. 유대인의 것도 볼셰비키의 것도 깜둥이의 것도 아니다. 독일은 우리 것이 될 것이다. 우리는 믿었고 느꼈고 원했고 욕망했다. 아직도 느끼고 있다. 앞으로도 그럴 것이다.

그런 우리를, 진정한 독보적 독일 사람인 우리를 세상이 무시한다.

바뀌어야 한다.

우선 모든 것을 박살내야만 한다. 그래야 곧 다가올 제국에서 모든 것이 다시 올바르게 선다.

이른바 "성스러운 형제회"의 군인 남성들은 "국가주의 지하조직"이 되고 돌격대에 들어가고 훗날 친위대가 되었다. 일부는 육군 정규군이 되었다. 뢰벤펠트 여단의 2230명이 육군에 입대했다.[46]

"우리가 졌으면 그건 평화가 아니지." 이토록 확고하게 어이없는 신념은 파시즘 승리의 예고편이었고 제2차 세계대전으로 향하는 전조 현상이었다. 파시즘은 전 세계적 경제 위기 이전부터 자리 잡아가고 있었다. 히틀러 이전, 나치당 이전, 심지어 11월 혁명 이전부터 이미 서서히 나타나고 있었다.

파시즘이 추종자들에게 약속한 지배력은 전쟁 상황을 뛰어넘는 수준의 것이었다.

유럽 전체를 정복한 후 새로운 질서를 수립하려는 것이 히틀러의 계획이었다. 새로운 질서는 이렇다. 생산 현장에서 프롤레타리아 노동 위에 군림하는 모든 기능, 즉 조직 및 관리, 지도와 감독부터 작업반장 및 조장에 이르기까지 그 모든 기능을 "순혈 독일인 우월 인종"이 독점한다. 프롤레타리아가 수행하던 육체노동 및 중노동은 독일에 의해 정복당한 "잡종 인종" 혹은 "열등 인종"에게 시킨다.[47]

1941년에 존 레텔이 쓴 글이다.

프롤레타리아 위에 군림하는 사회적 계층을 만들어내야 할 정치적·경제적 필요성이 있었던 것이다. 일종의 유사 엘리트Pseudo-Elite가 탄생해 프롤레타리아의 길을 막아섰다. 프롤레타리아가 스스로의 노동에 대

자유군단 병사

한 사회화 기능을 장악하고 정치화할 수 있는 길은 막혔다. 또한 닥치는 대로 정복하려는 파시스트의 심리적 강박이 충족될 수 있는 활동 영역이 활짝 열렸다.

1973년에 존 레텔이 추가로 덧붙인다.

> 오늘날 독일 일부 지역, 스위스, 여타 국가에서 시행되는 이른바 "초청 노동자Gastarbeitern" 제도는 히틀러의 이상과 경악스러울 정도로 유사하다.[48]

오늘날 이중 전선 계층 가운데 미처 다 태어나지 못한 자들을 자극해 권력의 일부를 나눠주는 가장 현대적인 정책이 아닐까 싶다.

> 안티파시즘은 "무력"하다. 설상가상으로 뻔뻔하기까지 하다.

> 동쪽과 서쪽의 좌파가 단결하면 갈색 페스트는 썩어서 죽는다.[49]

동독의 가수 겸 시인 볼프 비어만이 "서독"에서 선보인 첫 공연에서 부른 노래다. 새로운 노래에 파시즘에 대한 낡은 태도가 담겼다.

파시즘은 숱하게 비난받고 경멸당했다. 파시즘의 위력을 과소평가하는 오류도 문제지만, 파시즘 추종자들을 암묵적으로 깔본다는 점이 더 심각한 문제다. 게다가 실제로는 서로 살벌하게 대립하는 "안티파시스트"끼리 단결 판타지를 내세워서 균열을 가린다는 점도 심각하다.

파시스트 지도자는 다양하게 묘사된다. 브레히트의 「아르투로 우이의 출세」에서는 조폭으로 그려진다. 채플린의 「위대한 독재자」에서는 어릿광대로 그려진다. 막스 프리슈의 작품에서는 방화범으로 그려진다. 과대망상적 대중선동가, 금융자본가 혹은 독점자본가와 유착한 세력, 마르부르크학파, 혹은 엔첸스베르거가 말하듯 역사적 순간에 기회를 노려서 신분 상승을 달성하는 프티부르주아적 인물 등. 이들은 모두 파시즘이 하나의 국민 운동이었다는 사실을 부정하고 있다. 물론 국민 전체가 가담한 것은 아니지만 말이다.

일하기 싫어하는 불한당 "국물 부대"랄 때는 언제고 행패를 부리고 다니는 "사냥개들"이란다. 과장적 호들갑과 과소평가적 깎아내리기가 공존한다. 언제는 깔보면서 과소평가하고 비웃더니, 조금 있다가는 분노하면서 규탄한다.

독일공산당은 나치당의 승리에 대해 똑같은 대응을 보였다. 자유군단에 대한 태도와 정확히 일치한다. 대수롭지 않다는 듯 "확신"한다. 나치는 워낙 무능해서 정권 잡은 지 몇 달 못 가 스스로 백기를 들 것이라고 장담했다. 혹은 각성한 국민의 손에 비참하게 쫓겨날 것이라고도 했다. 이들은 파시스트 정권의 권력 유지 능력을 막연하게 비난했다. 죄 없이 억울하게 탄압받는 사람의 심정만이 절실했던 것이다. 그런 사람은 많았다. 독일공산당 지도부만 그랬던 것은 아니다.

겉으로는 대립하는 듯해도 양측 모두에게 일종의 남성적 공통점이 보인다. 이러한 평가, 논평, 해석의 이면에는 총통이라는 저 웃기는 놈보다는 내가 훨씬 더 낫다는 공격성이 은폐되어 있는 것이다.

이들은 세상이 자신을 알아주지 않는 것이 모욕스럽다. 자신이 추종하지 않는 총통을 비웃는 능력은 역으로 자신이 추종하는 총통을 숭배하는 능력과 동일하다. 말하자면 동전의 양면이라는 것이다.

히틀러 총통은 결코 웃기지 않았다. 때때로 의도적이거나 허용 가능한 정도의 우스꽝스러움만 있었다. 「의지의 승리Triumph des Willens」를 본 후 그런 생각이 들었다. 기록영화는 "감독: 레니 리펜슈탈트"[50]라는 오프닝

이륙 직전

크레디트로 시작된다. 아무런 논평 없이 한 여성의 시선으로 1934년 뉘른베르크에서 개최된 국가사회주의 독일노동자당의 불꽃같은 전당대회를 바라본다. 파시즘의 본질에 대해서 어떠한 공산주의자의 분석보다 훨씬 더 많은 것을 보여주는 영화다.

교향악이 파도치는 와중에 새로 태어나듯 영화가 시작되면 첫 1분 남짓 동안 빈 화면만 계속된다. 드디어 첫 장면이 마치 결론처럼 인상적으로 등장한다. 과거의 결말, 버려진 역사, 혼란의 역사다.

돌로 된 제국 독수리가 거대하게 날개를 펼쳐서 관객을 보호하듯 감싼다. 이 영화가 보호의 축제를 그려낸 작품이라는 듯 보인다. 축제에 참여하는 사람은 보호받는다. "우리와 한편이 되면 아무도 못 건드린다." 영화는 구원의 왕국에서 시작된다.

파시즘은 하늘로부터 역사 밖에서 내려온다. 드높은 구름 위를 날아가는 비행기에서 내려다본다. 화면에 보이지는 않지만 비행기가 왜 오는지 모두 알고 있다. 총통이 뉘른베르크로 오신다. 관객들은 한동안 총통의 시선으로 상공에서 활강하면서 뉘른베르크를 굽어본다. 비행기 소음은 들리지 않는다. 깃털처럼 가뿐하다. 나치의 당가 「호르스트 베셀의 노래」가 사색적으로 느릿느릿 연주된다. 깃발을 높이 들어라…….

영화가 시작되기 전에 기념비에 새겨진 날짜가 화면을 가득 메운다.

1934년 9월 5일.
세계대전 발발 20년 후
독일의 고난 시작 15년 후
독일의 부활 19개월 후

한편으로 총통은 추상적 존재다. 비물질적 영역에서 파견된 사절이다. 융커스 Ju 52 전투기를 타고 하강하여 물질화된다. 다른 한편 영화 초반에 관객은 총통의 시선으로 세상을 본다. 그렇게 형성된 총통과의 친밀감이 영화 내내 지속된다. 수많은 근접 촬영으로 총통의 얼굴을 보여주고 군중 속의 개별 얼굴들을 교차하여 보여줌으로써 소통의 느낌이 계속해서 갱신된다.

비행 장면에도 중대한 반전이 숨어 있다. 지상에 집결하는 군중 위로 총통 비행기의 그림자가 덮인다. 이미지는 처음에는 원초적 공포로 다가온다. 마치 맹금류가 덮쳐오듯, 거대한 독수리에게 습격당하는 듯한 느낌이다. 그러다가 곧 보호의 이미지로 바뀐다. 그림자가 어른거리다가 착륙한다. 평화롭다. 사람들이 손을 흔든다. 아무도 납치당하지 않는다. 이제껏 없었던 감정이 드디어 생겨났다. 처음에는 공포를 자아냈던 것이 이제는 보호를 제공한다. 감정은 두 배로 강렬해진다.*

드디어 히틀러가 비행기에서 내린다. 그는 약간 어색해한다. 곧 시내

곳곳을 돌아다니며 카퍼레이드를 시작한다. 그 순간 갑자기 깨닫는다. 히틀러가 보인 어색함은 의도되었거나 혹은 허용 가능한 범위였던 것이다. 이는 친근감의 표현으로 작동한다. 총통도 그냥 사람이다. 하늘에서 오신 분이 아니다. 높은 곳으로 올라갔다가 되돌아서 내려온 사람이다. 국민 곁으로 돌아왔다. 그가 있을 곳은 국민 곁이다. 그는 "높은 곳"의 대리인이 아니다. 그는 국민의 대리인으로서 높은 곳에 올려보내졌던 것이다.[51]

그렇다고 해서 총통에 대한 비판이 허용되는 것은 아니다. 영화에서도 볼 수 있듯 공공연한 흠결을 비판하는 것마저 포괄적으로 금지된다. 그렇기 때문에 이 장면은 특별한 가치를 지닌다. 총통의 어색함과 우스꽝스러움은 명시적으로 긍정된다. 그를 통해서 본질적으로 대중의 우스꽝스러움도 함께 긍정된다. 총통은 오류가 없다. 오류가 있어서는 안 된다. 이는 아래로부터 치솟는 욕망이다. 교황처럼 위에서 내려오는 금지가 아니다. 총통 비판이 금지된다는 것은 결국 국민의 자기 보호다.

날이 저문다. 횃불 행렬과 행진가 연주가 이어진다.「뤼초 장군의 용맹한 사냥Lützows wilde verwegene Jagd」「신이여, 강철을 일구소서Der Gott, der Eisen wachsen ließ」 등이 히틀러가 묵고 있는 호텔 앞에서 연주된다.

밤과 함께 역사가 찾아든다. 밤안개가 감도는 뉘른베르크, 오랜 역사의 뉘른베르크, 전원적인 뉘른베르크, 으스스한 뉘른베르크, 깃발의 도시 뉘른베르크의 광경이 이어진다. 잠들어 있는 독일의 역사 신화가 보인다. 독일적 본질이 격정적으로 혹은 비극적으로 그려진다. 독일의 온갖

---

* "나는 히틀러에게서 19세기 세계의 보존을 봤다. 그는 혼란스러운 대도시 세계에 맞섰다. 나는 우리의 미래 운명을 두려워했다." Albert Speer, *Spandauer Tagebücher*, p. 219. 그래서 알베르트 슈페어는 거대한 건축 양식에 보호와 안전이라는 특징을 강조한다. 도시의 해체적 삶에 맞서려는 것이다.

모습이 여기에 모여서 깨어난다. 역사적 장소에서 전당대회가 열린다.

　새벽 종이 울린다. 종탑이 페이드아웃되면서 대형 야영지 풍경으로 전환된다. 새로운 등장인물들이 소개된다. 나란히 줄지은 텐트들이 끝도 없이 펼쳐져 있다. 독일식 질서가 정연한 인디언 놀이다. 아침 기상 시간이다. 모두 웃통 벗고 다리를 드러내고 몸을 씻는다. 호스로 물을 뿌린다. 다들 즐거운 모습이다. 짧게 자른 머리카락을 단정하게 빗는다. 동료들끼리 서로 머리도 빗겨주고 등에 비누칠도 해준다. 장작을 나르고 불을 피운다. 뚱뚱한 조리사가 거대한 솥을 휘젓고 있다. 다들 식기와 반합을 들고 줄을 선다. 조식 후에는 씨름, 차전놀이를 즐긴다. 5인 1조의 마차놀이도 있다. 한 명을 네 명이 태우고 결승점으로 달리는 경주다. 여러 명이 두꺼운 천에 한 명을 태우고 공중으로 헹가래를 친다. 카를 마이의 인디언 모험 동화, 게르만족 로망스가 가족의 울타리를 벗어나 자유를 누린다. 청소년들이 활짝 웃는다. 못생긴 얼굴마저 잘생겨 보인다. 이들이 자라나서 훗날 대열을 이루었다. 나치즘이 과시한 매력의 비결은 바로 이러한 개방성이었다. 나치당과 함께라면 삐뚤삐뚤 울퉁불퉁 못생긴 얼굴이라도 아름답다. 발딱 귀, 삐뚤어진 입, 움푹 꺼진 눈, 딸기코, 통뼈, 심지어 뚱보*라도 엘리트가 될 수 있었다. 나치 운동의 일원으로 소속된다는 것은 바로 최고의 국민, 독보적 인종에 속한다는 뜻이다. 리펜슈탈이 보여주려는 것이 바로 이것이다.

　그렇지 않았더라면 어떻게 그 많은 덜떨어진 자들, 미처 다 태어나지 못한 자들이 벌떼처럼 모여들 수 있었겠는가? 너무 합리적이고 아버지처럼 엄격한 공산당에 모여들 수 있었겠는가? 「의지의 승리」는 이 차원에서의 거대한 힘을 보여준다. 이들은 자신을 버리고 **결속됨**으로써 해

---

* 　물론 심한 뚱보는 안 된다. 제복착용불능성 때문이다.

독일
음악의 나라

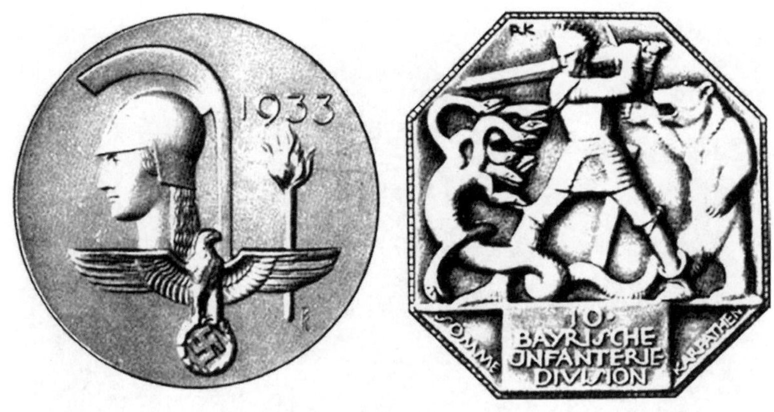

전당대회 포스터

방을 경험한다. 자신의 결핍을 메워주는 곳에 스스로를 끼워맞춰 거대한 질서에 흡수된다.

전당대회에서 이들은 끝없이 외친다. 하일 하일 하일 하일 하일. 치유 Heil한다. 더 이상 망가지지 않으련다. 지금 이 순간부터 영원히. 영원한 삶이 지금 여기서 이루어진다. 진정으로.*

노동자들, 히틀러 유겐트, 정당 지도부, 돌격대 앞에서 히틀러는 연설로 이를 확인하고 다짐하며 치하했다. 히틀러의 연설은 계단식으로 고조되면서 청중이 가슴에 품은 기대를 훌쩍 뛰어넘으며 충족시키는 구조로 되어 있다. 나치당 직속 지도부에 그는 이렇게 말했다. 우리는 "어떠한 세속적 권력으로부터도" 명령을 받지 않는다. "우리를 창조하신 신께" 호소한다. "국가가 우리에게 명령하는 것이 아닙니다. 우리가 국가

---

* 이 영화의 미적 감각은 포지티브한 방식으로 작동한다. 위협적으로 느껴지는 것을 네거티브하게 제거해서 달성하는 아름다움이 아니다. "철모 아래 독일 얼굴이 아름답다. 유대인이 없기 때문이다"라는 제거의 미학이 아니다.

프랑크푸르트 종합병원의 벽화

에 명령합니다!" 기동군장을 갖춘 5만2000명의 노동봉사단원에게 히틀러는 이렇게 말한다. "앞으로는 노동봉사단 공동체에 들어오지 않은 자는 독일 국민 공동체에 속할 수 없는 날이 올 것입니다!" 5만2000명의 조각상 같은 청년들이 독일 국민 전체를 대표하듯 행진한다. 히틀러가 청소년들에게 말한다. "우리 기성세대가 사라진 후에는 여러분이 깃발을 이어받아야 합니다. 우리가 무無에서 들어올린 깃발을 여러분의 손으로 지켜내야 합니다. 훌륭하게 해내리라 굳게 믿습니다. 여러분은 우리의 피와 살을 물려받았기 때문입니다. 여러분의 젊은 두뇌에는 우리를 지배하는 정신이 불타오르기 때문입니다."

히틀러는 연설로 청중을 쓰다듬고 애무한다. 자극하고 우뚝 세운다. 영화 속에서 연설이 거듭될수록 히틀러의 능력은 점점 더 인상적이고 매력적으로 보인다. 그 누구도 대체 불가능한 능력이다. 마침내 그가 아름다워 보이기 시작한다.

선동 정치인? 아니다. 참여 청중의 욕구를 전면 부인하는 비난일 뿐이다. 게다가 총통은 연기를 하고 있는 것이 아니다. 이는 총통이 청중에게 제공하는 무엇인가를 놓치고 있다. "종교 대체물"? 천만에. 진짜 종교다.

마르틴 루터의 찬송가 「내 주는 강한 성이요」 대신 「호르스트 베셀의 노래」를 부른다. "깃발을 높이 들어라, 대오를 굳게 유지하라" "온 세상이 악마로 가득해도 우리는 기필코 해내리라". 히틀러 소년 날쌘돌이가 부른다. "제아무리 목표가 고되더라도 우리 소년들은 해낸다."

이들은 신이 죽었다는 것을 안다. 신에게서 거둔 믿음을 다른 곳에 둔다. 교회보다 앞서가는 종교다.

깃발이 우리 앞에 펄럭인다,
우리 모두를 미래로 이끈다.
우리 깃발이 새로운 미래다.
우리 깃발이 영원으로 이끈다.
우리 깃발은 죽음보다 강하다.[52]

"죽음이여, 네 가시는 어디 있느냐. 지옥이여, 네 승리는 어디 있느냐."[53] 히틀러의 말이 권력을 장악하기 위한 술책에 불과할지도 모른다고 의심했다면, 그 의심은 전당대회 마지막 연설에서 여지없이 박살난다. 연설 효과는 그저 "수사학적" 기교에서 나오지 않는다. 히틀러 연설의 마력은 각각의 상황과 욕망을 말로 담아내는 출중한 능력에서 나온다. 눈앞에 펼쳐진 청중 가운데 강렬하게 떠도는 응집된 기운을 끌어올리는 능력이다. 청중의 부서진 육체에 딱 어울리는 치유의 말을 들려주는 것이 히틀러 연설의 천재성이다. 연단에서 울리는 것은 자본의 판타지가 아니었다. 또한 자본의 꼭두각시도 아니었다. 가장 중요했던 콤플렉스는 바로 "사나이들 세계 속의 사나이"가 되는 것이었다.[54] 총통은 그중에서 "가장 값진" 사나이였다. 그 시대 언어로 말하자면 파시즘적 사나이됨이다. 당시는 "남자의 가치가 땅에 떨어진" 시절이었다.

제6차 전당대회가 막바지에 이르렀습니다. 우리와 함께하지 않는 수백만 독일인은 정치적 위력 과시를 위한 거창한 연극에 불과하다고 깎아내리겠지만, 구름처럼 모여든 우리 수십만 전사에게는 달랐습니다. 함께 투쟁했던 옛 동지들을 만나는 소중하고도 뜻깊은 자리였습니다. 아마 몇몇 동지는 우리 당의 압도적 병력 위용에 가슴이 벅차오르면서도, 국가사회주의자로 살기 힘들었던 과거가 떠올라 마음 한구석이 저려왔을 것입니다.[하일!]

고작 일곱 명의 당원이 전부였던 초창기부터 우리 당은 두 가지 기본 원칙을 확고히 했습니다. 첫째, 진정한 세계관 정당이 되리라! 둘째, 타협 없이 독일의 유일한 집권당이 되리라![하일!]

오랫동안 우리는 소수 정당 신세였습니다. 가장 값진 투쟁 의식과 희생정신을 국가를 위해 발휘했기 때문입니다. 시대를 막론하고 이는 다수가 아닌 소수인 법입니다![하일!]

그러나 독일인의 인종적 최우수성이라는 긍지와 자부심은 독일 제국의 지도력과 국민을 용기 있고 대담하게 일깨웠습니다. 점점 더 많은 수의 국민이 지도력에 동참하고 복종했습니다.[하일!]

이제 독일 국민은 행복을 찾았습니다. 허울 좋은 허상들의 도피가 드디어 종식되었기 때문입니다. 흔들리지 않는 중심축이 우뚝 섰습니다![하일!]

우리가 지닌 최고의 혈통을 자감하고 자각함으로써 더욱 드높고 더욱 결연하게 국가를 지도하겠습니다. 국가 지도력을 유지하고 관철하여 다시는 빼앗기지 않겠습니다![하일]

국민 중에서도 극소수만이 진정 열정적인 투사로 탄생합니다. 이들은 다른 수백만 동지보다 훨씬 더 많은 사명을 완수해야만 합니다. "나는 믿는다"고 고백하는 것으로는 부족합니다. "나는 싸우겠다!"고 맹세를 해야 합니다![하일]

앞으로 당은 독일 국민 중에서 정치 지도층을 발탁할 것입니다. 당의 교의는 변함없을 것이고, 당의 조직은 철통같을 것이며, 당의 전략은 유연하면서도 융통적일 것입니다. 당 전체는 기사단처럼 일사불란할 것입니다.[하일]

목표가 정해졌습니다. 모든 훌륭한 독일인은 국가사회주의자가 될 것입니다. 최고의 국가사회주의자는 우리 당원 동지들입니다![하일, 지크 하일, 지크 하일!]

과거 우리의 적들은 때때로 금지와 박해의 물결로 쳐들어와서 우리 안에 섞여 있던 경박하고 쓸모없는 자들을 휩쓸어가곤 했습니다.

오늘날 우리는 스스로를 검열하여 바람직하지 않을 요소를 배척해야만 합니다. 그리하여…… [하일……]

그리하여 우리답지 않은 것을 척결해야 합니다.[하일]

우리는 원하고 또 바랍니다. 이 나라 이 제국이 앞으로도 수천 년을 이어가기를! 우리는 기쁩니다. 미래가 오로지 우리 것임을 알기에![하일]

행여 나이 든 세대가 흔들린다 해도 젊은이들이 우리를 꾸짖고 바로잡을 것입니다. [하일을 외치는 우레 같은 소리에 잠시 연설 소리가 묻힌다] 몸과 마음을 다하여![하일] [지크 하일, 지크 하일, 지크 하일]

오직 우리 모두가 당과 함께 최선을 다할 때, 모두가 국가사회주의 사상과 본질을 철저히 구현할 때, 당은 독일 국민과 제국의 영원한 불멸의 기둥이 될 것입니다. 오랜 무장의 역사를 자랑하는 독일 국민의 명예로운 군대! 그에 못지않게 오랜 전통으로 굳건해진 우리 당의 정치적 지도력! 당과 군대가 나란히 손잡고 독일 국민을 함께 지도하고 단련합시다! 독

일의 국가 독일의 제국을 떠받치는 두 어깨가 됩시다! [하일]

몇 시간 후면 수만 명의 당원 동지가 이 도시를 떠날 것입니다. 어떤 이는 기억의 여운을 되새길 것이며 어떤 이는 다음 행동을 위해 마음을 다잡을 것입니다. 오는 사람이 있는가 하면 가는 사람이 있을 것입니다. 언제나 새로운 감동과 행복과 열광이 있을 것입니다. 사상과 행동은 우리 국민의 생명력이자 영원의 상징입니다. 국가사회주의 운동이여, 영원하라! 독일이여, 영원하라! [하일을 외치는 함성이 계속된다. 루돌프 헤스가 단상에 올라 마이크를 잡지만 한동안 말문을 열지 못하다가 드디어 입을 뗀다.] "당이 히틀러입니다. 히틀러가 독일입니다. 독일이 곧 히틀러입니다! 히틀러 지크 하일!"

모두 한목소리를 낸다. 하일을 부르짖는 가운데 나치 당가를 제창한다. "깃발을 높이 들어라."

발터 벤야민은 역사학자들에게 "심각한 왜곡 속 아름다움"에 주목하라고 촉구한 바 있다. 레니 리펜슈탈에게는 이 말이 해당되지 않는다. 그녀는 "왜곡"이라는 개념과 느낌 없이 대상물에서 "아름다움"만을 촬영하고자 했다. 전당대회를 그대로 담았을 뿐 "왜곡"하지 않았다. 그녀의 시선은 이론적이지 않으며 무의식적으로 사물을 인식하지만 결국은 근본적이다. 아름답다고 본 것을 아름답게 보여준다. 어찌 보면 "왜곡 속 아름다움"을 대놓고 보여준다고 말할 수도 있겠다.

"몽타주 기법"의 왜곡 역시 대놓고 보여준다. 그녀는 조화를 달성한답시고 몽타주 기법으로 편집하지만, 결국 정반대를 몽타주해낸다. "사실적" 대상의 폭력적 조화가 해체되고 만다. 그런 점에서 리펜슈탈은 살바도르 달리와 유사하다.

빌헬름 라이히는 "파시즘적 성격"의 형성 조건을 탐구했다. 심리적 현실을 기반으로 파시즘에 맞설 공산주의 전략을 세우려는 이론적 시도였다. 잘 알려진 대로 바이마르 공산당은 그를 제명했다.

라이히의 접근에 많은 오류가 있었던 것은 사실이다. 라이히는 1952년 아이슬러 박사와 가진 인터뷰에서 독일공산당 같은 정당과 "성 정치학"을 논할 수 있다고 믿었다니 자신이 어리석었다고 말했다. 사실 어떤 정당과도 안 될 일이었다.[55] 들뢰즈와 과타리는 라이히의 시도를 이렇게 논평했다. "지도부는 오히려 '욕망이라는 말을 들으면 난 권총을 뽑지'라고 대답하는 경향이 있다."[56] 1952년 당시에는 라이히도 별반 다를 게 없는 입장을 취했다. 한편으로 레닌을 숭배하면서 다른 한편 후기 라이히를 광인이라며 이단화하는 오늘날의 "라이히주의자"들도 마찬가지다.

라이히는 심리적 현실이란 개념을 "주관적 요인"이라는 꼬리표로 만들어 좌파 의식에 붙였으면서도 반성하지 않았다. 이 개념은 오늘날까지도 지속되고 있으며 해악 역시 심하다. 기술 관료들이 말하는 "요인"도 유사하게 무책임한 개념이다.

들뢰즈와 과타리는 라이히를 한편으로는 높이 평가하면서도 다른 한편 신랄하게 비판했다.

라이히는 욕망과 사회장의 관계라는 문제를 맨 처음 제기한 사람이리라. 그는 이 문제를 가볍게 다룬 마르쿠제보다 더 멀리 가고 있다. 라이히는 유물론적 정신의학의 참된 창시자다. 라이히는 이 문제를 욕망의 견지에서 제기함으로써, 대중은 속고 기만당했다고 너무 성급하게 말하는 요약식 마르크스주의의 설명들을 거부한 최초의 사람이다. 하지만 라이히는 욕망적 생산이라는 개념을 충분히 형성하지 못했기 때문에 경제적 하부 구조 자체 속으로의 욕망의 삽입, 사회적 생산 속으로의 충동의 삽입을 규정하는 데까지 이르지는 못했다. 이렇게 해서, 라이히에게는, 혁명적 투자란 욕망이 거기서 단순히 경제적 합리성과 일치하는 그런 것으로 보였다. 또 대중의 반동적 투자들에 관해 말하자면, 라이히에게는, 이것들은 이데올로기와 관계되는 것으로 보였다. 그래서 정신분석의 유일한 역할을 주관적인 것, 부정적인 것, 금지된 것을 설명하는 데 그쳤으며, 정신분석 자체로는 혁명적 운동의 적극성이나 욕망적 창조성에 직접 참가하지는 않았다. 이것은 모종의 방식으로 오류나 가상을 다시 도입하는 것 아니었을까? 라이히가 욕망의 이름으로 정신분석 속에 삶의 노래를 건네주었다는 사실은 여전히 남아 있다. 프로이트주의를 최종적으로 포기함에 있어, 라이히는 삶에 대한 공포, 금욕적 이상의 재등장, 양심의 가책이라는 문화의 거품을 고발했다. 이런 조건들 속에서 정신분석가이기를 계속하느니 차라리 오르곤을 찾아서 욕망의 생생하고 우주적인 요소로 떠나는 것이 훨씬 더 낫다고, 그는 말했다. 아무도 그를 용서하지 않겠지만, 프로이트는 라이히를 크게 용서했다. 라이히는 정신분석 기계와 혁명 기계를 함께 기능시키려 한 최초의 인물이었다. 그리고 마지막에 라이히는 자신의 욕망 기계들만을, 양털과 모직으로 장식된 금속 내벽을 갖춘 자신의 독신 상자들, 기적 상자들, 편집증 상자들만을 갖고 있었다.[57]

인간의 욕망 생산은 생명력이건 파괴력이건 간에 현실적 힘이다. 산업 생산을 조직해내며 온갖 형태의 사회적 삶을 만들어낸다. 단, 다양한 조건 아래서 이루어질 뿐이다. 마르크스 추종자들 중 일부는 자본주의적 생산 과정에서 혁명적 인간, 즉 "프롤레타리아"가 대량으로 발생할 것이라 예상하며 기대했다. 그러나 이들조차 한 가지는 인정해야 했다. 고도로 발달했던 당시 독일의 산업 생산력은 충분한 자유를 누리면서도 생명을 생산하는 인간형을 만들어서 사회적 대치 상태에 투입하지 못했다. 그랬기에 독일 군부와 겨뤄서 이길 수 없었고, 이중 구속에 얽매인 이중 전선 계층에도 맞서지 못했다. 기만당하고 상속도 부정당하고 미처 다 태어나지도 못했던 반편이들, 삶을 영위할 능력을 빼앗긴 인간들,

공포로 가득했던 교육 기관과 생산 기관에서 배출되는 인간들에게 시종 일관 치이고 밀려나고 말았다. 그렇다면 이 모든 것이 포괄적 산업화를 통해서 미리 "평정"되었어야만 파시즘의 싹을 잘라 진압할 수 있었을 까? 그런 식으로 가정하자면 논의는 끝도 없을 것이다.

계급과 계층의 "진정한" 이해관계를 정치적 전략의 기본으로 삼아야 한다는 당위론은 파시즘에 희생된 사람들에게는 모욕에 가까운 소리다. 그처럼 한가한 오류 때문에 많은 이가 목숨 혹은 이민이라는 비싼 값을 치러야만 했다. 동독 집권당인 독일사회주의통일당SED의 과거와 현재 의 지도층 역시 이러한 오류에 빠져 있다. 서독의 "마오주의" 공산당 좌 파 역시 사회주의 통일당 및 독일공산당과 완전히 동일한 입장을 취한 다. 정치적 입장은 실질적으로 똑같은 사람들끼리 서로 열심히 미워하 고 있다. 사회적 생산력으로서의 인간 욕망을 부정한다는 점에서 양측 은 똑같다.

"경제주의자" "기계적 적용자" "교조주의자" "실용주의자" "긍정론자" "스탈린주의자" "레닌주의자" "트로츠키주의자" "마르크스주의자" "공 산주의자" "자유주의자" "마오주의자" 기타 등등. 이들 모두는 어떤 형 태로든 "근원적" "객관성"에 대한 믿음을 공유한다. 생산관계, 특정한 역사적 상황, 혹은 단순한 "다원주의" 객관성 등 모종의 객관성을 근본 원리로 삼고야 마는 믿음이다. 그들은 믿음에 맞춰서 자신을 조직한다. 생산력으로서의 욕망을 배제하려는 사고방식은 스스로의 조직원에게 폭압으로 작용한다. 그들의 공통분모는 자기부정이다. 하나같이 거대 조직이 되려들거나 혹은 거대 조직을 창설하려고만 든다. 주요 창조 수 단은 배제다. 깨끗한 이론의 식탁보 위에서 세균을 색출하는 사냥꾼들, 육체 갑옷의 국경수비대.

영웅 행세를 즐기는 남자들은 고뇌의 머리를 스스로 만들어낸 정치 적 강풍 속에 들이민다. 먼 곳 어딘가에 해방이 이뤄졌다면서 무작정 동경한다. 소련, 중국, 스파르타, 남태평양 등을 꿈꾼다. 얼마나 먼 곳인지는 상관없다. 이른바 "미래"라는 것은 남성적 자아 혹은 남성 연대가 작동한 결과다. 사람은 미래로부터 기쁨을 뽑아올 줄 알아야 한다고 일찍이 마야콥스키는 노래했으나 안 될 노릇이었다.[58]

미래를 내다보는 자는 정작 눈앞을 못 본다. 그래서 "새로운 천사 Angelus Novus"는 천국에서 불어오는 바람에 떠밀려 미래로 가면서도 그 바람을 등지고 있다. 그는 남자가 아니다.[59]

어떤 이들은 미래를 꿰뚫어보거나 혹은 다음 세상을 내다본다고 주장한다. 자신이 마치 육체 없는 존재인 양 행세한다. 관점의 허구, 영원의 기념비, 혹은 거대한 기계의 경첩 따위가 되어 스스로의 육체성을 버리고 식민화된 육체에게 짐을 전가한다.

기본 결함 단계에서 벗어나 갈등 단계로 나아가는 것이 불가능했던 이들 청년은 도저히 부모를 거역할 수 없었다. 마치 독일 혁명을 중국식 해법으로 돌파하는 것만큼이나 불가능한 일이었다. 이들에게 자신의 육체는 추상적인 영역이었으며 점령된 영토로 버려져 있었다.

1870년에서 1920년 사이에 태어났던 당시 독일의 청년 세대는 자신들에게 부과된 강압적 "교육"에 맞서느니 차라리 세상 절반을 공중으로 폭파시켜버리고 수백만 명을 죽이는 길을 선택했다. 심지어 그편이 더 옳다고 믿었다. "부모님께 말대꾸하지 마라"라는 말은 온갖 살상 계획의 서문과도 같았다.

그들이 소수의 제한적 집단에 불과했더라면 별다른 영향을 미치지 못했을 것이다.[60]

합리성을 표방하는 정치경제학에 비하면 경제주의에는 부르주아 학문의 흔적이 훨씬 더 많이 남아 있다.

독일 및 대부분 유럽 국가의 노동 정당들은 "마르크스주의자"가 된 부르주아가 이론적으로 장악하고 있다. 이는 정치경제학적 분석이 예전부터 지금까지 전략 논쟁의 중심을 차지하고 있기 때문이다.

정치경제학적 문제의식이 중심적이라는 것은 부르주아적 개인 특유의 모순이 발휘된 결과처럼 느껴진다. 즉, 계획적 연구 능력, 자연 착취 능력 및 스스로의 본성에 대한 무지 등이다. 부르주아적 자아는 세상을 조작, 정복, 인식 가능한 대상으로 여긴다. 감정의 정량화 가능성이라는 발상, 지배를 염두에 둔 심리경제학이라는 발상 등은 부르주아적 자아에게 매력적이기만 하다. 하지만 정작 자기 자신은 드넓은 지도에 찍힌 흰 점에 불과하다. 즉 검은 대륙이다.

언젠가 프로이트는 여자의 정신은 정신분석학이 도달할 수 없는 어둠의 대륙이라고 말했다.[61] 그러나 기본적으로 똑같은 말이 "남자"와 자기 자신에게도 적용되지 않을까? 성별을 서로에게서 고립시켜 이해할 수 있으리라는 생각, 고립된 자아라는 전형적인 생각, 그것이 부르주아적 남성 – 개인이다.*

수치화, 도식화, 통계화, 원가 계산, 투자 비용, 인력 내구성의 경험적 수치 분석 등등을 남성 – 개인은 "이해"의 전부라고 여긴다. 파악하고 통제하고 이해 가능해야만 한다.

마르크스주의 정치경제학 및 심리모형적 사고는 기업가의 공장 조직 능력에 맞서는 대항마 중에서는 최악의 방식이다.

공산주의 전략 논의에서 정치경제학이 지배적 위치를 차지한다는 사

---

* 이 고백은 자기모순적일 뿐 아니라 남성 "부르주아적" 인식의 경계를 드러낸다. 정작 프로이트가 초기 정신분석학을 창시하게 된 것은 여성 환자들을 통해서였다. 그가 개발한 치유 방법론 역시 어둠의 대륙에서 발견하게 된 것이 아닌가? 자신이 꿰뚫어볼 수 없던 어둠을 인식한 것이 아니었던가? 프로이트가 탐구해낸 대륙은 자아/이드/초자아 구조를 지닌 남성의 정신이었다. 이것이야말로 이데올로기적이며 문화적으로 결정된 "발견"이 아닐까? 이러한 자아는 분열 속에서 살아가면서 스스로 빛을 밝히지 못하는 곳을 "인식"한다.

❶ 일상은 계속된다.
　집 / 사무실 / 공장
❷ 자본주의 아래서는……
　"서명만 살짝 해주시면 됩니다."
❸ 공산주의 아래서는……
❹ 혹은 또 다른 체제 및 무법천지
　"이게 체제 맞지?"
❺ "체제 탓인가, 아닌가, 나는 몰러 몰러."
❻ "오늘의 뉴스를 전합니다. 세상이 엉망진창입니다, 여러분."
❼ "오늘은 좋은 일이 있나 보자."
　"대체 뭐래!"
❽ "아직도 희망을 가질 수 있을까요?"
　"내 말을 믿으세요. 무희망이 유일한 희망입니다."

❶ 성인들께서 오셔서 우리에게 길을 보여주시었으나 우리는 궁둥이를 걷어찼을 뿐이다! / "몰매 때리자!" / "호모 새끼!" / "히틀러 시절이었으면 강제노역 시키는 건데." / "형제들이여, 평화를!" ❷ 청년 시절에는 희망과 낙관이 가득하다. / "어쩌구 저쩌구 어쩌구." ❸ 좀더 나이가 들면 지긋지긋한 삶의 현실을 깨닫는다. ❹ 그러다 마침내 늙고 지친다. 이루지 못한 꿈 때문에 실망하고 운명에 배반당했다. 너무 괴로워서 얼른 죽고만 싶다! ❺ 1만 년 동안 인류는 이유를 물었다. 1만 년 동안 구원을 갈구했다. ❻ 여자 만나서 결혼을 하느니 지구 전체를 폭파시키는 게 낫겠다! / "화가 난다!" ❼ 모든 문제에 대한 해답은 멍하니 손놓고 아무것도 안 하는 것이다.

실은 공산주의자 이론가 입장에서 기업가의 착취 조직화의 원리를 이해하는 것이 노동 대중의 고통을 출발점으로 삼아 해방의 정치학을 추구하는 일보다는 인식론적으로 더 쉽게 느껴질 것이라는 뜻이다. 정신분석학에도 이와 유사한 결여가 존재한다. 고통의 문제를 인간의 가능성을 상상하는 출발점으로 삼는 것이 아니라 "건강"이라는 개념으로 이해하는 것이다.

정치경제학적 이론은 좌파에게 상당한 압력으로 작용한다. 오죽했으면 빌헬름 라이히는 파시즘의 대중 심리를 논하는 마당에 대중의 계층과 계급의 규모를 수치로 파악한 표를 제시하기까지 했겠는가. 물론 워낙 적은 수치의 자료였고 해석의 여지가 분분했기에 통상의 정당 선전물과 크게 다를 바 없는 표였다. 물론 라이히는 입맛대로 표를 왜곡해서 사용하기는 했다.[62]

그는 또한 인간은 스스로의 "계급적 처지"에 따라 행동한다는 검증되지 않은 가정에 동조했다. "존재"는 의식을 규정하며 "생산 영역"에 자동으로 귀속된다는 경제주의적 관점을 암묵적으로 맹종했다. 분명 저서 곳곳에서는 "인간은 자신이 수행하는 모든 물질적 생산의 기초 그 자체"[63]라는 마르크스의 말을 인용하여 반박했음에도 말이다.

때로 모순이라는 것은 옳은 해법을 제대로 알아도 해결 못 하는 것일 수도 있다. 한 맥락에서 "옳은" 말씀을 "옳은" 곳에 적용해도, 다른 맥락에서는 아무리 꾀를 짜내어 조심해도, 자신의 비판에 스스로 걸리는 함정에 빠질 수 있다.

결국은 남성적 자아와 세계의 관계성이다. 이는 권력의 관계성이며 폭력이 자행되는 관계성이다. 여기서 주관 – 객관 – 대립성은 절대 끝나지 않는다. 권력관계가 낳은 결과물이기 때문이다. 그 모든 "종합Synthese" "매개Vermittlung" "승화Sublimation"는 권력관계 내에서 부정된다. 바람직한 총체성이라는 허구가 왕좌에, 더 "숭고한 영역"에, 추상적 권력

의 영역에 오른다. 전체는 결코 진리가 아니며 한 번도 진리였던 적이 없다. 전체는 폭력이다. 반쪽짜리나 개별적인 것을 도무지 내버려두질 않는다. 그러나 인간은 언제나 불완전하고 제각각인 존재다.

"매개"라는 것은 교묘한 기만이다. "총체성"이 아니라 "단일성"이 아니라, 오직 다수성, 절반, 혹은 개별성, 이면성, 혼란성, 미시무질서성 등이 끝없이 이어질 뿐이다.

그래서 어쩌자는 거냐고?

……마지막 한 문장으로 숭고한 이론을 드높이거나 혹은 심오한 진실로 침잠해서는 안 될 일이다. 그렇지 않은가?

부록

현재 학계에서 파시즘을 둘러싼 격론은 크게 두 가지 이론으로 요약되는데, 부르주아 사회 내에서 파시즘 국가가 어떻게 기능했는지가 논란의 핵심이다.

두 이론 모두 이해하기 용이한 명칭을 갖고 있다. 하나는 이른바 "정치우선론"이다. 파시스트 지배가 정치에 집중되었다고 보는 입장이다. 다른 하나는 "산업우선론"이다. 파시스트 지배가 국가와 사회보다는 산업에 집중되었다는 입장이다.

정치가 경제보다 우선이었다는 입장은 프리드리히 폴록이 최초로 공식화했다. 정치우선론은 『철학과 사회과학 연구*Studies in Philosophy and Social Science*』(1941) 9월호의 「국가자본주의」에서 제기되었다.(p. 223) 팀 메

---

* 박사학위 논문의 서론을 다듬어서 수록한다.

이슨은 『논단*Das Argument*』 41호에 「정치 우선론, 국가사회주의 시대의 정치와 경제」를 게재해 여기에 힘을 실었다. (Dez. 1966, 3. verb. Auflage 1968; pp. 473 – 494.) 소련 출신의 미국 이민자였던 일단의 연구자들이 주장한 입장이며 사회연구소Institut für Sozialforschung와 다소 연관되어 있다. 파시스트의 정치권력 장악이 극단으로 치달은 나머지 경제적 이해관계를 해치는 "비합리성"에 이르렀다는 것이 논리의 골자다.

그와 대비되는 산업우선론은 에버하르트 치혼에 의해 공식화되었다. 『논단』 47호에 게재한 「국가사회주의 권력 카르텔의 산업우선론」 (Juli 1968, pp. 168 – 192)에서 주장했다. 이는 1933년 12월 제3인터내셔널에서 주장했던 내용과 밀접하게 연관된다. "파시즘은 금융자본의 가장 반동적이고 쇼비니즘적이며 제국주의적인 요소들의 공개적 테러리즘 독재다." (인용 출처: Iring Fetscher, "Zur Kritik des sowjetmarxistischen Faschismusbegriffs", *Karl Marx und der Marxismus. Von der Philosophie des Proletariats zur proletarischen Weltanschauung*, München 1967, p. 218 f.) 이는 동독의 연구자들이 선호하는 입장이기도 하다.

두 입장 모두를 잘 개관하는 한편 다양한 학자(프란츠 노이만, 막스 호르크하이머, 아우구스트 탈하이머, 아르투어 로젠베르크, 프란츠 보르케나우 등)의 입장을 잘 정리한 자료가 있다. 앤슨 G. 라빈바흐의 「마르크스주의적 파시즘 이론 개관Marxistische Faschismustheorien: Ein Überblick」이다. (*Ästhetik und Kommunikation*, Nr. 26, Jg. 7, Dezember 1976, pp. 5 – 19.)

그러나 라빈바흐의 논문 제목은 오해의 소지가 있다. 폴록과 호르크하이머는 스스로 "마르크스주의자"라고 생각하지 않기 때문이다. 기꺼이 마르크스주의자를 자처하는 메이슨이라도 연구 성과에 해당 꼬리표를 억지로 붙일 수는 없다. "정치우선론"이라는 입장을 마르크스주의 진영 내부의 특수한 논쟁으로 보는 것은 정확하지 않다. 이른바 "부르주아적" 파시즘 연구의 대표자인 에른스트 놀테는 비록 동일한 표현을 쓰지는 않지만 기본적으로 같은 입장을 취하고 있다. (참고. E. Nolte, *Der Faschismus in seiner Epoche. Action française – Italienischer Faschismus – Nationalsozialismus*, München 1963, p. 43). 마찬가지로 하인리히 아우구스트 빈클러도 같은 입장이다. (*Mittelstand, Demokratie und Nationalsozialismus. Die politische Entwicklung von Handwerk und Kleinhandel in der Weimarer Republik*, Köln 1972, p. 180.)

가히 생산적이진 않겠지만 굳이 하자면 진영별 분류를 할 수도 있겠다. 오늘날 "정치우선론" 공식은 스스로를 "부르주아적"이라고 이해하는 입장에 대략 대입된다. 또한 "경제우선론"은 정통 "마르크스주의적" 입장에 어느 정도 대입된다. 그렇지만 어디까지나 "편의적 공식화"일 뿐임을 염두에 두어야 한다. 이는 알프레트 존 레텔의 『독일 파시즘의 경제적·계급적 구조』 서문에서 J. 아그놀리, B. 블란케, N. 카드리츠케가 지적한 바와 같다. (Alfred Sohn – Rethel, *Ökonomie und Klassenstruktur des deutschen Faschismus*, Frankfurt a. M. 1973, p. 13.)

엄밀히 이해하자면 두 이론은 애초에 서로 대립되지 않는다. 존 레텔이나 메이슨도 양자를 대립시켜 논하지 않는다. 중요한 점은 어느 한쪽의 우위를 강조하는 것이 아니라, 경제와 정치 사이의 상호작용을 분석하는 것이다. 이러한 관점은 일찍이 프란츠 노이만의 저서 『베헤모스: 국가사회주의의 구조와 실제 1933 – 1944』에서 제기된 바 있다. (Franz Neumann, *Behemoth. The Structure and Practice of National Socialism 1933 – 1944*, 1. Edition, New York 1942. 지금의 제목은 1944년 제2판에서 확정되었다.) 이 책은 종전 후 바로 번역되지 않았다. 새로 수립된 서독이 파시즘을 얼마나 외면했는지 보여주는 셈이다. 최근에 독일어로 번역됐는데 너무 늦은 감이 있다.

정치우선론과 경제우선론 모두가 놓치고 있는 세 번째 근본적인 측면이 있다. 바로 역사 과정에서 행동하는 인간의 욕망과 생명력이다. 본 연구는 바로 이 점을 다루고자 한다. 따라서 앞서 말한 정치적 혹은 경제적 관점의 파시즘 논쟁과는 전혀 다른 방향으로 문제의식을 설정하려고 한다. 이 논쟁과 관련해서는 다양한 문헌이 이미 소개되었기에 여기서 따로 언급하지는 않겠다.

본 연구는 파시즘 권력 장악의 본질이 무엇인지를 묻는다.

알프레트 존 레텔은 1941년 초에 집필했던 「독일 파시즘의 계급 구조」라는 논문에서 중요한 차이점을 지적한다. "나치당이 권력 상승을 경험하고 선거에서 승리하는 데 도움을 준 계층 및 계급은, 권력 장악 이후 정권 유지와 그 지탱을 도운 계층 및 계급과 동일하지 않았다."(p. 189)

본 연구의 대상은 독일 파시즘의 "권력 상승"과 "선거 승리"를 이끌었던 세력이다. 나치당의 정치를 지탱하고 지지했던 세력에 대한 이야기다. 조직의 정당으로서 공산주의적 대중으로부터 거리를 "청소"했다. 반란의 정당으로서 부르주아적 오만과 권태를 무찔렀다. 실업자들이 몸담고 "일"할 수 있는 정당이었다. 물론 그 "일"이란 정치 군인이 당당한 독일 사나이로서 하는 일을 뜻했다. 여기에는 뭔가 별난 것이 앞선다. 에른스트 룀은 자서전의 제목을 『어느 반역자의 이야기_Die Geschichte eines Hochverräters_』라고 자랑스레 지었다. 그는 버젓이 이렇게 쓴다. "단도직입적으로 촉구한다. 정치인보다는 군인이 우선이다."(p. 349)

본 연구가 전범으로 삼은 것은 빌헬름 라이히의 『파시즘의 대중 심리』(1933)다. 파시즘의 승리가 가능했던 조건을 특정한 대중 심리 구조에서 찾고자 노력한 최초의 시도였다.

그는 색다른 방식으로 색다른 질문을 던진다. 이미 1933년에 빌헬름 라이히는 왜 그렇게 많은 수의 "대중"이 독일공산당이 아니라 나치당에 표를 던졌는지 묻는다. 스스로의 "경제적" 이해관계를 위해 "이성적"으로 통찰했더라면 말이 안 되는 일이었다. 파시즘 추종자들이 "비이성적"이라는 암묵적 혹은 노골적 비난을 하는 것은 이 연구의 의도가 아니다.

특정 상황에 처한 인간들이 모종의 이론의 기대에 따라야 하는 것은 아니기 때문이다. 내가 관심을 두는 것은 현상이다. 현상이 뜻하는 바는 파시즘이 엄청난 매력을 발휘했다는 것이다. 수많은 사람이 돌격대가 되고 국가사회주의자가 되고 나치당 추종자가 되는 것에서 쾌락을 느꼈다. 이해관계 따위는 상관없었다. 열광에는 냉정한 계산이 필요 없다.

파시즘의 매력 그 자체가 문제다. 파시즘의 매력은 애초부터 폭력에 이끌리는 매력이다. 베르사유조약에 복수를, 볼셰비키에게 죽음을, 유대인에게 죽음을, 온갖 사기꾼과 전쟁 벼락부자, 그들의 유대인 애첩에게 죽음을. 1918년 이후 초반 몇 년간의 상황은 이러했다. 국가 권력의 위엄에 도전하고 대도시에서 풍기 문란을 일으키고 모든 규범을 어지럽히는 프롤레타리아에게 죽음을. "군중"에게 죽음을. 전후 시대에 아직 형체가 모호했던 "애국애족völkischen" 진영에서 횡행하던 공공연한 구호들이었다. 이로부터 나치당은 결정체를 형성했으며 훗날 세력화하기 시작했다.

애초부터 파시스트가 톡 까놓고 표현했던 것은 바로 폭력 충동이었다. 1933년 파시스트가 "권력 장악"에 성공한 결과로 폭력이 나타난 것이 아니었다. 폭력은 파시즘 승리의 전제 조건이었다.

일종의 "자발적"이고 쾌락적인 폭력의 축제, 쾌감적인 폭력 행사 그 자체를 이해하고 싶었다. 특정 파괴성이 특정 남성에게 안겨주는 심리생리학적 이득이 무엇인지를 알고 싶었다.

빌헬름 라이히의 『파시즘의 대중 심리』(1933)는 1942년 개정판을 기준으로 인용한다. (독일어판, 쾰른 1972) 1933년 해적판과 비교하면 개정판이라기보다는 확장판이나 보강판에 가깝다. 또한 소비에트 연합에 대한 라이히의 입장 변화가 반영되었다. 그러나 이전 입장과 단절된다기보다는 연속선상에 있다고 봐야 한다. 1933년판에 포함된 챕터들은 1942년판에도 그대로 있다. 1933년에는 라이히의 저작이 독보적이었다. 동시대의 에리히 프롬은 관점이 유사하나 여전히 이론적 틀을 고수하는 다소 조심스러운 예비 고찰 정도만을 수행했다. 반면 라이히는 군중이 파시즘에 끌리는 현상으로부터 군중의 욕망을 읽어내고자 획기적인 시도를 했다. 비교를 불허하는 탁월함이 아닐 수 없다. (이하를 참고. Erich Fromm, "Über Methode und Aufgabe einer analytischen Sozialpsychologie: Bemerkungen über Psychoanalyse und historischen Materialismus", *Zeitschrift für Sozialforschung I*, 1932, pp. 253–277.; 또한 "Die psychoanalytische Charakterologie und ihre Bedeutung für die Sozialpsychologie", *Zeitschrift für Sozialforschung VI*, 1937, pp. 95–118. 두 편은 이하에 수록되어 있다. E. Fromm, *Analytische Sozialpsychologie und Gesellschaftstheorie*, Frankfurt M. 1970; 1930년대 프롬의 다른 글들도 수록되어 있다.) 그에 비해 프롬은 정신분석학이 마르크스의 역사유물론적 인식 체계에 자리 잡을 이론적 가능성을 타진하는 수준에서 그친다. 정신분석학이 역사유물론을 "풍부"하게 만들 것이라 결론 짓는다. (Ausgabe Frankfurt M., 1970, p. 30.)

오늘날까지도 라이히의 업적에 필적하거나 이를 계승하거나 혹은 근본적인 비판을 가할 만한 정도의 연구는 없다.

그나마 가장 근접하는 것은 에리히 프롬의 두 저작이다. 하나는 1941년 작 『자유로부터의 도피*Die Furcht vor der Freiheit*』(Zürich 1945, Frankfurt M. 1966), 그리고 『인간 파괴성의 해부학*Anatomie der menschlichen Destruktivität*』(Stuttgart 1974)이다.

『자유로부터의 도피』는 빌헬름 라이히로부터 기본 발상을 차용한 저작이지만(참고. *Massenpsychologie des Faschismus*, p. 82) 프롬은 이를 밝히지 않았다. 라이히와 달리 프롬은 파시즘에 적합한 인간 유형의 역사적 연원을 추적한다. 그 자체로 연구 가치가 충분하지만 프롬의 접근은 지나치게 광범위하다. 그저 독일의 종교개혁 시기와 1918년 이후 시기를 비교하는 데 그친다. 두 시기 다 사회적 "중간 계층"은 희망 없는 상황에 처해 있었다. 이들은 지배 계급의 약탈적 자본 독점과 부상하는 하위 계층, 즉 농민 및 프롤레타리아 계층 사이에 끼어 삶의 전망을 빼앗겼다. 이들은 사회적 격변 속에서 적극적으로 자유의 가능성을 개척하기보다 오히려 더 높은 존재에게 스스로 복종하는 편을 택했다. 이것이 루터 시절의 프로테스탄트 운동이었고 또한 히틀러 시절의 우익 난동이었다. (참고. p. 70 – 106.) 프롬의 무리한 동등 비교는 결국 이런 주장으로 이어진다. "루터의 '신앙'은 자기를 포기하는 조건에서 주어지는 신의 사랑이었다. 이는 국가와 '총통'에게 완전히 복종하는 개인과 원칙적인 공통점을 갖는다."(p. 87) 이는 루터교 특유의 모순성을 부정하는 일반화라고 볼 수 있다. 루터교는 한편으로는 교황에게서 벗어남으로써 개인을 강화하지만, 다른 한편 신께 절대 복종을 강조함으로써 개인을 약화시킨다. 이 문제는 본 연구의 제2장에서 유럽 양성 관계의 다양한 역사를 다루면서 함께 점검하도록 한다.

현재의 시각으로 보면 프롬의 주장은 엄밀성이 떨어진다. 제5장 「도피의 메커니즘」에서는 프롬이 복종중독자라고 규정한 "권위주의적" 유형 혹은 "자동인형적" 유형이 설명되지만, 이들이 어떻게 생겨나는지 혹은 이들의 심리역동적 특징은 어떠한지 설명하려는 시도는 거의 없다. 프롬의 사회심리학은 실상 인상비평적·문화철학적 역사 이야기일 뿐이다. 그가 동원하는 정신분석학적 어휘는 오직 장식의 기능만을 수행한다. 전형적으로 이런 문장들이다. "우리가 인식하는 권위주의적 성격의 핵심은 가학적 충동과 피학적 충동의 동시적 존재성이다. 가학증이란 파괴 충동이 타자를 지배하고자 하는 권력 추구와 뒤섞인 상태를 의미한다. 피학증이란 압도적 권력의 충만함 속으로 자기 자신을 흡수시킴으로써 권세와 영광에 동참하려는 욕망을 의미한다. 가학 중독과 피학 중독은 홀로서기를 못 하는 고립적 개인의 무능력에서 기원한다. 또한 고독 극복을 가능하게 해주는 상징적 연결성에 대한 갈망에서 기원한다."(p. 216) "틀리지는" 않지만 개념적으로 뒤죽박죽이다. 수박 겉핥기 식의 표면적인 관찰일 뿐이다.

두 번째 저작 『인간 파괴성의 해부학』은 전혀 다른 전제에서 출발한다. 프롬은 프로이트의 리비도 이론을 공개적으로 거부하고, 그와 대립되는 라이히의 입장을 받아들였다. 파시즘적 인간형은 부정적 이해 방식으로 설명된다. 파시스트는 "시체애호적", 즉 시체를 사랑한다는 것이 그의 핵심 논지다. 언뜻 보기보다 그리 많이 엉뚱한 주장은 아니다. 파시즘은 "죽은 자"에 대해서 의미심장한 태도를 취한다. 이는 본 연구의 「쾌락전염병」 부분에서 다룬다.

라이히의 『파시즘의 대중 심리』와 유사한 입장을 취한 것은 테오도어 W. 아도르노, B. 베텔하임, 엘제 프렌켈 브룬스비크 등이 공저한 『권위주의적 성격: 편견 연구The Authoritarian Personality. Studies in Prejudice』다. 막스 호르크하이머와 S. H. 플라워만이 편집해 1950년 뉴욕에서 출간되었으며, 1968년 프랑크푸르트 사회연구소에서 독일어판 축약본이 출간되었고, 같은 해 암스테르담에서 무단 재판되었다. 프롬과 마찬가지로 이들도 라이히적 의미의 성정치학적 탐구에는 관심을 두지 않았다. 대신 미국인들을 대상으로 설문조사를 실시해 파시즘에 취약한 성격 유형의 존재를 입증하고 취약성 정도를 척도화했다. 다만 연구는 설계상 필연적으로 이데올로기 측정에만 국한되었고, 해당 성격 유형의 발생이나 심리생리학적 특성 문제는 논의에서 제외했다. 그럼에도 연구의 핵심 개념인 "자민족중심주의"가 파시즘 취약 유형의 개인에게서 뚜렷이 발견된다는 것이 확증되었다. 이는 라이히가 제안한 육체 갑옷이란 개념에 이데올로기 차원에서 대응된다.

일련의 사회심리학적 이론서에는 공통점이 있다. 모두 두 가지 학문 영역을 융합하려 시도한다는 것이다. 하나는 사회학이고 다른 하나는 심리학이다. 대개 마르크스의 역사변증법적 유물론을 프로이트의 정신 분석학과 결합하려고 시도한다.

가장 중요한 최신 연구는 한스 페터 겐테가 편집한 논문집『마르크스 주의 정신분석학 성정치학 제2권: 현재적 논의*Marxismus Psychoanalsyse Sexpol Bd. 2: Aktuelle Diskussion*』(Frankfurt M., 1972)에 담겨 있다. "역사유물론은 '총 체화된' 체계로 인간의 역사를 다룸으로써 정신분석학적 연구가 들어설 여지를 마련했으며, '역사과정적'으로 남겨진 공백은 특정 연구 방향만 이 채울 수 있게 되었다"는 것을 골자로 한다. 페터 브뤼크너의 주장이 다. (「마르크스, 프로이트Marx, Freud」, p. 360.)

본 연구는 이 견해에 동의하지 않는다. 그럼에도 역사유물론이 그러 한 "공백"을 남겼다는 점은 부정할 수 없다. 그러나 "특정한 연구 방향 만"이 공백을 메꿔 "완성"할 수 있다는 말에 동의하지 않는다. 이는 역 사유물론의 '총체화된' 체계에 대한 자발적 양보에 불과하며 체계 자체 의 지나친 자만심 표출로 여겨진다. "마르크스주의는 인간 본성에 대한 개념적 무비판성 때문에 좌초되었다. 마찬가지로 프로이트의 인간 본성 론도 사회에 대한 개념적 무비판성 때문에 좌절되었다." 울리히 조넨만 의 말이다. (Ulrich Sonnemann, *Negative Anthropologie*, Reinbek 1969, p. 91. 특히 이하를 참고. "Marx oder die Kanalisierung der Zukunft", p. 29 ff. 또한 "Die entdämmte Vergangenheit", *Freud*, p. 61 ff.)

양자의 학문적 융합은 필연적으로 실패할 수밖에 없다는 주장이다.

좀더 자세한 논증으로 유사한 결론에 이른 연구도 있다. 앞의 논문집 에 수록된 장마리 브롬의 글「정신분석학과 혁명」이다. 그는 정신분석 학과 마르크스주의적 방법론이 "지식을 심화하는 도구"(p. 285)로 쓰일 때는 병존 가능하지만 "이데올로기로 희석될 경우 나란히 쓰일 수 없 다"(p. 244)고 간단하게 결론짓는다.

그렇다면 "병존" 원칙은 더 많은 과학 영역에도 적용될 수 있어야만 한다. 더 나아가 "객관적" 경제 생산과 "주관적" 욕망경제 생산의 엄격한 구분이 더 이상 유지될 수 없을 것이다. 달리 표현하자면 역사유물론과 정신분석학의 "결합" 논의는 별다른 성과도 없이 파산 상태에 이른 것이다. 실속 없기는 이론적으로도 마찬가지였다. 이론은 점점 더 추상성에 빠져들거나 용두사미가 되어버리곤 했다. 미하엘 슈나이더의 『신경증과 계급투쟁: 정신분석학의 유물론적 비판 및 해방적 재정립 시도 *Neurose und Klassenkampf. Materialistische Kritik und Versuch einer emanzipativen Neubegründung der Psychoanalyse*』(Reinbek 1973)가 좋은 사례다. 책의 부제로 내세운 내용은 하나도 실현하지 못하고 만다.

알프레트 로렌처의 연구를 간략히 언급해둔다. 『정신분석학적 상징 개념 비판*Kritik des psychoanalytischen Symbolbegriffs*』(Frankfurt a. M. 1970)과 『언어 파괴와 재구성: 정신분석학의 메타 이론을 위한 예비 작업*Sprachzerstörung und Rekonstruktion. Vorarbeiten zu einer Metatheorie der Psychoanalyse*』(Frankfurt a. M. 1970) 등을 저술했다. 로렌처는 정신분석학을 다른 인식론적 체계와 과학 이론적으로 통합하는 것을 목표로 삼는다. 본 연구는 이와 반대 방향으로 간다. 개별 유형의 설명을 최우선 과제로 삼고 학문적 이론은 차선으로 삼는다. 정반대 길을 제시하고자 한다. 구체적인 자료에서 시작하기 때문에 이론 체계로서의 "프로이트주의" 혹은 "마르크스주의"에 균열이 발생하는 것이다. 이 효과는 의도된 것이 아니라 자료 자체의 성격에서 초래된다.

다양한 이론과 연구끼리 경쟁하면서 "파시즘에 취약한 유형"의 기원과 특성에 대해서는 점점 구체성을 잃어갔다. 파시즘 자료에 대한 실질적 분석은 대개 회피되었다. 그럴수록 라이히의 성과는 확장되거나 계승되지 못했다. 클라우스 호른의 논문 「독일 파시즘의 정치 심리학*Zur politischen Psychologie des Faschismus in Deutschland*」(Reinhard Kühnl(Hrsg.): *Texte zur Faschismusdiskussion I*, Reinbek 1974, pp. 164 – 175.)이 가장 극명한 사례다. 그는 사회학적·정치학적으로 편향된 연구 결과를 인용하느라 바빠 스스로의 주제를 탐구할 여유가 없다. 중심 개념인 "정치사회학"을 남발하고 임상 정신의학 용어를 동원해 파시스트를 효율적으로 욕할 뿐이다. 독자들이 배우는 것은 파시즘 추종자들이 "유아적이고 마니교적으로 조직된 편집증적 의식"(p. 172)을 지녔으며 "중세 마녀사냥꾼의 마법적 상상력으로 퇴행된 사고"(p. 167)를 지녔다는 식의 비난뿐이다. 이러한 낙인을 뒷받침해줄 구체적인 파시즘적 현상은 단 하나도 언급되지 않는다. 모든 것은 당연시된다. 여기서도 에리히 프롬이 보여주었던 특이한 현상이 드러난다. 일부 "사회심리학"은 심리학, 특히 정신분석학을 포기하는 경향을 보인다. 호른의 논문은 라이히 이래로 최악의 귀결이다. 40년간의 논의 끝에 이런 논문이 나왔다는 것은 우연일 수가 없다. 이론적 종말에 다다랐음에도 인정하지 않으려는 아집처럼 느껴진다.

이들의 편협함은 프랑스 학계와 비교하면 더 도드라진다. 프랑스에서는 클로드 레비스트로스의 사고 구조 연구, 자크 라캉의 정신분석학 등에 힘입어 마르크스주의, 정신분석학, 기존의 과학 체계 전반에 대한 비판적 점검이 이미 수년 전부터 진행되었다. 특히 미셸 푸코 같은 저자는 기존 개념으로는 도저히 이해할 수 없을 정도로 완전히 색다른 학문 체계를 구사한다. 이론적 기반으로 보자면 역사현상학이라고 명명할 수도 있겠지만 아직 이론을 포괄하는 명칭은 없다. 이들은 다양한 학문 체계에서 특정 현실 이해에 유리한 부분을 자연스럽게 활용한다. 그럼에도 이러한 방법론은 임의적이지 않으며 "절충주의"로 볼 수 없다. 해당 이론들은 충분히 고찰되었고 핵심적인 본질 또한 뚜렷하다. 이들은 절대로 환원론이 아니다. 욕망 생산은 프랑스 학계에 연원을 둔 개념이며, 무의식의 일반 경제학으로 정립 가능하다. 마르크스와 프로이트 운운하는 논쟁을 드디어 멈출 수 있게 되었다. 나는 들뢰즈와 과타리의 『안티 오이디푸스』가 제안한 개념을 본 연구에서 충분히 활용했다.

독일 학계에서 "마르크스주의자"를 자처하는 연구자들은 프랑스의 새로운 비판 사조를 오랫동안 "구조주의", 즉 반마르크스주의라고 싸잡아서 비하했다. 한편 "부르주아" 연구자들에게는 너무 "정치적"으로 보였을 것이다. 어쨌든 양측 다 작정한 듯 프랑스 학계를 도외시했다. 오직 언어학 분야에서만 형식적 구조주의가 자리 잡았을 뿐이다. 이는 독일의 "사회심리학" 논의를 뒤처지게 만들 뿐 아니라, 세계 학계에서 독일의 위치를 퇴색하게 만들고 있다. 지난 3년 동안 프랑스의 중요한 학자들의 저술이 서독에서 대거 출판되기 시작했다. 이제 "사회심리학적" 문제의식에도 변화가 일어날 것이며 개념 비판이 이어질 것으로 전망된다.

독일 군중심리학 연구가 엘리아스 카네티의 『군중과 권력』(Hamburg 1960)과 같은 중요한 책을 무시하고 있다는 점은 무척 아쉽다. 이 책은 다양한 군중 구조와 인간 집단 내 핵심 과정을 근본적으로 분석한다. 카네티의 책은 "마르크스주의적"이지도 "프로이트주의적"이지도 않다. 그러므로 통상적인 "사회심리학적" 접근으로는 이 책을 제대로 평가할 수 없다. 앞서 언급한 일련의 정신분석학적 문헌들에 대해서 근본적으로 짚고 넘어갈 점이 있다. 이들은 프로이트의 이론 중에서도 특히 후기 프로이트의 심리 구조 이론에 역점을 두고 있다. 프로이트는 자아 / 이드 / 초자아의 구조론, 즉 사람의 심리 구조가 세 가지로 구성되어 있다는 이론을 정신분석학 영역에 도입했다.(Freud: "Das Ich und das Es", *GW XIII*) 본 연구에서는 프로이트의 심리구조론 및 인간학을 자세히 점검한다. 또한 프로이트 이론은 파시스트적 형태의 군중 심리를 충분히 설명해낼 수 없다는 점을 밝힌다.

본 연구는 후기 프로이트의 메타 이론에 기반한 여타 저작들에도 동일한 비판을 제기한다. (이하의 사례를 참고. Ernst Simmel, *Anti‑Semitism. A Social Disease*, New York 1946, darin: ders.: "Anti‑Semitism and Mass‑

Psychology", pp. 33 – 78; darin: Otto Fenichel, "Elements of a Psychoanalytic Theorie of Anti – Semitism", pp. 11 – 32; Rudolph Loewenstein, *Psychoanalyse des Anti – Semitismus*(1952), Frankfurt a. M. 1968; Max Horkeimer, Th. W. Adorno, *Dialektik der Aufklärung*, darin: "Elemente des Antisemitismus", Amsterdam 1944, pp. 199 – 244; Adorno, "Meinung, Wahn, Gesellschaft", *Eingriffe. Neun kritische Modelle*, Frankfurt M. 1963, pp. 147 – 172; ders., "Die Freudsche Theorie und die Struktur der faschistischen Propaganda", *Psyche* 24, 1970, pp. 486 – 509; Alexander Mitscherlich, *Massenpsychologie ohne Ressentiment. Sozialpsychologische Betrachtungen*, Frankfurt 1972; auch Herbert Marcuse, *Triebstruktur und Gesellschaft*(1955), Frankfurt M. 1967.)

이상의 저작들은 연구 의도와 실행 방식이 제각기 다르지만 모두 후기 프로이트의 개념에 기반한다는 공통점을 지녔다. 또한 "투사" "퇴행" "동일시"의 심리 과정이 핵심적인 역할을 수행하는 메타 심리학적 이해를 고수한다. 그리하여 파시즘 특유의 "편집증" "희생양 이용" 등을 설명하기는 하지만, 파시즘적 현실 생산의 구체적인 방식은 끝내 간과하고 만다.

그 외에도 알렉산더 미첼리히의 『아버지 없는 사회로 가는 길: 사회심리학적 단초*Auf dem Wege zur vaterlosen Gesellschaft. Ideen zur Sozialpsychologie*』 (München 1963), 알렉산더 미첼리히와 마가레테 미첼리히가 공저한 『애도할 줄 모르는 무능력: 집단행동의 기초*Die Unfähigkeit zu trauern. Grundlagen kollektiven Verhaltens*』(München 1967)에도 반박을 가한다. 해당 문제에 대해 대중의 경각심을 광범위하게 불러일으켰다는 면에서 의미는 있다. 그러나 평이함을 추구한 나머지 기본 전제로 삼고 있는 프로이트 이론을 지나치게 단순화하는 오류를 여러 번 범한다. 학술적 논의에 기여하는 진전된 공헌이라고 볼 수는 없다. 이제까지 언급한 저작들을 전반적으로 비판하는 것은 아니다. (한스 페터 겐테의 『마르크스주의 정신분석학 성정치학』 p. 396에 수록된 참고문헌 목록을 참고.) 본 연구의 문제의식과 방향이 맞지 않을 뿐이다.

후기 프로이트의 심리 구조 이론 및 그에 따른 파생 이론에 대한 반박은 우연히 이루어진 것이 아니다. 이미 정신분석학계 내부에서 비판론이 발전하고 있었고 "사회심리학"의 새로운 토대가 마련되고 있었다. 다만 그 중요성이 이제껏 주목받지 못했을 뿐이다.

문제의식의 출발점은 두 가지 병리적 인간형의 연구에서 마련되었다. 프로이트 이론 및 치료법에서는 언제나 간과되었던 사람들이다. 바로 "정신증 환자"와 아동이다.

여기에 주요 저자 및 저술을 열거한다. 멜라니 클라인, 『아동 정신분석Die Psychoanalyse des Kindes』(1932); 가장 중요한 독일어 번역본, 『아동의 정신적 삶과 정신분석 이론Das Seelenleben des Kleinkindes und andere Beiträge zur Psychoanalyse』(Reinbek 1972); 마거릿 말러, 『공생과 개별화Symbiose und Individuation』 제1권: 『초기 아동기 정신증Psychosen im frühen Kindesalter』(Stuttgart 1972); 기젤라 팡코, 『정신증의 족쇄를 폭파하라Gesprengte Fesseln der Psychose』(München 1974); 마이클 발린트, 『퇴행의 치유적 측면: 기본 결함 단계론Therapeutische Aspekte der Regression. Die Theorie der Grundstörung』(Stuttgart 1970). 이들은 프로이트 이론의 일부를 수정했으며, 인간 육체의 심리생리학적 구조가 사회적 행동의 실질적·물적 기반임을 인정했다. 본 연구는 이 점을 상세히 논증했다.

알프레트 로렌처의 최근작 『유물론적 사회화론의 정초를 위하여Zur Begründung einer materialistischen Sozialisationstheorie』(Frankfurt 1973)는 상술한 저자들의 연구 성과를 적극적으로 반영하지 않은 이론적 시도이므로 또다시 실패한 기획이 되고 말았다.

어떤 대상을 이해하려 할 때 선입견, 고정관념 혹은 정치적 소속감을 지닌 채 접근하는 것은 위험하다. 특히 "파시즘"에 있어서는 위험성이 더 크다. 파시즘의 만행에 대한 "혐오감", 혹은 "엮여 있는" 장본인이 변명하려는 속셈, 이해관계가 얽혀 있거나 막연한 친근감 등도 영향을 끼칠 것이다. 따라서 가장 중요한 점은 파시즘과 그 전조 현상을 최대한 근접 관찰하는 것이다. 그래야만 대상에 대한 정확한 관찰에 근거하여 이론적 개념화를 수행할 수 있다.

본 연구는 자유군단의 군인들, 특히 장교들 자신의 언어를 출발점으로 삼는다. "제3제국 최초의 군인들"의 글을 점검한다. 참전 장교들의 회고록, 이들이 기억에 기반하여 창작한 소설, 군인들의 취향에 맞도록 창작된 오락 소설, 작가의 주관적 입장이 너무 강해서 "역사물"이라고 볼 수 없는 전후 시기의 전투 경험담 등이다. 그 외에도 영웅적 자유군단 시기를 사후에 서술한 회고담도 점검한다. 이는 특히 1930년대에 크게 유행했던 장르다.

"장르" 간 경계는 때로 불분명하며 때로는 경계 자체가 없다. "소설"이라는 딱지가 붙어 있다고 해서 『나의 투쟁』과 특정 전투를 서술하는 방식이 크게 다르리라 기대할 순 없다. 방대한 회고록이라고 해도 단편 삽화를 많이 이어 붙인 형태에 불과할 수 있다. 반대로 짧은 일화를 많이 모아서 길게 붙인 것이 "장편" 자서전으로 탈바꿈하기도 한다.

사소한 차이를 따지는 것은 무의미하다. 본래 모든 텍스트는 근원적 의미의 "소설"로 수렴되는 경향이 있다. 소설이란 한정된 역사적 기간 내에서 한 명 혹은 여러 명의 삶을 그려내는 글이다. 혹은 제한된 사건에 대한 완결적 기술이다. 다시 말해 소설은 경험의 보고서다.

연구 자료를 종류별로 동등하게 포괄한 것은 아니다. 자유군단 병사들이 직접 집필한 자서전과 당시 유행했던 소설들은 전부 검토했다. 자유군단과 관련됐을 가능성이 많은 자료 가운데서 여기저기 언급된 글을 전부 수집하는 것은 포기해야만 했다. 모든 도서관을 다 방문하기가 어려웠던 탓도 있다. 그러나 무엇보다 이들 연구 자료가 지닌 상대적 천편일률성 때문이다. 참고문헌을 빠짐없이 갖출 근본적인 이유가 없었다. 경험담, 목격담 등은 수집하는 것이 애초에 불가능했다. 1920년대와 1930년대의 신문과 잡지에는 회고담과 경험담이 넘쳐났다. "전후 시대"에 밀려드는 "붉은 홍수"에 맞서 "구국의 투쟁"을 벌이던 자유군단 전사의 영웅담은 너무 흔했다. 다 읽으려면 여러 해가 소요될 것이다. 또한 죄다 똑같은 내용이라 다 읽는 것은 무의미하다. 나는 단행본 형태의 자료만 연구 대상으로 삼았다. 그중 일부는 1933년 이후 몇몇 대표적인 선집으로 출간되었다.

파시즘의 이데올로기 및 언어의 특수성에 접근하기 위해 히틀러의 『나의 투쟁』과 전기문을 분석한 사람이 많이 있었다. 놀테, 예켈, 빈클러, 버크, 페스트 등이다.

이러한 분석은 히틀러의 발언과 다른 독일 파시스트의 발언 사이에 일정한 선을 암암리에 긋는다는 단점이 있다. 또한 그렇게 일반화된 논리는 한 가지 특이한 벽에 부딪힌다. 『나의 투쟁』 일부에는 훗날 파시스트가 저지를 잔학 행위가 버젓이 예고되어 있었다. 나이 든 세대에게 이를 지적하거나 혹은 보도 사진을 보여주면서 따지면 별것 아니라는 듯 웃으며 대꾸한다. 『나의 투쟁』은 마치 성경책과도 같아서 다들 책장에 꽂아두기는 해도 읽지는 않는다는 것이다. 그럴듯한 말이다.

그렇다면 이것은 무슨 의미일까?

뉘른베르크 재판에서 기소되었던 나치 최상층이나 군 지도부 중에서 알프레트 로젠베르크가 집필한 나치당의 이론서 『20세기의 신화*Mythos des Zwanzigsten Jahrhunderts*』를 읽은 사람이 없었다는 것은 대체 무슨 의미일까? 로젠베르크로서는 약이 올랐겠지만 말이다. (Gilbert, *Nürnberger*

Tagebuch, p. 262, p. 339 ff.)

그들이 『나의 투쟁』을 한 번도 읽지 않았다고 해도 나치 지도층이었 다는 사실은 변하지 않는다.

누군가 무엇을 읽거나 혹은 안 읽었다고 해서 특정한 무엇이 "되는" 일은 없다. 텍스트 자체는 중요하지 않다. 다시 말해, 파시즘은 단순히 "경험"되는 것이 아니라 살아지는 것이다. 그것이 제일 중요하다.

파시즘의 특징은 군중 현상이었다는 것이다. 단지 거리에서의 군중 현상이 아니라 도서관과 책꽂이의 군중 현상이기도 했다. 따라서 핵심 적 "파시스트" 성향과 "일반" 군중 성향을 엄격하게 구분하는 것은 원칙 적으로 어렵다. 오히려 파시즘의 발생사를 연구하려면 그것이 "공개적" 파시즘으로 드러나기 전에 어떠한 "파시즘적" 전조 현상이었는가를 탐 구해야 한다. 일종의 "과도기" 연구인 셈이다. 또한 본 연구는 "영향"을 문제 삼지 않는다. 누가 "기막히게 기발한" 생각을 해냈는지 혹은 누가 누구를 "꼬드겼는지"는 논외로 한다.

본 연구에서 문학작품의 영향력은 어디까지나 부차적인 사안이다. 더 중요한 것은 자유군단 문학이 생산되고 유행했다는 사실이다. 어떤 욕 구나 의도가 작용해 드러난 결과이기 때문이다.

1945년까지 군인 남성 문학은 광범위하게 유행했다. 드빙거, 에베르 스, 헤어초크, 고테, 최베를라인, 에팅호퍼 등의 책은 1940년까지 무려 1000만 부의 판매고를 기록했다. 도널드 레이 리처드스는 『20세기 독일 의 베스트셀러: 1915–1940년의 출판 목록 및 분석*The German Bestsellers in the 20th Century. A Complete Bibliography and Analysis 1915–1940*』(Bern 1968)에서 장르 를 불문하고 모든 문헌을 수집·조사했다. 교과서와 『나의 투쟁』 등 대 량 배포된 문헌은 제외했다. 그럼에도 완벽한 수집은 아니었다. 최베를 라인의 『양심의 명령』은 1937년까지 31만 부가 팔렸지만 합산되지 못 했다. 그 외에 누락된 출판물은 발견하지 못했다. 해당 기간에 가장 많이 판매된 책은 오히려 부르주아 취향의 소설인 토마스 만의 『부덴브로 크가의 사람들』이었다. 이 사실을 지적함으로써 문학의 "영향력"을 강조하거나 재구성하려는 것은 아니다. 가능하지도 필요하지도 않은 일이다. 본 연구가 고찰한 문학은 단순한 시대의 표현이 아니다. 오히려 역사적 시대의 일부라고 봐야 한다. 파시즘적 방식으로 삶을 "완성하는" 방법이다. 파시즘적 실천의 일부다. 그 안에서 욕망이 존재하고 표현된다는 점이 중요하다. 문학의 의향이 무엇이었는지, 혹은 어떤 일을 일으키고 막았는지 등의 주장은 중요하지 않다.

문학을 "의도"로 이해하는 것은 불충분하다. 설령 작가가 분명한 의도를 갖고 글을 쓴다고 하더라도 그렇다. 파시즘 문학도 마찬가지다. 다른 문학이 그렇듯 파시즘 문학도 단순한 프로파간다 기능으로 환원될 수 없다. 파시즘 문학의 역사적 실체는 특정 신념을 유포하려는 프로파간다 생산이 아니었다. 오히려 파시스트의 증상 보고서에 가깝다. 글쓴 이들이 겪었던 비정상적 상태와 욕망을 설명한 환자 기록이다. 『나의 투쟁』도 선전물이 아닌 이런 방식으로 해독되어야 한다.

환자가 자신의 병에 대해서 설명할 때, 아무리 "열정"적으로 설명한다 한들 듣는 사람, 즉 "의사"를 병들게 할 수 있을까?

그럴 리 없다.

만약 자신이 고통을 이해하기 때문에 치유법도 안다고 주장하는 환자가 있다면 많은 추종자를 거느리게 될 수도 있다.

파시즘 문학이 증상 보고서라는 표현은 임의적 비유가 아니다. 해부용 메스로 파시스트 텍스트를 난도질하고 의미를 분석해서 도려내겠다는 뜻이 아니다. "국가적" "보수적" "파시즘적" 문학은 바이마르 "공화국" 시대의 삶을 질병적 상태라고 이해하며 표현했다. 군인 남성 작가들은 "병든 독일"을 염려했으며 곧 다가올 "제국"에서 건강을 회복하길 갈망했다.

본 연구는 이러한 기본 감정을 인정하고 현실로 받아들인다. 섣부른 비판적 개념을 덮어씌우지 않으려 한다. "비합리주의"라는 비난은 아무런 소득이 없다. 파시스트의 현실을 이해하지 못하도록 막을 뿐이다. 자유주의, 사회주의, 공산주의 등 다른 입장이나 사상의 우월성을 입증하려고 시도하지 않을 것이다.

문학을 "현실"로 받아들인다고 해서, 글에 담긴 내용을 "말한 그대로" 받아들이겠다는 것은 아니다.

말한 내용보다 더 중요한 것은 말하는 방식이다. 여기서 정신분석학이 특히 유용하게 쓰인다. 말한 내용의 정서에 접근할 수 있기 때문이다. 말한 내용은 역사적 과정의 맥락에서 다루어져야 한다.

전후 시기, 특히 1919년에서 1920년 사이 노동자 봉기의 진압은 본 연구가 다루는 군인 남성 작가 대부분이 참여했던 사건이다. 노동자 봉기의 진압 및 성격 문제는 에어하르트 루카스의 루르 지방 「1920년 3월 혁명」 연구에서 상세히 밝혀졌고 규명되었다. 그 덕에 군인 남성 작가들의 글을 좀더 명확한 역사적 맥락에서 이해할 수 있게 되었다. 또한 로버트 G. L. 웨이트의 『나치즘의 선봉대Vanguard of Nazism』 역시 매우 유익하다. 본 연구의 목적은 그들의 이데올로기적 조작을 "폭로"하는 것이 아니다. 그보다는 군인 남성들이 현실과 맺는 특정한 관계를 살펴보려는 것이다. 또한 그들의 글쓰기가 지닌 특정한 방법에 접근해보는 것을 목표로 한다.

마지막 페이지(1978)

이제 연구를 "끝낸다". 정말로 "끝장 나도록" 생각을 하고 글을 썼기 때문이 아니다. 재정적 이유에서 혹은 다른 이유에서 이젠 멈출 때가 되었다고 결심했기 때문에 일단 여기서 멈춘다. 그렇다고 바로 벗어날 수 있는 것은 아니다.

인용문을 원본과 대조하고, 연도를 확인하고, 막연하게 "머릿속에서" 그렸던 내용이 인용 저자들과 과연 관련이 있는지 없는지 확인한다. 완전히 헛짚을 때도 많다. 누락된 주석을 달고, 인용 출처를 확인한다. 도저히 못 찾을 때도 어떻게든 찾아낸다. 원고의 가독성을 높이고, 어떤 부분은 수정한다. 아직 서문은 못 썼다. 기타 등등. 내가 썼던 글을 누차 읽다보면 이걸 제정신으로 썼던가 하고 의구심이 들 때도 있다.

탈고 후에도 반년이 지나서야 마무리된 원고를 제출할 수 있었다. 집필했던 몇 년보다 퇴고의 시간이 더 힘들었다. 모니카와 내가 함께 꾸려왔던 생활 방식도 흔들렸다. 가사노동을 분담하고 함께 다니엘을 양육

하면서도 우리는 각자의 일을 해왔다. 모니카는 병원에서 일했고 나는 책상에서 집필했다. 마감일이 다가올수록 나는 내 몫의 분업을 담당하지 못했다.

이런 일은 자주 해서는 안 된다. 할 짓이 못 된다. 많은 호평을 받아서 무척 기쁘다. 그렇다고 내가 모니카에게 시킨 고생이 없어지진 않는다. 그에 비하면 내가 했던 고생은 아무것도 아니다.

베른바르트 뷔헬러, 미하엘 로어바서, 트라우테 헨시, 마르틴 랑바인, 안트예 틸레바인, 호르스트 니트샤크, 안나와 크리스티안 섀퍼 폰 아펜은 우리에게 절실한 도움을 준 사람들이다. 특히 마리아 하센뷔르거, 파울 마이어, 카린 루카스 보세는 우리에게 돈을 빌려주었다.

페터 슐로이닝, 미하엘 로어바서, 페터 하로스키, 미하엘 베르거, 위르겐 팔레, 한스 페터 헤르만은 내 원고를 읽고 수정을 제안하며 조언을 해주었다. 그들과 함께 글을 읽고 고치고 토론했다. 한스 페터 헤르만 교수가 내버려둔 덕에 나는 뻔한 학계 관행에 얽매이지 않고 학위 논문을 쓸 수 있었다. 또한 장학금 추천서도 흔쾌히 써주었다. 박사과정생들은 인생 몇 년간을 볼모로 잡힌 채 경찰 진술서를 작성하는 듯한 감정을 느낀다는데, 나는 그런 적이 거의 없었다. 완전히 없지는 않았다. 군더더기 같은 서문을 억지로 짜내지 않겠다는 내 고집은 끝내 받아주지 않았다. 괜히 나중에 "트집 잡힐 일"을 만들지 말라는 것이었다. 별 수 없이 썼다. 별로였다.

출판사가 하는 일은 책의 모양새를 만드는 것이다. 그림 많은 지면을 조판하는 것은 지루하고 손이 많이 가며 신경이 많이 쓰이는 작업이었다. 글과 그림의 균형을 끝없이 확인해야 한다. 지빌라 플뤼게가 제1권을, 미셸 라이너가 제2권을 맡아 밤낮없이 수고해주었다. 타트야나 보트차트, 자비네 퀴블러, KD 볼프가 많은 도움을 주었다. 작가의 소망은 언제나 존중받았다. 나는 이게 당연한 줄 알았는데 오늘날 출판계에서는, 심지어 "좌파" 출판사에서도 흔치 않은 일이다. 일단 원고를 넘긴 작가는 히치콕이 배우 다루듯 가축 같은 대접을 받는다. 물론 배우 신세가 조금 더 낫기는 하지만. 책 앞 표지와 뒤 표지는 출판사가 맡고 그 사이 내용은 작가가 채운다. 그 정도면 흡족하다. 나는 주어캄프 출판사에서 출판하지 않게 되어서 기쁘다. 나에게 무척 중요했던 좋은 책들이 현재 출판사에서 나왔다. 특히 KD가 보내주었던 『안티 오이디푸스』의 번역본도 아주 큰 도움이 되었다.

책과 그림을 알려주거나 선물해준 사람들도 있었다. 고마운 마음을 전한다. 프리츠 주어, 카르멘 벵크, 테레사 초프, 발터 모스만, 마르가레테 베멘, 위르겐 에베르트 등 수많은 이의 도움이 있었다. 많은 사람과 이야기를 나눴고 많은 조언과 제안을 받았다. 최근 몇 년 동안 이른바 좌파는 많이 변했다. 나와 함께 부대꼈던 그룹도 변했다. 내 삶 역시 많이 달라졌다. 유독 좌파 정치판만은 안 변하고 그대로다. 괴짜를 자처하면서 여태 오기를 부린다. 이런저런 모든 상황이 다양한 방식으로 이 책의 퇴고와 수정에 섞여들어갔다. 수많은 문장과 단락을 지어낸 누군가가 있다면, 누구라고 이름 지을 수 없이 수많은 사람이 모여 생겨난 저자 미상의 저자일 것이다. 그렇게 생각해주었으면 한다. 마지막으로 프라이부르크대학 도서관 대출실 직원들에게 감사드린다. 그들이 내게 건네준 책들 덕분에 저자로서 나는 다른 사람으로 변화할 수 있었다. 바덴뷔템베르크주의 공무원답지 않게 그들은 언제나 친절했고 비관료적이었다. 도서관 방문자들이 편하게 이용할 수 있도록 기꺼이 도와주었다. 공공기관 중에서 그런 곳은 흔하지 않을 것이다. 친절을 근절하려는 공문서가 위에서 내려오지 않길 빈다.

1. 책이 마흔 살이 되다

"마흔 살? 한창때지!" 사람 나이나 그렇다. 책은 다르다. 어떤 책은 마흔 살 정도면 "늙는다". 죽는다. 어떤 책은 마흔 살 먹도록 혹은 마흔 살이 넘도록 케케묵은 종이 뭉치였다가 새 생명을 얻는다. 다가올 "앞날"에야 이해되고 뜻깊어질 무언가를 지적하고 설명하고 건설한 책들이다. 책은 비로소 살아났는데 저자는 죽고 없는 경우도 허다하다.

『남성 판타지』 1권이 출판되었던 1977년 나는 서른다섯 살이었다. 1978년에 2권이 뒤를 이었다. 지금 "나"는 마흔 살을 더 먹었다. 실감이 안 난다. 나보다 열 살 적은 연세에 우리 아버지는 돌아가셨다. 늙으신 아버지. 난 그렇게 여겼다. 내 주변 일흔다섯 살 친구들은 어쩐지 그보다 훨씬 더 젊게 느껴진다.

당대 현안을 다룬 책은 아니었다. 그럼에도 『슈피겔』의 루돌프 아우크슈타인 편집인으로부터 "올해 가장 흥미로운 책"이라는 찬사를 들었다. 왜 그랬을까? 이미 60년 전 과거를 다룬 책이었다. 제1차 세계대전 패전 후 독일에서 사회주의 혁명이 시도되었다. 그리고 이른바 "자유군단"이라는 군인들이 혁명을 진압했다. "자유군단"은 정부가 사주한 준군사 조직이었다. 군주정 강제 폐지 이후 독일에는 정규군이 없었다. 베르사유조약에 묶여 매우 제한적인 군사력만 허용되었기 때문이다. 제1차 세계대전을 일으켰던 독일 제국을 꺾은 후 승전 연합국들은 독일을 무장 해제시켰다. 당시 사회민주당 정권은 무력이 필요했다. 자신들을 위협하는 볼셰비키 평의회 공화국의 혁명 시도를 진압해야만 했다. 그래서 자유군단에 진압 권한을 부여했던 것이다.

한편 현안과 완전히 동떨어진 책은 아니었다. 새로운 방식의 파시즘 이해를 시도했던 것이다. 파시즘을 설명하고 이해하려는 기존의 모든 시도는 "파시즘"을 "정치적 지배 체계"로만 파악했다. 이 책은 출발점을 달리했다. 당사자의 육체 구조에서 시작하는 것이다. 그들의 정서가 어떻게 표출되는지, 그들의 증오 감정, 그들의 분노, 그들의 기쁨과 두려움이 어떻게 분출되는지를 살폈다. 특히 독일 파시스트는 "프롤레타리아"를 억압하려는 광적 의지, "볼셰비키"를 제거하려는 흥분, 독일과 유럽의 삶에서 "유대인" 멸절을 촉구하는 열광에 주목했다. 이 모든 것은 1933년에 갑자기 생겨난 것이 아니다. 1920년대 초반부터 벌써 횡행하고 있었다.

개별 육체의 느낌을 "인간 역사"의 결정적 행위자로 삼아 추적했다. 주어진 자료를 오래 깊이 천착한 결과 놀라운 방향성이 드러났다. 자유군단 남성들이 남긴 글에는 여성성을 기묘하게 구성하는 방식이 특징적으로 드러난다. 자신들의 아내, 노동계급 여성, 특히 "총잡이 빨갱이 년", 신성하고 순수한 친누이, 매춘부, 늪과 같은 존재, 매독 걸린 빨치산 계집, 남자를 잡아먹고 피를 더럽히는 유대인 계집 등등.

이러한 경로는 글쓰기의 길을 놀랍도록 풍부하게 터주었다. 새로운 길이었다. 출발점은 양성 관계였다. "파시스트"보다 더 포괄적 의미인 "군인 남성들"은 "다른 성별"의 육체를 불안 가득한 시선으로 인식했다. 연구는 유럽에서 수천 년 동안 이어져온 남성 폭력의 문화사로 방향을 틀었다. 남성 폭력의 역사는 1920년대 사회주의 혁명을 진압하던 자유군단에게로 이어졌고, 1930년대, 1940년대 나치 테러에서 정점에 달했다.

책이 곧바로 화제에 오른 이유가 또 있었다. 내가 박사 논문을 쓰면서 "자유군단 문학"과 독일 노동운동사 연구로 씨름하던 1972년에서 1976년 사이는 서독의 여성 단체들이 이른바 "여성 평의회"를 조직하던 시기였다. 1960년대 후반부터 유입된 미국 여성 해방 운동의 영향으로 독일 페미니즘 운동이 싹트고 있었다. 1976년에는 알리체 슈바르처의 페미니즘 저널 『에마*Emma*』 창간호가 발간되었다. 세상 만물과 여성 자신의 삶을 젠더의 언어로 인식하기 시작하는 공론장이 열린 것이다. "파시즘"은 단지 독일 나치의 문제가 아니라 고삐 풀린 남성 폭력의 산물이었다는 이해가 시작되던 시점에 『남성 판타지』가 출판된 것이다. 당연하게도 이 책의 내용은 애인, 남편, 동료 등 일상 속 남성들의 행동을 연상시켰다. 주변에서 흔히 볼 수 있는 남자들은 『남성 판타지』가 설명하는 "군인 남성들"과 근본적으로 크게 다르지 않았다. "우리 안"의 파시즘이 화두로 떠오른 것이다.

스스로의 남성성에 대한 성찰 역시 절실한 문제였다. 과연 내 몸에도 육체적 테러를 자행하는 아버지가 숨어 있는 것일까? 얼마나 제거할 수 있을 것인가? 과연 누가 도움이 될 것인가? 내 삶에서 아내와 어떤 관계를 맺을 것인가? 주변 여성들과 어떤 관계를 맺을 것인가? "여성성" 그 자체, 더 나아가 타자와 어떤 관계를 맺을 것인가? 책을 집필하는 내내 고민했다. 1972년 나는 갓 결혼한 새신랑이었다. 아내 모니카 쿠발레와 갓난 아들 다니엘을 키우고 있었다. 아내는 프라이부르크 대학병원의 아동 청소년 상담 클리닉에서 심리상담가 경력을 시작했다. 쉽게 얻을 수 없는 좋은 일자리였다. 갓 태어난 아기를 핑계로 포기할 수는 없었다.

1969년 사회주의 독일 학생연맹Sozialistischer Deutscher Studentenbund, SDS이 해체를 선언하면서 나의 3년간 정치운동권 생활도 끝났다. 예전 운동권 동료였던 발터 모스만이 다리를 놓아준 덕에 나는 쥐드베스트 라디오SWF에서 프리랜서 생활을 시작했다. 하지만 라디오 방송작가 노릇을 오래할 생각은 없었다. 제작 리듬이 너무 짧았다. 무언가를 깊게 파고들 수 없었다. 녹음 일정은 늘 빠듯하게 돌아갔다. 다들 서로 적당히 봐주는 내부 분위기도 못마땅했다. 또 다른 운동권 동료였던 역사학자 에어하르트 루카스 덕에 나는 1920년대 루르 지방 노동운동을 탄압하던 자유군단의 테러에 관심을 갖게 되었다. 그러던 중 장학금 지원을 받아 박사과정을 할 기회가 생겼다. 나는 미련 없이 라디오 방송국 일을 그만두고 집에 들어앉았다. 집에서 육아를 전담하면서 시간 날 때마다 자유군단 자료를 연구했다. 모니카는 상담 클리닉에서 자리를 잡아갔다. 두어 해가 지나자 다니엘도 제법 자라서 놀이방과 어린이집에 다니게 되었다. 나는 집필을 시작했다.

매일 새벽 3시까지 술집에 있던 생활을 급진적으로 청산한 결과 이 책이 탄생했다. 1970년대 사회가 흔히 그랬듯 우리도 정치적 · 개인적 격변을 겪었다. 당연한 일이지만 책의 모든 부분을 모니카와 토론했다. 아내에게는 심리적으로나 시간적으로나 부담되는 일이었다. 그러나 우리에게는 중요한 접점이 있었다. 아내와 달리 나에겐 아동 환자들이 없다. 그러나 자유군단 살인자들의 자서전을 심층적으로 연구하다보면 그들의 어린 시절에 대해 의구심이 들곤 했다. 그러다가 특정 학파의 아동정신분석학이 남성 판타지의 정신분석적 구성에 유용하다는 깨달음에 이르렀다.

아내와는 자주 말다툼하고 논쟁을 했다. 당시 태동하고 있던 페미니즘 논쟁과도 밀접한 사안이었다. 모든 단어를 꼬투리 잡고 고민했다. 누차 고쳐 쓰지 않은 부분이 없을 정도였다. 한밤중에 진땀을 흘리며 벌떡 일어날 때도 많았다. 이 단락은 안 되겠어. 이 단어는 틀렸어. 단어가 틀렸나, 아니면 생각 자체가 틀렸나? 작가는 그런 순간에 태어난다. 『남성 판타지』가 히트를 칠 수 있었던 것은 바로 내 삶에서 비롯된 절실한 연구였기 때문이다. 절대로 "우연"일 수가 없다.

내 책이 사회적 명성을 얻은 것은 내가 나이 먹은 "운동권"이었던 덕이 크다. 독문학 학업을 마친다? 쓸모없는 짓이었다. 1969년 연방헌법 수호청 블랙리스트에 극좌파 운동가로 오른 탓에 교육 공무원인 교사가 될 길은 막혀버렸다. 학업이 소용없어진 것이다. 그래서 나는 옆길로 새어 라디오로 진출했다. 서른이 넘은 늦깎이 박사생으로 다시 대학에 돌아왔다. 일반적인 박사과정생에 비하면 더 많은 세상 경험을 짊어지고 있었다. 함께 공연하고 술 퍼마시던 학생 연극 동아리 시절이 있었다. 정처없이 떠돌던 "보헤미안" 세월도 있었다. 학비를 벌기 위해서 허드렛일을 닥치는 대로 했다. 공사판 노동, 목재상, 킬 항구의 호발트 조선소, 지멘스 공장, 플렌스부르크 중장비 운송청. 그 후 학생운동권에 투신해 SDS에서 3년간 전업 활동가 노릇을 했다. 독일의 육체노동과 사무직 노동의 현실을 제대로 아는 극소수 중 한 명이었다. 1970년대 학생운동이 붕괴한 후 나는 이른바 K 그룹이라 불리던 공산주의 단체에 합류하지 않았다. 마오쩌둥 추종자들이 몽상하는 "혁명적 프롤레타리아"는 서독연방공화국에 존재하지 않는다는 것을 온갖 일터에서 배웠기 때문이다. "학생 아르바이트"로 잠깐 일하다 떠날 수 있다는 게 다행인 곳이 노동 현장이었다. 게다가 우리는 반권위주의적이었다. 1968년 주거공동체 WG 운동이 남겼던 얼마 안 되는 소득 중 하나였다. 시중에서는 구할 수 없었던 빌헬름 라이히의 저작을 타자 쳐서 복사했던 해적판도 좋았다.

K 그룹은 우리와는 안 맞았다. 내부 당파적 위계질서의 폭력도 심했다. 또한 이른바 "당 중국어"라 불리던 특유의 당내 언어도 있었다. 당 간부들의 말을 "금과옥조"처럼 떠받들었다. 마오쩌둥 어록을 엉터리로 왜곡해서 멋대로 인용하는 일도 흔했다.

과거 SDS 활동가가 "하루아침에" K그룹 간부로 돌변했다. 어제까지 "동지"였고 친구였던 사람을 시내에서 만났는데 휙 외면당하기도 했다. 대화는 원천 거부되었다. "카를, 너희 유인물에 '로디아 사업장 그룹'이라는 거, 유령 단체 맞지?" 뻔한 수법이다. "기밀 사항이야. 함구령 떨어졌어." 묵묵무답. 적대감. 갑자기 "원점 조정"된 듯 세뇌당해 멍청해진 사람들이 한때 함께했던 동지들이라니! 만약 내가 그들을 따라갔더라면 아내가 질색하면서 나를 떠났을 것이다. 그들은 어떤 의미에서는 훗날 적군파Rote Armee Fraktion, RAF와도 비슷했다. 몇몇 동료가 적군파에 동조하기도 했다. 모니카는 모든 폭력을 혐오했다.

하지만 우리는 빌에서 벌어졌던 원자력 발전소 건설 반대 점거 농성에 참가했다. 작은 일탈이었다. "빌 건설 부지" 농성 천막에서 친구 발터 모스만과 함께 시위가 몇 곡을 녹음했다. 나는 트롬본을 즉흥 연주했다. 모스만의 다른 앨범에서는 기타를 연주하기도 했다.

여하간* 내 몸에는 음악과 영화가 익숙했다. 록, 블루스, 딜런, 재즈 등에 경험이 있었다. 그때까지 구할 수 있었던 영화 역사상 모든 영화에 푹 빠져 있었다. 1970년대 이후로는 실질적인 활동도 했다. 예전 SDS 동료들 중 영화에 조예가 깊었던 친구들과 함께 대학 내 영화 행사를 설립했다. 공교롭게도 SDS 회의가 매주 열리던 시간인 매주 월요일 20시

---

* "여하간"이라는 단어를 에카르트 헨샤이트는 1970년대 서독 특유의 글쓰기에서 필수적 용어라고 추켜세웠다. 오늘날까지 고맙게 잘 쓰고 있다.

에 열렸다.* 400석 규모의 2004호 강당은 언제나 만석이었다. "예전 대학" 104호 강의실은 SDS의 핵심 조직원 25명만으로도 매주 월요일 20시 공간을 꽉 채웠다. 우리는 영화 행사를 "키노 아스피린"이라고 불렀다.** 장 르누아르의 1935년 인민전선 영화「우리에게는 삶이 있다La vie est à nous」를 첫 상영작으로 하여 구할 수 있는 모든 쿠바, 남미, 아프리카 영화들을 상영했다. 마치 천국처럼 고마웠던 베를린 아르세날 배급사를 통해서 구해온 세상의 소금과도 같던 귀한 영화들이었다. "혁명적인 것"과 관련된 모든 영화를 다 구해서 상영했다. 엄선한 명작들도 있었다. 누벨바그, 안토니오니, 글라우버 로샤, "그 외 모든" 경이로운 마법사들인 히치콕, 존 포드, 오주 등의 영화는 우리의 육체와 감각을 일깨웠다. 조악한 프로파간다 영화나 선전물이 아니었다. "이데올로기적" 영화관이 아니었다.

또 다른 "창립"도 있었다. 즉흥연주 뮤직 그룹이 결성되었다. 예전에 SDS에 몸담았다가 음악적 이상향으로 도피했던 친구들이 모여들었다. 로베르트 슈만, 구스타프 말러, 헨체, 노노, 리게티, 몽크, 빌리 할리데이, 밍구스, 콜트레인, 라산 롤랜드 커크, 앨버트 아일러, 선 라, 시카고 아트

---

*   1970년대를 회고하며 우리의 "당 기관지"가 『필름크리틱』이었다고 말한 적이 있다. 이는 엔노 파탈라스와 프리다 그라페가 중심이 된 "미학적 좌파" 집단이 주도한 뮌헨 정기간행물이었다. 『필름크리틱』 프라이부르크 지부 직원이자 우리 친구였던 위르겐 에베르트는 몇 년간 우리와 같은 아파트에서 살았다.

**   쿠바 시인 로케 달톤은 이렇게 노래했다. "공산주의는 태양 크기의 아스피린이 되어야 한다." 몇 년 후 우리는 40명의 동업자와 함께 좌파 서점을 차리려고 했다. "서점 아스피린"이라고 이름을 지었는데 제약회사 바이엘 AG가 상업 등기소에 상호 금지 처분을 제기했다. 그 이후로 나는 바이엘 레버쿠젠 축구단은 분데스리가 챔피언이 절대 못 되리라고 악담을 한다. 오늘날까지도 계속 못 되고 있다. 그래도 선수들 실력이 좋아서 미안한 마음이 들기는 한다.(테벨라이트의 농담반 진담반 저주는 2024/25 시즌에서 바이엘 레버쿠젠이 분데스리가 챔피언이 되면서 깨진다.—옮긴이)

앙상블. 우리는 이 모든 음악을 따로 또 같이 몇 년간 열심히도 들었다. 그리고 새벽 3시까지 서로 토론을 하곤 했다. 그러다가 우리도 한번 능력껏 해보자고 의기투합했다. 프리 재즈 혼성 그룹을 결성했다. 한스 아이슬러와 에른스트 부슈도 합류했다. 우리는 시위음악 브라스 밴드였던 "로테 노테Rote Note"의 트리뷰트 밴드를 결성하긴 했지만 성에 차지 않았다. 음악에 대한 갈망을 절반도 충족시킬 수 없었다.*** 니체는 말했다. "음악 없는 인생은 실수다." 실수인지는 몰라도 우리 인생은 흘러갔다.

SDS의 거대한 중앙 조직 지도부는 이런 사정을 전혀 몰랐다. 특히 베를린 수재들은 완전히 깜깜했다. 그들은 공간적으로나 시류적으로나 동떨어지고 뒤처져 있었다. 프라이부르크에서 보기에 베를린 중앙 지도부는 "예술" 문제에 있어서 형편없이 후진적이었다. 지방 지도부는 말할 것도 없었다.

왕년의 운동권이었던 우리는 예술적 생산성을 일상적 생활 형태에 결합하고자 했다. 즉 "만인은 예술가다!" 거물급 SDS 동지 중 전문 첼로 연주자였던 프랑크 볼프가 유일하게 우리의 미학적 인식에 호응했다. 또한 프랑크푸르트 고위급 간부 한스 위르겐 크랄도 우리를 지원해주었다. 나는 금속노조가 자금을 지원했던 오덴발트 막사의 교육 과정에서 그를 알아봤다. 그는 바로크 서정시인 안드레아스 그뤼피우스에 대해 논할 수 있는 인물이었다. 17세기 신이라는 헛소리가 지배하는 이념 신학에 갇혀 있던 사람들이 어떻게 이토록 음절마다 세속적 쾌감이 숨 쉬는 운문을 노래할 수 있는지 싶어 나는 언제나 경탄했다. 오늘날까지 "좌파 시학"이 처한 절대적 난제다. 에리히 프리트도 해결 못 한 문제다. 베르톨트 브레히트 선생은 부분적으로 성공했다. 쾰른 출신의 위대

*** 즉흥연주 그룹은 오늘날까지 유지되고 있다. 물론 멤버에는 늘 변동이 있다.

한 좌파 시인 롤프 디터 브링크만은 기름기 없는 국물에 뼈다귀만 들어 있는 듯한 좌파의 언어를 혐오했다.

그러다 1972년이 되었다. 3년간 라디오 저널리즘을 경험했다. 열다섯 살 때부터 문학소년이었던 내가 박사 논문 집필을 눈앞에 두고 있었다. 서른 살의 나이였다. 지적이고 아름다운 아내와 이미 6, 7년을 함께했다. 생활하고 사랑하고 일을 했다. 이제 막 기어다니는 첫아이를 키우며 행복을 누리고 있었다.

앞으로 몇 년을 쏟아부어서 대학 교직으로 이어지지도 않을 박사 "논문"을 써야 할까? 취직 금지령이 남발되던 시절이었다. 해봐야 소득 없을 노릇이었다. 처음부터 나는 분명히 알았다. 그저 대학 도서관에 소장될 학위 논문을 쓰지는 않을 것이다. 글에 삶을 담아 대중에게 선보일 생각이었다. 그래서 나는 책을 쓰기 시작했다. 내 삶에서 비롯된 말투와 글감을 학위 논문 껍데기에 담아낸 것이다.

왜 이런 이야기를 하냐고? "느슨하고" "비학술적"이라는 평가를 듣는 『남성 판타지』의 글쓰기가 "어쩌다가 즉흥적으로" 그리된 것이 아님을 "이해"해주었으면 해서다. 수십 년간 쌓여온 말글살이가 당대의 삶 그리고 인간관계와 결합된 결과였던 것이다. 이 책의 글쓰기는 살아 있는 육체와 관계를 맺으려는 언어다. 스스로의 육체가 다른 육체와 맺는 관계에 대한 언어다. 대학의 강박신경증적 "법칙"이 요구하는 글쓰기와는 딴판이다. 이 책이 만들어내고 싶었던 것은 다른 말투였다. 마인 강변 금융 중심지 프랑크푸르트에서 학파를 꾸린 아도르노처럼 잘난 척하는 말투를 쓰고 싶지는 않았다. 이 책의 정치적 핵심은 시종일관 여기에 있었다. 이런저런 세부 사항은 나중에 수정될 수도 있겠지만* 진정한 예술은 흔들리지 않는다.

반드시 학술 용어로 무장해야만 학문적 타당성을 얻는 것은 아니다. 내 책은 비학술적 언어 방식 때문에 사랑받았고 또 욕을 먹었다. 대학에서 교편을 잡고 있는 사람들이 질색하면서 싫어하는 사실이 있다. 학술적으로 엄격한 용어들보다 일상적이고 쉬운 언어가 사실은 더 정확하다는 것이다. 요즘 나는 "담론"이라는 단어만 들으면 오글거린다. 특정한 규칙으로 작동되는 말투나 글투를 저렇게 부르는 모양이다. 또한 요즘은 누구나 입만 열면 하나같이 "내러티브Narrativ"를 운운한다. 이론적 논의와 일상적 대화에서도 세 마디 걸러 한 마디는 내러티브란 말로 도배된다. 내러티브를 조심하라! 바보Narr가 설친다aktiv!

한 가지 중요한 성과를 더 언급해야겠다. 『남성 판타지』는 학술서로서는 독일 최초, 아니 어쩌면 세계 최초로 방대한 시각적 자료를 텍스트에 부속된 자료가 아닌 그 자체로 활용한 사례였다. 도판은 텍스트 속에 조합되어 들어가 있다. 파시즘의 이미지 및 파시즘과 관련된 이미지를 글과 함께 짜넣었다. 역사적 상황과 역사 속에서 포착된 이미지가 "읽힐 수 있도록" 만들었다. 회화, 사진, 포스터, 프로파간다 자료, 영화, 나치

---

* 역사가 스벤 라이하르트가 몇 가지를 비판해주었다. 그럼에도 해당 주제 영역에 관해서는 이 책을 능가하는 성과가 없다고 결론지었다. 베를린 시의회 성평등 사무소장인 가브리엘레 캠퍼는 본 연구를 인용하고 계승해 『남성적 국가: 신우파 지성인의 정치적 수사학Die männliche Nation. Politische Rhetorik der neuen intellektuellen Rechten』(Köln 2005)을 저술했다. 또한 얀 쉬젤베크의 『잔혹성에 직면하여: 19세기에서 21세기까지의 문학적 시각적 전쟁 묘사가 야기하는 감정적 효과Im Angesicht der Grausamkeit. Emotionale Effekte literarischer und audiovisueller Kriegsdarstellungen vom 19. bis zum 21. Jahrhundert』(Göttingen 2013)도 있다. 또한 최근에 출간된 좋은 책이 있다. 클라우스 크리스텐은 자유군단 지휘관이었던 메르커 장군의 일대기, 『사나이의 삶: 식민시대에서 11월 혁명기까지 "도시 사냥꾼" 게오르크 메르커Ein Leben in Manneszucht. Von Kolonien und Novemberrevolution. "Städtebezwinger" Georg Maercker』(2018)를 출판했다. 역사학자 중에는 루츠 니트하머가 유일하게 이 책에 반응을 보여주었다. 또한 군사역사가 볼프람 베테, 만프레트 메서슈미트, 하네스 헤어, 또한 프라이부르크의 역사학자 게르트 크루마이히도 본서를 인용해주었다. 가해자의 심성 구조에 관한 정신분석적 구성이라는 것이 역사학자에게 접근하기 어렵기는 하다.

자료, 비나치 자료, 역사적 시선, 현재적 시선을 담았다. 또한 가장 중요했던 것은 만화 작가들의 시선이었다. 이들은 20세기의 사회 정치적 사건을 다른 누구보다 더 정확하게 포착해 펜촉으로 담아낸 사람들이다. 위대한 예술가들이다!

이 책에 담긴 이미지는 그 자체의 흐름을 이룬다. 모든 이미지에는 묘사 대상 이상의 것이 포착되어 담긴다. 바로 화가 혹은 사진작가의 시선 그 자체다. 조예 깊은 영화 팬이라면 누구가 알듯 이미지의 품질을 결정하는 것은 바로 제작자 및 감독의 의도다. 이미지가 다큐멘터리인지 서정적인지 허구적인지 미학적인지를 결정하는 것은 이미지의 컷, 깊이, 그림자의 각도, 색조 등이며 이미지와 이미지가 이어지는 연속 관계다. 이미지가 가장 강하게 보여주는 것은 물체성이 아니다. 예술 창조 과정의 방식과 배치다. 물론 보인다면 말이다.

대니얼 J. 골드하겐은 제2차 세계대전 때 독일군과 경찰이 직접 찍은 다량의 사진으로 이들의 쾌락 살인의 성격을 설명했다.

독일인들은 대량학살을 대놓고 지지했다. 자신들의 가해가 "역사적" 업적이라고 이해하고 당당하게 과시했다. […] 전후 독일은 뻔한 소리로 은폐하고 거짓말을 했지만, 그들이 직접 자랑스럽게 찍은 사진들은 진실을 여지없이 폭로한다. 101 경찰대대는 폴란드에서 보낸 시간을 기념한답시고 많은 사진을 촬영했다. […] 이들은 학살 임무를 자발적으로 유능하게 수행했고 꼼꼼하게 사진을 찍어서 기록했다. 자신들이 20세기 최악의 범죄를 저지르고 있다고 생각하지 않았다는 강력한 증거다. 사진 속에서 그들은 행복하고 자랑스러운 포즈를 떳떳하게 취하고 있다. 주변 환경과 자신의 임무에 대해서 완벽하게 수긍하고 있는 사람들이다.*

바로 이 태도다. 스스로의 살인 욕구를 "완벽하게 수긍"하는 상태. 이는 독일 파시스트의 전유물이 아니다. 군인 남성 특유의 육체성을 만들어내는 파시즘 보편의 구조다. 이러한 남성성을 인간의 "정상적 행동"으로 간주하는 생각에 나는 지난 50년간 맞서 싸웠다. 아마 앞으로도 싸움은 계속될 것이다.**

  남성 판타지는 텍스트와 이미지가 서로 뒤얽히면서 만들어진다. 우리 뇌리에 사물의 현실이 존재하는 방식과 동일하다. 나란히 그리고 뒤죽박죽으로. 현실은 깔끔하게 정돈되고 "범주화"되는 것이 아니다. 현실은 온갖 미디어의 형태로 다가오는 것이지 특정한 "담당" 지적 영역에 한정적으로 다가오지 않는다. 현실은 서로 어떻게 연결되고 어떻게 조합되느냐에 따라 상이한 현실력을 발휘한다. 뇌 활동은 끊임없이 영화를 만드는 과정과도 같다. 우리 몸의 카메라는 늘 돌아가고 있다. 자료를 어떻게 편집하고 조합할지가 중요하다.

2. 번역서들

『남성 판타지』는 9개국어로 번역되었다. 번역의 역사는 실로 놀랍다. 첫 번역서는 세르보크로아트어 번역서였다. 네나드 포포비치가 자그레브에서 번역 출간했다. 그라피치키 자보드 흐르바츠케 출판사는 4000권 분량의 종이를 구해서 4000부를 출간했다. 금세 다 팔렸다고 한다. 옛 유고슬라비아 지역에서는 내가 그려낸 독일 군인 남성이 러시아 "스탈

---

*   J. Goldhagen, *Ganz normale Männer*, p. 291.
**   내 투쟁의 "증거"를 수북하게 언어로 쌓았다. 최근작 『가해자의 웃음: 브레이비크 등. 살인 욕구의 심리 구조 분석*Das Lachen der Täter. Breivik u. a. Psychogramm der Tötungslust*』 (2013)이다. 일상의 모든 동작과 모든 호흡 속에 어른거리는 시체 더미에 대처하려는 나만의 방식이다. 사람마다 방식은 다를 것이다. 그럴 수 있다고 본다. 세계 곳곳을 휩쓰는 조직적이며 끝없는 살육의 공포를 누구나 다 직시하면서 괴롭게 살 수는 없을 것이다. 현실 도피가 아니다. 밤마다 잠을 자야 하고 다음 날 일을 해야 하니까 말이다.

린주의적” 남성상과 겹쳐져서 다가왔던 모양이다. 또한 전형적인 “발칸 술고래” 사나이를 연상시켰다. 출판사가 종이 배급을 승인받지 못한 탓에 2쇄는 못 찍었다고 네나드에게 전해 들었다.

다른 번역본들도 뒤를 이었다. 미국, 스웨덴, 네덜란드(해적판), 이탈리아, 일본에서 번역서가 잇달아 출간되었다. 이탈리아에서는 1권만 번역 출간되었다. 이유는 모르겠다. 일본어판 번역가 다무라 가즈히코田村和彦는 2006년 독일 외무부 번역가상을 수상했다. 내가 직접 번역을 확인할 도리는 없다. 그러나 그가 던지는 질문의 수준을 보면 깊은 신뢰가 간다. 내용에 대해서 깊은 통찰을 지닌 분이다. 그 점은 스웨덴판 번역가 울리카 발렌스트룀도 마찬가지다. 영국 폴리티 출판사에서도 번역본을 출간했다. 미국 미네소타대학 출판부에서 출판된 바 있던 에리카 카터와 크리스 터너의 훌륭한 번역을 채택했다.

솔직히 프랑스어 번역판이 나오리라는 기대는 없었다. 첫째, 원래 프랑스 학계는 육체 이론, 젠더 이론, 정신분석학 이론에서는 독보적 자부심으로 유명했다. 둘째, 내가 프랑스 이론서들을 광범위하게 인용했기 때문이다. 들뢰즈와 과타리의 『안티 오이디푸스』, 푸코의 『광기의 역사』, 장 피에르 파예의 『전체주의적 언어』 등이다. 내가 프랑스 독서계를 일깨우는 지혜의 올빼미가 될 가능성은 없어 보였다. 게다가 프랑스에는 이미 푸코의 『감시와 처벌』이 있었다. 내 책은 그 책과 주제가 많이 겹쳤다. 내가 막 탈고한 시점에 『감시와 처벌』의 독일어판이 출간되었다. 미리 참고할 수 있었더라면 나의 일부 과감한 주장을 더 잘 뒷받침할 수 있었을 것이다. 어쨌든 스토크 출판사가 『남성 판타지』의 일부를 번역하기는 했다. 또한 미셸 푸코가 출판사에 직접 추천하기도 했다고 들었는데 일이 성사되지는 않았다.

아, 기적! 2015년에 드디어 프랑스어판이 출간되었다. 라르슈 출판사에서 ‘Fantasmâlgories’라는 제목으로 나왔다. 번역가 크리스토프 뤼케

즈가 창조해낸 번역어다. 그는 보들레르의 『악의 꽃』, 남성성의 사악함, 최신 프랑스 이론을 융합적으로 이해하는 사람이다. 크리스토프는 독일어 원서와 영문판을 세심하게 읽고 이해했다. 그의 날카로운 질문 덕에 나는 몇몇 부분을 처음부터 다시 생각해야만 했다. 프랑스어판은 내 책의 가장 정확한 번역본이다.

지난 몇 년간 프랑스인들은 예전에는 몰랐거나 제한적으로만 알았던 몇몇 영역을 새롭게 알게 되었다. 1940년 이후 나치 독일에 의해 점령되었던 프랑스 지역에서 일어난 이른바 "나치 부역자" 문제다. 페텡 총리의 비시 정권 하에서 수많은 프랑스 시민과 경찰은 나치에 협력해 프랑스 유대인을 아우슈비츠로 강제 이송했다. 『남성 판타지』가 보여주는 "남성 유형"이 프랑스에만 없을 리 만무하다. 인도차이나 전쟁이나 알제리 독립 전쟁이 보여주듯 프랑스에서도 낯선 유형이 아니다. 무장 친위대의 외인부대로 참여해 "볼셰비즘"과 싸웠던 프랑스 파시스트 역시 적지 않다. 이런 부분에는 프랑스의 "과거 청산"이 철저하지 못했다. 또한 현재 마린 르펜식의 극우 포퓰리즘 문제도 심각하다.

지체된 과거 청산의 필요성은 스페인, 포르투갈, 그리스 사회에도 있을 것이다. 프랑코, 살라자르, 그리스 군사 독재 등 독일 파시즘과 밀접하게 연관된 파시스트가 활보하던 곳에서 이 책이 아직 번역되지 않은 것은 유감이다. 아직도 희망을 버리지 않고 있다.

프랑스어판에 이어 경사가 또 있었다. 2016년 말에 폴란드어판이 출간되었다. 폴란드어를 모르니 점검할 수는 없지만 미하우 헤레르와 마테우시 팔코프스키를 믿는다. 그들은 모니카와 나를 바르샤바로 초대해주었다. 거기서 때늦은 관심의 이유를 알게 되었다. 폴란드 페미니스트들 덕분이었다. 이들은 대학 세미나를 통해서 다소 "늦었지만" 서유럽 페미니즘을 부지런히 따라잡고 있었다. 2010년 이후 폴란드에서는 서방 세계의 1970, 1980, 1990년대의 여성계 주요 논점이 심도 있게 점검되고 있었다. 이는 일본어판이 추진된 주요 이유기도 했다. 일본 학계의 여성들은 미국 페미니즘을 수용하려는 이론적 · 실천적 열정을 지니고 있었다.

바르샤바에는 "때늦은" 현상이 더 있었다. 우리가 만났던 폴란드 학생들과 대학 세미나들은 프랑스 이론 논쟁에 푹 빠져 있었다. 그들은 마치 우리가 20, 30년 전에 그랬듯 들뢰즈, 라캉, 푸코, 바타유 등을 탐독했다. 현대 유럽 한가운데서 이렇게 비동시적이라니! 프랑스 이론을 최신 형태로 공부하고 싶은 사람이라면 폴란드의 대학이 최적의 환경일 수도 있겠다. 물론 폴란드의 반동우파적 정치인 카친스키 형제도 덤으로 따라붙는다.

다른 종류의 번역을 해낸 사람은 소설가 조나탕 리텔이다. 그의 소설 『착한 여신들Die Wohlgesinnten』은 내가 아는 한 가장 정확하게 파시스트 독일의 폭력 행사를 그려낸 수작이다. 소설은 독일 국방군이 소련에 맞서 수행한 전쟁 과정과 유대인 학살을 묘사한다. 그의 말에 따르면 소설을 쓰기 위해 역사 및 이론 조사를 할 때 『남성 판타지』의 미국판을 참고했다고 한다.*

3. 독일의 뉴라이트 I

이 책은 뜻하지 않게 새로운 현재성을 얻었다. 낯설기도 하고 익숙하기도 한 독일의 풍경이다. 이제 독일에는 새로운 "우파"가 생겼다. 그들은 여러 면에서 과거를 일깨운다. 『남성 판타지』가 묘사하는 자유군단과

---

* 리텔은 『축축한 것과 건조한 것The Damp and the Dry』의 후기를 내게 맡겨주었다. 소설 주인공은 벨기에 출신의 "자유군단 병사" 데그렐레다. 그는 자원입대하여 독일 편에서 제2차 세계대전에 참전해 러시아 원정에 참가한다. 나는 후기에서 『남성 판타지』의 개요를 설명했다. 여기서 되풀이하지는 않는다.

나치 극우를 연상시킨다.

2017년 연방의회 선거 이튿날 로자 룩셈부르크 재단의 극우극단주의 전문가 프리드리히 부르셸이 나에게 이메일 한 통을 전달해주었다. 극우 정당 독일을 위한 대안당, AfD의 당원이 잘츠기터에서 보내온 메일이었다.

우리 AfD는 성공적으로 연방의회에 진입했다! 60년 만에 처음이다. 심지어 독일연방공화국 건국 이래 처음이다. 진정한 독일 국민의 뜻을 섬길 대표자가 의회에서 일하게 되었다. 이제 독일의 이해관계를 대변할 세력이 생겼다. 게다가 의회 민주주의를 갖춘 국가 중 유일하게 수십 년간 계속된 정치적 우파의 완전 부재 상황이 드디어 해소된 것이다. 더 나아가 독일 국민주의 사상이 독일 정치계에 복귀할 문이 드디어 열렸다. […]
독일을 위한 대안당의 의원들에게 싸움은 이제 시작이다. 독일 국토에 존재했던 가장 혐오스러운 체제에 맞서는 전쟁이 다음 단계에 돌입했다. 연방공화국 기성 체제의 주류는 인류 역사상 가장 타락하고 변태적인 자들이다. 이들은 정당 패거리, 언론, 관료 집단과 뭉쳐서 최전방을 이루고 안간힘을 다해 우리 AfD의 위대한 과업을 방해할 것이며 정당을 분쇄하려들 것이다. 가장 비열한 계략이 동원되고 가장 파렴치한 거짓말을 날조해 우리 AfD 정당을 말살하려들 것이다. 그러나 우리는 독일 국민을 위한 사명을 끊임없이 이어나갈 것이다. 좌파와 반독일적 체제의 멸망이 임박했다!
(2017년 9월 26일, 아침 07:43)

"독일 국토에 존재했던 가장 혐오스러운 체제"란 곧 현재 상태를 뜻한다. 그리고 "연방공화국 기성 체제의 주류는 인류 역사상 가장 타락하고 변태적인 자들"이라고 표현했다. 상대와 무언가를 "논의"할 생각이 전무하다는 것이 분명하다. "가짜"와 "선동"이 마구 뒤섞여 있으니 그냥 무시하면 되는 걸까? 무시해야 하는 것은 맞다. 그러나 "경각심"은 가져야 한다. 선거 당일에 AfD의 공동 당대표라는 알렉산더 가울란트라는 인간은 연방의회에서 의원들을 "사냥"할 일이 기대된다고 말했다. 시사평론가 프리드리히 퀴퍼부슈가 제대로 별명을 붙여준 가울란트라는 "찌질이Kotkehlchen"는 600만 홀로코스트 희생자와 3000만 세계대전 사망자를 싸잡아서 독일의 과거사에 살짝 묻은 새똥 같은 오점이라고 말했다. 이런 망언제조기는 언급해줄 가치조차 없다.

과거 나치의 살상은 부정한다. 현안에 대해서는 살해 협박 발언을 한다. 때로는 은근하게 때로는 노골적으로. 과거 나치의 표어처럼 "독일 최우선Deutschland über alles"을 주장하는 프라우케 페트리 당대표, 여성과 아이들을 막론하고 국경 넘는 난민에게는 총을 쏴야 한다던 베아트릭스 폰 슈토르히 부대표, 그 발언을 묵인하는 가울란트 공동 당대표 등. 애매한 말이기 때문에 더 위험하다. 이들의 본심은 이렇다. "유대인 꺼져라" "무슬림 꺼져라" "깜둥이 꺼져라", 최소한 우리 동네에서 나가라, "호모 새끼들 꺼져라", 최소한 눈앞에서 얼쩡대지 마라 등등. 이러한 발언에 숨어 있는 추동력은 바로 살해다. 이런 발언은 특정 지역에서 충분한 정치권력과 경찰력만 장악해도 바로 실행된다. 파시스트 군인 남성들은 상대적으로 무력할 때에는 살인을 "판타지"로 꿈꾼다. 힘이 생기면 바로 저지른다.

파시즘은 스타일의 문제가 아니다. 또한 의견의 영역이 아니다. 손야 포겔의 말이다.(『타츠taz』, 2017년 11월 7일자) 파시즘은 목적을 지닌 범죄성이다. 민주적 법치국가에서 파시즘 주동자들은 "선동죄"로 감옥 가는 것을 피하려고 교활하게 정체를 숨긴다. 드디어 바라던 독재 정권이 들어서면 그들의 범죄는 법적 형식을 갖추고 법적 규범이 된다. 직업 정치인이 아니라면 이런 사람과는 "말"을 섞어서는 안 된다. 일반인이 공인된 범죄자와 "상의"할 일이 없어야 하는 것과 마찬가지다.

그 외 부류는 어떨까? 주변에 흔한 말이 잘 통하는 멀쩡한 사람이 알고 보니 파시스트라면? 어떤 관계를 맺어야 할까? 각자가 판단할 일이다. 일괄적으로 말할 순 없다.

혼자서 최대한 파시즘과 거리를 두는 것으로는 부족하다. 살인적 파시즘이 없는 주변 환경의 도움이 반드시 필요하다.

브뤼노 라투르가 좋은 격언을 한마디 했다. "한때는 유럽이 모든 민족에게 갔다. 그래서 요즘은 모든 민족이 유럽으로 온다." 그는 유럽인의 역사적 만행을 정확하게 짚어낸다.

유럽인의 가장 중대한 죄악은 신념이었다. 자신의 "문명"을 남의 지역, 영토, 나라, 문화에 심을 권리가 있다고 믿었다. 원주민과 토착 문화의 후예는 유럽인의 권리를 위해 말살당하거나 혹은 삶의 방식을 억지로 변경당했다.[*]

하지만 이런 말을 알아들을 사람이라면 극우 포퓰리스트가 될 리 없다.

4. 언어 - 육체

다시 현실을 보자. 『남성 판타지』가 이해하고 설명하려 시도했던 것은 육체의 문제였다. 대부분은 남성인 어떤 육체들이 어째서 누군가를 혹은 무언가를 치워버리고 없애버리지 않으면 못 배기는지를 설명하고자 했다. 제거 강박이 특정 육체에서 어떻게 생겨나 어떻게 육체를 지배하

---

[*]   Bruno Latour, *Das terrestrische Manifest*, Berlin 2018, p. 119 u. 118.

는지를 설명하고자 했다.

어떤 독자들에게는 쉽지 않은 독서였을 것이다. 이 책을 읽는 "소득"이 있으려면 "인간에 대한" 기존 학문의 지배적 언어를 버려야 한다. 이른바 "개인성" 등의 개념에서 벗어나야 한다. 철학이나 프로이트주의가 말하는 "주체" "자아" 등의 개념은 잠시 폐기한다. 대신 이 책은 파편화된 육체라는 개념을 제시한다. 또한 정신분석학적으로 정초된 인물형 미처-다-태어나지-못한 자의 생각을 몰입적으로 이해해야 한다. 좀더 정확하게는 그의 곤두선 인식을 느껴야 한다. 이해하지 못하면 소득이 없다. 안타깝게도 대부분의 독일 역사학자 중에는 예나 지금이나 이런 인물형을 이해하는 이가 드물다. 문헌학자들은 조금 낫지만 여전히 숫자가 부족하다. 이 책의 주장을 진지하게 받아들여서 일상적 감각과 행위 속에 통합한 사람은 극히 드물다.

이는 비난이 아니라 안타까움이다. 무엇을 놓치고 있는지 모르는 것이다. 그들의 현실 접근은 어디까지나 제한적이다. "신빙성 있는 기록"이란 원칙에 갇혀서 "심리"와 관련 있는 것은 그저 애들 장난으로 여기는 것이다. 해석의 권위! 개인의 구조에 대해서는 전혀 모른다. "죽었다 깨어나도 모르겠지!" 만화가 로버트 크럼의 말이다.

예전에도 말한 적 있지만 미국 역사학자들이 이와 다른 이유가 있다. 일단 유대인 가정의 자식들이 많았고, 대부분은 홀로코스트에 친척을 잃은 경험이 있었다. 그들은 파시즘에 대한 통찰을 제공하는 과거 및 현재의 독일 자료에 커다란 관심을 보였다. 그들은 열린 마음을 지녔고 교육과 교양 수준이 높았다. 역사학 문헌만 읽은 것이 아니라 개인적이고 내밀한 자료도 적극 참고했다.

"유대인 가정의 자식들." 심지어는 1980년 이후 미국에 초청 강연을 갔던 나에게 라울 힐베르크의 저서를 추천해주기까지 했다. 그는 1961년에 『홀로코스트: 유럽 유대인의 파괴 *Destruction of the European Jews*』를 발간했다. 이는 훗날 3권짜리 개정판으로 확장된다. 가해자의 언어를 담은 이 대작은 당시에는 독일어로 번역되지 않았고 거의 알려지지 않았다. 독일 학계의 그 어떤 거물급 인사도 반응이 없었다. 역사학계도 외면했다. 주어캄프 출판사에 개인적으로 입김이 셌던 아도르노와 호르크하이머도 번역본 출간에 손을 쓰지 않았다. 현대시 박물관 시리즈로 우리를 시의 세계로 인도했던 한스 마그누스 엔첸베르거 역시 한 번의 언급이 없었다. 나는 수년간 그의 책을 애독했다.

라울 힐베르크의 혁신적이고 경이롭도록 철저한 연구는 역사학계에서는 "이단아"와도 같았다. 독일에는 1982년이 되어서야 뒤늦게 소개되었다. 이는 "스캔들"이라는 말로는 부족하다. 동독 및 서독 출판계가 제2차 세계대전 이후 저질러온 죄악적인 직무 유기다. 독일 역사학계라는 패거리가 차려입은 흰 양복에 묻은 시커먼 오점이다.

그러다가 1986년 클로드 란츠만의 영화 「쇼아」가 독일에서 상영되었다. 우리는 라울 힐베르크의 모습을 "직접" 만날 수 있었다. 상영 시간이 9시간 반에 달하는 란츠만의 영화에서 그는 유대인 절멸 역사의 권위자로 등장한다. 날짜, 장소, 시간표, 가해자들의 성명, 철도망의 역할, 수용 절차, 고문을 수행하던 친위대의 구체적인 고문 방법 등을 상세히 설명한다. 라울 힐베르크의 연구를 미리 알았더라면 『남성 판타지』에 포함시켰을 내용이 너무 많다. 그 점이 아쉽다.*

불과 며칠 전 2018년 7월 클로드 란츠만이 타계했다. 란츠만이 11년 걸려서 「쇼아」 영화를 만들었다는 말을 라이너 휠칠에게 들었다. 제작에 착수한 시점이 1974년, 1975년 무렵이었다는 뜻이다. 바로 『남성 판타지』의 집필이 본격적인 궤도에 올랐던 무렵이다. 또한 1975년은 프랑스에서 미셸 푸코가 『감시와 처벌』을 출간한 해였다. 그리고 피에르 파올로 파솔리니가 「살로, 소돔의 120일」을 촬영하기 시작한 해였다. 파솔리니의 영화가 독일에서 극장 개봉했던 1977년은 내 책이 막 출간된 시

점이었다. 파솔리니의 영화 속에 묘사된 파시스트 폭력과 쾌락은 내가
『남성 판타지』에서 설명하려 했던 내용과 가장 밀접하다.

이상의 작품들의 공통점은 파시스트 폭력이라는 "주제의 연관성"에
그치는 것이 아니다. 오히려 작품을 만드는 방식과 정치적 기원에 공통
점이 있다. 다소 차이는 있으나 이상의 모든 작가는 68혁명과 관련 있었
다. 1970년대 중반에 이르면 1930, 1940년대 유럽 역사에 대한 나름의
새로운 투쟁 형식이 자리를 잡았다. 이 배경에는 68혁명 세대 특유의 입
장이 있었다. 이들 중 그 누구도 역사학자는 아니었다. 그중 두 명은 영
화 제작자였다. 과연 어떤 종류였을까?

생전에 클로드 란츠만은 자신의 영화는 "다큐멘터리"가 아니라고 강
변했다. 「쇼아」는 예술작품이라는 것이다.** 가스실에서의 죽음이라는
소재에도 불구하고 말이다. 란츠만에 따르면 작품의 진가를 최초로 알
아본 사람은 시몬 드 보부아르였다. 파솔리니 역시 예술가였다. 그의 영

---

* 독일 역사학계와 출판계가 힐베르크 저서의 번역 출간을 얼마나 끈질기게 방해했는지
를 괴츠 알리가 자세히 조사했다. (「진실의 전체가 드러날것을 두려워하다」, 『쥐트도이
체 차이퉁』, 2017년 10월 18일자.) 특히 마르틴 브로샤트가 소장으로 있던 현대사연구
소Institut für Zeitgeschichte, IfZ가 18년 동안이나 출판을 막았다. 나치 전력이 있는 프리츠
볼레가 편집장인 드뢰머 크나우어 출판사, 체 게바라와 마오주의 프로파간다에 푹 빠
져 있던 프리츠 J. 라다츠가 편집장인 로볼츠 출판사, 현대사연구소의 만류를 들은 C.
H. 베크 출판사 등은 번역을 거부했다. 한편 독일 역사학자들은 힐베르크의 성과를 자
기 저서에 슬쩍 끼워넣어 이용하곤 했다. 괴츠 알리는 이렇게 평가한다. "슬쩍 베끼려는
노골적인 속셈이 힐베르크의 기념비적 저서의 독일어판 출간을 막는 원동력이었다."
결국 서베를린의 신좌파 영세 출판사였던 올레 운트 볼터 출판사가 역사학자 외르크
프리드리히의 강력한 요청으로 드디어 독일어판을 출간했다.

** 하지만 란츠만의 부고 기사에는 죄다 "다큐멘터리"라는 단어가 들어갔다. 단 한 명, 영
화평론가 카트야 니코데무스만 예외였다. (『차이트』, 2018년 7월 11일자.) "그의 영화
는 도덕적·예술적 정확성"을 갖고 있었다고 평가했다. 란츠만이 "망각에 맞선 저항 투
사"였다는 규정은 너무 "협소"해서 아쉽다.

화가 그려내려는 것은 분명히 파시스트 폭력의 쾌락이다. 미셸 푸코도 그저 철학자, 사회학자, 혹은 인문과학자라고 볼 수 없는 일종의 예술가라는 점은 명백하다.

이 모든 작품은 경계적이다.*** 이들은 학문 간 경계를 넘나든다. 르포타주, 픽션, 다큐멘터리, 예술의 경계를 허문다. 장뤼크 고다르는 1960년대 중반부터 다큐멘터리와 픽션 사이의 경계를 넘나들었다. 그의 영화는 둘 다이면서도 둘 이상이다. 달리 설명하자면 통용되던 현실 개념이 완전히 전환된 것이다. 오늘날에는 그 누구도 "객관적 현실"이라는 단어에 집착하지 않는다. 좀더 중요한 것은 유용한 결과를 가져오는 관점과 통찰이다.

양성 관계만 변화한 것이 아니다. 현실 형태들 사이의 관계, 표현 양식 사이의 관계도 변했다. 경계는 이미 사라졌다. 그러나 오늘날 온갖 퇴행적 세력은 또다시 경계를 세우려 하고 있다.

5. 숨겨진 연대기

『남성 판타지』에서 다루어졌던 군인 남성 관련 자료를 확장하고 심화시킨 내용이 2017년 신간으로 나왔다. 에멘딩겐의 독일 일기 아카이브가 펴낸 『숨겨진 연대기Verborgene Chronik』다. 제1차 세계대전 및 전후기 몇 달 동안 작성된 편지와 일기문, 그림 등을 담았다. 격동의 혁명 시기와 자유군단 초기 활동 시기인 것이다. 루돌프 발터의 인용문이다.

예비역 대위이자 공장주가 일기장에 속마음을 털어놓는다. "1916년 8월

*** 2010년 압솔루트 출판사가 출간한 클로드 란츠만 영화집에서 나는 그의 영화 제작 방식의 "예술성"을 높이 평가했다. 또한 영화 속 인터뷰 상황에서 그가 보여주는 육체성의 치유 기능을 극찬했다. 그는 영화예술가인 동시에 상담치료사 역할을 했다.

11일. 드디어 휴가를 마치고 브륀으로 복귀한다. 전장으로 돌아갈 생각
에 정말 정말 정말 기쁘다. 드디어 마리안네에게서 도망친다. 집에 있는
내내 가시방석이었다. 여편네가 도무지 자유니 뭐니 헛소리만 지껄인다.
저런 여자를 사랑해줘야 뭘 하나. 자격도 없는 년. 사업을 생각한다면 집
에 있는 편이 이익이겠지만, 인간적으로 아내와 금슬을 유지하려면 차라
리 꼴을 안 보는 게 낫다."*

"아내"에 대한 태도 문제건, "자유니 뭐니 헛소리"에 대한 태도건 혹은
일반적인 정치 상황에 대한 설명이건 간에, 책의 모든 페이지에는 자유
군단의 언어가 일반 병사의 사적인 서간문 언어와 전혀 다르지 않았음
을 보여주는 증거로 가득하다. 1914년 이후 독일 장교의 어조이자 당시
세대의 어조였던 것이다. 나는 책의 결론 부분에서 자유군단의 글은 죄
다 한 명이 쓴 것 같은 천편일률성을 지녔다고 지적한 바 있다. 자유군
단만 그랬던 것은 아닌 듯하다. 당시 독일 전체가 모종의 "우익적"이고
"애국적"인 "문화적 우수성"을 본받아 글을 썼던 모양이다. 발터는 예비
역 대령의 일기를 이렇게 평가한다.

참전용사는 대충 잔인하고 단순하게 끼워맞춘 전사의 세계관 속에서 움
직이고 있었다. 그가 본 세상에는 온통 "미국 개새끼들" "러시아 개새끼
들" "유대인 상판대기", 그 외 "잡종 튀기들"로 가득했다. 그중에는 "인도
잡종들"도 있었다. 영국군 소속의 인도 출신 병사도 잡종이긴 마찬가지
였다.

---

*   루돌프 발터, 「문화적 업적의 정점에서: 애국주의 만세, 그리고 사랑의 맹세Auf der ›Höhe
    der erreichten Kultur: Hurrapatriotismus und Liebesschwüre」, 『숨겨진 연대기』는 제1차 세계대전
    정신사 연구의 세기적 역작이다." (『타츠』, 2018년 1월 9일자.)

한마디로 이렇다. "우리 독일인 한 명의 목숨이 러시아 놈 10명보다 값지다."

이것이 1917년경 군인 "정신"이자 "민간"의 주류 정서였다. 35세 대위는 이를 "발달된 문화의 최정점"의 판단력이라고 생각했다. "독일인"은 세상의 모든 적군보다 특히 러시아인보다 우월하다는 것은 자명하다. 그러므로 "우월한 문화가 우뚝 서는 것"은 지당한 논리적 귀결이다. 당연히 우리 독일이 지배한다.

『남성 판타지』는 이런 발언을 "관점"이나 "이데올로기"로 받아들이지 않는다. 그랬다면 논의 자체가 불가능한 헛소리였을 것이다. 이는 육체 상태를 표현하는 언어다. "문화"란 뭔가 높게 우뚝 선 것을 뜻한다. 군인 남성의 육체를 단단하게 묶어서 유지하는 그 무엇이다. 특히 총대를 잡거나 박격포를 쥐고 있을 때, 열 배는 열등한 인종들을 보기 좋게 깔아뭉개서 피투성이로 만들어 땅에 거꾸러뜨릴 때, 낮은 것들을 분수에 맞게 대해줄 때 도움이 된다. 또한 자고로 "문화"라는 것은 당연하게도 여자들에게는 없는 것이다. 군인 남성의 언어에서 "문화"나 "국가"는 남성적인 개념이다. 열등함의 개념에는 인종주의 외에도 "여성성"이 따로 언급할 필요 없이 당연히 함께 들어 있다. 이 개념들은 위계질서적이다. 이런 말들은 지당하다는 듯 지배 양식을 표현한다. "고도로 발달된 문화"의 정복은 당연한 것이다. 모든 낮은 것, 바닥을 박박 기는 열등한 것들, "러시아 개새끼들" "미국 개새끼들" "유대인 상판대기들", 인간도 아닌 주제에 건방지게 권리를 요구하고 나서는 "프롤레타리아"를 짓밟아줘야 한다. "공산주의"는 최악의 끔찍한 비자연적 존재다. 『남성 판타지』가 보여주려 한 것은 1920년에서 1930년 사이에 "문화"와 "국가"를 운운하던 자들이 실제로 하고 있던 말은 "살해"였다는 것이다. "고도로 발달한 문화"에 순순히 복종하지 않는 것들은 모조리 죽여 마땅한 것들이다.

이 모든 끔찍한 것을 나치가 전쟁에 환장해서 "발명"하고 공식화한 것이 아니다. 제1차 세계대전 때부터 이미 존재했고 1919년, 1920년 노동자 봉기 진압 때에도 있었다. 이를 실천하던 자유군단의 젊은 병사들이 훗날 "제3제국의 최초 병사"를 자처했으며 널리 칭송받았던 것은 우연히 아니다. 육체는 전쟁터였다. 언제나 파편화의 위협을 느꼈고 실제로도 파편화되어 있었다. 그것을 몇몇 "개념"으로 결속 유지하는 것이 "군인 남성"의 육체 구조였다. 이러한 통찰이 없다면 나치 언어 구조의 공식을 제대로 "이해"할 수 없다.*

6. 제2차 세계대전 이후의 자유군단

2018년, 오랫동안 슈바르츠발트에서 살다가 최근 슐레스비히 홀슈타인으로 이사한 화가 프리데만 한이 첫 소설을 출간했다. 예전에 시집을 낸 적은 있지만 소설은 처음이다. 『검은 숲Foresta Nera』이라는 제목의 범죄소설이다. 독일 전후 사회의 누아르 영화와도 같은 암흑의 숲을 그렸다. 울창해서 어두운 숲으로 유명한 슈바르츠발트는 제2차 세계대전 이후 오늘날까지 가장 인기 있는 국내 여행지 중 하나다. 한의 범죄소설에서

---

* "자유군단의 폭력"이라는 주제를 다룬 신간이 나왔다. 영어 원서의 독일어판도 출간되었다. 마크 존스의 『최초에 폭력이 있었다: 1918/19년 독일 혁명과 초기 바이마르 공화국Am Anfang war Gewalt. Die deutsche Revolution 1918/19 und der Beginn der Weimarer Republik』(Berlin 2017, Dublin 2016)이다. 그러나 기대에 못 미친다. 역사적 사실관계를 확인하는 데 매몰되어 있다. 서평가 옌스 비스키는 신간 소식은 전하면서도(『쥐트도이체 차이퉁』, 2017년 7월 1일자), 사실 수십 년 전에 이 문제를 다뤘던 사람들이 있었다는 사실은 언급하지 않는다. 오직 서평의 대상만 주목할 뿐이다. 존스는 이 분야에 자신이 마치 "최초"라는 듯 행세한다. 참고문헌 목록에 『남성 판타지』와 에어하르트 루카스의 『1920년 3월 혁명』을 싣기는 했으나 제대로 활용하지는 않았다. 또 다른 루카스의 책 『1918년 11월 혁명』은 언급조차 하지 않았다. 마크 존스가 다뤘던 대부분의 내용은 그 책에서 이미 다뤘다. 영국 신사의 체면에는 안 어울리는 행동이다. 옌스 비스키는 과연 몰랐을지 궁금하다.

검은 숲은 범죄적 군인 남성들이 활개치는 장소로 그려진다. 독자가 보기에 이들이 하는 짓은 영락없는 자유군단 남성들 같다. 하지만 제2차 세계대전 후에 활동한 자유군단은 독일인이 아니었다. 제1차 세계대전 이후라면 마음껏 학살하고 다닐 군사적 자유가 있었겠지만 1945년 이후 독일 부대는 그럴 수가 없었다. 독일 부대는 없었다. "전쟁은 끝나지 않았다"고 우기는 군인들, 우리가 이길 때까지 전쟁은 못 끝낸다는 군인들은 독일 영토 내에서 군사행동을 할 가능성 자체가 없었다. 이들 자유군단은 사실 프랑스군 소속의 외인부대였다. 전쟁과 남성 패거리를 갈망하는 독일군 패잔병 무리가 없었더라면 생겨날 수 없었을 조직이다. 이는 독일에서는 이후 몇 년간 조직될 수 없었던 사회 형태였다.

한의 소설 『검은 숲』에 나오는 독일인 외인부대는 1950년대와 1960년대에 고향에 귀환했다. 그들이 어디에 취직했을까? 독일 남서부의 슈바르츠발트 경찰이 되었다. 프리데만 한의 소설에 나오는 모든 경찰은 과거 외인부대였던 경력을 지녔다. 그들은 예전 국방군 시절 동부전선에서 저질렀던 살육을 프랑스군 소속의 외인부대가 되어 인도차이나와 북아프리카에서 계속할 수 있었다.** 여기서 민간인 200여 명을 총살했고 저기서 마을 아이 20명을 죽였고 혹은 알제리 민간인을 대량학살 했다는 것이 여러 번 암시된다. 프리데만 한이 지어낸 것이 아니라 실제 장소와 날짜가 있는 역사적 사실에 기반한 내용이다. 게다가 내부 배신자 색출과 "동지들" 간의 알력이 빠지지 않고 끼어든다. 이런 상황

** 2018년 4월초 폭스 채널에서 방영된 외인부대에 대한 TV 다큐멘터리가 구체적인 수치를 제공한다. 1954년 디엔비엔푸에서 베트남군에게 항복했던 외인부대 병력의 54퍼센트가 독일인이었다. "전쟁은 아직 끝나지 않았다"고 생각했던 나치 전력의 전투원들이 또다시 패배를 경험했던 것이다. 그들이 이제 검은 숲에 경찰, 독일연방정보국, 연방국경수비대가 되어 돌아왔다. 더군다나 외인부대에서 3년을 복무하면 새로운 신원을 얻는다. 완전히 합법적으로 이름을 바꾸고 새 여권을 얻을 수 있었다.

이 『검은 숲』에서 끝없이 전개된다. 통제를 벗어나 무법지대가 된 독일, 프랑스, 스위스 접경 지대에서 프랑스 코르시카 마피아와 슈바르츠발트 경찰 마피아 조직원, 연방국경수비대, 독일 정보기관들이 혼탁한 경쟁을 벌인다. 다툼의 한가운데에 온갖 밀수 활동과 조직적 성매매, 대규모 여성 인신매매가 벌어진다. 어린 소녀들이 대량으로 거래되고 부수적으로 살인 사건들이 발생한다. 방수포로 둘둘 만 여자 시체들이 국경을 이루는 라인강을 떠내려온다. 전후 독일에서 아름다운 풍경으로 사랑받고 있는 관광 명소 라인 강가의 옛 모습이다.

세계대전에 참전했건 혹은 외인부대에 복무했건 간에 전직 직업 군인들은 훗날 민간 영역에서 둘 중 하나의 직업을 택했다. 정육업자 아니면 경찰이었다는 것이 소설 속 이야기다. 그렇게 생겨난 시체들은 국경의 강에 버려진다. 울창하게 어두운 숲에서 성대한 고기 축제가 벌어진다. 이 구역을 꽉 잡고 있는 짭새 패거리들이 독일 소시지를 꾸역꾸역 먹으며 육즙을 논한다. 25년 전 슈바르츠발트 출신의 자유군단 철학자 마르틴 하이데거가 프라이부르크 자유 학군단을 선동해 독일 총통 원칙에 충성 맹세를 시켰던 바로 그곳이다.

마르틴 하이데거가 은둔했던 토트나우베르크 오두막으로부터 멀지 않은 곳에 오래 살았던 프리데만 한은 주인공 중 한 명이 환각을 경험하는 장면을 묘사한다. 살인마 패거리 중에서도 그나마 생각이 깊은 축에 속하는 인물이다.

……나는 망나니들의 사령관이다. 군사훈련도 못 받은 오합지졸 깡패들의 지휘관이다. 양 진영에 시달리며 시대의 격랑을 겪었으니 나에게 경의를 표시해달라. 5년의 세월 동안 깡패 망나니의 무리를 규합해야만 했다. […] 우리라고 무책임하지는 않다. 우린 십계명을 존중한다. 내 부하들은 나를 따른다. […]

전쟁을 일으키면 적을 죽이고 껍질을 벗겨야 한다. 도망치는 적의 등을 쏜다. […] 총성이 들리는 순간 우리는 들개 떼가 된다. […] 귀신이 들려야 전투력이 올라간다. […] 전쟁이 끝났다는 소식에 우리는 얼떨떨했다. […] 여자를 강간하게 되는 것도 그래서 생기는 일이다. 시작하면 멈출 수 없다. 귀신 들리기 때문에 그렇다. […] 그래서 사악한 짓도 하게 되는 것이다. 여섯 살도 안 된 어린 계집애를 엄마 품에서 빼앗아 강간한다. […] 계집애는 엉망진창이 되도록 강간당한다. […] 파괴가 목적이다. 욕구 충족 때문이 아니다. […] 꼬치구이로 만들어준다. 성행위로 쓰고 난 다음에 철봉이나 작대기로 여자 성기를 꿰뚫는다는 뜻이다. […] 시간이 갈수록 나 자신이 낯설다. […] 기억이 그대의 적이다. 진정한 적이다. 그대에게는 믿고 두려움을 털어놓을 사람이 없다. […] 털어놓고 싶지도 않다. […] 혼자 알아서 꺼버려야 한다.* […] 그대의 고통은 그대의 것이다. […] 그대가 아프라고 있는 것이다. […] 벽을 등지고 무릎 꿇은 스무 명의 아이가 보인다. 머리통이 잘려나간 목들, 도끼로 찍어낸 손들, 검게 말라붙은 핏자국 […] 모두 지나간 일이 되었건만 자꾸만 되살아난다. 너무 무섭다. 죽음이 무섭다. […] 그래, 바로 그것이다. […] 그들은 죽음이 두렵다.

귀신 들렸다. 한이 그려낸 살인자는 이렇게 회고했다. 그래서 살인하고 강간하고 아이들의 몸을 도륙했다. 스스로 해놓고도 설명이 불가능한 온갖 행동, 괴물 같은 악행을 가리키는 말이 "귀신"이다. 그러므로 당연히 가톨릭 십계명은 지킨 셈이다.

---

* 아우슈비츠의 소장이었던 루돌프 회스가 크라카우어 감옥에서 1946년에 썼던 진술서에 등장하는 단어다. 온갖 것을 자신의 몸에서 "꺼버리는" 일은 "사랑하는" 아내조차 도울 수가 없었다. 혼자 알아서 처리해야만 한다. 그런 일은 원래 혼자 감당해야만 한다.

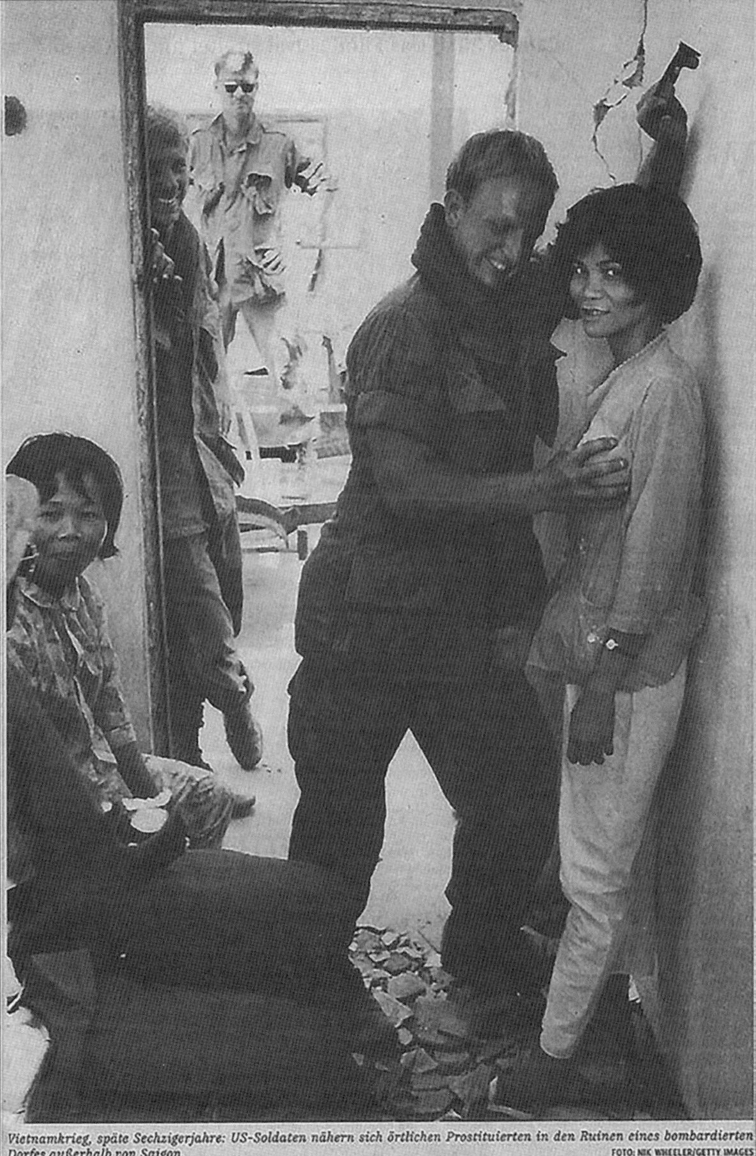

Vietnamkrieg, späte Sechzigerjahre: US-Soldaten nähern sich örtlichen Prostituierten in den Ruinen eines bombardierten Dorfes außerhalb von Saigon.

FOTO: NIK WHEELER/GETTY IMAGES

1960년대 후반 베트남전:
사이공 외곽, 폭격의 잔해 속에 들어선 지역 매춘업소을 방문한 미군들.

Mädchen wollen Spaß – und ihr Recht: Im Mai protestieren Frauen in Madrid gegen ein ihrer Ansicht nach zu mildes Urteil gegen fünf Männer, die in Pamplona eine Frau vergewaltigt haben.
FOTO: GABRIEL BOUYS, AFP

"여자는 재미를 원한다. 기본권을 원한다!"
마드리드에 모인 여성 시위대. 스페인 팜플로나에서 1명의 여성을
집단 강간한 5명의 범인에게 솜방망이 판결이 내려진 것에 대해 항의하고 있다.

2018년 헝가리의 빅토르 오르반 정권은 헝가리 전국의 대학교에서 젠더 연구를 금지했다.
교육부 장관은 이렇게 말했다. "성별은 생물학적 천성이지 사회적 구성물이 아니다.
연구하고 말고 할 것이 없다!"

유형의 보편성이 보이는가? 나는 그렇다고 단언한다. 사실 "유형"은 적절한 표현이 아니다. 파괴된 육체성의 비교현상학이다. 이는 모든 사회의 남성 육체, 특히 15세에서 35세 사이의 젊은 남성 육체에 대한 이야기다. 이들의 육체를 꽉 채운 흥분이 스포츠, 춤, 음악, 우정 등 문명적 배출구나 전환 수단를 못 찾고 끝내 막히면 스스로는 견뎌내지 못할 교착 상태에 빠진다. 그래서 다른 육체를 파괴하고 피바다를 만들고 똥과 정액의 엉망진창을 만들고 마는 것이다. 무지막지한 폭력을 배출하고 있는 파편화된 육체는 사실 자신이 삼켜질지도 모른다는 격렬한 위협적 감정에 처한 상태다. 폭력은 이들을 구원한다. 새로운 육체 갑옷을 입혀준다. 이들은 생존자가 된다. 우월자가 된다. 살해 행위 속에서 잠시나마 구원과도 같은 총체성을 경험한다. 이는 일시적 치유-존재/하일 히틀러- 존재Heil-Sein다. 또다시 살아남기 위해서 이들은 똑같은 행위를 중독적으로 반복한다. 이는 죽음 충동이 아니다. 살인 중독이다.

프리데만 한은 이런 인식을 잘 포착했다. 소설은 이런 남성들의 감정 생활을 여러 차례 "sangue et merde", 즉 피와 똥이라는 말로 공식화한다. 1920년대 살육을 저지르던 독일 자유군단 남성의 내면세계 역시 잘 표현해주는 공식이다.

제2차 세계대전 이후의 상황을 그린 또 다른 대목에서 한은 이들 살인자 무리, 특히 독일 "남서부" 지역 남자들 특유의 비루한 사회화 정도를 지적한다.

도덕은 땅에 떨어졌다. 정치는 뿌리까지 썩어빠졌다. 고장마다 암시장이 창궐해서 범죄가 기승을 부렸다. 프랑스가 뿜어낸 찌꺼기가 독일 해안으로 밀려들어왔다. 도박과 매춘이 번창했다. 번 돈은 죄다 스위스에 빼돌렸다. 똥거름, 오줌거름, 쓰레기가 넘쳐나는 늪 한가운데에 남부 연방국 경수비대가 있었다. 이런저런 도덕적 흠결이 있다는 점을 제외하면 언제나 품행이 방정했다. 엄중하게 처벌하고, 순수한 영혼으로 판결하며, 마음 약해지지 않고 죽였다. 역시 독일인다웠다. 크뤼거는 확신하고 마음을 놓았다. 역시 남부 독일인의 천성은 믿음직하다. 칠흑 같은 살인의 밤에도 순수한 양심을 간직한다.

한 가지 반드시 덧붙이고 싶다. "언제나 품행이 방정했다"는 것은 북부 독일 및 동독 지역의 남성 육체성에도 똑같이 적용될 수 있는 표현이다. 이는 하인리히 힘러가 1940년대 친위대의 근무 태도를 치하하면서 썼던 표현인데 한이 그대로 따와서 "조롱"의 의미를 더했다. 내가 알기로 서부 독일의 루르 지방은 그나마 조금 낫다. 칠흑 같은 밤에 순수한 양심을 지키며 살인을 저지르고 언제나 품행이 방정한 것이 "진정한 독일인"이라는 말이다. 이런 유형의 살인적 남성성을 특정한 지역에, 특정한 국적에 결부시키려고 하다니. 과연 될까?

하지만 이러한 "품행"은 상황만 주어지면 전 세계 어디에나 있다. 미국, 러시아, 일본, 영국, 프랑스, 인도네시아, 중국, 콩고, 튀르키예, 아랍 등 지구 곳곳에 다 있다. 다만 독일의 "방정한 품행"은 수준이 아예 달랐다는 점이 문제다. 독일은 독보적 성공을 거두었다. 유대인 600만 명을 죽였고 세계대전을 일으켜서 3000만 명을 죽였다. 그중 압도적 다수는 러시아인이었다. 독일에서는 1919년 이후로 살인 행위는 일상다반사였다.

물론 선구적 역사가 있었다. 제1차 세계대전 이전에 "독일령 서남아프리카"에서 헤레로족 학살이 자행되었다. 학살의 주역들은 제1차 세계대전의 전쟁 영웅으로 출세했고 전후에는 독일 노동자 봉기의 진압을 지휘하여 자국민을 살해했다. 특히 석탄 채굴로 시커먼 루르 지방 천한 것들에게는 무자비했다. 예를 들어 볼셰비키가 득실거리는 에센은 깜둥이 아프리카나 마찬가지다. 함보른은 베스트팔렌에 버티고 사는 폴란드인 잡종 해충이 바글거리는 소굴이다. 1919년에 전쟁 끝났다니까 아주신이 나서 감히 뻔뻔하게 기어나와? 국제 인권 운동의 이름으로 뭐, 권리를 보장하라고? 헛소리를 하고 있어!

7. "성"폭력

『남성 판타지』 1권에는 쾌락 살인을 설명하는 부분이 있다. 다소 오해의 여지가 있는 용어였다. 성적인 쾌락으로 이해할 수도 있기 때문이다. 이들의 살인 행위는 섹슈얼리티와는 아무 상관이 없다는 것을 강조해둘 필요가 있다. 제시카 벤저민과 앤슨 라빈바흐가 영어판 제2권 서문에서 이 점을 잘 지적해주었다. 파시스트의 살인은 반성애적이다. "파시즘의 정치는 성적 에너지가 가득했지만 결국은 반성애적이었다." 성적으로 코드화되었으나 반성애적이라니, 이게 무슨 뜻일까?

오늘날의 폭력 논의에서 핵심적 개념이 이와 관련된다. 전반적으로 "성적 폭력"이라는 용어는 성기의 개입 혹은 도움을 받아서 "행사"되는 모든 종류의 폭력을 의미한다. 특히 강간에 이르는 모든 형태의 공격이 이에 해당된다.

이러한 공식은 얼핏 설득력 있는 듯하지만 내가 보기에는 불충분하다. "섹슈얼리티"와 "폭력" 사이에 마치 모종의 "진정한" 연관이 가능하다는 듯 다루기 때문이다. 그러나 실제 세계, 실제 존재하는 육체 영역에서는 그렇지 않다. 성적 행동은 타자의 육체를 존중한다. 폭력은 그렇지 않다. 성기를 이용한 폭력 행동도 마찬가지다. 따라서 폭력은 개념상 "섹슈얼리티"라는 용어에 부합하지 않는다. 1919년 이래 독일 자유군단 병사들의 행동이 이를 "본의 아니게" 입증한다. 성애적 여성 육체에 대한 그들의 폭력 행위, 이른바 "빨갱이 년", 여성 노동자, 여성 공산주의자, 유대인 계집 등에 대한 폭력은 대부분 강간이 아니었다. 오히려 살해 행위가 이들에게 극도의 쾌락 경험을 안겨주었다. 이 모든 사건에서 "쾌감"은 살해 행위 자체의 즐거움에서 비롯되었다. 군인 남성의 성기가 동원된 경우도 성적인 행위를 위한 것이 아니다. 그들의 성기는 폭력 행사의 도구였다. 그러므로 성적 영역을 벗어나는 것이다.

"성적 폭력"이라는 공식은 불충분하다. 폭력을 행사하는 육체 안에서 실제로 어떤 일이 벌어지는지, 쾌락적 살인 행위가 어떻게 계속 확장되는지를 알려주지 못한다. 다른 육체는 섹슈얼리티로 느끼는 것을 파시스트의 육체는 왜 폭력으로 행사하는지를 설명해내지 못한다. 살인하는 남성의 육체는 한때 섹슈얼리티로 느꼈던 것을 폭력의 형태, 더 심하게는 살인의 형태로 바꿔서 경험한다. 그러므로 "섹슈얼리티"의 이름에 걸맞은 내용과 정반대가 되어버리는 것이다. 성적 폭력이라는 것은 없다. 행복한 육체였더라면 "섹슈얼리티"로 존재할 것을 오직 폭력 행위의 형태로만 경험하는 육체들이 있다. 폭력으로서의 성적인 행위. 이들이 느끼는 욕구는 이러한 폭력 욕구다. 성적인 쾌락이 절대로 아니다.*

2015년 1월에 출간된 『가해자의 웃음』은 어찌 보면 『남성 판타지』의 후속작이다.** 나는 군사적 남성 단체들이 저지르는 살인 행위가 성적 욕구가 아닌 살해 욕구에 지배된다는 기존 입장을 유지했을 뿐만 아니라 좀더 확장해서 보편화했다. 세계 곳곳에서 이것은 반복적으로 확인된다. 과테말라, 인도네시아, 유고슬라비아 붕괴 전쟁, 르완다, 콩고, 중

---

* 레나테 오버마이어가 반론한다. 그렇다면 바타유, 사드, 파솔리니 등이 다루고 있는 것은 섹슈얼리티가 아니란 말인가? 어려운 질문이다. 루이스 부뉴엘의 영화에도 폭력과 성적 형식의 결합은 명백하게 나타난다. 하지만 이는 종이 위 혹은 스크린 위에서 벌어지는 일이다. 집필이나 영화 제작이 "섹슈얼리티"일까? 아니면 "폭력"일까? 둘 다이면서도 둘 다 아닐 것이다. 섹슈얼리티와 폭력의 결합을 묘사하면서도 창작자가 가해자가 되지 않는 일은 "예술"에서만 가능할 것이다. 부뉴엘은 사드의 책을 읽는 것을 일종의 "계몽"으로 여겼다. 하지만 실제 사드는 폭력 범죄를 저질러서 법정에 섰던 인물이다. 파솔리니는 로마 남창들과 성매매를 할 때 젊은 범죄자를 선호했다고 한다. "섹슈얼리티"? "폭력"? 혹은 "불안정한 혼합물"? 난제다.

** K. T., 『가해자의 웃음: 브레이비크 등. 살인 욕구의 심리 구조 분석』.

앙아프리카, 중동, 독일 친위대, 이라크전 당시 영국군 및 미국군, 아프가니스탄 등등. 군사적 남성 집단은 물론이고 비군사적으로 조직된 남성 집단이라도 자신은 처벌받지 않으면서 남을 죽일 권한을 손에 넣으면 통제력을 잃고 날뛴다. 살해 행위에서 엄청난 쾌감을 느끼는 것이다. "성적인 도구"의 사용 여부와 상관없이 유사 황홀경에 빠져든다. 『남성 판타지』 2권에서 설명했듯 독일 병사들이 겪던 "텅 빈 광장" "피투성이 곤죽" "블랙아웃"과 똑같은 현상이다.

살해하는 남성들은 모든 종류의 남성 연대를 내부적으로 결속시키는 핵심적 상태에 처해 있다. 바로 공공연하게 허용되는 범죄적 일탈이다. 그들은 일탈의 순간을 "범죄적"이라고 경험하지 않는다. 공식적 권위자가 보호하고 심지어 욕망해주기 때문이다. 그러므로 살인은 "살인"으로 인식되지 않는다. 허가받았으니까. 마치 휴가 다녀온 사진처럼 촬영해서 지갑 속 가족 사진 옆에 버젓이 간직한다. 1995년 함부르크 사회연구소의 얀 필리프 렘츠마와 하네스 헤어는 제1회 독일 국방군 전쟁범죄 사진전을 개최해 제2차 세계대전 당시 독일군이 직접 찍은 사진들을 전시했다. 사진 속 병사들은 천국과도 같은 범죄적 자유를 만끽하며 신나게 살인했다. 지구상에서 벌레들을 일거에 척결할 생각에 그들은 즐거웠다. "처벌"? 아무도 생각 못 했다. 우리는 반드시 승리할 것이니까!

8. 살인을 하면서 어떻게 발기가 가능한가?

『가해자의 웃음』에서 끈질기게 던졌던 질문이다. 전쟁 혹은 내전 상황에서 강간 가해자들은 어떻게 신체적으로 발기가 가능할까? 지휘관의 허용 혹은 명령하에서 부모님과 형제자매가 보는 앞에서 이웃집 딸을 강간할 때 어떻게 발기를 유지할까? "우리 마을 목사님 아들이었다고요!"

제2차 세계대전 이후에 태어나 이제 일흔 줄에 접어든 나를 비롯한 우리 세대 남성들이라면, 특히 내가 개인적으로 아는 사람들이라면, 아무리 "지휘관"이 총부리를 들이대고 내가 아는 이웃집 여자를 가리키면서 "저 여자를 강간하라"고 명령해도 발기는 불가능했을 것이다. 섹슈얼리티를 쾌감과 유대감으로 아는 육체라면 발기는 불가능하다. 특히 죽이겠다는 위협을 받으면 더더욱 안 된다. 그렇지 않나? 실제로 많은 남성에게는 가능한 모양이지만 대체 어떻게 작동 가능한지의 문제를 나는 일단 보류한다. 확실한 해답을 얻는 것은 불가능하다. 또한 그러한 행위의 가능성을 내 몸에서 실제로 깨닫고 싶지는 않다.

한 가지 단서를 발견하기는 했다. 킬에 사는 내 친구 하르무트 쿤켈이 『쥐트도이체 차이퉁』 신문 기사를 오려내 보내주었다. 권투 선수 마이크 타이슨의 책 『강철 야망*Iron Ambition*』에 대한 글이었다. 타이슨은 헤비급 세계 챔피언이었으나 다양한 폭력 범죄와 강간으로 유죄 판결을 받았다. 그 자신은 강간 범죄 사실을 부인하고 있기는 하다. "타이슨은 남이 자신을 두려워하거나 혹은 위험하다고 느낄 때 종종"* 발기를 경험했다고 한다. 또한 글로브를 낀 주먹으로 타격할 때도 발기하곤 했다. 빈틈없이 단련된 그의 육체는 폭력 행사와 쾌감 가득한 타격을 발기된 성기의 느낌과 연결지어 경험했다. 프로 복서로 성장하는 과정에서 그의 섹슈얼리티는 폭력으로 바뀌었다. 주먹으로 타격하면서 경험하는 발기는 성적 행동이라기보다는 권력 상승을 뜻한다. 성기가 무기로 변하는 순간이다.

또 다른 단서는 토론토대학 면역학 교수인 셰린 엘페키에게서 얻었다. 그녀가 지속적으로 호기심을 갖고 연구하는 분야는 아랍 세계 남성들의 정신적 구조, 특히 폭력성의 구조다. 그녀는 청년 문제를 전문으로 하는 워싱턴 소재의 NGO 프로문도와 협동 연구를 진행하기도 했다.

---

* Süddeutsche Zeitung, 24./25. Juni 2017.

수년간 나와 프로문도는 현지 파트너, 당국, UN의 협조를 얻어 이집트, 레바논, 모로코, 팔레스타인의 18세 이상 59세 이하의 남성 및 여성 1만 명을 인터뷰했다. […] 설문 결과는 기존 통념을 재확인해주는 한편 부분적으로는 통념을 완전히 뒤집기도 했다.*

남성과 여성 사이에 벌어지는 "정상적인" 폭력은 다음과 같다.

몇몇 주제에 한해서는 여성이 남성보다 더 보수적이었다. 여성 가운데 70퍼센트는 여자가 가정을 지키려면 가정폭력은 참아야 한다고 응답했다. 게다가 가정폭력은 만약을 가정한 질문이 아니라 현실이었다. 여성들 중 40퍼센트가 남편으로부터 육체적 학대를 당한 경험을 갖고 있었다. 전 세계적으로 가장 높은 수치를 기록했다. 거기에 정신적 학대를 더하면 상황은 더 심각해진다. 해당 4개국 여성 60퍼센트가 공공장소에서 성적 괴롭힘을 당한 경험이 있었다. 대개는 은근한 성희롱에 그치지만 위협적인 언어폭력도 종종 있다.

이 수치는 남성들에게서도 확인된다. 이들은 성적 공격을 시인했다. 남성 다수는 스스로도 폭력을 겪었다. 남성 3분의 1은 어릴 때 가정에서 맞은 경험이 있었고 80퍼센트는 학교에서 맞은 적이 있다. 최소 한 번은 길거리 싸움에 휘말려든 적이 있고 국가 폭력의 피해자가 된 적이 있었다. 폭력의 경험은 결과를 초래한다. 집에서 맞거나 어머니가 맞는 것을 목격한 남성일수록 아내를 때리거나 공공장소에서 여성을 괴롭힐 가능성

---

* Shereen el-Feki, "마치 물과 기름과도 같다. 다들 무슬림 남자에 대해서는 한마디씩 거들지만 좋은 말은 드물다. 그러나 아랍권 국가 네 곳에서 설문조사한 바에 따르면 그들 역시 가부장제의 억압을 느끼고 있었다." 출처: *Süddeutsche Zeitung*, 2018년 1월 25일자.

이 높았다.

아랍권 여성의 최소 60퍼센트가 공공장소에서 성적 괴롭힘을 당한 적이 있다. 최소 40퍼센트가 혼인 내 성폭력을 경험했다. 폭력을 행사한 남성의 최소 80퍼센트는 폭행을 부인하지 않았다. 남성들 역시 종종 성적 학대의 "대상물"이었으며 학교나 가정에서 각종 형태의 폭력을 당했다. 특히 중요한 것은 이들이 어머니가 맞는 것을 목격하면서 자랐다는 것이다.

이상의 단서들로부터 "폭력 행사 중 발기 능력"에 대해서 조심스러운 추정을 해보고자 한다. 폭력 상황에서의 발기 현상은 어린 소년 시절에 "발달"한다. 아버지, 삼촌, 할아버지가 어머니, 누이를 때리거나 겁탈하는 장면을 목격하고 모종의 쾌락을 느낀 경험에서 시작된다.

셰린 엘페키는 이들 남성을 그저 "비난"하지 않는다. "희망적인 변화의 조짐도 있다. 아랍 남성들은 부성애가 강하다.** 80퍼센트가 유급 육아 휴가를 원한다."

그러나 그렇게 좋은 제도는 흔치 않다. 엘페키는 많은 무슬림 남성의 행동 방식이 왜 이렇게 광범위하고 좀처럼 바뀌지 않는지 그 이유를 찾고자 했다. 그녀가 내린 진단은 다음과 같다.

아랍 세계의 남성과 여성은 현실에 맞지 않는 과거와 불확실한 미래 사이에 갇혀 있다. […] 수많은 모순이 있다. 대부분의 남성은 가정 폭력 금지법과 여성 이혼권을 지지한다. 그러면서도 이런 법 규정들과 경제적 불안정이 설상가상으로 겹쳐서 남성성이 공격당하고 있다고 느낀다.

** 물론 "부성애"란 "드디어 아들을 낳아서 자랑스럽다"는 뜻이다. 아이가 자라면서 점차 고집이 생기면 "성가신 마음"으로 바뀌기도 한다.

[…]

레바논의 아바드, 팔레스타인의 사와, 모로코의 카르티에 뒤 몽드, 이집트의 슈프트 타하루시 등 여러 NGO가 이 문제에 맞서고 있다. 어떤 모로코 여성은 힘겨운 싸움이라고 토로했다. "우리 아랍 세상 남자들은 물과 기름 같아요. 아무리 교육, 문화, 여행, 세계화의 물에 푹 잠기더라도 전통적인 관습이라는 기름은 언제나 수면으로 둥둥 떠오르거든요." […] 손수 기저귀를 갈고 성평등을 지지하는 남성의 다수는 대개 부엌일을 돕고 아내와 대소사를 결정하던 아버지를 두었다. 혹은 교육 수준이 높은 어머니를 두곤 했다. 이런 소수의 남성이 변화의 열쇠다. 물론 혁명이 아니라 성적 진화에 불과하겠지만 말이다.

그렇더라도 대단한 일이다. 실질적 혁명이란 원래 진화인 법이다. 무언가를 "버리고 떠나서" 어딘가로 "향하는 것"이 발전이다. 유전적이건 사회적이건 말이다. 엘페키가 말하는 "기름"은 낡은 행동 양식이다. 젊은 아랍 청년들이 아무리 교육, 문화, 여행, 세계화의 물에 뛰어들어도 언제나 표면으로 둥둥 떠오른다. 돌이켜보면 제1, 2차 세계대전 시기 독일 "자유군단 병사들"도 그러했다. 오늘날 세계 곳곳의 수많은 남성도 여전히 혹은 또다시 그렇다. 그렇다면 "군인 남성들"은 어떻게 진화하는가? 엘페키의 해답은 다시 한번 들어볼 가치가 있다.

손수 기저귀를 갈고 성평등을 지지하는 남성의 다수는 대개 부엌일을 돕고 아내와 대소사를 결정하던 아버지를 두었다. 혹은 교육 수준이 높은 어머니를 두곤 했다.

수면의 기름처럼 겉도는 낡은 폭력적 가부장제 대신 손수 젖은 기저귀를 갈아준다. 여성들은 가정과 사회에서 권리를 갖는다. 그러한 변화의 사회적 전제는 안정된 소득이다.

이들 국가의 남성들은 엄청난 부담감에 짓눌려 있다. 이들 중 90퍼센트는 자신의 안전과 가족의 미래가 걱정되어 두렵다고 인정했다. 레바논에 머무는 시리아 난민 남성이나 이스라엘 점령지의 팔레스타인 남성의 문제만은 아니었다. 이집트와 모로코에 사는 지극히 평범한 남성들도 마찬가지였다.

가장 큰 이유는 경제적 상황이다.

이들 남성과 여성들이 생각하는 남성다움은 무엇보다 가족을 부양할 수 있는 능력이다. 하지만 어려운 시대다. 청년 실업률은 높다. 직업이 있어도 생계는 빠듯하다. 설문 대상이었던 이집트와 팔레스타인 남성의 절반이 자주 스트레스를 받고 우울감을 겪으며 가족들 앞에서 부끄럽다고 대답했다. 남성의 60퍼센트는 가족들을 굶길까봐 두렵다고 대답했다. […] 세계 다른 지역에서도 남성다움은 가족 부양 능력과 밀접하게 결합되어 있다. […] 이집트 남성들은 진통제를 먹어가면서 하루하루를 버틴다고 대답했다. 시리아 난민들은 일자리 부족과 정권의 감시 사이에서 이중으로 남자 체면이 깎인 기분이라고 털어놓는다. 게다가 아내와 딸들의 사회 진출이 늘면서 허드렛일이나 인도적 지원 사업 등으로 남자보다 돈을 더 버는 일도 생겨났다.
기존의 가정 질서는 이제 뒤집혔다. 한 모로코 남성은 이렇게 말했다. "너무 버겁습니다. 일도 하고 결혼도 하고 안정적인 수입도 확보해야 해요. 정말 힘듭니다." 남성들도 전통적인 남성상과 가부장제의 피해자다.

그렇다. 버거운 일이다. 하지만 다르게 보자. 어떤 문화에서건 남성성

관념이란 것이 "일자리 없는 상태"를 "남자 체면 깎인 상태"와 연결 짓는 것이라면 이는 "전통"의 폐유가 둥둥 떠오르는 꼴이다. 우리가 바라는 진화의 물 위로 낡은 관에서 스며나온 폐유가 떠다닌다. 이런 구도에서라면 남성 성기는 억지로 부과된 기능에 얽매여 벗어나질 못한다. 성기는 성기 주인을 사회적으로 결핍된 존재로 만들어버린다. 남성은 스스로의 섹슈얼리티가 본래의 목적에서 벗어나는 것, 즉 사회적으로 강요된 폭력적 형태로 변형되는 것에 속절없이 당하고 만다.

발기 능력과 폭력의 결합에 대한 또 다른 단서는 미국 질병관리청CDC에서 얻을 수 있었다. 전 세계 신생 질병 및 관련 자료를 지속적으로 조사하는 기관이다. 조사 결과를 인용한 『2010년 전국 수감자 성폭력 조사』에서는 강간의 정의가 확장되었다. "본인의 의사에 반해 삽입당하는 것"이라는 기존 정의에 "다른 사람에게 삽입하라고 강요당하는 것"이라는 정의도 추가되었다.

이상의 정보는 미투 사니얄의 책 『강간Vergewaltigung』에서 인용했다.* 사니얄은 억지로 강간 사주를 당했던 남성들과 나눈 대화를 강연에서 언급했다.**

사니얄은 물었다. "그게 어떻게 가능하지요? (⋯) 어떤 남자가 자기는 안 하면서 다른 남자더러 남한테 삽입하라고 시킨다고요?"

그녀는 라라 스템플의 말을 인용한다. 스템플은 페미니스트이자 캘리포니아대학의 보건 인권 법률 프로젝트 책임자다. 2014년 남성 연구와 2016년 여성 연구를 통해 답변을 얻었다. "타인으로 하여금 제3자에게

---

*   Mithu Sanyal, *Vergewaltigung*, Hamburg, 2016.

**   Mithu Sanyal, "Harvey Weinstein, #Me Too: Berichte von Frauen, die vergewaltigt oder belästigt wurden, auf allen Kanälen. Aber was ist mit den Erfahrungen von Männern? Auch sie erleben sexualisierte Gewalt", *taz*, 2017년 10월 19일자. 여기서도 "성적 폭력"이라는 공식이 무비판적으로 쓰였다.

삽입하도록 강요"한 범행의 경우, 가해를 주도한 범인은 79.2퍼센트가 여성이었다. 여성이 섹스를 강요하고, 남성이 의사에 반하는 성적 행동을 억지로 하는 것이다.

"어떻게 한다는 건가요?" 사니얄이 묻는다.

갑자기 발기를 해야하는 상황인 거죠. 그런데 발기라는 것은 성적으로 흥분했다는 증거라고들 생각하잖아요. 안 그래요? 그런데 그렇지가 않아요. 육체적 흥분은 심리적 흥분과 반드시 일치하는 게 아니라는 게 밝혀졌어요. 또한 오르가슴은 신경 체계가 견디기 힘든 긴장을 해소하는 하나의 방식일 수 있어요. 예를 들면 강간당하는 상황에서도 가능하죠.

정확히 어떤 원리로 그렇게 되는지는 모르겠지만, 사니얄의 설명에 따르면 강간에 필요한 발기는 성적 흥분으로만 가능한 것이 아니다. 강간하는 육체의 신경계에 가해지는 못 견딜 흥분으로도 발기는 일어난다. 강간하라는 상급자의 명령도 이에 해당된다. 그렇기 때문에 그는 "이튿날" 딴사람인 듯 "아무것도 모르는 듯" 돌아올 수 있다.

이로부터 추론이 가능하다. 남성 육체 안에는 심리적·근육적 뒤얽힘의 가능성이 들어 있다. 남성 육체는 폭력적 강요가 가해지면 "성적 감각"이 개입되지 않아도 발기를 일으킬 수 있다. 이는 모든 성적인 것이 육체에서 물러나고 대신 폭력이 들어섰다는 뜻이 된다.***

*** 이는 군사훈련 중에도 자주 발생한다. 훈련은 평범한 병사의 육체를 죽음의 경계까지 내몬다. 병사는 발기지속증을 통해서 죽음의 공포를 배출하고자 한다. 앞서 인용했던 프리데만 한의 소설 말미는 이렇다. "우리는 죽음의 공포 속을 산다." 자유로운 살인자 외인부대다.

9. 반여성성과 테러, 여전히 강하다.

저널리스트 앤절라 네이글은 미국 트럼프 시대에 극우 포퓰리즘의 언어
가 끊임없이 겨냥하는 일차적 "공격 대상"은 언제나 여성이었다고 지적
한다. 여성은 단골 땔감이다.

한심한 극우 인터넷 게시판에서는 언제나 똑같은 소리만 반복된다. 그
밑바닥에 깔려 있는 것은 출산 능력을 지닌 여성 육체에 대한 깊은 증오
감이다. 흑인이건 히스패닉이건 백인이건 상관없다.

통제 불가능한 번식력에 대한 두려움. 멕시코인, 푸에르토리코인, 무
슬림, 절제 모르는 하층 백인들 등등. 유색 인종 매춘부들이 득실대는
군중, 깔끔한 백인은 파묻혀 사라질지도 모른다는 두려움. 스탠드업 코
미디언 빌 힉스는 무대 위에서 너스레를 떨면서 여성혐오를 펼친다. 미
국 트레일러 파크에 사는 극빈층 여자의 목소리를 재현한다.

내가 낳은 올망졸망한 작은 기적들을 봐! 짜잔! 우리 캠핑카가 정어리
통조림처럼 꽉 찼지. 짜잔! 더 놀라운 건 뭔지 알아? 너희 아빠들이 누구
였나 도통 기억이 안 나! 짜잔! 네 이름은 그냥 트럭 운전수 주니어라고
하자! 네 형은 피자보이 주니어. 쟤는 해충구제맨 주니어. 네 동생과 인
사하렴. 직종 불문 끼니 해결 주니어!*

사회적 하층 계급은 하층에만 머물러야 한다. 최극빈층 주거지역 아
이들의 어머니는 당연히 창녀들이다. 직업도 없이 피자 한 판, 혹은 그

---

*　Angela Nagle, "Die Angst vor den Vielen. Über die alten und neuen Verächter
der Masse", *Le Monde Diplomatique*, April 2017.

1234

보다 더 싼 값에 몸을 판다. 고도로 기계화된 오늘날까지도 "천한 것들"의 화신은 언제나 여성이다. "지배자 남성", 특히 박탈당한 지배자 남성은 언제나 "여성" "여성적인 것"을 비천함과 동일시했다. 남자를 끌어올리는 것이 아니라 끌어내리는 존재. 인간 생명을 세상에 내놓는 것이 "여성"이 지닌 능력이다. 더럽고 지긋지긋한 삶은 죄다 여자 탓이다. 악당이든 뭐든 안 가리고 온갖 잡놈에게 몸을 주니까 세상이 이 꼴이다.

2018년 4월 23일 토론토에서 25세의 알렉 미나시언은 차량을 몰고 보행자 도로에 돌진해 여성 8명과 남성 2명을 살해했다. 그는 범행 전 페이스북에 올린 게시글에서 이른바 "인셀 운동"을 선언했다.

인셀Incel은 "비자발적 순결involuntary celibacy"의 줄임말이다. 이른바 "온라인 남성계Manosphere"의 음습한 구석에 서식하는 무리다. […] 온라인 남성계는 온라인 공간에 존재하는 남성주의자들의 느슨한 연대체를 뜻한다.**

이들 온라인 게시판은 "가부장제의 억압"은 "군사주의적 페미니즘"의 날조라고 주장한다.

우리는 독재 치하에서 살고 있다. "정치적 올바름"과 "문화적 마르크스주의"가 만들어냈고,*** 할리우드와 대학이 지휘하며, 민주당이 실행하고 있는 백인종 말살책이다. 특히 백인 남성들이 모든 영역에서 가장 핍박당하고 착취당하고 있다. 이러한 통찰을 공유하는 온라인 유저들이 있다. incel.me, The Red Pill(빨간 알약), 혹은 Return of Kings(왕들의 귀환)

**   Arved Clute-Simon und Veronika Kracher, "Todeszone Mann", *taz*, 2. 5. 2018.

*** 이와 똑같은 논리를 구사하는 사람이 바로 우퇴위아섬의 학살자 아네르스 베링 브레이비크다.

를 방문해주길 바란다.

권력을 찬탈당한 왕들이 암살자가 되어 귀환했다. 사나이들의 영웅이 민간인 여자들을 무차별로 응징한다. 죽일 만하니까 죽이는 거다. 이와 유사한 또 다른 "운동"이 있다. 믹타우MGTOW, 즉 "남자는 고독을 추구한다Men Going Their Own Way"라는 남성독립운동이다. 여자를 짓밟고 배제하고서 혼자 사는 남성들이다. 클루테 지몬과 크라허는 이렇게 요약한다.

그들의 여성상? "여자는 날 '주인님'으로 모셔야 한다. 나의 모든 명령에 복종해야 한다. 오직 나하고만 쾌락을 누려야 한다. 혼전 순결을 지켜야 하고 모든 걸 내게 허락받아야 한다." 어느 레딧 남성 유저가 말하는 이상형이다. 자기 결정권을 지닌 여성 섹슈얼리티는 이들에게는 공포스럽다. 인셀 세계관에서 여성은 처벌의 대상이다. 이들은 온라인에서 강간 노하우 꿀팁을 교환하고 성희롱을 해본 경험을 공유한다.

세계 곳곳에서 벌어지는 남성 테러리즘 활동의 중심에는 은폐된 혹은 노골적인 여성혐오가 날뛰고 있다. 이들 "운동"은 인터넷을 통해 세력을 확대한다. 예전에는 남들 눈을 피해 사이비 종파처럼 몰래 회합하던 이들이 이제는 인터넷을 통해 전 세계적 영향력을 얻고 있다.
2014년 샌타 바버라의 대학 캠퍼스에서 자칭 "슈프림 젠틀맨The Supreme Gentleman" 엘리엇 로저는 6명을 살해하고 14명에게 부상을 입혔다. 2018년 알렉 미나시언은 엘리엇 로저에게 "존경"을 표시했다.

엘리엇이 남긴 선언문에는 섹스에서 해방된 인류의 미래에 대한 꿈이 담겨 있었다. 그 꿈이 실현되려면 모든 여성을 강제수용소에 넣고 처형해야 한다.*

자기네끼리 척결 계획을 세워서 공개까지 해놓았다. 사회적 · 정치적 권력을 못 차지한 이들에게 남겨진 강제적 수단은 테러리즘뿐이다. 이들은 남들을 죽이고 때로는 더 나아가 자신까지 죽인다.

전 세계를 뒤덮고 있는 미투 운동의 구름이 2018년 7월 칠레에서 드디어 단비가 되어 내렸다. 여학생들이 전국 20개 대학을 점거했다. 연구조교 소피아 브리토가 지도교수이자 전직 헌법재판소 의장인 카를로스 카르모나의 성추행을 폭로한 사건이 발단이 되었다. 브리토는 이렇게 말했다. "남자 교수들이 우리에게 훈계하려는 것은 여자가 학계에서 성공하려면 육체적 성의를 보이라는 것이다." 성추행을 중단해달라고 요구하자 교수는 이렇게 대답했다. "이렇게 매정하게 선을 딱 긋는다면 함께 일할 수가 없지." "솔직한 상사"의 명확한 답변이다. 선은 남자가 긋는 것이다. 여자는 선 밖으로 쫓겨나 권리를 빼앗겨야 한다. 남성 판타지에서 남자는 법률을 정하고 누가 배제될 것인가를 정한다. 판단은 헌법재판소가 한다.

10. 반유대주의, 근황

최근 사례가 있다. 1938년 11월 10일 프라이부르크 유대교 회당 방화 사건의 역사를 대하는 방식이 "스캔들"로 비화되었다. 프라이부르크 유대교 회당은 돌격대와 히틀러 유겐트에 의해 방화 전소되었다. 대학 연구동 1, 2관 바로 옆에 위치한 회당 터는 1945년에 "회당 옛터 광장"이라는 이름을 얻었다. 2017년에 프라이부르크 전차 노선 재정비 문제와 맞물려 광장 재조성 계획이 수립되었다. 시 당국은 광장에 기념물을 세우기로 결정했다. 채택된 시안은 방화 전소된 회당의 윤곽을 그대로 따

---

*   Clute-Simon/Kracher, Ibid.

른 분수대를 설치하는 것이었다. "불태울 땐 언제고 이제는 물벼락을 씌우네. 프라이부르크 놈들." 사회학자인 내 친구 볼프강 에스바흐의 말이다. 공사 과정에서 회당의 주춧돌 일부가 "예상치 못하게" 발굴되었다. 그 바람에 열띤 논란이 시작되었다. 원안대로 분수대를 계속 건립할 것인지, 혹은 새로 발견된 주춧돌을 기초로 새로운 기념물을 건립할 것인지 의견이 갈렸다. 시 당국은 기존 계획을 고집해 분수대를 세웠다. 그리고 1938년 11월 10일 방화 사건을 설명한 안내판 몇 개가 함께 배치될 예정이다.

그중 하나에는 불타버린 회당의 잔해를 사건 당일에 촬영한 사진이 담길 예정이었다. 안내판 우측 하단에는 설명이 붙었다. "촬영: 볼프 미텐도르프 교수." 프라이부르크대학 법학 교수로 재직했으며 1938/39 겨울학기 당시에는 프라이부르크 대학교 법학과 학생이었다. 연구동 2관에서 창문 너머로 몰래 찍은 사진이라는 것이 그가 전후에 제공한 설명이었다. 이 사진은 유대교 회당 방화 사건을 잊지 않기 위한 역사적 기념물이 되었다.

여기서 스캔들이 촉발되었다. 시 당국의 누구도 미텐도르프의 진술이 당시 역사적 사실과 부합하는지 검증하지 않았다. 전후 시기 대학 행정처에서도 검증은 없었다. 나치 시절에 부역했던 사악한 법조인들은 대개가 아무런 검증을 받지 않았다. 훗날 법학 교수까지 된 미텐도르프라는 인물이 "나치 전력"이 있는지를 아무도 묻지 않았던 것이다.

결국 다른 사람이 나섰다. 재야 역사 연구자 겸 고서적 거래상 마르쿠스 볼터였다. 그는 프라이부르크 근방의 주민 2만 명 규모의 작은 마을 에멘딩겐 출신이었다. 괴테의 누이 코르넬리아가 지방관 슐로서와 결혼해 정착했던 곳이자, 라인홀트 미하엘 야콥 렌츠 등의 시인들이 들러갔던 곳이기도 하다.

최초의 비판적 검증자 볼터는 미텐도르프의 유족이 대학 기록보관소에 기증한 자료부터 검토했다. 젊은 시절 미덴도르프가 히틀러 유겐트 프라이부르크 지부의 지도자였으며 1934년에는 나치당에 입당했다는 문서 증거를 찾아냈다. 그러나 그는 전후 탈나치화 심사 기구의 질의서에서 두 사실 모두를 숨겼다. 뿐만 아니라 전후 사회에서도 투철한 나치로 살았다. 미덴도르프가 남긴 각종 기록을 살펴보자.

"왕년의 전사", 히틀러 유겐트 지도자, 나치당원, 국방군 병사였던 그는 1945년 이후에도 오랫동안 과거의 신념을 굳게 지켰다. 미덴도르프는 적들이 지배하는 "노예로 전락한 독일"에서 살고 있다고 생각했다. "강요당한 민주주의"는 "본질적인 이질성"이 있다면서 거부했다. "앞으로 어떻게 살아가야 할지 모르겠다네. 고귀하고 신성하다고 여겼던 모든 것이 무너져 내렸어. 제국, 국민, 국가방위군, 총통!" 1946년에 쓴 편지의 일부다.*

종전 후 미덴도르프는 이른바 "자가 탈나치화"를 통해 학계 경력을 쌓는다. 옛 당원 동지들에게도 같은 방법을 추천했고 전후 과거 청산을 법적으로 도왔다. 그는 원래 빌레펠트 출신이지만 1934년 부모님과 함께 프라이부르크로 이사왔다. 1935년부터 1999년 사망할 때까지 프라이부르크 헤르덴 구역에서 부모님이 물려준 집에 살았다. 1930년대 말 프라이부르크의 상황을 볼터는 이렇게 설명한다.

1938/39 겨울학기가 시작되었을 무렵 프라이부르크대학은 드디어 "유

---

*   Markus Wolter, "Am Synagogenstein. Ein Foto, ein Jurastudent und die Pogromnacht gegen die Juden – Wolf Middendorff und der 10. November 1938 in Freiburg", *Badische Zeitung*, 2018년 2월 24일자.

대인 청정 구역"이 되었다. 미텐도르프가 당시 "유대인 문제"에 대해 쓴
글을 보면 기뻐했음이 분명하다. […] 유고 자료 중 "문학 습작 및 수집
물"이라는 묶음에는 평범한 학생 습작 시문과 어설픈 산문이 포함되어
있다. 그 안에서 날짜는 기록되지 않은 타이프 원고가 한 부 발견되었다.
문서고는 이를 "반유대주의적으로 개사한 전래 혁명가"라고 명명하여
분류했다. 1933년부터 돌격대 노래모음집이 널리 유행했는데 미텐도르
프는 그중 한 곡의 한 구절을 개사했다. 훗날 홀로코스트를 예언하는 듯
한 불길함을 풍긴다. 미텐도르프는 개사한 노래에서 "길바닥" 대신 "회
당 돌바닥"이라는 단어를 넣어 악의성을 강화했다. "장검을 갈아라/회당
돌바닥에/날이 스윽 미끄러져/유대인 뱃속을 가르도록."

볼터는 이렇게 결론짓는다.

1938년 11월 10일에 찍힌 유대교 회당 사진에 이런 이름이 새겨지는
것은 프라이부르크 유대인 희생자와 후손들에게는 모욕이다.

좀더 정확하게 말하자면 이렇다. 목숨 걸고 돌격대의 방화 범죄를 사
진으로 기록했다던 사람은 사실 방화범과 한 패거리였다.
젊은 역사학자의 노력 덕에 많은 진실이 뒤늦게나마 알려졌다. 친위
대와 나치 책임자들 중에서 법정에 서고 처벌을 받은 사람은 극히 일부
일 뿐이다. 수많은 기록이 수많은 문서 보관소에 처박혀서 잊힌 채 묻혀
있었다. 아무도 들여다보려는 사람이 없었다. 종전 직후라면 이해할 수
있다. 과거 나치들끼리 서로 덮어주고 입 닫고 거짓말을 했을 테니까.
하지만 그 뒤를 이은 서독 정부는 어땠는가?

11. 다락과 지하실의 언어

서독 시기에는 전문 역사학자들조차 지방 행정 관청의 다락이나 지하실에 들어가는 사람이 없었다. 에어하르트 루카스만은 예외였다. 그는 "1920년 3월 혁명"을 연구하려고 루르 지방의 시청 건물들을 돌아다닌 최초의 연구자였다. 그가 발굴해낸 자료가 없었더라면 『남성 판타지』는 나올 수 없었을 것이다. 자유군단 병사들의 글에는 루르 지방 "빨갱이들"이 상습적으로 "만행"을 저질렀다는 내용이 자주 등장한다. 지방 행정 서류가 증명하는 것은 대부분의 만행이 날조된 내용이거나 혹은 자유군단이 스스로 저지른 짓이라는 사실이다. 서류들이 없었더라면 자유군단의 "자서전"과 여타 글이 정교하게 둘러댄 가짜 뉴스였음을 밝혀내지 못했을 것이다. 이들 텍스트는 프로파간다 허위 조작물로 분류된다. 자신들의 폭력 혹은 폭력 판타지를 "뒤틀린" 묘사로 드러내고 있다.

세계 곳곳의 파시즘은 거침없이 필요한 대로 현실을 만들어낸다. 또한 필요 없는 것은 망설임 없이 제거한다. 이는 수많은 목숨을 희생시키는 결과를 낳았다. 굳이 동네방네 떠들지 않아도 모르는 사람이 없는 사실이다.

그럼에도 제대로 알고 제대로 깨달은 사람이 많을까? 안타깝지만 아닐 것이다. 주변에 물어보시라. 자신에게 물어보라. 독일의 1919년과 1920년 상황을 사람들이 얼마나 아는가? 내 생각에는 1920년대 초반의 독일에 대한 지식은 너무 빈약해서 말문이 막힐 정도다. 물론 진짜로 말문이 막힌다는 뜻은 아니다. 나는 일종의 단어 조련사처럼 세상을 헤쳐 나간다. 마르지 않는 양동이에서 쏟아지듯 말이 넘쳐난다. 내게 부족한 것은 말이 아니다. 나는 머리와 몸 사이의 간극을 이해하고 싶다. 지금 여기를 살아가는 많은 사람은 과거에 대해서 알 필요가 없다고 애써 믿는다. 1920년대를 오토 딕스, 신사실주의, 바우하우스, 광란의 20년대, 영화 「푸른 천사Der blauer Engel」 정도만 알면 다라고 생각한다.

그렇다면 1920년대에 대해 무엇을 알아야 하는가? 이를테면 이런 것들이다. 1940년대 유대인 학살이 벌어지기 전에 이미 이념적 전조와 실천적 실험이 있었다는 것이다. 바로 독일 노동운동 노동자들을 학살하는 것이었다. 그들이 말하는 유대인들에게 현혹된 볼셰비키라는 세력은 실제 독일 탄광과 철강 작업장에는 존재하지 않는 허상이었다. 설사 있었다고 하더라도 극소수일 뿐이었다.

파시스트 언어에는 고유한 특성이 있다. 그들이 사용하는 단어와 개념은 표면으로 드러난 발화 내용과 전혀 다른 뜻인 경우가 많다. 또한 특정한 표현은 끈질기게 피해야 할 대상으로 그려진다. 그러한 사례가 "늪"이라는 단어다. 파시스트 남성이 늪이라는 단어를 쓸 때는 보헤미안의 늪이건 마약의 늪이건 간에 언제나 여성 육체의 특정 부위를 염두에 두고 있다. 파시스트가 두려움을 느끼는 부위, 집어삼키겠다고 위협하는 듯한 부위, 남성 육체를 공포로 몰아넣는 부위, 그래서 반드시 말려버리고 고갈시켜야 할 대상으로 여겨지는 "늪"이다. 늪이라는 단어로 이들이 표현하고 싶은 것은 여성성 살해다.

오늘자 신문을 펼치면 어떤 표현이 있을까? 어떤 나라가 부패의 늪에 빠져들어서 자원이 낭비된다고 한다. 정치의 늪에서 고인 물을 빼내 말려버려야 한다고 한다. 저널리스트들이 과연 말버릇을 고칠까? 일부는 그렇고 일부는 아니다. 어떤 사람들은 전혀 못 고친다. 그들 자신이 목까지 늪에 빠져들어 있다. 설명 못 할 감정의 늪, 설명 못 할 육체성의 늪이다.

12. 반유대주의 2, 프랑스에서, 베를린에서

유대인에 대한 혐오와 증오가 왜 이렇게도 갈수록 더 강해지는 것일까? 유명 정치인이 트위터로 부추긴다. 좌파와 우파의 호사가들이 지껄인다.

폭력과 살인이 벌어진다. 지난 9월에만 해도 사라 할리미 살인 사건, 파리 외곽에서 유대인 기업가 로제 팽토와 가족들이 무자비하게 습격받아 폭행당한 사건 등이 있었다. 믿기 힘들겠지만, 60퍼센트가 넘는 프랑스 유대인들이 고국을 떠나 이스라엘로 이주할 계획을 세우는 이유가 무엇이겠는가?*

교외 지역에서는 특히 심각하다.

이슬람 극단주의 테러의 양성소라 불리는 생드니에서는 유대인의 삶이 지옥으로 변했다. "팔레스타인과 유대인의 싸움이 프랑스에서는 무슬림과 유대인의 싸움으로 재현되고 있다." 플로렌스 칼파의 말이다.

그녀는 변호사다. 부모님은 이스라엘로 이주했다. 그녀도 곧 따라갈 예정이다.

사라 히메네스는 홀로코스트에서 살아남은 노인들이 요즘에는 빵집에서 sale juif, 즉 더러운 유대인이라는 욕설을 들었다는 말을 들었다. 파리, 마르세유, 보르도 등지에서 매일 일어나는 일이다. 50만 명 규모의 유럽 최대 유대인 공동체가 있는 프랑스에서 말이다. 한 여론조사 기관이 유대인이 프랑스를 떠나는 것에 대해 어떻게 생각하냐고 물었다. 프랑스인 31퍼센트가 나쁘다, 7퍼센트는 좋다, 62퍼센트는 상관없다고 대답했다.

---

*   인용문은 모두 이하의 기사문에서 따왔다. "Adieu. Antisemitismus gibt es in ganz Europa, aber nirgendwo sind die Feindseligkeiten gegen Juden so brutal und mörderisch wie in Frankreich. Szenen aus einem Land, das seine Bürger vertreibt", *Süddeutsche Zeitung*, 19. Januar 2018.

로제 팽토의 경험담이다.

그가 계단을 내려갔더니 아내가 바닥에 쓰러져 있었다. 머리에 둔탁한 타격을 느꼈고 의식을 잃었다. 정신을 차렸는데 또다시 머리를 발로 차였다. "흑인 세 명이었어요. 우리에게 윽박질렀지요. 너희는 유대인이니까 부자겠지." 범인들이 목에 칼을 들이댔다. 그와 아내를 죽이려고 했다. 때마침 방문 중이던 아들까지 죽이려고 했다.

로제 팽토는 구호단체 시오나의 회장이다. 시리아에서 탈출하려는 유대인 난민을 돕는다. 그는 프랑스를 떠나고 싶지 않다.

팽토는 프랑스 사람들이 샤를리 에브도 테러 사건 때처럼 반유대주의에 맞서 싸워주기를 기대한다. "수년간 반유대주의와 싸웠지만 상황은 악화되고 있어요. 세상이 스스로의 가치를 포기하고 있습니다."
오랫동안 쉬쉬하던 프랑스 역사의 한 장이 있다. 1942년 프랑스 경찰이 8000명 이상의 유대인을 에펠탑 옆의 자전거 경주장에 몰아넣었다가 게슈타포에게 넘겨 아우슈비츠로 보낸 사건이다. […] 2017년 마크롱 대통령은 자전거 경주장 사건 75주년 연설에서 유대인 강제 이송에 대한 프랑스의 공모 책임과 홀로코스트에 대한 공동 책임을 언급했다. 나치 부역자 페텡 장군의 비시 정권이 프랑스와는 무관하다는 속설에 대한 정면 반박이다.

칼럼니스트 힐마르 클루테에 따르면, 요즘은 심지어 좌파 시위조차 "유대인에게 죽음을"이란 구호를 외치면서 레퓌블리크 광장에서 바스티유까지 행진한다고 한다.
그러한 시위는 베를린의 브란덴부르크 광장에서도 벌어진다. 그들이 외치는 "팔레스타인 찬성, 이스라엘 반대"라는 구호는 대부분의 유대인이 민감하게 반응할 내용이다. 게다가 유대인 학살자의 후손인 독일인이 이런 말을 하는 것은 "역사적으로 용납될 수 없는"* 정도가 아니라 범죄적이다. 이들은 유대인 박해와 그 역사적 결과를 진실로 받아들이지 않는다. 오늘날 독일인의 본질 역시 부정하는 것이다. 이는 진영의 문제가 아니다.

유럽 사회에서 유대인이란 여기저기를 돌아다니는 존재다. 우리가 아닌 이질성이다. 불순물이자 혼합물을 뜻한다. 때처럼 우리에게 들러붙는 존재다.

프랑스에 세 명 있는 여성 랍비 중 한 명인 델핀 오르빌뢰르의 말이다. "프랑스 땅에서 괴물이 자라고 있는데 우리 경찰과 사법 기관은 너무 미온적이다." 저명한 유대 신학자이자 대랍비인 올리비에 카우프만의 의견이다. 처음에는 은근한 적대감으로 시작해도 몇 년 후에는 노골적 적대 행위로 발전할 수 있다. "처음에는 대수롭지 않은 말로 시작했다가 결국은 폭력으로 비화되는 것이다. 말 한마디가 피를 부를 수도 있는 것이다."

프랑스 학교에서 유대인 아이들은 무슬림 동급생에게 맞을까봐 키파를 쓰지 못한다. 독일 학교에서의 상황도 비슷하다. 같은 이유로 교사들은 홀로코스트의 역사를 가르치지 못한다. 프랑스에서는 무슬림 신자 학생들 때문에 세속주의 원칙을 가르치지 못한다.

---

* 미국 유대인 주디스 버틀러도 이와 크게 다르지 않은 말을 했다.

무슬림 어린이들이 유대인 동급생에게 전쟁을 선포하는 판에 이민자 통합 정책이 무슨 소용이겠는가?

독일 TV 토크쇼에는 이슬람계 청소년의 급진화 및 반유대주의 예방에 힘쓰고 있는 아흐마드 만수르가 단골 출연하지만, 실제 교육 현장에서는 폭력적이고 과잉남성적인 무슬림 학생들이 유대인 동급생뿐 아니라 종파가 다른 무슬림 학생들, "기독교" 신자 학생들, 혹은 "불신자" 및 무신론자 학생들을 위협한다.

위협을 가하는 사람들에게 종교성은 핑계에 불과할 뿐 전혀 의미가 없다. 이른바 가해자들의 "무슬림 종교성"은 문제의 핵심이 아니다. 정치적 행위의 배경으로 동원되는 "종교성"이란 늘 그렇듯 폐쇄적 논리로 기능하는 비논리일 뿐이다. 자유군단 살인자들과 그 후배들인 나치가 주장하던 "독일 국민을 위한 구국의 결단"이라는 독선과 다를 바가 없다. 오늘날 "독일과 서구의 몰락을 구원하겠다"는 페기다 PEGIDA(Patriotische Europäer gegen die Islamisierung des Abendlandes, 서구 이슬람화에 반대하는 애국적 유럽인) 촌뜨기들도 이들과 똑같다.

베를린 노이쾰른 지역 문제도 "종교성" 문제가 아니다. 비단 이민자 청소년의 문제만도 아니다. 수많은 청소년이 "사회"에서 범죄적 진로가 아닌 평화적이고 시민적인 진로를 꿈꿀 수 있는가의 문제다. 나락으로 떨어진 청년들에게 자유군단은 처벌받지 않는 무소불위의 범죄성을 부여함으로써 그들의 인생 고민을 해결해주었다. 바로 폭력이다. 자기 내면의 파괴적 감정 때문에 타인의 육체를 파괴한다. 이슬람국가주의 테러 조직 ISIS가 우리 사회의 이민자 청소년에게 제공하는 것이 바로 이것이다. 청소년의 경범죄 및 중범죄 문제가 해결되면 "종교성 문제"의 해결은 자연스럽게 곧 따라오리라 생각한다. 청소년들을 물들이고 선동하는 과격 이슬람 지도자 및 독일 극우 정당 정치인들은 범죄 집단의 불에 부채질을 하고 있다.

13. 1917-2017

역사학자 로베르트 게르바르트는 말한다. 1917년에서 1923년 사이의 역사를 모르면 유럽 역사를 이해할 수 없다.

> 만약 요제프 로트가 우리 시대로 왔다면 포퓰리즘과 극우적 권위주의 운동의 귀환을 알아봤을 것이다. 1918년에 유럽 지도에서 사라졌던 다민족 제국을 현재의 초국가적 실체로서의 유럽연합과 유사하다고 생각했을 것이다. […]
> 오늘날 극우 포퓰리스트와 내셔널리스트는 민족적 동질성을 옹호하며 유럽연합에 반대한다. 비유럽계 이민에 반대하며 다시 민족 간 분리를 확립해야 평화가 가능하다고 주장한다. 2017년의 사고방식은 1923년과 이렇게도 유사하다. 1923년 체결된 로잔조약은 유럽의 민족적 분리 배치를 영구적 평화의 전제 조건으로 봤다. […]
> 21세기의 초국경적 내셔널리즘은 반유대주의적 요소가 적다. 대신 과거의 유대인을 무슬림으로 대체하여 적대화한다. 이른바 유대 기독교적 전통문화가 위협당하고 있으니 새로운 침략자로부터 유럽과 미국을 지켜야 한다는 것이다.*

"2017년의 사고방식은 1923년과 이렇게도 유사하다." 게르바르트의 통찰이다.

---

* "Echo des Krieges. Ob Syrien oder Ukraine – die aktuellen Konflikte haben ebenso viel mit dem Gestern wie mit dem Heute zu tun, sagt der Historiker Robert Gerwarth. Ein Gespräch über Europa, neuen Nationalismus und alte Reflexe", Interviewer: Thomas Avenarius und Joachim Käppner, *Süddeutsche Zeitung*, 8./7./9. Juli 2017.

사실 새로울 건 없다. 국가사회주의자 나치조차 유럽 수호를 외쳤다. 기독교 문명을 말살시키려는 아시아적·유대적·러시아적 공산 혁명에 맞서자고 부르짖었다. 이런 선동은 친위대 모집 포스터의 골자였다. 무장 친위대에는 50만 명의 비독일인 대원이 있었다. 강제징집된 사람도 있었지만 서유럽에서 자원입대한 사람도 많았다. 유럽을 볼셰비즘으로부터 지켜야 한다는 친위대의 레토릭을 믿었던 것이다.

대담자가 질문한다. 오늘날의 이민족 공포는 과거 서방 세계의 적이었던 붉은 동방의 공산주의를 대체한 것일까?

그러한 담론이 바로 미국 신종 우파의 백인종 학살론이다. 유색 인종 이민자들의 높은 출산율 때문에 백인종 인구가 위협에 처했다는 논리다. […] 모든 극우 포퓰리스트는 반이민주의 이데올로기에 공통적으로 동의한다. 그 외에는 각자 차이가 있다.
일종의 반이민주의 이데올로기인 셈이다. 모든 극우 포퓰리즘의 공통점이기도 하다.

"우리" 모두가 잊고 있던 중요한 사실도 아울러 지적한다.

내셔널리즘의 전성시대가 시작된 것은 1918년이었다. 오늘날 모든 문제의 출발점이었다. 제1차 세계대전 이전에 대부분의 유럽인은 다민족 국가의 시민으로 살았다. 오스트리아 헝가리 제국, 러시아 차르 제국, 그리고 부분적으로 호헨촐레른 제국 등이 있었다.

그렇다면 알자스 사람, 오버슐레지엔 사람, 북슐레스비히 지역의 덴마크인과 폴란드인 등 국경 분쟁지역 사람들은 어땠을까? 게르바르트는 이렇게 설명한다.

모두가 평등하게 시민의 자격을 누리던 구세계는 사라졌다. 이후 들어선 세계에 유대인과 같은 소수는 설 땅이 없었다. 역사적 관점에서 보면 제1차 세계대전 이후 다민족 제국을 해체한 것은 엄청난 실수였다. 우리는 1918년 이후에나 강력해진 내셔널리즘 내러티브에 너무나 익숙해져버렸다. 오스만 제국, 오스트리아 헝가리 제국은 "민족들의 감옥"이었으므로 실패할 수밖에 없었다는 내러티브다.

게르바르트가 보기에는 이것이 이데올로기였다. 오늘날 널리 수용되는 다민족 유럽 같은 형태야말로 "외부인 문제" 해결의 장기적 전제 조건이었을 것이다. 유럽 내셔널리즘의 재건은 역사 반복을 가져올 재앙의 시작이다.

최근 수십 년간 서유럽은 튀르키예, 중동, 아프리카로부터 대량 이민을 겪었다. […]
우리 서유럽인은 동유럽 및 중동을 오리엔탈리즘의 시선으로 바라본다. 국가 간 유혈 충돌과 혐오가 상존하는 낯선 폭력 지역이다. 폭력이 너무 만연해서 배경 소음 정도로 취급되는 곳이 중동이라고 생각하는 것이다.

다른 각도에서 바라본 폭력이다. 탁월한 역사학자의 통찰이다.* "폭력이 너무 만연해서 배경 소음"이 된 상황에 대해서는 유럽과 미국, 즉 "서방 세계"가 스스로의 폭력 행사를 대내외적으로 인정하고 성찰하며 감

---

*   Robert Gerwarth, *Die Besiegten. Das blutige Erbe des Ersten Weltkrieges*, München 2016.

소시킬 최우선적 의무가 있다. 무엇보다 아프리카에서 지속되는 경제 및 전쟁 원자재 확보라는 식민주의적 형태의 폭력을 멈춰야 한다. 하지만 무기 수출 감축을 진지하게 추진하려는 결의는 "서방 세계" 전체가 하나같이 거부하고 있다.

"자유군단 세계"는 과거가 아니다. 오늘날에도 곳곳에 숨어 있다. 동독의 낙후된 지역, 베를린 정계 주변, 바덴뷔템베르크주 혹은 슐레비히홀슈타인주에서 번성하고 있는 온갖 총기 전문 제조사들, 각 지역의 사격 동호회와 사격 훈련 클럽, 전국 곳곳에 산재하는 네오나치 복장의 깡패들 등이 있다. 그러나 최근 들어 이들은 그저 "흩어져" 있지 않다. 자신들의 세력을 강화할 가능성을 인터넷에서 발견한 것이다. 전 세계의 극우 커뮤니티가 권력 및 살해 판타지를 공유하며 연대하고 있다.

가사분담하고 아기 기저귀를 갈아주는 새로운 남성성을 키워내기에 좋은 토양은 아니다. 물론 그런 남성성이 아예 없지는 않다.

사회학자 슈테판 레세니히는 "중도층의 계급투쟁" 현상을 발견했다.

현재 목청을 높이는 퇴행적 움직임은 경제적 취약 계층이나 사회적 몰락의 위기에 처한 중산층에서 비롯된 것이 아니다. 2017년 총선 결과의 본질은 기득권층의 반란이다.

레세니히가 2017년 연방의회 총선 결과를 분석한 바에 따르면, 우익 국가주의는 사회 전 계층에서 고른 지지를 얻었으며 핵심 지지층은 자영업자와 중산층이었다. […] 지난 몇 년간 비이성적이고 잘못된 투표를 한 사람들이 사실은 사회에서 가장 고생한 계층이 아니었다는 뜻이다. 걸핏하면 온갖 공격적 막말과 물리적 폭력을 쏟아내는 극우정당 AfD의 정치적 세력 확장이 사실은 어딜 가나 대접받는 "중도층"의 속마음을 대변하고 있었다는 사실은 참으로 불편하다.

"참으로 불편"한 정도가 아니다. 신종 파시스트 운동의 지도층은 그 정도에 그치지 않는다. 난민 쉼터에 방화를 하고 고래고래 "외국인 꺼져라"를 외치는 페기다 깡패들이 날뛰는 상황에서 사회적 "중도층"이란 것이 무슨 의미가 있나 싶다.

레세니히는 AfD 지지층에게서 특이한 점이 발견된다고 지적한다.

이제껏 정당하게 누려왔다고 생각한 경제적·사회적·문화적 특권이 외부인의 계층 상승 때문에 위협받고 있다고 인식하기 때문에 이에 맞서 방어하려는 움직임을 보인다.

역시 역사적 전례가 있었다.

이럴 때 생각나는 말은 "중도층의 비극"이다. 1918년 11월 혁명 당시 바이에른 자유국 대통령직에 올랐던 사회민주주의자이자 혁명적 사회주의자 쿠르트 아이스너는 이미 19세기 말에 이들의 본질을 간파했다. 아이스너가 본 중도층은 언제나 패배에 대한 두려움에 시달리는 사람들이다. 세상만사가 "자신들의 몰락을 획책하는 거대한 음모에 동참하고 있다"고 생각한다.[*]

음모라는 말은 매우 적절한 표현이다. "이민자 처단"을 마치 무소불위의 처벌 없는 범죄적 특권처럼 휘두르려는 부류의 인간들은 노골적 파

---

[*] Stephan Lessenich, "Der Klassenkampf der Mitte. Wider die Mär, im Erfolg der Rechtsnationalisten verberge sich ein Aufbegehren der Unterschichten: Nein, es sind Aufsteiger der vergangenen Jahrzehnte, die um ihre Privilegien fürchten", *Süddeutsche Zeitung*, 2018년 1월 3일자.

시스트이건 혹은 "우려"를 표명하는 시민 행세를 하건 간에 모두 똑같다. 자신은 거대한 음모 때문에 몰락의 위기에 처한 희생자라는 것이다. 너무 자명한 음모라서 한눈에 알아볼 수 있지만, 몇몇 선동가가 거짓을 퍼뜨리기 때문에 세상 전체가 속고 있다. 몰락이 두렵다. 파편화된 육체가 육체적으로 집어삼켜질까봐 두렵다. 발 밑의 땅이 사라지는 듯하다. 늪, 진흙탕, 곤죽, 진창과 똥, 모든 것을 걸쭉하게 뒤섞어 녹여버리면서 "그 자신"을 뒤덮는다. 선제타격을 해야 한다. 아무도 안 쏠 때 먼저 쏜다.

최근 몇 년간 "극우 포퓰리즘"의 목청이 점점 더 커졌지만 난 그다지 큰 걱정을 하지 않았다. 마린 르펜, 헤이르트 빌데르스 등이 위험하다지만 호들갑으로 들렸다. 알렉산더 가울란트, 알리체 바이델, 비외른 회케 등에 대한 경고는 더 큰 호들갑으로 들렸다. 극우 정당 지지율은 5퍼센트에서 10퍼센트 사이를 오락가락했다. 역겨운 일이지만 민주사회 전체를 뒤흔들 실질적인 위험수위는 넘지 않는다고 생각했다.

분명히 사회민주주의는 사회 전반의 상식이 되었고 거의 모든 정당 정치에 스며들었다. 이를 잘 보여주는 정치 평론이 있다. 보수기독교 정당CDU 소속의 앙겔라 메르켈이 사회민주주의가 배출한 최고의 총리라는 말이다. 정작 사회민주당SPD 때리기는 계속되지만 사회민주주의는 사회 전반에서 굳건한 성공을 거두었다. 그러니 다급해진 바이에른 기독교 사회연합CSU은 부랴부랴 관공서 입구에 "십자가"를 세우라는 의무 조항을 만들었다. 바이에른 주총리 마르쿠스 죄더는 죄더 십자가로 사방에서 덤벼드는 사회민주주의 드라큘라를 퇴마할 생각인 듯하다.

하지만 이제 생각이 바뀌었다. 우리 사회에 들이닥친 기술 혁명 탓이다. 기술 고도화를 겪은 모든 사회처럼 독일도 이제 "세계화 시대의 디지털 혁명"의 영향하에 놓였다. 아무도 제대로 이해 못 하는 변화가 사회 전반을 뒤흔들고 있다. 종전의 극우 포퓰리즘은 사회적 틈새 현상에 불과했지만 이제 디지털화된 인터넷 환경은 틈새 현상을 완전히 사라지게 만들었다.*

최근에 나는 사회 발달과 자아의 심리적 구조 발달의 관계에 대한 글을 발표했다. 다양한 사회 영역이 점점 더 구획화되고 그에 따라 특정 구획에 적합한 행동 양식이 자리 잡으면서 일종의 "구획-자아"가 형성된다는 것이 글의 취지였다. 구획 자아는 고도로 발달한 심리적 분리 과정을 통해 작동하며, 우리 사회에서 생활하고 활동하는 주류적 시민들이 현재 상황에 대처할 수 있도록 돕는다. 놀라울 정도로 성공적인 대처를 돕는다. 각각의 독립된 구획의 행위자는 다른 구획을 내버려둔다. 방해도 안 하고 규제도 안 하고 서로 상관하지도 않는다. 그래서 우리 "계몽된" 현대 사회에서는 예전이라면 처벌받았을 수많은 일이 그냥 방치된다. 구획을 넘지만 않는다면 일탈은 묵인된다. 너무 지나쳐서 "사회적 경종"을 울리지만 않으면 된다.**

모든 진영이 인정하는 전략적 합의를 신종 인터넷 나치는 받아들이지 않는다. 그들은 아예 작정하고 사회적으로 용인되던 선을 넘어버린다. 그들은 마구잡이로 경종이란 경종은 다 울리고 다닌다. 그들은 전체로부터 인정받고 싶다. 더 나아가 전체를 지배하고 싶다 "우리가 유일하다." 독일을 위해 제대로 정치할 세력은 자기들이 유일하다고 떠든다. 비웃음 안 당하고 이런 헛소리를 할 수 있었던 것은 오직 인터넷 덕이었다. 인터넷은 무명 인사를 순식간에 벼락스타로 만들 수 있다. 어떤 작

---

* 루돌프 발터는 프랑스에 대해서 이렇게 말했다. "시민적 보수 미디어 공론장에서 보수주의와 극우극단주의의 경계가 사라져 일체화된 지 오래다." 『피가로』의 스타 칼럼니스트 에릭 제무르는 모종의 의도를 품고 "국가"와 "군대"를 동일시하고 있다. (*taz*, 2019년 3월 2/3일자.)

** 참고. K. Theweleit, "Zu aktuellen Verschiebungen an der Ich-Front", *Zeitschrift für psychoanalytische Theorie und Praxis*, #3/4, Frankfurt am Main 2015.

은 구획이라도 빛의 속도로 글로벌하게 확장될 수 있다. 오늘날에는 작은 모니터, 작은 채널조차 예전에는 대형 공식 매체만이 행사할 수 있던 영향력을 발휘한다. "이데올로기"를 불문하고 경쟁력만이 중요했다. 민주주의 풀뿌리 혁명이 가능할 것이라는 인터넷 초기의 낙관론이 지나간 후, 인터넷의 잠재력을 제대로 활용한 것은 우익 포퓰리즘이었다. 그 지점으로부터 극우파의 거물급 이념가들이 탄생했다. 글로벌 우물 안 개구리. 무식하다고 주저 말고 과감하게 스마트폰 들고 공중파 뉴스와 겨루자! "우리 뉴스는 우리가 직접 만든다!" "새로운 테크놀로지로 우리 입맛에 맞도록!"

『남성 판타지』를 요약하자면 이렇다. "파시즘은 이데올로기가 아니다. 파시즘은 현실을 생산하는 파괴적 방식이다."

사회적 삶은 어떤 방식으로 현실이 생산되는가에 좌우된다. 1만 2000년 인류 역사가 늘 그래왔듯 근본적으로 기술에 의해 규정되는 사회에서는 기술이 개인의 육체 구성의 법칙성이다. 기술 구조가 육체 구조이고 두뇌 구조이며 심리 구조다. 더 나아가 정치 구조가 된다.*

1933년 이후 독일 파시즘의 승리를 가능하게 했던 기술적 조건이 있었다. "독일 국민"의 의식에 나치 사상을 주입해 나치 지배를 공고화하는 작업에 결정적이었던 기술은 바로 라디오였다. 히틀러는 라디오 방송을 통해 끊임없이 역사적 소명을 강조했다. 모든 독일인 청취자는 우월한 지배 인종으로서의 소명의식을 다졌다. 살인 특권을 얻은 것이다.

특정 방식의 인터넷 사용이 민주주의 안정성을 위협한다는 것은 미친 소리가 아니다. 위협에 대한 해독제는 아직 발견되지 않았다. 게다가 선출된 파시스트들의 연방의회 원내 교섭단체 지원금이 인터넷 극우파

---

* 이 주제에 대한 책을 최근에 마무리했다. 이하를 참고. *Pocahontas* Bd. 3: *Warum Cortes wirklich siegte. Technologiegeschichte unserer Kultur.*

에게 강력한 재정적 지원 노릇을 하고 있다. 이들은 디지털 범죄단으로 빠르게 성장 중이다.

14. "인터넷"

구식 우파가 최신 기술을 만났다. 국제적 극우 테러리즘이 인터넷을 통해 확장될 때 어떤 끔찍한 일이 가능한지를 충격적으로 보여준 것은 브렌턴 태런트였다. 호주 출신 청년인 그는 2019년 3월 15일 뉴질랜드 크라이스트처치에서 테러를 저질렀다.

뉴질랜드 현지 시간 13시 28분, 온라인 포럼 8챈에 익명 계정으로 게시글이 올라왔다. "곧 침략자들을 처단할 거야. 공격을 페이스북으로 실시간 생방할 작정이야. 아래 링크를 클릭해. 이 글을 읽을 무렵이면 이미 방송 중일 거야."

"선언문"도 첨부되었다.

부디 내 메시지를 세상에 널리 알려줘. 내가 혹시 살아남지 못해도 할 수 없지. 신들의 뜻일 테니. 전사의 사후 세계 발할라에서 다시 만나자.[**]

글을 게시한 직후 28세 호주 청년 브렌턴 태런트는 공격을 감행하기 위해 출발했다. 자동차 안에는 "케밥 놈들 꺼져라"라는 음악이 흐르고 있었다. 세르비아 민족주의자의 무슬림 혐오 선동 노래였다. 내비게이션의 안내를 받아 크라이스트처치 딘 애비뉴에 위치한 알누르 모스크로

[**] Gökalp Babayigit/Fabian Heckenberger, "16 Minuten, 56 Sekunden", *Süddeutsche Zeitung*, 16./17. März 2019.

향했다.

이 모든 장면은 그의 헬멧에 부착된 소형 카메라로 촬영되어 실시간 영상으로 페이스북을 통해 전 세계로 송출되었다. 화면에는 무기, 총알, 자가 제조 폭탄 등이 조수석에 보인다. 태런트의 시점으로 자동차에서 내려서 장전된 총을 들고 모스크에 들어가서 난사하는 장면이 보인다. 영상의 총 분량은 16분 56초다.*

태런트는 51명을 사살했고 50명에게 부상을 입혔다. 페이스북 계정이 있는 사람이라면 8챈 링크를 타고 들어와서 볼 수 있었다. 젊은 백인 청년, 네오나치, 암살범, 테러범이 엄청난 추종을 받았다. 그의 테러 영상은 엄청난 반응을 일으켰다.

"아우 씨발. 이거 실화냐." 어떤 이의 반응이다. "브렌턴 태런트, 존나 영웅이다." 또 다른 반응이다. "비디오 개고퀄." 최정점은 이것이다. "하일 태런트."

온라인 정치. 이미 범행 이틀 전부터 그의 트위터 계정에는 범행 무기의 사진이 올라와 있었다. 명단도 함께 언급되었다. 알렉상드르 비소네트. 2017년 캐나다 퀘벡에서 이슬람 문화센터를 공격해 많은 사람을 죽인 범인이다. 루카 트레이니. 2018년 마체라타에서 아프리카 출신 난민들을 죽였다. 그 외 유럽 역사의 등장인물들도 언급된다. 반이슬람 투쟁의 "영웅들"이다.

그가 남긴 "메시지"에는 인종청소자 라도반 카라지치, 영국 파시즘 연합의 창립자 오즈월드 모슬리 등이 언급되었다. 트럼프도 "새로운 정체

---

*   Ibid.

성의 상징"으로 거론된다.

스마트폰과 유튜브 등의 플랫폼 등장 이후 인터넷은 질적으로 변화했다.

행인, 이웃, 심지어 피해자가 휴대폰으로 찍은 영상을 누구나 볼 수 있는 세상이 열렸다. 파리의 나이트클럽 바타클랑에 들이닥쳐 총기를 난사하는 테러범의 모습, 니스 해변 산책로를 거닐던 시민들을 잔디처럼 깔아 뭉개던 흰 대형 트럭의 모습 등.**

페이스북과 트위터의 네트워크 관리자는 살인 행위, 살인 사주 혹은 지시를 담은 영상을 삭제하지만 언제나 시간상 한발 늦는다. 아무리 원본을 삭제해도 테러 추종자가 이미 다운받아서 약간 손질한 영상을 다시 올리면 소용없다.

태런트의 총기에는 14라는 숫자가 새겨져 있었다. 이는 "14단어"를 의미한다. 네오나치이자 은행 강도였으며 2007년 감옥에서 사망한 미국인 데이비드 레인의 말을 뜻한다. 전 세계 네오나치끼리는 14를 마치 암호처럼 알아듣는다. "우리 백인종의 실존을 확보하고 백인종 어린이들의 미래를 수호해야 한다.We must secure the existence of our people and a future for

---

**   Ibid. (14라는 숫자 자체가 극우세계에서는 고정된 암호로 쓰인다. 예를 들어 독일어로 번역된 해당 문구는 "Wir müssen die Existenz unseres Volkes sichern und eine Zukunft für weiße Kinder"로 총 13단어다. 프랑스어는 "Il nous faut garantir l'existence de notre peuple et un avenir pour les enfants blancs"로 총 15단어다. 그럼에도 "14"라는 숫자 자체가 다른 숫자와 조합되어 스티커, 자동차 번호판, 의류 패치, 악기 장식 등에 부착됨으로써 극우끼리 서로를 알아보는 표식으로 쓰인다. 가장 흔한 예가 14/88이다. 8은 8번째 알파벳 H를 뜻하므로 14/88은 "이민자 혐오/하일 히틀러"가 된다. —옮긴이)

백인종 우월주의와 백인 남성 우월주의가 핵심이다. 세상 모두보다 자신들이 우월하다는 것이 "서방" 세계 극우극단주의 남성들이 저지르는 살인적 언어의 핵심이다. 극우의 언어를 통해 고립된 개인은 참여자로 거듭난다. 백인 우월주의 운동 연대의 일원이 되는 것이다. 태런트는 "백인종을 구원하겠다"고 선언했다.

키워드 "거대 대체 이론The Great Replacement". 타인종의 출산율은 위협적으로 높다. 이민자가 토착민을 밀어낼 것이다. 백인종은 끝내 "대체"될 것이다.

테러범은 선언문에서 "거대 대체 이론"을 언급했다. 뉴라이트 정체성주의 운동**이 가장 즐겨 쓰는 키워드다. 헝가리, 오스트리아, 이탈리아를 막론하고 모든 인종차별적 극우극단주의자들을 단결시켜주는 단어다.

로넨 슈타인케의 평가다. 거대 대체 이론은 무슬림들이 작정하고 "백인" 국가에 대량으로 이민을 온다는 논리다. 오래전부터 미국에서는 이를 "백인종 학살"이라고까지 주장해왔다.

"인구 대체론Bevölkerungsaustausch"은 AfD의 주장이기도 하다. AfD 당대표였던 가울란트는 UN 이주 협약에 강하게 반대하면서 이민 정책은 "국민을 뒤집어놓아서" 언젠가는 "완전히 낯선 인구가 여기 살도록 만들 것"이라고 선동했다.***

---

*   Ibid.
**   프랑스의 정체성주의자 르노 카뮈가 같은 제목의 책을 썼다.
*** 이하에서 재인용. Urs Wälterlin/Konrad Litschke, "Der Mord und sein Motiv", *taz*, 18. März 2019.

태런트의 말은 "대량 이주" 정도가 아니라 "무슬림 침략"이다. 이는 전쟁의 언어다. 침략자는 싸워서 물리치고 제거되어야 한다. 그는 자기 나름대로는 이민족화에 맞서 싸우는 "빨치산"이었던 것이다.

선언문에는 테러범이 우러러보는 인물들이 가득하다. 2월 초 소도시 마체라타에서 아프리카계 이민자 6명을 사살한 이탈리아인 범인에게 경의를 표했다. 또한 2017년 6월 런던의 핀즈버리 파크 모스크 앞에서 인파를 향해 승합차를 돌진시켜 10명을 다치게 한 범인을 찬양했다. 2015년 찰스턴의 교회에 난입해 9명의 흑인을 사살한 21세 미국인을 칭찬했다. 그러나 역시 가장 큰 영광은 노르웨이의 아네르스 베링 브레이비크에게 돌려야 한다. 그의 "축복"이 있었기에 태런트의 유혈 사태가 가능했다.****

2011년 브레이비크는 선언문을 인터넷에 게시했다. 제목은 「2083년 유럽 독립선언문」이었다. 게시 직후 그는 우퇴위아섬에서 청년 사회민주당원들을 대량 학살했다. 그의 만행은 이후 테러범들에게 청사진을 제공해주었다.

태런트는 브레이비크의 모범을 정확하게 따르겠다고 선포한다. 선배의 말과 행동을 본받아서 후배들에게 영감을 주는 것이 목표다. 살인하러 가는 길에 자동차에서 셀카를 찍는 것도 그러한 연출의 일환이었다.

그는 방대한 비디오 및 텍스트 컬렉션을 남겼다. 후배들이 널리 공유하고 인용하고 샘플링할 수 있도록. […] 살인자의 일인칭 시점에서 바라본 온갖 이미지가 재생산되고 있다. 테러범이 계산한 대로 목적 달성에 성

**** Ronen Steinke, "Im Netz der Rassisten", *Süddeutsche Zeitung*, 16./17. März 2019.

공한 셈이다. […] 그가 원한 것은 미디어의 관심이었다. 드디어 관심을
끌었다.*

"우파" 인터넷은 선동에 최적화된 매체가 되었다. 뮌헨의 18세 테러
범 다비드 S.는 브레이비크의 우퇴위아 학살 5주년 기념일에 맞춰서 쇼
핑몰 총격을 저질렀다.

"폭력만이 권력으로 향하는 유일한 길이다." 태런트의 글이다. 언젠가
세상이 그의 위업을 알아줄 것이다. 이는 브레이비크의 글에서 그대로
따온 문장이다. 브레이비크가 경찰복을 입고 학살을 저질렀듯 태런트는
군복을 입고 범행을 했다.

살인 행위의 과시는 라이브 스트리밍을 통해 국경을 넘어서는 폭발
적 영향력을 갖게 되었다.

범인이 직접 카메라를 들고 인터넷에 생중계를 하는 일이 잦아졌다. […]
2016년 여름 테러범 라로시 아발라는 프랑스 마냥빌 지방에서 라 무로
의 경찰부서장과 그의 아내를 살해했다. 범행 후 희생자들의 아파트에서
자신의 모습을 영상으로 찍었다. 지난 몇 년간 살인뿐 아니라 강간, 자살
장면까지도 페이스북과 페리스코프 등에서 방송되는 일이 많았다.**

취재 기자가 현장에 도착하기도 전에 목격자가 촬영한 영상이 온라
인에 중계된다. 수백만 명이 영상과 사진을 실시간으로 볼 수 있다. 심
지어 가해자가 직접 방송한다.***

---

*　　Ronen Steinke, "Propaganda der Tat", *Süddeutsche Zeitung*, 18. März 2019.

**　　Gökalp Babayigit/Fabian Heckenberger, a. a. O.

***　　Carolina Schwarz, "Bild dir deinen Terror", *taz*, 19. März 2019.

1919년의 자유군단 살인자들도 "구국의 결단으로 과감히 행동"해놓고서 보란 듯이 과시했다. 삐라에 담아 뿌렸고 지역 신문에 냈다. 고위급 정치 군인들이 연설을 하기도 했다. 이것도 일종의 연결망이긴 했으나 인터넷에 비하면 제한적이었다. 특정 지방이나 지역에 국한되었기 때문이다. 드디어 나치가 미디어의 한계를 끝장내고 독일 전역의 라디오 방송을 "정복"한 1930년 이후에는 상황이 달라졌다. 마침내 1933년에는 라디오의 국가적 중앙 집중화가 완성되었다.

새로운 테크놀로지가 발명가들만의 아방가르드적 지위에서 벗어나 범용화되면, 그 정치적 가능성을 결정적으로 이용해먹는 것은 종종 정치적 극우파다. 오늘날 "혈통과 국토"를 부르짖고 "애국"을 외치며 순결한 숲에 "순수 우월 인종"이 깃들었다는 둥 "뒤떨어진" 퇴행적 이데올로기를 추종하는 자들이 테크놀로지만큼은 겁도 없이 최신을 추구한다.

수수께끼일까? 아니다. 이데올로기의 "일관성" 따위는 상관없다. 외적 현실과 난폭한 관계를 맺는 "나치"는 그따위는 개의치 않는다. 이들의 육체는 지배를 원한다. 권력 남용과 억압을 원한다. 사회적 평등을 추구하는 놈들을 짓밟고 싶다. 이들은 오직 무엇을 써먹을지를 귀신같이 알아챈다. 스스로의 권력을 강화하고 과시하는 데 무엇이 유용한지만 정확히 알면 된다. 기술적 혁신은 언제나 다면적이다. 그저 이중 사용의 현상을 훨씬 더 뛰어넘는다. 권력 확장에만 관심이 쏠려 있는 부류는 기술의 어떠한 특성이 자신에게 도움이 되는지를 대번에 알아채고 서슴없이 이용한다.

"인본주의적" 성향의 사회 구성원은 이동통신 전자파 안전성이나 "암 유발" 가능성 여부, "디지털 특성"이 신경계에 해로운지 따위를 토론하느라 시간을 보냈다. "우파"는 그따위 헛소리에는 신경 끄고 재빨리 자신들의 "연결망"을 구축했다. 테크놀로지에서 개방적 접근성과 국제성의 기회를 발견한 것이다. 정보통신 기술은 국제적 극우파에게 공유 가능한 공론장을 제공했다. 도저히 "자력으로는" 해낼 수 없었을 것이다. 이들에게는 인터넷이 "정당 기반"이다. 거대한 글로벌 조직이라는 망상이다. 소속감과 "이데올로기적 완결성"을 그럴듯하게 보여줄 기회다. 20년 전이었더라면 감히 꿈도 못 꾸었을 일이다. 인터넷이 이들을 글로벌한 실체로 만들어준다. 이 책의 용어로 설명하자면, 이들에게 인터넷은 군대이자 육체 총체성이다.

인터넷에는 무기에 대한 정보가 가득하다. 사실상 무기 밀매에 사용된다. 사건 직후 브렌턴 태런트에 대한 뉴스가 알려졌다.

그는 총기 소지 허가증을 이용해 뉴질랜드의 총포점에서 네 정의 총기를 합법적으로 온라인 구매했다. 총포점 주인 데이비드 티플에 따르면 총기 배송은 경찰이 검증한 시스템으로 이루어졌다.*

모든 새로운 자유는 파괴에 사용될 가능성을 내포한다. 살인에 미친 자는 기어이 살인을 한다.

15. 작센과 뉴질랜드의 "국방력". 자유군단 근황. 독일의 귀환

우리의 남성성을 되찾아야 합니다. 남성성을 되찾아야 남자다움을 되찾습니다. 남자다움을 되찾아야 국방력을 갖춥니다. 우리는 국방력을 갖춰야 합니다, 당원 동지들이여!

2015년 AfD 전당대회에서 비외른 회케가 연설한 내용이다. "남자다

---

*　Urs Wälterlin aus Canberra, *taz*, 19. März 2019.

움”? 그렇다고 치자. “국방력을 갖추는” 것은 차원이 다르다. 이는 무장을 뜻한다. 모종의 계획을 뜻한다. 속셈이 뻔하다.

2019년 초반에 슈투트가르트 검찰은 연방군·예비군·예비역 협회의 간부 한 명을 기소했다. “한니발”이라는 암호명으로 활동하던 그는 “국가를 위협하는 중대한 폭력을 예비”한 혐의를 받았다. 그와 동료들의 음모는 다음과 같다.

> 좌파 진영에 속한 사람들을 살해할 계획을 세웠다. 그들은 처단할 대상의 명단을 작성했다. 난민 숙소의 주소도 등재되어 있었다. […]
> […] “거사 당일”에 적들을 수거해서 수용할 창고도 물색해두었다. 예비군 중대의 중대장이 긴급 상황에 연방군 트럭을 장만할 계획까지 세웠다. 도로 검문을 통과할 계획도 모의되었다. 총살 계획도 논의했다. 심지어 “최종해결”이라는 말까지 거론되었다.**

“한니발”은 독일 극우 네트워크에서 연줄이 좋았고 현역 시절에는 “테러리즘 진압”을 목적으로 하는 특수임무대 KSK에서 근무했다. 그를 포함한 내란 무리는 평소에 친분이 있는 중대장의 도움으로 독일 연방군 장비인 군용 트럭까지 사용 가능할 것이라고 생각했다. 명단에 오른 “좌파”를 척결하는 것이 목적이다. 스스로를 악명 높았던 네오나치 테러 조직 “NSU급”이라고 여겼던 것이다. 대량 살육을 준비했던 것일까? 말을 이렇게 하는 자들은 기회만 되면 살인을 저지른다는 것을 우리는 잘

**   Christina Schmidt/Martin Kaul, “Ehrenwerter Reservist”, in: taz, 2019년 2월 20일자. 곧이은 3월에도 “한니발”이라는 인물이 극우 성향 단체 유니터 협회에서 현직 헌법수호청 정보원들과 함께 회원으로 활동하고 있다는 보도가 있었다. 이런 “중첩” 현상은 새삼스러울 것이 없다. 또한 볼프강 쇼얼라우의 실화 소설 『보호하는 손 *Die schützende Hand*』에도 잘 표현되어 있지만 제대로 밝혀지진 않고 있다.

안다. 실제 있는 지도자 혹은 망상으로 꾸며낸 위대한 총통이 권한을 허락했다고 착각하는 순간 그들은 바로 살인을 한다.

혹은 "대자연의 섭리"가 권한을 주었다는 망상도 있다. 프랑코 베라르디는 "자연도태설의 철학"을 테러리즘적 우파의 핵심 사상이라고 본다. 잘 알려졌듯 히틀러는 이 "철학"을 본격적으로 받아들여서 적극 실천하고자 했다.

대량학살자는 강자가 사회적 게임의 규칙을 정할 권리가 있다고 믿는 부류다.[*]

컬럼바인 고교 총기 난사 사건의 범인 에릭 해리스는 검은 글씨로 "자연 선택Natural Selection"이라고 쓰인 흰 셔츠를 입고 있었다. 육체적 "해체"의 위협을 느꼈던 그는 생애 마지막 순간의 잠시만이라도 살인이라는 초법적 자연 선택의 권한을 휘두르고 싶었던 것이다. 해리스는 잠시만이라도 궁극적 승자가 되고 싶었을 것이라는 것이 베라르디의 해석이다. 나는 살해할 것이다. 고로 나는 승리할 것이다.[**]

이 모든 테러범에게 결정적 순간은 바로 살인을 결심하는 순간이다. 이들에게는 언제나 계획이 있다. 그리고 언제나 준비가 되어 있다.[***]

20년 전까지만 해도 이런 자들을 이렇게까지 시급한 현안으로 다룰

---

[*] Franco "Bifo" Berardi, *Helden. Über Massenmord und Suizid*, Berlin 2016, p. 69.

[**] Ibid., p. 68.

[***] 피터 랭먼은 미국의 총기난사범을 심리학적으로 연구했다. 모든 총기난사범은 예외 없이 "선배들"의 행적을 꼼꼼하게 연구했다. 범행에 최고로 적합한 무기를 미리 장만하고 다른 범행 현장을 사전 답사하기도 했다. 이하 참고. Peter Langmann, *School Shooters: Understanding High School, College, and Adult Perpetrators*. Lanham, MD 2015.

필요가 없었다.

"한니발" 일당은 지역에서만 활동한 것이 아니라 국제적이었다. 네트워크만 글로벌한 것이 아니라 활동무대까지 글로벌했다. 그들은 리비아에서도 일했다. 필리핀 독재자 로드리고 두테르테가 시키는 대로 이른바 "마약상"을 기꺼이 총살해주기도 했다. 1920년대 독일의 저명한 군인들은 고향에서 실업자 신세가 되느니 차라리 외국에서 "전문 군사고문" 노릇을 했다. 훗날 돌격대장이 된 에른스트 룀은 볼리비아에서 일했다. 자유군단 지휘관이었던 헤르만 크리벨은 "동지들"과 군사고문단이 되어 중국 장제스의 국민혁명군을 도왔다.

크라이스트처치 총격테러범 역시 국제적으로 활동했다.

태런트는 범행 며칠 전 독일 연방군 내부의 극우 성향 군인들에 관한 기사를 인터넷에 공유했다. 또한 "선언문"에서 독일을 언급하며 경고했다. […] 그는 자신의 가장 큰 적들 중 한 명으로 앙겔라 메르켈 총리를 지목했다. 유럽 인구를 "인종적으로 말살"하고 있다는 것이다. […] 그는 "암살 대상 목록 최상단"에 메르켈을 올렸다.****

며칠 뒤 후속 보도가 있었다. 오스트리아 극우 단체 정체성주의자의 수장 마르틴 젤너가 "성이 태런트인 한 사람으로부터" 1500유로를 기부받았다는 것이다. 젤너는 가택 압수수색을 당했고 기부의 사실관계는 확인되었다.*****

태런트는 몇 달 전부터 테러를 계획하고 있었다. 지금은 삭제된 영

**** Urs Wälterlin/Konrad Litschko, "Der Mord und sein Motiv", *taz*, 18. März 2019.

*****Konrad Litschko/Ralf Leonhard, "Identitärer in Wien erhielt Spende von Christchurch Attentäter", *taz*, 27. März 2019.

상에서 그는 이렇게 말했다고 한다. "이제 파티를 시작하자!"(*Badische Zeitung*, 2019년 3월 16일자) 확실하다. 그는 재미있어서 테러를 했다. 다른 살인자들도 마찬가지다. "백인종 어린이들의 미래"를 위해서? 핑계다. 이데올로기는 사후적으로 덧씌워지는 핑계다. 이런저런 핑계를 서로서로 베껴서 붙인다. 핑계 없는 노골적 신념은 단 하나다. "폭력만이 권력으로 향하는 유일한 길이다." 진짜 군인 사나이는 살해한다. 그것도 최대한 즐기면서. 그는 자신의 블로그에서 메르켈 암살을 가상 연습했다.

브렌턴 태런트는 피트니스 트레이너였으며 사격 동호회 회원이었다. 그 외에 소속된 조직은 없었다. 총기 소지 허가증은 있었다. 뉴질랜드에서는 16세 이상이면 안전 교육을 이수한 뒤 무기를 구매할 수 있다. 곧 규정이 강화될 예정이라고 한다. 그는 인터넷 활동이 활발했지만 정보기관의 "레이더"에 걸려들지 않았다. 공식 정보기관의 "전자 감시 시스템은 급진 이슬람주의 언어에 적합하기 때문이다. 극우급진주의적 인종주의 언어는 제대로 판별할 수가 없었다."(*Badische Zeitung*, 2019년 3월 18일자)

이는 알고리즘의 처참한 실패라고 볼 수 있다. "백인" 국가에서 백인우월주의 추종자가 "별나게" 눈에 띌 리가 없다. 잠재적 테러리즘의 의심을 받지 않았다. 그저 평범한 인종주의자라는 취급을 받아서 국가의 감시망을 벗어났다. 별것 아니라는 것이다.

호주 정부는 정보기관 활동의 질이 과연 충분했는지 자성해야만 한다. 또한 뉴질랜드에서 그리고 크라이스트처치에서 반복적으로 자행되던 백인우월주의 운동 범죄에 제대로 대처하고 있었는지를 점검해야 한다. 이미 1990년대부터 그곳에서는 "제4제국"이라는 이름의 갱단이 소수자들을 간헐적으로 공격했다고 『뉴질랜드 헤럴드』가 보도하고 있다.*

조직적 계획 범죄에 "간헐적"이라는 표현은 적절하지 않다. 어느 나라건 마찬가지다. 크라이스트처치 테러 사건은 독일에서도 경각심을 일깨웠다. 몇몇 저널리스트가 중요한 질문을 했다. 독일 이슬람교 중앙위원회 의장 아이만 마지에크가 대답했다.

> 불과 몇 주 전, 아이만 마지에크는 이메일을 받았다. 그를 "도륙"하고 "너희 예배당을 불태워버리겠다"는 협박이었다. "길바닥에 피가 강처럼 흐르는 꼴"을 보겠다고 했다. 보낸 사람의 이름은 "NSU 2.0"이었다.
> 처음 겪는 일도 아니었다. 몇 년 전부터 이슬람교 중앙위원회 의장은 살해 협박에 시달려왔다. […]
> 그때마다 경찰에 신고하고 이메일을 전달했지만, 경찰의 답변은 늘 같았다. 긴급한 위협은 없다는 것이다.**

무슬림 공동체에 가해지는 빈번한 방화, 유리창 깨기, 예배당에 돼지 머리 투척하기 등은 이제 낯선 뉴스가 아니다.

네오나치 단체 "올드스쿨 소사이어티"는 2015년부터 "살라피즘에 맞선 무장 투쟁"을 논했다. 수장은 이렇게 말한다. "무기 장만했다. 모스크에 쳐들어가자. 탕탕, 끝." 계획이 실행되기 전에 경찰이 단체를 체포했다. 지도부 4인방은 우익 테러리즘 모의 혐의로 최대 5년의 징역형을 선고받았다.***

---

*   Felix Haselsteiner, "Die richtigen Worte, die richtigen Gesten", *Süddeutsche Zeitung*, 18. März 2019.

**   Malene Gürgen, Dinah Riese und Konrad Litschko, "Nicht die erste Drohung", *taz*, 23./24. März 2019.

*** Ibid.

무슬림만 공격 대상인 것은 아니다.

크라이스트처치 테러 발생 이튿날, 베를린 노이쾰른 주택 외벽에 신원 미상의 인물들이 스프레이 낙서를 했다. "안야 슈미트와 볼프강 슈미트 부부에게 9밀리미터를".* 극우극단주의 상징인 켈트 십자가도 여럿 그려져 있었다. 9밀리미터는 권총의 총알을 뜻한다. 살인 협박인 것이다.**

켈트 십자가나 하켄크로이츠를 낙서하고 백인 우월주의적 문구를 쓰고 하일 히틀러를 뜻하는 숫자 암호 "88"을 벽에 휘갈긴다. "무슬림"이나 외국인들이 침략했다고 호들갑을 떤다. 이 모든 소동은 핵심이 아닌 잡소리일 뿐이다. 중요한 것은 따로 있다.

3월 22일 저녁, 미하엘 슈타인브레허가 진행하는 SWF 토크쇼 "나흐트카페"에 6명의 초대 손님이 "오늘날 독일에서 유대인으로 살아가기"라는 주제로 대담회를 가졌다. 경험은 비교적 다양했다. 모두가 차별을 겪은 것은 아니었다. 주거지역에 따라 편차가 컸다. 어쨌든 차별적 지역에서 가해지는 차별 발언은 한 가지 형태로 집중되었다. "가스실로 돌아가라"는 것이었다.

살해 협박, 살인 욕구, 이미 살해한 대상을 또 살해하겠다는 말. 이 모든 것에서 핵심적인 것은 죽이려는 의지다. 이른바 "이데올로기"는 편한 대로 갖다 붙이고 대충 둘러대면 되는 것이다. "위기에 처한 백인종 남성"이 원하는 것은 "나라를 구하"는 것도 "백인종 어린이의 미래"를 확보하려는 것도 아니다. 온갖 "우익" 논리의 밑바탕에서 스멀스멀 솟아나는

---

* 베를린에서 유명한 반극우 활동가들이다. 『타츠』에서 가명 처리해서 보도했다.

** Malene Gürgen, Dinah Riese und Konrad Litschko, "Nicht die erste Drohung", *taz*, 23./24. März 2019.

것은 절멸의 욕망이다. 그들은 뭐든 없애고 싶다. 가능하다면 죄다! 싹 다 쓸어버리고 싶다.

요동치는 내장과 흐릿한 두뇌를 지닌 망가진 인간들. 그들은 언제나 환각 속을 헤맨다. 그들의 마약은 폭력이다. 각성제이자 진정제다. 그들이 진정으로 위험한 까닭은 여기에 있다. "으레 따라붙는" 논리는 외운 소리일 뿐이다. 다른 사람들이 듣기에 그들의 말은 불편하고 혐오스럽다. 화가 나고 짜증이 난다. 하지만 이런 말들은 자꾸만 입에 오르내리게 마련이다. 보통 시절이었더라면 살인 물결에 휩쓸리지 않았을 "평범하게" 짓궂은 얼간이들까지 부화뇌동하게 된다.

결정적 차이가 있다. "악플 도배는 이제 그만." 브렌턴 태런트가 학살하러 가는 길에 8챈 게시판에 올린 글이다. "행동하러 진짜 세계로 나간다." 그의 현실 진입은 총기 난사였다. 50여 명의 사망자는 강력한 현실이었다. 위협적 "비현실"의 삶을 일상적으로 살아가는 사람들에게 현실 증거가 되어주었다.

"자유군단"은 오늘날까지 끝나지 않았다. 여기저기서 "죽을"지라도 어딘가에서 되살아난다.

살인자의 흔적은 영구적으로 잔존한다. 일찍이 사라진 적이 없었다. 그들이 "외워서 읊어대는 이데올로기"는 나름의 특별한 효용성이 있다. 그들에게는 자신을 보호하는 수단인 것이다. 이들의 말은 비슷비슷하다. 심지어 모두 똑같다. 때로는 마치 공무원들처럼 들릴 정도다. 그들의 "국가주의적" 혹은 "정체성주의적" 언어는 폭력 행위자들에게 국가성의 허울과도 같은 보호를 제공한다. 그러한 국가성은 언제나 우익적이다.

우익 테러리스트와 국가안보기관은 이데올로기적 담론에서 상당 부분 중첩적이다.

16. 살인은 질병인가?

살인자들을 질병을 가진 "광인"으로 이해하려는 제도적 노력은 물론 늘 있었다. 콘라트 리치코는 가해자들의 어린 시절에 대해서 공식적으로 알려진 사실들을 종합했다.

"헛소리를 횡설수설"하고 "오래 조현병 증세를 보였다. 예전에 정신과 치료를 받았다고 들었다". "정신적으로 불안한 은퇴자였다." 조금 더 법의학적 느낌으로 말하자면 "망상적 자기애적 성격장애자"였다. "궁지에 몰리면 분노를 못 참곤 했다." "술을 마시면 꼭 말썽에 휘말리곤 했다." "마약쟁이들과 어울렸다."

이렇게 묘사된 가해자들의 범행은 다음과 같다. "이방인들"에게 자동차를 몰고 돌진한 보트로프의 남자. 낯선 사람 세 명에게 칼을 휘두른 하일브론의 은퇴자. 시리아인에게 총을 쏜 토르가우의 남자. 시장을 찌르려다가 미수에 그친 쾰른의 남자. 알테나의 시장을 칼로 공격한 남자 등.*

자동차를 몰고 인파에 돌진한 후 스스로 목숨을 끊은 사례가 둘 있었다. 이는 이른바 "확대 자살"로 분류되었다.

리치코는 살인 혹은 살인미수를 "정신의학화"하는 것이 범인들을 "비정치화"한다고 비판했다. 이상의 모든 공격은 난민, 외국인, 혹은 난민 친화적 독일인을 대상으로 자행되었다. 모두 정치적 배경이 있는 범행이었다. 모두 "이방인과 조력자"를 노린 고의적 살인이었다.

테러 행위에 대한 법원과 경찰의 대응 방식을 비판한 리치코의 의견은 옳다. 물론 몇몇 광인의 살인이라고 치부하는 편이 마음 편할 것이다. 테러범들이 바이에른 주총리와 비슷한 소리를 했다는 것이 난처할 테니까. 하지만 "횡설수설"하는 측면이 무의미하지는 않을 것이다. 주정뱅이

---

*   Konrad Lischko, "Die Aufgehetzten", *taz*, 5./6. Jan. 2019.

은퇴자건 영리한 네오나치 지하조직원이건 미국 고등학생 학살범이건 말이다. 다만 "조현병"이나 "망상적 자기애적"이라고 꼬리표를 다는 것은 잘못되었다. 어리석다고까지는 할 수 없지만 확실히 본질 은폐적이다.

이러한 살인 행위 와중에는 "살인자의 육체와 주변 우주 사이의 경계가 흐려지고, 살인자와 피살자의 경계가 무뎌진다"고 프랑코 베라르디는 말한다.** 나는 이러한 "경계모호성"이 살인적 육체성이 처한 영구적 상태라고 생각한다.

피터 랭먼이 미국 고등학교 무차별 살상범죄 연구를 통해 알아낸 사실이 하나 있다. 철저히 계획하고 날짜를 정해서 총기를 난사했던 범인들은 모두 공통적으로 정신상담의와 접촉한 이력이 있었다. 교사 혹은 교육 관계자, 부모, 사회복지사, 혹은 경찰 등의 눈에 띄었고, 의무적 상담 치료를 시작하기 위해 상담 치료 기관에 연계된 적이 있었던 것이다. 그러나 이들 중 범행 시점에 치료를 받고 있었던 사람은 아무도 없었다. 첫 상담을 시작도 안 했거나 혹은 치료를 중단했다는 뜻이다. 여기에는 어떤 애매한 중간 영역이 존재한다. 어떤 지점에서 결정된다. 환자가 될 것인가, 살인자가 될 것인가. 그들은 선택을 했다. 거기서 뒤얽힘이 발생한다.

다른 선택을 한 사람들도 있었다. 상담 치료를 받아들이고 남들에게서 도움을 받은 사람들이다. 이들은 신문지상에 오르내리지 않는다. 우리는 그들을 모른다. 그들은 "구국의 결단을 내린 영웅"이 되지 않았다. 그들은 영웅 명단에서 빠졌다.

17. 자유군단 문학, 고전문학, 제0차 세계대전 전후 시대

"시작은 폭력이었다." 역사학자 마크 존스가 지은 책의 독일어판 제목이

**   Berardi, a. a. O, p. 75.

다. 바이마르 공화국의 시작을 뜻한다. 한참 뒤늦은 "시작"이었다. 훗날 "서방 세계"라고 불리게 될 "우리 문화"의 시작에는 무장 폭력이 단단히 깃들어 있었다. 문학의 시작도 마찬가지였다. 문학과 폭력은 서로 이빨을 박고 맞물려 있었다. 시작은 호메로스의 『일리아스』였다. 맨 처음부터.

위대한 두 영웅이 용쟁호투하면서 다툼을 벌인 까닭은 한 여자 포로 때문이다. 그리스 세계가 정복한 부족의 여자, 아름다운 "야만인 여자"의 몸 때문이다. 승리한 정복자 아가멤논과 아킬레우스는 아름다운 브리세이스의 몸을 차지할 독점권을 두고 말다툼을 벌였다. 언쟁 때문에 트로이 정복은 지연되었고 그 탓에 수만 명이 목숨을 잃었다. 모든 액션 활극 문학의 시초인 셈이다. 운명의 라이벌이 벌이는 결투. 최고의 싸움꾼들이 자웅을 겨룬다. 피가 피를 부르는 용호쌍박. 세상이야 박살나건 말건 뒷전에 팽개친다. 무력 정복한 부족의 여체를 차지해서 나 혼자만 재미 볼 권리를 위해 싸운다. 권력 남용이 인생의 목적이다. 항상 꼿꼿하게 치솟은 남성적·귀족적 음경을 휘두른다!

전쟁과 식민의 이야기. 여성의 육체를 빼앗으려는 이야기. 최초의 완전 표음문자 그리스 알파벳이란 새로운 테크놀로지로 맨 처음 기록한 이야기가 그러했다. 영웅적 사나이들의 만행, 허풍, 자기 자랑, 남 욕, 변명, 경쟁, 정복, 약탈. 듣기 좋도록 번드르하게 신들의 개입으로 포장했지만 본질은 끝없는 남자 놈들의 싸움박질이었다. 유럽 초기 문화의 상다리 휘어지도록 잔뜩 차린 식탁 아래에는 언제나 피투성이 내장이 쌓여 있었다. 새벽 동틀녘의 자유군단 문학. 제1차 세계대전 이후 독일군들이 고래고래 불러대던 상스러운 노래를 약간 다듬었을 뿐이다. 호메로스의 문학은 제0차 세계대전 전후 문학이라고 부를 법하다. 호메로스의 『일리아스』를 제대로 읽어낼 틀에 『남성 판타지』 이상이 있을까?

시작은 남성 판타지였다. 시작은 "우리의" 글쓰기였다. 섹슈얼리티? 웃기시네.

"문화는 제의화된 폭력이다. […] 생활 양식으로서 정상화된 폭력이다. 또한 익숙해진 폭력이다." 오스트리아 영화 및 영상예술가 히토 슈타이얼의 말이다. 우리 역사는 남성 폭력 행동의 일상화된 연속이다. "범죄는 그리하여 문화라는 형태로 정상화된다." 발터 벤야민을 원용한 슈타이얼의 공식화다. 벤야민은 자신이 명확한 통찰을 지닌 "역사적 유물론자"라는 인물이라고 허구적으로 상상하여 글을 썼다. "왜냐하면 그 유물론자가 문화재들에서 개관하는 것은 하나같이 그가 전율하지 않고서는 생각할 수 없는 곳에서 온 것들이기 때문이다. (…) 동시에 야만의 기록이 아닌 문화의 기록이란 결코 없다." *

1935년 영어로 출판된 책이 한 권 있다. 『그리스가 독일에 휘두른 폭정 *The Tyranny of Greece Over Germany*』. ** 더할 나위 없이 정확한 말이다. 독일 고전주의, 고대 "그리스 문화", 뒤이어 프리드리히 2세에서 히틀러에 이르기까지 독일 제국주의 정책의 관계를 이보다 더 잘 표현한 말은 전무후무했다. "그리스 신들"을 이토록 매끄럽고 자연스럽게 파시즘적 신성 복합체로 바꾸어낸 사례는 독일이 유일하다. 제우스, 아폴로, 디오니소스 등은 자연스럽게 보탄, 오딘으로 둔갑했다. 그리스의 "올림푸스"는 바이에른 -대독일 제국의 발할라가 되었다. 니벨룽겐의 노래는 "독일의 일리아스"로 찬양받았다.

섹슈얼리티? 사랑? 800년경에는 그런 건 중요하지도 않았다. 독일 니벨룽겐 신화로 코드화된 제1차 세계대전, 제2차 세계대전, 다양한 분쟁 지역과 전후 세계 질서, 현대 유전학을 둘러싼 남자들의 막무가내 테크

---

*   Hito Steyerl, "Kultur und Verbrechen", *Jenseits der Repräsentation. Essays 1999 –2009*, Berlin 2018, p. 85; Walter Benjamin, "Geschichtsphilosophische Thesen"(1940), *Zur Kritik der Gewalt und andere Aufsätze*, Frankfurt am Main 1978, p. 83. (『발터 벤야민 선집 5』, p. 336.)

**   E. M. Butler, *The Tyranny of Greece over Germany*, Cambridge 1935/2011.

놀로지 싸움, 희토류 확보를 위한 전쟁도 마찬가지다.

"에로스는 없다!"

함께 사는 시민들의 정상적인 행위로서 사랑의 삶을 찾고 유지하는 것은 성별과 지역을 막론하고 시급한 정치적 과제다. 어쩌면 기후 보호에 우선하는 문제일 수도 있다.

미래 세대가 미래의 삶을 누리려면 중요한 것은 멀리 있는 것이 아니다. 독일연방헌법 1조를 들먹여봐야 무슨 소용인가. "인권" "존중" "불가침" 등의 말은 일상적이고 무지막지한 "침해" 앞에서는 물거품처럼 무력할 뿐이다.

그 자리에 진짜 존재하는 무엇을 대신 정초해보면 어떨까? 바로 "피부"다. 실질적인 경계다. 이런 식으로 이해한 "인권"이란 피부가 남에게 원치 않는 손대기Eingriffen를 당하지 않을 권리이자 서로에게 원하는 어루만짐을 받을 권리다.

전쟁을 그만두고, 사랑을 하라.

이것이 68년 혁명이 후배들에게 물려준 가장 진지한 뻘소리일 것이다.

K. T.

2019년 4월

1.

클라우스 테벨라이트는 1942년 에벤로데Ebenrode에서 육남매 중 다섯째로 태어났다. 동프로이센 시절에는 '강가의 돌'이라는 뜻의 슈탈루푀넨Stallupönen이었다가 1938년 나치 정권이 비독일적 어감의 지역명을 대거 정비하면서 에벤로데로 개명되었고, 제2차 세계대전 이후 러시아에 편입되어 현재까지 네스테로프Nesterow라 불리게 된 곳이다. 1942년이란 시점도 의미심장하다. 이른바 '유대인 문제 최종 해결'이 확정된 반제 회의가 있었다. 세계대전의 향방을 결정한 스탈린그라드 전투가 있었다. 저자는 자신과 누이동생을 스탈린그라드의 아이들이었다고 표현했다. 장차 세계를 호령할 독일 제국을 기대하며 영웅적 이름을 받은 손위 형제자매들과 달리 아우들에게는 범속한 패배의 이름이 붙여졌다. 테벨라이트는 파시즘의 외형이 무너진 후에 자라난 전후 세대였다.

아버지는 정직하고 책임감 있는 철도공무원이었다. 전쟁과 학살에 직접 종사한 적은 없다. 하지만 그 시절 근면 성실한 보통 사람들이 흔히 그랬듯 파시스트였으며 반공주의자였고 반유대주의자였다. 평소에는 과묵했지만 자주 분노를 터뜨렸고, 자식들을 혹독하게 매질하여 키웠다. 어머니 역시 암묵적으로 동조했다. 그렇다고 학대는 아니었다. 전후 시대 부모님들은 엄청난 고생과 희생으로 아이들을 길러냈다. 자식들 잘되라는 진심에서 성심껏 억압을 휘둘렀다. 학교와 사회의 분위기도 크게 다르지 않았다. 파시즘의 내면은 침묵 속에서 여전히 현재를 떠돌며 은폐했고 기만했으며 강압했다. 테벨라이트는 부모 세대에게 느꼈던 분노와 단절을 여러 차례 언급했다. 열네 살 때 아버지에게 유대인 학살 문제를 물었다. "600만 명이 죽었다는데 조금 많기는 했지. 그러게 진작 도망쳤어야지."* 폭력은 얼버무림과 침묵 속에 숨어 있었다.

그러나 변화는 갑자기 시작되었다. 1956년을 기점으로 로큰롤, 재즈, 대중 영화가 물밀듯 들어와 서독 사회에 엄청난 바람을 일으켰다. 남녀 분리 교육, 엄격한 복장 단속, 가정 및 학교에서의 체벌 등 억압적 관행은 순식간에 힘을 잃어버렸다. 어른 세대로부터 침묵과 단절만을 경험하던 당시 청소년들은 함께 춤과 음악, 영화를 향유하고 창조하면서 동세대로서 공감을 나눴다. 세대 간 단절인 동시에 동세대의 탄생이었다. 당시 테벨라이트는 겨우 스무 살이었던 자신이 예순 살의 아버지보다 세 배는 더 똑똑하고 경험 많고 용기 있다고 자신했다.** 체제 순종적이고 꽉 막힌 삶을 살아온 윗세대에게서는 배울 것이 없었다. 이들은 또래들에게서 더 큰 세상을 배웠다. 그는 68세대의 문화적 기반이 1950년대 후반에 형성되었다고 평가한다. 1950년대에 청소년 문화의 변화를 겪었던

---

*   https://www.freie-radios.net/119009, 00:08:02 부분. 2022년 11월 강연 내용.

**   https://www.rosalux.de/dokumentation/id/51356/geschlecht-und-revolution 또는 https://www.youtube.com/watch?v=WJBO8CKPnME, 49:36초 부근. 2023년 10월 19일 로자 룩셈부르크 재단이 개최한 콘퍼런스 중 일부.

세대가 청년기를 맞이하여 정치화한 것이 68혁명이었다.*** 청년들은 과거사 청산, 대학 및 교육 개혁, 반전 반제국주의, 긴급조치법 반대, 보수 언론 개혁, 일상의 민주화 등을 요구하며 거리를 점거하고 연일 시위했다. 테벨라이트는 몇 년간 아버지와 왕래를 끊었다. 1966년 아버지 브루노 테벨라이트가 사망했다. 아들은 끝내 아버지와 화해하지 못했다.

1967년 26세 대학생 베노 오네조르크가 시위 도중 경찰의 총격으로 사망한다. 이를 계기로 테벨라이트는 사회주의 독일학생연맹Sozialistischer Deutscher Studentenbund, SDS에 합류하여 전업 활동가 생활을 3년간 했다. 대학생 운동권은 수많은 개혁을 주도했으며 제한적이나마 정권 교체를 이끌어냈으나 복잡한 내외부 압력을 견디지 못했다. 새 정부는 현실을 핑계로 실망스러운 타협을 계속했다. 좌파 학생운동에 정신적 자양분을 제공하던 프랑크푸르트학파 중 일부는 입장을 선회하여 운동권을 규탄했다. 운동권 내부의 갈등과 분열도 심했다. 1969년 SDS는 공식 해체된다. 잔존 운동권은 소수화, 극단화, 교조화, 과격화의 길을 걷는다. 이른바 K그룹이라는 마오주의 공산주의 단체가 등장했다. 일부는 무장투쟁과 도시 게릴라 활동을 강령으로 삼는 좌익 테러단체 적군파Rote Armee Fraktion, 즉 RAF로 분화한다. 테벨라이트도 이들과 거리를 두었다. 과거 동료들에게는 극우 분자로 몰렸지만 한편 정보기관에 의해서는 극좌 분자로 분류되었다. 앞길은 가로막혔다.

테벨라이트는 잠시 프리랜서 방송작가 생활을 한다. 곧 지인의 도움으로 장학금을 얻었고 늦깎이 박사과정생이 되어 대학에 돌아왔다. 1972년에는 첫아들도 얻는다. 생계는 아내가 책임졌다. 암울하고 답답

*** 2008년에 3Sat 채널에서 68혁명을 주제로 대담 프로그램을 방송했다. "Kulturzeit Extra: Mythos 68 – die Revolte und ihre Archäologen". 방송국의 정식 아카이브에서는 더 이상 제공되지 않지만 다양한 유튜브 채널에서 편집본을 찾아볼 수 있다.

할 법도 한 상황이지만 별로 그렇지는 않았던 것 같다. 2018/19년 후기에서 이 시절을 회고하는 테벨라이트의 목소리는 태평하고도 명랑하다. 살림하고 육아하고 그 와중에도 환경운동과 문화운동을 조직했다. 영화상영회를 열고 음악을 연주했다. 바닥을 기어다니는 아기를 기르면서 참고자료를 읽었고, 아기를 어느 정도 키워서 어린이집에 보내놓고는 논문을 쓰기 시작했다. 그가 원한 것은 아무 쓸모 없는 학위 논문 정도가 아니었다. 테벨라이트는 삶을 담아서 『남성 판타지』를 써냈다.

한 인터뷰에서 그는 아버지를 이해하고 싶었다고 털어놓았다. 아버지는 전형적인 '군인 남성'이었다. 국가에 대한 복종, 의무, 충성을 중시했으며 자식들을 위해 모든 것을 헌신하고 희생하는 삶을 살았다. 한편으로 강한 폭력 성향과 발작적 분노가 깃들어 있는 위험천만한 육체를 지닌 사람이기도 했다. 테벨라이트는 바로 이것이 정치적 파시즘의 토대라고 느꼈다. 아버지 세대는 입을 닫았다. 설명할 능력도 없고 설명하고 싶어하지도 않았다. "부모라는 형상 안의 모순을 반드시 알아내고 싶었습니다. 내가 태어난 근원이자 내 몸 안에도 숨겨져 있을 모순입니다. 특히 나는 정치적으로 깨달은 바가 있었습니다. 즉, 이러한 콤플렉스를 해결하지 못한다면 서독 연방공화국은 제대로 된 민주사회가 될 수 없다는 사실입니다."*

어떤 철학자는 혁명보다 더 중요한 것은 혁명 다음 날이라고 말했다. 35세 청년 테벨라이트는 막다른 길에서 68혁명 다음 날의 문제를 고민하고 있었다. 함께하던 동료들의 위태로운 변질을 목도했다. 어떤 남편

---

* 　독일 공영방송ARD 알파 채널 '알파 포럼alpha-Forum'의 2007년 3월 29일 방송분. https://www.br.de/fernsehen/ard-alpha/sendungen/alpha-forum/klaus-theweleit-gespraech100.html, file:///C:/Users/Joy/Downloads/klaus-theweleit-gespraech100.pdf.

이 될 것인가, 어떤 아버지가 될 것인가, 어떤 남성이 될 것인가를 매 순간 고민하면서 살아내던 시절이었다. 한 번도 제대로 소통할 수 없었던 아버지, 이미 10년 전 고인이 되어 소통의 기회조차 사라진 아버지. 그의 젊은 시절을 소환했다. 그리고 아버지가 찬동했던 파시즘 반동 혁명의 어제를 물었다. 1918년에서 1923년에 이르는 5년간의 시간을 살핀다. 독일의 11월 혁명은 실패했으나 훗날 발흥할 파시즘 반동 혁명이 잉태된 시점이다. 일곱 쌍의 부부를 소개하며 책의 첫머리를 연다. 신랑들은 작전을 해치우듯 냉큼 결혼한 후 한시바삐 신부를 뒷전에 내팽개치고 떠난다. 정치적·지적 동지이자 정서적 동반자인 아내와 결혼한 후 집 안에 들어앉아 살림과 육아를 하던 새신랑 테벨라이트는 예민하게 지적한다. "신랑이 '우리'가 아니라 '나'를 말했다."『남성 판타지』 본문의 첫 문장이다. 탁월하다.

　『남성 판타지』 1권은 1977년에 처음 출판되었다. 그해 9~10월 수많은 납치, 암살, 테러, 항공기 탈취 등이 연이어 발생했다. 좌파 극단주의 테러리즘이 기승을 부린 이른바 '독일의 가을Deutscher Herbst'이었다. 적군파 RAF의 소행이었다. 미심쩍게도 주요 테러범들은 보안이 삼엄한 교도소에서 연이어 자살해버리고 만다. 테벨라이트가 한때 건너 건너 알았던 지인들이다.** 어머니 캐테 미누트도 같은 해 돌아가셨다. 아버지가 아들의 학생운동을 보지 못했듯, 어머니는 아들의 책 출간을 끝내 보지 못했다.

2.

만주 모던에서 클라우스 테벨라이트를 처음으로 만났다. 한석정 교수의

**　　Klaus Theweleit, *Das RAF-Gespenst*, supposé 2001. 오디오북.

『만주 모던: 60년대 한국 개발체제의 기원』*이라는 책이었다. 엄청난 속도의 경제적 성과를 냈지만 동시에 수많은 부작용을 낳아 현대 한국의 명암을 결정지은 1960년대 개발 독재의 기원을 만주국에서 찾아 고찰한 역작이다. 개발 군부 독재가 갖고 있던 공격적 남성성의 에토스는 사실 나치의 남성성에서 발원했다. 그것이 일본 제국의 군국주의 남성성으로 변용되고 만주국에서 실천된 끝에 다시 한국적으로 수입·적용되었다는 점을 논하는 대목이었다. 테벨라이트의 저서가 짧게 인용되어 있었다.

테벨라이트를 두 번째 만난 것은 온라인 극우 남성성을 통해서였다. 독일 출신의 미디어 철학자 야콥 요한센의 『온라인 청년 극우의 성차별, 인종주의, 여성혐오의 정신분석』**이었다. 온라인 게시판과 소셜미디어 공간에 형성되어 존재하는 소위 남성계에 관한 연구서다. 남성계는 온라인에서 여성혐오적·인종차별적·극우적 세계관을 구축하고 조롱과 혐오, 막말을 퍼뜨린다. 때로는 정치적 세력화의 방식으로 때로는 테러리즘의 방식으로 오프라인에 튀어나와 자신과 타인을 죽이기도 한다. 요한센은 『남성 판타지』에서 이론적 분석 틀을 끌어왔다. 그리고 테벨라이트는 그의 책에 통찰력이 빛나는 서문을 써주었다.

사실은 살인적 남성성의 판타지다. 혐오범죄, 인종청소, 말살 정책, 전쟁과 학살 등 규모 면에서는 차이가 있을지언정 이들의 본질은 언제나 동일하다. 죽이고 싶다. 죽이고 또 죽여도 여전히 억울하다. 더 많이 못 죽이다니 분할 따름이다. 일거에 척결되지 않으니 절규하며 격노한다. 테벨라이트가 탐구한 것은 이들의 육체였다. 살인하려는 이들의 육체는 어떻게 생겨났으며 어떻게 되어 있는가. 자아의 안팎을 어떻게 느끼고

---

*   한석정, 『만주 모던: 60년대 한국 개발체제의 기원』, 문학과지성사, 2016.
** 야콥 요한센, 『온라인 청년 극우의 성차별, 인종주의, 여성혐오의 정신분석학』, 김정은 옮김, 학지사, 2025.

생각하는가. 어떠한 판타지를 통해 자기 자신, 타인, 세상을 느끼기에 다른 사람을 죽이고 사회를 죽이는가. 더 나아가 자기 내면을 죽이고 자기 자신까지도 기꺼이 죽여버리는가. 어째서 이들은 남성성과 하필 이렇게도 단단히 뒤얽혀 있는가.

이런 유형의 인간은 일찍이 없었던 적이 없다. 미처 다 태어나기도 전에 모성에서 뜯겨나가면서 생겨난 원형적 인간형이기 때문이다. 이들의 실패한 자아는 근원적이다. 덜된 인간의 비루하고 박살 난 자아는 언제나 겁에 질려 있다. 그래서 자신을 혹독하게 묶어서 유지해줄 갑옷을 밖에서 구한다. 무기, 조직, 군대, 검찰, 종교, 이념, 법률, 제도, 민족, 국가 등등 어떤 것이라도 상관없다. 개개인으로는 보잘것없는 인간들을 단단히 뭉쳐서 총체성과 위계성으로 우뚝 서게 만들어주면 된다. 하나가 되어 힘을 얻으면 이들은 반드시 폭력을 휘두른다. 이들의 언어는 욕설이다. 논리는 궤변이다. 권력은 버젓이 남용한다. 힘은 옳다. 희생자가 죄인이다. 이들은 폭력을 통해서 쾌락을 생산한다. 쾌락을 마약처럼 소비하면서 비루한 자아가 일으키는 고통을 잠시 잊는다. 망각이 사라질 때면 다음 폭력이 절실해진다. 이런 인간은 원래 있다. 정치, 경제, 사회, 이념이 만들어낸 것이 아니다. 이들이 급속도로 뭉치면서 발흥하게 하는 시대적 조건이 있을 뿐이다. 이들이 시대를 용케 잘 만나면 어떤 일이 벌어지고야 마는지 우리 모두는 알고 있다. 『남성 판타지』가 보여주는 보편성이자 현재성이다.

보편성과 현재성. 한 권의 책을 세상에 내놓을 때마다 흔히 덧붙이는 상투적인 말이다. 2024년 11월에 나는 이 책의 기획서를 작성했다. 비록 오래전에 출판된 책이지만 오늘날에도 절실한 보편성과 현재성을 지닌 걸작이라고 평가했다. 번역과 출간이 확정된 것은 12월 초였다. 그리고 45년 만의 불법 계엄선포가 있었다. 꼬박 1년을 보냈다. 책 안에서도 책 밖에서도 피 냄새가 훅 끼치는 말이 넘쳐흘러 소용돌이쳤다. 밤에는 손에 휴대폰을 쥔 채로 마음 졸이며 토막잠을 잤다. 낮에 책상 앞에 앉아 번역할 때면 테벨라이트의 통찰이 보여주는 보편성과 현재성에 몸서리를 쳤다. 정신 나간 자들의 시커먼 광기, 텅 빈 광장, 피투성이 곤죽…… 언제라도 현실이 될까봐 머리를 감싸쥐었다. 힘든 1년이었다.

3.

『남성 판타지』의 번역은 쉽지 않았다. 일단 분량부터 압도적이다. 인용되는 문헌들이 어마어마하게 다양하고 폭넓다. 우익 깡패의 회고담, 신문 기사, 공문서, 속된 유행가, 선동 문구 등이 분석되었다. 그 이름만으로도 부담스러운 거장들인 괴테, 네루다, 마야콥스키 등의 운문도 인용되었다. 분석 도구로 사용되는 개념 및 이론의 출처도 다양했다. 문학, 철학, 인류학, 사회학, 역사학, 정신분석학, 심리학 등 특정 분과 학문에 국한되지 않고 종횡무진한다. 그렇다고 마치 완제품을 가져다 쓰듯 끌어오지는 않는다. 어떤 분석 도구나 틀을 사용하기 전에 테벨라이트는 반드시 검증과 비판을 거친다. 독자로서 읽을 때는 흥미진진했지만 번역하는 입장이 되어보니 참으로 고역이었다. 책이 지닌 역사성 역시 번역의 난도를 높였다. 중심이 되는 문제의식이 중층적이고 입체적이었다. 테벨라이트가 분석하고 비판하고 더 나아가 분노하고 빈정대고 비난할 때, 그가 겨냥하는 대상은 역사적인 동시에 동시대적이었다.

원래 1977/78년에 1, 2권으로 나누어 출판했던 것을 2019년에 한 권으로 합본하고 확장 재편집한 개정 3판*을 번역했다. 독일어 원서를 기준으로 삼았고 영문본**을 참고했다. 이따금 테벨라이트는 영어로 쓰인 책의 독일어 번역서를 참고하여 인용하는데, 영문본은 해당 원서의

---

* https://www.matthes-seitz-berlin.de/buch/maennerphantasien.html?lid=3.

** https://www.politybooks.com/author-books?author_slug=klaus-theweleit/.

페이지까지 무척 자세하게 고증하여 표기했다. 많은 도움이 되었다. 『남성 판타지』는 퇴적층이 두텁게 쌓여 있는 책이다. 원래 학위 논문이었던 글을 매만져서 단행본으로 출판했고 여러 차례 개정한 끝에 새로 후기를 붙여서 최근에 다시 묶어 냈다. 그래서 저자의 문체 역시 여러 지층으로 쌓여 있다. 일단은 모체인 학위 논문에서 오는 딱딱한 학계의 언어가 있다. 중간중간 35세의 혈기 넘치는 전직 운동권 청년 테벨라이트가 못 참고 갑자기 화를 벌컥 내거나 빈정대거나 욕설에 가까운 비난을 퍼붓는 일이 있다. 그 위에 개정판을 내고 후기를 덧붙이는 테벨라이트 영감님의 원숙한 목소리가 더해졌다. 개인적으로 가장 재미를 느꼈던 부분은 역시 청년 테벨라이트의 불뚝 성미였다. 우리말로 생생하게 전달되도록 맛을 살리려고 최선을 다했다.

번역어는 되도록 즉자적이고 직관적이며 범용적인 개념어를 썼다. 테벨라이트는 생산, 생산관계, 욕망, 정서, 쾌락, 결함 등의 단어를 마르크스주의적 의미로 쓰는 동시에 정신분석학적 맥락에서도 겹쳐서 사용한다. 이미 우리 학계에 정착된 특수 번역어가 있더라도 최대한 포괄적으로 이해될 수 있는 용어를 선택했다. 많은 인용문에 등장하는 단어 중 정서가 강하게 충전된 어휘는 의식적으로 좌파/우파적 감성어를 구별하여 사용했다. 우익이 쓰는 언어는 국민/애국/구국/충정/근로 등, 노동자 반란군의 언어는 민중/투쟁/해방/궐기/노동 등으로 구분했다. 번역 문체는 육체적이고 감각적으로 가깝게 다가오도록 최대한 노력했다. 특히 군인 남성들의 글이 보여주는 허세, 뻔뻔함, 무식함, 혐오스러움, 잘난 척, 유치함 등이 전달될 수 있도록 신경 썼다. 이들이 구사하는 차별적·폭력적·시대착오적 언어는 그에 상응하는 우리말로 옮겼다. 노골적인 성적 욕설도 그대로 노출했다. 그편이 저자의 의도에 부합한다고 생각한다.

역주는 자제했다. 워낙 분량이 방대하고 주석이 자세한 책이다. 번역자까지 끼어들어 필설을 번잡하게 할 필요는 없다고 여겼다. 다만 나의 부족한 역량 탓에 우리말로 녹여낼 수 없었던 독일어 언어유희는 부득이하게 역주를 달아 뜻을 풀었다. 그리고 독일인에게는 상식이겠지만 한국인에게는 친숙하지 않은 독일사적 사건, 연도, 인물 등은 설명을 첨가해 본문 안에 부연했다. 독자 여러분의 양해를 구한다.

역주를 달까 말까 끝까지 고민했던 점도 있었다. 일곱 남편의 한 명으로 소개되어 여러 번 인용되고 거론된 마르틴 니묄러였다. 제1차 세계대전에 참전했고 한때 자유군단의 지휘관이었으나 은퇴 후 신학을 공부해 개신교 목회자가 되었다. 훗날 나치와 맞서다가 체포되어 8년 동안 수용소에 수감되었다. 종전 후 「나치가 그들을 덮쳤을 때」라는 시를 지었다고 널리 알려졌다. 바로 여기에 부분적 와전과 오해가 있다.

나치가 공산주의자들을 덮쳤을 때,
나는 침묵했다.
나는 공산주의자가 아니었기 때문이다.

그다음에 그들이 사민당원들을 가두었을 때,
나는 침묵했다.
나는 사민당원이 아니었기 때문이다.

그다음에 그들이 노동조합원을 덮쳤을 때,
나는 침묵했다.
나는 노동조합원이 아니었기 때문이다.

그들이 나에게 닥쳤을 때는,
나를 위해 말해 줄 이들이

아무도 남아 있지 않았다.

　니묄러는 이 글을 시의 형태로 쓴 적이 없다. 그는 1946년 이후 연합군 점령기에 독일 및 미국의 개신교회 단체의 지원으로 순회 강연을 다녔다. 나치에 동조했던 독일 사회와 기독교회를 비판하는 설교에 단골로 포함되던 즉흥 발언이 다양한 버전으로 널리 알려지며 유명해졌다. 이후에 시의 형태로 가다듬어졌고 여러 사람에 의해 다양한 정치적 맥락에서 즐겨 낭송되었다. 하지만 침묵하지 않는 용기와 연대의 가치는 사실은 니묄러가 뜻한 바가 아니었다.

　니묄러는 두려워서 침묵한 사람이 아니었다. 『남성 판타지』가 잘 보여주었듯 1920년 4월 250명의 우익 학도병을 이끌고 공산주의자, 무정부주의자, 사회주의자, 노동자들을 유혈 진압하기 위해 루르 지방에 용맹하게 진격했던 사람이다. 이후에도 줄곧 히틀러와 나치당을 지지했다. 나치가 권력을 완전히 장악하고 독재 체제 공고화를 완성했던 1934년에 니묄러 목사는 『잠수함에서 설교단으로 *Vom U-Boot zur Kanzel*』라는 회고록을 출판했다. 당시 자유군단 문학이 흔히 그러했듯 무자비한 살인 행각을 애국애족적 자부심으로 뿌듯하게 묘사하고 있었다. 나치가 그들을 덮쳤을 때 니묄러가 지켰다는 침묵은 흐뭇한 무언의 찬성이었던 것이다.

　그렇다면 나치는 무슨 이유로 니묄러를 잡으러 왔을까? 1963년 인터뷰에서 니묄러는 1933년부터 나치 세계관과 기독교가 조화될 수 없다고 생각하기 시작했으며 1934년에 히틀러를 직접 만난 후 저항할 결심을 굳혔다고 밝혔다. 나치가 추진한 소위 긍정적 기독교 Positives Christentum 정책 때문이었다. 그가 도저히 받아들일 수 없었던 것은 예수의 유대인성 부정 및 십자가 희생의 부정이었다. 나사렛 예수는 유대인이었으나 유대 민족의 손에 십자가에 매달려 죽음으로써 인류의 구원자가 되었다는 것이 그가 이해한 기독교의 핵심이었다. 따라서 비록 유대인이지만 개신교 목회자가 된 사람은 일반적인 유대인으로 다뤄서는 안 된다. 즉, 일반적인 유대인의 배제와 핍박을 법제화한 아리안 조항은 정당하지만 개신교회 내부에까지 적용되어서는 안 된다는 것이 반대의 골자였다.*
역사학자 벤야민 치만에 따르면 니묄러가 조직한 목회자 긴급동맹에는 7000여 명의 목사가 소속되어 있었다. 그중 최대 100명이 유대인 출신의 기독교 목사였다. 니묄러가 연대하고자 했던 타자는 600만 명이 아니라 100명이었다.**

니묄러는 자신이 행한 것은 정치 투쟁이 아닌 종교운동이었다고 누차 강조했다. 유대인은 잔혹한 고리대금업자이자 예수를 죽인 민족이므로 처벌되어야 마땅하다고 굳게 믿었다. 그는 체포된 후 다하우 수용소에 수감되었으나 독일 국민으로서 특별 수감자 자격이었기에 특별 대우를 받았다. 해군으로 복무할 테니 사면해달라는 탄원서를 히틀러에게 직접 보낸 적도 있다. 제2차 세계대전이 끝나고 석방된 후에는 기존 기독교단을 비판했다. 동시에 연합군의 탈나치화 정책과 전범 재판에도 반대했다. 베트남전 및 핵무장 반대를 강하게 주장한 공로를 인정받아

---

* 1963년 10월 30일. ZDF 심층 인터뷰 '사람을 만나다: 마르틴 니묄러, 동조자에서 저항 운동가로Zur Person: Martin Niemöller, vom Mitläufer zum Widerstandskämpfer', https://www.zdf.de/play/interviews/zur-person-196/martin-niemoeller-zeitgeschichte-archiv-zur-person-gaus-100.

** Benjamin Ziemann, *Martin Niemöller. Ein Leben in Opposition*. Deutsche Verlags-Anstalt. 2019. 이하에서 재인용. Karsten Krampitz, "Martin Niemöller und die FreikorpsGegen Spartakus", *deutschlandfunk*, 2020년 3월 12일 서평. https://www.deutschlandfunk.de/martin-niemoeller-und-die-freikorps-gegen-spartakus-100.html#:~:text=In%20seinen%20bereits%201934%20erschienenen%20Memoiren%20%E2%80%9EVom,Studenten%20in%20einer%20deutschnationalen%20Studentengruppe%20zu%20sammeln.

1966년 소련으로부터 레닌평화상을 수상했다. 서독 정부에 반대하는 의미로 동독 체제를 옹호하기도 했다. 1960년대 후반과 1970년대 내내 민주화 학생운동에 반대했다. 민주주의와 공화정은 독일 국민성에 어울리지 않으며 시기상조라고 생각했다. 벤야민 치만은 니묄러의 일대기를 다룬 책에 참으로 적절한 제목을 붙였다. 『마르틴 니묄러: 반골의 일생』.

때로는 너무나 못난 인간이 너무나 절실한 교훈을 입에 담기도 한다. 입의 더러움과 말의 고귀함. 과연 어디에서 끊어지고 어디에서 뒤섞일까. 비루한 인물이 고결한 진리를 입에 담는다면, 진리가 비천해지는가 아니면 인물이 고귀해지는가. 와전된 진실이라도 진실은 진실이다. 침묵을 깨고 용기 내어 연대하라는 말은 여전히 옳다.

4.

올해 열일곱 살 되는 아들이 품을 떠나 대학에 간다. 선량하고 다정하고 영특한 소년이다. 엄마가 해준 것이 없는데 스스로 잘 컸다. 킬리안에게 세상이 따뜻하고 밝았으면 좋겠다.

2026년 봄
독일 트리어에서

1권

제1장 남자와 여자

일곱 쌍의 부부

1. Friedrich Freksa, *Kapitän Ehrhardt*, p. 45.
2. Ibid., p. 45.
3. Ibid., p. 45.
4. Ibid., p. 347.
5. 결혼 전 호헨로에 공주였던 에어하르트 대위 부인에 대해서는 이하를 참고. "Moderne Geisel", Hartmut Plaas, *Wir klagen an*, pp. 127–130. 또한 반년간 징역형을 받았다는 사실에 대해서는 이하를 참고. "halben", Gumbel, *Verschwörer*, p. 85.
6. Charles Bloch, *Die SA und die Krise des NS–Regimes*, 1934, pp. 71–102, p. 163; Alfred Sohn–Rethel, *Ökonomie und Klassenstruktur des deutschen Faschismus: Aufzeichnungen und Analysen*, pp. 200–210.
7. Gerhard Roßbach, *Mein Weg durch die Zeit*, p. 176.

8. Ibid., p. 35 f.

9. Martin Niemöller, *Vom U-Boot zur Kanzel*, p. 148 f.

10. Ibid., p. 62.

11. Ibid., p. 116.

12. Ibid., p. 116 f.

13. Ibid., p. 157.

14. Rudolf Höß, *Kommandant in Auschwitz*. 회스는 1928년에 사면되었다. 회스의 비밀 재판 혐의에 대해서는 이하를 참고. H. und E. Hannover, *Politische Justiz 1918-1933*, p. 157 ff.; E. J. Gumbel, *Verschwörer*, p. 94 ff.; 또한 동일 저자의 *Verräter verfallen der Feme*, pp. 188-197; Rossbach, *Mein Weg durch die Zeit*, p. 196 ff.; Höß, *Kommandant in Auschwitz*, p. 36 ff. 무척 미화하여 서술했다.

15. Höß, *Kommandant in Ausschwitz*, p. 53.

16. Ernst von Salomon, *Die Geächteten*, p. 216 f.

17. Ibid., p. 481.

18. Ibid., p. 480; 또한 참고하라. Ewers, *Reiter in deutscher Nacht*, p. 419.

19. Paul von Lettow-Vorbeck, *Mein Leben*, p. 106.

20. Ibid., p. 114.

21. Ibid., p. 114 f.

22. Ibid., p. 172 f.

23. Ibid., p. 174.

24. Ibid., p. 199.

25. Ibid., p. 201.

26. Ibid., p. 266 f.

27. Manfred von Killinger, *Der Klabautermann*, p. 164.

28. Ibid., p. 189.

29. Ibid., p. 252.

30. Ibid., p. 263.

31. Ibid., p. 297.

32. Ibid., p. 310.

33. Ibid., p. 317 f.

34. 결혼에 대해서는 이하를 참고. Engelhardt, *Ritt nach Riga*, p. 59; Stadtier, *Als Anti-bolschewist 1918/19*, p. 7, 80, 165.("당신은 인내심이 훌륭해." 그가 아내에게 한 말이다.(p. 167) 임신한 몸으로 홀로 지내는 아내를 위로한답시고 자신의 영웅적 행위를 잔뜩 적어 보낸 편지에 덧붙인 말이다.); Buschbecker, *Wie*

1961년 8월 12일

거룩하고 자비하신 신께서 지난
8월 7일 나의 평생 동반자이자 사
랑받는 어머니, 할머니인

엘제 니묄러

(결혼 전 브레머)를 때이른 죽음으
로 우리로부터 거두어 가셨습니다.
또한 35년전 우리 가문에 시집와서
한 가족으로 지냈던

도라

도 함께 숨졌습니다.

마르틴 니묄러 박사
브리기테 요하네손(결혼 전 니묄러)
헤르만 니묄러
헤르타 폰 클레비츠(결혼 전 니묄러)
빌헬름 폰 클레비츠
얀 니묄러
이레네 니묄러(결혼 전 빈터)
마르틴 니묄러
캐테 빌트(결혼 전 브레머)
한스 슐츠
8명의 손자 손녀

Wir wissen aber, so unser irdisch
Haus dieser Hütte zerbrochen wird,
daß wir einen Bau haben, von Gott
erbauet, ein Haus, nicht mit Händen
gemacht, das ewig ist, im Himmel.

2. Korinther 5, 1

Der heilige und barmherzige Gott hat am 7. August meine
getreue Ehegefahrtin, unsere geliebte Mutter und Großmutter

Else Niemöller

geb. Bremer

durch einen schnellen Tod von uns gerufen.

Mit ihr starb unsere liebe

Dora

die seit 35 Jahren ein Glied unserer Familie gewesen ist.

D. Martin Niemöller
Brigitte Johannesson, geb. Niemöller
Hermann Niemöller
Hertha von Klewitz, geb. Niemöller
Wilhelm von Klewitz
Jan Niemöller
Irene Niemöller, geb. Winter
Martin Niemöller
Käthe Wild, geb. Bremer
Hans Schulz
acht Enkelkinder

Apenrade, Wiesbaden, Königswinter, Usingen, New Haven,
den 10. August 1961

Die Trauerfeier findet am Montag, dem 14. August 1961, um
14 Uhr in der Lutherkirche in Wiesbaden (Mosbacherstraße)
statt, die Beisetzung anschließend im engsten Kreise auf dem
Südfriedhof.

장례식은 1961년 8월 14일 월요일 오후 2시 비스바덴 루터교회
모스바허슈트라세에서 열립니다. 안장식은 남쪽 공동묘지에서 유
족들만 참석한 가운데 가족장으로 진행됩니다.

unser Gesetz es befahl, p. 395 f.; Volck, *Rebellen um Ehre*, p. 367 ff.; Henningsen, "Erkundungsvorstoß nach Radziwilischky", *SB*, p. 150.

역사적 맥락과 관련 사료

1. 이하를 참고. Günter Paulus, "Die soziale Struktur der Freikorps in den ersten Monaten nach der Novemberrevolution", *Zeitschrift für Geschichtswissenschaft*, 3. Jg., Heft 1, 1955; Erwin Könnemann, *Einwohnerwehren und Zeitfreiwilligenverbände*, 1971; Robert G. L. Waite, *Vanguard of Nazism. The Free Corps Movement in Postwar Germany 1918 – 1923*, p. 40 ff.

2. Gumbel, *Verschwörer*, p. 88, 100; Waite, *Vanguard of Nazism*, p. 192 ff.; Roegels, *Marsch auf Berlin*, p. 142.

3. Peter v. Heydebreck, *Wir Wehrwölfe*, p. 123 ff., 161 ff.

4. Ödon v. Horvath, *Sladek oder die schwarze Armee. Historie in drei Akten*, 1928년 출판 추정; Frankfurt 1974.

5. Martin Niemöller, *Vom U – Boot zur Kanzel*, p. 162.

6. E. J. Gumbel, *Vier Jahre politischer Mord*(1922); *Verschwörer*(1924); *Verräter verfallen der Feme*(1929).

7. 이들은 성대한 칭송을 받았다. 이하를 참고. F. W. Heinz, "Politische Attentate in Deutschland", *HoDA*, pp. 202 – 206. 또한 Heinz, *Die Nation greift an*, p. 129 ff.; "OC"에 대해서는 이하를 참고. Salomon, *Die Geächteten*, p. 253 ff.(다소 축소 서술하고 있다); Roegels, *Marsch auf Berlin*, p. 159 ff.(실제보다 과장해서 서술했다); Heinz, *Die Nation greift an*, p. 133 ff.; H. und E. Hannover, *Politische Justiz 1918 – 1933*, p. 118, 135 ff.; Gumbel, *Verschwörer*, p. 76 ff.; Waite, *Vanguard of Nazism*, p. 213 ff.; Ernst Posse, *Die politischen Kampfbünde Deutschlands*, Berlin 1930, p. 12 ff.; Maser, *Frühgeschichte der NSDAP*, p. 191.

8. Gabriele Krüger, *Die Brigade Ehrhardt*, p. 89; 유사한 기록은 이하를 참고. 저자 불명(Walter Mehring): *Naziführer sehen dich an: Eine anonyme Schrift von Pariser Emigranten*, 1934, p. 147 f.

9. 이하를 참고. von Selchow, *Hundert Tage aus meinem Leben*, p. 347; 이른바 "오르게시"에 대해서는 Heinz, *Politische Attentate*, p. 197; 그리고 *Die Nation greift an*, p. 114 ff.; Gumbel, *Verschwörer*, p. 141 ff.; Waite, *Vanguard of Nazism*, p. 201 f.

10. Niemöller, *Vom U – Boot zur Kanzel*, p. 148.

11. Maximilian Scheer, *Blut und Ehre*, p. 136 ff.

12. Salomon, *Die Geächteten*, pp. 284 – 290.

13. Arnolt Bronnen, *Roßbach*, p. 19; 또한 Salomon, *Die Geächteten*, p. 284 ff.; Heinz, *Politische Attentate*, p. 199 ff. 그리고 *Kämpfe im Dunkeln*, p. 119 f.; 또한 Volck, *Rebellen um Ehre*, p. 50. 눈 덮인 풍경을 곧 신나게 피로 물들이겠다는 표현도 등장한다.

14. 자세한 내용은 이하를 참고. Gumbel, *Verräter verfallen der Feme*, 또한 H. u. E. Hannover, *Politische Justiz 1918 – 1933*. 두 자료 모두 세부 사항은 다소 부정확하다.

15. 이하를 참고. Heinz, *Politische Attentate*, p. 200.

16. Waite, *Vanguard of Nazism*, p. 254 ff.

17. Franz Nord, "Der Krieg im Baltikum", *JKR*, p. 93.

18. Sohn – Rethel, *Ökonomie und Klassenstruktur*, p. 194.

19. 휠젠의 증언(Roden, *Deutsche Soldaten*, p. 113)과 뢰벤펠트의 증언(Ibid., p. 152 f.)에 따르면 자유군단 군인들은 1919년 8월 오버슐레지엔 파업, 1919년 6, 7월 베를린의 철도 노동자 파업을 진압하는 작전에 참가했다. 발터 폰 뤼트비츠 장군의 회고록『11월 혁명에 맞선 투쟁*Im Kampf gegen die Novemberrevolution*』p. 103의 내용에 따르면 1919년 후반의 상황은 이러했다. "내가 모시던 상관이 '기술 구호 활동단'을 만들었지만 도시 전체의 생존에 필수적인 기능을 지원하기에는 인력이 부족했다." 굼벨의 책『음모꾼*Verschwörer*』의 p. 140는 흥미로운 사실을 전한다. 바이에른 주정부의 민방위 위원회 회의록에서 에셔리히가 서명한 법령이 발견되었다. 에셔리히 조직이 민방위 기구를 합법적 허울로 쓰고 있었던 것이다. 기록은 이러했다. "정부 측 대표자가 법령에 '기술 구호 활동단'이라는 단어를 언급하지 않으려고 했다." "발트해 공략"과 "기술 구호 활동"이 종종 겹쳐 혼재했음을 알 수 있다. 또한 이하를 참고. Gumbel, *Verschwörer*, p. 140; Roegels, *Marsch auf Berlin*, p. 154.

20. 언어를 발화와 의미의 수준에서만 보면, 그저 모순을 지적하거나 불일치를 잡아내거나 혹은 "비이성적"이라고 트집 잡는 데 그친다. 그리하여 단순하게 폄하하는 수준의 "평가"만 하게 된다. 그러한 사례가 바로 카를 프륌이 에른스트 윙거에 대해 쓴 1974년의 학위 논문이다. 그의 글은 내용은 빈약하지만 제목만 거창한『20년대의 군국주의 문학(1918 – 1933)*Die Literatur des soldatischen Nationalismus der zwanziger Jahre(1918-1933)*』으로 출판되었다. 그는 "비판적 합리성"이란 입장을 표방하고 있지만 주장에 비해 내실은 보여주지 못한다. 프륌은 끊임없이 윙거를 비난하면서 "신비주의, 신플라톤주의, 혹은 마법에서 연원한 개념을 번갈아 사용하고 있다"고 말한다.(p. 307) 신비주의, 게다가 마법

이라니. 대체 무슨 소리인가? 설사 이 비판이 적절하다손 치더라도 그게 윙거를 해석하기에 적절한가?

프륌은 시종일관 자의적 개념을 사용한다. 그는 이른바 "공격 충동"의 방전 (p. 147)을 말하지만 도무지 의미가 불분명하다. 또한 윙거에게 "전쟁과 리비도적 연관"(p. 153)이 발견된다고 주장하지만 내용이 없다. "심리적 기제"를 말하지만 구체적으로 지목하지는 못한다.(p. 362) 프륌이 내세우는 "과학적" 이론은 오직 겉치레로 이용될 뿐이며 무의미하다. 이 점은 인용에서 더 명확하게 드러난다. 프로이트는 일찍이 『집단심리학과 자아분석』(1923)에서 군대를 "인위적 군중"이라고 설명한 바 있다. 프륌은 일단 프로이트의 개념을 차용해놓고서 두 문단 뒤에 "군사적 집단"이라고 명명한다.(p. 96) 이 중적 명칭 사용일까? 프륌은 윙거를 편리하게 선택 인용하고 있을 뿐 제대로 이해하지 못한다. 결국 자가당착에 빠진다. "사춘기적 갈망은 서른두 살에 이르도록 채워지질 않았다……."(p. 361) 모든 이념사적이고 비판 이데올로기적인 접근 방식은 실제 문제를 접하면 결국 딜레마에 처하고 만다. 언어의 정서성이 그렇다. 프륌과 덴클러가 공저한 에세이집 『제3제국 시기의 독일 문학』도 그러한 약점을 노정한다. H. Denkler, K. Prümm, *Die deutsche Literatur im Dritten Reich*, Stuttgart 1976. "비판적 합리성" 관점을 파시스트 현상의 인식에 굉장히 선택적으로 적용한다. 이러한 편협성은 연구 내내 지속된다. 연구자 자신이 "우월한" 문화를 견지한다는 확신을 전제로 깔고서 수행하는 "내재적" 언어 비평의 한계는 이하의 다른 저작들에서도 뚜렷이 드러난다. Storz / Sternberger / Süskind, *Aus dem Wörterbuch des Unmenschen*(1945); Cornelia Berning, *Die Sprache des Nationalsozialismus*(1961), 또한 이하의 연구에 대한 비판도 참고하길 바란다. K. Korn, *Sprache in der verwalteten Welt*(1962); V. Klemperer, *Die unbewältigte Sprache. LTI*(1967), Winckler, *Studie zur gesellschaftlichen Funktion faschistischer Sprache*, Frankfurt a. M. 1971, p. 17 ff., 111 ff.; 또한 빈클러의 한나 아렌트 비판도 참고할 만하다. H. Arendt, *Elemente und Ursprünge totalitärer Herrschaft*(1955)(『전체주의의 기원』, 박민애·이진우 옮김, 한길사, 2017), E. Seidel und I. Seidel－Slotty, *Sprachwandel im Dritten Reich: Eine Kritische Untersuchung faschistischer Einflüsse*(1961)도 주목할 만하다. 이들은 파시즘적 언어의 "정서적 특성"에 대해 부정적 입장을 견지하기 때문에 모순을 감당하지 못한다. "파시스트 선동가의 어리석음을 폭로한답시고 파시즘을 추종하는 군중이 멍청하다고 말해버린다."(p. 22) 그러나 빈클러 역시 어정쩡하면서도 엉뚱한 방식으로 자신의 연구를 결론짓는다. "모든 파시스트 이데올로기는 사회적 압제, 정치적 반동, 심리적 억압의 결과로 만들어진다고 볼 수 있다."(p. 11) 미진한 결론이다. 한편으로 그는 파시즘적 언어의 근원을 탐구하지 않는다. 파시즘적 언어가 개별 발화자에게 어떤 기능을 수행하는지 묻지 않는다. 그러니까 파시즘적 억압을 사회적 억압의 도구라고 환원하여 싸잡아버리는 엉뚱한 결론을 내리는 것이다. 이러면 본질적인 질문은 뒷전이 된다. 파시즘적 언어는 무의도적 주체가 목적 부합적으로 발화하는 것이 아니다. 오히려 자신의 존재를 말하려고 발화하는 것이다.
장 피에르 파예는 최근 독일어로 번역된 『전체주의의 언어*Totalitäte Sprachen*』(Frankfurt / Berlin 1977)에서 1920년대 독일의 연설을 연구 출발점으로 삼는다. 그러나 연구는 다른 방향으로 향한다. 그는 1920년대와 1930년대 초반 독일의 공론장에서 "국론"의 찬성 진영과 반대 진영의 언어가 서로 뒤얽히면서 닮아가는 과정을 추적한다. 결국 모든 정치적 언어는 나치당의 언어로 흘러들어가 합류한다. 그는 당시의 정치 조직, 정기 간행물, 서로 간의 논쟁과 교감, 언제 어디서 누가 무엇을 공표하고 숨겼는지의 문제를 자세히 추적했다. 그리하여 다양한 사람이 맞부딪쳐서 상호작용하는 이합집산의 역사 현장을 훌륭하게 그려냈다. 가장 흥미로운 것은 나치당 내 "좌파"와 독일공산당 내 "우파"의 교감이다. 또한 구국 혁명 세력과 구국 볼셰비키 세력의 역할도 흥미롭다. 그가 연구한 개별 사례가 역사적으로 정확한지를 확인하는 것은 시간이 오래 걸리는 일이라서 직접 하지 못했다. 또한 번역서 초판에는 인명 표기, 인용 출처 등에서 오류가 너무 많이 발견된다. 내 의견으로는 독일 울슈타인 출판사가 작업을 꼼꼼하게 챙기지 못했던 듯하다.
파예의 접근 방식은 내 방법론과 비슷하다. 그는 글을 쓰는 개인에게 주목하는 것이 아니라 정치적 중력장을 주목한다. 특정 언어가 특정 관계를 맺는 정치적 중력장에서는 특정한 입장만이 언어적으로 "수용 가능"해진다. 굳이 비유하자면 집단 망상이라는 개념이 작동 면에서 유사하다.
파예는 개별 작품에 대해서도 유사한 결론을 도출한다. 파시즘적 언어의 형성에 반부르주아 연대가 어떤 역할을 수행했는지(p. 566), 윙거 작품의 언어에서 폭력이 어떤 역할을 수행했는지(p. 602, 612 ff.), 혹은 1920년대에 정당보다 훨씬 더 중요했던 남성 연대의 역할(p. 616 ff.)은 어떠했는지를 탐구했다. 그가 보기에 남성 연대의 언어에서 중요한 것은 특정 내용이 아니라 "발성법"과 "속도감"이다. 나 역시 이 책 후반부에서 발화 "속도"의 특정한 촉구성을 지적했다. 파예는 "전체주의적 언어"에서는 특별한 "격앙됨"이 중요하다고 강조했는데, 이는 내 의견과 유사하다. 이를 다른 개념과 다른 출발점에서 분석해 이 책 제4장의 「자아 해체와 노동」 소단원에 수록했다.
파예의 저서는 "전체주의적 언어"에 대한 정확한 분석을 보여준다. 전체주의적 언어가 여론 및 정치 영역에 들어오면 이념 비판적 해석은 뒷전으로 밀려난다. 언어는 현실 구성적 힘을 발휘하면서 결과의 연쇄를 낳는다. 내가 연구하려는 것도 이러한 언어의 기원이다. 언어의 전제 조건은 꽉 뒤엉킨 역사적 결과의 연쇄다. 파예는 프룀과는 딴판으로 이를 통찰하고 있다.

1920년대 극우파 형성의 언어를 연구한 성과물 중에서 파예의 저작이 단연 최고라고 생각한다. 내가 연구하려는 것은 언어와 육체가 어떤 관련을 맺는가의 문제다. 파예는 언어와 역사가 어떤 관련을 맺는지, 언어와 행동 가능성이 어떤 관련을 맺는지를 연구의 중심으로 삼는다. 이런 측면에서 두 연구는 완전히 다르다. 어떠한 공통점과 어떠한 차이점이 있는지에 대해서는 나중에 기회가 되면 설명하도록 하겠다.

21. 이전 주석을 참고.

22. 이하 참고. Lutz Winckler, *Studien zur gesellschaftlichen Funktion faschistischer Sprache*, p. 31. 또한 이하를 참고. Werner Maser, *Hitlers Mein Kampf. Entstehung, Aufbau, Stil, Änderungen, Quellen, Quellenwert, kommentierte Auszüge*, München 1966, p. 26 ff.

23. Scheer, *Blut und Ehre*, p. 88; Gilbert, *Nürnberger Tagebuch*. 이 기록에 따르면 괴링은 중독 치료를 받은 후에야 전범 재판을 받을 수 있었다고 한다. 체포 당시 그는 여행 가방 두 개에 채운 아편성 마약 코데인을 지니고 있었다(p. 17, 또한 참고하라. p. 270, 345, 430). 또한 이하 참고. Speer, *Spandauer Tagebücher*, p. 284.

24. Waite, *Vanguard of Nazism*, p. 279, 51번 주석.

25. Salomon, *Der Fragebogen*, Reinbek, 1951, p. 352.

26. Niemöller, *Vom U-Boot zur Kanzel*, p. 180.

Robert G. L. Waite, *Vanguard of Nazism*. 이 책의 부록에는 자유군단의 활동에 대한 자세한 연구가 담겨 있다. 자유군단에서 활동하고 이후 나치당에서 임무를 수행했던 250명의 남성의 간략한 생애를 수록했다. 또한 이하도 참고. Maser, *Sturm auf die Republik. Frühgeschichte der NSDAP*, Frankfurt am Main 1981, p. 41. 따로 언급하지 않는 한, 이 대목의 모든 간략한 생애 정보는 이상의 자료에 근거하여 인용하도록 한다.

회고록 전통

1. 이 문제를 문학적 논증으로 끌어들이고 싶지는 않다. 관심 있는 독자는 현재 활발히 활동 중인 여성계와 논쟁하길 바란다.

2. Hans Blüher, *Die Rolle der Erotik in der männlichen Gesellschaft*, Jena 1917/19, p. 176, 178.

헤어짐

1. Rudolf Mann, *Mit Ehrhardt durch Deutschland*, p. 20, 22.
2. Bronnen, *Roßbach*, p. 114; 유사한 이야기가 이하에도 수록되어 있다. Schaper: "Freikorpsgeist – Annaberg", *RDS*, p. 165.
3. Tüdel Weller, *Peter Mönkemann*, p. 23.
4. Kurt Eggers, *Berg der Rebellen*, p. 134.
5. Franz Josef Freiherr von Steinaecker, *Mit der Eisernen Division im Baltenland*, p. 8; 헤어짐에 대해서는 이하를 참고하길 바란다. Koll, "Die Männer von Tirschtiegel", *SB*, p. 231; Franz Schauwecker, *Aufbruch der Nation*, p. 35, 40 – 42; Weller, *Mönkemann*, p. 16; Richter, *Freiwilliger Soltau*, p. 51 ff., 188; Stadtier, *Als Antibolschewist 1918 / 19*, p. 7.

신부들

1. Edwin Erich Dwinger, *Auf halbem Wege*, p. 209.
2. Weller, *Peter Mönkemann*, p. 359.
3. Dwinger, *Auf halbem Wege*, p. 209.
4. Thor Goote, *Kamerad Berthold*, p. 256, 261.
5. 또한 참고하라. Thor Goote, *Die Fahne hoch*, p. 291.
6. Dwinger, *Auf halbem Wege*, p. 530 f.
7. Ibid., p. 84.
8. Ibid., p. 419; "충격적일 정도로 많은 기혼 병사가 이미 이혼했거나 혹은 이혼 소송 중인 상태였다." 루돌프 만이 전하는 에어하르트 여단의 실태다. (Mit Ehrhardt durch Deutschland, p. 216.)
9. Dwinger, *Auf halbem Wege*, p 170.

탈현실화

1. Josef Goebbels, *Michael*, p. 16 f.(『미하엘』, 강명순 옮김, 메리백, 2017, p. 20). 괴벨스의 1923년작 소설이다. 자유군단 문학은 아니지만 전후 독일을 배경으로 "군인"이 주인공인 작품이다.
   "미하엘"은 올바른 사상을 위해 투쟁하는 군인이다. 국가주의자가 공화국 시대를 어떻게 견디며 살아갈 것인가를 고뇌한다. 이 소설은 흥미로운 역사적 자료다. 나치 독일의 선전부장이 될 자신의 미래를 미처 모르던 시절, 괴벨스가 지녔던 초기 파시즘의 모습을 보여준다.
2. Lettow – Vorbeck, *Mein Leben*, p. 101.
3. Salomon, "Hexenkessel Deutschland", *JKR*, p. 18.

손대지 말 것!

1. Mann, *Mit Ehrhardt durch Deutschland*, p. 79.
2. Ibid., p. 79.
3. Hans Fischer, "Die Räteherrschaft in München", *JKR*, p. 161.
4. Salomon, *Die Geächteten*, p. 149.
5. Ernst Jünger, *Der Kampf als inneres Erlebnis*, p. 67.
6. Ibid., p. 69.
7. Brecht, "Flüchtlingsgespräche", *GW*, vol. 14, p. 1486.
8. Jünger, *Der Kampf als inneres Erlebnis*, p. 69.
9. Thor Goote, *Kamerad Berthold, der unvergleichliche Franke. Bild eines deutschen Soldaten*, Braunschweig, Berlin, Hamburg 1935, p. 174 f.

환영

1. Erich Balla, *Landsknechte wurden wir*, p. 108 f.
2. Ibid., p. 109.
3. Franz Schauwecker, *Aufbruch der Nation*, p. 334.
4. Ibid., p. 337 f.
5. Ibid., p. 338 f.
6. 비슷한 시각은 이하를 참고. Ekkehard, *Sturmgeschlecht*, p. 188 ff.; Buschbecker, *Wie unser Gesetz es befahl*, p. 52; Ettighoffer, *Wo bist du, Kamerad*, p. 335.

오점 지우기

1. Lettow–Vorbeck, *Mein Leben*, p. 116.
2. Ibid., p. 117.
3. Freksa, *Kapitän Ehrhardt*, p. 42.
4. Ibid., p. 26 f.
5. Lettow–Vorbeck, *Mein Leben*, p. 180.
6. Dwinger, *Auf halbem Wege*, p. 353
7. Ibid., p. 381 f.
8. Killinger, *Klabautermann*, p. 42 f.
9. Heydebreck, *Wehrwölfe*, p. 32.
10. Schauwecker, *Aufbruch der Nation*, p. 220.

방어 방식

1. 유사한 방식은 다음과 같다. Schauwecker, *Aufbruch der Nation*, p. 179; Killinger, *Das waren Kerle*, p. 19; Gilbert, *Landsknechte*, p. 48; Delmar, *Französische Frauen*, p. 182; Eggers, *Berg der Rebellen*, p. 19; Jünger, *Der Kampf als inneres Erlebnis*, p. 34; Engelhardt, *Ritt nach Riga*, p. 27; Buschbecker, *Wie unser Gesetz es befahl*, p. 8, 14; Goote, *Wir fahren den Tod*, p. 103 f.; Ewers, *Kriegslieder*, p. 16; Bochow, *Soldaten ohne Befehl*, p. 198 f.
2. Ewers, *Reiter in deutscher Nacht*, p. 55; 또한 참고하라. Heinz, *Sprengstoff*, p. 54; Goote, *Wir tragen das Leben*, p. 262.

병사들이 사랑한 것

1. Dwinger, *Auf halbem Wege*, p. 308 f.
2. Ibid., p. 37.
3. Dwinger, *Die letzten Reiter*, p. 425.
4. Dwinger, *Auf halbem Wege*, p. 308 f.
5. Ibid., p. 41.

쉬어가기: "동성애"라는 문제, 그리고 향후 연구 원칙

1. Wilhelm Reich, *Funktion des Orgasmus*, p. 168(『오르가즘의 기능』, 윤수종 옮김, 그린비, 2005).
2. Freud, *Massenpsychologie und Ich – Analyse*(1921), *GW XIII*, p. 159(『문명 속의 불만』, pp. 166 – 167).
3. Adorno, *Minima Moralia*, p. 52.
4. Brecht, *Arbeitsjournal*, p. 236.
5. Ibid., p. 279.
6. Etwa Odo Marquard, *Schwierigkeiten mit der Geschichtsphilosophie*, Frankfurt a. M. 1973.
7. 라이히는 이렇게 강조한다. "정서는 충동의 표현이다. 무의식의 핵심 및 구체적 특성은 충동으로 이루어져 있다." (*Funktion des Orgasmus*, p. 94.) 상징 분석보다는 정서 분석이 "무의식"에 이르는 더 효과적인 방법이라는 것이 라이히의 입장이다.

병사들이 사랑한 것(……계속)

1. Höß, *Kommandant in Auschwitz*, p. 24.

2. Ibid., p. 133.

3. 킬링거가 쓴 자서전(바다도깨비의 이야기)의 헌사는 비교적 간단하다. "나의 용감한 아내에게 바친다." 이름은 여전히 없다.

4. Niemöller, *Vom U – Boot zur Kanzel*, p. 200.

5. Freksa, *Kapitän Ehrhardt*, p. 7; 무기에 대한 사랑은 이하를 참고. Maercker, *Vom Kaiserheer zur Reichswehr*, p. 170.

6. Salomon, *Die Geächteten*, p. 401.

7. Lettow – Vorbeck, *Mein Leben*, p. 274.

8. Ludwig F. Gengler, *Rudolf Berthold*, p. 104. 베르톨트의 일기 대부분이 수록되어 있다.

9. Roden, *Deutsche Soldaten*, p. 146.

10. Von Killinger, *Kampf um Oberschlesien*, p. 123.

11. Ferdinand Crasemann, *Freikorps Maercker*, p. 9.

12. Salomon, *Die Kadetten*, p. 49.

13. Walter Frank, *Franz Ritter von Epp. Der Weg eines deutschen Soldaten*, p. 48.

14. Rüdiger von der Goltz, *Meine Sendung in Finnland und im Baltikum*, p. 16.

15. Dwinger, *Auf halbem Wege*, p. 308; 또한 Höß, *Kommandant in Auschwitz*, p. 69

16. Jünger, *Kampf als inneres Erlebnis*, p. 61.

17. Dwinger, *Auf halbem Wege*, p. 538.

18. Jünger, *Kampf als inneres Erlebnis*, p. 12.

19. Freksa, *Kapitän Ehrhardt*, p. 142.

20. Mann, *Mit Ehrhardt durch Deutschland*, p. 11.

21. Heinz Schauwecker, "Freikorps von Epp", *HoDA*, p. 162.

22. Mahnken, "Gegenstoß im Westen 1919", *RDS*, p. 59.

23. Höß, *Kommandant in Auschwitz*, p. 74.

24. Gengler, *Rudolf Berthold*, p. 41.

25. 앞으로 보게 되겠지만, 특정 여성들이 대상관계에 맞서는 방어기제로 쓰이기도 한다.

26. Goote, *Kamerad Berthold*, p. 337.

27. 또한 Goote, *Wir tragen das Leben*, p. 57 ff., 184.

28. Dwinger, *Auf halbem Wege*, p. 464.

공격자로서의 여성

1. Jünger, *Kampf als inneres Erlebnis*, p. 16.
2. Waite, *Vanguard of Nazism*, Appendix.
3. Heinz, "Die Freikorps retten Oberschlesien", *HoDA*, p. 81.
4. von Selchow, *Hundert Tage aus meinem Leben*, p. 35 f. 젤초프는 『독일 지도층 편람 1934 / 35 Das Deutsche Führerlexikon 1934 / 35』(Berlin 1934)에 "역사철학자"로 기재되어 있다. 그에게는 원대한 계획이 있었다. 편람에는 이렇게 되어 있다. "1919년에 학생이 되었고 1920년 3월에는 마르부르크 우익 학도 군단의 지도자가 되었으며 튀링겐 공산주의자 반란을 진압했다. 자유군단을 동원해 15명을 살해한 혐의로 기소되었으나 변호사 뤼트게브루네 박사와 함께 2년간 법정 투쟁을 벌인 끝에 풀려났다. 튀링겐에서 현장에 복귀한 후 독일 서부에서 오르게시 조직을 지휘했다. 그 후 1933년까지 10년간 은둔하며 역사철학서를 집필해 신독일 건설을 위한 정신적 기초 작업을 마련했다."(p. 54) 이후 별다른 행적은 없는 듯하다.

    젤초프가 튀링겐에서 벌인 활약은 대부분 과장된 듯하다. 탈 지역의 노동자 15명을 살해한 혐의로 재판을 받은 기록은 이하를 참고하길 바란다. Henning Duderstadt, *Der Schrei nach dem Recht*, Marburg 1920.
5. Salomon, *Die Geächteten*, p. 39 f.
6. Ibid., p. 180, 184 f.
7. Weller, *Peter Mönkemann*, p. 125.
8. Dwinger, *Auf halbem Wege*, p. 432 f.
9. Ibid., p. 204.
10. Goote, *Kamerad Berthold*, p. 353.
11. Ibid., p. 354.
12. Hans Zöberlein, *Der Befehl des Gewissens*, p. 892 f.
13. Salomon, *Die Geächteten*, p. 51.
14. Maximilian Delmar, *Französische Frauen*, p. 114; 델마르의 책은 예외적인 경우다. 그는 자유군단의 일원이 아니었고 독일 "전후" 시기에 대해 쓰지도 않았다. 하지만 독일 제국 육군 소령으로서는 드물게 여자에 대해 글을 썼다. 예외적인 사례지만 기피하지 않고 인용 출처로 활용하기로 했다. 그의 여성관은 다른 작가들과 기본적으로는 동일하다. 다른 작가들은 좀더 은폐적이지만 델마르는 숨김이 없는 편이라는 점에서 차이가 있다.
15. 유사한 묘사를 이하에서 찾을 수 있다. Maercker, *Vom Kaiserheer zur Reichswehr*, p. 119, 138, 143 f., 151; Salomon, *Putsch und Verschwörung*, p. 25; 또한 "Hexenkessel Deutschland", *JKR*, p. 22 f.; Mahnken, "Kampf

der Batterie Hasenclever", *RDS*, p. 138; Nord, "Krieg im Baltikum", *JKR*, p. 74; Wittmann, *Erinnerungen der Eisernen Schar Berthold*, p. 146; Günther, "Hamburg", *JKR*, p. 45 f.; Weller, *Peter Mönkemann*, p. 83; Iger, *Spartakustage*, p. 15; Zöberlein, *Befehl des Gewissens*, p. 673; W. Frank, *Franz Ritter von Epp*, p. 68; Delmar, *Französische Frauen*, p. 133 ff.; Heinz, *Die Nation greift an*, p. 32; Kohlhaas, *Der Häuptling und die Republik*, p. 213; Müller, *Soldat und Vaterland*, p. 22; Ettighoffer, *Revolver über der Stadt*, p. 65; Rodermund, "Rote Armee an Rhein und Ruhr", *HoDA*, p. 103 f.; Seitz, "Die Eiserne Schar Berthold in Hamburg", *SB*, p. 356 f.; 또한 참고하라. Theodore Abel, *Why Hitler Came to Power*, p. 98.

16. Delmar, *Französische Frauen*, p.133.

17. Hartmann, "Erinnerungen aus den Kämpfen der baltischen Landeswehr", *JKR*, p. 119.

18. Delmar, *Französische Frauen*, p. 126.

19. Goote, *Kamerad Berthold*, p. 126 f.

20. Heinz, *Die Nation greift an*, p. 32; 또한 Salomon, *SB*, p.44; Günther, "Hamburg", *JKR*, p. 45.

21. Delmar, *Französische Frauen*, p. 153.

22. Ottwald, *Ruhe und Ordnung*, p. 107.

23. Zöberlein, *Befehl des Gewissens*, p. 171.

총잡이 빨갱이 년, 거세하는 여자

1. Dwinger, *Auf halbem Wege*, pp. 557 – 562.

2. Ibid., p. 566.

3. 또한 참고하라. Heinz Schauwecker, "Der Kampf der Gruppe Epp", *SB*, p. 115.

4. Kölnische Zeitung, Nr. 299, 27.3.1920, 이하 문헌에서 재인용. Lucas, *Märzrevolution 1920*, Bd. 2, p. 186 f.

5. F. W. von Oertzen, *Die deutschen Freikorps 1918 – 1920*, p. 303.

6. 몇 가지 사례를 들어본다. 카타리나 핀트는 1920년 4월 2일 펠쿰에서 에프 연대에게 총살당했다. 집행 사유서 기록은 이렇게 되어 있다. "펠쿰에 거주 하는 여성이 현장에서 즉결 처형되었다. 속치마에 권총을 꿰매어 숨겼다가 발각되었다. '이 사유는 맹세컨대 명백한 허위 사실이다.'" *Volksstimme für Westfalen und Lippe. Organ der Unabhängigen Sozialdemokratischen Partei*, Hagen, 3. Jg. 16. April 1920; 또한 *Bergische Arbeitertimme*.

Organ für das arbeitende Volk des Kreises Solingen, 31. Jg. 19. April 1920; Gumbel, *Vier Jahre politischer Mord*, p. 61: "……스타킹 속에 권총을 숨겼다는 이유로 처형당했다.""적십자 간호부 열 명을 즉결 처분으로 총살했다. 모두 권총을 지니고 있었다." 에프 여단 소속이었던 상급 보병 막스 첼러의 편지글이다. 1920년 4월 2일 드레스덴의 예비군 병원에서 있었던 일이다. Erwin Brauer, *Der Ruhraufstand von 1920*, Berlin 1920, p. 94; Otto Hennicke, *Die Rote Ruhrarmee*, Berlin (Ost) 1956; 이러한 수많은 사례가 여러 곳에서 발견된다. 이 책의 186쪽을 참고하길 바란다.

뢰벤펠트 해군 여단은 슐레지엔에서 부대 이동한 후 1920년 3월 26일 라스펠트에서 처음으로 "적과 접촉"하게 되었다. 군사 소식지에 기사가 수록되어 있다. 「라스펠트에서 겪은 곤경Wie in Raesfeld gehaust wurde」이다. *Westfälischer Merkur*, Münster, 99. Jg., 3. April 1920: "우리 부대가 이미 주둔하고 있는데 차량 한 대가 질주해 들어왔다. 측면에는 포대 자루를 가득 싣고 적십자 간호부들(갈보들)을 태우고 있었다. 그런데 차량 바닥에 기관총이 있었던지 폭음이 나기 시작했다. 그러니 당연하게 재빨리 즉결 심판을 해서 진상을 밝혔다. 이른바 '간호부'라는 여자들은 다양한 독약을 지니고 있었다……." 이것이 "치마 속에 숨긴 무기"의 여러 변형 사례 중 하나다. 혹시 간호부가 지닌 의약품을 무기라고 간주했을까? 동일한 사건을 다르게 설명한 사례가 여럿 있다. 뢰벤펠트 해군 여단의 참모부, 울리히 폰 보제 등의 증언을 이후에 소개하겠다. 그들은 "숨겨진 독약" 이야기는 안 했다.

7. Goote, *Kamerad Berthold*, p. 286.

8. Ibid., p.297. 유사한 장면들이 이하에 언급된다. Ihno Meyer, *Das Jägerbatallion der Eisernen Division im Kampf gegen den Bolschewismus*, p. 40 f.; Wagener, *Von der Heimat geächtet*, p. 29; Dwinger, *Die letzten Reiter*, p. 344; Salomon, *Die Geächteten*, p. 130 ff., 또한 이하에도 기록되어 있다. *JKR*, p. 109 f.; 또한 참고하라. Johannes Zobel, *Zwischen Krieg und Frieden*, p. 95; Volck, *Rebellen um Ehre*, p. 61; Bochow, *Soldaten ohne Befehl*, p. 63; Schricker, *Blut, Erz und Kohle*, p. 56; Brandis, *Baltikumer*, p. 175 f.

9. Dwinger, *Die letzten Reiter*, p. 72.

10. 몇몇 사례를 소개한다. Balla, *Landsknechte wurden wir*의 율리에테; Gilbert, *Landsknechte*의 울리카, 그리고 나타샤; Weller, *Peter Mönkemann*의 일제 코르넬리우스 "공주"; Goebbels, *Michael*의 헤르타 홀크; Schauwecker, *Aufbruch der Nation*의 게르타; Buschbecker, *Wie unser Gesetz es befahl*의 "폴린"(이름 자체가 폴란드녀라는 뜻이다.) 이들 모두

는 결국 죽거나, 사랑했던 남자를 배반하거나, 혹은 다른 남자와 놀아나는 여자들이다. Götz Stoffregen, *Vaterland*에 나오는 미모의 기네마리아는 예외다. 그녀는 적당히 에로틱하면서도 절개가 있었다. 그녀는 살아남지만 그녀의 애인 에셴호프 소위는 죽는다. 그녀에게 결혼을 약속한 직후 그는 총을 맞고 사망한다. 그녀는 과부가 된다.

11. Zöberlein, *Befehl des Gewissens*, p. 171 f.

12. E. F. Berendt, *Soldaten der Freiheit*, p. 89; 훗날 괴벨스가 여기에 덧붙인 말이 무척이나 흥미롭다. 1945년 3월 1일 일기에 이렇게 쓴다. "두 번째 국민 돌격대 동원 명령을 내려야 한다. 그리고 필요하다면 여성 대대도 조직해야 한다." 3월 5일에는 이렇게 쓴다. "총통께서도 우리가 베를린에 여성 대대를 조직해야 한다고 생각하신다. 최근 수많은 여성이 최전방에 자원하고 있다. 총통께서도 자원하는 여성 병력이라면 치열하게 전투할 것임을 의심하지 않으신다. 여성 병력은 제2선에 배치하는 게 좋겠다. 그래야 남자 병사들의 후퇴하고 싶은 마음이 사라질 것이다." Joseph Goebbels, *Tagebücher 1945. Die letzten Aufzeichnungen*, Hamburg, 1977.

13. Dwinger, *Die letzten Reiter*, p. 129; Schramm, *Rote Tage*. 이 작품에는 자신들은 자연에 반하는 본성을 지녔다는 이유로 고민하다가 신경안정제 음독 자살을 시도하는 두 명의 레즈비언 여성이 등장한다.; "Die Eroberung Tuckums", *SB*, p. 156. 발트해 연안 방위군의 지휘관이었던 플레처 소령 이야기에도 총잡이 여성들이 등장한다.; Lautenbacher, *Widerstand im roten München*, p. 106; Balla, *Landsknechte wurden wir*, p. 70; Meyer, *Das Jägerbataillon der Eisernen Division……*, p. 18; Steinaecker, *Mit der Eisernen Division im Baltenland*, p. 32; Erbt, *Der Narr von Kreyingen*, p. 229 ff.; Nord, "Der Krieg im Baltikum", *JKR*, p. 74; Richter, *Freiwilliger Soltau*, p. 83; Engelhardt, *Der Ritt nach Riga*, p. 56; Brandis, *Baltikumer*, p. 74, 77, 174 f.; Volck, *Rebellen um Ehre*, p. 96; Erich Czech－Jochberg, *Im Osten Feuer*, p. 116; Kohlhaas, "Männer und Sicherheitskompanien 1918／19", *SB*, p.112; Dwinger, *Die letzten Reiter*, p. 73, 107; Stenbock－Fermor, *Freiwilliger Stenbock*, p. 113, 117 ff.

14. *Illustrierte Geschichte der deutschen Revolution*, p. 236.

15. Ekkehard, *Sturmgeschlecht*, p. 12, 14－19.

16. Roheim, "Aphrodite oder die Frau mit einem Penis", *Die Panik der Götter*, pp. 228－264.

17. Elias Canetti, *Masse und Macht*, p. 436; 이하 역시 참고하라. Thomas Szasz, *Die Fabrikation des Wahnsinns*, pp. 114－196;

Barbara Ehrenreich /Deidre English, *Hexen, Hebammen und Krankenschwestern*, p. 15 ff(『우리는 원래 간호사가 아닌 마녀였다』, 김서은 옮김, 라까니언, 2023).

18. Brecht, *Arbeitsjournal 1938 – 1942*, p. 161; 브레히트가 염두에 둔 벤야민의 글은 다음과 같다. "Geschichtsphilosophischen Thesen", Benjamin, *Illuminationen*, p. 272.

붉은 간호부

1. E. Lucas, *Märzrevolution 1920*, Bd. 3, 이 내용은 p. 82에서 인용했다.
2. Ibid., p. 83.
3. *RDS*, p. 139.
4. 해당 부대의 군사 지역 사령부 소식지는 이하에 수록되어 있다. *Staatsarchiv Münster*, Büro Kölpien, Akte: Nachrichten des Generalkommandos des VII. Armeekorps.
5. "Freikorps Epp bei Pelkum", 작자 미상, *SB*, p. 403.
6. Adolf Schulz, *Ein Freikorps im Industriegebiet*, p. 35.
7. Rodermund, "Rote Armee an Rhein und Ruhr", *HoDA*, p. 104.
8. Hans Schwarz van Berk, "Rote Armee an der Ruhr", *JKR*, p. 211; 또한 이하와 비교. v. Oertzen, *Die deutschen Freikorps 1918 – 1920*, p. 273; 판 베르크는 괴벨의 기관지 『공격Angriff』의 책임편집장을 두 번 연임했다. 또한 참고하라. J. P. Faye, *Totalitäre Sprachen*, Frankfurt /Berlin 1977, p. 583.
9. von Oertzen, *Die deutschen Freikorps 1918 – 1920*, p. 411.
10. Adolf Schmalix, *Gerechtigkeit für Kapitän Ehrhardt*, Leipzig, o. J., p. 22.

쥐텐 성채: 신화가 살아 있는 곳

1. van Berk, "Rote Armee an der Ruhr", *JKR*, p. 213 f.
2. Hauptmann Schneider, "Vandalen", *Berliner Tag*, 재인쇄 출판. *Buersche Zeitung* vom 8. 4. 1920.
3. Von Steinaecker, *Mit der Eisernen Division im Baltenland*, p. 31; dgl. Eggers, *Berg der Rebellen*, p. 159.
4. Freud, *Traumdeutung*, *GW II /III*, p. 359; ders., *Vorlesungen zur Einführung in die Psychoanalyse*, *GW XI*, p. 154 ff., 특히 p. 165를 참고하라.
5. Dwinger, *Die letzten Reiter*, p. 72.
6. Hartmann, "Erinnerungen aus den Kämpfen der baltischen

Landeswehr", *JKR*, p. 135 f.; "쥐텐 성채"와 유사한 묘사 사례는 이하를 참고. von Killinger, *Der Kampf um OS*, p. 60 f., 또한 동일 작가의 *Die SA*, p. 77; Plehwe, *Im Kampf gegen die Bolschewisten*, p. 11; Heinz, *Sprengstoff*, p. 34; Herzog, *Kameraden*, p. 244; von Steinaecker, *Mit der Eisernen Division im Baltenland*, p. 29.

7. M. Rohrwasser, *Saubere Mädel, starke Genossen*, 특히 p. 79 ff.
8. 이하에 명쾌하게 설명되어 있다. A. Sohn-Rethel, *Ökonomie und Klassenstruktur des deutschen Faschismus*, Frankfurt a. M. 1973.
9. 특정한 "주요" 이론만 염두에 두고서 파시즘을 다루는 것은 바람직하지 못하다. 접근 방법의 다양성이 곧 "다원주의"는 아니다.
10. "정신증"에서 "퇴행"이 어떤 역할을 하고 있는지는 이 책의 잠정 결론 부분에서 다루기로 하겠다.
11. Freud, *Bemerkungen über einen Fall von Zwangsneurose*, *GW VII*, p. 423(『늑대 인간』, 김명희 옮김, 열린책들, 2020, p. 58).

쥐텐 성채의 백작 부인, 순백의 간호부

1. Dwinger, *Die letzten Reiter*, p. 103.
2. Hauptmann Schneider, *Buersche Zeitung*, 8. 4. 1920.
3. Lucas, *Märzrevolution*, Bd. 1, p. 284 ff.
4. Rodermund, "Rote Armee an Rhein und Ruhr", *HoDA*, p. 107.
5. Dwinger, *Auf halbem Wege*, pp. 458–460.
6. Dwinger, *Die letzten Reiter*, p. 134 f.
7. Ibid., p. 140.
8. Ibid., p. 137.
9. Ibid., p. 180.
10. Ibid., p. 248.
11. *Buersche Zeitung*, 4. 5. 1920.
12. T. (d. i. Heinrich Teuber), "Zwei Urteile", *Sozialistische Politik und Wirtschaft*, Berlin, 10. Juni 1926.
13. Dwinger, *Die letzten Reiter*, p. 445 f.
14. Ibid., p. 450.
15. Dwinger, *Auf halbem Wege*, p. 458.
16. 이하를 참고. Lucas, *Märzrevolution*, Bd. 1, p. 284 ff. 그리고 Marchwitza, *Sturm auf Essen*, Berlin 1934, p. 158 ff.

어머니들

1. Ernst Röhm, *Die Geschichte eines Hochverräters*, p. 14.
2. Heydebreck, *Wehrwölfe*, p. 7 f.
3. Lettow－Vorbeck, *Mein Leben*, p. 18.
4. Höß, *Kommandant in Auschwitz*, p. 34.
5. Freksa, *Kapitän Ehrhardt*, p. 9.
6. Ibid., p. 25 f.
7. Killinger, *Klabautermann*, p. 57, 또한 p. 29; 더 많은 어머니의 사례는 이하를 참고. Goebbels, *Michael*, p. 12.
8. Delmar, *Französische Frauen*, p. 200.
9. Niemöller, *Vom U－Boot zur Kanzel*, p. 144 f.
10. Lettow－Vorbeck, *Mein Leben*, p. 58 f.
11. v. d. Goltz, *Meine Sendung in Finnland und im Baltikum*, p. 193.
12. Ewers, *Reiter in deutscher Nacht*, p. 48; 강철 같은 어머니상은 이하를 참고. Ettighoffer, *Wo bist Du, Kamerad*, p. 20, 74, 325.
13. F. Schauwecker, *Aufbruch der Nation*, p. 17, Ernst Jünger, *Feuer und Blut*, p. 109, 두 작품은 예외다. 자기 자신의 어머니를 노골적으로 칭송한다.
14. Lettow－Vorbeck, *Mein Leben*, p. 179 f.
15. 또한 참고하라. Ewers, *Kriegslieder*, p. 19 ff.
16. Salomon, *Die Geächteten*, p. 446.
17. Dwinger, *Die letzten Reiter*, p. 444 f.
18. Rudolf Herzog, *Wieland der Schmied*, p. 49.
19. Ibid., p. 348 f.
20. "황제가 죽었어야 했다"는 발언은 이하를 참고. Jünger, *Kampf als inneres Erlebnis*, p. 52; Bronnen, *Roßbach*, p. 81; Roßbach, *Mein Weg durch die Zeit*, p. 52 f; Hotzel, Offizier 18, *HoDA*, p. 24; Goote, *Kamerad Berthold*, pp. 237－241; Crasemann, *Freikorps Maercker*, p. 10.

누이들

1. Goote, *Kamerad Berthold*, pp. 127－129.
2. Ibid., p. 303 f.
3. Killinger, *Klabautermann*, p. 109 f.
4. Ewers, *Reiter in deutscher Nacht*, p. 55.
5. Ibid., p. 187.
6. Ibid., pp. 389－395.

7.   Ibid., p. 286.

8.   Ibid., p. 283 f., 290.

9.   Ibid., p. 46 f.

10. Ibid., p. 176.

11. Ibid., p. 184 – 187.

12. Ibid., p. 176 또한 p. 209.

13. Ibid., p. 255.

14. Ibid., p. 259.

15. Ibid., p. 301.

16. Ibid., p. 308.

17. Ibid., p. 371.

18. Ibid., p. 318 ff.

19. Ibid., p. 375.

20. Ibid., pp. 380 – 383.

21. Ibid., p. 378.

22. Ibid., p. 391.

23. Ibid., pp. 420 – 424.

24. Ibid., p. 431 ff.

25. Ibid., p. 429.

26. Ibid., p. 434.

27. Ibid., p. 444 f.

28. Ibid., p. 447.

29. Ibid., p. 464.

30. Ibid., p. 470.

혼인, 동지의 누이들

1.   Heydebreck, *Wehrwölfe*, p. 16; "동료의 누이"에 대해서는 이하를 참고. Ekkehard, *Sturmgeschlecht*, p. 34 ff.; Richter, *Freiwilliger Soltau*, p. 51 ff., 38; Gilbert, *Landsknechte*, 여기에는 거의 형제처럼 가까운 사촌끼리의 결혼이 언급된다. p. 209; 에베르스의 소설에도 유사하게 작동하는 관계가 등장한다. 란비츠는 동료인 숄츠에게 누이와 결혼해도 좋겠냐고 묻는다. 캐테에게 직접 청혼할 수 있는데도 말이다.(*Reiter in deutscher Nacht*, p. 115). 캐테 숄츠의 첫 약혼자였으나 전사한 남자 역시 맏오빠 파울의 최전방 전우였다.(p. 46, 115) 에베르스의 전쟁 전 소설 『사탄의 사과*Alraune*』에도 이런 주제가 반복적으로 등장한다. 챕터마다 반드시 나온다.

2. 또한 참고하라. Zöberlein, *Befehl des Gewissens*, p. 256, 616; W. Frank, *Epp*, p. 69; Krumbach, *Epp*, p. 54; Weigand, *Rote Flut*, p. 427; Schauwecker, *Aufbruch der Nation*, p. 60; Wittmann, *Erinnerungen der Eisernen Schar*, pp. 147 – 150.

3. Goote, *Wir tragen das Leben*, p. 31; 카린 브란트의 죽음은 전작에서도 등장한다. *Wir fahren den Tod*, p. 389, 여동생 로레에 대해서도 짧게 언급된다.

등불을 든 여인

1. Schauwecker, *Aufbruch der Nation*, p. 129.
2. Ibid., p. 132.
3. 참고. Goote, *Kamerad Berthold*, p. 84; 또한 Kohlhaas, *Der Häuptling und die Republik*, p. 111.
4. Jünger, *In Stahlgewittern*, p. 247 f.
5. 간호부에 대한 여러 증언을 참고하길 바란다. 또한 에스터 간호부와 페어잘처 의사 선생님에 대한 노래도 채록되어 있다. LP, *Purzelbäume* von G. Kreisler, Preiser Records, EMI 1975, 1 C 062 – 30234.
6. 이하에 잘 묘사되어 있다. Schauwecker, *Aufbruch der Nation*, p. 129.
7. Goote, *Wir tragen das Leben*, p. 107.
8. Ibid., pp. 106 – 111, p. 121.
9. von der Goltz, *Meine Sendung*, p. 298; "순백의 간호부"에 대한 더 많은 사례는 이하를 참고. Weller, *Peter Mönkemann*, p. 153; Eggers, *Berg der Rebellen*, p. 165, 162, 176 f.; Ewers, *Reiter*, p. 9, 228; Herzog, *Kameraden*, p. 354, 373; Wrangell, *Geschichte des Baltenregiments*, p. 73; Richter, *Freiwilliger Soltau*, p. 88; Engelhardt, *Ritt nach Riga*, p. 143; Brandis, *Baltikumer*, p. 132; Kohlhaas, *Der Häuptling*, p. 104.
10. Bischoff, *Die letzte Front*, p. 113.
11. Ehrenreich / English, *Hexen, Hebammen und Krankenschwestern*, pp. 17 – 26.(『우리는 원래 간호사가 아닌 마녀였다』, 김서은 옮김, 라까니언, 2023, pp. 63 – 72) 또한 Thomas Szasz, "Die Hexe als Heilerin", *Die Fabrikation des Wahnsinns*.
12. Ehrenreich / English, p. 48. (같은 책, p. 111.)
13. Ibid., p. 44 ff.(같은 책, p.104); 또한 플로렌스 나이팅게일의 전기 참고. Cecil Woodham – Smith, *Florence Nightingale*, Smith McGraw Hill, 1951.
14. Ehrenreich / English, p. 45. (같은 책, p.106.)
15. Ibid., p. 46. (같은 책, p. 108.)

몇몇 사례. Erika von Babo, *Aus dem Kriegstagebuch einer badischen Schwester*, Karlsruhe 1918; Rosa Barth, *Aus dem Heldenleben einer Diakonisse*, Stuttgart 1915; Marie Luise Becker, *Frau hinter der Front*, 소설, Berlin 1934; Mary Bohny, *Nächstenliebe im Weltenbrand*, Heidelberg 1934; Dora Brooke, *Kriegserlebnisse der Kaiserswerther Diakonissen in Alexandrien*, Kaiserswerth 1916; Enrica von Handel–Mazzetti, *Unter dem österreichischen Roten Kreuz*, Regensburg o. J.; Anna Katterfeld, *Engel von Sibirien. Aus dem Leben Elsa Brandströms*, Wuppertal 1940; Ulrike Garbe, *Frauenschicksal*, darin: Elsa Brandström(pp. 234–242), Stuttgart 1939; Schwester Magdalene von Walsleben, *Die deutsche Schwester in Sibirien*, Berlin 1919; 그 외 다수.

16. Höß, *Kommandant in Auschwitz*, p. 32 f.

프롤레타리아 계급의 현실, 프롤레타리아 여자와 좌파 남자들, 투사된 이미지의 실상

1. Alexander Stenbock–Fermor, *Meine Erlebnisse als Bergarbeiter*, pp. 80–83.
2. Erhard Lucas, *Zwei Formen von Radikalismus in der deutschen Arbeiterbewegung*, p. 73 f.
3. Ibid., pp. 70–76.
4. Stenbock–Fermor, *Meine Erlebnisse*, pp. 102–129.
5. Georg Werner, *Ein Kumpel*, p. 69; R. Vogel, *Deutsche Presse und Propaganda des Abstimmungskampfes in Oberschlesien*, Beuthen 1931. 이른바 "하숙 제도가 가정을 파괴한다"라는 비판이 많았다. *OS*, p. 9.
6. Werner, *Ein Kumpel*, p. 69 ff.
7. Ibid., p. 44f, 또한 참고하라. p. 61.
8. Li Fischer–Eckert, *Die wirtschaftliche und soziale Lage der Frauen in dem modernen Industrieort Hamborn im Rheinland*, p. 90.
9. Ibid., pp. 90–92.
10. Ibid., p. 82; 또한 참고하라. Lucas, *Zwei Formen*, pp. 57–70.
11. Stenbock–Fermor, *Meine Erlebnisse*, pp. 181–186, 191–197.
12. 이하에서 참고. *Sozialistische Politik und Wirtschaft*, 4. März 1927, 5. 또한 Nr. 9.
13. Stenbock–Fermor, *Meine Erlebnisse*, p. 80.
14. 당시 군대에 부속 운영되던 위안부 제도는 군인들이 위안부를 대하는 태도

에 대해서 별다른 제재나 요구를 부과하지 않았다. 이하를 참고. Magnus Hirschfeld, *Sittengeschichte des Weltkriegs*, Bd. 1, p. 305 ff. 이른바 "자유" 매춘업은 드물었으나 존재한 것은 사실이다. Gilbert, *Landsknechte*, p. 140; Plehwe, *Im Kampf gegen die Bolschewisten*, p. 28(백색 수용소 여죄수에 대한 내용을 참고). Wieland Herzfelde, *Schutzhaft*, Berlin 1919. 1919년 3월 그는 에덴 호텔과 주립 교도소에서 베를린 의용군이 매춘 여성과 어울리는 것을 봤다. 아마 고급 서비스 창녀였을 것이라 짐작한다. 수많은 "군인 색시"가 있었다.(p. 3, 10) 이런 유사한 방식으로 군인들은 여성에게 "접촉"할 수 있었다. 그러나 여성과의 관계맺음은 없었다. 이것이 결정적이다.

15. 이 문제에 대해서는 결론에서 상술한다. 특히 "평화" 부분을 참고하길 바란다.

16. Heinrich Teuber, *Für die Sozialisierung des Ruhrbergbaus*, p. 21.

17. 이하에 수록. Josef Ernst, *Kapptage im Industriegebiet*, p. 68.

18. 이하에 수록. Pitrof, *Gegen Spartakus in München*, p. 39.

19. Werner, *Ein Kumpel*, p. 112 f.

20. Karl Grünberg, *Brennende Ruhr*, p. 119.

21. E. Lucas, *Märzrevolution 1920*, Bd. 3.

22. E. Lucas, *Märzrevolution 1920*, Bd. 2; 또한 이하 인용문 출처. p. 82 ff.

23. 이하에 수록되어 있다. *RDS*, p. 139.

24. Spektator, *Die Schreckenstage im rheinisch – westfälischen Industriebezirk*, p. 7

25. 이 인용문은 이하를 참고. Lucas, *Märzrevolution*, Bd. 2, pp. 82 – 84.

26. Clara Zetkin, *Erinnerungen an Lenin*, Berlin 1961, p. 63 f에서 p. 97까지 참고.

27. Karl Marx, *Ökonomisch – philosophische Manuskripte*, Karl Marx / Friedrich Engels, *MEW* Ergänzungsband 1, p. 534.

28. Brecht, *Tagebücher 1920 – 1922*, 30. April 1921.

29. Ibid., 9. Mai 1921.

30. Hugo E. Lüdecke, "Deutsche Bordellgassen", S. F. Krauß, *Antropophyteia IV*, p. 261 ff.

31. Henriette Arendt, *Menschen, die den Pfad verloren*, p. 36 ff.

32. Parent – Duchalet, *Die Prostitution in Paris*, 이하에서 재인용. Luedecke, "Deutsche Bordellgassen", Krauß, *Antropophyteia IV*, p. 261; 또한 참고하라. Schidrowitz, *Sittengeschichte des Proletariats*, p. 252; 프롤레타리아 소녀의 인신매매 문제는 이하에 언급되어 있다. p. 254 ff.

33. Otto Rühle, *Illustrierte Kultur und Sittengeschichte des Proletariats*, 매춘

에 대해서는 이하를 참고. pp. 444 – 489, 유사한 사례가 많이 기록되어 있다.

34. Hoffmann Hays, *Mythos Frau*, Düsseldorf 1969, p. 297.

35. Arendt, *Menschen, die den Pfad verloren*, p. 38.

36. Fischer – Eckert, *Die wirtschaftliche und soziale Lage der Frauen*, p. 74.

37. *Ästhetik und Kommunikation*, Nr. 21, 6. Jg., Sept. 1975, p. 46; 그중에서 이하의 논문을 참고. Chryssoula Kambas, "Frühsozialismus und Prostitution", pp. 34 – 49.

38. Ernst Bloch, *Das Prinzip Hoffnung*, Frankfurt 1967; 이하에서 인용. pp. 695 – 697.

39. 이하에서 인용. Rowohlts Monografien Nr. 76; W. Blumenberg, *Karl Marx*, p. 117.

여성을 향한 공격

1. Freksa, *Kapitän Ehrhardt*, p. 102.

2. Mann, *Mit Ehrhardt durch Deutschland*, p. 42.

3. Killinger, *Ernstes und Heiteres aus dem Putschleben*, p. 14 f.

4. Herzog, *Kameraden*, p. 34.

5. Ottwald, *Ruhe und Ordnung*, p. 90

6. Maercker, *Vom Kaiserheer zur Reichswehr*, p. 201 f.

7. Ulrich von Bose, "Vormarsch gegen Essen", 출처, *SB*, p. 395.

8. Zöberlein, *Befehl des Gewissens*, p. 193.

9. Dwinger, *Auf halbem Wege*, p. 296.

10. Ibid., p. 230.

11. Ibid., p. 276 f.

12. Eggers, *Berg der Rebellen*, p. 106; 여성 공격의 더 많은 사례는 이하를 참고. Melzer, "Die Auswirkungen des Kapp – Putsches in Leipzig", 출처, *JKR*, p. 229; Weller, *Peter Mönkemann*, p. 102; Weigand, *Die Rote Flut*, p. 422 ff.; Goebbels, *Michael*, p. 143; Zimmermann, *Vorfrühling*, p. 38; Salomon, *Die Geächteten*, p. 67; Zöberlein, *Befehl des Gewissens*, p. 752; Balla, *Landsknechte wurden wir*, p. 97 f.; Buschbecker, *Wie unser Gesetz es befahl*, p. 162; Siegert, *Aus Münchens schwerster Zeit*, p. 54; Brandis, *Baltikumer*, p. 174ff; Volck, *Rebellen um Ehre*, p. 87; Brandt, *Schlageter*, p. 36f; Grothe / Kern, "Straßenkampf in München", *SB*, p. 124; Glombowski, "Einsatz der Selbstschutz – Sturm – Abteilung Heinz in Gogolin", *SB*, p. 268.

쾌락 살인

1. Balla, *Landsknechte wurden wir*, p. 111.
2. Ibid., p. 112.
3. 모든 인용문의 출처는 다음과 같다. "Roten Marie": Balla, *Landsknechte wurden wir*, pp. 184-188.
4. Dwinger, *Die letzten Reiter*, p. 141 f.
5. Ibid., p. 144 Ibid.
6. Ibid., p. 145 f.
7. Heinz, *Sprengstoff*, p. 36.
8. "여기서 나는 성적 억압에서 자주 이용되는 아래에서 위로의 이동을 지적한다. 히스테리에서는 이것을 이용해 본래 생식기에서 일어나는 온갖 감각과 의도가 이의 없는 다른 신체 부위에서 실현될 수 있다. 무의식적인 사고의 상징에서 얼굴이 생식기를 대신하는 경우가 그런 이동의 사례다. 언어 관습 역시 '볼기Hinterbacken'를 뺨과 유래가 같은 것으로 시인하고, 구강을 감싼 입술Lippen과 '음순Schamlippen'을 대비하여 보여줌으로써 이에 참여한다. 코는 수많은 암시에서 남근과 동일시된다. 양측 모두 털이 있기 때문에 유사함은 완벽해진다."(Freud, *GW II / III*, p. 392, 『꿈의 해석』, 김인순 옮김, 열린책들, 1997, p. 474.)
9. "남성 신체의 분비물—점액, 눈물, 소변, 정액 등—은 꿈에서 서로 대신할 수 있다."(Freud, *GW II / III*, p. 364, 『꿈의 해석』, p.440.)
10. "남성의 음경은 첫째로, 형태가 비슷하게 보이는 것, 즉 길고 높이 솟은 모습을 하고 있는 것들, 지팡이, 우산, 몽둥이, 나무 그 밖에도 그와 비슷한 것들을 통해 상징적인 대체물들을 찾게 됩니다. 더 나아가서 신체에 침입해 들어가는 특성과 상처를 입히는 특성을 지닌 것들, 모든 종류의 뾰족한 물건들, 예를 들어 칼, 단도, 창, 검 등과 총포류의 무기들, 즉 소총과 그 형태 때문에 매우 쓸모 있어 보이는 연발 권총 같은 것들이 상징으로 이용됩니다."(*GW XI*, p. 156, 『정신분석 강의』, 임홍빈·홍혜경 옮김, 열린책들, 1997, pp. 218-219.) "이러한 상징술은 꿈만의 고유한 일이 아니라 무엇보다 민족의 무의식적 표상화에 속하며, 꿈보다는 한 민족의 민속학, 신화, 전설, 고사성어, 격언, 인구에 회자되는 농담에서 더 온전하게 발견된다."(*GW II / III*, p. 356, 『꿈의 해석』, pp. 430-431) "남성 성기를 상징하는 표현 중에서 농담이나 비속어 또는 시적인 표현……은 거의 없습니다."(*GW XI*, p. 166, 『정신분석 강의』, p. 232) 이렇게 자주 언급된다는 사실 자체가 무의식을 구성하는 "상징"의 성격과 어울리지 않는다고 본다. 나중에 더 자세히 논하도록 하겠다.
11. 또한 "늑대 인간"을 참고하기 바란다. Freud, *Aus der Geschichte einer*

infantilen Neurose(1918)(『늑대 인간』, 김명희 옮김, 열린책들, 2020), 수록 *GW XII*, 특히 이하를 참고. p. 123 ff.; 토르 고테의 책에서 명백하게 드러난다. Thor Goote, *Die Fahne hoch*, p. 240 ff.

12. 토르 고테의 책에서 명백하게 드러난다. Thor Goote, *Die Fahne hoch*, p. 240 ff.

13. Freud, *Traumdeutung*, *GW II / III*, p. 414(『꿈의 해석』, p. 500).

14. Salomon, *Die Geächteten*, p. 167.

15. Ekkehard, *Sturmgeschlecht*, p. 26.

16. Freud, *Das Medusenhaupt*, *GW XVU*, p. 47 f.

17. 군의 기강에 대한 칭송은 이하를 참고. Jünger, *In Stahlgewittern*, p. 30; Brandis, *Baltikumer*, p. 12.

18. Heinz, *Sprengstoff*, p. 36.

19. Dwinger, *Die letzten Reiter*, p. 107.

20. Ibid., p. 105; "피의 곤죽" 목격에 대해서는 또한 이하를 참고. Volck, *Rebellen um Ehre*, p. 64, 83, 95, 142; Goote, *Wir fahren den Tod*, p. 76, 168; Salomon, *Putsch und Verschwörung*, p. 16, 19, 25; Bochow, *Soldaten ohne Befehl*, p. 198 f.; Heinz, *Sprengstoff*, p. 60 f.

잠정 결론

1. Freud, *Das Ich und das Es*(1923), *GW XIII*, p. 286(『정신분석학의 근본 개념』에 수록).

2. Freud, *Der Untergang des Ödipuskomplexes*(1924), *GW XIII*, 특히 p. 399; Laplanche / Pontalis, *Wörterbuch der Psychoanalyse*, p. 351 ff.; "동일시" 개념에 대해서는 이하를 참고. *Massenpsychologie und Ich – Analyse*(1921), 출처. *GW XIII*, 또한 VII, pp. 115 – 121.

3. Laplanche / Pontalis, *Wörterbuch*, p. 485; (『정신분석 사전』, p. 278) 거의 동일한 설명이 프로이트의 저작에도 등장한다. *Vorlesungen zur Einführung in die Psychoanalyse, GW XI*, p. 154.

4. Melanie Klein, *Psychoanalyse des Kindes*, 1934(engl. 1932), 특히 제8장 참고.; M. Klein, *Das Seelenleben des Kleinkindes*, 또한 Klein, *Die psychoanalytische Spieltechnik: Ihre Geschichte und Bedeutung*; Klein, *Die Bedeutung der Symbolbildung für die Ich – Entwicklung*; 또한 그녀의 후계자 마이클 발린트의 저작도 참고. Michael Balint, *Therapeutische Aspekte der Regression*.

5. Balint, *Therapeutische Aspekte*, p. 18. 어린이의 놀이를 언어처럼 사용하여

치료에 쓸 수 있다는 발견은 멜라니 클라인의 중요한 업적이다.

6. Jean Piaget, *Das Erwachen der Intelligenz beim Kinde*, Stuttgart 1969(frz. 1937); René Spitz, *Die Entstehung der ersten Objektbeziehung*, Stuttgart 1957; Spitz, "Diacritic and Coenesthetic Organizations", in *Psychoanalytic Review* 32, 1945; Franco Fornari, *Psychoanalyse des ersten Lebensjahres*; Margaret Mahler, *Symbiose und Individuation*.

7. Mahler, *Symbiose*. 공생의 개념과 공생 단계에 대해서는 이하를 참고. pp. 13-19. 유아의 정신 분석을 연구한 여타 모든 학자가 그렇듯 마거릿 말러 역시 멜라니 클라인에게서 큰 영향을 받았다.

8. Mahler, *Symbiose*, pp. 24-37; Fornari, *Psychoanalyse des ersten Lebensjahres*, pp. 161-185; 특히 2권에는 이러한 과정에 대한 상세한 분석이 들어 있다.

9. 특히 서문을 참고. *Psychoanalyse des ersten Lebensjahres*.

10. Mahler, *Symbiose*, 특히 제5장 참고. "Prototypen der Interaktion von Mutter und Kind", pp. 149-163.

11. Balint, *Therapeutische Aspekte*, p. 26.

12. Ibid., p. 40; 빌헬름 라이히가 "타협 형성"과 "결함"의 개념을 구분하는 논리도 이와 동일하다. 성기 기능의 교란은 "심리 역학적 증상"으로 이해될 수 없는 "기능적 억제"다.(*Funktion des Orgasmus*, p. 98 f.)

13. Freud, *Das Unbewußte*(1915), *GW X*, p. 283; ders., *Die Verdrängung* (1915), *GW X*, p. 249 f.; 이러한 이론을 계승 발전시킨 입장은 이하를 참고. Anna Freud, *Das Ich und die Abwehrmechanismen*, 1936; 참고. Laplanche/Pontalis, *Wörterbuch*, p. 30.

14. 멜라니 클라인의 임상 경험에 따르면 "어린아이는 어른에 비해서 의식과 무의식의 관계가 더 밀접하다. 어린이의 억압은 강도가 비교적 약하다." *Das Seelenleben des Kleinkindes*, 그중에서 "Die psychoanalytische Spieltechnik", p. 22. 억압은 그냥 있는 것이 아니라 쓸모가 있어야만 생겨난다.(Über das Seelenleben……, p. 170) 억압을 이용할 능력이 먼저 발달되어야 한다. "또 다른 중요한 방어 형태 변화는 성기적 리비도가 강해지는 단계에 특징적이다. 이렇게 되면 자아는 우리가 봤던 것처럼 더 강하게 통합된다. 외부 현실 적응이 개선된다. 의식의 기능이 확장된다. 초자아 역시 통합이 강화된다. 무의식 과정의 완벽한 통합이 이루어진다. 즉, 자아의 무의식적 부분과 초자아 내부에서 작동한다. 의식과 무의식 사이의 경계는 뚜렷해진다. 이러한 발달이 억압을 가능하게 만든다. 방어의 역할을 앞장서서 맡아준다."(Über das Seelenleben, p. 169 f.)

멜라니 클라인은 이 기회를 놓치지 않고 각주를 덧붙인다. 이러한 생각이 프로이트에게 낯설지는 않았겠지만 주요 고찰 대상은 아니었다고 지적한다. "그럼에도 불구하고 우리는 앞으로 하게 될 논의를 고려해서 억압이 리비도의 성기 조직과 특별한 관련이 있는 과정이며, 자아가 다른 조직 단계의 리비도에 대항하여 그 자체를 보호해야 할 때는 다른 방어 수단에 호소할 가능성도 염두에 두어야 한다."(Freud 1926 in *Hemmung, Symptom und Angst, GW XIV*, p. 155; bei Klein, p. 170, 「억압, 증상, 그리고 불안」, 『불안과 억압』, 황보석 옮김, 열린책들, 1997, pp. 262 – 263.)

또한 빌헬름 라이히를 참고할 필요가 있다. "강박신경증의 경우는 심지어 근친상간 욕망조차 어느 정도 의식적이다. 그러나 정서 영향을 잃었기 때문에 우리는 '무의식'적인 것으로 간주한다. 경험에 비춰보면 대개의 강박신경증의 경우 근친상간 욕망을 가시화하는 방법은 지성화밖에 없다. 그러므로 실제로 억압의 해소는 실패한 것이다."(*Die Entdeckung des Orgons: Die Funktion des Orgasmus*, p. 238.)

그러므로 이는 억압된 "근친상간 욕망"과는 다른 문제인 것이다.

이와 관련하여 기젤라 팡코의 책은 통찰을 제공한다. 『정신증의 족쇄를 폭파하라Gesprengte Fesseln der Psychose』에서 팡코는 열두 건의 성공적인 심리 치료 사례를 소개했다. 억압 개념은 중요한 역할을 하지 않는다. "숨겨진" 것을 재현하는 것은 중요하지 않다. 정신분석가의 책무는 환자에게 신체 통합의 느낌을 되돌려주고 신체 경계를 인식하는 일을 돕는 것이다. 정신증 환자가 분열적인 모습을 보이는 것은 "억압" 때문이 아니라 자아와의 연결이 문자 그대로 찢겨 있기 때문이다. 특히 스스로의 신체와의 연결에 문제가 많다.

15. Freud, *Abriß der Psychoanalyse, GW XVII*, p. 85; *Der Mann Moses, GW XVI*, p. 203(이드=무의식, 그리고 이드 속의 억압. Ibid., p. 258); *Das Ich und das Es, GW XIII*, p. 244; 또한 Balint, *Therapeutische Aspekte*, 그중 "의미와 작업", pp. 16 – 18 참고.; 또한 Laplanche / Pontalis, *Wörterbuch*, "작업"과 "정서" 항목 참고.
    특히 라이히는 "자료가 너무 많아서 넘칠 때" 분석이 더 어렵다고 강조했다.(*Charakteranalyse*, p. 98 ff.): "모든 의미를 쏟아붓고 원초적 기억과 아동기 갈등을 완전히 의식화했음에도 정신분석은 음울하고 단조로운 추억만 되풀이될 뿐 치유가 일어나지 않는 경우도 있다."(p. 99)

16. Balint, *Therapeutische Aspekte*, p. 41.

17. Gilles Deleuze / Felix Guattari, *Anti – Ödipus*, 특히 제2장 참고.

18. Paul Parin / Fritz Morgenthaler / Goldy Parin – Matthey, *Die Weißen denken zu viel, Psychoanalytische Untersuchungen in Westafrika,*

München o. J., p. 429 ff.; 이하와 비교. Reimut Reiche, "Ist der Ödipus – Komplex universell?", *Kursbuch* 29, 1972.

19. Deleuze / Guattari, *Anti – Ödipus*, p. 61, 67, 70, 74, 77 f., 95, 141 ff., 149, 237, 267, 356, 374, 377,419, 437 f., 495.

20. Ibid., p. 58 ff.

21. Melanie Klein, *Über das Seelenleben des Kleinkindes*, p. 144 ff.; Dies., *Die Bedeutung der Symbolbildung für die Ich – Entwicklung*, p. 32; Laplanche / Pbntalis, *Wörterbuch*, "Partialobjekte", p. 371 ff.; Deleuze / Guattari, *Anti – Ödipus*, p. 421 ff., 56 ff.

22. Melanie Klein, *Über das Seelenleben*, p. 144 ff.; auch: *Die psychoanalytische Spieltechnik*, p. 29.

23. Deleuze / Guattari, *Anti – Ödipus*, 책 전체. 특히 1장, "욕망 기계들", pp. 7 – 64.

24. Ibid., 이하를 요약. p. 495.

25. Ibid., p. 498.

26. Ibid., 2장의 내용.

27. Ibid., p. 35 ff., 43, 107, 112, 401.

28. Ibid., p. 147 ff., 154 f.

29. Ibid., p. 141(『안티 오이디푸스』, p. 195).

30. Freud, *Der Untergang des Ödipus – Komplexes*; *Das Unbehagen in der Kultur, GW XIV*, p. 438 ff.; Laplanche / Pontalis, *Wörterbuch*, "승화 Sublimierung" 항목(『정신분석 사전』, p. 297).

31. Deleuze / Guattari, *Anti – Ödipus*, p. 39, 383 f.

32. Ibid., p. 90 ff., 146 – 155, 195, 205 ff., 212 ff., 269 ff.

33. Ibid., p. 148(『안티 오이디푸스』, p. 205).

34. 이하 내용 참고. "Abriß der Psychoanalyse", Sigmund Freud, *GW XVII*, pp. 130 – 133(「정신분석학 개요」, 『과학과 정신분석학』, 박성수·한승완 옮김, 열린책들, 2020), 프로이트는 "정신증"을 "충동의 영향 아래 자아가 현실에서 분리"되는 "경향성"이라고 설명한다. 혼란 개념은 이하를 참고. Freud, *Neue Folge der Vorlesungen zur Einführung in die Psychoanalyse, GW XV*, p. 80(『새로운 정신분석 강의』, 임홍빈·홍혜경 옮김, 열린책들, 2020). 프로이트의 주장과는 정반대로 멜라니 클라인은 "자아 취약 아동"의 임상경험을 이렇게 설명한다. "자아 발달이 부족해서 현실 연관성이 전혀 없는 아동이라도 정신분석을 통해서 억압이 해소되는 과정을 견뎌내며 이드에 압도되는 일은 없다. 무척 흥미로운 현상이다. 중증이 드문 아동 신경증 환자의 경우 이드가 자아를 압도할 일은 극히 드물다."(*Die Bedeutung der Symbolbildung für die Ich –*

Entwicklung, p. 40.)

35. Deleuze / Guattari, *Anti - Ödipus*, p. 438.

36. Ibid., p. 69; (『안티 오이디푸스』, p. 104.) 이외에도 참고. p. 148, 236, 258, 268, 381, 391, 404, 438.

37. Ibid., p. 438; 이하의 프로이트 비판과 비교. Ulrich Sonnemann, *Negative Anthropologie*, 그중에서도 "Die entdämmte Vergangenheit: Freud", pp. 61-96.

38. Freud, *Der Realitätsverlust bei Neurose und Psychose, GW XIII*, p. 367. 혹은 "Das Ich liegt zwischen der Realität und dem Es, dem eigentlichen Seelischen."(*Die Frage der Laienanalyse, GW XIV*, p. 223.)

39. Deleuze / Guattari, *Anti - Ödipus*, p. 43.

40. Ibid., p. 36(『안티 오이디푸스』, p. 61).

41. Ibid., p. 38 f(『안티 오이디푸스』, pp. 63-64).

42. Ibid., p. 39 f(『안티 오이디푸스』, p. 65).

43. 1920년 프로이트의 『쾌락원칙을 넘어서』를 기점으로 시작되었다.

44. 이하를 참고. Sigmnud Freud, *Die Frage der Laienanalyse*(1926), *GW XIV*, p. 241; "Über weibliche Sexualität"(1931), *GW XIV*, pp. 515-538; *Neue Folge der Vorlesungen zur Einführung in die Psychoanalyse*(1932), pp. 119-145 특히 p. 120, 140, 145.

45. 이하를 참고. Reich, *Charakteranalyse*, pp. 188-196(『성격분석 1, 2』, 윤수종 옮김, 문학들, 2024). "구강-항문-성기" 유형 분석도 마찬가지다. 이하 비교. p. 235 ff.

46. Ibid., p. 228.

47. Ibid., p. 236 ff.; 또한 *Die Funktion des Orgasmus*, p. 152 ff., 그리고 *Die Entdeckung des Orgons. Die Funktion des Orgasmus*, p. 98 ff., 119 ff. 1942년 출판한 『오르곤의 발견』은 1927년 출판한 『오르가슴의 기능』을 이론적으로 다듬고 확장한 결과였다. 이 책에는 내 비판이 적용되지 않는다. 이하와 비교. p. 191 ff., 여기서 라이히는 프로이트 개념에 대한 집착을 과감히 버린다. 혹자는 이를 "광기" 가득한 후기 라이히 이론의 시작이라고 본다. "광기"의 내용이 무엇인지는 나중에 소개하도록 한다.

48. 라이히는 이러한 설정을 비판하지만, 죽음충동 가설에 그 책임을 돌렸다.(*Charakteranalyse*, p. 239 ff.)

49. Reich, *Die Entdeckung des Orgons. Die Funktion des Orgasmus*, 1942. 라이히가 모순점을 의식했다는 것은 이 책에서 명백히 드러난다. 그러나 수정된 견해를 기반으로 삼을 자신감은 없었던 듯하다. 1952년 아이슬러 박사

와 가진 프로이트 아카이브 인터뷰에서 라이히는 이 점을 분명히 언급한 바 있다(참고문헌에 수록).

50. Reich, *Massenpsychologie des Faschismus*, p. 78 ff(『파시즘의 대중 심리』, 황선길 옮김, 그린비, 2005, p. 99).

51. Reich, *Charakteranalyse*, p. 57 ff., 244 ff.; *Die Entdeckung des Orgons*, p. 106 ff., 129 ff., pp. 189 – 197.

52. Reich, *Charakteranalyse*, pp. 36 – 55.

53. Ders., *Die Entdeckung des Orgons*, p. 128 ff., 145 ff., 155 ff.

54. Reich, *Der Einbruch der Sexualmoral*, Berlin 1932.

55. Deleuze / Guattari, *Anti – Ödipus*, p. 39(『안티 오이디푸스』, p. 65).

56. Reich, *Massenpsychologie des Faschismus*, p. 82; *Die Entdeckung des Orgons*, p. 125.

57. Deleuze / Guattari, *Anti – Ödipus*, p. 136, 153

58. Alain Besançon, *Psychoanalytische Geschichtsschreibung*, p. 120 f., 126 f.

59. Walter Benjamin, "Ein Jakobiner von heute", *Angelus Novus*, p. 449.

60. Ibid.

제2장 홍수, 육체, 역사

육체 내부의 물질 상태

붉은 홍수

1. Bertolt Brecht, *Über die Gewalt*, GW 9, p. 602.

2. Friedrich W. von Oertzen, *Baltenland*, p. 300.

3. Hartmann, "Erinnerungen aus den Kämpfen der baltischen Landeswehr", *JKR*, p. 141.

4. Ibid., p. 145.

5. W. Frank, *Epp*, p. 76.

6. Wiemers – Borchelhof, "Freikorps – Arbeitsdienst – Siedlung", *SB*, p. 407.

7. Osten, "Der Kampf um Oberschlesien", *JKR*, p. 263.

8. Eggers, *Berg der Rebellen*, p. 237.

9. 이들은 1919년 8월 이래로 독일 정부의 퇴각 명령을 따르지 않고 사병 신분으로 현지에 머물렀다. "강철부대Eisernen Division(약어: ED)" 지휘관 비쇼프 소령은 독일로 퇴각하라는 명령에 불복종했다. 부대는 ED이자 "독일 연대"로서 백러시아 육군의 아발로프 – 베르몬트 공작의 군대와 연합했다. 이하 참고.

Waite, *Vanguard of Nazism*, p. 122 ff.; Faye, *Totalitäre Sprachen*, p. 46; Bischoff, *Die letzte Front*, p. 189.

10. Wagener, *Von der Heimat geächtet*, p. 8.
11. Mann, *Mit Ehrhardt*, p. 11.
12. 쇼텐함멜 동지가 나오는 것은 다음 소설이다. Giorgio Pellizi, *Bernie, der Milliardenflipper*, Berlin 1974.
13. 이는 부분적으로만 사실이다. 자세한 내용은 2권에서 군인의 육체를 다룰 때 언급하겠다.
14. Lüttwitz, *Im Kampf gegen die Novemberrevolution*, p. 65.
15. 일기문도 참고. H. Fiesinger, *SB*, p. 109.
16. Jünger, *Kampf als inneres Erlebnis*, p. 61; Stadtier, *Als Antibolschewist 1918/19*, p. 7, 독일의 패전과 그에 따른 결과를 "폭우"로 여기고 있다.
17. Salomon, *Die Geächteten*, p. 347.
18. Lutz Rossin, *Aus dem roten Sumpf*, p. 3.
19. Ibid., Vorwort.
20. Dwinger, *Deutsches Schicksal*, Bd. 1: *Die Armee hinter Stacheldraht*, Jena 1929, p. 76; dgl. Buschbecker, *Wie unser Gesetz*, p. 12.
21. Heydebreck, *Wehrwölfe*, p. 32.
22. Ekkehard, *Sturmgeschlecht*, p. 47; dgl. von Kessel, *Handgranaten und rote Fahnen*, p. 157.
23. Heinz Schauwecker, "Freikorps von Epp", in *HoDA*, p. 161.
24. Dwinger, *Auf halbem Wege*, p. 502.
25. Roden, "Hauptmann Berthold – ein Soldatenschicksal", in *RDS*, p. 140; "홍수"의 의미 해석은 이하를 참고. Dwinger, *Auf halbem Wege*, p. 459; Schmidt – Pauli, *Die Männer um Hitler*, p. 69; Wittmann, *Erinnerungen der Eisernen Schar Berthold*, p. 123; Crasemann, *Freikorps Maercker*, p. 9; Schramm, *Rote Tage*, p. 82; Mann, *Mit Ehrhardt*, p. 204; Killinger, *Klabautermann*, p. 263; Gengler, *Berthold, Tagebuch*, p. 104; Stenbock – Fermor, *Als Freiwilliger*, p. 117; Schauroth, "Revolte in Libau", in *SB*, p. 164; Salomon, "Der Berliner Märzaufstand, 1919", in *SB*, p. 44 ff.; ders., *Nahe Geschichte*, p. 34; Balla, *Landsknechte*, p. 124; Rodermund, "Rote Armee an Rhein und Ruhr", in *HoDA*, p. 113; von Oertzen, *Die Deutschen Freikorps*, p. 245; Zobel, *Zwischen Krieg und Frieden*, p. 69; Bochow, *Soldaten ohne Befehl*, p. 33; Niemöller, *Vom U – Boot zur Kanzel*, p. 141; Karl Stephan, *Der Todeskampf in der Ostmark*,

p. 73, 78; G. Günther, *Die Bändigung des Krieges durch den Staat*, p. 201; Czech – Jochberg, *Im Osten Feuer*, p. 105; Hans zur Megede, *Hakenkreuz am Stahlhelm*, p. 130; Für Solf, *Deutschlands Auferstehung 1934*, p. 12. 여기서는 인플레이션을 "지폐 홍수"로 표현했다.

26. Bronnen, *Roßbach*, p. 37, 그리고 Roßbach, *Mein Weg*, p. 50에 등장하는 노래 구절이다. 생도들이 "높으신 분들"의 부당한 처사에 항의하여 시위할 때 부르는 노래인 듯하다. Hanns Heinz Ewers, *Kriegslieder 1916*. 똑같은 구절을 열한 번 반복해서 부르고 추가된 후렴구도 있다. "홍건한 핏속에 서리라/홍건한 핏속에 행진하리라/발목까지 넘치도록 피 흘러라!"(pp. 34–37)

27. 무력했던 바이마르 당국은 파시즘을 막는 대책이랍시고 노래를 금지하는 조치를 했다.(Staatsarchiv Bremen, *Konvolut 241*, VI., 521, "Beschlagnahmte Literatur, Allgemeines.")

28. Lucas, *Märzrevolution*, Bd. 1, p. 290.

29. 이하와 비교. Ibid., pp. 290–293.

30. Salomon, *Die Geächteten*, p. 177 ff.

31. Salomon, *Nahe Geschichte*, p. 84.

32. 이하에 묘사되어 있다. Lucas, *Märzrevolution 1920*, Bd. 2, p. 150 f.

33. 전후의 독일 노동자 봉기에서 소위 "붉은 테러" 전설이 생겨난 까닭은 독일 노동자들이 자신들을 탄압했던 이들을 거의 죽이지 않았기 때문이다. 수많은 생존자가 사태 이후에는 오히려 "테러"의 "목격자"로 변신해 노동자들에게 보복했다. 노동자들이 재보복할까봐 두려워할 필요가 없다고 자신만만했던 것이다.
베르톨트 부대가 은신했던 하임펠더 중학교는 1933년 "베르톨트 학교"로 개명되었다.(출처: *SB*, p. 357).

피가 흥건한 거리

1. Goote, *Berthold*, p. 126.

2. Jünger, *Kampf als inneres Erlebnis*, p. 30.

3. E. Lissauer, *Worte in die Zeit, Flugblätter 1914*, Göttingen/Berlin 1914.

4. Lissauer, *Luther und Thomas Münzer*, Berlin 1929, p. 44.

5. Hanns Bächtold, *Deutscher Soldatenbrauch und Soldatenglaube*, Straßburg 1917, p. 3; B. Grabinski, *Neuere Mystik, der Weltkrieg im Aberglauben und im Lichte der Prophetie*, Hildesheim 1916, pp. 268–272. 여기서는 "전쟁 예언의 출처"로 "대도시 프롤레타리아의 선전선동"을 지목하고 있다.(p. 270)

6. Eberhard W. Möller, "Kantate auf einen großen Mann", *Berufung der Zeit*, Berlin 1935, p. 15.

들끓다

1. Salomon, "Hexenkessel Deutschland", in *JKR*, p. 33.
2. Von Selchow, *Hundert Tage aus meinem Leben*, p. 342.
3. Wagener, *Von der Heimat geächtet*, p. 25.
4. Ibid., p. 8.
5. H. H. Hollenbach, *Opfergang*, p. 99.
6. Heinz, *Die Nation greift an*, p. 29.
7. Heinz, *Sprengstoff*, p. 8.
8. Ibid., p. 8.
9. Jünger, *Kampf als inneres Erlebnis*, p. 1.
10. Ibid., p. 1.
11. Salomon, "Hexenkessel Deutschland", in *JKR*, p. 13.
12. Ibid., p. 13.
13. Herzog, *Kameraden*, p. 299.
14. 이하와 비교. Jünger, *Kampf als inneres Erlebnis*, p. 28; zu Kochen / Brodeln auch Freiwald: *Der Weg der braunen Kämpfer*, p. 259; Höfer, *Oberschlesien in der Aufstandszeit*, p. 14; Salomon, *Der verlorene Haufe*, p. 108.
15. Freud, Traumdeutung, *GW II / III*, p. 359, 364; ders., *Vorlesungen*, *GW XI*, p. 157, 164, 275; ders., *Zur Psychopathologie des Alltagslebens*, *GW IV*, pp. 189 – 191.
16. Vgl. Deleuze / Guattari, *Anti – Ödipus*, 특히 제2장 「정신분석과 가족주의」 참고.
17. Freud, *Neue Folge der Vorlesungen zur Einführung in die Psychoanalyse*, *GW XV*, p. 80, p. 108; Albrecht Erich Günther: *Die Intelligenz und der Krieg*, 그는 전쟁이 "국가를 전혀 다른 물질적 상태로 이끈다"고 지적했다.(p. 87)

폭파하는 땅, 용암

1. Dwinger, *Auf halbem Wege*, p. 509.
2. 다음과 비교. Michael Balint, *Angstlust und Regression*, Reinbek 1968. 발린트는 영어의 스릴thrill 개념을 공포쾌락이라는 뜻으로 사용한다.

3. F. Schauwecker, *Aufbruch der Nation*, p. 75.

4. W. Erbt, *Der Narr von Kreyingen*, p. 170.

5. Ibid., p. 170.

6. Ibid., p. 170.

7. Jünger, *Kampf als inneres Erlebnis*, p. 97.

8. Ibid., p. 72.

9. Ibid., p. 2.

10. Ibid., p. 2; dgl. Friedrich Georg Jünger, *Krieg und Krieger*, p. 59.

붉은 홍수에 맞서다

1. Jünger, *Kampf als inneres Erlebnis*, p. 33 f.

2. Osten, "Der Kampf um Oberschlesien", in *JKR*, p. 263.

3. Bronnen, *O. p.*, p. 120.

4. Von Hülsen, "Freikorps im Osten", in *RDS*, p. 114.

5. Heydebreck, *Wehrwölfe*, p. 32.

6. "Am Feuer auf dem Kreuzberg, vor der Einsegnung der Wander – vogelhundertschaft zu Rogau", in *SB*, p. 245.

7. Berendt, *Soldaten der Freiheit*, p. 92.

8. Mahnken, "Gegenstoß im Westen 1919", in *RDS*, p. 61 f.

9. Erbt, *Der Narr von Kreyingen*, p. 150.

10. Gengler, *Rudolf Berthold*, p. 130.

11. W. Reich, *Die Entdeckung des Orgons. Die Funktion des Orgasmus*, p. 126; ders., *Die Funktion des Orgasmus*, p. 109 ff.

12. 홍수에 맞서는 방어는 이하를 참고. Kessel, *Handgranaten und rote Fahnen*, p. 130; Höfer, *Oberschlesien in der Aufstandszeit*, p. 30; Engelhardt, *Ritt nach Riga*, p. 7, 9, 27; Freiwald, *Der Weg der braunen Kämpfer*, p. 38; Goote, *Wir fahren den Tod*, p. 5; Eggers, *Von der Freiheit des Kriegers*, p. 7; Liemann, "Felsen in roter Flut", in *SB*, p. 20. 윙거는 홍수에 대한 매혹에 가장 철저히 복종한 인물이었다. "우리에게 몰락이 주어졌다. 홍수에 요란하게 가라앉는다. 비좁은 곳에서 연달아 극적인 장면을 겪는다. 사람들은 깊은 공포의 심연으로 가라앉았다가 가장 높은 영광의 자리에 추켜세워진다." 윙거가 "홍수에 철저히 복종하는 이유는 부활을 확신하기 때문이다.(*Feuer und Blut*, p. 67.) 홍수에 삼켜져서 가라앉는 것을 기꺼이 받아들이는 인물이 또 있다. 바로 『폭약*Sprengstoff*』이라는 소설을 쓴 프리드리히 빌헬름 하인츠다. 하인츠는

1920년대 나치 지하조직의 중요 인물이었으며 1921년 조직 영사를 동원한 사보타주 공작을 이끌었다. 또한 1923년 프랑스 점령 기간에 루르 지역에서 활동했다. 그러나 훗날 나치 고위급 인사가 된 동료들과는 달리 그는 1934년 7월 친위 쿠데타에서 숙청되었다. "그러다가 갑자기 깜둥이들, 인도인들, 중국 놈들이 너무 많아졌다. 그들은 산에 올라다니고 맑은 시냇물에서 춤을 춰 댔다. 물이 불어나기 시작했다. 시냇물이 불어났다. 나는 탑에 올랐다. 인간의 상상력을 뛰어넘을 정도로 높은 곳이었다. 고소공포와 함께 고독이 느껴졌다. 탑이 흔들리기 시작했다. 오른쪽에서 들려오는 비명에 겁이 덜컥 났다. 더 높고 검푸른 파도가 넘실거리면서 산을 덮쳐서 내게로 다가오고 있었다. 번개가 번쩍였다. 나는 포기하고 물을 기다렸다. 물이 나를 때려눕혔고 나는 휩쓸렸다. 익사한 지 이미 오래. 맑고 깊은 물속에 반듯하게 누워 있다. 선박이 내 위를 지난다. 물고기와 해조류가 빛나는 색깔로 내 주위를 떠돈다. 세상이 끝날 그날까지 떠돌 수 있게 되어 행복할 따름이다."(*Sprengstoff*, p. 146 ff.) 꿈속의 행복감이다. 꿈의 재현으로서만 파시스트 소설에서 가능한 텍스트다. "극도로 무미건조한 순수한 꿈의 세계"다. 꿈 내용은 다음과 같다. "화냥년 같은 아가씨" "마녀", 유니콘, 용암산, 폭발.

격랑

흐르는 그 모든 것······

1. Deleuze / Guattari, *Anti − Ödipus*, p. 86(『안티 오이디푸스』, p. 126).
2. Wilhelm Reich, *Die Funktion des Orgasmus*, p. 24 ff.
3. Jean Starobinski, "Über die Geschichte der imaginären Ströme", *Literatur und Psychoanalyse*, p. 24.
4. Ibid., p. 27 f.
5. Ibid., p. 30 f.
6. Ibid., p. 32.
7. Ibid., p. 33.
8. 스타로뱅스키의 책에서 재인용. p. 39(요제프 브로이어·지크문트 프로이트, 『히스테리 연구』, 김미리혜 옮김, 열린책들, 2020, p. 264).
9. 인체의 내부 기능을 흐름이나 기계로 이해하려는 시도는 이미 오래전부터 있었다는 점을 짚어둘 필요가 있다. 이러한 발상은 유럽의 역사만큼이나 오래되었다. 유명한 사례지만, 고대 그리스인은 기질을 네 가지로 분류하고 네 가지 체액설로 설명하려 했다. "우리는 흐르는 강물에 들어가지만, 우리가 들어간 강물은 그 강물이 아니다. 우리는 그것이면서도 동시에 그것이 아니다." 야스퍼스가 인용한 헤라클레이토스의 말이다. Jaspers, *Psychologie der*

Weltanschauungen, p. 208.

레오나르도 다빈치의 말과 비교해보자. "심장이 떠도는 곳은 피의 바다이며 망망대해다." Bloch, *Das Prinzip Hoffnung*, Frankfurt a. M. 1959, p. 757. 우리가 살펴보고 있는 저자들과 유사한 발언을 오스발트 슈펭글러도 했다. 삶은 "우주적 흐름의 불가해한 비밀"이다. 육체의 모든 부속물을 녹여버린다. Oswald Spengler, *Der Untergang des Abendlandes*, München 1920, Bd. 2, p. 403.

프로이트의 발언도 참고하길 바란다. Freud, *Die Abwehr-Neuropsychosen*, *GW I*, p. 74: "심리적 기능에는 무엇인가 구별 가능하는 것이 있다고 볼 수 있다. 정서의 척도, 흥분 총량 등 양적 성질을 갖고 있다. 정확하게 측정할 방법은 없지만 확대, 축소, 이동, 방출이 가능하다. 표상의 기억 흔적을 통해 확대된다. 마치 전지 충전처럼 육체 표면에 쌓인다. …… 마치 물리학자가 전류의 흐름을 저장하는 것과도 같다."

10. 라이히가 보기에 『문명 속의 불만』은 프로이트의 "활발한 작업과 그에 따른 위험"에 맞서는 방어일 뿐이다.(*Die Entdeckung des Orgons*, p. 157.)

11. Freud, *Das Unbehagen in der Kultur, GW XIV*, p. 421 f(『문명 속의 불만』, p. 244).

12. 이 부분과 다음 부분의 인용 출처는 다음과 같다. Ibid., pp. 423-425(같은 책, p. 246); 마이클 발린트 역시 "우호적 확장"이라는 개념에서 원시적인 퇴행 과정의 의미를 분리해내는 이론적 작업에 실패한다. 끝없이 새로움과 위험을 강박적으로 추구하는 "애험형" 인물은 무구조적 바다 속에 혼연되어 있던 출생전 "기억"에서 비롯된다는 것이 그의 가설이다. (Balint, *Angstlust und Regression*, z. B. p. 70.) 퇴행 개념에 대한 내 비판은 2권의 "미처-다-태어나지-못한-자아"에 관한 부분에서 상술한다.

13. Ibid., p. 430 f. (같은 책, p. 254.)

14. '빌헬름 라이히가 말하는 지크문트 프로이트W. Reich über S. Freud'라는 제목으로 1952년 10월 18일에서 20일까지 진행된 인터뷰다. 재단에서 주관한 인터뷰로는 이례적으로 라이히가 먼저 제안해서 성사된 이벤트다. 1954년 미국에서 방송되었다. 서독 BRD 방송국에서 1969년과 1976년에 저작권 협의 없이 방송되었다.

15. Ibid., p. 61.

16. 이하 참고. *Ödipuskomplex und seine politischen Folgen*, Berlin 1975, 저자 미상. 표지에는 "마르크스, 프로이트, 라이히"라고 새겨진 상징이 그려져 있다. 이 책자를 배포한 프라이부르크의 단체는 자칭 마르크스주의-라이히주의-이니셔티브였다. 이들이 제외하여 배척한 책은 『오르곤의 발명, 오르

가슴의 기능Die Entdeckung des Orgons. Die Funktion des Orgasmus』(Fischer Bücher des Wissens Nr. 6140)이다. 특히 읽어볼 가치가 충분하다. 라이히의 과학적 사유의 발전 과정을 자전적으로 그리고 있기 때문이다. 또한 프로이트 및 정신분석학회와 겪었던 갈등이 어떤 단계에서 충돌했는지 설명하고 있다. 추종자들이 라이히가 "미쳤다"고 단정했던 것은 아마 그의 사상 변화를 견뎌내지 못했기 때문일 것이다.

17. Deleuze / Guattari, *Anti - Ödipus*, p. 11.

18. Marx, *Das Kapital*, Bd. 1, *MEW* 23, p. 511; 또한 p. 512의 주석 참고.

19. 무성영화 시대 슬랩스틱 연기의 대가 버스터 키턴은 실수로 절묘하게 기계에 적응하는 코미디를 선보였다. 기계가 그에게 맞춰서 작동하기 시작하는 것이다. 특히 「내비게이터The Navigator」 「제너럴The General」 등의 영화에서 볼 수 있다. 들뢰즈와 과타리는 그를 "가장 위대한 욕망 기계의 예술가"라고 일컬었다.(*Anti - Ödipus*, p. 514) 「내비게이터」는 버스터가 바다에서 조타 장치도 없이 떠돌다가 목적지에 정확하게 도착한다는 이야기를 보여준다. 물론 우연히 "바다에서 나온 기계machina ex mare", 즉 잠수함이 도움을 주었다.

20. Freud, *Neue Folge der Vorlesungen zur Einführung in die Psychoanalyse*, *GW XV*, p. 86(『새로운 정신분석 강의』, 임홍빈·홍혜경 옮김, 열린책들, 2020).

21. Ibid., p. 86. 프로이트는 책에 수록된 「심리적 인격의 해부Die Zerlegung der psychischen Persönlichkeit」 강의 말미에 다시 한번 공식에 큰 중요성을 부여했다.

22. Herman Melville, *Moby Dick*, p. 7 f(허먼 멜빌, 『모비딕』, 이종인 옮김, 현대지성, 2022, pp. 37 - 38).

23. Eduard Mörike, *Mein Fluß*, *Gesammelte Werke*, Abschnitt: Lieder und Elegien, p. 10.

24. A. Césaire, "Notizen von einer Heimkehr", *Schwarzer Orpheus*, p. 92(『귀향 수첩』, 이석호 옮김, 그린비, 2011).

25. Walt Whitman, *Grashalme*, p. 158(『풀잎』, 허현숙 옮김, 열린책들, 2011).

26. W. Majakowski, *150 000 000, Frühe Gedichte*, p. 94.

27. Henry Miller, *Wendekreis des Krebses*, zit. nach Durreil, (Hg.), *Ein Henry - Miller - Lesebuch*, p. 60(『북회귀선/남회귀선』, 오정환 옮김, 동서문화사, 2017, p. 276).

28. Saint -John Perse, "Preislieder", *Ausgewählte Dichtungen*, p. 41, pp. 76 - 146.

29. Rafael Alberti, "Arion / Einfälle über das Meer", in H. M. Enzensberger (Hg), *Museum der modernen Poesie*, p. 112.

30. Pablo Neruda, "Der große Ozean", *Gedichte*, pp. 165 - 167.

31. 엘리아스 카네티: "바다는 모두를…… 자신 속에 간직하고 있기에…… 군중의 어떤 본보기를 제시해준다."(*Elias Canetti, Masse und Macht*, p. 89, 『군중과 권력』, 강두식·박병덕 옮김, 바다출판사, 2010, p. 107); 에른스트 슈타들러: "오, 갑문 앞에 어두운 물과 같은 나의 그리움."("In diesen Nächten", in Arnold, *Dein Leib ist mein Gedicht*, p. 137); 고트프리트 벤: "라디오에서 듣고 싶은 음악은 볼가강의 물소리 / 멀고도 낯선 초원에서 오는 소리"("Es Gibt" in *Destille*, p. 9); "느낌과 생각 사이에 갇힌 / 그대의 내면에 거대한 강이 흐른다 / 강의 노래는 거리낌이 없어서 / 슬픔 없이 가볍게 스스로 움직인다"("Eingeengt", in *Destille*, p. 39); "그래, 노랫가락. 물어본 자가 해쓱해진다. / 이제는 약삭빠른 도시 사람이 아니라서, / 그가 묵는 곳 위로 구름이 흩날리고, / 바다가 발밑에 부서진다."("Melodien", in *Destille*, p. 8); "이제 리라를 / 강 아래로 내던지니 / 강둑이 울었다."("Orpheus Tod", in *Statische Gedichte*, p. 14); 라파엘 알베르티: "문을 열었다. 바다가 / 자신있게 침대까지 밀려들었다. / 개가 힐끔 보고 귀도 꿈쩍 안 했다. / 나는 기뻤다, 바다가, 나는 그냥 믿기로 했다. / 나는 그대가 되었다. 모두 나를 / 그대의 이름으로 일컬었다.

사람들은 외쳤다. 라파엘! / 그리고 이미 나는 / 선박을 등에 띄울 수 있었다."(Rafael Alberti: "Arion / Einfälle über das Meer", in Enzensberger: *Museum*, p. 113); 프리데리케 켐프너: "은색 파란색 시냇물아, 풀밭을 흐르는 시냇물아, / 허리띠처럼 감아돌며 어디로 흘러가니?"("Vermutlich ja", in H. Mostar (Hg.), *Der Schlesische Schwan*, p. 92); 괴테: "바다는 늘 물이 넘쳐나고 / 땅은 늘 물을 못 잡아둔다."(*Buch der Sprüche*, Nr. 5, in *Gedichte in zwei Bänden*, Bd. 2, p. 51); 에메 세제르: "너의 몸짓은 울부짖는 파도가 되어 사랑하는 바위의 오목한 틈에 갇히니, 마치 격동의 섬 하나를 오롯이 낳는 듯하다!"("An Afrika", in Jahn (Hg.), *Schwarzer Orpheus*, p. 101); 해럴드 텔레마크: "차가운 강물의 눈짓을 / 핏속에 느끼는 자, / 그 상큼하고 달콤한 / 차가운 강물의 눈짓을 / 두 계절 사이 / 굽은 해안을 따랐던 자 / ……수중에 섬을 쥐고 가늠해본 자 / 그 무게는 / 피로가 선사한 꿈의 무게다."("Wurzeln", in Jahn (Hg.), *Schwarzer Orpheus*, p. 117 f.); 오비디우 마르틴스: "나는 해안 끝자락에서 태어났다 / 그래서 나는 어딜 가든 / 세상 모든 바다를 품고 다닌다."("Salziges Gedicht", in *Klemisch, Afrikanische Lyrik aus zwei Kontinenten*, p. 9)

32. Deleuze / Guattari, *Anti - Ödipus*, p. 11 f(『안티 오이디푸스』, p. 29). 헨리 밀러의 인용문은 이하 참고. *Wendekreis des Krebses*, p. 277 f.

33. Starobinski, *Über die Geschichte der Imaginären Ströme*, p. 24.

34. Deleuze / Guattari, *Anti - Ödipus*, p. 12(『안티 오이디푸스』, p. 29).

35. Ibid., p. 85 f(『안티 오이디푸스』, p. 125).

36. Miller, *Wendekreis des Krebses*, p. 277 ff(『북회귀선/남회귀선』, 오정환 옮김, 동서문화사, 2017, p. 241).

37. Elias Canetti, *Masse und Macht*, p. 429(『군중과 권력』, p. 496).

38. Ibid., p. 439.

39. R. L. Stevenson, *Dr. Jekyll und Mr. Hyde*, zitiert nach Shelley/Förster, *Die Geschichte des Docktor Frankenstein und seines Mordmonsters oder Die Allgewalt der Liebe*, p. 43(『지킬 박사와 하이드 씨의 기이한 사건』, 전승희 옮김, 민음사, 2025, p. 104, p. 109).

40. Mary Shelley, *Frankenstein oder der neue Prometheus*, 1817. 이 소설이 다루는 주제는 부르주아 사회가 "새로운 인류"를 전혀 예상하지 못하고 있다는 인식이다.

41. Deleuze/Guattari, *Anti-Ödipus*, p. 44 ff.

42. Jules Verne, "Meister Zacharius", in Völker, *Künstliche Menschen*, p. 264 ff.

43. Ambrose Bierce, "Moxons Herr und Meister", in Völker, *Künstliche Menschen*, p. 250 ff.

44. Deleuze/Guattari, *Anti-Ödipus*, p. 45(『안티 오이디푸스』, pp. 71-72).

45. Mahler, *Symbiose und Individuation*, p. 67.

46. Neruda, "Der machtvolle Tod", *Gedichte*, p. 59.

47. Roussan Camille, "Unser Lied", in Jahn (Hg.), *Schwarzer Orpheus*, p. 79 f.

48. Gottfried Benn, "Der Ptolemäer", *Leben ist Brückenschlägen*, Wiesbaden 1962, p. 164.

49. Fernando Pessoa, "Aus der Meeresode", in Enzensberger (Hg.), *Museum der modernen Poesie*, p. 120.
말라붙은 흐름에게/고통의 흐름에게/죽음은 말했지.
"이제는 으르렁대지도 속삭이지도 않는 바다,/바다⋯⋯/정녕 죽었구나, 보아라, 바다여,/바다여."(Guiseppe Ungaretti, "Finale", in *Museum der modernen Poesie*, p. 130 f.); "내가 죽을 날,/바로 그 순간, 나는 원한다,/바다, 그대 역시 죽기를."(Rafael Alberti, "Arion/Einfälle über das Meer", in *Museum*, p. 111); "흐름이여, 어째서 향하느냐/물이여, 차갑고 비밀스러운,/물이여, 돌처럼 굳건한 황혼을/감히 못 다가설 교회당에 간직하여/내 동족의 상처난 발을 적시느냐?/돌아가라, 눈만 쌓인 처참한 강으로,/돌아가라, 서릿발 숱하게 드리운 웅덩이로,/네 은빛 뿌리를 비밀스러운 원천으로 보내거라,/아니라면 그 어딘가로 몸을 던지거라, 눈물 없는 바다로!"(Pablo Neruda, "Winterode an den Mapochofluß", in *Gedichte*, p. 153) "갈기털 없는 붉은 사자, 목마름에 찢긴 채, 말라붙은 저녁 강에는 악취만 자욱하네……"(Aimé Césaire, "Exvoto für einen Schiffbruch", in *Schwarzer Orpheus*, p. 97) "영화관, 유대교 회당, 커피하우스 등 사람이 앉을 만한 곳에는 언제나 두 가지 음악이 감돈다. 씁쓸한 음악과 달콤한 음악. 향수병이라는 강 한가운데에 사람이 앉아 있다. 강물에는 세상이라는 난파선에서 나온 이런저런 기념품이 가득하다. 고향 잃은 자들의 기념품들. 보금자리를 떠나온 새들은 다시 둥지를 틀고자 나뭇가지와 검불을 모으는 법이다. 부서진 둥지들이 사방에 널렸다. 깨진 알껍질, 둥지에서 떨어져 죽은 새 새끼들의 뒤틀린 모가지, 휑 뚫린 눈깔이 어딘가 먼 곳을 응시한다. 향수병 앓는 강. 함석지붕 아래서 녹슨 창고 아래서 뒤집힌 배 아래서 고향을 꿈꾼다. 이 세상에는 희망이 망가졌다. 욕망은 목졸렸다. 총알도 못 꿰뚫는 아사가 판친다. 생명의 따스한 숨결마저 숨겨야만 하는 세상. 비둘기 심장만 한 보석을 주어야만 사방 1미터의 공간을 겨우 얻어내고, 한 모금의 자유를 겨우 얻는 이 세상. 특별할 것도 없는 고기 페이스트를 맛대가리 없는 밀전병에 발라 목으로 넘긴다. 한입 삼킬 때마다 5000년 묵은 씁쓸함이 넘어간다. 5000년 묵은 재, 5000년 묵은 부러진 나뭇가지, 산산이 깨진 알껍질, 목졸린 새 새끼들…… 인간 심장의 가장 밑바닥에서 강철 하프가 아픔의 소리를 울린다."(Miller, *Sexus*, zit. nach Durrell, *Miller - Lesebuch*, p. 78.)

50. Simone de Beauvoir, *Das Alter*, Reinbek bei Hamburg 1970.

51. Hanns Eisler, "L'automne prussien", *Lieder und Kantaten*, Leipzig 1957, p. 81.

52. Deleuze / Guattari, *Anti - Ödipus*, p. 150(『안티 오이디푸스』, p. 208).

53. 모든 통치자가 자신의 권력을 지키기 위해서 무언가를 "바꾸고" 혹은 스스로가 바뀌고 무언가를 강제한다는 말은 상투적인 표현들이다. 그러면 반드시 따라나오는 질문이 있다. 그것이 정확히 어떻게 가능하냐는 것이다. 만악의 근원이 통치자라고 몰아붙이는 "음모론"과 별반 다르지 않게 들린다는 것이다. 통치자가 의식적으로 모든 것을 의도했다고는 볼 수 없다. 그리고 솔직히 말해서 그들은 그렇게까지 똑똑하진 않다. 게다가 압제자가 되기 위해서 반드시 똑똑할 필요는 없다. 또한 압제자로서의 역할을 또렷하게 의식할 필요도 전혀 없다. 그저 권력 수호에 필요한 정도만 해낼 수 있으면 된다. 아마 이런 질문이 자꾸만 떠오르는 이유는 사람들이 불편한 일을 생각하기 싫어하기 때문인 듯하다. 점잖지 못하다고 여기거나 혹은 골치 아픈 법조문이나 행정명령을 따지기 싫어한다. 이 주제에 관해서는 이하를 참고하길 바란다. Michel Foucault, "Die Macht und die Norm", *Mikrophysik der Macht*, pp. 99 - 107.

54. Ernst Bornemann, *Das Patriarchat*, Frankfurt a. M. 1975. 책 뒷면에 인쇄된 소개에 따르면 이것이 책의 주요 주제 중 하나다.

55. Mörike, *Elegien und Lieder*, p. 341.

56. 이하와 비교. Géza Róheim, *Aphrodite oder die Frau mit einem Penis*, p. 228.

57. Mörike, *Elegien und Lieder*, p. 341.

58. Benn, "Liebe", *Statische Gedichte*, p. 64.

59. H. Heine, "Die Heimkehr", in *Insel Heine*, Bd. 1, p. 49.

60. Goethe, "Der Fischer", *Gedichte in zwei Bänden*, Bd. 1, p. 153 f.

61. Brecht, *Vom Schwimmen in Seen und Flüssen*, GW 8, p. 210(『검은 토요일에 부르는 노래』, 박찬일 옮김, 민음사, 2016, p. 54).

62. Oskar Davičo, "Die Liebe", in Enzensberger (Hg.), *Museum*, p. 189.

63. Jacques Roumain, "Wenn das Tam–Tam pocht", in Jahn (Hg.), *Schwarzer Orpheus*, p. 74.

64. Mörike, *Mein Fluß, Elegien und Lieder*, p. 7.

65. Heine, "Der Tannhäuser", in *Insel Heine*, Bd. 1, p. 102 f.

66. Josef Czechowicz, "Fragment eines zerrissenen Gedichts", in Enzensberger (Hg.), *Museum*, p. 191.

67. Brecht, *Vor Jahren in meiner verflossenen Arche*, GW 8, p. 102.

68. Octavio Paz, "Das Liebespaar", in Enzensberger (Hg.), *Museum*, p. 190(『태양의 돌: 라틴 아메리카 현대 대표시선』, 민용태 옮김, 창비, 2013, p. 18).

69. F. G. Lorca: "Die untreue Frau", in Enzensberger (Hg.), *Museum*, p. 184(「부정한 유부녀」,『로르카 시 선집』, 민용태 옮김, 을유문화사, 2008, p. 188).

70. Nicolás Guillén, "Glutofenstein", *Gedichte*, p. 191.

71. A. Césaire, "An Afrika", in Jahn (Hg.), *Schwarzer Orpheus*, p. 101.

72. H. Miller, *Wendekreis des Steinbocks*, p. 188(『북회귀선 / 남회귀선』, p. 476).

73. Guillaume Apollinaire, "Das geheime Gedicht", in Enzensberger (Hg.), *Museum*, p. 186.

74. H. Miller, *Wendekreis des Steinbocks*, p. 187 f(『북회귀선 / 남회귀선』, p. 476).

75. Biermann, "Von mir und meiner Dicken in den Fichten", *Mit Marx– und Engelszungen*, p. 49.

76. H. Miller, "Mademoiselle Claude", *Lachen, Liebe, Nächte*, p. 111.

77. T. Moser, *Lehrjahre auf der Couch*, p. 99.

78. Ovidio Martins, "Salziges Gedicht", in Klemisch (Hg.), *Afrikanische Lyrik aus zwei Kontinenten*, p. 9.

79. P. Neruda, "Der Regen", *Gedichte*, p. 175, 177.

80. Leopold Sedar Senghor, "Kongo", in Jahn (Hg.), *Schwarzer Orpheus*, p. 10.

81. N. Guillén, "Madrigal", *Gedichte*, p. 187.

82. H. Telemaque, "Adina", in Jahn (Hg.), *Schwarzer Orpheus*, p. 118.

83. Guillén, "Das neue Weib", *Gedichte*, p. 183.

84. Mörike, "An Dionysos", *Elegien und Lieder*, p. 310.

85. G. Benn, "Bar", *Destille*, p. 21.

86. A. Breton, "Freie Liebe", in Enzensberger (Hg.), *Museum*, p. 183.

87. W. Biermann, "Die Elbe bei Dresden", auf der LP *Liebeslieder*, CBS.

88. W. Majakowski, "Ballade vom Zuchthaus zu Reading", *Frühe Gedichte*, p. 126. 물과 여성의 이미지 결합에 대해서는 이하를 참고하길 바란다.
"숲의 습기에 뛰노는 파도에 / 땅을 때리는 노한 파도의 밀어냄에 나는 흥얼댄다, / 가뿐히 들려오는 서막, 죄어오는 긴장감, / 반겨주는 가까움, 완벽한 몸뚱이의 모습, / 사내가 벌거숭이로 헤엄친다, 까딱도 안 하고 물에 누워 둥둥 떠다닌다, / 여체가 다가온다, 내 생각이 깊어진다, 사랑과 살이 고프고 아프다, / 신께서 적어두셨다. 나를 혹은 그대를 혹은 누구든. / 얼굴, 사지, 머리에서 발끝까지 그 모든 것을 / 그는 탐한다 / 신비로운 헛소리, 사랑의 미치광증, 완전한 자포자기, / 이리 온, 속삭여줄 말이 남았으니, / 너를 사랑한다, 오 너에게 오롯이 사로잡혔다, / 오, 너와 나 둘이서 세상을 버리고 달아나자꾸나, / 떠나자, 자유롭게 훨훨 벗어던지고, / 공중을 나는 두 마리 매, 바다를 헤엄치는 두 마리 물고기, / 우리처럼 법에 묶여 있지는 않겠지." (W. Whitman, "Kinder Adams", *Grashalme*, p. 103);
"자, 우리 어스름 속에서 흔들리자 / 왔다 갔다 왔다 갔다 / 자, 우리 물살 위에서 흔들리자 / 흐르다가 점점 날아가자 / 자, 우리 천천히 날아오르자 / 내 고운 사람아." (Gunnar Ekelöf, "Meerverwandlung", in Enzensberger (Hg.), *Museum*, p. 124);
"절반은 열기가 가득하고 / 절반은 냉기가 가득해서 / 놀란 물고기처럼 그녀의 허벅지가 / 내 밑으로 미끄러져들었지" (Lorca, "Die untreue Frau", in Enzensberger (Hg.), *Museum*, p. 185, 「부정한 유부녀」, 『로르카 시 선집』, 민용태 옮김, 을유문화사, 2008, p. 188);
"그녀의 가슴을 봤다, 파도 위의 별빛 같았다 / 그녀의 가슴은 언제나 영원히 투명한 파란 우유를 흘리며 울었다." (Breton, "Ein Mann und eine Frau vollkommen weiß", in Enzensberger (Hg.), *Museum*, p. 186); "바다와 달 가까이 우아한 코코넛 나무 아래 / 바지와 속옷의 끊임없는 삶과 충동, / 실크 스타킹을 쓰다듬는 소리 / 두 눈처럼 빛나는 여자의 젖가슴." (Neruda, "Einsamer Herr", *Gedichte*, p. 17);
"안 되지, 여왕님이 그대 얼굴을 알아서는, 그보다 / 더 좋은 것은 / 사랑이여, 겉모습보다는, 내 손에 / 묵직하게 물결치는 그대의 머리채. 기억하니 / 네 머리채에 꽃을 드리워 살랑이던/망가레바의 나무를? 내 손가락을/흰 꽃잎에 비할 수는 없겠지, 저 뿌리를 보렴/돌처럼 굳은 나무 등걸, 그 위에 도마뱀이/잽싸게 도망치는. 겁내지 말고 벌거벗은 채 비를 기다리자,/똑같은 비가 마누 타라에도 내린다."(Neruda, "Der Regen", *Gedichte*, p. 175); "그 밖에 나는 알아냈다, 바다는/기다리는 여자의 절망 같은 냄새가 난다는 것을"(Alberti, "Arion/Einfälle über das Meer", in Enzensberger (Hg.), *Museum*, p. 112); 여자와 물을 결합하는 사례는 숱하게 많다. 특히 "민중 통속적"인 노래, 민담, 전설 등에는 거의 무한대로 넘쳐날 지경이다.

여기서 여자와 국가가 흥미롭게 연관된 사례를 하나 소개하고자 한다. 역사적으로 보면 고대 사회는 수상 물류의 이점 때문에 대도시를 강가 혹은 해안에 건설했다. 도시에는 정기적인 자유 교통 때문에 엄격한 가부장제의 속박과 감시에서 풀려나는 여성들이 언제나 일부 존재했다. 그래서 「요한계시록」에서는 바빌론을 "큰 바다 물 위에 앉은 큰 창녀"라고 했다.

중세 초기에 대해서 엘리아스는 이렇게 설명한다. "대규모의 도시 거주지들은 수로를 따라 넓은 지방의 영역 안으로 파고들어 지방의 힘과 노동 생산물들을 흡수하였으나, 중앙정부가 멸망하면서 그리고 일부 지방민들이 도시의 지배자들에게 적극적인 투쟁을 벌임으로써 농경 부문이 도시의 지배권에서 해방된다."(Elias, *Über den Prozeß der Zivilisation*, Bd. 2, p. 65, 『문명화 과정 2』, 박미애 옮김, 한길사, 1999, p. 104);

대도시의 득세는 곧 육지보다는 물의 권력 우세를 의미한다. "시대에 뒤떨어진" 내륙 사람들이 도시/해양과 갈등하는 것이 바로 지금까지 이어지는 파시즘의 특징이다.

89. Georg Büchner, *Leonce und Lena*, 1. Aufzug, 4. Szene, *Gesammelte Werke*, p. 187. (『뷔히너 전집』, 박종대 옮김, 열린책들, 2020, p. 212.)

90. Büchner, *Dantons Tod*, 1. Aufzug, 5. Szene, *Gesammelte Werke*, p. 89 f. (같은 책, pp. 36–37.)

91. Ibid., p. 90. (같은 책, p. 37.)

92. Ibid., p. 101. (같은 책, p. 58.)

옛날옛적에: 물에서 나온 여인

1. Elaine Morgan, *Der Mythos vom schwachen Geschlecht*, Frankfurt am Main 1975, p. 10.

2. Ibid., p. 9.

3. Ibid., p. 19 f.

4. Ibid., p. 23.

5. Ibid., p. 11 f.

6. Ibid., 해당 내용은 이하를 참고. pp. 24 – 31.

7. Ibid., p. 25 f.; 또 한 가지가 있다. 잠수중 신진대사가 느려진다는 점이다. 이는 물개 역시 마찬가지다. 콧구멍의 생김새도 그렇다. 콧구멍이 아래로 열려 있는 이유는 냄새를 포함한 바람을 포착하기 위해서가 아니라 헤엄칠 때 물이 밀려들어오지 않도록 하기 위해서다. 인간만이 유일하게 눈썹을 치켜올리고 가운데로 모아서 이마를 찡그릴 수 있다. 이는 수면에서 튕겨내는 눈부신 햇빛으로부터 눈을 보호하려는 것이다. 유인원 중에서 인간만이 유일하게 우는 이유는 무엇일까? 인간만이 감정을 가졌기 때문이 아니다. 인간도 몇몇 다른 동물과 마찬가지로 소금물이나 소금을 함유한 음식을 섭취하고 눈물샘을 통해서 순수한 소금물을 배출한다. 바닷새나 바다 도마뱀 역시 "운다". "육식성 포유동물 중에서 울 수 있는 동물을 찾으려면 바닷가에 가서 물개와 수달을 보면 된다."
인간이 엄지와 검지를 한껏 뻗어서 만들 수 있는 각도는 90도보다 크지 않다. 그에 비해 다른 원숭이들은 180도까지 뻗을 수 있다. 이는 손가락 사이에 달려 있는 물갈퀴 때문이다. 수영 때문이 아니라면 손가락 사이에 여분의 살가죽이 있을 필요가 없다.(Ibid., p. 29, 37 – 45)

8. Ibid., p. 16.

9. Ibid., pp. 32 – 36.

10. Ibid., p. 30.

11. Ibid., pp. 46 – 49.

12. Ibid., pp. 50 – 54.

13. Ibid., p. 52.

14. Ibid., p. 55.

15. Ibid., pp. 184 – 193; 또한 Lionel Tiger, *Warum die Männer wirklich herrschen*, vgl. p. 203 ff., 225.

16. E. Morgan, *Der Mythos*, p. 232.

17. Sándor Ferenczi, "Versuch einer Genitaltheorie", *Schriften zur Psychoanalyse*, Bd. 2.

18. Ibid., p. 363 ff.

19. Ibid., p. 366.

20. Ibid., p. 365; 페렌치가 모체로의 회귀 경향을 또한 함께 언급하는 것은 이해하기 힘들다.(p. 363 ff) 그것을 근거 삼아 정신분석학의 뻔한 가족주의를 코드화한다. 라이히는 페렌치의 입장을 인상 깊게 눈여겨보고 상세히 비판한 바 있다(참고, *Die Funktion des Orgasmus*, p. 49의 각주).

21. 들뢰즈와 과타리가 해석한 근친상간도 유사하다. Deleuze / Guattari, *Anti - Ödipus*, z. B. p. 206.

22. E. Morgan, *Der Mythos*, p. 84.

23. Ibid., p. 70.

24. Ibid., "복종 의사"에 대한 논의는 이하를 참고. pp. 60 - 71.

25. Ibid., p. 105 ff.; 모건은 인간의 언어 능력도 1200만 년의 수중 시대에서 기인했다고 본다. 육지에서는 냄새를 통한 커뮤니케이션과 다른 동물의 공간적 영역을 존중하는 사회적 체계가 널리 통용되고 작동했지만, 물가 / 물속에서는 이것이 불가능했다. 늘 밀물과 썰물이 오가고 파도가 씻어가는 해변에서는 후각 신호를 남기는 것이 쉽지 않다. 머리만 물 밖에 내놓고 활동하자면 몸짓 신호 체계를 만들기 어렵기 때문에 음성 신호로 전환해야 했다. 정확히 어떤 시기에 언어가 시작되었는지는 알 수 없다. 모건은 몸집이 큰 물짐승을 사냥하던 수컷들끼리 협동이 필요해서 언어가 생겨났을 것이라고 추정한다. 내가 보기에는 그럴듯하지 않은 설명이다. 애초에 해안으로 이동하게 된 이유가 먹이를 찾기에 더 유리해서라고 한 설명이 모건의 출발점 아니었던가? 또한 수컷이 처음으로 언어를 발화한 계기가 앞서 말한 정상위 성교 때문이라고 설명하는 편이 더 설득력 있지 않을까? 지금 이게 새로운 방식의 살해 시도가 아니라고 암컷에게 설명할 필요가 컸을 것이다. 종의 보존을 위해서는 무척 중요한 문제다. 인류의 첫 발화가 수컷의 구애 때문이다는 가설이 사냥을 위한 협력 때문이라는 가설보다는 훨씬 더 내 마음에 든다. 구약성경의 창조 신화에서 에덴동산의 뱀이 말로 인간을 꾀었다는 점을 우리는 너무 쉽게 간과한다.

앞서 묘사한 진화는 암컷에게 또 다른 문제를 안겨준다. 일레인 모건은 한동안 원시 인류의 암컷이 오르가슴을 느끼는 능력을 상실했을 것이라고 주장한다. 좀더 자세히 말하자면 수컷이 암컷에게 오르가슴을 주는 능력을 상실했다는 것이다. 여느 동물과 달리 인류의 암컷은 수컷의 음경이 질에 힘차게 마찰해야만 오르가슴을 느끼는데, 마찰은 엎드린 자세에서 질벽에 가해져야 한다. 모건은 질의 점막에는 신경 말단이 없기 때문에 감각이 없다는 마스터스와 존슨의 성과학적 의견에 동의하고 있다. 질벽 점막이 오르가슴 능력과 상관없다는 것이다. 오르가슴 능력은 질 통로의 측면에 있는 근육 조직에 달려 있다. 마치 가려운 곳을 긁듯 여기에 빠르게 마찰이 가해져야 오르가슴이 생성된다. "부드럽게 쓰다듬기"는 상관없다는 의견이다. 이는 질 점막의 무감각성을 주장한 마스터스와 존슨의 학설을 따른 것이다.

정상위로 성교할 때는 수컷의 음경 끝부분이 질벽 통로 측면에 닿지만 암컷은 감각을 느끼지 못한다. 그 상태가 현생 인류까지 지속된 셈이다. 그래서 보충적으로 음핵 오르가슴이 진화했다. 여자가 남자 아래에 누워서 골반을 살짝 공중으로 들어올리면서 움직이는 특징적인 성교 동작은 음경 끝부분이 질벽 측면에 마찰되게 만든다. 속담에 이런 말이 있다. "절구질 각도가 신통찮으면 절구통을 기울여서 맞추면 된다."

여자, 그 욕망의 영토

1. 이하를 참고. Herbert A. u. Elisabeth Frenzel, *Daten deutscher Dichtung. Chronologischer Abriß der deutschen Literaturgeschichte*. München 1969, 5. Auflage, Bd. 1, p. 33 – 하인리히 폰 모룽겐의 궁정 연애시가 참고.
2. 현존하는 가장 오래된 독일어 마리아 전설은 베르너 신부(1172)가 쓴 「동정녀에 대한 세 가지 이야기Driu liet von der maget」에서도 마리아는 궁정 연가의 귀부인처럼 등장한다.
3. Fuchs, *Illustrierte Sittengeschichte der Neuzeit*, Bd. 2: *Galante Zeit*, p. 136.
4. Deleuze / Guattari, *Anti – Ödipus*, p. 353(『안티 오이디푸스』, p. 460); 이들은 레비스트로스의 『날것과 익힌 것』을 원용하여 근친상간의 죄책감을 설명한다. "하지만 이 죄책감은 무엇보다 아버지의 정신 속에 있는 것 같다. 아버지는 자기 아들의 죽음을 욕망하고 그렇게 만들려고 애쓴다……"

여자를 멀리하기 위한 갑옷

초기 부르주아 역사: 세계와 육체의 탈경계화 / 경계화

1. "하나의 소실점을 갖는 중심원근법은 수학적으로는 타당하지만 심리생리학적으로 현실적 공간은 아니다."(Arnold Hauser, *Sozial geschichte der Kunst und Literatur*, p. 357, 이하에서 재인용. Lippe, Bd. 2, p. 224) 용어상으로 보면 아르놀트 하우저의 주장은 성립되지 않는다. 마치 실제로 주어진 "심리생리학적 현실"이 있다는 듯 전제하고 있지만 이 현실 역시 변화한다는 점을 간과하고 있다. 원근법적 공간은 특정한 "심리생리적" 조건에서는 현실적이지만 동시에 인공적인 것이기도 하다. 그 점이 중요하다.
2. Rudolf zur Lippe, *Naturbeherrschung am Menschen*, Bd. 2, p. 226; 이하와 비교. Elias, *Der Prozeß der Zivilisation*, Bd. 1, p. 280 f.
3. Elias, *Der Prozeß der Zivilisation*, Bd. 2, p. 60(『문명화 과정 2』, p. 99).
4. Ibid., Bd. 2, pp. 58 – 67, 「제5절 사회의 내부 확장: 새로운 기구와 장치의 형성」 참고(같은 책, pp. 96 – 106).
5. Ibid., Bd. 1, p. 262 f., 278.
6. Mary Douglas, *Ritual, Tabu und Körpersymbolik*, p. 109 f.; 또한 참고하라. p. 106, 150; 동일한 취지는 이하를 참고. Michel Foucault, *Überwachen*

und Strafen, pp. 37 – 44; zur Lippe, *Naturbeherrschung*, Bd. 2, p. 215; Deleuze, *Nietzsche und die Philosophie*, München 1976, p. 45 f.

7. Elias, *Der Prozeß der Zivilisation*, Bd. 2, p. 60 ff.(같은 책, p. 100).

8. 이하와 비교. Leo Kofler, *Zur Geschichte der bürgerlichen Gesellschaft*, p. 110, 123 f.

9. 엘리아스는 "직업시민계급"이 형성되었다고 말한다. (*Prozeß der Zivilisation*, Bd. 2, p. 59. 같은 책 p. 99.) 이후에 이들은 똑같은 방법으로 도시와 귀족층을 장악하고 길드를 접수했다고 설명한다. 코플러에 따르면 이들은 "고액의 입장료를 부과함으로써 도시에서 원치 않는 요소를 밀어내버렸다".(Kofler, *Geschichte der bürgerlichen Gesellschaft*, p. 112.)

10. Kofler, *Geschichte der bürgerlichen Gesellschaft*, pp. 217 – 229.

11. 이는 쥘 미슐레의 저서 『마녀*Die Hexe*』에 잘 묘사되어 있다. 프랑스 역사학 교수가 1862년에 출판한 절반은 상상의 산물이고 절반은 역사인 소설이다. Jules Michelet, *Die Hexe*, München 1974.

12. 기록조차 거의 찾을 수가 없었다.

1500년경의 탈경계화 / 경계화: 망망대해와 "내면의 신"

1. 이하 참고. 엘리아스, 『문명화 과정 2』, 「제2장 국가의 사회 발생사」, 특히 "제2절, 영국과 프랑스 그리고 독일 발전과정에서의 몇 가지 차이점에 관한 부설".

2. 영주의 종교가 영지에 속한 백성의 종교를 결정한다. 장기적으로 이 원칙 때문에 다수의 영주국 난립이 고착화되었다. 각 영주국은 나름의 중앙 권력을 발전시켰으며 단일 중앙 제국으로의 통합은 한동안 요원했다.

3. Elias, *Der Prozeß der Zivilisation*, Bd. 1, p. 278(『문명화 과정 1』, p. 383).

4. 이하와 비교. Kofler, *Zur Geschichte der bürgerlichen Gesellschaft*, p. 228 ff.

5. *Die Geschichte des Pfarrers von Kalenberg*, 1473; *Bücher der Scherzhaftesten Fazetien* von Heinrich Bebel, 1508 / 21; *Schimpf und Ernst* von Johannes Pauli, 1522; *Das Rollwagenbüchlein*, Jörg Wickram 편집, 1555; *Die Gartengesellschaft*, Jakob Frey 수집 및 편집, 1557; *Das andere Teil der Gartengesellschaft*, Martinus Montanus, 1560년경. 이외 다수.

6. H. A. und E. Frenzel, *Daten deutscher Dichtung*, Bd. 1, p. 58. 저자들은 또한 "형식미가 추락했다"고 개탄하면서, 아르투어 휘브너의 "외설이 품격을 밀어냈다"는 평가와 보어의 "미로 속에서 길을 잃었다"는 말을 인용한다. 이들이 말하고 싶은 것은 자고로 "문화"가 충동 억제에서 비롯된다는 주장인 듯하다.

7. 문학 자체의 행동도 다를 바가 별로 없다. 이하를 참고. Elias, *Der Prozeß der Zivilisation*, Bd. 2, 특히 「제8절 중세 연가 및 궁정 일상 의례의 사회발생사」를 참고하길 바란다. 특히 p. 105 ff(『문명화 과정 2』, p. 139).

8. Zur Lippe, *Naturbeherrschung*, Bd. 1, p. 109.

9. 이하 책의 도입부를 참고하길 바란다. Bocaccios *Decamerone*.

10. Elias, *Prozeß*, Bd. 1, p. 276 f(『문명화 과정 1』, p. 381).

11. A. C. Crombie, *Von Augustinus bis Galilei. Die Emanzipation der Naturwissenschaft*.

12. 참고. Kofler, *Geschichte der bürgerlichen Gesellschaft*, 특히 이하 부분. "Die lutherische Reformation", pp. 262 – 284.

13. "게 섯거라! 어딜 내빼느냐? 천국이 네 안에 있도다,/엉뚱한 곳에서 신을 찾으면/너는 영영 신을 못 뵙는다." 루터의 시대보다 100년 후에 지어진 시다. Angelus Silesius, *Geistreiche Sinn – und Schlußreime*, 1665.

14. 다음에 이어질 내용은 이하를 참고. Michel Foucault, *Wahnsinn und Gesellschaft*, p. 77 ff. (『광기의 역사』, p. 118.)

15. Ibid., p. 84. (같은 책, p. 139.)

16. Ibid., p. 84. (같은 책, p. 139.)

17. Ibid., p. 65. (같은 책, p. 99.)

일부일처제의 공고화

1. M. Foucault, *Wahnsinn und Gesellschaft*, pp. 80 – 98, insbes. p. 97.

2. Ibid., p. 83.

3. "앙리 4세가 파리 공략을 시도하는 시기에 파리의 주민 수는 10만 명이 안 되었던 반면, 걸인의 수는 3만 명 이상을 헤아렸다." Ibid., p. 81(같은 책, p. 135). 또한 p. 84, 87, 92 f.

4. Ibid., p. 88 ff.

5. 참고. Eduard Fuchs, *Sittengeschichte der Neuzeit*, im Renaissance – Band, p. 16, L. H. 모르간의 가족 형성사 연구를 자세히 논하고 있다.

6. Elias, *Der Prozeß der Zivilisation*, Bd. 1, p. 260(『문명화과정 1』, p. 363); 이 과정이 18세기에 진행된 방식은 푸코의 저서에서 잘 묘사된다. Foucault, *Überwachen und Strafen*, p. 277: "언젠가 밝혀두어야 할 것은, 기본적으로 부모와 자식 간의 관계로 압축되는 가족 관계가 어떻게 규율화하였고, 가족이 어떻게 고전주의 시대로부터 정상적인 것과 비정상적인 것이라는 규율 문제의 출현 장소가 되었는지, 그리고 가정이 특히 중요한 외부의 도식들, 즉 학교, 군대 그리고 의학, 정신의학, 심리학의 그러한 도식들을 어떻게 받아들이

게 되었는가의 문제다."(『감시와 처벌: 감옥의 탄생』, 오생근 옮김, 나남출판, 2020, p. 393.)

7. 엘리아스, 『문명화 과정 2』, 특히 결론격인 「제3장 문명화이론의 초안」을 참고하길 바란다. 그중에서도 pp. 359 – 381.

8. Ibid., pp. 397 – 408, 또한 Bd. 1, p. 174 ff.

9. Ibid., Bd. 1, p. 251(『문명화과정 1』, p. 356).

10. H. A. und E. Frenzel, *Daten deutscher Dichtung*, Bd. 1, p. 89.

중앙화, 그리고 "순백의 여인": 육체의 도형화

1. Balthasar de Beaujoyeulx, *Le Balet comique de la Royne, faict aux nop – ces de Monsieur le Duc de Joyeuse&mademoyselle de Vaudemont, sa soeur*, Paris 1582.

2. Zur Lippe, *Naturbeherrschung am Menschen*, Bd. 2, p. 430 f., 특히 "키르케" 부분을 참고. pp. 426 – 456.

3. Ibid., p. 433.

4. Ibid., p. 452 f.

5. Ibid., p. 444.

6. Ibid., p. 445.

7. Ibid., p. 441.

8. Ibid., p. 441.

9. Ibid., p. 456.

10. Ibid., 또한 참고하라. Exkurs II: "Geometrisierung der Wahrnehmung des Menschen", Bd. 2, p. 209.

11. Ibid., p. 441.

홀로 그리고 더불어: 매와 메두사 — 혹은 "이드가 된 자아"

1. Michail Bachtin, *Literatur und Karneval, Zur Romantheorie und Lachkultur*, München 1969.

2. Michel Foucault, *Wahnsinn und Gesellschaft*, franz. Titel: *Histoire de la Folie*, Paris 1961; Frankfurt 1969.

3. Zur Lippe, *Naturbeherrschung*, Bd. 1, p. 104 ff.

4. Ibid., p. 134.

5. Margaret Mahler, *Symbiose und Individuation*, p. 13 ff.

6. Jacques Lacan, *Das Spiegelstadium als Bildner der Ichfunktion, Schriften 1*, Paris 1966; Olten 1973.

7. Rene Zazzo, *Conduites et conscience*, Neuchâtel 1962.

8. Franco Fornari, *Psychoanalyse des ersten Lebensjahres*, p. 182.

9. Zur Lippe, *Naturbeherrschung*, Bd. 2, p. 228.

10. Ibid., Bd. 1, p. 167.

11. Ibid., Bd. 1, p. 180.

12. Ibid., Bd. 1, p. 168.

13. Ibid., Bd. 1, p. 181 ff.

14. Ibid., Bd. 1, p. 192.

15. 새로운 특성의 재영토화는 경쟁의 기능화가 핵심이다. 즉, 각자가 가장 유능한 영역에서 개선을 꾀하는 것이 르네상스적 인간의 이상이다.(zur Lippe, Bd. 1, p. 153.)

여성 / 여성상의 재영토화를 위한 몇몇 주요 방법

1. Kofler, *Geschichte der bürgerlichen Gesellschaft*, 특히 루터의 종교개혁에 대한 부분을 참고. p. 262 ff.

2. 행동 변화를 연구할 때 기록을 자료로 삼는 것은 당연하다. 그런데 기록은 당연히 상류층 구성원과 그들에게 밀착된 사람들이 작성한 것이다. 사회 하층에서 벌어지는 일에는 관심이 훨씬 더 적을 수밖에 없다.

3. 이 점은 체칠리아 렌트마이스터가 『미학과 커뮤니케이션*Ästhetik und Kommunikation*』(Sept. 1976) 25호에 게재한 「뮤즈는 취직 금지Berufsverbot für Musen」라는 투고문에서 잘 지적했다. 여성의 육체는 "임의적으로 채워질 수 있는 텅 빈 형식의 수동적 재현, 스스로의 존재 없이 육화된 육체, 억지로 이상화할 수 있는 텅 빈 형식"이다. 그러나 여성 육체의 운명에 대해서는 언급이 너무 적다. 렌트마이스터는 이미지의 역사에만 머물 뿐, 살아 있는 육체가 겪는 실상은 살펴보지 않는다. 요즘 여성 작가들의 글에서 자주 관찰되는 흥미로운 회피다.

"오직 그녀", 현실성에 대한 본질적 불신: 양면 갑옷

1. Elias, *Die höfische Gesellschaft*, p. 364 f.

2. 엘리아스는 이렇게 표현한다. "예술이 정치적 패배자들의 사회적 은신처가 되는 것은 드물지 않은 일이다."(p. 366)

3. Ibid., p. 365.

4. Ibid., p. 378 ff.

5. Ibid., p. 369.

6. Ibid., p. 382 ff.

7. Ibid., p. 365.

8. Ibid., p.379.

9. Ibid., p. 378 f.

10. Ibid., p. 378 ff.

11. Ibid., p. 368.

12. Ibid., p. 382 f.

13. Ibid., p. 383.

14. Ibid., p. 363.

15. Ibid., p. 370 f.

16. 또한 이하를 참고. Elias, *Der Prozeß der Zivilisation*, Bd. 2, p. 369 ff. 이제는 사라져버린 "파노라마" 같은 사물 인식에 대해서는 이하를 참고. 특히 「제11장 기사의 생활 풍경」, *Der Prozeß der Zivilisation*, Bd. 1, pp. 283 – 301.

17. Elias, *Höfische Gesellschaft*, p. 371.

18. Bateson / Jackson / Haley / Weakland, "Auf dem Weg zu einer Schizophrenie – Theorie"., *Schizophrenie und Familie*, p. 16 ff.

19. 하지만 베이트슨과 동료 학자들이 이중 구속을 가족에 한정한다고 단언한 적은 없다. 또한 교조적으로 고집했다고도 말할 수 없다. 이들의 텍스트에는 오히려 다르게 해석될 사례까지 언급하고 있다. 선불교 스승과 제자의 대화가 좋은 사례다.(p. 18 f)

20. Gerhard Vinnai, *Sozialpsychologie der Arbeiterklasse*, Reinbek 1973 u. ders., "Identitätszerstörung im Erziehungsprozeß", in *Ästhetik und Kommunikation 4*, 1971. 빈나이는 프롤레타리아 청소년의 사회화 및 노동과정에서 발견되는 이중 구속 상황을 연구했다. 그에 대한 비판은 이하를 참고. Rainer Paris, "Die Grenzen des Doublebind – Konzepts", *Ästhetik und Kommunikation 15 / 16*, 1974. 파리스가 가한 비판의 요지는 빈나이가 제시한 사례가 "순수한" 이중 구속 이론에 부합하지 않는다는 것이다. 빈나이는 그렇게 주장한 적이 없다. 파리스는 빈나이의 이론이 정신분열 환자에게 효과가 없다고 비판한다. 그러나 가족 상황에서도 효과는 보장되지 않는다. 종합적으로 볼 때 파리스는 이중 구속 개념을 일종의 교리처럼 수호하고 있는 듯하다. 그는 비분강개하면서 "역사가 마치 질병의 역사라도 된다는 말인가!"라고 반박한다.(p. 73) 그렇다고 어째서 질병의 역사가 아닌지 근거는 제시하지 않는다. 한번쯤 생각해볼 만한 주제임에도 여기에 대해서는 비분강개하면서 느낌표를 남발하며 특정 "세계관"을 옹호하지 않는다. 또한 이하를 참고. G. Vinnai, "Sind die Befunde der psychiatrischen Familienforschung generalisierbar?", *Ästhetik und Kommunikation*

15/16. Lyman C. Wynne, "Über Qual und schöpferische Leidenschaft im Banne des 'double bind'", in *Familiendynamik, Interdisziplinäre Zeitschrift für Praxis und Forschung*, 1. Jg., Heft 1, Februar 1976, pp. 24-35. 이중 구속 개념이 가족에만 한정되어서는 안 된다고 자세히 논증한 글이다.

21. Elias, *Höfische Gesellschaft*, p. 380 f.

22. 발터 치제머의 주장에 따르면 노래집의 저자로 되어 있는 지몬 다흐는 실제 저자가 아니다. 이하를 참고. Simon Dach, *Gedichte in vier Bänden*, Bd. 2., hrsg. von Walter Ziesemer, Halle/Saale 1937. 원래는 저지 독일어 사투리로 된 결혼 축가 「타라우 여자 앙케, 위메 좋은겨Anke von Tharaw öß de my geföllt」 (1636)였다. 내가 인용한 축가와는 달리 이 노래의 주인공은 저속하고 성적인 말장난과 부부의 일상생활을 노래하고 있다. 헤르더가 원곡을 가다듬고 "번역"해 「타라우의 귀여운 안나」로 개작했고 민요 모음에 수록했다. 앞부분 10개 연만 남기고 저속한 뒷부분은 삭제했다. 그러므로 민요 속의 목소리는 헤르더가 손질한 것이라고 볼 수 있다.

17, 18세기 부르주아 여성의 성애화

1. 참고. Eduard Fuchs, *Illustrierte Sittengeschichte vom Mittelalter bis zur Gegenwart*, Bd. 2: *Die Galante Zeit*, 또한 참고하라. Hans Mayer, *Außenseiter*, Frankfurt a. M. 1975, p. 40, 72.

2. Elias, *Prozeß der Zivilisation*, Bd. 1, p. 252(『문명화 과정 1』, p. 357).

3. 일부 관찰자는 이러한 코드화를 여성의 새로운 자유로 이해한 것이다.

4. Fuchs, *Sittengeschichte*, Bd. 2: *Die Galante Zeit*, Erg.-Bd. 이곳과 이하의 인용문은 모두 푹스의 저서 중 『규방백과』에서 가져왔다. p. 22, 또한 이하를 참고. p. 137.

5. Fuchs, *Illustrierte Sittengeschichte vom Mittelalter bis zur Gegenwart*, Bd. 2: *Die Galante Zeit*, p. 139 f(kurz: Fuchs, *GZ*).

6. In Fuchs, *GZ*, p. 142, dgl. p. 129, 142.

7. Fuchs, *GZ*, Erg.-Bd., p. 145. 규범적인 신체 척도와 비교의 이유에 대해서는 이하를 참고. *GZ*, pp. 122-129. 그리고 Erg.-Bd., pp. 28-32(젖가슴); 발, 종아리, 무릎, 허벅지에 대한 내용은 *GZ*, pp. 129-131; 엉덩이는 p. 132.

8. Fuchs, *GZ*, p. 145.

9. Fuchs, *GZ*, p. 301.

10. Fuchs, *GZ*, p. 302; "Minotauros an Geilheit" heißt die Frau, Ibid., p. 305, "Ätna an Wollust", p. 306; 이하 역시 참고. p. 137, 139, 223, 308.

11. 푹스가 인용한 서적은 다음과 같다. *Frauenzimmerlexikon*, 1715, den *Leibdiener der Schönheit*, 1747, *Académie des Grâces*, 1760, 또한 결혼지침서인 *Das Frauenzimmer und dessen Schönheit*, Frankfurt, 1754. 물론 다른 종류의 교육용 서적도 있다. 독일 서적들은 부르주아 계층용이건 혁명 계층용이건 간에 경건주의적 성격이 강한 편이었다. 이하를 참고. Theodor Gottlieb von Hippel, *Über die bürgerliche Verbesserung der Weiber*, 1792; Sophie de la Roche, *Pomona für Teutschlands Töchter*, 1783; Johann Georg Sulzer u. a., *Anweisung zur Erziehung seiner Töchter*, 1781; 일반적으로 교육의 초점은 딸들에게 집중되지만 성애화 측면은 언급되지 않은 채 숨겨지는 편이다.

12. Fuchs, *GZ*, p. 301.

13. Fuchs, *GZ*, p. 141. 부르주아 미녀의 이상형은 가장 아름다운 여신들의 가장 아름다운 신체 부위를 총합하여 만들어낸 것이다.

14. 참고. Jules Michelet; *Die Hexe*, p. 149, Paris 1862.

15. 참고. Foucault, *Wahnsinn und Gesellschaft*, p. 72 ff., 93 ff.

16. Fuchs, *GZ*, p. 225 f.

17. Ibid., p. 226.

18. Goethe, *Faust. Der Tragödie zweiter Teil*, I. Akt, 3. Szene(Weitläufiger Saal), "Mutter und Tochter"(『파우스트 2』, 정서웅 옮김, 민음사, 1999. pp. 44–45).

19. 이하 참고. Fuchs, *GZ*, p. 308 f.

20. Ibid., p. 19.

21. Ibid., p. 20.

22. 참고. Ibid., p. 128; 이에 반대하는 운동도 있었다. 루소 등은 어머니가 직접 수유해야 한다고 주장했다. 흥미롭게도 이러한 주장은 봉건적/절대왕정적 귀족의 생활 방식에 반대하는 운동이었다. 그러나 정치적 동기에서 이루어졌을 뿐 "부르주아 여성"의 현실과는 별 상관이 없었다. 여성 육체가 또 다른 방식으로 이용당한 것이다.

23. Fuchs, *GZ*, p. 234 f.

24. Frenzel, *Daten*, Bd. 1, p. 157.

여성을 질로 축소 환원하기, 깊고 깊은 바다로 과대 확장하기

1. Fuchs, *Sittengeschichte*, p. 137 ff., 223, 306 ff.

2. Heinrich Anselm von Zigler und Klipphausen, *Die asiatische Banise oder das blutig–doch muthige Pegu*; 이하에서 재인용. Fuchs, *Galante Zeit*, p. 139; 소설 초판은 1689년에 발행되었지만 1707년 판본으로 다름슈

타트의 학술서적출판사Wissenschaftlichen Buchgesellschaft Darmstadt에서 1965년에 재간행되었다. 인용된 대목은 예외적 사례가 아니다. 여성/질/물을 상징적으로 연결하는 것은 숱하게 변형 반복되었다. 또 하나의 사례를 살펴보겠다. "다들 명심하세요, 알아들 두세요. 지금 내 수양딸은요, 숱한 귀족 구혼자가 그렇게 공들여도 끄떡없던 그 딸아이가요, 이제는 스스로 마음을 딱 굳혔답니다. 여러분 사랑의 닻을 딸아이의 사랑받는 바다에 내리도록 허락한대요. 장담컨대 여러분의 복된 돛단배는 행복과 사랑의 바람을 타고 두둥실 항해할 거예요."(Darmstadt 1965, p. 35; p. 37까지 이어진 부분 참고. 특히 주목할 부분은 pp. 437-462.) 인용된 구절에서 볼 수 있듯, 남성의 구애에 응답해서 딸의 성교를 약속해주는 것은 어머니의 공공연한 임무였다.

프렌첼에 따르면 이 소설은 "대성공"을 거두었으며 1766년에 10쇄를 달성했고 많은 모방작을 낳았다.(Frenzel, *Daten*, Bd. 1, p. 149.)

3. Fuchs, *GZ*, p. 144.

4. Ibid., p. 143.

5. Ibid., p. 134, 또한 이하와 비교. Erg.-Bd., p. 32 f.

6. Johann von Besser, "Ruhestatt der Liebe oder die Schooß der Geliebten", Grützmacher (Hg.), *Liebeslyrik des deutschen Barock*, pp. 104-110; 전편 수록은 이하를 참고. Fuchs, *GZ*, Erg.-Bd., p. 35-42.

7. Christian Friedrich Hunold, *Die Schooß*, (1702), in Fuchs, *GZ*, Erg.-Bd., p. 42 und in *Liebeslyrik des deutschen Barock*, p. 174.

8. Besser, "Ruhestatt der Liebe", in *Liebeslyrik des deutschen Barock*, p. 105, in Fuchs, *GZ*, Erg.-Bd., p. 36.

9. Bei Fuchs, *GZ*, Erg.-Bd., p. 42, 작자 미상의 시집에 수록. *Deliciae Poeticae*, 1728; 또한 *Liebeslyrik des deutschen Barock*, p. 170; 이하 역시 참고. Christian Hölmann, "Abbildungen der Schooß", in Arnold, *Dein Leib ist mein Gedicht. Deutsche erotische Lyrik*, p. 35 ff.

10. C. F. Hunold, "Die Schoß", in *Liebeslyrik des deutschen Barock*, p. 174; in Fuchs, *GZ*, Erg.-Bd., p. 43.

11. Gottlieb Sigmund Corvinus, "Der schlimme Traum", in *Liebeslyrik des deutschen Barock*, p. 154.

12. Karl Ludwig von Pöllnitz, in Fuchs, *GZ*, p. 139.

13. Ibid., p. 141.

14. 이하의 서문 부분에 잘 설명되어 있다. Hoffmann Hays, *Mythos Frau. Das gefährliche Geschlecht*, Düsseldorf 1969.

15. Choderlos de Laclos. *Les Liaisons Dangereuses*(1782), dt.: *Gefährliche*

Liebschaften, 이하에서 재인용. Fuchs, *GZ*, p. 226(『위험한 관계』, 윤진 옮김, 문학과지성사, 2007, p. 39).

독일 고전주의: 여성 – 자연, 여성 – 기계를 정복한 "새로운 풍기風紀"

1. 이하와 비교. Elias, *Prozeß der Zivilisation*, Bd. 1, p. 33, 35.

2. 이하를 참고. *Die französische Revolution im Spiegel der deutschen Literatur*, hg. von Claus Träger, 특히 이하의 대목을 참고. "Die Weimarer Klassik und ihr Kreis", p. 241 ff, 실러에 대해 언급된 부분 참고. p. 265 ff.

3. Kofler, *Geschichte der bürgerlichen Gesellschaft*, p. 554.

4. "고전주의 예술가"의 사회적 위치와 연원에 대해서는 이하를 참고. Elias, *Prozeß*, Bd. 1, p. 21 ff.

5. Goethe, *Faust. Der Tragödie zweiter Teil*, 3. Akt, letzte Szene; p. 950. (『파우스트 2』, pp. 336 – 337.)

6. Ibid., 4. Akt, 1. Szene, p. 952. (같은 책, p. 348.)

7. Ibid., 4. Akt, 1. Szene, p. 953. (같은 책, p. 349.)

8. Ibid., 4. Akt, 1. Szene, p. 956. (같은 책, p. 359.)

9. Ibid., 5. Akt, 5. Szene(궁전의 넓은 앞마당 장면), p. 987. (같은 책, p. 439.)

10. Ibid., 5. Akt, Schluss, p. 999. (같은 책, p.468.)

11. 여자가 "정복"되어야 한다는 발상과 그에 부합하는 이미지는 프리드리히 실러의 『도적 떼Räubern』에도 등장한다. 프란츠 무어는 카를 형님에 대해서 아버지에게 이렇게 말한다. "부모님 돌아가시면, 형님은 영지의 주인이 되고 충동의 왕이 될 겁니다. 댐이 사라지면 욕망의 물결이 더 자유롭게 휘몰아칠 겁니다." 19세기에 이미 충동 공포의 언어가 이렇게 생생했다. 이하를 참고. Schiller, *Sämtliche Werke*, hrsg. v. G. Fricke u. H. G. Göpfert, München 1965, Bd. 1, p. 498.

12. 이와 관련해서 참고. Horst Kurnitzky, *Die Triebstruktur des Geldes*. 특히 이 맥락에 관해서는 p. 100. "허용되지 않은 섹슈얼리티, 즉 일차적 충동을 참지 않고 마음껏 누리는 섹슈얼리티는 사회에 대한 심각한 위협으로 간주되었다. 자연 지배를 기반으로 하는 생산관계의 총체를 뒤흔들기 때문이다." 더 나아가 쿠르니츠키는 화폐의 발생을 여성 희생에서 도출한다. 내 글의 취지에도 부합하는 입장이다. 그가 보기에 여성성의 정복은 유럽 "문화" 과정의 초기 단계부터 이루어졌다. 이는 고대 그리스 역사에서부터 사회적 생산 과정과 밀접하게 연관되어 있었다.

13. Jean Paul, "Einfältige, aber gutgemeinte Biografie einer neuen angenehmen Frau von bloßem Holze, die ich längst erfunden und

geheiratet", in Klaus Völker (Hg.), *Künstliche Menschen*, p. 152.

14. Ibid., p. 167.

15. Ibid., p. 168.

16. 「플루트 연주자 기계에 대한 보캉송의 설명Vaucansons Beschreibung eines mechanischen Flötenspielers」(Joh. Nik. Martius, Joh. Chr. Wiegleb)의 첫 문장은 다음과 같다. "보캉송은 관악기에서 음고를 변화시키는 기계 장치와 연주에 필요한 부품들의 다양한 움직임에 대해 고찰한 뒤, 이 움직임들을 운동의 원리에 따라 하나의 단순한 기계 안에 성공적으로 모방해냈다."[강조는 필자] Klaus Völker (Hg.), *Künstliche Menschen*, p. 103 ff. 18세기 기계에 대해서는 이하를 참고. Julien Offray de La Mettrie, "Der Mensch eine Maschine", p. 78 ff. 또한 이하도 참고. Walter Benjamin, *Der eingetunkte Zauberstab*, *Gesammelte Schriften III*, Werkausgabe Bd. 9, p. 416 f: "고정된 형상이 아니라 변화다. 시문학은 이 변화에서 끊임없이 창조물을 길어올린다. 그것의 본질은 형상을 변형으로 이끄는 상상력이다. 이 과정에서 형상은 해체된다. 장 폴의 문학은 바로 그 해체 과정 자체를 재료로 삼는다."

17. Jean Paul, "Untertänigste Vorstellung unser, der sämtlichen Spieler und redenden Damen in Europa, entgegen und wider die Einführung der Kempelischen Spiel – und Sprachmaschinen", in *Völker* (Hg.), *Künstliche Menschen*, p. 137 ff.

18. Jean Paul, "Einfältige aber gut gemeinte Biographie einer neuen angenehmen Frau von bloßem Holz, die ich längst erfunden und geheiratet", in *Völker* (Hg.), *Künstliche Menschen*, p. 167.

19. Ibid., p. 166.

20. 오늘날 노동자들에게는 성과 기계의 연결이 일상적이고 공공연한 듯 보인다. 라이무트 라이헤는 미공개 논문에서 오펠 자동차 공장 노동자 시절 퇴근 전 탈의실에서 여자와의 성행위 동작을 장난 삼아 흉내 내던 동료 노동자들을 언급했다. 그가 발견한 점은 노동자들의 성행위 동작이 근무 중 기계 앞에서 수행하던 동작과 정확히 일치한다는 것이다. 노동자 출신 시인 H. 리프는 "내 사랑은 컨베이어 벨트 위를 흐른다. 스탬핑 기계가 내 믿음을 부숴버렸고 지금도 황폐한 기어에 리듬을 넣는다"라고 썼다. (H. Lipp, "Er weidet mich……", in *Aufschrei aus dem Asphalt*, Berlin o. J., um 1919, p. 37.)

21. Deleuze / Guattari, *Anti – Ödipus*, p. 45.

22. Ernst Bloch, *Erbschaft dieser Zeit*, p. 104 ff. und *Kursbuch* 39, p. 1 ff.

1. Heinrich Mann, *Ein Zeitalter wird besichtigt*, p. 18.

2. 참고. Ibid. 하인리히 만은 pp. 12 – 19에서 나폴레옹을 프랑스 혁명의 대외적 집행자이자 낡은 왕족들의 호적수로 여긴다. 독일의 "해방전쟁"은 결국 엉뚱하게도 "해방자"를 쫓아내고 말았다.

3. 마리오 프라츠는『사랑, 죽음, 그리고 악마. 암흑의 낭만주의*Liebe, Tod und Teufel. Die schwarze Romantik*』에서 다양한 부정적 여성상이 19세기 문학에 끝도 없이 확산되었다고 지적했다. 이런 부류의 모음집이 흔히 그렇듯 그의 저서 역시 특정한 입장이 없다. 특정 현상을 수없이 기록하여 나열하는 데 그칠 뿐이다. 사악한 풍조의 "창시자"이자 조상이 사드 후작이라고 단정하며 규탄하기까지 한다. 호프만 헤이즈의『신화적 여성*Mythos Frau*』도 마찬가지다. 심지어 그는 그리스 시대와 "원시 부족들"에게서도 유사한 사례를 열거하고 있다. 그는 여성이 남성을 쥐락펴락하는 요망한 권능이 만악의 근원이라고 설명한다. 사람들이 생각을 회피하려고 별걸 다 만들어낸다는 것이 놀라울 뿐이다. 핍박에는 결과가 따른다는 사실을 왜 모를까.

4. Lautreamont, "Die Gesänge des Maldoror", *Das Gesamtwerk*, p. 17(『말도도르의 노래』, 황현산 옮김, 문학동네, 2018, p. 27).

5. Mary Shelley, *Frankenstein oder der neue Prometheus*, zitiert nach: Shelley / Förster, *Die Geschichte des Docktors Frankenstein*, p. 60.

6. 참고. Shelley / Förster, *Die Geschichte des Docktors Frankenstein*, p. 61.

7. Clemens Brentano, *Briefe*, Bd. 1, Frankfurt am Main 1855, p. 109 ff.

8. 갑옷에 대해서는 이 챕터에서 이어지는「더러운 육체」참고. 또한 2권에서「섹슈얼리티와 훈련」「전투와 육체」「군인 남성의 자아」를 참고하길 바란다.

9. 간혹 여성과 범람의 연관성이 직접적으로 언급될 때에는 살짝 가려진 암시로만 드러난다. "준비된 여성성이 줄지어 행진했다. 아스팔트에 연꽃이 피어났다. 브뤼셀, 삶, 천 개의 선박 스크루 아래에서 거품을 일으켰다." 에른스트 윙거의 표현이다. (*Kampf als inneres Erlebnis*, p. 33.) 에베르스의『알라우네*Alraune*』에 등장하는 남자 주인공 프랑크 브라운은 밤에 여자를 찾아가면서 혼잣말로 중얼거린다. "요한 폰 네포무크 성인이시여, / 홍수로부터 수호하소서, / 저를 사랑에서 지키소서! / 남들은 사랑에 푹 빠지더라도 / 저만은 지상의 평화를 주소서. / 요한 폰 네포무크 성인이시여, / 저를 사랑에서 지키소서!" 이외에도 요한 폰 네포무크를 부르며 기도한 경우는 라인강이 홍수로 범람했을 때밖에 없었다. (Ewers, *Alraune. Die Geschichte eines lebendigen Wesens, Phantastischer Roman*, München 1911, p. 72.) "당신도 아시겠지요, 우리의 가장 아름다운 지상낙원이 어디에 있는지? 불을 뿜는 화산의 발치에 있지요. 창

조의 마지막 밤을 밝히는 신부의 횃불을 나는 봅니다. 모든 것이 풍족하고 모든 것이 아름다운 곳, 세상의 정원들, 범람하는 바닷가. 이 모두가 불사의 위험에 빠졌습니다."("Soireen" in Wilhelm Weigand, *Die Rote Flut*; Münchener "Boheme" 1919) "아시잖아요……." 신부의 밤, 용암, 범람하는 바닷가 등 공통된 어휘가 눈에 띈다.(p. 324) 델마르는 이렇게 말했다. "루아르강은 홍수 때에는 가뭄 때보다 수량이 330배 이상 늘어난다. 오래전에 쌓아둔 댐에도 불구하고 위험천만하다. 지리적 경험으로 얻은 생각을 이 책의 분석에 적용하여 비교하는 것은 가당찮다. 그러한 가능성 자체로 너무 겁이 나서 몸이 말을 안 듣는다. 한 가지는 확실하다. 프랑스에서 사랑의 증폭 앞에는 어떠한 제한도 소용이 없다." (Delmar, *Französische Frauen*, p. 11.) (아, 내 사랑, 수영은 못하시나요…….)

덧붙여

1. Frieda Grafe, "Ein anderer Eindruck vom Begriff meines Körpers", *Filmkritik*, Nr. 3, 1976, p. 123.
2. Friederike Pezold, "Video, Zeichnungen und Fotos"(이하에 수록. *Filmkritik*, Nr. 3, 1976.) 또한 *Manifeste*: *Manifest zur Befreiung des Körpers und der Frau*(1973), *Fischgebrüll*(1974).
3. F. Grafe, "Ein anderer Eindruck vom Begriff meines Körpers", *Filmkritik*, Nr. 3, 1976, p. 123.
4. Ibid.
5. 그럼에도 논문은 계속 써야만 했다.
6. 현재 우리가 특별하고 "자연스러운" 인생 시기라고 생각하는 "아동기"는 부르주아 사회에 의해 만들어진 것이다. 이하를 참고. Philippe Aries, *Geschichte der Kindheit*, München 1975, 또한 Shulamith Firestone, *Frauenbefreiung und sexuelle Revolution*, p. 71 ff.

이성 관계의 결여를 억지로 유지하기 위한 몇몇 방법

들어가며

1. Paul Feyerabend, *Wider den Methodenzwang. Skizze einer anarchistischen Erkenntnistheorie*, Frankfurt 1976, 나는 과학을 일보 진전하게 만들거나, 최소한 질문 방법을 혁신할 수 있다면 뭐든 상관없다고 생각한다. 몸과 글쓰기 사이의 관계에 대해 전통적인 문학 연구가 과연 자부심을 갖고 내세울 만한 앎이 있기나 한지 나는 알지 못한다. 만약 없다면, 그들이 고수해온 기존 방식의 "엄수"를 감히 요구할 처지가 못 될 것이다.

2. 베르너 슈뢰터의 영화 「마리아 말리브란의 죽음Der Tod der Maria Malibran」(1971)에서 막달레나 몬테추마가 한 말이다.

여성 육체, "새로운 풍기"의 대상

1. 참고. Kofler, *Geschichte der bürgerlichen Gesellschaft*, pp. 216–229.
2. "기독교의 남성우월적 경향은 로마의 가부장제와 결합하여 권위주의적 일탈을 지지했다."(Ernest Bornemann, *Das Patriarchat*, Frankfurt 1975, p. 384.) 마르크스의 『자본론』을 본받아 가부장제를 분석하려 했던 저자가 "일탈"이라는 표현을 쓴 것은 몹시 의아하다. 추어 리페는 이런 종류의 연합 덕분에 1600년경 프랑스의 부르주아 절대주의 국가의 등장이 가능했다고 본다. 앞서 이 책에서 다룬 키르케에 대해서 리페는 이렇게 말한다. "부르주아 세계와 왕이 연합한 근대적 권력이 키르케와 투쟁한다."(*Naturbeherrschung am Menschen*, 2. Band, p. 443.)
3. 엘리아스는 패배자들이 "모방적 놀이세계"로 도피하면서 나타나는 효과를 간과했다. 그는 전반적으로 "상층 계급"이 일으킨 변화가 "하층 계급"에게 미치는 영향을 과소평가한다. 엘리아스의 연구가 지닌 가장 큰 약점이다.
4. 이는 루이스 부뉴엘의 영화에 끝없이 형상화된다.
5. 참고. Rohrwasser, *Saubere Mädel*, starke Genossen; 또한 이 책 제1장에서 "프롤레타리아 계급의 현실" 부분 중 그륀베르크가 기젤라 첸크와 프롤레타리아 처녀 메리를 묘사한 대목을 참고하길 바란다. 239쪽.
6. "우상화와 악마화는 경험적 여성으로부터 멀리 떨어져 있다"는 실비아 보벤셴의 주장은 전혀 옳지 않다. 여성상은 언제나 살아 있는 여성과 연결되어 있었다. 여성상은 도구화, 살해, 때때로 추앙하기 등으로 유지된다. 실제 여성을 "경험적" 여성으로 취급해버린다면 이러한 연결이 흐릿해질지도 모르겠다. 이하를 참고. Bovenschen, "Die aktuelle Hexe, die historische Hexe und der Hexenmythos. Die Hexe: Subjekt der Naturaneignung und Objekt der Naturbeherrschung", in Becker, Bovenschen u. a., *Aus der Zeit der Verzweiflung*, Frankfurt a. M. 1977, p. 295.

여성 희생의 형식

1. Eldridge Cleaver, *Seele auf Eis*, München 1969.

근친상간 명령

1. Dr. theol. G. Kremer, "Marienverehrung und der Jungmann", in Kath. Kirchenblatt Nr. 18, 3. 5. 1931, 『파시즘의 대중 심리』 p. 245에서 재인용.

2. Ibid., p. 174. (같은 책, p. 247.)

3. Ibid., p. 175. (같은 책, p. 248.)

4. Ibid., p. 175. (같은 책, p. 249.)

5. 이 책의 「흐르는 그 모든 것」 부분 참고.

6. 1955년 이후에는 로큰롤 문화 등의 결정적 영향으로 많은 청소년이 성적 코드화에 대한 어른들의 영향력을 상당 부분 빼앗는 데 성공했다. 이는 비교적 안정적인 진보였으며, "십대의 반항"이라는 이름으로 꽤나 야단스럽고 요란한 모험은 뒤늦게나마 정당성을 얻었다.

7. Franz Schauwecker, *Aufbruch der Nation*, p. 8.

8. 어머니와 누이를 향하는 근친상간의 차이점에 대해서는 이하를 참고. Deleuze / Guattari, *Anti-Ödipus*, p. 258.

9. 나는 이 개념을 원래 엘리아스가 제안했던 것보다 더 확장해서 사용한다. 엘리아스는 권력투쟁에서 패배해 위에서 아래로 밀려난 계층을 가리켜 이중 전선 계층이라 불렀다. (*Höfische Gesellschaft*, p. 378 ff.) 내 생각에는 좀더 광의로 확장하는 것이 가능하다. 유사한 형태의 권력 투쟁이 이른바 "중간 계층"이라고 불리는 하위 집단들 사이에서도 벌어지기 때문이다. 이들 역시 비슷한 딜레마를 겪는다. 중산층과 프롤레타리아, 프롤레타리아와 농민 사이에도 투쟁은 벌어진다.

10. 이 문제에 대해 뤼스 이리가레가 좋은 글을 썼다. Luce Irigaray, "Noli me tangere oder der Wert der Waren", *Waren, Körper, Sprache. Der verrückte Diskurs der Frauen*, pp. 46-61.

여성 안의 바다, 이중 구속에서 탈주하기, 근친상간 명령 / 금지

1. Kurt Tucholsky, *Zur soziologischen Psychologie der Löcher*, *GW*, Bd. 9, Reinbek bei Hamburg 1975, p. 153.

노동시가에 넘쳐나는 사랑 — 덧붙이는 말

1. Karl Bröger, "Erwachen", in Günter Heintz (Hg.), *Deutsche Arbeiterdichtung 1910-1933*, p. 316.

2. Oskar Maria Graf, "Brautsang", in Günter Heintz (Hg.), *Deutsche Arbeiterdichtung 1910-1933*, p. 317.

3. Christoph Wieprecht, "Ohne Titel", in Günter Heintz (Hg.), *Deutsche Arbeiterdichtung 1910-1933*, p. 326

4. Graf, "Geliebte", in Günter Heintz (Hg.), *Deutsche Arbeiterdichtung 1910-1933*, p. 317.

5. Heinrich Lersch, "Ohne Titel", in Günter Heintz (Hg.), *Deutsche Arbeiterdichtung 1910 – 1933*, p. 322.

6. Ibid., p. 324.

7. Bröger, "Erwachen", in Günter Heintz (Hg.), *Deutsche Arbeiterdichtung 1910 – 1933*, p. 316.

8. 이하와 비교. Deleuze / Guattari, *Anti – Ödipus*, p. 40 f., 79 – 81, 181; Jaques Hochmann, *Thesen zu einer Gemeindepsychiatrie*, Frankfurt a. M. 1973, p. 57 ff., 279 ff.

9. Höß, *Kommandant in Auschwitz*, pp. 75 – 85, 101 – 121.

10. 예를 들어 이하와 비교. von Selchow, *Hundert Tage aus meinem Leben*, p. 289 ff.

11. Lucas, *Märzrevolution 1920*, Bd. 2, p. 164.

12. Paul Hahn, *Der rote Hahn, eine Revolutionserscheinung*, p. 31; 이하에도 언급되어 있다. Max Barthel, *Der Putsch*, Berlin 1927.

13. 1920년 3월 26일 에센의 『스파르타쿠스Spartakus』의 「계급투쟁」이라는 논설문의 일부다. 군중을 긍정적인 어조의 바다에 비유한 사례는 이하를 참고. Grünberg, *Brennende Ruhr*, Rudolfstadt 1920, p. 160 , p. 168. 노동조합가 「형제여, 태양으로 자유로Brüder zur Sonne, zur Freiheit」의 2절에서도 볼 수 있다. "보라, 수백만 물결 / 암흑 속에서 끝없이 솟구치네." 흥미롭게도 유사한 화법이 돌격대에서도 발견된다. 1934년 돌격대는 이른바 "제2차 혁명"을 주장하면서 국가방위군에 맞서려고 했다. "회색 절벽은 갈색의 홍수에 가라앉아야 한다." Charles Bloch, *Die SA und die Krise des NS – Regimes 1934*, p. 70.

14. 뮐하임의 시청 발코니에서 3월 30일에 오스카 니켈이 연설한 내용이다. *Mülheimer Zeitung*, 8. April 1920; 이하에서 재인용. Lucas, *Märzrevolution 1920*, Bd. 3, Manuskript.

15. Brecht, *Flüchtlingsgespräche*, GW 14, p. 1514.

육체 경계의 오염 상태

더러움

1. Christian Enzensberger, *Größerer Versuch über den Schmutz*, p. 23 f.

2. H. Melville, *Moby Dick*, 특히 42장 「고래의 흰색」 참고.

3. Von Killinger, *Die SA in Wort und Bild*, p. 27 f.

진흙탕

1. J. Bischoff, *Die letzte Front*, p. 120.

2. Zöberlein, *Befehl des Gewissens*, p. 671

3. A. Rosenberg im Vorwort zu *Dietrich Eckart. Ein Vermächtnis*, p. 19

4. Jünger. *Der Arbeiter*, p. 27.

5. Heinz, *Sprengstoff*, p. 35.

6. Goote, *Kamerad Berthold*, p. 109.

7. 참고. Henning Duderstadt, *Der Schrei nach dem Recht. Die Tragödie von Mechterstädt*, Marburg 1920.

8. Karl Schaumlöffel, *Das Studentenkorps Marburg in Thüringen*, p. 13.

9. Salomon, *Die Geächteten*, p. 218; 방종과 진흙탕의 관념은 이하와 비교. Herzog, *Kameraden*, p. 342; Freksa, *Kapitän Ehrhardt*, p. 141.

늪

1. Otto Paust, "Das Lied vom verlorenen Haufen", in F. Glombowski, *Organisation Heinz*, p. 6.

2. R. Mann, *Mit Ehrhardt durch Deutschland*, p. 133 f.

3. Reinhard, Oberst a. D., *1918 – 19. Die Wehen der Republik*, p. 13.

4. Otto Haas, *Hauptstaatsarchiv Stuttgart, Abt. Militärarchiv*, "Nachlaß Otto Haas, Nr. 2, Denkschrift der Division Haas, Lippstadt 26. März 1920, Blatt 24"; zit. nach Lucas, *Märzrevolution*, Bd. 3.

5. Gengler, *Rudolf Berthold*, p. 93.

6. Ibid., p. 117.

7. Mann, *Mit Ehrhardt*, p. 133 f.

8. Ibid., p. 10.

9. Wilhelm Weigand, *Die Rote Flut*, p. 499; 또한 Krumbach, *Epp*, p. 76. 여기서 민주주의는 내면적 부패라는 뜻으로 쓰인다.

10. Ekkehard, *Sturmgeschlecht*, p. 208.

11. Herzog, *Kameraden*, p. 230 f.

12. Salomon, *Die Geächteten*, p. 383; 잘로몬이 감옥에서 받은 위문편지였다. 늪에 대한 언급은 이하를 참고. Dwinger, *Auf halbem Wege*, p. 525; Schulz, *Ein Freikorps im Industriegebiet*, p. 24; Eggers, *Von der Freiheit des Kriegers*, p. 68; Stadler, *Als Anti – Bolschewist 1918 / 19*, p. 139; Volck, *Rebellen um Ehre*, p. 92 f.; Freiwald, *Verratene Flotte*, p. 238.

가래

1. 출처. Salomon, *Die Geächteten*, p. 384.

2. F. W. Heinz, *Die Nation greift an*, p. 105.

3. Walter Frank, *Franz Ritter von Epp*, p. 142.

4. Bronnen, *Roßbach*, p. 153 f.

5. Franz Nord, "Der Krieg im Baltikum", *JKR*, p. 93.

6. Dwinger, *Auf halbem Wege*, p. 292.

곤죽

1. Herzog, *Mann im Sattel*, p. 406.

2. E. Jünger, *Feuer und Blut*, p. 64.

3. Salomon, *Die Geächteten*, p. 263.

"뒷구멍"

1. F. W. Heinz, *Sprengstoff*, p. 14.

2. Heinz, *Die Nation greift an*, p. 23.

3. Berthold, "Tagebuch", in Gengler, *Rudolf Berthold*, p. 108.

4. Goote, *Wir tragen das Leben*, p. 41.

5. F. Schauwecker, *Aufbruch der Nation*, p. 315.

6. Ibid., p. 315, 또한 이하와 비교. p. 352, 359; 똥과 탈영병을 연결 짓는 표현
    은 이하를 참고. Kohlhaas, *Der Häuptling und die Republik*, p. 156; Kot /
    Gier: Eggers, *Vom mutigen Leben*, p. 34 f.

똥

1. Goote, *Kamerad Berthold*, p. 244.

2. Heinz, *Sprengstoff*, p. 13.

3. Herzog, *Wieland der Schmied*, p. 344 f.

"몸소"

1. W. Freimüller, *Die Schreckenstage in Leipzig*, p. 4.

2. Heinz, *Sprengstoff*, p. 24.

3. Freksa, *Kapitän Ehrhardt*, p. 151; 좌파 군인의 악취를 이야기하는 내용은
    이하를 참고. Höfer, *Oberschlesien in der Aufstandszeit*, p. 13 f.

4. Dwinger, *Auf halbem Wege*, p. 525.

5. H. Schauwecker, "Freikorps von Epp. Erinnerungen eines Freikorps –
    Studenten", *HoDA*, p. 161.

6. Freimüller, *Schreckenstage*, p. 26.

7. Lanz von Liebenfels, "Rassenmystik", *Ostara, Nr. 78*, 이하에서 재인용. Manfred Nagl, *Science Fiction in Deutschland*, p. 176.

8. 이하와 비교. Wilhelm Daim, *Der Mann, der Hitler die Ideen gab*, München 1958.

9. Heinz, *Die Nation greift an*, p. 31.

비

1. Ihno Meyer, *Das Jägerbataillon der Eisernen Division*, p. 52.
2. Freksa, *Kapitän Ehrhardt*, p. 346.
3. Zöberlein, *Befehl des Gewissens*, p. 3.
4. Heinz, *Sprengstoff*, p. 130.
5. Jünger, *Kampf als inneres Erlebnis*, p. 63.
6. Bronnen, *Roßbach*, p. 36; 일반 사병 사이에서 통용되던 욕설 "맙소사, 엉덩이, 소나기"는 이런 맥락에서 나온 것으로 추정된다. (일례: Schauwecker, *Aufbruch der Nation*, p. 191.)

늪, 가래, 곤죽에 맞서기

1. 이상의 인용은 앞서 소개된 적이 있어 별도의 출처 표기를 하지 않는다.

요약: 공화국 / 혁명 / 전쟁

1. S. Freud, *Drei Abhandlungen zur Sexualtheorie*, GW V, p. 96 f.; *Über infantile Sexualtheorien*, GW VII, p. 181 ff. 그 외에 많은 부분에서 수차례 언급되었다.

2. 이하의 통찰력 있는 문장을 참고하길 바란다. D. H. Lawrence in *Pornographie und Obszönität*: "성교 기능과 배설 기능은 서로 가까이 위치해 있지만 의미 면에서는 서로 완전히 다르다. 성교는 창조적으로 자신을 완전히 쏟아붓는 행위다. 그에 비해 배설은 비워내고 끝장내며 부패하는 행위다. …… 하지만 인간 본능의 심층에는 두 기능의 상반성을 담아내는 본능도 있는 듯하다. 타락한 인간은 심층적 본능이 죽어버렸기 때문에 두 기능이 융합되어 나름의 하나로 합쳐져 있다." p. 28 f.; Zürich, 1971.

3. 이하를 참고. Delmar, p. 18: "독일 이주민의 홍수"는 그대로 프랑스 여인의 가랑이 사이로 들어갔다.

4. Hellmut / Alengo, "Der erotische Vierzeiler höher gebildeter deutscher Städter", in F. Salomon Krauß, *Antropophyteia IV*, p. 210 ff.

5. 이와 비슷한 표현이 21, 47, 97, 164, 231절에도 등장한다. 또한 이하를 참고.

"Das deutsche Herrentischlied", von H. Luedecke in *Antropophyteia IV*, "보나파티우스 키제베터"가 등장하는 연도 있다. p. 177 ff. 또한 p. 283. 하이네의 「바다에서Am Meer」를 풍자한 내용도 있다.

6. Hellmut / Alengo, *Wirtin*, 284연. 또한 90연. 또한 이하도 비교 참고. Janine Chasseguet – Smirgel, "Die weiblichen Schuldgefühle", in Chasseguet – Smirgel (Hrsg.), *Psychoanalyse der weiblichen Sexualität*, p. 189. 남성 조루 환자의 사례가 인용되어 있다. "22세 나이에 촉각적 자극만으로 세 번 연속 만족감을 느꼈는데 그는 질의 존재를 '몰랐다'. 그의 판타지와 꿈 이미지는 이러한 '무지'를 잘 설명해준다. 이 점을 제외하고는 무척 지적이고 정신적으로 깨어 있으며 활발한 젊은이였다. 그가 상상한 여성 신체 기관은 위협적인 배설물로 가득한 곳이었다. 쓰레기와 잡동사니가 가득한 동굴, 소 항문에서 나온 듯 납작하고 '화강함처럼 단단한' 쇠똥, 방 안에 널브러진 시체, 사고가 나서 길바닥을 막고 있는 자동차 잔해 등. 따라서 그는 삽입을 위험으로 인식했다. 위험을 막으려면 질 입구를 깨진 유리로 막아버리거나 시멘트를 부어서 메워야 한다고 생각했다. 혹은 야간용 요강으로 사용해서 오물을 꽉 채워야 한다고 생각했다."

7. Hellmut / Alengo, *Der erotische Vierzeiler*, 149연.

8. Ibid., 19연.

9. Ottwald, *Ruhe und Ordnung*, p. 80 f.

10. *Das goldene ABC*. (빌헬름 부슈의 오래된 저작에서 재인용했다.) 독일 전역에 잘 알려진 노래였다. H. Luedecke, "Das deutsche Herrentischlied", in Krauß, *Antropophyteia IV*, p. 173.

더러운 육체

1. 정신분석학은 이렇게 추정한다. "정신분석적 전위 이론은 개념들로부터 해방되어 연상 경로를 따라 미끄러질 수 있는 점유 에너지에 관한 경제적 가설을 전제로 한다" (Laplanche / Pontalis, *Wörterbuch*, p. 603.) "전위"는 방어기제로서, 원래 욕망하던 대상, 상황, 과정 대신 전혀 다른 언어적 표현을 사용하되 동일한 정서적 강도를 유지하는 것이다.

2. Wolf Biermann, "Kleine Ermutigung", *Mit Marx – und Engelszungen*, p. 59.

3. Mahler, *Symbiose und Individuation*, p. 13, p. 49.

4. Ibid., p. 39.

5. Ibid., p. 13 f.

6. Ibid., p. 14.

7. Ibid., p. 42 ff., 49 ff., 76 f., 110 ff. 멜라니 클라인의 내향투사 부분 대상 이

론에 따르면, 쾌락적 넘쳐흐름을 금지하거나 제한하면 아기에게 좌절을 안겨주는 대상으로서의 사악한 어머니의 젖가슴을 내향투사된 형태로 정체시키게 된다. (Klein, *Über das Seelenleben des Kleinkindes*, p. 151 ff. 또한 *Die psychoanalytische Spieltechnik: Ihre Geschichte und Bedeutung*. p. 25 f.) 어머니의 젖가슴은 막강하고 사악한 내면화된 어머니로 자라난다. 조르조 망가넬리는 『하강*Niederauffahrt*』(Berlin 1967)에서 그 끝없는 타락을 묘사했다.(p. 52 ff.)

8. 에어하르트 대위의 어린 시절 일화를 사례로 소개한다. "어머니가 흰색 레이스 칼라가 달린 멋진 벨벳 정장을 선물로 주셨다. 일요일에 처음으로 차려입었다. 어머니는 귀한 예복이니까 더럽히지 말라고 당부하셨고 난 그러겠다고 약속했다. 옷을 자랑하고 싶어서 이웃집으로 건너갔다. 일요일이라서 뒤뜰은 조용했다. 나는 여기저기 기웃댔다. 뜰 가운데에 세워둔 손수레 위에 큼직한 마개가 달린 나무통이 있었다. 툭툭 두드려봤다. 꽉 채워진 통이었다. 나는 장난삼아 마개를 건드렸다. 두툼한 나무 마개가 툭 튕겨져나오면서 내 가슴팍을 쳤고 나는 넘어졌다. 나무통에서 누런 오줌 거름이 팔뚝 굵기로 콸콸 쏟아졌다. 너무 더러웠지만 나는 겁에 질린 나머지 꼼짝없이 누워 있었다. 간신히 정신을 차리고 있는 힘껏 달려서 집에 계신 어머니에게 갔다. 내 뒤로 오줌 자국을 길게 질질 흘리면서 평화로운 일요일의 거실에 들어섰다. 어머니는 나를 보시더니 언제나 그러셨듯 따귀를 한 대 갈기셨다. 더는 혼내지 않으시고 뒤끝도 없었다. 그걸로 끝났으면 다행일 텐데 아무리 빨래를 해도 썩은 오줌 냄새가 벨벳에서 빠지질 않았다. 아버지는 정장을 버리는 것을 허락하지 않으셨다. '벌을 받아야지. 실오라기 하나만 남을 때까지 꼭 입고 다녀라.' 그 후로도 오랫동안 정장에서는 지린내가 풍겼다. 내가 가는 곳마다 사람들은 코를 싸쥐었다. 나는 너무 괴로웠다. 이웃 아저씨가 놀릴 때에는 너무 창피해서 악취도 안 느껴질 정도였다. 아저씨는 2년 후에도 나만 보면 일꾼들과 함께 놀렸다. '꼬마야, 오늘도 냄새나니?' 수많은 어린 나날을 그 일로 망쳐버렸다." (Freksa, *Kapitän Ehrhardt. Abenteuer und Schicksale*, p. 8 f.)

9. "피의 흐름"에 대해서는 2권에서 다루도록 한다.

10. 안나 프로이트는 『자아와 방어기제*Das Ich und die Abwehrmechanismen*』(München 1964), 「공격자와의 동일시*Die Identifizierung mit dem Angreifer*」의 p. 85 ff.에서 이 과정을 방어기제의 일종이라고 설명한다. 그러나 이를 심리 도식 중 "자아"와 지나치게 연결해버린다. 우리가 탐구하고 있는 군인 남성은 프로이트 후기 이론의 심리 도식과 잘 들어맞지 않으며, 아버지를 계승하고 있는 안나 프로이트 역시 마찬가지다. 프로이트의 이론을 적용하자면 페렌치가 말하는 심리 과정은 "동일시"가 아니다. 멜라니 클라인은 이렇게 지적한다. "페렌치가 말하는 동일시는 상징화의 전 단계다. 어린아이가 몸의 모든 기관과 기능을

재발견하고 이해하려는 노력이다.” (Klein, “Die Bedeutung der Symbolbildung für die Ich - Entwicklung”, *Das Seelenleben des Kleinkindes und andere Beiträge zur Psychoanalyse*, Stuttgart 2006, p. 37.)

11. S. Ferenczi, *Sprachverwirrung zwischen den Erwachsenen und dem Kind*, *Schriften zur Psychoanalyse*, Bd. 2, pp. 303 - 313.

12. Ibid., p. 309.

13. 종교적 감정에서 성적 감정으로의 변환은 빌헬름 라이히가 잘 설명했다. 이하를 참고. *Massenpsychologie des Faschismus*, pp. 158 - 161, p. 189.

14. 윙거에 따르면 비겁자들이 앓고 있는 병은 바로 “패배주의적 평화론자의 뼛골감소증”이다. (*Kampf als inneres Erlebnis*, p. 92); 엥겔하르트는 “유대 민주주의 언론” 때문에 “독일 민족의 골연화증”이 생겼다고 말했다. (*Der Ritt nach Riga*, p. 9.)

15. S. Freud, *Abriss der Psychoanalyse*, 9. Kapitel: “Die Innenwelt”, *GW XVII*, p. 136 ff.

16. 월경은 이 책에서 나중에 별도로 논의할 문제인 “재탄생”과 관련하여 큰 비중으로 다뤄질 것이다. 통과의례에서는 육체 혹은 육체 일부가 집단적으로 점유되고 하나의 몸으로 통합 구성된다. 그에 비해 월경 기간에는 질, 혹은 여성 전체가 집단적으로 점유되지 않고 오히려 집단적으로 억압된다. 피 흘리는 질로 축소된 여성은 사회적 생산에서 배제된다. (참고. Deleuze / Guattari, *Anti - Ödipus*, p. 181). 역사적인 연구 사례는 다음을 참고. Hjalmar J. Nordin, “Die eheliche Ethik der Juden zur Zeit Jesu”, Krauß, *Antropophyteia IV*, 특히 pp. 45 - 50. 월경과 성행위 금지는 이하를 참고. Groddeck, *Das Buch vom Es*, Leipzig, Wien, Zürich 1923, pp. 104 - 110.

17. 기억의 흔적이 인간의 육체에 기록된다. 다른 사람의 육체를 만짐으로써, 특히 양육자의 손길이 닿음으로써 기억이 새겨진다. 다양한 모든 종류의 만짐에 대해서는 이하를 참고하길 바란다. Serge Leclaire, *Der psychoanalytische Prozeß. Versuch über das Unbewußte und den Aufbau einer buchstäblichen Ordnung*, Olten 1971.

18. 토머스 사스는 그 결과 자위가 해롭다는 가설이 “의학 및 정신의학적 제국주의의 기본 전술”이 되었다고 설명한다. “의학적 전문 지식과 개입 가능성이 생활 영역을 정복하기 위해서는 정상적인 기능을 질병의 발현이라고 규정해야 한다. 그래야 다음 단계가 가능해진다. 의료진의 해로운 개입을 의학적 처치로 둔갑시키는 것이다. 세 번째이자 마지막으로 정신의학 특유의 단계는 환자의 의사에 반하는 개입을 강제하는 것이다. 의학 제국주의는 평범한 비전문가의 육체적·정신적 기능이 질병으로 받아들여지고 환자의 의지와 상관

없이 해로운 처치가 강제될 수 있을 때에 완벽한 승리를 거둔다." (Szasz, *Die Fabrikation des Wahnsinns*, p. 285.) 유럽 섹슈얼리티의 운명도 전체적으로는 이렇게 설명될 수 있다.

19. 또한 수많은 무지한 여성도 이렇게 느꼈다. 이하를 참고. Janine Chasseguet – Smirgel (Hg.), *Psychoanalyse der Weiblichkeit*, Frankfurt a. M. 1974. 특히 여성의 죄책감을 다룬 부분을 참고하길 바란다.

20. 질 성교에 거부감을 갖는 여성이 적지 않은 이유를 아마 여기서 찾을 수 있다고 본다. 여성이 그 부분에 감각이 없기 때문이라는 말은 경험적으로 타당할 리 없다.

21. S. Freud, *Neue Folge der Vorlesungen*, *GW XV*, p. 86(『새로운 정신분석 강의』, 임홍빈·홍혜경 옮김, 열린책들, 2020). 이 책의 「흐르는 그 모든 것……」 챕터의 21번 주석을 참고하길 바란다.

22. Otto Fenichel, *Psychoanalytische Neurosentheorie*, Olten 1974, p. 157 ff., 190.

23. 참고. Frantz Fanon, *Die Verdammten dieser Erde*, Frankfurt a. M. 1966(『대지의 저주받은 사람들』, 남경태 옮김, 그린비, 2010). 식민주의가 식민지, 특히 아프리카에 저지른 불구화를 가장 심도 있게 이해한 걸작이다.

24. 이를 잘 보여주는 사례가 바로 미하엘 슈나이더의 『노이로제와 계급투쟁 *Neurose und Klassenkampf*』(Reinbek 1973)이다. 심지어 책 표지 그림까지 마르크스와 프로이트의 얼굴을 반씩 이어붙인 몽타주로 되어 있다. 또한 페터 브뤼크너의 「마르크스, 프로이트Marx, Freud」, 『마르크스주의, 정신분석학, 성정치학*Marxismus, Psychoanalyse, Sexpol*』(Bd. 2, Frankfurt a. M. 1972)의 pp. 360 – 395도 그렇다. 특히 "마르크스주의와 정신분석학"류의 제목을 달고 나오는 논문 모음집도 마찬가지다. 빌헬름 라이히도 정신분석학과 역사변증법적 유물론을 "결합"하려고 노력했다. 사실 "결합"이랄 것은 없다. 과학 이론의 사상적 파편을 의도에 맞게 모아서 철학적 총체성으로 조립했을 뿐이다. 파편들은 억지로 총체성을 갖췄을 때보다 개별적으로 있을 때 이론적으로 더 잘 작동한다.

25. 그렇지 않은 예외 사례를 나는 본 적이 없다.

26. Mahler, *Symbiose und Individuation*, p. 76.

27. C. Enzensberger, *Größerer Versuch über den Schmutz*, p. 88.

28. 기계가 산업적으로 대규모로 사용되기 시작하자 수많은 사람, 특히 아이들이 폐기물이 되었다. 이들은 범죄자가 되는 것 외에는 살 방도가 없었다. 이하를 참고. Marx, *Das Kapital*, Bd. 1, p. 509.

29. C. Enzensberger, *Schmutz*, p. 90.

30. 조리스 위스망은 목욕하는 프롤레타리아 여성을 그린 드가의 파스텔화를 이

렇게 평가했다. "목욕으로도 씻어낼 수 없는 축축한 몸뚱이의 혐오스러움을 폭
로했다." 이하에서 재인용했다. Hays, *Mythos Frau*, Düsseldorf 1969, p. 287.

31. R. Herzog, *Kameraden*, p. 246 f.

32. 루돌프 헤어초크는 자신의 회고록『말 안장 위의 사나이*Mann im Sattel*』에서 루
덴도르프가 문구를 적은 사진 한 장을 보냈다고 전한다. "독일의 힘을 노래한
시인에게 감사를 전합니다. 1924년 10월 27일, 루덴도르프 드림."(p. 387)

33. E. Jünger, *Der Kampf als inneres Erlebnis*, p. 66.

34. 이하를 참고. Killinger, *Kampf um Oberschlesien*, p. 71, 91 f.(물싸움 장
면을 참고하길 바란다.) 또한, Th. Goote, *Kamerad Berthold*, p. 169 f.; *Wir
fahren den Tod*, p. 210 f.; Bochow, *Sie wurden Männer*, p. 33, 36;
Buschbecker, ……*wie unser Gesetz es befahl*, p. 57; Ettighoffer, *Wo
bist du – Kamerad?*, p. 357 f.; Bochow, *Soldaten ohne Befehl*, p. 90 ff.;
Roßbach, *Mein Weg*, p. 29.

35. V. Selchow, *Hundert Tage*, p. 161 f.

36. F. Fornari, *Psychoanalyse des ersten Lebensjahres*, p. 126; 유아기 놀이에
서 물장난이 지닌 의미를 다음과 같이 설명한다. "물장난은 대상의 파괴에 맞
서는 지속적인 안심과도 같이 느껴진다. 물은 조작이 무척이나 쉽고 잘 나뉘
는 성질을 지녔다. 물은 절대로 파쇄되지 않는다. 나뉠 뿐이다. 액체이기 때문
에 아이가 아무리 장난을 쳐도 곧 전체성을 회복하고 다시 통합되어 복귀한
다. 물은 마실 수 있을 뿐 아니라 모을 수도 있고 쏟을 수도 있다. 흘릴 수도
있고 언제든 되돌아오게 할 수도 있다." 프랑코 포르나리는 유아가 물을 통해
서 어머니의 젖가슴이 부서질지도 모른다는 공포에 대한 안도를 얻는다고 봤
다. 특히 자신이 파고들면 어머니의 젖가슴이 부서질지도 모른다는 공포를
덜게 된다.

37. 중앙 집중식 도시 상수도 시스템은 고대 이후로는 19세기 말에 이르러서
야 비로소 본격적으로 재도입되었다. 독일에서 최초로 상수도를 갖춘 도시
는 1848년 화재 이후의 함부르크였다. 1892년까지 독일 제국 내에서 상수도
를 갖춘 대도시 및 중간 규모 도시는 마흔두 곳에 이르렀다. 프라이부르크에
는 1876년에 도입되었다. 이와 거의 같은 시기에 다른 산업화된 국가들, 가령
미국의 시카고에서는 1864년에 상수도 시스템이 구축되었다. *Meyers Großes
Konversationslexikon*, Leipzig / Wien 1908, Bd. 20. 이렇게 기록되어 있
다. "도시에 풍부한 수량의 상수도를 공급하는 것이 주민의 건강과 생명 유
지에 얼마나 중요한지를 인식하게 된 이래로, 많은 도시가 상수도 설비를 갖
추었으며, 모든 계층의 인구에게서 물 소비를 증가시키려는 노력도 함께 실행
되었다." 또한 1900년경을 기점으로 부유한 주거지역에서는 일인당 물 소

비량이 가난한 주거지역보다 "20배 이상 많다"고 기록되어 있다. 이하 참고. Grahn, *Die städtische Wasserversorgung im Deutschen Reich*, 2 Bände, München 1898 und 1902; "Vergangenheit, Gegenwart und Zukunft der Wasserversorgung", hrsg. von der Hamburger Wasserwerke GmbH 1954; "2000 Jahre Zentrale Trinkwasserversorgung in Deutschland" hrsg. vom Deutschen Verein von Gas – und Wasserfach *männern*, 1963.(강조는 필자)

38. 산업사회의 영토 아래에 자리 잡은 하수도 시스템은 그 위에 살아가는 주민의 심리 구조 "모델"을 설명하자면 프로이트식 자아 – 이드 – 초자아 구도보다 더 설득력 있다. 지상 위에 세워진 규율 체계는 푸코가 『감시와 처벌』에서 묘사한 바 있다. 우리의 지식 체계는 곧 감옥과도 같아서 감금, 감시, 판결로 작동한다. 그러나 푸코는 도시의 지하 구조물에 대해서는 고찰하지 않았다.

39. 발린트는 『공포쾌락과 퇴행*Angstlust und Regression*』에서 "치유의 물"에 대해 서술했다. "약리학은 과학적 방법론 도입 이래로 어떤 물에 어떤 치유력이 있는지 발견하려고 노력했다. 때로는 온도, 때로는 염도가 관심을 받았다. 이온 이론이 시작된 후에는 다양한 양이온 혹은 음이온, 혹은 이들의 적정 조합이 점검되었다. 산성 혹은 염기성 반응, 혹은 방사능 성분 등에서 효능을 찾으려 했지만 모두 성공하지 못했다. 정밀 과학 분석을 추구하던 이 시기의 유일한 성과는 모든 시판 광천수에 함유된 무기질 성분을 표기해야 한다는 규정뿐이었다. 그러나 오늘날 모두 알고 있듯 성분 표기는 사실 아무런 의미가 없다. 심지어 일부 광천수는 올리고 – 미네랄 워터라는 거창한 이름을 달게 되었지만 문자 그대로 해석하자면 혼합물이 거의 없는 '순수한' 물이라는 뜻일 뿐이다. 예전보다 줄어들기는 했지만 여전히 오늘날까지도 특별한 물을 목욕용 혹은 음용으로 사용하면 질병 치료에 효과적이라는 믿음이 남아 있다. 내 생각에는 치유력에 대한 믿음은 퇴행적 판타지다. 물이 품은 생명력 혹은 약수 섭취에 대한 믿음은 물이 위험한 대상이 없는 순수한 존재라는 전제를 갖고 있다."(p. 96)

여기서도 발린트는 "퇴행" 개념을 버리지 않는다. 내가 앞서 언급했듯이 그는 우호적 확장이라는 개념을 고수하기 때문이다(「흐르는 모든 것……」 부분의 12번 주석을 참고하길 바란다). 유토피아, 혹은 "망망대해와 같은 느낌" 등의 개념처럼 그의 이론은 프로이트의 현실 원칙 이론에 근거하고 있다. 발린트의 설명은 프로이트 자아 심리학의 허점을 그대로 가지고 있다.

40. 제1차 세계대전 참패 이후 드빙거는 제2차 세계대전을 이기기 위한 비법을 제시했다. "우리가 또다시 전쟁을 하게 된다면, 제대로 안 싸우는 놈들을 쏴버리고 뒷구멍으로 돈이나 버는 놈들을 광장에 매달아서 죽여야 한다. 안 그러면 또 진다!"(*Die letzten Reiter*)

41. 혼합에 대한 공포는 "분리된 충동" 개념에 대응된다. 자아 통제력이 붕괴될 때 생기는 "돌발적 탈중립화된 충동 에너지"를 뜻한다. 여기서 언제나 공격성이 나온다. (Mahler: *Symbiose und Individuation*, p. 63.)

멜라니 클라인은 환각적 만족 혹은 인식에는 반드시 "심리적 현실의 부정"이 동반된다고 지적한다. "여기서 부정되고 파괴되는 것은 일개 상황이나 대상이 아니다. 바로 대상관계가 부정되고 파괴된다. 그러므로 대상에 대한 감정을 뿜어내던 자아의 일부분이 부정되고 파괴되는 것이다. 환각적 만족에서는 두 개의 상호 의존적 과정이 동시에 일어난다. 하나는 이상적 대상과 이상적 상황을 전능적으로 소환하는 것이다. 또 다른 하나는 악마화된 박해 대상과 고통스러운 상황을 전능적으로 파괴하는 것이다. 이 모든 과정은 대상과 자아의 분열에 기반한다." (Melanie Klein, "Bemerkungen über einige schizoide Mechanismen", *Das Seelenleben des Kleinkindes*, p. 107.)

살인을 저지르는 군인 남성에게 나타나는 특별한 자아 구조에 대해서는 2권에서 더 자세히 다룬다. 특히 「군인 남성의 자아」 부분을 참고하길 바란다. "분열" 개념보다 더 중요한 역할을 하는 것은 특정한 형태의 자아 – 해체다.

댐과 홍수, 군중 행진의 제의

1. 이하에서 인용. Klaus Vondung, *Magie und Manipulation. Ideologischer Kult und politische Religion des Nationalsozialismus*, Göttingen 1971, p. 190; 이 책은 자료집으로만 사용 가치가 있을 뿐, 제목에서 짐작할 수 있듯 개념 사용에 허점이 많다.

2. S. Freud, *Der Mann Moses und die monotheistische Religion*, GW XVI, p. 228. (『종교의 기원』, 이윤기 옮김, p. 422.)

3. Ibid., p. 230. (같은 책, p. 424.)

4. Deleuze / Guattari, *Anti – Ödipus*, p. 377 f., 비슷한 언급이 p. 135에도 나온다. (『안티 오이디푸스』, p. 489. P. 188.)

5. W. Benjamin, "Pariser Brief", *Gesammelte Schriften III*, Frankfurt a. M. 1991, p. 488 f.

6. Ibid., p. 510.

7. Benjamin, "Das Kunstwerk im Zeitalter seiner technischen Reproduzierbarkeit", *Illuminationen*, p. 175.

8. 뤼스 이리가레의 입장은 이하에서 재인용. F. Grafe, "Ein anderer Eindruck vom Begriff meines Körpers", *Filmkritik*, März 1976, p. 125; 또한 이하를 참고. Luce Irigaray, *Waren, Körper, Sprache. Der verrückte Diskurs der Frauen*, p. 28 ff.

9. Frieda Grafe, "Ein anderer Eindruck vom Begriff meines Körpers", *Filmkritik*, März 1976, p. 120.

10. p. Kracauer, *Das Ornament der Masse. Essays*, p. 63.

11. Ibid., p. 63.

12. Ibid., p. 50.

13. Ibid., p. 53; 보주아외에 대한 설명은 앞 부분을 참고. 「중앙화, 그리고 "순백의 여인", 육체의 도형화」 부분.

14. Benjamin, "Pariser Brief", p. 510.

15. Thor Goote, *Die Fahne hoch*, p. 413; 또한 참고하라. Freiwald, *Der Weg der braunen Kämpfer*, p. 284; 여기서도 총통에 대한 환호는 격랑으로 표현된다.

---

2 권

제3장 군중과 적들

군중, 육화된 자기 무의식

1. 1934년 파리 망명자 그룹에서 익명의 좌파 비판자가 출판한 『나치 총통이 당신을 지켜본다*Naziführer sehen dich an*』는 히틀러의 군중 개념이 "모순적"임을 폭로하면서 『나의 투쟁』의 일부분을 인용한다. "'고뇌와 천착의 나날 속에서 나는 불안으로 전전긍긍하면서 우리 국민에 포함되지 않는 군중이 점점 불어나 위협적 무리가 되는 모습을 지켜봤다.' 장차 군중을 이끌 총통이 될 자가 한 말이다. 그가 지녔던 군중에 대한 히스테리에 가까운 공포는 아직도 잔존한다."(p. 20)

2. Salomon, "*Albert Leo Schlageter*", *SB*, p. 481.

3. Salomon, *Die Geächteten*, p. 10 f.

4. "군중"을 파도 / 여성성 / 부글거림 / 끓어오름 / 삼킴 / 뭉갬 등과 연관 짓는 사례는 이하를 참고하길 바란다. Roßmann / Schmidthuysen, "Der blutige Montag in Duisburg", *SB*, p. 392; Gustav Goes, "Aus dem Tagebuch des letzten Kommandanten von Kowel", *SB*, p. 131; Salomon, "Der Berliner Märzaufstand 1919", *SB*, p. 45 f.; Ders., "Hexenkessel Deutschland", *JKR*, p. 13, 22, 23, 27; Mahnken, "Der Kampf der Batterie Hasenclever",

RDS, p. 138; Wittmann, *Erinnerungen der Eisernen Schar Berthold*, Oberviechtach 1926, p. 135; Edwin Erich Dwinger, *Auf halbem Wege*, Jena 1940, p. 258, 276, 456, 459, 367, 371; Watler Frank, *Franz Ritter von Epp. Der Weg eines deutschen Soldaten*, Hamburg 1934, p. 95; Goetz Otto Stoffregen, *Vaterland*, Lindau 1921, p. 202; Karl Höfer, *Oberschlesien in der Aufstandszeit. 1918-1921: Erinnerungen und Dokumente*, Berlin 1938, p. 29; Herbert Volck, *Rebellen um Ehre. Mein Kampf um die nationale Erhebung 1918-1933*, Gütersloh 1938, p. 20; Ludwig Freiwald, *Die verratene Flotte*, München 1931, p. 233; Ders., *Der Weg der braunen Kämpfer*, München 1934, p. 115 ff., 313; Roden, "Hauptmann Berthold-ein Soldatenschicksal", *RDS*, p. 140; Wilhelm Erbt, *Der Narr von Kreyingen. Der Roman der deutschen Revolution*, Berlin 1924, p. 91, 144; Hans Zöberlein, *Der Befehl des Gewissens*, München 1937, p. 165; 삼킴/뭉갬에 대한 아브라함의 해석을 살펴보면, 오이디푸스/근친상간 욕망의 구도를 현실 현상에 강박적으로 덧씌운 결과에 지나지 않음을 알 수 있다. 그는 이렇게 말한다. "으깨기라는 특별한 살해 방식은 성교의 가학 이론으로 설명된다. 군중을 으깨려는 해당 환자의 백일몽에서 이는 정점을 이룬다. 자유연상기법에 따르면 긴 빗자루의 의미는 남근의 상징물이다. 어머니를 성교 중에 죽이려는 잠재된 소망을 드러낸다고 볼 수 있다." 어떤 환자가 빗자루로 거미를 으깨 죽이는 상상을 했다고 한다. 아브라함은 거미가 음경을 숨기고 있는 어머니의 음부라고 해석했다. 그의 해석에서 "명료화"된 것은 단 하나, 그가 아빠/엄마/아기 구도에만 집착한다는 사실이다. (제1권 297~298쪽 참고.)

5. 군중을 지네, 용, 뱀 등의 기어다니는 짐승으로 비유한 사례는 이하를 참고. Fischer, "Die Räteherrschaft in München", *JKR*, p. 155 f.; Salomon, *Sturm auf Riga*, *JKR*, p. 104; Ders., "Die Geächteten", p. 43; Nord, "Der Krieg im Baltikum", *JKR*, p. 74; Säger, *Vom Kampf der Essener Einwohnerwehren*, *SB*, p. 385; Maltzan, *"Die Spandauer stürmen Bauske"*, *SB*, p. 161; Volck, *Rebellen um Ehre*, p. 19; Weigand, *Die Rote Flut*, p. 92 f.; von Selchow, *Hundert Tage*, p. 289 ff., 343; Dwinger, *Auf halbem Wege*, p. 232, 456; Ders., *Die letzten Reiter*, p. 381; Iger, *Spartakustage*, p. 9; F. Schauwecker, *Aufbruch der Nation*, p. 380; Heinz, *Sprengstoff*, p. 34, 131; Berthold, Tagebuch, in Gengler, *Berthold*, p. 62; Hollenbach, *Opfergang*, p. 157; Bronnen, *Roßbach*, p. 67; Herzog, *Kameraden*, p. 341; Ders., *Mann im Sattel*, p. 355; Wittmann, *Erinnerungen der Eisernen*

Schar, p. 107; Ottwald, *Ruhe und Ordnung*, p. 15. 뱀/여성을 연관 짓는 사례는 흔한 편이다. 뱀은 단순하게 여성의 상상 속 남근을 "상징"하는 것이 아니다. (프로이트, 『꿈의 해석』.) 또한 남성들이 두려워하는 여성의 잠재성을 의미하지도 않는다. (V. E. Pilgrim, *Der Untergang des Mannes*, Raubdruck, Monaco o. J.) 이러한 해석은 여성성을 위협과 연결 짓는 코드화 때문에 가능하다. 뱀은 군중과 무리의 특성 중에서도 살해하겠다고 위협하면서 동시에 유혹하는 특성을 표현하는 존재다. 여성은 이러한 특성의 일부를 구체화하고 있다. 윙거는 "뱀"에 관한 양가성을 감지한다. 긴 겨울밤에 여성들이 읽어주는 공포 동화에는 비밀이 숨겨져 있다. "길을 잃고 갈대와 진흙 사이를 헤매던 사람이 서로 뒤얽힌 뱀 둥지를 발견했을 때처럼 그 흉한 꼴을 보고 싶은 욕망에 도망치지 못하는 것과도 같다." (Ernst Jünger, *Der Kampf als inneres Erlebnis*, p. 11.) 여성에 대한 태도에는 이보다 더 강렬한 욕망이 있다.

각종 예언에서 뱀/용 등의 출현은 의미심장한 역할을 수행한다. 이하와 비교. Hanns Bächtold, *Deutscher Soldatenbrauch und Soldatenglaube*, Straßburg 1917. p. 6; Ders., *Aus Leben und Sprache des Schweizer Soldaten*, Basel 1916, p. 17; Grabinski, *Das Übersinnliche im Weltkriege*, Hildesheim 1917, p. 65, 81; 또한 다음도 명심해둘 필요가 있다. "8월 13일 스탈린은 레프 카메네프에게 씌워진 중상모략을 가리켜 '반혁명의 뱀이 쉭쉭 내는 소리'라고 말했다. '뱀 소리는 점점 거세지고 있다. 침을 질질 흘리는 반동의 괴물이 은신처에서 고개를 쳐들고 독침을 들이민다. 독침을 쏜 후에 다시 어두운 구석으로 기어들어갈 것이다.'" (L. Trotzki, *Stalin. Eine Biographie*, Reinbek, 1971, p. 62 im 2. Band.)

6. 다음을 비교. Graf Rüdiger v. d. Goltz, *Meine Sendung in Finnland und im Baltikum*, Leipzig 1920, p. 225; v. Oertzen, *Die Deutschen Freikorps*, p. 386; W. Frank, *Franz Ritter von Epp*, p. 80; Iger, *Spartakustage*, p. 108; Freiwald, *Die verratene Flotte*, p. 249.

7. U. Sonnemann, *Negative Antropologie*, p. 91; 교환이 얼마나 정교하게 조직되는지, 그리고 이 방식이 무의식과 얼마나 무관한지를 잘 설명했다. F. T. 마르티네티스는 규범적 형식화를 다음과 같이 설명한다. "모든 명사는 이중 항을 가져야 한다. 다시 말해 명사는 접속사 없이 비유를 통해 연결된 명사로 직결될 수 있어야 한다. 예를 들면 다음과 같다. 남자 – 어뢰함, 여자 – 항구, 군중 – 격랑, 광장 – 깔때기, 문 – 기계 밸브." (Marinetti, "Technisches Manifest der Literatur", in Walter Höllerer, *Theorie der modernen Lyrik. Dokumente zur Poetik I*, Reinbek 1965, p. 135.) 이는 일종의 조직된 게임이다. 상징 형성은 비유를 기반으로 뻔하게 이루어진다. 무의식으로 향하는 입구는 열리는 것이

아니라 오히려 봉쇄된다.

쾌락전염병

1. 알프레트 로젠베르크의 서문에서 발췌. Dietrich Eckart, *Ein Vermächtnis*, p. 53.

2. 이하와 비교. Ruldoph Löwenstein, *Psychoanalyse des Antisemitismus*, Frankfurt 1967, p. 50; Klaus Horn, "Zur politischen Psychologie des Faschismus in Deutschland", in R. Kühnl, (Hrsg.), *Texte zur Faschismusdiskussion*, Bd. 1, Reinbek 1974, pp. 164 – 175; Karl Dietrich Bracher, "Die Rolle des Antisemitismus", *Die deutsche Diktatur*, Köln / Berlin 1969, pp. 35 – 48.

3. 해당 인용문은 1926년 율리우스 슈트라이허의 연설을 재인용한 것이다. Gilbert, *Nürnberger Tagebuch*, p. 119; 쾌락 전염과 유대인을 연결 짓는 것은 반유대주의 선전 신문『슈튀르머*Stürmer*』의 단골 소재였다. 이하와 비교. Dietrich Eckart, *Ein Vermächtnis*, "Das Judentum in und außer uns", p. 193 ff. 또한 에크하르트가 초대 편집자이자 필진이었던『푈키셴 베오바흐터 *Völkischen Beobachters*』, 1921년 70 / 73호 인용. Ibid., 로젠베르크의 서문 참고. p. 58; 이외에도 Ekkehard, *Sturmgeschlecht*, p. 132 ff.; Zöberlein, *Befehl des Gewissens*, p. 296 ff., 360 ff., 531; 주된 내용은 다음과 같다. "구약성경을 주의 깊게 읽어보라! 할례로 잘려나간 음경 포피들, 보란 듯이 저지르는 음행들, 이름난 더러운 창부들, 소년 강간, 남색질, 근친상간, 암살, 대량학살, 절단된 성기들. 요즘 러시아에서 볼셰비키가 하는 짓과 정확히 일치한다. 현대 인류의 낙원이 이렇단 말인가? 어떻게 생각하는가, 친애하는 독자들이여?"(p. 712)
루돌프 회스는 크라쿠프 감옥에서 남긴 기록에서 특이한 발언을 했다. "진지한" 반유대주의를 성적 반유대주의와 구분해야 한다는 주장이다. "나는 슈트라이허의 반유대주의 주간지『슈튀르머』를 거부했다. 저급한 본능만 자극하는 저질스러운 표현만 가득하다. 외설적이고 난폭한 내용만 지속적으로 반복했다. 불미스러운 소란만 잔뜩 일으켰을 뿐 진지한 반유대주의에는 도움이 되지 않았다. 오히려 해악만 끼쳤다." 하지만 회스는 "진지하지 못한" 반유대주의자였음이 드러난다. 그는 이렇게 말했다. "정권 붕괴 후에 알고 봤더니 가장 선동적인 논설을 썼던 사람은 과연 유대인이었다." (Höß, *Kommandant in Auschwitz*, p. 112.) 브로자트 편집인은 주석을 달아서 반박했다. "회스가 무슨 근거로 그런 말을 했는지는 어떠한 문헌에서도 발견할 수 없었다."

4. Berk, "Rote Armee an der Ruhr", *JKR*, p. 211; "쾌락전염병"에 관해서는

이하를 참고. Dwinger, *Auf halbem Wege*, p. 464; Höfer, *Oberschlesien in der Aufstandszeit*, p. 7 ff., 9; Stadtier, *Als Antibolschewist*, p. 106; Volck, *Rebellen um Ehre*, p. 145; Brandt, *Schlageter*, p. 72; Eggers, *Vom mutigen Leben*, p. 34 f.; Wagener, *Von der Heimat geächtet*, p. 157; Schaumlöffel, *Mit dem Studentenkorps Marburg*, p. 13, 55; Lüttwitz, *Im Kampf gegen die Novemberrevolution*, p. 40; Goote, *Kamerad Berthold*, p. 246; "쾌락전염병"이 일으키는 뼛골이 삭는 등의 후유증은 이하를 참고. Eggers, *Von der Freiheit des Kriegers*, p. 12; Höfer, *Oberschlesien in der Aufstandszeit*, p. 18.

5. "빨갱이"를 범죄자/악당/폭도와 연관 짓는 사례는 이하를 참고. Reinhard, *Kampf um Berlin*, *SB*, p. 32; Ehlers, "Die 'Bahrenfelder' Zeitfreiwilligen", *SB*, p. 72; Zeschau, "Streiflichter aus den Kämpfen um Litauen", *SB*, p. 137; Grothe/Kern, "Straßenkämpfe in München", *SB*, p. 123; Hoffmann, "Letzter Sturm", *SB*, p. 405; Salomon, *Hexenkessel Deutschland*, *JKR*, p. 18, 21, 33, 36; Günther, "Hamburg", *JKR*, p. 41; v. Berk, "Rote Armee an der Ruhr", *JKR*, p. 213; Mahnken, "Gegenstoß im Westen 1919", *RDS*, p. 60; Loewenfeld, "Das Freikorps von Loewenfeld", *RDS*, p. 15 ff.; Pabst, "Spartakus", *HoDA*, p. 34; Iger, *Spartakustage*, p. 8, 18; Zimmermann, *Vorfrühling*, p. 24; Mann, *Mit Ehrhardt*, p. 18; Killinger, *Die SA*, p. 15; Ders., *Ernstes und Heiteres aus dem Putschleben*, p. 22; Heinz, *Die Nation greift an*, p. 23, 34, 101; Schaumlöffel, *Studentenkorps Marburg*, p. 13; Berthold, *Tagebuch*, in Gengler, *Rudolf Berthold*, p. 94, 102; Zöberlein, *Befehl des Gewissens*, p. 33, 96 f., 213 ff.; Erbt, *Der Narr*, p. 199; Rossin, *Im roten Sumpf*, p. 7; Schramm, *Rote Tage*, p. 53; Lüttwitz, *Im Kampf gegen die Novemberrevolution*, p. 40; Niemöller, *Vom U–Boot*, p. 133; Schricker, *Rotmord*, p. 9; Höfer, *Oberschlesien in der Aufstandszeit*, p. 8, 14, 22; Engelhardt, *Ritt nach Riga*, p. 10; Ettighoffer, *Revolver über der Stadt*, p. 43; Freiwald, *Verratene Flotte*, p. 90, 221, 242; 빨갱이를 기둥서방 혹은 화냥년으로 묘사한 사례는 이하를 참고. "Kohlhaas, Männer und Sicherheitskompanien", p. 96; Goes, "Aus dem Tagebuch des letzten Kommandanten von Kowel", p. 131 ff., beide in *SB*; Fischer, "Die Räteherrschaft in München", *JKR*, p. 150; Rodermund, "Rote Armee an Rhein und Ruhr", *HoDA*, p. 109; H. Schauwecker, "Freikorps Epp", *HoDA*, p. 173; W. Frank, "Epp", p. 68, 77; Weigand, "Rote Flut", *HoDA*, p. 161, 385; Goote, *Kamerad Berthold*, p. 270, 277; Schulz, "Ein Freikorps

im Industriegebiet", *HoDA*, p. 33; Maercker, "Vom Kaiserheer", *HoDA*, p. 194, 238; mit Huren etc.: Engelhardt, *Ritt nach Riga*, p. 28; Ettighoffer, *Revolver über der Stadt*, p. 186; Schricker, *Rotmord*, p. 193; Krumbach, *Epp*, p. 50 f.; Freiwald, *Verratene Flotte*, p. 245 ff.; Mann, *Mit Erhardt*, p. 17.

6. Pikarski, "Zeitfreiwilligen – Regiment Pommern", *SB*, p. 359.

7. Schulz, *Ein Freikorps im Industriegebiet*, p. 11.

8. So R. Mann, *Mit Ehrhardt*, p. 75.

9. Gilbert, *Nürnberger Tagebuch*, p. 34.

10. Heinz, *Sprengstoff*, p. 143 f.

11. Zöberlein, *Befehl des Gewissens*, p. 509.

12. 최베를라인의 텍스트는 미르얌의 입을 빌려서 유대인을 저주한다는 점에서 더더욱 끔찍하다.

어두운 방 한복판에 화려하게 차려진 식탁이 마치 빛나는 아름다움의 섬처럼 있다. 진귀한 꽃들이 산더미를 이루고 일곱 개의 초를 밝힌 메노라 촛대를 감쌌다. 불빛이 심지에서 깜빡이면서 크리스털 잔과 은식기 위에 부드럽게 반사되며 반짝였다. 다윗의 별 여섯 꼭짓점이 황금빛으로 요란스럽도록 화려하게 빛났다. 그는 자리에 앉았다. 일곱 개 촛불이 비치고 황금빛 별이 빛나는 가운데, 미르얌의 환한 얼굴이 숱 많은 검은 곱슬머리에 둘러싸인 채 그를 마주했다. 이런 분위기라면 남자가 홀리는 것도 당연하다고 인정할 수밖에 없었다. […] 주변은 어두침침했다. 어둠은 비밀을 한가득 숨기고 있었다. 한스 크라프트가 말했다. "지금 내 기분이 베누스베르크에 있던 탄호이저의 심정과 똑같을 거요." 그녀는 활짝 웃으며 고개를 까딱했다. 검은 눈망울이 박힌 고개를 흔들어 머리채를 휘저으며 깔깔거렸다. 그는 유배자의 갈망을 느꼈다. 자유로운 공기와 해, 동료들이 그리웠다. 어디에선가 봤던 그림이 떠올랐다. 여자는 새하얗게 빛나는 알몸을 뱀에게 칭칭 휘감긴 채, 사람을 절대 놓아주지 않을 유혹하는 눈빛을 보내고 있었다. 이루 형언하지 못할 공포에 몸이 떨렸다. 그러면서도 달콤한 유혹이 핏줄에 스며들었다. 바로 "죄악"이었다. 미르얌은 그림 속 여자와 닮아 있었다. 그녀가 말할 때면 뱀 혓바닥이 재빨리 날름거리는 듯했다. 최면을 걸듯 희생자의 혼을 빼놓아 조용히 몸을 쓰러뜨릴 듯했다. 약사 친구의 경고가 떠올랐다. 극심한 역겨움이 발동해야 저항할 수 있다네.

"무슨 생각을 그렇게 골똘히 하세요?" 간드러지는 목소리가 물었다. 뭔가 애원하는 듯한 간절한 눈빛. 유혹적으로 혼란스러운 미소가 벌어진 입술 사이에서 보였다.

"예전에도 봤던 기억이 문득 나서 그렇습니다." "저를요?" 그녀가 물었다. 놀랐던지 얼굴까지 붉어졌다. "백작 부인, 실물을 직접 봤던 것은 아닙니다. 그림 속에서 봤다는 겁니다." "어머나, 신기해라!" 숨을 내쉬면서 안도하는 눈치다. "그런데 왜 말끝마다 백작 부인이라세요. 편하게 미르얌이라고 불러줘요!" 환심을 사려는 듯 친근하게 굴었다. "우리끼리잖아요, 뭐. 우리 서로 이름을 부르기로 해요. 자, 건배, 한스!" "건배!" "어떤 그림이었는데요? 나를 닮았다는 그거." "아마 아시는 그림일 겁니다. 그림 제목은 '죄악'입니다."

일부러 겨냥해서 도발했다. 하지만 그녀는 폭풍처럼 몰려드는 기쁨에 일순간 눈을 질끈 감았다. 곧 눈꺼풀을 떼더니 그를 향해 이글거리는 불똥 같은 미소를 뜨거운 얼굴에 가득 담아서 내보였다. 일곱 개의 촛불이 격자무늬를 내면서 빛을 뿜었다. "죄악이라." 그녀가 나직하고 나긋하게 물었다. "죄악이 뭔데요?" 그녀는 웃고 장난치면서 그를 이끌었다. 커튼을 옆으로 젖히자 벽 안쪽에서 골방이 드러났다. "나의 놀이 소굴이에요!" 반기는 몸짓으로 웃으면서 말하더니 재빨리 방을 빠져나갔다. 모카 커피를 들여오려는 것이다.

그는 이를 악물고 씁쓸하게 웃었다. "놀이 소굴"이라는 곳을 둘러봤다. 한쪽에는 크고 넉넉한 침대가 놓여 있다. 그 위로 벽을 따라 길게 책장이 이어진다. 그는 흠칫 놀란다. 온갖 종류의 누드화가 잔뜩 걸려 있다. 골방의 용도를 뻔히 짐작할 수 있다. 아까 언급했던 "죄악"의 복제화가 걸려 있다. 앞으로 생길 일은 뻔했다. 요망한 암컷이 그를 노리며 갸르릉댄다. 아양 떨고 억지 쓰면서 목적을 이루려들 것이다. 그는 단호해져야만 한다. 그녀의 면전에 차갑고 잔인하게 말해줘야만 한다. 제아무리 당신이 백작 부인이라 해도 결국은 창녀일 뿐이라고. 그래도 소용없다면, 그녀의 썩은 몸뚱이가 일으키는 구역질을 얼굴에 쏟아부을 수밖에 없다.

그는 아편향 담배를 피워 물었다가 도로 껐다. 주변을 둘러본다. 힌두교의 남근 숭배 신상이 눈에 들어온다. "힌두 신이 마음에 드세요?" 불쑥 나타난 그녀가 물었다. 알몸 위를 파도치듯 흘러내리는 얇은 베일을 두르고 있었다.

잠시 후 그녀는 차분해진 목소리로 물었다. "예술가로서 품평을 해주셨으면 해요!" "무엇을 말씀인가요?" "제 몸매의 선이 완벽한지 평가해주세요." "칭찬을 듣고 싶으신가요?" "아니요, 진실을 원해요!" "부인을 그런 눈으로 본 적이 없습니다만." "보여드려요?" "좋으실 대로, 백작 부인. 예술가의 눈에는 모든 것이 순수합니다." 그녀는 일어서면서 가운을 바닥에 떨구었다. 불빛 아래에서 두 팔을 쳐들고 탐스러운 육체를 뒤틀었다. "됐습니다!" 크라프트가 말했다. "어때요?" 그녀가 안달하며 물었다. "아름다우십니다. 부류를 고려한다면 충분히 완벽한 몸매입니다." "부류라면, 여자 말씀이신가요?" "부인의 인종 말씀입니다. 백작 부인."

크게 놀란 듯한 표정으로 물었다. "내 인종이요?" 말꼬리를 길게 늘인다. "무슨 인종 말씀인가요?” “부인의 민족이 속한 인종 말입니다. 유대 인종!” “나는 독일인이에요! 유대 인종이라는 건 없어요.” 다급하게, 거의 공격적인 기세로 말을 쏟아내더니 손을 휘저어 체스판에서 말들을 쓸어버렸다. “망할 놈의 놀이!” 그녀는 화를 내면서 말을 덧붙였다. “독일 인종이라는 것도 없다고요!” “아니지요.” 크라프트가 말했다. “독일 혈통이란 건 있습니다!”

그는 드디어 말문이 트인 듯 유대인을 욕하기 시작했다.

그녀는 약간 몸을 떨더니 무겁게 말했다. “또 춥네요. 지겨운 추위! 오, 한스. 나는 정말이지 박복한 신세랍니다. 진심을 다해서 사랑할 수 있었으면 좋겠지만 나는 사랑을 몰라요. 아마 당신은 안 믿겠지만 나는 유대인 남자들을 혐오해요.”

“안 믿기는요. 안 그랬더라면 부인 나이에 진작 가정생활을 했겠지요.” “그럴 수만 있다면!” 그녀는 슬픈 듯 말했다.

미르얌은 손으로 얼굴을 가리고 조용하게 훌쩍였다. 갑자기 울음을 그치더니 크라프트에게 말을 멈추라는 손짓을 했다. 그리고 속삭였다. “들리세요? 소리 안 들리세요? 내 심장이에요. 두려움에 떨면서 나를 찾고 있는 심장. 방을 헤집고 이리저리 다니지만 나를 못 찾고 있어요. 어떻게 불러야 할지 나도 모르겠어요. 내 심장을 잡아주세요! 내게 가져와주세요! 어서! 다시 사라져버리기 전에!”

얼음장 같은 차가움이 그를 감쌌다. 그는 아무 말도 할 수 없었다. 도무지 알 수 없는 것에 대한 전율이 그를 짓눌렀다. 그녀는 겁에 질려 도망치듯 그를 지나쳐서 구석으로 내달렸다. 마치 쫓기기라도 하는 듯 비명을 질렀다. “너! 뭘 원하는 거야? 꺼져! 날 내버려둬! 난…… 어쩔 도리가 없어. 싫어, 싫어! 꺼져버려! 다 네 잘못이야. 날 내버려둬! 너, 너! 대가리 셋 달린 개새끼!”

그녀는 팔을 꼿꼿하게 내뻗어서 자신을 보호하려고 했다. 유리잔처럼 빛나는 눈으로 전면을 응시했지만 점점 넋이 나갔다. 마치 죽기라도 하는 듯 서서히 뒤로 넘어갔다. 그녀의 얼굴은 미라처럼 푹 꺼져 있었다. 이루 말할 수 없는 공포가 크라프트를 마비시켰다. 방 안에 귀신이 감도는 듯했다.

그는 쓰러진 여자의 몸을 일으켜서 침대에 올려놓고 이불을 덮어주었다. 그녀의 눈에 생기가 되돌아온 듯 보였다. 여자는 애써 웃어 보이려고 했다. “이제 괜찮으신가요?” 그가 묻자 그녀가 속삭였다. “좋은 분이세요, 한스.” 그의 손을 잡아서 펄펄 끓는 자신의 이마 위에 얹은 후 눈을 감았다.

그녀의 내면에는 짐승과 죽음이 도사리고 있다. 하지만 크라프트에겐 면역력이 있다. 이름처럼 힘 있는 사람이기 때문이다. 쾌락에 면역력이 있기 때문이다. 지옥의 아가리조차 그를 맛없다면서 도로 뱉어냈다. 그는 약사 친구를 찾아갔다. 어떤 비밀을 알고 있는지는 몰라도 “마녀 미르얌”에 대해 미리 경고

했던 사람이다.

"이제야 조금 알겠어. 미르얌은 나를 정말로 사랑해.""당연하지. 그런 부류는 원래 그렇거든.""아니야, 이건 달라. 그녀가 가엾다는 생각이 들었다네. 자네가 조언을 해주게. 나 어떻게 할까? 떠날까?""소용없을 걸세. 일단은 잠자코 기다리게. 마녀가 또 다른 술책을 부릴 테니까. 그래도 몹쓸 꼴을 당하지는 않았으니 다행일세. 원래 병세가 잠깐 나아질 때가 무서운 법일세. 건강한 피도 무의식중에 감염될 수 있는 걸세. 그 병은 건강한 피에 환장하는 질병이거든. 감염자를 마법적인 폭력으로 조종해서 병을 퍼뜨리게 만들지. 아름다운 광기에 날뛰다가 결국 마비에 이르고 말아.""이유가 뭘까?""일단 한잔 마시게. 건배! 맨정신으로 들으면 역겨워서 핏기가 싹 가실 테니. 예를 들어보세. 쥐떼왕Rattenkönig이라는 현상이 있지. 근친교배 끝에 태어난 쥐떼들이 서로 꼬리가 뒤엉켜서 수많은 몸뚱이와 수많은 대가리를 지닌 한 무더기가 되어버리는 걸세. 그 꼴은 흉악하다네. 주검 썩는 악취를 풍겨서 다른 쥐들을 끌어들이지. 때때로 새 피를 주입해서 쥐떼왕을 임신시킨 후 잡아먹는다네. 외부 쥐들의 유입이 없다면 근친교배 쥐떼는 노쇠하여 죽고 말겠지. 원래 자연의 법칙이란 그런 걸세. 쥐떼왕을 허용할 수는 없는 거니까. 안 그런가?"

"역겹군!" 크라프트가 진저리를 쳤다.

"명심해서 잘 듣게! 우리 인간 세상에도 그러한 근친교배의 족속이 존재한다네. 바로 유대 인종이지. 외양만으로도 명백하지. 영락없는 쥐떼왕의 족속일세. 하도 오랜 세월 돈과 산업 정책 때문에 서로 근친교배를 해댔기 때문에 어느 순간에는 여러 지파가 번식을 멈추게 되는 거지. 자연법칙을 거슬렀기 때문이야. 그러면 재빨리 새 피를 희생시켜 주입하면서 몸집을 불리는 거야. 속을 꿰뚫어보는 건 불가능하겠지만 외면을 자세히 보면 내면을 짐작할 수 있는 법일세. 유대인의 얼굴을 보면 온갖 인종이 다 들어 있어. 깜둥이, 중국인, 아랍인, 로마인, 슬라브족, 게르만, 이 모든 종족이 뒤섞인 것이 바로 유대인일세. 유대인은 그런 걸세! 하지만 피의 근본은 어쩔 수 없이 흔적을 남기지. 기생 종족의 피일세. 유대인은 우리의 노동뿐 아니라 피를 빨아먹는다네. 유대 인종은 자연법칙을 능멸해 이제껏 불멸을 누려왔지. 그들이 번식이라고 부르는 것은 사실 난행일세. 순수화 과정이 아니라 퇴화 과정인 셈이야. 이 세상 모든 인종이 유대인 계집에게 피를 바치길 거부한다면 혹은 여자들이 유대인 사내를 받아주지 않는다면, 결국 쥐떼왕은 세대를 더해갈수록 멸종의 길을 걸을 거야.

미르얌은 매일 다량의 비소를 복용하면서 살아가고 있었다.

"독사과를 길러내는 나무는 뿌리째 뽑아서 불길에 던져버려야 하네. 일말의 동정심도 가져서는 안 돼. 동정심은 약점일 뿐이야." 크라프트가 진심으로 고개를 끄덕이는 것을 보고 그는 기뻐하며 말했다. "우리 민족을 보란 말일세. 우리의 동정심과 도움이 필요한 독일인이 수백만 명일세. 우리가 아니면 누가 한단 말인가! 우리의 피! 이민족도 아니고 기생 민족도 아닌 우리 혈통! 제아무리 매혹적인 비너스라고 해도 이민족은 안 된다네. 독일인의 신들은 남다르다네. 우리가 떨쳐 일어서면 산천초목이 뒤흔들릴 걸세."(pp. 483-518) 유대인 말살을 계획한 "최종해결"이 히틀러의 광기의 산물이었다거나 혹은 살인마 하인리히 힘러 탓이었다는 발상은 설득력이 전혀 없다. 심지어 괴링조차 뉘른베르크 재판에서 이런 변론을 시도했다. 1930년대에는 이런 종류의 소설이 선풍적인 인기를 끌었다. 에케하르트의 자유군단 소설 『격동 세대』는 1934년에서 1941년 사이에 고작 7만 부 판매되었다. 역겨울 정도로 노골적인 최베를라인의 소설에 비하면 너무 점잖았기 때문이다.

아르투어 딘터의 베스트셀러 『혈통을 거역한 죄악 *Die Sünde wider das Blut*』(1917)은 더 노골적이다. 무의식의 욕망 생산, 특히 자신의 "성적인" 욕망을 유대인과 결합하여 코드화했다. 그 결과 수많은 사람이 스스로의 생동감으로부터 도피하는 통로가 마련되었다. 이미 1922년에 딘터의 소설은 69만 3000부의 판매고를 올렸다. 리처드스가 집계한 1915년에서 1940년 사이 독일 베스트셀러 표에 따르면 5위에 해당된다. (Donald Ray Richards, *The German Bestseller in the 20th Century. A Complete Bibliography and Analysis 1915-1940*, Bern 1968.)

13. E. Canetti, *Masse und Macht*, p. 43 ff.

14. Zöberlein, *Befehl des Gewissens*, p. 495.

15. Reich, *Massenpsychologie des Faschismus*, p. 100 ff.

16. Ferdinand Brack, "Frauen als Kampfmittel", in Lettow-Vorbeck (Hg.), *Die Weltkriegsspionage: Authentische Enthüllungen über Entstehung Art, Arbeit, Technik, Schliche, Handlungen, Wirkungen und Geheimnisse der Spionage vor, während und nach dem Kriege auf Grund amtlichen Materials aus Kriegs-, Militär-, Gerichts- und Reichsarchiven. Vom Leben und Sterben, von den Taten und Abenteuern der bedeutendsten Agenten bei Freund und Feind*, München 1931, p. 415 ff.

17. Hocquenghem, *Das homosexuelle Verlangen*, p. 38. 이상의 인용문에는 나름의 맥락이 있다. 동성애자 사이에서 매독이 더 강하게 전파된다는 프랑스 보건부 장관의 발언에 대한 반박문이다. 1975년 4월 21일자 『슈피겔』 논설에도 매독 유행에 대한 비슷한 관점이 등장한다. 오켕겜이 보기에 이는 "반동성애적 편집증"이다.

"혈통을 거역한 죄악"
아르투어 딘터 박사의 시대극
마테스 & 토스트 출판, 라이프치히

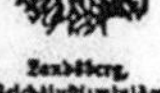

우리의 현재 지도자들!

바꾸고 싶으신가요?
독일 민족에게 투표하세요!

주적은 매독에 걸려 있다. 바이간트는 "14개 조항이나 들먹이는 매독 걸린 악당 우드로 윌슨"이라고 비난했다. Weigand, *Die Rote Flut*, p. 464; 최베를라인의 『양심의 명령』에 등장하는 공화주의자 지벤트리트는 무기를 밀매하다가 들켜서 주인공 크라프트와 동료들에게 몰매를 맞는다. "성병이 심했기에 망정이지 안 그랬더라면 병원 치료도 못 받았을 것이다."(p. 591)
매독에 대처하는 민간요법도 있다. Ulrich Jahn, *Hexenwesen und Zauberei in Pommern*, Wiesbaden 1970, Neu druck der Ausgabe von 1886. 이에 따르면 "쾌락전염병을 고치고 싶다면 숫처녀와 자야 한다. 매독은 처녀에게 옮겨가고 원래 병자는 낫는다."(p. 163) 또한 이하도 참고. Hanns Bächtold, *Aus Leben und Sprache der Schweizer Soldaten*, Basel 1916, p. 19. "성병에 옮지 않으려면 어리고 순진한 여자애의 머리카락 타래를 가슴에 지녀야 한다." Winckler, *Studie zur gesellsch. Funktion*, p. 57. 여기에는 히틀러의 『나의 투쟁』에 나오는 매독에 대한 생각이 인용되어 있다.

18. Salomon, "Sturm auf Riga", in Jünger, *Der Kampf um das Reich*, p. 107.

19. Salomon, *Die Geächteten*, p. 21.

20. E. Jünger, *Kampf als inneres Erlebnis*, p. 69.

21. Ibid., p. 64 f.

22. Ibid., p. 101.

23. E. Fromm, *Anatomie der menschlichen Destruktivität*, insbes. p. 316 ff.

24. 도움이 안 되는 발언이다. "임상적"이라는 것은 원칙적으로 모두 "사례"에 해당된다. "임상적"이라는 형용사는 정치적 사건을 병원이 감당할 수 없는 수준으로 밀어올린다. 물론 세계대전이 거대한 병리 현상이었다고 한다면 가능한 말이겠지만.

25. 프롬은 "네크로필리아" 행동에서 중요한 것이 시체 그 자체가 아니라는 것을 간과한다. 이지도어 자드거는 28세 남성 간호보조원의 사례를 이렇게 전한다. "가끔 죽어가는 여자나 시체와의 성교하는 것을 상상하곤 해요. 절대로 나를 배신하지 못할 거잖아요. 실신했거나 죽은 상대라면 내 육욕을 못 볼 테지요. 뭐든 내 마음대로 해도 되고요. 살아 있는 여자라고 해도 조건이 비슷하면 마찬가지로 도움이 되겠지요. 묶여 있는 것도 좋아요. 묶여 있는 여자를 우연히 발견하는 것도 좋지요. 아니면 기절해서 누워 있어도 괜찮고요. […] 성적인 것이 너무 두드러지지 않는 것이 제일 중요한 거죠." Sadger, *Über den sadomasochistischen Komplex. Jahrbuch für psychoanalytische und psychopathologische Forschungen*, 1913, 5/1, pp. 157–232, p. 214.

26. Canetti, *Masse und Macht*, pp. 260–266(『군중과 권력』, pp. 301–376.); 카네티는 「살아남는 자」 부분에서 살아남음을 공포의 관점에서 설명한다. 권력

에 대한 글 중에서 최고 수준을 성취한 걸작이다.

27. E. Jünger, *Kampf als inneres Erlebnis*, p. 67.

28. Ibid., p. 21.

29. Ibid., p. 34.

30. Ibid., p. 34.

31. Ibid., p. 65.

32. Heinz, *Sprengstoff*, p. 255.

33. 죽어가는 사람 및 시체를 알고자 하는 욕구에 대해서는 이하의 자료를 참고. Höß, *Kommandant in Auschwitz*, p. 28 ff.; Salomon, *Die Geächteten*, p. 125 f.; Stenbock-Fermor, *Freiwilliger Stenbock*, p. 150; Dwinger, *Auf halbem Wege*, p. 30, 363; Ders., *Die letzten Reiter*, p. 344, 377, 117; Bischoff, *Die letzte Front*, p. 71; von Killinger, *Kampf um Oberschlesien*, p. 66; F. Schauwecker, *Im Todesrachen*, p.136 ff.; Engelhardt, *Der Ritt nach Riga*, p. 36; Brandis, *Baltikumer*, p. 125 f., 266; Bochow, *Sie wurden Männer*, p. 77 ff.; Volck, *Rebellen um Ehre*, p. 64; Goote, *Wir fahren den Tod*; 살아남았다는 것에 대한 환호는 이하를 참고. p. 74, 200 ff., 353, 386; Freksa, *Der Wanderer ins Nichts*, p. 24 ff.; Krumbach, *Epp*, p. 80; 델마르는 옛 공원과 성을 바라보면서 "무덤 속에서 사는 듯한 에로티시즘의 유령"을 느꼈다. (*Französische Frauen*, p. 43.)

    죽은 자를 바라보는 유사한 시각은 이하를 참고. Hermann Löns, *Der letzte Hansbur. Ein Bauernroman aus der Lüneburger Heide*, Hannover 1909: "그는 우뚝 서서 죽은 동물을 바라봤다. 반쯤은 강가에 반쯤은 물에 잠겨 있었다. 그는 생각했다. 바로 이 순간, 숲 위로 하늘이 붉게 물들 때 말을 타고 천천히 전쟁터를 지나갔더라면 얼마나 아름다웠을까. 시체들이 죽은 말들 옆에 뻣뻣하고 차갑게 나자빠져 있는 광경을 봤더라면. 그럴 때 진짜로 살맛이 난다. 언젠가는 나도 개죽음을 당하겠지만 어쨌든 상관없다." 이하에서 재인용. Günter Hartung, "Über die deutsche faschistische Literatur", 3 Teile, *Weimarer Beiträge*, Heft 3/1968, Sonderheft 2/1968, Heft 4/1968, Zitat aus Teil 1, p. 519. 하르퉁은 뢴스의 『늑대인간*Der Wehrwolf*』(1910)을 발터 린덴과 함께 "우익 국민 문학의 필독서"(Ibid., p. 519)라고 평가했다. 해당 작품에만 국한되는 평가는 아니다.

내면: "미개인"으로서의 타자

1. E. Jünger, *Kampf als inneres Erlebnis*, p. 7.

2. Ibid., p. 8. 특히 「피」 챕터 전체를 참고하길 바란다.　 Ibid., pp. 5-10.

3. Dwinger, *Auf halbem Wege*, p. 330. (재인용된 부분의 원전은『뷔히너 전집』, p. 12.)

4. Stefan George, *Das Neue Reich*, *Werke*, Bd. 9, Berlin 1928, p. 114. 호트첼이 슈테판 게오르게의 시를 다루는 방식은 시 그 자체만큼이나 파시스트적이다. 게오르게의 대소문자 구별과 문장부호를 멋대로 무시해버린다. 쉼표도 멋대로 추가해서 찍었다. "핏빛 불꽃" 구절에는 원래 쉼표가 아니라 콜론(:)이 찍혀 있었다. 2연은 이렇게 되어 있다.
   우리 민족이 비겁한 무기력에서 깨어나
   스스로의 자유의지와 소명을 되새긴다면,
   신의 뜻이 눈앞에 열리리라
   이루 말 못 할 공포…… 손을 치켜올려라,
   입 열어 존엄을 찬양하라,
   때 없이 바람 일어 진실의 표징이 드러나리라
   왕족이 고개 숙여 경배하리라
   고귀한 자들, 영웅들이여!

실제 군중의 양상

1. Canetti, *Masse und Macht*, p. 12. (『군중과 권력』, p. 18.)
2. Ibid., p. 17. (같은 책, p. 24.)
3. Ibid., p. 62. (같은 책, p. 76.)
4. Ibid., p. 361. (같은 책, p. 421.)
5. Ibid., p. 350. (같은 책, p. 408.)
6. Ibid., p. 376 f. (같은 책, p. 438.)
7. Ibid., p. 377. (같은 책, p. 438.)
8. Ibid., p. 108 ff. (같은 책, p. 129.)

여자들을 앞세워서……

1. von Killinger, *Die SA*, p. 41.
2. Wittmann, *Erinnerungen der Eisernen Schaar*, p. 112.
3. Ibid., p. 112.
4. Ibid., p. 106.
5. Maercker, *Vom Kaiserheer zur Reichswehr*, p. 30 f.
6. 비교. Oertzen, *Die deutschen Freikorps*, p. 259.
7. Schramm, *Die Roten Tage*, p. 23.
8. Maercker, *Vom Kaiserheer zur Reichswehr*, p. 164.

9. Wittmann, *Erinnerungen*, p. 130.

10. 제1장의 「여성을 향한 공격」 부분에서 도나트가 시위하던 여자의 입에 총 쏘는 이야기를 소개했다. 여성을 앞세운 시위대에 대해서는 이하를 참고. Roßmann / Schmidthuysen, "Der blutige Montag", *SB*, p. 392; Lützkendorf, *Aus Halles "roter Zeit"*, p. 369; Gengler, *Berthold*, p. 157; Goote, *Kamerad Berthold*, p. 340; Crasemann, *Freikorps Maercker*, p. 40; Kohlhaas, *Der Häuptling und die Republik*, p. 212 f.; v. Kessel, *Handgranaten und rote Fahnen*, p. 153; Volck, *Rebellen um Ehre*, p. 19; Schricker, *Rotmord*, p. 20.

11. Lettow-Vorbeck, *Mein Leben*, p. 183.

12. 제1장에서 「여성을 향한 공격」 부분에 메르커의 명령 내용이 인용되어 있다.

13. Pikarski, "Zeitfreiwilligen-Regiment Pommern", *SB*, p. 358 f.

14. Heydebreck, *Wir Wehrwölfe*, p. 31 f.

15. Salomon, "Hexenkessel Deutschland", *JKR*, p. 19.

16. Dwinger, *Auf halbem Wege*, p. 257 f.

17. E. Jünger, *Über den Schmerz*, p. 183.

섬뜩함

1. v. Selchow, *Hundert Tage*, p. 327.

2. Hesterberg, "Felddivision und Freikorps", *SB*, p. 223.

3. Schaumlöffel, *Das Studentenkorps Marburg*, p. 17.

4. Ibid., p. 10; 회스가 발트해 연안 작전에 대해서 유사한 발언을 했다. 비교. "Kommandant in Ausschwitz", *SB*, p. 35; Maltzan, *Die Spandauer stürmen Bauske*, p. 160; Wilden, *Durchbruch*, p. 61; 젤초프는 이렇게 비유했다. "프랑스 놈들은 비록 적이었지만 기사도가 있었다. 요즘 적은 우리 나라에서 생겨난 적이라서 나 자신의 명예가 더럽혀지는 치욕을 느낀다." (*Hundert Tage*, p. 352.)

5. Duisburg, "Protokollarische Erklärung von 2 Augenzeugen", (Ringleib, de Pree), 13. April 1920, in Nachlaß Severing: A *III*.

6. Mann, *Mit Ehrhardt*, p. 204; 거의 똑같은 어휘를 구사하는 대화가 드빙거의 작품에 등장한다. Dwinger, *Auf halbem Wege*, p. 313. 드빙거는 이런 식으로 선배 작가들의 텍스트를 "활용"하곤 했다.

7. Salomon, *Hexenkessel Deutschland*, p. 36.

8. Salomon, *Die Geächteten*, p. 11.

9. Ibid., p. 19; 사나이다운 공산주의자에 대해서는 이하를 참고. Volck, *Rebellen um Ehre*, p. 55, 이 글에서 추격자들은 볼셰비키 한 명이 "사력을 다하여 절

1376

박하게" 도망치는 모습이 무척이나 아름다웠고 보기 좋았다고 평가한다.

정신 나감과 실신, 군중 속의 부패

1. Salomon, *Die Kadetten*, p. 269 f.
2. Ibid., p. 98.
3. Ibid., p. 99.

군중과 문화, "우뚝 선 단독자"

1. Dwinger, *Auf halbem Wege*, p. 23.
2. v. d. Goltz, *Meine Sendung*, p. 143 f.
3. Gengler, *Rudolf Berthold*, p. 103.
4. v. d. Goltz, *Meine Sendung*, p. 157, vgl. auch p. 284 f.
5. Jünger, *Kampf als inneres Erlebnis*, p. 54.
6. Goebbels, *Michael*, p. 33(『미하엘』, p. 45).
7. Delmar, *Französische Frauen*, p. 22.
8. Ibid., p. 79 f.
9. Höß, *Kommandant in Auschwitz*, p. 107.
10. Etwa: Heinz, *Die Nation greift an*, p. 37 f.
11. Iger, *Spartakustage*, p. 25.
12. Dwinger, *Auf halbem Wege*, p. 464.
13. Weigand, *Die Rote Flut*, p. 452.
14. Ferenczi, *Versuch einer Genitaltheorie, Schriften II*, p. 331.
15. 프랑스의 정신분석가 뤼스 이리가레는 인터뷰에서 이렇게 말했다. "여성은 단일 형태의 성별뿐 아니라 최소한 이중 형태의 성별을 지녔다. 클리토리스-질의 이분법 문제가 아니다. 이는 남성 기준에서 기인한다. 여성 특유의 관능성을 구성하는 것은 서로 끊임없이 접촉하고 있는 두 개의 음순이다. 이 때문에 여성은 우리 문화가 특권화하는 모든 것, 즉 남성적 성 개념을 반영한 하나, 단일성, 개별성에서 배제된다.
    오직 음경만이 '하나'다. 아버지가 물려준 성姓은 '고유하다'. '일一'은 담론의 일관성이자 통일성이다. 개인주의이자 사유재산이다.
    그에 비해 여성을 바라보는 관점은 접촉이다. 시선을 받아들여야 하는 아름다운 대상으로서의 여성이다. 그녀의 성기는 '암흑' '구멍' 등 공포와 연관되었을 뿐 그 외의 표상은 모두 배제되었다." (참고. *Alternative* Nr. 108/9, Juni/August 1976, p. 126.) 또한 이리가레의 불어 원문에서는 음순이 서로 접촉한다고 되어 있지만 독일어 번역문에서는 접촉이라는 말 대신 마주 "서 있다"라고 표현했다는 점이 흥미롭다.

16. Freud, "Die Frage der Laienanalyse", *GW XIV*, p. 223.

17. 울리히 조네만은 군인 남성의 정상 상태에 대해서 이렇게 설명한다. "프로이트적 '자아'는 일종의 직업 외교관처럼 내키지 않는 듯 투덜거리면서 그저 안전하게 처신하려는 부르주아적 음울한 기본 태도가 전형적 기능이다." (*Negative Anthropologie*, p. 77.) 군인-자아는 폭력적 수단을 쓰는 외교관-자아라고 표현할 수 있겠다. 전쟁은 다른 수단을 동원한 외교라는 유명한 이론도 있고 하니 말이다.

18. Berthold, *Tagebuch*, in Gengler, *Berthold*, p. 92.

19. 영웅으로서, 신기록 보유자로서 죽는다. 삶보다 더 소중한 가치는 높은 곳에 있다.

20. Eggers, *Berg der Rebellen*, p. 215.

21. Benjamin, "Theorien des deutschen Faschismus" in *Argument* Nr. 30, p. 135. (『노동자·고통에 관하여·독일 파시즘의 이론들』, 최동민 옮김, 글항아리, 2020. 「독일 파시즘의 이론들」, pp. 314-315.)

22. Jünger, *Kampf als inneres Erlebnis*, p. 31.

23. Ibid., p. 6.

24. Ibid., p. 5.

25. Ewers, *Reiter in deutscher Nacht*, p. 287.

26. Balla, *Landsknechte wurden wir*, p. 126.

27. Ibid., p. 126 f.

28. 위/아래, 문화/야만 등의 대립쌍은 다양한 형태로 반복되었다. 잘로몬은 "용기 있는 자"와 "비겁자"를 대조적으로 묘사했다. 또한 암살당한 라테나우 외무장관의 가장 큰 죄는 비겁자를 사랑했던 것이라고 말했다. (*Die Geächteten*, p. 270.) 젤초프는 호텐토텐족을 헤레로족에 대비시켰다. 전자는 유목민이므로 문화에 적합하지 않으며, 후자는 강한 경제 감각을 지녔기 때문에 어느 정도 문화에 적합하다고 본다. 문화는 계획적 경제 활동에서 비롯되기 때문이다. (*Hundert Tage*, p. 203.) 다른 대목에서는 고급 언어와 일상 언어의 사용을 문화의 징표라고 제시했다. (*Hundert Tage*, p. 129.) 물론 문화와 기계의 대립도 언급된다. (Delmar, *Französische Frauen*, p. 86.)
정신분석의 과제는 이러한 문화 이해에 내포된 제국주의를 유럽 남성의 망상으로 분석해내는 것이다. 그러나 프로이트의 사례에서도 볼 수 있듯 정신분석학도 제국주의에 깊게 물들어 있다. 페렌치도 그중 한 명이다. 그는 "외설적 언어"의 의미를 이렇게 설명한다. "저열한 민족 특히 집시들의 삶에서 내가 본 바로는 외설적 말들이 교양 없는 사람들에게 더 강한 쾌락을 주는 듯하지만 그렇다고 통상적 어휘와 본질적으로 크게 다르지는 않았다. 물론 교양인이 받아들이는 바는 무척 다를 것이다." 그는 또 외설적인 말이 신체 운동성과 더 가깝다고 본 다음, 신체 운동성 자체를 퇴행적인 것으로 규정한다. 반복되는 구조다. 몸을 포기하는 것을 "문화"로의 진보로 찬양하고, 신체에 가까이 붙어 있는 것은 "원시적"이거나 "퇴행적"인 것으로 간주하는 방식이다. (Ferenczi, "Über obszöne Worte", *Schriften I*, p. 70 ff.)

29. 이는 장 르누아르의 영화 「게임의 법칙Die Spielregel」(1939)에 잘 표현되었다. 사냥 무리의 총질은 감정을 직접 쏘는 행위처럼 보인다. 살아 있는 것에 대한 사격이지만 사냥감으로서의 동물이 상징이 되지는 않는다.

30. Lettow-Vorbeck, *Mein Leben*, p. 272.

31. Ibid., p. 273.

32. Freksa, *Kapitän Ehrhardt*, p. 40 ff.; 밀렵 이야기는 이하를 참고. Koll, "Die Männer von Tirschtiegel", *SB*, p. 229 f.; Schramm, *Rote Tage*, p. 95; Eggers, *Berg der Rebellen*, p. 159; Maercker, *Vom Kaiserheer*, p. 178; 그 외 사냥 이야기는 이하를 참고. Herzog, *Wieland der Schmied*, p. 49; Carl Cranz, "Flieger im Baltikum", *SB*, p. 172; E. Jünger, *Abenteuerliches Herz*, p. 123; W. Frank, *Epp*, p. 143; Lettow-Vorbeck, *Mein Leben*, p. 38 f., 47, 71, 77, 106, 110 f., 121 f., 196 f., 217, 223, 229, 236 f., 240, 269-276; "대다수의 신화에서 야생 돼지는 여성 혹은 여신과 관련 있다. 아마 돼지 사냥은 억압 과정의 일부였을 수도 있다." (Kurnitzky, *Triebstruktur des Geldes*, p. 63.)

33. 발정기가 사냥에 적기인 까닭은 조류의 습성을 알면 이해가 간다. "발정기에는 두뇌의 후각 중추가 작아지고 시각은 더 민감해진다." 색깔을 식별하고 화려한 색채를 인식하는 기능이 강화된다. "이 때문에 우리 인간은 조류와 동물학적으로 거리가 멀지만 그들의 사회 행동과 구애 의식을 이해할 것 같은 느낌을 받는다. 그들의 구애는 우리가 감지할 수 있는 청각적·시각적 신호에 기반하기 때문이다. 반면 포유류의 신호는 주로 후각에 의존하는데, 우리는 후각 신호에 대해서는 거의 무감각하다." (Elaine Morgan, *Der Mythos*, p. 114.)

34. Balla, *Landsknechte wurden wir*, p. 127 ff.

문화와 군대

1. Jünger, *Kampf als inneres Erlebnis*, p. 37.

2. Mann, *Mit Ehrhardt*, p. 215.

3. v. d. Goltz, *Meine Sendung*, p. 2.

4. Dwinger, *Auf halbem Wege*, p. 28.

5. Jünger, *Kampf als inneres Erlebnis*, p. 63

6.   Ibid., p. 56.

7.   Dwinger, *Die letzten Reiter*, p. 436; 이하와 비교. Jünger, *Der Kampf als inneres Erlebnis*, p. 24 f., 41, 64, 108; ders., Feuer und Blut, p. 66 ff.; Salomon, Nahe Geschichte, p. 19; 제2 해군 여단 해체 당시에 카우터 대위가 쓴 헌정 시 「작별」의 다섯 번째 연 참고. *SB*, p. 350; Guenther, *Deutsches Kriegertum*, p. 200; Wilhelm Schramm, *Schöpferische Kritik des Krieges*, p. 40, 그가 보기에 전쟁은 각국 최고의 사나이들끼리 자웅을 겨루는 일이며 기술과 물질적 이해관계에 영향을 받아서는 안 된다. 전쟁이란 "사나이들 사이에 벌어지는 가장 고상하고 고귀한 방식의 경쟁"이다.

8.   Heinz, *Sprengstoff*, p. 48.

9.   또한 참고하라. Jünger, *Kampf als inneres Erlebnis*, p. 25, 41.

10. Dwinger, *Die letzten Reiter*, p. 359.

11. Ibid., p. 358.

12. 비밀결사체의 낭만은 처음부터 나치당 제의의 본질적인 구성 요소였다. 당의 초반 역사에서 가장 중요한 제의는 깃발 봉헌식이었다. 모든 돌격대원은 "피의 깃발"을 만져야만 진정한 일원이 되었다. 1923년 11월 9일 폭동 당시 용장기념관으로 행진할 때 선봉에 세워졌던 깃발이며 "운동"의 첫 희생자들의 피에 적셔졌다. 의식은 밤에 은밀하게 거행되었다. "별이 총총한 밤이다. 달빛은 비밀스러운 호수의 물결을 은빛으로 물들인다. 얼마나 깊은지 알 수 없는 호수다. 호수가 제아무리 깊어도 여기 바위 아래에서 충성 맹세를 하는 병사들의 사랑보다 더 깊을 순 없다. 독일을 위하여, 총통을 위하여!" (Berendt, *Soldaten der Freiheit*, p. 297, 1923년 북독일에서 있었던 첫 깃발 제의에 대한 설명이 나온다. 석회광산 동굴에서 거행되었다.) 외부적으로는 대중 제의, 내부적으로는 비밀결사체 제의가 도시, 동굴, 호수, 절벽, 숲에서 거행되었다.

13. 『군중과 권력』, p. 229.

임전무퇴

1.   Plaas, "Das Kapp – Unternehmen", *JKR*, p. 179.

2.   오점에 대해서는 이하를 참고. Plaas, Ibid., p. 164, 178; von Loewenfeld, "Das Freikorps von Loewenfeld", *RDS*, p. 149; Salomon, "Die Brigade Ehrhardt", *RDS*, p. 120; Frey, "Die Versenkung der deutschen Kriegsflotte bei Scapa Flow", *JKR*, p. 62; Mann, *Mit Erhardt*, p. 218; Freksa, *Kapitän Erhardt*, p. 121; Niemöller, *Vom U – Boot*, p. 139; Förste, "Vom Freikorps zur Kriegsmarine", *RDS*, p. 102.

3.   Mahnken, "Gegenstoß im Westen", 1919, *RDS*, p. 59.

군중과 인종

1. Delmar, *Französische Frauen*, p. 78.
2. Ibid., p. 143.
3. 이하를 참고. W. Reich, *Massenpsychologie des Faschismus*, p. 100 ff.
4. 예를 들어 이하와 비교. Weigand, *Die Rote Flut*, p. 465: "우리 국민의 일부는 지배 인종인 게르만 종족에서 유래했다고 자부할 수 있다. 나머지 부분에는 대다수의 근본 없는 도시 프롤레타리아가 속하는데, 선先아리아 혈통에 속한다고 볼 수 있다."
5. Deleuze / Guattari, *Anti – Ödipus*, p. 358. (『안티 오이디푸스』, p. 564.)
6. Ibid., p. 515.
7. Ibid., pp. 360 – 381. "몰라molar", 즉 그램분자라는 말은 물리학 단위인 "1몰"에서 유래한 것으로, 1그램 분자에 해당된다. 모든 그램 분자, 즉 물질을 막론한 1그램 안에 들어 있는 분자의 수가 6×10^{23} 개다. 따라서 "몰라"라는 말은 모든 것을 큰 수의 개념 아래 형성된 구조 안에 포섭하는 일종의 대규모 질서화된 군중 점유 방식을 가리키는 용어로 쓰인다.

    파시즘은 두 가지 상반된 군중 개념을 통해 작동한다. "군중을 선동해서 거리로 내모는 적에 맞서려면…… 우리 역시 군중을 몰고 거리로 나와야 한다. 단, 훈련되고 통일되고 똘똘 뭉쳐 있는 잘 영도된 형태의 군중이어야 한다." (Killinger, *Die SA*, p. 5.)
8. "전쟁은 만물의 아버지다. 인종을 형성하는 힘을 지녔다." Heinz, *Die Nation greift an*, p. 17. 윙거 역시 비슷한 시각에서 전쟁이 "새로운 인종"을 낳는다고 봤다. (비교. Jünger, *Kampf als inneres Erlebnis*, p. 2, 32, 50 ff.)
9. 슐라미스 파이어스톤은 미국의 흑백 인종 관계를 논하면서 이러한 도식을 사용했다. 단, 가족관계로 환원하여 이해한 점은 안타깝다. 백인 아버지는 지배자다. 백인 여성을 억압한다. 그녀는 남몰래 흑인 남성인 아들을 사랑한다. 그러나 흑인 여성은 노예라는 이유로 흑인 남성을 경멸하며, 그 대신 백인 남성을 욕망한다. 흑인 남성은 백인 남성에게 흑인 여성을 팔고 포주 콤플렉스를 얻는다. 이런 식의 설명이다. (Shulamith Firestone, *Frauenbefreiung und sexuelle Revolution*, pp. 100 – 111.) 이는 결함이 있는 구조다. 부르주아 / 프롤레타리아를 이해할 때에도 이러한 구조는 동일하게 "적용 가능"하다. 적용 가능성 자체가 가부장제 중심적인 다양한 관계 부호화를 오이디푸스 구조로 재생산하고 있다는 뜻이다. 인종주의자가 극도로 위험한 이유는 자기 자신을 혐오하여 투쟁하기 때문이다. 도식적 이해는 이러한 통찰을 놓쳐버린다. 누군가 세상 전체를 멸절하려는 이유가 고작 아내가 "열등한 민족"과 놀아나기 때문이라고 오해하는 것이다. 아무리 페미니스트라도 때로는 오이디푸스적 이

해 방식의 함정에 빠지곤 한다.

국가

1. Heinz, *Sprengstoff*, p. 162.
2. Eggers, *Berg der Rebellen*, p. 39.
3. F. Schauwecker, *Aufbruch der Nation*, p. 324.
4. Salomon, *Die Geächteten*, p. 34.
5. F. Schauwecker, *Aufbruch der Nation*, p. 209.
6. Heinz, *Die Nation greift an*, p. 12 f.
7. Mahnken, "Freikorps im Westen 1918/20", *HoDA*, p. 90.
8. F. Schauwecker, *Aufbruch der Nation*, p. 369.
9. Heinz, *Sprengstoff*, p. 136.
10. Ibid., p. 177.
11. Heinz, *Die Nation greift an*, p. 10.
12. H. Schauwecker, "Der Aufbruch der Nation aus dem Krieg", *HoDA*, p. 247.
13. Ibid., p. 246.
14. Heinz, *Die Nation greift an*, p. 9.
15. Bronnen, *Roßbach*, p. 165.
16. Goebbels, *Michael*, p. 113. (『미하엘』, p. 179.)
17. Margaret Mahler, *Symbiose und Individuation*, p. 48. 어머니와의 공생 관계로부터 분리되어 제대로 기능할 수 없게 된 아이들은 "확장 자아"를 어머니 대용으로 이용함으로써 기능을 꾀한다.
18. Heinz, *Die Nation greift an*, p. 10.
19. Bronnen, *Roßbach*, p. 147.
20. Salomon, *Die Geächteten*, p. 203; 또한 이하 참고.   Ibid., p. 111 f.
21. Heinz, *Sprengstoff*, p. 143.
22. Maercker, *Vom Kaiserheer*, p. 355.
23. G. Günther, "Hamburg", *JKR*, p. 51.
24. Salomon, *Die Geächteten*, p. 155 f.
25. 이하와 비교. Heinz Schauwecker, *Der Aufbruch der Nation aus dem Kriege*, in Hotzel, *Deutscher Aufstand*, p. 245 ff.
26. E. Jünger, *Der Kampf um das Reich*, p. 9.
27. 예를 들면 E. Jünger, *Der Arbeiter*, p. 35; Salomon, *Die Kadetten*, p. 66.
28. E. Jünger (Hrsg.), *Der Kampf um das Reich*, 서문, p. 8; 전쟁을 탄생으로 묘

사한 경우는 이하를 참고. W. v. Schramm, *Schöpferische Kritik des Krieges*, p. 49; 또한 Friedrich Georg Jünger, *Krieg und Krieger*, p. 56, 58, 61.

29. E. Jünger, *Der Kampf um das Reich*, 서문, p. 7; 비슷한 표현이 다음에도 등장한다. Salomon, *Der verlorene Haufe*, p. 113.

30. 쿠르트 존타이머는 『바이마르 공화국의 반민주주의 사상Antidemokratisches Denken in der Weimarer Republik』의 국가에 대한 부분(p. 317 ff.)에서 "국가"의 본질적 특징을 단 하나에서만 찾았다. 바로 "상층" 계급이 "국민" 위에 군림한다는 것이었다. 그 외의 모든 특징, 즉 남성적, 군인적, 전사적, 지배 구조적, 군인 남성 스스로의 육체에 대한 불안감에서 비롯된 "상층"과 "하층"의 차별 인식, 미래적 제국 발생적 성격은 간과되고 만다. 그가 인용한 다양한 자료 역시(특히 Ullmanns, Metzner, Moeller van den Bruck, p. 318 ff.) 그 이상의 결론을 끌어내지는 못한다.

존타이머는 "반민주적 사상"에만 참고 자료를 국한하며 정신사적 관점에서만 비판적으로 논평한다. 그중에서도 "비이성주의" 등의 개념이 중요하게 다루어진다. 그가 가장 관심을 두는 것은 "새로운 사유"의 "정신적 토대"(p. 46)다. 그는 정치적, 학술적, 정신사적, 문화 철학적 텍스트 등 이론적 저술들을 인용하며, 소설이나 전기 등의 자료는 고려하지 않는다. 그럼에도 놀랍게도 여러 가지가 일치한다. 그가 다루는 콤플렉스는 소설의 구절들을 통해서도 충분히 "입증"된다. 또한 내가 이끌어낸 결론도 그가 인용한 자료에서 얼마든지 이끌어낼 수 있다. 1920년대 독일에서 파시스트적 감수성은 광범위하게 확산되어 있었다. 아르민 묄러의 말처럼 바이마르 "공화국" 우파 문헌의 참고문헌만 해도 백과사전급 방대함을 요한다는 평가는 과장이 아니다. 내 생각에는 아예 백과사전 시리즈가 필요할 것이다. (Möhler, *Die konservative Revolution in Deutschland 1918–1932. Grundriß ihrer Weltanschauungen*, Stuttgart 1950, p. 212.)

31. Heinz, *Sprengstoff*, p. 51; 국가에 대해서는 이하를 참고. Eggers, *Von der Freiheit des Kriegers*, p. 30(평화주의는 거세와 동일시된다); Freiwald, *Verratene Flotte*, p. 248(국가의 자진 거세); Volck, *Rebellen um Ehre*, p. 9.

32. Bronnen, *Roßbach*, p. 71.

국민

1. Bronnen, *Roßbach*, p. 53.
2. Goebbels, *Michael*, p. 21. (『미하엘』, p. 26.)
3. Blüher, *Volk und Führer in der Jugendbewegung*, p. 3.
4. 제1장의 「누이들」 부분 참고.
5. Blüher, *Volk und Führer*, p. 4. 혹은 이하를 참고. "우리는 스스로 불안의 가

시가 되어야 한다. […] 우리 국민의 몸은 […] 배부르고 비겁한 시대에 괴로움을 초래할 가시가 되어야 한다." (Eggers, *Von der Freiheit des Kriegers*, p. 62.)

6. Jünger, *Kampf als inneres Erlebnis*, p. 116.

총체

1. 이하에서 재인용. v. Selchow, *Hundert Tage*, p. 324.
2. Hotzel, "Student 1918", *HoDA*, p. 7.
3. Heinz, *Die Nation greift an*, p. 17.
4. Goote, *Die Fahne hoch*, p. 391.
5. Hotzel, "Student 1918", *HoDA*, p. 7.
6. Schaumlöffel, *Das Studentenkorps Marburg*, p. 55.
7. 이하와 비교. Mahler, *Symbiose und Individuation*, p. 48: "공생하는 상대로부터 분리되어서 불능 상태에 빠진 자아는 전능한 어머니와의 일체감이라는 기만적인 환상 뒤로 다시 숨어들려 한다……" 그러나 위계적 총체 구조는 어머니와의 "일체감"의 반복이 아니다. 부대는 군인에게 자궁 같은 존재가 아니다. 오히려 그것은 병사가 자궁으로부터 벗어날 수 있도록 돕는 조직이다. 이에 대해서는 4장에서 더 자세히 다루도록 한다.
    총체성이라는 기획은 오토 슈트라서가 『독일 사회주의의 구축*Aufbau des deutschen Sozialismus*』(Leipzig 1932)에서 집요하게 다루는 주제다. 또한 이하에 등장하는 총체성 개념 계열을 참고할 것. Freksa, *Der Wanderer ins Nichts*, p. 362: 인간 – 중대 – 연대 – 군대 – 조국; Müller, *Soldat und Vaterland*, p. 26; 자유군단 군인들은 "강철 잠금쇠"로 조국을 결속하여 유지했다.
8. Ernest Bornemann, *Das Patriarchat*, Frankfurt a. M. 1975, p. 531 f.
9. 출처. *Alternative* Nr. 108/109, p. 126. 또한 뤼스 이리가레의 저서 두 권을 참고하길 바란다. Luce Irigaray, *Waren, Körper, Sprache: der verückte Diskurs der Frauen*, Berlin 1976, 또한 *Unbewußtes, Frauen, Psychoanalyse*, Berlin 1977.

쉬어가기: 성애화된 언어

1. "이 경우에 두려움은 친숙하고도 오래된 익숙함이다." 이하와 비교. Sigmund Freud, "Das Unheimliche", *GW XII*, p. 259.
2. Elias Canetti, *Masse und Macht*, Hamburg 1960, p. 200. (『군중과 권력』, p. 397.)

제국으로 향하는 전조

1. Jünger, *Kampf als inneres Erlebnis*, p. 30.

2. Rosenberg im Vorwort zu: *Dietrich Eckart*, p. 11.

3. Roßbach, *Mein Weg durch die Zeit*, p. 215.

4. 괴벨스와 한스 하인츠 에베르스가 날조해낸 호르스트 베셀의 신화를 보면, 객관적 배경 조건은 그다지 중요하지 않을 수도 있다. 이하와 비교. Brecht, "Die Horst Wessel Legende", *GW 20*, p. 211 ff. 또한 Ewers, *Horst Wessel*, Berlin 1933. 하지만 카프의 경우 행태가 너무 잘 알려져서 탈이었다. 무명의 인물 베셀은 상대적으로 날조가 쉬웠다.

5. Wittmann, *Erinnerungen der Eisernen Schar Berthold*, p. 115 f.

6. Ibid., p. 116.

7. "설득은 불임이다." 발터 벤야민의 말이다. "남성용"이라는 말도 부연되어 있다. Benjamin, "Einbahnstraße", *Schriften 1*, Frankfurt a. M. 1955, p. 517.

8. Goote, *Kamerad Berthold*, p. 351.

9. 파시스트 문학에서 군중을 일거에 매료시킨 선구자로 등장한 사례가 있다. 바로 1918년 사민당 지도자다. 1918년 12월 19일 베를린에서 개최된 노동자 군인 평의회 행사에서 소란이 벌어졌다. 그 순간 "에베르트는 침착하게 일어서서 연대에 올랐다. 라이네르트를 옆으로 밀더니 단호한 자세로 연설했다. 용감하고도 현명한 연설에 빨갱이 군중이 깊게 감동하여 순식간에 장내 분위기가 정리되었다." 감탄한 목격자의 증언이 줄을 이었다. v. Selchow, *Hundert Tage*, p. 299.

10. 포주였던 알리 횔러가 베셀을 사살한 후 매춘부 에르나 J의 기둥서방 자리를 빼앗았다. 이하를 참고. Scheer, *Blut und Ehre*, p. 150 ff.; Anonym, *Naziführer sehen dich an*, p. 177 ff.

11. 이하에서 인용. Rosenberg, *Dietrich Eckart*, p. 65.

12. Zöberlein, *Befehl des Gewissens*, p. 538.

13. Canetti, *Masse und Macht*, p. 239.

연설

1. Baldur von Schirach, *Pioniere des Dritten Reiches*, p. 75.

2. Theodore Abel, *Why Hitler Came to Power. An Answer Based on the Original Life Stories of Six Hundred of His Followers*, New York 1938. 미국인 사회학자 아벨은 나치당의 지원을 받아 당원 대상으로 가장 멋진 입당 사연을 뽑는 공모전을 열었다. 그가 나치당에 제출한 공모전의 목적은 나치 "운동"을 미국에 널리 소개하는 것이었다.

3. Ibid., p. 116 ff., 152 ff.

4. Goebbels, *Michael*, p. 101 ff. (『미하엘』, p. 161 이하.)

5. 킬링거는 1923년에 히틀러를 직접 만나지만 그의 말을 한마디도 제대로 인용하지 않는다. "말은 꼬리에 꼬리를 물고 이어졌다. 히틀러는 늘 그렇듯 한 번 열을 올리기 시작하면 눈에서 광채를 뿜어냈다. 그의 사상에는 변증법과 설득력이 가득했으며 누구든 매료시켰다. 바다도깨비는 이 출중한 사나이의 입술에 문자 그대로 매달려버렸다." (Killinger, *Der Klabautermann*, p. 295); 이하와 비교. Goote, *Die Fahne hoch*, p. 416.)

6. Ekkehard, *Sturmgeschlecht*, p. 155.

7. Goote, *Kamerad Berthold*, p. 248; dgl. Killinger, *Die SA*, p. 17.

8. Zöberlein, *Befehl des Gewissens*, p. 284.

9. Ibid., p. 285 f.

10. Ibid., p. 286; 이하와 비교. Goote, *Kamerad Berthold*, p. 248. 베르톨트가 연설을 시작하자 분위기가 바뀐다. "이제 누구 하나 맥주잔 받침으로 장난치는 사람이 없었다. 누구 하나 두리번거리지 않았다. 여종업원 부르는 소리도 끊겼다."

11. Goebbels, *Michael*, p. 102. (『미하엘』, p. 162.)

12. Jean Pierre Faye, *Theorie du recit. Introduction aux "langages totalitaires"*, Paris 1972, p. 81 f.

13. Jünger, *Der Arbeiter*, p. 58.

14. Winckler, *Zur gesellschaftlichen Funktion faschistischer Sprache*, p. 36 ff. 연설의 상투적이고 얄팍한 묘사력에 대해서는 이하 사례를 참고. Burke, *Die Rhetorik in Hitlers "Mein Kampf" und andere Essays zur Strategie der Überredung*, Frankfurt 1967, p. 10 f. "히틀러의 책 전체를 지배하는 성적 상징성, 그리고 당대 언어에 만연했던 언어 상상력의 요점은 명확했다. 찢긴 독일은 '뿔 잘린 지크프리트'와 같다. 군중은 '여성적'이라서 강한 사나이가 이끌어주길 바란다. 강한 사나이는 대중 연설자의 형상을 띠고 군중을 매료시킨 다음 지배력을 발동한다."

15. Mary Douglas, *Ritual, Tabu und Körpersymbolik*, p. 11 ff.

16. 오순절에 성령이 강림하는 광경이 연상되도록 표현한 것은 의도적인 듯하다. "계시! 계시!"

17. 이와 유사한 연설 묘사는 다음과 같다. Stadtier, *Als Antibolschewist 1918/19*, p. 33(도장 찍기), p. 40(교접), p. 80(스스로 남근이 되어 발기하기); Buschbecker, *Wie unser Gesetz es befahl*, p. 288(히틀러가 커졌다); Ibid., p. 65, 참석한 부대 뒤편에 폴란드 여자가 한 명 끼어 있는 바람에 연설 효과에 김이 샜다고 언급한다.

18. 프로이트는 어떤 강박관념은 "변경되지 않은 채 문자 그대로" 꿈속에 연설로

나타난다고 지적했다. 연설은 억눌려 있던 금기를 공개적으로 해제하는 역할을 한다. (Freud, *Traumdeutung*, GW II/II, p. 310; Ders., *Bemerkungen über einen Fall von Zwangsneurose*, GW VII, p. 441.)

19. Serge Leclaire, *Der psychoanalytische Prozeß*, p. 142.
20. W. Benjamin, "Theorien des deutschen Faschismus", *Argument* 30, p. 134.

눈

1. E. Röhm, *Die Geschichte eines Hochverräters*, p. 27.
2. Walter Kempowski, *Haben Sie Hitler gesehen? Deutsche Antworten*, München 1973.
3. 저자 미상, "Die letzte Parade der III. Marine – Brigade von Loewenfeld am Skageraktage 1920", *SB*, p. 406 f.
4. O. Strasser, "Der Sinn des 9. Nov. 1923", *JKR*, p. 306.
5. Schaumlöffel, *Das Studentenkorps Marburg*, p. 9.
6. Frank, *Epp*, p. 26.
7. Bronnen, *Roßbach*, p. 9 f.
8. Ibid., p. 10.
9. Wittmann, *Erinnerungen der Eisernen Schar*, p. 123.
10. F. Schauwecker, *Aufbruch der Nation*, p. 61.
11. Jünger, *Kampf als inneres Erlebnis*, p. 32.
12. Ibid., p. 26.
13. Ibid., p. 50 ff.
14. Ibid., p. 23.
15. Dwinger, *Deutsches Schicksal*, Bd. 1, Jena 1929, p. 536.
16. Herzog, *Mann im Sattel*, p. 403.
17. Dwinger, *Auf halbem Wege*, p. 377.
18. Salomon, *Die Geächteten*, p. 369.
19. Goebbels, *Michael*, p. 149. (『미하엘』, p. 241.)
20. Ekkehard, *Sturmgeschlecht*, p. 201.
21. Stefan George, *Stern des Bundes*, GW, Bd. 8, Berlin 1928, p. 85: 블뤼어 역시 두 행을 인용한 적이 있다. Blüher, *Die Rolle der Erotik*, p. 324.
22. v. Selchow, *Hundert Tage*, p. 278.
23. K. O. Bark, "Roßbachs Marsch ins Baltikum", *SB*, p. 204.
24. K. Abraham, "Über Einschränkungen und Umwandlungen der Schaulust bei den Psychoneurotikern nebst Bemerkungen über analoge

Erscheinungen in der Völkerpsychologie", *Psychoanalytische Studien*, Bd. 1, p. 334 ff.

25. Lissauer, *Luther und Thomas Münzer. Drama in fünf Aufzügen*, Berlin 1929, p. 50.

26. "내 눈을 똑바로 못 쳐다본 건 너 한 명뿐이었다, 나쁜 새끼야!" 이하를 참고. Killinger, *Der Klabautermann*, p. 256, 과거 군인평의회 가입 전력을 들킨 화부에게 한 말이다. 시선을 회피한다는 것은 독일 국민의 적이라는 증거다. 폴란드인, 혹은 스파르타쿠스 동맹의 일원은 눈이 "퉁방울" 같거나 혹은 사팔뜨기다. 이하를 참고. Killinger, *Der Kampf um Oberschlesien*, p. 54; Hollenbach, *Opfergang*, p. 124 f.; 간혹 그들은 독일 군인의 눈을 뽑는 만행을 저지른다. Killinger, *Die SA*, p. 88.

27. 엘리아스 카네티에 따르면 군중의 수천 개 눈이 자신을 지켜보고 있다는 느낌이 편집증의 근원적 상황이다.

    적의 무리가 사방을 포위하고 있으며 모두 한꺼번에 자기를 겨냥하고 있다는 것이 편집증의 근원적 감정이다. 편집증의 가장 순수한 형태는 바로 눈의 환각이다. 어딜 가나 눈들이 사방에서 쳐다보고 있다. 눈들의 관심은 오직 하나이며, 지극히 위협적인 관심이다. 이들 눈이 궁극적으로 원하는 것은 복수다. 권력자가 오래 전횡을 하면서도 벌을 안 받았기 때문이다. 참고. Canetti, *Masse und Macht*, p. 526. 파시즘의 권력자가 얼마나 좋을지 상상해보라. 수천 개의 눈이 한꺼번에 쳐다보면서도 눈알에 말뚝을 박아서 죽이기를 원하지 않는다. 오히려 한 번만 악수해달라고 손을 뻗어서 환호한다.

28. 시라흐의 『제3제국의 개척자들』은 1934년에 출판되었지만, 같은 해에 있었던 돌격대 해산과 에른스트 룀의 숙청 이전이었다. 동성애적 관계를 공공연하게 과시하던 조직이었던 돌격대SA는 사라져버렸다. 나치당의 새로운 핵심 단체 친위대SS는 동성애를 탄압하는 남성 조직이었다. 돌격대가 표방하던 "전우애" 대신 조직 내부의 엄격한 위계질서가 강조되었다. 하인리히 힘러가 그룹 지도자로서 대원들과 육체적 성관계를 맺는 것은 상상조차 못 할 일이다. 친위대원에게 결혼은 의무였다. 수용소에 수감된 동성애자들을 감독하는 임무를 맡았다. 아직은 "동성애"라는 문제의식을 자세히 다룰 시기는 아니다. 다음 챕터에서 훈련과 전투를 통해 겪는 남성 육체의 변신을 살펴본 후 동성애 문제를 고찰하도록 하겠다. 블뤼어는 『남성사회에서 성애의 역할: 본질과 가치에 기반한 남성적 국가 건설 이론*Die Rolle der Erotik in der männlichen Gesellschaft. Eine Theorie der menschlichen Staatsbildung nach Wesen und Wert*』 (Jena 1917/1919)이라는 저서에서 "일급 남성사회"는 남성 간의 에로스를 조직의 본질로 인식한다고 규정했다. 여기에는 물론 육체적 관계도 포함된다.

하지만 의식은 이급과 삼급 남성사회로 내려가면서 점점 옅어지고, 결국 실질적인 억압과 박해에까지 이른다. 블뤼어는 반더포겔 운동의 해산을 남성끼리의 육체적 사랑을 승인하는 세력과 박해하는 세력 간의 갈등 탓이라고 여겼다. 박해 세력이 승리한 것이다.(p. 246 ff.)

블뤼어가 설명한 남성성/전사성/국가 건설과 유사한 이론을 펼친 사람이 또 있다. 바로 게르하르트 귄터다. Gerhard Günther, "Die Bändigung des Krieges durch den Staat", in Ernst Jünger (Hrsg.), *Krieg und Krieger*, Berlin 1930, pp. 163 – 203, 그리고 p. 168 ff. 그는 블뤼어가 중시했던 요소인 남성 간 사랑을 제외했기 때문에 블뤼어의 분류에 따르면 "이급 남성사회"에 속하는 인물이다.

29. Franke, *Staat im Staate*, p. 220; 눈에 대한 내용은 이하를 참고. Wittmann, *Erinnerungen der Eisernen Schar*, p. 129; Schaumlöffel, *Das Studentenkorps Marburg*, p. 25; Herzog, *Wieland der Schmied*, p. 25; Blüher, *Rolle der Erotik*, p. 185, 188, 189; Ders., *Der Wandervogel*, p. 32; Höfer, *Oberschlesien in der Aufstandszeit*, p. 19, 26; Brandis, *Baltikumer*, p. 23; Bochow, *Sie wurden Männer*, pp. 64, 67; Kohlhaas, *Der Häuptling und die Republik*, p. 137; Volck, *Rebellen um Ehre*, p. 27, 35, 53; Freiwald, *Der Weg der braunen Kämpfer*, p. 9; Ders., *Verratene Flotte*, p. 92 f.; Brandt, *Schlageter*, p. 101; Solf, *Deutschlands Auferstehung 1934*, p. 47; R. Mann, *Mit Ehrhardt*, p. 138; Balla, *Landsknechte*, p. 116; Salomon, *Putsch und Verschwörung*, p. 15; 상반되는 시각은 이하를 참고. Ibid., p. 15, "시선 없는 군중"에 대한 내용이다. 베르톨트의 눈에 대해서는 이하를 참고. Friedrich Bodenreuth, *Das Ende der Eisernen Schar*, p. 34: "마치 대장장이에게 망치질로 단련되듯 그들은 남자의 눈빛에 걸려든다. 남자는 고통스럽게 시선을 던진다."

30. Blüher, *Die Rolle der Erotik in der männlichen Gesellschaft*, p. 188.

31. Jünger, *Der Kampf als inneres Erlebnis*, p. 20.

제4장 남성 육체와 "백색 테러"

섹슈얼리티와 훈련

사관학교의 육체 변환

1. Canetti, *Masse und Macht*, p. 358. (『군중과 권력』, p. 417.)

2. E. v. Salomon, *Die Kadetten*; 다음의 서술은 책의 1부에 해당된다. 잘로몬

이 사관학교에 적응하는 시절을 다뤘다.(p. 70까지) 직접 인용일 때는 따로 표시한다.

3. 감옥과 병영의 건축 양식이 18세기 이래 어떻게 정형화되었는지에 대해서는 이하를 참고. Michel Foucault, *Überwachen und Strafen*, p. 192 f. (『감시와 처벌』, p. 228 f.) 특히 pp. 5 – 28: 판옵티콘과 규율을 보여주는 도판 참고.(pp. 449 – 453)

4. Salomon, *Die Kadetten*, p. 44.

5. Ibid., p. 48.

6. S. Freud, *Die endliche und die unendliche Analyse*, GW XVI, p. 70; 또한 S. Freud, "Vorlesungen zur Einführung in die Psychoanalyse", *GW XI*, p. 322.

7. Freud, *Abriß der Psychoanalyse*, GW XVII, p. 77; 또한 참고하라. Freud, "Psychoanalytische Bemerkungen über einen autobiografisch beschriebenen Fall von Paranoia", *GW VIII*, p. 296 f.

8. 프로이트가 사춘기의 압박을 언급한 적은 또 있다. 이하를 참고. "Psycho-analytische Bemerkungen……", in Freud, *GW VIII*, p. 298; 당대 독일 청소년의 사춘기에 대해서는 이하를 참고. *Die Legende von Hitlers Kindheit*, p. 188.

9. Salomon, *Die Kadetten*, p. 42.

10. Ibid., p. 68.

11. Ibid., p. 49.

12. Ibid., p. 55 f.

13. Ibid., p. 56.

14. Ibid., p. 57.

15. Ibid., p. 58.

16. Ibid., p. 61.

17. Ibid., p. 62 f.

18. Ibid., p. 63 f.

19. Ibid., p. 64.

20. Ibid., p. 69.

21. Ibid., p. 65.

총체 기계로서의 군대

1. 카네티는 병사가 "벽들을 자신의 새로운 본성이라고 여긴다"고 주장했다. (*Masse und Macht*, p. 358, 『군중과 권력』, p. 417.) 이에 비해 명령에 대한 그의

서술은 무척이나 정교하다. (p. 347 ff. 같은 책, p. 405 ff.)

2. Salomon, *Die Kadetten*, p. 114.
3. Plaas, "Das Kapp – Unternehmen", *JKR*, p. 178.
4. Ibid., p. 178. 또한 "강철 군인 정신"에 대해서는 이하를 참고. Volck, *Rebellen um Ehre*, p. 66.
5. Salomon, *Die Kadetten*, p. 115.
6. Jünger, *Feuer und Blut*, p. 84 f.
7. Foucault, *Überwachen und Strafen*, p. 218 f. (『감시와 처벌』, pp. 311 – 312.) 푸코는 18세기 이래 인간의 신체가 훈육되는 과정을 주로 사회 제도의 건설을 통해 설명한다. 신체가 그 제도에 맞춰 형성되는 방식을 다루며, 신체 자체의 물리적 변화보다는 사회적 제도에 따른 신체의 규범화 과정을 묘사한다. 이하를 참고. pp. 173 – 219. (pp. 277 – 313.)

부분적 총체성, "강철 군인"

1. Jünger, *Kampf als inneres Erlebnis*, p. 32 f.; vgl. auch p. 55.
2. Ibid., p. 74; 또한 이하 참고. Buschbecker, *Wie unser Gesetz es befahl*, p. 132, 181; Volck, *Rebellen um Ehre*, p. 104, 144.
3. 소재 그 자체만으로도 무척이나 흥미로운 연구가 있다. 만프레트 나글의 『독일 공상과학 소설: 환상적 대중 문학의 발생, 사회학, 이데올로기』*Science Fiction in Deutschland. Untersuchungen zur Genese, Soziographie und Ideologie der Phantastischen Massenliteratur』*(Tübingen 1972)에 따르면, 여체 대신 기계를 이용해 기계와도 같은 초인을 잉태하겠다는 발상은 미래주의자의 발명품만이 아니었다. 이는 19세기 전前 파시스트 문학의 주요 작품들이 다뤘던 주제였지만, 문학사에서 다루기에는 너무 "사소한" 분야라서 주목받지 못했을 뿐이다. (이하 참고. p. 125 ff.)

쉬어가기: 자아 구조

1. 제1장의 "잠정 결론" 소단락 부분을 참고. 특히 13번(16번) 각주를 참고하길 바란다.
2. Freud, "Das Ich und das Es", *GW XIII*, p. 253. (『정신분석학의 근본 개념』, p. 369.)

기절

1. E. Röhm, *Die Geschichte eines Hochverräters*, p. 16.
2. Hirschfeld, *Sittengeschichte des Weltkrieges*, Bd. 2, p. 180.
3. Salomon, *Die Kadetten*, p. 30.

4. Killinger, *Der Klabautermann*, p. 106.

5. Ibid., p. 105.

6. Ferenczi, "Versuch einer Genitaltheorie", *Schriften II*, p. 333.

7. Freksa, *Kapitän Ehrhardt*, p. 33 f.

8. v. Selchow, *Hundert Tage*, p. 38.

9. Ibid., p. 41 f.

10. Ibid., p. 66 f.

성적 갈구의 흡수

1. Salomon, *Die Kadetten*, p. 89; vgl. auch p. 77 f.

2. F. Schauwecker, *Aufbruch der Nation*, p. 91 f.

3. v. Killinger, *Der Klabautermann*, p. 48.

4. Bruno Vogel, *Es lebe der Krieg*, 이하에서 인용. Hirschfeld, *Sittengeschichte des Weltkriegs*, Bd. 2, p. 163.

5. Schauwecker, *Aufbruch der Nation*, p. 63; 이하도 참고. Goote, *Wir fahren den Tod*, p. 182; Eggers, *Von der Freiheit des Kriegers*, p. 34 f. 훈련과 전쟁이 섹슈얼리티를 흡수하는 현상에 대해서는 이하를 참고. Freksa, *Kapitän Ehrhardt*, p. 29 f.; Jünger, *Kampf als inneres Erlebnis*, p. 33; Bronnen, *Roßbach*, p. 145; Schauwecker, *Aufbruch der Nation*, p. 315; Zöberlein, *Befehl des Gewissens*, p. 670.

6. Salomon, *Die Kadetten*, p. 66.

7. Jünger, *Kampf als inneres Erlebnis*, p. 55.

8. Röhm, *Die Geschichte eines Hochverräters*, p. 22.

9. Maercker, *Vom Kaiserheer*, p. 307; 특히 이하 부분을 참고. "Ausbildung, Erziehung und inneres Leben der Truppe", pp. 306–322.

10. 이에 대해서는 근로조합 지도자 후제만과 작세가 가졌던 전쟁에 대한 시각을 참고. Heinrich Teuber, *Die Sozialisierung des Ruhrbergbaus*, Frankfurt a. M. 1973, p. 14 ff.

11. "강철 대오 속에서 고양되는 삶"이라는 찬사도 있다. Schramm, *Schöpferische Kritik des Krieges*, p. 41.

"프로이센 사회주의"

1. Freksa, *Kapitän Ehrhardt*, p. 34.

2. Salomon, *Die Kadetten*, p. 89.

3. Röhm, *Die Geschichte eines Hochverräters*, p. 17 f.

4. "우리는 당대 완벽한 사회주의적 조직이었던 프로이센 군대에서 제대하여 귀환했다. 그러므로 새로운 운동에 헌신할 준비가 되어 있었다. 우리는 자기 절제와 복종을 기본으로 삼고, 노동의 의미를 소유가 아닌 봉사에서 찾는다. 일찍이 오스발트 슈펭글러가 프로이센 이상의 완성이라고 부른 바 있는 사회주의를 실현하고자 노력한다." Günther, "Hamburg", *JKR*, p. 40; 그가 말하는 사상은 이하를 참고. O. Spengler, *Preußentum und Sozialismus*, München 1924. 또한 이하와 비교. Heinz, *Die Nation greift an*, p. 14; Ders., *Sprengstoff*, p. 27 f.; E. Jünger, *Feuer und Blut*, p. 217; Dwin ger, *Auf halbem Wege*, p. 272 f.; Gengler, *Berthold*, p. 103 f.; 자유군단의 "프로이센 사회주의"가 장교와 병사들의 강한 유대감의 기반이라는 설명은 흔했다. 대다수 장교가 병사 복무의 경험이 있었다. 이하를 참고. Schricker, *Rotmord über München*, p. 190; W. v. Schramm, *Schöpferische Kritik des Krieges*. 슈람은 이 책에서 전쟁이 "본질에 걸맞은 자연적 민주주의 형식이 없이" 진행되었다고 비판했다.(p. 42) "자연적 민주주의"는 곧 최강자의 승리를 뜻한다.

오토 슈트라서는 "독일적 사회주의"라는 개념을 내세웠다. 그의 목적은 노동운동의 사회주의적 기반을 약화시키려는 것이다. "경제적 자립이 가능한 경제 주체의 수를 경제적 자립을 원하는 국민 동지의 수만큼 늘려야만 한다." 그리하여 "거대 도시에는 인종적 오염 위험이 크기 때문에, 계획적 탈도시화가 시급한 국민적 의무다. 탈도시화는 곧 자급자족 촉진과 농지소유권 세습 제도 도입에도 필연적이다. 이 두 가지 목표는 독일의 재농업화라는 자연적이고 의도적인 결과를 도출한다." (Otto Strasser, *Aufbau des deutschen Sozialismus*, Leipzig 1932, p. 39.)

전투와 육체

속력과 폭발: "대상물"과의 접촉

1. Salomon, *Die Kadetten*, p. 66 f.
2. F. Schauwecker, *Aufbruch der Nation*, p. 299.
3. Ibid., p. 192.
4. Heinz, *Sprengstoff*, p. 188.
5. F. Schauwecker, *Aufbruch der Nation*, p. 243.
6. Heinz, *Sprengstoff*, p. 189.
7. F. Schauwecker, *Aufbruch der Nation*. p. 178.
8. Ibid., p. 240.
9. Jünger, *Feuer und Blut*, p. 84.

10. Salomon, *Die Geächteten*, p. 100.

11. Dwinger, *Die letzten Reiter*, p. 109; 또한 이하 참고. ders., *Auf halbem Wege*, p. 232; Jünger, *Kampf als inneres Erlebnis*, p. 108, 9, 53.

12. Nord, "Der Krieg im Baltikum", *JKR*, p. 72.

13. 전투와 기계에 대해서는 이하를 참고. Bochow, *Sie wurden Männer*, p. 73; Ettighoffer, *Sturm 1918*, p. 111 ff.

마리네티의 미래주의 선언문만큼이나 속력 개념을 중시한 사례는 없다. 그는 다양한 인간 육체를 열거하면서 속도감과 느림을 대조시켜 각각 "새로운 선" 과 "새로운 악"으로 규정한다. "속력=행동하는 모든 용기의 총합. 공격적이 며 전투적. 느림=질질 끌며 조심스레 분석함. 수동적이며 평화주의적." 속력 은 반드시 성취해야 할 대상으로 찬양받는다. "고속으로 질주하는 자동차 소 음은 마치 유일신과 결합되는 듯한 고양감을 선사한다." 폭력적이고 도취적 인 행동으로 자기 자신에게서 벗어나 쾌락 대상물에 도달하는 것. 이것이 속 도라는 기술적 개념으로 표출되는 육체 갑옷의 필연이다. 마리네티가 찬양하 는 "바퀴와 기차 선로의 신성함"은 기술의 비기술적 측면과만 연관된다. 인 간 육체에서 일어나는 과정을 표현하려는 매개체로 오용될 뿐이다. 파시즘은 기계를 표현 수단으로 사용했을 뿐 제대로 고찰하지 않았다. (비교. Marinetti, "Erstes Futuristisches Manifest", in Christa Baumgart, *Geschichte des Futurismus*, Reinbek, 1966.)

에리히 프롬은 미래주의 선언문을 "기술의 신격화"라고 오해하여 인용한다. (*Anatomie der menschlichen Destruktivität*, p. 313.) 미래주의의 "기계" 이해는 앞서 지적했듯 비기술적이다. 프롬은 고의로 기계를 오해한다. 그리고 인간 성의 상반된 개념, 즉 반인간적 존재로 규정한다. 그는 "속도 및 기계 숭배"를 "네크로필리아의 본질적 요소" 가운데 하나로 꼽는다.(p. 313) 그리하여 그는 마리네티의 진정으로 반동적인 성격, 곧 기계의 남용을 비켜간 채 논증을 전 개한다. 프롬 자신이 지닌 보수적 문화비평가적 본색을 드러내는 것이다. 이 문제는 이후 「군인의 육체, 기술 기계, 파시즘의 미학」에서 다루도록 한다.

14. F. Schauwecker, *Aufbruch der Nation*, p. 299.

15. Jünger, *Feuer und Blut*, p. 139 f.

16. Jünger, *Kampf als inneres Erlebnis*, p. 12.

17. F. Schauwecker, *Der feurige Weg*, p. 185.

18. Salomon, *Die Geächteten*, p. 122; 유사한 사례는 이하를 참고. Volck, *Rebellen um Ehre*, p. 84.

19. Jünger, *Kampf als inneres Erlebnis*, p. 53.

20. Heinz, *Sprengstoff*, p. 17.

21. 샤우베커는 최전방 병사들이 "국민 중 최고"라고 말했다. "남들은 지능으로도 보유하지 못한 능력을 군인들은 본능 속에 갖추고 있다. 핏줄 속에 갖추고 있는 것이다. 그것이 오늘날 우리의 비극이다. 모든 필수적인 미덕을 핏줄 속에만 갖고 있다. 그나마 남아 있으니 다행이다. 비록 씨앗만 남아 있긴 하지만. 우리의 최대 사명은 열과 성을 다하여 미덕을 피에서 정신으로 옮겨가게 하고, 의식에 자리 잡도록 하는 것이다. 오늘날 우리는 막연한 느낌을 뚜렷하게 생각할 수 있어야만 한다!" (*Aufbruch der Nation*, p. 378); 부시베커의 『법이 명령하는 대로*Wie unser Gesetz es befahl*』, p. 120에 따르면 모든 군인의 피는 동일하다. 바로 "강철 피"다. 사나이의 올바른 피와 감정은 전투와 정치적 태도에서 발휘된다. 여자에게서는 최상급 아리안 인종을 출산하려는 능력과 의욕으로 발휘된다. 독일 여성을 출산 능력에 따라 네 등급으로 나눈 분류를 참고할 수 있다. 이 분류는 농민 문제 국무위원이자 후에 식생활 현황 장관을 역임한 발터 다레가 제시했다. Walter Darré, *Naziführer sehen dich an*, p. 93 f.

22. Heinz, *Sprengstoff*, p. 88.

23. Schauwecker, *Aufbruch der Nation*, p. 81.

24. Jünger, *Kampf als inneres Erlebnis*, p. 7.

25. Ibid., p. 46.

26. Ibid., p. 12.

27. Ibid., p. 53.

28. Ibid., p. 106.

29. Ibid., p. 116; 또한 이하를 참고. E. Jünger, *Feuer und Blut*, p. 81, 171 f.; 에른스트 윙거의 동생 프리드리히 게오르크 윙거의 찬양도 일맥상통한다. "수백만의 물결, 군대의 격랑이여. [⋯] 압도적인 생명의 파도." *Krieg und Krieger*, p. 57; 흐름, 전투 중 짜릿함, 피의 해방 등 탈경계화 경험에 대해서는 이하를 참고. Salomon, *Die Geächteten*, p. 74; Killinger, *Kampf um Oberschlesien*, p. 42; Goote, *Kamerad Berthold*, p. 139; Schauwecker, *Der feurige Weg*, p. 154 ff.; Kohlhaas, *Der Häuptling und die Republik*, p. 21; Volck, *Rebellen um Ehre*, p. 81; Ettighoffer, *Sturm* 1918, p. 111, 113 f.; Ettighoffer, *Revolver über der Stadt*, p. 115 f.; Eggers, *Von der Freiheit des Kriegers*, p. 27 ff.; Buschbecker, *Wie unser Gesetz es befahl*, p. 13; Goote, *Wir fahren den Tod*, p. 166 ff., 193, 281.

30. 전투 중 피의 흐름, 군대 이동의 흐름을 제외하고 "흐름"이 긍정적인 것으로 묘사되는 경우는 무척이나 드문 편이다. 한 번은 순백의 여인과 관련되어서 (Erbt, *Der Narr von Kreyingen*, p. 68), 다른 한 번은 "거품 이는 현실의 소용돌이"(Salomon, *Die Geächteten*, p. 371), 그리고 한 번은 "거품이 일어나는 급

류"(Heinz, *Sprengstoff*, p. 100) 같은 청년 세대의 비유다.

31. Jünger, *Kampf als inneres Erlebnis*, p. 8 f.; 유사한 경우는 이하를 참고.
Brandis, *Baltikumer*, p. 165 f.

전쟁의 장소

1. v. Selchow, *Hundert Tage*, p. 264.

2. Jünger, *Kampf als inneres Erlebnis*, p. 46.

3. Ibid., p. 12.

4. Schauwecker, *Aufbruch der Nation*, p. 81.

5. Ibid., p. 299.

6. Ibid., p. 243.

7. Heinz, *Sprengstoff*, p. 16; "얼음처럼 차가운" 두뇌는 이하에도 언급된다.
Volck, *Rebellen um Ehre*, p. 20; 또한 Goote, *Wir fahren den Tod*, p. 168.

8. 봄은 "두뇌화"라는 개념을 제시한다. Bohm, *Lehrbuch der Rorschach –
Psychodiagnostik*, Bern 1967, p. 231. 두뇌화는 경험에 대한 두려움 때문에
모든 감정 경험을 지성화하는 태도를 말한다.

9. 그는 "게르만적인 내부 압력으로 폭발한다." Bronnen, *Roßbach*, p. 12, 또한
이하도 참고. Friedrich G. Jünger, Krieg und Krieger, p. 60: "버섯은 갈색으
로 농익어야 터지고, 종기는 무르익어야 의사가 날선 칼날로 고름을 빼준다."
그저 보는 것만으로도 구원이었다. Franz Schauwecker, *Der feurige Weg*, p.
139 f.: "성배가 핏빛으로 차오르는 듯한 모습이었다. 눈에 띄게 점점 불더니
넘쳐흘러 천을 흥건하게 적셨다. 어서! 서둘러! 옷을 걷어! 죽음의 불타는 꽃
이 손가락 사이로 활짝 피어났다. 셔츠와 피부 사이에서 밝은 장밋빛으로 펑
펑 샘솟더니 비옥한 육신의 흙을 축축하고 질척하게 적셨다. 그 위로 갑자기
고개를 든다. 밀랍처럼 누런 얼굴이 웃는다. …… 과연 죽어가면서도 의무감
에 미소를 보이는 것이다. 아무것도 모르는 아이, 솜털이 보송한 열아홉 살 소
년 영웅. 일개 생도에 불과하지만 장차 장교를 꿈꿨던 사람으로서 웃었던 것
이다. 동료와 선임들 앞에서 웃었던 것이다.
'저는…….' 그는 힘겹게 속삭이며 나를 봤다. '저는…….' 간신히 중얼거렸다.
입술을 떨었다. 얼굴이 처지면서 순식간에 10년 세월을 늙었다. 고통 때문에
입가와 눈가에 주름이 잡혔다. 살은 움푹 꺼졌다. 피는 계속 솟았다. 붉디붉은
거품. 산소를 머금어 시뻘건 피가 폐에서 들끓었다. 생명의 샘이 여기서 부글
거린다. 죽음, 이 식인종이 샴페인 한 병을 터뜨렸다."
과연 "샴페인을 터뜨"린 것이 "죽음"인지 의문이다. 이 텍스트는 장장 8페이
지를 할애하여 죽음과 시체를 묘사하고 있다.(p. 136 ff.) 즐기는 듯한 어조는

내내 유지된다.

10. Jünger, *Kampf als inneres Erlebnis*, p. 29.
11. Ibid., p. 8.
12. Ferenczi, "Versuch einer Genitaltheorie", *Schriften II*, S, 342 ff.
13. Ibid., p. 343; 여기서 성적 쾌락은 "쏟아버려야 할" 무언가로 축소된다. 성기 이론이 집필되던 시대 정신분석학계의 반성애적 경향성이 너무 분명하게 반영되어 있다. 별로 중요한 사실은 아니지만 잠시 언급해둔다.
14. Ibid., p. 343 f.
15. 신체 일부분의 "성기화" 가능성에 대해서는 이하를 참고. Ferenczi, *Schriften*, Bd. 2, p. 11, 12, 18, 20, 73.
16. Canetti, *Masse und Macht*, p. 340. (『군중과 권력』, p. 398.)

군인의 육체, 기술 기계, 파시즘의 미학

1. Jünger, *Feuer und Blut*, p. 81.
2. Ibid., p. 75.
3. Ibid., p. 82
4. Ibid., p. 82 f.
5. Benjamin, "Das Kunstwerk im Zeitalter seiner technischen Reproduzier-barkeit", *Illuminationen*, p. 175. (『발터 벤야민 선집 2』, 최성만 옮김, 도서출판 길, 2007, pp. 93–94.)
6. 오늘날 가장 강렬한 쾌감을 약속하는 것은 더 이상은 기계가 아닐 것이다. 우리 무의식의 조각들이 우주로 쏘아올려져 낯선 행성에 착륙한다. 여전히 우리가 통제하고 컴퓨터로 조종하고 빛의 속도로 교신한다. 우리의 은폐된 무의식이 무한한 데이터뱅크에 저장되고 해석되고 구조화된다. 몇 초 만에 완성되는 신속한 최종 판단. 아마 세상 어딘가에서 전자 시대의 파시스트 미학을 꾸며내고 있는 사람들이 반드시 있을 것이라고 나는 확신한다.
7. Zur Lippe, *Naturbeherrschung am Menschen*, Bd. 1, p. 91, 101.
8. "성곽 창문 앞에 꽃이 만발한 나무가 가지를 넓게 펼쳤다. 장군은 나무와 동물을 몹시 사랑했다. 어긋날 세상이라도 이렇게나 아름다울 수 있다. 죽여버리고 싶을 정도로 멍청한 인간들만 없었더라면 말이다." (Eggers, *Berg der Rebellen*, p. 147.) 생존자가 된 상상을 해본다. 다 죽고 나 혼자만 살아남는다면 정말로 좋겠다. 그래야만 나무가 진정하게 아름다울 수 있다. 다른 생명을 연상시키지 않게 될 테니까.

군인 남성의 자아

파편화된 갑옷

1. Jünger, *In Stahlgewittern*, p. 237.
2. Mann, *Mit Ehrhardt durch Deutschland*, p. 77.
3. H. Schauwecker, "Der Kampf der Gruppe Epp", *SB*, p. 120 이하에도 수록. *HoDA*, p. 182.
4. Stadtarchiv Recklinghausen, Stadtarchiv III, Amt Marl, Verhandlungstermin vor dem Tumultschadensausschuss vom 28. März 1921, 이하에서 재인용. Lucas, *Märzrevolution*, Bd. 3(Manuskript).
5. 루르 지역으로 감행된 군대 진격의 세부 사항은 이하를 참고. Lucas, *Märzrevolution*, Bd. 3(Manuskript).
6. Mann, *Mit Ehrhardt*, p. 130. 다른 대목에서도 그는 여러 번 언급한다. "여하튼 폭행의 죄는 언제나 선임이 책임지는 것이다."(p. 207)
7. 이하와 비교. Paul Levi, *Luxemburg – Prozeß und Soldatenmißhandlungen*, Frankfurt a. M. 1914.
8. Stadtarchiv Recklinghausen, Stadtarchiv III, Amt Marl, Verhandlungstermin vor dem Tumultschadenausschuss vom 30. März und 28. Mai 1921, 이하에서 재인용. Lucas, *Märzrevolution*, Bd. 3.
9. Auskunft von Herrn Beckedahl, Standesbeamter in Dinslaken, gegenüber E. Lucas vom 9. Nov. 1967, 이하에서 재인용. Lucas, *Märzrevolution*, Bd. 3.

자아와 보존 기제

1. Margaret Mahler, *Symbiose und Individuation*, 첫 언급은 p. 58에 나온다. 원래는 이하에 있다. *Maintenance Mechanisms*.
2. Ibid., p. 15, 32 – 35, 38, 41.
3. 이하와 비교. Laplanche / Pontalis, *Wörterbuch der Psychoanalyse*, "정신증" 항목. (『정신분석 사전』, p. 549.) 말러가 사용하는 개념은 이하를 참고. *Symbiose und Individuation*, p. 59 f., 69.
4. Ibid., p. 16 ff., 49 ff.
5. Ibid., p. 47 f.
6. Freud, "Das Ich und das Es", *GW XIII*, p. 253, 255. (『정신분석학의 근본 개념』, 「자아와 이드」, p.369.)
7. Laplanche / Pontalis, *Wörterbuch*, p. 199.
8. Mahler, Symbiose, p. 16, 이하와 비교. Phyllis Greenacre, "Problems

of Infantile Neurosis. A Discussion", *The Psychoanalytic Study of the Child*, 9, pp. 16 – 71.

9. Mahler, *Symbiose*, p. 16.

10. Paul Schilder, *Das Körperschema. Ein Beitrag zur Lehre vom Bewußtsein des eigenen Körpers*, Berlin / Leipzig 1923; Mahler, p.42f., 또한 16 f., 43, 45, 52, 69, 76, 79, 91, 93.

11. Mahler, p. 113; 인간의 발달에서 피부 감각이 갖는 의미에 대해서는 이하를 참고. Ashley Montagu, *Körperkontakt. Die Bedeutung der Haut für die Entwicklung des Menschen*, Stuttgart 1974. 어미가 갓 태어난 새끼를 핥아 주는 행동의 효과가 무척 흥미롭다. 몬태규는 핥아주기가 쓰다듬기와 유사하다고 설명한다. 이를 통해서 출생이 종료되고 혈액순환이 시작된다. 핥아주지 않은 갓난 새끼는 죽는다. (참고. p. 17 ff., 142 ff.)

12. M. Klein, *Über das Seelenleben des Kleinkindes*, p. 153; dies., *Die psychoanalytische Spieltechnik*, p. 29.

13. Mahler, *Symbiose und Individuation*, p. 114.

14. Ibid., p. 17.

15. Ibid., p. 234

16. Ibid., p. 108.

17. Ibid., p. 101.

18. Ibid., p. 76.

19. Ibid., p. 230.

20. Ibid., p. 114.

21. Ibid., p. 63, 또한 비교. p. 75.

22. Ibid., p. 75.

23. Ibid., p. 68 f.

24. Ibid., p. 111.

25. Ibid., p. 228.

26. Ibid., p. 58.

27. Ibid., p. 60.

28. Ibid., p. 97.

29. 모두 이하에서 참고. p. 97.

30. 참고. Freud, "Die Traumdeutung", *GW II / III*, p. 607 f. ; 프로이트는 "원과 정Primärvorgang"이라는 단어를 쓴다. 하지만 "원절차Primärprozess"와 "이차절차 Sekundärprozess"라는 단어를 더 자주 쓴다. 이는 영어, 프랑스어, 이탈리아어 등 번역어에 영향을 주었다. 그래서 영어 번역어는 Primary Process로 굳어

졌다.

31. Mahler, p. 97 f.

32. Mahler, "스탠리" 임상 사례 참고. p. 88 f.

33. Ibid., p. 70.

34. Fromm, *Anatomie der menschlichen Destruktivität*, p. 320 f., 에리히 프
롬도 유사한 고찰을 진행하지만, 자아의 구조 문제에 이르러서 "좀더 포괄적
인 연구가 필요하다"고 촉구하며 논의를 중단한다. 그래서 문제라는 것은 아
니다. 다만 파괴적 남성들의 말과 행동에 대한 연구 자료는 이미 충분했다. 그
러나 프롬은 이를 충분히 활용하지 않았다.

35. Mahler, p. 86.

36. 구타를 당연시하는 풍조는 당시에 만연해 있었다. "자식을 사랑하면 매를 아
끼면 안 된다"는 속담은 독일에서 지난 150년 동안 통용되었으며 요즘까지
도 익숙하다. 예를 들면 이하에도 등장한다. *Kapitän Ehrhardt auf*, p. 9 또
한 "여성에 대한 존경심은 어머니에게서 배웠다. 어머니께서는 손맛이 매웠
다. 멍청하거나 쓸데없는 짓을 하면 번개같이 따귀를 올려붙이셨다." (Freksa,
Kapitän Ehrhardt, p. 7.) 아이들에게 어떤 구타가 가해졌는지는 이하의 글에
잘 나와 있다. Alois Jalkotzky (Hrsg.), *Wir klagen an, Kinderbriefe über
die Prügelstrafe*, Wien 1929.

37. Mahler, p. 76 f.

38. 마르그레트 베르거 박사의 구술 증언.

자아 해체와 노동

1. H. Hannover und E. Hannover – Drück, *Politische Justiz 1918 – 1933*, p.
136, 이에 따르면 에어하르트가 여벌 열쇠를 갖고 있었을 뿐 친구 덕에 풀려
났다는 것은 허위 선전선동이라고 한다. 그러나 명확한 근거는 제시하지 못
했다.

2. Freksa, *Kapitän Ehrhardt*, p. 226; 유사한 자료는 Stadtier, *Als Antibolschewist*,
p. 24.

3. Freksa, *Kapitän Ehrhardt*, p. 227.

4. Salomon, *Die Geächteten*, p. 330.

5. "나는 결코 떼어낼 수 없도록 그와 결합되어 있음을 깨달았다." (*Die Geächteten*,
p. 322.)

6. Ibid., p. 334.

7. Ibid., p. 335.

8. Ibid., p. 8.

9. Ibid., p. 9.

10. Jünger, *Kampf als inneres Erlebnis*, p. 23; 이하 역시 참고. Salomon, *Die Geächteten*, p. 380; Mann, *Mit Ehrhardt*, p. 204; Kohlhaas, *Der Häuptling*, p. 187 ff.; Höfer, *Oberschlesien in der Aufstandszeit*, p. 153 f.

11. Jünger, *Kampf als inneres Erlebnis*, p. 103 f.

12. Mahler, *Symbiose und Individuation*, p. 69.

13. Jünger, *Kampf als inneres Erlebnis*, p. 73; 또한 이하를 참고. p. 72, 99, 102, 104; dgl. ders., *Feuer und Blut*, p. 40 f.; Goote, *Wir fahren den Tod*, p. 193 ff.; Freiwald, *Verratene Flotte*, p. 30.

14. Mahler, *Symbiose*, p. 68.

15. Goote, *Wir tragen das Leben*, p. 128.

16. Salomon, *Die Geächteten*, p. 328 f.

17. Höß, *Kommandant in Auschwitz*, p. 48.

18. Ibid., p. 47.

19. Ibid., p. 47.

20. Ibid., p. 48; 젤초프가 해군 사관생도 훈련을 마친 후 겪었던 신경쇠약 증세도 이와 유사한 현상을 보여준다. (*Hundert Tage*, p. 66 f.)

21. Höß, *Kommandant*, p. 49.

22. Killinger, *Ernstes und Heiteres*, p. 111.

23. Ibid., p. 110; 이하와 비교. Weller, *Peter Mönkemann*, p. 314; dgl. den Band hrsg. v. Hartmut Plaas, *Wir klagen an. Nationalisten in den Kerkern der Bourgeoisie*.

24. Höß, *Kommandant in Ausschwitz*, p. 65.

25. Ibid., p. 65.

26. "혼란스러운 내면은 언어화된 질서를 통해 구원받는다." Blüher, *Die Rolle der Erotik*, p. 263. 그는 또한 이 과정을 "여성적 단계에서 남성적 단계로" 가는 과정이라고 표현하기도 했다.
베르톨트는 "친애하는 일기장에게"라고 썼다. 또한 "나의 최고 조언자, 좋은 날이나 나쁜 날이나 변함없는 나의 친구"라고 표현하기도 했다. (Gengler, *Berthold*, p. 97.) 1919년 1월 21일 그는 이렇게 쓴다. "다시 일기를 쓰려고 한다. 요즘 내 안의 모든 것을 털어놓고 싶다. 내 말을 참고 들어줄 누군가가 필요하다."(p. 101 f.); Fritz Kloppe, "아, 내가 사랑하고 신뢰하는 일기장이여."(*JKR*, p. 242); Goebbels, *Michael*: "일기장은 나의 가장 좋은 친구다. 여기에다 모든 것을 털어놓을 수 있기 때문이다. 어느 누구한테도 이렇게 모든 것을 털어놓을 수는 없다. 그 사실에 모두 동의할 것이다. 일기장이 없다면 사람들은 뭔가에서 절대 벗어날 수 없다. 그럼 아마 심장이 전부 불타버릴 것이다.”(p. 46, 『미하엘』, p. 65.) 글쓰기의 자기 보존 기능이 뚜렷이 드러난다. “새로운 것에 자리를 만들어주기 위해서는 낡은 것은 내보내야만 한다. 새로운 것과 낡은 것이 공존하기에 인간의 영혼은 공간이 너무 비좁다.”(p. 46. 같은 책, p. 65.)

27. 그래서 서독의 수감자 노동은 무보수여도 괜찮다는 의식이 있는 듯하다. 일을 시켜주는 것만으로도 감지덕지라는 것이다. 18, 19세기 죄수 노동의 기능에 대해서는 이하를 참고. Foucault, *Überwachen und Strafen*, pp. 306 – 312, 317; 죄수 노동은 교도 행정의 일환이었으며 개인을 노동에 적합하도록 규율하는 것을 목적으로 했다. 자아 해체를 막기 위한 보존 기능이 아니었다.

28. Höß, *Kommandant*, p. 65 f.

29. Ibid., p. 98.

30. Ibid., p. 96; 이 책의 단골 문구다.

31. Ibid., p. 90 ff.; 하지만 부하들, 특히 여자 간수들은 이 점을 이해하지 못했다. “그녀들은 남자 동료들을 뺨칠 정도로 끈질기고 저열하고 악랄하고 타락했다. 대부분은 처벌받은 전력이 있는 화냥년들이었다. 역겨운 계집들이다. […] 남자들이라면 그런 짐승이 될 수 없을 것이다.”(p. 116)

32. Ibid., p. 131 ff., 136 ff.

33. Ibid., p. 87 ff.

34. Goebbels, *Michael*, p. 95; dgl. p. 124, 149.

35. Ibid., p. 124. (같은 책, p. 198.)

36. Ibid., p. 127. (같은 책, p. 203.)

37. Ibid., p. 69. (같은 책, p. 104.)

38. Ibid., p. 147. (같은 책, p. 237.)

39. Ibid., p. 147. (같은 책, p. 237.)

40. Ibid., p. 118. (같은 책, p. 188.)

41. Freud, “Aus der Geschichte einer infantilen Neurose”, *GW XII*, p. 134; 융에 대한 비판이 나와 있다.

42. Goebbels, *Michael*, p. 127.

43. 참고. Deleuze / Guattari, *Anti – Ödipus*, p. 247 ff.

44. Plaas, “Das Kapp – Unternehmen”, *JKR*, p. 170; 또한 Freksa, *Kapitän Ehrhardt*, p. 158.

45. Jünger, *Feuer und Blut*, p. 125.

46. “총통”의 45세 생신을 맞이하여 에른스트 룀이 내렸던 일일명령 참조. Charles Bloch, *Die SA*, p. 84 f.; 한스 슈타인호프의 영화 「히틀러 소년 날

쐔돌이「Hitlerjunge Quex」(1933)에는 히틀러 유겐트의 대장이 아버지를 배제하는 장면이 나온다. 또한 ZDF 히트곡 퍼레이드에 출연하는 디터 토마스 헥스의 증언 참고. 혹은 Salomon, *Nahe Geschichte*, p. 33. 자유군단 군인들은 "역사의 강제력을 집행한다"는 자기의식이 있었다. 혹은 Goebbels, *Michael*, p. 148. "지구는 그것을 차지하는 자의 것이다. 또한 Crasemann, *Freikorps Maercker*, p. 23; Eggers, *Berg der Rebellen*, p. 145, "그는 잘 겨냥한 폭탄 한 방이 세계대전을 일으킬 수 있다는 것을 안다. 그러니 온 세상 책임을 혼자 안 질 수 있겠는가?" Stadtier, *Als Antibolschewist*, p. 106; Volck, *Rebellen um Ehre*, p. 10; Eggers, *Von der Freiheit des Kriegers*, p. 48; Solf, *Deutschlands Auferstehung 1934*, p. 45; 또한 역사적 전투의 현장을 대지의 몸뚱이를 직접적으로 움켜쥐는 것으로 묘사하는 방식도 참고할 만한다. Friedrich Hielscher, "Die große Verwandlung", *Krieg und Krieger*, pp. 129–134.
47. Goebbels, *Michael*, p. 157. (『미하엘』, p. 253.)
48. Deleuze/Guattari, *Anti-Ödipus*.

미처 – 다 – 태어나지 – 못한 – 자아에 관한 단상들
파시즘과 가족

1. Reich, *Massenpsychologie des Faschismus*, p. 122 f.
2. 노동자의 아들 하이니   커가 권위주의적 가정에서 벗어나 히틀러 유겐트로 나아가는 과정이 나치 선전 영화 감독 한스 슈타인호프의 「히틀러 소년 날쌘돌이」의 줄거리다. 그 과정에서 어머니는 자살을 통해 자리를 비켜준다. 앞서 지적한 바 있는 1930년대 가정 친화 정책의 이원성은 이하에 잘 설명되어 있다. Tim Mason, *Zur Lage der Frauen in Deutschland*, pp. 118–153. 나치의 가정 친화 정책은 사실 파괴 전략의 일환으로 이해되어야 한다. 나치의 엘리트 생산 정책은 "레벤스보른 보육원"에서 잘 드러난다. "아리안 인종" 소녀를 엄선하여 친위대 남성과 교접시켜 총통에게 바칠 아기를 만드는 곳이었는데, 출생 신고나 호적 등의 행정 기록을 전혀 남기지 않았다. "천재적인 적을 적진에 남겨두고 오는 잔인한 짓을 어떻게 한단 말인가!" 힘러가 폴란드인 "영재" 아동을 수집하여 "게르만화"하라고 지시하면서 덧붙인 말이다. 뉘른베르크 국제군사재판소에서 미군 측 검사를 지냈던 로베르트 켐프터는 레벤스보른 보육원에서 최소 10만 건의 출산이 있었던 것으로 추정한다. 클라리사 헨리와 마크 릴렐이 제작하여 1975년 3월 23일에 ZDF 방송국에서 방영한 다큐멘터리 「총통 각하께 아기를 바칩니다dem Führer ein Kind schenken」를 참고하길 바란다. 마르틴 니뮐러는 대부분의 군인 남성과 확연하게 구별되는

가족관을 갖고 있었다. 그에게는 "직접 혈통"적 관념이 없었다. 오히려 반대로 저서 후기에서 부모님과의 강한 유대감을 표명했다. 상투적 수사나 변명이 아니었다. 그는 한때 "내적 반항의 시기"를 겪었지만 모든 것을 극복했으며, 부모님께서 "돌아올 길"을 닫아버리지 않았던 덕에 가문의 **전통**을 이어 목사가 되었다고 말했다. (Niemöller, *Vom U-Boot zur Kanzel*, p. 209.) 니묄러는 특정 종교 전통과 결합된 가족 제도가 개인에게 경계 설정 역할을 수행할 수 있음을 보여준 사례다. 이는 파시즘 특유의 자아/세계의 절대적 지배 관계를 제지하는 역할을 수행한다.

전통적인 정신분석학의 관점에서 이러한 종류의 "저항"은 강력한 초자아에서 나온다. 아도르노가 권위주의적 성격 유형 탐구에서 발견한 것은 파시즘에 취약한 인간형에게는 초자아가 거의 결여되어 있다시피하다는 현상이다. 따라서 진정 인격 속으로 통합된 금지나 제한이 작동하지 않는 것이다. 이는 내 연구 결과와 일치한다. 다만 나는 이 현상의 원인이 육체적 자아의 통합 능력 결여와 무의식의 대상화에 따른 부정적인 리비도의 흐름 때문이라고 생각한다는 점에서 다르다.

가족 제도에 대한 좌파적 비판은 급속한 해체 위기에 처한 자아가 테러리즘 국가의 요구에 저항하지 못하고 재빨리 부화뇌동한다는 것을 진지하게 고려하지 않는다는 약점이 있다.

3. Dwinger, *Auf halbem Wege*, p. 333.

4. 다큐멘터리 영화 「윈터솔저스Wintersoldiers」에서 베트남 참전 군인들의 증언으로 확인된다.

5. 이하를 참고. Hanns Johst, *Der Einsame*, p. 50 ff.

6. Goebbels, *Michael*, p. 22. (『미하엘』, p. 28.) 또한 p. 116. 전쟁을 이렇게 표현한다. "살아 있는 모든 것이 그렇듯 전쟁은 끔찍하다."(p. 185)

7. Mahler, *Symbiose*, p. 53.

8. Ibid., p. 61.

9. 이하 참고. Laplanche/Pontalis, *Wörterbuch*, "퇴행" 항목. (『정신분석사전』, p. 630.)

10. 프로이트의 퇴행 개념에 대한 좀더 심화된 비판은 이하를 참고하길 바란다. David Cooper, *Von der Notwendigkeit der Freiheit*, Frankfurt a. M. 1976, p. 137 ff.; dgl. Deleuze/Guattari, *Anti-Ödipus*, p. 167 ff., 356.

11. 참고로 라플랑슈와 퐁탈리스의 『정신분석 사전』에는 "몸"이라는 단어가 등장하기는 하지만 항목으로 따로 수록되어 있진 않다.

12. Gisela Pankow, *Gesprengte Fesseln der Psychose*, p. 17.(프랑스어 원제: *L'homme et sa psychose*) 치료법의 세부 사항이 기록되어 있다. 팡코가 말하는

신체상(p. 23 ff.)은 이 책의 「자아와 보존 기제」 부분에서 인용했던 마거릿 말러의 이론 및 경험과 상당 부분 일치한다. 팡코의 책은 실질적인 치유법에 좀더 중점을 둔다. 물론 이론적 기반 역시 탄탄하다. 그에 비해 말러는 아동 정신증에 대한 개념적 이해를 목표로 한다. 팡코의 치유 기법은 성인 환자에게도 확장 적용된다. 그녀는 아동 정신증 이론에서 발전된 여러 가설의 타당성을 임상 정신분석학으로 입증해낸 좋은 사례를 확립했다. 특히 신체상이 환자의 자기 이해에 결정적 역할을 한다는 점은 팡코의 연구를 통해 확인되었다. 환자의 신체라는 문제를 원칙적으로 회피하지 않았던 점이 정신분석학 전통에서 벗어난 치료 기법이 갖는 강점이라고 하겠다. 게슈탈트 치료법이 대표적인 좋은 사례다. 정치적 관점에서 필요한 과제도 있다. 기존의 총화단결적이고 그램분자적이며 연설을 중심으로 결집된 거대 질서가 아닌 새로운 형태의 신체 경험과 군중 경험이 가능한 단체 및 군중 모델이 마련되어야만 한다.

13. Mahler, *Symbiose und Individuation*, p. 110.

14. Ibid., p. 110.

15. Balint, *Angstlust und Regression*, p. 22 ff.

16. Ibid., p. 28.

17. Jünger, *Kampf als inneres Erlebnis*, p. 68.

18. Balint, *Angstlust und Regression*, p. 25.

19. Ibid., p. 24, 26.

20. Balla, *Landsknechte wurden wir*, p. 106.

21. von Maltzan, "Die Spandauer stürmen Bauske", *SB*, p. 161.

22. Gengler, *Berthold*, p. 126.

23. 프리드리히 크라우스의 『안트로포퓌타이아*Antropophyteia*』 제4권에 수집 수록된 에로틱한 노래들에는 승마용 채찍이 포주의 상징처럼 등장하곤 한다. 예를 들어 p. 274에도 수많은 창녀를 울타리에 가두어 다스리는 도구로 등장한다. 브레히트는 나치가 정치적으로 포주처럼 행세했다고 표현했다. 손님인 자본에 매춘부인 프롤레타리아를 넘겨주었다는 것이다. 브레히트 자신은 의식 못 했던 듯하지만 꽤나 정확한 통찰이었다. ("Die Horst-Wessel-Legende", *GW 20*, pp. 209-219.)

24. Salomon, *Die Geächteten*, p. 20.

25. Reinhard, *Die Wehen der Republik*, p. 57; dgl. Roßbach, *Mein Weg durch die Zeit*, p. 55 f.; Rodermund, "Rote Armee", *HoDA*, p. 104.

26. 참고. Balint, *Angstlust*, p. 25 ff., 40, 47, 66.

27. Ibid., p. 89.

28. Mahler, *Symbiose*, p. 228.

29. 제2장 「옛날옛적에 물에서 나온 여인」에서 언급된 바 있다. Elaine Morgan, *Der Mythos vom schwachen Geschlecht*, p. 232.

자기 경계 / 자기 보존으로서의 백색 테러
"미분화 충동 대상"에 관한 세 가지 지각 동일화

1. Freud, "Traumdeutung", *GW II / III*, p. 607 ff.
2. Mahler, *Symbiose*, p. 96 ff., 229.
3. Foucault, *Überwachen und Strafen*, p. 391 f., 재판 행위에 대해서 이렇게 서술한다. "규율 장치들이 도처에 존재함으로써 유지될 수 있고 모든 감옥 장치에 의존한 이 규범화 권력은 우리 사회의 중요한 기능들 가운데 하나가 되었다. 정상 상태를 판가름하는 재판관들은 우리 사회의 어디서나 존재한다. 우리는 교수 – 재판관, 의사 – 재판관, 교육자 – 재판관, 사회사업가 – 재판관의 사회에 살고 있다. 이 모든 사람은 규범적인 것의 보편성을 존속시키고, 저마다 자신이 처한 지점에서 신체, 몸짓, 행동, 품행, 적성, 성적을 규범적인 것에 종속시킨다." (『감시와 처벌』, p. 547.)
4. 이는 내향투사된 "사악한 어머니"의 일부가 "흘러나가는" 상황으로도 이해할 수 있다. 반드시 "흘러나가는" 것으로만 볼 수 없을 수도 있다. 말러는 아동 환자의 공격적 행동을 "위험한 모성적 내향투사를 재외면화하여 자기 밖으로 내던지려는" 시도라고 이해한다. (*Symbiose u. Individuation*, p. 34.)
5. 참고. Jünger, *Feuer und Blut*, p. 88 ff.
6. Ibid., p. 88.
7. 이하의 사례를 참고하길 바란다. Freksa, *Kapitän Ehrhardt*, p. 191. "내전은 변태적인 노릇이다. 동족이 서로 멱살을 쥐는 상황이기 때문이다. 그래서 항복은 곧 몰락을 뜻한다. 내전의 적들은 상호 대치하면서 민족 말살을 꿈꾼다."
8. Schulz, *Ein Freikorps im Industriegebiet*, p. 7.
9. *Niederrheinische Volksstimme*, Duisburg, 1920년 4월 4일자. 논설문의 제목은 이랬다. "드디어 해방이다!" SPD의 기관지였다.
10. Scheffel, "Annaberg", *SB*, p. 276.
11. Zöberlein, *Befehl des Gewissens*, p. 197.
12. 이하와 비교. E. J. Gumbel, *Vier Jahre politischer Mord*, 이하의 사례. p. 17 f., 33, 41, 60 ff., 67 f. 굼벨의 저서들도 참고. 루르 지역의 사례는 이하를 참고. Lucas, *Märzrevolution*, Bd. 3 (Manuskript); Henning Duderstadt, *Die Tragödie von Mechterstädt*; 개머리판으로 때려죽이는 살해 방법의 쾌감을 가장 떳떳하게 과시한 사례는 다음이다. Schaumlöffel, *Mit dem Studentenkorps Marburg*, p. 23; Dwinger, *Die letzten Reiter*, p.

223; Schramm, *Die Roten Tage*, p. 202. 저자 미상, *SB*, p. 374; Fischer, "Räteherrschaft in München", *JKR*, p. 162; Hahn, *Der rote Hahn*, p. 34.

13. *Dülmener Zeitung*, 이하에 재인용. *Recklinghäuser Volks-Zeitung*, 30. März 1920; *Lüdinghauser Zeitung*, 이하에 재인용. *Lüner Zeitung*, 27. März 1920; *Münstersche Zeitung*, 26. März 1920; 공식 진술서에 기록되어 있다. *Volkstribüne. Organ des werktätigen Volkes von Elberfeld-Barmen*, 8. April 1920; 구데리안 대위의 증언. 31. März 1920, 이하의 유고 자료. Severing: *A III*; Josef Ernst, *Kapp-Tage*, p. 81, 이하에 재인용. Lucas, *März-revolution*, Bd. 3(Manuskript).

14. 『전진Vorwärts』 신문사 건물의 "정복자" 게오르크 레데부르의 1919년 1월 증언. Georg Ledebour (Hrsg.), *Der Ledebour-Prozeß*, Berlin 1919, p. 394(Aussage der Zeugin Steinbring).

흑, 백, 적

1. Mann, *Mit Ehrhardt durch Deutschland*, p. 146.
2. Killinger, *Die SA*, p. 53 f.
3. 마지막으로 이하를 참고. Rainer Stollmann, "Faschistische Kunst als Gesamtkunstwerk", in Denkler/Prümm, *Die deutsche Literatur im Dritten Reich*, Stuttgart 1976, p. 96 f. 이들은 나치당이 노동자 운동에서 상징을 훔쳐갔다고 주장한다. 블로흐는 정직한 편이었다. "마르크스주의 프로파간다는 적수에 비하면 신화성이 결여되어 있었다." (*Erbschaft dieser Zeit*, p. 66 f.)
4. Gengler, *Berthold*, p. 100. 돈에 대해서는 이하를 참고. Goebbels, *Michael*, p. 122; Jünger, *Kampf als inneres Erlebnis*, p. 112; Mann, *Mit Ehrhardt*, p. 214.
5. Canetti, *Masse und Macht*, p. 95. (『군중과 권력』, p. 114.)
6. Ettighoffer, *Revolver über der Stadt*, p. 64: 분리주의자의 깃발, 녹백적 삼색기를 구해낸 것은 여성이었다. 물론 제대로 되진 못했다. 깃발은 갈기갈기 찢어졌다.

구타

1. Benzler, "Ein Fähnrich der Ehrhardt-Brigade", in Freksa, *Kapitän Ehrhardt*, p. 98.
2. *Der Syndikalist. Organ der freien Arbeiter-Union Deutschlands*, Nr. 16, 2. Jg., Berlin 1920.

3. H. Schauwecker, "Freikorps von Epp", *HoDA*, p. 184.

4. Zöberlein, *Befehl des Gewissens*, p. 110.

5. Ibid., p. 425.

6. H. Schauwecker, "Freikorps von Epp", *HoDA*, p. 167.

7. Ibid., p. 165.

8. Fischer, "Die Räteherrschaft in München", *JKR*, p. 162.

9. Kloppe, "Kameraden", *JKR*, p. 244.

10. Maercker, *Vom Kaiserheer*, p. 61.

11. Bronnen, *Roßbach*, p. 60.

12. Zöberlein, *Befehl des Gewissens*, p. 208.

13. Dwinger, *Auf halbem Wege*, p. 172.

14. Steinaecker, *Mit der eisernen Division im Baltenland*, p. 18.

15. Loewenfeld, "Das Freikorps von L.", *RDS*, p. 153.

16. Maercker, *Vom Kaiserheer*, p. 144.

17. Bronnen, *Roßbach*, p. 68.

18. Killinger, *Ernstes und Heiteres*, p. 60.

19. Schulz, *Ein Freikorps*, p. 9.

20. Weller, *Peter Mönkemann*, p. 326; 구타에 대한 각종 언급은 이하를 참고. Ettighoffer, *Revolver……*, p. 66; Buschbecker, *Wie unser Gesetz es befahl*, p. 9; Volck, *Rebellen um Ehre*, p. 47; Liftl – Heller, *Das Freikorps Landsberg*, p. 8, 27.

21. Carl Severing, *1919 / 1920 im Wetter – und Watterwinkel*, p. 207.

22. *Volksfreund. Sozialdemokratisches Organ für die Kreise Recklinghausen und Borken*, 20. Mai 1920.

23. 1920년 4월 13일자 한 목격자의 공식 진술서에 따르면 그렇다. *Nachlass Severing A III*, zit. nach Lucas, *Märzrevolution*, 3. Bd.

24. 이하에서 인용. Lucas, *Märzrevolution*, 3. Bd.

25. *Volksblatt. Sozialdemokratisches Organ für die Wahlkreise Bochum / Gelsenkirchen / Hattingen / Witten / Herne und Recklinghausen – Borken*, 20. April 1920, zit. in *Freiheit, Berliner Organ der Unabhängigen Sozialdemokratie Deutschlands*, Berlin 3. Jg., 25. April 1920.

26. *Volksblatt*, 20. 4. 1920.

27. *Volksfreund, Sozialdemokratisches Organ*, Recklinghausen, 2. Jg., 25. Mai 1920. (이하에서 재인용. E. Lucas, *Märzrevolution*, 3. Bd.(Manuskript))

28. Mann, *Mit Ehrhardt*, p. 71 f.; Josef Hofmiller, *Revolutionstagebuch*

1918 / 19. Aus den Tagen der Münchner Revolution, Leipzig 1938, p. 219. 이 책에 따르면 심지어 아이들에게 들려서 무기를 수집처에 가져온 사람도 있었다. Dwinger, *Auf halbem Wege*, p. 495. 여기에도 동일한 장면이 등장한다.

29. 공공연하게 백색 테러를 자칭하면서 저질러진 백색 테러는 이하를 참고. Salomon, *Die Geächteten*, p. 76, 123; ders., "Hexenkessel Deutschland", *JKR*, p. 28; v. Berk, "Rote Armee an Rhein und Ruhr", *JKR*, p. 217; Nord, "Der Krieg im Baltikum", *JKR*, p. 91; 작자 미상. "Freikorps Epp in Pelkum", *SB*, p. 403 f.; Kohlhaas, "Männer und Sicherheitskompanien im Schwabenland 1918 / 19", *SB*, p. 96 f.; Schirach, *Die Pioniere des Dritten Reiches*, p. 110; Brandis, *Baltikumer*, p. 65; Schricker, *Rotmord*, p. 9; Carsten Curator, *Putsche, Staat und wir!*, p. 123 f.; Balla, *Landsknechte*, p. 122 f.; Fletcher, "Die Eroberung Tuckums", *SB*, p. 156 f.; Weller, *Peter Mönkemann*, p. 168; Ewers, *Reiter in deutscher Nacht*, p. 229; Engelhardt, *Ritt nach Riga*, p. 42; Bischoff, *Die letzte Front*, p. 119 ff.; Mann, *Ehrhardt*, p. 198; Schulz, *Ein Freikorps im Industriegebiet*, pp. 8 – 11; von Plehwe, *Im Kampfe gegen die Bolschewisten*, p. 10; Reinhard, *Die Wehen*, p. 69; Killinger, *Kampf um Oberschlesien*, p. 107, 114; Schaumlöffel, *Mit dem Marburger*, p. 14; v. Selchow, *Hundert Tage*, p. 328 f., 336 f.; Lüttwitz, *Im Kampf gegen die Novemberrevolution*, p. 57 f.; Zöberlein, *Befehl des Gewissens*, p. 669.

30. "붉은 테러"를 "백색" 정서로 서술하는 것은 거세 상처를 묘사하거나 "피투성이 곤죽"과 관련된 지각에서 두드러지는 현상이다. 이들은 언제나 가해자의 시각으로 서술된다. 이하를 참고. Nord, "Der Krieg im Baltikum", *JKR*, p. 69 f.; Salomon, *Die Geächteten*, p. 67; Liemann, "Sudetendeutschlands Märzgefallene", *SB*, p. 309; Wittmann, *Erinnerungen der Eisernen Schar*, p. 134 f.; Erbt, *Der Narr*, p. 234; Schricker, *Rotmord*, p. 131, 161; Dwinger, *Auf halbem Wege*, p. 423 f.; Erich Czech – Jochberg, *Im Osten Feuer*, p. 109 f., 185 ff.

의례화된 구타와 구경

1. 이하의 기사 참고. *Volksfreund. Sozialdemokratisches Organ*, Reckling-hausen, 2. Jg., 6. April 1920, 20. Mai 1920; Ruhr – Echo(USPD), Essen 2. Jg., 9. April 1920.

2. Sadger, "Über Gesäß – Erotik", *Internat. Zeitschrift für ärztliche Psycho-*

analyse, 1931, Nr. 1, p. 354 f.

3. 이하의 임상 사례 참고. Charles Socarides, *Der offen Homosexuelle*; Dannecker/Reiche, *Der gewöhnliche Homosexuelle*, p. 261 ff.; Serge Leclaire, *Das Reale entlarven*, Freiburg und Olten 1975; Hirschfeld, *Die Homosexualität des Mannes und des Weibes*, p. 291 ff.

4. "대상 선택"은 갈망의 종류를 결정 짓지 못한다. 이하를 참고. Hocquenghem, *Das homosexuelle Verlangen*, p. 102 ff.

5. Heinz Heger, *Die Männer im rosa Winkel*; 가명 출판이다. 동성애자라는 이유로 강제수용소까지 다녀왔지만 오늘날까지도 사회적 멸절을 겪고 있다.

6. Ibid., p. 67.

7. Ibid., p. 66.

8. Ibid., p. 68.

9. Ibid., p. 67.

10. Ibid., p. 68 f.; 또한 이하를 참고. Magnus Hirschfeld, *Sittengeschichte des Weltkriegs*, Bd. 2, p. 174 f., 장교들은 시체, 죽어가는 사람, 고통에 몸부림치는 사람의 사진을 수집하곤 했다. 혹은 이들을 배경으로 자신의 모습을 자랑스럽게 찍곤 했다. Bruno Vogel, *Es lebe der Krieg*, p. 43. 어떤 대령은 말도 안 되는 공격 명령을 내려 부대원들을 대량으로 학살당하게 만든 후 자신은 장교용 대피소에서 망원경으로 지켜보면서 자위했다고 한다. 보고하러 들어갔던 부하에게 그 장면을 들켰다. (참고. Hirschfeld, Bd. 2, p. 176.)
    좀더 덜한 사례도 기록되어 있다. Brandis, *Baltikumer*, p. 167. 부하들이 전사하는 장면을 "관찰"하는 것을 장교들은 "영화 본다"라고 표현했다.

11. Heger, *Männer im rosa Winkel*, p. 70.

12. Foucault, *Überwachen und Strafen*, p. 46: "신체형은 고통에 관한 모든 물량적 기술을 기초로 삼고 있다." (『감시와 처벌』, p. 78.) 그것은 "세분화한 고통을 창출하는 일이며, 형벌의 희생자들을 낙인찍고 처벌하는 권력을 과시하기 위하여 조직된 행사이지, 자기가 세운 원칙을 잊고 무절제하게 표현되는 사법 권력의 분노는 아닌 것이다. 신체형의 극단성에는 권력의 경제학이라는 모든 논리가 담겨 있다." (p. 80.)

13. Jünger, *Kampf als inneres Erlebnis*, p. 97.

14. Höß, *Kommandant*, p. 56 f.

15. Ibid., p. 69.

16. 다수의 상담가의 증언이 있었다. 이하를 참고. Hirschfeld, *Die Homosexualität*, p. 322. 이른바 "경계선" 문제를 겪던 환자들에게 자위 처방이 내려지곤 했다. Rudolf Ekstein, *Grenzfallkinder. Klinische Studien über*

die psychoanalytische Behandlung von schwergestörten Kindern, München / Basel 1973. 또한 이하를 참고. Spitz, "Autorität und Onanie", *Psyche* 6 / 52, pp. 2 – 16.

17. Foucault, *Überwachen und Strafen*, p. 57, vgl. auch p. 121 ff., 133, 139 – 170. (『감시와 처벌』, p. 94.)
18. Jean Amery, *Jenseits von Schuld und Sühne*, p. 48 f.
19. Ibid., p. 48 f.

"동성애"와 백색 테러

1. 이하를 비교. 제1장의 「병사들이 사랑한 것」「쉬어가기: "동성애"라는 문제, 그리고 향후 연구 원칙」「혼인, 동지의 누이들」, 제3장의 「군중과 문화」「눈」. 특히 28번 각주. 동성애의 정서적 죄책감에 대해서는 이하를 참고. G. Hocquenghem, *Das homosexuelle Verlangen*, 특히 "Die antihomosexuelle Paranoia", pp. 16 – 40; 정신의학적 희생양의 모델 사례로서 동성애자를 다룬 내용은 Szasz, *Die Fabrikation des Wahnsinns*, 미국의 사례(pp. 331 – 352), 그리고 유럽의 역사적 사례(pp. 228 – 252)가 설명되어 있다.
2. Gumbel, *Verschwörer*, p. 188; 굼벨은 히틀러와 그의 측근을 싸잡기 위해서 이런 기사를 인용했다.

동성애와 사디즘 / 마조히즘

1. Dannecker / Reiche, *Der gewöhnliche Homosexuelle*, p. 272 f.; 대다수는 "지난 12개월 동안 사디즘적 섹스를 딱 한 번만 했다"고 증언했다.
2. Ibid., p. 275.
3. Ibid., p. 277.
4. Ibid., p. 277 f.
5. Ibid., p. 247
6. Ibid., p. 265.
7. Ibid., p. 283.

동성애적 갈구

1. Hocquenghem, *Das homosexuelle Verlangen*, p. 72.
2. Freud, "Drei Abhandlungen zur Sexualtheorie", *GW V*, p. 47.
3. Hocquenghem, p. 74.
4. Ibid., p. 75 f.
5. Ibid., p. 80 f.

6. Foucault, *Überwachen und Strafen*, p. 249, 279, 361 f.

7. Hocquenghem, p. 139.

8. Ibid., p. 97.

9. Blüher, *Die Rolle der Erotik*, 저서 전체를 참고. 또한 같은 저자의 이하 저서도 참고. *Wandervogel. Geschichte einer Jugendbewegung.*

10. 유사한 사례는 이하를 참고. Stefan George, "Stern des Bundes", *GW VIII*, Berlin 1928, p. 89.

논란

1. Reimut Reiche, "Eine Entgegnung: Socarides, der versteckt Anti‑Homosexuelle", *Psyche* 26/1972, p. 481.

2. Helm Stierlin, "Einige Anmerkungen zu Reimut Reiches Kritik an Charles Socarides' Buch 'Der offen Homosexuelle'", *Psyche* 26/1972, p. 485

3. Reiche, Ibid., p. 476. 이는 앞부분에서 소개된 오켕겜의 견해와 전혀 일치하지 않는다.

4. Ibid., p. 476 f.

5. Ibid., p. 477; 또한 Socarides, *Der offen Homosexuelle*, p. 105.

6. Reiche, p. 478.

7. Ibid., p. 479 f. "자아‑조화Ich–synton"란 자아와 일치를 이루며 자아에서 배제되지 않는다는 뜻이다. 히르슈펠트의 『동성애Die Homosexualität』에 따르면 이른바 "건강"하고 "안정화"된 동성애자의 비율은 50퍼센트가 넘는다. (p. 298.)

8. Stierlin, *Einige Anmerkungen*, p. 486.

9. Ibid., p. 487.

10. Ibid., p. 487.

소카리데스의 명시적 동성애

1. Socarides, *Der offen Homosexuelle*, p. 225.

2. Ibid., p. 218.

3. Ibid., p. 226.

4. Ibid., p. 171 f.

5. Ibid., p. 180.

6. Ibid., p. 181.

7. 다소 정도가 약하긴 하지만 유사한 경우가 펠릭스 뵘이 전하는 환자들에게서도 나타난다. 이하를 참고. Felix Boehm, "Beiträge zur Psychologie der Homosexualität", *Internationale Zeitschrift für Psychoanalyse* VIII, 1922,

pp. 313 – 320. 뷤에 따르면 동성애자 환자들은 여성이 음경을 집어삼킬지도 모른다는 두려움을 표현하는 일이 흔했다. 그런 "이유"로 여성 공포를 갖게 되었고 남자에게로 돌아섰다고 설명한다. 그들의 "동성애"는 애정보다는 방어라는 것이 뷤의 설명이다. 소카리데스의 환자들과 비교하면 이들에게는 공격적 자기 보존 행동이 결여되어 있고 병증의 강도 역시 낮다. 그들의 공포는 음경으로 무장한 여성으로 코드화된 것만으로도 충분히 표현되었고, 삼켜질 위협에 직면할 필요까지는 없었다. 다시 말해 그들은 이차적 오이디푸스화가 잘 이루어져 있었던 것으로 보인다. 또한 나흐만존은 『동성애 사례의 정신분석 *Die Psychoanalyse eines Falles von Homosexualität*』에서 "남자가 동성애자가 되는 이유는 여성을 누이 및 어머니의 몸과 구별하지 못하기 때문"이라고 설명했다. (*Internationale Zeitschrift für Psychoanalyse* VIII / 1922, pp. 45 – 63.)

8. Socarides, p. 202.
9. "동성애는 거칠고 혼란한 질병이다. 이성애가 주는 느낌은 긍정적이다." Ibid., p. 202.

자기 보존 행동으로서의 항문 성교

1. 항문 부위를 가리키는 가벼운 속어는 존재하지 않는다. 음경의 경우 "꼬리 Schwanz"라는 단어가 있다. 그러나 항문은 뭉뚱그려서 "궁둥이 Arsch"라는 말을 욕설 대용으로 쓴다.

사관학교 내의 동성애

1. Blüher, *Die Rolle der Erotik*, p. 272 f.
2. Ibid., p. 273.
3. Ibid., p. 279.
4. Ibid., p. 278.
5. John Röhl, *Philipp Eulenburgs politische Korrespondenz*, Boppard am Rhein 1976.
6. 이하에서 재인용. *Der Spiegel*, Nr. 40, 1976, p. 215.
7. Höß, *Kommandant in Auschwitz*, p. 41.
8. Ibid., p. 81 f.

통제된 유희로서의 성별 전환

1. Pitrof, *Gegen Spartakus in München und im Allgäu*, p. 127.
2. Delmar, *Französische Frauen*, p. 113 f.
3. v. Selchow, *Hundert Tage*, p. 17 f.

4. Ibid., p. 55.

5. Gilbert, *Nürnberger Tagebuch*, p. 305 f.

사회적 존재인 남성의 매력

1. 하지만 파시즘은 여성의 가사노동에 제국 유지라는 직접적 의미를 부여했다. 가정의 살림살이가 제국의 경제 상황과 밀접히 연관되어 있다는 인상을 조성함으로써 말이다. 이에 관해서는 이하를 참고. Tim Mason, *Zur Lage der Frauen in Deutschland 1930 bis 1940*, p. 147 f. 여자도 "위대한 역사"의 일익을 담당했다. 남자들 영역이 아니었을 뿐이다.

2. v. Selchow, *Hundert Tage*, p. 352.

3. Blüher, *Wandervogel*, p. 247.

4. Goote, *Wir tragen das Leben*, p. 266.

5. Salomon, *Die Geächteten*, p. 246.

6. Jünger, *Kampf als inneres Erlebnis*, p. 96.

7. Morgan, *Der Mythos vom schwachen Geschlecht*, p. 188.

8. Dannecker / Reiche, *Der gewöhnliche Homosexuelle*, p. 327.

9. Blüher, *Die Rolle der Eroktik*, p. 322.

프로이트와 역사

1. Freud, "Drei Abhandlungen zur Sexualtheorie", *GW V*, p. 131. (『성욕에 관한 세 편의 에세이』, p. 123.)

권력 투쟁: 동성애 찬반 논쟁

1. Roßbach, *Mein Weg durch die Zeit*, p. 148; 또한 이하를 참고. Sohn – Rethel, *Ökonomie und Klassenstruktur*, p. 210; Charles Bloch, *Die SA*, p. 38. 이에 따르면 히틀러가 룀의 동성애를 알게 된 시점은 1932년이라고 하지만 신빙성은 적어 보인다. 마서의 『국가사회주의 독일 노동자당의 초기 역사 *Frühgeschichte der NSDAP*』는 룀을 "음험한 장교"이며 "동성애적 부도덕에 깊이 빠진" 인물이었다고 평가한다. (p. 192.) "룀! 그따위 더러운 동성애자 돼지 얘기는 하지도 마시오! 완전히 역겨운 변태였고 잔혹한 혁명꾼이었으니까!" 뉘른베르크 재판 당시 괴링이 검사에게 한 증언이다. Gilbert, *Nürnberger Tagebuch*, p. 83.)

2. Roßbach, *Mein Weg*, p. 164.

3. 이하를 참고. Waite, *Vanguard of Nazism*, p. 222 f.

4. 굼벨의 책 참고. 또한 이하 역시 참고. Scheer, *Blut und Ehre*, 특히 「400건

살인사건의 전설Die Legende der 400 Morde」의 pp. 136 – 158, p. 168 ff. 참고. "국가의회 의사당 방화 사건"의 수법은 1920년대 내내 지속된 전통이었다.

5. Gilbert, *Nürnberger Tagebuch*, pp. 286 – 291. 고트하르트 브라이트는 1972년 발표한 박사 논문에서 이를 "프리치 파동"이라고 명명했다. (*Das Staats – und Gesellschaftsbild deutscher Generale beider Weltkriege im Spiegel ihrer Memoiren* von Gotthard Breit, Freiburg 1972.) "동성애"라는 단어를 피해 간 것이다. 학문적 키치다. "현직 장교들은 최고위 장교가 불명예스러운 행동 때문에 물러나야만 했다는 사실에 당혹감과 수치스러움을 느꼈다. 장교단 전체의 명예가 실추되었다고 생각했다. […] 그럼에도 국가원수가 허무맹랑한 이야기로 고위급 장성을 법정에 세웠을 리가 없다고 생각했다." (pp. 180 – 184) 이 얼마나 순진한 소리인가. 불과 4년 전에는 장교들이 히틀러에게 압력을 넣었다. 룀을 제거하지 않으면 히틀러가 밀려날 판이었다. 그런데도 몇몇 역사학자는 제3제국 장군들의 로맨스 소설 수준의 이야기를 논문의 소재로 삼는다. 룀과 장군들에 대해서는 이하를 참고. Sohn – Rethel, *Ökonomie und Klassenstruktur*, pp. 200 – 210; 또한 참고하라. Charles Bloch, *Die SA*, pp. 71 – 74, 163. 단 블로흐는 종종 불확실하며 사실적 근거 제시가 빈약하다. p. 78, 94.

이중의 이중 구속

1. Blüher, *Die Rolle der Erotik*, p. 26

서로 물어뜯기

1. Gilbert, *Nürnberger Tagebuch*, p. 408.
2. Ibid., p. 417.
3. Ibid., p. 416.

결론

내면으로부터

1. Jünger, *Kampf als inneres Erlebnis*, p. 82.
2. Salomon, *Die Geächteten*, p. 262.
3. Ibid., p. 292; 또한 p. 72.
4. Ibid., p. 240.
5. 잘로몬의 다른 글에서도 발견된다. *Nahe Geschichte*, p. 14 ff.; ders., "Die Brigade Erhardt", *RDS*, p. 122; v. Oertzen, *Die Deutschen Freikorps*, 도입부 및 이하 대목에 등장한다. p. 389 f.; Lettow – Vorbeck, *Mein Leben*,

p. 35, 장교단이 서로 닮았다고 주장했다. Jünger, *Feuer und Blut*, p. 160; Melzer, "Die Auswirkungen des Kapp‒Putsches in Leipzig", *JKR*, p. 219; Osten, "Der Kampf um Oberschlesien", *JKR*, p. 271; Fischer, "Die Räteherrschaft in München", *JKR*, p. 151; Heinz, *Sprengstoff*, p. 87, ders., *Die Nation greift an*, p. 17; Schauwecker, *Aufbruch der Nation*, p. 92, 315; Killinger, *Das waren Kerle*, p. 19 f.; Höfer, *Oberschlesien in der Aufstandszeit*, p. 115; Engelhardt, *Ritt nach Riga*, p. 10, 14; Ettighoffer, *Revolver über der Stadt*, p. 154; Schricker, *Rotmord*, p. 10, 190 f.; Stadtler, *Als Antibolschewist 1918/19*, p. 139; Buschbecker, *Wie unser Gesetz es befahl*—여기서는 그저 똑같은 정도가 아니라 모두가 아들들이라고 표현되었다. (p. 21, p. 120.)

6. 가장 자주 중요하게 탐구되는 것은 집단적 판타지다. 들뢰즈와 과타리는 사르트르를 이어받아 이외 형태의 판타지는 존재하지 않는다고 단언했다. (*Anti‒Ödipus*, p. 40, p. 79 f., p. 181.) 나는 동의하지 않는다. 적어도 "개인적" 판타지는 분명히 있다. 가장 존재 가능성이 희박한 것은 계급 전체가 하나의 판타지를 공유하는 일이다. 계급의식을 구성해내려던 공산주의 이론가들의 처참한 실패를 곰곰이 생각해보자. 이른바 존재가 의식을 결정한다는 미개한 대원칙은 폐기되어야 함이 분명하다.

7. Heinz, *Sprengstoff*, p. 161.

8. Dwinger, *Auf halbem Wege*, p. 209 f.; "그의 불타는 영혼에서 불꽃이 끝없이 뿜어져나왔다"고 한다. Balla, *Rudolf Berthold*, in Jünger (Hrsg.), *Die Unvergessenen*, p. 17, Berlin 1930.

9. Jünger, *Kampf als inneres Erlebnis*, p. 86. 그 확실한 증거가 기록된 작품이다. "참호 정신은 전쟁 때문에 생겨난 것이 아니다. 그 반대로 참호 정신이 전쟁을 낳는다. 계급, 인종, 정당, 국가, 모든 공동체는 각각의 나라처럼 성벽으로 둘러싸이고 철조망으로 촘촘하게 나뉘었다. 그 사이는 황무지다. 탈주자는 쏴 죽인다. 때때로 서로 기습하여 머리통을 깬다." 다른 형태의 전쟁 상태는 없다. 갑옷에 감싸인 육체는 세상 전체가 자기와 같은 상태인 줄 안다.

10. 이 부분은 이하를 참고. "Das Deutschland von Versailles", in Canetti, *Masse und Macht*, p. 203 ff. (「독일과 베르사유」, 『군중과 권력』, p. 237 이하.) 카네티는 1914년 8월 초 며칠간을 "국가사회주의가 탄생한 시점"이라고 말한다. 전쟁이 발발하자 히틀러는 신께 무릎 꿇고 감사드렸다고 한다. 히틀러가 진정으로 군중의 일원이 된 순간이었다.

11. 특히 이하를 참고. Nagl, *Science Fiction in Deutschland*.

12. 나치당과 독일공산당은 경쟁하듯 부르주아를 규탄하는 프로파간다에 몰두했

다. 이하를 참고. Sohn-Rethel, *Ökonomie und Klassenstruktur*, p. 191 f.

13. 이는 에어하르트 루카스와 볼프강 에스바흐가 발표한 기고문에 착안해 발전시킨 생각이다. 마르크스가 말하는 부르주아 및 프롤레타리아의 세계사적 사명은 괴이한 사상적 구조물이다.

14. Mann, *Mit Ehrhardt*, p. 195; 거의 동일한 표현이 이하에도 등장한다. Dwinger, *Auf halbem Wege*, p. 294; "부르주아 계급"이라는 단어를 참고하길 바란다. Jünger, *Der Kampf um das Reich*, 서문 부분. p. 7; Plaas, "Das Kapp-Unternehmen", *JKR*, p. 172, 174; Nord, "Der Krieg im Baltikum", *JKR*, p. 93; van Berk, "Rote Armee an der Ruhr", *JKR*, p. 218; Melzer, *Die Auswirkungen des Kapp-Putsches in Leipzig*, p. 237; Mahnken, "Freikorps im Westen 1918/20", *HoDA*, p. 94 f.; Hotzel, "Der antibürgerliche Affekt", *HoDA*, pp. 345-355; Freksa, *Kapitän Ehrhardt*, p. 93, 102, 95; Mann, *Mit Ehrhardt*, p. 28; v. Selchow, *Hundert Tage*, p. 232; von Killinger, *Die SA*, p. 37; Salomon, *Die Geächteten*, p. 72 f.; Dwinger, *Auf halbem Wege*, p. 170, p. 292; Delmar, *Französische Frauen*, p. 80; Röhm, *Geschichte eines Hochverräters*, p. 347; 룀에 대한 언급도 나온다. Charles Bloch, *Die SA*, p. 12 f., pp. 47-50, p. 79 ff.; Goebbels, *Michael*, p. 119; F. Schauwecker, *Der feurige Weg*, p. 232; Eggers, *Von der Freiheit des Kriegers*, p. 22, 57; ders., *Vom mutigen Leben*, p. 42 ff.; Ettighoffer, *Revolver über der Stadt*, p. 23; Stadtier, *Als Antibolschewist 1918/19*, p. 168; Volck, *Rebellen um Ehre*, p. 52, 152; v. Oertzen, *Die Deutschen Freikorps*, p. 21 f.; Guenther, *Kriegertum*, p. 197; Erikson, *Die Legende von Hitlers Kindheit*, "고작 부르주아 주제"인 것들에 대한 경멸을 드러냈다.(p. 192)

15. Jünger, *Feuer und Blut*, p. 20; 더 상세한 내용은 이하를 참고. Schauwecker, *Aufbruch der Nation*, p. 9 ff., 30 f., 이하 서문에 나오는 샤우베커의 말을 참고. Hoeppener-Flatow, *Stoßtrupp Markmann greift ein*. W. v. Schramm, *Schöpferische Kritik des Krieges*, p. 38; F. G. Jünger, *Krieg und Krieger*, p. 54, 59; 그는 전쟁 이전을 쇠락과 노쇠의 시대로 회고했다.(p. 54)

16. Bronnen, *Roßbach*, p. 36.

17. 전쟁 전의 독일 문학에서 이러한 경향을 보여주는 사례는 무척 많다. 분량만 많을 뿐 천편일률적이므로 개관하기에 용이하다. 우리가 다룬 텍스트도 마찬가지다. 만프레트 나글의 『독일 공상과학 소설』이라는 연구서를 다시 한 번 추천한다. 그는 재탄생, 거대 기계화, 여성성으로 코드화된 "무의식" 콤플

렉스 제거 등을 다룬다. 부르케의 소설『빌트페버, 영원한 독일인*Wiltfeber, der ewige Deutsche*』, 혹은 프렌센의『요른 울*Jörn Uhl*』등도 다루고 있다. 동독의 연구자 귄터 하르퉁은 파시즘 문학의 비평에 이러한 관점을 사용한다. 하지만 전쟁이 파시즘 문학에 결정적인 특징을 부여했다는 독단에서 벗어나지를 못한다. Hartung, "Über die deutsche faschistische Literatur, 3 Teile", *Weimarer Beiträge*, Heft 3/1968, 특별판. 2/1968, Heft 4/1968. 이러한 오해는 의외로 손쉽게 수정된다. 특히 빌헬름 람스추스의『인간 도살장*Das Menschenschlachthaus*』같은 작품을 보면 그 점이 분명해진다. 이는 곧 임박할 전쟁을 다룬 작품이다. 1913년 함부르크에서 출판되었으며 첫해에 3만 부가 판매되었다. 소설에서 전쟁은 하나의 분명한 무대이자 매개체다. 자신의 내적 상태, 특정한 육체적 행동의 판타지가 구체화되는 곳이다.

실제로 전쟁이 벌어지자 이러한 경향은 더 단순화되고 강화되었다. 그러나 우파는 세계대전 문학을 제대로 창조하지는 못한다. 그들은 전쟁 타령을 할 뿐 특정 전쟁에 대해서는 쓰지 않고 대강 넘어간다.

세계대전 문학 중에서 그나마 충실한 사례도 있다. Beumelburg, *Sperrfeuer um Deutschland*, 혹은 Ettighoffer, *Verdun*. 제2차 세계대전 문학 중 유사한 사례는 이하를 참고하길 바란다. Günter Fraschka, *Das letzte Aufgebot*, Rastatt 1960, 특히 pp. 32–59.

18. Sohn–Rethel, *Ökonomie und Klassenstruktur*, p. 196.

19. Heinz, *Sprengstoff*, p. 7; dgl. p. 9, 96, 118, 188; ders., *Die Nation greift an*, p. 74, 122; dgl.: Röhm, *Geschichte eines Hochverräters*, p. 363; Weller, *Peter Mönkemann*, p. 85, 88 f.; Goote, *Wir tragen das Leben*, p. 5; ders., *Kamerad Berthold*, p. 235; ders., *Die Fahne hoch*, p. 311; Salomon, "Die Gestalt des deutschen Freikorpskämpfers", *SB*, p. 11; ders., *Die Geächteten*, p. 152; Nord, "Der Krieg im Baltikum", *JKR*, p. 63; Gengler, *Berthold*, p. 131; Buschbecker, *Wie unser Gesetz es befahl*, p. 274 f.; Freksa, *Der Wanderer ins Nichts*, p. 13; Brandis, *Baltikumer*, p. 280; Bochow, *Soldaten ohne Befehl*, p. 251; Balla, "Rudolf Berthold", in Jünger (Hrsg.), *Die Unvergessenen*, p. 15, 18; Goebbels, *Michael*, p. 116; Dwinger, *Auf halbem Wege*, p. 297; Jünger, *Kampf als inneres Erlebnis*, p. 45; Höß, *Kommandant in Auschwitz*, p. 29, 54 f., 124; Herzog, *Kameraden*, p. 251; Eggers, *Von der Freiheit des Kriegers*, p. 17 ff., 29; Wrangell, *Geschichte des Baltenregiments*, p. 70; Werner Best, *Der Krieg und das Recht*, p. 152.

20. Heinz, *Sprengstoff*.

21. Dwinger, *Auf halbem Wege*, p. 10.

22. Salomon, *Die Geächteten*, p. 82, dgl. p. 95.

23. W. Benjamin, "Theorien des deutschen Faschismus", in Argument 30/1964, p. 132. (에른스트 윙거·발터 벤야민, 『노동자, 고통에 관하여, 독일 파시즘의 이론들』, 최동민 옮김, 글항아리, 2020. 「독일 파시즘의 이론들」, pp. 303–305.)

24. Heinz, *Sprengstoff*, p. 10.

25. 이하에서 재인용. *Märzrevolution*, Bd. 3.

26. Salomon, *Die Geächteten*, p. 66.

27. Ibid., p. 66.

28. Ibid., p. 69.

29. 다시 한번 강조하지만, 이 모든 것은 결코 "주관적"이지 않다. 세르주 르클레르는 이렇게 말한다. Serge Leclaire, *La realite du desir*, p. 245. "순수한 독자성들의 동일한 집합에 무한정 부딪히면, 주체의 욕망의 독자성에 근접했다고 생각할 수 있다." 이 문장은 들뢰즈와 과타리의 『안티 오이디푸스』 p. 538에 인용되어 있다. 이러한 이른바 "독자성"의 부딪침은 파시스트 문학에서 거의 없다시피 하다. 전면적으로 억압의 대상이 되기 때문이다. 독자성의 부재가 보여주는 것은 바로 무의식의 욕망 생산력 자체가 억압되고 있음을 뜻한다. 이는 단순한 "표상"이나 "내용"의 억압과는 차원이 다르다.
모든 군인 남성 작가가 동일한 소재를 똑같은 방식으로 다루는 천편일률성을 보여준다. 그들의 작가적 "역량"은 대부분 이미 쓰인 책을 비슷하게 다시 쓰는 데 있다. 기존 틀에 맞춰서 또 쓰는 것이다.

30. 이하를 참고. Jünger, *Der Kampf um das Reich*, Vorwort, p. 6; ders., *Kampf als inneres Erlebnis*, p. 47; Plaas, "Das Kapp–Unternehmen", *JKR*, p. 178; van Berk, "Rote Armee", *JKR*, p. 214; Kloppe, "Kameraden", *JKR*, p. 256; Osten, "Der Kampf", *JKR*, p. 258; Loewenfeld, "Die Brigade L.", *RDS*, p. 157; Heinz, "Die Freikorps retten Oberschlesien", *HoDA*, p. 88; ders., *Sprengstoff*, p. 10, 26, 111, 163, 225; Mann, *Mit Ehrhardt*, p. 133, 137 f., 169, 179, 183, 194; Freksa, *Kapitän Erhardt*, p. 93; Von Steinaecker *Mit der ED ins Baltikum*, p. 17 f.; Glombowski, *Die Organisation Heinz*, p. 113; Salomon, *Die Geächteten*, p. 15; Lettow–Vorbeck, *Mein Leben*, p. 182 f., 185 f., 191; Gengler, *Berthold*, p. 94, 107, 144; Killinger, *Ernstes und Heiteres*, p. 71, 78; Wittmann, *Erinnerungen der Eisernen Schar*, p. 102 f.; Müller, *Soldat und Vaterland*, p. 12; Stadtier, *Als Antibolschewist 1918/19*, p. 114; Buschbecker, *Wie unser Gesetz es befahl*, p. 137 f.; v. Kessel, *Handgranaten und rote Fahnen*, p.

111; Volck, *Rebellen*, p. 95; Maerker, *Vom Kaiserheer*, p. 65; Schulz, *Ein Freikorps im Industriegebiet*, p. 32, 34, 39; Roßbach, *Mein Weg durch die Zeit*, p. 56; Eggers, *Von der Freiheit des Kriegers*, p. 30; v. Oertzen, *Die Deutschen Freikorps*, p. 61 f.

31. "베스트팔렌 지역 자원병 '뮌스터' 대대"의 홍보 포스터에 실린 문구. 페퍼 대위의 글이라고 되어 있다. 1919년 1월. *SB*, p. 85.

32. H. Gilbert, *Landsknechte*, p. 144.

33. Salomon, *Die Geächteten*, p. 266.

34. 참고. Waite, *Vanguard of Nazism*, Kap. 5: "The Baltic Adventure", p. 94 ff.; Kavass/Sprudzs (Hrsg.), *Baltic States, Buffalo*, New York, 1972, p. 42f.; v. Oertzen, *Baltenland*, p. 316 ff.; Salomon, *Nahe Geschichte*, p. 47 ff.; Wrangell, *Geschichte des Baltenregiments*, 여기서는 단 한 문장으로 역사를 요약했다. "독일의 영향력 확대에 대한 두려움은 4월 16일 쿠데타로 급진적 라트비아 정부가 전복되고 친독일 정부로 교체된 이후 특히 커졌다."(p. 84). 대신 자질구레한 소규모 병력 이동에는 몇 페이지를 할애해서 서술했다. 그에 비하면 이하에서는 쿠데타를 한 문장으로 언급할 뿐 다루지 않는다. H. zur Megede, *Hakenkreuz am Stahlhelm*, p. 121, 1934년 출판된 논문집에서 해당 사건이 나온다. Walter Gruber, *Volk ans Gewehr*, 1934. 그루버는 "나치당의 외교정책국 대변인"을 지낸 인물이다. 에리히 체크 요흐베르크는 별일 아니었다는 듯 이렇게 전한다. "병사들이 외쳤다. '그러면 우리 땅 80모어는?'" 바로 3페이지 전에는 만토이펠의 쿠데타를 이렇게 설명했다. "소수의 빼어난 인물들이 멋지게 성공시킨 쿠데타였다!" (Czech–Jochberg, *Im Osten Feuer*, p. 114, 117.)

35. 참고. z. B. Steinaecker, *Mit der ED im Baltikum*, p. 55; I. Meyer, *Das Jäger–Bataillon der ED im Kampfe*, p. 45.

36. *SB*, p. 478, 예비군 중위 레오 슐라게터 앞으로 발행된 "쿠를란트"에 위치한 "100모어 정착지" 권리 확인 증서의 팩시밀리 자료가 있다. 권리의 "증거"로 발행된 문서다. 단, 1919년 11월 1일자로 발행되었다. 울마니스가 쿠데타로 실각한 이후이자 발트해 연안에서 자유군단이 패배한 이후 일자다. 증서에는 소속 연대 지휘관의 서명만 있을 뿐 다른 서명은 없다. 발트해 작전에 참가했던 병사가 자신이 정착지에 대한 "권리"를 가졌다는 증빙을 소속 부대 지휘관에게서 발급받은 것이다. 이 "서류"는 권리를 입증할 뿐 아니라 라트비아의 배신을 입증하는 증거다. 또한 너무 지당하게도 서류는 "진본"이다. 자명하다.

37. 이하에서 재인용. Heinz Brauweiler, "Der Anteil des Stahlhelms", *HoDA*, p. 221.

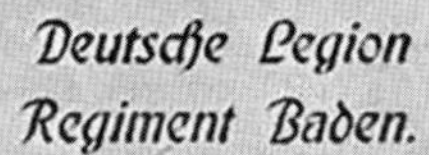 

Deutsche Legion Regiment Baden.

Kurland, den 1. November 1919.

Auf Grund des am 6. Oktober 1919 zwischen der Deutschen-Legion und dem Ober-befehlshaber der Russischen Westarmee geschlossenen Vertrages, wonach der Vertrag zwischen der Deutschen Regierung und der provisorischen Lettländischen Regierung vom 9. und 24. Dezember 1918 (betr. Bürgerrecht und Ansiedlung deutscher Baltenkämpfer) anerkannt wird,

wird dem: *Leutnant d. R. von Schlageter*

bestätigt dass er das Anrecht auf *hundert* Morgen Siedlungsland in Kurland besitzt.

Der Inhaber dieser Bescheinigung erhält hiermit nach oben genanntem Vertrage das Russische Bürgerrecht.

Rittmeister und Kommandeur.

38. Mann, *Mit Erhardt*, p. 138 f.; dgl.: Bochow, *Soldaten ohne Befehl*, p. 141 ff.

39. Bloch, *Erbschaft dieser Zeit*, p. 58 f.; 또한 참고하라. p. 66 f.

40. Salomon, *Die Geächteten*, p. 73.

41. Jünger, *Kampf als inneres Erlebnis*, p. 86.

42. Salomon, *Die Geächteten*, p. 237 f. 또한 Nord, "Der Krieg im Baltikum", *JKR*, p. 91; Stoffregen, *Vaterland*, p. 70; Buschbecker, *Wie unser Gesetz es befahl*, p. 12; Volck, *Rebellen*, p. 58; Engelhardt, *Ritt nach Riga*, p. 11; Brandis, *Baltikumer*, p. 101 f.; v. Kessel, *Handgranaten und rote Fahnen*, p. 191; F. Schauwecker, *Aufbruch der Nation*, 192, 299.

43. Goebbels, *Michael*, p. 77. (『미하엘』, p. 119.)

44. 괴벨스는 원고를 출판해보려고 애썼지만 실패했다고 한다. 또한 『베를린 일보_Berliner Tageblatt』 편집자로 지원했지만 떨어졌다. "자유주의적 유대인이 요직을 독차지"하고 있는 곳이라서 그랬다고 한다. (Ch. Bloch, *Die SA*, p. 18.)

45. Jünger, *Feuer und Blut*, p. 156.

46. 에릭 에릭슨은 『히틀러의 어린 시절에 대한 신화』에서 이 문제를 자세하게 탐구했다. 그는 독일 소년이 아버지와 겪는 갈등을 공감적이면서도 정확하게

짚어낸다. (Erikson, *Die Legende von Hitlers Kindheit*, p. 188 ff.) 그리고 총통으로서의 히틀러가 갖는 의미를 단순히 부성의 차원에서만 봐서는 안 된다고 결론짓는다. 그러나 히틀러가 "아버지의 특권을 물려받았으면서도 아버지와 과도하게 동일시되지 않은 변형된 형님"(p. 194)이라는 그의 주장은 설득력이 불충분하다. 총통 권력은 부당한 아버지 권력을 급진적으로 우회하는 권력이라는 점을 간과하고 있다. 총통 권력은 개인에게서 오는 것이 아니라 추상적 사회 권력 영역에서 직접 나온다. 또한 "초기 유년기에도 불구하고 아버지와의 동일시는 견고하게 자리 잡고 있었다"(p. 193)는 주장도 문제가 많다. 앞서 제4장의 「자아와 보존 기제」 부분에서 이미 설명한 바와 같이 "동일시"라는 개념 사용에 문제가 있기 때문이다.

이 문제를 깊이 다룬 연구자는 알프레트 존 레텔이다. "총통에 대한 맹목적 믿음은 사적 이해관계의 사회적 종합이 지닌 초월성에서 비롯된다. 사적 이해관계가 어떻게든 종합되는 것이 가능하다는 의식에서 비롯된다. 그렇게 생겨난 초월성의 진공상태에서 '총통'은 막강한 권력을 지니게 된다." (*Ökonomie und Klassenstruktur*, p. 145.)

"사적 이해관계"의 "초월성"이 만들어낸 "진공상태"에 높으신 분의 허구적 남근이 우뚝 들어선다.

47. Jünger, *Feuer und Blut*, pp. 226 – 237; "알록달록한 실타래를 손가락 사이로 흘려보내는 신을 생각해보라. 만면에 웃음을 띤 신을." (*Kampf als inneres Erlebnis*, p. 108.)

48. Salomon, *Die Geächteten*, p. 151.

49. 참고. Freud, *Traumdeutung*, *GW II / III*, p. 385.

50. Hocquenghem, *Das homosexuelle Verlangen*, p. 85.

51. Salomon, *Die Geächteten*, p. 472.

52. 나는 "그"라고 말했다. 여기서 묘사한 파시스트는 남자이기 때문이다. 여성 파시스트가 어떻게 생겨나는지는 여성들이 연구할 문제다. 아마 남성의 경우와는 완전히 다를 것이다. 양성 관계를 가두고 있는 이중 구속이 어떠한 폭력을 낳는지에 대해서 고찰이 필요하다. 마리아 안토니에타 마치오치의 저서 『처녀, 어머니, 그리고 총통: 파시즘의 여성 Jungfrauen, Mütter und ein Führer. Frauen im Faschismus』(Berlin 1976)은 야심찬 제목에도 불구하고 기대 이하다.

53. L. Tiger, *Warum die Männer wirklich herrschen*, p. 203, 205, 225; 미국 원작 제목: *Men in Groups*; Morgan, *Der Mythos*, p. 185 ff.

54. Jünger, *Kampf als inneres Erlebnis*, p. 47.

55. Ibid., p. 56.

56. 앞서 제2장의 설명을 참고하길 바란다.

57. Jünger, *Kampf*, p. 48.

58. Salomon, *Die Geächteten*, p. 367.

59. Vgl. Benjamin, *Versuche über Brecht*, p. 70.

60. Jünger, *Der Kampf um das Reich*, Vorwort, p. 9.

61. Salomon, *Die Geächteten*, p. 471.

62. 로스바흐는 1950년 회고록에서 자랑스럽게 말했다. "노스케 그 양반은 객관적으로 봐도 정말 사내대장부였어. 우리의 후속 작전을 배짱 좋게 세 번이나 밀어줬거든. 그 양반이 없었더라면 자유군단과 국가방위군은 이기지 못했어. 서부의 독소 국경은 29년 전부터 진작 엘베강이나 라인강에 그어졌을 거야." (*Mein Weg durch die Zeit*, p. 59.) 로스바흐는 서방 열강의 서독 "탈나치화"의 비결을 약삭빠르게 파악했다. 바로 반공 전략이다.

63. Salomon, *Die Geächteten*, p. 367.

64. Ibid., p. 79.

65. Heinz, *Sprengstoff*, p. 75.

66. Salomon, *Die Geächteten*, p. 76.

67. Ibid., p. 73; dgl. p. 379, 383; 유사한 언급은 이하를 참고. Heinz, *Die Nation*, p. 73; Dwinger, *Auf halbem Wege*, p. 239, 232.

68. 이러한 추측은 이미 제기된 바 있다. Sohn‒Rethel, *Ökonomie und Klassenstruktur*, p. 189.

69. 프로이트가 시선을 던지기는 했다. 「정신분석학 개요」에서 그는 자아에 대해 이렇게 말한다. "자아는 의식적 지각을 통해서 이드의 더 넓고 더 깊은 층위를 자아의 영향력 아래에 복종시킨다. 외부 세계에 단단하게 의존함으로써 기원에 대한 확실한 마크를 보여준다. 마치 '메이드 인 저머니' 마크처럼." (Freud, "Abriß der Psychoanalyse", *GW XVII*, p. 129.)
그러나 그는 곧 시선을 돌려버린다. 자신이 그토록 고평가했던 자아의 억제 기능만을 주목하면서 만족해버린다. 기껏 "메이드 인 저머니"로서의 실제 자아 분석에 착안을 해놓고는 "죽음 충동" 가설을 좀더 흥미롭게 발전시킬 기회를 놓쳐버린다.

70. 농민 계층의 어머니를 또다시 언급한 이유는 단순히 농민의 아들들이 대량으로 자유군단에 입대하고 훗날 숱한 파시즘적 남성 연대에 가입했기 때문만은 아니다. 내가 보기에 농민 계층, 특히 소농 계층은 자본주의 상황에서 특수한 이중 전선 계층의 역할을 수행했다고 재평가될 수 있다. "이중 전선 계층"이라는 개념은 단순히 "중도층"이라는 블록 개념 내의 차별화 항목이 아니다. 또한 생산 과정 상의 위치를 표현하는 개념도 아니다. 이중 전선 계층은 사회적·정치적 위계상의 위치를 표현하는 개념이다. "위"에서도 그리고 "아래"에

서도 동시에 압력을 받아야 하는 계층이다. 농민 계층에 가해지는 압력은 소부르주아 계층 못지않았다. 오히려 더 컸다. 소농 계층은 농장의 수익성 때문에 위협당했고 자율성이라는 환상을 잃을 위기에 처해 있었다. 한편으로 자신이 노동자보다는 훨씬 더 신분이 높다는 자부심을 지니고 있었다. 또한 가문의 전통을 내세운 "어엿한 가장"으로서의 위치 때문에 공장 노동자로 전락할지도 모른다는 위협에는 경악에 가까운 두려움을 느꼈다. 이는 소부르주아 계층이 느끼는 프롤레타리아로 전락할 공포에 비견할 만했다. 게다가 스스로 계급 의식을 가진 일부 프롤레타리아 계층은 진보를 이끌고 "미래"로 나아가는 일을 자임했다. 자신을 중요한 문화 계승자라고 이해했던 농민 계층은 이로 인해 상처를 입었다. 이처럼 전형적인 이중 전선 계층적 상황에 처한 농민의 자식들이 권력으로 접근할 수 있는 사회적 영역 및 조직에 정치적으로 줄을 대는 것은 어찌 보면 당연한 일이다. 새로 생겨날 사회적 생산 과정에서 자신의 위치를 찾는 것보다는 곧 잃어버릴 수도 있는 기득권에 집착하는 것이 더 급하기 때문이다.

도시와 농촌의 대립 및 비동시성에 대해서는 이하 문헌을 참고하길 바란다. E. Bloch, *Erbschaft dieser Zeit*, p. 104 ff.

71. Freud, "Drei Abhandlungen zur Sexualtheorie", *GW V*, p. 61. (『성욕에 관한 세 편의 에세이』, p. 49.)

72. W. Reich, "Über S. Freud", Interview von Dr. Eissler, p. 11 ff.

73. Jünger, *Kampf als inneres Erlebnis*, p. 24.

74. Ibid., p. 55 ff.

75. Ibid., p. 3.

76. Goote, *Kamerad Berthold*, p. 235.

77. 이하에서 재인용. Anonym, *Naziführer sehen dich an*, p. 45.

78. Heinz, *Die Nation greift an*, p. 191.

79. Jünger, *Kampf als inneres Erlebnis*, p. 107.

80. Erbt, *Der Narr von Kreyingen*, p. 170.

81. Salomon, *Die Geächteten*, p. 144 f.; ähnlich bei Nord, "Der Krieg im Baltikum", *JKR*, p. 91.

평화

1. Karl Demeter, *Das deutsche Heer und seine Offiziere*, p. 220.

2. Waite, *Vanguard*, pp. 1–13: "The Ebert–Groener–Conversations"; Wilhelm Groener, *Lebenserinnerungen. Jugend. Generalstab. Weltkrieg*, Göttingen 1957, p. 473 ff.; Gustav Noske, *Von Kiel bis Kapp*, Berlin 1920,

p. 112 f.; Harold J. Gordon, *Die Reichswehr und die Weimarer Republik, 1919 – 1926*, Frankfurt a. M. 1959, p. 18, 26.

3. Goote, *Wir tragen das Leben*, p. 51; 드빙거의 “팔렌”과 비교. *Auf halbem Wege*, p. 310.

4. v. Selchow, *Hundert Tage*, p. 304.

5. Gilbert, *Landsknechte*, p. 136 f.

6. Dwinger, *Auf halbem Wege*, p. 24 f.; 또한 이하를 참고. *Die letzten Reiter*, p. 386.

7. Dwinger, *Auf halbem Wege*, p. 293.

8. Höß, *Kommandant*, p. 35.

9. Goote, *Kamerad Berthold*, p. 244.

10. v. Zeschau, “Streiflichter aus den Kämpfen von Litauen”, *SB*, p. 135; 또한 Gilbert, *Landsknechte*, p. 237.

11. Den sie oft nicht wollten, vgl. z. B. Thor Goote, *Wir tragen das Leben*, p. 189.

12. Ibid. p. 192 f.

13. Ibid. p. 193.

14. Mann, *Mit Ehrhardt*, p. 214.

15. Dwinger, *Auf halbem Wege*, p. 239.

16. Weller, *Peter Mönkemann*, p. 50 f.

17. 이하와 비교. Salomon, *Die Geächteten*, p. 246; ders., *Nahe Geschichte*, p. 18 f., 71; F. Solf, Deutschlands Wiederauferstehung 1934, p. 27; 수록된 포스터 참고, *RDS*, p. 126. 이는 1920년 3월 14일 쿠데타군이 내건 포스터였다. Schaper, “Freikorpsgeist – Annaberg”, *RDS*, p. 165; Engelhardt, *Ritt nach Riga*, p. 9; Ettighoffer, *Revolver über der Stadt*, p. 31; Buschbecker, *Wie unser Gesetz*, p. 5; v. Kessel, *Handgranaten*, p. 163; Freiwald, *Der Weg der braunen Kämpfer*, p. 233; Guenther, *Deutsches Kriegertum*, p. 201.

18. 자유군단이 “젊은 장교들의 심리적 사회적 필요”에 얼마나 적합했는지에 대해서는 이하를 참고. Waite, *Vanguard of Nazism*, 특히 강조된 부분은 이하 참고. p. 48 f.

19. 윙거가 얼마나 웃음을 두려워했는지를 살펴보면 의미심장하다. 이른바 “빛의 유희”라고 불리는 영화에서는 “기괴한 수준의 냉혹한 잔인함”이 표출된다고 말했다. 윙거가 보기에 “영화라는 그로테스크”는 “오직” “고통스럽고 악의적인 사태만 빈발”하도록 만들 뿐이다. (Jünger, “Über den Schmerz”, *Blätter und Steine*, Hamburg 1934, p. 204.) 야로슬라프 하셰크의 소설을 원작으로 하

는 병사 슈바이크의 모험 영화에 대해서 윙거는 이렇게 평가했다. "촌뜨기의 무법천지 타령에 독일의 문화 애호가들까지 좋다고 휩쓸리는 것을 보면 상황이 심각하다. 교양 있는 처방 말고 별도의 처치가 시급하다." 웃음에 대한 방지책으로 심지어 수류탄을 촉구한 적도 있다. (Jünger, "Drei Soldaten. Zur Spiegelung des Weltkriegs in der Gegenwartsdichtung", in Eckart, *Blätter für evangelische Geisteskultur* 4, 1928, p. 255.)

20. Freksa, *Kapitän Ehrhardt*, p. 143 f.

21. Mann, *Mit Ehrhardt*, p. 11.

22. Ekkehard, *Sturmgeschlecht*, p. 89.

23. Weller, *Peter Mönkemann*, p. 242.

24. 이들이 툭하면 강조하는 것이 있다. 나만 좋자고 싸우는 게 아니라는 것이다. 이하를 참고. Loewenfeld, "Das Freikorps von L.", *RDS*, p. 156, 혹은 Salomon, "Die Brigade Ehrhardt", *RDS*, p. 122. 그럼에도 이들은 자신들이 필요한 상황을 달성할 때까지 만족할 줄 모른다. 이들이 말하는 "나만 좋자고" 싸우는 것은 결국 "총체를 위한" 싸움과 동일하다. 이는 제3장의 「총체」 단락을 참고하길 바란다. "이해관계"를 위해 일하는 것은 정당정치다. 이들은 "정치"보다 정당정치를 훨씬 더 격렬하게 혐오한다. 정당정치는 편향적이고 패거리적이고 국민분열적이다. 예를 들어 『독일의 미래Deutschlands Zukunft』 (1921) 중 「에어하르트 대위」에 담긴 정치적 논리를 보면 시종일관 "정당 이기주의"를 비난한다. 그리고 막강한 개인이 정점에서 진두지휘할 것을 주장한다. (p. 5, 22 ff., 34.) 에어하르트는 카프 폭동을 군사적으로 지원하는 대가로 정당정치인 출신이 아닌 "전문가 장관"의 기용을 요구했다. 나치당은 스스로의 정체성을 시민들의 "정당"이 아니라 일종의 운동이라고 이해했다.

25. J. Nothaas, *Beiträge zur Statistik Bayerns*, 이하에서 재인용. Waite, *Vanguard of Nazism*, p. 48.

26. 이는 "연합국의 강압에 따른 것"이었다. Erhard Lucas, *Märzrevolution*, Bd. 1, p. 86 ff.

27. 참고. Lüttwitz, *Im Kampf gegen die Novemberrevolution*, pp. 112–117; Salomon, *Nahe Geschichte*, p. 78, 또한 Waite, *Vanguard*, p. 140 ff.

28. Mann, *Mit Ehrhardt*, p. 136; Heydebreck, *Wehrwölfe*, p. 120 f.

29. 이하와 비교. Mann, *Mit Ehrhardt*, p. 206; Freksa, *Kapitän Ehrhardt*, p. 192; G. Krüger, *Die Brigade Ehrhardt*, p. 63; Gumbel, *Verschwörer*, p. 76; Lucas, *Märzrevolution*, Bd. 2, p. 102.

30. Mann, *Mit Ehrhardt*, p. 78.

31. 출처는 다음과 같다. Waite, *Vanguard of Nazism*, p. 40 f.; E. Lucas,

Märzrevolution, Bd. 1, p. 67; Mann, *Mit Ehrhardt*, p. 78; Curator, *Putsche*, p. 102.

32. *SB*, p. 37.

33. Maercker, *Vom Kaiserheer*, p. 56.

34. Mann, *Mit Ehrhardt*, p. 214 ff.; dgl. Loewenfeld, "Das Freikorps von L.", *RDS*, p. 150; Salomon, "Die Brigade Ehrhardt", *RDS*, p. 120; Zobel, Zwischen Krieg und Frieden, p. 114.

35. 잘로몬은 자유군단은 월급이 많아서 지원자가 모여든다는 비난에 코웃음을 치곤 했다. (*Nahe Geschichte*, p. 21.)

36. Maercker, *Vom Kaiserheer*, p. 39.

37. A. Zickler, *Reichswehr gegen Rote Armee. Was im Ruhrgebiet geschah*, Berlin 1920, p. 21.

38. 이하를 참고. Theodor Geiger, *Die soziale Schichtung des deutschen Volkes*, Stuttgart 1932, pp. 1−15, pp. 72−138; p. M. Lipset, "'Faschismus'− rechts, links, die Mitte", *Soziologie der Demokratie*, Neuwied 1962, pp. 131−190; H. A. Winkler, *Mittelstand, Demokratie und Nationalsozialismus. Die politische Entwicklung von Handwerk und Kleinhandel in der Weimarer Republik*, Köln 1972; U. Kadritzke, *Angestellte − die geduldigen Arbeiter. Zur Soziologie und sozialen Bewegung der Angestellten*, Frankfurt a. M., Köln 1973; L. Trotzki, "Porträt des Nationalsozialismus", *Wie wird der Nationalsozialismus geschlagen?*, Frankfurt a. M. 1971, pp. 290−299.

39. Sohn−Rethel, *Ökonomie und Klassenstruktur*, p. 191.

40. "나는 독일의 정복 여정이 처음부터 끝까지 의식했건 못 했건 간에 나폴레옹을 따라했다고 생각한다." 하인리히 만의 말이다. (Heinrich Mann, *Ein Zeitalter wird besichtigt*, p. 9.) 이하는 로베르트 하메를링(1830−1887)이 썼다고 알려진 시다. 브루노 그라빈스키의 『새로운 신비학: 미신과 예언으로 살펴본 세계대전*Neuere Mystik. Der Weltkrieg im Aberglauben und im Lichte der Prophetie*』(Hildesheim 1916)에 따르면 "운문 형식을 빌린 예언문"이며 전쟁 초반부터 "각종 신문지상에 오르내렸다"고 한다.
"앞날 내다보는 내 밝은 눈을 영원의 빛 속에 던지니,
내 영혼 앞에 미래에 도취한 얼굴이 다가선다.
너희에게는 감춰진 어둠 속, 저 활기찬 머나먼 시간에서
성큼성큼 다가오시는 귀한 여신이 보인다.
그대, 그리스도 오신 이래 20세기여, 무기의 쇳소리 울리며 찬양 받도다.

후세는 이름 지으리, "게르만의 세기"였다고.
독일 국민이여, 드넓은 땅이 그대 앞에 먼지처럼 떨리라.
곧 그대는 폭풍 속에서 적들을 심판대에 세우리라.
때묻지 않은 영국 땅을 그대의 강인한 발로 짓밟으리라.
사방팔방 하늘 높이 적들의 피가 증기처럼 피어오르고,
진흙으로 빚은 거인 러시아를 그대가 박살내리라,
발트해 연안 비옥한 땅에는 독일 독수리가 둥지를 틀리라.
오스트리아, 네가 죽은 줄로만 알았다! 스무 해가 지나기 전,
수많은 민족 앞에서 당당하고 강건하게 우뚝 서리라.
모든 민족은 덜덜 떨며 네 앞에 고개 숙여 경배하리라.
동방의 지배자, 제2의 독일 제국이라 칭하리라.
합스부르크의 자손이 당당하게 폴란드 왕관을 쓰리라!
젊은 우크라이나는 복속되어서 빛나는 젊음의 자유를 누리리라!
오 사랑하는 국민이여, 징, 바이올린, 북, 나팔 소리가 승리의 행진곡을 연주
한다.
영웅의 시대를 기뻐하라! 운명이 너에게 달려 있노니.
적을 두려워 마라. 나는 네게 진실을 전한다."

(Grabinski, p. 226)

1919년 발트해 연안에 대한 글이다.

"외롭고 천대받고 거부당했다. 조국은 이제 조국이 아니다. 이제 패배한 전초
기지, 국가를 위해 희생을 마다않던 숭고한 희생자가 독일 제국의 마지막 꿈
을 위해 싸웠다." (Bronnen, *Roßbach*, p. 71); 또한 이하와 비교. Salomon, *Die
Geächteten*, p. 297; ders., *Nahe Geschichte*, p. 80.

41. 이러한 "정신"을 이어나가겠다는 맹세는 이하를 참고. Schaper,
    "Freikorpsgeist – Annaberg", *RDS*, p. 161 ff.

42. Killinger, *Der Klabautermann*, p. 139.

43. Jünger, *Kampf als inneres Erlebnis*, p. 18.

44. Herzog, *Kameraden*, p. 230 f.

45. Plaas, "Das Kapp – Unternehmen", *JKR*, p. 171. 기다린다던 "그날"은 군
    사적인 날이었다. 1922년까지 나치당에 병사 및 장교들의 비율이 무척 낮았
    다는 것이 이와 잘 들어맞는다. (통계는 이하 참고. Maser, *Frühgeschichte der
    NSDAP*, p. 255). 당시까지 군인 남성들은 반혁명적 부대 혹은 준군사 조직에
    서 적극적으로 활동하고 있었다. (바이에른주에서 활동하던 이런 단체의 목록은
    다음을 참고. Bayern bei Maser, p. 168.) 이들의 정당정치 혐오는 무척이나 포괄
    적이어서 나치당도 예외가 될 수 없었다. 이들은 무력 활동이 잦아든 이후에

야 나치당에 관심을 두기 시작했다.

46. Loewenfeld, "Das Freikorps v. Loewenfeld", *RDS*, p. 157.

47. Sohn-Rethel, *Ökonomie und Klassenstruktur*, p. 197.

48. Ibid. p. 197, 4번 주석.

49. 이보다 더 극명한 사례도 있다. 독일 파시즘에 대한 트로츠키의 입장이다. (Trotzkis, *Wie wird der Nationalsozialismus geschlagen*, Frankfurt a. M. 1971.) 제3인터내셔널의 시각과 달리 트로츠키는 파시즘의 승리가 곧 소비에트 연방과의 전쟁으로 이어질 것이라고 예측했다. (p. 195 ff.) 또한 여타 공산주의 이론가들에 비하면 그는 "중산층"의 중대성에 대해 현실적 시각을 갖추고 있었다. (p. 290 ff.) 그럼에도 트로츠키는 여전히 권위주의적이고 엘리트주의적이었으며 곧잘 우월의식을 드러냈다. 또한 파시스트의 "기만"을 폭로한다는 식의 주장을 자주했다. (예를 들어 p. 295 ff.) 그의 어조는 블로흐의 파시즘 비판과 상당히 유사하다. (참고. "Vom Hasard zur Katastrophe", Frankfurt a. M. 1972) 물론 "오늘날 시대정신"에 대한 통찰은 상당히 훌륭하다. 그러나 그들의 통찰이 지닌 "진실"은 지적 과시욕과 허영 때문에 빛을 잃는다. 마치 신문 문화면에 실린 명사들의 칼럼을 보는 듯하다. 다들 교양깨나 있으시다.

50. 레니 리펜슈탈의 「의지의 승리」는 1934년의 기록영화다. 히틀러의 의뢰로 열네 대의 카메라를 동원해 1934년 뉘른베르크에서 열린 나치당 전당대회를 촬영 기록했다. 영화 편집은 전당대회의 시간 순서를 그대로 따르지는 않았다. 극적인 효과와 분위기 고조를 고려하여 편집되었다. 행진과 함께 들리는 음악은 현장음이 아니다. 리펜슈탈의 음성 해설은 별도로 추가되지 않았다. 이하에 인용된 전당대회 연설은 영화 속에 등장했던 현장음 연설 내용이다.

51. 헬름 슈티에를린은 가족 치료에서 얻어진 개념을 히틀러에게 과도하게 적용해 "자기 어머니의 대리인" 이상은 아니라고 단언한다. 이는 세계사를 또다시 오이디푸스적으로 해석한 것이다. (H. Stierlin, *Adolf Hitler. Familienperspektiven*, Frankfurt a. M., 1975) 히틀러가 어머니의 대리인으로 기능했다는 것이 이 책의 기본적인 요지다.

52. 히틀러 유겐트의 노래다. 발두어 폰 시라흐가 작사했다.

53. "갈수록 제의는 상투화되고 경전화되었다. 그제야 나는 뒤늦게 깨달았다. 모든 것은 문자 그대로의 의미였던 것이다. 행진이니 행렬이니 참배 의식이니 하는 것들이 정교한 프로파간다 절차겠거니 여겼다. 이제 보니 명백하다. 히틀러는 사이비 종교를 창시한 것이었다." (Albert Speer, *Spandauer Tagebücher*, p. 292 f.) 블로흐는 "제3제국" 시기의 용어가 종교적 연원과 전통을 지니고 있음을 잘 설명했다. (*Erbschaft dieser Zeit*, pp. 126-160.) 그는 혁명의 프로파간다가 종교적 영역을 되찾아야 한다고 주장했다. 종교적 색채를

나치에게 너무 쉽게 빼앗겼다는 것이다. 그러나 나치가 말하는 꿈의 실현 및 행복의 약속이 "엄청난 위조품"이라는 그의 주장은 지나친 감이 있다.(p. 147) 전당대회에 참여한 군중의 무리가 느끼는 감정의 절실함은 "위조품"이라는 말로 설명될 수 없다. 마치 자신이 "진품"을 보유하고 있다는 듯한 태도다. 파편화가 두려워서 군중에 결속되고자 하는 사람들의 감정을 어떻게 이해하겠는가? 또한 키스 버크의 결론도 내가 보기에는 적절하지 않다. 그는 "본래는 신학적 사고 형식을 사생아적으로 변질시켰다"고 진단했다. 이 역시 안전하고 시민적인 과학적 종교학이라는 "높은 곳"에서 할 수 있는 발언일 뿐이다. (Burke, *Die Rhetorik in Hitlers "Mein Kampf"*, Frankfurt a. M. 1967, p. 33.)

54. 라이어널 타이거가 저서에서 제대로 지적했듯(Lionel Tiger, *Warum die Männer wirklich herrschen*, p. 212.) 이러한 거대한 성공은 도저히 망상일 수가 없다. 이하 참고. (Zusammenarbeit mit I. de Sola Pool und G. K. Schueller, Daniel Lerner, *The Nazi Elite*, Stanford 1951.) 특히 "평민의 부상"을 다룬 제4장(p. 34 ff.), 그리고 "폭력의 전문가"를 다룬 5장(p. 53 ff.)을 참고할 만하다. 또한 참고하라. Wolfgang Zapf, *Wandlungen der deutschen Elite. Ein Zirkulationsmodell deutscher Führungsgruppen 1919 – 1961*, München 1965, insb. p. 51 ff.; dgl. Franz Neumann, *Behemoth, the Structure and Practice of National Socialism 1933 – 1944*, New York 1944, 특히 p. 365 ff. 이 연구서들이 보여주는 것은 나치당 조직 내에서 승진하는 것만이 유일한 권력 접근 가능성이었던 사람이 많았다는 것이다. 다른 방법으로는 출세가 불가능했을 사람들이었다. 남성 연대적 결속으로 이익을 얻는 것이 상대적으로 힘든 영역은 제외되었다는 것이 흥미롭다. 예를 들면 행정관료들이 그러했다. 이들은 대부분 따돌림을 당했다. 학자 계층은 계속해서 유지되었다. (참고. Zapf, p. 54; Neumann, p. 370 f.) 거물급 산업 경영자도 마찬가지였다. (참고. Zapf, p. 55; Neumann, p. 388.) 전쟁 막바지에 들어서야 나치는 산업 영역을 점령하기 시작했다. 필요에 의해서였다.

55. Reich, "Wilhelm Reich über Sigmund Freud", Interview, p. 76 ff.

56. Deleuze / Guattari, *Anti – Ödipus*, p. 331. (『안티 오이디푸스』, p. 433.)

57. Ibid. p.153. (같은 책, pp. 211 – 212.)

58. Majakowski, "Nachruf auf Sergej Jesenin", in Enzensberger (Hrsg.), *Museum der modernen Poesie*, p. 164.

59. Benjamin, "Geschichtsphilosophische Thesen", *Illuminationen*, p. 272 f.: "파울 클레가 그린 「새로운 천사」라는 그림이 있다. 이 그림의 천사는 마치 자기가 응시하고 있는 어떤 것으로부터 금방이라도 멀어지려는 것처럼 묘사되어 있다. 그 천사는 눈을 크게 뜨고 있고, 입은 벌어져 있으며 또 날개는

펼쳐져 있다. 역사의 천사도 바로 이렇게 보일 것임이 틀림없다. 우리 앞에서
일련의 사건이 전개되고 있는 바로 그곳에서 그는, 잔해 위에 잔해가 쉼 없이
쌓이게 하고 또 이 잔해를 우리 발 앞에 내팽개치는 단 하나의 파국만을 본
다. 천사는 머물고 싶어하고 죽은 자들을 불러일으키며 또 산산이 부서진 것
을 모아서 다시 결합하고 싶어한다. 그러나 천국에서 폭풍이 불어오고 있고
이 폭풍은 그의 날개를 꼼짝달싹 못 하게 할 정도로 세차게 불어오므로 천사
는 날개를 접을 수도 없다. 이 폭풍은, 그가 등을 돌리고 있는 미래 쪽을 향하
여 간단없이 그를 떠밀고 있는 반면, 그의 앞에 쌓이는 잔해 더미는 하늘까지
치솟고 있다. 우리가 진보라고 일컫는 것은 바로 이러한 폭풍을 두고 하는 말
이다." (『발터 벤야민 선집 5』, 최성만 옮김, 도서출판 길, 2008. p. 339.)
60. 어쨌든 "예전에는 세계에서 존중받던 나라가 어쩌다가 1933년부터 이런 악
행을 저지르게 되었는지 놀라울 따름이다." (Zmarzlik, "Die Vernichtung des
Warschauer Gettos", *Wieviel Zukunft hat unsere Vergangenheit*, München, 1970,
p. 53.) 내가 보기에는 적절하지 않은 지적이다.
61. Freud, "Die Frage der Laienanalyse", *GW XIV*, p. 241.
62. Reich, *Massenpsychologie des Faschismus*, p. 37 ff (『파시즘의 대중 심리』, p. 43.)
63. Ibid., p. 43.

약어

HoDA = Curt Hotzel, *Deutscher Aufstand*
JKR = Ernst Jünger, *Der Kampf ums Reich*
RDS = Hans Roden, *Deutsche Soldaten*
SB = Ernst Salomon, *Das Buch vom deutschen Freikorpskämpfer*
이상 네 편에서 인용된 텍스트는 제목 뒤에 약어로 표기한다.

일러두기

— 주요 원전 및 문헌 가운데 본 연구에서 한 번만 언급되었거나 혹은 논증 과정
 에서 중요하지 않은 것은 문헌 목록에 포함시키지 않았다. 대신 문헌 정보는 해
 당 각주에 표시한다.
— 주요 문헌은 세 종류로 분류했다. 첫 번째는 소설, 자서전, 일기문이다. 두 번째
 는 다양한 군인 문학이다. 앞서 언급했듯 엄격하게 분류하기보다는 "흐르는"
 경계를 따라 유연하게 나눴다. 세 번째는 제2장에서 욕망/물/여성성과 남성/
 여성 관계의 역사와 관련된 자료다. 유럽 문학사를 통틀어 애독되었던 시, 소설

등의 비파시스트 문학을 살펴봤다.(한국어 번역본이 있는 자료는 병기했다.—옮긴
이)

I. 주요 문헌

소설, 자서전, 일기문

Erich Balla, *Landsknechte wurden wir. Abenteuer aus dem Baltikum*, Berlin
　　1932.

Martin Bochow, *Soldaten ohne Befehl*, Berlin 1933.

　– *Sie wurden Männer*, Stuttgart, Berlin, Leipzig, 1935.

Cordt v. Brandis, *Baltikumer. Schicksal eines Freikorps*, Berlin 1939.

Arnolt Bronnen, *O. S.*, Berlin 1929.

　– *Roßbach*, Berlin 1930.

Karl Matthias Buschbecker, ⋯⋯*Wie unser Gesetz es befahl*, Berlin 1936.

Edwin Erich Dwinger, *Die letzten Reiter*, Jena 1935.

　– *Auf halbem Wege*, Jena 1939.

Kurt Eggers, Der *Berg der Rebellen*, Leipzig / Berlin 1937.

Friedrich Ekkehard, *Sturmgeschlecht. Zweimal 9. November*, München 1941.

Wilhelm Erbt, *Der Narr von Kreyingen. Der Roman der deutschen
　　Revolution*, Berlin 1924.

Paul Coelestin Ettighoffer, *Revolver über der Stadt. Der Kampf um
　　Mönchengladbach 1923*, Mönchen – Gladbach 1936.

　– *Sturm 1918*, Gütersloh 1941.

Hanns Heinz Ewers, *Reiter in deutscher Nacht*, Stuttgart / Berlin 1932.

Friedrich Freksa, *Der Wanderer ins Nichts*, München 1920.

　– *Kapitän Ehrhardt. Abenteuer und Schicksale*, Berlin 1924.

Ludwig F. Gengler, *Rudolf Berthold, Sieger in 44 Luftschlachten. Erschlagen
　　im Bruderkampfe für Deutschlands Freiheit*, Berlin 1934.

Hubert E. Gilbert, *Landsknechte*, Hannover 1930.

Josef Goebbels, *Michael. Ein deutsches Schicksal in Tagebuchblättern*,
　　München 1929. (파울 요제프 괴벨스, 『미하엘』, 강명순 옮김, 메리백, 2017.)

Thor Goote, (d. i.: Johannes M. Berg), *Wir fahren den Tod*, Berlin 1930.

　– *Wir tragen das Leben. Der Nachkriegsroman*, Berlin 1932.

　– *Die Fahne hoch*, Berlin 1933.

- *Kamerad Berthold, der "unvergleichliche Franke". Bild eines deutschen Soldaten*, Hamburg, o. J.(Copyright: Braunschweig 1937).

Karl Grünberg, *Brennende Ruhr*, Rudolfstadt 1929, Neuauflage Berlin 1952.

Hermann Hagener, *Lava*, Berlin 1921.

Friedrich Wilhelm Heinz(d. i.: Heinz Oskar Hauenstein), *Sprengstoff*, Berlin 1930.

Rudolf Herzog, *Kameraden*, Stuttgart 1922; benutzt wurde die Ausgabe 193 – 198. Tausend, Berlin 1944.

- *Wieland der Schmied*, Stuttgart 1924.

- *Mann im Sattel*, Berlin 1935.

Peter v. Heydebreck, *Wir Wehrwölfe. Erinnerungen eines Freikorpsführers*, Leipzig 1931.

H. H. Hollenbach, *Opfergang*, Hamburg / Berlin / Leipzig 1932.

Rudolf Höß, *Kommandant in Auschwitz*, München 1963; Höß selbst hatte seinen Aufzeichnungen den Titel gegeben: *Meine Psyche. Werden, Leben und Erleben.*

Ernst Jünger, *Der Kampf als inneres Erlebnis*, Berlin 1922.

- *In Stahlgewittern*, Berlin 1922. (에른스트 윙거, 『강철 폭풍을 뚫고』, 신혜양·에릭 – 요아킴 융크 옮김, 지식을만드는지식, 2024.)

- *Feuer und Blut*, Berlin 1929.

Manfred v. Killinger, *Der Klabautermann. Eine Lebensgeschichte*, München 1936.

Wilhelm Kohlhaas, *Der Häuptling und die Republik. Die Geschichte eines Irrtums*, Stuttgart 1933.

Paul v. Lettow – Vorbeck, *Mein Leben*, Biberach a. d. Riß, 1957.

Rudolf Mann, *Mit Ehrhardt durch Deutschland*, Berlin 1921.

Martin Niemöller, *Vom U – Boot zur Kanzel*, Berlin 1934.

Ernst Ottwalt, *Ruhe und Ordnung. Roman aus dem Leben der national-gesinnten Jugend*, Berlin 1929.

Horst Richter, *Freiwilliger Soltau. Mit der Eisernen Division im Baltikum*, Berlin 1933.

Ernst Röhm, *Die Geschichte eines Hochverräters*, München 1928(benutzt wurde die 4. Auflage von 1934).

Gerhard Roßbach, *Mein Weg durch die Zeit. Erinnerungen und Bekenntnisse*, Weilburg / Lahn 1950.

Ernst Salomon, *Die Geächteten*, Berlin 1930.

– *Die Kadetten*, Berlin 1933.

Franz Schauwecker, *Im Todesrachen. Die deutsche Seele im Weltkriege*, Halle 1919.

– *Der feurige Weg*, Berlin 1928.

– *Aufbruch der Nation*, Berlin 1929.

Wilhelm Ritter v. Schramm, *Die Roten Tage*, München 1933.

Bogislav v. Selchow, *Hundert Tage aus meinem Leben*, Leipzig 1936.

Major Ferdinand Solf, *Deutschlands Auferstehung: 1934*, Naumburg a. d. Saale 1921.

Eduard Stadtier, *Als Antibolschewist 1918/19*, Düsseldorf 1935.

Alexander Stenbock – Fermor, *Freiwilliger Stenbock*, Stuttgart 1929.

Götz Otto v. Stoffregen, *Vaterland – Ein Zeitroman*, Bensheim 1921.

Herbert Volck, *Rebellen um Ehre. Mein Kampf um die nationale Erhebung*, Gütersloh 1932.

Wilhelm Weigand, *Die rote Flut*, München 1935.

Tüdel Weller, *Peter Mönkemann. Ein hohes Lied des Freikorpskämpfers an der Ruhr*, Berlin 1936.

Hans Zöberlein, *Der Befehl des Gewissens*, München 1937.

전투무용담, 체험담, 일기문, 회고담, 시, 유행가 등

Anonym, "Offizier 1918", *HoDA*, p. 9 ff.

Alfred Arnold, *Das Detachement Tüllmann*, Oldenburg 1920.

Erich Balla, "Rudolf Berthold", *Die Unvergessenen*, hrsg. von Ernst Jünger, Berlin 1928.

Erich F. Berendt, *Soldaten der Freiheit. Ein Parolebuch des National-sozialismus 1918/25*, Berlin 1935.

Hans Schwarz van Berk, "Rote Armee an der Ruhr", *JKR*, p. 203 ff.

Werner Best, "Der Krieg und das Recht", *Krieg und Krieger*, hrsg. von Ernst Jünger, *Berlin 1930*, pp. 135 – 161.

Josef Bischoff, *Die letzte Front*, Berlin 1919.

Friedrich Bodenreuth, *Das Ende der Eisernen Schar*, Leipzig 1940.

Ulrich v. Bose, "Vormarsch gegen Essen", *SB*, p. 394 ff.

Rolf Brandt, *Albert Leo Schlageter. Leben und Sterben eines deutschen Helden*, Hamburg 1926.

Heinz Brauweiler, "Der Anteil des Stahlhelm", *HoDA*, p. 218 ff.

Franz Buchrucker, *Der Aufruhr bei Cottbus im März 1920*, Kottbus 1920.

Generalleutnant a. D. Cochenhausen v., "Deutsches Soldatentum im Weltkriege", *RDS*, p. 29 ff.

Carl Cranz, "Der Ruhreinbruch", *JKR*, p. 275.

"Flieger im Baltikum. Aus einem Kriegstagebuch des Kampfgeschwaders Dachsenberg", *SB*, p. 171 ff.

Ferdinand Crasemann, *Freikorps Maercker, Erlebnisse und Erfahrungen eines Freikorpsoffiziers seit der Revolution*, Hamburg 1920.

Karsten Curator, *Putsche, Staat und wir!*, Karlsruhe 1931.

Erich Czech –Jochberg, *Im Osten Feuer*, Leipzig, Zürich 1931.

Maximilian Delmar, *Französische Frauen. Erlebnisse und Beobachtungen, Reflexionen, Paradoxe*, Freiburg 1925.

Dietrich Eckart, *Ein Vermächtnis*, hrsg. von Alfred Rosenberg, München 1928. Benutzt wurde die 2. Auflage von 1935.

Kurt Eggers, *Annaberg*, Berlin 1933.

 – *Von der Freiheit des Kriegers*, Berlin 1940.

 – *Vom mutigen Leben und tapferen Sterben*, Oldenburg 1935.

 – *Sturmsignale, Revolutionäre Sprechchöre*, Leipzig 1934.

Otto August Ehlers, "Die Bahrenfelder Freiwilligen", *SB*, p. 69 ff.

Hermann Ehrhardt, *Deutschlands Zukunft*, München 1921.

Freiherr Eugen v. Engelhardt, *Der Ritt nach Riga. Aus den Kämpfen der baltischen Landeswehr gegen die Rote Armee 1918 – 1920*, Berlin 1938.

Paul C. Ettighoffer, *Wo bist du –Kamerad?*, Essen 1938.

Hanns –Heinz Ewers, *Deutsche Kriegslieder*, München 1915.

H. Fiesinger, "Tag der Befreiung", *SB*, p. 107 ff.

Hans Fischer, "Die Räteherrschaft in München", *JKR*, p. 146 ff.

Alfred Fletcher, "Die Eroberung Tuckums", *SB*, p. 154 ff.

Fregattenkapitän Förste, "Vom Freikorps zur Kriegsmarine", *RDS*, p. 102 ff.

Walter Frank, *Franz Ritter v. Epp. Der Weg eines deutschen Soldaten*, Hamburg 1934.

Helmut Franke, *Staat im Staate. Aufzeichnungen eines Militaristen*, Magdeburg 1924.

Wilhelm Freimüller, *Die Schreckenstage in Leipzig*, Leipzig 1920.

Ludwig Freiwald, *Die verratene Flotte*, München 1931.

– *Der Weg der braunen Kämpfer*, München 1934.

Richard Frey, "Die Versenkung der deutschen Kriegsflotte bei Scapa Flow", *JKR*, p. 52.

Friedrich Glombowski, *Organisation Heinz*, Berlin 1934.

– "Der Weg ins Ruhrgebiet", *SB*, p. 424 ff.

– "Spezialpolizei im Einsatz", *SB*, p. 253 ff.

– "Einsatz der Selbstschutz – Sturm – Abteilung Heinz in Gogolin", *SB*, p. 267 ff.

Gustav Goes, "Aus dem Tagebuch des letzten Kommandanten von Kowel", *SB*, p. 129 ff.

Graf Rüdiger von der Goltz, *Meine Sendung in Finnland und im Baltikum*, Leipzig 1920.

– "Baltikum", *RDS*, p. 97 ff.

G. Grothe und G. Kern, "Straßenkampf in München", *SB*, p. 121 ff.

Fritz Günther, "Einsegnung der Wandervogelhundertschaft in Rogau", *SB*, p. 256.

Gerhard Günther, "Hamburg", *JKR*, p. 39 ff.

– *Deutsches Kriegertum im Wandel der Geschichte*, Hamburg 1934.

"Die Bändigung des Krieges durch den Staat", in Ernst Jünger (Hrsg.), *Krieg und Krieger*, Berlin 1930, pp. 163 – 203.

Albrecht Erich Günther, "Die Intelligenz und der Krieg", *Krieg und Krieger*, hrsg. von Ernst Jünger, Berlin 1930, pp. 69 – 100.

Gruppe Liftl – Heller, *Das Freikorps "Landsberg". Eine Erinnerung an den Befreiungskampf von München in den ersten Maitagen 1919*, München 1919.

Paul Hahn, *Der rote Hahn, eine Revolutionserscheinung. Erinnerungen aus der Revolution in Württemberg*, Stuttgart 1922.

Georg Heinrich Hartmann, "Vormarsch nach Livland", *SB*, p. 180 ff.

– "Erinnerungen aus den Kämpfen der Baltischen Landeswehr", *JKR*, p. 116 ff.

Friedrich W. Heinz, *Die Nation greift an. Geschichte und Kritik des soldatischen Nationalismus*. Berlin 1932.

– "Die Freikorps retten Oberschlesien", *HoDA*, p. 70 ff.

– "Politische Attentate in Deutschland", *HoDA*, p. 190 ff.

– "Der deutsche Vorstoß in das Baltikum", *HoDA*, p. 45.

Fritz Henningsen, "Erkundungsvorstoß nach Radziwilischky", *SB*, p. 149 ff.

Friedrich Hielscher, "Der Bauer steht auf", *HoDA*, p. 212.

"Die große Verwandlung", in Jünger, Ernst (Hrsg.), *Krieg und Krieger*, Berlin 1930, pp. 127–134.

Hoefer, Karl, *Oberschlesien in der Aufstandszeit 1918–1921, Erinnerungen und Dokumente*, Berlin 1938.

C. Hoffmann, "Letzter Sturm", *SB*, p. 404 f.

Friedrich Karl Holtz, *Haut ihn! Ein ernstes, lustiges, wildes und besinnliches Buch*, Berlin 1934.

Wilhelm Hoeppener–Flatow, *Stoßtrupp Markmann greift ein. Der Kampf eines Frontsoldaten*, Berlin 1934.

Curt Hotzel (Hrsg.), *Deutscher Aufstand, Die Revolution des Nachkriegs*, Stuttgart 1934.

– "'Student 1918'", *HoDA*, p. 1 ff.

– "Der antibürgerliche Affekt", *HoDA*, p. 345 ff.

Major a. D. Hueg, *Die Ereignisse in Harburg vor fünf Jahren vom 13. März bis zum 15. März 1920*, Harburg 1925.

Generalleutnant v. Hülsen, "Freikorps im Osten", *RDS*, p. 110 ff.

Arthur Iger, *Spartakustage. Aus Berlins Bolschewistenzeit*, Berlin 1919.

Ernst Jünger (Hrsg.), *Der Kampf um das Reich, abgekürzt als JKR*, Essen 1929.

– (Hrsg.): *Krieg und Krieger*, Berlin 1930.

– *Der Arbeiter, Herrschaft und Gestalt*, Hamburg 1932.

Friedrich Georg Jünger, "Aufmarsch des Nationalismus", *Aufmarsch des Nationalismus*, hrsg. von Ernst Jünger, Berlin 1926.

– "Krieg und Krieger", *Krieg und Krieger*, hrsg. von Ernst Jünger, Berlin 1930.

Fritz Kern, *Das Kapp'sche Abenteuer. Eindrücke und Feststellungen*, Leipzig / Berlin 1920.

Hans v. Kessel, *Handgranaten und rote Fahnen. Ein Tatsachenbericht aus dem Kampf gegen das rote Berlin 1918–1920*, Berlin 1933.

Manfred v. Killinger, *Ernstes und Heiteres aus dem Putschleben*, Berlin 1928.

– *Männer und Mächte. Die SA in Wort und Bild*, Leipzig 1933.

– *Kampf um Oberschlesien. Bisher unveröffentlichte Aufzeichnungen des Führers der Abteilung v. Killinger, genannt "Sturmkompagnie Koppe"*, Leipzig 1934.

– *Das waren Kerle!*, Berlin 1937.

Fritz Kloppe, "Kameraden", *JKR*, p. 238 ff.

Wilhelm Kohlhaas, "Männer und Sicherheitskompanien 1918/19", *SB*, p. 92 ff.

– "Münchener Sturmtagebuch. Die Kämpfe des Württembergischen Freiwilligen – Regiments Seutter", *SB*, p. 110 ff.

Kilian Koll, "Die Männer von Tirtschtiegel", *SB*, p. 220 ff.

Jos. H. Krumbach (Hrsg,), *Franz Ritter von Epp. Ein Leben für Deutschland*, München 1939.

Oberleutnant a. D. Lautenbacher, "Widerstand im roten München", *SB*, p. 105 ff.

Paul v. Lettow – Vorbeck (Hrsg.), *Die Weltkriegsspionage*, o. O. 1931.

Rolf Liemann, "Felsen in roter Flut", *SB*, p. 19 ff.

– "Sudetendeutschlands Märzgefallene", *SB*, p. 307.

– "Schwerer Kampf um Königsberg", *SB*, p. 77 ff.

Wilfried v. Loewenfeld, "Das Freikorps von Loewenfeld", *RDS*, p. 149 ff.

Walter Lüttwitz, *Im Kampf gegen die Novemberrevolution*, Berlin 1934.

– "Einmarsch der Garde; Kavallerie; Schützendivision in Berlin", *RDS*, p. 51 ff.

Dr. W. Lützkendorf, "Aus Halles 'roter Zeit', nach amtlichen Berichten zusammengestellt", *SB*, p. 369.

Ludwig Rudolf Georg Maercker, *Vom Kaiserheer zur Reichswehr*, Leipzig 1921.

Heinrich Mahnken, "Der erste Hammerschlag? Die Aktion des Freikorps Lichtschlag nördlich Essen 1919", *SB*, p. 81 ff.

– "Freikorps im Westen 1918/20", *HoDA*, p. 89 ff.

– "Gegenstoß im Westen 1919", *RDS*, p. 59ff.

– "Kampf der Batterie Hasenclever. 15. März 1920", *RDS*, p. 134 ff.

– "Aufmarsch gegen die Rote Armee 1920", *RDS*, p. 128 ff.

Freiherr v. Maltzan, "Die Spandauer stürmen Bauske", *SB*, p. 159 ff.

Hans zur Megede, "Hakenkreuz am Stahlhelm", *Volk ans Gewehr!*, hrsg. von Walter Gruber, Wiesbaden 1934, pp. 119 – 137.

Gustav Melzer, "Die Auswirkungen des Kapp – Putsches in Leipzig", *JKR*, p. 219.

Ihno Meyer, *Das Jägerbataillon der Eisernen Division im Kampf gegen den Bolschewismus*, Leipzig 1920.

Josef Müller, *Freikorps Haas. Soldat und Vaterland vor 15 Jahren*, Illertissen, 1934.

Franz Nord, "Der Krieg im Baltikum", *JKR*, p. 63 ff.

1440

Edmund Osten, "Der Kampf um Oberschlesien", *JKR*, p. 257 ff.

W. Pabst, "Spartakus", *HoDA*, p. 28 ff.

Hans Albert Pikarski, "Freiwilligen – Regiment Pommern", *SB*, p. 358 ff.

Daniel Ritter v. Pitrof, *Gegen Spartakus in München und im Allgäu. Erinnerungsblätter des Freikorps Schwaben*, München 1937.

Hartmut Plaas, "Das Kapp – Unternehmen. Aus dem Tagebuch eines Sturmsoldaten", *SB*, p. 344 ff.

– "Das Kapp – Unternhemen", *JKR*, p. 164 ff.

– (Hrsg.): *Wir klagen an! Nationalisten in der Kerkern der Bourgeoisie*, Berlin 1928.

Karl v. Plehwe, "Von der Westfront ins Baltikum. Der Weg der 1. Garde – Reserve – Division", *SB*, p. 146 ff.

– *Im Kampf gegen die Bolschewisten. Die Kämpfer des 2. Garde – Reserveregiments zum Schutz der Grenze Ostpreußens*, Berlin 1926.

Walter Reetz, "Der rote Vormarsch", *JKR*, p. 190 ff.

Wilhelm Reinhard, *Die Wehen der Republik*, Berlin 1932.

– "Kampf um Berlin", *SB*, p. 31 ff.

– "Belagerungszustand über Moabit", *RDS*, p. 36.

– "Sturm auf das Leipziger Volkshaus 19. März 1920", *RDS*, p. 143 ff.

Hans Roden (Hrsg.), *Deutsche Soldaten*, Leipzig 1935 (bei Angaben aus diesem Sammelband abgekürzt als: *RDS*).

– "Einmarsch in Mitteldeutschland (1920)", *RDS*, p. 142.

– "Einmarsch in Mitteldeutschland (1921)", *RDS*, p. 159.

– "Einmarsch in Mitteldeutschland (1923)", *RDS*, p. 173.

– "Einmarsch in Mitteldeutschland. – Das Landesjägerkorps des General Maercker (1919)", *RDS*, p. 65.

– "Die 'Bahrenfelder' kommen!", *RDS*, p. 108.

– "Hauptmann Berthold – ein Soldatenschicksal", *RDS*, p. 140.

Eduard Rodermund, "Separatismus", *HoDA*, p. 116.

– "Rote Armee an Rhein und Ruhr", *HoDA*, p. 96 ff.

Lutz Roegels, *Aus dem roten Sumpf. Korruptionsbilder aus der Revolution*, Berlin 1924.

Roßmann / Schmidthuysen, "Der blutige Montag in Duisburg", *SB*, p. 392.

Bert Roth (Hrsg.), *Kampf. Lebensdokumente deutscher Jugend 1914 – 1934*, Leipzig 1934.

Walter Säger, "Vom Kampf der Essener Einwohnerwehr", *SB*, p. 383 ff.

Ernst v. Salomon, *Nahe Geschichte*, Berlin 1935.

– *Putsch und Verschwörung*, Frankfurt a. M. 1938.

– (Hrsg.): *Das Buch vom deutschen Freikorpskämpfer*, Berlin 1938 (bei
  Angaben von Schriften aus diesem Sammelwerk abgekürzt als: *SB*).

– "Der Berliner Märzaufstand 1919", *SB*, p. 44 ff.

– "Hexenkessel in Deutschland", *JKR*, p. 13 ff.

– "Sturm auf Riga", *JKR*, p. 98.

– "Die Versprengten", *JKR*, p. 112 ff. (ist eine Passage aus: Die Geächteten).

– "Die Brigade Ehrhardt", *RDS*, p. 119 ff.

– "'Der verlorene Haufe'", *Krieg und Krieger*, hrsg. von Ernst Jünger, Berlin
  1930, pp. 101 – 126.

Rittmeister a. D. Schaper, "Freikorpsgeist – Annaberg", *RDS*, p. 161 ff.

Karl Schaumlöffel, *Das Studentenkorps Marburg in Thüringen. Ein
  Kriegstagebuch im Frieden*, Marburg 1920.

v. Oberst a. D. Schauroth, "Revolte in Libau", *SB*, p. 162 ff.

Heinz Schauwecker, "Freikorps Epp", *HoDA*, p. 160.

Franz Schauwecker, "Der Aufbruch der Nation aus dem Kriege", *HoDA*, p. 245.

Baldur v. Schirach, *Pioniere des Dritten Reiches*, Essen 1933.

Sepp Schleisner, "Panzerzug", *SB*, p. 327.

Edgar v. Schmidt – Pauli, *Die Männer um Hitler*, Berlin 1932.

Wilhelm v. Schramm, "Schöpferische Kritik des Kriegers", *Krieg und Krieger*,
  hrsg. von Ernst Jünger, pp. 31 – 50, Berlin 1930.

Rudolf Schricker, *Blut – Erz – Kohle. Der Kampf um Oberschlesien*, Berlin 1930.

– *Rotmord über München*, Berlin 1934.

Adolf Schulz, *Ein Freikorps im Industriegebiet*, Mülheim 1922.

Georg Seitz, "Die Eiserne Schar Berthold in Hamburg", *SB*, p. 353.

Max Siegert, *Aus Münchens schwerster Zeit*, Regensburg 1928.

d. i. B. Wolf Spektator, *Die Schreckenstage im rheinisch – westfälischen
  Industriebezirk*, Hannover 1920.

Freiherr Franz Josef v. Steinaecker, *Mit der Eisernen Division im Baltenland*,
  Hamburg 1920.

Karl Stephan, *Der Todeskampf der Ostmark 1918 / 1919. Die Geschichte eines
  Grenzschutzbataillons*, Schneidemühl 1919.

Götz Otto v. Stoffregen, *Aufstand*, Berlin 1931.

Otto Straßer, "Der Sinn des 9. November 1923", *JKR*, p. 301.

– "Der 9. November 1923. Erlebnisse eines Mitkämpfers", *JKR*, p. 294.

Wilhelm Heinrich Wagener, *Von der Heimat geächtet. Im Auftrag der Deutschen Legion bearbeitet*, Stuttgart 1920.

Freiherr v. Watter, "Die Bedeutung der Freikorps", *RDS*, p. 75.

Dr. Franz Wiemers–Borchelhof, "Freikorps–Arbeitsdienst–Siedlung. Schicksal eines Vorkämpfers der Freikorpssiedler", *SB*, p. 40 ff.

Hans Wittmann, *Erinnerungen der Eisernen Schar Berthold*, Oberviechtach 1926.

Baron Wilhelm v. Wrangell, *Geschichte des Baltenregiments*, Reval 1928.

Major v. Zeschau, "Streiflichter aus den Kämpfen um Litauen", *SB*, p. 135 ff.

Adolf Zimmermann, *Vorfrühling 1920. Aus den Tagen der Kapp'schen Wirren*, Berlin 1920.

Johannes Zobel, *Zwischen Krieg und Frieden. Schüler als Freiwillige im Grenzschutz und Freikorps*, Berlin 1934.

비파시스트 문학

Heinz Ludwig Arnold (Hrsg.), *Dein Leib ist mein Gedicht. Deutsche erotische Lyrik aus fünf Jahrhunderten*, Frankfurt a. M., Berlin, Wien 1973.

Gottfried Benn, *Destillationen*, Wiesbaden 1953.

– *Statische Gedichte*, Zürich 1948.

Ambrose Bierce, "Moxons Herr und Meister", *Künstliche Menschen*, hrsg. von Klaus Völker, München 1971.

Wolf Biermann, *Mit Marx–und Engelszungen*, Berlin 1968.

Bertolt Brecht, *Gesammelte Werke, Bd. 8: Gedichte 1*, Frankfurt a. M. 1967.

– *Tagebücher 1920–1922. Autobiographische Aufzeichnungen 1920–1954*, Frankfurt a. M. 1975.

Georg Büchner, *Dantons Tod*, in: ders., *Gesammelte Werke*, Wien, München, Basel 1947. (게오르크 뷔히너, 『뷔히너 전집』, 박종대 옮김, 열린책들, 2020.)

Lawrence Durrell, *Ein Henry Miller Lesebuch*, Reinbek 1961.

Hanns Eisler, *Lieder und Kantaten*, Leipzig 1957.

Hans M. Enzensberger (Hrsg.), *Museum der modernen Poesie*, Frankfurt a. M. 1964.

Eduard Fuchs, *Illustrierte Sittengeschichte vom Mittelalter bis zur Gegenwart*, München 1909–1912; Bände: *Die Galante Zeit* und: *Die Galante Zeit, Ergänzungsband*.

J. W. v. Goethe, *Faust, Erster und Zweiter Teil, Goethes Werke in zwei Bänden*, Bd. 1, München, Zürich 1957. (요한 볼프강 폰 괴테, 『파우스트』 1, 2, 정서웅 옮김, 민음사, 1999.)

− *Gedichte in zwei Bänden*, Frankfurt a. M. 1964(Exempla Classica).

Kurt Grützmacher, *Liebeslyrik des deutschen Barock*, München 1965.

Nicoläs Guillen, *Gedichte*, Leipzig 1969.

Heinrich Heine, *Insel Heine*, Bd. 1: *Gedichte*, Frankfurt a. M. 1968.

Günter Heintz (Hrsg.), *Deutsche Arbeiterdichtung 1910 − 1933*, Stuttgart 1974.

Janheinz Jahn (Hrsg.), *Schwarzer Orpheus. Moderne Dichtung afrikanischer Völker beider Hemisphären*, München 1964.

Paul Jean, "Untertänigste Vorstellung unser, der sämtlichen Spieler und redenden Damen in Europa, entgegen und wider die Einführung der Kempelischen Spiel − und Sprachmaschinen", *Künstliche Menschen*, hrsg. von Klaus Völker, München 1971.

− "Einfältige, aber gut gemeinte Biographie einer neuen angenehmen Frau von bloßem Holz, die ich längst erfunden und geheiratet", *Künstliche Menschen*, hrsg. von Klaus Völker, München 1971.

Kurt Kläber, *Barrikaden an der Ruhr. Erzählungen*, Frankfurt a. M. 1973.

Franz Josef Klemisch (Hrsg.), *Afrikanische Lyrik aus zwei Kontinenten*, Stuttgart 1966.

Lautreamont, *Die Gesänge des Maldoror*, in: ders., *Das Gesamtwerk*, Hamburg 1963.

Herbert Lipp, *Aufschrei aus dem Asphalt*, Berlin o. J.(ca. 1920).

Wladimir Majakowski, *Frühe Gedichte*, Frankfurt a. M. 1965. −Politische Poesie, Frankfurt a. M. 1966.

Hermann Melville, *Moby Dick*, Reinbek 1956. (허먼 멜빌, 『모비딕』, 이종인 옮김, 현대지성, 2022.)

Henry Miller, *Wendekreis des Steinbocks*, Reinbek 1967.

− *Wendekreis des Krebses*, Reinbek 1968.

− *Lachen, Liebe, Nächte*, Reinbek 1957. (헨리 밀러, 『북회귀선/남회귀선』, 오정환 옮김, 동서문화사, 2017.)

Eduard Mörike, *Gesammelte Werke*, Bergen o. J.

Tilmann Moser, *Lehrjahre auf der Couch. Bruchstücke meiner Psychoanalyse*, Frankfurt a. M. 1974.

Gerhart Mostar (Hrsg.), *Frederike Kempner, der schlesische Schwan*,

München 1965.

Pablo Neruda, *Gedichte*, Frankfurt a. M. 1971.

Saint−John Perse, *Preislieder*, München 1964.

Jules Verne, "Meister Zacharius", *Künstliche Menschen*, hrsg. von Klaus Völker, München 1971.

Shelley/Förster, "Die Geschichte des Doktor Frankenstein und seines Mordmonsters oder DIE ALLGEWALT DER LIEBE. Von der MENSCH Maschine zur GEWALT Maschine", Berlin 1975.

Klaus Tröger (Hrsg.), *Die französische Revolution im Spiegel der deutschen Literatur*, Frankfurt a. M. 1975.

Klaus Völker (Hrsg.), *Künstliche Menschen. Dichtungen und Dokumente über Golems, Homunculi, Androiden und liebende Statuen*, München 1971.

Walt Whitman, *Grashalme*, Stuttgart 1968.

2차 자료

Anonym, *Naziführer sehen dich an. 33 Biographien aus dem 3. Reich*, Paris 1934.

Theodore Abel, *Why Hitler Came to Power. An Answer Based on the Original Life Stories of Six Hundred of His Followers*, New York 1938.

Karl Abraham, "Über Einschränkungen und Umwandlungen der Schaulust bei den Psychoneurotikern nebst Bemerkungen über analoge Erscheinungen in der Völkerpsychologie", in: ders., *Psychoanalytische Studien*, Bd. 1, Frankfurt a. M. 1969.

Adorno, Bettelheim, Frenkel−Brunswick u. a., *Der Autoritäre Charakter. Studien über Autorität und Vorurteil*, 2 Bände, Amsterdam 1968.

Th. W. Adorno u. Max Horkheimer, *Dialektik der Aufklärung*, Lichtenstein 1955. (테오도어 W. 아도르노·막스 호르크하이머, 『계몽의 변증법』, 김유동 옮김, 문학과지성사, 2001.)

Th. W. Adorno, *Minima Moralia. Reflexionen aus dem beschädigten Leben*, Frankfurt a. M. 1970. (테오도어 W. 아도르노, 『미니마 모랄리아』, 김유동 옮김, 도서출판 길, 2005.)

− "Engagement", *Noten zur Literatur III*, Frankfurt a. M. 1971.

Jean Amery, *Jenseits von Schuld und Sühne. Bewältigungsversuche eines Überwältigten*, München 1970.

Henriette Arendt, *Menschen, die den Pfad verloren*, Stuttgart 1907.

Philippe Aries, *Geschichte der Kindheit*, München 1975.

Autorenkollektiv, *Illustrierte Geschichte der deutschen Revolution*, Berlin 1929. Nachdruck: Frankfurt a. M. 1970.

Michael Balint, *Therapeutische Aspekte der Regression. Die Theorie der Grundstörung*, Stuttgart 1970.

– *Angstlust und Regression*, Reinbek 1972.

Bateson, Jackson, Haley, Weakland, "Auf dem Weg zu einer Schizophrenietheorie", in Bateson u. a., *Schizophrenie und Familie*, Frankfurt a. M. 1974.

Christa Baumgarth, *Geschichte des Futurismus*, Reinbek 1966.

August Bebel, *Die Frau und der Sozialismus*(*Die Frau in der Vergangenheit, Gegenwart und Zukunft*), Stuttgart 1891.

Walter Benjamin, "Das Kunstwerk im Zeitalter seiner technischen Reproduzierbarkeit", in: ders., *Illuminationen*, Frankfurt a. M. 1969. (발터 벤야민, 『발터 벤야민 선집 2』, 최성만 옮김, 도서출판 길, 2007.)

– "Ein Jakobiner von heute", in: ders., *Angelus Novus. Gesammelte Schriften*, Frankfurt a. M. 1966. (발터 벤야민, 『발터 벤야민 선집 5』, 최성만 옮김, 도서출판 길, 2008.)

– "Der eingetunkte Zauberstab", in: ders., *Angelus Novus. Gesammelte Schriften*, Frankfurt a. M. 1966.

– "Der Autor als Produzent", in: ders., *Versuche über Brecht*, Frankfurt a. M. 1966.

– "Kommentare zu Gedichten von Brecht", in: ders., *Versuche über Brecht*, Frankfurt a. M. 1966.

– *Theorien des deutschen Faschismus. Zu der Sammelschrift "Krieg und Krieger"*, hrsg. v. Ernst Jünger, 1930, in der von Rudolf Hilferding herausgegebenen Zeitschrift *Die Gesellschaft* erschienen, zit. nach: *Das Argument* Nr. 30, 6. Jg. 1964, Heft 3. (에른스트 윙거·발터 벤야민, 『노동자·고통에 관하여·독일 파시즘의 이론들』, 최동민 옮김, 글항아리, 2020.)

Alain Besançon, "Psychoanalytische Geschichtsschreibung", *Geschichte und Psychoanalyse*, hrsg. von H. U. Wehler, Köln 1971.

Charles Bloch, *Die SA und die Krise des NS – Regimes 1934*, Frankfurt a. M. 1970.

Ernst Bloch, *Das Prinzip Hoffnung*, Frankfurt a. M. 1959.

– *Erbschaft dieser Zeit*, Frankfurt a. M. 1962.

Hans Blüher, *Die Rolle der Erotik in der männlichen Gesellschaft*, Stuttgart 1962.

– *Wandervogel. Geschichte einer Jugendbewegung*, Prien 1922.

– *Führer und Volk in der Jugendbewegung*, Jena 1924.

Felix Boehm, "Beiträge zur Psychologie der Homosexualität", *Internationale Zeitschrift für Psychoanalyse* VIII, 1922.

Bertolt Brecht, "Die Horst–Wessel–Legende", in: ders., *Gesammelte Werke*, Bd. 20: *Schriften zur Politik und Gesellschaft*, Frankfurt a. M. 1967.

Bernd Brummbär (Hrsg.), *Radical America Comix*, Frankfurt a. M. 1970.

Elias Canetti, *Masse und Macht*, Hamburg 1960. (엘리아스 카네티,『군중과 권력』, 강두식·박병덕 옮김, 바다출판사, 2010.)

– *Macht und Überleben. Drei Essays*, Berlin 1972.

Janine Chasseguet–Smirgel (Hrsg.), *Psychoanalyse der weiblichen Sexualität*, Frankfurt a. M. 1974.

A. C. Crombie, *Von Augustinus bis Galilei. Die Emanzipation der Naturwissenschaft*, Köln / Berlin 1964.

Dannecker, Martin / Reiche, Reimut, *Der gewöhnliche Homosexuelle*, Frankfurt a. M. 1974. *Darstellungen aus den Nachkriegskämpfen deutscher Truppen und Freikorps. Im Auftrag des Reichskriegsministeriums, bearbeitet und herausgegeben von der Forschungsanstalt für Kriegs– und Heeresgeschichte*, 7 Bände, Berlin 1936 – 1939.

Gilles Deleuze / Felix Guattari, *Anti – Ödipus*, Frankfurt a. M. 1974. (질 들뢰즈·펠릭스 가타리,『안티 오이디푸스: 자본주의와 분열증』, 김재인 옮김, 민음사, 1997.)

Karl Demeter, *Das deutsche Heer und seine Offiziere*, Berlin 1930.

Mary Douglas, *Ritual, Tabu und Körpersymbolik. Sozialanthropologische Studien in Industriegesellschaft und Stammeskultur*, Frankfurt a. M. 1974.

Henning Duderstadt, *Der Schrei nach dem Recht. "Die Tragödie von Mechterstädt"*, Marburg o. J.(1920).

Barbara Ehrenreich / Deidre Englisch, *Hexen, Hebammen und Krankenschwestern*, München 1975. (바버라 에렌라이크·디어드러 잉글리시,『우리는 원래 간호사가 아닌 마녀였다』, 김서은 옮김, 라까니언, 2023.)

Norbert Elias, *Über den Prozeß der Zivilisation*, 2 Bände, Bern / München 1969. (노르베르트 엘리아스,『문명화 과정 1, 2』, 박미애 옮김, 한길사, 1996, 1999.)

– *Die höfische Gesellschaft*, Neuwied / Berlin 1969.

Christian Enzensberger, *Größerer Versuch über den Schmutz*, München 1968.

Erik H. Erikson, "Die Legende von Hitlers Kindheit", *Neurose und Genialität*, hrsg. von Johannes Cremerius, Frankfurt a. M. 1971.

Josef Ernst, *Kapptage im Industriegebiet*, Hagen 1921.

Karl Ettlinger, *Die Reglementierung der Prostitution*, Leipzig 1903.

Frantz Fanon, *Die Verdammten dieser Erde*, Reinbek 1969. (프란츠 파농, 『대지의 저주받은 사람들』, 남경태 옮김, 그린비, 2010.)

Li Fischer−Eckert, *Die wirtschaftliche und soziale Lage der Frauen in dem modernen Industrieort Hamborn im Rheinland*, Hagen 1913.

Shulamith Firestone, *Frauenbefreiung und sexuelle Revolution*, Frankfurt a. M. 1975.

Franco Fornari, *Psychoanalyse des ersten Lebensjahres*, Frankfurt a. M. 1970.

Michel Foucault, *Wahnsinn und Gesellschaft*, Frankfurt a. M. 1969. (미셸 푸코, 『광기의 역사』, 이규현 옮김, 나남출판, 2020.)

− *Überwachen und Strafen. Die Geburt des Gefängnisses*, Frankfurt a. M. 1976. (미셸 푸코, 『감시와 처벌: 감옥의 탄생』, 오생근 옮김, 나남출판, 2020.)

"Die Macht und die Norm", in: ders., *Mikrophysik der Macht*, Berlin 1976.

Michel Foucault/Gilles Deleuze, "Die Intellektuellen und die Macht", in Michel Foucault, *Subversion des Wissens*, München 1974.

H. A. und E. Frenzel, *Daten deutscher Dichtung. Chronologischer Abriß der deutschen Literaturgeschichte*, München 1975.

Sándor Ferenczi, *Versuch einer Genitaltheorie*, in: ders., *Schriften zur Psychoanalyse*, Bd. 2, Frankfurt a. M. 1971.

− *Schriften zur Psychoanalyse*, Bd. 1, Frankfurt a. M. 1970.

Anna Freud, *Das Ich und die Abwehrmechanismen*, München o. J.

Sigmund Freud, *Gesammelte Werke, chronologisch geordnet*, London/ Frankfurt a. M. 1940−1968.

Erich Fromm, *Anatomie der menschlichen Destruktivität*, Stuttgart 1974.

Eduard Fuchs, *Illustrierte Sittengeschichte vom Mittelalter bis zur Gegenwar*, München 1909−1912(6 Bände).

G. M. Gilbert, *Nürnberger Tagebuch*, Frankfurt a. M. 1962.

Frieda Grafe, "Ein anderer Eindruck vom Begriff meines Körpers", *Filmkritik*, Nr. 3, 1976, 20. Jahrgang, München.

Georg Groddek, *Das Buch vom Es*, Leipzig/Wien/Zürich 1923.

Emil Julius Gumbel, *Vier Jahre politischer Mord*, Berlin 1922.

− *Verschwörer. Beiträge zur Geschichte und Soziologie der deutschen nationalistischen Geheimbünde seit 1918*, Wien 1924.

- *Verräter verfallen der Feme. Opfer / Mörder / Richter*, Berlin 1929.
- *Vom Fememord zur Reichskanzlei*, Heidelberg 1962.

Heinrich Hannover / Elisabeth Hannover – Drück, *Politische Justiz 1918 – 1933*, Frankfurt a. M. 1966.

Arnold Hauser, *Sozialgeschichte der Kunst und Literatur*, München 1969. (아르놀트 하우저, 『문학과 예술의 사회사 1, 2, 3, 4』, 반성완·백낙청·염무웅 옮김, 창비, 2016.)

Heinz Heger, *Die Männer mit dem rosa Winkel*, Hamburg 1972.

Magnus Hirschfeld, *Die Homosexualität des Mannes und des Weibes. Homosexuelle Männer und Frauen als biologische Erscheinung*, Köppern i. T. 1963.

- (Hrsg.), *Sittengeschichte des Weltkrieges*, 2 Bände, Leipzig 1930.

Guy Hocquenghem, *Das homosexuelle Verlangen*, München 1974.

Luce Irigaray, "Neuer Körper, neue Imagination. Interview von Martine Storti", *Alternative* 108 / 109, 19. Jahrgang, Juni / August 1976 Berlin.

- *Wesen, Körper, Sprache. Der verrückte Diskurs der Frauen*, Berlin 1976.

Melanie Klein, "Die psychoanalytische Spieltechnik. Ihre Geschichte und Bedeutung", in: dies., *Das Seelenleben des Kleinkindes und andere Beiträge zur Psychoanalyse*, Reinbek 1972.

- "Die Bedeutung der Symbolbildung für die Ich – Entwicklung", in: dies., *Das Seelenleben des Kleinkindes und andere Beiträge zur Psychoanalyse*, Reinbek 1972.

- "Über das Seelenleben des Kleinkindes", in: dies., *Das Seelenleben des Kleinkindes und andere Beiträge zur Psychoanalyse*, Reinbek 1972.

Leo Kofler, *Zur Geschichte der bürgerlichen Gesellschaft*, Wien 1974.

Erwin Könnemann, *Einwohnerwehren und Zeitfreiwilligenverbände. Ihre Funktion beim Aufbau eines neuen imperialistischen Militärsystems (November 1918 bis 1920)*, Berlin (Ost) 1971.

Könnemann / Krusch, *Aktionseinheit contra Kapp – Putsch. Der Kapp – Putsch im März 1920 und der Kampf der deutschen Arbeiterklasse sowie anderer Werktätiger gegen die Errichtung der Militärdiktatur und für demokratische Verhältnisse*, Berlin (Ost) 1972.

Friedrich Salomon Krauß (Hrsg.), *Beiwerke zum Studium der Antropophyteia Jahrbücher für folkloristische Erhebungen und Forschungen zur Entwicklungsgeschichte der geschlechtlichen Moral*, Bd. 4, Leipzig 1911.

Gabriele Krüger, *Die Brigade Ehrhardt*, Hamburg 1971.

Horst Kurnitzky, *Triebstruktur des Geldes. Ein Beitrag zur Theorie der Weiblichkeit*, Berlin 1974.

Siegfried Kracauer, *Das Ornament der Masse*, Frankfurt a. M. 1963.

Jaques Lacan, "Das Spiegelstadium als Bildner der Ichfunktion", in: ders., *Schriften 1*, Olten 1973.

J. Laplanche / J.-B. Pontalis, *Das Vokabular der Psychoanalyse*, Frankfurt a. M. 1972. (장 라플랑슈·장 베르트랑 퐁탈리스, 『정신분석 사전』, 임진수 옮김, 열린책들, 2024.)

Serge Leclaire, *Der psychoanalytische Prozeß*, Olten und Freiburg 1971.

Rudolf zur Lippe, *Naturbeherrschung am Menschen*, 2 Bände, Frankfurt a. M. 1974.

Erhard Lucas, *Märzrevolution im Ruhrgebiet. Vom Generalstreik gegen den Militärputsch zum bewaffneten Arbeiteraufstand. März–April 1920*, Bd. 1, Frankfurt a. M. 1970.

– *Märzrevolution 1920, Bd. 2: Der bewaffnete Arbeiteraufstand im Ruhrgebiet in seiner inneren Struktur und in seinem Verhältnis zu den Klassenkämpfen in den verschiedenen Regionen des Reiches*, Frankfurt a. M. 1973.

– Märzrevolution 1920, Bd. 3: *Die Niederlage. Verhandlungsversuche und deren Scheitern; Gegenstrategien von Regierung und Militär; die Niederlage der Aufstandsbewegung, der weiße Terror*, Frankfurt a. M 1978.

– *Zwei Formen von Radikalismus in der deutschen Arbeiterbewegung*, Frankfurt a. M. 1976.

Margaret S. Mahler, *Symbiose und Individuation*, Bd. 1: *Psychosen im frühen Kindesalter*, Stuttgart 1972.

Heinrich Mann, *Ein Zeitalter wird besichtigt*, Reinbek 1976.

David Mark Mantell, *Familie und Aggression. Zur Einübung von Gewalt und Gewaltlosigkeit. Eine empirische Untersuchung*, Frankfurt a. M. 1972.

Karl Marx, *Das Kapital*, Bd. 1, *MEW* Bd. 23, Berlin (Ost) 1972.

Werner Maser, *Die Frühgeschichte der NSDAP. Hitlers Weg bis 1924*, Frankfurt a. M. 1965.

Tim Mason, "Zur Lage der Frauen in Deutschland 1930 bis 1940: Wohlfahrt, Arbeit, Familie", *Gesellschaft. Beiträge zur Marxschen Theorie*, Frankfurt a. M. 1976.

Hans Mayer, *Außenseiter*, Frankfurt a. M. 1975.

Ashley Montagu, *Körperkontakt. Die Bedeutung der Haut für die Entwicklung des Menschen*, Stuttgart 1974.

Elaine Morgan, *Der Mythos vom schwachen Geschlecht*, Frankfurt a. M. 1975.

Manfred Nagl, *Science Fiction in Deutschland*, Tübingen 1972.

Wilhelm v. Oertzen, *Die deutschen Freikorps 1918 – 1923*, München 1936.

Friedrich W. v. Oertzen, *Kamerad, reich mir die Hände. Freikorps und Grenzschutz im Baltikum und in der Heimat*, Berlin 1933.

 – *Baltenland. Eine Geschichte der deutschen Sendung im Baltikum*, München 1933.

Gisela Pankow, *Gesprengte Fesseln der Psychose*, München 1974.

Wilhelm Reich, *Die Massenpsychologie des Faschismus*, Köln 1972. (빌헬름 라이히, 『파시즘의 대중 심리』, 황선길 옮김, 그린비, 2006.)

 – *Die Funktion des Orgasmus. Zur Psychopathologie und zur Soziologie des Geschlechtslebens*(=Neue Arbeiten zur ärztlichen Psychoanalyse Nr. VI, hrsg. von Sigmund Freud), Wien 1927.

 – *Charakteranalyse*, Berlin 1933.

 – *Die Entdeckung des Orgons. Die Funktion des Orgasmus*, Frankfurt a. M. 1972.

 – *Wilhelm Reich über Sigmund Freud. Ein Interview von Dr. Eissler für die Sigmund Freud – Archive*.

Reimut Reiche, "Ist der Ödipuskomplex universell?", *Kursbuch 29*, Berlin 1972.

 – "Socarides, der versteckt Anti – Homosexuelle", *Psyche 26*, Stuttgart 1972.

Volker Reiche, *Liebe. Ein Comic*, 1974.

Donald Ray Richards, *The German Bestseller in the 20 th Century. A Complete Bibliography and Analysis 1915 – 1940*, Bern 1968.

Géza Roheim, "Aphrodite oder die Frau mit einem Penis", in: dies., *Die Panik der Götter*, München 1975.

Michael Rohrwasser, *Saubere Mädel, starke Genossen*, Frankfurt a. M. 1975.

Otto Rühle, *Illustrierte Kultur – und Sittengeschichte des Proletariats*, Berlin 1930.

J. Sadger, "Über Gesäßerotik", *Internationale Zeitschrift für ärztliche Psychoanalyse*, Nr. 1 / 1931.

Maximilian Scheer, *Blut und Ehre*, Paris 1937.

Leo Schidrowitz (Hrsg.), *Sittengeschichte der Kulturwelt, Bd. 7: Sittengeschichte des Proletariats*, Wien 1926.

Edgar v. Schmidt – Pauli, *Geschichte der Freikorps 1918 – 1924*, Stuttgart 1936.

Paul Schilder, *Das Körperschema. Ein Beitrag zur Lehre vom Bewußtsein des eigenen Körpers*, Berlin / Leipzig 1923.

Wolfgang Schumann, *Oberschlesien 1918 / 19, vom gemeinsamen Kampf deutscher und polnischer Arbeiter*, Berlin (Ost) 1961.

Carl Severing, *1919 / 20 im Wetter – und Watterwinkel. Aufzeichnungen und Erinnerungen*, Bielefeld 1927.

Shelley / Förster, *Die Geschichte des Doctors Frankenstein und seines Mordmonsters oder die Allgewalt der Liebe*, Berlin 1975.

Alfred Sohn – Rethel, *Ökonomie und Klassenstruktur des deutschen Faschismus*, Frankfurt a. M. 1973.

Ulrich Sonnemann, *Negative Anthropologie. Vorstudien zur Sabotage des Schicksals*, Reinbek 1969.

Kurt Sontheimer, *Antidemokratisches Denken in der Weimarer Republik. Die politischen Ideen des deutschen Nationalismus zwischen 1918 und 1933*, München 1962.

Albert Speer, *Spandauer Tagebücher*, Frankfurt a. M., Berlin, Wien 1975.

Jean Starobinski, "Über die Geschichte der imaginären Ströme. (Von den Lebensgeistern zur Libido)", in: ders., *Psychoanalyse und Literatur*, Frankfurt a. M. 1973, pp. 24 – 41.

Alexander Graf v. Stenbock – Fermor, *Meine Erlebnisse als Bergarbeiter*, Stuttgart 1929.

 – *Deutschland von Unten. Reise durch die proletarische Provinz*, Stuttgart 1931.

Thomas Szasz, *Die Fabrikation des Wahnsinns*, Freiburg 1974.

Helm Stierlin, "Einige Anmerkungen zu Reimut Reiches Kritik an Socarides' Buch 'Der offen Homosexuelle'", *Psyche 26*, Stuttgart 1972.

Heinrich Teuber, *Für die Sozialisierung des Ruhrbergbaus. Artikelserie 1926*, (Neu aufgelegt) Frankfurt a. M. 1973.

Lionel Tiger, *Warum die Männer wirklich herrschen*, München 1972.

Robert G. L. Waite, *Vanguard of Nazism. The Free Corps Movement in Postwar Germany 1918 – 1923*, Cambridge, Massachusetts, 1952.

Georg Werner, *Ein Kumpel. Erzählung aus dem Leben eines Bergarbeiters*, Berlin 1930.

Wim Wenders, "Ein Genre das es nicht gibt", *Filmkritik* Nr. 9, 14. Jg., München 1970.

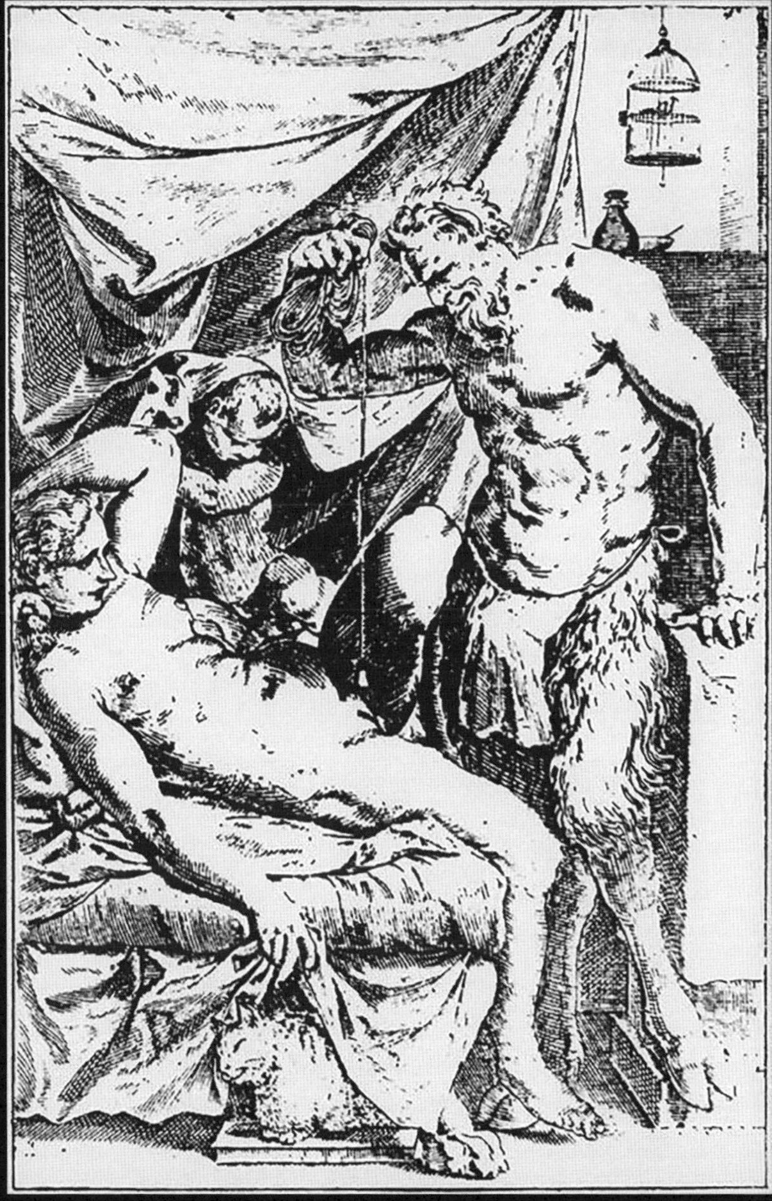

Lutz Winckler, *Studie zur gesellschaftlichen Funktion faschistischer Sprache*, Frankfurt a. M. 1971.

도판 자체에 텍스트가 있거나 별도의 설명이 필요 없으면 이하의 목록에 기재하지 않았다.

1458

p. 934   피두스, 「폭풍기도Sturmgebet」, 『삶의 흔적Lebenszeichen』, 1908.

p. 941   귄터 브루스, 「황제」, 『도깨비불』, 프랑크푸르트, 1971. 매우 아름다운 책이다.

p. 945   프란츠 폰 바이로스의 그림, 「별을 보는 사람들」, 연도 및 출판지 미상, 『아프로디테의 정원』, 개인 출판물.

p. 947   발터 겔의 김나지움 5학년 역사 교과서 수록 사진, 1940(브레슬라우의 페르디난트 히르트 출판사).

p. 948   『급진 아메리카』에 수록된 「마술의 혹부리 돼지」, 길버트 셸튼, 1975.

p. 955   "가족은 문명 국가가 만들어낸 가장 큰 치욕이다.—레닌", 이탈리아 포스터, 1943.

p. 956   아르투어 레셀, 「임산부Werdende Mutter」, 베르톨트 힌츠 외, 『독일 파시즘의 회화Die Malerei im deutschen Faschismus』, 프랑크푸르트, 1977.

p. 977   자유군단 군용차량, 베를린 1919.

p. 985   피두스, 「어머니 대지Mutter Erde」, 1913.

p. 992   독일 풍자화, 1848.

p. 993   오른쪽: 피두스의 삽화, 시집 『아래로부터: 자유를 위한 새로운 책Von Unten auf. Ein neues Buch der Freiheit』, 베를린, 1911.

p. 995   발터 회크의 벽화.

p. 996   아르투어 캄프의 회화.

p. 997   경극의 한 장면.

p. 998   해군지원단 광고, 이탈리아, 1936.

p. 1010   영화 「히틀러의 아이들Hitler's Children」, 1943.

p. 1018   에마 쿤츠, 1957년경 소묘화.

p. 1020   크럼 외, 「진짜 열받네Wirklich schade」, 『급진 아메리카』.

p. 1022 f.   폴커 라이헤, 『사랑』, 프랑크푸르트, 1975. 덜 알려졌지만 무척이나 아름다운 책.

p. 1042   파울 마티아스 파두아, 「레다와 백조」.

p. 1044 f.   롤링 스톤스. 기 펠라에르트의 「록 드림스」.

p. 1046   렌초 베스피냐니, 「비옷Regenmantel」, 『파시즘』, 베를린 1976.

p. 1051   밀로의 흉상.

p. 1053   영국군 전쟁포로, 제1차 세계대전.

p. 1055   우편엽서, 쿨룸바흐, 1910.

p. 1061   1935년 3월 17일 영웅 추모의 날. 오른쪽에서 왼쪽으로: 아우구스트 폰 마켄젠 원수, 히틀러 총통, 베르너 폰 블롬베르크 국방장관. 제2열: 베르너 폰 프리치 육군 최고사령관, 헤르만 괴링 장군, 에리히 레더 장군.

남성 판타지

초판인쇄 2026년 3월 19일
초판발행 2026년 3월 25일

지은이 클라우스 테벨라이트
옮긴이 김정은
펴낸이 강성민 이은혜
편집 양나래 심예진 최유진
관리 편집보조 김유나 김지우
마케팅 정민호 한민아 이민경 한경화 박진희 황승현 김경언 양지연
브랜딩 함유지 이송이 박민재 김하연 신은서 이준희 조다현

펴낸곳 (주)글항아리 | **출판등록** 2009년 1월 19일 제406-2009-000002호

주소 경기도 파주시 문발로 214-12, 4층
전자우편 bookpot@hanmail.net
전화번호 031-955-2690(마케팅) 031-941-5161(편집부)

ISBN 979-11-6909-542-6 03100

잘못된 책은 구입하신 서점에서 교환해드립니다.
기타 교환 문의 031-955-2661, 3580

www.geulhangari.com

Männer
phantasien